SÉRIE
PROVAS&
CONCURSOS

DIREITO
PROCESSUAL PENAL

EDITORA
AlfaCon
Concursos Públicos

EDITORA
AlfaCon
Concursos Públicos

Proteção de direitos

Diretor Presidente	Evandro Guedes
Diretor Editorial	Javert Falco
Diretor de Marketing	Jadson Siqueira
Gerente Editorial	Mariana Passos
Gerente de Produtos	Fábio Oliveira
Editora Jurídica	Barbara Monteiro G. de Campos
Assistentes Editoriais Jurídicos	Gabriel Cavaline
	Dayane Ribeiro
Coordenação de Editoração	Alexandre Rossa
Arte e Produção	Nara Azevedo
Capa	Alexandre Rossa

Dados Internacionais de Catalogação na Publicação (CIP)
Jéssica de Oliveira Molinari CRB-8/9852

G957p

Guedes, Evandro
Provas e concursos : direito processual penal / Evandro Guedes, Estefânia Rocha. — 4. ed. -- Cascavel, PR : AlfaCon, 2021.

864 p. : il. (Série Provas & concursos)

Título de capa: 2.282 questões comentadas : direito processual penal

ISBN 978-65-5918-173-5

1. Serviço público - Concursos – Brasil 2. Direito processual penal 3. Simulados I. Título II. Rocha, Estefânia

21-4137   CDD 351.81076

Impressão: Renovagraf

Índices para catálogo sistemático:
1. Serviço público - Brasil - Concursos

Atualizações e erratas

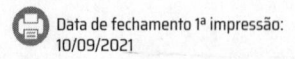
Data de fechamento 1ª impressão:
10/09/2021

 Dúvidas?
Acesse: www.alfaconcursos.com.br/atendimento
Núcleo Editorial:
  Rua: Paraná, nº 3193, Centro – Cascavel/PR
  CEP: 85810-010

 SAC: (45) 3037-8888

Apresentação

Fala, futuro(a) aprovado(a).

Possuir um bom material de questões é imprescindível na preparação do concurseiro(a), e a aquisição da obra de Direito Processual Penal da série "Provas e Concursos" é uma excelente oportunidade de reforçar e testar os próprios conhecimentos. Costumamos dizer que "aula assistida, matéria lida ou revisada DEVE ser também matéria TREINADA". O treino diário de questões serve como um poderoso filtro que mostrará se você está estudando da maneira correta, se é necessário ler mais a lei seca, a jurisprudência ou mesmo se há a necessidade de revisar e aprofundar o estudo em determinado ponto da matéria.

Novamente, a série "Provas e Concursos" surpreende e, agora, traz a 4ª edição de um dos seus melhores títulos. A obra em questão carrega, no que se refere ao Direito Processual Penal, um apanhado de questões minunciosamente selecionadas referentes aos temas comumente cobrados em provas de concursos públicos.

Unicamente com o propósito de preparar você para enfrentar as próximas provas, atualizamos e revisamos a obra inserindo comentários aprofundados, contemplando as principais alterações legislativas e jurisprudenciais do STF e STJ. O formato desta edição, além subdividir e organizar por temas específicos toda a obra, estruturou as questões simulando o formato que estará nas provas, aperfeiçoando ainda mais a experiência do, aluno(a).

Jogo é jogo, treino é treino, para obter êxito e jogar um bom jogo, o treino precisa ser duro, então, quanto mais você treina, resolve questões e simula as condições reais de provas, perceberá com clareza aspectos passíveis de cobranças em prova, é como se fosse um mapa daquilo que realmente cairá na prova.

Jamais subestime o(a) examinador(a), treine com afinco e muita atenção, tanto as questões fáceis como as mais difíceis. Ainda que haja simplicidade e objetividade na linguagem dos comentários, cada um deles foi elaborado de forma a abranger e solucionar o maior número de dúvidas possível. A obra conta, ainda, com citações diretas do texto legal, o que facilita a compreensão e fixação do conteúdo pretendido. Aqui está mais uma ferramenta original AlfaCon, agora ao alcance de suas mãos para auxiliar nessa difícil trajetória até o tão sonhado cargo público.

"Ser reprovado é a regra universal.

Sejamos a exceção, então?!"

Alfartanos(as) força!

Evandro Guedes: Foi policial militar do estado do Rio de Janeiro por mais de 10 anos, agente penitenciário federal por 08 anos e aprovado em 12 importantes concursos públicos, como os da Polícia Federal e Polícia Rodoviária Federal. Professor de Direito Administrativo e Direito Penal e CEO-presidente do AlfaCon.

Estefânia Rocha: Advogada, graduada pela Universidade Salgado de Oliveira – UNIVERSO, em 2006. Especialista em Direito Público pela Faculdade Maurício de Nassau. Especialista em Direito Penal e Processo Penal. Especialista em Ciências Criminais, Direito Público e Direito Privado pela Universidade Candido Mendes – UCAM/RJ. Doutora em Ciências Sociais e Jurídicas pela Universidade Del Museo Social Argentino – UMSA, em Buenos Aires, Argentina. Professora da Pós-Graduação da FACOL. Professora de cursos preparatórios para concursos e OAB 1ª e 2ª fase no AlfaCon, Cascavel-PR, AEPCON, Fortaleza-CE, Espaço Jurídico, Nuce Concursos (Recife-PE), SOMOS OAB, Eu Vou Passar, lecionando as disciplinas de Direito Penal, Processo Penal, ECA e Legislação Especial Penal. Coautora em outras obras da Editora AlfaCon e Saraiva.

App AlfaCon Notes

O **AlfaCon Notes** é um aplicativo perfeito para registrar suas **anotações de leitura**, deixando seu estudo **mais prático**. Viva a experiência Alfacon Notes. Para instalar, acesse o Google Play ou a Apple Store.

Se liga no **vídeo!**

Cada tópico de seu livro contém **um Código QR** ao lado.

Escolha o tópico e faça a leitura do Código QR utilizando o aplicativo AlfaCon Notes para registrar sua anotação.

Pronto para essa **nova experiência?** Então, baixe o App **AlfaCon Notes** e crie suas anotações.

Acesse seu material complementar:

1 Acesso o site **www.alfaconcursos.com.br** para se cadastrar **gratuitamente** ou para efetuar seu login.

2 Na aba **Resgatar código**, digite o código abaixo, que estará disponível por 120 dias a partir do primeiro acesso.

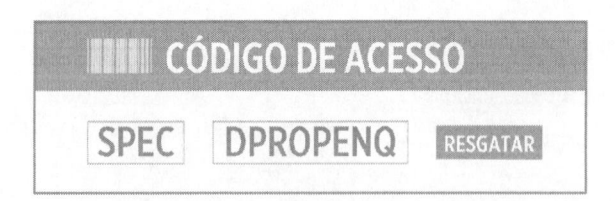

CÓDIGO DE ACESSO

SPEC   DPROPENQ   RESGATAR

3 Após a validação do código, você será redirecionado para a página em que constam seus materiais (atualizações, material complementar e erratas). Todo esse conteúdo está disponível gratuitamente.

Mais que um livro, é uma experiência!

2.282
QUESTÕES
COMENTADAS
DIREITO PROCESSUAL PENAL

SUMÁRIO

PARTE I

PRINCÍPIOS FUNDAMENTAIS DO DIREITO PROCESSUAL PENAL

1. **(2021 – CESPE/CEBRASPE – PC/DF – Escrivão)** A respeito da prisão em flagrante e dos vários aspectos relacionados a esse assunto, julgue os itens que se seguem.

   O conduzido não poderá se negar à realização do exame de corpo de delito quando da lavratura do auto de prisão em flagrante.

   Certo ( )   Errado ( )

   A CF/88 dispõe no art. 5º, LXIII, que *o preso será informado de seus direitos, entre os quais o de permanecer calado, sendo-lhe assegurada a assistência da família e de advogado.* **Portanto, o legislador constituinte assegurou o direito do investigado não realizar condutas ativas lhes sejam prejudicais. Sendo assim, nos contexto do enunciado da questão, o conduzido PODERÁ se negar à realização do exame de corpo de delito. O STF possui precedentes consolidados nesse sentido, vejamos:**

   [...] Diante do princípio nemo tenetur se detegere, que informa o nosso direito de punir, é fora de dúvida que o dispositivo do inciso IV do artigo 174 do Código de Processo Penal há que ser interpretado no sentido de **não poder ser o indiciado compelido a fornecer padrões gráficos do próprio punho, para exames periciais, cabendo apenas ser intimado para fazê-lo a seu alvedrio.** (STF, HC nº77.135, Rel. Min. Ilmar Galvão, DJU de 6.11.1998).

   É possível relativizar esse direito constitucional a não autoincriminação? SIM.

   Jurisprudência do STF — Tema nº 478 da repercussão geral — *[...] o princípio constitucional da vedação à autoincriminação* **NÃO PODE ser interpretado de maneira absoluta.** *Essa relativização alcança aquele sujeito que atribui falsa identidade perante autoridade policial com o intuito de ocultar maus antecedentes, o que torna típica a conduta prevista no art. 307, do CP, sem qualquer traço de ofensa ao disposto no art. 5º, LXIII, da CF/88 (RE 640139).*

   Gabarito: Errado.

   ---

2. **(2021 – APICE – DPE/PB – Assistente Jurídico – Adaptada)** No que concerne a ritualística processual e dispositivos constitucionais ínsitos ao Direito Processual Penal, podemos afirmar:

   São alguns dos Princípios constitucionais aplicáveis ao processo penal brasileiro: Princípio da imunidade à autoacusação; Princípio do juiz natural; Princípio da publicidade e Princípio da vedação às provas ilícitas.

   Certo ( )   Errado ( )

   Princípio da imunidade à autoacusação/ Inexigibilidade de autoincriminação/ "nemo tenetur se detegere" — ninguém está obrigado a produzir prova contra si mesmo. De acordo com o art. 5º, LXIII, da CF/88, *o preso será informado de seus direitos, entre os quais o de permanecer calado, sendo-lhe assegurada a assistência da família e de advogado.*

   Princípio do juiz natural — (art. 5º, LIII - *ninguém será processado nem sentenciado senão pela autoridade competente*).

Princípio da publicidade — (art. 5º, LX – *a lei só poderá restringir a publicidade dos atos processuais quando a defesa da intimidade ou o interesse social o exigirem* - e XXXIII e art. 93).

Princípio da vedação às provas ilícitas — O art. 5º, LVI, da CF/88 que veda, de forma expressa, o ingresso, no processo, das **"provas obtidas por meios ilícitos"**. A prova ilícita trata-se da prova que contraria qualquer norma do ordenamento jurídico.

Gabarito: Certo.

---

3. (2021 – FGV – DPE/RJ – Defensor público) No dia 15 de janeiro do corrente ano, Célia Regina foi presa em flagrante em seu domicílio. Na ocasião, policiais militares, em verificação na Rua do Trabalhador, após receberem informações de que haveria traficância de drogas ilícitas no local, perceberam que um homem estava parado e no aguardo de Célia Regina em frente à sua residência. Com a aproximação dos policiais, o referido homem saiu do local, não sendo mais encontrado. Em ato contínuo, adentraram a residência de Célia Regina e constataram a existência de dois quilos de Cannabis Sativa tipo L (conhecida como maconha). Por esse motivo, Célia Regina foi presa em flagrante delito e indiciada pelo crime de tráfico de drogas ilícitas. Observando os fatos narrados, é correto afirmar que: a presunção de que haja entorpecentes em residência próxima ao local da venda de drogas autoriza a polícia ostensiva a adentrar o domicílio da suspeita, sem que haja autorização judicial, para buscar e apreender materiais que tenham relação com o fato.

Certo ( )   Errado ( )

É ILÍCITA a entrada no domicílio da indiciada SEM mandado judicial e os atos praticados serão considerados NULOS quando **não estiver amparada em fundadas razões devidamente justificadas**, que **indiquem a existência no interior da residência de drogas configuradoras de flagrante delito**.

Jurisprudência do STF e STJ:

O STF possui uma tese fixada sobre o tema:

*A entrada forçada em domicílio **sem mandado judicial só é lícita**, mesmo em período noturno, quando **amparada em fundadas razões, devidamente justificadas** "a posteriori", que indiquem que dentro da casa ocorre situação de flagrante delito, sob pena de responsabilidade disciplinar, civil e penal do agente ou da autoridade, e de nulidade dos atos praticados.* STF. Plenário. RE 603616/RO, Rel. Min. Gilmar Mendes, julgado em 4 e 5/11/2015 (repercussão geral – Tema 280) (Info 806).

Jurisprudência do STJ —*A mera intuição acerca de eventual traficância praticada pelo agente, embora pudesse autorizar abordagem policial, em via pública, para averiguação, **não configura, por si só, justa causa a autorizar o ingresso em seu domicílio**, sem o seu consentimento e sem determinação judicial.* STJ. 6ª Turma. REsp 1574681-RS, Rel. Min. Rogério Schietti Cruz, julgado em 20/4/2017 (Info 606)."

Jurisprudência do STJ – *A prova da legalidade e da voluntariedade do consentimento para o ingresso na residência do suspeito incumbe, em caso de dúvida, ao Estado, e deve ser feita com declaração assinada pela pessoa que autorizou o ingresso domiciliar, indicando-se, sempre que possível, testemunhas do ato. Em todo caso, a operação deve ser registrada em áudio-vídeo e preservada a prova enquanto durar o processo.* STJ. 6ª Turma. HC 598.051/SP, Rel. Min. Rogério Schietti Cruz, julgado em 02/03/2021 (Info 687)."

Gabarito: Errado.

---

4. **(2021 – CESPE/CEBRASPE – PC/DF – Escrivão)** Considerando as disposições constitucionais aplicáveis ao direito processual penal, julgue os próximos itens.

    O preso, apesar de seu direito de permanecer calado, poderá indicar uma pessoa para ser comunicada de sua prisão e, se lei admitir a liberdade provisória sem fiança, ele não será mantido na prisão.

    Certo ( )   Errado ( )

    Conforme preceitua o art. 5º, LXII, LXIII e LXVI, da CF/88, o preso tem o direito de permanecer calado, informar a sua prisão para a sua família ou para uma pessoa por ele indicada, bem como, se lei admitir a liberdade com ou sem fiança, o indivíduo não será mantido na prisão.

    Gabarito: Certo.

---

5. **(2021 – FGV – PC/RN – Delegado)** O direito processual penal é regido por diversos princípios, dentre os quais o do nemo tenetur se detegere, pelo qual ninguém será obrigado a produzir prova contra si mesmo. Com base no princípio em questão e na jurisprudência dos Tribunais Superiores:

    a) a atribuição de falsa identidade pelo suspeito ou investigado, ainda que em situação de autodefesa, configura fato típico.

    b) a recusa do investigado em prestar informações quando intimado em sede policial poderá justificar, por si só, o seu indiciamento pela autoridade policial.

    c) as provas que exijam comportamento passivo do investigado não poderão ser produzidas sem sua concordância.

    d) a alteração de cena do crime pelo agente não configura fraude processual.

    e) apenas o preso poderá valer-se do direito ao silêncio, não se estendendo tal proteção aos investigados.

    De acordo com a jurisprudência consolidada do STF e do STJ, pratica conduta TÍPICA, ou melhor, crime de falsa identidade o agente que, no momento da prisão em flagrante, atribuir para si falsa identidade, visto que essa é uma situação de autodefesa. O princípio constitucional da autodefesa NÃO alcança o indivíduo que se atribua falsa identidade perante autoridade policial com o intento de ocultar seus maus antecedentes criminais.

    Súmula nº 522 do STJ: É TÍPICA a conduta de atribuir-se falsa identidade perante autoridade policial, ainda que em situação de alegada autodefesa.

    Gabarito: A.

---

6. **(2021 – CESPE/CEBRASPE – PC/DF – Agente)** No que se refere ao autor do fato criminoso e ao processo penal brasileiro, julgue os próximos itens.

    O acusado que tiver praticado crime doloso contra a vida deverá ser julgado pelo tribunal do júri em votação sigilosa.

    Certo ( )   Errado ( )

    A CF/88 preceitua no art. 5º, XXXVIII - *é reconhecida a instituição do júri, com a organização que lhe der a lei, assegurados:*

    a) a plenitude de defesa;

b) o SIGILO das votações;

c) a soberania dos veredictos;

d) a competência para o julgamento dos crimes dolosos contra a vida.

Gabarito: Certo.

---

7. **(2021 – FCC – DPE/BA – Defensor Público – Adaptada)** A Polícia Civil de determinado estado abriu investigação acerca do tráfico de drogas em uma comunidade, inclusive com a utilização de fuzis e outras armas de grande potencial lesivo. Diante da dificuldade em obter a individualização dos supostos traficantes, bem como o local da guarda dos entorpecentes e armas, haja vista a utilização da residência de diversos moradores para tal função, a autoridade policial requereu ao juiz a expedição de um mandado de busca e apreensão coletivo, a permitir o ingresso em qualquer residência da comunidade, bem como a apreensão de objetos ligados ao tráfico de drogas, tais como celulares e planilhas. É correto afirmar que:

    A essa modalidade ilícita e ilegal de obtenção de provas, dá-se o nome de vigilância policial motivada.

    Certo (　)　　　　Errado (　)

    O enunciado descrito pelo examinador não se refere tão somente a uma vigilância policial, o enunciado faz referência ao instituto *Fishing expedition*, ou pescaria probatória, é a busca abstrata, no espaço físico ou digital, sem que exista motivo razoável, ou melhor, investigação preliminar, realizada de forma ampla e genérica para achar provas ou elementos probatórios sobre a prática de crimes, para dar subsídio à ação penal.

    Gabarito: Errado.

---

8. **(2021 – CESPE/CEBRASPE – PC/DF – Escrivão)** Considerando as disposições constitucionais aplicáveis ao direito processual penal, julgue os próximos itens.

    Segundo a Constituição Federal de 1988, o preso tem o direito de conhecer a identificação dos responsáveis pelo interrogatório policial.

    Certo (　)　　　　Errado (　)

    A norma constitucional assegura ao preso tem direito à identificação dos responsáveis por sua prisão ou por seu interrogatório policial, de acordo com a CF/88 (art. 5º, LXIV).

    Nova lei de Abuso de Autoridade — Lei nº 13.869/19 — O art. 16 dispõe que é CRIME, deixar de identificar-se ou identificar-se falsamente ao preso por ocasião de sua captura ou quando deva fazê-lo durante sua detenção ou prisão. Além disso, incorre na mesma pena (Pena - detenção, de 6 (seis) meses a 2 (dois) anos, e multa) quem, como responsável por interrogatório em sede de procedimento investigatório de infração penal, deixa de identificar-se ao preso ou atribui a si mesmo falsa identidade, cargo ou função.

    Gabarito: Certo.

---

9. **(2021 – MPDFT – Promotor de Justiça – Adaptada)** Considerando a afirmativa abaixo:

O princípio do juiz natural não resta violado na hipótese em que lei estadual atribui à Vara especializada competência territorial abrangente de todo o território da unidade federada com fundamento no art. 125 da Constituição Federal, porquanto o tema gravita em torno da organização judiciária, inexistindo afronta aos princípios da territorialidade e do juiz natural.

Certo ( )   Errado ( )

Para a jurisprudência do STF a vara especializada com competência territorial abrangente de todo o território da unidade federada, com fundamento no art. 125 da CF/88, porquanto o tema gravita em torno da organização judiciária, *INEXISTINDO afronta aos princípios da territorialidade e do Juiz natural.* (ADI 4414, Relator(a): LUIZ FUX, Tribunal Pleno, julgado em 31/05/2012).

Gabarito: Certo.

10. **(2021 – CESPE/CEBRASPE – PC/DF – Escrivão)** Determinado cidadão norte-americano em férias em Brasília cometeu o crime de homicídio ao fugir da cena de crime de tráfico ilícito de entorpecentes, supostamente por ele praticado. Após o crime, ele fugiu para o hotel onde se encontrava hospedado desde que chegou ao Brasil. Cinco minutos após ter adentrado em seu quarto, a polícia invadiu o local e conseguiu prendê-lo. Considerando a jurisprudência do STF, julgue os itens a seguir, a partir da situação hipotética precedente.

Por não ser residente no Brasil, o referido cidadão norte-americano não poderá suscitar a nulidade de julgamento por ofensa ao devido processo legal, direito fundamental previsto no art. 5.º da Constituição Federal de 1988.

Certo ( )   Errado ( )

O enunciado da questão aponta que o examinador quer extrair do candidato o conhecimento dos fundamentos constitucional sedimentados na jurisprudência da corte. É pacífico na jurisprudência que o estrangeiro também gozará dos direitos e garantias fundamentais estabelecidos na CF/88.

Jurisprudência — [...] a condição jurídica de NÃO nacional do Brasil e a circunstância de o réu estrangeiro não possuir domicílio em nosso país NÃO legitimam a adoção, contra o acusado, de qualquer tratamento arbitrário ou discriminatório. (Precedentes: HC 94.016, rel. min. Celso de Mello, j. 16-9-2008, 2.ª T, DJE de 27-2-2009; HC 94.477, rel. min. Gilmar Mendes, j. 6-9-2011, 2.ª T, DJE de 8-2-2012; HC 72.391 QO, rel. min. Celso de Mello, j. 8-3- 1995, P, DJ de 17-3-1995; HC 94016/ SP, rel. min. Celso de Mello, 16-9-2008. (HC-94016).

Gabarito: Errado.

11. **(2021 – FUNDEP– MPE/MG – Promotor de Justiça)** Sobre os princípios constitucionais penais e processuais penais, é INCORRETO afirmar:

   a) O Princípio da Legalidade veda a criação judicial de tipos penais por decisão judicial, salvo na hipótese em que há mandado expresso de criminalização.

   b) Ao lado de direitos e garantias em favor dos acusados, o art. 5º da Constituição da República de 1988 traz mandados expressos de criminalização, conferindo legitimidade à tutela penal.

   c) O flagrante de crime permanente permite o ingresso não autorizado em casa alheia, afastando a garantia de inviolabilidade do domicílio, mesmo no período noturno.

d) Textualmente, a Constituição da República de 1988 não dispõe sobre a garantia de não autoincriminação, mas apenas sobre o direito ao silêncio.

Atenção! O examinador indicou no enunciado que o candidato deve apontar o item INCORRETO.

Conforme o Supremo Tribunal Federal - STF, a aplicação da Lei nº 7.716/89 às condutas homofóbicas e transfóbicas **NÃO** indica a aplicação analógica. Nas palavras do Ministro Celso de Mello: *"[...] Na verdade, a solução ora proposta limita-se à mera subsunção de condutas homotransfóbicas aos diversos preceitos primários de incriminação definidos em legislação penal já existente (Lei 7.716/1989), pois os atos de homofobia e de transfobia constituem concretas manifestações de racismo, compreendido em sua dimensão social, ou seja, o denominado racismo social."* STF. Plenário. ADO 26/DF, Rel. Min. Celso de Mello, julgado em 13/6/2019 (Info 944).

Fundamentação das alternativas - CERTAS: b) Conforme a doutrina: *"[...] os mandados de criminalização indicam matérias sobre as quais o legislador ordinário NÃO tem a faculdade de legislar, mas a obrigatoriedade de tratar, protegendo determinados bens ou interesses de forma adequada e, dentro do possível, integral."* (MASSON, Cleber. Direito Penal: Parte Geral. Vol. 1. 13ª ed. Rio de Janeiro: Forense. São Paulo: Método, 2019);.

c) A norma constitucional estabelece que "a casa é asilo inviolável do indivíduo, ninguém nela podendo penetrar sem consentimento do morador, SALVO em caso de flagrante delito ou desastre, ou para prestar socorro, ou, durante o dia, por determinação judicial".

d) "De acordo com o art. 5º, XIII, da CF/88, *"o preso será informado de seus direitos, entre os quais o de permanecer calado, sendo-lhe assegurada a assistência da família e de advogado"*. O direito ao silêncio, previsto na Carta Magna como direito de permanecer calado, apresenta-se apenas como uma das várias decorrências do nemo tenetur se detegere, segundo o qual ninguém é obrigado a produzir prova contra si mesmo. Além da Constituição Federal, o princípio do nemo tenetur se detegere também se encontra previsto no Pacto Internacional dos Direitos Civis e Políticos (art. 14.3, "g"), e na Convenção Americana sobre Direitos Humanos (art. 8º, § 2º, "g")."* (DE LIMA, Renato Brasileiro de. Manual de Processo Penal. 8. Ed. Salvador/BA: Juspodivm, 2020. p. 71.)

Gabarito: A.

---

12. **(2019 – CESPE/CEBRASPE – TJ/AM – Assistente Judiciário)** Com relação a provas, julgue o próximo item.

Provas obtidas por meios ilícitos podem excepcionalmente ser admitidas se beneficiarem o réu.

Certo (   )   Errado (   )

A questão aborda um tema muito importante, a relativização das provas ilícitas. Em regra, a CF/88, no art. 5º, LVI, veda a admissão de provas ilícitas, no entanto a doutrina e a jurisprudência admitem, EXCEPCIONALMENTE, a utilização de provas ilícitas em EXCLUSIVO benefício do réu, especialmente quando se tratar da única forma de o réu provar sua inocência, evitando-se, igualmente, uma condenação injusta. Como fundamento da admissão supramencionada, a doutrina e a jurisprudência se apoiam na teoria da proporcionalidade.

Teoria da proporcionalidade (razoabilidade): a referida teoria versa a respeito do uso da prova ilícita exclusivamente para a defesa do réu, logo, uma prova de origem ilícita é apresentada com a intenção de defendê-lo. Nessa hipótese, o juiz deve aceitá-la, porquanto, entre a formalidade na produção da prova e o risco de prisão do réu inocente, o direito constitucional fundamental de liberdade deve prevalecer.

Teoria das excludentes: a respectiva teoria admite a prova ilícita, entretanto existe uma excludente de ilicitude EM FAVOR DO RÉU. Essa prova poderá ser utilizada EXCLUSIVAMENTE em seu benefício. A lei processual penal, a doutrina assim como a jurisprudência, apontam algumas outras teorias relevantes sobre a prova ilícita.

Teoria dos frutos da árvore envenenada ou do efeito a distância (*fruits of the poisonous tree*), também denominada de teoria da prova contaminada: é a regra apresentada pelo art. 157, §1º do CPP, qual seja: a vedação da utilização das provas ilícitas por derivação, sua construção se deu na Suprema Corte Americana e também é aceita pelo STF.

Teoria da descoberta inevitável: determina que, independentemente, da prova ilícita seria inevitável adquirir a prova final, em questão em um caso específico, tendo em vista os trâmites típicos de investigação.

CPP, art. 157, §§ 1º e 2º: *São também inadmissíveis as provas derivadas das ilícitas, salvo quando não evidenciado o nexo de causalidade entre umas e outras, ou quando as derivadas puderem ser obtidas por uma fonte independente das primeiras.*

Teoria da prova absolutamente independente: estabelece que aquela fonte a qual, por si só, seguindo os a rotina típica e de praxe, é capaz de chegar ao objeto da prova do crime.

Em reverência ao princípio da imparcialidade do juiz, o Pacote Anticrime faz referência ao **JUIZ contaminado**, relacionando-se com as provas ilícitas. De acordo com a redação do art. 157, § 5º, do CPP, *juiz que conhecer do conteúdo da prova declarada inadmissível não poderá proferir a sentença ou acórdão.*

Gabarito: Certo.

---

13.   (2019 – FCC – DPE/SP – Defensor Público) Tício foi preso, em flagrante delito, pela prática do crime de tráfico de entorpecentes. Policiais Militares, com o celular de Tício, acessaram o aplicativo de troca de mensagens e localizaram conversas com Mévio sobre a movimentação do ponto de venda de drogas naquele dia. Pelo mesmo aplicativo, obtiveram informações sobre o endereço de Mévio, foram até sua residência e prenderam-no em flagrante, por tráfico de entorpecentes e associação para o tráfico. A utilização dessas conversas por aplicativo, como prova em eventual processo, é

a)   válida, por haver erro escusável dos policiais sobre a necessidade de obtenção de prévia autorização judicial.

b)   válida, já que Tício estava cometendo o crime de tráfico, e para as buscas em aplicativo de comunicação valem as mesmas regras que se aplicam à busca domiciliar.

c)   nula, já que não havia autorização judicial para que a Polícia tivesse acesso às conversas travadas pelo aplicativo entre Tício e Mévio.

d)   válida, já que para a busca em aplicativos valem as mesmas regras da busca pessoal, bastando haver fundada suspeita.

e)   nula, já que não houve o consentimento de Tício, sendo que nem a autorização judicial poderia supri-lo.

O art. 5º, LVI, da CF/88, veda, de forma expressa, o ingresso no processo das **"provas obtidas por meios ilícitos"**. A prova ilícita é a prova que contraria qualquer norma do ordenamento jurídico.

Consoante à jurisprudência atual do STJ - **"ilícito o acesso direto da polícia a informações constantes de aparelho celular, sem prévia autorização judicial"**. *Precedentes. 2. Hipótese em que a* *autoridade policial realizou perícia no telefone móvel do acusado e obteve os registros telefônicos e o histórico de conversas via WhatsApp. (STJ - RHC 89.315 SP. Rel. Min. Rogério Schietti Cruz.Sexta Turma. Julgado em 28/08/2018).*

Conforme o Informativo nº 583 do STJ - *Sem prévia autorização judicial, são nulas as provas obtidas pela polícia por meio da extração de dados e de conversas registradas no whatsapp presentes no celular do suposto autor de fato delituoso, ainda que o aparelho tenha sido apreendido no momento da prisão em flagrante. STJ. 6ª Turma. RHC 51.531-RO, Rel. Min. Nefi Cordeiro, julgado em 19/4/2016.*
Gabarito: C.

---

14. **(2019 – MPE/SP – MPE/SP – Promotor de Justiça)** A ação persecutória do Estado para revestir--se de legitimidade não pode se apoiar em elementos probatórios ilicitamente obtidos, sob pena de ofensa à garantia constitucional do devido processo legal, que tem, no dogma da inadmissibilidade das provas ilícitas, uma de suas mais expressivas projeções concretizadoras no plano do nosso sistema de direito positivo.

Certo ( )   Errado ( )

A ação persecutória do Estado, para se revestir de legitimidade, não pode se apoiar em elementos probatórios ilicitamente obtidos, sob pena de ofensa à garantia constitucional do devido processo legal, que tem, no dogma da inadmissibilidade das provas ilícitas, uma de suas mais expressivas projeções concretizadoras no plano do nosso sistema de direito positivo (art. 5º, LVI, da CF; art. 157 do CPP; STF, RHC 90.376/2007).
Gabarito: Certo.

---

15. **(2019 – CESPE/CEBRASPE – PGE/PE – Assistente de Procuradoria)** No que se refere aos direitos individuais e à aplicação dos princípios do contraditório e da ampla defesa, julgue o item a seguir.

É nula a sentença condenatória fundamentada exclusivamente em elementos colhidos em inquérito policial.

Certo ( )   Errado ( )

A jurisprudência do STF entende que a ampla defesa e o contraditório não se aplicam na fase do inquérito policial ou civil. Por esse motivo, é nula a sentença condenatória proferida EXCLUSIVA- MENTE com base em fatos narrados no inquérito policial. O juiz pode usar as provas colhidas no inquérito para fundamentar sua decisão; entretanto, por não ter sido garantida a ampla defesa e o contraditório na fase do inquérito, as provas nele obtidas não poderão ser os únicos elementos para motivar a decisão judicial.
Gabarito: Certo.

---

16. **(2019 – IDIB – Prefeitura de Petrolina/PE – Guarda Civil)** Sobre as disposições constitucionais aplicáveis ao Direito Processual Penal, analise os itens a seguir:

I. Costuma-se falar que o princípio da individualização da pena tem caráter meramente relativo, já que não foi contemplado na Constituição Federal.

II. Na seara processual penal, o princípio da razoável duração do processo deve ser harmonizado com outros princípios constitucionais, não podendo ser considerado de maneira isolada e descontextualizada do caso concreto, a pretexto de acelerar a condenação do acusado.

III. O princípio da não autoincriminação garante o pleno direito ao silêncio do acusado, mas não impede que o mesmo seja investigado pelos fatos sobre os quais não se pronunciou.

Analisados os itens, pode-se afirmar corretamente que:

a) Apenas o item I está correto.

b) Apenas o item II está correto.

c) Apenas o item III está correto.

d) Apenas os itens I e II estão corretos.

e) Apenas os itens II e III estão corretos.

Nos itens apontados na questão, apenas o I contraria severamente o preceito constitucional garantido na CF/88. O princípio da individualização da pena garante aos indivíduos, no momento de uma condenação em um processo penal, que a sua pena seja individualizada, isto é, levando em conta as peculiaridades aplicadas para cada caso em concreto. O art. 5º, XLVI, da CF/88 regulará a individualização da pena e adotará, entre outras, as seguintes:

- **Privação ou restrição da liberdade.**
- **Perda de bens.**
- **Multa.**
- **Prestação social alternativa.**
- **Suspensão ou interdição de direitos.**

Gabarito: E.

17. **(2019 – MPE/SP – MPE/SP – Promotor de Justiça)** Na hipótese de o órgão legitimado pela investigação e propositura das medidas judiciais pertinentes demonstrar que obteve legitimamente novos elementos de informação a partir de uma fonte autônoma de prova, esta deverá ser admitida, porque não se considera corrompida pela nódoa da ilicitude originária.

Certo (   )   Errado (   )

Na hipótese de o órgão legitimado pela investigação e propositura das medidas judiciais pertinentes demonstrarem que *obteve legitimamente novos elementos de informação a partir de uma fonte autônoma de prova, esta deverá ser admitida, porque não se considera corrompida pela nódoa da ilicitude originária*. De acordo com o art. 157, § 1º, do CPP, *também são inadmissíveis no processo as provas derivadas das ilícitas, salvo quando não evidenciado o nexo de causalidade entre umas e outras ou quando as derivadas puderem ser obtidas por uma fonte independente das primeiras*. O referido dispositivo, ao dispor que também são inadmissíveis no processo as provas derivadas das ilícitas, admite expressamente a teoria da prova ilícita por derivação, também chamada de teoria dos frutos da árvore envenenada ou de teoria da prova contaminada. Ao dispor que não há ilicitude quando não evidenciado o nexo de causalidade entre as provas derivadas, admite expressamente a teoria da mancha purgada, também chamada de teoria da tinta diluída ou de teoria do nexo causal atenuado. E, ao dispor que não há ilicitude quando as provas derivadas puderem ser obtidas por uma fonte independente das primeiras, admite expressamente a teoria da fonte independente, também admitida pelo STF, no HC 116.931/2015.

Gabarito: Certo.

18. **(2018 - VUNESP – TJ/SP – Juiz)** São princípios constitucionais processuais penais explícitos e implícitos, respectivamente:

a) intranscendência das penas e motivação das decisões; e intervenção mínima (ou *ultima ratio*) e duplo grau de jurisdição.

b) contraditório e impulso oficial; e adequação social e favor rei (ou *in dubio pro reo*).

c) dignidade da pessoa humana e juiz natural; e insignificância e identidade física do juiz.

d) não culpabilidade (ou presunção de inocência) e duração razoável do processo; e não auto-acusação (ou *nemo tenetur se detegere*) e paridade de armas.

São princípios constitucionais processuais penais explícitos apontados na questão:	São princípios constitucionais processuais penais implícitos apontados na questão:
Princípio da não culpabilidade (ou presunção de inocência) **(art. 5º, LVII, da CF/88)**. Princípio da duração razoável do processo **(art. 5º, LXXVIII, da CF/88)**.	Princípio da não autoacusação (ou princípio do *nemo tenetur se detegere*). Princípio da paridade de armas.

Vamos revisar alguns princípios constitucionais **EXPLÍCITOS** aplicáveis ao CPP:

• **Igualdade entre as partes (art. 5º,** *caput - Todos são iguais perante a lei, sem distinção de qualquer natureza [...]).*

• **Juiz natural (art. 5º, LIII –** *[...] ninguém será processado nem sentenciado senão pela autoridade competente).*

• **Devido processo legal (art. 5º, LIV -** *[...] ninguém será privado da liberdade ou de seus bens sem o devido processo legal).*

• **Contraditório (art. 5º, LV -** *[...] aos litigantes, em processo judicial ou administrativo, e aos acusados em geral são assegurados o contraditório e ampla defesa, com os meios e recursos a ela inerentes).*

• **Ampla defesa (art. 5º, LV -** *[...] aos litigantes, em processo judicial ou administrativo, e aos acusados em geral são assegurados o contraditório e ampla defesa, com os meios e recursos a ela inerentes).*

• **Vedação a prova ilícita (art. 5º, LVI -** *[...] são inadmissíveis, no processo, as provas obtidas por meios ilícitos).*

• **Presunção de inocência ou não culpabilidade (art. 5º, LVII -** *[...] ninguém será considerado culpado até o trânsito em julgado de sentença penal condenatória).*

• **Publicidade (art. 5º, LX -** *[...] a lei só poderá restringir a publicidade dos atos processuais quando a defesa da intimidade ou o interesse social o exigirem - e art. 93, XXXIII).*

Gabarito: D.

---

19. **(2019 – FCC – DPE/SP – Defensor Público – Adaptada)** Tício foi preso em flagrante delito, pela prática do crime de tráfico de entorpecentes. Na fase policial, ele usou do seu direito constitucional de permanecer em silêncio. Após ser denunciado, em seu interrogatório judicial, alegou ser apenas usuário, relatando que estava no local para adquirir entorpecentes. Já os Policiais Militares responsáveis pela prisão disseram que abordaram Tício porque ele estava em atitude suspeita, mas esclareceram não terem visto qualquer ato de mercancia nem qualquer pessoa próxima a ele. Afirmaram, ainda, que ficaram com dúvidas sobre a prática do crime de tráfico, pela pequena quantidade de droga apreendida, porém, tendo em vista que Tício teria lhes confessado informalmente que estava traficando no local, tiveram certeza sobre a sua responsabilidade penal, o que não foi relatado nos autos. Diante disso, o Magistrado que julgou a causa condenou Tício, pela prática do crime de Tráfico de Entorpecentes, à pena de 1 (um) ano e 8 (oito) meses de reclusão, a ser cumprida inicialmente em regime fechado, em razão da gravidade da conduta. A condenação proferida está correta, já que cabia à defesa demonstrar que os policiais queriam incriminar falsamente o réu, pois o depoimento dos milicianos goza de presunção de veracidade.

Certo ( )   Errado ( )

O princípio *in dubio pro reo* **é regra probatória, conforme a qual não cabe ao acusado demonstrar a sua inocência, mas aos órgãos de persecução penal colher e apresentar elementos e provas de sua culpa aptas a afastar qualquer dúvida razoável quanto à sua efetiva responsabilidade penal.**
Gabarito: Errado.

---

20. **(2019 – MPE/SP – MPE/SP – Promotor Substituto – Adaptada)** A realização de gravação ambiental por um dos interlocutores sem conhecimento do outro é considerada lícita.

Certo ( )   Errado ( )

A realização de gravação ambiental por um dos interlocutores sem conhecimento do outro é considerada lícita (STF, RE 583.937-QO/2009).
Gabarito: Certo.

---

21. **(2018 – FGV – TJ/SC – Oficial de Justiça – Adaptada)** A Constituição da República e a doutrina trazem uma série de princípios aplicáveis ao Direito Processual Penal, alguns previstos expressamente na legislação e outros implícitos. Sobre o tema, de acordo com a jurisprudência majoritária e atual dos Tribunais Superiores, é correto afirmar que:

O princípio da motivação das decisões traz como consequência a nulidade da decisão fundamentada de maneira sucinta e daquelas que se utilizem, ainda que em parte, da motivação *per relationem*;

Certo ( )   Errado ( )

As fundamentações sucintas NÃO acarretam nulidade do julgado, uma vez que ser breve não quer dizer ser omisso. De tal modo, um juiz pode, em seu julgado, enfrentar todos os tópicos debatidos no processo sendo objetivo, pragmático. Isso não ofende o primado da fundamentação das decisões judiciais. É nulo o acórdão que se limita a ratificar a sentença e a adotar o parecer ministerial, sem sequer transcrevê-los, deixando de afastar as teses defensivas ou de apresentar fundamento próprio. Isso porque, nessa hipótese, está caracterizada a nulidade absoluta do acórdão por falta de fundamentação.
Jurisprudência do STF: *A jurisprudência admite a chamada fundamentação per relationem, mas desde que o julgado faça referência concreta às peças que pretende encampar, transcrevendo delas partes que julgar interessantes para legitimar o raciocínio lógico que embasa a conclusão a que se quer chegar. STJ. 6ª Turma. HC 214049-SP, Rel. originário Min. Nefi Cordeiro, Rel. para acórdão Min. Maria Thereza de Assis Moura, julgado em 5/2/2015 (Info 557).*
Gabarito: Errado.

---

22. **(2019 – MPE/SP – MPE/SP – Promotor de Justiça – Adaptada)** Por meio de um juízo de ponderação de interesses, a garantia constitucional da inadmissibilidade da prova ilícita pode ser afastada a fim de permitir, no caso concreto, a prevalência do interesse público consubstanciado na eficácia da repressão penal.

Certo (   )   Errado (   )

NÃO PODE a prova ilícita, mediante um juízo de ponderação, ser afastada a fim de permitir, no caso concreto, a prevalência do interesse público consubstanciado na eficácia da repressão penal. Na jurisprudência e doutrina tem sido pacificamente aceita a prova ilícita *pro reo*. No entanto, é consensual na doutrina e jurisprudência que NÃO se admitirá a prova ilícita *pro societate*.

Gabarito: Errado.

---

23. **(2018 – CESPE/CEBRASPE – STM – Analista Judiciário)** A respeito dos princípios constitucionais e gerais do direito processual penal, julgue o item a seguir.

Ninguém será processado nem sentenciado, senão pela autoridade competente, em respeito ao princípio constitucional do juiz natural.

Certo (   )   Errado (   )

A CF/88 estabelece em seu art. 5º, LIII, que: *Ninguém será processado nem sentenciado senão pela autoridade competente.*

De tal modo, do dispositivo constitucional pode-se extrair o princípio do juiz natural, que estabelece que toda pessoa tem o direito de ser julgada por um órgão do Poder Judiciário brasileiro, devidamente investido na função jurisdicional, cuja competência fora previamente definida.

O princípio do juiz natural está atrelado a duas concepções:

a) vedação aos tribunais de exceção.

b) fruto do sistema norte-americano, prevê a necessidade de uma fixação prévia da competência do magistrado.

Gabarito: Certo.

---

24. **(2018 – FCC – MPE/PE – Técnico Ministerial)** O princípio do Direito Processual Penal que impede a criação de tribunais de exceção refere-se ao princípio

    a) do contraditório.

    b) da verdade real.

    c) da oficiosidade.

    d) do juiz natural.

    e) da indisponibilidade.

O princípio do juiz natural decorre do art. 5º, LIII, da CF/88, ao dispor que ninguém será processado nem sentenciado senão pela autoridade competente. Embora, à primeira vista, a leitura do dispositivo possa sugerir que se refere apenas à necessidade de observância das regras de competências *ratione materiae*, *ratione personae* e *ratione loci*, é certo que possui alcance bem maior do que este, primeiro porque se refere à "autoridade competente" e não a "juízo competente", e, segundo, porque a nulidade dos atos processuais, quando realizados em juízo incompetente, já é consagrada em nível de legislação infraconstitucional, no art. 564, I, do CPP.

Gabarito: E.

---

25. **(2018 – VUNESP – PC/BA – Investigador de Polícia)** A respeito do princípio constitucional do juiz natural, é correto afirmar que, na fase investigatória,

   a) ele é representado pelo delegado de polícia, que atua na presidência do inquérito policial e concretiza as medidas legais.

   b) não há, uma vez que para sua existência é imprescindível que haja o contraditório formal e a ampla defesa.

   c) não existe, pois nesta fase a autoridade judiciária exerce tão somente atividade correcional e nunca jurisdicional propriamente dita.

   d) poderá haver tão somente na hipótese de decretação de medidas que cerceiem a liberdade do investigado.

   e) ele é representado pelo juiz de direito que concede prazos, autoriza diligências e determina medidas restritivas.

O princípio do juiz natural consagra o direito de ser processado pelo magistrado competente e a vedação constitucional a criação de juízos ou tribunais de exceção.

O art. 5º dispõe nos incisos XXXVII e LIII:

*XXXVII - não haverá juízo ou **tribunal de exceção.***

*LIII - ninguém será processado nem sentenciado senão pela **autoridade competente (JUIZ).***

Gabarito: E.

---

26. **(2018 – FUNDATEC – DPE/SC – Analista Técnico – Adaptada)** De acordo com os princípios constitucionais de processo penal, é correto afirmar:

Ao acusado que estiver sob o patrocínio da Defensoria Pública para o exercício de sua defesa, não será estendida a garantia da paridade de armas.

Certo ( )   Errado ( )

O princípio do equilíbrio de armas, digo, paridade de armas é uma decorrência dos princípios da igualdade, contraditório, ampla defesa e do devido processo legal, para, além disso, a garantia dos princípios supracitados a acusação e a defesa tenham acesso a meios processuais equivalentes para influenciar o julgador, evitando o beneficiamento legislativo e fático de alguma das partes. A CF/88 rompe o sistema inquisitivo, alterando os valores e princípios que norteiam o Processo Penal. O Brasil passa a adotar o sistema acusatório, realçando a guarida dos direitos e garantias individuais do acusado, assegurando o exercício do direito de defesa e a igualdade de tratamento com relação à acusação, durante toda a duração do processo, possibilidade decorrente do princípio da paridade das armas. O respeito à paridade de armas como decorrência dos princípios do contraditório, da ampla defesa e do devido processo legal, do direito à igualdade. Para garantia dos princípios supracitados, a acusação e a defesa devem ter acesso a meios processuais equivalentes para influenciar o julgador, evitando o beneficiamento legislativo e fático de alguma das partes.

Gabarito: Errado.

---

27. **(2018 – CESPE/CEBRASPE – PC/MA – Delegado)** O MP de determinado estado ofereceu denúncia contra um indivíduo, imputando-lhe a prática de roubo qualificado, mas a defesa do acusado negou a autoria. Ao proferir a sentença, o juízo do feito constatou a insuficiência de provas capazes de justificar a condenação do acusado. Nessa situação hipotética, para fundamentar a decisão absolutória, o juízo deveria aplicar o princípio do

a) estado de inocência.

b) contraditório.

c) promotor natural.

d) *ne eat judex ultra petita partium.*

e) *favor rei.*

O princípio do *in dubio pro reo* ou *favor rei* privilegia a garantia da liberdade em detrimento da pretensão punitiva do Estado exclusivamente diante de certeza quanto à responsabilização penal do acusado pelo fato praticado é que poderá operar-se a condenação, ou seja, havendo dúvidas, resolverá sempre em favor do acusado. Para o princípio do *favor rei*, existindo dúvida sobre a interpretação ou aplicação de norma, regra ou princípio estes devem ser aplicado em favor do réu. O princípio supramencionado aplica-se no processo de interpretação das normas jurídicas e princípios, diferentemente do princípio do *in dubio pro reo*, que se relaciona na avaliação da prova.

Princípios apontados nas demais alternativas da questão:

Princípio da presunção de inocência/Estado de inocência	Trata-se de um dos princípios basilares do Direito, responsável por tutelar a liberdade dos indivíduos, sendo previsto pelo art. 5º, LVII, da CF/88, que enuncia: *ninguém será considerado culpado até trânsito em julgado de sentença penal condenatória.*
Princípio do contraditório	Constitui-se ciência bilateral dos atos e termos do processo e a possibilidade de contrariá-los - direito à ciência dos atos e possibilidade de reação.
Princípio da iniciativa das partes ou *ne eat judex ultra petita partium*	O juiz não pode dar mais do que foi pedido, não pode decidir sobre o que não foi pedido - limites da correlação entre o fato controvertido e o fato decidido.
Princípio do promotor natural	Desdobramento do princípio do juiz natural, o promotor natural garante que ninguém será processado nem sentenciado senão pela autoridade competente. Atualmente, o princípio é aceito pela maioria absoluta da doutrina e da jurisprudência pátria, justificando-se na circunstância de que todo acusado tem o direito de saber, com definição antecipada, aquele que personificará o Estado-acusador.

Gabarito: E.

---

28. **(2018 – FUNDATEC – DPE/SC – Analista Técnico – Adaptada)** De acordo com os princípios constitucionais de processo penal, é correto afirmar:

O princípio do contraditório abrange apenas a ciência dos atos processuais no âmbito do procedimento.

Certo ( )   Errado ( )

A doutrina quanto ao princípio do contraditório dispõe que é traduzido pelo binômio ciência e participação, impondo que às partes deve ser dada a possibilidade de influir no convencimento do magistrado, oportunizando-se a participação e manifestação sobre atos que constituem a evolução do processo.

Gabarito: Errado.

---

29. **(2018 – COMPERVE – TJ/RN – Juiz)** O processo penal brasileiro tem um sistema probatório informado por variados princípios, dentre eles o do contraditório, estabelecendo ciência bilateral que visa contrariar afirmações por meio da produção de provas e estando intimamente relacionado à noção de defesa técnica. Nesse contexto, inclui-se o direito de não praticar qualquer comportamento ativo que possa incriminá-lo, tal como a

a) participação em momento de reconhecimento de pessoas.

b) autorização para realização de exame grafotécnico.

c) participação em reconstituição do crime.

d) condução coercitiva para interrogatório, mesmo para reconhecimento do acusado.

São desdobramentos do Direito de NÃO se autoincriminar (*nemo tenetur se detegere*), ou seja, de não produção de provas contra si:

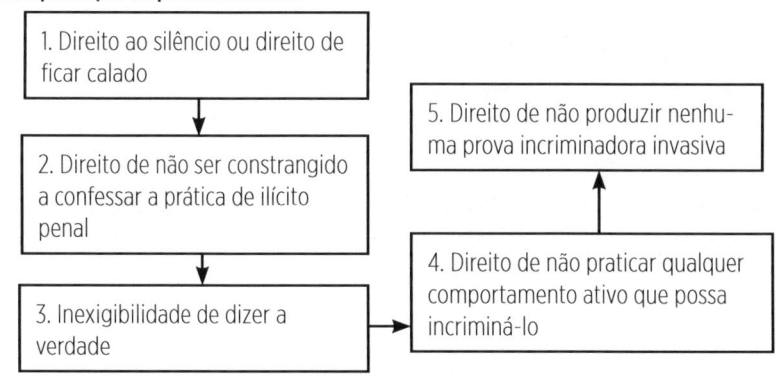

É inconstitucional levar pessoas à força para interrogatórios.

Decisão: o tribunal, por maioria e nos termos do voto do relator, julgou procedente a arguição de descumprimento de preceito fundamental, para pronunciar a não recepção da expressão "para o interrogatório", constante do art. 260 do CPP, e declarar a incompatibilidade com a Constituição Federal da condução coercitiva de investigados ou de réus para interrogatório, sob pena de responsabilidade disciplinar, civil e penal do agente ou da autoridade e de ilicitude das provas obtidas, sem prejuízo da responsabilidade civil do Estado. O tribunal destacou, ainda, que essa decisão não desconstitui interrogatórios realizados até a data do presente julgamento, mesmo que os interrogados tenham sido coercitivamente conduzidos para tal ato. Vencidos, parcialmente, o Ministro Alexandre de Moraes, nos termos de seu voto, o Ministro Edson Fachin, nos termos de seu voto, no que foi acompanhado pelos Ministros Roberto Barroso, Luiz Fux e Cármen Lúcia (Presidente). Plenário, 14.6.2018.

Jurisprudência do STF: *Submissão ao exame grafotécnico - Aquele que sofre persecução penal instaurada pelo Estado tem, dentre outras prerrogativas básicas, (a) o direito de permanecer em silêncio, (b) o direito de não ser compelido a produzir elementos de incriminação contra si próprio nem de ser constrangido a apresentar provas que lhe comprometam a defesa e (c) o direito de se recusar a participar, ativa ou passivamente, de procedimentos probatórios que lhe possam afetar a esfera jurídica, tais como a reprodução simulada (reconstituição) do evento delituoso e o fornecimento de padrões gráficos ou de padrões vocais para efeito de perícia criminal (HC 96.219-MC/SP, Rel. Min. CELSO DE MELLO, v.g.).*

Sobre a reconstituição simulada do crime, afirma Fernando da Costa Tourinho Filho:

"E se o indiciado a tanto se opuser? Não comete nenhuma infração. Se ele não é obrigado a acusar a si próprio (nemo tenetur se detegere), se ele tem o direito constitucional de permanecer calado, **não teria, como não tem sentido, ser eventualmente processado por desobediência pelo simples fato de se recusar a contribuir para a descoberta de 'alguma prova' contra ele...** *Embora o suposto autor do delito não possa ser compelido a fazer parte da reconstituição, em face do privilégio contra*

a autoincriminação, se ele quiser participar, sua presença não pode ser recusada. [...] Não se pode dizer tenha sido ele desobediente. Se a Magna Carta lhe confere o direito ao silêncio, se ele não é obrigado a fazer prova contra si próprio, não está obrigado a participar da diligência. Nesse sentido já se pronunciou o STF (RT. 697-385; RTJ, 142-855)." (Processo Penal, v.1, p.297-8)

Gabarito: C.

---

30. **(2018 – NUCEPE – PC/PI – Agente – Adaptada)** É possível afirmar que jurisdição é uma das funções do Estado, uma vez que este possui a prerrogativa de dirimir os conflitos de interesses trazidos à sua apreciação.

Apenas as autoridades em exercício com investidura, como juízes e delegados, podem exercer o poder jurisdicional.

Certo ( )   Errado ( )

O delegado de polícia NÃO possui poder JURISDICIONAL conforme afirma a questão. Logo, o princípio da jurisdição ou investidura aplica-se a quem possui a legitimidade para o exercício jurisdicional, à vista disso SOMENTE a autoridade jurisdicional – JUIZ.

Gabarito: Errado.

---

31. **(2018 – CESPE/CEBRASPE – PC/MA – Escrivão)** A disposição constitucional que assegura ao preso o direito ao silêncio consubstancia o princípio da

a) inexigibilidade de autoincriminação.

b) verdade real.

c) indisponibilidade.

d) oralidade.

e) cooperação processual.

Princípio da inexigibilidade de autoincriminação - De acordo com o art. 5º, LXIII, da CF/88, *o preso será informado de seus direitos, entre os quais o de permanecer calado, sendo-lhe assegurada a assistência da família e de advogado*. Trata-se do princípio do *nemo tenetur se detegere*. O direito ao silêncio é desdobramento lógico do princípio segundo o qual ninguém é obrigado a produzir prova contra si mesmo. Está previsto, também, em documentos internacionais, como na Convenção Americana de Direitos Humanos e Pacto Internacional de Direitos Civis e Políticos.

Gabarito: A.

---

32. **(2018 – CESPE/CEBRASPE – STM – Analista Judiciário)** A respeito dos princípios constitucionais e gerais do direito processual penal, julgue o item a seguir.

A despeito do princípio constitucional da vedação às provas ilícitas, o juiz poderá considerar uma prova ilícita em qualquer situação, desde que se convença de sua importância para a condenação do réu.

Certo ( )   Errado ( )

O juiz deverá considerar que uma prova é ilícita se ela violar o direito material, independentemente de sua importância para a condenação do réu. As provas ilícitas deverão ser expurgadas do processo, consoante o art. 157 do CPP. Tem-se admitido na doutrina e na jurisprudência uma exceção ao princípio constitucional da vedação de provas ilícitas. A jurisprudência brasileira começa a reconhecer a teoria

da proporcionalidade (ou teoria da razoabilidade ou teoria do interesse predominante) na apreciação da prova ilícita, admitindo excepcionalmente a utilização desta última em benefício dos direitos do réu inocente que produziu tal prova para a sua absolvição (*pro reo*), pois, nesta situação, ele estaria agindo, para uns (GRINOVER; GOMES FILHO; FERNANDES, 2009), em legítima defesa, para outros, em estado de necessidade ou mesmo se configuraria hipótese de inexigibilidade de conduta diversa (NUCCI, 2008).

Gabarito: Errado.

---

33. (2018 – NUCEPE – PC/PI – Agente – Adaptada) É possível afirmar que jurisdição é uma das funções do Estado, uma vez que este possui a prerrogativa de dirimir os conflitos de interesses trazidos à sua apreciação.

Inafastabilidade: O juiz pode se recusar a prolatar decisão desde que fundamente, devidamente, o motivo da recusa.

Certo (   )   Errado (   )

Princípio da inafastabilidade ou indeclinabilidade (art. 5º, XXXV, da CF/88): *conforme o qual a todos é possibilitado o acesso ao judiciário em busca da solução de suas situações litigiosas e conflitos de interesses em geral, bem assim para a administração de interesses privados pela jurisdição voluntária.*

Gabarito: Errado.

---

34. (2018 – FUNDATEC – DPE/SC – Analista Judiciário – Adaptada) Em relação à prova no processo penal, assinale a alternativa correta.

Todos os meios de prova possíveis em sede de processo penal encontram previsão no CPP.

Certo (   )   Errado (   )

A liberdade probatória está na ampla e garantida possibilidade de se provar tudo, e por todos os meios, desde que nos termos previstos pelo CPP e pela CF/88. O direito processual penal é regido pelo princípio da liberdade probatória, o qual e está previsto no art. 198 do CPP, podendo ser entendido como o direito das partes de provarem fatos relevantes ao processo, utilizando-se de qualquer meio de prova. Vale ressaltar que o princípio da verdade deriva o princípio da liberdade de provas, que não é absoluto. As partes contam com liberdade para a obtenção, apresentação e produção da prova, mas essa liberdade tem limites, inclusive no que diz respeito às provas ilícitas vedadas por texto constitucional. Logo a lei processual penal nomina algumas espécies de provas em seu texto legal, não esgotando todas as hipóteses probatórias admissíveis.

Podemos classificar as provas:

Prova Nominada
Tem previsão legal, pouco importando se ela tem ou não procedimento probatório previsto em lei. Exemplo: exame de corpo de delito.

Prova Inominada
(Princípio da liberdade quanto aos meios de prova)
Não tem previsão legal. Exemplo: reconhecimento fotográfico por e-mail (não é imoral, ilícito ou antiético).

Gabarito: Errado.

35. (2018 – CEFETBAHIA – MPE/BA – Promotor de Justiça – Adaptada) No que tange ao tema Teoria da Prova em processo penal, analise a assertiva

É lícita a prova consistente no teor de gravação de conversa telefônica realizada por um dos interlocutores, sem o conhecimento do outro, se não há causa legal específica de sigilo, nem de reserva da conversação, sobretudo quando se predestine a fazer prova em juízo ou inquérito a favor de quem a gravou.

Certo ( ) Errado ( )

A CF/88 estabeleceu uma série de garantias ao cidadão, dentre elas a impossibilidade de alguém ser condenado com base em provas ilícita consoante o art. 5º, LVI. Consoante ao exposto na questão, a jurisprudência do STF, Súmula nº 279 dispõe que: *A gravação de conversa entre dois interlocutores, feita por um deles, sem conhecimento do outro, com a finalidade de documentá-la, futuramente, em caso de negativa, nada tem de ilícita, principalmente quando constitui exercício de defesa.*

Gabarito: Certo.

---

36. (2018 – FGV – TJ/SC – Oficial de Justiça – Adaptada) A Constituição da República e a doutrina trazem uma série de princípios aplicáveis ao Direito Processual Penal, alguns previstos expressamente na legislação e outros implícitos. Sobre o tema, de acordo com a jurisprudência majoritária e atual dos Tribunais Superiores, é correto afirmar que:

o princípio da inexigibilidade de autoincriminação permite que o acusado apresente, em sede policial ou em juízo, nome e dados qualificativos falsos sem que isso constitua crime;

Certo ( ) Errado ( )

A questão trata de hipótese esposada na jurisprudência.

Jurisprudência do STF e do STJ: *[...] O plenário virtual, ao analisar o RE 640.139/DF, reconheceu a repercussão geral do tema versado nestes autos e, na ocasião, reafirmou a jurisprudência, já consolidada no sentido de que comete o delito tipificado no art. 307 do Código Penal aquele que, conduzido perante a autoridade policial, atribui a si falsa identidade com o intuito de ocultar seus antecedentes [...]. STF. 2ª Turma. RE 648223 AgR, Rel. Min. Ricardo Lewandowski, julgado em 18/10/2011.*

Posição do STJ: *É típica a conduta do acusado que, no momento da prisão em flagrante, atribui para si falsa identidade (art. 307 do CP), ainda que em alegada situação de autodefesa. Isso porque a referida conduta não constitui extensão da garantia à ampla defesa, visto tratar-se de conduta típica, por ofensa à fé pública e aos interesses de disciplina social, prejudicial, inclusive, a eventual terceiro cujo nome seja utilizado no falso. STJ. 3ª Seção. REsp 1.362.524-MG, Rel. Min. Sebastião Reis Júnior, julgado em 23/10/2013 (recurso repetitivo).*

Gabarito: Errado.

---

37. (2016 – CESPE/CEBRASPE – PC/PE – Delegado – Adaptada) O princípio da obrigatoriedade deverá ser observado tanto na ação penal pública quanto na ação penal privada.

Certo ( ) Errado ( )

O princípio da obrigatoriedade determina que os órgãos envolvidos na persecução criminal são obrigados a atuar. Neste caso, estamos falando somente das ações penais públicas, haja vista que na ação penal privada o que vigora é o princípio da oportunidade no qual a própria vítima ou seu representante legal escolherão dar início à persecução criminal ou não.

Gabarito: Errado.

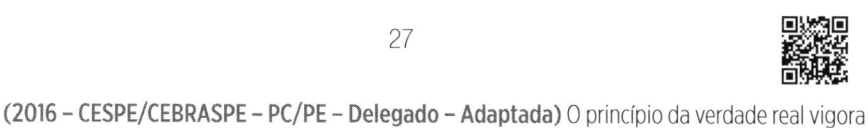

38. **(2016 – CESPE/CEBRASPE – PC/PE – Delegado – Adaptada)** O princípio da verdade real vigora de forma absoluta no processo penal brasileiro.

Certo ( )   Errado ( )

Atualmente, a doutrina determina que no Brasil vigora o princípio da verdade processual (verdade aproximada ou verossimilhança), pois a verdade real seria algo inatingível e para que se chegasse a essa exatidão, muito provavelmente, seria necessário que se cometessem diversas infrações sobre os direitos dos homens, como a tortura. Bem sabemos que as provas ilícitas e as derivadas são proibidas no processo penal, de acordo com o art. 157 do CPP: *São inadmissíveis, devendo ser desentranhadas do processo, as provas ilícitas, assim entendidas as obtidas em violação a normas constitucionais ou legais. § 1º - São também inadmissíveis as provas derivadas das ilícitas, salvo quando não evidencio o o nexo de causalidade entre umas e outras, ou quando as derivadas puderem ser obtidas por uma fonte independente das primeiras.*

Gabarito: Errado.

---

39. **(2016 – CESPE/CEBRASPE – PC/PE – Delegado – Adaptada)** Na ação penal pública, o princípio da igualdade das armas é mitigado pelo princípio da oficialidade.

Certo ( )   Errado ( )

Segundo Guilherme de Souza Nucci, *o princípio da oficialidade expressa ser a persecução penal uma função primordial e obrigatória do Estado. Assim, o acusado, na ação penal pública, litigará contra um órgão estatal, que o demandará, valendo-se das estruturas garantidas pelo Estado. Poderá assim, no caso concreto, haver mitigação do princípio da igualdade de armas, na medida em que o acusado atuará no processo contando, apenas, com sua própria força.*

Gabarito: Certo.

---

40. **(2016 – CESPE/CEBRASPE – PC/PE –Delegado – Adaptada)** Sendo o interrogatório um dos principais meios de defesa, que expressa o princípio do contraditório e da ampla defesa, é imperioso, de regra, que o réu seja interrogado ao início da audiência de instrução e julgamento.

Certo ( )   Errado ( )

Existe ordem para o interrogatório do acusado? Sim. Em regra, o réu será o último a ser interrogado, com base no art. 400 do CPP: *Na audiência de instrução e julgamento, [...] proceder-se-á à tomada de declarações do ofendido, à inquirição das testemunhas arroladas pela acusação e pela defesa, nesta ordem, [...], bem como aos esclarecimentos dos peritos, às acareações e ao reconhecimento de pessoas e coisas, interrogando-se, em seguida, o acusado.*

Gabarito: Errado.

---

41. **(2016 – CESPE/CEBRASPE – TJ/AM – Juiz – Adaptada)** A defesa técnica é o corolário do princípio da ampla defesa, exigindo a participação de um advogado em todos os atos da persecução penal. Segundo o STF, atende integralmente a esse princípio o pedido de condenação ao mínimo legal, ainda que seja a única manifestação jurídica da defesa, patrocinada por DP ou dativo.

Certo ( )   Errado ( )

A manifestação da defesa, patrocinada por defensor público ou dativo, quando limitada ao pedido de condenação no mínimo legal é causa de nulidade do processo, exatamente por ausência de defesa efetiva. (STF, HC 82.672/RJ, Rel. p/ acórdão, Min. Marco Aurélio, Informativo STF nº 325, p. 2, em 14/10/2003)

Gabarito: Errado.

---

42. (2015 – CESPE/CEBRASPE – TRE/RS – Analista Judiciário – Adaptada) Expressamente previsto na Constituição Federal, o princípio do promotor natural garante a todo e qualquer indivíduo o direito de ser acusado por órgão imparcial do Estado, previamente designado por lei, vedada a indicação de acusador para atuar em casos específicos.

Certo ( )   Errado ( )

De acordo com o **princípio do promotor natural**, é garantido a todo e qualquer indivíduo o direito de ser acusado por órgão imparcial do Estado, previamente designado por lei, sendo proibida a indicação de acusador para atuar em casos específicos. Dessa forma, o erro da questão ocorre em relação à previsão legal desse princípio, o qual não se encontra expressamente na CF/88, sendo mera construção interpretativa do texto constitucional.

Gabarito: Errado.

---

43. (2015 – CESPE/CEBRASPE – DPE/RN – Defensor Público – Adaptada) Conforme o princípio constitucional da razoável duração do processo, não cabem dilações indevidas no processo, sendo que a demora na tramitação do feito deve ser proporcional à complexidade do delito nele veiculado, bem como às diligências e aos meios de prova indispensáveis a seu deslinde.

Certo ( )   Errado ( )

A razoável duração do processo não pode ser considerada de maneira isolada e descontextualizada das peculiaridades do caso concreto. Na espécie, não está configurado o alegado excesso de prazo, até porque a melhor compreensão do princípio constitucional aponta para o processo sem dilações indevidas, em que a demora na tramitação do feito há de guardar proporcionalidade com a complexidade do delito nele veiculado e as diligências e os meios de prova indispensáveis a seu deslinde. [...] (STF - HC: 116029 MG, Relator: Min. Rosa Weber, Data de Julgamento: 04/02/2014, Primeira Turma, Data de Publicação: DJe-040 DIVULG 25-02-2014 PUBLIC 26-02-2014).

Gabarito: Certo.

---

44. (2014 – CESPE/CEBRASPE – TJ/SE – Técnico Judiciário) Conforme o STF, viola o princípio da presunção de inocência a exclusão de certame público de candidato que responda a inquérito policial ou a ação penal sem trânsito em julgado de sentença condenatória.

Certo ( )   Errado ( )

De acordo com o recurso extraordinário julgado pelo STF: *O princípio constitucional da presunção de inocência impede a exclusão de certame público de candidato que responda a inquérito policial ou a ação penal sem trânsito em julgado da eventual sentença condenatória.* Precedentes do Supremo Tribunal Federal (ARE-AgR nº 754.528, Rel. Min. Rosa Weber, Primeira Turma, Dje-172; AI-AgR nº 741.101 AgR, Rel. Min. Eros Grau, Segunda Turma, Dje-099; RE-AgR nº 559.135, Rel. Min. Ricardo Lewandowski, Primeira Turma, Dje- 107; AI-AgR nº 829.186 AgR, Rel. Min. Dias Toffoli, Primeira Turma, Dje-123). (STF, AC 3.738/MG, Rel. Min. Luiz Fux, em 06/11/2014).

Gabarito: Certo.

45. **(2018 – FUNDATEC – DPE/SC – Analista Técnico – Adaptada)** A Constituição Federal de 1988, em seu Artigo 5º, inciso LVII, assim dispõe: "ninguém será considerado culpado até o trânsito em julgado de sentença penal condenatória". Em relação ao referido princípio e direito constitucional, analise a seguinte assertiva:

Do referido princípio derivam duas regras: uma de natureza probatória e outra de tratamento.

Certo (   )   Errado (   )

O princípio do estado de inocência, também conhecido como presunção de inocência, ou presunção da não culpabilidade, previsto expressamente pelo art. 5º, LVII, da CF/88, preceitua que "ninguém será considerado culpado até o trânsito em julgado de sentença penal condenatória".

O acusado DEVE ser tratado como inocente. Incumbe à acusação o ônus probatório, a obrigação da demonstração de eventual culpa, além do que a prisão cautelar só pode ocorrer em situações excepcionais e de extrema necessidade.

Do princípio da inocência derivam-se duas regras:

Regra de TRATAMENTO	Regra PROBATÓRIA ou de juízo *in dubio pro reo*
Ninguém será considerado culpado senão depois de sentença com trânsito em julgado.	O ônus da prova durante o processo é da acusação - O que é confirmado no art. 386, VI e VII, do CPP.

Gabarito: Certo.

46. **(2018 – FUNDATEC – DPE/SC – Analista Técnico – Adaptada)** A Constituição Federal de 1988, em seu Artigo 5º, inciso LVII, assim dispõe: "ninguém será considerado culpado até o trânsito em julgado de sentença penal condenatória". Em relação ao referido princípio e direito constitucional, analise a seguinte assertiva:

Considerando a jurisprudência atualizada do Supremo Tribunal Federal, pode-se dizer que em nome do referido princípio não se pode permitir a execução provisória da pena.

Certo (   )   Errado (   )

A CF/88 no art. 5º, LVII prevê expressamente o princípio da presunção de inocência, conforme o qual "ninguém será considerado culpado até o trânsito em julgado de sentença penal condenatória".

O STF no julgamento das Ações Declaratórias de Constitucionalidade nº 43, 44 e 54, de relatoria do ministro Marco Aurélio de Mello, nas quais se discutia a possibilidade de início do cumprimento da pena antes de serem esgotadas todas as possibilidades de recurso (trânsito em julgado), concluiu o Supremo que o início do cumprimento da pena deve ocorrer tão somente após o trânsito em julgado da condenação criminal.

Gabarito: Certo.

47. **(2018 – CESPE/CEBRASPE – PC/MA – Escrivão – Adaptada)** A disposição constitucional que assegura ao preso o direito ao silêncio consubstancia o princípio da

a) inexigibilidade de autoincriminação.

b) verdade real.

c) indisponibilidade.

d) oralidade.

e) cooperação processual.

O princípio da não autoincriminação significa que ninguém é obrigado a se autoincriminar, ou seja, a produzir prova contra si mesmo. É um princípio-garantia, que institui uma garantia para todos os cidadãos, com densidade autêntica de uma norma jurídica determinante.

A garantia ou o direito de não autoincriminação compreende duas grandes dimensões:

a) o direito ao silêncio: o direito ao silêncio ou o direito de ficar calado, previsto constitucional-mente no art. 5º, LXIII, da CF/88, constitui somente uma parte do direito de não autoincriminação;

b) o direito de não colaborar para a produção de provas incriminadoras.

O direito de não autoincriminação integra a autodefesa, que faz parte da ampla defesa, que é uma das garantias do devido processo criminal.

Gabarito: A.

48.   (2018 – FUNDATEC – DPE/SC – Analista Técnico – Adaptada) A Constituição Federal de 1988, em seu Artigo 5º, inciso LVII, assim dispõe: "ninguém será considerado culpado até o trânsito em julgado de sentença penal condenatória". Em relação ao referido princípio e direito constitucio-nal, analise a seguinte assertiva:

De acordo com a presunção da inocência, é possível afirmar que ao réu não incumbe o ônus de provar a sua inocência.

Certo ( )   Errado ( )

Está correto por força do art. 5º, LVII e LXIII, da CF/88, em razão dos princípios da presunção de inocência e da não autoincriminação *nemo tenetur se detegere*, que garante ao acusado a possi-bilidade de não produção de provas contra si. O acusado não pode ser compelido a contribuir na apuração dos fatos, uma vez que o devido processo legal, no art. 5º, LIV, da CF/88, dá a ele o direito de não produzir provas contra si mesmo, podendo permanecer em silêncio (art. 5º, LXIII, CF/88). Sem as respectivas garantias o acusado se transformaria em objeto de investigação, quando na verdade é um sujeito processual.

Gabarito: Certo.

49.   (2018 – FUNDATEC – DPE/SC – Analista Técnico) De acordo com os princípios constitucionais de processo penal, assinale a alternativa correta.

a)   Conforme entendimento do Supremo Tribunal Federal, a imparcialidade do Juiz pode ser de natureza subjetiva ou objetiva.

b)   Ao acusado que estiver sob o patrocínio da Defensoria Pública para o exercício de sua defesa, não será estendida a garantia da paridade de armas.

c)   O princípio do contraditório abrange apenas a ciência dos atos processuais no âmbito do procedimento.

d)   A ampla defesa é uma garantia própria do Tribunal do Júri.

e)   Não existe previsão no CPP para o princípio da verdade real.

Nos termos do voto do Ministro Cézar Peluso, do STF, *a falta da imparcialidade objetiva incapacita, de todo, o magistrado para conhecer e decidir causa que lhe tenha sido submetida, em relação à qual a incontornável predisposição psicológica nascida de profundo contato anterior com as revelações e a força retórica da prova dos fatos o torna concretamente incompatível com a exigência de exercício*

*isent*e da função jurisdicional. Tal qualidade, [...], diz-se objetiva, porque não provém de ausência de vínculos juridicamente importantes entre o juiz e qualquer dos interessados jurídicos na causa, sejam partes ou não (imparcialidade dita subjetiva), mas porque corresponde à condição de originalidade da cognição que irá o juiz desenvolver na causa, no sentido de que não haja ainda, de modo consciente ou inconsciente, formado nenhuma convicção ou juízo prévio, no mesmo ou em outro processo, sobre os fatos por apurar ou sobre a sorte jurídica da lide por decidir. Como é óbvio, sua perda significa falta de isenção inerente ao exercício legítimo da função jurisdicional (in voto-vista lançado nos autos do HC 94.641/BA – julgado em 11/11/2008, cujo acórdão foi publicado no DJ de 06/03/2009) (grifamos). O impedimento e a suspeição visam garantir a imparcialidade do Juiz, logo, o IMPEDIMENTO diz respeito da relação entre o julgador e o objeto da lide (causa OBJETIVA), não menos correto é afirmar que a SUSPEIÇÃO o vincula uma das PARTES (causa SUBJETIVA).

b) Incorreta. O princípio da isonomia, paridade das armas, Igualdade ou *par condictio*, art. 5º, *caput*, afirma que: *"Todos são iguais perante a lei"*.

c) Incorreta. O princípio do contraditório se refere ao direito que o interessado possui de tomar conhecimento das alegações da parte contrária e contra eles poder se contrapor, podendo, assim, influenciar no convencimento do julgador, é além disso direito de defesa.

d) Incorreta. O Tribunal do Júri compreende a PLENITUDE de defesa; conforme o art. 5º, XXXVIII, da CF/88: é reconhecida a instituição do júri, com a organização que lhe der a lei, assegurados: a) a plenitude de defesa.

e) Incorreta. Nos termos do art. 184 do CPP: *salvo o caso de exame de corpo de delito, o juiz ou a autoridade policial negará a perícia requerida pelas partes, quando não for necessária ao esclarecimento da verdade.*

Gabarito: A.

---

50. **(2017 – IBADE – PC/AC – Delegado – Adaptada)** Para a teoria do não prazo, a duração razoável do processo deve ser definida pelo legislador, inclusive em atenção ao princípio da legalidade. Esta inclusive é a orientação do Tribunal Europeu de Direitos Humanos e da Corte Interamericana de Direitos Humanos.

Certo ( )   Errado ( )

A questão se refere à **teoria do prazo fixo**, o não é adotado no Brasil. Vale mencionar que o entendimento da Comissão Interamericana de Direitos Humanos (CIDH) é de que a duração razoável do processo deve ser considerada à luz do caso concreto, especialmente em razão de suas especificidades e da atuação e estrutura do Poder Judiciário. A Jurisprudência do STF igualmente adota a **doutrina do não prazo** e analisa o reconhecimento da dilação indevida do processo à presença dos seguintes fatores: **natureza e complexidade da causa** (HC 116.447); **contribuição da defesa** (HC nº 116.113); **inércia do poder judiciário** (HC nº 116.113). Igualmente, recentemente, a Lei nº 12.850/2013, passou a adotar dois dos critérios referenciados pela jurisprudência brasileira e estrangeira para a aferição da duração razoável do processo nos casos a ela submetidos: **complexidade da causa e dilação indevida por fato procrastinatório atribuível ao réu.**

Gabarito: Errado.

---

51. **(2017 – FEPESE – PC/SC – Escrivão)** É correto afirmar sobre o princípio constitucional do contraditório e da ampla defesa.

a) O contraditório é de observância obrigatória durante a investigação criminal.

b) O contraditório obriga o magistrado a sempre ouvir o Ministério Público antes de proferir decisões contrárias ao acusado.

c) Nos crimes dolosos contra a vida, é dispensada a observância dos princípios do contraditório e da ampla defesa.

d) O princípio do contraditório é exclusivo da acusação, ao passo que o princípio da ampla defesa deve beneficiar a defesa do acusado.

e) A ampla defesa assegura ao acusado a utilização dos meios e recursos inerentes durante o curso da ação penal.

Conforme entendimento doutrinário, Renato Brasileiro (2017, p. 155): Princípio do contraditório: de acordo com o art. 5º, LV, da CF, *aos litigantes, em processo judicial ou administrativo, e aos acusados em geral são assegurados o contraditório e ampla defesa, com os meios e recursos a ela inerentes. [...] o princípio do contraditório é entendido como a ciência bilateral dos atos ou termos do processo e a possibilidade de contrariá-los. De acordo com esse conceito, o núcleo fundamental do contraditório estaria ligado à discussão dialética dos fatos da causa, devendo se assegurar a ambas as partes, e não somente à defesa, a oportunidade de fiscalização recíproca dos atos praticados no curso do processo [...].*

Seriam dois, portanto, os elementos do contraditório:

a) direito à informação;

b) direito de participação.

O contraditório seria, assim, a necessária informação às partes e a possível reação a atos desfavoráveis. Como se vê, o direito à informação funciona como consectário lógico do contraditório. Não se pode cogitar da existência de um processo penal eficaz e justo sem que a parte adversa seja cientificada da existência da demanda ou dos argumentos da parte contrária.

Também deriva do contraditório o direito à participação, compreendido como a possibilidade de a parte oferecer reação, manifestação ou contrariedade à pretensão da parte contrária. É o que se denomina contraditório efetivo e equilibrado.

Princípio da ampla defesa: o direito de defesa está ligado diretamente ao princípio do contraditório. A defesa garante o contraditório e por ele se manifesta. Afinal, o exercício da ampla defesa só é possível em virtude de um dos elementos que compõem o contraditório - o direito à informação. Além disso, a ampla defesa se exprime por intermédio de seu segundo elemento: a reação. Apesar da influência recíproca entre o direito de defesa e o contraditório, os dois não se confundem. O contraditório manifesta-se em relação a ambas as partes, ao passo que a ampla defesa diz respeito apenas ao acusado. Por consequência, é perfeitamente possível a violação ao contraditório sem qualquer lesão à ampla defesa. A título de exemplo, se a realização de determinado ato processual não for comunicada ao Ministério Público (ou ao querelante), ou se não lhe for permitido oferecer reação à determinada prova produzida pela defesa, ter-se-á evidente violação ao contraditório, sem que se possa dizer que houve prejuízo à ampla defesa.

Gabarito: E.

---

52. **(Fepese)** Assinale a alternativa que indica corretamente o princípio processual penal, em que a autoridade policial tem o dever legal de instaurar o inquérito policial quando da ciência da prática de um crime que se apure mediante ação penal pública incondicionada.

a) Princípio da oficialidade.

b) Princípio da obrigatoriedade.

c) Princípio do delegado natural.

d) Princípio da indisponibilidade.

e) Princípio do impulso oficial.

A autoridade policial, ao receber uma notícia de um crime, fica obrigada à instauração do inquérito policial, mas há casos que dependem da provocação do ofendido para a devida instauração deste procedimento; é o caso dos crimes de ação penal pública condicionada à representação e da ação penal privada, nos casos de crimes contra a honra da vítima. O princípio da oficiosidade é corolário do princípio da legalidade ou obrigatoriedade da ação penal pública. Constitui que a atividade das autoridades policiais independe de qualquer espécie de provocação, sendo a instauração do inquérito obrigatória diante da notícia de uma infração penal (art. 5º, I, do CPP) ressalvados os casos de ação penal pública condicionada e de ação penal privada.

Gabarito: B.

---

53. **(2017 – FCC – DPE/PR – Defensor Público)** Os princípios constitucionais aplicáveis ao processo penal incluem

a) indisponibilidade.

b) verdade real.

c) razoável duração do processo.

d) identidade física do juiz.

e) favor rei.

Conforme dispõe art. 5º, LXXVIII, da CF/88: *a TODOS, no âmbito judicial e administrativo, são asse-gurados a razoável duração do processo e os meios que garantam a celeridade de sua tramitação.*

Gabarito: C.

---

54. **(2017 – IBADE – PC/AC – Delegado – Adaptada)** A cláusula constitucional do *due process of law* - que se destina a garantir a pessoa do acusado contra ações eventualmente abusivas do Poder Público tem, no dogma da inadmissibilidade das provas ilícitas ou ilegítimas, uma de suas projeções concretizadoras mais expressivas, na medida em que o réu tem o impostergável direito de não ser denúnciado, de não ser julgado e de não ser condenado com base em elementos instrutórios obtidos ou produzidos com desrespeito aos limites impostos pelo ordenamento jurídico ao poder persecutório e ao poder investigatório do Estado. A par de tal orientação jurisprudencial, é possível afirmar as provas ilícitas são inadmissíveis, sendo a doutrina pacífica no sentido de que não podem servir nem mesmo quando forem as únicas capazes de demonstrar a inocência do réu.

Certo (   )   Errado (   )

A doutrina e a jurisprudência admitem a prova ilícita *pro reo*, por prevalência dos princípios da presunção da inocência, da ampla defesa e da busca pela verdade real. A doutrina admite uma única hipótese de aceitação de prova ilegal, que é quando esta sirva para beneficiar um acusado, considerando que nenhum direito reconhecido constitucionalmente pode ter caráter absoluto, dado o Princípio do Favor Rei, que rege o processo penal.

Gabarito: Errado.

APLICAÇÃO DA LEI PROCESSUAL NO TEMPO

55. **(2021– CESPE/CEBRASPE – PC/DF – Agente)** Acerca da aplicação das normas processuais penais, julgue os itens subsequentes.

Uma norma processual penal só terá aplicabilidade aos crimes que forem praticados após sua entrada em vigor.

Certo ( )   Errado ( )

Consoante dispõe o art. 2º do CPP, a lei processual penal aplicar-se-á desde logo, sem prejuízo da validade dos atos realizados sob a vigência da lei anterior. À vista disso, as normas processuais penais entram em vigor IMEDIATAMENTE e se aplicam aos fatos anteriores, não se utilizando a regra de retroatividade do direito penal.

Gabarito: Errado.

---

56. **(2021 – AOCP – PC/PA – Investigador)** De acordo com o Código de Processo Penal, assinale a alternativa correta.

- **a)** A lei processual penal veda expressamente o uso de interpretação extensiva e analógica.
- **b)** O princípio processual penal da territorialidade é regra que assegura a soberania nacional, pois não convém ao Estado brasileiro aplicar normas procedimentais estrangeiras para apurar e punir um delito ocorrido dentro do território brasileiro.
- **c)** A nova lei processual penal não se aplica desde logo, mas aguarda o término do processo já instaurado.
- **d)** O processo penal rege-se em todo o território brasileiro, excetuados os Territórios da União.
- **e)** O processo penal terá estrutura inquisitória, permitida a iniciativa do juiz na fase de investigação.

O CPP preceitua no art. 1º "O processo penal reger-se-á, em todo o território brasileiro", **em regra aplica-se o princípio territorialidade** (ou *lex fori* ou *locus regit actum*), excepcionalmente a lei processual penal de um Estado pode ser aplicada fora de seus limites territoriais, vajamos:

✓ **Aplicação da lei penal processual penal de um Estado em território *nullius*,** aonde não existe a soberania de nenhum país.

✓ **Autorização do Estado onde necessite ser praticado o ato processual.**

✓ **Guerra, em território ocupado.**

Fundamentação das alternativas: a) A lei processual penal **ADMITIRÁ interpretação EXTENSIVA e aplicação ANALÓGICA**, bem como o suplemento dos princípios gerais de direito, (art. 3º do CPP); c) Sistema do isolamento dos atos processuais penais - A lei processual penal **aplicar-se-á desde LOGO, SEM** prejuízo da validade dos **ATOS REALIZADOS** sob a vigência da lei anterior (art. 2º do CPP); d) NÃO há previsão no CPP excepcionando a aplicação da lei processual penal aos territórios; e e) O item confronta o disposto no art. 3º-A do CPP, incluído pela Lei nº 13.964/19. O processo penal terá **estrutura ACUSATÓRIA**, VEDADAS à iniciativa do juiz na fase de investigação e a **substituição da atuação probatória do órgão de acusação.**

Gabarito: B.

---

57. (2021 – AOCP – PC/PA – Investigador) No que se refere às disposições preliminares do Código de Processo Penal, assinale a alternativa correta.

a) O processo penal terá estrutura acusatória, vedadas a iniciativa do juiz na fase de investigação e a substituição da atuação probatória do órgão de acusação.

b) Os processos de competência da Justiça Militar são regidos pelo Código de Processo Penal comum.

c) A lei processual penal aplicar-se-á desde logo, tornando prejudicada a validade dos atos realizados sob a vigência da lei anterior.

d) A lei processual penal admitirá interpretação extensiva, sem aplicação analógica, bem como o suplemento dos princípios gerais de direito.

e) O processo penal reger-se-á, em todo o território brasileiro, pelo Código de Processo Penal, em soberania aos tratados, às convenções e às regras de direito internacional.

Consoante o disposto no art. 3º-A do CPP, incluído pela Lei nº 13.964/19. O processo penal brasileiro terá **estrutura ACUSATÓRIA**, VEDADAS à iniciativa do juiz na fase de investigação e a **substituição da atuação probatória do órgão de acusação.**

Sistema INQUISITIVO	Sistema ACUSATÓRIO
• Reúne todas as funções (acusar, defender e julgar) em uma única pessoa (INQUISIDOR). • AUSÊNCIA de Contraditório e ampla defesa. • Sigiloso.	• As funções de acusar, defender e julgar são exercidas por órgãos autônomos e independentes (JUIZ). • Contraditório e ampla defesa. • Público.

Fundamentação das alternativas: itens "b" e "e" O art. 1º do CPP, *estabelece que o processo penal reger-se-á, em todo o território brasileiro, por este Código, **RESSALVADOS:***

I. os tratados, as convenções e regras de direito internacional.

II. as prerrogativas constitucionais do Presidente da República, dos ministros de Estado, nos crimes conexos com os do Presidente da República, e dos ministros do Supremo Tribunal Federal, nos crimes de responsabilidade (Constituição, arts. 86, 89, § 2º, e 100).

III. os processos da competência da Justiça Militar.

IV. os processos da competência do tribunal especial (Constituição, art. 122, nº 17).

V. os processos por crimes de imprensa.

A lei processual penal aplicar-se-á desde logo, SEM prejuízo da validade dos ATOS REALIZADOS sob a vigência da lei anterior (art. 2º do CPP) e "d" A lei processual penal ADMITIRÁ interpretação EXTENSIVA e aplicação ANALÓGICA, bem como o suplemento dos princípios gerais de direito, (art. 3º do CPP).

Gabarito: A.

58. **(2019 – CESPE/CEBRASPE – TJ/BA – Juiz Leigo)** Em razão da sucessão de leis genuinamente processuais penais, será observado, nos processos em andamento, o

a) sistema das fases processuais.

b) sistema do isolamento dos atos processuais.

c) princípio do *tempus delicti.*

d) princípio da ultratividade da norma, em regra.

e) sistema da unidade processual.

A lei processual penal adota, expressamente, a teoria/sistema do Isolamento dos Atos Processuais (art. 2º do CPP), efetiva claramente o princípio do *tempus regit actum*, os atos praticados sob a vigência da lei anterior permanecem intactos, ou melhor, íntegros, ao menos tempo que, os atos NÃO praticados DEVEM ser editados conforme a lei NOVA, de forma integral.

Aplicação das Leis Processuais Penais		
Teoria/Sistema Unidade Processual	**Teoria/Sistema das Fases Processuais**	**Teoria/Sistema do Isolamento dos Atos Processuais**
• Lei processual nova não se aplica a processos já em curso. • Processo do início ao fim por ÚNICA lei.	• Nova lei só se aplica na fase processual seguinte. • Cada fase só uma lei.	• Lei NOVA se aplica IMEDIATA-MENTE, conservando os atos já realizados. • Tempus regit actum (o tempo rege o ato), efeito IMEDIATO da lei processual. • NÃO há prejuízos aos atos já realizados.
Atenção! O Brasil adota a Teoria do Isolamento dos Atos Processuais.		

Gabarito: B.

---

59. **(2019 – COSEAC/Prefeitura de Maricá – RJ – Guarda Municipal)** De acordo com o Código de Processo Penal, a lei processual penal aplicar-se-á

a) sempre que uma norma prevista na Parte Geral do Código Penal for desrespeitada.

b) apenas quando houver sentença condenatória transitada em julgado.

c) imediatamente, sem prejuízo da validade dos atos realizados sob a vigência da lei anterior.

d) de forma subsidiária, portanto se a lei material (lei de direito penal) falhar.

e) retroativamente quando, de qualquer modo, favorecer o agente, aplicando-se inclusive aos fatos anteriores, ainda que decididos por sentença condenatória transitada em julgado.

O CPP adota o Sistema de Isolamento dos Atos consoante o teor do art. 2º do CPP – A lei processual penal **aplicar-se-á desde logo**, sem prejuízo da validade dos atos realizados sob a vigência da lei anterior. Logo, a lei processual penal não atinge os atos processuais já praticados, mas aplica-se aos atos processuais a praticar. No entanto, existe exceção, quanto às normas mistas, digo, de caráter processual e material, conjuntamente com as **Normas Heterotópicas**. Se a norma contiver disposições de ordem material (Direito Penal e Direito Processual Penal), **DEVE prevalecer à**

norma de caráter material BENÉFICA, aplicando-se o art. 2º, parágrafo único, do CP, vejamos: se beneficiar o acusado, retroage.

DIREITO PENAL	DIREITO PROCESSUAL PENAL
Lei mais benéfica RETROAGE para beneficiar o RÉU.	A lei penal NÃO RETROAGE - Princípio da aplicação imediata, aplica-se a partir da sua entrada vigor.

Gabarito: C.

---

60. (2021 – IDECAN/PEFOCE – Auxiliar) Em caso de alteração legislativa no Código de Processo Penal, que traga apenas disposições de direito processual, é correto afirmar que referida alteração legislativa será aplicada

   a) com ressalvas, respeitando-se a irretroatividade maligna.

   b) apenas quando se iniciar uma nova fase processual, sendo certo que as fases são: postulatória, instrutória, decisória e recursal.

   c) a depender do caso concreto, podendo as partes solicitar a manutenção do regramento anterior se este se revelar mais eficiente ao caso já em andamento.

   d) apenas para os delitos praticados após a entrada em vigor de referida lei processual, exceto se a lei nova se revelar mais benéfica, ocasião em que deverá retroagir.

   e) desde logo, sem prejuízo dos atos praticados sob a égide de lei processual penal anterior.

   No art. 2º, o CPP adotou o Princípio *tempus regit actum* (Tempo rege o ato) / princípio do efeito imediato ou aplicação imediata da Lei Processual / Imediatidade / Teoria do isolamento dos atos processuais. Vejamos o teor legal:

   A lei processual penal aplicar-se-á DESDE LOGO**, sem prejuízo da validade dos atos realizados sob a vigência da lei anterior**.

   Atenção! A CF/88 no art. 5º, XL, estabelece que a lei penal não retroagirá, salvo para beneficiar o acusado, dispositivo **NÃO extensível às normas exclusivamente processuais penais**.

   Gabarito: E.

---

61. (2019 – VUNESP – TJ/RS – Titular de Serviços de Notas e de Registros) Imagine que, no curso de uma ação penal, nova lei processual extinga com um recurso que era exclusivo da defesa, antes da prolação da decisão anteriormente recorrível. A esse respeito, é correto afirmar que

   a) poderá ser manejado o recurso, por se tratar de possibilidade exclusiva da defesa.

   b) não será possível manejar o recurso, pois a lei processual penal aplicar-se-á desde logo.

   c) poderá ser manejado o recurso, pois o fato criminoso foi cometido sob a vigência da regra estabelecida pela lei anterior.

   d) não será possível manejar o recurso, pois a nova lei busca a igualdade processual (paridade de armas).

   e) poderá ser manejado o recurso, pois o processo se iniciou sob a vigência da regra estabelecida pela lei anterior.

O CPP adota o sistema de isolamento dos atos consoante o teor do art. 2º do CPP: *A lei processual penal aplicar-se-á desde logo, sem prejuízo da validade dos atos realizados sob a vigência da lei anterior. Logo, a lei processual penal não atinge os atos processuais já praticados, mas aplica-se aos atos processuais a praticar.* Há ressalva, quanto às normas mistas, ou seja, de caráter processual e material, conjuntamente *normas heterotópicas.* Se a norma contiver disposições de ordem material e processual, deve prevalecer a norma de caráter material, aplicando-se o art. 2º, parágrafo único, do CP: *se beneficiar o acusado, retroage. Se não beneficiar, não retroage.* Ex.: prisão; liberdade provisória; fiança; progressão; se vai responder solto ou não etc.

Gabarito: B.

---

62. **(2018 – VUNESP – PC/BA – Delegado – Adaptada)** Aplicar-se-á a lei processual penal, nos estritos termos dos arts. 1º, 2º e 3º do CPP, aos processos de competência da Justiça Militar.

Certo ( )   Errado ( )

Consoante o art. 1º do CPP/41, o processo penal reger-se-á, em todo o território brasileiro, por este Código, ressalvados:

III - os processos da competência da Justiça Militar.

Gabarito: Errado.

---

63. **(2018 – VUNESP – PC/BA – Delegado – Adaptada)** Aplicar-se-á a lei processual penal, nos estritos termos dos arts. 1º , 2º e 3º do CPP, retroativamente, mas apenas quando favorecer o acusado.

Certo ( )   Errado ( )

A lei processual penal no tempo aplica-se o princípio do *tempus regit actum* e o sistema do isolamento dos atos processuais, conforme se extrai do art. 2º do CPP.

Direito Penal	Direito Processual Penal
Lei mais benéfica **RETROAGE** para beneficiar o RÉU.	A lei penal **NÃO RETROAGE** (princípio da aplicação imediata), ou seja, aplica-se a partir da sua entrada em vigor.

Gabarito: Errado.

---

64. **(2018 – VUNESP – PC/BA – Investigador)** Em havendo conflito entre o CPP e uma lei especial que contenha normas processuais, a solução será a

a) aplicação da norma que for mais recente, independentemente de eventual benefício ao réu.

b) aplicação da lei especial e, quando omissa, subsidiariamente do CPP.

c) aplicação do que for mais favorável ao acusado, independentemente da data de promulgação.

d) conjugação de ambos os diplomas, aplicando-se as normas que forem mais benéficas ao acusado.

e) prevalecência da regra geral do CPP, em virtude da proibição constitucional dos juízos de exceção.

Aplica-se a Lei Especial do **princípio da especialidade** em detrimento da Lei Geral. No caso de a Lei Especial ser omissa em alguma "parte", aplica-se subsidiariamente a Lei Geral. No caso de a norma especial possuir todos os elementos da norma geral e mais alguns, classificados como especializantes, representando mais ou menos severidade, aplica-se aquela. Ou seja, entre uma norma e outra, o fato é enquadrado na norma que tem algo a mais. Com isso, o tipo penal visto como especial derroga a Lei Geral, contudo, aplica-se a Lei Geral aos casos omissos da Lei Especial.

Gabarito: B.

---

65. **(2018 – VUNESP – PC/SP – Delegado – Adaptada)** Tício está sendo processado pela prática de crime de roubo. Durante o trâmite do inquérito policial, entra em vigor determinada lei, reduzindo o número de testemunhas possíveis de serem arroladas pelas partes no procedimento ordinário.

A respeito do caso descrito, é correto que a lei que irá reger o processo é a lei do momento em que foi praticado o crime, à vista do princípio *tempus regit actum*.

Certo ( )   Errado ( )

Nos termos do art. 2º do CPP, *a lei que vai reger o processo é a lei vigente no momento da prática do ato processual, à vista do princípio tempus regit actum.*

Gabarito: Errado.

---

66. **(2018 – FGV – TJ/SC – Técnico Judiciário Auxiliar)** No curso de ação penal em que Roberto figurava como denunciado, entrou em vigor lei que versava sobre processamento de ação penal em procedimento comum ordinário, com conteúdo exclusivamente processual penal, prejudicial ao réu.

O técnico judiciário, no momento de auxiliar no processamento do feito, deverá aplicar a:

a) lei processual penal em vigor na época dos fatos, em virtude do princípio da irretroatividade da lei mais gravosa, não admitindo o CPP interpretação extensiva ou analógica da lei processual.

b) lei processual penal em vigor na época dos fatos, em virtude do princípio da irretroatividade da lei mais gravosa, admitindo o CPP interpretação extensiva, mas não aplicação analógica da lei processual.

c) lei processual penal em vigor na época dos fatos, em virtude do princípio da irretroatividade da lei mais gravosa, admitindo o CPP interpretação extensiva e aplicação analógica da lei processual.

d) nova lei processual penal, ainda que desfavorável ao réu, respeitando-se os atos já praticados, admitindo o CPP interpretação extensiva, mas não aplicação analógica da lei processual.

e) nova lei processual penal, ainda que desfavorável ao réu, respeitando-se os atos já praticados, admitindo o CPP interpretação extensiva e aplicação analógica da lei processual.

No processo penal aplica-se o princípio *tempus regit actum.* **De fato, a lei processual penal aplica-se** *desde logo* **(de imediato). Abrange, também, processos em curso, ainda que referentes a fatos cometidos antes da vigência da lei processual penal (art. 2º do CPP).**

Gabarito: E.

---

67. **(2018 – VUNESP – PC/BA – Delegado – Adaptada)** Aplicar-se-á a lei processual penal, nos estritos termos dos arts. 1º, 2º e 3º do CPP, desde logo, sem prejuízo da validade dos atos realizados sob a vigência da lei anterior.

Certo ( )   Errado ( )

Conforme art. 2º do CPP, a lei processual penal aplicar-se-á desde logo, sem prejuízo da validade dos atos realizados sob a vigência da lei anterior.
Gabarito: Certo.

---

68. **(2018 – VUNESP – PC/SP – Delegado – Adaptada)** Tício está sendo processado pela prática de crime de roubo. Durante o trâmite do inquérito policial, entra em vigor determinada lei, reduzindo o número de testemunhas possíveis de serem arroladas pelas partes no procedimento ordinário.

A respeito do caso descrito, é correto que não se aplica a lei revogada porque a instrução ainda não se iniciara quando da entrada em vigor da nova lei.

Certo ( )   Errado ( )

Princípio do *tempus regit actum*, efeito imediato e aplicação imediata: o ato processual será realizado conforme as regras processuais estabelecidas pela lei que vigorar no momento de sua realização (ainda que a lei tenha entrado em vigor durante o processo).

Sistemas de sucessão de leis processuais no TEMPO	
Sistema da unidade processual	O processo (conjunto de atos) é uma unidade. Deve regulamentado por uma única lei. Aplica-se a lei em vigor no início do processo (ultrativa).
Sistema do isolamento dos atos processuais	O processo é composto de fases (fase postulatória, ordinatória, instrutória, decisória e recursal). Cada uma pode ser regulada por uma lei diferente.
Sistema do isolamento dos atos processuais	A lei nova é aplicável aos atos processuais futuros, mas não atinge os atos praticados sob a vigência da lei anterior.
ATENÇÃO : o sistema do isolamento dos atos processuais (art. 2º do CPP).	

EXCEÇÃO:

Normas materiais inseridas em Lei Processual (Heterotopia)	Normas Híbridas (ou mistas)	Normas relativas à execução penal
Aplicam-se as regras de aplicação da lei penal no tempo (se benéfica retroage)	Aplicam-se as regras de aplicação da lei penal no tempo (retroage se benéfica)	Aplicam-se as regras de aplicação lei penal no tempo (retroage se néfica)

Gabarito: Certo.

---

69. **(2018 – VUNESP – PC/SP – Delegado – Adaptada)** Tício está sendo processado pela prática de crime de roubo. Durante o trâmite do inquérito policial, entra em vigor determinada lei, reduzindo o número de testemunhas possíveis de serem arroladas pelas partes no procedimento ordinário.

A respeito do caso descrito, é correto que não se aplica a lei revogada ao processo de Tício em razão do princípio da reserva legal.

Certo ( )   Errado ( )

A lei processual penal aplica o princípio do *tempus regit actum*, logo, a lei que regerá o processo é a lei vigente no momento da prática do ato processual.

Gabarito: Errado.

---

70. **(2018 – VUNESP – PC/BA – Delegado – Adaptada)** Aplicar-se-á a lei processual penal, nos estritos termos dos arts. 1º, 2º e 3º do CPP, ultrativamente, mas apenas quando favorecer o acusado.

Certo (   )   Errado (   )

Sabe-se que as leis processuais penais (conteúdo estritamente processual) são aplicadas a partir do momento em que entram em vigor. A lei será aplicada mesmo que perdida a sua vigência, mas apenas nos crimes que ocorreram durante a sua vigência.

Gabarito: Errado.

---

71. **(2018 – VUNESP – PC/SP – Delegado – Adaptada)** Tício está sendo processado pela prática de crime de roubo. Durante o trâmite do inquérito policial, entra em vigor determinada lei, reduzindo o número de testemunhas possíveis de serem arroladas pelas partes no procedimento ordinário.

A respeito do caso descrito, é correto que em razão do sistema da unidade processual, pelo qual uma única lei deve reger todo o processo, a lei velha continua ultra ativa e, por isso, não se aplica a nova lei, mormente por ser esta prejudicial em relação aos interesses do acusado.

Certo (   )   Errado (   )

O sistema adotado na aplicação da lei processual brasileira é o do isolamento dos atos processuais, aplicando-se a lei NOVA no momento de sua entrada em vigor, ainda que prejudicial ao réu, consoante o art. 2º do CPP.

Gabarito: Errado.

---

72. **(2018 – VUNESP – PC/BA – Delegado – Adaptada)** Aplicar-se-á a lei processual penal, nos estritos termos dos arts. 1º, 2º e 3º do CPP, com o suplemento dos princípios gerais de direito sem admitir, contudo, interpretação extensiva e aplicação analógica.

Certo (   )   Errado (   )

Consoante art. 3º do CPP, *a lei processual penal admitirá interpretação extensiva e aplicação analógica, bem como o suplemento dos princípios gerais de direito.*

Gabarito: Errado.

---

73. **(2018 – CESPE – PC/MA – Investigador – Adaptada)** Acerca da aplicação da lei processual no tempo e no espaço e em relação às pessoas, julgue os itens a seguir.

O Brasil adota, no tocante à aplicação da lei processual penal no tempo, o sistema da unidade processual.

Certo (   )   Errado (   )

Unidade processual quer dizer que uma única lei vai reger o processo todo. O CPP adota o isolamento dos atos processuais. *O CPP adotou o sistema do isolamento dos atos processuais que poderá solucionar diversos problemas de direito intertemporal. Não se trata porém de critério absoluto,*

havendo casos em que se deverá adotar solução diversa, segundo os princípios e regras de direito intertemporal normalmente aceitos pela doutrina. (Gustavo Badaró)

Gabarito: Errado.

---

74. **(2018 – FUNDATEC – PC/RS – Delegado – Adaptada)** Considerando a disciplina da aplicação de lei processual penal e os tratados e convenções internacionais, é correto afirmar:

A superveniência de lei processual penal que modifique determinado procedimento determina a renovação dos atos já praticados.

Certo ( )   Errado ( )

A lei processual penal aplicar-se-á DESDE LOGO, sem prejuízo da validade dos atos realizados sob a vigência da lei anterior, conforme estabelece o art. 2º do CPP.

Gabarito: Errado.

---

75. **(2018 – FUNDATEC – PC/RS – Delegado – Adaptada)** Considerando a disciplina da aplicação de lei processual penal e os tratados e convenções internacionais, é correto afirmar:

A lei processual penal aplica-se desde logo, conformando um complexo de princípios e regras processuais penais próprios, vedada a suplementação pelos princípios gerais de direito.

Certo ( )   Errado ( )

Estabelece o art. 3º do CPP, a lei processual penal admitirá interpretação extensiva e aplicação analógica, bem como o suplemento dos princípios gerais de direito. Para o doutrinador José Frederico Marques, se houver lacunas processuais, deve-se recorrer à analogia e aos princípios gerais do direito, nos termos do art. 3º do CPP.

Gabarito: Errado.

---

76. **(2018 – CESPE – PC/MA – Investigador – Adaptada)** Acerca da aplicação da lei processual no tempo e no espaço e em relação às pessoas, julgue os itens a seguir.

Em caso de normas processuais materiais — mistas ou híbridas —, aplica-se a retroatividade da lei mais benéfica.

Certo ( )   Errado ( )

Quanto à aplicação da aplicação da lei mista, a jurisprudência do STF é pacífica quando diz que deve prevalecer o aspecto material, em que prevê a regra da retroatividade benéfica do réu, conforme o HC 83864/DF, Rel. Min. Sepúlveda Pertence.

Gabarito: Certo.

---

77. **(2018 – VUNESP – PC/SP – Delegado – Adaptada)** Tício está sendo processado pela prática de crime de roubo. Durante o trâmite do inquérito policial, entra em vigor determinada lei, reduzindo o número de testemunhas possíveis de serem arroladas pelas partes no procedimento ordinário.

A respeito do caso descrito, é correto que não se aplica a lei nova ao processo de Tício em razão do princípio da anterioridade.

Certo ( )   Errado ( )

Conforme dispõe o art. 2º do CPP, a lei NOVA será aplicada IMEDIATAMENTE.

Gabarito: Errado.

78. **(2018 – FUNDATEC – PC/RS – Delegado – Adaptada)** Considerando a disciplina da aplicação de lei processual penal e os tratados e convenções internacionais, é correto afirmar:

A Lei Processual Penal não admite interpretação extensiva, ainda que admita aplicação analógica.

Certo ( )   Errado ( )

De acordo com a Lei de Introdução às Normas de Direito Brasileiro, o art. 5º estabelece que, na aplicação da lei, o juiz atenderá aos fins sociais a que ela se dirige e às exigências do bem comum. Consoante o disposto no art. 3º do CPP, a lei processual penal ADMITIRÁ interpretação extensiva e aplicação analógica, bem como o suplemento dos princípios gerais de direito.

Conforme os ensinamentos do professor Fernando Capez: *Interpretação é a atividade que consiste em extrair da norma seu exato alcance e real significado. Deve buscar a vontade da lei, não importando a vontade de quem a fez.*

Gabarito: Errado.

79. **(2018 – FGV – AL/RO – Consultor Legislativo – Adaptada)** Analise as assertivas a seguir, que tratam sobre os princípios aplicáveis ao Direito Processual Penal.

Com base no princípio da irretroatividade da lei processual penal, uma lei de conteúdo exclusivamente processual penal, em sendo mais gravosa ao réu, não poderá retroagir para atingir fatos anteriores a sua entrada em vigor.

Certo ( )   Errado ( )

Para as normas genuinamente processuais, o princípio adotado é o da aplicação imediata da lei processual, preservando-se os atos até então praticados. As normas genuinamente processuais são as leis que cuidam de procedimentos, atos processuais, técnicas do processo etc. A lei a ser aplicada é a lei vigente ao tempo da prática do ato *(tempus regit actum)*.

A aplicação da lei processual penal no tempo adota a teoria do isolamento dos atos processuais, ou seja, ela se aplica aos atos futuros dos processos em curso, mesmo que o fato tenha ocorrido antes da vigência da lei. Aplica-se "desde logo", nos termos do art. 2º do CPP.

Gabarito: Errado.

80. **(2018 – CESPE – TJ/CE – Juiz Substituto – Adaptada)** Julgue os itens a seguir, a respeito do inquérito policial e das disposições preliminares do CPP.

Aos processos em curso, a lei processual penal será aplicada imediatamente, mantendo-se, todavia, os atos praticados sob a égide da lei anterior.

Certo ( )   Errado ( )

Aplicação do art. 2º do CPP: *A lei processual penal aplicar-se-á desde logo, sem prejuízo da validade dos atos realizados sob a vigência da lei anterior.*

Gabarito: Certo.

81. **(2016 – CESPE – POLÍCIA CIENTÍFICA/PE – Conhecimentos Gerais)** A lei processual penal não admite o uso da analogia ou da interpretação extensiva, em estrita observância ao princípio da legalidade.

Certo ( )   Errado ( )

Segundo o art. 3º do CPP: *A lei processual penal admitirá interpretação extensiva e aplicação analógica, bem como o suplemento dos princípios gerais de direito.*
Gabarito: Errado.

---

82. **(2016 – CESPE – POLÍCIA CIENTÍFICA/PE – Conhecimentos Gerais)** A lei processual penal brasileira adota o princípio da absoluta territorialidade em relação a sua aplicação no espaço: não cabe adotar lei processual de país estrangeiro no cumprimento de atos processuais no território nacional.

Certo ( )   Errado ( )

Em relação à aplicação da lei no espaço, vigora o princípio da absoluta territorialidade da lei processual penal.
Gabarito: Certo.

---

83. **(2015 – CESPE/CEBRASPE – TRE/RS – Analista Judiciário – Adaptada)** Lei processual que, de qualquer modo, altere rito procedimental, de forma a favorecer o acusado, aplica-se aos atos processuais praticados antes de sua vigência.

Certo ( )   Errado ( )

O erro da questão está em afirmar que a lei processual penal retroagirá para beneficiar o acusado. A lei processual penal não retroage, aplicando-se desde logo aos atos processuais. Além disso, a nova lei não gera prejuízo da validade dos atos praticados sob a lei anterior.
Gabarito: Errado.

---

84. **(2015 – CESPE/CEBRASPE – TJ/DFT – Técnico Judiciário)** Acerca da aplicabilidade da lei processual penal no tempo e no espaço e dos princípios que regem o inquérito policial, julgue o item a seguir: Nova lei processual que modifique determinado prazo do recurso em processo penal terá aplicação imediata, a contar da data de sua vigência, aplicando-se inclusive a processo que esteja com prazo recursal em curso quando de sua edição.

Certo ( )   Errado ( )

Segundo o art. 2º do CPP, a lei processual penal aplicar-se-á desde logo, SEM PREJUÍZO DA VALIDADE dos atos realizados sob a vigência da lei anterior.
Gabarito: Errado.

---

85. **(2015 – CESPE/CEBRASPE – TRE/RS – Analista Judiciário – Adaptada)** Diplomata de Estado estrangeiro que cometer crime de homicídio dentro do território nacional será processado conforme o que determina a lei processual brasileira.

Certo ( )   Errado ( )

A aplicação da lei processual brasileira reger-se-á somente ao território nacional brasileiro (princípio da territorialidade), contudo, há exceções, as quais devem ser expressamente previstas em lei. Não se aceitando a aplicação do direito processual estrangeiro no Brasil. Segundo o art. 1º, *caput*, I, do CPP: *O processo penal reger-se-á, em todo o território brasileiro, por este Código, ressalvados: I - os tratados, as convenções e regras de direito internacional.* Não se sujeitarão à lei (processual) penal brasileira os agentes diplomáticos, porém, aos consulares, esta imunidade é funcional. Portanto, aos agentes diplomáticos haverá a imunidade diplomática (tanto material: prisão; quanto formal: julgamento); já aos consulares, a imunidade é relativa ao desempenho de suas funções, ou seja, imunidade funcional. A questão tratou de um diplomata de Estado estrangeiro (imunidade total), portanto, este será julgado pelo seu país de origem.

Gabarito: Errado.

---

86. **(2015 – CESPE/CEBRASPE – DPE/RN – Defensor Público – Adaptada)** De acordo com o CPP, a analogia equivale à norma penal incriminadora, protegida pela reserva legal, razão pela qual não pode ser usada contra o réu.

Certo ( )   Errado ( )

No Direito Processual Penal, a analogia é aplicável tanto para beneficiar quanto para prejudicar, diferentemente do que acontece no Direito Penal, que só poderá ser aplicado para beneficiar o réu e nunca para prejudicar. Já a interpretação analógica será aplicada em ambas as matérias tanto para prejudicar quanto para beneficiar o réu.

Art. 3º do CPP: *A lei processual penal admitirá interpretação extensiva e aplicação analógica, bem como o suplemento dos princípios gerais de direito.*

Gabarito: Errado.

---

87. **(2015 – CESPE/CEBRASPE – DPE/RN – Defensor Público – Adaptada)** A interpretação extensiva é um processo de integração por meio do qual se aplica a uma determinada situação para a qual inexiste hipótese normativa própria um preceito que regula hipótese semelhante.

Certo ( )   Errado ( )

A assertiva torna-se errada ao trocar os conceitos de interpretação extensiva e de analogia. A analogia é um processo de integração por meio do qual se aplica a uma determinada situação, para a qual inexiste hipótese normativa própria, um preceito que regula hipótese semelhante.

Gabarito: Errado.

---

88. **(2015 – CESPE/CEBRASPE – DPE/RN – Defensor Público – Adaptada)** Para o uso da analogia, é importante considerar a natureza do diploma de onde se deve extrair a norma reguladora.

Certo ( )   Errado ( )

O uso da analogia, que consiste em processo de integração por meio do qual se aplica a uma determinada situação para a qual inexiste hipótese normativa própria um preceito que regula hipótese semelhante. Ressalte-se, ainda, que, para o uso da analogia, não importam a natureza da situação concreta e a natureza do diploma de onde se deve extrair a norma reguladora. A questão cobrou o conhecimento do Informativo nº 556 do STJ.

Gabarito: Errado.

89. **(2015 – CESPE/CEBRASPE – DPE/PE – Defensor Público – Adaptada)** Acerca de aspectos diversos do processo penal brasileiro, o próximo item apresenta uma situação hipotética, seguida de uma assertiva a ser julgada.

Alberto e Adriano foram presos em flagrante delito. O juiz que analisou a prisão em flagrante concedeu a Alberto a liberdade provisória mediante o recolhimento de fiança arbitrada em um salário mínimo. Quanto a Adriano, foi-lhe decretada a prisão preventiva. Antes que o autuado Alberto recolhesse o valor da fiança e que a DP impetrasse *habeas corpus* em favor de Adriano, entrou em vigor lei processual penal nova mais gravosa, que tratou tanto da fiança quanto da prisão preventiva. Nessa situação, a lei processual penal nova que tratou da fiança aplicar-se-á desde logo, sem prejuízo da validade dos atos realizados sob a vigência da lei anterior. Entretanto, à prisão preventiva aplicar-se-ão os dispositivos que forem mais favoráveis ao interessado.

Certo ( )   Errado ( )

De acordo com Nestor Távora, caso a lei traga preceitos de direito processual e material penal, - como não pode haver cisão (separação), deve prevalecer o aspecto penal. Se este for benéfico, a lei será aplicada às infrações ocorridas antes da sua vigência. O aspecto penal retroage, enquanto o aspecto processual terá sua aplicação imediata, preservando-se os atos praticados quando da vigência da norma anterior. Contudo, se a parte penal for prejudicial ao agente, a nova norma não terá incidência aos crimes ocorridos antes de sua vigência e o processo iniciado, todo ele, será regido pelos preceitos processuais previstos na antiga lei.

Gabarito: Errado.

---

90. **(2014 – CESPE/CEBRASPE – TJ/CE – Técnico Judiciário – Adaptada)** Com relação à aplicação da lei processual no tempo, os atos processuais realizados sob a vigência de lei processual penal anterior à nova lei serão considerados inválidos.

Certo ( )   Errado ( )

Segundo o art. 2º: *A lei processual penal aplicar-se-á desde logo, sem prejuízo da validade dos atos realizados sob a vigência da lei anterior*. Ou seja, os atos processuais já realizados na vigência da lei anterior devem ser mantidos.

Gabarito: Errado.

---

91. **(2014 – CESPE/CEBRASPE – TJ/CE – Técnico Judiciário – Adaptada)** A lei processual penal não admite interpretação sistemática.

Certo ( )   Errado ( )

A interpretação sistemática consiste em analisar normas jurídicas entre si em conjunto com outras normas. Esse método impede que as normas jurídicas sejam interpretadas de modo isolado, devem ser interpretadas em harmonia com as outras partes do sistema, considerando sua classificação e as demais disposições que com ela se relacionam. No entanto, deve-se respeitar a organização hierárquica das fontes (subordinação e conexão), a qual tem como ápice a CF/88.

Gabarito: Errado.

92. **(2014 – CESPE/CEBRASPE – TJ/CE – Técnico Judiciário – Adaptada)** A lei processual penal não admite o suplemento dos princípios gerais de direito.

Certo ( )   Errado ( )

De acordo como texto legal, a lei processual penal admitirá o suplemento dos princípios gerais do Direito.

Art. 3º A lei processual penal admitirá interpretação extensiva e aplicação analógica, bem como o suplemento dos princípios gerais de direito.

Gabarito: Errado.

---

93. **(2018 – CESPE/CEBRASPE – PC/MA – Investigador)** Acerca da aplicação da lei processual no tempo e no espaço e em relação às pessoas, julgue o item a seguir.

O Brasil adota, no tocante à aplicação da lei processual penal no tempo, o sistema da unidade processual.

Certo ( )   Errado ( )

O Brasil adota, em relação à aplicação da lei processual penal no tempo, o princípio do *tempus regit actum*, por força do disposto no art. 2º do CPP, *in verbis: a lei processual penal aplicar-se-á desde logo, sem prejuízo da validade dos atos realizados sob a vigência da lei anterior*. Logo, a lei a ser aplicada ao caso concreto é a lei vigente ao tempo da prática do ato.

Gabarito: Errado.

---

94. **(2018 – CESPE/CEBRASPE – PC/MA – Investigador – Adaptada)** Em relação à aplicação da lei processual penal, é correto afirmar que a lei nova e mais gravosa ao réu terá aplicação imediata somente para os novos processos que se tiverem iniciado depois de sua promulgação.

Certo ( )   Errado ( )

Nos termos do art. 2º do CPP (Princípio da Aplicação Imediata), a lei processual penal aplicar-se-á desde logo, sem prejuízo da validade dos atos realizados sob a vigência da lei anterior.

Gabarito: Errado.

---

95. **(2018 – CESPE/CEBRASPE – PC/MA – Investigador – Adaptada)** Acerca da aplicação da lei processual no tempo e no espaço e em relação às pessoas, julgue o item a seguir.

Em caso de normas processuais materiais — mistas ou híbridas —, aplica-se a retroatividade da lei mais benéfica.

Certo ( )   Errado ( )

As normas processuais materiais estão disciplinadas em diplomas processuais penais, dispõem sobre o conteúdo da pretensão punitiva, como direito de queixa ou até mesmo de representação, prescrição, decadência, perempção etc. Assim sendo, a eficácia no tempo deverá seguir o regramento do art. 2º, *caput* e parágrafo único do CP. *Em se tratando de uma norma mais favorável ao réu, deverá retroagir em seu benefício; se prejudicial, aplica-se a lei já revogada, sendo esta norma processual penal mista.*

Gabarito: Certo.

---

96. **(2018 – CESPE/CEBRASPE – PC/MA – Escrivão – Adaptada)** Em relação à aplicação da lei processual penal, é correto afirmar que a lei nova será aplicada sem prejuízo da validade dos atos realizados sob a vigência da lei anterior.

Certo ( )   Errado ( )

Conforme disposto no art. 2º do CPP, a lei processual penal aplicar-se-á desde logo, sem prejuízo da validade dos atos realizados sob a vigência da lei anterior.

Gabarito: Certo.

97. **(2018 – CESPE/CEBRASPE – PC/MA – Investigador – Adaptada)** Acerca da aplicação da lei processual no tempo e no espaço e em relação às pessoas, julgue o item a seguir.

Para o regular processamento judicial de governador de estado ou do Distrito Federal, é necessária a autorização da respectiva casa legislativa — assembleia legislativa ou câmara distrital.

Certo ( )   Errado ( )

Conforme o atual entendimento do STF, não há necessita autorização da Assembleia Legislativa, para receber denúncia ou queixa, ou a instauração da respectiva ação penal perante o STJ, sobre crime comum cometido por governador. Sobre o tema, existe interessante julgado o qual vale a pena consultar: STF. Plenário. ADI 5540/MG, Rel. Min. Edson Fachin, julgado em 3/5/2017, Info. 863.

O STF entende que o Estado-membro não pode dispor sobre crime de responsabilidade, ainda que seja na Constituição estadual. Isso porque a competência para legislar sobre crime de responsabilidade é privativa da União.

Súmula Vinculante nº 46 do STF: *São da **competência legislativa da União** a definição dos crimes de responsabilidade e o estabelecimento das respectivas normas de processo e julgamento.*

Gabarito: Errado.

98. **(2018 – CESPE/CEBRASPE – PC/MA – Escrivão – Adaptada)** Em relação à aplicação da lei processual penal, é correto afirmar que a lei processual penal não admitirá aplicação analógica.

Certo ( )   Errado ( )

Nos termos do art. 3º do CPP, *a lei processual penal admitirá interpretação extensiva e aplicação analógica, bem como o suplemento dos princípios gerais de Direito.*

Gabarito: Errado.

99. **(2018 – CESPE/CEBRASPE – PC/MA – Escrivão – Adaptada)** Em relação à aplicação da lei processual penal, é correto afirmar que a lei processual penal não se sujeitará a tratados, convenções ou regras de direito internacional.

Certo ( )   Errado ( )

Conforme o art. 1º do CPP, *o processo penal reger-se-á, em todo o território brasileiro, por este Código, ressalvados: I - os tratados, as convenções e regras de direito internacional.*

Gabarito: Errado.

100. (2018 – CESPE/CEBRASPE – PC/MA – Escrivão – Adaptada) Em relação à aplicação da lei processual penal, é correto afirmar que a lei nova será aplicada aos fatos pretéritos que eram regulados pela lei revogada.

Certo ( )   Errado ( )

Conforme o art. 2º do CPP (Princípio da Aplicação Imediata), a lei processual penal aplicar-se-á desde logo, sem prejuízo da validade dos atos realizados sob a vigência da lei anterior.
Gabarito: Errado.

---

101. (2017 – CONSULPLAN – TJ/MG – Titular de Serviços de Notas e de Registros – Adaptada) Segundo o princípio *tempus regt actum* os atos processuais praticados sob a égide da lei anterior são considerados válidos e as normas processuais têm aplicação imediata, independentemente da data do fato imputado na denúncia.

Certo ( )   Errado ( )

De acordo com o art. 2º do CPP: *A lei processual penal aplicar-se-á desde logo, sem prejuízo da validade dos atos realizados sob a vigência da lei anterior.* **A lei processual, tem aplicação IMEDIATA, ou seja, é regida pelo princípio do efeito imediato ou da aplicação imediata, atingindo os processos que estão em curso, não importando se traz ou não situação gravosa ao imputado.**
Gabarito: Certo.

---

102. (2017 – NUCEPE – SEJUSP/PI – Agente Penitenciário – Adaptada) Quanto à lei processual no tempo, no Brasil é adotado no processo penal o sistema da unidade processual, um complexo de atos inseparáveis uns dos outros, isto é, em todo o processo apenas poderá ser aplicada uma lei processual.

Certo ( )   Errado ( )

O Brasil adota o Sistema do Isolamento dos Atos Processuais. Nesse sistema, admite-se que cada ato seja regido por uma lei, o que permite que a lei velha regule os atos já praticados, ocorridos sob sua vigência, enquanto a lei nova terá aplicação imediata, passando a disciplinar os atos futuros, sem as limitações relativas às fases do processo. De forma geral o sistema aplicado no Brasil é esse, porém com exceções em situações mais complexas. Para Gustavo Badaró, *o sistema do isolamento dos atos processuais que poderá solucionar diversos problemas de direito intertemporal. Não se trata, porém de critério absoluto, havendo casos em que se deverá adotar solução diversa, segundo os princípios e regras de direito intertemporal normalmente aceitos pela doutrina.*
Gabarito: Errado.

---

103. (2017 – FAPEMS – PC/MS – Delegado – Adaptada) Com relação às regras da lei processual no espaço e no tempo, o CPP vigente adota, respectivamente, os princípios da lex fori e da aplicação imediata. Com base nessa informação, é correto afirmar que a lei processual penal atende a regra do tempus reígit actum, porém a repetição de atos processuais anteriores é exigida por lei em observância da interpretação constitucional, além disso, não é possível alcançar os processos que apuram condutas delitivas consumadas antes da sua vigência.

Certo ( )   Errado ( )

Conforme a inteligência do art. 2º do CPP, *a lei processual penal aplicar-se-á desde logo, sem prejuízo da validade dos atos realizados sob a vigência da lei anterior.*

Gabarito: Errado.

---

104. **(2017 – CESPE/CEBRASPE – PC/GO – Delegado – Adaptada)** Relativamente à aplicação da lei processual penal no tempo e no espaço é correto afirmar que a lei processual penal tem aplicação imediata e é aplicável tanto nos processos que se iniciarem após a sua vigência, quanto nos processos que já estiverem em curso no ato da sua vigência, e até mesmo nos processos que apurarem condutas delitivas ocorridas antes da sua vigência.

Certo ( )   Errado ( )

Conforme o art. 2º do CPP, de fato, a lei processual penal aplica-se desde logo de imediato. Abrange, assim, processos em curso, ainda que referentes a fatos cometidos antes da vigência da lei processual penal.

Gabarito: Certo.

---

105. **(2017 – CESPE/CEBRASPE – Prefeitura de Belo Horizonte/MG – Procurador – Adaptada)** Considerando a legislação processual penal e o entendimento jurisprudencial pátrio, é correto afirmar que a CF prevê expressamente a retroatividade da lei processual penal quando esta for mais benéfica ao acusado.

Certo ( )   Errado ( )

O art. 5º, XL, da CF/88 prevê que a Lei Penal não retroagirá, salvo para beneficiar o réu. A Lei Processual Penal é regida pelo Princípio da Aplicação Imediata, conforme previsão do art. 2º *do* CPP: *a lei processual penal aplicar-se-á desde logo, sem prejuízo da validade dos atos realizados sob a vigência da lei anterior.*

Gabarito: Errado.

---

106. **(2017 – CESPE/CEBRASPE – TRF 1ª Região – Técnico Judiciário)** Acerca dos princípios que regem o processo penal brasileiro, julgue o item subsequente.

A lei processual penal deverá ser aplicada imediatamente, sem que isso prejudique a validade dos atos realizados sob a vigência da lei anterior, tampouco constitua ofensa ao princípio da irretroatividade.

Certo ( )   Errado ( )

No teor do art. 2º, a lei processual penal aplicar-se-á desde logo, sem prejuízo da validade dos atos realizados sob a vigência da lei anterior.

Gabarito: Certo.

---

107. **(2017 – NUCEPE – SEJUS/PI – Agente Penitenciário)** Quanto à lei processual no tempo, marque a alternativa CORRETA.

a) Um processo que tiver sido encerrado sob a vigência da lei processual anterior deverá ser revisto.

b) Se há um processo penal a ser iniciado, deverá ser regido pela nova lei processual, para que seus atos se tornem válidos e eficazes.

c) Caso o processo penal já tenha sido iniciado, os atos praticados deverão ser refeitos e, todos os posteriores deverão ser praticados conforme a nova lei.

d) Os atos processuais regidos pela lei processual penal anterior não são considerados válidos.

Em relação à aplicabilidade da lei no tempo, dispõe o art. 2º do CPP que *a lei processual penal aplicar-se-á desde logo, sem prejuízo da validade dos atos realizados sob a vigência da lei anterior.* **Logo, em matéria processual, a regra do** *tempus regit actum,* **ou seja, a lei aplica-se imediatamente, não podendo, no entanto, interferir em atos jurídicos completados e já realizados.**

Neste sentido, há a Jurisprudência do STF:

A lei processual possui aplicabilidade imediata, nos termos do art. 2º do CPP (art. 2º A lei processual penal aplicar-se-á desde logo, sem prejuízo da validade dos atos realizados sob a vigência da lei anterior). A Lei nº 11.689/2008 é aplicada aos processos futuros e também aos processos em curso, ainda que estes tenham como objeto fato criminoso anterior ao início da vigência da própria Lei nº 11.689/2009 (...). A nova norma processual tem aplicação imediata, preservando-se os atos praticados ao tempo da lei anterior (tempus regit actum). (Passagem do julgamento do RHC 115563, de 11/03/2014, DJe-062 27/03/2014).

Gabarito: B.

---

108. (2017 – CESPE/CEBRASPE – PC/GO – Delegado – Adaptada) Relativamente à aplicação da lei processual penal no tempo e no espaço é correto afirmar:

O princípio da extraterritorialidade adotado pelo direito processual penal brasileiro não ofende a soberania de outros Estados, já que os ordenamentos jurídicos de todas as nações convergem para o combate às condutas delitivas.

Certo ( )   Errado ( )

O processo penal brasileiro adota o princípio da territorialidade absoluta. A extraterritorialidade é matéria do Direito Penal, conforme o art. 7º do CP.

Gabarito: Errado.

---

109. (2017 – IBFC – TJ/PE – Oficial de Justiça – Adaptada) Sobre a aplicação da lei processual penal no tempo e no espaço, analise o item a seguir.

Aplica-se a lei processual penal brasileira quando o crime é cometido por cidadão brasileiro no exterior e ali o autor passa a ser processado.

Certo ( )   Errado ( )

Nos termos do art. 1º do CPP, observa-se que o Brasil adota o princípio da territorialidade da lei processual penal, ou seja, por este princípio o processo é regulado pelas normas do lugar onde se desenvolve a infração penal. O princípio da territorialidade vincula-se à Soberania Estatal, só podendo ser aplicado nos limites do território em que este pode valer sua vontade.

Em razão de tal princípio de obediência a soberania, os atos referentes a processos penais que sejam realizados no exterior devem obedecer a lei processual penal do país onde devem ser efetuados, conforme *princípio da lex fori.*

São hipóteses de exceções em que pode prevalecer as leis processuais penais brasileiras:

- Território nulo, ou seja, onde não há soberania de qualquer país.
- Em território estrangeiro, desde que com a autorização do respectivo Estado.
- Em território ocupado em caso de guerra.

Gabarito: Errado.

---

110. **(2017 – IBFC – TJ/PE – Oficial de Justiça – Adaptada)** Sobre a aplicação da lei processual penal no tempo e no espaço, analise o item a seguir.

Nos crimes cometidos em embarcações estrangeiras privadas estacionadas em portos brasileiros, aplica-se a lei processual penal de seu país de origem.

Certo ( )　　　　Errado ( )

O art. 89 do CPP dispõe que: *os crimes cometidos em qualquer embarcação nas águas territoriais da República, ou nos rios e lagos fronteiriços, bem como a bordo de embarcações nacionais, em alto-mar, serão processados e julgados pela justiça do primeiro porto brasileiro em que tocar a embarcação, após o crime, ou, quando se afastar do País, pela do último em que houver tocado.*

Gabarito: Errado.

---

111. **(2017 – CESPE/CEBRASPE – PC/GO – Delegado – Adaptada)** Relativamente à aplicação da lei processual penal no tempo e no espaço é correto afirmar:

O CPP normatiza o processamento das relações processuais penais em curso perante todos os juízos e tribunais brasileiros, aplicando-se, em caráter subsidiário, as normas procedimentais que versem sobre matérias especiais.

Certo ( )　　　　Errado ( )

O CPP não disciplina todos os processos criminais no território nacional, conforme prevê o art. 1º do CPP, que arrola as exceções, por exemplo, o processo penal militar é regido pelo CPPM. E o processo penal perante as Cortes Supremas é regido pela Lei nº 8.038/90. Subsidiariamente se aplica o CPP nos casos do art. 1º: *o processo penal reger-se-á, em todo o território brasileiro, por este Código, ressalvados: I - os tratados, as convenções e regras de direito internacional; II - as prerrogativas constitucionais do Presidente da República, dos ministros de Estado, nos crimes conexos com os do Presidente da República, e dos ministros do Supremo Tribunal Federal, nos crimes de responsabilidade (os arts. 86, 89, § 2º, e 100 da CF/88); III - os processos da competência da Justiça Militar; IV - os processos da competência do tribunal especial (art. 122 da CF/88); V - os processos por crimes de imprensa.*

Gabarito: Errado.

INQUÉRITO POLICIAL - NOÇÕES GERAIS

112. **(2021 – CESPE/CEBRASPE – PC/DF – Escrivão)** Odete filmou Januário, empresário famoso, em conversa com um político. Segundo Odete, no encontro filmado, Januário estaria oferecendo dinheiro ao político local em troca de vantagens indevidas em determinado processo licitatório. Sete dias após o ocorrido, ela veiculou o vídeo em suas mídias sociais. O vídeo alcançou alta projeção nos noticiários. Diante da repercussão, o político negou a propina e Januário apresentou-se espontaneamente em uma delegacia, acompanhado de seu advogado, para prestar esclarecimentos.

A partir da situação hipotética precedente, julgue os itens a seguir, a respeito do tema de inquérito policial.

Ainda que o eventual crime cometido por Januário e pelo referido político seja de ação penal pública incondicionada, a instauração do inquérito policial depende de notícia crime, fundada em documentação oficial, como um boletim de ocorrência, não sendo possível sua instauração apenas com base na divulgação de fato criminoso pela mídia.

Certo ( )   Errado ( )

Tendo em vista o teor do art. 5º, I, do CPP, o inquérito policial será instaurado de ofício, obrigatoriamente, nos crimes de **ação penal pública incondicionada, em estrita observância ao princípio da OFICIOSIDADE**. À vista disso, para os crimes de ação penal pública incondicionada, há **obrigatoriedade** de instauração do inquérito *ex officio*, independente de provocação.

No caso em tela, trata-se de *notitia criminis* de **cognição imediata (espontânea)**, ou seja, a autoridade policial tomou conhecimento do crime por meio de suas atividades rotineiras.

O STJ (Info. nº 652) entendeu que é possível a deflagração de investigação criminal com base em matéria jornalística.

Gabarito: Errado.

---

113. **(2021 – MPDFT – Promotor de Justiça – Adaptada)** Considerando a afirmativa abaixo, é CORRETO afirmar que:

É direito do advogado examinar, em qualquer instituição responsável por conduzir investigação, mesmo sem procuração, autos de flagrante e de investigações de qualquer natureza, findos ou em andamento, ainda que conclusos à autoridade, podendo copiar peças e tomar apontamentos, em meio físico ou digital. Porém, a autoridade competente poderá delimitar o acesso do advogado aos elementos de prova relacionados a diligências em andamento e ainda não documentados nos autos, quando houver confirmado comprometimento da eficiência, da eficácia ou da finalidade das diligências.

Certo ( )   Errado ( )

Nesse sentido dispõe o EOAB - Lei nº 8.906/94:

Art. 7º São direitos do advogado:

[...]

XIV - examinar, em qualquer instituição responsável por conduzir investigação, mesmo sem procuração, autos de flagrante e de investigações de qualquer natureza, findos ou em andamento, ainda que conclusos à autoridade, podendo copiar peças e tomar apontamentos, em meio físico ou digital;

[...]

§ 11 No caso previsto no XIV, a autoridade competente poderá delimitar o acesso do advogado aos elementos de prova relacionados a diligências em andamento e ainda não documentados nos autos, quando houver risco de comprometimento da eficiência, da eficácia ou da finalidade das diligências.

Portanto, vê-se que o erro da questão está na parte final: quando houver confirmado comprometimento da eficiência, da eficácia ou da finalidade das diligências. Ademais, cabe observar o termo **"acesso a investigações de qualquer natureza"**, a súmula vinculante 14 do STF garante o acesso a todos os elementos já documentados. Não é demais afirmar, ainda, que o sigilo no inquérito deverá ser observado como forma de garantia da intimidade do investigado, resguardando-se, assim, seu estado de inocência. Sucede-se que existindo informações SIGILOSAS (intimidade do investigado ou indiciado) nos autos do inquérito policial, em outras palavras, nos procedimentos com quebra de sigilo bancário e/ou telefônico, entretanto, **NÃO PODE o advogado SEM poderes ESPECÍFICOS (procuração com poderes especiais) ter acesso aos autos**, conforme dispõe o art. 7º, § 10º, da Lei 8.906/94.

Atenção! ABUSO DE AUTORIDADE - Lei nº 13.869/19 - pode ensejar o cometimento do crime previsto no art. 32: *Negar ao interessado, seu defensor ou advogado acesso aos autos de investigação preliminar, ao termo circunstanciado, ao inquérito ou a qualquer outro procedimento investigatório de infração penal, civil ou administrativa, assim como impedir a obtenção de cópias, ressalvado o acesso a peças relativas a diligências em curso, ou que indiquem a realização de diligências futuras, cujo sigilo seja imprescindível: Pena - detenção de 6 (seis) meses a 2 (dois) anos, e multa.*

Gabarito: Errado.

---

114. **(2021 – FGV – PC/RN – Agente)** O inquérito policial é procedimento administrativo que possui características próprias destacadas pela doutrina e pela jurisprudência. Com relação ao tema, analise as afirmativas a seguir.

I. Pode ser instaurado de ofício ou a requerimento, tanto nos crimes de ação pública quanto nos de ação privada, mas o oferecimento da ação penal dependerá da vontade da vítima nesse último caso.

II. Contra a decisão que indefere o seu requerimento de abertura, cabe recurso ao Poder Judiciário.

III. Pode ser requerida sua abertura, ainda que não seja possível identificar o autor do fato naquele momento.

Está correto somente o que se afirma em:

a) II.

b) III.

c) I e II.

d) I e III.

e) II e III.

Os itens I e II – ERRADOS

I. Nos crimes de **AÇÃO PENAL PRIVADA**, a autoridade policial somente poderá proceder a inquérito a requerimento de quem tenha qualidade para intentá-la, (art. 5º, § 5º, do CPP).

II. Em desacordo com o que estabelece o art. 5º, § 2º, do CPP, do DESPACHO que indeferir o requerimento de abertura de inquérito **caberá RECURSO para o chefe de Polícia**.

Item CERTO - III. O inquérito policial é um procedimento administrativo informativo, destinado a apurar a existência de infração penal e sua autoria, a fim de que o titular da ação penal disponha de elementos suficientes para promovê-la. Além disso, o art. 4º do CPP, dispõe que o inquérito policial tem como FINALIDADE a apuração das infrações penais (materialidade) e da sua autoria. É no inquérito que a autoridade policial procede a **colheita de elementos de informação** quanto à autoria e a materialidade do delito, e, portanto, para a deflagração do respectivo procedimento, basta a presença de indícios suficientes do crime.

Atenção! A Nova Lei de Abuso de Autoridade estabelece no art. 27 que é crime:

Requisitar instauração ou instaurar procedimento investigatório de infração penal ou administrativa, em desfavor de alguém, à falta de qualquer indício da prática de crime, de ilícito funcional ou de infração administrativa [...].

Gabarito: B.

---

115. **(2021 – FGV – PC/RN – Delegado)** No curso de investigação criminal para apurar a prática de crime sexual por parte de Adonis, a autoridade policial notou que o investigado apresentava sinais de insanidade mental. Nesse sentido, havendo dúvida sobre a integridade mental de Adonis, a instauração de incidente de insanidade mental:

   a) Não poderá ser determinada na fase de inquérito, pois incabível nesse momento.

   b) Poderá ser determinada na fase de inquérito diretamente pelo delegado de polícia, de ofício;

   c) Poderá ser determinada na fase de inquérito pelo juiz, mediante representação do delegado de polícia.

   d) Poderá ser determinada na fase de inquérito diretamente pelo delegado de polícia, mediante requerimento da parte.

   e) Poderá ser determinada na fase de inquérito pelo juiz, de ofício ou a requerimento da parte ou representação do delegado de polícia, devendo a autoridade policial nomear curador ao investigado.

A autoridade policial por meio do seu poder requisitório, conforme o art. 6º do CPP, e com a Lei nº 12.830/13, pode determinar que a realização de toda e qualquer perícia no curso das investigações, EXCETO o exame de insanidade mental, pois este dependerá de autorização judicial. Portanto, quando houver **dúvida sobre a integridade mental do acusado/investigado, o JUIZ** ordenará, de **ofício ou a requerimento** do Ministério Público, do defensor, do curador, do ascendente, descendente, irmão ou cônjuge do acusado, **seja este submetido a exame médico-legal**. O exame **poderá ser ordenado ainda na fase do inquérito**, mediante **representação da autoridade policial ao juiz competente** (art. 149, § 1º, do CPP).

Gabarito: C.

---

116. **(2021 – CESPE/CEBRASPE – PC/DF – Agente)** Acerca da aplicação das normas processuais penais, julgue os itens subsequentes.

   Em se tratando de crimes de ação penal pública condicionada, o inquérito policial deverá ser iniciado por representação de membro do Ministério Público.

Certo ( )   Errado ( )

O art. 5º, II, do CPP, dispõe que *o Ministério Público pode requisitar a instauração de inquéritos de ação penal pública.* No entanto, em relação aos crimes de ação pública condicionada que depende da representação, o art. 5º, § 4º, estabelece que *o inquérito, nos crimes em que a ação pública depender de representação, não poderá sem ela ser iniciado.*

Gabarito: Errado.

---

117. **(2021 – AOCP – MPE/RS – Técnico do Ministério Público)** Considerando a seguinte afirmação acerca do Código de Processo Penal, analise a assertiva

I. Se a vítima, ou seu representante legal, não concordar com o arquivamento do inquérito policial, poderá, no prazo de trinta dias do recebimento da comunicação, submeter a matéria à revisão da instância competente do órgão ministerial, conforme dispuser a respectiva lei orgânica.

Certo (   )   Errado (   )

O Pacote Anticrime trouxe alterações em relação ao arquivamento de inquérito policial. Acontece que a aplicabilidade da nova sistemática, está SUSPENSA até o julgamento das **ADIs 6.298, 6.299, 6.300 e 6305** pelo STF.

Mas, é importante que o concurseiro(a) siga trabalhando com o texto legal alterado, até que o STF julgue as ADI's, pois o examinador pode explorar o teor do texto legal que é objeto de suspensão. Foi exatamente o que ocorreu neste certame.

O item explorado na assertiva é o inteiro teor do art. 28, § 1º, do CPP - *Se a vítima, ou seu representante legal, NÃO concordar com o arquivamento do inquérito policial, **PODERÁ, no prazo de 30 (trinta) dias do recebimento da comunicação,** submeter a matéria à revisão da instância competente do órgão ministerial, conforme dispuser a respectiva lei orgânica.*

Atenção! A Lei nº 13.964/19 alterou o referido artigo, no entanto a sua aplicabilidade está SUSPENSA até o julgamento das **ADIs 6.298, 6.299, 6.300 e 6305** pelo STF. As questões (ANTIGAS e as NOVAS) serão mantidas com a integralidade dos artigos antigos e novos para efeitos de provas.

Gabarito: Certo.

---

118. **(2021 – FGV – PC/RN – Delegado)** A autoridade policial recebeu denúncia anônima sobre a existência de um grupo que se destinava a praticar roubos a agências bancárias. Diante da notícia recebida, com base no entendimento dos Tribunais Superiores, a autoridade policial:

a) terá discricionariedade para instauração ou não do inquérito policial;

b) não poderá adotar qualquer medida, por tratar-se de denúncia anônima;

c) deverá realizar diligências preliminares para averiguação, antes de instaurar o inquérito policial;

d) deverá instaurar imediatamente inquérito policial para apurar o fato;

e) poderá dispensar o inquérito policial e encaminhar as informações recebidas ao órgão ministerial para o oferecimento imediato de denúncia.

A respeito da *notitia criminis* **inqualificada ou apócrifa ou denúncia anônima,** o CPP dispõe no art. 5º, II, § 3º que qualquer pessoa do povo que tiver conhecimento da existência de infração penal em que caiba ação pública PODERÁ, verbalmente ou por escrito, comunicá-la à autoridade policial, e esta, **verificada a procedência das informações AIP e VPI (Autos de Investigação Preliminar e Verificação de Procedência das Informações),** mandará instaurar inquérito. Sendo assim, a

denúncias anônimas não autorizam, por si só, a instauração de inquérito policial ou a propositura da ação penal. Todavia, PODE constituir fonte de informação e de provas que não podem ser simplesmente descartadas pelos órgãos de persecução penal.

Jurisprudências do STF e STJ:

A denúncia anônima é fundamento idôneo para deflagrar a persecução penal, desde seguida de diligências prévias, a fim de averiguar os fatos nela noticiados, é a jurisprudência pacifica do STF.

➢ **NÃO é possível** decretar **busca e apreensão** com base unicamente em denúncia anônima (Infos. nº 976 e 819 do STF).

➢ **NÃO é possível** decretar **interceptação telefônica** com base unicamente em **denúncia anônima** (Inf. 6ª turma do STJ)

➢ É ILÍCITA prova obtida por meio de **REVISTA ÍNTIMA** com base unicamente em **denúncia anônima** (Inf. nº 659 do STJ)

O STJ admite a **instauração de PAD (Processo Administrativo Disciplinar) com base em denúncia anônima conforme a Súmula nº 611 do STJ:**

Desde que devidamente motivada e com amparo em investigação ou sindicância, é permitida a instauração de processo administrativo disciplinar com base em denúncia anônima, em face do poder-dever de autotutela imposto à Administração.

Gabarito: C.

---

119. (2021 – FGV – PC/RN – Delegado) Após receber os autos de inquérito policial encaminhado pela autoridade policial, o promotor de justiça com atribuição para o caso verificou que não havia indícios suficientes quanto à autoria e materialidade do delito, pois não fora realizada no curso do procedimento administrativo busca e apreensão que entendia imprescindível. Nesse sentido, o membro do órgão ministerial deverá:

   a) Promover o arquivamento do inquérito, por tratar-se de hipótese de absolvição sumária.

   b) Requisitar à autoridade policial que realize, diretamente, a diligência de busca e apreensão pretendida.

   c) Requerer ao juiz a realização de diligência investigatória antes do oferecimento da denúncia;

   d) Oferecer a denúncia e, após, requerer ao juiz a realização de diligência investigatória.

   e) Promover diretamente a realização da diligência investigatória.

A CF/88 prevê que dentre as funções institucionais do **Ministério Público**, incluir-se, **a possibilidade de requisitar diligências investigatórias e a instauração de inquérito policial, indicados os fundamentos jurídicos de suas manifestações processuais (art. 129, VIII, da CF).** No CPP os arts. **13, II, do CPP,** incumbe à **autoridade policial realizar as diligências requisitadas pelo juiz ou pelo Ministério Público,** e art. 16 do mesmo diploma, o Ministério Público não poderá requerer a devolução do inquérito à autoridade policial, senão para novas **diligências, imprescindíveis** ao oferecimento da denúncia. Portanto, tratando-se de diligência imprescindível ao oferecimento da denúncia, **poderia haver a devolução do inquérito policial à autoridade policial.** No entanto, a diligência mencionada pelo examinador é a **BUSCA e APREENSÃO,** que deve obrigatoriamente ser antecedida de **AUTORIZAÇÃO JUDICIAL,** tendo em vista tratar-se de matéria afeta à **RESERVA de JURISDIÇÃO.**

Gabarito: C.

120. (2021 – AOCP – PC/PA – Escrivão) Sobre o inquérito policial brasileiro, assinale a alternativa correta.

a) Logo que tiver conhecimento da prática da infração penal, a autoridade policial deverá receber ordens superiores para iniciar a investigação.

b) A autoridade policial fará sucinto relatório do que tiver sido apurado no inquérito e enviará autos ao promotor competente.

c) Os instrumentos do crime, bem como os objetos que interessarem à prova, serão leiloados após fotografados.

d) Qualquer pessoa do povo que tiver conhecimento da existência de infração penal em que caiba ação pública poderá, verbalmente ou por escrito, comunicá-la à autoridade policial, e esta, verificada a procedência das informações, mandará instaurar inquérito.

e) Logo que tiver conhecimento da prática da infração penal, a autoridade policial deverá prender o indiciado.

Conforme dispõe o art. 5º, § 3º, do CPP - *Qualquer pessoa do povo que tiver conhecimento da existência de infração penal em que caiba ação pública poderá, verbalmente ou por escrito, comunicá-la à autoridade policial, e esta, verificada a procedência das informações, mandará instaurar inquérito.*

Fundamentação das alternativas: a) O art. 6º, dispõe que logo que tiver conhecimento da prática da infração penal, a autoridade policial DEVERÁ, realizar uma série de diligências previstas nos incisos I a X; b) A autoridade fará minucioso relatório do que tiver sido apurado e enviará autos ao juiz competente, (art. 10, § 1º, do CPP); c) Não serão leiloados na fase de IP. O art. 11 do CPP estabelece que os instrumentos do crime, bem como os objetos que interessarem à prova, **acompanharão os autos do inquérito**; e e) Não há a previsão legal de prisão imediata no art. 6º do CPP.
Gabarito: D.

---

121. (2021 – CESPE/CEBRASPE – MPE/AP – Promotor de Justiça) Considerando a hipótese de que decisão judicial transitada em julgado tenha homologado o arquivamento de inquérito policial a pedido do Ministério Público estadual, assinale a opção correta, de acordo com as disposições processuais penais em vigor.

a) O arquivamento do inquérito policial por insuficiência de provas produz coisa julgada material.

b) O acolhimento do pedido pelo juiz possibilita ao ofendido ou a seu representante legal o manejo da queixa subsidiária.

c) O oferecimento de denúncia, pelo mesmo crime, devido a novas provas caracteriza, em regra, violação do princípio que veda a revisão *pro societate*.

d) A decisão judicial de arquivamento por insuficiência probatória possui efeitos de coisa julgada formal.

e) Da sentença homologatória do arquivamento caberá recurso em sentido estrito.

O CPP dispõe no art. 18 que depois de ordenado o arquivamento do inquérito pela autoridade judiciária, **por falta de base para a denúncia**, a autoridade policial **PODERÁ proceder a novas pesquisas, se de outras provas tiver notícia.**

A súmula 524 do STF dispõe que arquivado o inquérito policial, por despacho do juiz, a requerimento do promotor de justiça, **NÃO PODE** a ação penal ser iniciada, **sem NOVAS PROVAS.**

INQUÉRITO POLICIAL	
Coisa julgada MATERIAL	**Coisa julgada FORMAL**
• Atipicidade de conduta. • Excludente de culpabilidade, tipicidade ou punibilidade.	• Insuficiência probatória (falta de provas). • Falta de justa causa. • Falta de pressuposto processual objetivo.

Fundamentação das alternativas: b) Nos termos do nos termos do art. 29 do CPP, a ação penal privada substitutiva da pública somente é admitida quando o seu titular Ministério Público não a intenta dentro do prazo legal e, de tal modo o faz, por **evidente INÉRCIA**; c) Não há ofensa à vedação de revisão criminal *pro societate* porquanto, nestes casos, não se opera a coisa julgada material; e e) NÃO CABE RECURSO "sentença homologatória do arquivamento do inquérito policial" tendo em vista a **AUSÊNCIA de previsão legal.**

Gabarito: D.

---

122. **(2021 – AOCP – PC/PA – Escrivão)** Assinale a alternativa correta.

   a) Nos crimes de ação pública, o inquérito policial não poderá ser iniciado a requerimento do ofendido.

   b) O inquérito, nos crimes em que a ação pública depender de representação, poderá sem ela ser iniciado, contanto que a representação seja apresentada até o agendamento da audiência judicial de instrução.

   c) Para verificar a possibilidade de haver a infração sido praticada de determinado modo, a autoridade policial poderá proceder à reprodução simulada dos fatos, isolando a área do entorno para que eventuais diligências que firam a moralidade pública possam ser devidamente replicadas.

   d) Do despacho que indeferir o requerimento de abertura de inquérito caberá recurso para o chefe de polícia.

   e) Todas as peças do inquérito policial serão, num só processado, resumidas a escrito e, neste caso, rubricadas pela autoridade.

Consoante o teor legal do CPP, do DESPACHO que indeferir o requerimento de abertura de inquérito CABERÁ RECURSO para o chefe de Polícia (art. 5º, § 2º).

Fundamentação das alternativas: a) **PODE sim.** Nos crimes de ação pública o inquérito policial será iniciado mediante requisição da autoridade judiciária ou do Ministério Público, ou a **requerimento do ofendido ou de quem tiver qualidade para representá-lo** (art. 5º, II, do CPP); b) O inquérito, nos crimes em que a ação pública depender de **REPRESENTAÇÃO, NÃO PODERÁ** sem ela ser iniciado (art. 5º, § 4º); c) Para verificar a possibilidade de haver a infração sido praticada de determinado modo, **a autoridade policial PODERÁ proceder à reprodução simulada dos fatos, desde que esta não contrarie a moralidade ou a ordem pública** (art. 7º); e e) Todas as peças do inquérito policial serão, num só processado, **reduzidas, escritas ou datilografadas** e, neste caso, rubricadas pela autoridade (art. 9º).

Gabarito: D.

---

123. **(2021 – AOCP – PC/PA – Escrivão)** Em se tratando do inquérito policial brasileiro, assinale a alternativa correta.

a) O inquérito policial regrado no Código de Processo Penal também pode ser presidido pela autoridade tributária.

b) A natureza do inquérito policial brasileiro é acusatória, sendo válido o direito ao contraditório.

c) A parte que for vítima de eventual ato ilícito não pode apresentar notícia de crime diretamente à delegacia por meio de advogado privado.

d) O indiciamento configura etapa do inquérito policial que oficializa a existência do primeiro indício material do delito.

e) Nos crimes de ação privada, a autoridade policial somente poderá proceder a inquérito a requerimento de quem tenha qualidade para intentá-la.

Consoante o disposto no art. 5º, § 5º, do CPP, nos crimes de ação penal PRIVADA a autoridade policial SOMENTE PODERÁ proceder a inquérito a REQUERIMENTO de quem tenha qualidade para intentá-la.

Características do IP:

➢**Sigiloso**: Sigilo no âmbito externo, ou seja, para o povo em geral. Respeitando o acesso amplo aos elementos de prova já documentados.

➢**Escrito**: Todas as peças devem ser reduzidas a escrito.

➢**INQUISITIVO**: Não acusatório, portanto NÃO HÁ que se falar em contraditório ou ampla defesa.

➢**Dispensável**: O titular da ação penal não necessita do IP para ajuizar a ação penal.

➢**Oficial**: É conduzido por um órgão oficial do Estado.

➢**Indisponível**: Uma vez instaurado, a autoridade policial não poderá mandar arquivar.

➢**Discricionário**: Pode a autoridade adotar qualquer diligência para elucidação dos fatos.

➢**Administrativo**: Ocorre na fase pré-processual.

➢**Oficioso**: Pode ser instaurado de ofício nos crimes de ação pública.

Fundamentação das alternativas: a) **Ao DELEGADO de POLÍCIA, na qualidade de autoridade policial, CABE a condução da investigação criminal por meio de INQUÉRITO POLICIAL** ou outro procedimento previsto em lei, que tem como objetivo a apuração das circunstâncias, da materialidade e da autoria das infrações penais (Lei nº 12.830/13, art. 2º, § 1º) e d) O indiciamento, privativo do delegado de polícia, dar-se-á **por ato fundamentado, mediante análise técnico-jurídica do fato, que DEVERÁ indicar a autoria, materialidade e suas circunstância**s (Lei nº 12.830/13, art. 2º, § 6º).

Gabarito: E.

---

124. **(2021 – AOCP – MPE/RS – Técnico do Ministério Público)** Considerando as seguintes afirmações acerca do Código de Processo Penal, analise as assertivas e assinale a alternativa que aponta as corretas.

I. A representação será irretratável, depois de oferecida a denúncia.

II. Se a vítima, ou seu representante legal, não concordar com o arquivamento do inquérito policial, poderá, no prazo de trinta dias do recebimento da comunicação, submeter a matéria à revisão da instância competente do órgão ministerial, conforme dispuser a respectiva lei orgânica.

III. O descumprimento do acordo de não persecução penal pelo investigado não poderá ser utilizado pelo Ministério Público como justificativa para o eventual não oferecimento de suspensão condicional do processo.

IV. Cumprido integralmente o acordo de não persecução penal, o juízo competente reconhecerá a atipicidade da conduta.

a) Apenas I e II.

b) Apenas II e IV.

c) Apenas III e IV.

d) Apenas I, II e III.

e) Apenas I, III e IV.

Os itens I e II – CERTOS:

A representação será irretratável, depois de oferecida a denúncia (art. 25 do CPP).

Se a vítima, ou seu representante legal, não concordar com o arquivamento do inquérito policial, poderá, no prazo de 30 (trinta) dias do recebimento da comunicação, submeter a matéria à revisão da instância competente do órgão ministerial, conforme dispuser a respectiva lei orgânica (art. 28, § 1º, do CPP).

Os itens III e IV – ERRADOS:

*O descumprimento do acordo de não persecução penal pelo investigado também **PODERÁ ser utilizado pelo Ministério Público** como justificativa para o eventual NÃO oferecimento de suspensão condicional do processo, (art. 28-A, § 11º, do CPP).*

*Cumprido integralmente o acordo de não persecução penal, o juízo competente decretará a **EXTINÇÃO da PUNIBILIDADE**, (art. 28-A, § 13º, do CPP).*

Gabarito: A.

---

125. (2021 – FGV – PC/RN – Delegado) No curso de inquérito policial, a autoridade policial indiciou Napoleão pela prática do crime de homicídio qualificado, em que pese os elementos de informação colhidos demonstrassem de maneira clara que o investigado agiu em legítima defesa. Visando combater tal decisão e buscar o "trancamento" do inquérito policial, o advogado de Napoleão poderá:

a) interpor recurso para o chefe de polícia.

b) impetrar *habeas corpus*, sendo competente para julgamento um juiz de 1º grau;

c) impetrar *habeas corpus*, sendo competente para julgamento o Tribunal de Justiça respectivo;

d) interpor recurso em sentido estrito, sendo competente para julgamento um juiz de 1º grau.

e) impetrar *habeas corpus* para análise pelo chefe de polícia.

Visando combater tal decisão e buscar o "trancamento" do inquérito policial, o advogado de Napoleão poderá: **impetrar HABEAS CORPUS, sendo competente para julgamento um juiz de 1º grau.**

O **TRANCAMENTO** da ação penal pela via do *Habeas Corpus* é **EXCEPCIONAL**, admissível *apenas* quando demonstrada:

Vale LEMBRA que o DESPACHO **que indeferir abertura de IP** em regra, **cabe RECURSO ao chefe de polícia** (art. 5º, § 2º, do CPP).

Gabarito: B.

---

126. **(2021 - AOCP - PC/PA - Delegado)** Analise a seguinte situação hipotética: Por intermédio do noticiário televisivo, Fulano soube que estaria sendo investigado por envolvimento em crimes de fraude à licitação na compra de equipamentos para a Prefeitura de Belém-PA. Cautelosamente, decidiu contratar um advogado para acessar os autos de inquérito policial. Munido de competente procuração, seu procurador se dirige à Delegacia de Polícia para ter vista dos autos da investigação e o servidor que o atende nega acesso ao procedimento, por conveniência policial. A atitude do servidor é

a) correta, pois o sistema investigativo tem discricionariedade para manter-se hígido em relação a interesses privados.

b) equivocada, pois todo inquérito policial deve ser público e acessível a qualquer do povo.

c) correta, pois o princípio constitucional administrativo da publicidade não se aplica ao inquérito policial.

d) equivocada, pois o advogado é indispensável para a administração da segurança pública e da seguridade social.

e) equivocada, pois é direito do defensor, no interesse do representado, ter acesso amplo aos elementos de prova que, já documentados em procedimento investigatório realizado por órgão com competência de polícia judiciária, digam respeito ao exercício do direito de defesa.

O art. 20 do CPP dispõe que o inquérito policial é SIGILOSO, e assim disciplina que "a autoridade assegurará no inquérito o **sigilo necessário** à elucidação do fato ou exigido pelo interesse da sociedade". Portanto, o sigilo no inquérito é moderado, pois é limitado pelo que é necessário à elucidação do crime. Não obstante, o sigilo no inquérito policial, tal qual as demais espécies de investigação criminal, não se contrapõe ao advogado do investigado/indiciado, sendo direito do defensor ter acesso amplo aos elementos de provas já documentados no caderno investigativo, tema este sedimentado na Súmula Vinculante nº 14, veja:

É **direito do defensor**, *no interesse do representado*, ter acesso amplo aos elementos de prova que, já documentados em procedimento investigatório realizado por órgão com competência de polícia judiciária, *digam respeito ao exercício do direito de defesa*.

Ainda, nesse sentido dispõe o EOAB - Lei nº 8.906/94:

Art. 7º São direitos do advogado:

[...]

XIV - examinar, em qualquer instituição responsável por conduzir investigação, mesmo sem procuração, autos de flagrante e de investigações de qualquer natureza, findos ou em andamento, ainda que conclusos à autoridade, podendo copiar peças e tomar apontamentos, em meio físico ou digital;

[...]

§ 11 No caso previsto no inc. XIV, a autoridade competente poderá delimitar o acesso do advogado aos elementos de prova relacionados a diligências em andamento e ainda não documentados nos autos, quando houver risco de comprometimento da eficiência, da eficácia ou da finalidade das diligências.

Gabarito: E.

---

127. **(2021 – AOCP – PC/PA – Delegado)** Beltrano, delegado de polícia em Marabá-PA, testemunhou visualmente um roubo tentado contra uma vítima que dirigia seu veículo em uma das avenidas mais movimentadas da municipalidade. O agressor não conseguiu subtrair qualquer bem, pois a vítima acelerou seu automóvel e empreendeu fuga. Não vislumbrando importância no fato, nem visualizando dano à sociedade, Beltrano mantém-se inerte. Considerando a situação hipotética sobre a conduta desse delegado, é correto afirmar que ela

a) fere o princípio da indisponibilidade, uma vez que a autoridade policial não pode determinar o arquivamento do inquérito policial discricionariamente.

b) fere a oficiosidade inerente à função do cargo, vez que, em crimes de ação penal pública incondicionada, como é o roubo, a autoridade policial tem o dever de ofício de proceder à apuração do fato delitivo.

c) assegura a autoritariedade do inquérito policial, pois o procedimento é presidido pelo delegado de polícia, responsável pelo andamento das diligências.

d) assegura a voluntariedade da jurisdição penal, uma vez que a vítima do roubo tentado não procurou a autoridade policial para reclamar do fato criminoso.

e) assegura o sistema inquisitivo de persecução penal, já que a autoridade policial não necessita de impulsão externa para agir e pode, dentro de suas competências funcionais, avaliar a conveniência da instauração de inquérito policial.

Tendo em vista o que dispõe o art. 5º, I, do CPP, o inquérito policial será instaurado de ofício, obrigatoriamente, nos crimes de ação penal pública incondicionada, em estrita observância ao princípio da OFICIOSIDADE. À vista disso, para os crimes de ação penal pública incondicionada, há obrigatoriedade de instauração do inquérito *ex officio*, independente de provocação.

Gabarito: B.

---

128. **(2021 – AOCP – PC/PA – Delegado)** Acerca das modificações introduzidas pelo chamado "pacote anticrime" ao Código de Processo Penal, assinale a alternativa correta.

a) Se a vítima, ou seu representante legal, não concordar com o arquivamento do inquérito policial, poderá, no prazo de trinta dias do recebimento da comunicação, submeter a matéria à revisão da instância competente do órgão ministerial, conforme dispuser a respectiva lei orgânica.

b) O processo penal terá estrutura inquisitória, vedadas a iniciativa do juiz na fase instrutória judicial e a substituição da atuação probatória do órgão de acusação.

c) Em todos os casos em que policiais civis ou militares forem investigados, deverão ser citados da instauração do procedimento investigatório, podendo constituir defensor no prazo de até quarenta e oito horas a contar do recebimento da citação.

d) Ordenado o arquivamento do inquérito policial ou de quaisquer elementos informativos da mesma natureza, o órgão do Ministério Público deverá impor sigilo ao procedimento.

e) O inquérito policial terá estrutura acusatória, vedadas a iniciativa do juiz na fase de investigação e a substituição da atuação probatória do órgão de acusação.

Atenção! O examinador EXPLOROU em quase todos os itens da questão os aspectos legais alterados recentemente por intermédio da Lei nº 13.964/19 - PAC, portanto, a leitura da lei SECA faz toda diferença.

Nos exatos termos do art. art. 28, § 1º, do CPP, introduzido pela Lei nº 13.964/19, vejamos:

Se a vítima, ou seu representante legal, **NÃO concordar com o arquivamento do inquérito policial, poderá, no prazo de 30 (trinta) dias do recebimento da comunicação,** *submeter a matéria à revisão da instância competente do órgão ministerial, conforme dispuser a respectiva lei orgânica.*

Fundamentação das alternativas: b, e) O processo penal terá **estrutura ACUSATÓRIA, vedadas a iniciativa do juiz na fase de INVESTIGAÇÃO (na INSTRUÇÃO – colheita de provas – o juiz PODE)** e a substituição da atuação probatória do órgão de acusação (art. 3º-A do CPP); c) Nos casos em que servidores vinculados às instituições dispostas no art. 144 da Constituição Federal figurarem como investigados em inquéritos policiais, inquéritos policiais militares e demais procedimentos extrajudiciais, cujo objeto for a **investigação de fatos relacionados ao uso da força letal praticados no exercício profissional,** *de forma consumada ou tentada, incluindo as situações dispostas no art. 23 do CP, o indiciado poderá* constituir defensor (art. 14-A do CPP); d) o inquérito policial tem como característica o SIGILO. A autoridade (POLICIAL e não o Ministério Público) assegurará no inquérito o sigilo necessário à elucidação do fato ou exigido pelo interesse da sociedade, (art. 20 do CPP). e) A característica que se destaca no inquérito policial é a inquisitividade. Ao contrário da ação penal, esse procedimento não se subordina aos princípios do contraditório e da ampla defesa.

Gabarito: A.

---

129. **(2021 – AOCP – PC/PA – Delegado)** Considerando a seguinte situação hipotética: Denunciado por peculato contra a Câmara dos Vereadores de Ananindeua-PA, Sicrano compareceu à audiência judicial para celebrar acordo de não persecução penal oferecido pelo Ministério Público. Dentre as cláusulas apresentadas, constou que Sicrano deveria cumprir cinco anos de prestação de serviço comunitário e recolher-se em sua residência aos fins de semana por igual prazo de cinco anos. Ao receber o acordo assinado pelas partes, o juiz deve

    a) homologar o acordo de não persecução penal e devolver os autos ao Ministério Público para que inicie sua execução perante o juízo de execução penal.

    b) não homologar o acordo de não persecução penal, por considerar insuficientes as condições nele dispostas para prevenção e reprovação ao crime.

    c) homologar o acordo de não persecução penal e oficiar ao juízo de execução penal para que as cláusulas sejam proporcionalizadas à pena mínima abstratamente prevista na lei penal.

    d) não homologar o acordo de não persecução penal, por considerar abusivas as condições dispostas no acordo de não persecução penal, e devolver os autos ao Ministério Público para que seja reformulada a proposta de acordo, com concordância do investigado e seu defensor.

    e) não homologar o acordo de não persecução penal, por julgar cabível o oferecimento de suspensão condicional da pena.

O enunciado da questão descreve conduta capitulada no art. 312 do CP – Peculato - reclusão, de **dois** a **doze anos**, e multa.

Na celebração do ANPP o Ministério Público propôs o cumprimento de cinco anos de prestação de serviço comunitário e recolher-se em sua residência aos fins de semana por igual prazo de cinco anos. Ocorre que o art. 28-A, III, do CPP prevê que prestação do serviço à comunidade ou a entidades públicas será por **período correspondente à PENA MÍNIMA cominada ao delito diminuída de um a dois terços**, em local a ser indicado pelo juízo da execução, na forma do art. 46 do CP. Sendo assim, o juiz considerando inadequadas, insuficientes ou **abusivas** as condições dispostas no acordo de não persecução penal, **devolverá os autos ao Ministério Público** para que seja reformulada a proposta de acordo, com concordância do investigado e seu defensor (art. 28-A, § 5º, do CPP).

Gabarito: D.

---

130. **(2021 – AOCP – PC/PA – Investigador)** Após investigação preliminar, apurou-se que Beltrano, habitante de Santarém-PA e réu primário de bons antecedentes, cometeu crime de furto qualificado após quebrar uma janela residencial e subtrair para si um aparelho televisor albergado no local. Pela atual legislação processual penal e considerando a situação hipotética descrita, Beltrano poderá

   a) ser denunciado por crime hediondo, sem direito a livramento condicional.

   b) ser beneficiado por suspensão condicional do processo (*sursis* processual).

   c) celebrar acordo de não persecução penal, pois a pena mínima do crime de furto qualificado não supera quatro anos de prisão.

   d) pactuar transação penal, uma vez que a pena mínima do crime de furto qualificado não supera dois anos de prisão.

   e) promover acordo de reparação de danos e livrar-se da persecução penal antes da prolação de sentença condenatória.

O enunciado da questão relata o crime de **furto qualificado que está previsto no art. 155, § 4º, I, do CP, tendo como pena de reclusão de 2 a 8 anos e multa. Cabe ANPP** (Acordo de Não Persecução Penal) **? SIM, caberá quando:**

✓ Não ser caso de arquivamento.

✓ Investigado ter confessado formal e circunstancialmente.

✓ Infração sem violência ou grave ameaça.

✓ **Pena MÍNIMA INFERIOR a 4 anos- FURTO QUALIFICADO (Reclusão de 2 a 8 anos e multa).**

✓ Necessário e suficiente para reprovação do crime.

O art. 28-A no CPP prevê o ANPP - Acordo de Não Persecução Penal, dispondo que NÃO sendo caso de arquivamento e tendo o investigado confessado formal e circunstancialmente a prática de infração penal sem violência ou grave ameaça e com pena mínima inferior a 4 (quatro) anos, o Ministério Público poderá propor **acordo de não persecução penal**, desde que necessário e suficiente para reprovação e prevenção do crime, mediante as seguintes **condições ajustadas cumulativa e alternativamente:**

➢Reparar o dano ou restituir a coisa à vítima, exceto na impossibilidade de fazê-lo.

➢Renunciar VOLUNTARIAMENTE a bens e direitos indicados pelo Ministério Público como instrumentos, produto ou proveito do crime.

➢Prestar serviço à comunidade ou a entidades públicas por período correspondente à pena mínima cominada ao delito diminuída de um a dois terços, em local a ser indicado pelo juízo da execução.

➤Pagar prestação pecuniária, a ser estipulada nos termos do a entidade pública ou de interesse social, a ser indicada pelo juízo da execução, que tenha, preferencialmente, como função proteger bens jurídicos iguais ou semelhantes aos aparentemente lesados pelo delito.

➤Cumprir, por prazo determinado, outra condição indicada pelo Ministério Público, desde que proporcional e compatível com a infração penal imputada.

Fundamentação das alternativas: a) Furto qualificado pelo rompimento de obstáculo não é crime hediondo. O furto qualificado pelo emprego de explosivo ou de artefato análogo que cause perigo comum (art. 155, § 4º-A) é hediondo; b) Não cabe suspensão condicional do processo, já que a pena mínima do furto qualificado é de 2 anos; d) Não cabe transação penal, uma vez que o furto não é crime de menor potencial ofensivo; e e) Não há tal previsão no CP como causa de extinção da punibilidade.

Gabarito: C.

---

131. (2021 – AOCP – MPE/RS – Técnico do Ministério Público) Em relação ao Processo Penal, assinale a alternativa INCORRETA.

a) Segundo o princípio da presunção de inocência, ninguém será considerado culpado até o trânsito em julgado de sentença penal condenatória.

b) O direito ao silêncio, previsto na Carta Magna como direito de permanecer calado, apresenta-se apenas como uma das várias decorrências do nemo tenetur se detegere, segundo o qual ninguém é obrigado a produzir prova contra si mesmo.

c) A queixa contra qualquer dos autores do crime obrigará ao processo de todos, e a autoridade policial velará pela sua indivisibilidade.

d) A autoridade policial não poderá mandar arquivar autos de inquérito.

e) Nos atestados de antecedentes que lhe forem solicitados, a autoridade policial não poderá mencionar quaisquer anotações referentes à instauração de inquérito contra os requerentes.

O princípio da INDIVISIBILIDADE na ação penal PRIVADA, conforme preceitua o CPP, será fiscalizado pelo MINISTÉRIO PÚBLICO, e não pela autoridade policial. A queixa contra qualquer dos autores do crime **obrigará ao processo de todos, e o Ministério Público velará pela sua indivisibilidade** (art. 48 do CPP).

Fundamentação das alternativas - ATENÇÃO o examinador solicitou que fosse apontada a alternativa INCORRETA, sendo assim os itens a), b), d) e e) estão corretos, vejamos: a) Trata-se de garantia constitucional prevista no art. 5º, LVII, da CF/88; b) O princípio da não autoincriminação (nemo tenetur se detegere) constitui que qualquer pessoa acusada da prática de um crime tem direito ao silêncio e de não produzir provas contra si. Sendo assim, o direito ao silêncio é tão-somente uma das ramificações desse princípio; d) A autoridade policial não poderá mandar arquivar autos de inquérito (art. 17 do CPP); e e) Consoante o teor do art. 20, parágrafo único, do CPP - *Nos atestados de antecedentes que lhe forem solicitados, a autoridade policial **não poderá mencionar quaisquer anotações referentes a instauração de inquérito contra os requerentes**.*

Gabarito: C.

132. (2021 – CESPE/CEBRASPE – DEPEN – Agente Federal de Execução Penal) Julgue o item a seguir, relativos a direito processual penal.

Para a instauração de inquérito de ação penal privada, é imprescindível o requerimento de quem tenha qualidade para intentá-la.

Certo (   )   Errado (   )

AÇÃO PENAL PRIVADA art. 5º, § 5º, do CPP	AÇÃO PENAL PÚBLICA CONDICIONADA art. 5º, § 4º, do CPP
Delegado NÃO age de OFÍCIO	Delegado NÃO age de OFÍCIO
Nos crimes de ação privada, a autoridade policial **SOMENTE poderá** proceder a inquérito a REQUERIMENTO de quem tenha qualidade para intentá-la.	O inquérito, nos crimes em que a ação pública depender de REPRESENTAÇÃO, **não poderá sem ela ser iniciado**.

Gabarito: Certo.

133. (2021 – MPDFT – Promotor de Justiça – Adaptada) Considere a assertiva abaixo, sobre a prova no processo penal:

Os dados e elementos colhidos pelas agências de inteligência de segurança pública não podem ser utilizados pelo Ministério Público para fins de instauração de procedimento de investigação criminal para apurar graves crimes em contexto de organização criminosa, pois se confundiria com a presidência da investigação pelo próprio órgão de inteligência.

Certo (   )   Errado (   )

Os dados e elementos colhidos pelas agências de inteligência de segurança pública podem **ser utilizados pelo Ministério Público** para fins de instauração de procedimento de investigação criminal.

*Jurisprudência do STJ – Inf. nº 677 – [...] Por isso, entende-se que é **LEGAL o auxílio da agência de inteligência ao Ministério Público Estadual durante procedimento criminal instaurado para apurar graves crimes em contexto de organização criminosa**. STJ. 6ª Turma. HC 512290-RJ, Rel. Min. Rogerio Schietti Cruz, julgado em 18/08/2020.*

Gabarito: Errado.

134. (2021 – AOCP – PC/PA – Investigador) Tencionando apurar um suposto crime de estelionato, Fulano consulta-se com um advogado para iniciar uma investigação a respeito. Diante dessa situação hipotética, as opções de Fulano são:

a) lavrar um boletim de ocorrência no Fórum de Justiça ou protocolar uma notícia de crime na Defensoria Pública.

b) prender em flagrante a pessoa suspeita e conduzi-la coercitivamente à Delegacia de Polícia.

c) solicitar determinação verbal do magistrado corregedor da comarca para que se instaure o inquérito de ofício.

d) ajuizar ação de medida cautelar preparatória para, em seguida, oferecer denúncia criminal direta.

e) lavrar um boletim de ocorrência na Delegacia de Polícia ou protocolar uma petição de notícia de crime na mesma repartição ou diretamente no Ministério Público.

Com o Pacote Anticrime, o **ESTELIONATO (art. 171 do CP)** passou a ser de ação penal pública CONDICIONADA à representação, com algumas exceções, vejamos o que dispõe o art. 171, § 5º, do CP - SOMENTE se procede mediante representação, SALVO se a vítima for:

✓ A Administração Pública, direta ou indireta.

✓ Criança ou adolescente.

✓ Pessoa com deficiência mental.

✓ Maior de 70 (setenta) anos de idade ou incapaz.

Gabarito: E.

---

135. (2021 – AOCP – PC/PA – Investigador) De acordo com as normas processuais penais vigentes no Brasil, assinale a alternativa correta.

a) O inquérito policial que tramitar perante a Justiça Estadual deve ser concluído em trinta dias caso o investigado esteja solto, podendo ser prorrogado após decisão do magistrado responsável.

b) Não se tramitam inquéritos policiais perante a Justiça Federal.

c) De acordo com a Lei de Tóxicos, o inquérito policial que apura o crime de tráfico de entorpecentes tem os mesmos prazos de conclusão previstos no Código de Processo Penal.

d) Se o investigado estiver preso, o prazo de conclusão do inquérito policial será o mesmo de quando ele estiver solto.

e) Nos crimes contra a economia popular, o prazo para conclusão do inquérito é de cem dias caso o investigado esteja preso.

O inquérito DEVERÁ terminar no prazo de 10 dias, se o indiciado tiver sido preso em flagrante, ou estiver preso preventivamente, contado o prazo, nesta hipótese, a partir do dia em que se executar a ordem de prisão, ou no prazo de 30 dias, quando estiver SOLTO, mediante fiança ou sem ela (art. 10 do CPP).

PRAZOS INQUÉRITO POLICIAL		
CPP Regra GERAL (Justiça Estadual – Polícia Civil)	PRESO 10 dias Improrrogáveis	SOLTO 30 dias Prorrogáveis (nova decisão do Juiz)
Justiça Federal – Polícia Federal	15 dias Prorrogável por igual período	30 dias Prorrogável
Lei de Drogas	30 dias Duplicável	90 dias Duplicável
Crimes Militares – Inquéritos Militares	20 dias Improrrogáveis	40 dias – prorrogável por + 20 dias
Crimes contra economia popular	10 dias Improrrogáveis	10 dias Improrrogáveis

Atenção! Com o advento do pacote anticrime o inquérito PODERÁ ser PRORROGADO **por até 15 dias se o indiciado estiver PRESO**, de acordo com o art. 3-B, § 2º, do CPP.

Gabarito: A.

136. **(2021 – IDECAN – PEFOCE – Auxiliar de Perícia)** Arquivado o inquérito policial pela autoridade competente sob o fundamento de falta de provas, a vítima do delito irresigna-se. Nessa hipótese, assinale a alternativa correta.

   a) O inquérito policial poderá ser desarquivado mediante requerimento fundamentado da vítima.

   b) O inquérito poderá ser desarquivado se houver notícia do surgimento de novas provas.

   c) O inquérito policial não poderá ser desarquivado porque a decisão de arquivamento faz coisa julgada material e formal.

   d) O inquérito policial não poderá ser desarquivado enquanto não surgir, efetivamente, uma prova nova.

   e) O inquérito policial poderá ser desarquivado a qualquer tempo desde que haja requerimento do órgão da acusação e decisão do juiz competente.

Depois de ordenado o arquivamento do inquérito pela autoridade judiciária, por falta de base para a denúncia, a autoridade policial PODERÁ proceder a novas pesquisas, se de outras provas tiver notícia (art. 18 do CPP). Além do mais, prevê a súmula 524 do STF *"Arquivado o inquérito policial, por despacho do juiz, a requerimento do promotor de justiça, não pode a ação penal ser iniciada, sem novas provas."* À vista disso, o arquivamento por falta de provas não gera coisa julgada material o que admite o DESARQUIVAMENTO.

A doutrina aponta REQUISITOS para o DESARQUIVAMENTO do IP, vejamos:

Prova SUBSTANCIALMENTE NOVA	Prova FORMALMENTE NOVA	Prova INFLUENTE
É a prova capaz de alterar o convencimento antes formado sobre a prescindibilidade da persecução penal.	Trata-se da prova formalmente nova, e sendo, portanto aquela até então desconhecida por qualquer das autoridades.	É a prova que tem a capacidade de refletir no conjunto probatório após o arquivamento do inquérito.

Gabarito: B.

---

137. **(2021 – AOCP – PC/PA – Investigador)** Sobre as regras legais do inquérito policial, assinale a alternativa correta.

   a) A lavratura de boletim de ocorrência pelo ofendido não é meio hábil para iniciar o inquérito policial.

   b) A autoridade policial não poderá mandar instaurar inquérito após comunicação verbal de suposto crime feita por pessoa do povo.

   c) Do despacho que indeferir o requerimento de abertura de inquérito, só caberá recurso para o governador.

   d) O inquérito, nos crimes em que a ação pública depender de representação, poderá ser iniciado sem a própria representação.

   e) Nos crimes de ação pública, o inquérito policial será iniciado de ofício ou mediante requisição da autoridade judiciária ou do Ministério Público, ou a requerimento do ofendido ou de quem tiver qualidade para representá-lo.

Consoante o disposto no art. 5º, *caput*, do CPP, nos crimes de ação pública o inquérito policial será iniciado:

I. de ofício;

II. mediante REQUISIÇÃO da autoridade judiciária ou do Ministério Público, ou a REQUERIMENTO do ofendido ou de quem tiver qualidade para representá-lo.

O que é a *Notitia Criminis?* É a notícia do crime, e é com base nela que se dá o início das investigações. Dá-se o nome de *notitia criminis* ao conhecimento espontâneo ou provocada por parte da **autoridade policial** de um fato aparentemente criminoso. Então o boletim de ocorrência não é tecnicamente uma forma de iniciar o inquérito policial.

ESPÉCIE DE *NOTITIA CRIMINIS*	
Notitia Criminis de cognição direta, imediata, espontânea ou inqualificada	*Notitia Criminis* de cognição indireta ou mediata, provocada ou qualificada
A autoridade toma conhecimento do fato através de sua atividade rotineira, de jornais, investigações pela descoberta ocasional, denúncias anônimas (delação apócrifa).	A autoridade toma conhecimento através de um ato formal, qual seja, a *delatio criminis* (art. 5º, II, CPP e §§ 1º e 5º), requisição de autoridade judiciária do Ministério Público (art. 5º, II, do CPP) e requisição do Ministro da Justiça (art. 7º, § 3º, b, CP e art. 141º, I e art. 145, parágrafo único e representação do ofendido (artigo 5º, § 4º, do CPP).

Fundamentação das alternativas: a) fundamentado no item e; b) Nas ações penais públicas incondicionadas, qualquer pessoa do povo que tiver conhecimento da existência de infração penal em que caiba ação pública **PODERÁ, verbalmente ou por escrito**, comunicá-la à autoridade policial, e esta, **verificada a procedência das informações**, mandará instaurar inquérito, (art. 5º, § 3º, do CPP); c) Do despacho que indeferir o requerimento de abertura de inquérito **CABERÁ recurso para o chefe de Polícia,** (art. 5º, § 2º, do CPP); e d) O inquérito, nos crimes em que a ação pública depender de representação, não poderá sem ela ser iniciado, (art. 5º, § 4º, do CPP).

Gabarito: E.

---

138. (2021 – AOCP – PC/PA – Escrivão) Considere a seguinte situação hipotética: Beltrano estava dirigindo seu automóvel quando foi parado por uma abordagem policial genérica em uma avenida de Marabá-PA. Os policiais pediram para que ele abrisse o porta-malas de seu veículo e ele concordou. No local, encontraram uma espingarda de calibre permitido e numeração regular. Beltrano, porém, não possuía autorização de porte. Preso em flagrante e apreendida a arma de fogo, Beltrano pagou fiança e foi solto. Posteriormente, restou indiciado pelo crime de porte de arma de fogo de uso permitido, delito que prevê reclusão de dois a quatro anos e multa. Como Beltrano é portador de bons antecedentes, é correto afirmar que

   a) ele terá direito à transação penal, vez que a pena abstrata de menor potencial ofensivo e seus bons antecedentes lhe garantem o benefício.

   b) ele não terá direito a nenhum tipo de negócio processual penal, uma vez que o delito em questão não é de menor potencial ofensivo.

   c) ele, caso denunciado, pode celebrar suspensão condicional do processo, contanto que confesse, circunstanciadamente, o cometimento do delito.

d) ele não poderá celebrar acordo de não persecução penal, uma vez que o delito a ele imputado foi cometido com violência ou grave ameaça, qualidade vedada pelo instituto negocial.

e) ele, caso denunciado, poderá celebrar acordo de não persecução penal, contanto que confesse circunstanciadamente o cometimento do delito.

O enunciado da questão relata o crime de **PORTE SEM autorização de espingarda de calibre PERMITIDO e numeração regular** que está previsto no art. 14 da Lei nº 10.826/03, tendo como **pena de** reclusão, de 2 (dois) a 4 (quatro) anos, e multa. **Cabe ANPP** - Acordo de Não Persecução Penal? SIM, caberá quando:

✓ Não ser caso de arquivamento.

✓ Investigado ter confessado formal e circunstancialmente.

✓ Infração sem violência ou grave ameaça.

✓ Pena MÍNIMA INFERIOR a 4 anos (reclusão, de 2 (dois) a 4 (quatro) anos, e multa).

✓ Necessário e suficiente para reprovação do crime.

O art. 28-A no CPP prevê o ANPP , dispondo que **NÃO** sendo caso de arquivamento e tendo o investigado confessado formal e circunstancialmente a prática de infração penal sem violência ou grave ameaça e com **pena mínima INFERIOR a 4 (quatro) anos**, o Ministério Público poderá propor **acordo de não persecução penal**, desde que necessário e suficiente para reprovação e prevenção do crime, mediante as seguintes **condições ajustadas cumulativa e alternativamente**:

➤Reparar o dano ou restituir a coisa à vítima, exceto na impossibilidade de fazê-lo.

➤Renunciar VOLUNTARIAMENTE a bens e direitos indicados pelo Ministério Público como instrumentos, produto ou proveito do crime.

➤Prestar serviço à comunidade ou a entidades públicas por período correspondente à pena mínima cominada ao delito diminuída de um a dois terços, em local a ser indicado pelo juízo da execução.

➤Pagar prestação pecuniária, a ser estipulada nos termos do a entidade pública ou de interesse social, a ser indicada pelo juízo da execução, que tenha, preferencialmente, como função proteger bens jurídicos iguais ou semelhantes aos aparentemente lesados pelo delito.

➤Cumprir, por prazo determinado, outra condição indicada pelo Ministério Público, desde que proporcional e compatível com a infração penal imputada.

Lembre-se! Na homologação do acordo (ANPP), sua celebração e cumprimento NÃO constarão em certidão de antecedentes criminais, EXCETO para impedir idêntico benefício no prazo de cinco anos. Se por ventura o investigado DESCUMPRIR quaisquer das condições estipuladas, o Ministério Público DEVERÁ comunicar ao Juízo, para fins de sua rescisão e posterior oferecimento de denúncia.

Gabarito: E.

---

139. (2021 – MPDFT – Promotor de Justiça – Adaptada) Considere a assertiva abaixo:

O poder de polícia da Câmara dos Deputados e do Senado Federal, em caso de crime cometido nas suas dependências, compreende, consoante o regimento, a prisão em flagrante do acusado e a realização do inquérito.

Certo ( )   Errado ( )

Consoante a Súmula nº 397 do STF: *O poder de polícia da Câmara dos Deputados e do Senado Federal, em caso de **crime cometido nas suas dependências**, compreende, consoante o regimento, a **prisão em flagrante do acusado e a realização do inquérito**.*

Gabarito: Certo.

---

140. **(2021 – EDUCA – Prefeitura de Cabedelo/PB – Guarda)** Sobre o conceito de Inquérito Policial, assinale a alternativa INCORRETA:

a) O inquérito policial é um procedimento administrativo informativo, destinado a apurar a existência de infração penal e sua autoria, a fim de que o titular da ação penal disponha de elementos suficientes para promovê-la.

b) Trata-se de uma instrução provisória, preparatória e informativa, em que se colhem elementos por vezes difíceis de obter na instrução judiciária, como auto de flagrante, exames periciais, entre outros.

c) Seu destinatário mediato é o Ministério Público (nos crimes de ação penal pública) ou o ofendido (nos crimes de ação penal privada), que com ele formam a sua opinio delicti para a propositura da denúncia ou queixa. Por outro lado, o inquérito tem como destinatário imediato o Juiz, que nele também pode encontrar fundamentos para julgar.

d) O inquérito policial acompanhará a denúncia ou queixa, sempre que servir de base a uma ou outra.

e) O inquérito policial não se confunde com a instrução criminal. Por essa razão, não se aplicam ao inquérito os princípios do processo penal, nem mesmo o contraditório, pois o inquérito não tem finalidade punitiva, mas apenas investigativa.

Lembre-se que o examinador pede o item INCORRETO – destaque esta informação SEMPRE que estiver resolvendo prova.

Observe que o examinador apenas substituiu as palavras mediata e imediata. Logo apontaremos abaixo como seria a forma correta conforme a doutrina, vejamos:

DESTINATÁRIO do INQUÉRITO POLICIAL - Seu destinatário **IMEDIATO é o Ministério Público** (nos crimes de ação penal pública) ou o ofendido (nos crimes de ação penal privada), que com ele formam a sua *opinio delicti* para a propositura da denúncia ou queixa. Por outro lado, o inquérito tem como destinatário **MEDIATO o Juiz**, que nele também pode encontrar fundamentos para julgar.

Corretos: a e b) O inquérito policial é um procedimento administrativo informativo, destinado a apurar a existência de infração penal e sua autoria, a fim de que o titular da ação penal disponha de elementos suficientes para promovê-la. Além disso, o art. 4º do CPP dispõe que o inquérito policial tem como FINALIDADE a apuração das infrações penais (materialidade) e da sua autoria. É no inquérito que a autoridade policial procede a **colheita de elementos de informação** quanto à autoria e a materialidade do delito, e, portanto, para a deflagração do respectivo procedimento, basta a presença de indícios suficientes do crime; d) O inquérito policial acompanhará a denúncia ou queixa, sempre que servir de base a uma ou outra, conforme estabelece o artigo 12 do CPP; e e) É teor da súmula vinculante 14 do STF.

Gabarito: C.

141. **(2020 – CESPE/CEBRASPE – PC/SE – Delegado)** Acerca dos meios de provas, suas espécies, classificação e valoração, julgue o item a seguir.

Para a instauração de inquérito policial, bastam indícios suficientes da existência do crime, sendo dispensável, nesse primeiro momento, prova da materialidade do delito ou de sua autoria.

Certo ( )   Errado ( )

O inquérito policial é um procedimento administrativo informativo, destinado a apurar a existência de infração penal e sua autoria, a fim de que o titular da ação penal disponha de elementos suficientes para promovê-la. Além disso, o art. 4º do CPP dispõe que o inquérito policial tem como FINALIDADE a apuração das infrações penais (materialidade) e da sua autoria. É no inquérito que a autoridade policial procede a **colheita de elementos de informação** quanto à autoria e a materialidade do delito, e, portanto, para a deflagração do respectivo procedimento, basta a presença de indícios suficientes do crime.

Atenção! NOVA lei de abuso de autoridade estabelece no art. 27 que é crime: *Requisitar instauração ou instaurar procedimento investigatório de infração penal ou administrativa, em desfavor de alguém, à falta de qualquer indício da prática de crime, de ilícito funcional ou de infração administrativa [...].*

Gabarito: Certo.

142. **(2020 – GUALIMP – Prefeitura de Conceição de Macabu/RJ – Procurador)** Leia o trecho a seguir, extraído do Código de Processo Penal e assinale ao que segue: "Ordenado o arquivamento do inquérito policial ou de quaisquer elementos informativos da mesma natureza, (_____) comunicará à vítima, ao investigado e à autoridade policial e encaminhará os autos para a instância de revisão ministerial para fins de homologação, na forma da lei". Assinale a alternativa que preenche corretamente a lacuna do trecho:

a) O juiz de garantias.

b) O delegado de polícia.

c) O advogado do acusado.

d) O órgão do Ministério Público.

Atenção! PAC (Lei nº 13.964/19) - o examinador exigiu o conhecimento da LITERALIDADE da nova redação dada ao **art. 28 do CPP**, vejamos:

Ordenado o arquivamento do inquérito policial ou de quaisquer elementos informativos da mesma natureza, o órgão do Ministério Público comunicará à vítima, ao investigado e à autoridade policial e encaminhará os autos para a instância de revisão ministerial para fins de homologação, na forma da lei.

A Lei nº 13.964/19 alterou o referido artigo, no entanto a sua aplicabilidade está SUSPENSA até o julgamento das **ADIs 6.298, 6.299, 6.300 e 6305** pelo STF. As questões (ANTIGAS e as NOVAS) serão mantidas com a integralidade dos artigos antigos e novos para efeitos de provas.

Gabarito: D.

143. **(2020 – CESPE/CEBRASPE – MP/CE – Técnico Ministerial)** Tales foi preso em flagrante em um parque de Fortaleza pela prática do crime de estupro, tendo sido reconhecido pela vítima, Marta, com a qual não possuía relação anterior. Há indícios de que Tales tenha praticado outros crimes sexuais, tendo sido também reconhecido por outras vítimas.

A partir dessa situação hipotética, julgue o item a seguir.

A investigação policial não pode ser instaurada de ofício pelo delegado, sendo necessário que Marta represente formalmente contra Tales.

Todos os crimes CONTRA A LIBERDADE SEXUAL (art. 225 do CP) e CONTRA VULNERÁVEIS são de ação penal será pública INCONDICIONADA, prevendo assim o art. 5º, I, do CPP, que nesta hipótese (crimes de ação PÚBLICA) o inquérito policial será iniciado pelo Delegado de OFÍCIO.

Gabarito: Errado.

---

144. **(2020 – VUNESP – EBSERH – Advogado)** Assinale a alternativa cujas informações preenchem, correta e respectivamente, as lacunas, nos termos do *caput* do art. 4º do CPP. "A polícia judiciária será exercida _____ no território de suas respectivas circunscrições e terá por fim a apuração _____".

   a) pelos Delegados de Polícia ... dos fatos que impliquem em crime de ação pública incondicionada

   b) pelos Delegados de Polícia ... das infrações penais, mediante autorização judicial

   c) pelas autoridades policiais ... das infrações penais e da sua autoria

   d) pelas autoridades policiais ... das infrações penais, mediante autorização judicial

   e) pelos Juízes Corregedores ... das infrações penais e da sua autoria

É que dispõe expressamente o art. 4º do CPP, senão vejamos:

A polícia judiciária será exercida pelas autoridades policiais no território de suas respectivas circunscrições e terá por fim a apuração das infrações penais e da sua autoria.

LEMBRE ainda que a competência definida neste artigo não excluirá a de autoridades administrativas, a quem por lei seja cometida a mesma função.

Gabarito: C.

---

145. **(2019 – TJ/PR – TJ/PR – Juiz)** Assinale o item CORRETO acerca do título 'Inquérito Policial' constante do Decreto-Lei 3.689/1941 (Código de Processo Penal):

   a) O inquérito, nos crimes em que a ação pública independer de representação, não poderá sem ela ser iniciado.

   b) O inquérito deverá terminar no prazo de 10 dias, se o indiciado tiver sido preso em flagrante, ou estiver preso preventivamente, contado o prazo, nesta hipótese, a partir do dia em que se executar a ordem de prisão, ou no prazo de 15 dias, quando estiver solto, mediante fiança ou sem ela.

   c) Para verificar a possibilidade de haver a infração sido praticada de determinado modo, a autoridade policial poderá proceder à reprodução simulada dos fatos, ainda que esta contrarie a moralidade ou a ordem pública.

   d) A polícia judiciária será exercida pelas autoridades policiais no território de suas respectivas circunscrições e terá por fim a apuração das infrações penais e da sua autoria.

O art. 4º do CPP, dispõe que:

A polícia judiciária será exercida pelas **autoridades policiais** no território de suas respectivas circunscrições e terá por fim a **apuração das infrações penais e da sua autoria.**

Fundamentação das alternativas: a) O inquérito, nos crimes em que a ação pública **depender de representação**, não poderá sem ela ser iniciado, de acordo com o art. 5º, § 4º, do CPP; **b)** O inquérito deverá terminar no prazo de 10 dias, se o indiciado tiver sido preso em flagrante, ou estiver preso preventivamente, contado o prazo, nesta hipótese, a partir do dia em que se executar a ordem de prisão, **ou no prazo de 30 dias, quando estiver solto, mediante fiança ou sem ela**, de acordo com o art. 10, *caput,* do CPP; e **c)** Para verificar a possibilidade de haver a infração sido praticada de determinado modo, a autoridade policial poderá proceder à reprodução simulada dos fatos, desde que esta não contrarie a moralidade ou a ordem pública, de acordo com o art. 7º, *caput*, do CPP.

Atenção! Com o advento do pacote anticrime o inquérito PODERÁ ser PRORROGADO **por até 15 dias se o indiciado estiver PRESO**, de acordo com o art. 3-B, § 2º, do CPP.

Gabarito: D.

---

146. **(2019 – CIEE – TJ/DFT – Estagiário)** Acerca do inquérito policial, previsto no Código de Processo Penal (CPP), assinale a alternativa correta.

a) No relatório, é vedado à autoridade indicar testemunhas que não tiverem sido inquiridas.

b) Os instrumentos do crime, bem como os objetos que interessarem à prova, acompanharão os autos do inquérito.

c) O ofendido, ou seu representante legal, e o indiciado poderão requerer qualquer diligência que não poderá ser negada pela autoridade.

d) É prerrogativa da autoridade policial mandar arquivar autos de inquérito.

É o disposto no art. 11 do CPP: *Os instrumentos do crime, bem como os objetos que interessarem à prova, acompanharão os autos do inquérito.*

Fundamentação das alternativas: a) É possível a indicação de testemunhas no relatório confeccionado pela Autoridade Policial, é a previsão do art. 10, § 2º, do CPP; **c)** Tendo em vista a DISCRICIONARIEDADE que o delegado goza para conduzir o inquérito policial, o art. 14 do CPP, prevê que o ofendido ou seu representante legal e o indiciado, poderão requerer qualquer diligência, **mas estas somente serão realizadas ou não de acordo com o juízo da autoridade policial;** e **d)** A autoridade policial não poderá mandar arquivar autos de inquérito (art. 17 do CPP).

Gabarito: B.

---

147. **(2019 – AOCP – PC/ES – Investigador – Adaptada)** Acerca do inquérito policial brasileiro

A competência de apuração das infrações penais e da sua autoria não excluirá a de outras autoridades administrativas que não a polícia judiciária, a quem, por lei, seja cometida a mesma função.

Certo ( )   Errado ( )

É literalmente o disposto no art. 4º, parágrafo único, do CPP: *A competência definida neste artigo não excluirá a de autoridades administrativas, a quem por lei seja cometida a mesma função.*

Gabarito: Certo.

148. **(2019 – CONSULPLAN – MPE/SC – Promotor de Justiça)** A *notitia criminis* de cognição imediata ocorre quando a autoridade policial toma conhecimento do fato delituoso através da apresentação do indivíduo preso em flagrante-delito, enquanto a denúncia anônima é considerada *notitia criminis* inqualificada.

Certo ( )   Errado ( )

A *notitia criminis* é do que uma comunicação à autoridade da ocorrência de um fato criminoso ou infração penal. A alternativa está incorreta tendo em vista que a *notitia criminis* de (cognição direta/imediata/inqualificada/espontânea): quando o delegado toma conhecimento do crime de forma DIRETA, por suas atividades rotineiras. Exs.: investigação, noticiários, denúncia anônima (que deverá ser precedida de VPI).

Gabarito: Errado.

---

149. **(2019 – ACESSO – PC/ES – Delegado)** "O inquérito policial é um procedimento administrativo, não judicial, e por isso mesmo pode ter caráter explicitamente inquisitorial, isto é, registrar por escrito, com fé pública, emprestada pelo cartório que a delegacia possui, informações obtidas dos envolvidos sem que estes tenham conhecimento das suspeitas contra eles." (LIMA, Roberto Kant de; MOUZINHO, Glaucia. DILEMAS – Vol.9 – nº 3 – SET-DEZ 2016 – pp. 505-529). Assinale, a seguir, a característica INCORRETA quanto ao inquérito policial brasileiro.

a) não possui contraditório e ampla defesa.

b) é escrito.

c) é público.

d) é dispensável.

e) é sigiloso.

O inquérito policial é um procedimento administrativo, formal, escrito e SIGILOSO, porém, dispensável para a propositura da ação penal. Trata-se de uma investigação presidida pelo Delegado (única autoridade que pode presidir um inquérito policial).

Gabarito: C.

---

150. **(2019 – CESPE/CEBRASPE – TJ/AM – Analista Judiciário)** Lúcio é investigado pela prática de latrocínio. Durante a investigação, apurou-se a participação de Carlos no crime, tendo sido decretada de ofício a sua prisão temporária.

A partir dessa situação hipotética e do que dispõe a legislação, julgue o item seguinte.

Como Lúcio está solto, o inquérito policial não terá prazo para ser concluído.

Certo ( )   Errado ( )

Lúcio está sendo investigado por latrocínio, ou seja, um crime hediondo, por isso, inquérito policial tem o prazo de 30 dias para ser finalizando, sendo possível prorrogar por mais 30 dias. Consoante o art. 2º, § 4º, da Lei nº 8.072/90: a prisão temporária, sobre a qual dispõe a Lei nº 7.960, de 21 de dezembro de 1989, nos crimes previstos neste artigo, terá o prazo de 30 dias, prorrogável por igual período em caso de extrema e comprovada necessidade.

Gabarito: Errado.

---

151. **(2019 – FGV – TJ/CE – Técnico Judiciário)** Lauro figura como indiciado em inquérito policial em que se investiga a prática do crime de concussão. Intimado a comparecer na Delegacia para prestar declarações, fica preocupado com as medidas que poderiam ser determinadas pela autoridade policial, razão pela qual procura seu advogado.

Com base nas informações expostas, a defesa técnica de Lauro deverá esclarecer que:

a) a reprodução simulada dos fatos poderá ser determinada pela autoridade policial, não podendo, contudo, ser Lauro obrigado a participar contra sua vontade.

b) a defesa técnica do indiciado não poderá ter acesso às peças de informação constantes do inquérito, ainda que já documentadas, em razão do caráter sigiloso do procedimento.

c) o indiciado e o eventual ofendido, diante do caráter inquisitivo do inquérito policial, não poderão requerer a realização de diligências durante a fase de investigações.

d) o procedimento investigatório, caso venha a ser arquivado com base na falta de justa causa, não poderá vir a ser desarquivado, ainda que surjam novas provas.

e) a autoridade policial, em sendo de interesse das investigações, poderá determinar a incomunicabilidade do indiciado pelo prazo de 10 (dez) dias.

A reprodução simulada dos fatos poderá ser determinada pela autoridade policial, não podendo, contudo, ser Lauro obrigado a participar contra sua vontade.

O princípio *nemo tenetur se detegere* diz "não produzir provas contra si mesmo", sendo chamado pela doutrina de princípio da presunção de inocência ou ainda princípio do estado de inocência. É decorrência do princípio contra a autoincriminação demonstrado pela máxima latina *nemo tenetur se detegere* (ninguém está obrigado a se descobrir), expresso igualmente pelo *nemo tenetur seipsum accusare* (ninguém está obrigado a se auto acusar), *nemo tenetur prodere seipsum, quia nemo tenetur detegere turpitudinem suam* (ninguém está obrigado a depor contra si próprio, porque ninguém é obrigado a revelar a sua torpeza), *nemo tenetur contra se facere* (ninguém é obrigado a agir contra si mesmo). A produção de prova que exija uma ação por parte do acusado (acareação, reconstituição do crime, exame grafotécnico) **DEVERÁ** ser precedida de seu consentimento. Tudo isso por força do direito de não produzir prova contra si mesmo.

Vamos analisar as demais alternativas:

b) Conforme o teor da Súmula Vinculante nº 14 do STF: **É DIREITO** do defensor, no interesse do representado, **ter acesso amplo aos elementos de prova que, já documentados** em procedimento investigatório realizado por órgão com competência de polícia judiciária, digam respeito ao exercício do direito de defesa.

c) O ofendido, ou seu representante legal, e o indiciado **poderão requerer qualquer diligência**, que será realizada, ou não, a juízo da autoridade, consoante o art. 14 do CPP.

d) Depois de ordenado o arquivamento do inquérito pela autoridade judiciária, por falta de base para a denúncia, **a autoridade policial poderá proceder a novas pesquisas**, se de outras provas tiver notícia, conforme o art. 18 do CPP.

e) Embora não recepcionado pela CF/88, o art. 21 do CPP permanece na lei processual, vejamos o teor do referido artigo: **a autoridade policial, (pode – inconstitucional) incomunicabilidade do indiciado, que não excederá de três dias, a alternativa altera o prazo três dias para dez dias.**

Gabarito: A.

152. **(2019 – CESPE/CEBRASPE – TJ/AM – Analista Judiciário)** Jaime foi preso em flagrante por ter furtado uma bicicleta havia dois meses. Conduzido à delegacia, Jaime, em depoimento ao delegado, no auto de prisão em flagrante, confessou que era o autor do furto. Na audiência de custódia, o Ministério Público requereu a conversão da prisão em flagrante em prisão preventiva, sob o argumento da gravidade abstrata do delito praticado. No entanto, após ouvir a defesa, o juiz relaxou a prisão em flagrante, com fundamento de que não estava presente o requisito legal da atualidade do flagrante, em razão do lapso temporal de dois meses entre a consumação do crime e a prisão do autor. Dias depois, em nova diligência no inquérito policial instaurado pelo delegado para apurar o caso, Jaime, já em liberdade, retratou-se da confissão, alegando que havia pegado a bicicleta de Abel como forma de pagamento de uma dívida. Ao ser ouvido, Abel confirmou a narrativa de Jaime e afirmou, ainda, que registrou boletim de ocorrência do furto da bicicleta em retaliação à conduta de Jaime, seu credor. Por fim, o juiz competente arquivou o inquérito policial a requerimento de membro do Ministério Público, por atipicidade material da conduta, sob o fundamento de ter havido entendimento mútuo e pacífico entre Jaime e Abel acerca da questão, nos termos do relatório final produzido pelo delegado.

A respeito da situação hipotética precedente, julgue o item a seguir.

A decisão de arquivamento do inquérito por atipicidade impede que Jaime seja denunciado posteriormente pela mesma conduta, ainda que sobrevenham novos elementos de informação.

Certo ( )　　　　Errado ( )

Consoante a jurisprudência do STF, quando a conduta não corresponde a um tipo penal, a homologação do juiz para o arquivamento é apta a gerar coisa julgada material, não sendo possível denunciar mesmo diante do surgimento de novas provas (o investigado tem *status* de absolvido - o STF chama de sentença fora do processo).

Da mesma forma acontece para o caso de atipicidade material pautada no princípio da insignificância. Em resumo, segundo o STF, se o promotor pede o arquivamento em razão da certeza da atipicidade formal, eventual homologação faz coisa julgada material, de forma que não cabe denúncia nem mesmo pelo surgimento de novas provas. O mesmo se diz se o arquivamento é pautado no princípio da insignificância, o que revela uma atipicidade material da conduta (STF HC 84156).

Gabarito: Certo.

---

153. **(2019 – CESPE/CEBRASPE – TJ/BA – Juiz – Adaptada)** Aldo, delegado de polícia, recebeu em sua unidade policial denúncia anônima que imputava a Mauro a prática do crime de tráfico de drogas em um bairro da cidade. A denúncia veio acompanhada de imagens em que Mauro aparece entregando a terceira pessoa pacotes em plástico transparente com considerável quantidade de substância esbranquiçada e recebendo dessa pessoa quantia em dinheiro. Em diligências realizadas, Aldo confirmou a qualificação de Mauro e, a partir das informações obtidas, instaurou IP para apurar o crime descrito no art. 33, *caput*, da Lei nº 11.343/2006 — Lei Antidrogas —, sem indiciamento. Na sequência, ele representou à autoridade judiciária pelo deferimento de medida de busca e apreensão na residência de Mauro, inclusive do telefone celular do investigado. Acerca dessa situação hipotética é correto afirmar.

Em razão do caráter sigiloso dos autos do IP, nem Mauro nem seu defensor constituído terão o direito de acessá-los.

Certo ( )　　　　Errado ( )

Conforme se extrai do teor da Súmula Vinculante nº 14 do STF, *É direito do defensor, no interesse do representado, ter acesso amplo aos elementos de prova que, já documentados em procedimento investigatório realizado por órgão com competência de polícia judiciária, digam respeito ao exercício do direito de defesa.*

Gabarito: Errado.

---

154. **(2019 – MPE/GO – MPE/GO – Promotor de Justiça – Adaptada)** Sobre o inquérito policial é incorreta:

Se necessário á prevenção e á repressão dos crimes relacionados ao tráfico de pessoas, o membro do Ministério Público ou o delegado de polícia poderão requisitar, independentemente de autorização judicial, ás empresas prestadoras de serviço de telecomunicações e/ou telemática que disponibilizem imediatamente os meios técnicos adequados - como sinais, informações e outros - que permitam a localização da vítima ou dos suspeitos do delito em curso.

Certo ( )   Errado ( )

A alternativa está desconformidade com o teor do art. 13-B do CPP.

Se necessário à prevenção e à repressão dos crimes relacionados ao tráfico de pessoas, o membro do Ministério Público ou o delegado de polícia poderão requisitar, Mediante Autorização Judicial (Cláusula de Reserva Jurisdicional – Somente o Juiz decreta), às empresas prestadoras de serviço de telecomunicações e/ou telemática que disponibilizem imediatamente os meios técnicos adequados – como sinais, informações e outros – que permitam a localização da vítima ou dos suspeitos do delito em curso.

Gabarito: Errado.

---

155. **(2019 – CESPE/CEBRASPE – TJ/SC – Juiz – Adaptada)** Com relação às características do inquérito policial (IP),

Não poderá haver restrição de acesso, com base em sigilo, ao defensor do investigado, que deve ter amplo acesso aos elementos de prova já documentados no IP, no que diga respeito ao exercício do direito de defesa.

Certo ( )   Errado ( )

Súmula Vinculante nº 14 do STF: *É direito do defensor, no interesse do representado, ter acesso amplo aos elementos de prova que, já documentados em procedimento investigatório realizado por órgão com competência de polícia judiciária, digam respeito ao exercício do direito de defesa.*

Gabarito: Certo.

---

156. **(2019 – ACESSO – PC/ES – Delegado)** Gerson está respondendo a procedimento investigatório, conduzido por delegado de Polícia Civil. Em meio a investigação foi decretado sigilo do Inquérito policial para assegurar as investigações. Nessa situação hipotética, marque a alternativa CORRETA.

a) O advogado somente terá acesso aos autos do inquérito policial se não for decretado o seu sigilo, caso em que terá que aguardar a instauração do processo judicial.

b) O advogado poderá examinar aos autos do inquérito policial e ainda ter informações sobre os atos de investigação que ainda serão realizados.

c) Nos crimes hediondos o advogado do indiciado não terá acesso aos autos para assegurar a proteção das investigações.

d) O advogado poderá examinar aos autos do inquérito policial ainda que tenha sido decretado o seu sigilo.

e) O sigilo decretado no inquérito policial não impede que os meios de comunicações televisivas tenham acesso, tendo em vista a necessidade de se preservar a ordem pública.

Conforme o teor da Súmula Vinculante nº 14 do STF: *É direito do defensor, no interesse do representado, ter acesso amplo aos elementos de prova que, já documentados em procedimento investigatório realizado por órgão com competência de polícia judiciária, digam respeito ao exercício do direito de defesa.*

ATENÇÃO: na lei nº 12.850/13, se tratando de investigação referente a **organizações criminosas**, uma vez decretado o **sigilo da investigação pela autoridade judicial competente**, para garantia da celeridade e da eficácia das diligências investigatórias, o acesso do defensor aos elementos informativos deverá ser precedido de autorização judicial.

Gabarito: D.

---

157. **(2019 – MPE/GO – MPE/GO – Promotor de Justiça – Adaptada)** Sobre o inquérito policial é incorreta: O Ministério Público não poder requerer a devolução do inquérito à autoridade policial, senão para novas diligências, imprescindíveis ao oferecimento da denúncia. Não cabe ao delegado de polícia recusar as diligências requisitadas pelo Ministério Público, salvo as manifestamente ilegais.

Certo ( )   Errado ( )

Consoante o art. 16 do CPP, o Ministério Público NÃO PODERÁ requerer a devolução do inquérito à autoridade policial, SENÃO para novas diligências, imprescindíveis ao oferecimento da denúncia.
Gabarito: Errado.

---

158. **(2019 – CESPE/CEBRASPE – TJ/AM – Analista Judiciário)** A respeito de ação penal e do disposto na Lei de Juizados Especiais Cíveis e Criminais (Lei nº 9.099/1995), julgue o item seguinte.

O inquérito policial é dispensável para a promoção da ação penal desde que a denúncia esteja minimamente consubstanciada nos elementos exigidos em lei.

Certo ( )   Errado ( )

O inquérito policial é peça dispensável/prescindível e, consoante o teor do art. 39, § 5º, do CPP, o titular da ação penal pode propô-la independentemente da instauração de IP, desde que conte com elementos de informação suficientes para o lastro probatório mínimo.
Gabarito: Certo.

---

159. **(2019 – ACESSO – PC/ES – Delegado)** A Lei nº 13.245/2016 alterou o art. 7º da Lei nº 8.906/94 (Estatuto da OAB) que garante ao advogado do investigado, o direito de assistir a seus clientes durante a apuração de infrações, inclusive nos depoimentos e interrogatório, podendo apresentar razões e quesitos. Com efeito, Anderson, advogado de José, impugnou a oitiva de duas testemunhas em fase de inquérito policial, alegando que não recebeu notificação informando do dia e hora da oitiva das referidas testemunhas em sede policial. Diante da temática apresentada, assinale a seguir a alternativa correta.

a) O sigilo do inquérito policial impede que o advogado tenha acesso aos atos já documentados em inquérito policial.

b) A Lei nº 13.245/2016 impôs o dever à autoridade policial de intimar previamente o advogado constituído para os atos de investigação, em homenagem ao contraditório e a ampla defesa.

c) A Lei nº 13.245/2016 instituiu a obrigatoriedade do inquérito policial ainda que já haja provas devidamente constituídas.

d) A Lei nº 13.245/2016 não impôs um dever à autoridade policial de intimar previamente o advogado constituído para os atos de investigação.

e) A inquisitorialidade do procedimento investigatório policial é o que impede que o advogado tenha acesso aos atos já documentados em inquérito policial.

O direito do advogado está substanciado no art. 7º, XIV, do Estatuto da OAB: examinar, em qualquer instituição responsável por conduzir investigação, mesmo sem procuração, autos de flagrante e de investigações de qualquer natureza, findos ou em andamento, ainda que conclusos à autoridade, podendo copiar peças e tomar apontamentos, em meio físico ou digital; e na Súmula Vinculante nº 14 do STF: *É direito do defensor, no interesse do representado, ter acesso amplo aos elementos de prova que, já documentados em procedimento investigatório realizado por órgão com competência de polícia judiciária, digam respeito ao exercício do direito de defesa.*

Jurisprudência do STF – Informativo nº 933: *NÃO é necessária a intimação prévia da defesa técnica do investigado para a tomada de depoimentos orais na fase de inquérito policial. Não haverá nulidade, caso a intimação não ocorra. O inquérito policial é informativo, inquisitivo, usado para a opinio delicti do órgão acusatório. Assim, há mitigação do contraditório e ampla defesa. Esse entendimento justifica-se porque os elementos de informação colhidos no inquérito policial não se prestam, por si sós, a fundamentar uma condenação criminal.*

ATENÇÃO: a lei nº 13.245/16 implicou um reforço das prerrogativas da defesa técnica, sem conferir ao advogado o direito subjetivo de intimação prévia e tempestiva de calendário de inquisições a ser definido pelo delegado.

Gabarito: D.

---

160. **(2019 – IDIB – Prefeitura de Petrolina/PE – Guarda Civil)** De acordo com o CPP, acerca do inquérito policial:

Logo que tiver conhecimento da prática da infração penal, a autoridade policial deverá ouvir imediatamente o ofendido, antes mesmo de se dirigir ao local do crime.

Certo ( )   Errado ( )

O art. 6º, I, dispõe que logo que tiver conhecimento da prática da infração penal, a autoridade policial deverá:

I - dirigir-se ao local, providenciando para que não se alterem o estado e conservação das coisas, até a chegada dos peritos criminais.

Gabarito: Errado.

---

161. **(2019 – FUNDEP – DPE/MG – Defensor Público – Adaptada)** No curso de inquérito policial, a autoridade policial que o presidia constatou que teria ocorrido extinção da punibilidade pela prescrição da pretensão punitiva. Diante disso, é correto afirmar.

A Autoridade Policial deverá declarar a extinção da punibilidade pela prescrição, em razão do princípio da legalidade do inquérito policial.

Certo ( )   Errado ( )

A declaração de extinção da punibilidade é ato submetido à cláusula de reserva de jurisdição, cabendo exclusivamente ao Poder Judiciário essa decisão. Além do mais, a autoridade policial não poderá arquivar o inquérito policial, por expressa vedação legal, senão vejamos: *art. 17 do CPP: A autoridade policial não poderá mandar arquivar autos de inquérito*.

Gabarito: Errado.

---

162. **(Cespe – Adaptada)** João, de 19 anos de idade, foi vítima de crime de calúnia praticado por Maria. Ciente da autoria do ato delituoso, João relatou os fatos informalmente ao delegado de polícia e solicitou orientação sobre as providências a serem adotadas.

Considerando essa situação hipotética, acerca de crime que se apura mediante ação penal privada.

Em face do princípio da oficiosidade, o delegado de polícia deverá instaurar o procedimento investigatório, independentemente da formalização do requerimento de João.

Certo ( )   Errado ( )

Nos crimes de ação privada, a autoridade policial somente poderá proceder a inquérito a requerimento de quem tenha qualidade para intentá-la, conforme o art. 5º, § 5º, do CPP.

Princípio da oportunidade ou conveniência: o ofendido tem a faculdade de propor ou não a ação.

Gabarito: Errado.

---

163. **(2019 – AOCP – PC/ES – Investigador)** Acerca do inquérito policial brasileiro, assinale a alternativa correta.

a) A presidência da investigação de natureza criminal é privativa da polícia judiciária.

b) É permitido ao Ministério Público conduzir o inquérito policial como autoridade máxima.

c) A autoridade policial pode contrariar a moralidade ou a ordem pública na reprodução simulada de fatos concernentes a crimes contra a dignidade sexual.

d) A competência de apuração das infrações penais e da sua autoria não excluirá a de outras autoridades administrativas que não a polícia judiciária, a quem, por lei, seja cometida a mesma função.

e) Do despacho que indeferir o requerimento de abertura de inquérito, caberá recurso para o Tribunal Regional Federal.

O art. 4º do CPP estabelece que a polícia judiciária será exercida pelas autoridades policiais no território de suas respectivas circunscrições e terá, por fim, a apuração das infrações penais e da sua autoria. Parágrafo único. *A competência definida neste artigo não excluirá a de autoridades administrativas a quem por lei seja cometida a mesma função.*

O STF reconheceu que a investigação direta pelo Ministério Público é **subsidiária e excepcional**. Portanto, se já existe inquérito policial, o Ministério Público **DEVERIA requisitar eventuais diligências e não instaurar um**. A única autoridade apta a instaurar e presidir o inquérito policial é a autoridade policial, ou seja, o delegado de polícia. O membro do Ministério Público, **NÃO INSTAURA, PRESIDE OU AVOCA INQUÉRITO POLICIAL**. Quando realiza investigação criminal, o promotor de justiça instaura um Procedimento Investigatório Criminal (PIC).

Gabarito: D.

---

164. (2019 – AOCP – PC/ES – Assistente Social) Nos crimes de ação penal privada, o inquérito policial será iniciado

    a) de ofício pela autoridade policial.

    b) a requerimento do ofendido ou, se ausente, ao cônjuge, ascendente, descendente ou seu irmão.

    c) por requisição do Poder Judiciário.

    d) com a lavratura de boletim de ocorrência de terceiro interessado ao fato e alheio ao ofendido.

    e) por requisição do Ministério Público ou a requerimento do ofendido.

Nos crimes de **ação privada**, a autoridade policial somente poderá instaurar o inquérito a requerimento de quem tenha qualidade para intentá-la, nos termos do art. 5º, § 5º, do CPP. Se a vítima falecer antes ou no curso da ação penal, o art. 31 do CPP dispõe de um rol de pessoas que podem apresentar o **requerimento** para a instauração do inquérito policial.

Vide o teor do art. 31 do CPP:

No caso de morte do ofendido ou quando declarado ausente por decisão judicial, o direito de oferecer queixa ou prosseguir na ação passará ao cônjuge, ascendente ou irmão.

Gabarito: B.

---

165. (2019 – CESPE/CEBRASPE – TJ/DFT – Titular de Serviços de Notas e Registros – Adaptada) João, de 19 anos de idade, foi vítima de crime de calúnia praticado por Maria. Ciente da autoria do ato delituoso, João relatou os fatos informalmente ao delegado de polícia e solicitou orientação sobre as providências a serem adotadas.

A instauração do inquérito policial suspende a fluência do prazo decadencial para o ingresso da ação penal em juízo até a completa apuração dos fatos.

Certo (　)　　　　Errado (　)

Quanto ao prazo DECADENCIAL: é importante salientar que a instauração do inquérito policial **NÃO suspende OU interrompe** o prazo decadencial porquanto este exclusivamente é interrompido pelo **oferecimento da denúncia ou queixa-crime**. Por conseguinte, o ofendido ou seu representante legal decairão do direito de queixa ou de representação se não o exercerem dentro do prazo de **seis meses**, contado do dia em que vierem, a saber, quem é o autor do crime, conforme o art. 103 do CP ou, no caso, do art. 29 do CPP, do dia em que se esgotar o prazo para oferecimento da denúncia (art. 38 do CPP).

Jurisprudência: sendo pacífico o entendimento no STJ de que o ajuizamento da queixa no juízo mesmo que **incompetente é causa**.

Gabarito: Errado.

---

166. **(2019 – CESPE/CEBRASPE – TJ/SC – Juiz – Adaptada)** Com relação às características do inquérito policial (IP),

O IP, por consistir em procedimento indispensável à formação da opinio delicti, deverá acompanhar a denúncia ou a queixa criminal.

Certo ( )   Errado ( )

O inquérito policial é DISPENSÁVEL. Logo, se houver elementos suficientes para promoção da ação penal, o IP não precisará acompanhar a denúncia ou queixa. O órgão do Ministério Público dispensará o inquérito, se com a representação forem oferecidos elementos que o habilitem a promover a ação penal, nos exatos termos do art. 39, § 5º, do CPP.

Quando o Ministério Público dispensa o inquérito policial, oferecerá a denúncia no prazo de 15 dias.
Gabarito: Errado.

---

167. **(Cespe – Adaptada)** João, de 19 anos de idade, foi vítima de crime de calúnia praticado por Maria. Ciente da autoria do ato delituoso, João relatou os fatos informalmente ao delegado de polícia e solicitou orientação sobre as providências a serem adotadas.

Caso João venha a falecer após a instauração do inquérito policial e antes da ação penal, o direito de oferecer queixa-crime passará ao cônjuge, ascendente, descendente ou irmão.

Certo ( )   Errado ( )

Ao ofendido ou a quem tenha qualidade para representá-lo caberá intentar a ação privada, no caso de morte do ofendido ou quando declarado ausente por decisão judicial, o direito de oferecer queixa ou prosseguir na ação passará ao cônjuge, ascendente, descendente ou irmão (CADI), consoante os arts. 30, 31 do CPP, e art. 100, § 4º, do CP.

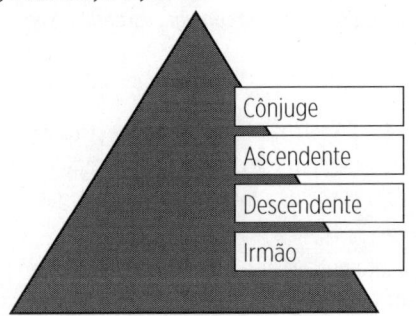

Gabarito: Certo.

---

168. **(2019 – AOCP – PC/ES – Investigador – Adaptada)** Nos crimes de ação penal pública, o inquérito policial será iniciado a requerimento do ofendido ou de seu procurador, excluídos os seus descendentes.

Certo ( )   Errado ( )

O art. 5º do CPP estabelece que nos crimes de ação pública o inquérito policial será iniciado:
I - de ofício;
II - mediante requisição da autoridade judiciária ou do Ministério Público, ou a requerimento do.
Gabarito: Errado.

---

169. **(2019 – IESES – TJ/SC – Titular de Serviços e Notas de Registro – Adaptada)** O inquérito policial poderá ser iniciado:

Por requisição da autoridade judicial ou do Ministério Público, ou por requerimento do ofendido ou seu representante, nos crimes de ação pública incondicionada.

Certo ( )   Errado ( )

O art. 5º do CPP: *Dispõe que nos crimes de ação pública o inquérito policial será iniciado:*

II - mediante requisição da autoridade judiciária ou do Ministério Público, ou a requerimento do ofendido ou de quem tiver qualidade para representá-lo.

Nos crimes de ação penal privada, apenas por requerimento do ofendido ou seu representante.

Gabarito: Certo.

---

170. **(2019 – INAZ DO PARÁ – CORE/SP – Assistente Jurídico)** Conforme artigo 6º do CPP Brasileiro, logo que tiver conhecimento da prática da infração penal, a autoridade policial deverá:

a) Verificar a possibilidade de haver a infração sido praticada de determinado modo: a autoridade policial poderá proceder à reprodução simulada dos fatos, desde que esta não contrarie a moralidade ou a ordem pública.

b) Fornecer às autoridades judiciárias as informações necessárias à instrução e julgamento dos processos.

c) Realizar as diligências requisitadas pelo juiz ou pelo Ministério Público.

d) Nomear testemunha, com indicação de sua profissão e residência.

e) Colher informações sobre a existência de filhos, respectivas idades e se possuem alguma deficiência e o nome e o contato de eventual responsável pelos cuidados dos filhos, indicado pela pessoa presa.

O art. 6º estabelece que, logo que tiver conhecimento da prática da infração penal, a autoridade policial deverá:

X - colher informações sobre a existência de filhos, respectivas idades e se possuem alguma deficiência e o nome e o contato de eventual responsável pelos cuidados dos filhos, indicado pela pessoa presa.

A diligência mencionada foi inserida pela Lei nº 13.257/16, conhecida como marco da primeira infância.

Lembretes pertinentes:

- **A autoridade policial deve colher as informações sobre a existência dos filhos, idade, eventuais deficiências, assim como o contato de algum responsável pelos cuidados.**

- **Evitar que os filhos não sejam privados dos cuidados necessários pela prisão do pai, da mãe ou do responsável.**

As alternativas A, B, C e D estão erradas, conforme os seguintes fundamentos:

a) Para verificar a possibilidade de haver a infração sido praticada de determinado modo, a autoridade policial poderá proceder à reprodução simulada dos fatos, desde que esta não contrarie a moralidade ou a ordem pública, nos termos do art. 7º do CPP.

b) Fundamento legal: art. 13 do CP: *Incumbirá ainda à autoridade policial: I - fornecer às autoridades judiciárias as informações necessárias à instrução e julgamento dos processos, conforme.*

c) Fundamento legal: art. 13 do CP: *Incumbirá ainda à autoridade policial:[...]*

II - realizar as diligências requisitadas pelo juiz ou pelo Ministério Público.

d) Fundamento legal: art. 5º do CP: *Nos crimes de ação pública o inquérito policial será iniciado: [...] II - mediante requisição da autoridade judiciária ou do Ministério Público ou a requerimento do ofendido ou de quem tiver qualidade para representá-lo.*

O § 1º do requerimento a que se refere o II conterá sempre que possível: *c) a nomeação das testemunhas, com indicação de sua profissão e residência.*

Gabarito: E.

---

171. **(2019 – CESPE/CEBRASPE – TJ/DFT – Titular de Serviços de Notas e Registros – Adaptada)** O CPP, em diversos dispositivos, utiliza a expressão indiciado para indicar a pessoa em relação à qual existe inquérito policial em curso. Acerca do indiciamento no âmbito do procedimento policial.

Quando ausente ou deficiente, vicia o inquérito policial e, consequentemente, contamina também o processo criminal a que se destina.

Certo ( )   Errado ( )

Os vícios em anterior inquérito policial não contaminam a posterior ação penal, posto que aquele procedimento é meramente administrativo, não circunscrito pelo crivo do contraditório.

Gabarito: Errado.

---

172. **(2019 – AOCP – PC/ES – Investigador – Adaptada)** Nos crimes de ação penal pública, o inquérito policial será iniciado a requerimento do ofendido ou de seu procurador, excluídos os seus descendentes o requerimento do ofendido deverá conter imprescindivelmente a narração do fato, com todas as circunstâncias.

Certo ( )   Errado ( )

A respeito do requerimento do ofendido o art. 5º, § 1º, do CPP: *Nos crimes de ação pública o inquérito policial será iniciado:*

§ 1º O requerimento a que se refere o nº II conterá sempre que possível:

a) a narração do fato, com todas as circunstâncias;

b) a individualização do indiciado ou seus sinais característicos e as razões de convicção ou de presunção de ser ele o autor da infração ou os motivos de impossibilidade de o fazer;

c) a nomeação das testemunhas, com indicação de sua profissão e residência.

Gabarito: Errado.

---

173. **(2019 – AOCP – PC/ES – Investigador – Adaptada)** Nos crimes de ação penal pública, o inquérito policial será iniciado a requerimento do ofendido ou de seu procurador, excluídos os seus descendentes o inquérito policial não poderá extrapolar o prazo de 30 dias corridos quando se tratar de indiciados soltos, ainda que a autoridade policial requeira dilação.

Certo ( )   Errado ( )

Consoante o disposto no art. 10, § 3º, do CPP, quando o fato for de difícil elucidação e o indiciado estiver solto, a autoridade poderá requerer ao juiz a devolução dos autos, para ulteriores diligências, que serão realizadas no prazo marcado pelo juiz.

Gabarito: Errado.

174. **(2019 – IESES – TJ/SC – Titular de Serviços e Notas de Registro – Adaptada)** O inquérito policial poderá ser iniciado:

De ofício, pela autoridade policial, nos crimes de ação pública incondicionada.

Certo ( )   Errado ( )

Nos crimes de ação pública, a autoridade policial poderá agir de ofício. Conforme consta o art. 5º, I, do CPP.

Gabarito: Certo.

175. **(AOCP – Adaptada)** Nos crimes de ação penal pública, o inquérito policial será iniciado a requerimento do ofendido ou de seu procurador, excluídos os seus descendentes o inquérito policial será iniciado mediante requisição da autoridade judiciária ou do Ministério Público.

Certo ( )   Errado ( )

O art. 5º do CPP estabelece que nos crimes de ação pública o inquérito policial será iniciado:

I - de ofício;

II - mediante requisição da autoridade judiciária ou do Ministério Público ou a requerimento do ofendido ou de quem tiver qualidade para representá-lo.

Gabarito: Certo.

176. **(2019 – AOCP – PC/ES – Assistente Social)** Qual é o caráter do inquérito policial no direito brasileiro?

   a) Negocial jurídico de direito público.

   b) Meio processual constitucional de impugnação de delito.

   c) Procedimento de cunho militar quando iniciado por lavratura de boletim de ocorrência pela Polícia Militar.

   d) Parametrização de direito privado até o recebimento da denúncia ou queixa.

   e) Procedimento administrativo preparatório.

Conforme a doutrina majoritária, o conceito, o objetivo e a finalidade do inquérito policial configuram-se como: procedimento administrativo preliminar, inquisitivo e preparatório, que, obrigatoriamente presidido pela autoridade policial, conforme dispõe art. 2º, § 1º, da Lei nº 12.830/13, cujo objetivo é a apuração da autoria, da materialidade, digo, existência da infração e das circunstâncias da infração, e a sua finalidade é fornecer elementos informativos para a formação do convencimento - opinião delitiva do titular da ação penal, que em regra é o Ministério Público, e excepcionalmente, tratando de ação penal privada pode ser a vítima – querelante.

Gabarito: E.

177. **(2019 – CESPE/CEBRASPE – TJ/SC – Juiz – Adaptada)** Com relação às características do inquérito policial (IP),

É viável a oposição de exceção de suspeição à autoridade policial responsável pelas investigações, embora o IP seja um procedimento de natureza inquisitorial.

Certo ( ) Errado ( )

Não é possível opor exceção de suspeição à autoridade policial responsável pelo inquérito policial (IP). Somente a própria autoridade pode se autodeclarar suspeita. Conforme o teor do art. 107 do CPP, não se poderá opor suspeição às autoridades policiais nos atos do inquérito, mas deverão elas declarar-se suspeitas, quando ocorrer motivo legal.

O IP é um procedimento de natureza inquisitorial, segundo doutrina majoritária, por isso NÃO há contraditório ou ampla defesa no inquérito policial, visto se tratar de um procedimento meramente administrativo.

Gabarito: Errado.

---

178. **(2019 – AOCP – PC/ES – Assistente Social – Adaptada)** Sobre a disciplina do inquérito policial brasileiro, é correto afirmar.

Logo que tiver conhecimento da prática da infração penal, a autoridade policial deverá enviar os peritos criminais ao local imediatamente enquanto ouve o ofendido na sede do distrito policial.

Certo ( ) Errado ( )

Nos termos do art. 6º do CPP: Logo *que tiver conhecimento da prática da infração penal, a autoridade policial deverá:*

I - dirigir-se ao local, providenciando para que não se alterem o estado e conservação das coisas, até a chegada dos peritos criminais.

Gabarito: Errado.

---

179. **(2019 – CESPE/CEBRASPE – TJ/BA – Juiz – Adaptada)** Aldo, delegado de polícia, recebeu em sua unidade policial denúncia anônima que imputava a Mauro a prática do crime de tráfico de drogas em um bairro da cidade. A denúncia veio acompanhada de imagens em que Mauro aparece entregando a terceira pessoa pacotes em plástico transparente com considerável quantidade de substância esbranquiçada e recebendo dessa pessoa quantia em dinheiro. Em diligências realizadas, Aldo confirmou a qualificação de Mauro e, a partir das informações obtidas, instaurou IP para apurar o crime descrito no art. 33, *caput*, da Lei nº 11.343/2006 — Lei Antidrogas —, sem indiciamento. Na sequência, ele representou à autoridade judiciária pelo deferimento de medida de busca e apreensão na residência de Mauro, inclusive do telefone celular do investigado. Acerca dessa situação hipotética é correto afirmar.

A instauração do IP constituiu medida ilegal, pois se fundou em denúncia anônima.

Certo ( ) Errado ( )

A denúncia anônima também é denominada de delatio criminis, denuncia inqualificada ou apócrifa. Destaque-se que a denúncia anônima, por si só, não serve para fundamentar a instauração de inquérito policial. Porém, a partir dela, a autoridade policial pode realizar diligências preliminares para apurar a veracidade das informações e, então, instaurar o procedimento investigatório.

Jurisprudência - Informativo nº 890 do STF: *"Denúncia anônima" e quebra de sigilo Segundo a jurisprudência do STJ e do STF, não há ilegalidade em iniciar investigações preliminares com base em "denúncia anônima" a fim de se verificar a plausibilidade das alegações contidas no documento apócrifo. A polícia, com base em diligências preliminares para atestar a veracidade dessas "denúncias" e também lastreada em informações recebidas pelo Ministério da Justiça e pela CGU requereu ao juízo a decretação da interceptação telefônica do investigado. O STF entendeu que a decisão do magistrado foi correta, considerando que a decretação da interceptação telefônica não foi feita com base unicamente na "denúncia anônima", e sim após a realização de diligências investigativas e também com base nas informações recebidas dos órgãos públicos de fiscalização. STF. 2ª Turma. RHC 132115/PR, Rel. Min. Dias Tóffoli, julgado em 6/2/2018 (Info nº 890).*

Não obstante a delação ser anônima, veio acompanhada de imagens, o que oferece elementos indiciários que AUTORIZAM a instauração de inquérito policial, sem a necessidade de diligências complementares.

Gabarito: Errado.

---

180. **(2019 – AOCP – PC/ES – Investigador – Adaptada)** Nos crimes de ação penal pública, o inquérito policial será iniciado a requerimento do ofendido ou de seu procurador, excluídos os seus descendentes o inquérito policial poderá ser iniciado ainda que a ação pública dependa de representação, estando ela inicialmente ausente.

Certo ( )   Errado ( )

Nos termos do art. 5º, § 3º, do CPP, o inquérito, nos crimes em que a ação pública depender de representação, não poderá sem ela ser iniciado.

Gabarito: Errado.

---

181. **(2019 – AOCP – PC/ES – Investigador – Adaptada)** Acerca do inquérito policial brasileiro

A autoridade policial pode contrariar a moralidade ou a ordem pública na reprodução simulada de fatos concernentes a crimes contra a dignidade sexual.

Certo ( )   Errado ( )

A autoridade policial NÃO pode contrariar a moralidade ou a ordem pública na reprodução simulada de fatos, concernentes a crimes contra a dignidade sexual, com fundamento no art. 7º do CPP.

Gabarito: Errado.

---

182. **(2019 – CESPE/CEBRASPE – TJ/BA – Juiz – Adaptada)** Aldo, delegado de polícia, recebeu em sua unidade policial denúncia anônima que imputava a Mauro a prática do crime de tráfico de drogas em um bairro da cidade. A denúncia veio acompanhada de imagens em que Mauro aparece entregando a terceira pessoa pacotes em plástico transparente com considerável quantidade de substância esbranquiçada e recebendo dessa pessoa quantia em dinheiro. Em diligências realizadas, Aldo confirmou a qualificação de Mauro e, a partir das informações obtidas, instaurou IP para apurar o crime descrito no art. 33, *caput*, da Lei nº 11.343/2006 — Lei Antidrogas —, sem indiciamento. Na sequência, ele representou à autoridade judiciária pelo deferimento de medida de busca e apreensão na residência de Mauro, inclusive do telefone celular do investigado. Acerca dessa situação hipotética é correto afirmar.

Como não houve prisão, o prazo para a conclusão do IP será de noventa dias.

Certo ( )   Errado ( )

O inquérito policial será concluído no prazo de 30 dias, se o indiciado estiver PRESO, e de 90 dias, quando SOLTO. Os prazos a que se refere esse artigo podem ser duplicados pelo juiz, ouvido o Ministério Público, mediante pedido justificado da autoridade de polícia judiciária, conforme o fundamento do art. 51 da Lei nº 1.343/06.

Gabarito: Certo.

---

183.   **(2019 – AOCP – PC/ES – Investigador – Adaptada)** Acerca do inquérito policial brasileiro

Do despacho que indeferir o requerimento de abertura de inquérito, caberá recurso para o Tribunal Regional Federal.

Certo ( )   Errado ( )

O recurso nesse caso é para o CHEFE DE POLÍCIA, e não para juízes ou tribunais, conforme o fundamento legal do art. 5º, § 2º, do CPP.

Súmula nº 397 do STF: *O poder de polícia da Câmara dos Deputados e do Senado Federal, em caso de crime cometido nas suas dependências, compreende consoante o regimento, a prisão em flagrante do acusado e a realização do inquérito.*

Gabarito: Errado.

---

184.   **(2019 – CESPE/CEBRASPE – TJ/DFT – Titular de Serviços de Notas e Registros – Adaptada)** João, de 19 anos de idade, foi vítima de crime de calúnia praticado por Maria. Ciente da autoria do ato delituoso, João relatou os fatos informalmente ao delegado de polícia e solicitou orientação sobre as providências a serem adotadas.

Instaurada a ação penal competente e havendo inércia de João, o Ministério Público poderá dar prosseguimento à referida ação.

Certo ( )   Errado ( )

Na ação penal privada, prevalece a vontade do particular sobre a da sociedade. O valor é maior para a vítima. A questão trata de ação penal de exclusiva iniciativa privada, isto é, somente pode ser proposta pelo ofendido ou seu representante legal. Especifica-se na parte especial do CP quais os delitos que a admitem, geralmente com a expressão "só se procede mediante queixa". Ex.: crimes contra a honra. Nesse sentido, a decadência, que, em se tratando de direito criminal, consiste na perda do direito de ação pelo ofendido, ante sua inércia, em razão do decurso de certo tempo fixado em lei, terá como consequência de seu reconhecimento a extinção da punibilidade, nos termos do art. 107, IV, segunda figura, do CP.

A questão não aborda a hipótese prevista na jurisprudência do STF por meio da Súmula nº 714, que dispõe que é concorrente a legitimidade do ofendido, mediante queixa, e do Ministério Público, condicionada à representação do ofendido, para a ação penal por crime contra a honra de servidor público em razão do exercício de suas funções.

Gabarito: Errado.

---

185. **(2019 – AOCP – PC/ES – Escrivão)** A respeito do prazo para o término do inquérito policial, assinale a alternativa correta.

a) 10 dias em caso de indiciado preso em flagrante; 30 dias em caso de indiciado solto ou preso preventivamente.

b) 30 dias em caso de indiciado preso em flagrante ou preventivamente; 10 dias em caso de indiciado solto, com ou sem fiança.

c) 5 dias em caso de indiciado preso em flagrante ou preventivamente; 60 dias em caso de indiciado solto, com ou sem fiança.

d) 10 dias em caso de indiciado preso em flagrante ou preventivamente; 30 dias em caso de indiciado solto, com ou sem fiança.

e) 15 dias em caso de indiciado preso em flagrante; 60 dias em caso de indiciado solto ou preso preventivamente.

O art. 10º, *caput*, do CPP, determina que o inquérito DEVERÁ terminar no prazo de 10 dias, se o indiciado tiver sido preso em flagrante, ou estiver preso preventivamente, contado o prazo, nessa hipótese, a partir do dia em que se executar a ordem de prisão, ou no prazo de 30 dias, quando estiver solto, mediante fiança ou sem ela.

A Lei nº 13.964/19 alterou o referido artigo, no entanto a sua aplicabilidade está SUSPENSA até o julgamento das **ADIs 6.298, 6.299, 6.300 e 6305** pelo STF. As questões serão mantidas com a integralidade dos artigos anteriores para efeitos de provas.

Assim, o prazo para conclusão do inquérito policial previsto no CPP, que é de 10 dias improrrogáveis, agora poderá ser prorrogado por até 15 dias. Ou seja, na prática, o IP de réu preso poderá ser de até 25 dias.

Art. 3-B, § 2º, do CPP: *Se o investigado estiver preso, o juiz das garantias poderá, mediante representação da autoridade policial e ouvido o Ministério Público, prorrogar, uma única vez, a duração do inquérito por até 15 (quinze) dias, após o que, se ainda assim a investigação não for concluída, a prisão será imediatamente relaxada.*

Gabarito: D.

---

186. **(2019 – MPE/PR – MPE/PR – Promotor de Justiça – Adaptada)** Sobre o inquérito policial, controle externo da atividade policial e poder investigatório do Ministério Público, analise a assertiva abaixo:

O inquérito policial pode ser instaurado de ofício, por requisição do Ministério Público e a requerimento do ofendido em casos de crime de ação penal pública incondicionada.

Certo ( )   Errado ( )

De acordo com o art. 5º do CPP:

Nos crimes de ação pública o inquérito policial será iniciado:

I - de ofício;

II - mediante requisição da autoridade judiciária ou do Ministério Público, ou a requerimento do ofendido ou de quem tiver qualidade para representá-lo.

Gabarito: Certo.

---

187. **(2019 – AOCP – PC/ES – Escrivão – Adaptada)** De acordo com o CPP, assinale a alternativa correta em relação ao inquérito policial.

O inquérito policial não poderá ser iniciado de ofício.

Certo ( )   Errado ( )

A questão é contrária ao que dispõe o art. 5º, I, do CPP, posto que a legislação processual admite.
Gabarito: Errado.

___

188. **(2019 – AOCP – PC/ES – Escrivão – Adaptada)** De acordo com o CPP, assinale a alternativa correta em relação ao inquérito policial.

A incomunicabilidade do indiciado é vedada.

Certo ( )   Errado ( )

O art. 21 do CPP dispõe que a incomunicabilidade do indiciado dependerá sempre de despacho nos autos e somente será permitida quando o interesse da sociedade ou a conveniência da investigação o exigir. A incomunicabilidade, que não excederá de 3 dias, será decretada por despacho fundamentado do juiz, a requerimento da autoridade policial, ou do órgão do Ministério Público, respeitado, em qualquer hipótese, o disposto no art. 89, III, do Estatuto da Ordem dos Advogados do Brasil. A CF/88 NÃO recepcionou a incomunicabilidade no inquérito policial, já que nem no Estado de Defesa isso ocorre, quando inúmeras garantias fundamentais são mitigadas, conforme preceitua o art. 136, § 3º, IV, da CF/88 na vigência do estado de defesa: é _vedada a incomunicabilidade do preso_.
Gabarito: Errado.

___

189. **(2019 – AOCP – PC/ES – Escrivão – Adaptada)** De acordo com o CPP, assinale a alternativa correta em relação ao inquérito policial.

Nos crimes em que a ação penal pública depender de representação, sem ela não poderá o inquérito ser iniciado.

Certo ( )   Errado ( )

O art. 5º, § 4º, do CPP, estabelece que o inquérito, nos crimes em que a ação pública depender de representação, não poderá sem ela ser iniciado.
Gabarito: Certo.

___

190. **(2019 – AOCP – PC/ES – Escrivão – Adaptada)** De acordo com o CPP, assinale a alternativa correta em relação ao inquérito policial.

Após a apuração dos fatos, a autoridade policial fará minucioso relatório da apuração e o enviará ao Ministério Público, para que este ofereça ou não a denúncia.

Certo ( )   Errado ( )

O art. 10º, § 1º, do CPP estabelece que a autoridade fará minucioso relatório do que tiver sido apurado e enviará autos ao juiz competente.
Gabarito: Errado.

___

191. **(IDIB)** De acordo com o CPP, acerca do inquérito policial:

A autoridade policial poderá mandar arquivar autos de inquérito.

Certo ( )   Errado ( )

O inquérito policial é INDISPONÍVEL para autoridade policial, consoante o art. 17 do CPP. Somente o titular da ação penal pode prover o arquivamento do IP.

Gabarito: Errado.

---

192. **(2019 – IDIB – Prefeitura de Petrolina/PE – Guarda Civil)** Uma vez a autoridade judicial determinando o arquivamento do inquérito policial por não haver base para a denúncia, é possível que a autoridade policial proceda a novas pesquisas com relação aos mesmos fatos?

a) Sim, a qualquer momento desde que fundamente a decisão.

b) Não, pois, com o arquivamento do inquérito policial, o Estado tacitamente renuncia ao *ius puniendi*.

c) Sim, caso tenha notícia de outras provas.

d) Não, uma vez que a decisão de arquivamento do inquérito policial faz coisa julgada material.

e) Sim, desde que haja autorização judicial fundamentada.

O teor do art. 18 do CPP estabelece que, depois de ordenado o arquivamento do inquérito pela autoridade judiciária, por falta de base para a denúncia, a autoridade policial poderá proceder a novas pesquisas, se de outras provas tiver notícia. Uma vez arquivado o inquérito, pode haver novas diligências investigatórias, sobre o mesmo fato, desde que surjam provas novas, consideradas estas como efetivamente inéditas, ou seja, desconhecidas até então.

Gabarito: C.

---

193. **(2019 – AOCP – PC/ES – Assistente Social – Adaptada)** Sobre a disciplina do inquérito policial brasileiro, é correto afirmar.

Logo que tiver conhecimento da prática da infração penal, a autoridade policial deverá intimar o indiciado para que o mesmo seja interrogado em Juízo sob pena de incorrer em crime de desobediência.

Certo ( )   Errado ( )

O art. 6º do CPP dispõe que logo que tiver conhecimento da prática da infração penal, a autoridade policial DEVERÁ:

V - ouvir o indiciado, com observância, no que for aplicável, do disposto no, devendo o respectivo termo ser assinado por duas testemunhas que lhe tenham ouvido a leitura.

Gabarito: Errado.

---

194. **(2019 – CESPE/CEBRASPE – TJ/SC – Juiz – Adaptada)** Com relação às características do inquérito policial (IP),

A autoridade policial não poderá determinar o arquivamento dos autos de IP, salvo na hipótese de manifesta atipicidade da conduta investigada.

Certo ( )   Errado ( )

Consoante o art. 17 do CPP: o inquérito policial é INDISPONÍVEL, assim, a autoridade policial NÃO PODERÁ mandar arquivar autos de inquérito. Depois de ordenado o arquivamento do inquérito pela autoridade judiciária, por falta de base para a denúncia, a autoridade policial poderá proceder a novas pesquisas, se de outras provas tiver notícia, nos termos dos arts. 17 e 18 do CPP.

Gabarito: Errado.

195. **(2019 – MPE/PR – MPE/PR – Promotor de Justiça – Adaptada)** Sobre o inquérito policial, controle externo da atividade policial e poder investigatório do Ministério Público, analise a assertiva abaixo:

No exercício do controle externo da atividade policial, o membro do "Parquet", pode requisitar informações, a serem prestadas pela autoridade, acerca de inquérito policial não concluído no prazo legal, bem assim requisitar sua imediata remessa ao Ministério Público ou Poder Judiciário, no estado em que se encontre.

Certo ( )   Errado ( )

O Ministério Público tem o dever constitucional de exercer esse controle externo, visto que se trata de uma das suas funções institucionais, conforme o art. 129, VII da Constituição Federal.

Há duas formas de controle externo da atividade policial:

Controle DIFUSO	Controle CONCENTRADO
É aquele exercido por todos os membros do Ministério Público com atribuição criminal, quando do exame dos procedimentos que lhes forem atribuídos.	É aquele exercido por meio de membros com atribuições específicas para o controle externo da atividade policial, conforme disciplinado no âmbito de cada Ministério Público.
Medidas que podem ser adotadas:	Medidas que podem ser adotadas pelo órgão do Ministério Público:
• Controle de ocorrências com acesso a registros manuais e informatizados.	• Ações de improbidade administrativa.
• Prazos de inquéritos policiais.	• Ações civis públicas na defesa dos interesses difusos.
• Qualidade do inquérito policial.	• Procedimentos de investigação criminal.
• Bens apreendidos.	• Requisições.
• Propositura de medidas cautelares.	• Recomendações.
	• Termos de ajustamento de conduta.
	• Visitas às delegacias de polícia e unidades prisionais.
	• Comunicações de prisões em flagrante.

Gabarito: Certo.

196. **(2019 – IDIB – Prefeitura de Petrolina/PE – Guarda Civil – Adaptada)** Sobre a disciplina do inquérito policial brasileiro, é correto afirmar.

Para verificar a possibilidade de haver a infração sido praticada de determinado modo, a autoridade policial poderá proceder à reprodução simulada dos fatos, desde que esta não contrarie a moralidade ou a ordem pública.

Certo ( )   Errado ( )

A reconstituição do crime ou reprodução simulada dos fatos vem prevista no art. 7º do CPP, *ipsis verbis*:

Para verificar a possibilidade de haver a infração sido praticada de determinado modo, a autoridade policial poderá proceder à reprodução simulada dos fatos, desde que esta não contrarie a moralidade ou a ordem pública.

Gabarito: Errado.

---

197. **(2019 – AOCP – PC/ES – Investigador)** Sobre os prazos e demais disposições comuns sobre o inquérito policial brasileiro, é correto afirmar que

   a) o inquérito deverá terminar no prazo de 10 dias, se o indiciado tiver sido preso em flagrante, ou estiver preso preventivamente, contado o prazo, nesta hipótese, a partir do dia em que se executar a ordem de prisão.

   b) os prazos de término do inquérito policial são disciplinados unicamente pelo CPP.

   c) os prazos comuns do inquérito policial devem findar rigorosamente em 15 dias úteis.

   d) o inquérito deverá terminar no prazo de 90 dias, quando o indiciado estiver solto, mediante fiança ou sem ela.

   e) os prazos do inquérito policial contar-se-ão em dias úteis, contado o prazo do dia inicial e descontado o prazo do dia derradeiro.

O art. 10º, *caput*, do CPP, dispõe que o inquérito DEVERÁ terminar no prazo de 10 dias, se o indiciado tiver sido preso em flagrante, ou estiver preso preventivamente, contado o prazo, nessa hipótese, a partir do dia em que se executar a ordem de prisão, ou no prazo de 30 dias, quando estiver solto, mediante fiança ou sem ela.

A Lei nº 13.964/19 alterou o referido artigo, no entanto a sua aplicabilidade está SUSPENSA até o julgamento das **ADIs 6.298, 6.299, 6.300 e 6305** pelo STF. As questões serão mantidas com a integralidade dos artigos anteriores para efeitos de provas.

Assim, o prazo para conclusão do inquérito policial previsto no CPP, que é de 10 dias improrrogáveis, agora poderá ser prorrogado por até 15 dias. Ou seja, na prática, o IP de réu preso poderá ser de até 25 dias.

Gabarito: A.

---

198. **(2019 – FUNDEP – DPE/MG – Defensor Público – Adaptada)** No curso de inquérito policial, a autoridade policial que o presidia constatou que teria ocorrido extinção da punibilidade pela prescrição da pretensão punitiva. Diante disso, é correto afirmar.

A Autoridade Policial deverá arquivar o inquérito policial, em razão do princípio da eficiência do inquérito policial.

Certo ( )　　　　Errado ( )

O inquérito policial é INDISPONÍVEL para o DELEGADO, logo, a autoridade policial não poderá mandar arquivar autos de inquérito, nos termos do art. 17 do CPP.

Gabarito: Errado.

---

199. **(2019 – MPE/PR – MPE/PR – Promotor de Justiça – Adaptada)** Sobre o inquérito policial, controle externo da atividade policial e poder investigatório do Ministério Público, analise a assertiva abaixo:

No inquérito policial, a autoridade policial assegurará o sigilo necessário à elucidação do fato ou exigido pelo interesse da sociedade e, no procedimento investigatório criminal, os atos e peças, em regra, são públicos.

Certo ( )   Errado ( )

A Resolução nº 181/17, do CNMP, art. 15: *Os atos e peças do procedimento investigatório criminal são públicos, nos termos desta Resolução, salvo disposição legal em contrário ou por razões de interesse público ou conveniência da investigação.*

Gabarito: Certo.

---

200. **(2018 – CESPE/CEBRASPE – PF – Agente)** Depois de adquirir um revólver calibre 38, que sabia ser produto de crime, José passou a portá-lo municiado, sem autorização e em desacordo com determinação legal. O comportamento suspeito de José levou-o a ser abordado em operação policial de rotina. Sem a autorização de porte de arma de fogo, José foi conduzido à delegacia, onde foi instaurado inquérito policial.

Tendo como referência essa situação hipotética, julgue o item seguinte.

O inquérito instaurado contra José é procedimento de natureza administrativa, cuja finalidade é obter informações a respeito da autoria e da materialidade do delito.

Certo ( )   Errado ( )

É o conjunto de atos ou procedimentos administrativos realizado pela **autoridade policial** para apurar a **autoria e a materialidade da infração penal**, com finalidade de fornecer elementos **para a ação penal**.

Conceito e finalidade: o inquérito policial é um **procedimento administrativo preliminar**, presidido pela autoridade policial, que tem por objetivo a apuração da autoria, da materialidade (existência) da infração e das circunstâncias da infração (art. 2º, § 1º, da Lei nº 12.830/13), e a sua finalidade é contribuir na formação do convencimento (opinião delitiva) do titular da ação penal, que em regra é o Ministério Público, e **excepcionalmente**, a vítima (querelante).

Gabarito: Certo.

---

201. **(2018 – FCC – Câmara Legislativa/DF – Técnico Legislativo)** O inquérito policial que apresentar vício contaminará eventual ação penal subsequente proposta com base nos elementos por ele colhidos.

Certo ( )   Errado ( )

O inquérito policial (IP) é um procedimento administrativo prévio, e as irregularidades nele ocorridas não contaminam o processo. Isso se explica porque inquérito e ação penal têm naturezas distintas. Um é inquisitivo e administrativo e a outra é acusatória e jurisdicional.

Jurisprudência STJ e STF: prevalece tanto nos tribunais como na doutrina que, sendo o inquérito dispensável, algo que não é essencial ao processo, não tem o condão de, uma vez viciado, contaminar ação penal.

O IP é mera peça informativa e não probatória, sendo as irregularidades porventura registradas durante a fase inquisitorial não têm o condão de contaminar a ação penal (STJ, HC 106.216/MG).

STF: *Eventuais vícios concernentes ao inquérito policial não têm o condão de infirmar a validade jurídica do subsequente processo penal condenatório. As nulidades processuais concernem, tão somente, aos defeitos de ordem jurídica que afetam os atos praticados ao longo da ação penal condenatória.*

Gabarito: Errado.

---

202. **(2018 – UERR – SETRABES – Agente Sócio-Orientador)** Constitui característica do inquérito policial:

    a) inquisitivo.

    b) indispensabilidade.

    c) público.

    d) disponível, delegado pode arquivar mesmo convencido de que o fato é atípico.

    e) procedimento rígido.

    O inquérito policial caracteriza-se com procedimento inquisitivo, em que as atividades persecu-tórias concentram-se nas mãos de uma única autoridade, a qual, por isso, prescinde, para a sua atuação, da provocação de quem quer que seja podendo e devendo agir de ofício, empreendendo, com discricionariedade, as atividades necessárias aos esclarecimentos do crime de sua autoria.

    Gabarito: A.

---

203. **(2018 – FUMARC – PC/MG – Escrivão – Adaptada)** Considerando que o Inquérito Policial é um procedimento de natureza administrativa em que não se pode falar em partes stricto sensu, já que não existe uma estrutura processual dialética, sob a garantia do contraditório e da ampla defesa, com fulcro no enunciado retro, é CORRETO afirmar:

    Nos crimes de ação pública, o inquérito policial será iniciado de ofício ou mediante requisição da autoridade judiciária ou do Ministério Público, ou a requerimento do ofendido ou de quem tiver qualidade para representá-lo.

    Certo ( )   Errado ( )

    O art. 5º do CPP dispõe que, nos crimes de ação pública, o inquérito policial será iniciado:

    I - de ofício;

    II - mediante requisição da autoridade judiciária ou do Ministério Público, ou a requerimento do ofendido ou de quem tiver qualidade para representá-lo.

    Gabarito: Certo.

---

204. **(2018 – FCC – Prefeitura de Caruaru/PE – Procurador)** Segundo o CPP, nos crimes de ação penal pública, o inquérito policial será iniciado de ofício, mediante requisição ou a requerimento do ofendido. O requerimento do ofendido conterá sempre que possível:

    I. a narração do fato, com todas as circunstâncias;

    II. a individualização do indiciado ou seus sinais característicos e as razões de convicção ou de presunção de ser ele o autor da infração, ou os motivos de impossibilidade de o fazer;

III. a nomeação das testemunhas, com indicação de sua profissão e residência;

IV. o exame de corpo de delito, nas infrações que deixam vestígio.

Sobre o tema, está correto o que se afirma APENAS em

a) I, II e IV.

b) I, II e III.

c) II, III e IV.

d) I, III e IV.

e) I e III.

O art. 5º, § 1º, do CPP: o requerimento conterá sempre que possível:

a) a narração do fato, com todas as circunstâncias;

b) a individualização do indiciado ou seus sinais característicos e as razões de convicção ou de presunção de ser ele o autor da infração, ou os motivos de impossibilidade de o fazer;

c) a nomeação das testemunhas, com indicação de sua profissão e residência.

Gabarito: B.

---

205. (2018 – COPS/UEL – PC/PR – Escrivão – Adaptada) Quanto ao inquérito policial, em virtude do sistema inquisitivo que orienta o inquérito policial e do poder discricionário da autoridade policial, do despacho que indeferir o requerimento de abertura de inquérito policial não caberá recurso.

Certo ( )   Errado ( )

O art. 5º, § 2º, do CPP, dispõe que ao despacho que indeferir o requerimento de abertura de inquérito caberá recurso para o chefe de polícia.

Gabarito: Errado.

---

206. (2018 – VUNESP – PC/SP – Investigador) De acordo com o art. 5º, § 5º, do CPP, nos crimes de ação privada, a autoridade policial somente poderá proceder a inquérito

a) mediante requisição judicial.

b) após lavratura do respectivo Boletim de Ocorrência.

c) a requerimento de quem tenha qualidade para intentá-la.

d) mediante requisição judicial ou de órgão ministerial.

e) mediante requisição de órgão ministerial.

Nos crimes de ação penal de iniciativa privada, o IP só pode ser instaurado a requerimento de quem tenha qualidade para ajuizar a ação penal privada (a vítima, seu representante legal ou, em caso de morte, os sucessores legais), conforme art. 5º, § 5º, do CPP.

Gabarito: C.

207. (2018 – CONSULPLAN – TJ/MG – Titular de Serviços de Notas e de Registros – Adaptada) Quanto ao inquérito policial

Nos crimes de ação privada, a autoridade policial somente poderá proceder a inquérito por requisição do Ministério Público ou a requerimento de quem tenha qualidade para a propositura da ação penal.

Certo (　)　　　　　Errado (　)

A alternativa erra quando afirma que tem requisição do Ministério Público o teor do art. 5º, § 5º, do CPP, que estabelece que nos crimes de ação privada a autoridade policial somente poderá proceder a inquérito a requerimento de quem tenha qualidade para intentá-la.

Gabarito: Errado.

---

208. (2018 – UEG – PC/GO – Delegado) Quando o inquérito policial é instaurado a partir de um auto de prisão em flagrante delito, diz-se haver:

a) *notitia criminis* inqualificada.

b) *delatio criminis* postulatória.

c) *notitia criminis* de cognição imediata.

d) *notitia criminis* de cognição mediata.

e) *notitia criminis* de cognição coercitiva.

***Notitia criminis*: é com base na *notitia criminis* (notícia do crime) que se dá o início das investigações. Dá-se o nome de *notitia criminis* ao conhecimento espontâneo ou provocada por parte da autoridade policial de um fato aparentemente criminoso.**

ESPÉCIE DE *NOTITIA CRIMINIS*	
Notitia criminis de cognição direta, imediata, espontânea ou inqualificada.	*Notitia criminis* de cognição indireta ou mediata, provocada ou qualificada.
A autoridade toma conhecimento do fato por meio de sua atividade rotineira, de jornais, investigações pela descoberta ocasional, denúncias anônimas (delação apócrifa).	A autoridade toma conhecimento por meio de um ato formal, qual seja, a *delatio criminis* (art. 5º, II, CPP e §§ 1º e 5º), requisição de autoridade judiciária do Ministério Público (art. 5º, II, CPP) e requisição do Ministro da Justiça (art. 7º, § 3º, b, CP e art. 141, I e parágrafo único do art. 145) e representação do ofendido (art. 5º, § 4º, do CPP).

Gabarito: E.

---

209. (2018 – FUNDATEC – PC/RS – Delegado) Ronaldo é morador de um bairro violento na cidade de Rondinha, dominado pela disputa pelo tráfico de drogas. Dirigiu-se até a Delegacia de Polícia para oferecer detalhes como o nome, endereço e telefone do maior traficante do local. Foram anotadas todas as informações e, ao final, Ronaldo preferiu não revelar a sua identidade por receio de retaliações. Diante disso, é correto afirmar que:

a) A Constituição Federal prestigia a liberdade de expressão e veda o anonimato, razão pela qual o delegado de polícia deve requerer à autoridade judiciária o arquivamento das informações prestadas, mediante prévia manifestação do Ministério Público.

b) Trata-se de *notitia criminis* inqualificada, que torna obrigatória a imediata instauração de inquérito policial e a representação por medidas cautelares necessárias à obtenção da materialidade do delito imputado.

c) Segundo o entendimento mais recente do Supremo Tribunal Federal, as notícias anônimas, por si só, não autorizam o emprego de métodos invasivos de investigação, constituindo fonte de informação e de provas.

d) Poderá o delegado de polícia representar pela interceptação telefônica, havendo indícios razoáveis da autoria ou participação fornecidos pela notícia anônima.

e) Segundo o entendimento mais recente do Supremo Tribunal Federal, as notícias anônimas autorizam o deferimento de medida cautelar de busca e apreensão, mas não permitem, de imediato, a autorização de interceptação telefônica, dado o caráter subsidiário desse meio de obtenção de prova.

As notícias anônimas não autorizam por si só a propositura de ação penal ou mesmo, na fase de investigação preliminar, o emprego de métodos invasivos de investigação, como interceptação telefônica ou busca e apreensão. Entretanto, elas podem constituir fonte de informação e de provas que não podem ser simplesmente descartadas pelos órgãos do Poder Judiciário.

Jurisprudência do STF: os Informativos nº 819 e 855 tratam do procedimento a ser adotado pela autoridade policial em caso de "denúncia anônima":

Realizar investigações preliminares para confirmar a credibilidade da "denúncia".

Sendo confirmado que a "denúncia anônima" possui aparência mínima de procedência, instaura-se inquérito policial.

Instaurado o inquérito, a autoridade policial deverá buscar outros meios de prova, que não a interceptação telefônica (esta é a *ultima ratio*). Se houver indícios concretos contra os investigados, mas a interceptação se revelar imprescindível para provar o crime, poderá ser requerida a quebra do sigilo telefônico ao magistrado. STF. 1ª Turma. HC 106152/MS, Rel. Min. Rosa Weber, julgado em 29/3/2016 (Info. nº 819).

Após receber diversas denúncias de fraudes em licitações realizadas no Município, o Ministério Público Estadual promoveu diligências preliminares e instaurou procedimento investigativo. Segundo a jurisprudência do STJ e do STF, não há ilegalidade em iniciar investigações preliminares com base em "denúncia anônima" a fim de se verificar a plausibilidade das alegações contidas no documento apócrifo. Após confirmar a plausibilidade das "denúncias", o MP requereu ao juízo a decretação da interceptação telefônica dos investigados, alegando que não havia outro meio senão a utilização de tal medida, como forma de investigação dos supostos crimes. O juiz acolheu o pedido. O STJ e o STF entenderam que a decisão do magistrado foi correta, considerando que a decretação da interceptação telefônica não foi feita com base unicamente na "denúncia anônima" e, sim, após a realização de diligências investigativas por parte do Ministério Público e a constatação de que a interceptação era indispensável nesse caso. STJ. 6ª Turma. RHC 38.566/ES, Rel. Min. Ericson Maranho (Des. Conv. do TJ/SP), julgado em 19/11/2015. STF. 2ª Turma. HC 133.148/ES, Rel. Min. Ricardo Lewandowski, julgado em 21/2/2017(Info 855).

Gabarito: C.

210. **(2018 – FCC – IAPEN/AP – Agente Penitenciário – Adaptada)** Quanto ao inquérito policial,

Conforme determina o CPP, logo que tiver conhecimento da prática da infração penal, a autoridade policial deverá dirigir-se ao local, providenciando para que não se alterem o estado e a conservação das coisas, até a chegada dos peritos criminais.

Certo ( )   Errado ( )

O art. 6º, I, do CPP, dispõe que logo que tiver conhecimento da prática da infração penal, a autoridade policial deverá:

I - dirigir-se ao local, providenciando para que não se alterem o estado e conservação das coisas, até a chegada dos peritos criminais.

Gabarito: Certo.

---

211. **(2018 – NUCEPE – PC/PI – Delegado – Adaptada)** Em relação aos procedimentos do inquérito policial, é CORRETO afirmar que:

Em qualquer situação e em qualquer crime e para verificar a possibilidade de haver a infração sido praticada de determinado modo, a autoridade policial poderá proceder à reprodução simulada dos fatos.

Certo ( )   Errado ( )

O art. 7º do CPP trata da hipótese legal de produção simulada, logo, para verificar a possibilidade de haver a infração sido praticada de determinado modo, a autoridade policial poderá proceder à reprodução simulada dos fatos, desde que esta não contrarie a moralidade ou a ordem pública.

Gabarito: Errado.

---

212. **(2018 – CEFET/BA – MPE/BA – Promotor de Justiça – Adaptada)** Em relação ao inquérito policial e considerando a legislação pertinente, a doutrina e a jurisprudência, é correto afirmar que os vícios existentes no inquérito policial acarretam nulidade na ação penal subsequente.

Certo ( )   Errado ( )

O inquérito policial trata-se de um procedimento informativo, logo, eventuais vícios ocorridos na fase de inquérito policial não geram nulidades processuais. Os vícios podem levar à invalidade do ato em si, mas não refletem na ação penal.

Gabarito: Errado.

---

213. **(2018 – NUCEPE – PC/PI – Delegado – Adaptada)** Em relação aos procedimentos do inquérito policial, é CORRETO afirmar que:

Todas as peças do inquérito policial serão, num só processo, reduzidas a escrito ou digitadas e, neste caso, há dispensa de serem todas as páginas rubricadas pela autoridade.

Certo ( )   Errado ( )

O inquérito policial é um procedimento formal, consoante o art. 9º do CPP, todas as peças do inquérito policial serão, em um só processo, reduzidas a escrito ou datilografadas e, nesse caso, rubricadas pela autoridade.

Gabarito: Errado.

---

214. **(2018 – NUCEPE – PC/PI – Delegado – Adaptada)** Em relação aos procedimentos do inquérito policial, é CORRETO afirmar que:

O inquérito deverá terminar no prazo de 10 (dez) dias, se o indiciado tiver sido preso em flagrante, ou estiver preso preventivamente, contado o prazo, nesta hipótese, a partir do dia da comunicação ao juiz do cumprimento da ordem de prisão, ou no prazo de 30 (trinta) dias, quando estiver solto, mediante fiança ou sem ela.

Certo (   )   Errado (   )

Consoante o art. 10º do CPP, *caput*, o inquérito policial deverá terminar no prazo de 10 dias, se o indiciado tiver sido preso em flagrante, ou estiver preso preventivamente, contando o prazo nessa hipótese, a partir do dia em que se executar a ordem de prisão, ou no prazo de 30 dias, quando estiver solto, mediante fiança ou sem ela.

Gabarito: Errado.

---

215. **(2018 – IESES – TJ/CE – Titular de Serviços e Notas de Registro)** De acordo com o CPP, se o indiciado tiver sido preso em flagrante, ou estiver preso preventivamente, o inquérito policial deverá terminar no prazo de:

a) 10 (dez) dias.

b) 05 (cinco) dias.

c) 15 (quinze) dias.

d) 30 (trinta) dias.

Conforme dispõe o art. 10 do CPP: *O inquérito deverá terminar no prazo de 10 dias, se o indiciado tiver sido preso em flagrante ou estiver preso preventivamente, contado o prazo, nessa hipótese, a partir do dia em que se executar a ordem de prisão, ou no prazo de 30 dias, quando estiver solto, mediante fiança ou sem ela.*

Gabarito: A.

---

216. **(2018 – VUNESP – PC/SP – Agente)** O inquérito policial deverá terminar no prazo de

a) 30 (trinta) dias, estando o indiciado preso em flagrante, ou preso preventivamente, contado o prazo, nesta hipótese, a partir do dia em que se executar a ordem de prisão; ou no prazo de 60 (sessenta) dias, quando estiver solto, mediante fiança ou sem ela.

b) 10 (dez) dias, se o indiciado tiver sido preso em flagrante, ou estiver preso preventivamente, contado o prazo, nesta hipótese, a partir do dia em que se executar a ordem de prisão; ou no prazo de 30 (trinta) dias, quando estiver solto, mediante fiança ou sem ela.

c) 20 (vinte) dias, se o indiciado tiver sido preso em flagrante, ou estiver preso preventivamente, contado o prazo, nesta hipótese, a partir do dia em que ocorreu o crime; ou no prazo de 40 (quarenta) dias, quando estiver solto, mediante fiança ou sem ela.

d) 10 (dez) dias, se o indiciado tiver sido preso em flagrante, ou estiver preso preventivamente, contado o prazo, nesta hipótese, a partir do dia em que ocorreu o crime; ou no prazo de 40 (quarenta) dias, quando estiver solto, mediante fiança ou sem ela.

e) 20 (vinte) dias, se o indiciado tiver sido preso em flagrante, ou estiver preso preventivamente, contado o prazo, nesta hipótese, a partir do dia em que se executar a ordem de prisão; ou no prazo de 40 (quarenta) dias, quando estiver solto, mediante fiança ou sem ela.

Em regra, o art. 10 do CPP diz que o inquérito deverá terminar no prazo de 10 dias, se o indiciado tiver sido preso em flagrante, ou estiver preso preventivamente, contado o prazo, nessa hipótese, a partir do dia em que se executar a ordem de prisão, ou no prazo de 30 dias, quando estiver solto, mediante fiança ou sem ela. A doutrina sustenta que, estando o indiciado preso, o prazo não pode ser prorrogado, sob pena de constrangimento ilegal à liberdade do indiciado, ensejando, inclusive, a impetração de *habeas corpus*.

REGRAS da contagem de prazo para conclusão do inquérito policial – IP	
Indiciado SOLTO	**Indiciado PRESO**
Fundamento legal: art. 798, § 1º, do CPP	**Fundamento legal:** art. 10 do CP
A contagem processual (relaciona-se com o processo), não inclui o primeiro dia e será somado o último dia (art. 798, § 1º, do CPP, a contagem pode ser suspensa em determinadas situações). A contagem iniciar-se-á um dia depois da *notitia criminis* ou da instauração da portaria.	A contagem material (relaciona-se com a pretensão punitiva do estado) inclui o primeiro dia e exclui o último (art. 10 do CP, contagem direta sem suspensão). A contagem iniciar-se-á no dia da efetiva prisão.

Gabarito: B.

---

217. **(2018 – NUCEPE – PC/PI – Delegado – Adaptada)** Em relação aos procedimentos do inquérito policial, é CORRETO afirmar que:

A autoridade fará minucioso relatório do que tiver sido apurado e enviará os autos ao juiz competente.

Certo ( )   Errado ( )

Conforme o art. 10, § 1º, do CPP, a autoridade fará minucioso relatório do que tiver sido apurado e enviará autos ao Juiz competente.

Gabarito: Certo.

---

218. **(2018 – NUCEPE – PC/PI – Delegado – Adaptada)** Em relação aos procedimentos do inquérito policial, é CORRETO afirmar que:

No relatório poderá a autoridade indicar testemunhas que não tiverem sido inquiridas, mencionando o lugar onde possam ser encontradas. Quando o fato for de difícil elucidação, e o indiciado estiver solto, a autoridade poderá requerer ao juiz a devolução dos autos, para ulteriores diligências, que serão realizadas no prazo acordado pelo Ministério Público e marcado pelo juiz.

Certo ( )   Errado ( )

A primeira parte da questão trata literalmente do que dispõe o art. 10º, § 2º, do CPP. O equívoco da questão está não hipótese em que o fato for de difícil elucidação e o indiciado estiver solto, a autoridade poderá requerer ao juiz a devolução dos autos, para ulteriores diligências que serão realizadas no prazo marcado pelo juiz, conforme art. 10º, § 3º, do CPP.

Gabarito: Errado.

---

219. **(2018 – NUCEPE – PC/PI – Delegado – Adaptada)** O inquérito policial tem por finalidade identificar a autoria e a materialidade do crime. É CORRETO afirmar que:

Os instrumentos do crime, bem como os objetos que interessarem à prova, devem ser encaminhados ao poder judiciário e acompanharão os autos do inquérito remetidos ao Ministério Público.

Certo ( )   Errado ( )

O art. 11 do CPP dispõe que os instrumentos do crime, bem como os objetos que interessarem a prova, acompanharão os autos do inquérito.

Gabarito: Errado.

---

220. **(2018 – NUCEPE – PC/PI – Delegado – Adaptada)** O inquérito policial tem por finalidade identificar a autoria e a materialidade do crime. É CORRETO afirmar que:

O inquérito policial sendo dispensável não acompanhará a denúncia, mesmo que sirva de base à denúncia, sendo, neste caso, não encaminhado com a denúncia.

Certo ( )   Errado ( )

Embora o inquérito policial seja DISPENSÁVEL, o CPP, em seu art. 12, estabelece que o inquérito policial acompanhará a denúncia ou queixa, sempre que servir de base a uma ou a outra.

Gabarito: Errado.

---

221. **(2019 – FCC – Câmara Legislativa/DF – Técnico Legislativo – Adaptada)** O inquérito policial é um procedimento escrito, obrigatório e preparatório da ação penal, imprescindível para embasar o oferecimento da denúncia.

Certo ( )   Errado ( )

O inquérito é procedimento DISPENSÁVEL, ou seja, NÃO OBRIGATÓRIO, conforme o art. 39, § 5º, do CPP, órgão do Ministério Público DISPENSARÁ o inquérito, se com a representação forem oferecidos elementos que o habilitem a promover a ação penal, e, neste caso, oferecerá a denúncia no prazo de 15 dias.

Gabarito: Errado.

---

222. **(2018 – VUNESP – PC/SP – Papiloscopista – Adaptada)** A respeito do inquérito policial, procedimento disciplinado pelo CPP, é correto afirmar que

a) os instrumentos do crime, bem como os objetos que interessarem à prova, acompanharão os autos do inquérito.

b) ao término do inquérito, a autoridade policial fará minucioso relatório do que tiver sido apurado e enviará os autos ao membro do ministério público, não podendo o juiz competente tomar conhecimento dos fatos apurados antes, sob pena de nulidade.

c) nos crimes de ação privada, a autoridade policial poderá determinar a instauração de inquérito, ainda que não haja requerimento de quem tenha qualidade para intentá-la.

d) o inquérito, nos crimes em que a ação pública é condicionada, poderá ser iniciado sem representação, desde que mediante despacho fundamentado da autoridade policial competente.

e) o inquérito não acompanhará a denúncia ou queixa, ainda que sirva de base a uma ou outra.

Conforme exposto no texto legal do art. 11 do CPP: *os instrumentos do crime, bem como os objetos que interessarem à prova, acompanharão os autos do inquérito.*

b) A autoridade policial encaminhará os autos do IP ao juiz, na forma do art. 10, § 1º, do CPP.

c) Nos crimes de ação penal privada, o IP só pode ser instaurado se houver requerimento de quem tenha qualidade pra ajuizar a ação penal privada, conforme art. 5º, § 5º, do CPP.

d) Nos crimes de ação penal pública CONDICIONADA, o IP só pode ser instaurado se houver representação da vítima, conforme art. 5º, § 4º, do CPP.

e) O inquérito policial acompanhará a denúncia ou queixa, sempre que servir de base a uma ou outra, conforme art. 12 do CPP.

Gabarito: A.

---

223. **(2018 – VUNESP – PC/SP – Perito Criminal – Adaptada)** O inquérito policial acompanhará a denúncia ou queixa, sempre que servir de base a uma ou outra.

Certo ( )   Errado ( )

É exatamente o que diz o art. 12 do CPP: *O inquérito policial acompanhará a denúncia ou queixa, sempre que servir de base a uma ou outra. Em resumo, o inquérito, apesar de não ser obrigatório, se servir de base para o oferecimento da denúncia ou da queixa, deverá acompanhá-las.*

Gabarito: Certo.

---

224. **(2018 – NUCEPE – PC/PI – Delegado – Adaptada)** O inquérito policial tem por finalidade identificar a autoria e a materialidade do crime. É CORRETO afirmar que:

O delegado de polícia deve fornecer às autoridades judiciárias as informações necessárias à instrução e julgamento dos processos, bem como realizar as diligências requisitadas apenas pelo juiz, representar acerca da prisão preventiva.

Certo ( )   Errado ( )

Conforme o art. 13 do CPP:

Incumbirá ainda à autoridade policial:

I - Fornecer às autoridades judiciárias, as informações necessárias à instrução e julgamento dos processos.

II - Realizar as diligências requisitadas pelo juiz ou pelo Ministério Público.

III - Cumprir os mandados de prisão expedidos pelas autoridades judiciárias.

IV - Representar acerca da prisão preventiva.

Gabarito: Errado.

---

225. (2018 – UFPR – COREN/PR – Advogado – Adaptada) A respeito da disciplina jurídica do inquérito policial no processo penal brasileiro.

No curso do inquérito policial, o ofendido poderá requerer à autoridade policial a realização de qualquer diligência, no entanto o indiciado não possui o mesmo direito, por se tratar o inquérito de mero procedimento administrativo, que não deve observância às garantias de contraditório e ampla defesa.

Certo ( )   Errado ( )

O ofendido, ou seu representante legal, e o indiciado poderão requerer qualquer diligência, que será realizada, ou não, a juízo da autoridade, nos termos do art. 14 do CPP.

Gabarito: Errado.

---

226. **(2018 – NUCEPE – PC/PI – Delegado – Adaptada)** O inquérito policial tem por finalidade identificar a autoria e a materialidade do crime. É CORRETO afirmar que:

A vítima, ou seu representante legal, e o réu poderão requerer qualquer diligência, que será realizada, ou não, a juízo da autoridade. O delegado deve cumprir os mandados de prisão expedidos pelas autoridades judiciárias sempre acompanhados do oficial de justiça.

Certo ( )   Errado ( )

Conforme o art. 14 do CPP, o ofendido, ou seu representante legal, e o indiciado poderão requerer qualquer diligência, que será realizada ou não a juízo da autoridade.

Gabarito: Errado.

---

227. **(2018 – FUMARC – PC/MG – Escrivão – Adaptada)** Considerando que o Inquérito Policial é um procedimento de natureza administrativa em que não se pode falar em partes stricto sensu, já que não existe uma estrutura processual dialética, sob a garantia do contraditório e da ampla defesa, com fulcro no enunciado retro, é CORRETO afirmar:

Por sua própria natureza, o procedimento do inquérito policial deve ser inflexível, em obediência a uma ordem pré-determinada e rígida que norteia tal procedimento.

Certo ( )   Errado ( )

O inquérito policial (IP) é instrumental e sua finalidade é reunir provas, indícios de autoria visando fundamentar futura ação penal. Logo, o IP é um instrumento dicionário que confere à autoridade policial liberdade de atuação, pode atender ou não a produção de prova requerida pela vítima, consoante o art. do 14 do CPP.

Gabarito: Errado.

---

228. **(2018 – NUCEPE – PC/PI – Delegado – Adaptada)** O inquérito policial tem por finalidade identificar a autoria e a materialidade do crime. É CORRETO afirmar que:

O Ministério Público não poderá requerer a devolução do inquérito à autoridade policial, senão para novas diligências, imprescindíveis ao oferecimento da denúncia.

Certo ( )   Errado ( )

Consoante o que dispõe o art. 16 do CPP, o Ministério Público não poderá requerer a devolução do inquérito à autoridade policial, senão para novas diligências, IMPRESCINDÍVEIS ao oferecimento da denúncia. OU SEJA, só vai poder requerer que o delegado faça nova diligências se tais forem IMPERIOSAS, NECESSÁRIAS para o oferecimento da denúncia, se não houver a possibilidade de denunciar o agente pelos elementos probatórios até então angariados.

A jurisprudência do STF, ainda que não se permita ao MP a condução do inquérito policial propriamente dito, não há vedação legal para que esse órgão proceda a investigações e colheita de provas para a formação do *opinio delicti*. BL: STF, HC 84.965/MG; HC 85.000/MG.

Gabarito: Certo.

229. **(2018 – FCC – DPE/MA – Defensor Público – Adaptada)** Roberto foi preso em flagrante pela suposta participação no delito de furto de uma bicicleta. Na lavratura do respectivo auto foram ouvidos os policiais responsáveis pela prisão e o indiciado. A prisão em flagrante foi convertida em prisão preventiva em sede de audiência de custódia. Concluídas as investigações e relatado o inquérito policial, os autos foram encaminhados ao Ministério Público. Ao analisar o caso, no entanto, o Promotor de Justiça requerer o retorno dos autos à Delegacia de origem para que seja realizada a oitiva da vítima e a imediata soltura do indiciado.

Certo ( )   Errado ( )

O art. 16 do CPP dispõe que o Ministério Público não poderá requerer a devolução do inquérito à autoridade policial, senão para novas diligências, imprescindíveis ao oferecimento da denúncia.

O MP não poderá requerer a devolução do inquérito à autoridade policial, senão para novas diligências, imprescindíveis ao oferecimento da denúncia.

Gabarito: Certo.

---

230. **(2018 – CONSULPLAN – TJ/MG – Titular de Serviços de Notas e de Registros – Adaptada)** Quanto ao inquérito policial

Se o Delegado de Polícia, ao concluir as investigações, não reunir prova da existência do crime ou indícios suficientes de sua autoria, deverá, em homenagem ao princípio constitucional da ampla defesa, promover o arquivamento do inquérito policial.

Certo ( )   Errado ( )

A autoridade policial NÃO poderá mandar arquivar autos de inquérito, conforme o art. 17 do CPP.

Gabarito: Errado.

---

231. **(2018 – FCC – Câmara Legislativa/DF – Técnico Legislativo – Adaptada)** O inquérito policial gera, quando arquivado, preclusão absoluta, não sendo possível o início de ação penal, ainda que tenha por fundamento a existência de novas provas.

Certo ( )   Errado ( )

No inquérito policial, não há preclusão absoluta, até porque poderá haver o desarquivamento (prosseguimento das investigações) ou até o oferecimento da Ação Penal. Depois de ordenado o arquivamento do inquérito pela autoridade judiciária, por falta de base para a denúncia, a autoridade policial poderá proceder a novas pesquisas, se de outras provas tiver notícia, conforme o art. 18 do CPP.

Consoante o teor da Súmula nº 524 do STF: *Arquivado o inquérito policial, por despacho do juiz, a requerimento do promotor de justiça, não pode a ação penal ser iniciada, sem novas provas.*

Gabarito: Errado.

---

232. **(2018 – FCC – MPE/PB – Promotor de Justiça)** Nos crimes em que não couber ação penal de iniciativa pública, concluído o inquérito policial, o delegado deverá

a) remeter os autos ao juízo competente, onde aguardarão a iniciativa do ofendido.

b) remeter os autos ao Ministério Público, pois é o titular constitucional da ação penal.

c) arquivar os autos na repartição policial, onde aguardarão a iniciativa do ofendido.

d) intimar o ofendido do prazo decadencial para a propositura de ação penal.

e) entregar os autos ao ofendido ou seu representante legal, comunicando o juízo competente.

Com fundamento no art. 19 do CPP, nos crimes em que não couber ação pública, os autos do inquérito serão remetidos ao juízo competente, onde aguardarão a iniciativa do ofendido ou de seu representante legal, ou serão entregues ao requerente, se o pedir, mediante traslado. Desse modo, Guilherme Nucci destaca que, concluído o inquérito, quando a ação for de natureza privada, deve ser remetido ao fórum, distribuído, mas ficará aguardando em cartório a provocação do interessado para o ajuizamento da queixa-crime.

Gabarito: A.

---

233. **(2018 – CESPE/CEBRASPE – PF – Papiloscopista)** Na tentativa de entrar em território brasileiro com drogas ilícitas a bordo de um veículo, um traficante disparou um tiro contra agente policial federal que estava em missão em unidade fronteiriça. Após troca de tiros, outros agentes prenderam o traficante em flagrante, conduziram-no à autoridade policial local e levaram o colega ferido ao hospital da região.

Nessa situação hipotética, ao tomar conhecimento do homicídio, cuja ação penal é pública incondicionada, a autoridade policial terá de instaurar o inquérito de ofício, o qual terá como peça inaugural uma portaria que conterá o objeto de investigação, as circunstâncias conhecidas e as diligências iniciais que serão cumpridas.

Certo ( )   Errado ( )

OFÍCIO	PORTARIA
PODE ser mediante PORTARIA ou Auto de Prisão em Flagrante (APF).	Toda vez que a autoridade policial tiver conhecimento da prática de uma infração penal, estará obrigada a instaurar o respectivo IP.

O conhecimento pode ocorrer de duas formas:

Auto de Prisão em Flagrante (APF): o IP pode ser instaurado a partir da lavratura do auto de prisão em flagrante. É a chamada notícia crime de cognição coercitiva, de conhecimento forçado, e as modalidades de flagrante delito estão descritas no art. 302 e incisos no CPP.

Gabarito: Certo.

---

234. **(2018 – CONSULPLAN – TJ/MG – Titular de Serviços de Notas e de Registros – Adaptada)** Quanto ao inquérito policial

Para deflagrar a instauração de inquérito policial, qualquer pessoa do povo que tiver conhecimento da existência de infração penal em que caiba ação pública poderá comunica-la à autoridade policial, desde que o faça por escrito, tendo em vista a vedação constitucional do anonimato.

Certo ( )   Errado ( )

Art. 5º, § 3º, do CPP: *Qualquer pessoa do povo que tiver conhecimento da existência de infração penal em que caiba ação pública poderá, VERBALMENTE ou por escrito, comunicá-la à autoridade policial, e esta, verificada a procedência das informações, mandará instaurar inquérito (o erro foi afirmar que pode ser somente por escrito).*

Gabarito: Errado.

---

235. **(2018 – CESPE/CEBRASPE – TJ/CE – Juiz)** Julgue os itens a seguir, a respeito do inquérito policial e das disposições preliminares do CPP.

I. Aos processos em curso, a lei processual penal será aplicada imediatamente, mantendo-se, todavia, os atos praticados sob a égide da lei anterior.

II. Caso tome conhecimento da existência de novas provas, a autoridade policial poderá determinar o arquivamento do inquérito e proceder a novas diligências.

III. Ocorrendo o arquivamento do inquérito por falta de fundamentos para a denúncia, a autoridade policial poderá dar continuidade à investigação se tiver notícia de outras provas.

IV. A autoridade policial poderá manter o indiciado incomunicável por até cinco dias se essa medida for indispensável à investigação.

Estão CERTO. apenas os itens

a) I e II.

b) I e III.

c) III e IV.

d) I, II e IV.

e) II, III e IV.

a) Aplicação do art. 2º do CPP: *A lei processual penal aplicar-se-á desde logo, sem prejuízo da validade dos atos realizados sob a vigência da lei anterior.*

b) Nos termos do art. 17 do CPP: *A autoridade policial NÃO PODERÁ mandar arquivar autos de inquérito.*

c) Nos termos do art. 18 do CPP: *Depois de ordenado o arquivamento do inquérito pela autoridade judiciária, por falta de base para a denúncia, à autoridade policial poderá proceder a novas pesquisas, se de outras provas tiver notícia.*

d) O prazo máximo é de três dias. Aplicação do art. 21, parágrafo único, CPP: *A incomunicabilidade, que não excederá de 3 (três) dias, será decretada por despacho fundamentado do juiz, a requerimento da autoridade policial, ou órgão do Ministério Público, respeitado, em qualquer hipótese, o disposto no art. 89, III, do Estatuto da Ordem dos Advogados do Brasil.*

Gabarito: B.

---

236. **(2018 – CESPE/CEBRASPE – PC/SE – Delegado)** Julgue o item seguinte, relativo aos direitos e deveres individuais e coletivos e às garantias constitucionais.

No âmbito do inquérito policial, cuja natureza é inquisitiva, não se faz necessária a aplicação plena do princípio do contraditório, conforme a jurisprudência dominante.

Certo ( )   Errado ( )

Inquérito policial tem natureza de PROCEDIMENTO administrativo. Logo, em regra, NÃO HÁ contraditório e ampla defesa. Ele é INQUISITIVO.

No entanto, cabe ressaltar que a Constituição Federal dispõe, em seu art. 5º, LV - aos litigantes, em PROCESSO judicial ou administrativo, e aos acusados em geral são assegurados o contraditório e ampla defesa, com os meios e recursos a ela inerentes;

O inquérito policial é inquisitorial: NÃO há contraditório e ampla defesa.

Jurisprudência do STF: O informativo 933 do STF - *Não é necessária a intimação prévia da defesa técnica do investigado para a tomada de depoimentos orais na fase de inquérito policial. Não haverá nulidade dos atos processuais caso essa intimação não ocorra. O inquérito policial é um procedimento informativo, de natureza inquisitorial, destinado precipuamente à formação da opinio delicti do órgão acusatório. Logo, no **inquérito há uma regular mitigação das garantias do contraditório e da ampla defesa**. Esse entendimento justifica-se porque os elementos de informação colhidos no inquérito não se prestam, por si sós, a fundamentar uma condenação criminal. A Lei nº 13.245/2016 implicou um reforço das prerrogativas da defesa técnica, sem, contudo, conferir ao advogado o direito subjetivo de intimação prévia e tempestiva do calendário de inquirições a ser definido pela autoridade policial. STF. 2ª Turma. Pet 7612/DF, Rel. Min. Edson Fachin, julgado em 12/03/2019 (Info. nº 933).*

Gabarito: Certo.

---

237. **(2018 – UFPR – COREN/PR – Advogado – Adaptada)** A respeito da disciplina jurídica do inquérito policial no processo penal brasileiro

A polícia judiciária será exercida pelas autoridades policiais no território de suas respectivas circunscrições e terá por fim a apuração das infrações penais e da sua autoria, sendo possível o exercício da polícia judiciária também por autoridades administrativas, a quem por lei seja cometida a mesma função.

Certo ( ) Errado ( )

Consoante o art. 4º do CPP estabelece que a polícia judiciária será exercida pelas autoridades policiais no território de suas respectivas circunscrições e terá por fim a apuração das infrações penais e da sua autoria.

Parágrafo único. A competência definida neste artigo não excluirá a de autoridades administrativas, a quem por lei seja cometida a mesma função.

Gabarito: Certo.

---

238. **(2018 – UFPR – COREN/PR – Advogado – Adaptada)** A respeito da disciplina jurídica do inquérito policial no processo penal brasileiro

O Ministério Público poderá requerer a devolução do inquérito à autoridade policial para novas diligências que entender convenientes ou oportunas.

Certo ( ) Errado ( )

O art. 16 do CPP estabelece que o Ministério Público NÃO poderá requerer a devolução do inquérito à autoridade policial, senão para novas diligências, imprescindíveis ao oferecimento da denúncia.

Gabarito: Errado.

---

239. **(2018 – VUNESP – PC/SP – Escrivão – Adaptada)** A respeito do Inquérito Policial, tendo em conta o CPP, é correto afirmar:

a) o arquivamento do inquérito policial somente se dará por decisão da autoridade judiciária.

b) por se tratar de peça meramente informativa, inexistindo contraditório, o investigado e o ofendido não poderão solicitar a realização de diligências.

c) o inquérito policial poderá ser iniciado, de ofício, pela autoridade policial, nos crimes de ação penal pública incondicionada e condicionada à representação. Já nos crimes de ação penal privada, só se instaurará inquérito policial se houver requerimento.

d) o prazo para a autoridade policial finalizar o inquérito é de 10 (dez) dias, se o investigado estiver preso, e de 30 (trinta) dias, se estiver solto, não sendo possível a concessão de mais tempo, para a realização de diligências ulteriores.

e) o inquérito policial é imprescindível à propositura da ação penal, exceto nos crimes de ação penal privada, em que a queixa-crime poderá ser apresentada diretamente à autoridade judiciária.

O arquivamento do inquérito policial somente se dará por decisão da autoridade judiciária, logo, é ato do juiz, que determinará o arquivamento de forma motivada SOMENTE se houver pedido do Ministério Público, que é o titular da ação penal pública (art. 129, I, CF/88).

b) Conforme o art. 14 do CPP: *O ofendido, ou seu representante legal, e o indiciado poderão requerer qualquer diligência, que será realizada, ou não, a juízo da autoridade.*

c) O art. 5º, § 4º, do CPP: *O inquérito, nos crimes em que a ação pública depender de representação NÃO poderá sem ela ser iniciado e § 5º do mesmo artigo o disposto no referido artigo. Nos crimes de ação privada, a autoridade policial somente poderá proceder a inquérito a requerimento de quem tenha qualidade para intentá-la.*

d) O art. 10º, § 3º, do CPP: *Quando o fato for de difícil elucidação, e o indiciado estiver solto, a autoridade poderá requerer ao juiz a devolução dos autos, para ulteriores diligências, que serão realizadas no prazo marcado pelo juiz.*

e) O inquérito é prescindível (dispensável) e não imprescindível (indispensável). Na leitura do art. 27 do CPP, é possível fundamentar sobre a sua prescindibilidade, *in verbis*.

Art. 27. Qualquer pessoa do povo poderá provocar a iniciativa do Ministério Público, nos casos em que caiba a ação pública, fornecendo-lhe, por escrito, informações sobre o fato e a autoria e indicando o tempo, o lugar e os elementos de convicção.

Gabarito: A.

---

240. (2018 – FGV – TJ/AL – Analista Judiciário) Gustavo, Delegado de Polícia, é a autoridade policial que preside duas investigações autônomas em que se apura a suposta prática de crimes de homicídio contra Joana e Maria. Após realizar diversas diligências, não verificando a existência de justa causa nos dois casos, elabora relatórios finais conclusivos e o Ministério Público promove pelos arquivamentos, havendo homologação judicial. Depois do arquivamento, chega a Gustavo a informação de que foi localizado um gravador no local onde ocorreu a morte de Maria, que não havia sido apreendido, em que encontrava-se registrada a voz do autor do delito. A autoridade policial, ademais, recebe a informação de que a família de Joana obteve um novo documento que indicava as chamadas telefônicas recebidas pela vítima no dia dos fatos, em que constam 25 ligações do ex-namorado de Joana em menos de uma hora.

Considerando as novas informações recebidas pela autoridade policial, é correto afirmar que:

a) Não poderá haver desarquivamento do inquérito que investigava a morte de Joana, mas poderá ser desarquivado o que investigava a morte de Maria, tendo em vista que o documento obtido pela família de Joana não existia quando do arquivamento.

b) Poderá haver desarquivamento dos inquéritos diretamente pela autoridade policial, mas não poderá o Ministério Público oferecer imediatamente denúncia, ainda que haja justa causa, diante dos arquivamentos anteriores.

c) Poderá haver desarquivamento dos inquéritos que investigavam as mortes de Joana e Maria, pois em ambos os casos houve prova nova, ainda que o gravador já existisse antes do arquivamento.

d) Poderá haver desarquivamento do inquérito que investigava a morte de Joana, mas não do de Maria, tendo em vista que apenas no primeiro caso houve prova nova.

e) Não poderá haver prosseguimento das investigações, tendo em vista que houve decisão de arquivamento que fez coisa julgada.

Posteriormente ao ordenamento do arquivamento do inquérito pela autoridade judiciária, por falta de base para a denúncia, à autoridade policial poderá proceder a novas pesquisas, se de outras provas tiver notícia, conforme dispõe o art. 18 do CPP. A jurisprudência do STF dispõe sobre o DESARQUIVAMENTO do inquérito policial – Súmula nº 524: *Arquivado o inquérito policial, por despacho do juiz, a requerimento do promotor de justiça, não pode a ação penal ser iniciada, sem novas provas. Não confundir o desarquivamento com o início da ação penal, pois a ação penal só pode se iniciar com a presença substancial de provas novas e o desarquivamento se justifica com a notícia de novas provas.*

Para que seja realizado o desarquivamento, são necessárias novas PROVAS ou a simples notícia de provas novas?

Jurisprudência do STJ e STF: existe um aparente conflito entre o art. 18 do CPP e a Súmula nº 524 do STF. Há duas correntes sobre esse assunto, mas a posição dominante aduz que, para desarquivar o IP, basta a simples notícia de PROVAS NOVAS, porque o IP é o *minus* (grão de areia) se comparado à ação penal (tanque de areia). Então, a autoridade policial, tendo notícia de provas novas, poderá proceder a novas diligências. Já a corrente minoritária diz que para desarquivar o IP será necessário o surgimento de provas formal e materialmente novas e desde que sejam aptas a produzir alteração no panorama probatório dentro do qual foi concedido e acolhido o pedido de arquivamento, não sendo suficiente a simples notícia - RHC 18.561/ES, STJ.

Conforme a doutrina, há duas espécies de PROVAS NOVAS	
SUBSTANCIALMENTE novas	**FORMALMENTE novas**
As que são inéditas, ou seja, desconhecidas até então, porque ocultas, ou ainda inexistentes. Suponha-se que a arma do crime, até então escondida, contendo a impressão digital do acusado, seja encontrada posteriormente.	As que já são conhecidas e até mesmo foram utilizadas pelo Estado, mas que ganham nova versão, por exemplo, uma testemunha que já havia sido inquirida, mas que altera sua versão porque fora ameaçada quando do primeiro depoimento.

Desse modo, as provas informadas na questão são SUBSTANCIALMENTE NOVAS, e podem causar o desarquivamento do IP, bem como o próprio oferecimento da denúncia.

Gabarito: C.

241. **(2018 – UFPR – COREN/PR – Advogado – Adaptada)** A respeito da disciplina jurídica do inquérito policial no processo penal brasileiro

O inquérito policial é público, sendo a divulgação de seu teor exigida pelo interesse da sociedade.

Certo ( )   Errado ( )

Uma das características do inquérito policial é o sigilo a autoridade assegurará no inquérito o sigilo necessário à elucidação do fato ou exigido pelo interesse da sociedade, conforme o que dispõe o art. 20 do CPP.

Gabarito: Errado.

---

242. **(2018 – UFPR – COREN/PR – Advogado – Adaptada)** A respeito da disciplina jurídica do inquérito policial no processo penal brasileiro

Nos atestados de antecedentes que lhe forem solicitados, a autoridade policial mencionará quaisquer anotações referentes à instauração de inquérito contra os requerentes.

Certo ( )   Errado ( )

O art. 20, parágrafo único, dispõe que nos atestados de antecedentes que lhe forem solicitados, a autoridade policial NÃO PODERÁ mencionar quaisquer anotações referentes a instauração de inquérito contra os requerentes.

Gabarito: Errado.

---

243. **(2018 – CEFET/BA – MPE/BA – Promotor de Justiça – Adaptada)** Em relação ao inquérito policial e considerando a legislação pertinente, a doutrina e a jurisprudência, é correto afirmar que o Promotor de Justiça que atua na fase de investigação está impedido ou suspeito para oferecimento da denúncia.

Certo ( )   Errado ( )

Nos termos da Súmula nº 234 do STJ: *A participação de membro do Ministério Público na fase investigatória criminal não acarreta o seu impedimento ou suspeição para o oferecimento da denúncia.*
Gabarito: Errado.

---

244. **(2018 – FCC – DPE/AP – Defensor Público – Adaptada)** Em caso de ação penal de iniciativa pública condicionada, a ausência de representação impede o início do processo, mas permite a instauração de inquérito policial desde que mediante requisição judicial.

Certo ( )   Errado ( )

Conforme estabelece o art. 5º, § 4º, do CPP, o inquérito, nos crimes em que a ação pública depender de representação não poderá sem ela ser iniciado.

Gabarito: Errado.

---

245. **(2016 – CESPE/CEBRASPE – Polícia Científica/PE – Perito Criminal – Adaptada)** Concluída a perícia do local do crime, o delegado deve restituir ao respectivo proprietário os instrumentos do crime e os demais objetos apreendidos.

Certo ( )   Errado ( )

A questão trata dos procedimentos que a autoridade policial deverá realizar conforme o art. 6º do CPP. A autoridade policial, no caso o delegado de polícia, deverá apreender os objetos que tiverem relação com o fato, após liberados pelos peritos criminais (art. 6, II, do CPP), e não restituir ao respectivo proprietário como afirma a questão.

Gabarito: Errado.

---

246. **(2016 – CESPE/CEBRASPE – PC/PE – Agente – Adaptada)** O reconhecimento de pessoas no âmbito do inquérito policial poderá ser feito pessoalmente, com a apresentação do suspeito, ou por meio de fotografias, com idêntico valor probante, conforme disciplinado no CPP.

Certo ( )   Errado ( )

O reconhecimento de pessoas pode ser feito pessoalmente ou por meio de fotografia. No entanto, o reconhecimento por fotografia deve seguir as cautelas necessárias, uma vez que a fotografia pode ser antiga, a coisa ou pessoa poderão estar em um estado totalmente diferente, ou ainda o crime e a fotografia podem ser de épocas distintas, com longo lapso temporal entre uma e outra. Além disso, é importante ressaltar que o CPP não traz a previsão quanto ao reconhecimento por meio de fotografias como afirma a questão, sendo essa modalidade reconhecida no instituto do princípio da liberdade probatória.

Gabarito: Errado.

---

247. **(2015 – CESPE/CEBRASPE – TJ/DFT – Técnico Judiciário)** Acerca da aplicabilidade da lei processual penal no tempo e no espaço e dos princípios que regem o inquérito policial, julgue o item a seguir: Por força de mandamento constitucional, o exercício do contraditório deve ser garantido ainda no curso do inquérito policial, não obstante a sua natureza administrativa e pré-processual.

Certo ( )   Errado ( )

Devido à natureza inquisitorial do inquérito policial, esse não observa o contraditório nem a ampla defesa. Essas garantias, por sua vez, somente são obrigatórias durante a ação penal. Na fase de inquérito, não há que se falar em acusados nem litigantes, mas apenas de investigados, o que demonstra que não há necessidade de contraditório ou ampla defesa.

Gabarito: Errado.

---

248. **(2016 – CESPE/CEBRASPE – Polícia Científica/PE – Perito Criminal – Adaptada)** O IP, um procedimento administrativo preparatório que tem por finalidade apurar os indícios de autoria e materialidade, é indispensável para o início da ação penal pelo Ministério Público.

Certo ( )   Errado ( )

De fato, o inquérito policial (IP) tem a finalidade de apurar indícios suficientes de autoria e de materialidade, a fim de fornecer ao titular da ação penal (Ministério Público) elementos de convicção para formação da *opinio delicti*. No entanto, conforme o art. 12 do CPP, se o próprio acusador tiver provas suficientes e idôneas de autoria e de materialidade, e que consigam sustentar essa acusação, ele poderá dispensar o IP, e a acusação terá validade. Portanto, o IP tem a característica de dispensabilidade.

Gabarito: Errado.

249. (2016 – CESPE/CEBRASPE – Polícia Científica/PE – Perito Criminal – Adaptada) Em razão do interesse da sociedade pelo esclarecimento dos fatos criminosos, as investigações policiais são sempre públicas.

Certo ( )   Errado ( )

Uma das características do inquérito policial é justamente o sigilo. Convém observar que a questão está em sentido contrário ao que diz o art. 20 do CPP: *A autoridade assegurará no inquérito o sigilo necessário à elucidação do fato ou exigido pelo interesse da sociedade.* Contudo, esse sigilo não é absoluto: *Há diligências que devem ser sigilosas, sob o risco do comprometimento do seu bom sucesso. Mas, se o sigilo é aí necessário à apuração e à atividade instrutória, a formalização documental de seu resultado já não pode ser subtraída ao indiciado nem ao defensor, porque, é óbvio, cessou a causa mesma do sigilo.* (STF, HC 88.190/RJ, 2ª Turma, Rel. Min. Cezar Peluso, em 29/08/2006). Nesse sentido, o STF aprovou a Súmula Vinculante nº 14, segundo a qual: *É direito do defensor, no interesse do representado, ter acesso amplo aos elementos de prova que, já documentados em procedimento investigatório realizado por órgão com competência de polícia judiciária, digam respeito ao exercício do direito de defesa.*

Gabarito: Errado.

250. (2016 – CESPE/CEBRASPE – Polícia Científica/PE – Perito Criminal – Adaptada) Por ser o IP um procedimento extrajudicial, anterior ao início da ação penal, não há previsão legal de se observarem os princípios do contraditório e da ampla defesa nessa fase investigativa.

Certo ( )   Errado ( )

O inquérito policial é um procedimento administrativo, preliminar (pré-processual), inquisitivo, presidido por uma única autoridade, qual seja, o delegado de polícia (art. 2º, § 1º, da Lei nº 12.830/13), que é um agente público subordinado ao Chefe do Poder Executivo do ente a ele vinculado (por isso, é um procedimento administrativo; ademais, o Poder Executivo não faz atos judiciais). Aqui não há contraditório e ampla defesa, visto que não há partes ainda nesse momento (pré-processual); há somente a figura da autoridade policial, a qual efetua as investigações preliminares a fim de buscar indícios do possível autor e da materialidade do crime. O IP possui caráter informativo e seu destinatário é o titular da ação penal (normalmente o MP), que o utilizará para formar a *opinio delicti.* Contudo, se a justa causa provier de outra forma, poderá ele dispensar o IP (é meramente administrativo e pré-processual). O contraditório e a ampla defesa são princípios constitucionais garantidos aos processos em geral (processo ≠ procedimento). É importante notar que já afirmamos muitas vezes que o IP é um procedimento, portanto, o estudante não deve confundir os conceitos. Assim, é assegurado no art. 5º, LV, CF/88: *aos litigantes, em processo judicial ou administrativo, e aos acusados em geral são assegurados o contraditório e ampla defesa, com os meios e recursos a ela inerentes.*

Gabarito: Certo.

251. (2016 – CESPE/CEBRASPE – Polícia Científica/PE – Perito Criminal – Adaptada) O relatório de IP que concluir pela ausência de justa causa para o prosseguimento das investigações deverá ser arquivado pelo delegado.

Certo ( )   Errado ( )

Independentemente do que for concluído ao final do IP, o delegado nunca poderá arquivar o inquérito policial. Art. 17 do CPP: *A autoridade policial não poderá mandar arquivar autos de inquérito.*
Gabarito: Errado.

---

252. **(2016 – CESPE/CEBRASPE – PC/PE – Delegado – Adaptada)** O acesso aos autos do inquérito policial por advogado do indiciado se estende, sem restrição, a todos os documentos da investigação.

Certo (   )   Errado (   )

Percebe-se que as palavras de restrição absoluta normalmente tornam as questões incorretas. Em sentido contrário, o art. 20 do CPP afirma: *A autoridade assegurará no inquérito o sigilo necessário à elucidação do fato ou exigido pelo interesse da sociedade.* Contudo, esse sigilo não é absoluto: *Há diligências que devem ser sigilosas, sob o risco do comprometimento do seu bom sucesso. Mas, se o sigilo é aí necessário à apuração e à atividade instrutória, a formalização documental de seu resultado já não pode ser subtraída ao indiciado nem ao defensor, porque, é óbvio, cessou a causa mesma do sigilo.* (STF, HC 88.190/RJ, 2ª Turma, Rel. Min. Cezar Peluso, em 29/08/2006). Nesse sentido, o STF aprovou a Súmula Vinculante nº 14, segundo a qual: *É direito do defensor, no interesse do representado, ter acesso amplo aos elementos de prova que, já documentados em procedimento investigatório realizado por órgão com competência de polícia judiciária, digam respeito ao exercício do direito de defesa.* O advogado do investigado poderá ter acesso aos elementos de prova que digam respeito a seu cliente, contudo somente os já documentados.
Gabarito: Errado.

---

253. **(2016 – CESPE/CEBRASPE – PC/PE – Delegado – Adaptada)** Em consonância com o dispositivo constitucional que trata da vedação ao anonimato, é vedada a instauração de inquérito policial com base unicamente em denúncia anônima, salvo quando constituírem, elas próprias, o corpo de delito.

Certo (   )   Errado (   )

De fato, a CF/88 garantiu a liberdade de manifestação do pensamento, vedando-se o anonimato. Contudo, atualmente, os altos índices de violência e criminalidade causam temor à população. Esta, por represálias da marginalidade, não denúncia os delitos, o que acaba possibilitando a impunidade de seus autores. Dessa forma, entra em cena a delação apócrifa ou *notitia criminis* inqualificada (denúncia anônima). Está hoje pacificado o entendimento nos Tribunais Superiores de que será possível iniciar inquérito policial com denúncia anônima, desde que exista verificação de procedência das informações (art. 5º, § 3º, do CPP) que atestem a verossimilhança dos fatos noticiados ou que constitua corpo de delito. Assim, é o sentido do STF, no Informativo nº 565: *As autoridades públicas não podem iniciar qualquer medida de persecução (penal ou disciplinar), apoiando-se, unicamente, para tal fim, em peças apócrifas ou em escritos anônimos. É por essa razão que o escrito anônimo não autoriza, desde que isoladamente considerado, a imediata instauração de 'persecutio criminis'. Peças apócrifas não podem ser formalmente incorporadas a procedimentos instaurados pelo Estado, salvo quando forem produzidas pelo acusado ou, ainda, quando constituírem, elas próprias, o corpo de delito (como sucede com bilhetes de resgate no crime de extorsão mediante sequestro, ou como ocorre com cartas que evidenciem a prática de crimes contra a honra, ou que corporifiquem o delito de ameaça ou que materializem o 'crimen falsi' – crimes de falsidade)* (STF, HC 100.042-MC/RO, 2ª Turma, Rel. Min. Celso de Mello, em 27/10/2009).
Gabarito: Certo.

254. **(2016 – CESPE/CEBRASPE – PC/PE – Delegado – Adaptada)** O arquivamento de inquérito policial mediante promoção do MP por ausência de provas impede a reabertura das investigações: a decisão que homologa o arquivamento faz coisa julgada material.

Certo ( )   Errado ( )

Conforme o art. 18 do CPP: *Depois de ordenado o arquivamento do inquérito pela autoridade judiciária, por falta de base para a denúncia, a autoridade policial poderá proceder a novas pesquisas, se de outras provas tiver notícia.* Além disso, pela doutrina, o arquivamento de inquérito policial faz em regra coisa julgada formal; porém, de uma forma resumida para os nossos estudos, o sentido do STJ é de que quando houver o mérito para o seu arquivamento, ele fará coisa julgada material, excetuando apenas quando houver falta probatória, que, por sua vez, possibilitará o desarquivamento quando existirem novas provas (pelas mesmas provas não poderá). Informativo nº 554 do STJ: *[...] A decisão judicial que define o mérito do caso penal, mesmo no arquivamento do inquérito policial, gera efeitos de coisa julgada material. Ademais, a decisão judicial que examina o mérito e reconhece a atipia ou a excludente da ilicitude é prolatada somente em caso de convencimento com grau de certeza jurídica pelo magistrado. Assim, na dúvida se o fato deu-se em legítima defesa, a previsão legal de presença de suporte probatório de autoria e materialidade exigiria o desenvolvimento da persecução criminal. Ressalte-se que a permissão de desarquivamento do inquérito pelo surgimento de novas provas, contida no art. 18 do CPP e na Súmula nº 524/STF, somente tem incidência quando o fundamento do arquivamento for a insuficiência probatória - indícios de autoria e prova do crime. Pensar o contrário permitiria a reabertura de inquéritos por revaloração jurídica e afastaria a segurança jurídica das soluções judiciais de mérito, como no reconhecimento da extinção da punibilidade, da atipia ou de excludentes da ilicitude.* (STJ, REsp 791.471/RJ, Rel. Min. Nefi Cordeiro, 18/02/2015). Ressalva-se que já é pacificado entre os Tribunais Superiores o entendimento de que a falsidade documental que tenha possibilitado a extinção da punibilidade (tanto para a ação penal quanto para o arquivamento do inquérito policial) não é meio legal probatório para fazer coisa julgada material. Por exemplo, em caso de certidão de óbito falsa do réu ou qualquer outra fraude que induziu a Justiça Criminal em erro, poderá ser reaberto o processo bem como o desarquivamento do IP.

Gabarito: Errado.

---

255. **(2016 – CESPE/CEBRASPE – PC/PE – Agente – Adaptada)** Não cabe recurso administrativo aos escalões superiores do órgão policial contra decisão de delegado que nega a abertura de inquérito policial, mas o interessado pode recorrer ao Ministério Público.

Certo ( )   Errado ( )

As peças inaugurais dos inquéritos policiais poderão ser:

a) Portaria (instaurada *ex officio*): ação penal pública incondicionada.

b) Auto de prisão em flagrante: qualquer tipo de infração penal.

c) Requisição do MP ou da Autoridade Judiciária: ação penal pública incondicionada e condicionada quando acompanhada da representação.

d) Representação do ofendido (ou representante) e requerimento do Ministro da Justiça: ação penal pública condicionada.

e) Requerimento do ofendido (ou representante): ação penal privada e ação penal pública incondicionada.

Nos crimes de ação penal pública incondicionada, o delegado tem obrigação de investigá-los, além das requisitadas pelo MP ou pela Autoridade Judiciária. O Requerimento do Ministro da Justiça (AP Condicionada) é enviado ao PGR, o qual decidirá se requisita investigação ou se requere arquivamento. Portanto, somente nas ações penais privadas e nas ações penais públicas condicionadas (exceto aquelas do Ministério da Justiça), poderá o delegado ter a faculdade de não iniciar o IP. Contudo, caberá recurso administrativo ao Chefe de Polícia, conforme o art. 5º, § 2º, do CPP: *Do despacho que indeferir o requerimento de abertura de inquérito caberá recurso para o chefe de Polícia.*
Gabarito: Errado.

256. **(2016 - CESPE/CEBRASPE - PC/PE - Agente - Adaptada)** Representantes de órgãos e entidades da Administração Pública direta ou indireta não podem promover investigação de crime: deverão ser auxiliados pela autoridade policial quando constatarem ilícito penal no exercício de suas funções.

Certo ( )   Errado ( )

O sistema de persecução processual penal adotado no Brasil é o acusatório, cuja principal característica é a separação das funções de julgar, acusar e defender, dessa forma, o ordenamento pátrio estabeleceu como função privativa do Ministério Público a promoção da ação penal pública (art. 129, I, da CF/88). Portanto, seria conflitante se a justa causa (lastro probatório mínimo para iniciar a ação penal) fosse adstrita a outro órgão que não o acusador, portanto, a investigação de crimes não é exclusiva das polícias (os inquéritos policiais sim!). Nesse sentido, o art. 4º do CPP, que trata do inquérito policial, em seu parágrafo único excetua tal exclusividade:

Art. 4º - Parágrafo único. *A competência definida neste artigo não excluirá a de autoridades administrativas, a quem por lei seja cometida a mesma função.*

Ao fundamentar a *opinio delicti* para a promoção da ação penal, a justa causa poderá advir de outros órgãos/meios, não limitando apenas para o inquérito policial, poderão ocorrer outras formas, e por outros órgãos, de investigação preliminar, tais como: (a) Inquéritos parlamentares; (b) Inquéritos militares; (c) Inquéritos civis; (d) Inquéritos judiciais; (e) Inquéritos por crimes praticados por magistrados ou promotores; (f) Investigações envolvendo autoridades que gozam de foro por prerrogativa de função; (g) Investigações particulares; (h) investigações a cargo do MP; (i) investigações pelos demais órgãos públicos. Além disso, quando houver um Processo Administrativo Disciplinar (PAD) e for constatado um crime, então o processo deverá ser encaminhado ao MP para promover a ação penal.

Art. 171, Lei nº 8.112/90: *Quando a infração estiver capitulada como crime, o processo disciplinar será remetido ao Ministério Público para instauração da ação penal, ficando trasladado na repartição.*

Nesse mesmo sentido, corrobora a Súmula nº 234 do STJ: *A participação de membro do Ministério Público na fase investigatória criminal não acarreta o seu impedimento ou suspeição para o oferecimento da denúncia.*
Gabarito: Errado.

257. **(2016 - CESPE/CEBRASPE - PC/PE - Agente - Adaptada)** Estando o indiciado preso, o inquérito policial deverá ser concluído, impreterivelmente, em dez dias, independentemente da complexidade da investigação e das evidências colhidas.

Certo ( )   Errado ( )

Mais uma vez, tem-se a restrição absoluta! De fato, o CPP determina as regras gerais dos prazos de conclusão do inquérito policial para a Justiça Comum (art. 10, CPP). Se o indiciado estiver preso é de 10 dias (sem prorrogação); se solto, 30 dias (prorrogável, sem mencionar limite de vezes). Entretanto tais prazos comportam exceções, quais sejam:

1) Lei de Drogas: preso: 30 dias (+30) – solto: 90 dias (+90).

2) Justiça Federal: preso: 15 dias (+15) – solto: 30 dias.

3) Crimes Militares: preso: 20 dias – solto: 40 dias (+20).

Gabarito: Errado.

---

258. **(2016 – CESPE/CEBRASPE – PC/PE – Agente – Adaptada)** O delegado determinará o arquivamento do inquérito policial quando não houver colhido elementos de prova suficientes para imputar a alguém a autoria do delito.

Certo ( )   Errado ( )

O delegado nunca poderá ordenar o arquivamento do inquérito policial, conforme o art. 17 do CPP: *A autoridade policial não poderá mandar arquivar autos de inquérito.*

Gabarito: Errado.

---

259. **(2016 – CESPE/CEBRASPE – PC/PE – Agente – Adaptada)** Tratando-se de crimes de ação penal pública, o inquérito policial será iniciado de ofício pelo delegado, por requisição do Ministério Público ou por requerimento do ofendido ou de quem o represente.

Certo ( )   Errado ( )

Cópia do texto do CPP:

Art. 5º Nos crimes de ação pública o inquérito policial será iniciado:

I - de ofício.

II - mediante requisição da autoridade judiciária ou do Ministério Público, ou a requerimento do ofendido ou de quem tiver qualidade para representá-lo.

Gabarito: Certo.

---

260. **(2016 – CESPE/CEBRASPE – PC/PE – Escrivão – Adaptada)** Sendo o arquivamento ordenado em razão da ausência de elementos para basear a denúncia, a autoridade policial poderá empreender novas investigações se receber notícia de novas provas.

Certo ( )   Errado ( )

A assertiva está de acordo com o previsto no art. 18 do CPP: *Depois de ordenado o arquivamento do inquérito pela autoridade judiciária por falta de base para a denúncia, a autoridade policial poderá proceder a novas pesquisas, se de outras provas tiver notícia.*

Gabarito: Certo.

---

261. **(2015 – CESPE/CEBRASPE – AGU – Advogado)** Ao receber uma denúncia anônima por telefone, a autoridade policial realizou diligências investigatórias prévias à instauração do inquérito policial com a finalidade de obter elementos que confirmassem a veracidade da informação. Confirmados os indícios da ocorrência de crime de extorsão, o inquérito foi instaurado, tendo

o delegado requerido à companhia telefônica o envio de lista com o registro de ligações telefônicas efetuadas pelo suspeito para a vítima. Prosseguindo na investigação, o delegado, sem autorização judicial, determinou a instalação de grampo telefônico no telefone do suspeito, o que revelou, sem nenhuma dúvida, a materialidade e a autoria delitivas. O inquérito foi relatado, com o indiciamento do suspeito, e enviado ao MP.

Nessa situação hipotética, considerando as normas relativas à investigação criminal, são nulos os atos de investigação realizados antes da instauração do inquérito policial, pois violam o princípio da publicidade do procedimento investigatório, bem como a obrigação de documentação dos atos policiais.

Certo (   )   Errado (   )

Nesse caso, não há violação do princípio da publicidade, uma vez que o inquérito policial é um procedimento sigiloso, não sendo assim regido pelo princípio da publicidade. Dessa forma, em relação ao posicionamento majoritário atual, as denúncias anônimas não podem justificar a imediata instauração de inquérito policial, porém devem ensejar diligências informais para a confirmação da veracidade das informações. Diante disso, não há qualquer nulidade nos atos de investigação realizados antes da instauração do inquérito policial.

Gabarito: Errado.

---

262. **(2015 – CESPE/CEBRASPE – TRF 5ª Região – Juiz – Adaptada)** O empresário Dimas, cuja empresa está sediada em Petrolina – PE, investigado por crimes contra a ordem tributária e econômica em inquérito instaurado em Caruaru – PE, obteve notícia de que sofreria ação de busca e apreensão na empresa e, minutos antes da chegada da autoridade policial, retirou os documentos e valores, objetos da busca, e os levou para a casa de familiares na cidade de Juazeiro – BA. Os agentes federais, após realizarem a busca na sede da empresa, sem êxito, ouviram os empregados, em rápida diligência, e obtiveram informações acerca do paradeiro do investigado e dos objetos da busca e imediatamente se dirigiram a Juazeiro – BA, onde encontraram o investigado na casa de familiares, juntamente com dois sobrinhos — uma menina de onze anos de idade e um adolescente de treze anos de idade. Após exibirem o mandado judicial direcionado ao endereço da empresa, o investigado ofereceu oposição ao cumprimento da ordem judicial, sob o pretexto de esta não autorizar a busca no local, mantendo-se, assim, resistente ao cumprimento da ordem. Após todas as tentativas, sem sucesso, de fazer que Dimas abrisse a porta, os agentes a arrombaram. Após diligência nesse novo local, os agentes nada encontraram, contudo, desconfiaram da postura dos sobrinhos do investigado e decidiram fazer busca pessoal nos menores, tendo a agente executora encontrado os documentos presos com fita adesiva aos corpos dos jovens, que confessaram ter escondido os documentos por ordem e coação do tio. Ato contínuo, foram todos encaminhados para a delegacia local, a fim de que fossem tomadas as devidas providências, em especial a responsabilização do investigado pelos atos praticados.

As regras expressas do CPP chancelam o procedimento adotado pela Polícia Federal e entende-se que, pelo critério da proporcionalidade, os eventuais vícios ocorridos na diligência, pelos meios utilizados, não contaminam o objeto da prova.

Certo (   )   Errado (   )

Façamos uma analogia: se o inquérito policial é dispensável à propositura da ação penal, eventuais vícios que possam ocorrer na diligência também serão dispensáveis, podendo ser retirados do inquérito policial, não contaminando, portanto, o objeto da prova.

Gabarito: Certo.

263. **(2015 – CESPE/CEBRASPE – DPE/RN – Defensor Público – Adaptada)** Conforme Súmula Vinculante do STF, o defensor tem direito, no interesse do representado, de ter acesso amplo aos elementos de prova, os quais, já documentados em procedimento investigatório realizado por órgão com competência de polícia judiciária, refiram-se ao exercício do direito de defesa, inclusive com obtenção de cópia dos autos do inquérito policial, ainda que este tramite sob sigilo.

Certo ( )   Errado ( )

Essa questão é capciosa e traz um erro no final ao citar ainda que este tramite sob sigilo. De acordo com a Súmula Vinculante nº 14: *É direito do defensor, no interesse do representado, ter acesso amplo aos elementos de prova que, já documentados em procedimento investigatório realizado por órgão com competência de polícia judiciária, digam respeito ao exercício do direito de defesa*. Então, não há o que se falar em tramitação em sigilo.

Gabarito: Errado.

---

264. **(2015 – CESPE/CEBRASPE – DPE/RN – Defensor Público – Adaptada)** A notícia anônima sobre eventual prática criminosa, por si só, é idônea para a instauração de inquérito policial ou a deflagração de ação penal.

Certo ( )   Errado ( )

Segundo o STJ, a notícia anônima sobre eventual prática criminosa, por si só, não é idônea para a instauração de inquérito policial ou deflagração da ação penal.

Gabarito: Errado.

---

265. **(2015 – CESPE/CEBRASPE – DPE/RN – Defensor Público – Adaptada)** A incomunicabilidade do indiciado somente será permitida quando o interesse da sociedade ou a conveniência da investigação o exigir.

Certo ( )   Errado ( )

De fato, o CPP, no art. 21, prevê a incomunicabilidade do indiciado; no entanto, esse artigo não foi recepcionado pela CF/88. A doutrina majoritária, adotada nas últimas provas da banca CESPE, defende que, se nem mesmo durante o estado de defesa, a incomunicabilidade não é admitida, então esse instituto torna-se incompatível e, portanto, não aplicado. Vale ressaltar que se aplica esse entendimento também ao Regime Diferenciado Disciplinar (RDD).

Gabarito: Errado.

---

266. **(2015 – CESPE/CEBRASPE – TRE/RS – Analista Judiciário – Adaptada)** O arquivamento do inquérito policial embasado no princípio da insignificância faz coisa julgada material, o que impede seu desarquivamento diante do surgimento de novas provas.

Certo ( )   Errado ( )

Quando esse princípio é aceito e aplicado, a tipicidade do crime é afastada, logo se torna um fato atípico. Consequentemente, essa atipicidade faz coisa julgada material. Assim, o STF tem consolidado em seus julgados que: quando, por atipicidade do fato, e por tornar-se coisa julgada material, o desarquivamento desse inquérito policial não será possível. O Informativo nº 367 do STF - 3ª Turma afirma: *Não é possível a reabertura de inquérito policial quando este houver sido arquivado a pedido do Ministério Público e mediante decisão judicial, com apoio na extinção da*

punibilidade do indiciado ou na atipicidade penal da conduta a ele imputada, casos em que se opera a coisa julgada material.

Gabarito: Certo.

---

267. **(2015 – CESPE/CEBRASPE – TJ/PB – Juiz – Adaptada)** A autoridade policial foi informada da descoberta de um cadáver, com perfurações por toda a região abdominal, às margens de uma rodovia. Próximo ao local, havia também uma faca com marcas de sangue e garrafas de bebida alcoólica. Em face dessa situação, e considerando-se o disposto no CPP, a autoridade policial deverá pedir autorização judicial para abertura do inquérito policial.

Certo (   )   Errado (   )

Não há necessidade de autorização judicial para abertura do inquérito policial, uma vez que esse é um procedimento administrativo, informativo, prévio e preparatório da Ação Penal, o qual tem como finalidade averiguar a materialidade e indícios de autoria de um crime. Sendo assim, possui natureza inquisitória, a qual se justifica pelo simples fato de a polícia exercer mera função administrativa e não jurisdicional.

Gabarito: Errado.

---

268. **(2015 – CESPE/CEBRASPE – TRE/GO – Analista Judiciário – Adaptada)** Após a realização de inquérito policial iniciado mediante requerimento da vítima, Marcos foi indiciado pela autoridade policial pela prática do crime de furto qualificado por arrombamento. Nessa situação hipotética, de acordo com o disposto no CPP e na atual jurisprudência do Superior Tribunal de Justiça acerca de inquérito policial, embora fosse possível a instauração do inquérito mediante requisição do juiz, somente a autoridade policial poderia indiciar Marcos como o autor do delito.

Certo (   )   Errado (   )

De acordo com o posicionamento tanto do STF quanto do STJ, o indiciamento é ato privativo da autoridade policial, segundo sua análise técnico-jurídica do fato. Sendo assim, o juiz não pode determinar que o Delegado de Polícia faça o indiciamento de alguém.

Gabarito: Certo.

---

269. **(2015 – CESPE/CEBRASPE – TRE/GO – Analista Judiciário – Adaptada)** Após a realização de inquérito policial iniciado mediante requerimento da vítima, Marcos foi indiciado pela autoridade policial pela prática do crime de furto qualificado por arrombamento.
Nessa situação hipotética, de acordo com o disposto no CPP e na atual jurisprudência do Superior Tribunal de Justiça acerca de inquérito policial, o prazo legal para que o delegado de polícia termine o inquérito policial é de trinta dias, se Marcos estiver solto, ou de dez dias, se preso preventivamente pelo juiz, contado esse prazo, em ambos os casos, da data da portaria de instauração.

Certo (   )   Errado (   )

O erro da questão está em afirmar que os prazos serão contados da data da portaria, quando na verdade serão contados a partir do dia em que se executou a ordem de prisão.

Art. 10. O inquérito deverá terminar no prazo de 10 dias, se o indiciado tiver sido preso em flagrante, ou estiver preso preventivamente, contado o prazo, nesta hipótese, a partir do dia em que se executar a ordem de prisão, ou no prazo de 30 dias, quando estiver solto, mediante fiança ou sem ela.

Gabarito: Errado.

---

270. **(2015 – CESPE/CEBRASPE – TRE/RS – Analista Judiciário – Adaptada)** O arquivamento do inquérito policial embasado no princípio da insignificância faz coisa julgada material, o que impede seu desarquivamento diante do surgimento de novas provas.

Certo ( )   Errado ( )

De acordo com o STF, o princípio da insignificância tem o condão de afastar a tipicidade material do fato, tendo como vetores para sua incidência: a) a mínima ofensividade da conduta; b) a ausência de periculosidade social da ação; c) o reduzido grau de reprovabilidade do comportamento; e d) a inexpressividade da lesão jurídica. Diante disso, descaracterizando-se o aspecto material do tipo penal, a conduta passa a ser atípica, o que impõe a absolvição do réu, não lhe restando consequência penal alguma.

Gabarito: Certo.

---

271. **(2015 – CESPE/CEBRASPE – TJ/DFT – Juiz – Adaptada)** Lavrado o auto de prisão em flagrante de crime de adulteração de produto destinado a fins terapêuticos, a autoridade policial poderá conceder ao preso a liberdade provisória mediante o pagamento de fiança.

Certo ( )   Errado ( )

Como esse delito está classificado no rol dos crimes hediondos, não caberá fiança como previsto expressamente no texto legal.

Art. 1º São considerados hediondos os seguintes crimes, todos tipificados no Decreto-Lei nº 2.848, de 7 de dezembro de 1940 - Código Penal, consumados ou tentados: [...]

VII-B. falsificação, corrupção, adulteração ou alteração de produto destinado a fins terapêuticos ou medicinais. (art. 273, caput e §§ 1º, 1º-A e 1º-B, com a redação dada pela Lei nº 9.677/98).

Art. 2º Os crimes hediondos, a prática da tortura, o tráfico ilícito de entorpecentes e drogas afins e o terrorismo são insuscetíveis de: [...]

II - fiança.

Gabarito: Errado.

---

272. **(2015 – CESPE/CEBRASPE – TJ/DFT – Juiz – Adaptada)** Segundo interpretação do STF, a participação de procurador da República na fase de investigação policial acarreta o seu impedimento para o subsequente oferecimento da denúncia.

Certo ( )   Errado ( )

Segundo o art. 129 da CF/88 e a Súmula nº 234 do STJ, a participação de membro do MP, durante a persecução criminal, não impede que este ofereça a eventual denúncia, tendo em vista ser da sua atribuição zelar pelos serviços públicos.

GABARITO .

---

273. **(2018 – CESPE/CEBRASPE – DPE/PE – Defensor Público)** Em razão de mandados expedidos por juiz competente, foram realizadas providências cautelares de interceptação telefônica e busca domiciliar na residência de Marcos para a obtenção de provas de crime de tráfico ilícito de entorpecentes a ele imputado e objeto de investigação em inquérito policial. Nessa situação, durante o procedimento investigatório, o advogado de Marcos

a) terá direito de acessar os relatórios e as demais diligências da interceptação telefônica ainda em andamento.

b) terá direito de acessar os relatórios de cumprimento dos mandados de busca e apreensão e os respectivos autos de apreensão.

c) estará impedido de acessar os laudos periciais incorporados aos procedimentos de investigação.

d) terá direito de acessar previamente documentos referentes às diligências do inquérito, inclusive os de cumprimento do mandado de busca e apreensão.

e) estará impedido de acessar os autos de apresentação e apreensão já lavrados.

Conforme o teor da Súmula Vinculante nº 14 do STF, é direito do defensor, no interesse do representado, ter acesso amplo aos elementos de prova que, já documentados em procedimento investigatório realizado por órgão com competência de polícia judiciária, digam respeito ao exercício do direito de defesa.

Gabarito: B.

---

274. **(2018 - CESPE/CEBRASPE - PC/MA - Investigador - Adaptada)** A respeito do inquérito policial, é correto afirmar que, em caso de atipicidade da conduta, é possível o trancamento do inquérito policial via *habeas corpus*.

Certo ( )   Errado ( )

O trancamento de inquérito policial ou ação penal por meio de *habeas corpus* é medida excepcional, somente autorizada em casos em que fique claro a atipicidade da conduta, a absoluta falta de provas da materialidade e indícios da autoria ou a ocorrência de alguma causa extintiva da punibilidade. A jurisprudência é pacífica no sentido de que somente caberá o trancamento do inquérito policial quando o fato for atípico, quando se verificar a ausência de justa causa, quando o indiciado for inocente ou quando estiver presente causa extintiva da punibilidade (HC 20121/MS, Rei. Ministro Hamilton Carvalhido,6ª Turma, STJ).

Gabarito: Certo.

---

275. **(2018 - CESPE/CEBRASPE - PC/MA - Delegado)** Após a instauração de inquérito policial para apurar a prática de crime de corrupção passiva em concurso com o de organização criminosa, o promotor de justiça requereu o arquivamento do ato processual por insuficiência de provas, pedido que foi deferido pelo juízo. Contra essa decisão não houve a interposição de recursos.

Nessa situação,

a) mesmo com o arquivamento do inquérito policial, a ação penal poderá ser proposta, desde que seja instruída com provas novas.

b) em razão do arquivamento, a ação penal só poderá ser proposta como ação penal privada subsidiária da pública.

c) o arquivamento do inquérito policial gerou a perempção, que provoca a inadmissibilidade da ação penal devido à extinção da punibilidade provocada.

d) em razão da coisa julgada material feita com o trânsito em julgado da decisão que deferiu o arquivamento do inquérito, é inadmissível a propositura de ação penal.

e) outro promotor de justiça, com entendimento contrário ao daquele que requereu o arquivamento, poderá requerer o desarquivamento do inquérito e propor ação penal independentemente da existência de novas provas.

Após ter sido determinado o arquivamento do inquérito por falta de base para a denúncia à autoridade policial, podem-se realizar novas diligências a fim de obter provas novas, se da existência delas tiver notícia, conforme o art. 18 do CPP. Obtidas provas novas relevantes, a ação penal poderá ser proposta com fundamento nelas, desarquivando-se o inquérito policial. Nesse sentido, a Súmula nº 524 do STF: *arquivado o inquérito policial, por despacho do juiz, a requerimento do promotor de justiça, não pode a ação penal ser iniciada sem novas provas.*

Arquivamento do Inquérito Policial - Regra	Arquivamento do Inquérito Policial - Excepcionalmente
Em regra, faz coisa julgada formal. Pode ser desarquivado e rediscutir o assunto, desde que surjam novas provas (requisito obrigatório).	Em exceção, faz coisa julgada material, de forma que não poderá ser desarquivado, nem que surjam novas provas, e não poderá ser ofertada denúncia pelo mesmo fato, seja na mesma ou em outra relação processual.

Gabarito: A.

---

276. **(2018 – CESPE/CEBRASPE – PC/MA – Investigador – Adaptada)** A respeito do inquérito policial, é correto afirmar que o inquérito policial é parte necessária da ação penal.

Certo ( )   Errado ( )

Conforme estabelece o CPP, em seu art. 12, o inquérito policial acompanhará a denúncia ou queixa, sempre que servir de base a uma ou outra.

O inquérito policial servirá de base para denúncia ou queixa, por outro lado, percebemos que poderá existir denúncia ou queixa sem o inquérito policial. Assim sendo, o inquérito policial NÃO é indispensável para a propositura da ação penal, tendo em vista que pode existir ação penal sem o IP, nesse sentido nos ensina Fernando Capez que inquérito policial não é fase obrigatória da persecução penal, podendo ser dispensado caso o Ministério ou ofendido já disponha de elementos suficientes para a propositura da ação penal.

Gabarito: Errado.

---

277. **(Cespe)** No caso de um delegado de polícia instaurar inquérito policial para apurar a conduta delitiva supostamente praticada por determinado cidadão, o delegado-geral de polícia poderá promover a remoção do delegado com o objetivo de frustrar a sua atuação no inquérito, independentemente de justificativa, em razão de sua posição hierárquica.

Certo ( )   Errado ( )

Conforme dispõe o art. 2º, § 5º, da Lei nº 12.830/13, a remoção do delegado de polícia dar-se-á somente por ato fundamentado.

Gabarito: Errado.

---

278. (2018 – CESPE/CEBRASPE – PC/MA – Delegado – Adaptada) A respeito do inquérito policial, é correto afirmar que o indiciamento pode ser realizado por membro do Ministério Público, mesmo sem a participação de autoridade policial.

Certo ( )   Errado ( )

O indiciamento é a imputação a alguém, no inquérito policial, da prática do ilícito penal, sempre que houver razoáveis indícios de autoria. Nos termos da Lei nº 12.830/13 art. 2º, § 6º, o indiciamento, privativo do delegado de polícia, dar-se-á por ato fundamentado, mediante análise técnico-jurídica do fato, que deverá indicar a autoria, materialidade e suas circunstância

- Espécies de indiciamento:
- Indiciamento direto: ocorre quando o indiciado está presente.
- Indiciamento indireto: ocorre quando o indiciado está ausente. Ex.: indiciado foragido.

Gabarito: Errado.

---

279. (2018 – CESPE/CEBRASPE – PC/MA – Escrivão – Adaptada) Em determinada comarca de um estado da Federação, em razão de uma denúncia anônima e após a realização de diligências, a polícia civil prendeu Maria, de dezoito anos de idade, que supostamente traficava maconha em uma praça nas proximidades da escola pública onde ela estudava. Levada à delegacia de polícia local, Maria foi autuada e indiciada. Depois de reunidos elementos informativos suficientes, o delegado elaborou um relatório com a descrição dos fatos, apontando os indícios de autoria. Com o encerramento das investigações, o inquérito policial foi encaminhado à autoridade competente.

Com relação à situação hipotética descrita no texto acima, é correto afirmar que o inquérito policial poderia ter sido instaurado em razão de notícia anônima, desde que tivessem ocorrido investigações preliminares para averiguação dos fatos noticiados.

Certo ( )   Errado ( )

No caso de notícia crime apócrifa ou inqualificada, ou seja, a denúncia anônima, segundo a jurisprudência do STJ, deve a autoridade policial deverá primeiramente aferir a verossimilhança das informações, para só então instaurar a investigação se for o caso.

Nesse sentido, o Informativo nº 565 do STF: *Nada impede, contudo, que o Poder Público, provocado por delação anônima ("disque-denúncia", p. ex.), adote medidas informais destinadas a apurar, previamente, em averiguação sumária, 'com prudência e discrição', a possível ocorrência de eventual situação de ilicitude penal, desde que o faça com o objetivo de conferir a verossimilhança dos fatos nela denunciados, em ordem a promover, então, em caso positivo, a formal instauração da 'persecutio criminis', mantendo-se, assim, completa desvinculação desse procedimento estatal em relação às peças apócrifas."*

Gabarito: Certo.

---

280. (2018 – CESPE/CEBRASPE – PC/MA – Delegado) Em inquérito policial para apurar a prática de crime de furto, a autoridade policial reuniu provas suficientes de que o indiciado teria adquirido imóveis e veículos — todos registrados em seu nome — com recurso proveniente do crime.

Nessa situação, a autoridade policial poderá

a) representar à autoridade judiciária competente, requerendo o sequestro dos referidos bens.

b) enviar ofício ao juízo ou ao MP para que sejam decretadas as medidas cabíveis, visto que a lei não lhe assegura competência para promover a restrição dos direitos de propriedade do indiciado.

c) realizar a busca e apreensão dos citados bens, independentemente de autorização judicial.

d) proceder à busca e apreensão dos referidos bens, desde que mediante anuência do MP.

e) determinar, de ofício, o arresto ou a hipoteca legal, em decisão fundamentada, e proceder à apreensão dos citados bens.

Nos termos do art. 127 do CPP, *o juiz, de ofício, a requerimento do Ministério Público ou do ofendido, ou mediante representação da autoridade policial, poderá ordenar o sequestro, em qualquer fase do processo ou ainda antes de oferecida a denúncia ou queixa.* **ATENÇÃO: a finalidade do sequestro é deixar indisponível um bem de origem ilícita e tem como requisito indispensável a existência de indícios veementes de que o bem sequestrado tenha sido adquirido com proventos da infração penal, ou seja, deve o bem ter sido adquirido com origem ilícita.**
Gabarito: A.

---

281. **(2018 – CESPE/CEBRASPE – PC/MA – Delegado – Adaptada)** No caso de um delegado de polícia instaurar inquérito policial para apurar a conduta delitiva supostamente praticada por determinado cidadão, o delegado-geral de polícia poderá determinar a redistribuição do inquérito por motivo de interesse público devidamente demonstrado.

Certo ( )   Errado ( )

Conforme dispõe o art. 2º, § 4º, da Lei nº 12.830/13, *o inquérito policial ou outro procedimento previsto em lei em curso somente poderá ser avocado ou redistribuído por superior hierárquico, mediante despacho fundamentado, por motivo de interesse público ou nas hipóteses de inobservância dos procedimentos previstos em regulamento da corporação que prejudique a eficácia da investigação.*
Gabarito: Certo.

---

282. **(2018 – CESPE/CEBRASPE – PC/MA – Delegado – Adaptada)** De acordo com as legislações especiais pertinentes, o inquérito policial deve ser concluído no prazo comum de quinze dias, estando o indiciado solto ou preso, nos casos de crimes de tortura.

Certo ( )   Errado ( )

O Crime de Tortura é crime hediondo, e nos termos do Art. 2º, § 4º, Lei nº 8.069/90, o prazo é de 30, prorrogável por mais 30 dias.
Gabarito: Errado.

---

283. **(2018 – CESPE/CEBRASPE – PC/MA – Delegado – Adaptada)** De acordo com as legislações especiais pertinentes, o inquérito policial deve ser concluído no prazo comum de dez dias, estando o indiciado solto ou preso, nos casos de crimes contra a economia popular.

Certo ( )   Errado ( )

Nos termos do Art.10, § 1º, Lei nº 1.521/51 - Crimes contra a economia popular: 10 dias tanto para indiciado preso quanto para indiciado solto.
Gabarito: Certo.

---

284. **(2018 – CESPE/CEBRASPE – PC/MA – Delegado – Adaptada)** De acordo com as legislações especiais pertinentes, o inquérito policial deve ser concluído no prazo de trinta dias, se o indiciado estiver solto, e de quinze dias, se ele estiver preso, de acordo com a Lei de Drogas.

Certo ( )   Errado ( )

Segundo a Lei nº 11.343/06, art. 51, o inquérito policial será concluído no prazo de 30 dias, se o indiciado estiver preso, e de 90 dias, quando solto.

Parágrafo único. Os prazos a que se refere este artigo podem ser duplicados pelo juiz, ouvido o Ministério Público, mediante pedido justificado da autoridade de polícia judiciária.

Gabarito: Errado.

285. **(2018 – CESPE/CEBRASPE – PC/MA – Escrivão – Adaptada)** Em determinada comarca de um estado da Federação, em razão de uma denúncia anônima e após a realização de diligências, a polícia civil prendeu Maria, de dezoito anos de idade, que supostamente traficava maconha em uma praça nas proximidades da escola pública onde ela estudava. Levada à delegacia de polícia local, Maria foi autuada e indiciada. Depois de reunidos elementos informativos suficientes, o delegado elaborou um relatório com a descrição dos fatos, apontando os indícios de autoria. Com o encerramento das investigações, o inquérito policial foi encaminhado à autoridade competente. Com relação à situação hipotética descrita no texto acima, é correto afirmar que o prazo para a conclusão do inquérito policial não poderá ser superior a dez dias.

Certo ( )   Errado ( )

A alternativa trata da hipótese do art. 10 do CPP: regra geral, quando o investigado está preso. No entanto, ao tratar das hipóteses de infrações da Lei nº 11.343/06, emprega-se o teor do art. 51: o inquérito policial será concluído no prazo de 30 dias, se o indiciado estiver preso, e de 90 dias, quando solto.

Gabarito: Errado.

286. **(2018 – CESPE/CEBRASPE – PC/MA – Escrivão – Adaptada)** Em determinada comarca de um estado da Federação, em razão de uma denúncia anônima e após a realização de diligências, a polícia civil prendeu Maria, de dezoito anos de idade, que supostamente traficava maconha em uma praça nas proximidades da escola pública onde ela estudava. Levada à delegacia de polícia local, Maria foi autuada e indiciada. Depois de reunidos elementos informativos suficientes, o delegado elaborou um relatório com a descrição dos fatos, apontando os indícios de autoria. Com o encerramento das investigações, o inquérito policial foi encaminhado à autoridade competente. Com relação à situação hipotética descrita no texto acima, é correto afirmar a duplicação do prazo para o encerramento do inquérito policial poderá ser requerida apenas pelo Ministério Público, por ser ele o titular da ação penal.

Certo ( )   Errado ( )

O parágrafo único do art. 51, Lei nº 11.343/06, dispõe que os prazos a que se refere este artigo podem ser duplicados pelo juiz, ouvido o Ministério Público, mediante pedido justificado da autoridade de polícia judiciária.

Gabarito: Errado.

287. **(2018 – CESPE/CEBRASPE – PC/MA – Escrivão – Adaptada)** Em determinada comarca de um estado da Federação, em razão de uma denúncia anônima e após a realização de diligências, a polícia civil prendeu Maria, de dezoito anos de idade, que supostamente traficava maconha em uma praça nas proximidades da escola pública onde ela estudava. Levada à delegacia de polícia local, Maria foi autuada e indiciada. Depois de reunidos elementos informativos suficientes, o delegado elaborou um relatório com a descrição dos fatos, apontando os indícios de autoria. Com o encerramento das investigações, o inquérito policial foi encaminhado à autoridade competente. Com relação à situação hipotética descrita no texto acima, é correto afirmar que, no relatório encaminhado ao titular da ação penal, a autoridade policial não era obrigada a justificar as razões da classificação do delito.

Certo ( )   Errado ( )

Nos termos do art. 52 da Lei nº 11.343/06, findos os prazos a que se refere o art. 51 desta Lei, a autoridade de polícia judiciária, remetendo os autos do inquérito ao juízo: *I - relatará sumariamente as circunstâncias do fato, justificando as razões que a levaram à classificação do delito, indicando a quantidade e natureza da substância ou do produto apreendido, o local e as condições em que se desenvolveu a ação criminosa, as circunstâncias da prisão, a conduta, a qualificação e os antecedentes do agente.*

Gabarito: Errado.

---

288. **(2018 – CESPE/CEBRASPE – PC/MA – Escrivão – Adaptada)** Em determinada comarca de um estado da Federação, em razão de uma denúncia anônima e após a realização de diligências, a polícia civil prendeu Maria, de dezoito anos de idade, que supostamente traficava maconha em uma praça nas proximidades da escola pública onde ela estudava. Levada à delegacia de polícia local, Maria foi autuada e indiciada. Depois de reunidos elementos informativos suficientes, o delegado elaborou um relatório com a descrição dos fatos, apontando os indícios de autoria. Com o encerramento das investigações, o inquérito policial foi encaminhado à autoridade competente.

Com relação à situação hipotética descrita no texto acima, é correto afirmar será necessário nomear curador especial para Maria, em razão da natureza hedionda do delito por ela cometido.

Certo ( )   Errado ( )

Nos termos do art. 15 do CPP: *Se o indiciado for MENOR, ser-lhe-á nomeado curador pela autoridade policial.*

Gabarito: Errado.

---

289. **(2018 – CESPE/CEBRASPE – PC/MA – Delegado – Adaptada)** No caso de um delegado de polícia instaurar inquérito policial para apurar a conduta delitiva supostamente praticada por determinado cidadão, o delegado-geral de polícia não poderá avocar o inquérito policial, salvo em caso de inobservância dos procedimentos previstos em regulamento da corporação policial que prejudique a eficácia da investigação.

Certo ( )   Errado ( )

Conforme dispõe o art. 2º, § 4º, da Lei nº 12.830/13, o *inquérito policial ou outro procedimento previsto em lei em curso somente poderá ser avocado ou redistribuído por superior hierárquico, mediante despacho fundamentado, por motivo de interesse público ou nas hipóteses de inobservância dos procedimentos previstos em regulamento da corporação que prejudique a eficácia da investigação.*

Gabarito: Errado.

290. (2017 – FEPESE – PC/SC – Escrivão – Adaptada) De acordo com o CPP, é correto afirmar sobre o inquérito policial que: Apenas a autoridade judiciária poderá requisitar a realização de diligência durante a fase indiciária.

Certo ( )   Errado ( )

Poderá REQUISITAR a realização de diligências a **autoridade Judiciária** ou o membro do **Ministério Público**. Segundo o art. 13 do CPP, incumbirá ainda à autoridade policial: *II - realizar as diligências requisitadas pelo juiz ou pelo Ministério Público.*
Gabarito: Errado.

---

291. (2017 – FEPESE – PC/SC – Escrivão – Adaptada) De acordo com o CPP, é correto afirmar sobre o inquérito policial que: Ficará a juízo da autoridade policial a realização, ou não, das diligências requeridas pelo representante legal do ofendido.

Certo ( )   Errado ( )

Discricionariedade da autoridade policial está prevista no art. 14 do CPP: o ofendido, ou seu representante legal, e o indiciado **poderão requerer qualquer diligência**, que será realizada, ou não, **a juízo da autoridade.**
Gabarito: Certo.

---

292. (2017 – FEPESE – PC/SC – Escrivão – Adaptada) É correto afirmar sobre o inquérito policial que a *notitia criminis* deverá ser por escrito, obrigatoriamente, quando apresentada por qualquer pessoa do povo.

Certo ( )   Errado ( )

Delatio Criminis: conforme o art. 5º, § 3º, do CPP, qualquer pessoa do povo que tiver conhecimento da existência de infração penal em que caiba ação pública poderá, verbalmente ou por escrito, comunicá-la à autoridade policial, e esta, verificada a procedência das informações, mandará instaurar inquérito.
Gabarito: Errado.

---

293. (2017 – FEPESE – PC/SC – Escrivão – Adaptada) É correto afirmar sobre o inquérito policial que a representação do ofendido é condição indispensável para a abertura de inquérito policial para apurar a prática de crime de ação penal pública condicionada.

Certo ( )   Errado ( )

Conforme previsão expressa do art. 5º, § 4º, do CPP, o inquérito, nos crimes em que a ação pública depender de REPRESENTAÇÃO, não poderá sem ela ser iniciado.
Gabarito: Certo.

---

294. (2017 – FEPESE – PC/SC – Escrivão – Adaptada) É correto afirmar sobre o inquérito policial que o Ministério Público é parte legítima e universal para requerer a abertura de inquérito policial a fim de investigar a prática de crime de ação penal pública ou privada.

Certo ( )   Errado ( )

Conforme o art. 5º, § 5º, do CPP, nos crimes de ação privada, a autoridade policial somente poderá proceder a inquérito a requerimento de quem tenha qualidade para intentá-la, e o art. 30 do CPP afirma que: *ao ofendido ou a quem tenha qualidade para representá-lo caberá intentar a ação privada.*

Gabarito: Errado.

---

295. (2017 – FEPESE – PC/SC – Escrivão – Adaptada) É correto afirmar sobre o inquérito policial que apenas o agressor poderá requerer à autoridade policial a abertura de investigação para apurar crimes de ação penal privada.

Certo ( )   Errado ( )

Conforme o art. 5º, § 5º, do CPP, nos crimes de ação privada, a autoridade policial somente poderá proceder a inquérito a requerimento de quem tenha qualidade para intentá-la.

Gabarito: Errado.

---

296. (2017 – FEPESE – PC/SC – Escrivão – Adaptada) O inquérito policial somente poderá ser iniciado de ofício pela autoridade policial ou a requerimento do ofendido.

Certo ( )   Errado ( )

Prevê a lei processual no art. 5º: *I - de ofício; II - mediante requisição da autoridade judiciária ou do Ministério Público, ou a requerimento do ofendido ou de quem tiver qualidade para representá-lo.*

Gabarito: Errado.

---

297. (2017 – CESPE/CEBRASPE – MPE/RR – Promotor de Justiça – Adaptada) O arquivamento do inquérito policial é uma das formas de ele ser encerrado. De acordo com o entendimento dos tribunais superiores. O arquivamento por atipicidade faz coisa julgada formal, motivo pelo qual permite a reabertura da investigação caso surjam novas evidências da tipicidade delitiva.

Certo ( )   Errado ( )

O inquérito NÃO poderá ser desarquivado mediante novas provas quando o motivo de seu arquivamento for incidência de fato atípico, em razão da coisa julgada material.

ARQUIVAMENTO e FUNDAMENTOS	
Quando faltar de justa causa para a ação penal	Coisa julgada formal
Ausência de pressupostos processuais ou de condições da ação	Coisa julgada formal
Excludente de ilicitude	STJ - coisa julgada MATERIAL STF - coisa julgada FORMAL
Atipicidade	Coisa julgada material
Excludente de punibilidade	Coisa julgada material
Excludente de culpabilidade	Coisa julgada material
A apresentação de certidão de óbito falsa com o intuito de extinguir a punibilidade do agente não gera coisa julgada, posto que ninguém pode se beneficiar da própria torpeza.	

Gabarito: Errado.

298. **(Cespe – Adaptada)** O arquivamento do inquérito policial é uma das formas de ele ser encerrado. De acordo com o entendimento dos tribunais superiores, a vítima ou seus representantes legais têm direito líquido e certo para impetrar mandado de segurança contra arquivamento oferecido por membro do MP.

Certo ( )   Errado ( )

Informativo nº 565 do STJ: A vítima de crime de ação penal pública não tem direito líquido e certo de impedir o arquivamento do inquérito ou das peças de informação.

Gabarito: Errado.

---

299. **(2017 – CESPE/CEBRASPE – TRF 1ª Região – Técnico Judiciário)** Acerca do inquérito policial, julgue o próximo item.

Apenas no caso em que o investigado estiver preso preventivamente, o inquérito policial deverá se encerrar em até dez dias, contados a partir do dia subsequente à execução da ordem de prisão.

Certo ( )   Errado ( )

Conforme os art. 10 do CPP, o inquérito deverá terminar no prazo de 10 dias, se o indiciado tiver sido preso em flagrante, ou estiver preso preventivamente, contado o prazo, nesta hipótese, a partir do dia em que se executar a ordem de prisão, ou no prazo de 30 dias, quando estiver solto, mediante fiança ou sem ela.

Indiciado estiver solto	IP deve ser concluído em 30 dias, mediante fiança ou sem ela.
Prisão preventiva	IP deve ser concluído em 10 dias, contado o prazo a partir do dia em que se executar a ordem de prisão.
Prisão em flagrante	IP deve ser concluído em 10 dias. A Lei nº 13.964/19 alterou o referido artigo, no entanto, a sua aplicabilidade está SUSPENSA até o julgamento das ADIs 6.298, 6.299, 6.300 e 6305 pelo STF. As questões serão mantidas com a integralidade dos artigos anteriores para efeitos de provas. Sendo assim, o prazo para conclusão do inquérito policial previsto no CPP que é de 10 dias improrrogáveis, agora poderá ser prorrogado por até 15 dias. Ou seja, na prática, o IP de réu preso poderá ser de até 25 dias. Art. 3-B, § 2º, do CPP: *§ 2º Se o investigado estiver preso, o juiz das garantias poderá, mediante representação da autoridade policial e ouvido o Ministério Público, prorrogar, uma única vez, a duração do inquérito por até 15 (quinze) dias, após o que, se ainda assim a investigação não for concluída, a prisão será imediatamente relaxada.*

Gabarito: Errado.

---

300. **(2017 – CESPE/CEBRASPE – MPE/RR – Promotor de Justiça – Adaptada)** O arquivamento do inquérito policial é uma das formas de ele ser encerrado. De acordo com o entendimento dos tribunais superiores, a jurisprudência dos tribunais superiores admite o arquivamento implícito, quando o promotor de justiça deixa de denunciar réu indiciado em inquérito policial.

Certo ( )   Errado ( )

A doutrina é que admite o arquivamento implícito e a jurisprudência diverge.

ARQUIVAMENTO IMPLÍCITO	ARQUIVAMENTO INDIRETO
É o fenômeno que ocorre quando o Ministério Público deixa de incluir na denúncia algum fato investigado ou algum dos indiciados, sem justificação ou expressa manifestação deste procedimento, sendo que esse arquivamento irá se consumar quando o juiz não se pronunciar com relação aos fatos omitidos na peça de acusação.	É o fenômeno que o Ministério Público declina da sua atribuição, ou seja, declara-se incompetente para a postulação do feito. Nesta hipótese, poder-se-á ter duas possíveis decisões do juiz: a) concordar com o Ministério Público, e determinar a remessa a Justiça competente; não concordar com o Ministério Público, aplicando-se a regra do art. 28 do CPP.

Gabarito: Errado.

---

301. **(2017 – CONSULPLAN –TRE/RJ – Analista Judiciário – Adaptada)** Em relação ao tratamento que o CPP dá ao inquérito policial, é correto afirmar que a Autoridade Policial pode determinar o seu arquivamento.

Certo ( )   Errado ( )

Conforme Art. 17 do CPP, a autoridade policial **NÃO PODERÁ** mandar arquivar autos de inquérito.
Gabarito: Errado.

---

302. **(2017 – CS/UFG – TJ/GO – Juiz)** Nos termos do CPP, do despacho que indeferir o requerimento de abertura de inquérito caberá recurso para o

a) escrivão de polícia.

b) chefe de polícia.

c) juiz leigo.

d) juiz de direito.

e) Tribunal de Justiça.

Conforme o art. 5º, nos crimes de ação pública, o inquérito policial será iniciado: *§ 2º Do despacho que indeferir o requerimento de abertura de inquérito caberá recurso para o chefe de Polícia.*
Gabarito: B.

---

303. **(2017 – CONSULPLAN –TRE/RJ – Analista Judiciário – Adaptada)** Em relação ao tratamento que o CPP dá ao inquérito policial, é correto afirmar que, arquivado o inquérito pela Autoridade Judiciária, a Autoridade Policial poderá proceder a novas pesquisas, se de outras provas tiver notícia.

Certo ( )   Errado ( )

Conforme Art. 18 do CPP, depois de ordenado o arquivamento do inquérito pela autoridade judiciária, por falta de base para a denúncia, a autoridade policial poderá proceder a novas pesquisas, se de outras provas tiver notícia.
Gabarito: Certo.

304. **(2017 – PUC/PR – TJ/MS – Analista Judiciário – Adaptada)** Sobre o inquérito policial, é correto afirmar que a informação referente à existência de filhos, respectivas idades e se possuem alguma deficiência; o nome e o contato de eventual responsável pelos cuidados dos filhos, indicada pela pessoa presa, deverá ser colhida somente na fase do interrogatório do acusado.

Certo ( )   Errado ( )

Conforme dispõe o art. 6º do CPP, logo que tiver conhecimento da prática da infração penal, a autoridade policial deverá:

X - colher informações sobre a existência de filhos, respectivas idades e se possuem alguma deficiência e o nome e o contato de eventual responsável pelos cuidados dos filhos, indicado pela pessoa presa.

Art. 185. [...] § 10º do CPP: Do interrogatório deverá constar a informação sobre a existência de filhos, respectivas idades e se possuem alguma deficiência e o nome e o contato de eventual responsável pelos cuidados dos filhos, indicado pela pessoa presa.

Art. 304. [...] § 4º, do CPP: Da lavratura do auto de prisão em flagrante deverá constar a informação sobre a existência de filhos, respectivas idades e se possuem alguma deficiência e o nome e o contato de eventual responsável pelos cuidados dos filhos, indicado pela pessoa presa.

Gabarito: Errado.

---

305. **(2017 – MPE/SP – MPE/SP – Promotor de Justiça – Adaptada)** A respeito do inquérito policial é correto afirmar que os elementos informativos do inquérito policial servem de base para o oferecimento da denúncia, mas não podem ser considerados para o reconhecimento da procedência ou não da ação penal.

Certo ( )   Errado ( )

Conforme dispõe o art. 12 do CPP, *o inquérito policial acompanhará a denúncia ou queixa, sempre que servir de base a uma ou outra.*

Gabarito: Errado.

---

306. **(2017 – MPE/SP – MPE/SP – Promotor de Justiça – Adaptada)** A respeito do inquérito policial é correto afirmar que, nos crimes que dependem de representação, a autoridade policial só poderá instaurar inquérito policial em razão de iniciativa formal do ofendido, seu representante legal ou de procurador com poderes especiais.

Certo ( )   Errado ( )

O CPP dispõe no art. 24 que, nos crimes de ação pública, esta será promovida por denúncia do Ministério Público, mas dependerá, quando a lei o exigir, de requisição do Ministro da Justiça, ou de representação do ofendido ou de quem tiver qualidade para representá-lo.

Gabarito: Errado.

---

307. **(2017 – CESPE/CEBRASPE – TRF 1ª Região – Técnico Judiciário)** Acerca do inquérito policial, julgue o próximo item.
Mesmo depois de a autoridade judiciária ter ordenado o arquivamento do inquérito policial por falta de base para a denúncia, à autoridade policial poderá proceder a novas diligências.

Certo ( )   Errado ( )

O CPP prevê no art. 18 que, *arquivado o inquérito policial, por despacho fundamento do JUIZ, a pedido do Ministério Público for falta de base para a denúncia, a autoridade policial PODERÁ proceder a novas pesquisas, se de outras provas tiver notícia.*

ATENÇÃO: *art. 18. Depois de ordenado o arquivamento do inquérito pela autoridade judiciária, por falta de base para a denúncia, a autoridade policial poderá proceder a novas pesquisas, se de outras provas tiver notícia.*

Súmula nº 524 do STF: *Arquivado o inquérito policial, por despacho do juiz, a requerimento do promotor de justiça, não pode a ação penal ser iniciada, sem novas provas.*

Gabarito: Certo.

---

308. (2017 – MPE/SP – MPE/SP – Promotor de Justiça – Adaptada) A respeito do inquérito policial é correto afirmar que o arquivamento do inquérito policial se dá por decisão judicial e impede que a autoridade policial, de ofício, proceda a novas investigações.

Certo ( )   Errado ( )

O art. 18 do CPP dispõe que, *depois de ordenado o arquivamento do inquérito pela autoridade judiciária, por falta de base para a denúncia, a autoridade policial poderá proceder a novas pesquisas, se de outras provas tiver notícia.*

Gabarito: Errado.

---

309. (2017 – CESPE/CEBRASPE – TRF 1ª Região – Analista Judiciário) A respeito de inquérito policial, julgue o item subsequente.

O arquivamento do inquérito policial determinado por autoridade judiciária competente, a pedido do Ministério Público, com fundamento na atipicidade da conduta, por fazer coisa julgada material, obsta seu desarquivamento em razão do surgimento de novas provas.

Certo ( )   Errado ( )

A jurisprudência do STF dispõe que o arquivamento de inquérito policial por excludente de ilicitude realizado com base em provas fraudadas não faz coisa julgada material. O arquivamento do inquérito não faz coisa julgada, desde que não tenha sido por atipicidade do fato ou por preclusão. Informativo nº 858 do STF.

Gabarito: C.ERT.

---

310. (2017 – MPE/SP – MPE/SP – Promotor de Justiça – Adaptada) A respeito do inquérito policial é correto afirmar: O inquérito policial, por ser peça informativa, é dispensável para a propositura da ação penal, mas sempre acompanhará a inicial acusatória quando servir de base para a denúncia ou a queixa.

Certo ( )   Errado ( )

O inquérito policial é DISPENSÁVEL, conforme o art. 12 do CPP: o inquérito policial acompanhará a denúncia ou queixa, sempre que servir de base a uma ou outra.

Gabarito: Certo.

---

311. **(Cespe)** A respeito de inquérito policial, julgue o item subsequente.
Apesar de se tratar de procedimento inquisitorial no qual não se possa exigir a plena observância do contraditório e da ampla defesa, a assistência por advogado no curso do inquérito policial é direito do investigado, inclusive com amplo acesso aos elementos de prova já documentados que digam respeito ao direito de defesa.

Certo ( )   Errado ( )

Uma das características do inquérito policial é ser ele SIGILOSO conforme o art. 20 do CPP: A *autoridade assegurará no inquérito o sigilo necessário à elucidação do fato ou exigido pelo interesse da sociedade.*

O sigilo no inquérito policial não alcançara o advogado do acusado. Nesse sentido: *É direito do defensor, no interesse do representado, ter acesso amplo aos elementos de prova que, já documentados em procedimento investigatório realizado por órgão com competência de polícia judiciária, digam respeito ao exercício do direito de defesa, conforme a previsão da Súmula Vinculante nº 14 do STF.*

Gabarito: Certo.

---

312. **(2017 – PUC/PR – TJ/MS – Analista Judiciário – Adaptada)** Sobre o inquérito policial, é correto afirmar que, visando à prevenção e à repressão aos crimes relacionados ao tráfico de pessoas, somente o membro do Ministério Público poderá requisitar às empresas prestadoras de serviço de telecomunicações e/ou telemática que disponibilizem imediatamente os meios técnicos adequados (como sinais e informações) que permitam a localização da vítima ou dos suspeitos do delito em curso.

Certo ( )   Errado ( )

Vide o disposto no art. 13-B do CPP: se necessário à prevenção e à repressão dos crimes relacionados ao tráfico de pessoas, o membro do Ministério Público ou o delegado de polícia poderão requisitar, mediante autorização judicial, às empresas prestadoras de serviço de telecomunicações e/ou telemática que disponibilizem imediatamente os meios técnicos adequados – como sinais, informações e outros – que permitam a localização da vítima ou dos suspeitos do delito em curso.

Gabarito: Errado.

---

313. **(2017 – FCC – DPE/RS – Analista – Adaptada)** No tocante ao inquérito policial relativo à apuração de crime a que se procede mediante ação penal pública incondicionada, é correto afirmar que a autoridade policial poderá mandar instaurar inquérito a partir de comunicação de fato feita por qualquer pessoa, mas deve aguardar a iniciativa do ofendido ou seu representante legal para que seja instaurado.

Certo ( )   Errado ( )

Nos termos do art. 5º, § 3º, do CPP: *Qualquer pessoa do povo que tiver conhecimento da existência de infração penal em que caiba ação pública poderá, verbalmente ou por escrito, comunicá-la à autoridade policial, e esta, verificada a procedência das informações, mandará instaurar inquérito.*

Gabarito: Errado.

---

314. **(2017 – FCC – DPE/RS – Analista – Adaptada)** No tocante ao inquérito policial relativo à apuração de crime a que se procede mediante ação penal pública incondicionada, é correto afirmar que, depois de ordenado o arquivamento do inquérito pela autoridade judiciária, por falta de base para a denúncia, a autoridade policial poderá proceder a novas pesquisas, se de outras provas tiver notícia.

Certo ( )   Errado ( )

Conforme o art. 18 do CPP, depois de ordenado o arquivamento do inquérito pela autoridade judiciária, por falta de base para a denúncia, a autoridade policial poderá proceder a novas pesquisas, se de outras provas tiver notícia.

Gabarito: Certo.

315. **(2017 – MPE/SP – MPE/SP – Promotor de Justiça – Adaptada)** A respeito do inquérito policial é correto afirmar que a autoridade policial poderá, a seu critério e em qualquer hipótese, nos termos do artigo 7º do CPP, determinar a reprodução simulada dos fatos com as participações obrigatórias do indiciado e do ofendido.

Certo ( )   Errado ( )

Para verificar a possibilidade de haver a infração sido praticada de determinado modo, a autoridade policial poderá proceder à reprodução simulada dos fatos, desde que esta não contrarie a MORALIDADE ou a ORDEM PÚBLICA. A reprodução simulada dos fatos prevista no art. 7º do CPP, trata-se de meio de defesa e de acusação, não sendo o acusado obrigado a participar dos trabalhos, em respeito ao Princípio da Presunção de Inocência - *Nemo tenetur se detegere*.

A reprodução tem natureza mista, facultativa e complementar.

- **Mista: vale-se de todas as evidências dos autos, para tirar suas conclusões.**
- **Facultativa: deverá ser realizada, somente, se for pertinente para a investigação.**
- **Complementar: visa suprir eventuais lacunas deixadas ao longo da investigação.**

Gabarito: Errado.

316. **(2017 – CESPE/CEBRASPE – DPU – Defensor Público)** A respeito de coisa julgada e inquérito policial, julgue o item a seguir.

A respeito de coisa julgada e inquérito policial, julgue o item a seguir.

Situação hipotética: Pedro, servidor público federal, foi indiciado pela Polícia Federal por suposta prática de corrupção passiva no exercício de suas atribuições. O inquérito policial, após remessa ao órgão do MPF, foi arquivado, por requerimento do procurador da República, em razão da atipicidade da conduta, e o arquivamento foi homologado pelo juízo criminal competente.

Assertiva: Nessa situação, o ato de arquivamento do inquérito fez exclusivamente coisa julgada formal, o que impossibilita posterior desarquivamento pelo *parquet*, ainda que diante da existência de novas provas.

Certo ( )   Errado ( )

A decisão de arquivamento do inquérito em regra NÃO gera coisa julgada material, e sim coisa julgada formal, pode ser revista a qualquer tempo, desde que existam provas novas, digo, provas não conhecidas, o que admite o desarquivamento, nos termos expressos da Súmula nº 524 do STF: arquivado o inquérito policial, por despacho do juiz, a requerimento do Promotor de Justiça, não pode a ação penal ser iniciada, sem novas provas.

A jurisprudência do STF, se o arquivamento ocorre por atipicidade do fato, há a coisa julgada material, não sendo possível o desarquivamento.

Entendimento do STJ: *A permissão legal contida no art. 18 do CPP, e pertinente Súmula nº 524/STF, de desarquivamento do inquérito pelo surgimento de provas novas, somente teria incidência quando o fundamento daquele arquivamento foi a insuficiência probatória - indícios de autoria e prova do* *crime. O STJ também diz que promovido o arquivamento do inquérito policial pelo reconhecimento de legítima defesa, a coisa julgada material impediria a rediscussão do caso penal em qualquer novo feito criminal, descabendo perquirir a existência de novas provas (STJ, 6ª Turma, REsp nº 791.471/ RJ, Rel. Min. Nefi Cordeiro, DJe 16/12/2014).*

A decisão de ARQUIVAMENTO do INQUÉRITO POLICIAL faz coisa julgada	
Quando faltar de justa causa para a ação penal (não há indícios de autoria ou prova da materialidade)	Coisa julgada FORMAL
Ausência de pressuposto processual ou condição da ação penal	Coisa julgada FORMAL
ATIPICIDADE	Coisa julgada MATERIAL
Causa EXCLUDENTE DE ILICITUDE	Divergência STJ - coisa julgada MATERIAL STF - coisa julgada FORMAL
Causa EXCLUDENTE DA CULPABILIDADE	Coisa julgada MATERIAL
Causa EXCLUDENTE DA PUNIBILIDADE	Coisa julgada MATERIAL Exceção: certidão de óbito falsa

Gabarito: Errado.

317. **(2017 - CESPE/CEBRASPE - DPU - Defensor Público)** A respeito de coisa julgada e inquérito policial, julgue o item a seguir.

Situação hipotética: Lino foi indiciado por tentativa de homicídio. Após remessa dos autos ao órgão do MP, o promotor de justiça requereu o arquivamento do inquérito em razão da conduta de Lino ter sido praticada em legítima defesa, o que foi acatado pelo juízo criminal competente.

Assertiva: Nessa situação, de acordo com o STF, o ato de arquivamento com fundamento em excludente de ilicitude fez coisa julgada formal e material, o que impossibilita posterior desarquivamento pelo parquet, ainda que diante da existência de novas provas.

Certo ( )   Errado ( )

A respeito das excludentes de ilicitude existe divergência na jurisprudência: para o STJ, o arquivamento do inquérito policial com base na existência de causa excludente da ilicitude faz coisa julgada material e impede a rediscussão do caso penal. O mencionado art. 18 do CPP e a Súmula nº 524 do STF realmente permitem o desarquivamento do inquérito caso surjam provas novas. No entanto, essa possibilidade só existe na hipótese em que o arquivamento ocorreu por falta de provas, ou seja, por falta de suporte probatório mínimo (inexistência de indícios de autoria e certeza de materialidade). STJ. 6ª Turma. REsp 791.471/RJ, Rel. Min. Nefi Cordeiro, julgado em 25/11/2014 (Info 554). Para o STF, o arquivamento de inquérito policial em razão do reconhecimento de excludente de ilicitude não faz coisa julgada material. Informativo nº 796.

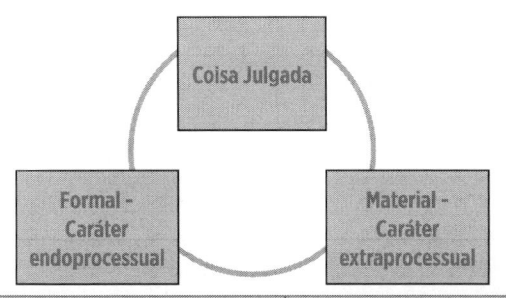

Posição da JURISPRUDÊNCIA – STF	Posição da JURISPRUDÊNCIA – STJ
A jurisprudência do STF entende que o arquivamento de inquérito policial em razão do reconhecimento de excludente de ilicitude NÃO faz COISA JULGADA MATERIAL. Surgindo NOVAS PROVAS, é possível reabrir o inquérito policial, com base no art. 18 do CPP e na Súmula nº 524 do STF.	Divergindo o STJ, entende que o arquivamento do inquérito policial com base na existência de causa excludente da ilicitude faz coisa julgada material e formal e impede a rediscussão do caso penal.

Gabarito: Errado.

---

318. (2017 – FCC – DPE/RS – Analista – Adaptada) No tocante ao inquérito policial relativo à apuração de crime a que se procede mediante ação penal pública incondicionada, é correto afirmar que é vedada a instauração de inquérito policial de ofício.

Certo ( )   Errado ( )

Nos termos do art. 5º, I, do CPP: *nos crimes de ação pública o inquérito policial será iniciado: I -d e ofício.*
Gabarito: Errado.

---

319. (2017 – FCC – POLITEC/AP – Perito Médico Legista – Adaptada) Praticado o crime na via pública, o delegado de polícia deverá, dentre outras providências, dirigir-se ao local, providenciando para que não se alterem o estado e conservação das coisas, até a chegada dos peritos criminais.

Certo ( )   Errado ( )

Conforme art. 6º, I, do CPP: *logo que tiver conhecimento da prática da infração penal, a autoridade policial deverá: I - dirigir-se ao local, providenciando para que não se alterem o estado e conservação das coisas, até a chegada dos peritos criminais.*
Gabarito: Certo.

---

320. (2017 – FCC – DPE/RS – Analista – Adaptada) No tocante ao inquérito policial relativo à apuração de crime a que se procede mediante ação penal pública incondicionada, é correto afirmar que a autoridade policial poderá mandar arquivar autos de inquérito.

Certo ( )   Errado ( )

O inquérito policial é INDISPONÍVEL, conforme o art. 17 do CPP: *A autoridade policial NÃO PODERÁ mandar arquivar autos de inquérito.*
Gabarito: Errado.

---

321. **(2017 – FCC – POLITEC/AP – Perito Médico Legista – Adaptada)** Praticado o crime na via pública, o delegado de polícia deverá, dentre outras providências, proceder à reprodução simulada dos fatos, desde que esta não contrarie a moralidade ou a ordem pública e haja peritos oficiais para a realização do laudo pericial.

Certo ( )   Errado ( )

Nos termos do art. 7º do CPP: *Para verificar a possibilidade de haver a infração sido praticada de determinado modo, a autoridade policial poderá proceder à reprodução simulada dos fatos, desde que esta não contrarie a moralidade ou a ordem pública.*
Gabarito: Errado.

---

322. **(2017 – FCC – TRE/PR – Analista Judiciário – Adaptada)** Acerca do inquérito policial, é correto afirmar a autoridade policial garantirá, durante o inquérito, o sigilo necessário ao esclarecimento dos fatos investigados, observando, porém, em todas as suas manifestações, o princípio do contraditório.

Certo ( )   Errado ( )

O inquérito policial tem natureza inquisitória e é mero procedimento investigatório, de caráter administrativo, sendo assim, não se fala em contraditório e ampla de defesa.
Gabarito: Errado.

---

323. **(2017 – CESPE/CEBRASPE – TRE/BA – Analista Judiciário)** Indiciado em determinado inquérito policial, Pedro requereu, por meio de seu advogado, acesso aos autos da investigação. O requerimento foi negado pelo delegado de polícia. Nessa situação hipotética, a decisão da autoridade policial está incorreta, pois o acesso do indiciado, por meio de seu advogado, aos autos do procedimento investigatório é garantia de seu direito de defesa.

Certo ( )   Errado ( )

Conforme a Súmula Vinculante nº 14 do STF, é direito do defensor, no interesse do representado, ter acesso amplo aos elementos de prova que, já documentados em procedimento investigatório realizado por órgão com competência de polícia judiciária, digam respeito ao exercício do direito de defesa.
Gabarito: Certo.

---

324. **(2017 – CESPE/CEBRASPE – TRE/BA – Analista Judiciário)** A instauração de inquérito penal independe da manifestação do ofendido no caso de crime de ação penal

a) pública incondicionada.
b) privada, se o ofendido for incapaz.
c) privada.
d) pública condicionada.
e) pública condicionada, se o ofendido houver falecido.

A instauração de inquérito penal independe da manifestação do ofendido no caso de crime de ação penal pública incondicionada, visto que, neste caso, a representação da vítima não é condição para procedibilidade, iniciando a respectiva investigação, de ofício, por meio de portaria pela autoridade policial.
Gabarito: A.

---

325. **(2017 – FCC – POLITEC/AP – Perito Médico Legista – Adaptada)** Praticado o crime na via pública, o delegado de polícia deverá, dentre outras providências, apreender os objetos que tiverem relação com o fato, independentemente da liberação pelos peritos criminais.

Certo ( )   Errado ( )

Nos termos do art. 6º, II, do CPP, é necessária liberação dos peritos: *Apreender os objetos que tiverem relação com o fato, após liberados pelos peritos criminais.*
Gabarito: Errado.

---

326. **(2017 – FCC – PC/AP – Oficial)** No âmbito do inquérito policial, incumbe à autoridade policial

a) arquivar o inquérito policial.

b) assegurar o sigilo necessário à elucidação do fato.

c) decretar a prisão preventiva.

d) presidir a audiência de custódia.

e) oferecer a denúncia.

Conforme disposto no art. 20 do CPP, a autoridade assegurará no inquérito o sigilo necessário à elucidação do fato ou exigido pelo interesse da sociedade. O sigilo não atinge o advogado (Súmula Vinculante nº 14 do STF): *É direito do defensor, no interesse do representado, ter acesso amplo aos elementos de prova que, já documentados em procedimento investigatório realizado por órgão com competência de polícia judiciária, digam respeito ao exercício do direito de defesa.*
Gabarito: B.

---

327. **(2017 – FCC – POLITEC/AP – Perito Médico Legista – Adaptada)** Praticado o crime na via pública, o delegado de polícia deverá, dentre outras providências, colher, após a realização da perícia do local, todas as provas que servirem para o esclarecimento do fato e suas circunstâncias.

Certo ( )   Errado ( )

Conforme previsto no inciso III do art. 6º do CPP não dispõe o momento do colhimento das provas: *colher todas as provas que servirem para o esclarecimento do fato e suas circunstâncias.*
Gabarito: Errado.

---

328. **(2017 – FAPEMS – PC/MS – Delegado – Adaptada).** Sobre as diligências que podem ser realizadas pelo Delegado de Polícia, é correto afirmar que caso o ofendido ou seu representante legal apresente requerimento para instauração de inquérito policial, a autoridade policial deve atender ao pedido, em observância do princípio da obrigatoriedade.

Certo ( )   Errado ( )

Conforme dispõe o art. 5º, § 3º, do CPP, qualquer pessoa do povo que tiver conhecimento da existência de infração penal em que caiba ação pública poderá, verbalmente ou por escrito, comunicá-la à autoridade policial, e esta, verificada a procedência das informações, mandará instaurar inquérito.
Gabarito: Certo.

---

329. **(2017 – FCC – POLITEC/AP – Perito Médico Legista – Adaptada)** Praticado o crime na via pública, o delegado de polícia deverá, dentre outras providências, determinar, se for caso, que se proceda a exame de corpo de delito e a quaisquer outras perícias, desde que haja expresso consentimento da vítima ou quem a represente.

Certo ( )   Errado ( )

O consentimento da vítima é prescindível, nos termos do art. 6º, VII, do CPP: *determinar, se for caso, que se proceda a exame de corpo de delito e a quaisquer outras perícias.*

Gabarito: Errado.

---

330. **(2017 – FCC – TRE/PR – Analista Judiciário – Adaptada)** Acerca do inquérito policial, é correto afirmar que, tendo em vista a preservação da incolumidade pública, a instauração de inquérito policial para a apuração de crime de alçada privada poderá ser requisitado pela autoridade judiciária.

Certo ( )   Errado ( )

Nos termos do art. 5º, § 5º, do CPP, nos crimes de ação privada, a autoridade policial somente poderá proceder a inquérito a requerimento de quem tenha qualidade para intentá-la.

Gabarito: Errado.

---

331. **(2017 – FGV – TJ/SC – Juiz)** Concluído o Inquérito Policial pela polícia judiciária, o órgão do Ministério Público requer o arquivamento do processado. O Juiz, por entender que o Ministério Público do Estado de Santa Catarina não fundamentou a manifestação de arquivamento, com base no CPP, deverá

a) encaminhar o Inquérito Policial à Corregedoria-Geral do Ministério Público.

b) indeferir o arquivamento do Inquérito Policial.

c) remeter o Inquérito Policial ao Procurador-Geral de Justiça.

d) indeferir o pedido de arquivamento e remeter cópias ao Procurador-Geral de Justiça e ao Corregedor-Geral do Ministério Público.

e) remeter o Inquérito Policial à polícia judiciária para prosseguir na investigação.

Trata-se do princípio da devolução: nos termos do art. 28 do CPP, a Lei nº 13.964/19 alterou o referido artigo, no entanto, sua aplicabilidade está SUSPENSA até o julgamento das ADIs 6.298, 6.299, 6.300 e 6305 pelo STF. As questões serão mantidas com a integralidade dos artigos anteriores para efeitos de provas. Se o órgão do Ministério Público, ao invés de apresentar a denúncia, requerer o arquivamento do inquérito policial ou de quaisquer peças de informação, o juiz, no caso de considerar improcedentes as razões invocadas, fará remessa do inquérito ou peças de informação ao procurador-geral, e este oferecerá a denúncia, designará outro órgão do Ministério Público para oferecê-la, ou insistirá no pedido de arquivamento, ao qual só então estará o juiz obrigado a atender.

Infrações de competência ESTADUAL	Infrações de competência FEDERAL
Para o Procurador Geral de Justiça (PGJ)	Câmara de Coordenação e Revisão do Ministério Público Federal

Gabarito: C.

332. **(2017 – FCC – TRE/PR – Analista Judiciário – Adaptada)** Acerca do inquérito policial, é correto afirmar: Mesmo depois de ordenado o arquivamento do inquérito pelo juiz, em razão de falta de elementos para a denúncia, a autoridade policial poderá reativar as investigações se tiver conhecimento de novas provas.

Certo ( )   Errado ( )

Conforme o que dispõe o art. 18 do CPP, depois de ordenado o arquivamento do inquérito pela autoridade judiciária, por falta de base para a denúncia, a autoridade policial poderá proceder a novas pesquisas, se de outras provas tiver notícia.

Gabarito: Certo.

---

333. **(2017 – FCC – PC/AP – Agente)** Incumbe à autoridade policial:

a) presidir a instrução processual penal.

b) realizar as diligências requisitadas pelo Ministério Público.

c) citar e intimar o réu e as testemunhas.

d) promover a ação penal pública.

e) decretar a prisão preventiva.

Conforme o art. 13 do CPP, incumbirá ainda à autoridade policial: *II - realizar as diligências requisitadas pelo juiz ou pelo Ministério Público.*

Gabarito: B.

---

334. **(2017 – FCC – DPE/RS – Analista – Adaptada)** No tocante ao inquérito policial relativo à apuração de crime a que se procede mediante ação penal pública incondicionada, é correto afirmar que o ofendido não pode requerer diligência no curso de inquérito policial.

Certo ( )   Errado ( )

Consoante o art. 14 do CPP, o ofendido, ou seu representante legal, e o indiciado poderão requerer qualquer diligência, que será realizada, ou não, a juízo da autoridade.

Gabarito: Errado.

---

335. **(2017 – FCC – TRE/PR – Analista Judiciário – Adaptada)** Acerca do inquérito policial, é correto afirmar: Nos crimes de ação penal pública, sempre será necessária a autorização da vítima para a abertura de inquérito.

Certo ( )   Errado ( )

Nos termos do art. 5º, I, do CPP, nos crimes de ação pública o inquérito policial será iniciado: *I - de ofício*.

Gabarito: Errado.

---

336. **(2017 – FCC – TRE/PR – Analista Judiciário – Adaptada)** Acerca do inquérito policial, é correto afirmar que a instauração de inquérito policial interrompe o prazo da prescrição.

Certo ( )   Errado ( )

A instauração do inquérito policial NÃO é uma causa de interrupção da prescrição. O art. 117 do CP elenca um rol não taxativo de hipóteses de causas interruptivas da prescrição:

I - pelo recebimento da denúncia ou da queixa;

II - pela pronúncia;

III - pela decisão confirmatória da pronúncia;

IV - pela publicação da sentença ou acórdão condenatórios recorríveis;

V - pelo início ou continuação do cumprimento da pena;

VI - pela reincidência.

Gabarito: Errado.

---

337. **(2017 – IBADE – PC/AC – Delegado – Adaptada)** Nos termos do CPP, incumbirá à autoridade policial fornecer às autoridades judiciárias as informações necessárias à instrução e julgamento dos processos, salvo nas investigações sobre sigilo.

Certo ( )   Errado ( )

Nos termos do art. 13, incumbirá ainda à autoridade policial: *I - fornecer às autoridades judiciárias as informações necessárias à instrução e julgamento dos processos.*

Gabarito: Errado.

---

338. **(2017 – IESES – TJ/RO – Titular de Serviços e Notas de Registro – Adaptada)** Analise a proposição a seguir conforme dispõe o CPP: Depois de ordenado o arquivamento do inquérito pela autoridade judiciária, por falta de base para a denúncia, a autoridade policial poderá proceder a novas pesquisas visando à obtenção de novos indícios, ainda que não tenha notícia de novas provas.

Certo ( )   Errado ( )

Nos termos do art. 18 do CPP, depois de ordenado o arquivamento do inquérito pela autoridade judiciária, por falta de base para a denúncia, a autoridade policial poderá proceder a novas pesquisas, **se de outras provas tiver notícia.**

Gabarito: Errado.

---

339. **(2017 – IBADE – PC/AC – Delegado – Adaptada)** Nos termos do CPP, incumbirá à autoridade policial: realizar as diligências requisitadas pelo juiz. Ministério Público e pelos advogados.

Certo ( )   Errado ( )

Conforme dispõe o art. 13, incumbirá ainda à autoridade policial: *II - realizar as diligências requisitadas pelo juiz ou pelo Ministério Público.* No inquérito policial a autoridade policial atua com DISCRICIONARIEDADE nos termos do art. 14 do CPP: *O ofendido, ou seu representante legal, e o indiciado poderão requerer qualquer diligência, que será realizada, ou não, a juízo da autoridade.*

Gabarito: Errado.

---

340. (2017 – FUNDATEC – IGP/RS – Perito Criminal) O CPP, em seu art. 6º, determina que todo local de crime deve ser preservado até a chegada dos Peritos Criminais. Quem é responsável pelo isolamento e preservação do local?

a) Familiar da vítima.

b) Agente de trânsito.

c) Autoridade Policial.

d) Policial Militar.

e) Juiz.

Nos termos do art. 6º, logo que tiver conhecimento da prática da infração penal, a autoridade policial deverá: *I - dirigir-se ao local, providenciando para que não se alterem o estado e conservação das coisas, até a chegada dos peritos criminais.*

Gabarito: C.

---

341. (2017 – IBADE – PC/AC – Delegado – Adaptada) Nos termos do CPP, incumbirá à autoridade policial cumprir os mandados de prisão expedidos pelas autoridades judiciárias.

Certo ( )   Errado ( )

Conforme o art. 13, incumbirá ainda à autoridade policial: *III - cumprir os mandados de prisão expedidos pelas autoridades judiciárias.*

Gabarito: C.ERT.

---

342. (2017 – IBEG – IPREV – Procurador Previdenciário – Adaptada) Considerando o disposto no CPP acerca do inquérito policial é correta afirmar que a autoridade policial poderá mandar arquivar o inquérito para evitar lesão a direitos fundamentais do indiciado.

Certo ( )   Errado ( )

Nos termos do art. 17 do CPP, o inquérito policial é INDISPONÍVEL. A autoridade policial NÃO PODERÁ mandar arquivar autos de inquérito.

Gabarito: Errado.

---

343. (2017 – IBADE – PC/AC – Delegado – Adaptada) Logo que tiver conhecimento da prática da infração penal, a autoridade policial deverá determinar que o inspetor de polícia se dirija ao local do crime e recolha todas as informações e provas, preservando o local até a chegada dos peritos.

Certo ( )   Errado ( )

Segundo o art. 6º, logo que tiver conhecimento da prática da infração penal, a autoridade policial deverá: *I - dirigir-se ao local, providenciando para que não se alterem o estado e conservação das coisas, até a chegada dos peritos criminais.*

Gabarito: Errado.

---

344. (2017 – IBADE – PC/AC – Delegado – Adaptada) Nos termos do CPP, incumbirá à autoridade policial representar acerca da prisão preventiva nos crimes dolosos e culposos com pena superior a 04 anos.

Certo ( )   Errado ( )

Vide o art. 13: *Incumbirá ainda à autoridade policial: [...] IV - representar acerca da prisão preventiva. A prisão preventiva será admitida nos crimes DOLOSOS punidos com pena privativa de liberdade máxima superior a 4 (quatro) anos.*
Gabarito: Errado.

345. **(2017 – VUNESP – Câmara de Cotia/SP – Procurador Legislativo – Adaptada)** A respeito do Inquérito Policial, nas ações penais públicas, condicionadas à representação, os inquéritos policiais podem ser iniciados por provocação das vítimas ou, de ofício, pela Autoridade Policial.

Certo ( )   Errado ( )

A REPRESENTAÇÃO é condição objetiva de procedibilidade, conforme o art. 5, § 4º, do CPP: o inquérito, nos crimes em que a ação pública depender de representação, não poderá sem ela ser iniciado.
Gabarito: Errado.

346. **(2017 – VUNESP – Câmara de Cotia/SP – Procurador Legislativo – Adaptada)** A respeito do Inquérito Policial, o Delegado, encerrada as investigações, convencido da inexistência de crime, poderá determinar o arquivamento do inquérito policial.

Certo ( )   Errado ( )

O inquérito policial possui a característica da INDISPONIBILIDADE, logo, a autoridade policial, o delegado NÃO pode arquivar a investigação policial conforme o que dispõe o art. 17 do CPP: *a autoridade policial NÃO PODERÁ mandar arquivar autos de inquérito*.
Gabarito: Errado.

347. **(2017 – IBADE – PC/AC – Delegado – Adaptada)** À luz do que dispõe o CPP sobre inquérito policial é correto afirmar que o delegado poderá delegar a oitiva do indiciado s de eventuais testemunhas ao inspetor de polícia.

Certo ( )   Errado ( )

De acordo com a Lei nº 12.830/13, art. 2º, § 6º, o ato é **PRIVATIVO** do delegado de polícia.
Gabarito: Errado.

348. **(2017 – VUNESP – Câmara de Cotia/SP – Procurador Legislativo – Adaptada)** A respeito do Inquérito Policial, nos inquéritos policiais que apuram crime de tráfico de pessoas, a Autoridade Policial poderá requisitar diretamente às empresas prestadoras de serviço de telecomunicações, informações sobre posicionamento de estações de cobertura, a fim de permitir a localização da vítima ou do suspeito do delito em curso.

Certo ( )   Errado ( )

Conforme previsão do art. 13-B do CPP, se necessário à prevenção e à repressão dos crimes relacionados ao tráfico de pessoas, o membro do Ministério Público ou o delegado de polícia poderão requisitar, **MEDIANTE AUTORIZAÇÃO JUDICIAL**, às empresas prestadoras de serviço de telecomunicações e/ou telemática que disponibilizem imediatamente os meios técnicos adequados – como sinais, informações e outros – que permitam a localização da vítima ou dos suspeitos do delito em curso.
Gabarito: Errado.

349. (2017 – VUNESP – Câmara de Cotia/SP – Procurador Legislativo – Adaptada) A respeito do Inquérito Policial, nas comarcas em que houver mais de uma circunscrição policial, diligências em circunscrição diversa da que tramita o inquérito policial dependerá de expedição de carta precatória.

Certo ( )   Errado ( )

Conforme o teor do art. 22 do CPP, no Distrito Federal e nas comarcas em que houver mais de uma circunscrição policial, a autoridade com exercício em uma delas poderá, nos inquéritos a que esteja procedendo, ordenar diligências em circunscrição de outra, **independentemente de precatórias ou requisições**, e bem assim providenciará, até que compareça a autoridade competente, sobre qualquer fato que ocorra em sua presença, noutra circunscrição.

Gabarito: Errado.

---

350. (2017 – VUNESP – Câmara de Cotia/SP – Procurador Legislativo – Adaptada) A respeito do Inquérito Policial, as diligências requeridas pelo ofendido, no curso do inquérito policial, serão ou não realizadas a juízo da Autoridade Policial.

Certo ( )   Errado ( )

Nos termos do art. 14 do CPP, o ofendido, ou seu representante legal, e o indiciado poderão requerer qualquer diligência, que será realizada, ou não, a juízo da autoridade.

Gabarito: Certo.

---

351. (2017 – IBADE – PC/AC – Delegado – Adaptada) No plano da teoria do garantismo, para Ferrajoli, em sua clássica obra Direito e Razão, na lógica do Estado de Direito, as funções de polícia judiciária deveriam ser organizadas de forma independente não apenas funcional, mas, também hierárquica e administrativamente dos diversos poderes aos quais auxiliam, ou seja, deveria ter a garantia de independência. Tal ideia deita raízes na estrutura acusatória que visa uma investigação isenta na apuração da verdade e não a serviço da acusação. É correto afirmar que cabe ao delegado de polícia arquivar o inquérito policial.

Certo ( )   Errado ( )

O inquérito policial é indisponível para o delegado de polícia. Característica da INDISPONIBILIDADE: nos termos do art. 17 do CPP, a autoridade policial NÃO PODERÁ mandar arquivar autos de inquérito.

Gabarito: Errado.

---

352. (2017 – IBADE – PC/AC – Delegado – Adaptada) Logo que tiver conhecimento da prática da infração penal, a autoridade policial deverá: em todos os casos, proceder ao exame de corpo de delito.

Certo ( )   Errado ( )

Conforme o art. 6º, VII, do CPP, determinar, se for caso, que se proceda a exame de corpo de delito e a quaisquer outras perícias.

Gabarito: Errado.

---

353. (2017 – IBEG – IPREV – Procurador Previdenciário – Adaptada) Considerando o disposto no CPP acerca do inquérito policial é correta afirmar que o ofendido, ou seu representante legal, e o indiciado poderão requerer qualquer diligência, que será realizada, ou não, a juízo da autoridade.

Certo ( )   Errado ( )

Consoante o que dispõe o art. 14 do CPP, o ofendido, ou seu representante legal, e o indiciado poderão requerer qualquer diligência, que será realizada, ou não, a juízo da autoridade.

Gabarito: Certo.

---

354. **(2017 – IBADE – PC/AC – Delegado)** À luz do que dispõe o CPP sobre inquérito policial é correto afirmar que, no relatório, a autoridade policial não poderá indicar testemunhas que não tiverem sido inquiridas no inquérito.

Certo ( )   Errado ( )

Nos termos do art. 10, § 2º, do CPP, no relatório **PODERÁ** a autoridade indicar testemunhas que não tiverem sido inquiridas, mencionando o lugar onde possam ser encontradas.

Gabarito: Errado.

---

355. **(2017 – IBEG – IPREV – Procurador Previdenciário – Adaptada)** Considerando o disposto no CPP acerca do inquérito policial é correta afirmar que, para o desarquivamento do inquérito policial, a autoridade policial necessita de novas provas.

Certo ( )   Errado ( )

Nos termos do art. 18 do CPP, depois de ordenado o arquivamento do inquérito pela autoridade judiciária, por falta de base para a denúncia, a autoridade policial poderá proceder a novas pesquisas, se de outras provas tiver notícia.

Gabarito: Errado.

---

356. **(2017 – IBADE – PC/AC – Delegado)** À luz do que dispõe o CPP sobre inquérito policial é correto afirmar que: No relatório, a autoridade policial não poderá indicar testemunhas que não tiverem sido inquiridas no inquérito.

Certo ( )   Errado ( )

Nos termos do art. 10, § 2º, do CPP, no relatório **PODERÁ** a autoridade indicar testemunhas que não tiverem sido inquiridas, mencionando o lugar onde possam ser encontradas.

Gabarito: Errado.

---

357. **(2017 – IBEG – IPREV – Procurador Previdenciário – Adaptada)** Considerando o disposto no CPP acerca do inquérito policial é correta afirmar que uma vez arquivado o inquérito por falta de base para a denúncia, pelo princípio da segurança jurídica, a autoridade policial não poderá fazer novas diligências.

Certo ( )   Errado ( )

Nos termos do art. 18 do CPP, depois de ordenado o arquivamento do inquérito pela autoridade judiciária, por falta de base para a denúncia, a autoridade policial PODERÁ proceder a novas pesquisas, se de outras provas tiver notícia.

Gabarito: Errado.

358. **(2017 – IBADE – PC/AC – Delegado)** Logo que tiver conhecimento da prática da infração penal, a autoridade policial deverá colher informações sobre a existência de filhos, respectivas idades e se possuem alguma deficiência e o nome e o contato de eventual responsável pelos cuidados dos filhos, indicado pela pessoa presa.

Certo (　)　　　　Errado (　)

Conforme o art. 6º, X, do CPP: *colher informações sobre a existência de filhos, respectivas idades e se possuem alguma deficiência e o nome e o contato de eventual responsável pelos cuidados dos filhos, indicado pela pessoa presa.*

Gabarito: Certo.

---

359. **(2017 – NUCEPE – SEJUS/PI – Agente Penitenciário)** O inquérito policial tem como finalidade, EXCETO,

a) apurar a materialidade do crime.

b) apurar a autoria do crime.

c) colher elementos para informar o titular da ação penal.

d) formar a convicção do juiz e fundamentar sua decisão, de forma exclusiva.

e) subsidiar a decretação de medidas cautelares.

A finalidade do inquérito policial é reunir elementos para a formação da opinio delicto do titular da ação penal. Consoante o art. 155 do CPP, o juiz formará sua convicção pela livre apreciação da prova produzida em contraditório judicial, não podendo fundamentar sua decisão exclusivamente nos elementos informativos colhidos na investigação, ressalvadas as provas cautelares, não repetíveis e antecipadas.

Gabarito: D.

---

360. **(2017 – IBEG – IPREV – Procurador Previdenciário – Adaptada)** Considerando o disposto no CPP acerca do inquérito policial é correta afirmar que o arquivamento implícito na ação penal pública é admitido pela jurisprudência do STF.

Certo (　)　　　　Errado (　)

arquivamento implícito é admitido na doutrina, ocorre quando o membro do Ministério Público deixa de incluir na denúncia pessoas ou um fato investigado. A jurisprudência do STF entende de maneira pacífica que o arquivamento tem que ser sempre fundamentado, não havendo a possibilidade de arquivamento implícito. RHC 95141/RJ, rel. Min. Ricardo Lewandowski, 6.10.2009. (RHC-95141)

O arquivamento implícito ocorre em dois aspectos:

Arquivamento Implícito Subjetivo	Arquivamento Implícito Objetivo
Ocorre quando a omissão do MP ocorrer em relação à inclusão de algum corréu na denúncia em questão.	Ocorre quando a omissão do MP for a respeito a FATOS investigados, como infrações penais ou qualificadoras.

Gabarito: Errado.

---

361. (2017 – NUCEPE – SEJUSP/PI – Agente Penitenciário – Adaptada) Em relação ao inquérito policial, é correto dizer que os Crimes que se processam por meio de ação penal pública incondicionada podem ter a instauração do inquérito policial solicitados pela vítima ou ofendido.

Certo ( )   Errado ( )

Nos termos do art. 5º, nos crimes de ação pública, o inquérito policial será iniciado: *II - mediante requisição da autoridade judiciária ou do Ministério Público, ou a requerimento do ofendido ou de quem tiver qualidade para representá-lo.*

Gabarito: Certo.

---

362. (2017 – IBADE – PC/AC – Agente) Sobre as características do inquérito pode se dizer que ele é:

a) inquisitório e informativo.

b) inquisitivo e público.

c) sigiloso e acusatório.

d) sigiloso e contraditório.

e) acusatório e informativo.

O inquérito policial é DISPENSÁVEL conforme os arts. 12, 27 e 39, § 5º, do CPP. Quando há elementos para a propositura da ação penal, o inquérito policial NÃO é condição de procedibilidade para a denúncia

- O inquérito policial é **ODISEI**:

- **O** brigatório/indisponível - para o delegado

- **D** ispensável - para o MP

- **I** nquisitório

- **S** igiloso

- **E** scrito

- **I** nformal/discricionário

Gabarito: A.

---

363. (2017 – CONSULPLAN – TRF 2ª Região – Analista Judiciário – Adaptada) Sobre o tema Inquérito Policial, a autoridade policial apenas poderá mandar arquivar autos de inquérito policial quando o fato for atípico ou estiver extinta a punibilidade.

Certo ( )   Errado ( )

Consoante o art. 17 do CPP, *a autoridade policial não poderá mandar arquivar autos de inquérito. O inquérito policial é INDISPONÍVEL para a autoridade policial.*

Gabarito: Certo.

---

364. (2017 – NUCEPE – SEJUSP/PI – Agente Penitenciário – Adaptada) Em relação ao inquérito policial, é correto dizer que, se no inquérito a autoridade policial observar que não existem provas suficientes para condenação do acusado, poderá arquivá-lo.

Certo ( )   Errado ( )

O inquérito policial é INDISPONÍVEL para o Delegado de Polícia, pois, sendo o caso de sua instauração, a autoridade policial não poderá deixar de lhe dar prosseguimento. Consoante o art. 17 do CPP, a autoridade policial NÃO PODERÁ mandar arquivar autos de inquérito.

Gabarito: Errado.

---

365. **(2019 – AOCP – PC/ES – Investigador – Adaptada)** Sobre o tema Inquérito Policial, nos crimes de ação penal pública, o inquérito policial pode ser iniciado a requerimento do ofendido.

Certo (   )   Errado (   )

Consoante o art. 5º, nos crimes de ação pública, o inquérito policial será iniciado: *II - mediante requisição da autoridade judiciária ou do Ministério Público, ou a requerimento do ofendido ou de quem tiver qualidade para representá-lo.*

Gabarito: Certo.

---

366. **(2017 – CONSULPLAN – TJ/MG – Titular de Serviços de Notas e de Registros – Adaptada)** Segundo as normas do CPP e Jurisprudência dominante, é possível o trancamento de inquérito policial através de *habeas corpus* em caso de atipicidade do fato investigado.

Certo (   )   Errado (   )

A ausência de justa causa para o ajuizamento de queixa-crime (ação penal privada) e a atipicidade da conduta permitem o arquivamento do processo penal por meio de *habeas corpus*, segundo a jurisprudência assentada no Superior Tribunal Federal. O *habeas corpus* pode ser impetrado visando obstar o andamento de inquéritos policiais manifestamente fadados ao fracasso, por se verificar, de imediato, a atipicidade do fato ou mediante prova cabal e irrefutável de não ser o indiciado o seu autor. Assim, a jurisprudência é pacífica no sentido de que somente caberá o trancamento do inquérito policial quando o fato for atípico, quando verificar-se a ausência de justa causa, quando o indiciado for inocente ou quando estiver presente causa extintiva da punibilidade (HC 20121/MS, Rel. Ministro Hamilton Carvalhido, 6ª Turma, STJ).

Gabarito: Certo.

---

367. **(2017 – NUCEPE – SEJUS/PI – Agente Penitenciário)** Marque a alternativa CORRETA acerca do Inquérito Policial.

   a) Toda e qualquer infração penal é investigada através do inquérito policial.

   b) A natureza do inquérito policial é de jurisdição, própria do poder judiciário.

   c) Inquérito policial, ação processual penal e processo penal são sinônimos.

   d) A natureza do inquérito policial é administrativa.

   e) Caso ocorra alguma irregularidade no inquérito policial, o Ministério Público, mesmo diante das evidências e provas lícitas de que o acusado cometeu o crime, não poderá oferecer a denúncia.

O procedimento administrativo inquisitório e preparatório, presidido pela autoridade de polícia judiciária, consistente em um conjunto de diligências realizadas para apuração da materialidade e autoria da infração penal, a fim de fornecer elementos de informação para que o titular da ação penal possa ingressar em juízo. A natureza jurídica do Inquérito Policial: NÃO é um processo judicial e não é processo administrativo, é apenas um procedimento administrativo e resulta na aplicação

de uma sanção. Logo, eventuais vícios constantes do Inquérito Policial NÃO contaminam o processo ao que deram origem. Exceto: as provas ilícitas uma vez produzidas no IP contaminam o processo.
Gabarito: D.

---

368. **(2015 – VUNESP – PC/CE – Escrivão – Adaptada)** Sobre o tema inquérito policial, todas as peças do inquérito policial serão, num só processado, reduzidas a escrito ou datilografadas e, neste caso, rubricadas pela autoridade.

Certo ( )   Errado ( )

Consoante o art. 9º do CPP, todas as peças do inquérito policial serão, em um só processo, reduzidas a escrito ou datilografadas e, neste caso, rubricadas pela autoridade.
Gabarito: Certo.

---

369. **(2017 – IBADE – PC/AC – Auxiliar de Necropsia)** Sobre o inquérito policial, assinale a alternativa correta.

a) No caso de réu solto, o prazo para a conclusão de inquérito é de 45 dias.

b) No caso de réu solto, o inquérito deve terminar em 30 dias, prorrogáveis por autorização do Ministério Público.

c) No caso de réu preso, o prazo pera terminar o inquérito é de 10 dias, contados a partir da execução da prisão.

d) No caso de réu preso, o prazo para terminar o inquérito é de 10 dias, contados a partir da expedição do mandado de prisão.

e) No caso de réu solto, o inquérito deve terminar em 90 dias, prorrogáveis por autorização do juiz.

Consoante art. 10 do CPP, *o inquérito deverá terminar no prazo de 10 dias, se o indiciado tiver sido preso em flagrante, ou estiver preso preventivamente, contado o prazo, nesta hipótese, a partir do dia em que se executar a ordem de prisão, ou no prazo de 30 dias, quando estiver solto, mediante* **fiança ou sem ela.**

PRAZOS PARA A CONCLUSÃO DO INQUÉRITO POLICIAL – IP	
PRESO	**SOLTO**
Regra geral - 10 dias – improrrogável	30 dias - prorrogação múltiplas
Just. Comum Federal - 15 dias - prorrogável 1x	30 dias - prorrogação múltiplas
Lei nº 11.343/2006 (art. 51) - 30 dias - duplicar 1x	90 dias - duplicar 1x
Crime contra a Economia Popular conforme a Lei nº 1.521/51 - 10 dias - **NÃO** se prorroga	10 dias - pode ser prorrogado
Inquérito Militar - 20 dias investigado preso - improrrogável	40 dias investigado solto - prorrogável + 20
ABUSO DE AUTORIDADE - 48 horas	
ELEITORAL - 10 DIAS	

Gabarito: C.

370. **(2016 – FUNCAB – PC/PA – Investigador – Adaptada)** Sobre o tema Inquérito Policial, o Ministério Público não poderá requerer a devolução do inquérito à autoridade policial, senão para novas diligências, imprescindíveis ao oferecimento da denúncia.

Certo ( )   Errado ( )

Consoante o art. 16 do CPP, o Ministério Público não poderá requerer a devolução do inquérito à autoridade policial, senão para novas diligências, imprescindíveis ao oferecimento da denúncia.
Gabarito: Certo.

---

371. **(2017 – CONSULPLAN – TRF 2ª Região – Analista Judiciário)** "Fulano de Tal' foi preso em flagrante delito por crime afeto à justiça comum estadual. Comunicado da prisão, o juiz de direito converteu a prisão em flagrante em prisão preventiva. Nesta hipótese, o inquérito policial deverá ser concluído em ____ dias, a partir da _____." Assinale a alternativa que completa correta e sequencialmente a afirmativa anterior.

a) 10 / prisão.

b) 15 / prisão.

c) 10 / instauração.

d) 15 / instauração.

Consoante o art. 10 do CPP, o inquérito deverá terminar no prazo de 10 dias, se o indiciado tiver sido preso em flagrante, ou estiver preso preventivamente, contado o prazo, nesta hipótese, a partir do dia em que se executar a ordem de prisão, ou no prazo de 30 dias, quando estiver solto, mediante fiança ou sem ela.
Gabarito: A.

---

372. **(2015 – VUNESP – PC/CE – Escrivão – Adaptada)** Sobre o tema inquérito policial, depois de ordenado o arquivamento do inquérito pela autoridade judiciária, por falta de base para a denúncia, à autoridade policial poderá proceder a novas pesquisas, se de outras provas tiver notícia.

Certo ( )   Errado ( )

Conforme o art. 18 do CPP, depois de ordenado o arquivamento do inquérito pela autoridade judiciária, por falta de base para a denúncia, à autoridade policial PODERÁ proceder a novas pesquisas, se de outras provas tiver notícia.
Gabarito: Certo.

---

373. **(2017 – CESPE/CEBRASPE – PC/GO – Delegado)** O CPP prevê a requisição, às empresas prestadoras de serviço de telecomunicações, de disponibilização imediata de sinais que permitam a localização da vítima ou dos suspeitos de delito em curso, se isso for necessário à prevenção e à repressão de crimes relacionados ao tráfico de pessoas. Essa requisição pode ser realizada pelo

a) delegado de polícia, independentemente de autorização judicial e por prazo indeterminado.

b) Ministério Público, independentemente de autorização judicial, por prazo não superior a trinta dias, renovável por uma única vez, podendo incluir o acesso ao conteúdo da comunicação.

c) delegado de polícia, mediante autorização judicial e por prazo indeterminado, podendo incluir o acesso ao conteúdo da comunicação.

d) delegado de polícia, mediante autorização judicial, devendo o inquérito policial ser instaurado no prazo máximo de setenta e duas horas do registro da respectiva ocorrência policial.

e) Ministério Público, independentemente de autorização judicial e por prazo indeterminado.

Nos termos do art. 13-B do CPP, o membro do Ministério Público ou o delegado de polícia poderão requisitar, mediante autorização judicial, às empresas prestadoras de serviço de telecomunicações e/ou telemática que disponibilizem imediatamente os meios técnicos adequados – como sinais, informações e outros – que permitam a localização da vítima ou dos suspeitos do delito em curso, não sendo permitida, SENÃO mediante autorização judicial, acesso ao conteúdo da comunicação de qualquer natureza.

O acesso aos meios técnicos adequados para a localização de vítimas será por período não superior a 30 dias, renovável por uma única vez, por igual período. Entretanto, será possível a renovação por período superior, desde que mediante nova autorização judicial.

Inobstante a isso, o inquérito policial deverá ser instaurado no prazo máximo de 72 horas, contado do registro da respectiva ocorrência policial.

Gabarito: D.

---

374. **(2016 – CESPE/CEBRASPE – PC/GO – Agente – Adaptada)** A respeito do inquérito policial, o delegado de polícia, se estiver convencido da ausência de elementos suficientes para imputar autoria a determinada pessoa, deverá mandar arquivar o IP, podendo desarquivá-lo se surgir prova nova.

Certo ( )   Errado ( )

O art. 17 do CPP dispõe que o inquérito policial é indisponível para o delegado de polícia.
Gabarito: Errado.

---

375. **(2016 – CESPE/CEBRASPE – PC/GO – Agente – Adaptada)** A respeito do inquérito policial, é correto afirmar que a atividade investigatória de crimes não é exclusiva da polícia judiciária, podendo ser eventualmente presidida por outras autoridades, conforme dispuser a lei especial.

Certo ( )   Errado ( )

O art. 4º, parágrafo único do CPP, aduz que a competência da polícia judiciária não excluirá a de autoridades administrativas a que por lei seja cometida a mesma função. Destarte, a atividade investigatória pode se materializar por diversos tipos de procedimentos:

*   **CPIs – art. 58, § 3, da CF/88.**
*   **Inquérito policial militar - art. 9, Decreto-lei nº 1.002/69.**
*   **Polícia Ambiental – Lei nº 9.605/98.**
*   **Polícia Legislativa – Súmula nº 397 do STF.**
*   **Inquérito para expulsão de estrangeiro – art. 70 da Lei nº 6.815/90.**
*   **BACEN e Comissão de valores imobiliários – art. 7, parágrafo único, da Lei Complementar nº 105/01.**
*   **Conselho de Administrações Financeiras (COAF) – Lei nº 9.613/98 CENIPA - Investigações Aéreas – Lei nº 12.970/14.**
*   **Investigação do MP – PIC.**

O STF, no julgamento do RE 593.727 reconheceu a Teoria dos Poderes Implícitos consagrando a possibilidade de realização atos investigativos pelo Órgão Ministerial.

Gabarito: Certo.

376. **(2016 – CESPE/CEBRASPE – PC/GO – Agente – Adaptada)** A respeito da investigação criminal, é correto afirmar que o inquérito policial é indispensável para o oferecimento da denúncia; o promotor de justiça não poderá denunciar o réu sem esse procedimento investigatório prévio.

Certo ( )   Errado ( )

O inquérito policial é regido pela característica da disponibilidade conforme se extrai do art. 39, § 5º: o órgão do Ministério Público dispensará o inquérito, se com a representação forem oferecidos elementos que o habilitem a promover a ação penal, e, neste caso, oferecerá a denúncia no prazo de quinze dias.

Gabarito: Errado.

377. **(2016 – CESPE/CEBRASPE – PC/GO – Agente – Adaptada)** A respeito da investigação criminal, é correto afirmar que o inquérito policial é peça indispensável à propositura da ação penal pública incondicionada, sob pena de nulidade, e deve assegurar as garantias constitucionais da ampla defesa e do contraditório.

Certo ( )   Errado ( )

A dispensabilidade é característica do inquérito policial, caso o titular da ação penal tenha todos os elementos para o oferecimento da ação penal, sendo assim, o inquérito policial torna-se não obrigatório.

Gabarito: Errado.

378. **(2016 – CESPE/CEBRASPE – PC/GO – Agente – Adaptada)** A respeito do IP e da instrução criminal, podemos afirmar que o juiz é livre para apreciar as provas e, de acordo com sua convicção íntima, poderá basear a condenação do réu exclusivamente nos elementos informativos colhidos no inquérito policial.

Certo ( )   Errado ( )

O CPP dispõe que o juiz formará sua convicção pela livre apreciação da prova produzida em contraditório judicial, NÃO podendo fundamentar sua decisão exclusivamente nos elementos informativos colhidos na investigação, ressalvadas as provas cautelares, não repetíveis e antecipadas, nos termos do art. 155.

Gabarito: Errado.

379. **(2016 – CESPE/CEBRASPE – PC/GO – Agente – Adaptada)** A respeito do inquérito policial e da instrução criminal, podemos afirmar que uma vez arquivado o inquérito policial por decisão judicial, a autoridade policial poderá proceder a novas pesquisas, se tiver notícia de uma nova prova.

Certo ( )   Errado ( )

Nos termos do art. 18 do CPP, a lei processual estabelece que depois de ordenado o arquivamento do Inquérito pela Autoridade Judiciária, por falta de base para a denúncia, a autoridade policial poderá proceder a novas pesquisas, se de outras provas tiver notícia. Além disso, a Súmula nº 524

do STF dispõe que arquivado o IP, por despacho do juiz, a requerimento do MP, não pode a ação penal ser iniciada sem novas provas.

Gabarito: Certo.

---

380. **(2015 – VUNESP – PC/CE – Escrivão – Adaptada)** A respeito do inquérito policial e da instrução criminal, podemos afirmar que o ofendido e o indiciado não poderão requerer diligências no curso do inquérito policial.

Certo ( )   Errado ( )

O inquérito policial é regido pela característica da discricionariedade mitigada, conforme o art. 14 do CPP, o ofendido, ou seu representante legal, e o indiciado PODERÃO requerer qualquer diligência, que será realizada, ou não, a juízo da autoridade.

Gabarito: Errado.

---

381. **(2016 – CESPE/CEBRASPE – PC/GO – Agente – Adaptada)** A respeito do inquérito policial e da instrução criminal, podemos afirmar que O IP, peça informativa do processo, oferece o suporte probatório mínimo para a denúncia e, por isso, é indispensável à propositura da ação penal.

Certo ( )   Errado ( )

O inquérito é dispensável, se o órgão do Ministério Público dispuser elementos que o habilitem a promover a ação penal, e, neste caso, oferecerá a denúncia no prazo de quinze dias, conforme o art. 39, § 5º, do CPP.

Gabarito: Errado.

---

382. **(2016 – FUNCAB – PC/PA – Investigador – Adaptada)** Sobre o inquérito policial é correto afirmar que, uma vez relatado o inquérito policial, o Ministério Público não poderá requerer a devolução dos autos à autoridade policial, ainda que entenda serem necessárias novas diligências, imprescindíveis ao oferecimento da denúncia. Nesse caso, deverá oferecer a denúncia desde já, requerendo ao juiz que as provas sejam produzidas no curso da instrução processual.

Certo ( )   Errado ( )

Consoante o art. 16 do CPP, *o Ministério Público não poderá requerer a devolução do inquérito à autoridade policial, senão para novas diligências, imprescindíveis ao oferecimento da denúncia.*

Gabarito: Errado.

VAMOS REVISAR A JURISPRUDÊNCIA?

Súmula Vinculante nº 14 do STF: É direito do defensor, no interesse do representado, ter acesso amplo aos elementos de prova que, já documentados em procedimento investigatório realizado por órgão com competência de polícia judiciária, digam respeito ao exercício do direito de defesa.

Súmula nº 397 do STF: O poder de polícia da Câmara dos Deputados e do Senado Federal, em caso de crime cometido nas suas dependências, compreende, consoante o regimento, a prisão em flagrante do acusado e a realização do inquérito.

Súmula nº 524 do STF: Arquivado o inquérito policial, por despacho do juiz, a requerimento do Promotor de Justiça, não pode a ação penal ser iniciada, sem novas provas.

AÇÃO PENAL

383. (2021 – CESPE/CEBRASPE – MPE/AP – Promotor de Justiça – Adaptada) Considerando o entendimento do TSE acerca dos crimes eleitorais e do processo penal eleitoral, assinale a opção correta. Admite-se queixa-crime em ação penal privada subsidiária quando caracterizada a inércia absoluta do representante do Ministério Público.

Certo (   )　　　　Errado (   )

O direito de ação é um direito público subjetivo do cidadão, expresso na CF/88 em seu art. 5º, XXXV - *a lei não excluirá da apreciação do Poder Judiciário lesão ou ameaça a direito.*

O dispositivo constitucional denomina o **princípio da inafastabilidade da jurisdição,** em razão do qual, no Brasil, **somente o Poder Judiciário tem jurisdição, sendo o único Poder capaz de dizer o direito com força de coisa julgada.** Transcorrendo a ação penal subsidiária da pública deste princípio.

Ademais, cumpre destacar que a ação penal privada subsidiária da pública é um direito fundamental previsto no art. 5º, LIX, da CF/88, de modo que o ofendido pode propor a ação por meio de queixa-crime nos delitos de ação pública, quando esta não for intentada no prazo legal pelo seu titular (Ministério Público).

Nos termos do art. 29 do CPP, **será admitida ação privada nos crimes de ação pública,** se esta não for intentada no prazo legal, cabendo ao Ministério Público aditar a queixa, repudiá-la e oferecer denúncia substitutiva, intervir em todos os termos do processo, fornecer elementos de prova, interpor recurso e, a todo tempo, no caso de negligência do querelante, retomar a ação como parte principal. **Ação penal privada** é aquela em que a iniciativa da propositura da ação é conferida à vítima.

Gabarito: Certo.

---

384. (2021 – CESPE/CEBRASPE – DEPEN – Agente Federal de Execução Penal) Em cada um do item que se segue, é apresentada uma situação hipotética seguida de uma assertiva a ser julgada, acerca da legislação especial penal.

O Ministério Público perdeu o prazo para oferecer denúncia relativa a um crime de abuso de autoridade. Nessa situação, apesar de esse tipo de ação ser pública e incondicionada, admite-se a apresentação de ação penal privada subsidiária.

Certo (   )　　　　Errado (   )

Primeiramente, a CF/88, em seu art. 5º, LIX, garante o exercício da ação penal privada subsidiária, pois trata-se de direito fundamental:

LIX - será admitida ação privada nos crimes de ação pública, se esta não for intentada no prazo legal.

De mais a mais, tal possibilidade é também prevista no art. 3º da Lei de Abuso de Autoridade (Lei nº 13.869/19), vejamos:

§ 1º Será admitida ação privada *se a ação penal pública não for intentada no prazo legal, cabendo ao Ministério Público aditar a queixa, repudiá-la e oferecer denúncia substitutiva, intervir em todos os termos do processo, fornecer elementos de prova, interpor recurso e, a todo tempo, no caso de negligência do querelante, retomar a ação como parte principal.*

§ 2º A ação privada subsidiária será exercida no prazo de 6 (seis) meses, contado da data em que se esgotar o prazo para oferecimento da denúncia.

Gabarito: Certo.

385. **(2021 – FGV – PC/RN – Delegado)** Ao sair de sua casa, em 17/05/2020, Miriam foi surpreendida por faixa anônima estendida na via pública com diversas ofensas à sua honra. Diante da humilhação sofrida, Miriam deixou o país e foi morar no exterior sem se interessar em descobrir o responsável pelos fatos. Em 03/01/2021, Miriam recebeu mensagem de Sandra, sua antiga vizinha, confessando ser ela a autora das ofensas, bem como esclarecendo que informou os fatos ao delegado de polícia, em razão de seu arrependimento. Miriam entrou em contato com seu advogado, em 25/01/2021, para esclarecimentos jurídicos, informando que permanece no exterior. O advogado deverá esclarecer naquela data que o crime praticado seria de injúria, de ação penal privada, logo:

    a) a abertura do inquérito policial poderá ser determinada pela autoridade policial, diretamente, mas a ação penal depende da iniciativa da vítima.

    b) a abertura do inquérito policial não poderá ser determinada pela autoridade policial nem requerida por Miriam, pois operou-se o prazo prescricional para representação.

    c) a queixa-crime poderá ser oferecida por Miriam, mas, se através de procurador, exigem-se poderes especiais.

    d) a inicial acusatória não poderá ser oferecida por Miriam, pois operou-se o prazo decadencial.

    e) a queixa-crime poderá ser oferecida por Miriam, pessoalmente ou por procurador sem poderes especiais.

O prazo decadencial é de 6 (seis) meses a contar da data do **conhecimento da autoria** (art. 38 do CPP). Miriam tomou conhecimento da autoria em 03/01/2021. Na data de 25/01/2021 o prazo decadencial ainda não estava superado. Ademais, note-se que o art. 44 do CPP rege que "A queixa poderá ser dada por **procurador COM PODERES ESPECIAIS**, devendo constar do instrumento do mandato o nome do querelante e a menção do fato criminoso, salvo quando tais esclarecimentos dependerem de diligências que devem ser previamente requeridas no juízo criminal."

Atenção! Divergência na JURISPRUDÊNCIA:

STF	STJ
Menção ao fato criminoso.	Menção ao fato criminoso.
Na procuração, DEVE ser individualizado o evento delituoso, NÃO bastando que apenas se mencione o nomen iuris do crime.	Na procuração, BASTA que seja mencionado o tipo penal ou o nomen iuris do crime. NÃO precisando identificar a conduta.

Fundamentação das alternativas: a) Nos crimes de ação privada, a autoridade policial somente poderá proceder a inquérito a requerimento de quem tenha qualidade para intentá-la (art. 5º, § 5º, do CPP); b) Salvo disposição em contrário, o ofendido, ou seu representante legal, decairá no direito de queixa ou de representação, se não o exercer *dentro do prazo de seis meses, contado do dia em que vier a saber quem é o autor do crime*, ou, no caso do , do dia em que se esgotar o prazo para o oferecimento da denúncia (art. 38 do CPP); d) Conforme o art. 38 e a data de conhecimento em 03/01/2021 e 25/01/2021 não se atingiu a decadencial, Miriam tem até 03/07/21 para oferecer a denuncia e e) No art. 44 do CPP há a previsão, de procurador **com PODERES ESPECIAIS**.

Gabarito: C.

386. **(2021 – AOCP – PC/PA – Investigador)** Tencionando apurar um suposto crime de estelionato, Fulano consulta-se com um advogado para iniciar uma investigação a respeito. Diante dessa situação hipotética, as opções de Fulano são:

a) lavrar um boletim de ocorrência no Fórum de Justiça ou protocolar uma notícia de crime na Defensoria Pública.

b) prender em flagrante a pessoa suspeita e conduzi-la coercitivamente à Delegacia de Polícia.

c) solicitar determinação verbal do magistrado corregedor da comarca para que se instaure o inquérito de ofício.

d) ajuizar ação de medida cautelar preparatória para, em seguida, oferecer denúncia criminal direta.

e) lavrar um boletim de ocorrência na Delegacia de Polícia ou protocolar uma petição de notícia de crime na mesma repartição ou diretamente no Ministério Público.

Com o pacote anticrime, o estelionato passou a ser de ação penal pública condicionada à **REPRESENTAÇÃO**, com algumas exceções. Conforme o STJ, a representação **NÃO** exige formalidades, podendo ser manifestada pelo boletim de ocorrência ou notícia crime.

A redação dada ao art. 171, § 5º, do CP, dispõe que a ação penal no crime de ação penal no crime de Estelionato **SOMENTE** se procede mediante representação, **SALVO se a vítima for:**

I. a Administração Pública, direta ou indireta;

II. criança ou adolescente;

III. pessoa com deficiência mental; ou

IV. maior de 70 (setenta) anos de idade ou incapaz.

Gabarito: E.

---

387. **(2021 – IDECAN – PEFOCE – Auxiliar de Perícia)** Durante discussão com sua esposa sobre questões relacionadas à organização do lar, Marcus se descontrolou e a agrediu fisicamente, causando lesões corporais de natureza leve. Com os gritos e barulhos provocados na hora da agressão, o vizinho Milton, que é policial militar, interveio e conseguiu que Marcus parasse de agredi-la, vindo a prendê-lo imediatamente em flagrante delito e conduzi-lo à Delegacia Policial. Após a lavratura do auto de prisão em flagrante pela autoridade policial, bem como da realização de todos os trâmites legais, o feito é remetido ao Ministério Público. Nesse contexto, em relação ao tipo de ação penal que se aplica à espécie, de acordo com o entendimento jurisprudencial, é correto afirmar que o crime de lesão corporal leve, tipificado no artigo 129, *caput*, do Código Penal, é de ação penal

a) Pública condicionada à representação.

b) Pública incondicionada.

c) Privada.

d) Privada personalíssima.

e) Privada exclusiva.

Jurisprudência do STF e STJ

No julgamento da ADI 4424 do STF consolidou-se o e entendimento — As lesões corporais praticadas no âmbito doméstico constituem crime de **ação pública incondicionada**, pouco importando a vontade da vítima ou a reconciliação do casal, ante a imperatividade da Lei Maria da Penha na salvaguarda do interesse maior da integridade física e psíquica da mulher.

Súmula nº 542 do STJ: *A ação penal relativa ao crime de* **lesão corporal resultante de violência doméstica contra a mulher é pública incondicionada.**

Info nº 604 do STJ: *[...] A ação penal nos crimes de* **lesão corporal leve cometidos em detrimento da mulher, no âmbito doméstico e familiar, é pública incondicionada.** *(STJ. 3ª Seção. Pet 11805-DF, Rel. Min. Rogerio Schietti Cruz, julgado em 10/5/2017).*

Gabarito: B.

---

388. **(2021 – AOCP – PC/PA – Escrivão)** Conforme o Código de Processo Penal, assinale a alternativa correta.

   a) A ação penal, nas contravenções, será iniciada com o oferecimento de queixa-crime pelo ofendido.

   b) Ordenado o arquivamento do inquérito policial ou de quaisquer elementos informativos da mesma natureza, o órgão do Ministério Público ao investigado e à autoridade policial encaminhará os autos para o depósito físico.

   c) Se a vítima, ou seu representante legal, não concordar com o arquivamento do inquérito policial, poderá, no prazo de trinta dias do recebimento da comunicação, submeter a matéria à revisão da instância judiciária, conforme dispuser o respectivo regimento interno.

   d) A queixa poderá ser dada por procurador com poderes especiais, devendo constar do instrumento do mandato o nome do querelante e a menção do fato criminoso, salvo quando tais esclarecimentos dependerem de diligências que devem ser previamente requeridas no juízo criminal.

   e) No caso de morte do ofendido ou quando declarado ausente por decisão judicial, o direito de representação se restringirá ao cônjuge ou ascendente.

A queixa poderá ser dada por procurador com PODERES ESPECIAIS, devendo constar do instrumento do mandato o nome do querelante e a menção do fato criminoso, salvo quando tais esclarecimentos dependerem de diligências que devem ser previamente requeridas no juízo criminal (art. 44 do CPP).

Fundamentação das alternativas: a) A CF/88, art. 120, I, estabelece competência privativa do Ministério Público para a propositura da ação penal pública. Prevalece o sistema acusatório que, numa de suas perspectivas, NÃO admite ação penal sem demanda, sem provocação da parte. Portanto, o art. 26 do CPP não foi recepcionado pela CF/88 o denominado procedimento judicialiforme; b) Ordenado o arquivamento do inquérito policial ou de quaisquer elementos informativos da mesma natureza, o órgão do Ministério Público **comunicará à vítima, ao investigado e à autoridade policial e encaminhará os autos para a instância de revisão ministerial para fins de homologação, na forma da lei** (art. 28 do CPP); c) Se a vítima, ou seu representante legal, **não concordar com o arquivamento do inquérito policial, poderá, no prazo de 30 (trinta) dias do recebimento da comunicação, submeter a matéria à revisão da instância competente do órgão ministerial,**

conforme dispuser a respectiva lei orgânica (art. 28, § 1º, do CPP) e e) No caso de morte do ofendido ou quando declarado ausente por decisão judicial, o direito de representação passará ao cônjuge, ascendente, descendente ou irmão (art. 24, § 1º, do CPP).

Gabarito: D.

---

389. **(2021 – CESPE/CEBRASPE – MPE/AP – Promotor de Justiça)** A respeito da aplicação dos princípios norteadores do processo penal na ação penal, assinale a opção correta.

   a) O princípio da indivisibilidade afasta a possibilidade de aditamento da queixa-crime.

   b) Na ação penal pública, o oferecimento de denúncia em relação a um dos agentes, mas não aos outros, impõe a instauração de novo processo.

   c) O princípio da obrigatoriedade da ação penal pública não comporta mitigação.

   d) A ação penal privada subsidiária da pública caracteriza exceção ao princípio da oficialidade.

   e) O pedido de absolvição do réu pelo Ministério Público encontra embasamento no princípio da disponibilidade da ação penal.

No princípio da oficialidade, a ação penal pública incondicionada será desencadeada por iniciativa de órgão oficial, o Ministério Público, a despeito da manifestação de vontade expressa ou tácita de qualquer pessoa. O princípio da oficialidade não é absoluto, ou melhor, mesmo com a atribuição do Ministério Público para a propositura da ação penal privada, há exceções a esse princípio, como a ação penal privada subsidiária da pública e a ação penal privada, previstas nos arts. 29 e 30 do CPP.

Gabarito: D.

---

390. **(2021 – FGV – PC/RN – Delegado)** Noeli compareceu à delegacia de polícia para registrar boletim de ocorrência contra seu companheiro Erson pelo crime de ameaça. Após chegar em casa, Noeli ouve pedido de desculpa de seu companheiro e apelos para que desista da representação. Considerando o disposto na legislação aplicável, quanto à possibilidade de retratação da representação apresentada, Noeli:

   a) Não poderá desistir da representação, por tratar-se de ação pública.

   b) Poderá se retratar perante a autoridade policial até o oferecimento da denúncia.

   c) Poderá se retratar perante o juiz, em audiência especial, até o recebimento da denúncia.

   d) Poderá se retratar perante o juiz ou a autoridade policial até a sentença.

   e) Não poderá se retratar após o oferecimento da denúncia, ainda que na presença do juiz e acompanhada de advogado.

Art. 16 da Lei nº 11.340/06 – RECEBIMENTO	Art. 25 do CPP - OFERECIMENTO
Nas ações penais públicas condicionadas à representação da ofendida de que trata esta Lei, só será admitida a renúncia à representação perante o juiz, em audiência especialmente designada com tal finalidade, ANTES do RECEBIMENTO da denúncia e ouvido o Ministério Público.	*A representação será irretratável, DEPOIS de OFERECIDA a denúncia.*

Jurisprudência do STJ – Info nº 656: Se a mulher vítima de crime de ação pública condicionada **comparece ao cartório da vara e manifesta interesse em se retratar da representação**, ainda assim o juiz deverá designar audiência para que ela confirme essa intenção e seja ouvido o MP, nos termos do art. 16. A Lei Maria (Lei nº 11.340/06) da Penha autoriza, em seu art. 16, que, se o crime for de ação pública condicionada (ex.: ameaça), a vítima possa se retratar da representação que havia oferecido, desde que faça isso em **audiência especialmente designada, ouvido o MP e seja realizada antes do RECEBIMENTO DA DENÚNCIA.**

Gabarito: C.

---

391. **(2021 – FGV – IMBEL – Advogado)** Relativamente à ação penal, assinale a alternativa correta.

   a) Qualquer pessoa do povo poderá provocar a iniciativa do Ministério Público, nos casos em que caiba a ação penal privada, fornecendo-lhe, por escrito, informações sobre o fato e a autoria e indicando o tempo, o lugar e os elementos de convicção.

   b) Nos crimes que se processa por ação penal pública condicionada, a representação será retratável, depois de oferecida a denúncia, exclusivamente por declaração escrita da vítima ou por procurador com poderes especiais.

   c) Quando, em autos ou papéis de que conhecerem, os juízes ou tribunais verificarem a existência de crime de ação privada, determinarão a extração de cópias e a intimação da vítima para que exerça o direito de queixa.

   d) O Ministério Público não poderá desistir da ação penal.

   e) No caso de morte do ofendido ou quando declarado ausente por decisão judicial, o direito de oferecer queixa ou prosseguir na ação passará às pessoas mencionadas no art. 31, do Código de Processo Penal (ascendente, descendente, cônjuge ou irmão), tendo preferência dentre eles o ascendente (art. 36 Código de Processo Penal).

Tendo em vista o princípio da INDISPONIBILIDADE (ação penal não é disponível para o titular da ação penal pública), o Ministério Público titular da ação penal pública (art. 129 da CF/88), NÃO PODE desistir da ação penal, conforme previsto no art. 42 do CPP.

Fundamentação das alternativas: a) Qualquer pessoa do povo poderá provocar a iniciativa do Ministério Público, **nos casos em que caiba a AÇÃO PÚBLICA,** fornecendo-lhe, por escrito, informações sobre o fato e a autoria e indicando o tempo, o lugar e os elementos de convicção, (art. 27 do CPP); b) A representação será **IRRETRATÁVEL, depois de oferecida** a denúncia, (art. 25 do CPP); Quando, em autos ou papéis de que conhecerem, os juízes ou tribunais verificarem a existência de crime de ação pública, **remeterão ao Ministério Público as cópias e os documentos necessários ao oferecimento da denúncia,** (art. 40 do CPP) e e) No caso de morte do ofendido ou quando declarado ausente por decisão judicial, o direito de representação passará ao **cônjuge, ascendente, descendente ou irmão.** (art. 24, § 1º, do CPP).

Gabarito: D.

---

392. **(2021 – MPDFT – Promotor de Justiça – Adaptada)** Considerando a afirmativa abaixo, é CORRETO afirmar que:

As empresas de transporte possibilitarão, pelo prazo de três anos, acesso direto e permanente do juiz, do Ministério Público ou do delegado de polícia aos bancos de dados de reservas e registro de viagens.

Certo ( )   Errado ( )

Nos termos do art. 47 do CPP, *"Se o Ministério Público julgar necessários maiores esclarecimentos e documentos complementares ou novos elementos de convicção, DEVERÁ REQUISITÁ-LOS, diretamente, de quaisquer autoridades ou funcionários que devam ou possam fornecê-los"*.

Gabarito: Errado.

---

393. (2021 – MPDFT – Promotor de Justiça – Adaptada) Considere as assertivas abaixo:

I. A renúncia ao exercício da ação penal privada consiste na abdicação do direito de sua propositura e depende de aceitação pela parte adversa.

II. O princípio da indivisibilidade da ação penal privada não se aplica à ação penal pública incondicionada, pois nesta é permitido o aditamento ou até o posterior oferecimento de outra denúncia pelo Ministério Público.

III. No processo e julgamento dos crimes contra a propriedade imaterial, no caso de haver o crime deixado vestígio, a queixa ou a denúncia não será recebida se não for instruída com o exame pericial dos objetos que constituam o corpo de delito.

A partir do que fora exposto, é possível dizer:

a) As assertivas I, II e III estão corretas.

b) As assertivas I e III estão corretas.

c) As assertivas I, II e III estão incorretas.

d) As assertivas I e II estão corretas.

e) As assertivas II e III estão corretas.

Fundamentação das alternativas: I)

RENÚNCIA (art. 48 do CPP)	PERDÃO (art. 51 do CPP)
Ato UNILATERAL do QUERELANTE	Ato BILATERAL do QUERELANTE — QUERELADO
ANTES DE AJUIZADA A AÇÃO	DEPOIS DE AJUIZADA A AÇÃO
Princípio da Oportunidade	Princípio da Disponibilidade
Opera-se pela prática de ato incompatível com a vontade de ver processado o infrator. Quando a vítima se recusa a tomar providência contra o seu agressor.	Ocorre quando a vítima não deseja prosseguir com a ação, perdoando o querelado.

II) A indivisibilidade prevista no art. 48 do CPP, não é aplicável a ação penal PÚBLICA, pois o titular da ação pública, o Ministério poderá ADITAR a denúncia a denúncia para a inclusão de autores, coautores e participes, desde que o faça antes da prescrição do crime.

Jurisprudência do STJ — Inf. nº 540 — *[...] NÃO vigora o princípio da indivisibilidade na ação penal PÚBLICA. O Parquet (Ministério Público) é livre para formar sua convicção incluindo na increpação as pessoas que entenda terem praticados ilícitos penais, ou seja, mediante a constatação de indícios de autoria e materialidade, não se podendo falar em arquivamento implícito em relação a quem não foi denunciado [...].*

III) No caso de haver o crime deixado vestígio, **a queixa ou a denúncia NÃO SERÁ** recebida se não for instruída com o **exame pericial** dos objetos que constituam o corpo de delito (art. 525 do CPP).

Jurisprudência do STJ — Súmula nº 574 — *Para a configuração do delito de violação de direito autoral e a comprovação de sua materialidade, é suficiente a perícia realizada por amostragem do produto apreendido, nos aspectos externos do material, e é desnecessária a identificação dos titulares dos direitos autorais violados ou daqueles que os representem.*

Jurisprudência do STJ — Inf. nº 692/2021 — [...] *Em se tratando de crimes contra a propriedade imaterial que deixem vestígio, a ciência da autoria do fato delituoso dá ensejo ao **início do prazo decadencial de 6 meses** (art. 38 do CPP), sendo tal prazo reduzido para **30 dias** (art. 527 do CPP) se homologado **laudo pericial** nesse ínterim [...].*

Gabarito: E.

---

394. **(2021 – AOCP – MPE/RS – Técnico do Ministério Público)** Considerando as seguintes afirmações acerca do Código de Processo Penal, analise as assertivas e assinale a alternativa que aponta as corretas.

I. A representação será irretratável, depois de oferecida a denúncia.

II. Se a vítima, ou seu representante legal, não concordar com o arquivamento do inquérito policial, poderá, no prazo de trinta dias do recebimento da comunicação, submeter a matéria à revisão da instância competente do órgão ministerial, conforme dispuser a respectiva lei orgânica.

III. O descumprimento do acordo de não persecução penal pelo investigado não poderá ser utilizado pelo Ministério Público como justificativa para o eventual não oferecimento de suspensão condicional do processo.

IV. Cumprido integralmente o acordo de não persecução penal, o juízo competente reconhecerá a atipicidade da conduta.

a) Apenas I e II.

b) Apenas II e IV.

c) Apenas III e IV.

d) Apenas I, II e III.

e) Apenas I, III e IV

CERTOS os itens I e II.

A representação será **IRRETRATÁVEL, depois de oferecida a denúncia** (art. 25 do CPP).

Se a vítima, ou seu representante legal, NÃO concordar com o arquivamento do inquérito policial, **PODERÁ no prazo de 30 (trinta) dias do recebimento da comunicação**, submeter à matéria à revisão da instância competente do órgão ministerial, conforme dispuser a respectiva lei orgânica, (art. 28, § 1º, do CPP).

ERRADO os itens III e IV.

O item III afronta o disposto no art. 28-A, § 11º, do CPP - O DESCUMPRIMENTO do acordo de não persecução penal pelo investigado também **PODERÁ** ser utilizado pelo Ministério Público como justificativa para o **eventual NÃO OFERECIMENTO de suspensão condicional do processo.**

O item IV está em desacordo com o teor do art. 28-A, § 13 – Cumprido **integralmente** o acordo de não persecução penal, **o juízo competente decretará** a **EXTINÇÃO DA PUNIBILIDADE.**

Revisão!

RETRATAÇÃO	RETRATAÇÃO	RETRATAÇÃO	RETRATAÇÃO	RETRATAÇÃO
REPRESENTAÇÃO no CPP – art. 25	REPRESENTAÇÃO na LMP – Lei nº 11.340/06 CPP – art. 16	Arrependimento Posterior – art. 16 do CP	Crimes de Calúnia e Difamação	Crime de Falso testemunho
Momento → até o OFERECIMENTO da denúncia.	**Momento** → até o ANTES do RECEBIMENTO da denúncia	**Momento** → até o recebimento da denúncia	**Momento** → ANTES da sentença, de maneira cabal. Consequência: ISENTA de pena	**Momento** → antes da sentença. Consequência: fato NÃO será punível.

Gabarito: A.

---

395. **(2021 – IDECAN – PEFOCE – Auxiliar de Perícia)** Instaurado inquérito policial para apurar eventual prática de delito de extorsão cometido por Fernando respeitado o prazo legal, o delegado de polícia Jorge elaborou o respectivo relatório. No relatório, entendeu que os elementos informativos colhidos na investigação apontavam o indiciado Fernando como autor do delito em questão. Dessa forma, entendendo terem restado demonstrados suficientes indícios de autoria e provas da materialidade do delito, encaminhou os autos do inquérito para o Ministério Público. Nesse contexto, assinale a alternativa correta.

   a) Caso o Ministério Público entenda ser necessária a realização de novas diligências e as requisite à autoridade policial, determinando, por consequência, o retorno dos autos do inquérito à delegacia de polícia, se for ultrapassado o prazo para o oferecimento da denúncia durante a realização de referidas diligências requisitadas, será possível ação penal privada subsidiária da pública.

   b) Caso o membro do Ministério Público se quede inerte e não ofereça denúncia no prazo legal, será possível ação penal privada subsidiária da pública a qualquer tempo; por questão de justiça criminal, ela é de exercício imprescritível.

   c) Caso o membro do Ministério Público se quede inerte e não ofereça denúncia no prazo legal, será possível ação penal privada subsidiária da pública dentro do prazo de seis meses contados a partir do dia em que esgotar o prazo para o oferecimento da denúncia.

   d) Caso o membro do Ministério Público entenda ser hipótese de arquivamento dos autos do inquérito policial, tendo ocorrido o efetivo arquivamento, ainda será possível ação penal privada subsidiária da pública a qualquer tempo e independente de condições, com base na inafastabilidade do controle jurisdicional.

   e) Caso o membro do Ministério Público ofereça denúncia, se a vítima, seu representante legal, ou terceiro interessado entender insuficiente a acusação, poderá ingressar com ação penal privada subsidiária da pública desde que respeitado o prazo legal de seis meses contados a partir do oferecimento da denúncia.

Nos termos do art. 29 do CPP, será admitida ação privada nos crimes de ação pública, se esta não for intentada no prazo legal, cabendo ao Ministério Público aditar a queixa, repudiá-la e oferecer denúncia substitutiva, intervir em todos os termos do processo, fornecer elementos de prova, interpor recurso e, a todo tempo, no caso de negligência do querelante, retomar a ação como parte principal. Ação penal privada é aquela em que a iniciativa da proposição da ação é conferida à vítima. A peça inicial se chama queixa-crime. Subdivide-se em: Exclusiva, Personalíssima

e Subsidiária da pública (é a ação proposta pela vítima em crime de ação pública, possibilidade que só existe quando o Ministério Público, dentro do prazo que a lei lhe confere, não apresenta qualquer manifestação.

Gabarito: C.

396. **(2021 – CESPE/CEBRASPE – TCE/RJ – Analista de Controle Externo)** Considerando aspectos gerais do direito penal brasileiro, julgue o item subsecutivo.

Não cabe ação penal privada subsidiária da pública se o Ministério Público, em vez de oferecer denúncia, promover o arquivamento do inquérito policial dentro do prazo legal.

Certo ( )   Errado ( )

Nos termos do art. 29 do CPP, será admitida ação privada nos crimes de ação pública, **se esta não for intentada no prazo legal (INÉRCIA do Ministério Público – no pedido de arquivamento há uma AÇÃO)**, cabendo ao Ministério Público aditar a queixa, repudiá-la e oferecer denúncia substitutiva, intervir em todos os termos do processo, fornecer elementos de prova, interpor recurso e, a todo tempo, no caso de negligência do querelante, retomar a ação como parte principal.

Gabarito: Certo.

397. **(2021 – CESPE/CEBRASPE – CODEVASF – Assessor Jurídico)** Com relação ao processo penal, julgue o item subsequente.

A ação penal privada subsidiária da pública é cabível quando o Ministério Público arquiva o inquérito sem realizar fundamentação adequada.

Certo ( )   Errado ( )

NÃO cabe ação penal privada subsidiária da pública, quando for promovido o arquivamento do inquérito policial, portanto a ação penal privada subsidiária **SOMENTE é cabível quando o ministério público ficar inerte**. Quando o Ministério Público analisa os elementos colhidos no inquérito, ou mesmo, após proceder a avaliação dos elementos que dispõe a respeito da autoria e materialidade, pode o promotor(a): Oferecer DENÚNCIA, requerer DILIGÊNCIAS imprescindíveis, declinar a competência (declínio de atribuições - membro do MP não pode atuar sendo juízo incompetente - remete para o Juízo competente), promover o ARQUIVAMENTO.

Gabarito: Errado.

398. **(2021 – CESPE/CEBRASPE – CODEVASF – Assessor Jurídico)** Com relação ao processo penal, julgue o item subsequente.

A representação da vítima é uma condição de procedibilidade para a ação penal que dispensa formalidade, bastando a intenção das vítimas em autorizar essa persecução penal.

Certo ( )   Errado ( )

Consoante o entendimento do STJ, tem-se que, *[...] quando a **ação penal pública depender de representação do ofendido ou de seu representante legal, tal manifestação de vontade, condição específica de NÃO EXIGE** maiores formalidades, sendo desnecessário que haja uma peça escrita nos autos do inquérito ou da ação penal com nomen iuris de representação, bastando que reste inequívoco o seu interesse na persecução penal. [...]* (STJ - HC: 659878 SP 2021/0111128-5, Rel. Min. Felix Fischer, DJe 24/05/2021).

Gabarito: Certo.

399. **(2021 – CESPE/CEBRASPE – CODEVASF – Assessor Jurídico)** Com relação ao processo penal, julgue o item subsequente.

As limitações ao direito de renúncia e ao perdão do ofendido são decorrentes da indivisibilidade da ação penal privada.

Certo (   )   Errado (   )

A resolução da questão passa pela leitura dos artigos do CPP abaixo transcritos, vejamos:

✓   **Art. 48**. A queixa contra qualquer dos autores do crime **obrigará ao processo de TODOS**, e o Ministério Público velará pela sua **indivisibilidade**.

✓   **Art. 49**. A renúncia ao exercício do direito de queixa, em relação a um dos autores do crime, a **TODOS se estenderá**.

✓   **Art. 51**. O perdão concedido a um dos querelados **aproveitará a TODOS**, sem que produza, todavia, efeito em relação ao que o recusar.

Gabarito: Certo.

---

400. **(2021 – CESPE/CEBRASPE – CODEVASF – Assessor Jurídico)** Com relação ao processo penal, julgue o item subsequente.

Ocorrerá perempção se o representante deixar de comparecer, sem motivo justificado, a qualquer ato do processo a que deva estar presente.

Certo (   )   Errado (   )

Conforme dispõe o art. 60, III, do CPP, nos casos em que somente se procede mediante queixa, considerar-se-á PEREMPTA a ação penal:

*[...] quando o **querelante** deixar de comparecer, sem motivo justificado, a qualquer ato do processo a que deva estar presente, ou deixar de formular o pedido de condenação nas alegações finais.*

Gabarito: Errado.

---

401. **(2021 – AOCP – PC/PA – Investigador – Adaptada)** À luz do disposto na Lei de Organizações Criminosas (Lei nº 12.850/2013)

O prazo para oferecimento de denúncia ou o processo, relativos ao colaborador, poderão ser suspensos por até um ano, prorrogável por igual período, até que sejam cumpridas as medidas de colaboração, suspendendo-se o respectivo prazo prescricional.

Certo (   )   Errado (   )

O prazo para oferecimento de denúncia ou o processo, relativos ao colaborador, poderá ser suspenso por até 6 (seis) meses, PRORROGÁVEIS por igual período, até que sejam cumpridas as medidas de colaboração, suspendendo-se o respectivo prazo prescricional (art. 4, § 3º, da Lei nº 12.850/13).

Gabarito: Errado.

---

402. **(2021 – AOCP – PC/PA – Escrivão)** Fulano foi alvo de uma representação fiscal, para fins penais, elaborada pela Receita Estadual, que o imputou, em tese, o crime de supressão tributária previsto no art. 1º, I, da Lei Federal nº 8.137/1990, tipo esse que possui pena de reclusão de dois a cinco anos e multa. Fulano é réu primário e de bons antecedentes, não possuindo habitualidade criminosa. Nesse caso hipotético, o Ministério Público ofereceu denúncia contra ele e, em petição anexa, ofertou a possibilidade de se celebrar acordo de não persecução penal. Sobre essa modalidade de acordo atualmente vigente no Código de Processo Penal, assinale a alternativa correta.

a) O acordo de não persecução penal será formalizado oralmente e será firmado pelo membro do Ministério Público, pelo investigado e por seu defensor.

b) Homologado judicialmente o contrato acordo de não persecução penal, o juiz devolverá os autos ao Ministério Público para que inicie sua execução perante o juízo de execução cível.

c) Recusada a homologação, o juiz devolverá os autos ao Ministério Público para a análise da necessidade de complementação das investigações ou o oferecimento da denúncia.

d) A vítima será intimada da homologação do acordo de não persecução penal e de seu regular cumprimento.

e) Se o juiz considerar inadequadas, insuficientes ou abusivas as condições dispostas no acordo de não persecução penal, devolverá os autos ao Ministério Público para que seja reformulada a proposta de acordo, independentemente da anuência do investigado.

Conforme dispõe o teor do art. 28-A, § 8º, do CPP - Recusada a homologação, o juiz DEVOLVERÁ os autos ao Ministério Público para a análise da necessidade de complementação das investigações ou o oferecimento da denúncia.

Fundamentação das alternativas: a) O item afronta o art. 28-A, § 3º, do CPP - O acordo de não persecução penal será formalizado **por ESCRITO** e será firmado pelo membro do Ministério Público, pelo investigado e por seu defensor; b) **"perante o juízo de EXECUÇÃO PENAL"** conforme o art. 28-A, § 6º, do CPP - Homologado judicialmente o acordo de não persecução penal, o juiz devolverá os autos ao Ministério Público para que **inicie sua execução perante o JUÍZO DE EXECUÇÃO PENAL**; d) A vítima será intimada da homologação do acordo de não persecução penal e de seu **DESCUMPRIMENTO** (art. 28-A, § 9º, do CPP) e e) Se o juiz considerar inadequadas, insuficientes ou abusivas as condições dispostas no acordo de não persecução penal, devolverá os autos ao Ministério Público para que seja reformulada a proposta de acordo, **com concordância do investigado e seu defensor** (art. 28-A, § 5º, do CPP).

Gabarito: C.

---

403. **(2020 – FACET – Prefeitura de Capim/PB – Assistente Jurídico)** Sobre a ação penal, assinale a alternativa correta:

a) Segundo entendimento jurisprudencial consolidado no Supremo Tribunal Federal, nos crimes contra a honra praticado em desfavor de funcionário público em razão de suas funções, a legitimidade para propositura da ação penal será exclusivamente do Ministério Público.

b) Nos crimes motivadores de ação penal privada, a queixa poderá ser apresentada por procurador ao qual tenha sido concedido pela vítima os poderes da cláusula ad judicia, sendo suficiente que na procuração conste a qualificação do querelado.

c) Pelo princípio da obrigatoriedade, nos crimes de ação penal pública o Ministério Público deve propor ação penal pública quando estiver diante de fato típico, ilícito e culpável, todavia, a transação penal se apresenta como instituto que mitiga a aplicação do citado princípio.

d) Será admitida a ação penal privada nos crimes de ação pública, quando esta não for intentada no prazo legal. Nesta hipótese, a ação penal privada deverá ser apresentada no prazo de 06 (seis) meses a contar da data em que se esgotar o prazo para oferecimento da denúncia, sendo declarada extinta a punibilidade do agente em razão da decadência, quando a ação penal privada for intempestiva.

e) De acordo com entendimento jurisprudencial consolidado no Superior Tribunal de Justiça, o crime lesão corporal praticado mediante violência doméstica contra a mulher é motivador de ação penal pública condicionada a representação.

O princípio da obrigatoriedade nos crimes de ação penal pública o Ministério Público deve propor ação penal pública quando estiver diante de fato típico, ilícito e culpável, entretanto, a transação penal se apresenta como instituto que mitiga a aplicação do citado princípio. O princípio da obrigatoriedade sofre mitigações tendo em vista as exceções ao respectivo princípio, tal como a transação penal, previsto no art. 76 da Lei nº 9.099/95, Acordo de não persecução penal, o Termo de Ajustamento de Conduta (TAC), nos casos de Ação Civil Pública, parcelamento do débito tributário (art. 83, § 2º, da Lei nº 9.430/96).

Fundamentação das alternativas: a) É CONCORRENTE a legitimidade do ofendido, mediante queixa, e do ministério público, condicionada à representação do ofendido, para a ação penal por **crime contra a honra de servidor público em razão do exercício de suas funções**, em afronta a Súmula nº 714 do STF; b) A queixa poderá ser dada por **procurador com poderes especiais, devendo constar do instrumento do mandato o nome do querelante** e a menção do fato criminoso, salvo quando tais esclarecimentos dependerem de diligências que devem ser previamente requeridas no juízo criminal, (art. 44 do CPP); d) conforme o art. 29 do CPP, na ação privada nos crimes de ação pública, o Ministério Público pode aditar a queixa, repudiá-la e oferecer denúncia substitutiva, intervir em todos os termos do processo, fornecer elementos de prova, interpor recurso **e, a todo tempo, no caso de negligência do querelante, retomar a ação como parte principal.** Sendo assim, transcorrido o prazo de 6 meses, sem que o ofendido exerça seu direito de propor a ação penal privada subsidiária da pública, o Ministério Público, que poderá oferecer denúncia até que ocorra a prescrição da pretensão punitiva do estado, não sendo caso de extinção da punibilidade por decadência; e e) Nos termos da Súmula nº 542 do STJ: A **ação penal** relativa ao **crime de lesão corporal resultante de violência doméstica contra a mulher** é **pública INCONDICIONADA.**

Gabarito: C.

---

404. (2020 – CESPE/CEBRASPE – PRF – Policial) No que se refere a aspectos legais relacionados aos procedimentos policiais, julgue o item a seguir.

Um homem que causar em sua companheira lesão corporal decorrente de violência praticada no âmbito doméstico e familiar deverá ser autuado em flagrante delito, sendo a ação penal pública incondicionada.

Certo ( )   Errado ( )

Nos termos da Súmula 542 do STJ: A **ação penal** relativa ao **crime de lesão corporal resultante de violência doméstica contra a mulher** é **pública INCONDICIONADA.**

Jurisprudência do STJ – Ed. 41, 11: O crime de lesão corporal, **ainda que leve ou culposa**, praticado contra a mulher no âmbito das relações domésticas e familiares, deve ser processado mediante ação penal **pública INCONDICIONADA.**

Gabarito: Certo.

---

405. (2020 – CESPE/CEBRASPE – MPE/CE – Técnico Ministerial) Tales foi preso em flagrante em um parque de Fortaleza pela prática do crime de estupro, tendo sido reconhecido pela vítima, Marta, com a qual não possuía relação anterior. Há indícios de que Tales tenha praticado outros crimes sexuais, tendo sido também reconhecido por outras vítimas.

A partir dessa situação hipotética, julgue o item a seguir. O crime de estupro não admite retratação nem perdão pela vítima, cabendo ao Ministério Público oferecer a denúncia no prazo de cinco dias, estando Tales preso.

Certo (   )   Errado (   )

O CPP dispõe no art. 46, que o prazo é de cinco dias, estando o réu preso, e de quinze dias, estando o réu solto, a contar da data do recebimento dos autos do inquérito policial. O crime de estrupo previsto no art. 213 do CP, que consiste em constranger alguém, mediante violência ou grave ameaça, a ter conjunção carnal ou a praticar ou permitir que com ele se pratique outro ato libidinoso, trata-se de crime de ação pública INCONDICIONADA. Atualmente, a Lei nº 13.718/18 alterou a redação do art. 225 do CP e passou a prever, sem EXCEÇÃO, que TODOS os crimes contra a dignidade sexual são de ação pública incondicionada.

Gabarito: Certo.

---

406. **(2020 – CESPE/CEBRASPE – MP/CE – Promotor de Justiça)** João sofreu calúnia, mas veio a falecer dentro do prazo decadencial de seis meses, antes de ajuizar ação contra o ofensor. Ele não tinha filhos e mantinha um relacionamento homoafetivo com Márcio, em união estável reconhecida. João era filho único e tinha como parente próximo sua mãe. Nessa situação hipotética, o ajuizamento de ação pelo crime de calúnia

a) somente poderá ser promovido pela mãe de João.

b) poderá ser realizado pelo Ministério Público.

c) poderá ser realizado por Márcio.

d) não é cabível, haja vista a morte de João

e) deverá ser realizado por curador especial, a ser nomeado para essa finalidade

O crime de Calúnia, com previsão no art. 138 do CP, é delito que se apura mediante a ação penal privada, conforme dispõe o art. 145, art. 100, § 4º, do CP e art. 31 do CPP. Em caso de morte do ofendido ou declarada a sua ausência, o direito de oferecer a queixa passa ao cônjuge, ascendente, descendente ou irmão.

Jurisprudência do STF e STJ:

Informativo 654 do STJ: A **companheira, em união estável homoafetiva reconhecida, goza do mesmo status de cônjuge para o processo penal**, possuindo legitimidade para ajuizar a ação penal privada. STJ. Corte Especial. APn 912-RJ, Rel. Min. Laurita Vaz, julgado em 07/08/2019.

A companheira, em união estável reconhecida, goza do mesmo status de cônjuge para o processo penal, podendo figurar como legítima representante da falecida. Vale ressaltar que a interpretação extensiva da norma processual penal tem autorização expressa no art. 3.º do CPP ("A lei processual penal admitirá interpretação extensiva e aplicação analógica, bem como o suplemento dos princípios gerais de direito"). Ademais, "*o STF já reconheceu a 'inexistência de hierarquia ou diferença de qualidade jurídica entre as duas formas de constituição de um novo e autonomizado núcleo doméstico', aplicando-se a união estável entre pessoas do mesmo sexo as mesmas regras e mesmas consequências da união estável heteroafetiva*' [...]". (RE 646721, Relator Min. MARCO AURÉLIO, Relator(a) p/ Acórdão: Min. ROBERTO BARROSO, Tribunal Pleno, julgado em 10/05/2017, ACÓRDÃO ELETRÔNICO REPERCUSSÃO GERAL - MÉRITO DJe-204 DIVULG 08-09-2017 PUBLIC 11-09-2017).

Gabarito: C.

407. (2020 – IBFC – TRE/PA – Analista Judiciário) No que se refere às disposições do Código de Processo Penal sobre a ação penal, analise as afirmativas abaixo e dê valores Verdadeiro (V) ou Falso (F):

( ) Nos crimes de ação pública, esta será promovida por denúncia do Ministério Público, mas dependerá, quando a lei o exigir, de requisição do Ministro da Justiça, ou de representação do ofendido ou de quem tiver qualidade para representá-lo.

( ) O Ministério Público não poderá desistir da ação penal.

( ) Qualquer pessoa poderá intentar a ação privada. Assinale a alternativa que apresenta a sequência correta de cima para baixo.

a) V, V, V.

b) V, V, F.

c) V, F, V.

d) F, F, V.

Itens verdadeiros:

I – Nos crimes de ação pública, esta será promovida por denúncia do Ministério Público, mas dependerá, quando a lei o exigir, de requisição do Ministro da Justiça, ou de representação do ofendido ou de quem tiver qualidade para representá-lo, conforme previsto no Caput. Do art. 24 do CPP.

II – Nos termos do art. 576 do CPP. Vejamos:

O Ministério Público não poderá desistir de recurso que haja interposto.

O item III é FALSO:

Ao ofendido ou a quem tenha qualidade para representá-lo caberá intentar a ação privada, (art. 30 do CPP).

Gabarito: B.

---

408. (2020 – CESPE/CEBRASPE – TJ/PA – Auxiliar Judiciário) A ação penal pública pode ser incondicionada ou condicionada à representação. Em relação à ação penal pública condicionada à representação, há a exigência da manifestação do ofendido ou de quem tenha qualidade para representá-lo. Acerca da ação penal pública condicionada à representação, assinale a opção correta.

a) A representação é uma condição de procedibilidade da ação penal, e sua ausência impede o Ministério Público de oferecer a denúncia.

b) Opera-se a decadência da ação penal condicionada à representação se o direito de representar não for exercido no prazo de seis meses, a contar da data do fato criminoso.

c) O ofendido pode, a qualquer tempo, exercer o direito de se retratar da representação, sendo a extinção da punibilidade sem resolução de mérito o efeito da retratação.

d) A ação penal pública condicionada à representação é essencialmente de interesse privado e regida pelos princípios da conveniência e oportunidade.

e) A irretratabilidade da representação inicia-se com a instauração do inquérito policial.

Nos crimes de ação pública, esta será promovida por denúncia do Ministério Público, mas dependerá, quando a lei o exigir, de requisição do Ministro da Justiça, ou de representação do ofendido ou de quem tiver qualidade para representá-lo, (art. 24, *caput*, do CPP).

PERSEQUIBILIDADE	PROCEDIBILIDADE	PROSSEGUIBILIDADE
Nos crimes de ação penal condicionada AUSENTE a representação, não é possível instauração do inquérito policial. À vista disso, a representação é condição especial de persequibilidade, quer dizer, condição para que se inicie a *persecutio criminis*, art. 5º, § 4º, CPP.	Nos crimes de ação penal condicionada, a REPRESENTAÇÃO é condição de procedibilidade, porquanto sem ela não se procede em juízo, art. 24 CPP.	A representação também pode ser condição de prosseguibilidade, o que traz ideia de prosseguimento da ação quando um crime de ação penal pública incondicionada passar a exigir representação, de modo que sem ela não conseguiremos dar prosseguimento à ação penal.

Fundamentação das alternativas: b) Salvo disposição em contrário, o ofendido, ou seu representante legal, **decairá no direito de queixa ou de representação, se não o exercer dentro do prazo de seis meses, contado do dia em que vier a saber quem é o autor do crime**, ou, no caso do art. 29, do dia em que se esgotar o prazo para o oferecimento da denúncia, (art. 38 do CPP); c) A representação será **irretratável, depois de oferecida a denúncia**, (art. 25 do CPP); d) Os princípios ou características **conveniência e oportunidade** são aplicáveis à **ação penal PRIVADA e portanto, não são aplicáveis à ação penal pública condicionada**; e) A representação será irretratável, depois de oferecida a denúncia (art. 25 do CPP).

Gabarito: A.

409. (2020/ CESPE / CEBRASPE/ TJ-PA/ Analista Judiciário – Direito) Maria foi vítima de estupro praticado por um desconhecido em um parque. Ao comparecer à delegacia, ela comunicou formalmente o ocorrido e submeteu-se a exame de corpo de delito, que comprovou a violência sexual; em seguida, foi feito o retrato falado do estuprador. Apesar dos esforços da autoridade policial, o autor do crime somente foi identificado e reconhecido pela vítima sete meses após a ocorrência do fato. Nessa situação hipotética, concluídas as investigações, o Ministério Público deve

   a) oferecer a denúncia, visto que estão presentes as condições da ação penal.

   b) manifestar-se pelo arquivamento do inquérito policial por falta de interesse de agir.

   c) manifestar-se pelo arquivamento do inquérito policial por falta de possibilidade jurídica do pedido.

   d) manifestar-se pelo arquivamento do inquérito policial por falta de justa causa.

   e) oficiar à vítima para que ela informe se ainda tem interesse na propositura da ação penal.

O crime de estrupo previsto no art. 213 do CP, que consiste em constranger alguém, mediante violência ou grave ameaça, a ter conjunção carnal ou a praticar ou permitir que com ele se pratique outro ato libidinoso, trata-se de crime de ação pública INCONDICIONADA. Atualmente, a Lei n 13.718/18 alterou a redação do art. 225 do CP e passou a prever, sem EXCEÇÃO, que TODOS os crimes contra a dignidade sexual são de ação pública incondicionada.

Gabarito: A.

410. (2019 – TJ/PR – TJ/PR – Juiz) Assinale C para certo e E para errado.

   O juiz pode deixar de homologar transação penal em razão de atipicidade, ocorrência de prescrição ou falta de justa causa para a ação penal, equivalendo tal decisão à rejeição da denúncia ou queixa.

Certo (   )   Errado (   )

Consoante o "ENUNCIADO 73 – *O juiz PODE deixar de homologar transação penal em razão de atipicidade, ocorrência de prescrição ou falta de justa causa para a ação penal, equivalendo tal decisão à rejeição da denúncia ou queixa* (XVI Encontro – Rio de Janeiro/RJ)."

Gabarito: Certo.

---

411. **(2019 – TJ/PR – TJ/PR – Juiz)** Assinale C para certo e E para errado.

Segundo enunciado do FONAJE, na ação penal de iniciativa privada, cabem transação penal e a suspensão condicional do processo, mediante proposta do Ministério Público.

Certo (   )   Errado (   )

De acordo com o enunciado 112 do FONAJE:

"**ENUNCIADO 112 (Substitui o Enunciado 90) – *Na ação penal de iniciativa privada, CABEM transação penal e a suspensão condicional do processo, mediante proposta do Ministério Público*** (XXVII Encontro – Palmas/TO)."

Gabarito: Certo.

---

412. **(2019 – TJ/AP – TJ/AP – Estagiário)** A representação será irretratável:

a) Depois de oferecida a denúncia.

b) Após instaurado o inquérito policial.

c) Antes de instaurado o inquérito policial.

d) Depois de recebida a denúncia.

Nos exatos termos do art. 25 do CPP, *a REPRESENTAÇÃO será IRRETRATÁVEL, DEPOIS de OFERECIDA a denúncia.*

Jurisprudência do STJ – Info. nº 656: Se a mulher vítima de crime de ação pública condicionada **comparece ao cartório da vara e manifesta interesse em se retratar da representação**, ainda assim o juiz deverá designar audiência para que ela confirme essa intenção e seja ouvido o MP, nos termos do art. 16. A Lei Maria da Penha autoriza, em seu art. 16, que, se o crime for de ação pública condicionada (ex.: ameaça), a vítima possa se retratar da representação que havia oferecido, desde que faça isso em **audiência especialmente designada, ouvido o MP e seja realizada antes do RECEBIMENTO DA DENÚNCIA.**

Gabarito: A.

---

413. **(2019 – CIEE – TJ/DFT – Estagiário)** Com relação à ação penal, conforme dispõe o CPP, considere V para verdadeiro ou F para falso e assinale a alternativa que apresenta a sequência correta.

(   ) Ao ofendido ou a quem tenha qualidade para representá-lo caberá intentar a ação penal pública.

(   ) O direito de representação poderá ser exercido, pessoalmente ou por procurador com poderes especiais, mediante declaração, escrita ou oral, feita ao juiz, ao órgão do Ministério Público, ou à autoridade policial.

(   ) O Ministério Público não poderá desistir da ação penal.

a) V / V / V

b) F / F / V

c) V / F / F

d) F / V / V

É FALSO o primeiro item tendo em vista que ao ofendido ou a quem tenha qualidade para representá-lo caberá intentar a **AÇÃO PRIVADA** (art. 30 do CPP).

São VERDADEIROS o segundo e o terceiro item, vejamos:

O direito de representação poderá ser exercido, pessoalmente ou por procurador com poderes especiais, mediante declaração, escrita ou oral, feita ao juiz, ao órgão do Ministério Público, ou à autoridade policial. (art. 39 do CPP).

O Ministério Público não poderá desistir da ação penal, (art. 42 do CPP).

Gabarito: D.

---

414. **(2019 – CESPE/CEBRASPE – DPE/DF – Defensor Público)** O Estado exerce sua pretensão punitiva a partir do ingresso da ação penal, garantindo-se ao acusado o devido e justo processo legal. Acerca do processo penal, julgue o item a seguir.

Em se tratando de contravenção penal punida com pena de multa, admite-se subsidiariamente, em caso de inércia do Ministério Público, a ação penal sem demanda.

Certo ( )   Errado ( )

Na medida em que a CF/88, no art. 129, I, estabelece competência privativa do Ministério Público para a propositura da ação penal pública, conclui a doutrina que qualquer dispositivo legal que permita a outro agente, como o delegado de polícia ou o juiz, por exemplo, a instauração de um processo, não foi recepcionado pela Constituição Federal. Prevalência do sistema acusatório que, em uma de suas perspectivas, não admite ação penal sem demanda, sem provocação da parte.

Nesse sentido, Norberto Avena afirma: "*Veja-se que não foi recepcionado pela Constituição Federal o denominado procedimento judicialiforme, previsto no art. 26 do CPP, no qual se permitia que a ação penal pública nas contravenções penais fosse iniciada por auto de prisão em flagrante ou por meio de portaria expedida pelo juiz ou pela autoridade policial*" (AVENA, N. Processo penal. 9 ed. São Paulo: Método, 2017).

Gabarito: Errado.

---

415. **(2019 – AOCP – PC/ES – Investigador – Adaptada)** O interesse de agir da ação penal deve ser analisado sob três aspectos distintos: a necessidade de obtenção da tutela jurisdicional pleiteada; a adequação entre o pedido e a proteção jurisdicional que se pretende obter; e a utilidade, que se traduz na eficácia da atividade jurisdicional para satisfazer o interesse do autor. Sobre essa temática, assinale a alternativa correta.

A representação do ofendido, nos crimes de ação penal pública condicionada à representação, não é uma condição da ação penal.

Certo ( )   Errado ( )

Conforme o art. 24 do CPP, nos crimes de ação pública, esta será promovida por denúncia do Ministério Público, mas dependerá, quando a lei o exigir, de requisição do Ministro da Justiça, ou de representação do ofendido ou de quem tiver qualidade para representá-lo.

Gabarito: Errado.

---

416. **(2019 – FEPESE – SJC/SC – Agente Penitenciário)** De acordo com o CPP, é correto afirmar:

   a) Nas contravenções penais será adotado o mesmo procedimento relativo à ação penal dos crimes comuns.

   b) A autoridade policial não possui competência para dar início à ação penal para apuração de atos classificados como contravenção.

   c) A ação penal, nas contravenções, poderá ser iniciada com o auto de prisão em flagrante.

   d) Verificada a ocorrência de uma infração penal, a sua apuração terá início, obrigatoriamente, com a denúncia formulada pelo Ministério Público.

   e) Quando o fato típico for considerado uma contravenção penal, não haverá ação penal para a sua apuração, bastando a instauração de inquérito policial.

Conforme doutrinam os professores Alexandre Cebrian Araújo Reis e Victor Eduardo Rios Gonçalves, ANTES do advento da CF/88, havia algumas exceções à regra de que o juiz não pode dar início à ação penal. Para apurar contravenção penal e homicídio ou lesões corporais culposas, o juiz PODIA dar início à ação penal mediante portaria, denominam-se processos judicialiformes, nos quais uma mesma pessoa acusava e julgava. Senão, vejamos o que dispõe o art. 26 do CPP, não recepcionado pela CF/88:

Art. 26. A ação penal, nas contravenções, será iniciada com o auto de prisão em flagrante ou por meio de portaria expedida pela autoridade judiciária ou policial.

Entretanto, não recepcionada essa hipótese de processo judicialiforme, posto que a CF/88, art. 129, atribuiu ao Ministério Público à titularidade exclusiva da ação penal. Atente ainda que consoante o princípio da iniciativa das partes no processo penal.

Gabarito: B.

---

417. **(2019 – AOCP – PC/ES – Escrivão)** Em se tratando de ação penal pública condicionada, assinale a alternativa correta em relação à representação do ofendido.

   a) A representação é retratável até a sentença de primeiro grau.

   b) Oferecida a denúncia, a representação torna-se irretratável.

   c) A representação é retratável em qualquer fase do processo.

   d) Uma vez efetivada a representação, não há que se falar em retratação.

   e) Recebida a denúncia, a representação torna-se irretratável.

A representação será IRRETRATÁVEL, depois de oferecida (ou seja, depois que apresentada ao juiz) a denúncia, consoante o art. 25 do CPP.

Gabarito: B.

---

418. (2019 – CESPE/CEBRASPE – PGE/PE – Analista Judiciário de Procuradoria) A respeito de ação penal, espécies e cominação de penas, julgue o item a seguir.

Inquéritos policiais e ações penais em curso podem servir para agravar a pena-base do condenado a título de maus antecedentes e de personalidade desajustada ou voltada para a criminalidade.

Certo (   )   Errado (   )

Conforme a Súmula nº 444 do STJ, é vedada a utilização de inquéritos policiais e ações penais em curso para agravar a pena base. Conforme o fundamento: princípio da presunção de inocência (art. LVII, da CF/88).

Jurisprudência - Informativo nº 722 do STF: *A existência de inquéritos policiais ou de ações penais sem trânsito em julgado* **não podem ser considerados como maus antecedentes para fins de dosimetria da pena.** (RE 591054/SC, Rel. Min. Marco Aurélio, julgado em 17/12/2014. Repercussão geral. Info nº 772).

Gabarito: Errado.

---

419. (2019 – NC/UFPR – TJ/PR – Titular de Serviços de Notas e de Registros – Adaptada) Em relação ao tema da ação processual penal, considere as seguintes afirmativas:

Seja qual for o crime, quando praticado em detrimento do patrimônio ou interesse da União, Estado e Município, a ação penal será pública.

Certo (   )   Errado (   )

Nos termos do art. 24, § 2º, do CPP, *seja qual for o crime, quando praticado em detrimento do patrimônio ou interesse da União, estado e município, a ação penal será pública.*
Gabarito: Certo.

---

420. (2019 – CONSULPLAN – MPE/SC – Promotor de Justiça) A ação de prevenção penal é aquela ajuizada com a finalidade de se aplicar medida de segurança a acusado que, em virtude de doença mental ou de desenvolvimento mental incompleto ou retardado, era, ao tempo da ação ou omissão, absolutamente incapaz de entender o caráter ilícito do fato ou de determinar-se de acordo com esse entendimento.

Certo (   )   Errado (   )

A ação de prevenção penal é iniciada com o propósito de aplicação de medida de segurança aos inimputáveis descritos no art. 26 do CP. "Prevenção", justamente, porque o objetivo não é o usual, de punição, de aplicação de pena. Refere-se, portanto, aos indivíduos portadores de doença mental ou desenvolvimento mental incompleto.

A sentença que aplica medida de segurança não é tida como uma sentença condenatória, mas, sim, "absolutória imprópria". Por essa maneira de pensar, esse tipo de ação penal só poderá ter como resultado a absolvição: "imprópria" (para quando reconhece a prática do injusto e aplica medida de segurança) e "própria" (para as demais situações do art. 386 do CPP, e aí o réu não está sujeito a nenhuma sanção).

Gabarito: Certo.

---

421. (2019 – CESPE/CEBRASPE – TJ/DFT – Titular de Serviços de Notas e Registros – Adaptada) João, de 19 anos de idade, foi vítima de crime de calúnia praticado por Maria. Ciente da autoria do ato delituoso, João relatou os fatos informalmente ao delegado de polícia e solicitou orientação sobre as providências a serem adotadas. Considerando essa situação hipotética, assinale a opção correta, acerca de crime que se apura mediante ação penal privada.

Caso João venha a falecer após a instauração do inquérito policial e antes da ação penal, o direito de oferecer queixa-crime passará ao cônjuge, ascendente, descendente ou irmão.

Certo (　)　　　　Errado (　)

Ao ofendido ou a quem tenha qualidade para representá-lo caberá intentar a ação privada. No caso de MORTE do ofendido ou quando declarado ausente por decisão judicial, o direito de oferecer queixa ou prosseguir na ação passará ao cônjuge, ascendente, descendente ou irmão, conforme os arts. 30 e 31 do CPP.

Gabarito: Certo.

---

422. (2019 – FCC – Câmara de Fortaleza/CE – Agente Administrativo) Sobre a ação penal privada é correto afirmar que

   a) será promovida por denúncia do Ministério Público ou por requisição do Ministro da Justiça.

   b) seu exercício depende de representação do Ministério Público e aceitação da vítima.

   c) pode ser intentada tanto pelo ofendido quanto por quem tenha qualidade para representá-lo.

   d) deve ser proposta no prazo de trinta dias da descoberta do crime pelo ofendido.

   e) pode ser exercida por qualquer pessoa que saiba do crime e independe da vontade do ofendido.

Nos termos do art. 100, § 2º, do CP, a ação de iniciativa privada é promovida mediante queixa do ofendido ou de quem tenha qualidade para representá-lo.

Gabarito:

---

423. (2019 – AOCP – PC/ES – Investigador – Adaptada) O interesse de agir da ação penal deve ser analisado sob três aspectos distintos: a necessidade de obtenção da tutela jurisdicional pleiteada; a adequação entre o pedido e a proteção jurisdicional que se pretende obter; e a utilidade, que se traduz na eficácia da atividade jurisdicional para satisfazer o interesse do autor. Sobre essa temática, assinale a alternativa correta.

A "justa causa" é o suporte probatório mínimo (em regra constituído no inquérito policial) que deve lastrear toda e qualquer acusação penal.

Certo (　)　　　　Errado (　)

A justa causa é a existência de autoria e prova da materialidade do fato criminoso. Lastro probatório mínimo indispensável para a instrução de um processo penal. Deve a acusação ser portadora de elementos de informação que justifiquem a admissão da acusação e o custo que representa o processo penal. E funciona como uma condição de garantia contra o uso abusivo do direito de acusar, evitando a instauração de processos levianos ou temerários.

Gabarito: Certo.

---

424. **(2019 – ACESSO – PC/ES – Delegado)** Marcio, por intermédio de um advogado, ingressou com uma queixa-crime em face de Arnaldo, uma vez que, pelas redes sociais, Arnaldo imputou a ele, falsamente, um fato definido como crime. No curso do processo, Marcio tomou conhecimento por meio de amigos em comum que Arnaldo teria perdido um filho assassinado em um assalto, fato que o comoveu e em sede de alegações finais, Márcio, por seu advogado, postula a absolvição do réu em relação ao crime contra a honra cometido.

Diante desta situação, é correto afirmar que o juiz

   a) poderá, ainda assim, condenar o réu, uma vez que a ação penal, nesta hipótese, é privada, cabendo a ele tal decisão.

   b) deverá, nestas situações, chamar o autor e o réu a fim de que possa promover a reconciliação entre eles.

   c) não terá outra alternativa que não seja reconhecer a extinção da punibilidade de Arnaldo.

   d) poderá condenar ou absolver Arnaldo, independentemente do fato de Márcio ter, em sede de alegações finais, postulado a absolvição do agente.

   e) ficará obrigado a absolver Arnaldo, porquanto Márcio é o titular da ação penal privada, podendo assim desistir dela a qualquer tempo.

A questão trata da hipótese de PEREMPÇÃO, nos termos dos arts. 107, IV, do CP e 60, III, do CPP, que aponta causa de extinção da punibilidade.

Nos casos em que somente se procede mediante queixa, considerar-se-á perempta a ação penal:

III - quando o querelante deixar de comparecer, sem motivo justificado, a qualquer ato do processo a que deva estar presente, ou deixar de formular o pedido de condenação nas alegações finais.

Gabarito: C.

---

425. **(2019 – FUNDEP – DPE/MG – Defensor Público – Adaptada)** Sobre ação penal, a representação do ofendido e a requisição do Ministro da justiça são condições de procedibilidade eventualmente exigidas para o exercício da ação penal de iniciativa pública.

Certo ( )   Errado ( )

No âmbito das ações penais públicas condicionadas, tem-se a representação do ofendido e requisição do Ministro da Justiça como condições específicas da ação ou condições de procedibilidade, nos crimes que as exijam. A representação do ofendido é condição de procedibilidade para o delegado iniciar o inquérito policial.

Gabarito: Certo.

---

426. **(2019 – IDIB – Prefeitura de Petrolina/PE – Guarda Civil)** Tendo por base o disposto no CPP, assinale a alternativa incorreta acerca da ação penal:

   a) A representação será irretratável, depois de oferecida a denúncia.

   b) Se o ofendido for menor de 18 anos, o direito de queixa poderá ser exercido por ele ou por seu representante legal.

   c) As fundações, associações ou sociedades legalmente constituídas poderão exercer a ação penal, devendo ser representadas por quem os respectivos contratos ou estatutos designarem ou, no silêncio destes, pelos seus diretores ou sócios-gerentes.

d) O Ministério Público não poderá desistir da ação penal.

e) A renúncia ao exercício do direito de queixa, em relação a um dos autores do crime, a todos se estenderá.

Com o novo Código Civil, art. 5º, *caput*, estabelece a maioridade civil aos 18 anos completos. Portanto, não se aplica mais a regra dos arts. 34, 50, parágrafo único, 52 e 54 do CPP. Nesse caso, devemos responder essa assertiva com fundamento no art. 34 do CPP. O menor de 18 anos precisa de representante legal ou curador especial para poder usufruir do direito de queixa.

Art. 34. Se o ofendido for menor de 21 e maior de 18 anos, o direito de queixa poderá ser exercido por ele ou por seu representante legal.

a) A representação será irretratável, depois de oferecida a denúncia, nos termos do art. 25 do CPP.

c) Consoante o disposto no art. 37 do CPP as fundações, associações ou sociedades legalmente constituídas poderão exercer a ação penal, devendo ser representadas por quem os respectivos contratos ou estatutos designarem ou, no silêncio destes, pelos seus diretores ou sócios-gerentes.

d) O Ministério Público não poderá desistir da ação penal, vide o art. 42 do CPP.

e) A renúncia ao exercício do direito de queixa, em relação a um dos autores do crime, a todos se estenderá, conforme o art. 49 do CPP.

Gabarito: B.

427. (2019 – CESPE/CEBRASPE – PGE/PE – Analista Judiciário de Procuradoria) A respeito de ação penal, espécies e cominação de penas, julgue o item a seguir.

Em se tratando de crimes sujeitos a ação penal pública condicionada, a representação do ofendido é irretratável depois de oferecida a denúncia.

Certo (   )   Errado (   )

A representação será IRRETRATÁVEL, depois de oferecida (ou seja, depois que apresentada ao juiz) a denúncia, consoante o art. 25 do CPP.

Gabarito: Certo.

428. (2019 – ACESSO – PC/ES – Delegado) No que pertine à inépcia da denúncia ou da queixa, é correto afirmar que

a) a doutrina a entende como sinônimo de criptoimputacao.

b) ocorre quando, na denúncia/queixa, não há a identificação do acusado com seu verdadeiro nome ou outros qualificativos.

c) sucede quando faltar justa causa para o regular exercício da ação penal.

d) tem cabimento quando ausente uma ou algumas das condições da ação penal.

e) acontece quando a inicial acusatória não contém o rol de testemunhas.

A doutrina a entende como sinônimo de criptoimputação.

Conceitualmente, *A doutrina denomina criptoimputação a imputação contaminada por grave situação de deficiência na narração do fato imputado, quando não contém os elementos mínimos de sua identificação como crime, como às vezes ocorre com a simples alusão aos elementos do tipo penal abstrato.*

Consequências: *A consequência primeira da criptoimputação é a rejeição da denúncia [...] Se equivocadamente for recebida a denúncia eivada pela criptoimputação (quando a imputação não contém os elementos mínimos de sua identificação como crime, como às vezes ocorre com a simples alusão aos elementos do tipo penal abstrato), deverá o juiz absolver sumariamente o réu com esteio no art. 397, III, do CPP. Não o fazendo, abre-se a possibilidade de impetração de habeas corpus (CPP, art. 647 c/c art. 648, VI) em razão de faltar ao processo elemento essencial configurador de nulidade (CPP, art. 564, IV).*

Como deve agir o promotor de justiça, a fim de evitar a criptoimputação: *Conforme o art. 41 do CPP. Deve o promotor de justiça descrever de modo preciso os elementos estruturais (essentialia delicti) que compõem o tipo penal, sob pena de se devolver, ilegitimamente, ao réu, o ônus (que sobre ele não incide) de provar que é inocente. Nesse sentido é a jurisprudência pretoriana. Fim do espelho.*

b) A identificação do acusado não precisa necessariamente ser com seu "verdadeiro nome"; não se exige qualificação, sendo suficientes "esclarecimentos pelos quais se possa identificá-lo", nos termos do art. 41 do CPP. O importante é que se possa saber exatamente quem é, individualizar o sujeito acusado.

c) Justa causa é o equivalente a suporte probatório mínimo; diz respeito ao conteúdo da acusação; tem a ver com a existência de elementos informativos que dão lastro para a imputação. Portanto, não diz respeito à inépcia. Inépcia e ausência de justa causa são defeitos distintos, inclusive previstos em incisos diferentes do art. 395 do CPP para efeito de rejeição da denúncia.

d) A denúncia ou queixa conterá a exposição do fato criminoso, com todas as suas circunstâncias, a qualificação do acusado ou esclarecimentos pelos quais se possa identificá-lo, a classificação do crime e, quando necessário, o rol das testemunhas.

e) Os institutos não se confundem: inépcia e falta de condições da ação penal. O primeiro constante do inciso I e o último no inciso II do art. 395 do CPP.

Gabarito: A.

---

429. (2019 – NC/UFPR – TJ/PR – Titular de Serviços de Notas e de Registros – Adaptada) Em relação ao tema da ação processual penal, considere as seguintes afirmativas:

A representação pode ser retratada até o recebimento da denúncia.

Certo ( )   Errado ( )

A representação será IRRETRATÁVEL, depois de oferecida (ou seja, depois que apresentada ao juiz) a denúncia, consoante o art. 25 do CPP.

Gabarito: Errado.

---

430. (2019 – FCC – MPE/MT – Promotor de Justiça) Ao tratar da iniciativa da ação penal, o CPP, estabelece, como regra, que a iniciativa será do Ministério Público. Todavia, mesmo nos crimes de ação pública, por vezes, a lei exige a representação do ofendido. Declarado judicialmente ausente o ofendido, terão qualidade para representá-lo APENAS

a) os herdeiros necessários, o curador especial ou advogado constituído.

b) o cônjuge, ascendente ou descendente.

c) o cônjuge, ascendente, descendente ou irmão.

d) os sucessores ou curador.

e) os sucessores ou tutor.

No caso de morte da vítima (ou se ela foi declarada ausente por decisão judicial), **o direito de oferecer queixa** (ou de **representar** ou, ainda, de **prosseguir na ação**) passará ao **cônjuge, ascendente, descendente ou irmão** (art. 24, § 1º, e art. 31 do CPP). O companheiro ou companheira conta com os mesmos direitos.

Jurisprudência do STJ: Recente decisão do STJ em tema correlato: *QUEIXA-CRIME. ACUSAÇÃO CONTRA DESEMBARGADORA DO TJRJ. PRERROGATIVA DE FORO NO STJ. CRIME DE CALÚNIA CONTRA PESSOA MORTA. QUEIXA PARCIALMENTE RECEBIDA. 1. É do Superior Tribunal de Justiça a competência para processar e julgar a queixa-crime em questão, que imputa o crime de calúnia a desembargadora do TJRJ, pois, caso contrário, a acusada teria de responder perante juiz de direito vinculado ao mesmo Tribunal, o que afrontaria a isenção e independência que norteiam a atividade jurisdicional. Precedentes: [...] 3. A companheira, em união estável reconhecida, goza do mesmo status de cônjuge para o processo penal, podendo figurar como legítima representante da falecida. Vale ressaltar que a interpretação extensiva da norma processual penal tem autorização expressa no art. ("A admitirá interpretação extensiva e aplicação analógica, bem como o suplemento dos princípios gerais de direito"). 4. Ademais, "o STF já reconheceu a 'inexistência de hierarquia ou diferença de qualidade jurídica entre as duas formas de um novo e autonomizado núcleo doméstico', aplicando-se a união estável entre pessoas do mesmo sexo as mesmas regras e mesmas consequências da união estável heteroafetiva' [...]. (RE 646721, Relator Min. MARCO AURÉLIO, Relator (a) p/ Acórdão: Min. ROBERTO BARROSO, Tribunal Pleno, julgado em 10/05/2017, ACÓRDÃO ELETRÔNICO REPERCUSSÃO GERAL - MÉRITO DJe-204 DIVULG 08-09-2017 PUBLIC 11-09-2017). [...] (APn 912/ RJ, Rel. Ministra LAURITA VAZ, CORTE ESPECIAL, julgado em 07/08/2019, DJe 22/08/2019)*

Gabarito: C.

---

431. (2019 – CESPE/CEBRASPE – DPE/DF – Defensor Público) O Estado exerce sua pretensão punitiva a partir do ingresso da ação penal, garantindo-se ao acusado o devido e justo processo legal. Acerca do processo penal, julgue o item a seguir.

A sentença proferida em ação de prevenção penal será exclusivamente de absolvição, ainda que aplique especificamente medida de segurança aos inimputáveis que praticarem fato definido como crime ou contravenção penal.

Certo ( )   Errado ( )

Ação de prevenção penal: tem o objetivo de aplicar medida de segurança aos inimputáveis. Nesse caso, ocorre uma sentença absolutória imprópria, **haja vista que o acusado é absolvido por sua inimputabilidade, mas terá que cumprir medida de segurança.**

Ação penal indireta: não se confunde com o arquivamento indireto; se o querelante for negligente na ação penal privada subsidiária da pública, o MP assume.

Ação de prevenção penal: aplicar ao inimputável, exclusivamente, medida de segurança.

Gabarito: Certo.

---

432. (2019 – FCC – TRF 4ª Região – Técnico Judiciário) Ronaldo, mediante seu advogado José, apresenta queixa-crime contra Silvana, Fábio e Rodrigo, imputando-lhes os crimes de calúnia e difamação. Sobre o caso hipotético apresentado e a queixa-crime, nos crimes de ação penal privada, nos moldes estabelecidos pelo CPP, é INCORRETO afirmar:

a) O perdão concedido por Ronaldo à querelada Silvana a todos aproveitará, ainda que recusado por Fábio e Rodrigo.

b) O Ministério Público poderá aditar a queixa-crime, no prazo de 03 dias, contados do recebimento dos autos, e deverá intervir em todos os termos subsequentes do processo.

c) Se a uma quarta pessoa for imputado o mesmo crime de Silvana, Fábio e Rodrigo, o Ministério Público deverá zelar pela indivisibilidade da ação penal, obrigando o querelante Ronaldo ao processamento de todos.

d) Estará perempta a ação penal privada iniciada por queixa-crime apresentada por Ronaldo se este deixar de promover o andamento do processo durante 30 dias seguidos.

e) José, advogado de Ronaldo, para ajuizar a ação penal privada, deverá estar munido de procuração com poderes especiais, constando, em regra, o nome do querelante e a menção do fato criminoso.

A alternativa está em desacordo com o teor do art. 51 do CPP: o perdão concedido a um dos querelados aproveitará a todos, sem que produza, todavia, efeito em relação ao que o recusar.

b) Conforme o art. 46, § 2º, do CPP: *O prazo para o aditamento da queixa será de três dias, contado da data em que o órgão do Ministério Público receber os autos, e, se este não se pronunciar dentro do tríduo, entender-se-á que não tem o que aditar, prosseguindo-se nos demais termos do processo.*

c) A queixa contra qualquer dos autores do crime obrigará ao processo de todos, e o Ministério Público velará pela sua indivisibilidade (art. 48 do CPP).

d) Consoante no art. 60, I, do CPP: *Nos casos em que somente se procede mediante queixa, considerar-se-á perempta a ação penal: I - quando, iniciada esta, o querelante deixar de promover o andamento do processo durante 30 dias seguidos.*

e) Nos termos do art. 42 do CPP, a queixa poderá ser dada por procurador com poderes especiais, devendo constar do instrumento do mandato o nome do querelante e a menção do fato criminoso, salvo quando tais esclarecimentos dependerem de diligências que devem ser previamente requeridas no juízo criminal.

Gabarito: A.

---

433. **(2019 – FCC – TRF 3ª Região – Técnico Judiciário)** Maurício esteve em uma festa realizada em uma casa noturna, situada na cidade de São Paulo, no dia 10 de julho de 2019. Acabou se envolvendo em uma briga e foi agredido por duas pessoas não identificadas. Maurício registrou Boletim de Ocorrência e foi submetido a exame de corpo de delito, que constatou que ele sofreu lesões corporais de natureza leve. No curso das investigações, de posse das imagens das câmeras de segurança do estabelecimento, foi possível identificar os dois agressores. Maurício compareceu ao Distrito Policial e realizou o reconhecimento pessoal dos seus agressores em 15 de agosto de 2019, os quais foram devidamente qualificados nessa data. No dia 10 de setembro de 2019, Maurício faleceu em decorrência de um infarto, deixando uma esposa, Fabíola. No caso hipotético apresentado, tratando-se de crime que se processa mediante representação do ofendido, Fabíola, na condição de cônjuge do falecido, deverá ofertar a necessária representação para ver os agressores do seu finado esposo processados criminalmente no prazo de

a) 3 meses, contado a partir da data do óbito de Maurício.

b) 6 meses, contado a partir do dia 10 de julho de 2019.

c) 6 meses, contado a partir do dia 15 de agosto de 2019.

d) 6 meses, contado a partir da data do óbito de Maurício.

e) 3 meses, contado a partir do dia 10 de julho de 2019.

Em conformidade com o teor do art. 38 do CPP: salvo disposição em contrário, **o ofendido**, ou seu **representante legal**, decairá no direito de queixa ou de representação, se não o exercer dentro do **prazo de 6 meses, contado do dia em que vier a saber quem é o autor do crime**, ou, no caso do art. 29, do dia em que se esgotar o prazo para o oferecimento da denúncia.

ATENÇÃO: após a morte do ofendido, se o representante não comparecer em juízo para prosseguir no processo dentro do prazo de **60 dias**, haverá a **perempção** da ação, nos moldes do art. 60, II, do CPP.

Gabarito: C.

---

434. **(2019 – AOCP – PC/ES – Investigador – Adaptada)** O interesse de agir da ação penal deve ser analisado sob três aspectos distintos: a necessidade de obtenção da tutela jurisdicional pleiteada; a adequação entre o pedido e a proteção jurisdicional que se pretende obter; e a utilidade, que se traduz na eficácia da atividade jurisdicional para satisfazer o interesse do autor. Sobre essa temática, assinale a alternativa correta.

A obrigatoriedade de oferecer a denúncia significa que, em sede de alegações orais (ou de memoriais), o Ministério Público estará sempre objetivamente obrigado a pedir a condenação do acusado.

Certo ( )   Errado ( )

O Ministério Público não é obrigado a oferecer denúncia quando considerar improcedentes as razões invocadas no inquérito policial ou quaisquer peças de informação, conforme art. 28 do CPP. Além disso, nas alegações finais o promotor de justiça pode opinar pela absolvição do acusado, nos termos do art. 385 CPP.

Gabarito: Errado.

---

435. **(2018 – VUNESP – PC/BA – Investigador)** A regra de que a ação penal será sempre pública, independentemente da natureza do crime,

a) vige quando o crime for praticado em detrimento de patrimônio ou interesse da União, Estado e Município.

b) não se aplica quando se tratar de contravenção penal praticada contra os costumes.

c) vigora para todas as infrações penais em obediência ao princípio constitucional da inafastabilidade da tutela jurisdicional.

d) decorre do fundamento da República Federativa do Brasil consistente no respeito à dignidade da pessoa humana, por isso aplica-se a todos os tipos penais.

e) não é válida quando o ofendido puder prover às despesas do processo, sem privar-se dos recursos indispensáveis ao próprio sustento ou da família.

Consoante o art. 24, § 2º, do CPP, *seja qual for o crime, quando praticado em detrimento do patrimônio ou interesse da União, estado e município, a ação penal será pública.*

Gabarito: A.

436. **(2018 – FUNDATEC – DPE/SC – Analista Técnico – Adaptada)** No que tange à ação penal, analise a assertiva que segue:

São condições da ação para o CPP, embora haja doutrina divergente: a possibilidade jurídica do pedido, o interesse de agir e a legitimidade de partes.

Certo ( )   Errado ( )

São condições da ação penal:

LEGITIMIDADE	→	INTERESSE DE AGIR	→	POSSIBILIDADE JURÍDICA DO PEDIDO	→	JUSTA CAUSA

ATENÇÃO: para doutrina majoritária, o NCPC consolida antigo entendimento no sentido de que o reconhecimento da impossibilidade jurídica funciona como decisão de mérito, e não de inadmissibilidade (não é condição da ação).

Gabarito: C. ERT.

---

437. **(Consulpan – Adaptada)** No sistema jurídico brasileiro, considerando-se a modalidade de ação penal e a terminologia adequada dos institutos processuais, é correto afirmar que:

Nos crimes de ação penal pública, a queixa deve ser apresentada pelo ofendido perante o Delegado de Polícia, funcionando como causa de suspensão da prescrição.

Certo ( )   Errado ( )

Nos termos do art. 39, § 1º, do CPP, a representação feita oralmente ou por escrito, sem assinatura devidamente autenticada do ofendido, de seu representante legal ou procurador, será reduzida a termo, perante o juiz ou autoridade policial, presente o órgão do Ministério Público, quando a este houver sido dirigida.

Gabarito: Errado.

---

438. **(2018 – COPS/UEL – PC/PR – Escrivão – Adaptada)** Acerca da ação penal e do inquérito policial, considere a afirmativa a seguir.

Salvo disposição em contrário, o ofendido, ou seu representante legal, decairá no direito de queixa ou de representação, se não o exercer dentro do prazo de 6 meses, contado do dia da ocorrência do delito.

Certo ( )   Errado ( )

Salvo disposição em contrário, o ofendido, ou seu representante legal, decairá no direito de queixa ou de representação, se não o exercer dentro do prazo de 6 meses, contado do dia em que vier a saber quem é o autor do crime, ou, no caso do art. 29 (caso de inércia do MP, onde caberá ação penal privada subsidiária da pública), do dia em que se esgotar o prazo para o oferecimento da denúncia.

Gabarito: Errado.

---

439. **(2018 – UFPR – COREN/PR – Advogado – Adaptada)** A ação penal pode ser de iniciativa pública ou privada, conforme a espécie delitiva e a pessoa responsável pelo seu exercício. A respeito da ação penal, o Ministério Público não poderá desistir da ação penal.

Certo ( )   Errado ( )

Consoante o que estabelece o texto legal do CPP no art. 42, o Ministério Público não poderá desistir da ação penal.

Gabarito: Certo.

---

440. **(2018 – UERR – SETRABES – Agente Sócio-Orientador)** Ação penal cuja característica essencial é que no caso de incapacidade, morte ou ausência da vítima, o representante legal desta ou o cônjuge, companheiro, ascendente, descendente e irmão poderá ingressar:

a) pública incondicionada.

b) pública condicionada.

c) exclusivamente privada.

d) privada personalíssima.

e) privada subsidiária da pública.

Se comparecer mais de uma pessoa com direito de queixa, terá preferência o cônjuge, e, em seguida, o parente mais próximo na ordem de enumeração constante do art. 31 do CPP, podendo, entretanto, qualquer delas prosseguir na ação, caso o querelante desista da instância ou a abandone.

Gabarito: C.

---

441. **(2018 – CONSULPLAN – TJ/MG – Titular de Serviços de Notas e de Registros – Adaptada)** No sistema jurídico brasileiro, considerando-se a modalidade de ação penal e a terminologia adequada dos institutos processuais, é correto afirmar que:

Nos crimes de ação penal privada, a queixa deve ser apresentada exclusivamente perante a Autoridade Judiciária, mediante assistência técnica de advogado.

Certo ( )   Errado ( )

A queixa-crime pode ser apresentada diretamente perante o juiz, conforme expressa disposição legal. Vejamos:

Legitimidade para ajuizamento de queixa-crime – art. 42 do CPP	Legitimidade para exercer direito de representação – art. 39 do CPP
A queixa poderá ser dada por procurador com poderes especiais, devendo constar do instrumento do mandato o nome do querelante e a menção do fato criminoso, salvo quando tais esclarecimentos dependerem de diligências que devem ser previamente requeridas no juízo criminal.	O direito de representação poderá ser exercido, pessoalmente ou por procurador com poderes especiais, mediante declaração, escrita ou oral, feita ao juiz, ao órgão do Ministério Público, ou à autoridade policial.

Gabarito: Certo.

---

442. **(2018 – COPS/UEL – PC/PR – Escrivão – Adaptada)** Acerca da ação penal e do inquérito policial, considere a afirmativa a seguir.

Com o oferecimento da representação criminal ao órgão do Ministério Público, por se tratar de uma hipótese de ação penal pública condicionada, o inquérito policial não poderá ser dispensado.

Certo ( )   Errado ( )

Segundo o art. 39, § 5º, do CP o órgão do Ministério Público **DISPENSARÁ o inquérito**, se com a representação forem oferecidos elementos que o habilitem a promover a ação penal, e, neste caso, oferecerá a denúncia no prazo de 15 dias.

Gabarito: Errado.

---

443. **(2018 – UFPR – COREN/PR – Advogado – Adaptada)** A ação penal pode ser de iniciativa pública ou privada, conforme a espécie delitiva e a pessoa responsável pelo seu exercício. A respeito da ação penal, salvo disposição em contrário, o ofendido, ou seu representante legal, decairá no direito de queixa ou de representação, se não o exercer dentro do prazo de seis meses, contado do dia em que vier a saber quem é o autor do crime, ou, no caso de ação penal de iniciativa privada substitutiva da ação pública, do dia em que se esgotar o prazo para o oferecimento da denúncia.

Certo ( )   Errado ( )

Teor expresso do art. 38 do CPP, salvo disposição em contrário, o ofendido, ou seu representante legal, decairá no direito de queixa ou de representação, se não o exercer dentro do prazo de 6 meses, contado do dia em que vier a saber quem é o autor do crime, ou, no caso do art. 29, do dia em que se esgotar o prazo para o oferecimento da denúncia.

Gabarito: Certo.

---

444. **(2020 – CESPE/CEBRASPE – PF – Delegado)** Acerca de execução penal, de crimes de abuso de autoridade, de crimes contra a criança e o adolescente e de crimes contra o Sistema Financeiro Nacional, julgue o item que se segue.

Em se tratando de crimes praticados por administrador ou gestor de pessoa jurídica de direito privado contra o Sistema Financeiro Nacional, a ação penal se processa mediante queixa oferecida pelo Banco Central do Brasil ou pela Comissão de Valores Mobiliários.

Certo ( )   Errado ( )

Em conformidade com o disposto art. 109 da CF/88, em casos determinados pela lei, é competência da justiça federal os crimes contra o Sistema Financeiro Nacional (SFN). Trata-se de competência em razão da matéria, mas que depende de lei para aplicação, pois o artigo em comento é norma constitucional de eficácia limitada. De tal modo, o art. 26 da Lei nº 7.492/86 diz que a ação penal, nos crimes contra o SFN, será promovida pelo Ministério Público Federal, perante a Justiça Federal. São todos delitos de ação penal pública incondicionada.

Gabarito: Errado.

---

445. **(2018 – COPS/UEL – PC/PR – Escrivão – Adaptada)** Acerca da ação penal e do inquérito policial, considere a afirmativa a seguir.

O perdão concedido a um dos querelados aproveitará a todos, sem que produza, todavia, efeito em relação ao que o recusar.

Certo ( )   Errado ( )

O perdão concedido a um dos querelados aproveitará a todos, sem que produza, todavia, efeito em relação ao que o recusar, nos termos do art. 51 do CPP.

Gabarito: Certo.

---

446. **(2018 – FCC – MPE/PB – Promotor de Justiça)** Para que a ação penal tenha justa causa e possibilite a ampla defesa do acusado, a denúncia deverá conter os seguintes requisitos essenciais:

a) Exposição do fato criminoso, com todas as suas circunstâncias, a qualificação do acusado ou esclarecimentos pelos quais se possa identificá-lo, a classificação do crime e, quando necessário, o rol das testemunhas.

b) Exposição do fato criminoso, com todas as suas circunstâncias, a qualificação do acusado ou esclarecimentos pelos quais se possa identificá-lo, a classificação do crime, o rol das testemunhas e o pedido de condenação.

c) Exposição do fato criminoso, com todas as suas circunstâncias, a qualificação do acusado ou esclarecimentos pelos quais se possa identificá-lo, a classificação do crime, o rol das testemunhas e pedido alternativo para o caso de desclassificação do crime.

d) Exposição do fato criminoso, com todas as suas circunstâncias, a qualificação do acusado e da vítima ou esclarecimentos pelos quais se possa identificá-los, a classificação do crime e o rol completo das provas que se pretende produzir.

e) Exposição do fato criminoso, com todas as suas circunstâncias, a qualificação do acusado ou esclarecimentos pelos quais se possa identificá-lo, a classificação do crime, o rol das testemunhas, o pedido de condenação e o procedimento a ser observado.

Nos termos do art. 41 do CPP, a denúncia ou queixa conterá a exposição do fato criminoso, com todas as suas circunstâncias, a qualificação do acusado ou esclarecimentos pelos quais se possa identificá-lo, a classificação do crime e, quando necessário, o rol das testemunhas.

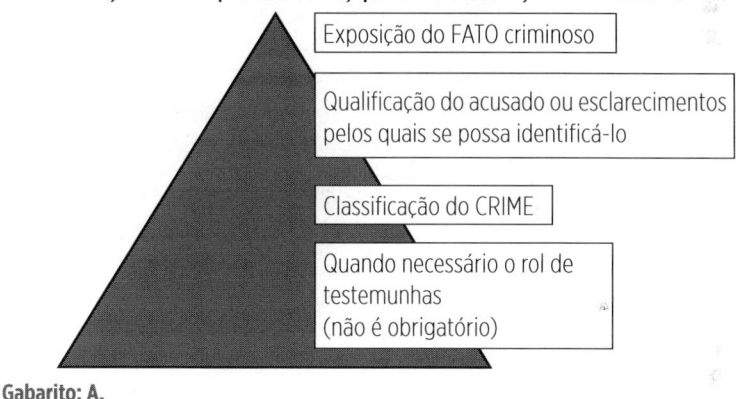

Gabarito: A.

447. **(2018 – FCC – MPE/PB – Promotor de Justiça)** Estabelece o CPP que o Ministério Público velará pela indivisibilidade da ação penal de iniciativa privada. Sobre o tema, é correto afirmar:

Caso julgue necessários maiores esclarecimentos e documentos complementares, o Ministério Público terá o prazo de três dias para aditar a queixa.

Certo ( )   Errado ( )

A legislação processual dispõe que o prazo para aditamento é de 3 dias, a teor do art. 46, § 2º, do CPP. Contudo, precisamos ter em mente que o aditamento promovido pelo Ministério Público não serve para mais esclarecimentos e documentos complementares. A razão de ser do aditamento é apenas a correção de aspectos formais da queixa, incluindo circunstâncias de tempo ou de lugar,

sendo vedado ao Ministério Público adicionar um novo fato delituoso ou mesmo incluir corréu, por total ausência de *legitimatio ad causam*. Logo, se, de fato, o MP julgar necessários mais esclarecimentos e documentos complementares ou novos elementos de convicção, **deverá requisitá-los, diretamente, de quaisquer autoridades ou funcionários que devam ou possam fornecê-los**, sem necessidade de aditamento da queixa (art. 47 do CPP).

Gabarito: Errado.

---

448. (2018 – CONSULPLAN – TJ/MG – Titular de Serviços de Notas e de Registros – Adaptada) No sistema jurídico brasileiro, considerando-se a modalidade de ação penal e a terminologia adequada dos institutos processuais, é correto afirmar que:

Nos crimes de ação penal privada, a queixa deve ser apresentada por advogado perante o Delegado de Polícia, funcionando como causa de interrupção da prescrição.

Certo ( )   Errado ( )

Salvo disposição em contrário, o ofendido, ou seu representante legal, decairá (prazo fatal) no direito de queixa ou de representação, se não o exercer dentro do prazo de 6 meses, contado do dia em que vier a saber quem é o autor do crime, ou, no caso do art. 29, do dia em que se esgotar o prazo para o oferecimento da denúncia, conforme o art. 38 do CPP.

Gabarito: Errado.

---

449. (2018 – VUNESP – PC/SP – Escrivão – Adaptada) Mévio, durante um mês, foi vítima de crime de ameaça, processável por ação penal pública, condicionada à representação. As ameaças eram feitas por carta, mensagens de celular e ligações telefônicas. No dia 20 de janeiro de 2017, enquanto dirigia, ele recebeu, via celular, vídeo mostrando seu carro, saindo há pouco da garagem do prédio onde se encontrava, seguido das palavras: "estou atrás de você". Em desespero, Mévio bate o carro e, com ferimentos sérios, após passar por cirurgia, fica internado. Impossibilitado de comparecer à Delegacia, a esposa de Mévio notícia o fato à autoridade policial. A autoridade policial, passados poucos dias, identifica a pessoa que seguia o carro de Mévio no dia do acidente. Tratava-se um vizinho de bairro que, meses antes, teve com Mévio uma discussão, em jogo de futebol. Ouvido o vizinho, em 10 de fevereiro de 2017, este confessou ser o autor das ameaças, mas disse que tudo não passara de brincadeira. Mévio, ainda internado, contrata advogado e outorga a ele poderes especiais para representar contra o vizinho, para que fosse processado e condenado pelo crime de ameaça praticado. O advogado contratado por Mévio comparece à Delegacia, para representar contra o vizinho, somente em 05 de agosto de 2017, tendo juntado a procuração. Passado um tempo, Mévio e o vizinho, em uma nova partida de futebol, reconciliam-se e passam a bradar a todos que tudo não passou de uma brincadeira. Mévio, agora pessoalmente, comparece à Delegacia, em 10 de outubro de 2017, e se retrata da representação anteriormente feita, dizendo não mais querer processar o amigo. Diante da situação hipotética, assinale a alternativa correta, levando em conta o CPP.

A representação, por previsão legal, deve ser feita no prazo máximo de seis meses da data em que se descobrir o autor do fato, sob pena de decadência. Tendo sido feita dentro do prazo, ainda que mediante procuração específica, é regular.

Certo ( )   Errado ( )

Conforme o art. 38 do CPP, salvo disposição em contrário, o ofendido, ou seu representante legal, decairá no direito de queixa ou de representação, se não o exercer dentro do prazo de 6 meses, contado do dia em que vier a saber quem é o autor do crime, ou, no caso do art. 29, do dia em que se esgotar o prazo para o oferecimento da denúncia. *Parágrafo único. Verificar-se-á a decadência do direito de queixa ou representação, dentro do mesmo prazo, nos casos dos arts. 24, parágrafo único, e 31 do CPP.*

Gabarito: Certo.

---

450. **(FGV – Adaptada)** O CPP prevê uma série de institutos aplicáveis às ações penais de natureza privada. Sobre tais institutos, é correto afirmar que: o perdão do ofendido oferecido a um dos querelados poderá a todos aproveitar, podendo, porém, ser recusado pelo beneficiário, ocasião em que não produzirá efeitos em relação a quem recusou.

Certo ( )   Errado ( )

O perdão concedido a um dos querelados aproveitará a todos**,** sem que produza, **todavia,** efeito em relação ao que o recusar, **nos termos do art. 51 do CPP.**

Gabarito: Certo.

---

451. **(2018 – FGV – TJ/SC – Analista Jurídico – Adaptada)** Estabelece o CPP que o Ministério Público velará pela indivisibilidade da ação penal de iniciativa privada. Sobre o tema, é correto afirmar:

Na hipótese de ação penal perempta, o Juiz, somente após ouvir o Ministério Público, poderá declarar extinta a punibilidade do querelado.

Certo ( )   Errado ( )

Conforme disposto no art. 61 do CPP é a de que o juiz está autorizado a reconhecer de ofício a extinção da punibilidade,. Vejamos: *Em qualquer fase do processo, o juiz, se reconhecer extinta a punibilidade, deverá declará-lo de ofício.* **A ouvida do MP não pode vir depois da sentença extintiva, mas sim antes: depois de ouvido o Ministério Público, poderá declarar extinta a punibilidade, de ofício.**

Gabarito: Errado.

---

452. **(2018 – FGV – TJ/SC – Analista Jurídico – Adaptada)** O CPP prevê uma série de institutos aplicáveis às ações penais de natureza privada. Sobre tais institutos, é correto afirmar que: a renúncia ao exercício do direito de queixa ocorre após o oferecimento da inicial acusatória, gerando extinção da punibilidade em relação a todos os querelados;

Certo ( )   Errado ( )

Salvo disposição em contrário, o ofendido, ou seu representante legal, decairá no direito de queixa ou de representação, se não o exercer dentro do prazo de seis meses, contado do dia em que vier a saber quem é o autor do crime, ou, no caso do art. 29, do dia em que se esgotar o prazo para o oferecimento da denúncia, conforme o art. 38 do CPP.

Gabarito: Errado.

---

453. **(2018 – UEG – PC/GO – Delegado)** A natureza da ação penal no crime de ameaça praticado em situação de violência doméstica e familiar contra a mulher é

a) pública incondicionada.

b) de iniciativa privada exclusiva.

c) pública condicionada a requisição.

d) de iniciativa privada personalíssima.

e) pública condicionada à representação.

A jurisprudência atual estabelece na Súmula nº 542 do STJ: *A ação penal relativa ao crime de* **lesão corporal** resultante de *violência doméstica* contra a mulher é *pública incondicionada.*

Nos demais crimes, a ação penal aplicável é a disposta no Código Penal. Tratando-se do crime de ameaça: *art. 147, parágrafo único. Somente se procede mediante representação.*

A partir da Lei nº 13.718/18 - Crimes sexuais - com a mudança ocorrida recentemente que inclui a importunação sexual, passou a ser ação pública INCONDICIONADA. Antes era condicionada à representação.

Gabarito: A.

---

454. **(2018 – FCC – MPE/PB – Promotor de Justiça – Adaptada)** Estabelece o CPP que o Ministério Público velará pela indivisibilidade da ação penal de iniciativa privada. Sobre o tema, é correto afirmar: Em caso de abandono da ação penal privada pelo querelante, o Ministério Público deverá assumir a acusação.

Certo ( )   Errado ( )

O abandono da causa enseja perempção, com a consequente extinção da punibilidade nas hipóteses de ação penal exclusivamente privada e de ação penal privada personalíssima (art. 107, IV, do CP). O Ministério Público não assume ação alguma, salvo a ação penal privada subsidiária da pública, em que a perempção é inviável, dada a princípio da obrigatoriedade da ação penal.

Gabarito: Errado.

---

455. **(2018 – FCC – DPE/AM – Defensor Público)** A ação penal relativa ao crime de lesão corporal resultante de violência doméstica contra a mulher é

a) pública condicionada à representação quando a lesão corporal for de natureza leve ou culposa.

b) pública incondicionada, independentemente da natureza da lesão corporal.

c) pública incondicionada somente quando a lesão corporal for de natureza grave ou gravíssima.

d) pública incondicionada somente quando a lesão corporal for dolosa.

e) privada, independentemente da natureza da lesão corporal.

Consoante à Súmula nº 542 do STJ, a ação penal relativa ao crime de lesão corporal resultante de violência doméstica contra a mulher é pública incondicionada. A Lei nº 9.099/95 não se aplica no caso por conta do art. 41 da Lei Maria da Penha: aos crimes praticados com violência doméstica e familiar contra a mulher, independentemente da pena prevista, não se aplica a Lei nº 9.099/95.

Gabarito: B.

---

456. **(2018 – FGV – TJ/SC – Analista Jurídico – Adaptada)** O CPP prevê uma série de institutos aplicáveis às ações penais de natureza privada. Sobre tais institutos, é correto afirmar que: a renúncia ao exercício do direito de queixa ocorre antes do oferecimento da inicial acusatória, mas deverá ser expressa, seja através de declaração do ofendido seja por procurador com poderes especiais.

Certo (   )   Errado (   )

Nos termos dos artigos:

Art. 104, CPP: *O direito de queixa não pode ser exercido quando renunciado expressa ou* **tacitamente.**
Parágrafo único. Importa **renúncia tácita** *ao direito de queixa a prática de ato incompatível com a vontade de exercê-lo; não a implica, todavia, o fato de receber o ofendido a indenização do dano causado pelo crime.*
art. 57 do CPP: *A renúncia tácita e o perdão tácito admitirão todos os meios de prova.*
Gabarito: Errado.

___

457. **(2018 – FCC – MPE/PB – Promotor de Justiça)** No caso de morte do ofendido, a ordem preferencial para se exercer o direito de queixa, segundo o que dispõe o CPP, é

a) ascendente, descendente e cônjuge.
b) cônjuge, ascendente, descendente e irmão.
c) descendente, ascendente e irmão.
d) ascendente, descendente e representante legal.
e) cônjuge, descendente, ascendente e tutor ou curador.

Consoante o art. 31 do CPP, no caso de morte do ofendido ou quando declarado ausente por decisão judicial, o direito de oferecer queixa ou prosseguir na ação passará ao cônjuge, ascendente, descendente ou irmão.
Gabarito: B.

___

458. **(2018 – FGV – TJ/SC – Analista Jurídico – Adaptada)** O CPP prevê uma série de institutos aplicáveis às ações penais de natureza privada. Sobre tais institutos, é correto afirmar que: a perempção ocorre quando o querelante deixa de comparecer a atos processuais para os quais foi intimado, ainda que de maneira justificada.

Certo (   )   Errado (   )

Consoante o art. 60 do CPP: *Nos casos em que somente se procede mediante queixa, considerar-se-á perempta a ação penal: [...]*
III - quando o querelante deixar de comparecer, **sem motivo justificado,** *a qualquer ato do processo a que deva estar presente, ou deixar de formular o pedido de condenação nas alegações finais.*
Gabarito: Errado.

___

459. **(2018 – FCC – ALESE – Analista Legislativo – Adaptada)** Segundo a doutrina, é possível conceituar a ação penal como o direito do Estado-acusação ou da vítima de ingressar em juízo, pretendendo a prestação jurisdicional, consistente na aplicação das normas de direito penal ao caso concreto. Sobre a ação penal, a legislação vigente dispõe:

A ação de iniciativa privada é promovida exclusivamente mediante denúncia do ofendido.

Certo (   )   Errado (   )

A ação penal é pública, salvo quando a lei expressamente a declara privativa do ofendido, conforme o art. 100 do CP.

Gabarito: Errado.

---

460. **(2018 – FCC – MPE/PB – Promotor de Justiça – Adaptada)** Estabelece o CPP que o Ministério Público velará pela indivisibilidade da ação penal de iniciativa privada. Sobre o tema, é correto afirmar:

A queixa contra qualquer dos autores do crime obrigará ao processo de todos.

Certo ( )   Errado ( )

De fato, a teor do art. 48 do CPP, a *queixa contra qualquer dos autores do crime obrigará ao processo de todos, e o Ministério Público velará pela sua indivisibilidade*, conforme o princípio da indivisibilidade da ação penal.

Gabarito: Certo.

---

461. **(2018 – FGV – TJ/SC – Técnico Judiciário)** Cinco meses após ser vítima de crime de calúnia majorada, Juliana, 65 anos, apresentou queixa em desfavor de Tereza, suposta autora do fato, perante Vara Criminal, que era o juízo competente. Recebida a queixa, no curso da ação, Juliana, solteira, veio a falecer, deixando como único familiar sua filha Maria, de 30 anos de idade, já que não tinha irmãos e seus pais eram previamente falecidos. Após a juntada da certidão de óbito, o serventuário certificou tal fato na ação penal. Diante da certidão e da natureza da ação, é correto afirmar que:

a) deverá a ação penal, diante da apresentação de queixa pela vítima antes de falecer, ter regular prosseguimento, intimando-se Maria dos atos, em razão do princípio da indisponibilidade das ações privadas.

b) deverá o juiz, diante da natureza da ação penal de natureza privada, extinguir o processo sem julgamento do mérito, não podendo terceiro prosseguir na posição de querelante.

c) deverá ser reconhecida a decadência caso Maria não compareça em juízo no prazo legal para dar prosseguimento à ação penal.

d) deverá ser reconhecida a perempção caso Maria não compareça em juízo no prazo legal para dar prosseguimento à ação penal.

e) poderá Maria, diante do falecimento de Juliana, prosseguir na ação penal, que passará a ser classificada como privada subsidiária da pública.

A perempção é o resultado da inércia do querelante no processo penal privado, que resulta na extinção de punibilidade do querelado. Trata-se de uma punição feita ao querelante quando este deixa de promover o andamento processual e, por isso, possui a natureza jurídica de sanção.

Nos termos do exposto no art. 60 do CPP, nos casos em que somente se procede mediante queixa, considerar-se-á perempta a ação penal:

II - quando, falecendo o querelante, ou sobrevindo sua incapacidade, não comparecer em juízo, para prosseguir no processo, dentro do prazo de 60 (sessenta) dias, qualquer das pessoas a quem couber fazê-lo, ressalvado o disposto no art. 36.

No caso de morte do ofendido ou quando declarado ausente por decisão judicial, o direito de oferecer queixa ou prosseguir na ação passará ao **cônjuge, ascendente, descendente ou irmão**, conforme o art. 31 do CPP.

C	ônjuge
A	scendente
D	**scendente**
I	rmão

Gabarito: D.

---

462. **(2018 – UFPR – COREN/PR – Advogado – Adaptada)** A ação penal pode ser de iniciativa pública ou privada, conforme a espécie delitiva e a pessoa responsável pelo seu exercício. A respeito da ação penal, será admitida ação privada nos crimes de ação pública, se esta não for intentada no prazo legal, cabendo ao Ministério Público aditar a queixa, repudiá-la e oferecer denúncia substitutiva, intervir em todos os termos do processo, fornecer elementos de prova, interpor recurso e, a todo tempo, no caso de negligência do querelante, retomar a ação como parte principal.

Certo (   )   Errado (   )

Será admitida ação privada nos crimes de ação pública, se esta não for intentada no prazo legal (5 ou 15 dias se o réu estiver preso ou solto respectivamente), cabendo ao Ministério Público aditar a queixa, repudiá-la e oferecer denúncia substitutiva, intervir em todos os termos do processo, fornecer elementos de prova, interpor recurso e, a todo tempo, no caso de negligência do querelante, retomar a ação como parte principal, conforme o teor do art. 29 do CPP.
Gabarito: Certo.

---

463. **(2018 – FGV – TJ/SC – Analista Jurídico – Adaptada)** O CPP prevê uma série de institutos aplicáveis às ações penais de natureza privada. Sobre tais institutos, é correto afirmar que: a decadência ocorrerá se o ofendido não oferecer queixa no prazo de 06 meses a contar da data dos fatos, sendo irrelevante a data da descoberta da autoria:

Certo (   )   Errado (   )

A renúncia é causa extintiva da punibilidade, conforme o exposto no art. 107, V, do CP, e estende-se a todos em virtude do princípio da indivisibilidade da ação penal privada. Assim sendo, a renúncia só ocorre na fase pré-processual. Entretanto, ela só pode ocorrer antes do exercício do direito de ação.
Gabarito: Errado.

---

464. **(2018 – FGV – MPE/AL – Analista)** Paulo foi vítima de um crime de difamação, crime esse de ação penal privada, no dia 01 de dezembro de 2017, ocasião em que recebeu uma carta com o conteúdo criminoso. Diante disso, compareceu, no mesmo dia, em sede policial, narrou o ocorrido e demonstrou interesse na investigação da autoria delitiva. No dia 14 de dezembro de 2017, foi elaborado relatório conclusivo, indicando que Mariana e Marta agiram em comunhão de ações e desígnios e eram as autoras do delito. Paulo procura Mariana, que era sua ex-companheira, para esclarecimentos sobre o ocorrido, ocasião em que os dois se entendem e retomam o relacionamento. Em relação à Marta, porém, Paulo ofereceu queixa-crime, em 13 de junho de 2018, imputando-lhe a prática do crime do art. 139 do CP. Com base apenas nas informações narradas, ao analisar o procedimento em 15 de junho de 2018, o Promotor de Justiça deverá opinar pelo:

a) não recebimento da queixa em face de Marta, tendo em vista que houve decadência no exercício do direito de queixa.

b) recebimento da queixa em face de Marta, uma vez que a mesma foi oferecida dentro do prazo legal, nada mais podendo ser feito em relação à Mariana, já que houve renúncia ao exercício do direito de queixa em relação a esta.

c) não recebimento da queixa em face de Marta, diante da renúncia ao exercício do direito de queixa em favor de Mariana.

d) não recebimento da queixa em face de Marta, uma vez que houve perdão do ofendido.

e) recebimento da queixa em face de Marta, bem como intimação do querelante para imediato aditamento da queixa, incluindo Mariana no polo passivo.

Diferentemente da ação penal pública, em que predominam os princípios da obrigatoriedade e indisponibilidade, na ação penal privada é possível que o ofendido ou seu representante legal, mesmo possuindo elementos suficientes para iniciar a demanda, opte por não agir, utilizando-se do princípio da oportunidade/conveniência ou até mesmo desistir da ação que haja interposto (princípio da disponibilidade).

RENÚNCIA	PERDÃO
ANTES DE AJUIZADA A AÇÃO	DEPOIS DE AJUIZADA A AÇÃO
Princípio da oportunidade	Princípio da disponibilidade
Opera-se pela prática de ato incompatível com a vontade de ver processado o infrator. Quando a vítima se recusa a tomar providência contra o seu agressor.	Ocorre quando a vítima não deseja prosseguir com a ação, perdoando o querelado.

- A queixa contra qualquer dos autores do crime obrigará ao processo de todos, e o Ministério Público velará pela sua indivisibilidade, nos termos do art. 48 do CPP.

- A renúncia ao exercício do direito de queixa, em relação a um dos autores do crime, a todos se estenderá, conforme o art. 49 do CPP.

- O perdão concedido a um dos querelados aproveitará a todos, sem que produza, todavia, efeito em relação ao que o recusar, consoante o art. 51 do CPP.

Gabarito: C.

---

465. (2018 – UFPR – COREN/PR – Advogado – Adaptada) A ação penal pode ser de iniciativa pública ou privada, conforme a espécie delitiva e a pessoa responsável pelo seu exercício. A respeito da ação penal, a representação será irretratável, depois de oferecida a denúncia.

Certo ( )   Errado ( )

A representação será IRRETRATÁVEL, depois de oferecida (ou seja, depois que apresentada ao juiz) a denúncia, consoante o art. 25 do CPP.

Gabarito: Certo.

---

466. (2018 – FCC – DPE/AP – Defensor Público – Adaptada) Em caso de ação penal de iniciativa pública condicionada, o direito de representação deve ser exercido dentro do prazo de seis meses, contado do dia em que vier a saber quem é o autor do crime.

Certo ( )   Errado ( )

Salvo disposição em contrário, o ofendido, ou seu representante legal, decairá no direito de queixa ou de representação, se não o exercer dentro do prazo de seis meses, contado do dia em que vier a saber quem é o autor do crime, ou, no caso do art. 29, do dia em que se esgotar o prazo para o oferecimento da denúncia, nos termos do art. 38 do CPP.

Gabarito: Certo.

---

467. **(2018 – VUNESP – PC/SP – Escrivão – Adaptada)** Mévio, durante um mês, foi vítima de crime de ameaça, processável por ação penal pública, condicionada à representação. As ameaças eram feitas por carta, mensagens de celular e ligações telefônicas. No dia 20 de janeiro de 2017, enquanto dirigia, ele recebeu, via celular, vídeo mostrando seu carro, saindo há pouco da garagem do prédio onde se encontrava, seguido das palavras: "estou atrás de você". Em desespero, Mévio bate o carro e, com ferimentos sérios, após passar por cirurgia, fica internado. Impossibilitado de comparecer à Delegacia, a esposa de Mévio notícia o fato à autoridade policial. A autoridade policial, passados poucos dias, identifica a pessoa que seguia o carro de Mévio no dia do acidente. Tratava-se um vizinho de bairro que, meses antes, teve com Mévio uma discussão, em jogo de futebol. Ouvido o vizinho, em 10 de fevereiro de 2017, este confessou ser o autor das ameaças, mas disse que tudo não passara de brincadeira. Mévio, ainda internado, contrata advogado e outorga a ele poderes especiais para representar contra o vizinho, para que fosse processado e condenado pelo crime de ameaça praticado. O advogado contratado por Mévio comparece à Delegacia, para representar contra o vizinho, somente em 05 de agosto de 2017, tendo juntado a procuração. Passado um tempo, Mévio e o vizinho, em uma nova partida de futebol, reconciliam-se e passam a bradar a todos que tudo não passou de uma brincadeira. Mévio, agora pessoalmente, comparece à Delegacia, em 10 de outubro de 2017, e se retrata da representação anteriormente feita, dizendo não mais querer processar o amigo. Diante da situação hipotética, assinale a alternativa correta, levando em conta o CPP.

A representação, por previsão legal, só pode ser feita pessoalmente, pela própria vítima. Assim sendo, a representação feita pelo advogado de Mévio, ainda que com procuração específica, não possui validade.

Certo ( )   Errado ( )

O direito de REPRESENTAÇÃO poderá ser exercido, pessoalmente ou por procurador com poderes especiais, mediante declaração, escrita ou oral, feita ao juiz, ao órgão do Ministério Público, ou à autoridade policial, consoante o art. 39, *caput,* do CPP.

Gabarito: Errado.

---

468. **(2018 – FCC – MPE/PB – Promotor de Justiça – Adaptada)** Estabelece o CPP que o Ministério Público velará pela indivisibilidade da ação penal de iniciativa privada. Sobre o tema, é correto afirmar:

A renúncia ao exercício do direito de queixa, em relação a um dos autores do crime, deverá ser aceita pelo beneficiário.

Certo ( )   Errado ( )

A renúncia é um ato unilateral e voluntário, em que o legitimado ao exercício da ação penal privada abre mão do seu direito de queixa, razão pela qual não há necessidade do consentimento da parte

adversa. Trata-se de causa extintiva de punibilidade nas hipóteses de ação penal privada e ação penal privada personalíssima, conforme o art. 107, V, do CP.

Gabarito: Errado.

---

469. **(2018 – NUCEPE – PC/PI – Agente)** No que diz respeito à Ação Penal, marque a alternativa CORRETA.

a) As Ações Penais Públicas Condicionadas, dependem do ofendido, nos casos de representação e do Ministro da Justiça, nos casos de requisição.

b) A Ação Penal Pública poderá ser proposta pelo Ministério Público, por advogado público ou particular.

c) Apenas a Ação Penal Pública Incondicionada poderá ser proposta pelo Ministério Público.

d) A ação de iniciativa privada se diferencia da ação pública, no que tange ao direito de agir, uma vez que, o direito de ação e a própria ação passam a ser de natureza privada.

e) A titularidade da ação privada personalíssima é exclusiva ao ofendido e ao seu representante legal.

Consoante o que estabelece o art. 24 do CPP, nos crimes de ação pública, esta será promovida por denúncia do Ministério Público, mas dependerá, quando a lei o exigir, de REQUISIÇÃO do Ministro da Justiça, ou de REPRESENTAÇÃO do ofendido ou de quem tiver qualidade para representá-lo.

Gabarito: A.

---

470. **(2018 – FCC – ALESE – Analista Legislativo – Adaptada)** Segundo a doutrina, é possível conceituar a ação penal como o direito do Estado-acusação ou da vítima de ingressar em juízo, pretendendo a prestação jurisdicional, consistente na aplicação das normas de direito penal ao caso concreto. Sobre a ação penal, a legislação vigente dispõe:

A ação de iniciativa privada pode intentar-se nos crimes de ação pública, se o Ministério Público não oferece denúncia no prazo legal.

Certo ( )   Errado ( )

Conforme o art. 31 do CPP, *no caso de morte do ofendido ou quando declarado ausente por decisão judicial, o direito de oferecer queixa ou prosseguir na ação passará ao cônjuge, ascendente, descendente ou irmão.*

Gabarito: Certo.

---

471. **(2018 – FCC – DPE/AP – Defensor Público – Adaptada)** Em caso de ação penal de iniciativa pública condicionada, o direito de representação deve ser exercido pela FUNAI, quando o ofendido é indígena

Certo ( )   Errado ( )

Os conselhos indigenistas NÃO possuem legitimidade ativa em matéria penal. Na ação penal privada (mesmo sendo a subsidiária da pública), a queixa-crime somente pode ser promovida pelo ofendido ou por quem tenha qualidade para representá-lo (art. 100, § 2º, do CP e art. 30 do CPP), conforme Info nº 768 do STF.

Gabarito: Errado.

472. **(2018 – VUNESP – PC/SP – Escrivão – Adaptada)** Mévio, durante um mês, foi vítima de crime de ameaça, processável por ação penal pública, condicionada à representação. As ameaças eram feitas por carta, mensagens de celular e ligações telefônicas. No dia 20 de janeiro de 2017, enquanto dirigia, ele recebeu, via celular, vídeo mostrando seu carro, saindo há pouco da garagem do prédio onde se encontrava, seguido das palavras: "estou atrás de você". Em desespero, Mévio bate o carro e, com ferimentos sérios, após passar por cirurgia, fica internado. Impossibilitado de comparecer à Delegacia, a esposa de Mévio notícia o fato à autoridade policial. A autoridade policial, passados poucos dias, identifica a pessoa que seguia o carro de Mévio no dia do acidente. Tratava-se um vizinho de bairro que, meses antes, teve com Mévio uma discussão, em jogo de futebol. Ouvido o vizinho, em 10 de fevereiro de 2017, este confessou ser o autor das ameaças, mas disse que tudo não passara de brincadeira. Mévio, ainda internado, contrata advogado e outorga a ele poderes especiais para representar contra o vizinho, para que fosse processado e condenado pelo crime de ameaça praticado. O advogado contratado por Mévio comparece à Delegacia, para representar contra o vizinho, somente em 05 de agosto de 2017, tendo juntado a procuração. Passado um tempo, Mévio e o vizinho, em uma nova partida de futebol, reconciliam-se e passam a bradar a todos que tudo não passou de uma brincadeira. Mévio, agora pessoalmente, comparece à Delegacia, em 10 de outubro de 2017, e se retrata da representação anteriormente feita, dizendo não mais querer processar o amigo. Diante da situação hipotética, assinale a alternativa correta, levando em conta o CPP.

A representação, por previsão legal, pode ser objeto de retratação, desde que a vítima se retrate antes do prazo de seis meses, contados da data da representação. Tendo se retratado no prazo, o vizinho não mais poderá ser processado pelo crime praticado.

Certo ( )   Errado ( )

Nos termos do art. 25 do CPP, a REPRESENTAÇÃO será IRRETRATÁVEL, depois de oferecida a denúncia.

Gabarito: Errado.

---

473. **(2018 – FCC – ALESE – Analista Legislativo – Adaptada)** Segundo a doutrina, é possível conceituar a ação penal como o direito do Estado-acusação ou da vítima de ingressar em juízo, pretendendo a prestação jurisdicional, consistente na aplicação das normas de direito penal ao caso concreto. Sobre a ação penal, a legislação vigente dispõe:

No caso de morte do ofendido ou de ter sido declarado ausente por decisão judicial, o direito de oferecer queixa ou de prosseguir na ação passa ao Ministério Público.

Certo ( )   Errado ( )

Nos termos do art. 24 do CPP, nos crimes de ação pública, esta será promovida por denúncia do Ministério Público, mas dependerá, quando a lei o exigir, de requisição do Ministro da Justiça ou de representação do ofendido ou de quem tiver qualidade para representá-lo.

Gabarito: Errado.

---

474. **(2018 – VUNESP – PC/BA – Delegado)** A retratação da representação, de acordo com o art. 25 do CPP e do art. 16 da Lei nº 11.340/06 (Lei Maria da Penha), respectivamente,

a) é admitida até o recebimento da denúncia; não é admitida.

b) é admitida até o recebimento da denúncia; só será admitida perante o juiz, antes do recebimento da denúncia.

c) é inadmitida; só será admitida perante o juiz, antes do recebimento da denúncia.

d) é inadmitida depois de oferecida a denúncia; não é admitida.

e) é inadmitida depois de oferecida a denúncia; só será admitida perante o juiz, antes do recebimento da denúncia.

Conforme o art. 16 da Lei nº 11.340/06 nas ações penais públicas condicionadas à representação da ofendida de que trata esta lei, só será admitida a renúncia à representação perante o juiz, em audiência especialmente designada com tal finalidade, antes do recebimento da denúncia e ouvido o Ministério Público.

RETRATAÇÃO: OFERECIMENTO do CPP - pode desde que o IP ainda não tenha ido ao juiz (OFERECIMENTO).

RETRATAÇÃO: RECEBIMENTO – Na Lei Maria da Penha, pode até o momento que o juiz aceita a denúncia do MP.

Para a Lei Maria da Penha, a representação será irretratável após o recebimento da denúncia e só poderá ocorrer em audiência designada especialmente para esse fim. Lembrando que, com a decisão do STF na ADI nº 4424, os crimes de lesão corporal, ainda que leve, contra a mulher, no âmbito da violência doméstica e familiar, são de ação penal pública incondicionada, razão pela qual, nesse caso, não há que se falar em representação, tampouco em retratação.

Gabarito: E.

---

475. **(2018 – FCC – DPE/AP – Defensor Público – Adaptada)** Em caso de ação penal de iniciativa pública condicionada, o direito de representação é do ofendido, salvo nos crimes patrimoniais, que passa também ao cônjuge.

Certo (   )   Errado (   )

No caso de morte do ofendido ou quando declarado ausente por decisão judicial, o direito de oferecer queixa ou prosseguir na ação passará ao cônjuge, ascendente, descendente ou irmão, conforme o art. 31 do CPP.

Gabarito: Errado.

---

476. **(2018 – FUNDATEC – DPE/SC – Analista Técnico – Adaptada)** No que tange à ação penal, analise a assertiva que segue:

O delito de ameaça, nos termos do art. 147 do CP, não exige representação como condição de procedibilidade, eis que não se trata de crime apurável mediante ação penal pública condicionada à representação.

Certo (   )   Errado (   )

Consoante o que dispõe o art. 147, *ameaçar alguém, por palavra, escrito ou gesto, ou qualquer outro meio simbólico, de causar-lhe mal injusto e grave:*

Parágrafo único - Somente se procede mediante REPRESENTAÇÃO.

Gabarito: Errado.

477. **(2018 – UEG – PC/GO – Delegado)** Sobre o inquérito policial, segundo o CPP, tem-se o seguinte:
   a) A representação, no caso de ação penal pública condicionada, pode ser apresentada por procurador.
   b) Em regra, irregularidade em ato praticado no inquérito policial gera a nulidade do processo penal dele decorrente.
   c) A representação do ofendido é irretratável depois de recebida a denúncia.
   d) Da decisão que indefere o requerimento de abertura de inquérito policial formulado pelo ofendido cabe recurso ao Ministério Público.
   e) Se o investigado estiver preso em flagrante, o extrapolamento do prazo de conclusão gera nulidade da investigação.

   Consoante o art. 39 do CPP, *direito de representação poderá ser exercido, pessoalmente ou por procurador com poderes especiais, mediante declaração, escrita ou oral, feita ao juiz, ao órgão do Ministério Público, ou à autoridade policial.*

   Gabarito: A.

478. **(2018 – FUNDATEC – PC/RS – Delegado – Adaptada)** Nos crimes de abuso de autoridade, a ação penal será instruída com inquérito policial ou justificação, sem os quais a denúncia será considerada inepta diante da ausência de lastro probatório mínimo.

   Certo ( )   Errado ( )

   A alternativa foi elaborada tomando por base a previsão do art. 12 da antiga Lei de Abuso, revogada em virtude da publicação da Lei nº 13.869/19, que APENAS dispõe no art. 3º que os crimes previstos nesta lei são de ação penal pública incondicionada.

   Gabarito: Errado.

479. **(2016 – CESPE/CEBRASPE – Polícia Científica/PE – Perito Criminal – Adaptada)** Conforme o CPP (CPP), pode ocorrer a decadência na ação penal pública condicionada à representação do ofendido ou de seu representante legal.

   Certo ( )   Errado ( )

   A questão retrata o teor do art. 38 do CPP: *Salvo disposição em contrário, o ofendido, ou seu representante legal, decairá no direito de queixa ou de representação, se não o exercer dentro do prazo de seis meses, contado do dia em que vier a saber quem é o autor do crime, ou, no caso do art. 29, do dia em que se esgotar o prazo para o oferecimento da denúncia.*

   Gabarito: Certo.

480. **(2016 – CESPE/CEBRASPE – Polícia Científica/PE – Perito Criminal – Adaptada)** De acordo com o CPP (CPP), pode ocorrer a decadência na ação penal privada subsidiária da pública em que o Ministério Público retome a ação como parte principal.

   Certo ( )   Errado ( )

   A questão está incorreta, por ocorrer a decadência imprópria, a qual se restringe apenas em relação à parte interessada, não a propriamente dita, pois o MP pode tomar o polo ativo da ação penal, ou seja, a ação penal indireta.

   Gabarito: Errado.

481. (2016 – CESPE/CEBRASPE – Polícia Científica/PE – Perito Criminal – Adaptada) Segundo o CPP (CPP), pode ocorrer a decadência na ação penal pública incondicionada.

Certo ( )   Errado ( )

A assertiva está incorreta, sendo que não há o que se falar em prazo decadencial nas ações penais incondicionadas, pois em tese o MP poderá oferecer denúncia caso a infração penal não esteja prescrita.

Gabarito: Errado.

---

482. (2016 – CESPE/CEBRASPE – Polícia Científica/PE – Perito Criminal – Adaptada) No CPP (CPP), pode ocorrer a decadência na ação penal pública condicionada a requisição do Ministro da Justiça.

Certo ( )   Errado ( )

A assertiva está completamente equivocada, ou seja, não está sujeita à decadência a ação penal condicionada à requisição do Ministro da Justiça, sendo que é limitada apenas pela prescrição do próprio crime.

Gabarito: Errado.

---

483. (2016 - CESPE/CEBRASPE - Polícia Científica/PE - Perito Criminal – Adaptada) Em concordância com o CPP (CPP), pode ocorrer a decadência na ação penal por crime praticado em detrimento do patrimônio ou interesse da União.

Certo ( )   Errado ( )

O crime praticado em detrimento do patrimônio ou interesse da União não está sujeito a prazo decadencial. Portanto, a ação penal sempre será pública.

Gabarito: Errado.

---

484. (2016 – CESPE/CEBRASPE – Polícia Científica/PE – Perito Criminal – Adaptada) Nos crimes que se processem mediante ação penal que exija representação, esta será retratável mesmo após o recebimento da denúncia.

Certo ( )   Errado ( )

A questão torna-se errada ao afirmar que a representação será retratável mesmo após o recebimento da denúncia, pois de acordo com art. 25 do CPP: *A representação será irretratável, depois de oferecida a denúncia.*

Gabarito: Errado.

---

485. (2016 – CESPE/CEBRASPE – Polícia Científica/PE – Perito Criminal – Adaptada) Cônjuge, ascendente, descendente ou irmã(o) tem o direito de oferecer a queixa e prosseguir na ação penal privada em caso de morte do ofendido.

Certo ( )   Errado ( )

A questão retrata o teor do art. 31 do CPP: *No caso de morte do ofendido ou quando declarado ausente por decisão judicial, o direito de oferecer queixa ou prosseguir na ação passará ao cônjuge, ascendente,*

descendente ou irmão. Segue uma dica para memorização: no caso de morte ou ausência: lembre-se do CADI, ou seja, Cônjuge, Ascendente, Descendente ou Irmão. Portanto, é um rol taxativo.

Gabarito: Certo.

---

486. **(2016 – CESPE/CEBRASPE – Polícia Científica/PE – Perito Criminal – Adaptada)** Tanto a renúncia quanto o perdão, institutos que se estendem aos corréus e extinguem a punibilidade, independentemente de aceite, são atos unilaterais de desistência do ofendido em relação à ação penal privada.

Certo ( )   Errado ( )

Para responder essa questão é preciso saber que existe uma diferença entre Renúncia e Perdão do Ofendido, ou seja, a Renúncia é baseada no princípio da oportunidade ou conveniência, é um ato unilateral que independe de aceitação. Esse ato ocorre antes de iniciar o processo, pois é concedido a um coautor ou partícipe e estende-se aos demais, ou seja, este é baseado no princípio da indivisibilidade. Já no Perdão do Ofendido, que se baseia no princípio da disponibilidade, o Ato é bilateral, pois depende de aceitação. Esse ato é concedido durante o curso do processo a um dos querelados e estende-se aos demais vigorando o princípio da indivisibilidade. Portanto, a questão torna-se errada ao afirmar que os dois independem de aceitação e são atos unilaterais.

Gabarito: Errado.

---

487. **(2016 – CESPE/CEBRASPE – Polícia Científica/PE – Perito Criminal – Adaptada)** Admite-se ação penal privada subsidiária da pública no caso de o Ministério Público manifestar-se pelo arquivamento do IP ou deixar de oferecer denúncia no prazo legal.

Certo ( )   Errado ( )

No caso de o MP se manifestar sobre o inquérito policial não configura a inércia do MP, pois está pautado no exercício de suas atribuições e este é o titular da ação penal, e não vincula sua *opinio delicti*. Sendo assim, para que haja a ação penal privada subsidiária da pública, a inércia do MP é condição necessária para que exista a ação. Portanto, a inércia é caracterizada quando ele deixa de atuar, o que não é o caso.

Gabarito: Errado.

---

488. **(2016 – CESPE/CEBRASPE – Polícia Científica/PE – Perito Criminal – Adaptada)** Em se tratando de ação penal pública condicionada, qualquer cidadão poderá provocar a iniciativa do Ministério Público para a propositura da ação penal, fornecendo-lhe informações sobre o fato e a autoria e indicando o tempo, o lugar e os elementos de convicção.

Certo ( )   Errado ( )

De acordo com o teor do art. 27 do CPP: *Qualquer pessoa do povo poderá provocar a iniciativa do Ministério Público, nos casos em que caiba a ação pública, fornecendo-lhe, por escrito, informações sobre o fato e a autoria e indicando o tempo, o lugar e os elementos de convicção.*

Gabarito: Errado.

---

489. **(2016 – CESPE/CEBRASPE – PC/PE – Delegado – Adaptada)** A perempção incide tanto na ação penal privada exclusiva quanto na ação penal privada subsidiária da ação penal pública.

Certo ( )   Errado ( )

A questão está equivocada, pois perempção é uma sanção aplicada ao querelante, consistente na perda do direito de prosseguir na ação penal privada, em razão de sua inércia ou omissão no transcorrer da ação penal. Trata-se também de causa extintiva da punibilidade que, todavia, só tem vez após o início da ação penal. Uma vez reconhecida situação de perempção, seus efeitos estendem-se a todos os querelados. Portanto, deve-se ter bastante atenção ao fato de que a ação penal privada subsidiária da pública trata-se de ação originalmente pública, ou seja, não se aplica a perempção, nem o perdão do ofendido e não incide em pagamento de custas ou despesas judiciais.

Gabarito: Errado.

490. **(2016 – CESPE/CEBRASPE – PC/PE – Delegado – Adaptada)** Os prazos prescricionais e decadenciais incidem de igual forma tanto na ação penal pública condicionada à representação do ofendido quanto na ação penal pública condicionada à representação do Ministro da Justiça.

Certo ( )   Errado ( )

O CPP prevê para os crimes de ação penal pública condicionada à representação o prazo decadencial de 6 meses. Já quanto aos crimes de ação penal pública condicionada à representação do Ministro da Justiça a lei nada fala. Portanto, os prazos não são os mesmos.

Gabarito: Errado.

491. **(2016 – CESPE/CEBRASPE – PC/PE – Delegado – Adaptada)** De regra, não há necessidade de a queixa-crime ser proposta por advogado dotado de poderes específicos para tal fim, em homenagem ao princípio do devido processo legal.

Certo ( )   Errado ( )

O exercício da ação penal privada pressupõe capacidade postulatória. De acordo com o Informativo nº 665 do STF, reputou-se que a ação penal privada, para ser validamente ajuizada, dependeria, dentre outros requisitos essenciais, da estrita observância, por parte do querelante, da formalidade imposta pelo art. 44 do CPP, que diz: *A queixa poderá ser dada por procurador com poderes especiais, devendo constar do instrumento do mandato o nome do querelante e a menção do fato criminoso. Portanto, há necessidade de a queixa-crime ser proposta por advogado.*

Gabarito: Errado.

492. **(2016 – CESPE/CEBRASPE – PC/PE – Delegado – Adaptada)** Tanto na ação pública condicionada à representação quanto na ação penal privada, se o ofendido tiver menos de vinte e um anos de idade e mais de dezoito anos de idade, o direito de queixa ou de representação poderá ser exercido por ele ou por seu representante legal.

Certo ( )   Errado ( )

O CPP é de 1941. Por este motivo, alguns de seus artigos foram tacitamente revogados com o advento de novas normas. O art. 34 do CPP foi um deles. Com o advento do Código Civil, ficou firmado que os maiores de 18 anos são plenamente capazes, portanto, não necessita mais de representante legal.

Gabarito: Errado.

493. **(2016 – CESPE/CEBRASPE – PC/PE – Delegado – Adaptada)** É concorrente a legitimidade do ofendido, mediante queixa, e do MP, condicionada à representação do ofendido, para a ação penal por crime contra a honra de servidor público em razão do exercício de suas funções.

Certo ( )   Errado ( )

Trata-se de reprodução fiel da Súmula nº 714 do STF: *É concorrente a legitimidade do ofendido, mediante queixa, e do Ministério Público, condicionada à representação do ofendido, para a ação penal por crime contra a honra de servidor público em razão do exercício de suas funções.*
Gabarito: Certo.

---

494. **(2016 – CESPE/CEBRASPE – PC/PE – Agente – Adaptada)** Havendo vários ofensores querelados, qualquer um deles poderá pedir perdão ao querelante. Nesse caso, sendo o perdão extensível a todos os querelados, extingue-se a punibilidade, independentemente da aceitação do querelante.

Certo ( )   Errado ( )

De acordo com o art. 51 do CPP, o perdão será extensível a todos. No entanto, há a opção de recusa, e se essa for escolhida, o instituto do perdão não produzirá efeitos.
Gabarito: Errado.

---

495. **(2016 – CESPE/CEBRASPE – PC/PE – Agente – Adaptada)** Tratando-se de crime de ação privada, a titularidade da acusação é da própria vítima ofendida; sendo vários os ofensores, caberá à vítima escolher contra quem proporá a queixa.

Certo ( )   Errado ( )

A assertiva faz menção ao princípio da indivisibilidade. Esse princípio diz que a ação penal privada, o qual tem o Ministério Público agindo como *custos legis,* não poderá ser fracionada no tocante aos infratores. Assim, a queixa-crime será proposta em detrimento de todos os participantes que sejam conhecidos da infração penal, não cabendo à vítima escolher.
Gabarito: Errado.

---

496. **(2016 – CESPE/CEBRASPE – PC/PE – Agente – Adaptada)** A própria vítima poderá assumir a titularidade da ação pública incondicionada, se o Ministério Público ficar inerte dentro dos prazos prescritos na lei processual.

Certo ( )   Errado ( )

O art. 29 do CPP deixa claro que, em caso de inércia do Ministério Público em crimes de ação penal pública, e no prazo legal, o querelante, titular da ação penal privada, poderá assumir o lugar do MP e oferecer a denúncia. Este tipo de ação será chamado de ação penal privada subsidiária da pública.
Gabarito: Certo.

---

497. **(2016 – CESPE/CEBRASPE – PC/PE – Agente – Adaptada)** Em se tratando de ação penal privada subsidiária, se houver inércia do Ministério Público e a vítima, tendo assumido a titularidade da ação, deixar de praticar ato que lhe competia para dar prosseguimento ao processo, incorrerá em perempção, o que enseja a extinção do processo.

Certo ( )   Errado ( )

O art. 29 do CPP abre a possibilidade, em caso de inércia do Ministério Público pelo prazo legal estabelecido, de o querelante oferecer a denúncia, intervir no processo, bem como fornecer elementos de prova. No entanto, se houver negligência por parte do querelante, o Ministério Público poderá retomar a ação como parte principal dela. Portanto, é ERRADO afirmar que será extinto o processo, quando, na verdade, apenas trocará a titularidade.

Gabarito: Errado.

---

498. **(2016 – CESPE/CEBRASPE – PC/PE – Escrivão – Adaptada)** A ação penal pública incondicionada é regida pelos princípios da disponibilidade e da indivisibilidade.

Certo ( )   Errado ( )

A ação penal pública incondicionada é regida pelos princípios, entre outros, da indisponibilidade e da indivisibilidade. Este significa dizer que a denúncia deverá ser oferecida contra todos aqueles que foram investigados durante a fase inquisitorial, sob pena de arquivamento implícito. Já aquele significa dizer que o Ministério Público não poderá abandonar a relação jurídica. Em outras palavras, o MP poderá pedir a absolvição, mas jamais desistir da ação penal.

Gabarito: Errado.

---

499. **(2016 – CESPE/CEBRASPE – DPU – Analista Técnico)** João, aproveitando-se de distração de Marcos, juiz de direito, subtraiu para si uma sacola de roupas usadas a ele pertencentes. Marcos pretendia doá-las a instituição de caridade. João foi perseguido e preso em flagrante delito por policiais que presenciaram o ato. Instaurado e concluído o inquérito policial, o Ministério Público não ofereceu denúncia nem praticou qualquer ato no prazo legal.

Considerando a situação hipotética descrita, julgue o item a seguir.

Em razão da omissão do Ministério Público, a vítima poderá oferecer ação privada subsidiária da pública.

Certo ( )   Errado ( )

Primeiramente, analisaremos o crime perpetrado por João. A conduta de João esta tipificada no art. 155 do CP (furto), portanto, esse é um crime de ação penal pública incondicionada. Diante disso, o MP, regido pelo princípio da indisponibilidade, não poderá ficar inerte, mas, se isso ocorrer, passado o prazo legal para perempção, a vítima poderá oferecer denúncia, surgindo a ação penal privada subsidiária da pública.

Gabarito: Certo.

---

500. **(2015 – CESPE/CEBRASPE – TJ/DFT – Técnico Judiciário)** Acerca da ação penal e suas espécies, julgue o item seguinte.

Em se tratando de crime que se apura mediante ação penal pública incondicionada, havendo manifestação tempestiva do Ministério Público pelo arquivamento do inquérito policial, faculta-se ao ofendido ou ao seu representante legal a oportunidade para a ação penal privada subsidiária da pública.

Certo ( )   Errado ( )

O CPP, no art. 29, permite ao querelante o oferecimento da denúncia em caso de o Ministério Público, em ação penal pública incondicionada, ficar inerte no prazo legal determinado e não se manifestar. Esse oferecimento por parte do querelante será chamado de ação penal privada subsidiária da pública. Logo, a questão se torna errada ao afirmar que se o MP manifestar-se tempestivamente pelo arquivamento, concederá a faculdade de ação penal privada ao ofendido, quando na verdade isso não ocorrerá.

Gabarito: Errado.

---

501. **(2015 – CESPE/CEBRASPE – TJ/DFT – Técnico Judiciário)** Acerca da ação penal e suas espécies, julgue o item seguinte.

A legitimação ativa para a ação penal e a definição de sua natureza decorre da lei, sendo, de regra, ação pública, salvo se a lei expressamente a declara privativa do ofendido.

Certo ( )   Errado ( )

O CPP, no art. 24, diz que nos crimes de ação penal pública, esta será promovida por denúncia do Ministério Público, mas dependerá, quando a lei o exigir, de requisição do Ministro da Justiça, ou de representação do ofendido ou de quem tiver qualidade para representá-lo. Assim, a ação será em regra pública, mas quando a lei exigir a representação do ofendido, esta será privativa dele.

Gabarito: Certo.

---

502. **(2015 – CESPE/CEBRASPE – TJ/DFT – Técnico Judiciário)** Com relação ao inquérito policial e à ação penal, julgue o item que se segue.

Segundo o entendimento jurisprudencial dos tribunais superiores, para a persecução penal relativa a crime de lesão corporal praticado no contexto de violência doméstica contra a mulher, é necessária a representação da ofendida.

Certo ( )   Errado ( )

O Superior Tribunal de Justiça, na Súmula nº 542, afirma: *A ação penal relativa ao crime de lesão corporal resultante de violência doméstica contra a mulher é pública incondicionada.* **Logo, não é necessária a representação da ofendida, como afirma a assertiva.**

Gabarito: Errado.

---

503. **(2015 – CESPE/CEBRASPE – TJ/DFT – Analista Judiciário)** Paulo e Jean foram denunciados pela prática do crime de furto de joias, praticado contra Maria, tia sexagenária de Paulo. A subtração foi facilitada pelo fato de Paulo residir com a vítima. Quando da citação, Paulo não foi encontrado no novo endereço que havia fornecido na fase do inquérito, tendo sido o mandado entregue a outro morador, que se comprometeu a entregá-lo ao destinatário. Jean, que retornou para a França, seu país de origem, havia fornecido seu endereço completo ao delegado.

A partir dessa situação hipotética, julgue o item a seguir.

Em razão do parentesco de Paulo e Maria, assim como do fato de ambos residirem juntos, é correto afirmar que se tratou de ação penal pública condicionada à representação da vítima.

Certo ( )   Errado ( )

Essa assertiva tem um aspecto principal a ser observado. Quando cita que a tia de Paulo é sexagenária, isso quer dizer que ela tem 60 anos de idade. Observada essa situação, de acordo com o art. 182 do CP, tem-se que: *Se o crime previsto neste título* **(nesse caso o furto)** *for em prejuízo de tio ou sobrinho, com quem o agente coabita, somente se procede mediante representação.* **No entanto, o art. 183 do CP, diz que:** *Esse dispositivo não se aplicará se o crime é praticado contra pessoa com idade igual ou superior a 60 anos.* **Assim, esse crime será de ação penal pública incondicionada.**

Gabarito: Errado.

---

504. **(2015 – CESPE/CEBRASPE – TRE/RS – Analista Judiciário – Adaptada)** O perdão concedido a um dos querelantes aproveitará a todos os autores remanescentes.

Certo ( ) Errado ( )

O CPP no art. 51, diz que: *O perdão concedido a um dos querelados aproveitará a todos, sem que produza, todavia, efeito em relação ao que o recusar*. Isso quer dizer que, se o querelante conceder o instituto do perdão, é facultado ao querelado recusar. No caso da assertiva, está ERRADO afirmar que o perdão será concedido ao querelante, quando, na verdade, é ao querelado.
Gabarito: Errado.

---

505. **(2015 – CESPE/CEBRASPE – TRE/RS – Analista Judiciário – Adaptada)** O perdão do ofendido, ato extintivo do processo criminal, é, assim como a renúncia, ato unilateral, pois independe da aceitação do autor do crime para que produza efeitos.

Certo ( ) Errado ( )

Conforme a questão, o instituto do perdão é classificado com ato bilateral, pois o querelante poderá conceder o perdão e o querelado poderá aceitar ou não esse perdão. Esse instituto está previsto no art. 51 do CPP. Vale observar também que renúncia e perdão do ofendido são institutos diferentes.
Gabarito: Errado.

---

506. **(2015 – CESPE/CEBRASPE – TRE/RS – Analista Judiciário – Adaptada)** O MP, em relação à ação penal privada subsidiária da pública, atuará como espécie de assistente litisconsorcial em relação ao querelante.

Certo ( ) Errado ( )

Primeiramente, é válido saber o significado da palavra litisconsorcial, que é: reunião, em um mesmo processo, de vários autores e vários réus, ligados pelo mesmo direito material discutido. Assim, é correto afirmar que, segundo o art. 29 do CPP, o MP, no caso de ação penal privada subsidiária da pública, estará reunido com o querelante.
Gabarito: Certo.

---

507. **(2015 – CESPE/CEBRASPE – TRE/RS – Analista Judiciário – Adaptada)** O MP, na ação penal pública condicionada à requisição do Ministro da Justiça, fica vinculado à requisição. Nesses casos, o *parquet* é obrigado a oferecer a denúncia.

Certo ( ) Errado ( )

O Ministério Público possui autonomia funcional, e, em razão dessa autonomia, se não forem verificados os indícios suficientes de autoria e de materialidade, necessários para o oferecimento da denúncia, o *parquet*, quando for requisitado pelo Ministro da Justiça, não estará obrigado a fazê-lo.
Gabarito: Errado.

---

508. **(2015 – CESPE/CEBRASPE – TRE/RS – Analista Judiciário – Adaptada)** Ocorre a perempção no caso de inércia do querelante, deixando-se de promover o andamento da ação penal privada subsidiária da pública durante trinta dias consecutivos.

Certo ( ) Errado ( )

O instituto da perempção está previsto no art. 60 do CPP, afirmando que nos casos em que somente se procede mediante queixa, considerar-se-á perempta a ação penal quando, iniciada esta, o querelante deixar de promover o andamento do processo durante 30 dias seguidos. Conclui-se então que esse instituto se aplica aos crimes de ação penal privada. No entanto, apesar de a assertiva citar a ação penal privada subsidiária da pública, não se aplica a perempção, pois essa ação não perde sua característica de ser pública. Logo, em caso de negligência do querelante, retornará o titular da ação penal, no caso o MP.

Gabarito: Errado.

---

509. (2015 – CESPE/CEBRASPE – TRE/MT – Analista Judiciário – Adaptada) Maria, casada, foi vítima do crime de calúnia praticado por Ana e Paula, suas vizinhas. Após a proposição e a admissão da ação pertinente, Maria resolveu desistir da queixa prestada contra Ana, mas prosseguiu com a ação contra Paula. Caso Maria abandone a ação e seu cônjuge não dê prosseguimento ao feito em até sessenta dias, o irmão dela poderá fazê-lo, dentro do referido prazo.

Certo ( )   Errado ( )

Mesmo que a questão não tenha falado se Maria tinha filhos imputáveis e se o perdão foi acatado ou não pelos querelados (art. 51 do CPP), ela é uma combinação de artigos presentes no Código Processual Penal e, por isso, está certa! Os referidos artigos são: arts. 36, 31 e 60, *caput*, e inciso II.

Art. 36. Se comparecer mais de uma pessoa com direito de queixa, terá preferência o cônjuge, e, em seguida, o parente mais próximo na ordem de enumeração constante do art. 31, podendo, entretanto, qualquer delas prosseguir na ação, caso o querelante desista da instância ou a abandone;

Art. 31. No caso de morte do ofendido ou quando declarado ausente por decisão judicial, o direito de oferecer queixa ou prosseguir na ação passará ao cônjuge, ascendente, descendente ou irmão;

Art. 60. Nos casos em que somente se procede mediante queixa, considerar-se-á perempta a ação penal: II - quando, falecendo o querelante, ou sobrevindo sua incapacidade, não comparecer em juízo, para prosseguir no processo, dentro do prazo de 60 (sessenta) dias, qualquer das pessoas a quem couber fazê-lo, ressalvado o disposto no art. 36;

Art. 51. O perdão concedido a um dos querelados aproveitará a todos, sem que produza, todavia, efeito em relação ao que o recusar.

Gabarito: Certo.

---

510. (2015 – CESPE/CEBRASPE – AGU – Advogado) No que se refere a crime de abuso de autoridade e ao seu processamento, julgue o próximo item.

De acordo com a legislação pertinente, a ação penal por crime de abuso de autoridade é pública incondicionada, devendo o MP apresentar a denúncia no prazo de quarenta e oito horas.

Certo ( )   Errado ( )

As Leis Penais Especiais possuem em seu conteúdo, muitas vezes, matéria acerca do Direito Penal e Processual Penal, assim como é o caso em tela, a Lei dos Crimes de Abuso de Autoridade (Lei nº 13.869/19) dispõe no art. 3º que:

Os crimes previstos nesta Lei são de ação penal pública incondicionada.

§ 1º Será admitida ação privada se a ação penal pública não for intentada no prazo legal, cabendo ao Ministério Público aditar a queixa, repudiá-la e oferecer denúncia substitutiva, intervir em todos

os termos do processo, fornecer elementos de prova, interpor recurso e, a todo tempo, no caso de negligência do querelante, retomar a ação como parte principal.

§ 2º A ação privada subsidiária será exercida no prazo de 6 (seis) meses, contado da data em que se esgotar o prazo para oferecimento da denúncia.

Gabarito: Certo.

---

511. **(2015 – CESPE/CEBRASPE – TJ/PB – Juiz – Adaptada)** Além dos indícios de autoria, para o exercício da ação penal nos crimes de tráfico de drogas, a Lei nº 11.343/06 considera suficiente o laudo de constatação.

Certo ( )   Errado ( )

É exatamente o que pressupõe a justa causa para o oferecimento da denúncia, isto é, deverá haver indícios de autoria e materialidade do crime. Conforme o art. 158 do CPP, todo crime que deixar vestígios é indispensável o exame de corpo de delito, e os crimes relacionados às drogas ilícitas necessitam obrigatoriamente de comprovação por laudo toxicológico atestando se tratar de droga (Portaria SVS/MS nº 344/1998). De acordo com a dogmática do STJ, o laudo de constatação é exame pericial preliminar feito somente para justificar o recebimento da denúncia ou queixa. Ademais, o exame definitivo é obrigatório para a sentença condenatória. Já, se a prisão temporária ou preventiva foi efetivada sem o laudo de constatação, então haverá a possibilidade de trancamento do IP ou da AP e a liberação do acusado por falta de justa causa, a qual motivará o *habeas corpus*. Contudo, se o laudo definitivo foi feito durante o IP, não há o que se falar em falta de justa causa.

TRÁFICO DE DROGAS. NULIDADE DECORRENTE DA AUSÊNCIA DE LAUDO PRELIMINAR. LAUDO DEFINITIVO PRODUZIDO NA FASE DE INVESTIGAÇÃO. MATERIALIDADE DEMONSTRADA. AUSÊNCIA DE PREJUÍZOS À DEFESA. 'HABEAS CORPUS' NÃO CONHECIDO. [...] De acordo com a jurisprudência do Superior Tribunal de Justiça, o laudo preliminar de constatação é peça meramente informativa, ficando superadas eventuais irregularidades ocorridas na fase de investigação com a juntada do laudo definitivo. Na espécie, produziu-se, desde a fase de investigação, o laudo definitivo, suficiente a atestar de modo conclusivo e seguro a materialidade do crime. Dessa forma, demonstrando o referido laudo, estreme de dúvidas, que as substâncias capturadas em poder do paciente enquadravam-se no rol fornecido pelo Ministério da Saúde, não há prejuízo decorrente da ausência da perícia preliminar de constatação, notadamente considerando a natureza provisória desta, que pode ser suprida ou contradita pelo derradeiro exame. (STJ, HC 277.347/AM, Min. Rel. Marco Aurélio Bellizze, 5ª Turma, em 11/03/2014).

Gabarito: Certo.

---

512. **(2015 – CESPE/CEBRASPE – TJ/PB – Juiz – Adaptada)** No que se refere à denúncia ou queixa, a queixa, ainda que a ação penal seja privativa do ofendido, não poderá ser aditada pelo MP.

Certo ( )   Errado ( )

O MP atua como *custos legis* (fiscal da lei) nas ações penais privadas, como derradeiro poderá aditá-las (complementá-las) sempre que for necessário para a inclusão de elementos influenciadores na fixação da pena. O prazo será, após o recebimento dos autos, de 3 dias para o aditamento; caso não o faça, o processo prosseguirá normalmente. Ademais, falta ao MP legitimidade a fim de aditar a queixa-crime no intuito de colocar novos acusados nas ações privadas exclusivas, dessa forma, ele atua como um corretor de falhas técnicas na petição inicial, não podendo incluir novos fatos,

descrições e corréus. Contudo, na subsidiária da pública, ele possui ampla liberdade, podendo incluir novos fatos e corréus.

Artigos relacionados do CPP:

Art. 45. A queixa, ainda quando a ação penal for privativa do ofendido, poderá ser aditada pelo Ministério Público, a quem caberá intervir em todos os termos subsequentes do processo;

Art. 46, § 2º: O prazo para o aditamento da queixa será de 3 dias, contado da data em que o órgão do Ministério Público receber os autos, e, se este não se pronunciar dentro do tríduo, entender-se-á que não tem o que aditar, prosseguindo-se nos demais termos do processo.

Art. 29. Será admitida ação privada nos crimes de ação pública, se esta não for intentada no prazo legal, cabendo ao Ministério Público aditar a queixa, repudiá-la e oferecer denúncia substitutiva, intervir em todos os termos do processo, fornecer elementos de prova, interpor recurso e, a todo tempo, no caso de negligência do querelante, retomar a ação como parte principal.

Jurisprudência relacionada:

Nos termos do art. 45 do CPP, a queixa poderá ser aditada pelo Ministério Público, ainda que se trate de ação penal privativa do ofendido, desde que não proceda à inclusão de coautor ou partícipe, tampouco inove quanto aos fatos descritos [...]. (STJ, HC 85.039/SP, Min. Rel. Felix Fischer, 5ª Turma, em 05/03/2009)

Gabarito: Errado.

---

513. **(2015 – CESPE/CEBRASPE – TJ/DFT – Juiz – Adaptada)** Em uma ação penal privada subsidiária de ação penal pública, o querelante deixou de promover o andamento do processo por mais de trinta dias. Nessa situação, o juiz criminal deverá determinar a extinção da ação penal devido à extinção da punibilidade pela perempção.

Certo ( )   Errado ( )

A questão trouxe uma hipótese da ação penal privada exclusiva em que não é cabível a ação penal subsidiária da pública. Nesta hipótese, o Ministério Público deverá retomar a ação como parte principal.

Ação Penal Privada Subsidiária, art. 29 do CPP: *Será admitida ação privada nos crimes de ação pública, se esta não for intentada no prazo legal, cabendo ao Ministério Público aditar a queixa, repudiá-la e oferecer denúncia substitutiva, intervir em todos os termos do processo, fornecer elementos de prova, interpor recurso e, a todo tempo, no caso de negligência do querelante, retomar a ação como parte principal.*

Ação Penal Privada Exclusiva, art. 60. do CPP: *Nos casos em que somente se procede mediante queixa, considerar-se-á perempta a ação penal: I - quando, iniciada esta, o querelante deixar de promover o andamento do processo durante 30 dias seguidos.*

Gabarito: Errado.

---

514. **(2015 – CESPE/CEBRASPE – TJ/DFT – Juiz – Adaptada)** Clóvis, imputável, levou seus cavalos para pastar na fazenda de Lázaro sem o consentimento deste. Nessa situação, a ação penal deverá ser iniciada mediante representação.

Certo ( )   Errado ( )

O crime cometido é de ação penal privada exclusiva, previsto nos arts. 164 e 167 ambos do Código Penal:

Art. 164. Introduzir ou deixar animais em propriedade alheia, sem consentimento de quem de direito, desde que o fato resulte prejuízo.

Art. 167. Nos casos do art. 163, do inciso IV do seu parágrafo e do art. 164, somente se procede mediante queixa.

Gabarito: Errado.

---

515. **(2015 – CESPE/CEBRASPE – TJ/DFT – Juiz – Adaptada)** O MPDFT propôs ação penal contra Adailton. Nessa situação, se houver prova inconteste da prescrição do crime que ensejou a referida ação penal, será cabível *habeas corpus* perante o TJDFT para trancar a ação penal.

Certo ( )   Errado ( )

Para melhor entendimento, citaremos as jurisprudências e os artigos relacionados.

Art. 107, CP: Extingue-se a punibilidade: [...] IV - pela prescrição, decadência ou perempção;

Art. 647, CPP: Dar-se-á 'habeas corpus' sempre que alguém sofrer ou se achar na iminência de sofrer violência ou coação ilegal na sua liberdade de ir e vir, salvo nos casos de punição disciplinar;

Art. 648, CPP: A coação considerar-se-á ilegal: [...] VII - quando extinta a punibilidade;

Jurisprudências relacionadas:

1. O trancamento de ação penal por intermédio do 'habeas corpus' é medida excepcionalíssima, justificando-se somente quando despontar fora de dúvida a ausência de materialidade ou de autoria ou alguma excludente de tipicidade ou de punibilidade (STF, RHC 95.782/MG, Min. Rel. Luiz Fux, 1ª Turma, em 02/08/2011);

2. Apesar do entendimento do STF no sentido de não ser competente o TJDFT, e sim o TRF, para processar e julgar 'habeas corpus' contra ato de membro do MPDFT, uma vez que a CF/88 situa o MPDFT no âmbito do MPU, deve ser reconhecida como competente uma das Turmas Criminais do TJDFT. A uma, porque é este o órgão competente para o julgamento dos juízes do DF e de todos os assemelhados a esses. A duas, porque, se os membros do MPDFT são do MPU, a Justiça do TJDFT também é da União. E, por fim, porque se trata de interferência indevida o julgamento por outra Justiça de atos praticados sob a esfera de atuação da Justiça do Distrito Federal (TJDFT, Acórdão nº 178383, Rel. Des. Nívio Gonçalves, em 06/05/2003 - Informativo de Jurisprudência nº 49).

Gabarito: Certo.

---

516. **(2015 – CESPE/CEBRASPE – TJ/DFT – Técnico Judiciário – Adaptada)** Acerca da ação penal e suas espécies, julgue o item seguinte.

A legitimação ativa para a ação penal e a definição de sua natureza decorre da lei, sendo, de regra, ação pública, salvo se a lei expressamente a declara privativa do ofendido.

Certo ( )   Errado ( )

A ação penal é, em regra, pública e seu titular é o Ministério Público. Contudo, há uma catalogação das que são privadas (como a doutrina costuma dizer), isto é, aqueles crimes em que o próprio ofendido é titular exclusivo da iniciativa da ação penal (queixa-crime) devem estar definidos em lei. Conforme o art. 100, *caput*, do CP: *A ação penal é pública, salvo quando a lei expressamente a declara privativa do ofendido.*

Gabarito: Certo.

---

517. **(2014 – CESPE/CEBRASPE – TJ/SE – Notário e Registrador – Adaptada)** A denúncia, no procedimento sumaríssimo, poderá ser oferecida oralmente na audiência preliminar, caso não sejam necessárias diligências imprescindíveis.

Certo ( )   Errado ( )

De fato, tal hipótese está na Lei nº 9.099/95, Seção II, Do Procedimento Sumaríssimo, art. 77, caput: *Na ação penal de iniciativa pública, quando não houver aplicação de pena, pela ausência do autor do fato, ou pela não ocorrência da hipótese prevista no art. 76 desta Lei, o Ministério Público oferecerá ao Juiz, de imediato, denúncia oral, se não houver necessidade de diligências imprescindíveis.*
Gabarito: Certo.

518. **(2014 – CESPE/CEBRASPE – TJ/SE – Notário e Registrador – Adaptada)** A ação penal privada será promovida pelo MP, desde que haja autorização do ofendido.

Certo ( )   Errado ( )

Uma coisa é ação penal privada e outra ação penal pública condicionada, e a assertiva misturou essas duas. As ações penais privadas são exclusivas da vítima ou de seu representante, não cabendo o MP interferir na via de discricionariedade do ofendido na propositura da queixa-crime.
Art. 100, § 2º, do CP: A ação de iniciativa privada é promovida mediante queixa do ofendido ou de quem tenha qualidade para representá-lo.

No entanto, nas ações penais privadas exclusivas, poderá o MP (*custos legis*) aditá-las (complementá-las) sempre que for necessário para a inclusão de elementos influenciadores na fixação da pena (um fiscal técnico). O prazo será, após o recebimento dos autos, de 3 dias para o aditamento; caso não o faça, o processo prosseguirá normalmente. Ademais, falta ao MP legitimidade a fim de aditar a queixa-crime no intuito de colocar novos acusados nas ações privadas exclusivas. Dessa forma, ele atua como um corretor de falhas técnicas na petição inicial, não podendo incluir novos fatos, descrições e corréus. Contudo, na subsidiária da pública, ele possui ampla liberdade, podendo incluir novos fatos e corréus.
Gabarito: Errado.

519. **(2014 – CESPE/CEBRASPE – TJ/SE – Notário e Registrador – Adaptada)** No caso de morte do ofendido, ainda que durante o curso do prazo decadencial, não será mais possível o ajuizamento da ação penal privada.

Certo ( )   Errado ( )

O prazo decadencial para oferecimento da queixa-crime é de 6 meses, logo após o conhecimento do autor do crime. Contudo, esse prazo também tem validade após a morte do ofendido, estendendo-se o direito de oferecimento da queixa-crime ou prosseguimento da ação para o cônjuge, ascendente, descendente ou irmão.
Art. 38 do CPP: Salvo disposição em contrário, o ofendido, ou seu representante legal, decairá no direito de queixa ou de representação, se não o exercer dentro do prazo de seis meses, contado do dia em que vier a saber quem é o autor do crime [...]. Parágrafo único. Verificar-se-á a decadência do direito de queixa ou representação, dentro do mesmo prazo, nos casos dos arts. 24, parágrafo único, e 31.
Gabarito: Errado.

520. (2014 – CESPE/CEBRASPE – TJ/SE – Notário e Registrador – Adaptada) Se for cometido crime contra a administração da justiça, a ação penal pública será condicionada à requisição da autoridade judiciária.

Certo ( )   Errado ( )

Primeiramente, o juiz (autoridade judiciária) só irá agir se provocado, pois é condicionado ao princípio da inércia. Desta forma, as ações penais devem ser levadas a ele e, por isso, tanto nas ações penais públicas incondicionadas (todas os crimes contra a administração da justiça são) e condicionadas quanto nas privadas, dependerão da iniciativa de seu titular. Portanto, quando um crime contra a administração da justiça ocorrer, quem proporá o oferecimento da denúncia é o Ministério Público.

Gabarito: Errado.

---

521. (2014 – CESPE/CEBRASPE – TJ/SE – Notário e Registrador – Adaptada) Nos casos de crimes praticados contra o patrimônio público de estado federado, a ação penal pública será condicionada à representação do Procurador do Estado.

Certo ( )   Errado ( )

Crimes contra a Administração Pública são todos públicos incondicionados. Além disso, não existe ação penal pública condicionada à representação de Procurador do Estado. Vejamos o art. 24 do CPP: *Nos crimes de ação pública, esta será promovida por denúncia do Ministério Público, mas dependerá, quando a lei o exigir, de requisição do Ministro da Justiça, ou de representação do ofendido ou de quem tiver qualidade para representá-lo.*

Gabarito: Errado.

---

522. (2014 – CESPE/CEBRASPE – TJ/SE – Notário e Registrador – Adaptada) Nos casos de delitos praticados por instituição bancária contra a ordem financeira nacional, a ação penal pública será condicionada à requisição do Ministro da Fazenda.

Certo ( )   Errado ( )

Crimes contra a Administração Pública são todos públicos incondicionados. Além disso, não existe ação penal pública condicionada à representação de Procurador do Estado. Vejamos o art. 24, CPP: *Nos crimes de ação pública, esta será promovida por denúncia do Ministério Público, mas dependerá, quando a lei o exigir, de requisição do Ministro da Justiça, ou de representação do ofendido ou de quem tiver qualidade para representá-lo.* **Ademais, a Lei nº 7.492/86 (Lei dos Crimes contra o Sistema Financeiro Nacional), no art. 26 do diz que:** *A ação penal, nos crimes previstos nesta lei, será promovida pelo Ministério Público Federal, perante a Justiça Federal.*

Gabarito: Errado.

---

523. (2014 – CESPE/CEBRASPE – TJ/SE – Notário e Registrador – Adaptada) Se o ofendido tiver menos de sessenta anos de idade, no caso de crime de receptação praticado pelo seu irmão, a ação penal pública será condicionada à representação do ofendido.

Certo ( )   Errado ( )

O sujeito passivo do crime de receptação é a mesma vítima do crime antecedente e, na situação tratada na questão, o irmão da vítima será o sujeito ativo do crime de receptação. Segundo o Código

Penal, estamos diante de uma causa de imunidade relativa (depende de representação), pois o sujeito passivo possuía 59 anos (menos de 60) e não era ascendente, descendente ou cônjuge do agente, mas, sim, irmão. art. 182 do CP: *Somente se procede mediante representação, se o crime previsto neste título é cometido em prejuízo: I - do cônjuge desquitado ou judicialmente separado; II - de irmão, legítimo ou ilegítimo; III - de tio ou sobrinho, com quem o agente coabita.*
Gabarito: Certo.

---

524. **(2014 – CESPE/CEBRASPE – TJ/SE – Notário e Registrador – Adaptada)** No caso dos delitos previstos na Lei de Crimes Ambientais, a ação penal pública será condicionada à requisição do Ministro do Meio Ambiente.

Certo ( )   Errado ( )

Não há a necessidade de requisição do Ministro do Meio Ambiente, uma vez que esses crimes são de ação penal pública incondicionada, ou seja, não necessitam de requisição para a ação ser iniciada.
Gabarito: Errado.

---

525. **(2014 – CESPE/CEBRASPE – TJ/SE – Técnico Judiciário)** A justa causa, uma das condições para o exercício da ação penal, corresponde à existência de suporte probatório mínimo para que a acusação seja recebida e se dê prosseguimento ao processo.

Certo ( )   Errado ( )

O inquérito policial não é indispensável à propositura de ação penal, mas denúncia desacompanhada de um mínimo de prova do fato e da autoria é denúncia sem justa causa.
Gabarito: Certo.

---

526. **(2014 – CESPE/CEBRASPE – TJ/SE – Analista Judiciário)** Ainda que não tenha legitimidade para, em ação penal de iniciativa privada, aditar a queixa com o intuito de nela incluir outros réus, o MP poderá acrescentar ao processo elementos que influam na fixação da pena, no exercício da função de *custos legis*.

Certo ( )   Errado ( )

Segundo o STJ, nos termos do art. 45 do CPP, a queixa poderá ser aditada pelo Ministério Público, ainda que se trate de ação penal privativa do ofendido, desde que não proceda à inclusão de coautor ou partícipe, tampouco inove quanto aos fatos descritos, hipóteses, por sua vez, incorrentes na espécie.
Gabarito: Certo.

---

527. **(2014 – CESPE/CEBRASPE – TJ/CE – Analista Judiciário – Adaptada)** Feita proposta de suspensão condicional do processo pelo MP, o acusado deverá declarar imediatamente se a aceita ou não, pois não lhe é permitido postergar tal manifestação para momento ulterior ao recebimento da denúncia.

Certo ( )   Errado ( )

De acordo com o STJ, não se pode exigir que o acusado aceite a suspensão condicional do processo antes mesmo que suas alegações de inépcia da denúncia, de falta de justa causa para a persecução

penal, ou de questões que possam ensejar a sua absolvição sumária sejam devidamente examinadas e refutadas pelo magistrado singular.

Gabarito: Errado.

---

528. **(2014 – CESPE/CEBRASPE – TJ/CE – Analista Judiciário – Adaptada)** A desistência da ação penal privada somente poderá ocorrer até a prolação da sentença condenatória.

Certo (   )   Errado (   )

Em caso de ação penal privada, o ofendido, ou seu titular, poderá dela desistir enquanto não ocorrer o trânsito em julgado da sentença condenatória.

Gabarito: Errado.

---

529. **(2014 – CESPE/CEBRASPE – TJ/CE – Analista Judiciário – Adaptada)** O perdão concedido a um dos querelados aproveitará a todos, mesmo que haja recusa de um deles, não produzindo efeitos somente em relação a este.

Certo (   )   Errado (   )

Está de acordo com a previsão do art. 51 do CPP: *O perdão concedido a um dos querelados aproveitará a todos, sem que produza, todavia, efeito em relação ao que o recusar.*

Gabarito: Certo.

---

530. **(2014 – CESPE/CEBRASPE – TJ/CE – Analista Judiciário – Adaptada)** A representação, condição de procedibilidade da ação penal pública condicionada, exige formalidade, não podendo ser suprida pela simples manifestação expressa da vítima ou de seu representante.

Certo (   )   Errado (   )

Segundo a jurisprudência, a representação não exige qualquer formalidade, bastando que evidencie, de forma clara, a intenção da vítima, ou seu representante, de ver processada a ação penal.

Gabarito: Errado.

---

531. **(2014 – CESPE/CEBRASPE – TJ/CE – Técnico Judiciário – Adaptada)** A autoridade policial deve nomear curador ao indiciar menor de 18 anos de idade.

Certo (   )   Errado (   )

A questão apresenta dois erros. Primeiramente em relação ao curador, pois não há mais necessidade deste para o indiciado menor de 21 anos, em virtude do art. 5º do Código Civil, o qual determina que a menoridade cessa aos 18 anos completos. Em segundo lugar, em relação ao indiciamento, uma vez que o menor de 18 anos é considerado inimputável para o Direito Penal. Sendo assim, esse não comete crime, e sim ato infracional, o que justifica a aplicação do Estatuto da Criança e do Adolescente nesses casos.

Gabarito: Errado.

532. **(2014 – CESPE/CEBRASPE – TJ/CE – Técnico Judiciário – Adaptada)** Nos crimes de ação penal pública condicionada à representação, o ofendido poderá retratar-se da representação formulada antes do oferecimento da denúncia.

Certo ( )   Errado ( )

A assertiva está de acordo com o que propõe o art. 25 do CPP: *A representação será irretratável, depois de oferecida a denúncia.*

Gabarito: Certo.

---

533. **(2014 – CESPE/CEBRASPE – TJ/CE – Técnico Judiciário – Adaptada)** Não é permitida a intervenção do Ministério Público em processo de ação penal privada.

Certo ( )   Errado ( )

De acordo com o art. 45 do CPP: *A queixa, ainda quando a ação penal for privativa do ofendido, poderá ser aditada pelo Ministério Público, a quem caberá intervir em todos os termos subsequentes do processo.*

Gabarito: Errado.

---

534. **(2014 – CESPE/CEBRASPE – TJ/CE – Técnico Judiciário – Adaptada)** Entre os princípios que regem a ação penal pública incondicionada inclui-se o da disponibilidade.

Certo ( )   Errado ( )

De acordo com o art. 42 do CPP: *O Ministério Público não poderá desistir da ação penal.* **Sendo assim, a ação penal pública incondicionada é regida pelo princípio da INDISPONIBILIDADE, ou seja, o MP não pode dispor dela.**

Gabarito: Errado.

---

535. **(2014 – CESPE/CEBRASPE – TJ/CE – Técnico Judiciário – Adaptada)** A divisibilidade consiste em um dos princípios que regem a ação penal privada.

Certo ( )   Errado ( )

Conforme art. 48 do CPP, a ação penal privada é regida pelo princípio da INDIVISIBILIDADE, pois o ofendido não pode escolher oferecer a ação penal apenas em relação a um ou alguns dos autores do fato, deixando de ajuizar contra os demais.

Gabarito: Errado.

---

536. **(2014 – CESPE/CEBRASPE – TJ/CE – Técnico Judiciário – Adaptada)** Em se tratando de crimes de ação penal pública incondicionada, em nenhuma hipótese será permitido ao ofendido intentar ação privada.

Certo ( )   Errado ( )

De acordo com o art. 48 do CPP, a ação penal privada é regida pelo princípio da INDIVISIBILIDADE, pois o ofendido não pode escolher oferecer a ação penal apenas em relação a um ou alguns dos autores do fato, devendo ajuizar contra todos.

Art. 48. A queixa contra qualquer dos autores do crime obrigará ao processo de todos, e o Ministério Público velará pela sua indivisibilidade.

Gabarito: Errado.

---

537. **(2018 – CESPE/CEBRASPE – PC/MA – Investigador – Adaptada)** Com referência à ação penal, é correto afirmar que, nos procedimentos regulados pela Lei Maria da Penha, a renúncia à representação da ofendida é condicionada à realização de audiência prévia para tal fim.

Certo ( )   Errado ( )

Conforme o teor do art. 16 da Lei nº 11.340/06, nas ações penais públicas condicionadas à representação da ofendida de que trata esta Lei, só será admitida a renúncia à representação perante o juiz, em audiência especialmente designada com tal finalidade, antes do recebimento da denúncia e ouvido o Ministério Público.

Gabarito: Certo.

---

538. **(2018 – CESPE/CEBRASPE – PC/MA – Investigador – Adaptada)** Com referência à ação penal, é correto afirmar que, no sistema processual penal pátrio, inexiste ação penal que dependa da requisição do ministro da justiça.

Certo ( )   Errado ( )

A requisição é ato de natureza política por meio do qual o Ministro da Justiça autoriza a propositura da ação penal por parte do Ministério Público em determinados delitos. O CPP prevê, no art. 24 do CPP, que, nos crimes de ação pública, esta será promovida por denúncia do Ministério Público, mas dependerá, quando a lei o exigir, *de requisição do Ministro da Justiça*, ou de representação do ofendido ou de quem tiver qualidade para representá-lo.

O CP prevê, no art. 100, § 1º: *a ação pública é promovida pelo Ministério Público, dependendo, quando a lei o exige, de representação do ofendido ou de requisição do Ministro da Justiça.*

Os crimes cuja persecução depende de requisição estão previstos no Código Penal, na Lei de Segurança Nacional e na Lei de Imprensa.

Dentre eles, podemos citar:

- O crimes cometidos por estrangeiro contra brasileiro fora do Brasil (art. 7º, § 3º, b, do CP).

- Os crimes de injúria praticados contra o Presidente da República (art. 141, I, art. 145, parágrafo único e art. 26 da Lei de Segurança Nacional).

- Nos crimes contra a honra cometidos pela imprensa contra Ministro de Estado (art. 23, I, art. 40, I, a, da Lei de Imprensa) "revogada".

Gabarito: Errado.

---

539. **(2018 – CESPE/CEBRASPE – PC/MA – Investigador – Adaptada)** Com referência à ação penal, é correto afirmar que, na ação penal pública condicionada, a representação deve respeitar rigoroso formalismo, por ser isso condição específica da persecução penal.

Certo ( )   Errado ( )

A representação não prescinde de rigor formal, está disciplinada no art. 39 do CPP, segundo o qual se trata de um direito que *poderá ser exercido, pessoalmente ou por procurador com poderes especiais, mediante declaração, escrita ou oral, feita ao juiz, ao órgão do Ministério Público, ou à autoridade policial.*

A jurisprudência pacifica do STJ dispensa de formalidades para o exercício do direito de representação: de acordo com a jurisprudência do STJ, *a representação nos crimes de ação penal pública condicionada à representação não exige maiores formalidades, bastando que haja a manifestação de vontade da vítima ou de seu representante legal, demonstrando a intenção de ver o autor do fato delituoso processado criminalmente.*

Precedentes. 2. Na espécie, o Tribunal de Justiça de Minas Gerais ressaltou que, na primeira oportunidade em que foi ouvida, a genitora da menor deixou expressamente consignado o desejo de representar contra o autor do fato criminoso. Além disso, ponderou que a lavratura do Boletim de Ocorrência e o atendimento médico prestado à vítima deveriam ser considerados com verdadeira representação, pois contêm todas as informações necessárias para que se procedesse à apuração da conduta supostamente delituosa. Diante disso, concluiu estar demonstrado o desejo de submeter o acusado à jurisdição criminal, em harmonia com a orientação desta Casa (AgRg nº HC 233.479/ MG, DJe 02/02/2017).

Gabarito: Errado.

---

540. (2018 – CESPE/CEBRASPE – PC/MA – Investigador – Adaptada) Com referência à ação penal, é correto afirmar que o ordenamento pátrio não contempla a hipótese de ação privada personalíssima.

Certo ( )   Errado ( )

A Ação Penal Privada Personalíssima é aquela que exclusivamente pode ser proposta pela vítima. Logo, não há legitimado processual, ou seja, representante legal nem a possibilidade dos legitimados no art. 31 do CPP. Assim, falecendo a vítima, extingue-se a punibilidade. A ação privada personalíssima é admitida no crime de Induzimento a erro essencial e ocultação de impedimento, conforme o art. 236 do CP: *contrair casamento, induzindo em erro essencial o outro contraente, ou ocultando-lhe impedimento que não seja casamento anterior; pena — detenção, de seis meses a dois anos.*

Gabarito: Errado.

---

541. (2018 – CESPE/CEBRASPE – PC/MA – Investigador – Adaptada) Com referência à ação penal, é correto afirmar que a renúncia ao direito de queixa e o perdão do ofendido não possuem características diferentes.

Certo ( )   Errado ( )

A renúncia e o perdão são causas extintivas da punibilidade distintas.

Renúncia: é uma forma de extinção de punibilidade pelo direito de queixa, portanto refere-se somente à ação penal privada. É um ato unilateral, é a desistência do direito de ação por parte do ofendido.

Perdão: é a manifestação do desinteresse em prosseguir com a ação penal privada. Ocorre somente depois de iniciada a ação penal. O perdão é ato bilateral, exigindo, pois a concordância do querelado. O limite para o querelado ser beneficiado com o perdão é o trânsito em julgado da sentença condenatória, art. 106, § 2º, do CP.

Vide os arts. 48 e 51 do CPP:

Art. 48. A *queixa contra qualquer dos autores do crime obrigará ao processo de todos, e o Ministério Público velará pela sua indivisibilidade.*

Art. 51. *O perdão concedido a um dos querelados aproveitará a todos, sem que produza, todavia, efeito em relação ao que o recusar.*

Gabarito: Errado.

---

542. **(2018 – FUNDATEC – DPE/SC – Analista Técnico – Adaptada)** No que tange à ação penal, o delito de ameaça, nos termos do art. 147 do Código Penal, não exige representação como condição de procedibilidade, eis que não se trata de crime apurável mediante ação penal pública condicionada à representação.

Certo ( )   Errado ( )

O crime de ameaça EXIGE representação, nos termos do art. 147 do CP: *ameaçar alguém, por palavra, escrito ou gesto, ou qualquer outro meio simbólico, de causar-lhe mal injusto e grave; pena - detenção, de um a seis meses, ou multa.*

Parágrafo único. Somente se procede mediante representação.

Gabarito: Errado.

---

543. **(2018 – CESPE/CEBRASPE – PC/MA – Escrivão – Adaptada)** Acerca do direito de representação como condição de procedibilidade da ação penal é correto afirmar que o direito penal restringe--se ao trato da responsabilidade subjetiva, razão por que as pessoas jurídicas estão impedidas de representar.

Certo ( )   Errado ( )

Nos termos do art. 37 do CPP, *as fundações, associações ou sociedades legalmente constituídas poderão exercer a ação penal, devendo ser representadas por quem os respectivos contratos ou estatutos designarem ou, no silêncio destes, pelos seus diretores ou sócios-gerentes.*

Gabarito: Errado.

---

544. **(2018 – CESPE/CEBRASPE – PC/MA – Escrivão – Adaptada)** Acerca do direito de representação como condição de procedibilidade da ação penal é correto afirmar que o requerimento de requisição do ofendido ou de seu representante legal deve conter a assinatura e a narrativa do fato de cada testemunha.

Certo ( )   Errado ( )

Conforme o inteiro teor do art. 5º, § 1º, do CPP, o requerimento a que se refere o II conterá sempre que possível:

a) a narração do fato, com todas as circunstâncias;

b) a individualização do indiciado ou seus sinais característicos e as razões de convicção ou de presunção de ser ele o autor da infração, ou os motivos de impossibilidade de o fazer;

c) a nomeação das testemunhas, com indicação de sua profissão e residência.

Gabarito: Errado.

---

545. **(2018 – CESPE/CEBRASPE – PC/MA – Escrivão – Adaptada)** Acerca do direito de representação como condição de procedibilidade da ação penal é correto afirmar que o Ministério Público não pode dispensar a instauração do inquérito policial nas ações penais condicionadas a representação.

Certo ( ) Errado ( )

Nos termos do art. 39, § 5º, do CPP o órgão do Ministério Público dispensará o inquérito, se com a representação forem oferecidos elementos que o habilitem a promover a ação penal, e, neste caso, oferecerá a denúncia no prazo de quinze dias.

Gabarito: Errado.

---

546. **(2018 – CESPE/CEBRASPE – PC/MA – Escrivão – Adaptada)** Acerca do direito de representação como condição de procedibilidade da ação penal é correto afirmar que a representação deve conter todas as informações para a apuração do fato delituoso, permitindo a lei que estas possam ser apresentadas oralmente à autoridade policial.

Certo ( ) Errado ( )

Nos termos do art. 39 do CPP, o direito de representação poderá ser exercido, *pessoalmente ou por procurador com poderes especiais***, mediante declaração, escrita ou oral, feita ao juiz, ao órgão do Ministério Público, ou à autoridade policial.**

§ 2º A representação conterá todas as informações que possam servir à apuração do fato e da autoria.

Gabarito: Certo.

---

547. **(2019 – FEPESE – PC/SC – Escrivão)** Nos crimes praticados contra o patrimônio ou interesse da União, Estado ou Município, a ação será:

a) civil pública.

b) penal privada.

c) penal pública.

d) pública condicionada.

e) pública incondicionada

Nos exatos termos do art. 24, § 2º, do CPP, seja qual for o crime, quando praticado em detrimento do patrimônio ou interesse da União, estado e município, a ação penal será pública.

Gabarito: C.

---

548. **(2017 – CONSULPLAN –TRE/RJ – Analista Judiciário – Adaptada)** Não se admite a ação privada subsidiária em caso de arquivamento do inquérito policial.

Certo ( ) Errado ( )

Realmente, não se admite isso. A ação penal privada subsidiária da pública cabe SOMENTE no caso de INÉRCIA de órgão do Ministério Público, quando no prazo legal que lhe é concedido para oferecer a denúncia:

- **Não a apresenta a denúncia.**
- **Não requer diligências complementares, nos termos do art. 16 do CPP.**
- **Não promover o arquivamento do IP.**

Destarte, se o Ministério Público pede o Arquivamento do IP, NÃO CABE ação penal privada subsidiária. Uma vez arquivado o inquérito policial, por despacho do juiz, a requerimento do *parquet*, NÃO PODE a ação penal ser iniciada sem o surgimento de NOVAS PROVAS.

Gabarito: Certo.

---

549. (2017 – CESPE/CEBRASPE – TRF 1ª Região – Técnico Judiciário) Membro do Ministério Público que participe, ativamente, do curso da investigação criminal não poderá oferecer denúncia, devendo, ao final do inquérito policial, encaminhar os documentos cabíveis para outro membro do parquet, que decidirá acerca do oferecimento ou não de denúncia.

Certo ( )   Errado ( )

Trata-se do teor da **Súmula nº 234 do STJ:** *a participação de membro do Ministério Público na fase investigatória criminal NÃO ACARRETA o seu impedimento ou suspeição para o oferecimento da denúncia.*

Gabarito: Errado.

---

550. (2017 – FCC – TRF 5ª Região – Analista Judiciário – Adaptada) O Estado, detentor do direito de punir, dependendo do tipo de infração penal praticada, outorga a iniciativa da ação penal a um órgão público ou ao próprio ofendido. A respeito do tema ação penal, é correto afirmar que qualquer pessoa do povo poderá provocar a iniciativa do Ministério Público, nos casos em que caiba a ação pública incondicionada, fornecendo-lhe, por escrito, informações sobre o fato e a autoria e indicando o tempo, o lugar e os elementos de convicção.

Certo ( )   Errado ( )

Nos exatos termos do art. 27 do CPP (*Delatio criminis*), qualquer pessoa do povo poderá provocar a iniciativa do Ministério Público, nos casos em que caiba a ação pública, fornecendo-lhe, por escrito, informações sobre o fato e a autoria e indicando o tempo, o lugar e os elementos de convicção.

Gabarito: Certo.

---

551. (2017 – FCC – TRF 5ª Região – Analista Judiciário – Adaptada) O Estado, detentor do direito de punir, dependendo do tipo de infração penal praticada, outorga a iniciativa da ação penal a um órgão público ou ao próprio ofendido. A respeito do tema ação penal, é correto afirmar que será admitida ação privada nos crimes de ação pública, se esta não for intentada no prazo legal, ocasião em que o Ministério Público será afastado de suas atribuições naquele processo.

Certo ( )   Errado ( )

O teor do art. 29 do CPP diverge do enunciado da questão; logo, dispõe a lei processual penal que será admitida ação privada nos crimes de ação pública, se esta não for intentada no prazo legal, cabendo ao **Ministério Público aditar a queixa, repudiá-la e oferecer denúncia substitutiva, intervir em todos os termos do processo, fornecer elementos de prova, interpor recurso e, a todo tempo, no caso de negligência do querelante, retomar a ação como parte principal.**

Gabarito: Errado.

552. **(2017 – FCC – TRF 5ª Região – Analista Judiciário – Adaptada)** O Estado, detentor do direito de punir, dependendo do tipo de infração penal praticada, outorga a iniciativa da ação penal a um órgão público ou ao próprio ofendido. A respeito do tema ação penal, é correto afirmar que as fundações, associações ou sociedades legalmente constituídas não poderão exercer a ação penal por não haver previsão na lei processual que autorize o exercício da referida ação por pessoa jurídica.

Certo ( )   Errado ( )

Nos termos do art. 37 do CPP, as fundações, associações ou sociedades legalmente constituídas poderão exercer a ação penal, devendo ser representadas por quem os respectivos contratos ou estatutos designarem ou, no silêncio destes, pelos seus diretores ou sócios-gerentes.
Gabarito: Errado.

---

553. **(2017 – CONSULPLAN –TRE/RJ – Analista Judiciário – Adaptada)** Sobre Ação Penal Privada é correto afirmar que, apesar de não existir vedação expressa no Código Penal, não é admitida ação privada subsidiária em crimes praticados mediante violência ou grave ameaça.

Certo ( )   Errado ( )

Ação Penal Pública Condicionada > representação do ofendido.

Ação Penal Privada > queixa crime.

Art. 24, do CPP. *Nos crimes de ação pública, esta será promovida por denúncia do Ministério Público (ação penal pública incondicionada - regra geral), mas dependerá, quando a lei o exigir, de requisição do Ministro da Justiça (ação penal pública condicionada), ou de **representação do ofendido** ou de quem tiver qualidade para representá-lo (ação penal pública condicionada a representação).*
Gabarito: Errado.

---

554. **(2017 – CONSULPLAN –TRE/RJ – Analista Judiciário – Adaptada)** Sobre Ação Penal Privada é correto afirmar que é condição para o exercício da ação penal a representação do ofendido no caso de crimes em que a ação penal é de iniciativa privada.

Certo ( )   Errado ( )

Em todos os crimes de ação pública, no caso de OMISSÃO/INÉRCIA DO MP, em não oferecer a denúncia no prazo legal, caberá ação penal privada subsidiária da pública. Tema tão importante que está previsto no CPP e na CF:

Art. 5º, LIX, da CF/88: *será admitida ação privada nos crimes de ação pública, se esta não for intentada no prazo legal.*

Art. 29 do CPP: *Será admitida ação privada nos crimes de ação pública, se esta não for intentada no prazo legal, cabendo ao Ministério Público aditar a queixa, repudiá-la e oferecer denúncia substitutiva, intervir em todos os termos do processo, fornecer elementos de prova, interpor recurso e, a todo tempo, no caso de negligência do querelante, retomar a ação como parte principal.*
Gabarito: Errado.

---

555. **(2017 – CONSULPLAN –TRE/RJ – Analista Judiciário – Adaptada)** Na ação penal privada subsidiária da pública, no caso de negligência do querelante, pode o Ministério Público retomar a ação como parte principal.

Certo ( )   Errado ( )

Conforme o inteiro teor do art. 29 do CPP, será admitida ação privada nos crimes de ação pública, se esta não for intentada no prazo legal, **cabendo ao Ministério Público** aditar a queixa, repudiá-la e oferecer denúncia substitutiva, intervir em todos os termos do processo, fornecer elementos de prova, interpor recurso e, a todo tempo, **no caso de negligência do querelante, retomar a ação como parte principal.**

Gabarito: Certo.

---

556. **(2017 – FCC – TRF 5ª Região – Analista Judiciário – Adaptada)** O Estado, detentor do direito de punir, dependendo do tipo de infração penal praticada, outorga a iniciativa da ação penal a um órgão público ou ao próprio ofendido. A respeito do tema ação penal, é correto afirmar que, se o ofendido for menor de 18 anos e não tiver representante legal, ou colidirem os interesses deste com os daquele, o direito de queixa somente poderá ser exercido quando aquele atingir a maioridade.

Certo ( )   Errado ( )

O teor do art. 33 do CPP dispõe que, se o ofendido for menor de 18 anos, ou mentalmente enfermo, ou retardado mental, e não tiver representante legal, ou colidirem os interesses deste com os daquele, **o direito de queixa poderá ser exercido por curador especial**, nomeado, de ofício ou a requerimento do Ministério Público, pelo juiz competente para o processo penal.

Gabarito: Errado.

---

557. **(2017 – CESPE/CEBRASPE – TRF 1ª Região – Técnico Judiciário)** A respeito da ação penal, julgue o item a seguir.

Situação hipotética: Antônio e Pedro são autores de um mesmo crime contra João.

Assertiva: Nessa situação, João poderá renunciar ao exercício de seu direito de queixa em relação a Antônio e mantê-lo em relação a Pedro.

Certo ( )   Errado ( )

Na ação penal PRIVADA, prevalece o **princípio da INDIVISIBILIDADE. Isso significa que a ação penal deve ser proposta contra TODOS os autores e partícipes da infração penal.** Nos termos do art. 48 do CPP, a **QUEIXA** contra qualquer dos autores do crime **OBRIGARÁ ao processo de todos,** e o Ministério Público velará pela sua indivisibilidade.

Gabarito: Errado.

---

558. **(2017 – CESPE/CEBRASPE – TRF 1ª Região – Técnico Judiciário)** Com relação aos princípios aplicáveis ao direito processual penal, à ação penal e ao inquérito policial, julgue o item que se segue.

Dado o princípio da indivisibilidade, o não oferecimento de denúncia, em ação penal pública, pelo Ministério Público relativamente a um fato criminoso imputado ao indiciado impede que este seja objeto de ação penal posterior.

Certo ( )   Errado ( )

Na ação penal pública, vigora a jurisprudência, a qual aponta o princípio da DIVISIBILIDADE. Logo, o Ministério Público não está obrigado a denunciar todos os envolvidos no fato, ficando livre para formar sua convicção, incluindo na denúncia as pessoas que ele entenda ter praticado o crime, sendo assim, não se podendo falar em arquivamento implícito em relação a quem não foi denunciado.

Gabarito: Errado.

559. **(2017 – MPE/SP – MPE/SP – Promotor de Justiça)** O prazo decadencial para o oferecimento de queixa crime começa a fluir para o cônjuge, ascendente, descendente ou irmão a partir da morte do ofendido.

Certo (   )   Errado (   )

Nos termos do art. 103 do CP, salvo disposição expressa em contrário, o ofendido decai do direito de queixa ou de representação se não o exerce dentro do prazo de 6 (seis) meses, **contado do dia em que veio a saber quem é o autor do crime.**

Gabarito: Errado.

---

560. **(2017 – CESPE/CEBRASPE – TRF 1ª Região – Técnico Judiciário)** No caso de crime processável por ação penal pública, quando o Ministério Público não oferecer a denúncia no prazo legal, o ofendido poderá impetrar ação penal privada subsidiária da pública

Certo (   )   Errado (   )

Será admitida ação privada nos crimes de ação pública, se esta não for intentada no prazo legal, cabendo ao Ministério Público aditar a queixa, repudiá-la e oferecer denúncia substitutiva, intervir em todos os termos do processo, fornecer elementos de prova, interpor recurso e, a todo tempo, no caso de negligência do querelante, retomar a ação como parte principal, nos termos do art. 29 do CPP.

Gabarito: Certo.

---

561. **(2017 – IBFC – TJ/PE – Oficial de Justiça – Adaptada)** A ação penal pública é de iniciativa exclusiva do Ministério Público e tem por objetivo dar concretude ao *jus puniendi* estatal. Acerca dessa modalidade de ação penal, é correto afirmar que, quando do oferecimento da denúncia, é imprescindível à qualificação do acusado.

Certo (   )   Errado (   )

Nos termos do art. 41 do CPP: *A denúncia ou queixa conterá a exposição do fato criminoso, com todas as suas circunstâncias, a qualificação do acusado ou esclarecimentos pelos quais se possa identificá-lo, a classificação do crime e, quando necessário, o rol das testemunhas.*

Gabarito: Errado.

---

562. **(2017 – MPE/SP – MPE/SP – Promotor de Justiça – Adaptada)** O perdão do querelante a um dos querelados, em razão do princípio da indivisibilidade da ação penal, beneficia aos demais.

Certo (   )   Errado (   )

O perdão é causa extintiva da punibilidade BILATERAL, conforme dispõe o art. 51 do CPP: o PERDÃO concedido a um dos querelados aproveitará a TODOS, sem que produza, todavia, efeito em relação ao que o recusar. Temos aqui um ato bilateral.

Gabarito: Errado.

---

563. **(2017 – IBFC – TJ/PE – Oficial de Justiça – Adaptada)** Sobre a ação penal privada, na hipótese de falecimento do ofendido, terão legitimidade para propor a ação penal privada o cônjuge da vítima, seu ascendentes, descendentes e irmãos, nesta ordem.

Certo (   )   Errado (   )

Conforme teor do art. 31 do CPP, legitimidade para propor a ação penal privada – Rol TAXATIVO – CADI: no caso de morte do ofendido ou quando declarado ausente por decisão judicial, o direito de oferecer queixa ou prosseguir na ação passará ao cônjuge, ascendente, descendente ou irmão.
Gabarito: Certo.

564. **(2017 – CESPE/CEBRASPE – TRF 1ª Região – Técnico Judiciário)** O Ministério Público detém, privativamente, a legitimidade para propor ação penal pública, ainda que a proposição seja condicionada à representação do ofendido ou à requisição do ministro da Justiça.

Certo ( )   Errado ( )

Nos termos do art. 257, ao Ministério Público cabe: I - *promover, privativamente, a ação penal pública, na forma estabelecida neste Código.* art. 24 do CPP: *Nos crimes de ação pública, esta será promovida por denúncia do Ministério Público, mas dependerá, quando a lei o exigir, de requisição do Ministro da Justiça, ou de representação do ofendido ou de quem tiver qualidade para representá-lo.*
Gabarito: Certo.

565. **(2017 – IBFC – TJ/PE – Oficial de Justiça – Adaptada)** Sobre a ação penal privada, ocorrerá a perempção do direito de ação quando o querelante se abster de fazer pedido condenatório na exordial acusatória.

Certo ( )   Errado ( )

Discordamos do gabarito oficial, uma vez que a perempção na ação privada só ocorre se o querelante deixar de formular pedido de condenação nas ALEGAÇÕES FINAIS, conforme se pode observar da leitura do art. 60, III, do CPP. Logo, a alternativa menciona "exordial acusatória – seria então a peça que inicia o processo", que não seria o mesmo que alegações finais.
Gabarito: Certo.

566. **(2017 – CS/UFG – TJ/GO – Juiz)** Conforme dispõe expressamente o CPP, o prazo para oferecimento da denúncia, estando o réu preso, será de

a) 3 dias.

b) 5 dias.

c) 7 dias.

d) 10 dias.

e) 15 dias.

Conforme o teor do art. 46 do CPP, o prazo para oferecimento da denúncia, estando o réu preso, será de 5 dias, contado da data em que o órgão do Ministério Público receber os autos do inquérito policial, e de 15 dias, se o réu estiver solto ou afiançado. No último caso, se houver devolução do inquérito à autoridade policial (art. 16), contar-se-á o prazo da data em que o órgão do Ministério Público receber novamente os autos.

Prazos para oferta da DENÚNCIA	
Regra geral	5 dias preso/15 dias solto ou afiançado
Tráfico de drogas – Lei nº 11.343/06	10 dias
Abuso de autoridade	48hs
Crimes contra a economia popular	2 dias
Crime eleitoral	10 dias

Gabarito: B.

---

567. **(2017 – IBFC – TJ/PE – Oficial de Justiça – Adaptada)** Sobre a ação penal privada, o prazo para o exercício do direito de Queixa é de 6 (seis) meses, contados da data de consumação do delito.

Certo (　)   Errado (　)

Quanto ao PRAZO para o oferecimento da queixa-crime, o legislador, no art. 38 do CPP, dispõe que, *salvo disposição em contrário, o ofendido, ou seu representante legal, decairá no direito de queixa ou de representação, se não o exercer dentro do prazo de seis meses, contado do dia em que vier a saber quem é o autor do crime, ou, no caso do art. 29, do dia em que se esgotar o prazo para o oferecimento da denúncia.*

Gabarito: Errado.

---

568. **(2017 – CESPE/CEBRASPE – TRF 1ª Região – Técnico Judiciário)** Desde o advento da Lei nº 11.719/2008, que alterou dispositivos do CPP, as condições da ação penal são a possibilidade jurídica do pedido, o interesse de agir e a legitimidade.

Certo (　)   Errado (　)

Nos termos do art. 395, a denúncia ou queixa será rejeitada quando: *II - faltar pressuposto processual ou condição para o exercício da ação penal.*

Gabarito: Errado.

---

569. **(2017 – MPE/SP – MPE/SP – Promotor de Justiça – Adaptada)** Nos crimes de ação pública condicionada, oferecida a representação contra um dos autores do crime, o Ministério Público deverá oferecer denúncia contra todos os autores.

Certo (　)   Errado (　)

Segundo Norberto Avena, **A REPRESENTAÇÃO** *não se dá em relação a este ou àquele autor do delito, mas se refere ao fato praticado. Assim, perpetrado, em concurso de agentes, determinado crime de ação pública condicionada, ainda que oferecida representação nominal apena sem relação a um dos autores, aos outros se estenderão seus efeitos, legitimando o Ministério Público a ingressar com ação penal contra todos. Pode o Ministério Público denunciar apenas alguns dos indivíduos nominados na representação? Sim, assiste esta possibilidade ao parquet.* **Nada impede que compreenda o promotor de justiça que existem indícios de autoria apenas em relação a alguns dos representados, ajuizando em relação a eles a ação penal e postulando o arquivamento da representação ou do inquérito relativamente aos demais.**(Processo Penal. 9. ed. Rio de Janeiro: Método, 2017. p. 229)

Gabarito: Errado.

---

570. (2017 – IBFC – TJ/PE – Oficial de Justiça – Adaptada) A ação penal pública é de iniciativa exclusiva do Ministério Público e tem por objetivo dar concretude ao *jus puniendi* estatal. Acerca dessa modalidade de ação penal, é correto afirmar que o direito de representação somente poderá ser exercido pessoalmente, vedada a sua realização por meio de procurador

Certo ( )   Errado ( )

O art. 39 do CPP dispõe que *o direito de representação PODERÁ ser exercido, pessoalmente ou por procurador com poderes especiais, mediante declaração, escrita ou oral, feita ao juiz, ao órgão do Ministério Público, ou à autoridade policial.*

Gabarito: Errado.

---

571. (2017 – Fundação La Salle – SUSEPE/RS – Agente Penitenciário) O órgão do Ministério Público dispensará o inquérito policial, se com a representação forem oferecidos elementos que o habilitem a promover a ação penal, e, neste caso, oferecerá a denúncia no prazo de:

a) 05 (cinco) dias.

b) 10 (dez) dias.

c) 15 (quinze) dias.

d) 30 (trinta) dias.

e) 45 (quarenta e cinco) dias.

Conforme disposto no CPP:

Art. 46. O prazo para oferecimento da denúncia, estando o réu preso, será de 5 dias, contado da data em que o órgão do Ministério Público receber os autos do inquérito policial, e de 15 dias, se o réu estiver solto ou afiançado. No último caso, se houver devolução do inquérito à autoridade policial (art. 16), contar-se-á o prazo da data em que o órgão do Ministério Público receber novamente os autos.

Art. 39, § 5º: o órgão do Ministério Público dispensará o inquérito, se com a representação forem oferecidos elementos que o habilitem a promover a ação penal, e, neste caso, oferecerá a denúncia no prazo de quinze dias;

Gabarito: C.

---

572. (2017 – MPE/SP – MPE/SP – Promotor de Justiça – Adaptada) A decadência e a perempção são formas de extinção da punibilidade que só ocorrem na ação privada em que vigora o princípio da oportunidade.

Certo ( )   Errado ( )

Conforme art. 60, *caput*, nos casos em que SOMENTE se procede mediante QUEIXA, considerar-se-á perempta a ação penal. No entanto, o instituto da DECADÊNCIA aplica-se às ações PRIVADAS e públicas CONDICIONADAS. Nos termos do art. 103, salvo disposição expressa em contrário, o ofendido decai do direito de queixa ou de representação se não o exerce dentro do prazo de 6 meses.

Gabarito: Errado.

573. **(2017 – FAURGS – TJ/RS – Analista Judiciário – Adaptada)** Em se tratando da ação penal, é correto afirmar que, nas ações penais privadas movidas mediante queixa, havendo pluralidade de autores, a queixa não poderá ser movida de forma seletiva contra apenas alguns desses autores, sendo que a renúncia ao exercício do direito de queixa, em relação a qualquer um deles, aproveitará a todos.

Certo ( )   Errado ( )

Em razão do princípio da INDIVISIBILIDADE, a lei processual prevê, no art. 49 do CPP, que a renúncia ao exercício do direito de queixa, em relação a um dos autores do crime, a todos se estenderá.
Gabarito: Certo.

---

574. **(2017 – IBFC – TJ/PE – Oficial de Justiça – Adaptada)** A ação penal privada é uma modalidade de procedimento criminal cuja iniciativa é de exclusividade da vítima por meio do oferecimento de Queixa-crime. É observável apenas quando do cometimento de crimes contra a honra e dignidade sexual.

Certo ( )   Errado ( )

A ação penal privada personalíssima exige como legitimado exclusivo a vítima para o oferecimento da queixa-crime. Nas demais hipóteses de ação penal privada, a lei, vide arts. 31 e 36 do CPP, estende a outros legitimados a possibilidade de propositura da ação.
Gabarito: Errado.

---

575. **(2017 – IBFC – TJ/PE – Oficial de Justiça – Adaptada)** A ação penal pública é de iniciativa exclusiva do Ministério Público e tem por objetivo dar concretude ao *jus puniendi* estatal. Acerca dessa modalidade de ação penal, é correto afirmar que o prazo para oferecimento da denúncia é de 5 (cinco) dias, caso o acusado esteja preso, e de 20 (vinte) dias se estiver em liberdade

Certo ( )   Errado ( )

Conforme o teor do art. 46 do CPP, *o prazo para oferecimento da denúncia, estando o réu preso, será de 5 dias, contado da data em que o órgão do Ministério Público receber os autos do inquérito policial, e de 15 dias, se o réu estiver solto ou afiançado. No último caso, se houver devolução do inquérito à autoridade policial (art. 16), contar-se-á o prazo da data em que o órgão do Ministério Público receber novamente os autos.*
Gabarito: Errado.

---

576. **(2017 – IBFC – TJ/PE – Oficial de Justiça – Adaptada)** A ação penal pública é de iniciativa exclusiva do Ministério Público e tem por objetivo dar concretude ao *jus puniendi* estatal. Acerca dessa modalidade de ação penal, é correto afirmar que o Ministério Público poderá dispor da ação penal, podendo dela desistir sempre que achar adequado à defesa da coletividade, independentemente do eventual crime praticado pelo acusado.

Certo ( )   Errado ( )

A lei processual penal, no art. 42 do CPP, trata do Princípio da Indisponibilidade da Ação Penal igualmente conhecido como princípio da indesistibilidade; logo, o preceito legal impõe que depois de iniciada ação penal, o Ministério público não pode desistir da ação penal.
Gabarito: Errado.

---

577. (2017 – IBFC – TJ/PE – Oficial de Justiça – Adaptada) A ação penal pública é de iniciativa exclusiva do Ministério Público e tem por objetivo dar concretude ao *jus puniendi* estatal. Acerca dessa modalidade de ação penal, é correto afirmar que caberá ao Ministro da Justiça apresentar requisição para o prosseguimento de ação penal pública nos casos previstos em lei em que se verifica o cometimento de crimes em face do Presidente da República. A requisição é ato administrativo irrevogável e não há prazo legal para a sua apresentação.

Certo ( )   Errado ( )

A requisição do Ministro da Justiça é uma condição de procedibilidade para ação penal pública condicionada, nos crimes do art. 7º, § 3º, b, do CP, estrangeiro pratica crime contra brasileiro fora do território nacional, ou art. 145, parágrafo único, do CP, "quando cometido crime contra a honra do Presidente da República ou chefe de governo estrangeiro". A requisição pode ser oferecida a qualquer tempo, desde que antes da prescrição, ao contrário do que ocorre com a representação, não há prazo decadencial para o seu oferecimento pelo Ministro da Justiça.
Gabarito: Certo.

---

578. (2017 – CESPE/CEBRASPE – PJC/MT – Delegado – Adaptada) No que se refere à ação penal é correto afirmar que se aplica a perempção como forma extintiva da punibilidade às ações penais exclusivamente privadas e às ações privadas subsidiárias das públicas.

Certo ( )   Errado ( )

Somente se reconhece a perempção como causa extintiva da punibilidade *nas hipóteses do art. 60 do CPP, que remetem à ação penal privada. A jurisprudência dispõe que é impossível reconhecer a extinção da punibilidade pela perempção em ação penal privada subsidiária de ação penal pública.* (RHC 26.530/SC, Rel. Ministra LAURITA VAZ, 5ª TURMA, DJe 21/11/2011)
Gabarito: Errado.

---

579. (2017 – CESPE/CEBRASPE – PJC/MT – Delegado – Adaptada) No se refere à ação penal é correto afirmar que o princípio da indivisibilidade, quando não observado, impõe ao juiz a rejeição da denúncia nas ações penais públicas.

Certo ( )   Errado ( )

O entendimento majoritário é no sentido de que a indivisibilidade é aplicável exclusivamente à ação penal privada. O princípio da indivisibilidade não se aplica à ação penal pública, podendo o Ministério Público, como *dominus litis*, aditar a denúncia, até a sentença final, para inclusão de novos réus, ou ainda oferecer nova denúncia, a qualquer tempo.
Gabarito: Errado.

---

580. (2017 – FAURGS – TJ/RS – Analista Judiciário – Adaptada) Em se tratando da ação penal, é correto afirmar que, nas ações penais públicas incondicionadas, o inquérito policial é elemento indispensável para a propositura da denúncia, não se admitindo que o Ministério Público faça uso de outros meios de informação para sustentar o oferecimento da acusação.

Certo ( )   Errado ( )

O inquérito policial é dispensável, conforme o teor do art. 39, § 5º, do CPP: *o órgão do Ministério Público dispensará o inquérito, se com a representação forem oferecidos elementos que o habilitem a promover a ação penal, e, neste caso, oferecerá a denúncia no prazo de quinze dias.*

Gabarito: Errado.

---

581. (2017 – CESPE/CEBRASPE – SERES/PE – Agente de Segurança Penitenciária) Em se tratando de ação penal, conceitua-se denúncia como

a) instrumento jurídico pelo qual o ofendido ou qualquer outra pessoa dá publicidade a um ato criminoso, com vistas à instauração de investigação na qual se apure a autoria do ato.

b) ato em que o ofendido recorre ao Poder Judiciário para requerer a punição do autor de um ato criminoso.

c) instrumento processual pelo qual o Ministério Público invoca a jurisdição penal para imputar a acusado de crime de ação pública a prática dessa conduta criminosa.

d) instrumento jurídico pelo qual o cidadão comunica ao Poder Judiciário a prática de um ato criminoso, para que se proceda às investigações.

e) ato de se comunicar a prática de uma conduta criminosa à autoridade policial, para a instauração de inquérito policial para apurar a materialidade do ato e sua autoria.

A denúncia criminal é o instrumento processual no qual o representante do **Ministério Público (promotor público ou procurador)** oferece sua acusação perante a **autoridade judicial** competente para julgar o **crime** ou a **contravenção**; além disso, é a peça inicial dos processos criminais que envolvam crimes de **ação pública**, ou seja, naqueles em que a iniciativa do processo judicial é do Ministério Público.

Gabarito: C.

---

582. (2017 – CESPE/CEBRASPE – PJC/MT – Delegado – Adaptada) No se refere à ação penal é correto afirmar que há legitimidade concorrente do ofendido e do MP para a persecução de crimes contra a honra de funcionário público em razão de suas funções.

Certo ( )   Errado ( )

Nos exatos termos da Súmula nº 714 do STF, é concorrente a legitimidade do ofendido, mediante queixa, e do Ministério Público, condicionada à representação do ofendido, para a ação penal por crime contra a honra de servidor público em razão do exercício de suas funções.

Jurisprudência do STJ: *HABEAS CORPUS. DIFAMAÇÃO (ARTIGO 139, CAPUT, NA FORMA DO ARTIGO 141, INCISOS II E III, DO CÓDIGO PENAL). ALEGADA IMPOSSIBILIDADE DE OFERECIMENTO DE QUEIXA-CRIME. ANTERIOR APRESENTAÇÃO DE REPRESENTAÇÃO. DOCUMENTO QUE SE RESTRINGIA À ESFERA ADMINISTRATIVA PRECLUSÃO NÃO CONSUMADA. 1. Nos crimes contra a honra de servidor público, a legitimidade para a ação é concorrente, vale dizer, o ofendido pode propor a queixa-crime, ou pode representar ao Ministério Público para que ofereça denúncia. 2. A opção por uma das vias torna a outra preclusa, não se admitindo que a vítima represente ao Ministério Público e, posteriormente, ofereça ela própria a queixa-crime. Precedente. [...] (HC 259870 / ES, Relator Ministro JORGE MUSSI, Órgão Julgador, 5ª TURMA, Data do Julgamento, 17/12/2013, Data da Publicação, DJe 05/02/2014).*

Gabarito: Certo.

---

583. **(2017 – CESPE/CEBRASPE – PJC/MT – Delegado – Adaptada)** No se refere à ação penal é correto afirmar que, na ação penal privada, todas as manifestações de disponibilidade pelo ofendido serão extensivas a todos os réus e(ou) responsáveis pelo fato delituoso, independentemente de qualquer reserva ou condição apresentada por eles.

Certo ( )   Errado ( )

O perdão é BILATERAL, nos termos do art. 51 do CPP; concedido a um dos querelados, aproveitará a todos, sem que produza, todavia, efeito em relação ao que o recusar.
Gabarito: Errado.

---

584. **(2017 – FAURGS – TJ/RS – Analista Judiciário – Adaptada)** Em se tratando da ação penal, é correto afirmar que a ação penal privada subsidiária poderá ser intentada nos casos de ação penal pública, inclusive quando houver pedido de arquivamento do inquérito policial pelo órgão acusatório.

Certo ( )   Errado ( )

A ação penal privada subsidiária só cabe quando esta não for intentada no prazo legal, cabendo ao Ministério Público aditar a queixa, repudiá-la e oferecer denúncia substitutiva, intervir em todos os termos do processo, fornecer elementos de prova, interpor recurso e, a todo tempo, no caso de negligência do querelante, retomar a ação como parte principal, conforme o art. 29 do CPP.
Gabarito: Errado.

---

585. **(2017 – CESPE/CEBRASPE – PJC/MT – Delegado – Adaptada)** No se refere à ação penal é correto afirmar que, na ação penal privada, todas as manifestações de disponibilidade pelo ofendido serão extensivas a todos os réus e(ou) responsáveis pelo fato delituoso, independentemente de qualquer reserva ou condição apresentada por eles.

Certo ( )   Errado ( )

A alternativa trata da ação penal adesiva, em que existe a formação de litisconsórcio ativo facultativo entre MP e querelante ante a conexão entre um crime de ação penal pública e outro de ação penal privada. Damásio de Jesus entende que, quando há concurso formal entre um crime de ação penal pública e outro de ação penal privada, o órgão do **Ministério Público NÃO PODERÁ oferecer denúncia em relação aos dois.** [...] É imprescindível que se forme um litisconsórcio entre o Promotor e o titular do *jus querelandi*, para que ambos os delitos sejam objeto de acusação e possam ser apreciados conjuntamente na sentença, aplicando-se o disposto no art. 77, III, do CPP. Cada ação penal é promovida por seu titular, nos termos do art. 100, *caput*, do CP. (JESUS, D; **Direito penal**. v. 1. Parte geral. 32 ed., p. 713-714).
Gabarito: Errado.

---

586. **(2017 – FCC – TRE/PR – Analista Judiciário – Adaptada)** Sobre as diversas modalidades de ação penal, é correto afirmar que, em caso de morte do ofendido, o direito de intentar a ação privada propriamente dita se transmite ao cônjuge, ascendente, descendente ou irmão da vítima.

Certo ( )   Errado ( )

Nos exatos termos do art. 31 do CPP, no caso de morte do ofendido ou quando declarado ausente por decisão judicial, o direito de oferecer queixa ou prosseguir na ação passará ao cônjuge, ascendente, descendente ou irmão.
Gabarito: Certo.

587. **(2017 – FAPEMS – PC/MS – Delegado – Adaptada)** De acordo com as disposições legais sobre ação penal, é correto afirmar que, nos crimes de ação penal de iniciativa privada, o legislador exige para a instauração de inquérito policial requerimento de quem tenha qualidade para ajuizá-la e apresentação de queixa-crime do ofendido ou de seu representante legal.

Certo ( )   Errado ( )

Conforme disposto no art. 5º, § 4º, do CPP, o inquérito, nos crimes em que a ação pública depender de representação, não poderá sem ela ser iniciado.

Gabarito: Certo.

588. 2017 – FAPEMS – PC/MS – Delegado – Adaptada) O não comparecimento do ofendido à audiência, tendo sido regularmente notificado para tanto, configura preclusão quando se tratar de crime de iniciativa privada, devendo o processo ser extinto.

Certo ( )   Errado ( )

A alternativa está equivocada, pois não se trata de preclusão, mas de hipótese de perempção, quando em razão da negligência do querelante, conforme o art. 60, III: quando o querelante deixar de comparecer, sem motivo justificado, a qualquer ato do processo a que deva estar presente, ou deixar de formular o pedido de condenação nas alegações finais.

Gabarito: Errado.

589. **(2017 – VUNESP – Câmara de Cotia/SP – Procurador Legislativo – Adaptada)** A, empresário do ramo de confecção têxtil, teve sua marca reproduzida, sem autorização, em diversas camisetas. Instaurado inquérito policial, constatou-se que a empresa que confeccionou as camisetas era de propriedade de B – por coincidência, sobrinho de A - e um terceiro C. B, ouvido pela Autoridade Policial, alegou desconhecer que a marca reproduzida era de propriedade do tio. Afirmou, ademais, não saber que reproduzir ou imitar marca, sem autorização do titular, seria crime. C, por sua vez, disse que achava que a reprodução da marca contava com a autorização, já que o titular era o tio de seu sócio. Finalizado o inquérito policial, identificados os supostos autores do crime contra o registro de marca (processável por ação penal privada), A propôs queixa-crime apenas contra C, deixando de fora B, seu sobrinho. Da identificação dos supostos autores do crime à propositura da queixa-crime transcorreram 04 (quatro) meses. Mas, da instauração do inquérito policial à propositura da queixa-crime transcorreu período superior a 06 (seis) meses.

A respeito da situação hipotética, afirma-se corretamente que, uma vez transcorrido período superior a 30 (trinta) dias entre a identificação dos autores e a propositura da queixa-crime, a ação penal está perempta.

Certo ( )   Errado ( )

A respeito da PEREMPÇÃO, esta resulta da inércia do querelante no curso da ação penal PRIVADA, impedindo a demanda de prosseguir, acarretando a extinção da punibilidade do querelado. Lembre-se de que a perempção somente se aplica à ação penal privada exclusiva, e não na subsidiária à pública. As causas que acarretam a perempção estão elencadas no art. 60:

Nos casos em que somente se procede mediante queixa, considerar-se-á perempta a ação penal: I - quando, iniciada esta, o querelante deixar de promover o andamento do processo durante 30 dias seguidos.

Gabarito: Errado.

590. (2017 – CESPE/CEBRASPE – TRE/BA – Analista Judiciário – Adaptada) Considere que o Ministério Público tenha oferecido denúncia contra determinado indivíduo pela prática de crime que somente se processa mediante queixa. Nessa situação, o juiz deve

a) designar audiência de tentativa de reconciliação entre a vítima e o ofendido.

b) intimar o ofendido, para que ele assuma a titularidade da ação penal.

c) rejeitar a denúncia.

d) determinar a citação do querelado, para que ele ofereça defesa no prazo de quinze dias.

e) exigir do órgão ministerial a correção da peça acusatória.

A denúncia do Ministério Público deve ser rejeitada nos termos do art. 395 do CPP: *a denúncia ou queixa será rejeitada quando: II - faltar pressuposto processual ou condição para o exercício da ação penal. A alternativa aborda a ausência de uma das condições da ação penal, a LEGITIMIDADE. Nos termos do art. 30 do CPP, ao ofendido ou a quem tenha qualidade para representá-lo caberá intentar a ação privada.*
Gabarito: C.

---

591. (2017 – FAURGS – TJ/RS – Analista Judiciário – Adaptada) Em se tratando da ação penal, é correto afirmar que: nas ações penais de natureza pública condicionada à representação, a vítima poderá retratar-se da representação a qualquer tempo, desde que não tenha sido proferida sentença de mérito no processo.

Certo ( )   Errado ( )

Oferecida à denúncia, não há mais espaço à retratação, conforme o art. 25 do CPP. A lei confere à vítima a possibilidade de se retratar, depois que promove a representação, manifestando interesse na responsabilização criminal do autor do crime.
Gabarito: Errado.

---

592. (2017 – FCC – TRE/PR – Analista Judiciário – Adaptada) Sobre as diversas modalidades de ação penal, é correto afirmar que o prazo decadencial para o oferecimento da requisição pelo Ministro da Justiça na ação penal condicionada é de seis meses.

Certo ( )   Errado ( )

Na Ação Penal Pública condicionada, a Requisição do Ministro da Justiça não tem previsão legal mencionando o PRAZO, diferente do que ocorre com a representação, em que o art. 38 do CPP estabelece o prazo decadencial de 6 meses do conhecimento da autoria. O Ministro da Justiça pode fazer a requisição até o prazo prescricional do crime.
Gabarito: Errado.

---

593. (2017 – FAPEMS – PC/MS – Delegado de Polícia – Adaptada) De acordo com as disposições legais sobre ação penal, é correto afirmar que o perdão do ofendido, ato bilateral que exige aceitação, pode ser exercido tanto na fase inquisitorial como na judicial. Uma vez oferecido ainda no inquérito policial, cabe ao Delegado de Polícia proceder à homologação e encaminhar ao juiz competente.

Certo ( )   Errado ( )

O perdão é uma causa extintiva da punibilidade exclusiva da Ação PRIVADA, ocorre somente após o início da ação penal, ou seja, após o oferecimento da queixa-crime. O perdão pode ser concedido até o trânsito em julgado. É ato judicial BILATERAL, ou seja, deste modo o perdão é condicionado a aceitação do querelado. A aceitação pode ser de forma expressa ou tácita, além de ser divisível, visto que é concedido a todos os querelados dos, mas, no entanto, os réus podem negar o uso desta aceitação.

Gabarito: Errado.

594. **(2017 – MPE/PR – MPE/PR – Promotor de Justiça – Adaptada)** Em data de 20 de dezembro de 2016, Astolfo pratica, em tese, crime contra a honra de Lucíolo, afirmando que este, na condição de funcionário público, subtraiu valores do departamento de obras públicas do município de Giramundo. Considere a data de hoje (28.05.2017) e que Lucíolo teve ciência da suposta ofensa em 29 de dezembro de 2016. Cabe oferecimento de queixa em juízo por Lucíolo, representado por advogado, atribuindo-se a este poderes especiais.

Certo ( )   Errado ( )

Nos termos da Súmula nº 714 do STF, *é concorrente a legitimidade do ofendido, mediante queixa, e do ministério público, condicionada à representação do ofendido, para a ação penal por crime contra a honra de servidor público em razão do exercício de suas funções.*

Gabarito: Certo.

595. **(2017 – FCC – TRE/PR – Analista Judiciário – Adaptada)** Sobre as diversas modalidades de ação penal, é correto afirmar que a ação penal privada subsidiária da pública fere o comando constitucional que atribui ao Ministério Público à titularidade da ação penal.

Certo ( )   Errado ( )

NÃO fere o comando constitucional, uma vez que o art. 5º, LIX, da CF/88, afirma que será admitida ação privada nos crimes de ação pública, se esta não for intentada no prazo legal; e o art. 29 do CPP alega que será admitida ação privada nos crimes de ação pública, se esta não for intentada no prazo legal, cabendo ao Ministério Público aditar a queixa, repudiá-la e oferecer denúncia substitutiva, intervir em todos os termos do processo, fornecer elementos de prova, interpor recurso e, a todo tempo, no caso de negligência do querelante, retomar a ação como parte principal.

Gabarito: Errado.

596. **(2017 – FAPEMS – PC/MS – Delegado – Adaptada).** De acordo com as disposições legais sobre ação penal, é correto afirmar que a espécie de ação penal nos casos de estupro é sempre pública incondicionada em virtude da gravidade do delito. Dessa forma, a investigação criminal pode ser iniciada sem representação da vítima por meio de portaria ou, se for o caso, auto de prisão em flagrante.

Certo ( )   Errado ( )

A regra nos crimes de estupro é de ação Penal Pública Condicionada à Representação, conforme teor do art. 225 do CP.

Gabarito: Errado.

597. **(2017 – VUNESP – Câmara de Cotia/SP – Procurado Legislativo – Adaptada)** A, empresário do ramo de confecção têxtil, teve sua marca reproduzida, sem autorização, em diversas camisetas. Instaurado inquérito policial, constatou-se que a empresa que confeccionou as camisetas era de propriedade de B – por coincidência, sobrinho de A - e um terceiro C. B, ouvido pela Autoridade Policial, alegou desconhecer que a marca reproduzida era de propriedade do tio. Afirmou, ademais, não saber que reproduzir ou imitar marca, sem autorização do titular, seria crime. C, por sua vez, disse que achava que a reprodução da marca contava com a autorização, já que o titular era o tio de seu sócio. Finalizado o inquérito policial, identificados os supostos autores do crime contra o registro de marca (processável por ação penal privada), A propôs queixa-crime apenas contra C, deixando de fora B, seu sobrinho. Da identificação dos supostos autores do crime à propositura da queixa-crime transcorreram 04 (quatro) meses. Mas, da instauração do inquérito policial à propositura da queixa-crime transcorreu período superior a 06 (seis) meses.

A respeito da situação hipotética, afirma-se corretamente que, nas ações penais privadas, aplica-se o princípio da indivisibilidade, segundo o qual a queixa contra qualquer dos autores obriga processar a todos, exceto quando há perdão ou renúncia por parentesco.

Certo (   )   Errado (   )

O teor do art. 48 do CPP NÃO traz qualquer RESSALVA: a queixa contra qualquer dos autores do crime obrigará ao processo de todos, e o Ministério Público velará pela sua indivisibilidade.
Gabarito: Errado.

---

598. **(2017 – CESPE/CEBRASPE – SERES/PE – Agente de Segurança Penitenciária)** Em uma ação penal de iniciativa privada subsidiária da iniciativa pública, o querelante deixou de comparecer, sem motivo justificado, a um ato processual no qual sua presença era indispensável.
Nessa situação hipotética, a providência processual cabível é

   a) ordenar a intimação pessoal do querelante para que ele manifeste interesse em prosseguir com a ação penal.

   b) prosseguir com a ação penal e abrir vista às partes para apresentarem alegações finais.

   c) declarar extinta a punibilidade e extinguir a ação penal.

   d) determinar a intimação do Ministério Público para assumir a titularidade da ação penal.

   e) suspender o curso da ação penal e aguardar o pronunciamento do querelante.

Não se aplica a perempção na Ação Penal Privada Subsidiária da Pública, tendo em vista a natureza pública da respectiva ação, apenas se aplica **a perempção as ações penais exclusivamente privadas.**

A Ação Penal Privada Subsidiária da Pública é cabível somente quando se tratar **de inércia de órgão do Ministério Público, no prazo legal que lhe é outorgado para oferecer a denúncia:**

• Não oferece a denúncia.

• Não requer diligências complementares, conforme dispõe o art. 16 do CPP.

• Não promove o arquivamento.

Será admitida ação privada nos crimes de ação pública, se esta não for intentada no prazo legal, cabendo ao Ministério Público aditar a queixa, repudiá-la e oferecer denúncia substitutiva, intervir em todos os termos do processo, fornecer elementos de prova, interpor recurso e, a todo tempo, no caso de negligência do querelante, retomar a ação como parte principal, conforme disposto no art. 29 do CPP.

Gabarito: D.

---

599. (2017 – FAPEMS – PC/MS – Delegado – Adaptada).De acordo com as disposições legais sobre ação penal, é correto afirmar que a perempção, uma das causas extintivas da punibilidade, pode ser reconhecida em qualquer momento processual, porém sanada a omissão do querelante, é possível a renovação da ação penal privada.

Certo (   )   Errado (   )

Segundo Renato Brasileiro, *perempção é a perda do direito de prosseguir no exercício da ação penal privada em virtude da negligência do querelante, com a consequente extinção da punibilidade nas hipóteses de ação penal exclusivamente privada e de ação penal privada personalíssima.* A perempção leva a extinção da punibilidade, sendo assim, não é possível renovar a ação penal privada.

Gabarito: Errado.

---

600. (2017 – MPE/PR – MPE/PR – Promotor de Justiça – Adaptada) Em data de 20 de dezembro de 2016, Astolfo pratica, em tese, crime contra a honra de Lucíolo, afirmando que este, na condição de funcionário público, subtraiu valores do departamento de obras públicas do município de Giramundo. Considere a data de hoje (28.05.2017) e que Lucíolo teve ciência da suposta ofensa em 29 de dezembro de 2016. Sem Lucíolo manifestar de forma clara que pretende responsabilizar criminalmente Astolfo, o delegado não poderá deflagrar a investigação da suposta infração contra a honra.

Certo (   )   Errado (   )

Nos termos do art. 5, § 5º, do CPP, nos crimes de ação privada, a autoridade policial somente poderá proceder a inquérito a *requerimento de quem tenha qualidade para intentá-la*.

Gabarito: Errado.

---

601. (2017 – FAURGS – TJ/RS – Analista Judiciário – Adaptada) Em se tratando da ação penal, é correto afirmar que: nas ações penais de natureza pública incondicionada, quando do oferecimento da denúncia, o Ministério Público deverá expor sinteticamente o fato criminoso, bem como indicar a qualificação do acusado, podendo complementar a peça acusatória ou apresentar rol de testemunhas no prazo de 15 dias.

Certo (   )   Errado (   )

A denúncia ou queixa conterá a exposição do fato criminoso, com todas as suas circunstâncias, a qualificação do acusado ou esclarecimentos pelos quais se possa identificá-lo, a classificação do crime e, quando necessário, o rol das testemunhas, tudo conforme o art. 41 do CPP. Quanto ao PRAZO para o ADITAMENTO da queixa, o CPP dispõe, no art. 46, § 2º, que o prazo para o aditamento da queixa será de 3 dias, contado da data em que o órgão do Ministério Público receber os autos, e, se este não se pronunciar dentro do tríduo, entender-se-á que não tem o que aditar, prosseguindo-se nos demais termos do processo.

Gabarito: Errado.

---

602. **(2017 – CESPE/CEBRASPE – SERES/PE – Agente de Segurança Penitenciária)** No processo penal, a assistência é admissível em ação penal

a) privada propriamente dita.

b) pública condicionada ou incondicionada.

c) privada personalíssima.

d) processada mediante queixa crime.

e) privada subsidiária da pública.

Em todos os termos da ação pública (*condicionada ou incondicionada*), poderá intervir, como assistente do Ministério Público, o ofendido ou seu representante legal, ou, na falta, qualquer das pessoas mencionadas no art. 31, conforme teor do art. 268 do CPP.

ATENÇÃO: NÃO cabe assistência de acusação:

• NÃO cabe assistente da acusação no processo de execução penal.

• NÃO cabe assistente de acusação na ação penal privada.

Gabarito: B.

---

603. **(2017 – FAPEMS – PC/MS – Delegado – Adaptada)** De acordo com as disposições legais sobre ação penal, é correto afirmar que, na ação penal pública condicionada, nada obsta que a retratação da representação seja realizada no inquérito policial, todavia essa manifestação não vincula o Ministério Público em virtude do princípio da indisponibilidade.

Certo ( )   Errado ( )

A representação é uma condição para a ação pública condicionada; logo, ocorrendo à retratação da representação antes do oferecimento da denúncia, o Juiz deve rejeitar a denúncia.

Gabarito: Errado.

---

604. **(2017 – VUNESP – Câmara de Cotia/SP – Procurador Legislativo – Adaptada)** A, empresário do ramo de confecção têxtil, teve sua marca reproduzida, sem autorização, em diversas camisetas. Instaurado inquérito policial, constatou-se que a empresa que confeccionou as camisetas era de propriedade de B – por coincidência, sobrinho de A - e um terceiro C. B, ouvido pela Autoridade Policial, alegou desconhecer que a marca reproduzida era de propriedade do tio. Afirmou, ademais, não saber que reproduzir ou imitar marca, sem autorização do titular, seria crime. C, por sua vez, disse que achava que a reprodução da marca contava com a autorização, já que o titular era o tio de seu sócio. Finalizado o inquérito policial, identificados os supostos autores do crime contra o registro de marca (processável por ação penal privada), A propôs queixa-crime apenas contra C, deixando de fora B, seu sobrinho. Da identificação dos supostos autores do crime à propositura da queixa-crime transcorreram 04 (quatro) meses. Mas, da instauração do inquérito policial à propositura da queixa-crime transcorreu período superior a 06 (seis) meses.

A respeito da situação hipotética, afirma-se corretamente que, por se tratar de crime de ação penal privada, incabível instauração de inquérito policial, devendo a investigação ficar a cargo do ofendido.

Certo ( )   Errado ( )

Conforme art. 5º, § 5º, do CPP, *quando a lei prevê que determinado crime somente será apurado mediante queixa, determina para ele a ação penal privada*. Sendo assim, quando ocorrer uma dessas hipóteses, o inquérito policial somente poderá ser instaurado mediante iniciativa da vítima ou do seu representante legal. Neste mesmo artigo, nos crimes de ação privada, **a autoridade policial somente poderá proceder a inquérito** a requerimento de quem tenha qualidade para intentá-la.

Gabarito: Errado.

---

605. **(2017 – VUNESP – Câmara de Cotia/SP – Procurador Legislativo – Adaptada)** A, empresário do ramo de confecção têxtil, teve sua marca reproduzida, sem autorização, em diversas camisetas. Instaurado inquérito policial, constatou-se que a empresa que confeccionou as camisetas era de propriedade de B – por coincidência, sobrinho de A - e um terceiro C. B, ouvido pela Autoridade Policial, alegou desconhecer que a marca reproduzida era de propriedade do tio. Afirmou, ademais, não saber que reproduzir ou imitar marca, sem autorização do titular, seria crime. C, por sua vez, disse que achava que a reprodução da marca contava com a autorização, já que o titular era o tio de seu sócio. Finalizado o inquérito policial, identificados os supostos autores do crime contra o registro de marca (processável por ação penal privada), A propôs queixa-crime apenas contra C, deixando de fora B, seu sobrinho. Da identificação dos supostos autores do crime à propositura da queixa-crime transcorreram 04 (quatro) meses. Mas, da instauração do inquérito policial à propositura da queixa-crime transcorreu período superior a 06 (seis) meses.

A respeito da situação hipotética, afirma-se corretamente que, uma vez transcorrido período superior a 06 (seis) meses entre a instauração do inquérito policial e a propositura da queixa-crime, A decaiu do direito de processar os autores do fato.

Certo ( )   Errado ( )

Nos termos do art. 38 do CPP, salvo disposição em contrário, o ofendido, ou seu representante legal, decairá no direito de queixa ou de representação, se não o exercer dentro do prazo de seis meses, contado do dia em que vier, a saber, quem é o autor do crime, ou, no caso do art. 29, do dia em que se esgotar o prazo para o oferecimento da denúncia.

Gabarito: Errado.

---

606. **(2017 – VUNESP – TJ/SP – Juiz)** A legitimidade para a propositura de ação penal por crime contra a honra de servidor público em razão do exercício de suas funções é

a) exclusiva do Ministério Público, condicionada à representação do ofendido.

b) concorrente do ofendido, mediante queixa, e do Ministério Público, condicionada à representação do ofendido.

c) concorrente do ofendido, mediante representação, e do Ministério Público, mediante ação pública incondicionada.

d) exclusiva do ofendido, mediante queixa.

Conforme o teor da **Súmula nº 714 do STF**, é *CONCORRENTE à legitimidade do ofendido, mediante queixa, e do Ministério Público, condicionada à representação do ofendido, para a ação penal por crime contra a honra de servidor público em razão do exercício de suas funções.*

Para a doutrina, trata-se de **LEGITIMIDADE ALTERNATIVA**, e não legitimidade concorrente, de acordo com Eugênio Pacelli. O STF entende que, uma vez oferecida a queixa, fica preclusa a via do MP. Ao contrário, se oferecida a representação pelo servidor, fica preclusa a via da queixa-crime.

Gabarito: B.

---

607. **(2017 – CONSULPLAN – TRF 2ª Região – Técnico Judiciário – Adaptada)** Nos casos em que somente se procede mediante queixa, considerar-se-á perempta a ação penal, quando, sendo o querelante pessoa jurídica, esta se extinguir sem deixar sucessor.

Certo ( )   Errado ( )

Nos termos do art. 60, IV, do CPP, quando, sendo o querelante pessoa jurídica, esta se extinguir sem deixar sucessor.

Gabarito: Certo.

---

608. **(2017 – MPE/PR – MPE/PR – Promotor de Justiça – Adaptada)** Em data de 20 de dezembro de 2016, Astolfo pratica, em tese, crime contra a honra de Lucíolo, afirmando que este, na condição de funcionário público, subtraiu valores do departamento de obras públicas do município de Giramundo. Considere a data de hoje (28.05.2017) e que Lucíolo teve ciência da suposta ofensa em 29 de dezembro de 2016. Cabe oferecimento de representação de Lucíolo ao Ministério Público.

Certo ( )   Errado ( )

Conforme disposto na Súmula nº 714 do STF, *é concorrente a legitimidade do ofendido, mediante queixa, e do Ministério Público, condicionada à representação do ofendido, para a ação penal por crime contra a honra de servidor público em razão do exercício de suas funções.*

Gabarito: Certo.

---

609. **(2017 – IBADE – PC/AC – Agente – Adaptada)** Considerando a regência legal e a orientação jurisprudencial no que tange à ação penal, é correto afirmar que, na ação penal privada subsidiária da pública, a desídia do querelante não autoriza a retomada da ação pelo Ministério Público.

Certo ( )   Errado ( )

Será admitida ação privada nos crimes de ação pública, se esta não for intentada no prazo legal, cabendo ao Ministério Público aditar a queixa, repudiá-la e oferecer denúncia substitutiva, intervir em todos os termos do processo, fornecer elementos de prova, interpor recurso e, a todo tempo, no caso de negligência do querelante, retomar a ação como parte principal, conforme o teor do art. 29 do CPP.

Gabarito: Errado.

---

610. **(2009 – FCC – DPE/PA – Defensor Público)** Nos casos em que somente se procede mediante queixa, considerar-se-á perempta a ação penal quando o querelante deixar de comparecer, sem motivo justificado, a qualquer ato do processo a que deva estar presente, ou deixar de formular o pedido de condenação nas alegações finais.

Certo ( )   Errado ( )

Nos termos do art. 60, III, do CPP, quando o querelante deixar de comparecer, sem motivo justi-ficado, a qualquer ato do processo a que deva estar presente, ou deixar de formular o pedido de condenação nas alegações finais.

Gabarito: Certo.

---

611. **(2017 – MPE/PR – MPE/PR – Promotor de Justiça – Adaptada)** Em data de 20 de dezembro de 2016, Astolfo pratica, em tese, crime contra a honra de Lucíolo, afirmando que este, na condição de funcionário público, subtraiu valores do departamento de obras públicas do município de Gi-ramundo. Considere a data de hoje (28.05.2017) e que Lucíolo teve ciência da suposta ofensa em 29 de dezembro de 2016. Deflagrada a ação penal, é sempre cabível a proposição de incidente de exceção da verdade por Astolfo, com o intuito de provar a subtração atribuída a Lucíolo, isso na fase da defesa escrita.

Certo ( )   Errado ( )

A assertiva está equivocada, pois, nos termos do art. 138, § 3º, admite-se a prova da verdade, SAL-VO: *I - se, constituindo o fato imputado crime de ação privada, o ofendido não foi condenado por sentença irrecorrível; II - se o fato é imputado a qualquer das pessoas indicadas no nº I do art. 141; III - se do crime imputado, embora de ação pública, o ofendido foi absolvido por sentença irrecorrível.*

A exceção da verdade ou notoriedade permite ao acusado alegar que é verdadeiro ou alegar que todos tenham conhecimento de que o fato imputado à vítima é verdadeiro, se a lei o permitir (nunca caberá na injúria). No primeiro caso, é à exceção da verdade, no segundo, da notoriedade. Essas exceções só são admitidas na calúnia e na difamação.

Na calúnia, a EXCEÇÃO não é admitida:
*   Se o crime for de ação penal privada – o ofendido não foi condenado por sentença irrecorrível.
*   Se o fato imputado for contra o Presidente da República, ou contra chefe de governo estrangeiro.
*   Se o crime, embora de ação pública, o ofendido foi absolvido por sentença irrecorrível.

As exceções da verdade são processadas simultaneamente com a ação, inclusive, neste mesmo ato, serão ouvidas as testemunhas, tanto de acusação, quanto as de defesa da ação e as da exceção. Na calúnia, é admitida a exceção por causa do próprio tipo penal.

Gabarito: Errado.

---

612. **(2009 – FCC – DPE/PA – Defensor Público – Adaptada)** Nos casos em que somente se procede mediante queixa, considerar-se-á perempta a ação penal, quando, iniciada esta, o querelante deixar de promover o andamento do processo durante trinta dias seguidos.

Certo ( )   Errado ( )

Nos termos do art. 60, I, do CPP, *quando, iniciada esta, o querelante deixar de promover o andamento do processo durante 30 dias seguidos.*

Gabarito: Certo.

---

613. **(2017 – IBADE – PC/AC – Agente)** Sobre o tema "ação penal", assinale a alternativa que, embora não esgote toda a classificação, apresenta classificações corretas das ações penais quanto ao exercício.

a) Ação penal privada personalíssima, comum e subsidiária da pública.

b) Ação penal pública, condicionada à requisição e condicionada à reclamação.

c) Ação penal privada incondicionada e ação penal pública condicionada.

d) Ação penal pública condicionada á representação e à reclamação.

e) Ação penal pública personalíssima e ação penal pública subsidiária da ação privada.

A alternativa trata da ação penal privada propriamente dita, também chamada de exclusivamente privada, genuína ou principal (art. 100, § 2º, do CP e art. 30, do CPP) com as regras e princípios gerais da ação privada.

- **A ação penal privada classifica-se em: ação penal exclusivamente privada, personalíssima e subsidiária da pública.**
- **A ação penal pública poderá ser condicionada à requisição do Ministro da Justiça.**
- **A ação penal poderá ser pública incondicionada ou condicionada.**
- **A ação penal será pública condicionada à representação do ofendido ou à requisição do Ministro da Justiça.**
- **A ação penal poderá ser privada personalíssima e privada subsidiária da pública.**

Gabarito: A.

---

614. **(2017 – CONSULPLAN – TRF 2ª Região – Técnico Judiciário – Adaptada)** Sobre os temas queixa, perdão e renúncia, é correto afirmar que a renúncia ao exercício do direito de queixa, em relação a um dos autores do crime, a todos se estenderá.

Certo ( )   Errado ( )

Conforme disposto no art. 49 do CPP, *a renúncia ao exercício do direito de queixa, em relação a um dos autores do crime, a TODOS se estenderá.*

Gabarito: Certo.

---

615. **(2017 – VUNESP – TJM/SP – Escrevente Técnico Judiciário – Adaptada)** Sobre a ação penal, é correto afirmar que a queixa contra qualquer dos autores do crime somente obrigará o processo de todos nos casos de crimes hediondos.

Certo ( )   Errado ( )

A base está no Princípio Da Indivisibilidade. Nos termos do art. 48, CPP: *a queixa contra qualquer dos autos do crime obrigará ao processo de todos, e o Ministério Público velará pela sua indivisibilidade.*

Gabarito: Errado.

---

616. **(2017 – CONSULPLAN – TRF 2ª Região – Analista Judiciário)** Sobre o tema Ação Penal, analise as afirmativas a seguir.

I. Seja qual for o crime, quando praticado em detrimento do patrimônio ou interesse da União, Estado e Município, a ação penal será pública.

II. A representação será irretratável, depois de recebida a denúncia.

III. O Ministério Público não poderá desistir da ação penal.

Estão corretas as afirmativas

a) I, II e III.

b) I e II, apenas.

c) I e III, apenas.

d) II e III, apenas.

Com base no CPP, temos a seguinte orientação:

I. Correta. Conforme o art. 24, § 2º, do CPP, *seja qual for o crime, quando praticado em detrimento do patrimônio ou interesse da União, Estado e Município, a ação penal será pública.*

II. Incorreta. Nos termos do art. 25 do CPP, *a representação será irretratável, depois de oferecida a denúncia.*

III. Incorreta. É o teor do art. 42 do CPP: *o Ministério Público não poderá desistir da ação penal.*

Gabarito: C.

---

617. **(2017 – IBADE – PC/AC – Agente)** Considerando a regência legal e a orientação jurisprudencial no que tange à ação penal, é correto afirmar que, no crime de lesão corporal leve no âmbito da violência doméstica contra mulher a ação penal é pública condicionada à representação.

Certo ( )   Errado ( )

Nos termos da Súmula nº 542 do STJ, *a ação penal relativa ao crime de lesão corporal resultante de violência doméstica contra a mulher é pública INCONDICIONADA.*

Gabarito: Errado.

---

618. **(2017 – VUNESP – TJM/SP – Escrevente Técnico Judiciário – Adaptada)** Sobre a ação penal, é correto afirmar: o Ministério Público poderá desistir da ação penal apenas nos casos em que as provas sejam de difícil produção.

Certo ( )   Errado ( )

Conforme o Princípio Da Indisponibilidade, o Ministério Público NÃO pode desistir da ação penal. Nos termos do art. 42, do CPP, *o Ministério Público não poderá desistir da ação penal.*

Gabarito: Errado.

---

619. **(2017 – CONSULPLAN – TRF 2ª Região – Analista Judiciário – Adaptada)** Sobre os temas queixa, perdão e renúncia, é correto afirmar que a queixa contra qualquer dos autores do crime obrigará ao processo de todos, e o Ministério Público velará pela sua indivisibilidade.

Certo ( )   Errado ( )

Conforme o art. 48 do CPP, *a queixa contra qualquer dos autores do crime obrigará ao processo de todos, e o Ministério Público velará pela sua indivisibilidade.*

Gabarito: Certo.

---

620. **(Vunesp – Adaptada)** Sobre a ação penal, é correto afirmar que não será admitida ação privada nos crimes de ação pública, ainda que esta não seja intentada no prazo legal.

Certo ( )   Errado ( )

Quando a ação pública não for intentada no prazo legal, será admitida ação privada, nos termos do art. 29, do CPP: *será admitida ação privada nos crimes de ação pública, se esta não for intentada no prazo legal, cabendo ao Ministério Público aditar a queixa, repudiá-la e oferecer denúncia*

substitutiva, intervir em todos os termos do processo, fornecer elementos de prova, interpor recurso e, a todo tempo, no caso de negligência do querelante, retomar a ação como parte principal.
Gabarito: Errado.

---

621. **(2017 – VUNESP – Câmara de Cotia/SP – Procurador Legislativo – Adaptada)** A, empresário do ramo de confecção têxtil, teve sua marca reproduzida, sem autorização, em diversas camisetas. Instaurado inquérito policial, constatou-se que a empresa que confeccionou as camisetas era de propriedade de B – por coincidência, sobrinho de A - e um terceiro C. B, ouvido pela Autoridade Policial, alegou desconhecer que a marca reproduzida era de propriedade do tio. Afirmou, ademais, não saber que reproduzir ou imitar marca, sem autorização do titular, seria crime. C, por sua vez, disse que achava que a reprodução da marca contava com a autorização, já que o titular era o tio de seu sócio. Finalizado o inquérito policial, identificados os supostos autores do crime contra o registro de marca (processável por ação penal privada), A propôs queixa-crime apenas contra C, deixando de fora B, seu sobrinho. Da identificação dos supostos autores do crime à propositura da queixa-crime transcorreram 04 (quatro) meses. Mas, da instauração do inquérito policial à propositura da queixa-crime transcorreu período superior a 06 (seis) meses.

A respeito da situação hipotética, afirma-se corretamente que, ao deixar de propor queixa-crime em face de B, A, tacitamente, renunciou a seu direito de queixa que, por expressa previsão legal, estende-se a C.

Certo ( )　　　　Errado ( )

Conforme disposto art. 49 do CPP, a renúncia ao exercício do direito de queixa, em relação a um dos autores do crime, a todos se estenderá.

PRINCÍPIOS APLICADOS À AÇÃO PENAL PRIVADA	
PRINCÍPIO DA OPORTUNIDADE	A ação penal privada é regida pelo princípio da oportunidade ou conveniência, diferente da ação pública regida pelo princípio da obrigatoriedade. Na ação privada, cabe ao titular propor ou não a ação, conforme sua conveniência.
PRINCÍPIO DA DISPONIBILIDADE	Compete ao autor da ação penal privada decidir se deseja prosseguir ou não. A disponibilidade da ação penal privada mostra-se na possibilidade de renúncia ao direito de queixa, na possibilidade de o querelante ensejar a perempção da ação e na possibilidade de o querelante perdoar o querelado se este com isso concordar.
PRINCÍPIO DA INDIVISIBILIDADE	Na ação privada, a vítima pode escolher entre propor ou não a ação é o que preceitua o princípio da oportunidade e possa perdoar o querelado princípio da disponibilidade, no entanto, não lhe é dado escolher a qual dos acusados/querelados irá processar, ou a ação é proposta contra todos ou não o é contra nenhum. No caso de o querelante oferecer queixa que não envolva todos os querelados, esta deverá ser rejeitada. Entende-se que houve renúncia tácita no tocante aos não incluídos e a renúncia tácita, causa extintiva da punibilidade, se comunica a todos os querelados, como expresso no art. 49.
PRINCÍPIO DA INTRANSCENDÊNCIA ou PESSOALIDADE	É aplicável a todas as ações penais e determina a impossibilidade de se propor ou estender a ação penal a pessoas diversas dos autores ou partícipes da infração.

Gabarito: Certo.

622. **(2017 – IBADE – PC/AC – Agente)** Sobre o tema "ação penal", assinale a alternativa que, embora não esgote toda a classificação, apresenta classificações corretas das ações penais quanto ao exercício.

- a) Ação penal pública personalíssima e ação penal pública subsidiária da ação privada
- b) Ação penal privada personalíssima, comum e subsidiária da pública.
- c) Ação penal pública, condicionada à requisição e condicionada à reclamação.
- d) Ação penal privada incondicionada e ação penal pública condicionada.
- e) Ação penal pública condicionada á representação e à reclamação.

AÇÃO PENAL

- **Titular: Ministério Público**
- **PÚBLICA: o Estado tem o direito de punir e o direito de ação.**
- **Condicionada: à representação da vítima ou representante legal, ou à requisição do Ministro da Justiça.**
- **Incondicionada: não necessita de qualquer autorização de quem quer que seja para iniciar.**
- **PRIVADA: o estado tem o direito de punir, mas outorga o direito de ação à vítima por meio de queixa-crime.**
- **Propriamente dita, ou comum.**
- **Personalíssima.**
- **Subsidiária da pública.**

Gabarito: B.

---

623. **(2017 – CONSULPLAN – TJ/MG – Titular de Serviços de Notas e de Registros)** Segundo as normas do CPP e Jurisprudência dominante, é possível o oferecimento de nova denúncia pelos mesmos fatos narrados em denúncia rejeitada pela inépcia.

Certo ( )   Errado ( )

Para que uma denúncia seja aceita, ela precisa conter o que se pede no art. 41 do CPP; caso contrário, ela será rejeitada por inépcia. Vide o art. 41 do CPP: a *denúncia ou queixa conterá a exposição do fato criminoso, com todas as suas circunstâncias, a qualificação do acusado ou esclarecimentos pelos quais se possa identificá-lo, a classificação do crime e, quando necessário, o rol das testemunhas.* De tal modo, nada impede que, uma vez corrigidos os erros, a denúncia seja novamente apresentada.

Gabarito: Certo.

---

624. **(2017 – FUNDEP – MPE/MG – Promotor de Justiça – Adaptada)** Sobre ação penal, é CORRETO afirmar que a legitimação para promover ação penal no crime praticado contra a honra do servidor público, em razão do exercício de suas funções, é concorrente, pelo que, mesmo após ofertada representação ao Ministério Público e por ele requeridas diligências, não perde o ofendido a legitimidade para oferecer queixa.

Certo ( )   Errado ( )

Nos termos da Súmula nº 714 do STF, *é concorrente a legitimidade do ofendido, mediante queixa, e do ministério público, condicionada à representação do ofendido, para a ação penal por crime contra a honra de servidor público em razão do exercício de suas funções.*

Gabarito: Errado.

625. **(2017 – CONSULPLAN – TRF 2ª Região – Analista Judiciário – Adaptada)** Sobre os temas queixa, perdão e renúncia, é correto afirmar que o perdão concedido a um dos querelados aproveitará a todos, produzindo efeito em relação ao que o recusar.

Certo ( )   Errado ( )

Nos termos do art. 51 do CPP, *o perdão concedido a um dos querelados aproveitará a todos, sem que produza, todavia, efeito em relação ao que o recusar.* **O perdão é oferecido depois de ajuizada a ação penal. É um ato bilateral pois depende de aceite do querelado (infrator), sob pena de não produzir efeitos.**

Gabarito: Errado.

---

626. **(2014 – IBFC – TJ/PR – Titular de Serviços de Notas e de Registros – Adaptada)** Sobre a ação penal, é correto afirmar que o prazo para oferecimento da denúncia, estando o réu preso, será de 5 dias, contado da data em que o órgão do Ministério Público receber os autos do inquérito policial, e de 15 dias, se o réu estiver solto ou afiançado.

Certo ( )   Errado ( )

Nos termos do art. 46, do CPP, *o prazo para oferecimento da denúncia, estando o réu preso, será de 5 (cinco) dias, contado da data em que o órgão do Ministério Público receber os autos do inquérito policial, e de 15 (quinze) dias, se o réu estiver solto ou afiançado. No último caso, se houver devolução do inquérito à autoridade policiar (art. 16), contar-se-á o prazo da data em que o órgão do Ministério Público receber novamente os autos.*

Gabarito: Certo.

---

627. **(2017 – FUNDEP – MPE/MG – Promotor de Justiça – Adaptada)** Sobre ação penal, é CORRETO afirmar que são de ação penal pública condicionada os crimes de violação de direito autoral caracterizados pela reprodução, mesmo em parte, por qualquer meio, de obra intelectual, sem autorização e com intuito de lucro.

Certo ( )   Errado ( )

A assertiva está equivocada, uma vez que a ação penal é pública incondicionada. No crime de violação de direito autoral, nos termos do art. 184, II, a ação penal pública é incondicionada nos crimes previstos nos §§ 1º e 2º do art. 184 do CP.

Gabarito: Errado.

---

628. **(2017 – NUCEPE – SEJUSP/PI – Agente Penitenciário)** Em relação às espécies de ações penais, marque a alternativa CORRETA.

a) A ação pública incondicionada se diferencia da ação pública condicionada pelo fato de depender da interferência do ofendido, de seu representante legal ou da requisição do Ministro da Justiça que deverão manifestar sua vontade para que a ação seja proposta, diferentemente da ação pública condicionada.

b) No sistema penal brasileiro a ação civil pública condicionada é a regra, por isso, não tem previsão legal expressa.

c) A ação pública incondicionada é promovida pelo juiz ou pelo Ministério Público.

d) A ação pública condicionada é aquela que, embora continue sendo do Ministério Público a iniciativa para sua interposição, está condicionada à representação do ofendido ou requisição do Ministro da Justiça.

e) O particular e o Ministério Público têm legitimidade para propositura da ação penal privada propriamente dita, uma vez que toda ação é pública.

No teor do art. 24 do CPP, *nos crimes de ação pública, esta será promovida por denúncia do Ministério Público, mas dependerá, quando a lei o exigir, de requisição do Ministro da Justiça, ou de representação do ofendido ou de quem tiver qualidade para representá-lo.*

Gabarito: D.

---

629. **(2017 – CONSULPLAN – TRF 2ª Região – Analista Judiciário – Adaptada)** Sobre os temas queixa, perdão e renúncia, é correto afirmar que a queixa, ainda quando a ação penal for privativa do ofendido, poderá ser aditada pelo Ministério Público, a quem caberá intervir em todos os termos subsequentes do processo.

Certo ( )　　　　Errado ( )

A queixa, ainda quando a ação penal for privativa do ofendido, poderá ser aditada pelo Ministério Público, a quem caberá intervir em todos os termos subsequentes do processo, **conforme o teor do art. 45 do CPP.**

Gabarito: Certo.

---

630. **(2017 – FGV – ALERJ – Procurador – Adaptada)** Paulo praticou determinada conduta prevista como crime, prevendo a legislação então vigente que a ação respectiva ostenta a natureza privada. Três meses depois do ocorrido, em razão de mudança legislativa, o crime praticado por Paulo passou a ser de ação penal pública incondicionada. Um ano após os fatos criminosos, o Ministério Público ofereceu denúncia contra Paulo em razão daquele comportamento, tendo em vista que o ofendido não havia proposto queixa em momento anterior.

De acordo com a situação acima exposta, é correto afirmar que o juiz deve rejeitar a denúncia, porque especificamente o delito praticado por Paulo, apesar da alteração legislativa, continua sendo de ação penal privada, reconhecendo a decadência.

Certo ( )　　　　Errado ( )

Ação penal é matéria de conteúdo de direito material, conforme arts. 100 a 106 (CP), e de direito processual, segundo arts. 24 a 62 (CPP). Possui, portanto, natureza mista ou híbrida. Ocorrendo alteração legislativa, só retroage para beneficiar o réu, o que não é o caso tratado na questão, tendo em vista que a alteração de ação penal privada para ação penal pública prejudica o réu. Em seguida, no caso específico de Paulo, o crime continua sendo de ação penal privada. O prazo é decadencial de 6 meses, conforme art. 38 do CPP. De tal modo, como já se passou 1 ano do fato, faz-se necessário o reconhecimento da decadência.

Gabarito: Errado.

631. **(2017 – VUNESP – TJM/SP – Escrevente Técnico Judiciário – Adaptada)** Sobre a ação penal, é correto afirmar: ao ofendido, ou a quem tenha qualidade para representá-lo, caberá intentar a ação penal pública que dependa de representação do ofendido.

Certo ( )   Errado ( )

Em que pese a primeira parte da sentença estar correta, a afirmativa torna-se errada quando a banca insere "ação penal pública". Assim, nos termos do art. 30 do CPP, *ao ofendido ou a quem tenha qualidade para representá-lo caberá intentar a ação privada.*
Gabarito: Errado.

---

632. **(2016 – FUNCAB – PC/PA – Delegado – Adaptada)** Sobre ação penal é correto afirmar que a ação penal privada, em CERTO. casos é personalíssima, só podendo o delegado de polícia instaurar inquérito, exclusivamente, no caso de requerimento do próprio ofendido.

Certo ( )   Errado ( )

A ação personalíssima é aquela que unicamente pode ser proposta pela vítima, tão-somente ela tem este direito. Não há representante legal nem a possibilidade dos legitimados no art. 31 do CPP, exercendo o direito de ação. Falecendo o ofendido, extingue-se a punibilidade. Exemplo de um caso de Ação Privada Personalíssima está no art. 236 do CP: contrair casamento, induzindo em erro essencial o outro contraente, ou ocultando-lhe impedimento que não seja casamento anterior.
Gabarito: Certo.

---

633. **(2016 – FUNCAB – PC/PA – Delegado – Adaptada)** Sobre ação penal é correto afirmar que, na ação penal privada, o querelante tem legitimidade ordinária.

Certo ( )   Errado ( )

Trata-se de legitimidade EXTRAORDINÁRIA. O direito de punir interessa e pertence ao Estado, este possui a legitimidade ordinária. No caso de ação penal privada, por questões de política criminal, o Estado transfere ao particular o direito de ação, este tornando-se, assim, aquele com legitimidade extraordinária.
Gabarito: Errado.

VAMOS REVISAR A JURISPRUDÊNCIA?

Súmula nº 594 do STF: Os direitos de queixa e de representação podem ser exercidos, independentemente, pelo ofendido ou por seu representante legal.

Súmula nº 714 do STF: É concorrente a legitimidade do ofendido, mediante queixa, e do Ministério Público, condicionada à representação do ofendido, para a ação penal por crime contra a honra de servidor público em razão do exercício de suas funções.

STJ Súmula nº 234 do STJ: A participação de membro do Ministério Público na fase investigatória criminal NÃO ACARRETA O SEU IMPEDIMENTO OU SUSPEIÇÃO para o oferecimento da denúncia.

Súmula nº 542 do STJ: A ação penal relativa ao crime de lesão corporal resultante de violência doméstica contra a mulher É PÚBLICA INCONDICIONADA.

DA AÇÃO CIVIL *EX DELICTO*

634. (2020 – CESPE/CEBRASPE – TJ/PA – Auxiliar Judiciário) Impede a proposição de ação civil indenizatória a decisão penal que

a) arquivar o inquérito policial.

b) julgar extinta a punibilidade do agente.

c) reconhecer a inexistência material do fato.

d) absolver o réu em razão de o fato imputado não constituir crime.

e) absolver o réu em razão de não existir prova suficiente para sua condenação.

NÃO obstante a sentença absolutória no juízo criminal, a ação civil poderá ser proposta quando NÃO tiver sido, categoricamente, reconhecida a inexistência material do fato (art. 66 do CPP).

Ação de CONHECIMENTO *ex delicto*/ NATUREZA COGNITIVA (art. 64 do CPP)	Ação de EXECUÇÃO civil *ex delicto*/ NATUREZA EXECUTÓRIA (art. 63 do CPP)
A vítima ajuizará uma ação diretamente perante o juízo cível, tendo como causa de pedir o delito do qual foi vítima.	A sentença penal condenatória transitada em julgado serve como título executivo judicial.

Fundamentação das alternativas: NÃO IMPEDE A PROPOSITURA DE AÇÃO CIVIL INDENIZATÓRIA (art. 67 do CPP):

↬ **O despacho de arquivamento do inquérito ou das peças de informação.**

↬ **A decisão que julgar extinta a punibilidade.**

↬ **Aa sentença absolutória que decidir que o fato imputado não constitui crime.**

Gabarito: C.

---

635. (2020 – FACET – Prefeitura de Capim/PB – Assistente Jurídico) No dia 04 de outubro de 2020, João foi vítima do crime de lesão corporal grave, tendo sido Mário o autor do mencionado crime. Após a investigação, os elementos de informação foram remetidos para o Ministério Público, o qual ofereceu denúncia em desfavor de Mário pela prática do crime de lesão corporal grave. Mario não foi beneficiado com a proposta de suspensão condicional do processo, uma vez que não preenchia os requisitos legais estabelecidos no art. 89 da Lei nº 9.099/95. Durante a tramitação da ação penal, foi confirmado que Mario se encontrava no exercício do trabalho que lhe competia quando praticou o crime, fato inclusive declarado pelo réu no interrogatório. Ao final da instrução criminal, Mario veio a ser condenado pela prática do crime de lesão corporal grave, sendo-lhe aplicada a pena privativa de liberdade de 04 (quatro) anos de reclusão. Não houve a fixação de valor mínimo para a reparação dos danos causados pelo crime, tendo em vista que as partes não provocaram o juízo processante neste sentido. As partes não interpuseram recurso, razão pela qual, foi certificado o trânsito em julgado da sentença penal condenatória. Levando em consideração as informações apresentadas, assinale a alternativa correta acerca da ação civil *ex delicto*:

a) João não poderia ajuizar ação civil de reparação de danos antes do trânsito em julgado da sentença penal condenatória, uma vez que inexiste previsão legal para o ajuizamento de ação civil de conhecimento objetivando o ressarcimento dos danos sofridos, quando existe ação penal em tramitação.

b) A sentença penal condenatória transitada em julgado não torna certa a obrigação de Mario indenizar João em virtude do dano causado pelo crime.

c) Se o magistrado tivesse reconhecido que Mario agiu amparado pela causa excludente de ilicitude do estado de necessidade defensivo, a sentença penal absolutória não faria coisa julgada na esfera cível.

d) A declaração por sentença da prescrição da pretensão executória impossibilita o ajuizamento da ação civil *ex delicto* que tem a sentença penal condenatória irrecorrível como título executivo.

e) O empregador (responsável civil) de Mário não possui legitimidade passiva para a execução *ex delicto*.

Conforme o disposto no art. 63 do CPP, Transitada em julgado a sentença condenatória, poderão promover-lhe a execução (LEGITIMIDADE), no juízo cível, para o efeito da reparação do dano, o ofendido, seu representante legal ou seus herdeiros. Sendo assim, o empregador (responsável civil) de Mário NÃO possui legitimidade passiva para a execução *ex delicto*.

Fundamentação das alternativas: a) João pode ajuizar ação civil de reparação de danos, conforme o disposto no artigo 64 do CPP - Sem prejuízo do disposto no artigo anterior, a ação para ressarcimento do dano poderá ser proposta no juízo cível, contra o autor do crime e, se for caso, contra o responsável civil; b) Transitada em julgado a sentença condenatória, poderão promover-lhe a execução, no juízo cível, para o efeito da reparação do dano, o ofendido, seu representante legal ou seus herdeiros (art. 63 do CPP); c) Faz coisa julgada no cível a sentença penal que reconhecer ter sido o ato praticado em estado de necessidade, em legítima defesa, em estrito cumprimento de dever legal ou no exercício regular de direito (art. 65 do CPP) e d) Não impede a propositura da ação civil a decisão que julgar extinta a punibilidade (art. 67, II, do CPP).

Gabarito: E.

---

636. **(2019 – ADVISE – Prefeitura de Juarez Távora/PB – Procurador)** Sobre os efeitos da sentença penal condenatória ou absolutória na esfera cível, assinale a alternativa CORRETA.

a) Se houver sentença absolutória no juízo criminal, a ação civil não poderá ser proposta em nenhuma hipótese, mesmo que não tenha sido categoricamente reconhecida a inexistência material do fato.

b) Não faz coisa julgada no cível a sentença penal que reconhecer ter sido o ato praticado em estado de necessidade, em legítima defesa, em estrito cumprimento de dever legal ou no exercício regular de direito.

c) O despacho de arquivamento do inquérito ou das peças de informação impede a propositura da ação civil.

d) A sentença absolutória que decidir que o fato imputado não constitui crime impede a propositura da ação civil.

e) Não obstante a sentença absolutória no juízo criminal, a ação civil poderá ser proposta quando não tiver sido, categoricamente, reconhecida a inexistência material do fato.

Conforme o teor expresso do art. 66 do CPP - Não obstante a sentença absolutória no juízo criminal, **a ação civil poderá ser proposta quando não tiver sido, categoricamente,** reconhecida a inexistência material do fato.

Fundamentação das alternativas: a) Não obstante a sentença absolutória no juízo criminal, a ação civil poderá ser proposta quando não tiver sido, categoricamente, reconhecida a inexistência material do fato (art. 66 do CPP); b) FAZ coisa julgada no cível a sentença penal que reconhecer ter sido o ato praticado em estado de necessidade, em legítima defesa, em estrito cumprimento de dever legal ou no exercício regular de direito; c) NÃO IMPEDIRÃO igualmente a propositura da ação civil, o despacho de arquivamento do inquérito ou das peças de informação (art. 67, II, do CPP) e d) NÃO IMPEDIRÃO igualmente a propositura da ação civil, a sentença absolutória que decidir que o fato imputado não constitui crime (art. 67, III, do CPP).

Gabarito: E.

---

637. (2019 – FUNDATEC – Prefeitura de Capão da Canoa/RS – Advogado) De acordo com o Código de Processo Penal, no processo em geral, quanto à ação civil, analise as seguintes assertivas:

I. Intentada a ação penal, o juiz da ação civil deverá suspender o curso desta, até o julgamento definitivo daquela.

II. Não faz coisa julgada no cível a sentença penal que reconhecer ter sido o ato praticado em estado de necessidade, em legítima defesa, em estrito cumprimento de dever legal ou no exercício regular de direito.

III. Não obstante a sentença absolutória no juízo criminal, a ação civil poderá ser proposta quando não tiver sido, categoricamente, reconhecida a inexistência material do fato.

Quais estão corretas?

a) Apenas I.

b) Apenas II.

c) Apenas III.

d) Apenas I e III.

e) Apenas II e III.

Fundamentação das alternativas: I) Intentada a ação penal, o juiz da ação civil **poderá** suspender o curso desta, até o julgamento definitivo daquela (art. 64, parágrafo único, do CPP); II) FAZ coisa julgada no cível a sentença penal que reconhecer ter sido o ato praticado em estado de necessidade, em legítima defesa, em estrito cumprimento de dever legal ou no exercício regular de direito (art. 65 do CPP); III) Não obstante a sentença absolutória no juízo criminal, a ação civil poderá ser proposta quando não tiver sido, categoricamente, reconhecida a inexistência material do fato.

Gabarito: C.

638. **(2019 – COSEAC – Prefeitura de Maricá/RJ – Guarda)** O Código de Processo Penal, ao tratar do tema "Ação Civil", dispõe que, transitada em julgado a sentença condenatória, poderá promover--lhe a execução, no juízo cível, para o efeito da reparação do dano

a) apenas o ofendido.

b) apenas o juiz da causa criminal.

c) apenas o juiz da causa cível.

d) o ofendido ou o juiz da causa criminal.

e) o ofendido, seu representante legal ou seus herdeiros.

Transitada em julgado a sentença condenatória, poderão promover-lhe a execução, no juízo cível, para o efeito da reparação do dano, **o ofendido, seu representante legal ou seus herdeiros** (art. 63 do CPP).

Gabarito: E.

---

639. **(2019 – Instituto Consulplan – MPE/SC – Promotor de Justiça)** Segundo o CPP, não obstante a sentença absolutória no juízo criminal, a ação civil poderá ser proposta quando não tiver sido, categoricamente, reconhecida a inexistência material do fato. Não impedirão igualmente a propositura da ação civil: o despacho de arquivamento do inquérito ou das peças de informação; a decisão que julgar extinta a punibilidade; e a sentença absolutória que decidir que o fato imputado não constitui crime.

Certo ( )   Errado ( )

De acordo com o disposto nos arts. 66 e 67 do CPP:

Não obstante a sentença absolutória no juízo criminal, a ação civil poderá ser proposta quando não tiver sido, categoricamente, reconhecida a inexistência material do fato.

NÃO impedirão igualmente a propositura da ação civil:

I - o despacho de arquivamento do inquérito ou das peças de informação;

II - a decisão que julgar extinta a punibilidade;

III - a sentença absolutória que decidir que o fato imputado não constitui crime.

Gabarito: Certo.

---

640. **(2012 – TJ/SC – TJ/SC – Titular de Serviços de Notas e de Registros)** Joaquim foi vítima de crime de lesão corporal de natureza grave praticado, em tese, por Francisco, o que resultou em sérios prejuízos patrimoniais à vítima bem como em instauração de processo criminal contra o suposto autor do delito.

Com referência a essa situação hipotética, assinale a opção correta, considerando os dispositivos processuais que regem a ação civil *ex delicto*.

Joaquim deverá aguardar o trânsito em julgado da sentença penal condenatória, para, somente depois, executá-la na esfera cível.

Certo ( )   Errado ( )

A lei processual penal NÃO impõe a exigência do trânsito em julgado na esfera penal, para execução no cível. Trata no art. 63 da hipótese de transitada em julgado a sentença condenatória, poderão promover-lhe a execução, no juízo cível, para o efeito da reparação do dano, o ofendido, seu representante legal ou seus herdeiros. Sem prejuízo do disposto no artigo anterior, a ação para ressarcimento do dano poderá ser proposta no juízo cível, contra o autor do crime e, se for o caso, contra o responsável civil. *Parágrafo único. Intentada a ação penal, o juiz da ação civil poderá suspender o curso desta, até o julgamento definitivo daquela, conforme o teor do art. 64 do CPP.*

Gabarito: Errado.

641. (2019 – CESPE/CEBRASPE – TJ/DFT – Titular de Serviços de Notas e Registros – Adaptada) Joaquim foi vítima de crime de lesão corporal de natureza grave praticado, em tese, por Francisco, o que resultou em sérios prejuízos patrimoniais à vítima bem como em instauração de processo criminal contra o suposto autor do delito.

Com referência a essa situação hipotética, assinale a opção correta, considerando os dispositivos processuais que regem a ação civil *ex delicto*.

A absolvição de Francisco com base no reconhecimento de causa exculpante faz coisa julgada no juízo cível.

Certo ( )　　　　Errado ( )

As **causas exculpantes NÃO produzem coisa julgada no cível**, possibilitando a ação de conhecimento para apurar culpa. Também chamadas de dirimentes ou eximentes, surgem para revelar causas **excludentes de culpabilidade** do agente, seja porque excluem a imputabilidade, excluem a consciência da ilicitude ou excluem a exigibilidade de conduta diversa.

Gabarito: Errado.

642. (2019 – CESPE/CEBRASPE – TJ/DFT – Titular de Serviços de Notas e Registros – Adaptada) Joaquim foi vítima de crime de lesão corporal de natureza grave praticado, em tese, por Francisco, o que resultou em sérios prejuízos patrimoniais à vítima bem como em instauração de processo criminal contra o suposto autor do delito.

Com referência a essa situação hipotética, assinale a opção correta, considerando os dispositivos processuais que regem a ação civil *ex delicto*.

Joaquim poderá propor ação civil *ex delicto*, de caráter cognitivo, valendo-se de cautelares do CPP para assegurar o patrimônio do réu que garanta indenização conferida pelo juízo cível.

Certo ( )　　　　Errado ( )

A ação civil ex *delicto*, de caráter cognitivo, isto é, de conhecimento, de ressarcimento do dano, ou mesmo ação civil ex *delicto em sentido estrito*, é promovida no âmbito cível, objetivando a formação de título executivo cível consubstanciando em sentença condenatória cível transitada em julgado. Enfim, **trata-se, de fato, de uma ação ordinária de indenização, ajuizada no âmbito cível, que em sede processual penal é denominada ação civil ex *delicto*.** Nesse contexto, portanto, **não há o que se falar em envolvimento de aplicação de cautelares previstas no CPP.**

Gabarito: Errado.

643. (2019 – CESPE/CEBRASPE – TJ/DFT – Titular de Serviços de Notas e Registros – Adaptada)
Joaquim foi vítima de crime de lesão corporal de natureza grave praticado, em tese, por Francisco, o que resultou em sérios prejuízos patrimoniais à vítima bem como em instauração de processo criminal contra o suposto autor do delito.

Com referência a essa situação hipotética, assinale a opção correta, considerando os dispositivos processuais que regem a ação civil *ex delicto*.

A requerimento de Joaquim, caso ele seja pobre, a ação civil poderá ser promovida pelo Ministério Público.

Certo ( )   Errado ( )

O art. 68 do CPP expressa que, quando o titular do direito de reparação do dano for pobre nos termos do art. 32, § 1º, o Ministério Público é o legitimado para propor a ação que visa tal reparação. Entretanto, com o advento da CF/88, foi criada a Defensoria Pública, com o escopo de defender e orientar juridicamente, em todos os graus, os interesses das pessoas de baixa renda. Dessa maneira, nessa incongruência, o STF decidiu a questão no sentido de que caso exista em determinado Estado a Defensoria Pública, esta será a legitimada para propor em nome do necessitado a ação civil *ex delicto*. Caso esse órgão não exista, a legitimidade é do Ministério Público. Portanto, nas localidades em que surgir a Defensoria Pública, cessará para o Ministério Público a legitimidade para a propositura da ação civil *ex delicto*.

Gabarito: Errado.

---

644. (2019 – CESPE/CEBRASPE – TJ/DFT – Titular de Serviços de Notas e Registros – Adaptada)
Joaquim foi vítima de crime de lesão corporal de natureza grave praticado, em tese, por Francisco, o que resultou em sérios prejuízos patrimoniais à vítima bem como em instauração de processo criminal contra o suposto autor do delito. Com referência a essa situação hipotética, assinale a opção correta, considerando os dispositivos processuais que regem a ação civil *ex delicto*.

A sentença penal absolutória que reconhecer, categoricamente, que a conduta de Francisco é materialmente atípica não impedirá a propositura da ação civil por Joaquim.

Certo ( )   Errado ( )

Conforme o art. 66 do CPP, não obstante a sentença absolutória no juízo criminal, a ação civil poderá ser proposta quando não tiver sido, categoricamente, reconhecida a inexistência material do fato. Não impedirão igualmente a propositura da ação civil:

I - o despacho de arquivamento do inquérito ou das peças de informação;

II - a decisão que julgar extinta a punibilidade;

III - a sentença absolutória que decidir que o fato imputado não constitui crime, é o teor do art. 67 do CPP.

Gabarito: Certo.

---

645. **(2018 – CESPE/CEBRASPE – MPE/PI – Analista Ministerial – Adaptada)** Durante uma festa, após desentendimentos entre Carlos e Miro, este proferiu xingamentos racistas contra aquele, o que levou Carlos a empurrar seu agressor, que caiu em uma mesa de vidro. Com o forte impacto, a mesa se despedaçou completamente e seus cacos causaram cortes profundos por todo o corpo de Miro. Os convidados ligaram para a polícia e para o corpo de bombeiros: Carlos foi preso em flagrante e Miro foi encaminhado ao hospital, onde ficou internado por cinco dias, com risco de morte; passou por procedimentos cirúrgicos e, posteriormente, teve de ficar afastado de sua atividade laboral por trinta e dois dias. O Ministério Público denunciou Carlos por lesão corporal de natureza grave.

Nessa situação hipotética, caso Carlos alegue que a vítima teria proferido xingamentos racistas, Miro precisará esperar o encerramento da ação penal, cuja sentença deverá ser condenatória, para, então, propor eventual ação civil indenizatória pelos gastos hospitalares, danos morais e eventuais demais prejuízos.

Certo ( )   Errado ( )

A **ação para ressarcimento do dano poderá ser proposta no juízo cível, contra o autor do crime e, se for o caso, contra o responsável civil, conforme o art. 64 do CPP. As esferas cível, penal e administrativa são INDEPENDENTES**, ou seja, não há necessidade de aguardar o processo e julgamento de uma ação para poder dar início a outra. A decisão na esfera penal somente refletirá em absolvição nas outas (*cível e administrativa*) quando for provado que o fato é inexistente ou por negativa de autoria.

Gabarito: Errado.

JURISDIÇÃO E COMPETÊNCIA DO PROCESSO PENAL

646. **(2021 – CESPE/CEBRASPE – PF – Delegado)** Considerando a posição dos tribunais superiores em relação à competência criminal, julgue o item subsequente.

Compete à justiça federal processar e julgar o crime de redução à condição análoga à de escravo.

Certo ( )   Errado ( )

CF/88, art. 109. *Aos juízes federais compete processar e julgar:*

[...] VI - os **crimes contra a organização do trabalho** *e, nos casos determinados por lei, contra o sistema financeiro e a ordem econômico-financeira.*

É pacífico na jurisprudência do STJ e STF o entendimento de que compete à Justiça FEDERAL processar e julgar os autores do delito previsto no art. 149 do CP, haja vista a violação aos direitos humanos e à organização do trabalho.

Gabarito: Certo.

---

647. **(2021 – CESPE/CEBRASPE – PF – Delegado)** Considerando a posição majoritária e atual do Supremo Tribunal Federal (STF), julgue o item a seguir, a respeito dos fundamentos constitucionais dos direitos e deveres fundamentais, do Poder Judiciário, da segurança pública e das atribuições constitucionais da Polícia Federal.

O foro por prerrogativa de função estabelecido por uma constituição estadual prevalece sobre a competência constitucional do tribunal do júri.

Certo ( )   Errado ( )

Quando a competência de foro por prerrogativa de função está prevista na CF/88, ela PREVALECE sobre a competência do Júri. Entretanto, se estiver prevista **apenas na Constituição Estadual**, prevalece a competência do Tribunal do Júri, conforme Súmula Vinculante nº 45 do STF:

"A competência constitucional do Tribunal do Júri prevalece sobre o foro por prerrogativa de função estabelecido exclusivamente pela Constituição Estadual."

Gabarito: Errado.

---

648. **(2021 – AOCP – PC/PA – Escrivão)** Conforme o Código de Processo Penal atualmente vigente, assinale a alternativa INCORRETA.

a) Não sendo conhecido o lugar da infração, a competência regular-se-á pelo domicílio ou residência do ofendido.

b) A precedência da distribuição fixará a competência quando, na mesma circunscrição judiciária, houver mais de um juiz igualmente competente.

c) Será facultativa a separação dos processos quando as infrações tiverem sido praticadas em circunstâncias de tempo ou de lugar diferentes, ou, quando pelo excessivo número de acusados e para não lhes prolongar a prisão provisória, ou por outro motivo relevante, o juiz reputar conveniente a separação.

d) O processo seguirá sem a presença do acusado que, citado ou intimado pessoalmente para qualquer ato, deixar de comparecer sem motivo justificado, ou, no caso de mudança de residência, não comunicar o novo endereço ao juízo.

e) A intimação do defensor constituído, do advogado do querelante e do assistente far-se-á por publicação no órgão incumbido da publicidade dos atos judiciais da comarca, incluindo, sob pena de nulidade, o nome do acusado.

Não sendo conhecido o lugar da infração, a competência regular-se-á pelo domicílio ou residência do RÉU e não do ofendido (vítima) nos termos do art. 72 do CPP.

Fundamentação das alternativas: b) A precedência da distribuição fixará a competência quando, na mesma circunscrição judiciária, houver mais de um juiz igualmente competente (art. 75 do CPP); c) Será facultativa a separação dos processos quando as infrações tiverem sido praticadas em circunstâncias de tempo ou de lugar diferentes, ou, quando pelo excessivo número de acusados e para não lhes prolongar a prisão provisória, ou por outro motivo relevante, o juiz reputar conveniente a separação, (art. 80 do CPP); d) (REVELIA no processo penal) O processo seguirá SEM a presença do acusado que, citado ou intimado pessoalmente para qualquer ato, deixar de comparecer sem motivo justificado, ou, no caso de mudança de residência, não comunicar o novo endereço ao juízo, (art. 367 do CPP) e e) A intimação do defensor constituído, do advogado do querelante e do assistente far-se-á por publicação no órgão incumbido da publicidade dos atos judiciais da comarca, incluindo, sob pena de nulidade, o nome do acusado (art. 370, § 1º, do CPP).

Gabarito: A.

---

649. **(2021 – CESPE/CEBRASPE – PC/DF – Escrivão)** Determinado cidadão norte-americano em férias em Brasília cometeu o crime de homicídio ao fugir da cena de crime de tráfico ilícito de entorpecentes, supostamente por ele praticado. Após o crime, ele fugiu para o hotel onde se encontrava hospedado desde que chegou ao Brasil. Cinco minutos após ter adentrado em seu quarto, a polícia invadiu o local e conseguiu prendê-lo. Considerando a jurisprudência do STF, julgue os itens a seguir, a partir da situação hipotética precedente.

Se ficar constatado que o assassinato cometido pelo referido cidadão norte-americano configura o crime de latrocínio, a competência para seu julgamento será do juiz singular.

Consoante à jurisprudência do STF, a competência para o processo e julgamento do crime de LATROCÍNIO é do juiz singular, conforme o teor da Súmula nº 603 do STF.

Gabarito: Certo.

---

650. **(2021 – MPDFT – Promotor de Justiça – Adaptada)** Considere a assertiva abaixo:

Será facultativa a separação dos processos quando as infrações tiverem sido praticadas em circunstâncias de tempo ou de lugar diferentes, ou, quando, pelo excessivo número de acusados e para não lhes prolongar a prisão provisória, ou por outro motivo relevante, o Ministério Público, como responsável pelo ônus da prova condenatória, reputar conveniente a separação.

Certo (　)　　　　Errado (　)

O art. 80 do CPP prevê que *será FACULTADO ao JUIZ a separação dos processos quando as infrações tiverem sido praticadas em circunstâncias de tempo ou de lugar diferentes, ou, quando pelo excessivo número de acusados e para não lhes prolongar a prisão provisória, ou por outro motivo relevante, o JUIZ reputar conveniente a separação.*

Gabarito: Errado.

---

651. **(2021 – FGV – DPE/RJ – Defensor)** Carlos foi vítima de calúnia perpetrada por João, quando ambos estavam comemorando o aniversário de Patrícia em uma casa de festas em Nova Iguaçu. Quatro meses após os fatos, Carlos, que mora em Niterói, registrou a ocorrência e apresentou queixa-crime na Comarca de Volta Redonda, local onde reside João. De acordo com as informações acima apresentadas, o juízo de Volta Redonda deverá:

a) Rejeitar a queixa-crime, eis que a competência é exclusiva do juízo da Comarca de Nova Iguaçu, local onde a infração aconteceu.

b) Rejeitar liminarmente a queixa-crime, eis que a natureza da ação penal referente ao delito praticado por João é pública condicionada à representação.

c) Receber a queixa-crime, eis que, em se tratando de ação penal exclusivamente privada, a competência regula-se exclusivamente pelo domicílio ou residência do réu.

d) Rejeitar a queixa-crime, eis que, em se tratando de ação penal privada, a competência é do juízo da Comarca do local onde a infração ocorreu ou da Comarca onde o querelante reside.

e) Receber a queixa-crime, eis que, em se tratando de ação penal exclusivamente privada, o querelante pode preferir distribuir a ação penal no foro de domicílio ou residência do réu, ainda quando conhecido o lugar da infração.

Vamos contextualizar para entender?

O crime de CALÚNIA é de **ação penal PRIVADA** (art. 145 do CP), que se procede mediante **queixa-crime**. O art. 73 do CPP prevê que mesmo o fato tendo acontecido na cidade de Nova Iguaçu/RJ, o **Querelante PODE optar por ajuizar ação na comarca do DOMICÍLIO do QUERELADO**, Volta Redonda/RJ.

Observe que o teor do art. 73 do CPP trata-se de uma cláusula de eleição de foro, vejamos:

Nos casos de exclusiva ação privada, o querelante poderá preferir o foro de domicílio ou da residência do réu, ainda quando conhecido o lugar da infração.

Gabarito: E.

---

652. **(2021 – AOCP – MPE/RS – Analista do Ministério Público – Adaptada)** Sobre competência criminal, assinale a alternativa correta.

a) A competência para o processo e julgamento de crime de roubo praticado contra agência do Banco do Brasil é da justiça comum federal.

b) No crime de sequestro que, para sua prática, envolva mais de duas comarcas, a competência deverá ser determinada pelo local em que ocorreu a consumação delitiva (teoria do resultado).

c) A competência para o processo e julgamento de contravenção penal cometida contra a Universidade Federal do Rio Grande do Sul é do Juizado Especial Criminal da Justiça Federal.

d) Inocêncio possui conta corrente no Banco SS, na cidade de Santa Maria. Certo dia, foi até a cidade de Pelotas para comprar roupas. Lá fez a aquisição de várias peças de roupas, no valor total de R$5.000,00, e emitiu um cheque de sua conta corrente, para efetuar o pagamento ao proprietário da loja, que tem seu domicílio na referida cidade (Pelotas). No dia seguinte, o proprietário da loja foi até o banco YY, da cidade de Pelotas, onde é correntista, e efetuou o depósito. Contudo, dois dias depois, recebeu a informação de que a referida cártula não havia sido compensada por ausência de fundos. Nesse caso, considerando hipoteticamente que tais fatos adequam-se ao delito de estelionato (fraude no pagamento por meio de cheque), o foro competente para o processo e julgamento de Inocêncio é a comarca de Pelotas.

Lei nº 14.155/21:

Art. 70, § 4º, do CPP – Nos crimes previstos no art. 171 do CP, quando praticados mediante

➢DEPÓSITO.

➢Emissão de cheques SEM suficiente provisão de fundos **(NÃO FALA EM FALSIFICAÇÃO)** em poder do sacado ou com o pagamento frustrado ou mediante transferência de valores.

COMPETÊNCIA para julgamento - local do DOMICÍLIO da VÍTIMA.

PLURALIDADE de vítimas - competência firmar-se-á pela PREVENÇÃO.

Vejamos as súmulas sobre o assunto:

Súmula nº 48 do STJ (VÁLIDA): Compete ao juízo do **local da obtenção da VANTAGEM** ilícita processar e julgar crime de estelionato cometido mediante **FALSIFICAÇÃO de cheque**. NÃO CONFUNDIR com o teor da **Súmula nº 521 do STF.**

Súmula nº 521 do STF (SUPERADA pelo a art. 70, § 4º, do CPP): O foro competente para o processo e julgamento dos crimes de ESTELIONATO, sob a modalidade da EMISSÃO DOLOSA DE CHEQUE SEM PROVISÃO DE FUNDOS, é o do LOCAL onde se deu A RECUSA DO PAGAMENTO PELO SACADO (agência bancária na qual o correntista VÍTIMA tinha sua conta corrente).

FALSIFICAÇÃO DE CHEQUE	EMISSÃO DOLOSA DE CHEQUE SEM FUNDOS
LOCAL DA OBTENÇÃO, geralmente onde autor possui a conta, assim, a súmula 48 do STJ permanece válida, pois, o NOVO art. 70, § 4º, do CPP NÃO trata dessa hipótese.	DOMICÍLIO DA VÍTIMA Pluralidade de VÍTIMAS – PREVENÇÃO

Fundamentação das alternativas: a) Nos termos da Súmula nº 508 do STF é compete à **Justiça ESTADUAL,** em ambas as instâncias, processar e julgar as causas em que for parte o **Banco do Brasil S.A;** b) O sequestro é crime PERMANENTE (a consumação se PROLONGA no tempo). Assim sendo, o CPP estabelece que se tratando de infração **continuada ou permanente,** praticada em território de duas ou mais jurisdições, a competência firmar-se-á pela **PREVENÇÃO** (art. 71 do CPP) e c) A Justiça Federal NÃO julga contravenção penal, conforme a jurisprudência do STJ, Súmula nº 38, vejamos: Compete à **Justiça Estadual Comum,** na vigência da CF/88, o processo por **contravenção penal,** ainda que praticada em detrimento de bens, serviços ou interesse da **União** ou de suas entidades.
Gabarito: D.

---

653. **(2021 – IDECAN – PEFOCE – Auxiliar de Perícia)** José, desempregado, e Marcos, funcionário público federal, decidem assaltar o salão de cabeleireiros de seu bairro, já que observaram que, todos os dias, o referido local comercial fica lotado de clientes, além de não possuir serviço de segurança privada, o que, no entender deles, facilitaria a ação criminosa. Para tanto, combinaram que José furtaria um carro pela manhã e passaria na casa de Marcos, que já o estaria esperando com duas armas de fogo de uso restrito para que ambos pudessem se dirigir ao salão e realizar o assalto. E assim foi feito! No dia do evento criminoso, conforme combinado, José se deslocou para outro município (Município A) e furtou um carro, retornando diretamente para a casa de Marcos (Município B), a fim de encontrá-lo e seguirem em direção ao salão de cabeleireiros (Município B).

Durante a ação criminosa no estabelecimento comercial, uma das funcionárias conseguiu fazer uma transmissão ao vivo pelo celular do que estava acontecendo e José e Marcos foram surpreendidos por um rápido cerco policial no local, culminando com a prisão em flagrante de ambos. O Ministério Público denunciou ambos pela prática dos crimes de furto consumado (art. 155, *caput*) e roubo tentado (artigo 157, § 2º-B n/f art. 14, II, todos do CP) na forma da legislação processual vigente. Considerando que existe uma Vara Criminal em cada município cuja jurisdição coincide com os limites territoriais dos referidos municípios, é correto afirmar que

a) a competência para o julgamento do crime de furto será da Vara Criminal do Município A e do crime de roubo será da Vara Criminal do Município B, tendo em vista que a competência se dá pelo local em que for consumada a infração.

b) a competência para o julgamento de ambos os crimes será da Vara Criminal do Município A, em virtude do instituto da conexão lógica.

c) a competência será firmada pela prevenção, já que ambas as Varas Criminais são igualmente competentes.

d) a competência para o julgamento de ambos os crimes será da Vara Criminal do Município B, em virtude do instituto da conexão intersubjetiva concursal.

e) a competência para o julgamento de ambos os crimes será da Vara Criminal do Município B, já que a competência se estabelece pelo domicílio ou residência dos réus.

Vamos contextualizar para entender?

Município A — Subtração do carro **CONSUMADA** → **art. 155 do CP** - Subtrair, para si ou para outrem, coisa alheia móvel: Pena - **reclusão, de um a quatro anos**, e multa.

Município B (local da prisão em flagrante) – Roubo em concurso de pessoas - **TENTADO** → **art. 157, § 2º, II, 2º-B, do art. 14, II, todos do CP** - Subtrair coisa móvel alheia, para si ou para outrem, mediante grave ameaça ou violência a pessoa, ou depois de havê-la, por qualquer meio, reduzido à impossibilidade de resistência: Pena - **reclusão, de quatro a dez anos**, e multa.

§ 2º. A pena aumenta-se de 1/3 (um terço) até metade: [...] II - se há o concurso de duas ou mais pessoas; [...]

*§ 2º-B. Se a violência ou grave ameaça é exercida com emprego de arma de fogo de uso restrito ou proibido, **aplica-se em dobro** a pena prevista no caput deste artigo.*

O contexto histórico que a questão aborda trata-se da hipótese de **conexão intersubjetiva por concurso ou concursal**, quando **ocorrendo duas ou mais infrações**, houverem sido praticadas, ao mesmo tempo, por várias pessoas reunidas, **ou por várias pessoas em CONCURSO, embora diverso o tempo e o lugar, ou por várias pessoas, umas contra as outras** (art. 76, I, do CPP). O art. 78 do CPP ainda dispõe que **na determinação da competência por conexão** ou continência, serão observadas as seguintes regras: [...]

II - no CONCURSO de jurisdições da mesma categoria:

*a) **preponderará a do lugar da infração, à qual for cominada a pena mais grave**; b) prevalecerá a do lugar em que houver ocorrido o maior número de infrações, se as respectivas penas forem de igual gravidade; c) firmar-se-á a competência pela prevenção, nos outros casos.*

Gabarito: D.

654. (2021 – CESPE/CEBRASPE – PF – Delegado) Considerando a posição dos tribunais superiores em relação à competência criminal, julgue o item subsequente.

Em regra, cabe à justiça federal processar e julgar os crimes contra o meio ambiente.

Certo ( )   Errado ( )

Em regra, cabe à justiça estadual julgar os crimes contra o meio ambiente, todavia, há exceções, por exemplo, quando existir interesse direto da União, a competência é da Justiça Federal. Quando se tratar de crimes TRANASNACIONAIS envolvendo animais silvestres, veja o tema repercussão geral nº 648 do STF:

"Compete à Justiça FEDERAL processar e julgar o crime ambiental de caráter transnacional que envolva animais silvestres, ameaçados de extinção e espécimes exóticas ou protegidas por compromissos internacionais assumidos pelo Brasil". **Ausente, justificadamente, a Ministra Cármen Lúcia (Presidente). Presidiu o julgamento o Ministro Dias Toffoli (Vice-Presidente). Plenário, 09.02.2017. "**

Gabarito: Errado.

---

655. (2021 – IDECAN – PEFOCE – Auxiliar de Perícia) Janaína, domiciliada em Itapipoca, cometeu dois delitos de estelionato em Fortaleza, conexos a um delito de falsificação de documento particular cometido em Caucaia. Tais crimes, segundo a lei, são punidos com pena de reclusão de um a cinco anos e multa. Nessa hipótese, acerca do tema competência e consoante as disposições do Código de Processo Penal, assinale a alternativa correta.

a) Deverão ser oferecidas duas denúncias: uma em Fortaleza, relativa aos delitos de estelionato; e outra em Caucaia, relativa ao delito de falsificação de documento particular.

b) Em virtude da conexão entre os delitos, deverá ser oferecida uma única denúncia em Fortaleza.

c) Em virtude da conexão entre os delitos, deverá ser oferecida uma única denúncia em Itapipoca.

d) Em virtude da conexão entre os delitos, deverá ser oferecida uma única denúncia, mas será respeitada a prevenção e, entre os Juízes de Fortaleza, Caucaia e Itapipoca, será competente aquele que primeiro tiver contato com a causa.

e) Deverão ser oferecidas duas denúncias, uma relativa aos delitos de estelionato e outra relativa ao delito de falsificação de documento particular, sendo certo que deverá ser respeitada a regra da prevenção e, entre os Juízes de Fortaleza, Caucaia e Itapipoca, será competente aquele que primeiro tiver contato com a causa.

Vamos contextualizar para entender?

O examinador descreve dois crimes de estelionato (art. 171 do CP) em Fortaleza, CONEXOS a um delito de falsificação (art. 298 do CP) de documento particular cometido em Caucaia. Trata-se da hipótese da conexão objetiva teleológica (art. 76, II, do CPP), que ocorre quando o FIM visado com a prática delituosa é facilitar a prática de OUTRO crime. Para a determinação da competência, o art. 78, II, "b" *[...] prevalecerá a do lugar em que houver ocorrido o maior número de infrações, se as respectivas penas forem de igual gravidade [...].*

Gabarito: B.

656. **(2021 – FUNDEP – MPE/MG – Promotor de Justiça – Adaptada)** Sobre jurisdição e competência, é CORRETO afirmar:

Havendo conexão entre crimes comuns e crimes eleitorais, a Justiça Eleitoral tem competência para processar e julgar apenas os últimos, sendo, portanto, hipótese de separação obrigatória de processos.

Certo ( )   Errado ( )

Em se tratando de hipótese de conexão entre crime de competência da Justiça comum (federal ou estadual) e crime eleitoral, os delitos serão julgados CONJUNTAMENTE pela Justiça Eleitoral. Consoante entendimento da jurisprudência do STF, vejamos: *[...] Compete à JUSTIÇA ELEITORAL julgar os crimes eleitorais e os comuns que lhes forem CONEXOS. Cabe à Justiça Eleitoral analisar, caso a caso, a existência de conexão de delitos comuns aos delitos eleitorais e, em não havendo, remeter os casos à Justiça competente.* STF. Plenário. Inq 4435 AgR-quarto/DF, Rel. Min. Marco Aurélio, julgado em 13 e 14/3/2019 (Info 933).

Gabarito: Errado.

---

657. **(2021 – CESPE/CEBRASPE – PF – Delegado)** Considerando a posição dos tribunais superiores em relação à competência criminal, julgue o item subsequente.

Compete à justiça federal processar e julgar o crime de disponibilizar ou adquirir material pornográfico que envolva criança ou adolescente praticado por meio de troca de informações privadas, como, por exemplo, conversas via aplicativos de mensagens ou chat nas redes sociais.

Certo ( )   Errado ( )

Nas hipóteses dos crimes previstos nos arts. 241, 241-A e 241-B da Lei nº 8.069/90, a competência é da justiça ESTADUAL. Assim, a competência para julgar o delito do art. 241-A do ECA praticado por meio de WhatsApp ou chat do Facebook é da Justiça Estadual. Desse modo, como em tais situações o conteúdo pornográfico não foi disponibilizado em um ambiente de livre acesso, não se faz presente à competência da Justiça Federal. O plenário do STF julgou em repercussão geral O tema 393 - *Compete à Justiça Federal processar e julgar os crimes consistentes em disponibilizar ou adquirir material pornográfico, acessível TRANSNACIONALMENTE, envolvendo criança ou adolescente, quando praticados por meio da rede mundial de computadores (arts. 241, 241-A e 241-B da Lei nº 8.069/1990).* Inf. 990/STF. Plenário. RE 628624 ED, Rel. Edson Fachin, julgado em 18/08/2020 (Repercussão Geral – Tema nº 393).

Gabarito: Errado.

---

658. **(2020 – ABCP – Prefeitura de Bom Jesus dos Perdões/SP – Advogado)** Douglas, estudante de Direito da Universidade X, estava preocupado com a prova de Direito Processual Penal que iria enfrentar. Durante os estudos, surgiu-lhe uma dúvida sobre a competência, quando não for conhecido o lugar da infração. Para sanar sua dúvida, entrou em contato com duas colegas de classe, Camila e Anna Carolina, que prontamente lhe disseram informações desencontradas. Camila dizia que não sendo conhecido o lugar da infração, a competência regular-se-á pelo domicílio ou residência do réu. Anna Carolina, por outro lado, dizia que não sendo conhecido o lugar da infração, a competência regular-se-á pelo local em que estiver domiciliado o promotor, responsável pela denúncia. De acordo com o Código de Processo Penal, é certo dizer que:

a) Camila tem razão.

b) Ambas têm razão.

c) Ambas estão equivocadas.

d) Anna Carolina tem razão.

A competência será, em regra, determinada pelo **LUGAR onde se consumar** a infração. Subsi-diariamente, consoante o disposto no art. 72 do CPP, NÃO sendo conhecido o lugar da infração, a competência regular-se-á pelo **domicílio ou residência do RÉU (Foro SUBSIDIÁRIO).** Se o réu tiver mais de uma residência, a competência firmar-se-á pela **PREVENÇÃO**. Se o réu não tiver residência certa ou for ignorado o seu paradeiro, será **competente o juiz que primeiro tomar conhecimento do fato.**

Gabarito: A.

---

659. **(2020 – FACET – Prefeitura de Capim/PB – Assistente Jurídico)** A Constituição Federal esta-belece no art. 5º, inc. XXXVIII, "d", que o Tribunal do Júri possui competência para o julgamento dos crimes dolosos contra a vida. Assim, levando em consideração a competência do Tribunal do Júri, assinale a alternativa correta:

a) De acordo com entendimento jurisprudencial consolidado no Supremo Tribunal Federal, a competência constitucional do Tribunal do Júri não prevalece sobre o foro por prerrogativa de função estabelecido exclusivamente pela constituição estadual, dado o respeito a autonomia normativa dos estados no modelo federativo.

b) No concurso entre a competência do júri e a de outro órgão da jurisdição comum devido à incidência do instituto da conexão, deverá o magistrado determinar a separação dos processos.

c) Segundo entendimento jurisprudencial consolidado no Supremo Tribunal Federal, a compe-tência para o processo e julgamento de latrocínio é do Tribunal do Júri, uma vez que trata-se de crime complexo em que o objeto jurídico é o patrimônio e a vida.

d) O militar do estado que praticar o crime de homicídio, sendo a vítima civil, não será processado e julgado perante o Tribunal do Júri.

e) Não compete ao Tribunal do Júri o julgamento de civil que comete crime de homicídio doloso contra militar das Forças Armadas em serviço em lugar sujeito à administração militar.

Conforme disposição do art. 9º, III, "d" do CPM - *Consideram-se crimes militares, em tempo de paz: [...]*

*III - os **crimes praticados por** militar da reserva, ou reformado, ou por **CIVIL, contra as instituições militares,** considerando-se como tais não só os compreendidos no inciso I, como os do inciso II, nos seguintes casos: [...]*

*a) ainda que fora do lugar sujeito à administração militar, **contra militar em função de natureza militar, ou no desempenho de serviço de vigilância, garantia e preservação da ordem pública, administrativa ou judiciária,** quando legalmente requisitado para aquele fim, ou em obediência a determinação legal superior.*

Jurisprudência do STF — *A **jurisprudência do Supremo Tribunal Federal** é no sentido de ser **constitucional o julgamento dos crimes dolosos contra a vida de MILITAR em serviço pela justiça castrense, SEM a submissão destes crimes ao Tribunal do Júri**, nos termos do art. 9º,* *inc. III, "d", do Código Penal Militar:* STF, 1ª Turma, HC 91.003/BA, Rel. Min. Cármen Lúcia, Dje 072 02/08/2007. [...]

Fundamentação das alternativas: a) A Súmula Vinculante 45 do STF profere que *"A competência constitucional do tribunal do júri PREVALECE sobre o foro por prerrogativa de função estabelecido exclusivamente pela Constituição Estadual"*; b) No concurso entre a competência do júri e a de outro órgão da jurisdição comum, tendo em vista a previsão legal da força atrativa dos crimes do tribunal do júri prevalecerá, salvo em relação a crimes militares e eleitorais; c) Segundo entendimento jurisprudencial consolidado no Supremo Tribunal Federal (súmula 603 do STF), a competência para o processo e julgamento de LATROCÍNIO é do JUIZ SINGULAR e não do tribunal do júri e d) O militar do estado que praticar o crime de homicídio, sendo a vítima civil, SERÁ processado e julgado perante o Tribunal do Júri, conforme previsão expressa do art. 9º III, § 1º, do CPM.

Gabarito: E.

---

660. **(2020 – GUALIMP – Prefeitura de Conceição de Macabu/RJ – Procurador)** O Código de Processo Penal dispõe que a competência será, de regra, determinada pelo lugar em que se consumar a infração, ou, no caso de tentativa, pelo lugar em que for praticado o último ato de execução. De acordo com o referido diploma legal, quando incerto o limite territorial entre duas ou mais jurisdições, ou quando incerta a jurisdição por ter sido a infração consumada ou tentada nas divisas de duas ou mais jurisdições, a competência firmar-se-á:

    a) Pela prevenção.

    b) Pelo domicílio.

    c) Pela contratação.

    d) Pela petição inicial.

Conforme previsão do art. 70, § 3º, do CPP:

Quando incerto o limite territorial entre duas ou mais jurisdições, ou quando incerta a jurisdição por ter sido a infração consumada ou tentada nas divisas de duas ou mais jurisdições, a **competência firmar-se-á pela PREVENÇÃO.**

Gabarito: A.

---

661. **(2020 – FCC – AL/AP – Advogado Legislativo)** De acordo com o ordenamento jurídico e o posicionamento dos tribunais superiores acerca da competência em matéria penal,

    a) a existência de conexão entre crime de contrabando, de competência da Justiça Federal, e contravenção penal acarreta a reunião de julgamentos das infrações penais perante o mesmo Juízo Federal.

    b) os crimes dolosos contra a vida praticados contra funcionário público federal, no exercício de suas funções, serão julgados pelo tribunal do júri no âmbito da Justiça Federal.

    c) compete à Justiça Militar processar e julgar civil denunciado pelos crimes de falsificação e de uso de documento falso, quando se tratar de falsificação da Caderneta de Inscrição e Registro (CIR) ou de Carteira de Habilitação de Amador (CHA), quando expedidas pela Marinha do Brasil.

d) a competência especial por prerrogativa de função se estende ao crime cometido após a cessação definitiva do exercício funcional.

e) compete à Justiça Estadual processar e julgar crime de falso testemunho cometido no processo trabalhista.

Conforme o teor da Súmula nº 147 do STJ — *Compete à Justiça FEDERAL processar e julgar os crimes praticados contra funcionário público federal, quando relacionados com o exercício da função.*

Fundamentação das alternativas: a) O art. 109 da CF/88 dispõe que compete aos juízes federais processar e julgar, IV - os crimes políticos e as infrações penais praticadas em detrimento de bens, serviços ou interesse da União ou de suas entidades autárquicas ou empresas públicas, **EXCLUÍDAS as contravenções e ressalvada a competência da Justiça Militar e da Justiça Eleitoral**; c) Nos termos da Súmula Vinculante nº 36 do STF, compete à **Justiça Federal comum** processar e julgar CIVIL denunciado pelos crimes de falsificação e de uso de documento falso quando se tratar de falsificação da Caderneta de Inscrição e Registro (CIR) ou de Carteira de Habilitação de Amador (CHA), ainda que expedidas pela Marinha do Brasil; d) A prerrogativa de foro subsiste EXCLUSIVAMENTE em relação aos crimes que contenham relação com o **cargo ou mandato eletivo exercido**. Porquanto, o foro por prerrogativa de função exige **contemporaneidade e pertinência temática** entre os fatos em apuração e o exercício da função pública e e) Compete à Justiça FEDERAL processar e julgar crime de falso testemunho cometido no processo trabalhista (Súmula nº 165 do STJ).

Gabarito: B.

---

662. **(2020 – CESPE/CEBRASPE – MPE/CE – Promotor de Justiça)** Deputado federal eleito pelo estado do Ceará que praticar crime de estelionato em São Luís – MA antes de entrar em exercício no cargo eletivo deverá ser processado no(a)

a) Supremo Tribunal Federal.

b) Superior Tribunal de Justiça.

c) justiça federal do Ceará, em razão do cargo ocupado.

d) justiça estadual comum do Ceará, na comarca de Fortaleza.

e) justiça estadual comum do Maranhão, na comarca de São Luís.

A competência será, de regra, determinada pelo **lugar em que se consumar** a infração, ou, no caso de tentativa, pelo lugar em que for praticado o último ato de execução **(Teoria do Resultado ou do Evento).** Tendo em vista que o Deputado Federal acima ainda não entrou em exercício no cargo eletivo, bem como, a questão não trouxe maiores elementos, a justiça competente será a da comarca de São Luís 2/MA, conforme art. 70 do CPP, "*a competência será, de regra, determinada pelo lugar em que se consumar a infração [...].*

É o entendimento do STF desde 2018, conforme a AP 937 QO/RJ, Rel. Min. Roberto Barroso, julgado em 03/05/2018 (Info 900). O entendimento anterior era que, uma vez empossado, ele adquiria a prerrogativa para o julgamento de crimes praticados antes da posse. O fato de ser Deputado e a omissão da informação se diplomado ou não, não influenciou em nada na resolução da questão, já que **para o foro por prerrogativa de função com a consequente competência no STF, o crime precisa ter ocorrido no exercício do cargo e estar relacionado com a função desempenhada pelo Deputado.**

Atenção! – Lei nº 14.155/21 – art. 70, § 4º, do CPP:

Nos crimes previstos no art. 171 do CP, quando praticados **mediante depósito, mediante emissão de cheques sem suficiente provisão de fundos em poder do sacado ou com o pagamento frustrado ou mediante transferência de valores**, a competência será definida pelo local do **DOMÍCILIO da VÍTIMA**, e, em caso de pluralidade de vítimas, a competência firmar-se-á pela prevenção.

Depois da novidade inserida por esta lei, a competência passou a ser do local do DOMÍCILIO da VÍTIMA (antes era o local onde se deu a recusa do pagamento pelo sacado). Por esse motivo, as Súmulas nº 244 do STJ e a Súmula nº 521 do STF estão SUPERADAS, não obstante ainda não terem sido formalmente canceladas.

Gabarito: E.

663. **(2019 – TJ/PR – TJ/PR – Juiz)** Acerca da competência pelo lugar da infração, prevista no Decreto-Lei 3.689/1941 (Código de Processo Penal), julgue os itens a seguir:

I. A competência será, de regra, determinada pelo lugar em que se consumar a infração, ou, no caso de tentativa, pelo lugar em que for dado início ao primeiro ato de execução.

II. Tratando-se de infração continuada ou permanente, praticada em território de duas ou mais jurisdições, a competência firmar-se-á pela prevenção.

III. Se, iniciada a execução no território nacional, a infração se consumar fora dele, a competência será determinada pelo lugar em que tiver sido praticado, no exterior, o último ato de execução.

IV. Quando incerto o limite territorial entre duas ou mais jurisdições, ou quando incerta a jurisdição por ter sido a infração consumada ou tentada nas divisas de duas ou mais jurisdições, a competência firmar-se-á pela prevenção.

Estão CORRETAS as seguintes alternativas:

a) I, II e III, apenas.

b) I, III e IV, apenas.

c) II e IV, apenas.

d) II, III e IV, apenas.

Itens II e IV – CERTOS

Tratando-se de infração continuada ou permanente, praticada em território de duas ou mais jurisdições, a competência firmar-se-á pela prevenção (art. 71 do CPP).

Quando incerto o limite territorial entre duas ou mais jurisdições, ou quando incerta a jurisdição por ter sido a infração consumada ou tentada nas divisas de duas ou mais jurisdições, a competência firmar-se-á pela prevenção (art. 70, § 3º, do CPP).

Itens I e III – ERRADOS

A competência será, de regra, determinada pelo lugar em que se consumar a infração, ou, no caso de tentativa, pelo **lugar em que for praticado o último ato de execução** (art. 70 do CPP).

Se, iniciada a execução no território nacional, a infração se consumar fora dele, a competência será determinada pelo lugar em que tiver sido praticado, no Brasil, o **último ato de execução** (art. 70, § 1º, do CPP).

Gabarito: C.

664. (2019 – TJ/AP – TJ/AP – Estagiário) A competência será, de regra, determinada pelo (a):

a) Domicílio do réu;

b) Lugar em que se consumou a infração;

c) Distribuição;

d) Conexão.

Teoria do Resultado ou do Evento: para essa teoria não importa o local da prática da conduta, mas sim, o lugar onde se produziu ou deveria ter se produzido o resultado do crime (adotada pelo CPP – art. 70).

"A competência será, de regra, determinada pelo LUGAR em que se consumar a infração, ou, no caso de tentativa, pelo lugar em que for praticado o último ato de execução".

VAMOS REVISAR?

✓ **Crimes plurilocais** — Teoria do resultado.

✓ **Crimes plurilocais contra a vida** — Teoria da atividade.

✓ **Juizados especiais** — Teoria da atividade.

✓ **Atos infracionais** — Teoria da atividade.

✓ **Crimes falimentares** — Local onde foi decretada a falência.

Gabarito: B.

---

665. (2019 – CIEE – TJ/DFT – Estagiário) Segundo o CPP, ao Supremo Tribunal Federal competirá, privativamente, processar e julgar:

I. os seus ministros, nos crimes comuns.

II. os ministros de Estado, salvo nos crimes conexos com os do Presidente da República.

III. o procurador-geral da República, nos crimes comuns e de responsabilidade.

É correto o que está contido em

a) I, II e III.

b) I e II, apenas.

c) II e III, apenas.

d) I e III, apenas.

Consoante o teor do art. 86 do CPP, vejamos:

Ao Supremo Tribunal Federal competirá, privativamente, processar e julgar:

I. os seus ministros, nos crimes comuns

II. os ministros de Estado, salvo nos crimes conexos com os do Presidente da República;

III. o procurador-geral da República, os desembargadores dos Tribunais de Apelação, os ministros do Tribunal de Contas e os embaixadores e ministros diplomáticos, nos crimes comuns e de responsabilidade.

Previsão do art. 102 da CF/88 – Compete ao Supremo Tribunal Federal, precipuamente, a guarda da Constituição, cabendo-lhe.

b) *nas infrações penais comuns, o Presidente da República, o Vice-Presidente, os membros do Congresso Nacional, seus próprios Ministros e o Procurador-Geral da República.*

Gabarito: B.

___

666. **(2019 – GUALIMP – Prefeitura de Porciúncula/RJ – Procurador)** De acordo com o artigo 69, do Código de Processo Penal, Decreto-Lei Nº 3.689, de 3 de outubro de 1941, a competência jurisdicional da Ação Penal será determinada por diversos requisitos, EXCETO:

a) Domicílio do autor.

b) Lugar da infração.

c) Natureza da infração.

d) Prevenção.

Neste sentido o artigo 69 do CPP - Determinará a competência jurisdicional:

⇨ **A natureza da infração.**

⇨ **O lugar da infração.**

⇨ **A prevenção.**

⇨ **O domicílio ou residência do réu.**

⇨ **A prerrogativa de função.**

De acordo com o artigo 69, II, do CPP, a competência jurisdicional será determinada pelo: "domicílio ou residência do RÉU".

Gabarito: A.

___

667. **(2019 – MPE/GO – MPE/GO – Promotor de Justiça – Adaptada)** A respeito da competência, de acordo com as Súmulas dos Tribunais Superiores é correto afirmar:

Tendo o condutor do veículo apresentado ao Policial Rodoviário Federal a carteira nacional de habilitação falsificada, a competência para o processo e julgamento do caso penal é da Justiça Estadual do local onde o crime foi cometido.

Certo ( )   Errado ( )

A competência é da Justiça FEDERAL, pois a competência para processar e julgar o crime de uso de documento falso é firmada em razão da entidade ou órgão ao qual foi apresentado o documento público, NÃO importando a qualificação do órgão expedidor (Súmula nº 546 do STJ).

Gabarito: Errado.

___

668. **(2019 – MPE/GO – MPE/GO – Promotor de Justiça – Adaptada)** A respeito da competência, de acordo com as Súmulas dos Tribunais Superiores é correto afirmar:

A competência do Tribunal de Justiça para julgar prefeitos restringe-se aos crimes de competência da Justiça comum estadual; nos demais casos, a competência originária caber· ao respectivo tribunal de segundo grau.

Certo ( )   Errado ( )

A competência do tribunal de justiça para julgar prefeitos restringe-se aos crimes de competência da justiça comum estadual; nos demais casos, a competência originária caberá ao respectivo tribunal de segundo grau, (Súmula nº 702 do STF).

Gabarito: Certo.

---

669. **(2019 – MPE/GO – MPE/GO – Promotor de Justiça – Adaptada)** A respeito da competência, de acordo com as Súmulas dos Tribunais Superiores é correto afirmar:

É relativa a nulidade decorrente da inobservância da competência penal por prevenção.

Certo ( )   Errado ( )

É relativa à nulidade decorrente da inobservância da competência penal por prevenção, (Súmula nº 706 do STF).

Gabarito: Certo.

---

670. **(2019 – MPE/GO – MPE/GO – Promotor de Justiça – Adaptada)** A respeito da competência, de acordo com as Súmulas dos Tribunais Superiores é correto afirmar:

A competência constitucional do Tribunal do Júri prevalece sobre o foro por prerrogativa de função estabelecido exclusivamente pela Constituição Estadual.

Certo ( )   Errado ( )

A competência constitucional do Tribunal do Júri prevalece sobre o foro por prerrogativa de função estabelecido exclusivamente pela Constituição Estadual, (Súmula Vinculante 45 do STF).

Gabarito: Certo.

---

671. **(2019 – INAZ DO PARÁ – CORE/SP – Assistente Jurídico)** O que não determina a competência jurisdicional?

a) O lugar da infração.

b) O domicílio ou residência do réu.

c) A prerrogativa de foro.

d) A prerrogativa de função.

e) A distribuição.

MNEMÔNICO para o art. 69 do CPP - "DoNa LuDi ConPre" duas vezes

- **Do**micílio ou residência do réu.
- **Na**tureza da infração.
- **Lu**gar da infração.
- **Di**stribuição.

- **Con**exão.
- **Con**tinência.
- **Pre**venção.
- **Pre**rrogativa de função.

O foro por prerrogativa de função aplica-se **APENAS aos crimes cometidos durante o exercício do cargo e relacionados às funções desempenhadas**.

Sendo assim, **o STF estabeleceu regras para situações como essa:**

Se o réu deixou de ocupar o cargo ANTES de a instrução terminar: cessa a competência do STF e o processo deve ser remetido para a 1ª instância.

Se o réu deixou de ocupar o cargo DEPOIS de a instrução se encerrar: o STF permanece sendo competente para julgar a ação penal.

Jurisprudência – STF: julgamento plenário do Supremo Tribunal Federal sobre a questão da prerrogativa DE FORO (AP 1020 AgR, julgado em 22/02/2019, ACÓRDÃO ELETRÔNICO DJe-044 DIVULG. 01-03-2019 PUBLIC 06-03-2019).

STJ: concluir que houve violação à PRERROGATIVA DE FORO do acusado (...).(AgRg no REsp 1764778/MG, julgado em 19/02/2019, DJe 01/03/2019)

Gabarito: C.

---

672. (2019 – VUNESP – TJ/RS – Titular de Serviços de Notas e de Registros) Nos estritos termos do art. 63 da Lei nº 9.099/95, a competência dos Juizados Especiais Criminais é determinada

   a) pelo lugar em que a ocorrência policial foi registrada.

   b) pelo lugar do domicílio do acusado ou da vítima.

   c) pelo lugar em que foi praticada a infração penal.

   d) pela matéria.

   e) pela prevenção.

Com fulcro no art. 63. A *competência do Juizado* será determinada pelo *lugar em que foi praticada a infração penal.* De tal modo, o JECRIM adota, quanto ao lugar do crime, a *teoria da atividade.* De modo que será competente para eventual apuração e julgamento da infração penal o *JECRIM do local onde esta foi praticada.*

Crimes plurilocais: teoria do resultado.

Crimes plurilocais contra a vida: teoria da atividade.

Juizados especiais: teoria da atividade.

Atos infracionais: teoria da atividade.

Crimes falimentares: local onde foi decretada a falência.

Gabarito: C.

---

673. (2019 – CESPE/CEBRASPE – MPC/PA – Analista Ministerial) Assinale a opção correta, acerca da competência para julgamento de autoridades pela prática de infrações penais comuns e crimes de responsabilidade, segundo entendimento do STF.

   a) Governador de estado que cometer crime de responsabilidade responderá na respectiva assembleia legislativa estadual.

   b) Vice-governador que cometer crime comum responderá no STJ.

   c) Deputado estadual que cometer crime comum será julgado pelo presidente do tribunal de justiça do estado correspondente.

   d) Chefe da Casa Civil que cometer crime de responsabilidade conexo com governador de estado será processado e julgado pelo STJ.

   e) Membro de tribunal de contas estadual que cometer crimes comuns e(ou) crime de responsabilidade responderá no STJ.

Nos termos do art. 105 da CF/88: *Compete ao Superior Tribunal de Justiça: I - processar e julgar, originariamente:*

a) nos crimes comuns, os governadores dos Estados e do Distrito Federal, e, nestes e nos de responsabilidade, os desembargadores dos Tribunais de Justiça dos Estados e do Distrito Federal, os membros dos Tribunais de Contas dos Estados e do Distrito Federal, os dos Tribunais Regionais Federais, dos Tribunais Regionais Eleitorais e do Trabalho, os membros dos Conselhos ou Tribunais de Contas dos Municípios e os do Ministério Público da União que oficiem perante tribunais.

Gabarito: E.

---

674. **(2019 – AOCP – PC/ES – Escrivão)** À luz do CPP, assinale a alternativa que NÃO determinará a competência jurisdicional.

  a) A natureza da infração.

  b) O lugar da infração.

  c) A prevenção.

  d) O domicílio ou residência do ofendido.

  e) A prerrogativa de função.

Nesse sentido, o art. 69 do CPP: Determinará a competência jurisdicional:

A natureza da infração.

O lugar da infração.

A prevenção.

O domicílio ou residência do réu.

A prerrogativa de função.

Gabarito: D.

---

675. **(2019 – AOCP – PC/ES – Perito Criminal – Adaptada)** Sobre jurisdição e competência, assinale a alternativa integralmente de acordo com o que prescreve o CPP.

A distribuição dos autos jamais será determinante para a fixação da competência jurisdicional.

Certo ( )   Errado ( )

Nesse sentido, o art. 69, IV, do CPP: Determinará a competência jurisdicional:

Domicílio ou residência do réu

Natureza da infração

Lugar da infração

Distribuição

Conexão

Continência

Prevenção

Prerrogativa de FUNÇÃO

Gabarito: Errado.

---

676. **(2019 – CESPE/CEBRASPE – TJ/AM – Analista Judiciário)** Hugo é investigado pela prática de lesão corporal seguida de morte contra Márcia, crime esse cometido em Manaus. A autoridade policial realizou interceptação telefônica e tomou conhecimento de que Hugo havia confessado ser o autor do crime ao irmão da vítima, Miguel.

Acerca dessa situação hipotética, julgue o item a seguir, com base no que dispõe a legislação de regência.

A competência para processar e julgar Hugo, se este figurar como réu, será do tribunal do júri da comarca de Manaus.

Certo ( )   Errado ( )

De acordo com art. 5º, XXXVIII, d, da CF/88, o tribunal do júri é competente para julgamento dos crimes dolosos contra a vida. Sucede, porém, que, apesar de o crime de lesão corporal estar inserido no título dos crimes contra a pessoa do Código Penal, o delito de lesão corporal seguida de morte, art. 129, § 3º do mencionado diploma repressivo não se insere na competência do júri; isto porque os crimes da competência do tribunal do júri são aqueles descritos no art. 74, 1º do CPP, a saber: art. 121, § 1º 2º; art. 122, parágrafo único; art. 123; art. 124; art. 126 e art. 127, todos do Código Penal

Gabarito: Errado.

---

677. **(2019 – CESPE/CEBRASPE – TJ/DFT – Titular de Serviços de Notas e Registros)** João e outras pessoas foram acusados pela prática de crime contra o sistema financeiro nacional. No decorrer da instrução criminal na justiça comum, João foi eleito e assumiu mandato de prefeito municipal.

A partir dessa situação hipotética, das regras de competência no processo penal bem como da jurisprudência e doutrina correlatas, é correto afirmar que

a) prevalecerá a competência do juízo onde foi praticado o primeiro ato de jurisdição.

b) haverá a instauração de novo processo em relação ao prefeito.

c) será facultativa a separação entre o processo do prefeito e os dos demais corréus.

d) será impositivo o deslocamento da competência para jurisdição de maior graduação em relação a todos os corréus.

e) permanecerá suspenso o processo relativo ao prefeito até o final do seu mandato eletivo.

O prefeito, por força do art. 29, X, CF/88, caso pratique crime comum, deverá ser julgado pelo TJ. Porém, se praticar crime federa (sistema financeiro) será julgado pelo TRF - critério da simetria.

Consoante a jurisprudência do STF, a Súmula nº 704 dispõe que: *NÃO viola as garantias do juiz natural, da ampla defesa e do devido processo legal a atração por continência ou conexão do processo do corréu ao foro por prerrogativa de função de um dos denunciados.*

Jurisprudência do STJ: *Cabe apenas ao próprio tribunal ao qual toca o foro por prerrogativa de função promover, sempre que possível, o desmembramento de inquérito e peças de investigação correspondentes, para manter sob sua jurisdição, em regra, apenas o que envolva autoridade com prerrogativa de foro, segundo as circunstâncias de cada caso* (Rel. Min. MARCO AURÉLIO, Tribunal Pleno, DJe de 14.3.2014), *ressalvadas as situações em que os fatos se revelem de tal forma imbricados que a cisão por si só implique prejuízo a seu esclarecimento* (Rel. Min. ROSA WEBER, DJe de 22.5.2014), *o que não ocorre no caso.*

Gabarito: D.

678. (2021 – AOCP – PC/ES – Escrivão) À luz do CPP, assinale a alternativa que NÃO determinará a competência jurisdicional.

   a) A natureza da infração.

   b) O lugar da infração.

   c) A prevenção.

   d) O domicílio ou residência do ofendido.

   e) A prerrogativa de função.

Neste sentido, o art. 69 do CPP determinará a competência jurisdicional:
A natureza da infração.
O lugar da infração.
A prevenção.
O domicílio ou residência do réu.
A prerrogativa de função.
Gabarito: D.

---

679. (2019 – CONSULPLAN – TJ/MG – Titular de Serviços de Notas e de Registros) Quanto às regras de competência, assinale a alternativa INCORRETA.

   a) O concurso entre crime comum e militar constitui causa de separação obrigatória de processos.

   b) Para definição da competência territorial, nosso ordenamento jurídico adotou a teoria da atividade.

   c) A conexão instrumental ocorre quando a prova de uma infração influi na prova de outra e recomenda a reunião de processos.

   d) Será prorrogada a competência do juiz presidente do tribunal do júri em caso de desclassificação em plenário para crime não doloso contra a vida.

Teoria do resultado ou do evento: para essa teoria, não importa o local da prática da conduta, mas, sim, o lugar onde se produziu ou deveria ter se produzido o resultado do crime (adotada pelo art. 70 do CPP).
A competência será, de regra, determinada pelo LUGAR em que se consumar a infração, ou, no caso de tentativa, pelo lugar em que for praticado o último ato de execução.
Gabarito: B.

---

680. (2019 – TJ/PR – TJ/PR – Juiz – Adaptada) Com relação às regras de competência:

A competência será, de regra, determinada pelo lugar em que se consumar a infração, ou, no caso da tentativa, pelo lugar em que for praticado o último ato de execução, conforme art. 70 do CPP.

Certo ( )   Errado ( )

Consoante o art. 70 do CPP, a competência será, de regra, determinada pelo LUGAR em que se consumar a infração, ou, no caso de tentativa, pelo lugar em que for praticado o último ato de execução.
Gabarito: Certo.

681. **(2019 – MPE/PR – MPE/PR – Promotor de Justiça – Adaptada)** Sobre competência, nos termos do CPP, analise a assertiva abaixo

Tratando-se de infração continuada ou permanente, praticada em território de duas ou mais jurisdições, a competência firmar-se-á pela prevenção.

Certo ( )   Errado ( )

Tratando-se de infração continuada ou permanente, praticada em território de duas ou mais jurisdições, a competência firmar-se-á pela prevenção, conforme o art. 71 do CPP.

Gabarito: Certo.

---

682. **(2019 – MPE/PR – MPE/PR – Promotor de Justiça – Adaptada)** Sobre competência, nos termos do CPP, analise a assertiva abaixo

A competência será, de regra, determinada pelo lugar em que se consumar a infração, ou, no caso de tentativa, pelo lugar em que for praticado o último ato de execução.

Certo ( )   Errado ( )

Em regra, a competência será firmada pelo LOCAL da infração, conforme o teor do Art.70 do CPP; a competência será, de regra, determinada pelo lugar em que se consumar a infração, ou, no caso de tentativa, pelo lugar em que for praticado o último ato de execução.

Gabarito: Certo.

---

683. **(2019 – FCC – TJ/AL – Juiz)** Em matéria de competência,

a) cabe à Justiça Estadual do local da apreensão da droga remetida do exterior pela via postal processar e julgar o respectivo crime de tráfico.

b) cabe à Justiça Comum Estadual processar e julgar crime em que indígena figure como vítima, mas não quando a ele for atribuída a autoria da infração.

c) a conexão determina a reunião dos processos, ainda que um deles já tenha sido julgado.

d) cabe ao Tribunal de Justiça do Estado processar e julgar o mandado de segurança contra ato do juizado especial.

e) fica firmada em razão da entidade ou órgão ao qual apresentado o documento público falso, independentemente da qualificação do órgão expedidor.

A competência para processar e julgar o crime de uso de documento falso é firmada em razão da entidade ou órgão ao qual foi apresentado o documento público, não importando a qualificação do órgão expedidor, nos termos da Súmula nº 546 do STJ.

As demais alternativas tratam de disposições sumulares do STJ. A seguir estão as alternativas destacadas:

Súmula nº 528 do STJ: *Compete ao juiz federal do local da apreensão da droga remetida do exterior pela via postal processar e julgar o crime de tráfico internacional.*

Súmula nº 140 do STJ: *Compete a COMUM ESTADUAL processar e julgar crime em que o indígena figure como autor e vítima.*

Súmula nº 235 do STJ: *A conexão NÃO determina a reunião dos processos, se um deles já foi julgado.*

Súmula nº 376 do STJ: *Compete à turma recursal processar e julgar o mandado de segurança contra ato de juizado especial.*

Gabarito: E.

---

684. **(2017 – FCC – TRF 5ª Região – Analista Judiciário – Adaptada)** Tácito, empresário, residente na cidade de Campo Grande-MS, durante uma fiscalização realizada em sua empresa por um auditor fiscal da receita federal, no mês de novembro de 2018, ofereceu ao referido funcionário público a quantia de R$ 20.000,00 para que sua empresa não fosse autuada após a constatação de sonegação tributária, cometendo, portanto, o crime de corrupção ativa, disposto no artigo 333 do Código Penal. No curso das investigações, Tácito foi eleito no último pleito eleitoral para o cargo de Senador da República. O inquérito policial foi relatado e o Ministério Público Federal deverá oferecer denúncia. Nesse caso hipotético, a competência para processar e julgar a ação penal que será instaurada contra o atual Senador Tácito será

    a) do Supremo Tribunal Federal.

    b) de uma das Varas Federais de Campo Grande-MS, com competência criminal.

    c) do Superior Tribunal de Justiça.

    d) do Tribunal Regional Federal da 3ª Região.

    e) de uma das varas criminais da Justiça Comum Estadual, da comarca de Campo Grande-MS.

Segundo a AP 937 julgada pelo STF, SOMENTE serão considerados com foro de prerrogativa de função nas hipóteses do privilegiado praticar o crime comum ou de responsabilidade em razão da função ou cargo ou durante seu exercício. Ao passo que, na questão, há a informação o empresário se tornou senador APÓS o oferecimento da vantagem indevida ao fiscal da receita. Tal crime será julgado pela JUSTIÇA FEDERAL (vara criminal - crime de corrupção ativa art. 333, *caput*, do CP), pois se trata de servidor público FEDERAL (lembre-se que a fixação da justiça comum é residual) não havendo qualquer julgamento pelo STF.

Sobre a COMPETÊNCIA EM RAZÃO DA FUNÇÃO – JURISPRUDÊNCIA STF/STJ:

STF	STJ
O foro por prerrogativa de função aplica-se apenas aos crimes cometidos durante o exercício do cargo e relacionados às funções desempenhadas. Após o final da instrução processual, com a publicação do despacho de intimação para apresentação de alegações finais, a competência para processar e julgar ações penais não será mais afetada em razão de o agente público vir a ocupar outro cargo ou deixar o cargo que ocupava, qualquer que seja o motivo. STF. AP 937 QO/RJ, rel. Min. Roberto Barroso, julgamento em 02 e 03/05/2018. (Info nº 900)	O Superior Tribunal de Justiça é o tribunal competente para o julgamento nas hipóteses em que, não fosse a prerrogativa de foro (art. 105, I, da Constituição Federal), o desembargador acusado houvesse de responder à ação penal perante juiz de primeiro grau vinculado ao mesmo tribunal. STJ. QO na APn 878-DF, Rel. Min. Benedito Gonçalves, por maioria, julgado em 21/11/2018. (Info nº 639)
	As hipóteses de foro por prerrogativa de função perante o STJ restringem-se àquelas em que o crime for praticado em razão e durante o exercício do cargo ou função. STJ. AgRg na APn 866-DF, Rel. Min. Luis Felipe Salomão, por unanimidade, julgado em 20/06/2018, DJe 03/08/2018. (Info nº 630)

Gabarito: B.

685. **(2019 – AOCP – PC/ES – Investigador – Adaptada)** Sobre jurisdição e competência, assinale a alternativa integralmente de acordo com o que prescreve o CPP.

Tratando-se de infração continuada ou permanente, praticada em território de duas ou mais jurisdições, a competência firmar-se-á pela prevenção.

Certo ( )   Errado ( )

Tratando-se de infração continuada ou permanente, praticada em território de duas ou mais jurisdições, a competência firmar-se-á pela prevenção, nos termos do art. 71 do CPP.
Gabarito: Certo.

---

686. **(2019 – CESPE/CEBRASPE – TJ/AM – Analista Judiciário)** Jaime foi preso em flagrante por ter furtado uma bicicleta havia dois meses. Conduzido à delegacia, Jaime, em depoimento ao delegado, no auto de prisão em flagrante, confessou que era o autor do furto. Na audiência de custódia, o Ministério Público requereu a conversão da prisão em flagrante em prisão preventiva, sob o argumento da gravidade abstrata do delito praticado. No entanto, após ouvir a defesa, o juiz relaxou a prisão em flagrante, com fundamento de que não estava presente o requisito legal da atualidade do flagrante, em razão do lapso temporal de dois meses entre a consumação do crime e a prisão do autor. Dias depois, em nova diligência no inquérito policial instaurado pelo delegado para apurar o caso, Jaime, já em liberdade, retratou-se da confissão, alegando que havia pegado a bicicleta de Abel como forma de pagamento de uma dívida. Ao ser ouvido, Abel confirmou a narrativa de Jaime e afirmou, ainda, que registrou boletim de ocorrência do furto da bicicleta em retaliação à conduta de Jaime, seu credor. Por fim, o juiz competente arquivou o inquérito policial a requerimento de membro do Ministério Público, por atipicidade material da conduta, sob o fundamento de ter havido entendimento mútuo e pacífico entre Jaime e Abel acerca da questão, nos termos do relatório final produzido pelo delegado.

A respeito da situação hipotética precedente, julgue o item a seguir.

Caso Jaime seja indígena, a competência para processá-lo e julgá-lo é da justiça comum federal.

Certo ( )   Errado ( )

O simples fato de o crime ser cometido por ou contra ÍNDIO não leva a competência para a Justiça Federal. SOMENTE será julgado na Justiça Federal quando envolver contextos de disputa sobre direitos indígenas.

A hipótese deve ser analisada diante do teor da Súmula nº 140 do STJ, dispondo que *compete à justiça comum estadual processar e julgar crime em que o indígena figure como autor ou como vítima.*

Destarte, não é o fato de ser índio o sujeito ativo ou o sujeito passivo da conduta delituosa que atrai a competência federal, sendo necessário que fique caracterizado estar o delito relacionado à disputa sobre direitos indígenas. Enfim, exige-se que o crime atinja interesses gerais da população indígena, assumindo caráter transindividual.
Gabarito: Errado.

---

687. **(2019 – MPE/PR – MPE/PR – Promotor de Justiça – Adaptada)** Sobre competência, nos termos do CPP, analise a assertiva abaixo

Não sendo conhecido o lugar da infração, a competência regular-se-á pelo juízo que primeiro praticou algum ato processual.

Certo ( )   Errado ( )

A legislação processual penal estabelece que **NÃO** sendo conhecido o lugar da infração, a **COMPETÊNCIA REGULAR-SE-Á PELO DOMICÍLIO OU RESIDÊNCIA DO RÉU**, conforme o art. 71 do CPP.

Gabarito: Errado.

---

688. **(2019 – IDIB – Prefeitura de Petrolina/PE – Guarda Civil)** Sobre a competência jurisdicional, analise os itens abaixo:

I. A competência será, em regra, determinada pelo lugar em que se consumar a infração, ou, no caso de tentativa, pelo lugar em que for praticado o último ato de execução.

II. Quando o último ato de execução for praticado fora do território nacional, será competente o juiz do lugar em que o crime, embora parcialmente, tenha produzido ou devia produzir seu resultado.

III. Diferentemente da conexão, a continência importará unidade de processo e julgamento.

Analisados os itens, pode-se afirmar corretamente que:

a) Apenas o item I está correto.

b) Apenas o item II está correto.

c) Apenas o item III está correto.

d) Apenas os itens I e II estão corretos.

e) Apenas os itens II e III estão corretos.

Nos termos dos arts. 70 e 79 do CPP:

I: art. 70 do CPP. *A competência será, de regra, determinada pelo lugar em que se consumar a infração, ou, no caso de tentativa, pelo lugar em que for praticado o último ato de execução.*

II: art. 79, § 2º, do CPP. *Quando o último ato de execução for praticado fora do território nacional, será competente o juiz do lugar em que o crime, embora parcialmente, tenha produzido ou devia produzir seu resultado.*

III: art. 79 do CPP. *A conexão e a continência importarão unidade de processo e julgamento, salvo:*

I - no concurso entre a jurisdição comum e a militar;

II - no concurso entre a jurisdição comum e a do juízo de menores.

Gabarito: D.

---

689. **(2019 – AOCP – PC/ES – Perito Criminal – Adaptada)** Sobre jurisdição e competência, assinale a alternativa integralmente de acordo com o que prescreve o CPP.

A competência será, de regra, determinada pela natureza da infração, ou, no caso de tentativa, pelo lugar em que for praticado o último ato de execução.

Certo ( )   Errado ( )

A competência será, de REGRA, determinada pelo lugar em que se consumar a infração, ou, no caso de tentativa, pelo lugar em que for praticado o último ato de execução, nos termos do art. 70 do CPP.

Gabarito: Errado.

---

690. **(2019 – ACESSO – PC/ES – Delegado)** Marcelo exerce atividade de camelô na Avenida Central, no Centro, na cidade do Rio de Janeiro, no Estado do Rio de Janeiro, por não aceitar a negociação com agentes de segurança pública, um tipo de "arrego", teve sua mercadoria apreendida visto que comercializava pacotes de cigarro, da marca, "Buenos Tragos", considerada suspeita pelos agentes de segurança. Os cigarros "Buenos Tragos" são oriundos do Paraguai e possuem um preço bem mais abaixo que os nacionais, mas são vendidos de forma clandestina. No entanto, estes cigarros são produtos aprovados pela ANVISA e, portanto, é permitida sua importação e comercializados no Brasil, desde que cumpridas as obrigações legais e tributárias. Vale ressaltar, no entanto, que Marcelo não possuía nota fiscal dos cigarros apreendidos em sua posse. Conduzido a delegacia de Polícia Civil, Marcelo confessou que adquiriu os cigarros de Valentina, uma mulher que também mora em Vitória e fornece mercadorias para os camelôs.

Nessa situação hipotética, de acordo com as regras de competência, marque a alternativa CORRETA.

a) Compete à Justiça Estadual o julgamento dos crimes de contrabando e de descaminho quando apreendido em comércio informal irregular.

b) Compete à Justiça Federal tanto quanto a Justiça Estadual o julgamento dos crimes de contrabando e de descaminho.

c) Compete à Justiça Estadual o julgamento dos crimes de contrabando e de descaminho tendo em vista que a apreensão se deu pela Polícia Militar do Estado.

d) Compete à Justiça Federal o julgamento dos crimes de contrabando e de descaminho, ainda que inexistentes indícios de transnacionalidade na conduta.

e) Compete a Justiça Estadual, pois não houve transnacionalidade na conduta do agente e uma vez que a mercadoria apreendida já havia sido internalizada e Marcelo não concorreu de qualquer forma, seja direta ou indireta, para a efetiva importação desses cigarros.

Vamos analisar os itens indicados e as informações que a banca nos traz. Os cigarros vendidos por Marcelo eram:

- **Mercadoria estrangeira sem comprovação de pagamento de imposto para importação.**
- **Mercadoria permitida pela Anvisa.**
- **Mercadoria sem nota fiscal.**

JURISPRUDÊNCIA do STJ – Informativos nº 631 e 635
Compete à **JUSTIÇA FEDERAL** a condução do inquérito que investiga o cometimento do delito previsto no art. 334, § 1º, IV, do Código Penal **(DESCAMINHO)**, na hipótese de **venda de mercadoria estrangeira, permitida pela Anvisa, desacompanhada de nota fiscal e sem comprovação de pagamento de imposto de importação**. STJ. Plenário. CC 159.680-MG, Rel. Min. Reynaldo Soares da Fonseca, julgado em 08/08/2018.
Compete à **JUSTIÇA FEDERAL** o julgamento dos **CRIMES DE CONTRABANDO E DE DESCAMINHO**, ainda que inexistentes indícios de transnacionalidade na conduta. STJ. 3ª Seção. CC 160.748-SP, Rel. Min. Sebastião Reis Júnior, julgado em 26/09/2018.

Gabarito: D.

691. **(2019 – FCC – TRF 4ª Região – Analista Judiciário – Adaptada)** Sobre a competência, nos termos preconizados pelo CPP, é INCORRETO afirmar: no processo por crime praticado fora do território brasileiro, será competente sempre o juízo da Capital da República.

Certo ( )   Errado ( )

Consoante o art. 88 do CPP, no processo por crimes praticados fora do território brasileiro, será competente o juízo da capital do Estado onde houver por último residido o acusado. Se este nunca tiver residido no Brasil, será competente o juízo da capital da República.

Gabarito: Errado.

---

692. **(2019 – FCC – TRF 4ª Região – Analista Judiciário – Adaptada)** Sobre jurisdição e competência, assinale a alternativa integralmente de acordo com o que prescreve o CPP.

Não sendo conhecido o lugar da infração, a competência regular-se-á pela prerrogativa de função.

Certo ( )   Errado ( )

Nesse sentindo, o art. 72 do CPP, NÃO sendo conhecido o lugar da infração, a competência regular-se-á pelo domicílio ou residência do réu.

Gabarito: Errado.

---

693. **(2019 – IESES – TJ/SC – Titular de Serviços e Notas de Registro – Adaptada)** Com relação às regras de competência:

Não sendo conhecido o lugar da infração, a competência será regulada pelo domicílio da vítima, nos termos do art. 72 do CPP.

Certo ( )   Errado ( )

Nos termos do art. 72 do CPP, NÃO sendo conhecido o lugar da infração, a competência regular-se-á pelo domicílio ou residência do RÉU.

Gabarito: Errado.

---

694. **(2019 – CESPE/CEBRASPE – TJ/SC – Juiz – Adaptada)** Caso seja verificada conexão probatória entre fatos concernentes a crimes de competência da justiça estadual e a crimes de competência da justiça federal, é correto afirmar que

a) o processamento e o julgamento dos crimes de forma unificada não é possível, em razão da impossibilidade de modificação da regra de competência material pela conexão.

b) o juízo estadual é o competente para o processamento e o julgamento dos crimes conexos, com exceção da hipótese de posterior sentença absolutória em relação ao delito estadual.

c) o juízo federal é o competente para o processamento e o julgamento dos crimes conexos, independentemente da pena prevista para cada um dos delitos.

d) o juízo federal é o competente para o processamento e o julgamento dos crimes conexos, salvo o caso de ser prevista pena mais grave ao delito estadual.

e) o juízo federal é o competente para o processamento e o julgamento unificado dos crimes, excluída a hipótese de posterior sentença absolutória em relação ao delito federal.

Nesse sentido, a jurisprudência do STJ, consoante à Súmula nº 122:

Compete à Justiça Federal o processo e julgamento unificado dos crimes conexos de competência federal e estadual, não se aplicando a regra do art. 78, II, a, do CPP. CC 146.160/MT: *A melhor exegese do verbete n. 122 da Súmula desta Corte é a que preconiza que, havendo um crime federal, com menor pena cominada abstratamente, e um crime estadual, com maior pena, ambos conexos, o critério utilizado para a fixação não será o que considera o quantum apenatório (nos termos do art. 78, II, "a", do CPP), mas, sim, a força atrativa exercida pela jurisdição federal.*

Gabarito: C.

---

695. **(2019 – MPE/PR – MPE/PR – Promotor de Justiça – Adaptada)** Sobre competência, nos termos do CPP, analise a assertiva abaixo

Havendo conexão ou continência, no concurso de jurisdições da mesma categoria, prevalecerá a do lugar em que houver ocorrido o maior número de infrações, se as respectivas penas forem de igual gravidade.

Certo ( )   Errado ( )

O teor do art. 78, b, do CPP, estabelece que prevalecerá a do lugar em que houver ocorrido o maior número de infrações, se as respectivas penas forem de igual gravidade.

Gabarito: Certo.

---

696. **(2019 – AOCP – PC/ES – Investigador – Adaptada)** Jurisdição é o poder atribuído, constitucionalmente, ao Estado para aplicar a lei ao caso concreto, compondo litígios e resolvendo conflitos. Sobre a temática da competência jurisdicional.

Será facultativa a separação dos processos quando as infrações tiverem sido praticadas em circunstâncias de tempo ou de lugar diferentes, ou, quando pelo excessivo número de acusados e para não lhes prolongar a prisão provisória, ou por outro motivo relevante, o juiz reputar conveniente a separação.

Certo ( )   Errado ( )

Nesse sentido, o teor do art. 80 do CPP diz que será facultativa a separação dos processos quando as infrações tiverem sido praticadas em circunstâncias de tempo ou de lugares diferentes, ou, quando pelo excessivo número de acusados e para não lhes prolongar a prisão provisória, ou por outro motivo relevante, o juiz reputar conveniente a separação.

Gabarito: Certo.

---

697. **(2019 – FCC – TRF 4ª Região – Analista Judiciário – Adaptada)** Sobre a competência, nos termos preconizados pelo CPP, é INCORRETO afirmar: Quando o último ato de execução for praticado fora do território nacional, será competente o juiz do lugar em que o crime, embora parcialmente, tenha produzido ou devia produzir seu resultado.

Certo ( )   Errado ( )

Consoante o teor do art. 70, § 2º, do CPP, se iniciada a execução no território nacional, a infração se consumar fora dele, a competência será determinada pelo lugar em que tiver sido praticado, no Brasil, o último ato de execução.

Gabarito: Certo.

698. **(2019 – AOCP – PC/ES – Perito Criminal – Adaptada)** Sobre jurisdição e competência, assinale a alternativa integralmente de acordo com o que prescreve o CPP.

Compete ao Tribunal do Júri o julgamento de todos os crimes contra a vida previstos no Código Penal, consumados ou tentados.

Certo (   )   Errado (   )

Consoante o que dispõe o texto constitucional art. 5º, XXXVIII, da CF/88, é reconhecida a instituição do Júri, com a organização que lhe der a lei, assegurados:

a) a plenitude de defesa;

b) o sigilo das votações;

c) a soberania dos veredictos;

d) a competência para o julgamento dos crimes dolosos contra a vida.

Gabarito: Errado.

---

699. **(2019 – MPE/PR – MPE/PR – Promotor de Justiça – Adaptada)** Sobre competência, nos termos do CPP, analise a assertiva abaixo

Se reconhecida inicialmente ao júri a competência por conexão ou continência, o juiz, se vier a desclassificar a infração ou impronunciar ou absolver o acusado, de maneira que exclua a competência do júri, remeterá o processo ao juízo competente.

Certo (   )   Errado (   )

Consoante o art. 81, parágrafo único, do CPP, *reconhecida inicialmente ao júri a competência por conexão ou continência, o juiz, se vier a desclassificar a infração ou impronunciar ou absolver o acusado, de maneira que exclua a competência do júri, remeterá o processo ao juízo competente.*

Gabarito: Certo.

---

700. **(2019 – AOCP – PC/ES – Perito Criminal – Adaptada)** A respeito das competências por prevenção e prerrogativa de função

A competência pela prerrogativa de função é tão somente dos tribunais superiores (STF, STJ, TST, STM e TSE), relativamente às pessoas que devam responder perante eles por crimes comuns e de responsabilidade.

Certo (   )   Errado (   )

A competência pela prerrogativa de função é do Supremo Tribunal Federal, do Superior Tribunal de Justiça, dos Tribunais Regionais Federais e Tribunais de Justiça dos Estados e do Distrito Federal, relativamente às pessoas que devam responder perante eles por crimes comuns e de responsabilidade.

A competência por prerrogativa de função pode ser estabelecida pela:

I. *Constituição Federal – STF, STJ;*

II. *pela Constituição Estadual – TJ;*

III. *pela Lei Orgânica Municipal – assembleias.*

Gabarito: Errado.

---

701. (2019 – IESES – TJ/SC – Titular de Serviços e Notas de Registro – Adaptada) Com relação às regras de competência:

A competência para o processo e julgamento de latrocínio é do Juiz singular e não do Tribunal do Júri.

Certo ( )   Errado ( )

A jurisprudência do STF nos termos da Súmula nº 603 dispõe que a competência para o processo e julgamento de latrocínio é do juiz singular e não do tribunal do júri.

Gabarito: Certo.

---

702. (2019 – FCC – TRF 4ª Região – Analista Judiciário – Adaptada) Sobre a competência, nos termos preconizados pelo CPP, é INCORRETO afirmar: Não sendo conhecido o lugar da infração, a competência regular-se-á pelo domicílio ou residência do réu.

Certo ( )   Errado ( )

De acordo com o art. 72 do CPP, não sendo conhecido o lugar da infração, a competência regular-se-á pelo domicílio ou residência do réu.

Gabarito: Certo.

---

703. (2019 – FCC – TRF 4ª Região – Analista Judiciário) Paulo, empresário, foi sequestrado por cinco indivíduos brasileiros na cidade de Itapema-SC. De lá, Paulo foi levado para Florianópolis e embarcou com destino à cidade de Caxias do Sul-RS, em um avião clandestino. Quando chegaram em Caxias do Sul, a vítima foi levada ao cativeiro e os sequestradores iniciaram contato com a família para o resgate, mas acabaram presos 48 horas depois pela polícia do estado do Rio Grande do Sul na cidade de Porto Alegre, onde receberiam o pagamento do resgate. A vítima, que acompanhava os sequestradores, foi libertada em Porto Alegre. Neste caso específico, caracterizado o crime permanente, a competência para processar e julgar os cinco sequestradores

a) é da comarca de Itapema, onde Paulo foi arrebatado.

b) é da comarca de Caxias do Sul, onde Paulo ficou em cativeiro e de onde partiram os contatos com a família para o resgate.

c) firmar-se-á pela prevenção e pode ser das comarcas de Itapema, Florianópolis, Caxias do Sul ou Porto Alegre.

d) é da comarca de Florianópolis, onde a vítima embarcou em um avião clandestino.

e) é da comarca de Porto Alegre, local de pagamento do resgate e libertação da vítima, e onde os sequestradores foram presos.

De acordo com o art. 71 do CPP, tratando-se de infração continuada ou permanente, praticada em território de duas ou mais jurisdições, a competência firmar-se-á pela prevenção. Ainda consoante o art. 83 do CPP, *verificar-se-á a competência por prevenção toda vez que, concorrendo dois ou mais juízes igualmente competentes ou com jurisdição cumulativa, um deles tiver antecedido aos outros na prática de algum ato do processo ou de medida a este relativa, ainda que anterior ao oferecimento da denúncia ou da queixa (arts. 70, § 3º, 71, 72, § 2º, e 78, II, c)". Assim, a prevenção nada mais é do que a fixação de competência por meio de um ato concreto antecipado aos demais, ou seja, é a fixação de competência entre órgãos, cuja competência já estava determinada pela lei.

a) **Lugar do crime** (art. 6º do CP): teoria da ubiquidade – somente se aplica aos crimes à distância, quando a conduta criminosa é praticada em um país, e o resultado vem a ser produzido em outro (Pluralidade de países).

b) **Lugar do crime** (art. 70 do CPP): teoria do resultado (regra).

Gabarito: C.

---

704. (2019 – AOCP – PC/ES – Perito Criminal – Adaptada) A respeito das competências por prevenção e prerrogativa de função.

Verificar-se-á a competência por prevenção toda vez que, concorrendo dois ou mais juízes igualmente competentes ou com jurisdição cumulativa, um deles tiver antecedido aos outros na prática de algum ato do processo ou de medida a este relativa, ainda que anterior ao oferecimento da denúncia ou da queixa.

Certo ( )   Errado ( )

Verificar-se-á a competência por prevenção toda vez que, concorrendo dois ou mais juízes igualmente competentes ou com jurisdição cumulativa, um deles tiver antecedido aos outros na prática de algum ato do processo ou de medida a este relativa, ainda que anterior ao oferecimento da denúncia ou da queixa, consoante o art. 83 do CPP.

Gabarito: Certo.

---

705. (2019 – NC/UFPR – TJ/PR – Titular de Serviços de Notas e de Registros – Adaptada) O Supremo Tribunal Federal (STF) e o Superior Tribunal de Justiça (STJ) têm considerável jurisprudência sumulada em relação à competência jurisdicional em matéria penal. Sobre o tema, identifique como verdadeira (V) ou falsa (F) a seguinte afirmativa:

Caso um deputado estadual do Paraná contrate um indivíduo para matar seu adversário político, consumado o crime durante o exercício do mandato, será processado e julgado pelo Tribunal de Justiça do Estado do Paraná.

Certo ( )   Errado ( )

No julgamento da ação penal 937, o STF alterou o entendimento quanto ao foro por prerrogativa de função, somente sendo de competência originária do Tribunal se o crime for cometido no cargo e em razão da função.

Jurisprudência – STF: O informativo 900 do STF, ao tratar restrição ao foro por prerrogativa de função, estabelece que as normas da CF/88 que estabelecem as hipóteses de foro por prerrogativa de função devem ser interpretadas restritivamente, aplicando-se apenas aos crimes que tenham sido praticados durante o exercício do cargo e em razão dele. Assim, por exemplo, se o crime foi praticado antes de o indivíduo ser diplomado como Deputado Federal, não se justifica a competência do STF, devendo ele ser julgado pela 1ª instância mesmo ocupando o cargo de parlamentar federal. Além disso, mesmo que o crime tenha sido cometido após a investidura no mandato, se o delito não apresentar relação direta com as funções exercidas, também não haverá foro privilegiado. Foi fixada, portanto, a seguinte tese: o foro por prerrogativa de função aplica-se apenas aos crimes cometidos durante o exercício do cargo e relacionados às funções desempenhadas. STF. Plenário. AP 937 QO/RJ, Rel. Min. Roberto Barroso, julgado em 03/05/2018.

Gabarito: Errado.

706. (2019 – VUNESP – TJ/RS – Titular de Serviços de Notas e de Registros) Nos estritos termos do art. 63 da Lei nº 9.099/95, a competência dos Juizados Especiais Criminais é determinada

a) pelo lugar em que a ocorrência policial foi registrada.

b) pelo lugar do domicílio do acusado ou da vítima.

c) pelo lugar em que foi praticada a infração penal.

d) pela matéria.

e) pela prevenção.

Com fulcro no art. 63. A *competência do juizado* será determinada pelo *lugar em que foi praticada a infração penal.* Desse modo, o JECRIM adota, quanto ao lugar do crime, a *teoria da atividade.* De modo que será competente para eventual apuração e julgamento da infração penal o *JECRIM do local onde esta foi praticada.*

Gabarito: C.

---

707. (2019 – MPE/PR – MPE/PR – Promotor de Justiça – Adaptada) Sobre a competência, nos termos preconizados pelo CPP, é INCORRETO afirmar: Tratando-se de infração continuada praticada em território de duas ou mais jurisdições, a competência firmar-se-á pela prevenção.

Certo ( )   Errado ( )

De acordo com o art. 71 do CPP, tratando-se de infração continuada ou permanente, praticada em território de duas ou mais jurisdições, a competência **firmar-se-á pela prevenção**.

Gabarito: Certo.

---

708. (2019 – CESPE/CEBRASPE – TJ/PR – Juiz – Adaptada) A respeito de garantias e prerrogativas legais na condução da persecução penal.

Para o STF, a autoridade policial pode indiciar autoridade pública com prerrogativa de foro independentemente de prévia autorização do órgão judicante competente no qual tramita o inquérito policial.

Certo ( )   Errado ( )

Jurisprudência – STF: o informativo nº 825 do STF diz que em regra, a **autoridade com foro por prerrogativa de função pode ser indiciada.**

Existem duas exceções previstas em lei de autoridades que não podem ser indiciadas:

a) magistrados (art. 33, parágrafo único, da LC 35/79);

b) membros do Ministério Público (art. 18, parágrafo único, da LC 75/73 e art. 40, parágrafo único, da Lei nº 8.625/93).

Diante disso, a autoridade policial deverá requerer ao Ministro Relator do inquérito no STJ autorização para realizar o indiciamento do referido governador. Chamo atenção para o fato de que não é o ministro relator quem fará o indiciamento. Esse ato é privativo da autoridade policial. O ministro relator irá apenas autorizar que o delegado execute o indiciamento. STF. Decisão monocrática. HC 133835 MC, Rel. Min. Celso de Mello, julgado em 18/04/2016.

Gabarito: Errado.

---

709. **(2019 – CONSULPLAN – MPE/SC – Promotor de Justiça)** Dispõe a Súmula n. 721 do Supremo Tribunal Federal que a competência constitucional do Tribunal do Júri prevalece sobre o foro por prerrogativa de função estabelecido exclusivamente pela Constituição Estadual. A Súmula Vinculante nº 45 do Supremo Tribunal Federal resultou da conversão da Súmula nº 721.

Certo ( )   Errado ( )

Súmula Vinculante nº 45 do STF: *A competência constitucional do Tribunal do Júri prevalece sobre o foro por prerrogativa de função estabelecido exclusivamente pela Constituição Estadual.*

No que concerne à competência do Tribunal do Júri, para o processo e julgamento dos crimes dolosos contra a vida, tem o STF decidido que apenas podem ser excepcionadas, nos casos de foro especial por prerrogativa de função, as hipóteses previstas na própria, quanto à competência para o processo e julgamento de crimes comuns em geral, consoante se depreende dos arts. 102, I, b e c; 105, I, a; 108, I, a. [...] o foro especial por prerrogativa de função, regulado em Constituição de Estado-membro, não afasta a norma especial e expressa da competência do júri, art. 5º, XXXVIII, d, ao conferir ao Tribunal do Júri a competência para o processo e julgamento dos crimes dolosos contra a vida.

Gabarito: Certo.

---

710. **(2019 – AOCP – PC/ES – Perito Criminal – Adaptada)** A respeito das competências por prevenção e prerrogativa de função.

Ao Supremo Tribunal Federal, competirá, privativamente, processar e julgar os governadores dos Estados.

Certo ( )   Errado ( )

É competente para julgar o GOVERNADOR: o Superior Tribunal de Justiça, segundo o art. 105 da CF:

I. processar e julgar, originariamente:

a) nos crimes comuns, os Governadores dos Estados e do Distrito Federal.

Jurisprudência do STJ – Crime comum: (art. 105, I, a, da CF/88) - *O foro por prerrogativa de função no caso de Governadores e Conselheiros de Tribunais de Contas dos Estados deve ficar restrito aos fatos ocorridos durante o exercício do cargo e em razão deste. Assim, o STJ é competente para julgar os crimes praticados pelos Governadores e pelos Conselheiros de Tribunais de Contas somente se esses delitos tiverem sido praticados durante o exercício do cargo e em razão deste. STJ. Corte Especial. APn 857/DF, Rel. para acórdão Min. João Otávio de Noronha, julgado em 20/06/2018. STJ. Corte Especial. APn 866/DF, Rel. Min. Luis Felipe Salomão, julgado em 20/06/2018.* **Crime de responsabilidade: Tribunal Especial**, composto por cinco membros do Legislativo (eleitos pela Assembleia Legislativa) e de cinco desembargadores do TJ (mediante sorteio), sob a presidência do Presidente do TJ local, que terá direito de voto no caso de empate.

Gabarito: Errado.

---

711. **(2019 – FCC – DEP/SP – Defensor Público)** Em operação conjunta de garantia da Lei e da Ordem, de iniciativa do Presidente da República, com militares do Exército e membro da Polícia Militar estadual, ocorre a morte de um civil. Existem indícios da prática de um crime doloso contra a vida, sendo que há suspeita da participação de um soldado do Exército Brasileiro e um soldado da Polícia Militar estadual neste fato. Nesse caso, é correto afirmar que a competência para o eventual julgamento é

a) da Justiça Militar da União, para o Militar do Exército, e do Tribunal do Júri, para o Policial Militar estadual.

b) da Justiça Militar da União, para o Militar do Exército, e da Justiça Militar dos Estados, para o Policial Militar estadual.

c) do Tribunal do Júri, para ambos.

d) da Justiça Federal, para o Militar do Exército, e do Tribunal do Júri, para o Policial Militar estadual.

e) da Justiça Militar da União, para ambos, em razão da conexão.

Conforme o art. 124 da CF/88 COMPETE à Justiça Militar processar e julgar os crimes militares definidos em lei.

DOUTRINA	JURISPRUDÊNCIA do STF
"E se, em uma operação conjunta, um policial militar estadual e um membro das forças armadas cometerem um crime doloso contra a vida de um civil em uma abordagem, como ficará o processo e o julgamento? Haverá cisão, pois o militar estadual será julgado na justiça comum estadual, no tribunal do júri; e o militar das forças armadas, será julgado na justiça militar federal" [...] "e, em uma operação conjunta, um policial militar estadual e um membro das forças armadas cometerem um crime doloso contra a vida de um civil em uma abordagem, como ficará o processo e o julgamento? Haverá cisão, pois o militar estadual será julgado na justiça comum estadual, no tribunal do júri; e o militar das forças armadas, será julgado na justiça militar federal" (JUNIOR, A. L. Direito processual penal. 15. ed. São Paulo: Saraiva, 2018).	A jurisprudência do STF é no sentido de ser constitucional o julgamento dos crimes dolosos contra a vida de militar em serviço pela Justiça Castrense, sem a submissão desses crimes ao tribunal do júri, nos termos do art. 9º, III, d, do CPM. [HC 91.003, rel. min. Cármen Lúcia, j. 22-5-2007, 1ª T, DJ de 3-8-2007.]
	A Justiça Militar não comporta a inclusão, na sua estrutura, de um júri, para o fim de julgar os crimes dolosos contra a vida. CF/1967, art. 127; art. 153, § 18. CF/1988, art. 5º, XXXVIII; art. 124, parágrafo único. [RE 122.706. rel. min. Sepúlveda Pertence, j. 21-11-1990, P, DJ de 3-4-1992] = HC 103.812, rel. p/ o ac. min. Luiz Fux, j. 29-11-2011, 1ª T, DJE de 17-2-2012
	O paciente foi denunciado pela prática de delito do art. 315 do CPM, classificado como crime militar em sentido impróprio – aqueles que, embora previstos na legislação penal comum, também estão tipificados no CPM por afetarem diretamente bens jurídicos das Forças Armadas (art. 9º, III, a, do CPM). É competente, portanto, para processar e julgar o paciente a Justiça Castrense, por força do art. 124 da CF. [HC 98.526, rel. min. Ricardo Lewandowski, j. 29-6-2010, 1ª T, DJE de 20-8-2010.]

Gabarito: A.

---

712. **(2019 – IESES – TJ/SC – Titular de Serviços e Notas de Registro – Adaptada)** Com relação às regras de competência:

A competência para processo e julgamento das contravenções penais é, após a Constituição de 1988, da Justiça Estadual, ainda que a contravenção tenha sido praticada em detrimento de bens da União.

Certo ( )   Errado ( )

Nos termos do art. 109 da CF/88, aos juízes federais compete processar e julgar: *IV - os crimes políticos e as infrações penais praticadas em detrimento de bens, serviços ou interesse da União ou de suas entidades autárquicas ou empresas públicas, excluídas as contravenções e ressalvada a competência da Justiça Militar e da Justiça Eleitoral.*

Gabarito: Certo.

---

713. **(2019 – FUNDEP – DPE/MG – Defensor Público)** Sobre competência no Direito Processual Penal, assinale a alternativa incorreta.

a) A competência em razão da matéria da jurisdição comum estadual é residual em relação à jurisdição comum federal e às jurisdições especiais.

b) Havendo conexão entre crime da competência material da jurisdição comum federal e crime da competência material da jurisdição militar estadual, haverá unidade de processo, e o juízo prevalente será o primeiro.

c) Em ação penal de iniciativa privada, o titular do direito de queixa poderá exercê-la no lugar da infração ou do domicílio ou residência do futuro querelado.

d) A competência pela natureza da infração do Tribunal do Júri, por ter fundamento na Constituição Federal, prevalece diante de competência por prerrogativa de função estabelecida exclusivamente em Constituição Estadual.

Veja o que dispõem os seguintes artigos do CPP:

Art. 78. Na determinação da competência por conexão ou continência, serão observadas as seguintes regras: [...]

IV – no concurso entre a jurisdição comum e a especial, prevalecerá esta.

Art. 79. A conexão e a continência importarão unidade de processo e julgamento, **salvo***:*

I – no concurso entre a **jurisdição comum e a militar***; [...]*

Portanto, no presente caso não haverá unidade de processo e julgamento, porquanto há concurso entre jurisdição comum (federal) e militar (especial).

Gabarito: B.

---

714. **(2019 – CESPE/CEBRASPE – TJ/PR – Juiz – Adaptada)** A respeito de garantias e prerrogativas legais na condução da persecução penal.

De acordo com o STJ, a teoria do juízo aparente não serve à ratificação de atos decisórios emanados por autoridade posteriormente considerada incompetente em razão da matéria.

Certo (   )   Errado (   )

Jurisprudência – STJ: *A "Teoria do Juízo Aparente" diz respeito à possibilidade de se admitir uma prova inicialmente ilícita, se tal ilicitude estiver ligada unicamente à incompetência do juízo que a determinou, naqueles casos em que este, até então, acreditava ser o juízo natural para decidir sobre a realização e produção da mesma. Já decidiu o STJ: PROCESSO PENAL. AGRAVO REGIMENTAL NO HABEAS CORPUS. PRINCÍPIO DO JUÍZO APARENTE. AGRAVO NÃO PROVIDO. 1. O princípio do juiz natural deve ser examinado com cautela na fase investigativa, especialmente nas hipóteses em que não se mostram ainda definidas as imputações, os agentes envolvidos e a respectiva competência. 2. O entendimento – que passou a ser denominado teoria do juízo aparente – surgiu como fundamento para validar medidas cautelares autorizadas por juízo aparentemente competente que, em momento posterior, fora declarado incompetente. Contudo, a partir do julgamento do HC 83.006/SP (Tribunal Pleno, Relatora Ministra Ellen Gracie, julgado em 18/6/2006, DJ 29/8/2003), passou-se a entender que mesmo atos decisórios – naquele caso, a denúncia e o seu recebimento – emanados de autoridades incompetentes rationae materiae, seriam ratificáveis no juízo competente. Precedentes do STF. [...] 6. Agravo regimental a que se nega provimento. (AgRg no HC 393.403/TO, Rel. Ministro RIBEIRO DANTAS, QUINTA TURMA, julgado em 08/02/2018, DJe 16/02/2018).*

Gabarito: Errado.

---

715. (2019 – FCC – TRF 4ª Região – Analista Judiciário – Adaptada) Sobre a competência, nos termos preconizados pelo CPP, é INCORRETO afirmar: Se, iniciada a execução no território nacional, a infração se consumar fora dele, a competência será determinada pelo lugar em que tiver sido praticado, no Brasil, o último ato de execução.

Certo ( )   Errado ( )

De acordo com o art. 70, § 1º, do CPP, se iniciada a execução no território nacional, a infração se consumar fora dele, a competência será determinada pelo lugar em que tiver sido praticado, no Brasil, o último ato de execução.

Gabarito: Certo.

---

716. (2019 – CONSULPLAN – MPE/SC – Promotor de Justiça) A competência será determinada pela continência quando também duas ou mais pessoas forem acusadas pela mesma infração, tal como no concurso necessário de pessoas. Neste caso, trata-se de modalidade de continência por cumulação objetiva.

Certo ( )   Errado ( )

A questão trata de modalidade de continência por cumulação subjetiva, conforme o art. 77 do CPP. A competência será determinada pela continência quando:

I - duas ou mais pessoas forem acusadas pela mesma infração;

A doutrina divide a continência em:

Continência por cumulação SUBJETIVA	Continência por concurso formal
Art. 77, I, do CPP	Art. 77, II, do CP, art. 70 do CP
É o caso no qual duas ou mais pessoas são acusadas pela mesma infração (concurso de pessoas).	Aqui, mediante uma só conduta, o agente pratica dois ou mais crimes, sem que tenha tido a intenção de praticá-los.

Gabarito: Errado.

---

717. (2019 – NC/UFPR – TJ/PR – Titular de Serviços de Notas e de Registros – Adaptada) O Supremo Tribunal Federal (STF) e o Superior Tribunal de Justiça (STJ) têm considerável jurisprudência sumulada em relação à competência jurisdicional em matéria penal. Sobre o tema, identifique como verdadeiras (V) ou falsas (F) a seguinte afirmativa:

( ) Caso a vítima seja indígena, competirá à Justiça Federal o julgamento de crime de furto.

Certo ( )   Errado ( )

Nesse sentido, a jurisprudência do STJ por meio da Súmula nº 140, diz que compete à Justiça Comum Estadual processar e julgar crime em que indígena figure como autor ou vítima. Todavia, será competência da Justiça Comum Federal quando versar sobre cultura indígena ou sobre terras indígenas.

Gabarito: Errado.

---

718. (2019 – CESPE/CEBRASPE – TJ/SC – Juiz – Adaptada) Caso seja verificada conexão probatória entre fatos concernentes a crimes de competência da justiça estadual e a crimes de competência da justiça federal, é correto afirmar que

a) o processamento e o julgamento dos crimes de forma unificada não é possível, em razão da impossibilidade de modificação da regra de competência material pela conexão.

b) o juízo estadual é o competente para o processamento e o julgamento dos crimes conexos, com exceção da hipótese de posterior sentença absolutória em relação ao delito estadual.

c) o juízo federal é o competente para o processamento e o julgamento dos crimes conexos, independentemente da pena prevista para cada um dos delitos.

d) o juízo federal é o competente para o processamento e o julgamento dos crimes conexos, salvo o caso de ser prevista pena mais grave ao delito estadual.

e) o juízo federal é o competente para o processamento e o julgamento unificado dos crimes, excluída a hipótese de posterior sentença absolutória em relação ao delito federal.

A melhor exegese do verbete da Súmula nº 122 do STJ é a que preconiza que, havendo um crime FEDERAL, com menor pena cominada abstratamente, e um crime estadual, com maior pena, ambos conexos, o critério utilizado para a fixação não será o que considera o *quantum* apenatório (nos termos do art. 78, II, a, do CPP), mas, sim, a força atrativa exercida pela jurisdição federal.
Gabarito: C.

---

719. (2019 – CESPE/CEBRASPE – TJ/PR – Juiz – Adaptada) A respeito de competência jurisdicional, é correto afirmar que competem à justiça federal o processamento e o julgamento unificado de crimes conexos de competência federal e estadual, salvo se os crimes afetos ao juízo estadual forem mais graves.

Certo ( )   Errado ( )

A questão trata da hipótese de relação com os crimes mais graves e NÃO há qualquer relação, entre a gravidade dos crimes afetos ao juízo estadual e a fixação da competência.

Prevalece o entendimento consolidado na Súmula nº 122 do STJ: Compete à Justiça Federal o processo e julgamento unificado dos crimes conexos de competência federal e estadual, não se aplicando a regra do art. 78, II, *a*, do CPP.
Gabarito: Errado.

---

720. (2019 – CESPE/CEBRASPE – TJ/PR – Juiz – Adaptada) A respeito de competência jurisdicional, é correto afirmar que a competência constitucional do tribunal do júri é uma cláusula pétrea, razão pela qual é inadmitida a sua ampliação por lei ordinária.

Certo ( )   Errado ( )

Jurisprudência do STF e STJ: A competência do tribunal do júri, fixada no art. 5º, XXXVIII, *d*, da CF/88, quanto ao julgamento de crimes dolosos contra a vida é passível de ampliação pelo legislador ordinário.
Gabarito: Errado.

---

721. (2019 – CESPE/CEBRASPE – TJ/PR – Juiz – Adaptada) A respeito de competência jurisdicional, é correto afirmar que o juízo de admissibilidade da exceção da verdade relacionada ao crime de calúnia em desfavor de autoridade pública com foro por prerrogativa de função é de competência das instâncias ordinárias.

Certo ( )   Errado ( )

Jurisprudência do STJ: *A CALÚNIA, INJÚRIA E DIFAMAÇÃO. VÍTIMA COM PRERROGATIVA DE FORO. OPOSIÇÃO DE EXCEÇÃO DA VERDADE. ADMISSÃO E PROCESSAMENTO PELO MAGISTRADO DE PRIMEIRO GRAU. LEGITIMIDADE. COMPETÊNCIA DO TRIBUNAL REGIONAL FEDERAL APENAS PARA O JULGAMENTO DO INCIDENTE. INTELIGÊNCIA DO art. 85 DO CPP. CONSTRANGIMENTO ILEGAL INEXISTENTE. 1. Nos termos do art. 85 do CPP, os Tribunais só são competentes para o julgamento da exceção da verdade, cujo juízo de admissibilidade e instrução são feitos perante o magistrado de primeira instância. Doutrina. Precedentes do STJ e do STF. 2. No caso dos autos, a exceção da verdade oposta pelos pacientes foi admitida pela magistrada de primeiro grau, que intimou o excepto para apresentar contestação, ressaltando que a sua competência se restringiria ao processamento do incidente, cujo julgamento será realizado pelo Tribunal Regional Federal da 4ª Região, não havendo que se falar, por conseguinte, em ofensa ao princípio do juiz natural. 3. Habeas corpus não conhecido. (HC 311.623/RS, Rel. Ministro JORGE MUSSI, QUINTA TURMA, julgado em 10/03/2015, DJe 17/03/2015)*

Gabarito: Certo.

---

722. (2019 – NC/UFPR – TJ/PR – Titular de Serviços de Notas e de Registros – Adaptada) O Supremo Tribunal Federal (STF) e o Superior Tribunal de Justiça (STJ) têm considerável jurisprudência sumulada em relação à competência jurisdicional em matéria penal. Sobre o tema, identifique como verdadeiras (V) ou falsas (F) a seguinte afirmativa:

( ) Em caso de tráfico interestadual de entorpecentes, cuja produção da substância ilícita se dá no Mato Grosso do Sul, para distribuição no Paraná, a competência é da Justiça Federal.

Certo ( )   Errado ( )

O tráfico TRANSNACIONAL é da competência da Justiça Federal, enquanto o interestadual, da Justiça Estadual, ainda que a investigação tenha sido realizada pela Polícia Federal.
Gabarito: Errado.

---

723. (2019 – CESPE/CEBRASPE – TJ/BA – Juiz – Adaptada) Acerca da competência no processo penal, assinale a opção correta, de acordo com o entendimento dos tribunais superiores.

O julgamento de crime de roubo perpetrado contra agência franqueada da Empresa Brasileira de Correios e Telégrafos competirá à justiça federal.

Certo ( )   Errado ( )

Jurisprudência do STJ: 3ª Seção. CC 122596-SC, Rel. Min. Sebastião Reis Júnior, julgado em 8/8/2012.

Crime cometido contra agência dos correios	NÃO FRANQUEADA	JUSTIÇA FEDERAL
Crime cometido contra agência dos correios	FRANQUEADA	JUSTIÇA ESTADUAL
Crime cometido contra agência dos correios	COMUNITÁRIA (AGC)	JUSTIÇA FEDERAL
Crime cometido contra	BANCO POSTAL	JUSTIÇA ESTADUAL
Crime cometido contra	Carteiro dos correios no exercício de suas funções	JUSTIÇA FEDERAL

Gabarito: Errado.

724. (2019 – CESPE/CEBRASPE – TJ/BA – Juiz – Adaptada) Acerca da competência no processo penal, assinale a opção correta, de acordo com o entendimento dos tribunais superiores.

O julgamento de crime de uso de documento falso decorrente de apresentação de certificado de registro de veículo falso a policial rodoviário federal competirá à justiça estadual.

Certo ( )   Errado ( )

Na hipótese tratada na questão, a **competência** seria da JUSTIÇA FEDERAL.

Jurisprudência do STJ: Teor da Súmula nº 456 do STJ: *A competência para processar e julgar o crime de uso de documento falso é firmada em razão da entidade ou órgão ao qual foi apresentado o documento público, não importando a qualificação do órgão expedidor.*

A competência para processamento e julgamento do delito de **uso de documento falso deve ser fixada com base na qualificação do órgão ou entidade perante o qual foi apresentado o documento falsificado,** sendo certo que os serviços ou bens da entidade são efetivamente lesados, pouco importando, em princípio, a natureza do órgão responsável pela expedição do documento. **CC 124.498/ES.**

Gabarito: Errado.

---

725. (2019 – CESPE/CEBRASPE – TJ/BA – Juiz – Adaptada) Acerca da competência no processo penal, assinale a opção correta, de acordo com o entendimento dos tribunais superiores.

Compete à justiça federal julgar crime de divulgação e publicação na rede mundial de computadores de imagens com conteúdo pornográfico envolvendo criança ou adolescente.

Certo ( )   Errado ( )

Jurisprudência – Informativo nº 805 do STF (DIVULGAÇÃO DE CONTEÚDO PORNOGRÁFICO ENVOLVENDO CRIANÇAS E ADOLESCENTES):

Compete à Justiça Federal processar e julgar os crimes consistentes em disponibilizar ou adquirir material pornográfico envolvendo criança ou adolescente (arts. 241, 241-A e 241-B do ECA), quando praticados por meio da rede mundial de computadores (internet).

De outro modo, se a troca de material pedófilo ocorreu entre **destinatários no Brasil,** não há relação de INTERNACIONALIDADE e, desse modo, **a competência é da Justiça Estadual.**

Informativo nº 603 do STJ: o STJ afirmou que a definição da competência para julgar o delito do art. 241-A do ECA passa pela subsequente apreciação:

Se ficar constatada a **internacionalidade da conduta:** a competência **Justiça FEDERAL.**

Exemplo: publicação do material feita em *sites* que possam ser acessados por qualquer sujeito, em qualquer parte do planeta, desde que esteja conectado à internet.

Quando o **crime é praticado por meio de troca de informações privadas,** como nas conversas via WhatsApp ou por meio de *chat* na rede social Facebook: **Justiça ESTADUAL.**

Tanto no aplicativo WhatsApp quanto nos diálogos estabelecidos na rede social Facebook, a comunicação se dá entre destinatários escolhidos pelo emissor da mensagem. Versar de troca de informação privada que não está acessível a qualquer pessoa.

Desse modo, como em tais situações, o conteúdo pornográfico não foi disponibilizado em um ambiente de livre acesso, não se faz presente a competência da Justiça Federal.

Gabarito: Certo.

---

726. **(2019 – CESPE/CEBRASPE – TJ/BA – Juiz – Adaptada)** Acerca da competência no processo penal, assinale a opção correta, de acordo com o entendimento dos tribunais superiores.

Compete à justiça federal o julgamento de contravenções praticadas em detrimento de interesses da União, quando elas forem conexas aos crimes de sua competência.

Certo ( )   Errado ( )

Tratando-se de concorrência entre a justiça comum estadual com a federal, em que pese ambas serem comuns, PREVALECERÁ a FEDERAL.

Nesse sentido, a Súmula nº 122 do STJ afirma: *[...] compete à Justiça Federal o processo e julgamento unificado dos crimes conexos de competência federal e estadual, não se aplicando a regra do art. 78, II, a, do CPP.*

Não havendo concorrência entre a justiça comum estadual com a federal no julgamento da contravenção penal, a competência será da JUSTIÇA ESTADUAL, uma vez que a justiça comum federal de primeira instância não tem competência para julgar contravenções penais consoante o art. 109, IV, segunda parte, CF/88, senão vejamos:

Aos juízes federais compete processar e julgar:

IV – os crimes políticos e as infrações penais praticadas em detrimento de bens, serviços ou interesse da União ou de suas entidades autárquicas ou empresas públicas, EXCLUÍDA as CONTRAVENÇÕES e ressalvada a competência da Justiça Militar e da Justiça Eleitoral.

A jurisprudência firmada pelo STJ na Súmula nº 38: afirma que compete à Justiça **Estadual** *Comum, na vigência da CF/88, o processo por* **contravenção penal,** *ainda que praticada em detrimento de bens, serviços ou interesse da União ou de suas entidades.*

Gabarito: Errado.

---

727. **(2019 – CESPE/CEBRASPE – TJ/BA – Juiz – Adaptada)** Acerca da competência no processo penal, assinale a opção correta, de acordo com o entendimento dos tribunais superiores.

Compete à justiça estadual o julgamento de crime de redução de trabalhador a condição análoga à de escravo.

Certo ( )   Errado ( )

Jurisprudência do STF: Informativo nº 809 do STF: *Compete à justiça federal processar e julgar o crime de redução à condição análoga à de escravo (art. 149 do CP). O tipo previsto no art. 149 do CP caracteriza-se como crime contra a organização do trabalho e, portanto, atrai a competência da Justiça Federal (art. 109, VI, da CF/88). Plenário. RE 459510/MT, rel. orig. Min. Cezar Peluso, red. p/ o acórdão Min. Dias Toffoli, j. em 26/11/2015.*

Gabarito: Errado.

---

728. **(2019 – FCC – TRF 4ª Região – Analista Judiciário – Adaptada)** Quanto à competência e o seu regramento previsto no CPP.

Se, iniciada a execução no território nacional, a infração se consumar fora dele, a competência será determinada pelo lugar em que tiver sido praticado, no Brasil, o último ato de execução.

Certo ( )   Errado ( )

De acordo com o art. 70, § 1º, do CPP, se, iniciada a execução no território nacional, a infração se consumar fora dele, a competência será determinada pelo lugar em que tiver sido praticado, no Brasil, o último ato de execução.

Gabarito: Certo.

---

729. **(2019 – VUNESP – TJ/AC – Juiz – Adaptada)** Quanto à competência e o seu regramento previsto no CPP.

Quando incerto o limite territorial entre duas ou mais jurisdições, ou quando incerta a jurisdição por ter sido a infração consumada ou tentada nas divisas de duas ou mais jurisdições, a competência firmar-se-á pelo princípio da extraterritorialidade.

Certo ( )   Errado ( )

A competência será firmada neste caso pela PREVENÇÃO. O CPP, no art. 70, § 3º, *dispõe que quando incerto o limite territorial entre duas ou mais jurisdições, ou quando incerta a jurisdição por ter sido a infração consumada ou tentada nas divisas de duas ou mais jurisdições, a competência firmar-se-á pela prevenção.*

Gabarito: Errado.

---

730. **(2016 – CESPE/CEBRASPE – PC/PE – Agente – Adaptada)** A inércia da jurisdição é um princípio processual que permite ao juiz condenar o réu mesmo quando o Ministério Público postula a sua absolvição.

Certo ( )   Errado ( )

Segundo o Princípio da Titularidade ou da Inércia, o Órgão Jurisdicional, em regra, não pode dar início à ação, ficando subordinada, portanto, a iniciativa das partes.

Gabarito: Errado.

---

731. **(2016 – CESPE/CEBRASPE – PC/PE – Agente – Adaptada)** De acordo com a teoria da ubiquidade, um juiz pode julgar simultaneamente duas ações penais distintas quando as provas de uma possam repercutir na outra.

Certo ( )   Errado ( )

De acordo com a COMPETÊNCIA POR CONEXÃO, e não com a teoria da ubiquidade, um juiz NÃO pode julgar simultaneamente duas ações penais distintas quando as provas de uma possam repercutir na outra, mas apenas uma ação penal que conterá a unificação dos processos.

Gabarito: Errado.

---

732. **(2016 – CESPE/CEBRASPE – PC/PE – Agente – Adaptada)** Conexão e continência são institutos que autorizam a prorrogação da competência, possibilitando que esta seja definida em desacordo com as regras abstratas baseadas no lugar do crime, domicílio do réu, natureza da infração ou distribuição.

Certo ( )   Errado ( )

O item está de acordo com o que preveem os arts. 76 e 77 do CPP.

Art. 76 - A competência será determinada pela conexão:

I - se, ocorrendo duas ou mais infrações, houverem sido praticadas, ao mesmo tempo, por várias pessoas reunidas, ou por várias pessoas em concurso, embora diverso o tempo e o lugar, ou por várias pessoas, umas contra a outra - conexão intersubjetiva;

II - se, no mesmo caso, houverem sido umas praticadas para facilitar ou ocultar as outras, ou para conseguir impunidade ou vantagem em relação a qualquer delas - conexão objetiva;

III - quando a prova de uma infração ou de qualquer de suas circunstâncias elementares influir na prova de outra infração - conexão instrumental.

Art. 77. A competência será determinada pela continência quando:

I - duas ou mais pessoas forem acusadas pela mesma infração;

II - no caso de infração cometida nas condições previstas nos arts. 51, § 1º, 53, segunda parte, e 54 do Código Penal.

Gabarito: Certo.

---

733. **(2016 – CESPE/CEBRASPE – PC/PE – Agente – Adaptada)** A competência *ratione loci*, que se refere ao local da consumação do crime, deriva da legislação infraconstitucional e é de natureza absoluta, não podendo ser prorrogada nem reconhecida de ofício pelo juiz.

Certo ( )   Errado ( )

A competência *ratione loci* se refere ao local da consumação do crime. Dessa forma, em regra, é determinada pelo lugar em que se consumar o delito, ou, no caso de tentativa, pelo lugar em que for praticado o último ato de execução. Por outro lado, a competência *ratione loci* NÃO deriva da legislação infraconstitucional. A competência que é derivada de legislação infraconstitucional é a competência absoluta, que é a competência em razão da matéria (*ratione materiae*); a competência por prerrogativa de função (*ratione personae*) e a competência funcional.

Gabarito: Errado.

---

734. **(2016 – CESPE/CEBRASPE – PC/PE – Agente – Adaptada)** O princípio do juiz natural determina que a ação penal deverá ser julgada pelo juiz que primeiro tiver tomado conhecimento do fato.

Certo ( )   Errado ( )

De acordo com a COMPETÊNCIA PELO DOMICÍLIO OU RESIDÊNCIA DO RÉU, e não pelo princípio do juiz natural, como afirma a questão, determina-se que a ação penal deverá ser julgada pelo juiz que primeiro tiver tomado conhecimento do fato SE O RÉU NÃO TIVER RESIDÊNCIA CERTA OU FOR IGNORADO O SEU PARADEIRO.

Art. 72 do CPP: Não sendo conhecido o lugar da infração, a competência regular-se-á pelo domicílio ou residência do réu.

§ 1º Se o réu tiver mais de uma residência, a competência firmar-se-á pela prevenção.

§ 2º Se o réu não tiver residência certa ou for ignorado o seu paradeiro, será competente o juiz que primeiro tomar conhecimento do fato.

Gabarito: Errado.

735. **(2016 – CESPE/CEBRASPE – PC/PE – Escrivão – Adaptada)** Referente ao lugar da infração, a competência será determinada pelo domicílio do réu, no caso de infração permanente praticada no território de duas ou mais jurisdições conhecidas.

Certo ( )   Errado ( )

De acordo com o art. 71 do CPP, tratando-se de infração continuada ou permanente, praticada em território de duas ou mais jurisdições, a competência firmar-se-á pela prevenção.

Gabarito: Errado.

736. **(2016 – CESPE/CEBRASPE – TJ/AM – Juiz)** Na hipótese de um crime de latrocínio em que haja conexão com um crime de tentativa de homicídio, deve haver a reunião de processos em um só juízo, e preponderará a competência do juízo ao qual esteja associado o crime cominado com pena mais grave, no caso o de latrocínio.

Certo ( )   Errado ( )

A competência constitucional para julgar crimes dolosos contra a vida, consumados ou tentados, atrai a competência do Júri. Sendo assim, além desses delitos, o Tribunal do Júri também será competente para julgar os crimes que forem conexos, desde que não sejam crimes eleitorais, juízo de menores ou sujeitos à Justiça Militar.

Gabarito: Errado.

737. **(2016 – CESPE/CEBRASPE – TJ/AM – Juiz)** Nos crimes culposos contra a vida em que os atos de execução ocorram em um lugar e a consumação, em outro, excepcionalmente, adota-se a teoria da atividade, e a competência para julgar o fato será do juízo do local dos atos executórios.

Certo ( )   Errado ( )

Em regra, segundo o art. 70 do CPP: A competência será, de regra, determinada pelo lugar em que se consumar a infração, ou, no caso de tentativa, pelo lugar em que for praticado o último ato de execução, ou seja, é adotada a Teoria do Resultado. A exceção ocorre no caso dos crimes contra a vida sendo eles dolosos ou culposos, se os atos de execução ocorreram em um lugar e a consumação se deu em outro, a competência para julgar o fato será do local onde foi praticada a conduta, ou seja, o local da execução. É, assim, adotada a Teoria da Atividade. Conforme o julgado do STF. 1ª Turma RHC 116200/RJ, Rel. Min. Dias Toffoli, 13/08/2013.

Gabarito: Certo.

738. **(2016 – CESPE/CEBRASPE – TJ/AM – Juiz)** É da competência da Justiça Estadual o processo dos réus acusados pelo crime de redução à condição análoga à de escravo, porque a conduta criminosa atinge a liberdade individual de homem específico, não caracterizando violação a interesse da União.

Certo ( )   Errado ( )

A assertiva está errada, pois cabe à Justiça Federal o processo dos réus acusados pelo crime de redução à condição análoga à de escravo, elencado no art. 149 do CP. Trata-se de um crime Contra a Organização do Trabalho que efetivamente atrai a competência da Justiça Federal, segundo o julgamento do Recurso Extraordinário RE 459510/MT.

Gabarito: Errado.

739. **(2016 – CESPE/CEBRASPE – TJ/AM – Juiz)** A competência pela prevenção se dá quando, concorrendo dois ou mais juízes igualmente competentes ou com jurisdição cumulativa, um deles anteceda aos outros ao determinar a citação do réu.

Certo (   )   Errado (   )

O erro da questão está em mencionar ao determinar a citação do réu. Ou seja, de acordo com o STJ - CC 131.150MG, Rel. Ministro ERICSON MARANHO – Desembargador convocado do TJ/SP –, Terceira Seção, julgado em 25/03/2015, DJe 07/04/2015 – *A prática do delito de receptação na modalidade conduzir, caso dos autos, é forma permanente do ilícito, o que atrai a aplicação do disposto nos arts. 71 e 83 , do CPP, segundo os quais, tratando-se de infração permanente, a competência se dará pela prevenção, devendo julgar o processo o Juízo que tiver antecedido aos outros na prática de algum ato do processo ou de medida a este relativa, ainda que anterior ao oferecimento da denúncia ou da queixa.*

Gabarito: Errado.

740. **(2016 – CESPE/CEBRASPE – TJ/AM – Juiz)** Os crimes contra a honra da vítima quando praticados pelas redes sociais da Internet são da competência exclusiva da Justiça Federal.

Certo (   )   Errado (   )

A questão está errada, pois como regra geral os crimes contra a honra praticados pelas redes sociais da internet são de competência da Justiça Estadual, de acordo com o STJ. CC 121.431-SE, Rel. Min. Marco Aurélio Bellizze, julgado em 11/4/2012.

Gabarito: Errado.

741. **(2016 – CESPE/CEBRASPE – TRE/PI – Analista)** Prefeito municipal do estado do Rio Grande do Sul que cometa o delito de porte ilegal de arma em cidade do estado de São Paulo será processado e julgado pelo Tribunal de Justiça do Estado de São Paulo.

Certo (   )   Errado (   )

Nesse caso, de acordo com o STJ, o prefeito será processado e julgado perante o Tribunal de Justiça ao qual estiver vinculado. Sendo assim, será julgado pelo Tribunal de Justiça do RS, independentemente de onde o delito tiver sido cometido.

Gabarito: Errado.

742. **(2016 – CESPE/CEBRASPE – TRE/PI – Analista)** Parlamentar estadual que cometa crime contra bens e interesses da União deverá ser processado e julgado pelo Tribunal de Justiça com jurisdição no local do delito.

Certo (   )   Errado (   )

De acordo com o STJ, por se tratar de crime da competência da Justiça Federal, o parlamentar será processado e julgado perante o respectivo TRF e não TJ como afirma a assertiva.

Gabarito: Errado.

743. **(2016 – CESPE/CEBRASPE – TRE/PI – Analista)** Prefeito municipal que cometa homicídio doloso será processado e julgado pelo Tribunal de Justiça local, e não pelo Tribunal do Júri.

Certo (   )   Errado (   )

Nesse caso, a competência do TJ prevalece sobre a do Tribunal do Júri no julgamento do prefeito, uma vez que se trata de uma regra especial que prevalece sobre a regra geral.

Súmula nº 702 do STF: A competência do Tribunal de Justiça para julgar prefeitos restringe-se aos crimes de competência da Justiça Comum estadual; nos demais casos, a competência originária caberá ao respectivo tribunal de segundo grau. art. 29, X, CF/88 – julgamento do Prefeito perante o Tribunal de Justiça.

Gabarito: Certo.

---

744. **(2016 – CESPE/CEBRASPE – TRE/PI – Analista)** Ocorrerá a separação de processos quando um parlamentar federal praticar homicídio doloso em concurso com outro parlamentar estadual, pois, no caso deste, o foro especial é estabelecido pela Constituição Estadual.

Certo ( )   Errado ( )

De acordo com a Súmula nº 704 do STF: *Não viola as garantias do juiz natural, da ampla defesa e do devido processo legal, a atração, por continência ou conexão, do processo do corréu ao foro por prerrogativa de função de um dos denunciados. Eventual separação dos processos e consequente declinação do julgamento a outra instância deve ser analisada pelo Supremo Tribunal, com base no art. 80 do CPP. Tratando-se de delitos praticados em concurso de agente, não havendo motivo relevante, o desmembramento não se justifica.*

Gabarito: Errado.

---

745. **(2016 – CESPE/CEBRASPE – TJ/DFT – Juiz – Adaptada)** Transitada em julgado a sentença penal condenatória, no caso de ser editada lei de natureza penal mais benéfica, competirá ao juiz da vara de execução penal aplicá-la em benefício do condenado, independentemente de a condenação ter sido estabelecida pelo juízo singular, pelo tribunal ou pelos tribunais superiores.

Certo ( )   Errado ( )

É o que prevê a Súmula nº 611 do STF: *Transitada em julgado a sentença condenatória, compete ao juízo das execuções a aplicação de lei mais benigna.*

Gabarito: Certo.

---

746. **(2016 – CESPE/CEBRASPE – TJ/DFT – Juiz – Adaptada)** Indivíduo que pratique crime a bordo de aeronave estrangeira em espaço aéreo brasileiro será processado e julgado pela justiça da comarca em cujo território ocorrer o pouso ou pela comarca de onde houver partido a aeronave.

Certo ( )   Errado ( )

A assertiva está de acordo com o que prevê o art. 90 do CPP: *Os crimes praticados a bordo de aeronave nacional, dentro do espaço aéreo correspondente ao território brasileiro, ou ao alto-mar, ou a bordo de aeronave estrangeira, dentro do espaço aéreo correspondente ao território nacional, serão processados e julgados pela justiça da comarca em cujo território se verificar o pouso após o crime, ou pela da comarca de onde houver partido a aeronave.*

Gabarito: Certo.

747. (2015 – CESPE/CEBRASPE – DPE/RN – Defensor Público – Adaptada) A competência, na hipótese de crime continuado ou permanente praticado em território de duas ou mais jurisdições, é fixada pelo lugar onde se praticar o maior número de infrações.

Certo ( )   Errado ( )

Conforme o art. 71 do CPP: *Tratando-se de infração continuada ou permanente, praticada em território de duas ou mais jurisdições, a competência firmar-se-á pela prevenção.*
Gabarito: Errado.

---

748. (2015 – CESPE/CEBRASPE – TJ/PB – Juiz – Adaptada) Não há mais hipótese no CPP de competência por distribuição.

Certo ( )   Errado ( )

Existe sim essa hipótese e ela se encontra no art. 69 do CPP: *Determinará a competência jurisdicional: [...] IV - a distribuição.*
Gabarito: Errado.

---

749. (2015 – CESPE/CEBRASPE – TJ/PB – Juiz – Adaptada) Em se tratando de crimes conexos em que existe corréu acometido por doença mental, a unidade processual permanece, embora não seja possível prolatar sentença condenatória em seu desfavor.

Certo ( )   Errado ( )

De acordo com o art. 79, § 1º, do CPP: *Cessará, em qualquer caso, a unidade do processo, se, em relação a algum corréu, sobrevier o caso previsto no art. 152.*
Art. 152. Se se verificar que a doença mental sobreveio à infração o processo continuará suspenso até que o acusado se restabeleça, observado o § 2º do art. 149.
Gabarito: Errado.

---

750. (2015 – CESPE/CEBRASPE – TJ/PB – Juiz – Adaptada) A Justiça Federal deverá julgar os casos de contravenção praticada em detrimento de bens, serviços ou interesses da União.

Certo ( )   Errado ( )

Consoante a Súmula nº 38 do STJ: *Compete à Justiça Estadual Comum, na vigência da Constituição de 1988, o processo por contravenção penal, ainda que praticada em detrimento de bens, serviços ou interesse da União ou de suas entidades.*
Gabarito: Errado.

---

751. (2015 – CESPE/CEBRASPE – TJ/PB – Juiz – Adaptada) Caso não se conheça o local da infração e o réu tenha mais de um domicílio, será aplicada a regra da prevenção para fins de fixação da competência jurisdicional.

Certo ( )   Errado ( )

Essa previsão encontra-se no art. 72 do CPP: *Não sendo conhecido o lugar da infração, a competência regular-se-á pelo domicílio ou residência do réu.*
§ 1º Se o réu tiver mais de uma residência, a competência firmar-se-á pela prevenção.
Gabarito: Certo.

---

752. (2015 – CESPE/CEBRASPE – TJ/DFT – Juiz – Adaptada) Roberto importou do exterior, para venda, grande quantidade de equipamentos eletroeletrônicos. Ele não declarou esses bens à aduana brasileira nem recolheu os tributos que seriam devidos. Antes de chegar a Brasília, destino final, seu voo fez escalas em São Paulo e Goiânia. Nessa situação, havendo a apreensão da mercadoria em Brasília, competirá à Justiça Federal do DF processar e julgar a ação.

Certo ( )   Errado ( )

Conforme a Súmula nº 151 do STJ, a competência é determinada pelo local da apreensão, por razões de política judiciária.

Gabarito: Certo.

---

753. (2015 – CESPE/CEBRASPE – TJ/DFT – Juiz – Adaptada) João, juiz federal, foi acusado de praticar crime de instigação ao suicídio. Nessa situação, a competência para processar e julgar o acusado será do Tribunal do Júri da comarca em que ele exerça a sua função.

Certo ( )   Errado ( )

Segundo o art. 108, I, a, da CF/88, a competência será do Tribunal Regional Federal da jurisdição. Sendo assim, o foro por prerrogativa de função assim como o Tribunal do Júri prevalecem como mandamentos constitucionais, o que não se verifica quando a prerrogativa é da Constituição Estadual.

Gabarito: Errado.

---

754. (2015 – CESPE/CEBRASPE – TJ/DFT – Juiz – Adaptada) Três amigas, de dezessete, dezoito e dezenove anos de idade, foram acusadas de cometer crime doloso contra a vida e crimes continentes com este em concurso de pessoas. Nessa situação, a competência para processar e julgar a ação penal contra as acusadas será do Tribunal do Júri.

Certo ( )   Errado ( )

Nessa situação como uma das agentes é inimputável, essa não comete crime, e sim ato infracional. Dessa forma, será responsabilizada nos termos do ECA. Sendo assim, o art. 79 do CPP determina que a conexão e a continência importarão unidade de processo e julgamento, salvo no concurso entre a jurisdição comum e a do juízo de menores.

Gabarito: Errado.

---

755. (2015 – CESPE/CEBRASPE – TJ/DFT – Juiz – Adaptada) Aderbal, juiz estadual, e Pablo, autônomo, foram acusados de cometer o crime de roubo em concurso formal. Nessa situação, a separação dos processos para que sejam processados e julgados em juízos distintos gerará nulidade, pois afrontará o princípio do juiz natural.

Certo ( )   Errado ( )

Segundo o art. 80 do CPP: *Será facultativa a separação dos processos quando as infrações tiverem sido praticadas em circunstâncias de tempo ou de lugar diferentes, ou, quando pelo excessivo número de acusados e para não lhes prolongar a prisão provisória, ou por outro motivo relevante, o juiz reputar conveniente a separação.*

Gabarito: Errado.

---

756. **(2015 – CESPE/CEBRASPE – TJ/DFT – Juiz – Adaptada)** Se, em resposta aos quesitos, os jurados reconhecerem, por unanimidade, que o acusado teve a intenção de roubar e não de matar, o juiz presidente deverá desclassificar a conduta, dissolver o júri e remeter os autos ao juízo singular.

Certo ( )   Errado ( )

O art. 492, § 1º diz que, em caso de desclassificação da infração para outra, situação elencada na assertiva, de competência do juiz singular (cumpre lembrar que o latrocínio é crime contra o patrimônio), ao presidente do Tribunal do Júri caberá proferir sentença em seguida. Portanto, não dissolverá o júri e nem remeterá os autos ao juízo singular.
Gabarito: Errado.

---

757. **(2015 – CESPE/CEBRASPE – TJ/DFT – Juiz – Adaptada)** O vice-governador de um estado da Federação foi acusado do crime de peculato. Nessa situação, caberá ao procurador-geral do MP do referido estado oferecer denúncia, e a ação penal deverá ser processada e julgada perante uma das câmaras criminais do Tribunal de Justiça do Estado.

Certo ( )   Errado ( )

Essa questão refere-se ao Tribunal de Justiça do Distrito Federal. Logo, façamos uma análise rápida seguindo as leis exigidas nessa prova. Primeiramente, no art. 105 da CF/88, nada se fala em relação ao julgamento do vice-governador, apenas relata que o governador será processado e julgado pelo Superior Tribunal de Justiça. O CPP também é omisso quanto ao vice-governador; no art. 87, apenas relata que os governadores serão julgados nos tribunais de apelação. Aqui já podemos perceber que essa atribuição será definida nas leis estaduais. A título de complementação dessa assertiva, a Lei nº 11.697/08, Lei de Organização Judiciária do Distrito Federal, no art. 8º, declara que é competência do Tribunal de Justiça do Estado julgar os crimes comuns praticados por Vice-Governador. E, o Regimento Interno do Tribunal de Justiça do Distrito Federal atribui essa competência, no art. 13 , ao Conselho Especial, e não à câmara criminal, como afirma a questão.
Gabarito: Errado.

---

758. **(2015 – CESPE/CEBRASPE – TJ/PB – Juiz – Adaptada)** Em se tratando de crime permanente praticado em território de duas ou mais jurisdições, a competência será firmada pela residência do réu.
Certo ( )   Errado ( )

Segundo o art. 71 do CPP: *Tratando-se de infração continuada ou permanente, praticada em território de duas ou mais jurisdições, a competência firmar-se-á pela prevenção.*
Gabarito: Errado.

---

759. **(2014 – CESPE/CEBRASPE – TJ/DFT – Juiz – Adaptada)** Com base em termo circunstanciado relativo à descrição dos crimes de resistência, desobediência e desacato, o promotor de justiça ofereceu denúncia apenas em relação ao crime de desacato, junto a uma das varas do Juizado Especial Criminal de Brasília, e promoveu o arquivamento em relação aos demais crimes. Ao receber a denúncia, o juiz proferiu decisão pautada no declínio da competência para uma das varas criminais comuns de Brasília, tendo o juízo, ao receber os autos, suscitado conflito negativo de competência. Dada a tipificação apresentada na peça acusatória, a competência será do juízo suscitado.

Certo ( )   Errado ( )

A pena para o delito de desacato é de detenção de 6 meses a 2 anos ou multa. Logo, é competência dos juizados especiais criminais, pois se trata de infração de menor potencial ofensivo.

Gabarito: Certo.

760. (2014 – CESPE/CEBRASPE – TJ/SE – Titular de Serviços de Notas e de Registros – Adaptada) Competirá ao foro do local para onde forem destinados os valores desviados de verba pública o processamento e julgamento da ação penal referente ao crime de peculato-desvio.

Certo ( )   Errado ( )

O Informativo nº 526 do STJ decidiu, em 2013, que o foro competente para o peculato-desvio é o de onde ocorreu o efetivo desvio, não importando o local para onde forem destinados. Além disso, o CPP, no art. 70, prevê que, de regra, a competência será determinada pelo lugar em que se consumar a infração. Assim, o peculato consuma-se com efetivo desvio.

Gabarito: Errado.

761. (2014 – CESPE/CEBRASPE – TJ/SE – Titular de Serviços de Notas e de Registros – Adaptada) Compete à Justiça Estadual processar e julgar suposta prática de delito de falsidade ideológica praticado contra junta comercial.

Certo ( )   Errado ( )

As juntas comerciais são instituições vinculadas ao governo do Estado. Logo, não havendo quaisquer bens ou interesses diretos da União, não há que se falar em competência federal, sendo competente para processar e julgar a Justiça Estadual.

Gabarito: Certo.

762. (2014 – CESPE/CEBRASPE – TJ/CE – Analista Judiciário – Adaptada) Se um deputado federal cometer um crime doloso contra a vida, ele terá de ser julgado pelo STF, em detrimento do Tribunal do Júri.

Certo ( )   Errado ( )

A Súmula nº 721 do STF define que a competência Constitucional do Tribunal do Júri prevalece sobre o foro por prerrogativa de função, estabelecido exclusivamente pela Constituição Estadual. Mas a assertiva trata de deputado federal, então possui foro previsto na própria Constituição Federal. Assim, prevalecerá o seu foro privilegiado.

Gabarito: Certo.

763. (2014 – CESPE/CEBRASPE – Câmara de Deputados – Analista Legislativo) O policial militar que, em serviço, praticar crime de abuso de autoridade será julgado pela Justiça Militar.

Certo ( )   Errado ( )

O crime de abuso de autoridade, quando praticado por militar, está definido na Súmula nº 172 do STJ, que diz: *Compete à Justiça Comum processar e julgar militar por crime de abuso de autoridade, ainda que praticado em serviço.* Logo, não será julgado pela Justiça Militar, como afirma a questão.

Gabarito: Errado.

764. **(2014 – CESPE/CEBRASPE – Câmara de Deputados – Analista Legislativo)** Em se tratando de crimes de lavagem de dinheiro, o processo e o julgamento serão da competência da Justiça Federal quando a infração penal antecedente for de competência da Justiça Federal.

Certo ( )   Errado ( )

De acordo com a Lei nº 9.613/98, a competência para julgamento do crime de lavagem de dinheiro será da Justiça Federal. Essa hipótese foi incluída por intermédio da Lei nº 12.683/12.
Gabarito: Certo.

---

765. **(2014 – CESPE/CEBRASPE – PGE/BA – Procurador)** Considere que Cássio, jogador de futebol residente na cidade de Montes Claros — MG, tenha declarado, em entrevista a jornais de circulação local no município de Governador Valadares — MG, que Emílio, árbitro de futebol, recebia dinheiro de agremiações para influenciar os resultados das partidas que arbitrava. Nessa situação hipotética, caso Emílio se considere caluniado e decida defender seus direitos na esfera criminal, ele poderá optar por propor a queixa-crime no foro de Montes Claros — MG.

Certo ( )   Errado ( )

O crime de calúnia é ação penal privada. O art. 73 do CPP prevê que nos casos de exclusiva ação privada, o querelante, Emílio, poderá preferir o foro de domicílio ou residência do réu (Cássio, morador em Montes Claros), ainda quando conhecido o lugar da infração (Governador Valadares). Portanto, Emílio poderá, sim, propor a queixa-crime no foro de Montes Claros.
Gabarito: Certo.

---

766. **(2014 – CESPE/CEBRASPE – TJ/DFT – Juiz – Adaptada)** Compete ao Tribunal do Júri o julgamento de ato infracional atribuído a adolescente e tipificado no CP como homicídio.

Certo ( )   Errado ( )

A competência do Tribunal do Júri é para processar e julgar os crimes dolosos contra a vida e, nessa definição de crime, não está incluído o ato infracional. Portanto, o ato exemplificado na assertiva não será de competência do Tribunal do Júri.
Gabarito: Errado.

---

767. **(2018 – CESPE/CEBRASPE – PC/MA – Escrivão – Adaptada)** De acordo com as regras para a fixação da competência no âmbito penal, é correto afirmar que a competência será definida por conexão, quando duas ou mais pessoas forem acusadas da prática de um mesmo fato delituoso.

Certo ( )   Errado ( )

A lei processual estabelece que a competência será determinada pela CONTINÊNCIA quando duas ou mais pessoas forem acusadas pela mesma infração, vide art. 77, I, do CPP.
Gabarito: Errado.

---

768. **(2018 – CESPE/CEBRASPE – PC/MA – Escrivão – Adaptada)** De acordo com as regras para a fixação da competência no âmbito penal, é correto afirmar que não se aplicam as regras de competência aos crimes cometidos fora do território brasileiro.

Certo ( )   Errado ( )

Conforme o inteiro teor do art. 70, § 1º, do CPP, se, iniciada a execução no território nacional, a infração se consumar fora dele, a *competência será determinada pelo lugar em que tiver sido praticado, no Brasil, o último ato de execução.*
Gabarito: Errado.

---

769. **(2018 – CESPE/CEBRASPE – PC/MA – Escrivão – Adaptada)** De acordo com as regras para a fixação da competência no âmbito penal, é correto afirmar que a competência será definida pelo domicílio ou pela residência da vítima, quando a execução do crime se iniciar, mas este não se consuma por circunstâncias alheias à vontade do agente.

Certo ( )   Errado ( )

Nos termos do art. 70 do CPP, a competência será, de regra, determinada pelo lugar em que se consumar a infração, ou, no caso de tentativa, pelo lugar em que for praticado o último ato de execução.
Gabarito: Errado.

---

770. **(2018 – CESPE/CEBRASPE – PC/MA – Escrivão – Adaptada)** De acordo com as regras para a fixação da competência no âmbito penal, é correto afirmar que, sempre que, no inquérito policial, não se conseguir determinar o local do fato delituoso, a competência será fixada pelo domicílio ou pela residência do réu.

Certo ( )   Errado ( )

O CPP estabelece que, não sendo conhecido o lugar da infração, a competência regular-se-á pelo domicílio ou residência do réu, vide art. 72, *caput*, do CPP.
Gabarito: Certo.

---

771. **(2018 – CESPE/CEBRASPE – PC/MA – Escrivão – Adaptada)** De acordo com as regras para a fixação da competência no âmbito penal, é correto afirmar que, no caso de crime consumado, a competência será fixada após a descoberta do paradeiro do réu.

Certo ( )   Errado ( )

O art. 72, § 2º, do CPP dispõe que, se o réu não tiver residência certa ou for ignorado o seu paradeiro, *será competente o juiz que primeiro tomar conhecimento do fato*.
Gabarito: Errado.

---

772. **(2018 – FCC – DPE/AM – Analista Jurídico de Defensoria)** Sobre a competência, é correto afirmar:

   a) Será, de regra, determinada pelo domicílio do réu.
   b) Os casos mais graves são de competência da justiça federal.
   c) Será determinada pela continência quando duas ou mais pessoas forem acusadas pela mesma infração.
   d) A competência por conexão é vedada se um dos crimes for contra a vida.
   e) No crime de latrocínio pode o réu optar pelo julgamento pelo Tribunal do Júri.

Nos termos do CPP, art. 77, a competência será determinada pela continência quando: *I – duas ou mais pessoas forem acusadas pela mesma infração*.
Gabarito: C.

773. **(2017 – CESPE/CEBRASPE – TRF 1ª Região – Analista Judiciário)** Com relação à competência no processo penal, julgue o item seguinte.

Verificada a reunião dos processos por conexão ou continência, o juiz ou o tribunal que proferir sentença que desclassifique a infração para outra que não se inclua em sua competência própria perderá a competência em relação aos demais processos.

Certo ( )   Errado ( )

Estabelece o art. 81 do CPP que, verificada a reunião dos processos por CONEXÃO ou CONTINÊNCIA, ainda que no processo da sua competência própria venha o juiz ou tribunal a proferir sentença ABSOLUTÓRIA ou que DESCLASSIFIQUE a infração para OUTRA QUE NÃO SE INCLUA NA SUA COMPETÊNCIA, CONTINUARÁ COMPETENTE EM RELAÇÃO AOS DEMAIS PROCESSOS. Trata-se da *Perpetuatio jurisdictionis*.

Gabarito: Errado.

---

774. **(2017 – FCC – TRF 5ª Região – Analista Judiciário – Adaptada)** Em relação à competência e processamento dos crimes de falsidade documental, tipificados no Capítulo III, do Código Penal, e, ainda, considerando o que dispõem as Súmulas do Supremo Tribunal Federal e Superior Tribunal de Justiça acerca do tema, é correto afirmar que compete à Justiça Federal o processo e julgamento dos crimes de falsificação e uso de documento falso relativo a estabelecimento particular de ensino.

Certo ( )   Errado ( )

Nos termos da Súmula nº 104 do STJ, compete à Justiça ESTADUAL o processo e julgamento dos crimes de falsificação e uso de documento falso relativo a estabelecimento particular de ensino.

Gabarito: Errado.

---

775. **(2017 – FCC – TRF 5ª Região – Analista Judiciário – Adaptada)** Em relação à competência e processamento dos crimes de falsidade documental, tipificados no Capítulo III, do Código Penal, e, ainda, considerando o que dispõem as Súmulas do Supremo Tribunal Federal e Superior Tribunal de Justiça acerca do tema, é correto afirmar que a competência para processar e julgar o crime de uso de documento falso é firmada em razão da entidade ou órgão ao qual foi apresentado o documento público, não importando a qualificação do órgão expedidor.

Certo ( )   Errado ( )

Conforme inteiro teor da Súmula nº 546 do STJ, a competência para processar e julgar o crime de uso de documento falso é firmada em razão da entidade ou órgão ao qual foi apresentado o documento público, não importando a qualificação do órgão expedidor.

Gabarito: Certo.

---

776. **(2017 – CESPE/CEBRASPE – TRF 1ª Região – Analista Judiciário)** Com referência a essa situação hipotética, julgue o item que se segue.

A competência para processar e julgar José é, em regra, do tribunal do júri federal situado em Brasília (DF), porém, caso exista previsão de foro por prerrogativa de função para vereadores, estabelecido exclusivamente na Constituição estadual, a competência será do TRF da 1ª Região.

Certo ( )   Errado ( )

Conforme teor da **Súmula Vinculante nº 45** do STF, a competência constitucional do Tribunal do Júri PREVALECE sobre o foro por prerrogativa de função estabelecido exclusivamente pela constituição estadual.

Gabarito: Errado.

---

777. **(2017 – FCC – PC/AP – Agente – Adaptada)** Sobre a competência no processo penal, é correto afirmar que será determinada, de regra, pelo lugar do primeiro ato de execução criminosa.

Certo (　)　　　　Errado (　)

Conforme o teor art. 70 do CPP, *a competência será, de regra, determinada pelo lugar em que se consumar a infração, ou, no caso de tentativa, pelo lugar em que for praticado o último ato de execução.*

Gabarito: Errado.

---

778. **(2017 – IESES – TJ/RO – Titular de Serviços e Notas de Registro)** Em conformidade com o preconizado pelo CPP, no que se refere à Competência Jurisdicional, podemos afirmar, que entre outras, ela é determinada pelo (a):

I.　A prerrogativa de função.

II.　A natureza da infração.

III.　O lugar da infração.

IV.　A conexão ou comoriência.

A sequência correta é:

a) As assertivas I, II, III e IV estão corretas.

b) Apenas a assertiva III está correta.

c) Apenas as assertivas II e III estão corretas.

d) Apenas as assertivas I, II, III estão corretas.

A doutrina entende que os incisos I, II, III e VII do art. 69 do CPP são critérios de FIXAÇÃO de competências. Os incisos demais são critérios utilizados para prorrogação da competência após a ocorrência do fato a ser julgado, em razão da existência de mais de um órgão jurisdicional previamente competente para julgar o caso.

Gabarito: D.

---

779. **(2017 – CESPE/CEBRASPE – PJC/MT – Delegado – Adaptada)** Em determinado estado da Federação, um juiz de direito estadual, um promotor de justiça estadual e um procurador do estado cometeram, em momentos distintos, crimes comuns dolosos contra a vida. Não há conexão entre esses crimes. Sabe-se que a Constituição do referido estado prevê que crimes comuns praticados por essas autoridades sejam processados e julgados pelo respectivo tribunal de justiça.

Nessa situação hipotética, segundo o entendimento do STF, será do tribunal do júri a competência para processar e julgar somente o

a) promotor de justiça.

b) juiz de direito.

c) procurador do estado e o promotor de justiça.

d) promotor de justiça e o juiz de direito.

e) procurador do estado.

A Súmula Vinculante nº 45 dispõe que a competência constitucional do Tribunal do Júri prevalece sobre o foro por prerrogativa de função estabelecido exclusivamente pela Constituição Estadual. Logo, da competência para processamento de juízes e promotores existe previsão na CF. Vejamos:

Art. 96 da CF/88: *compete privativamente: I - aos tribunais: III - aos Tribunais de Justiça julgar os juízes estaduais e do Distrito Federal e Territórios, bem como os membros do Ministério Público, nos crimes comuns e de responsabilidade, ressalvada a competência da Justiça Eleitoral.*

Não há previsão constitucional para procuradores do estado na CF/88, assim sendo, predomina a competência do júri, a saber:

Art. 5º, XXXVIII: *é reconhecida a instituição do júri, com a organização que lhe der a lei, assegurados: d) a competência para o julgamento dos crimes dolosos contra a vida.*

Vide a jurisprudência: *Habeas Corpus - Procurador do Estado da Paraíba condenado por crime doloso contra a vida. 3. A Constituição do Estado da Paraíba prevê, no art. 136, XII, foro especial por prerrogativa de função, dos procuradores do Estado, no Tribunal de Justiça, onde devem ser processados e julgados nos crimes comuns e de responsabilidade. 4. O art. 136, XII, da Constituição da Paraíba, não pode prevalecer, em confronto com o art. 5º, XXXVIII, letra ‹d›, da Constituição Federal, porque somente regra expressa da Lei Magna da República, prevendo foro especial por prerrogativa de função, para autoridade estadual, nos crimes comuns e de responsabilidade, pode afastar a incidência do art. 5º, XXXVIII, letra ‹d›, da Constituição Federal, quanto à competência do Júri. 5. Em se tratando, portanto, de crimes dolosos contra a vida, os procuradores do Estado da Paraíba hão de ser processados e julgados pelo Júri. [...].* (HC 78168, Relator Ministro Néri da Silveira, Tribunal Pleno, julgamento em 18.11.1998, DJ de 29.8.2003).

Gabarito: E.

---

780. **(2017 – FCC – TRF 5ª Região – Analista Judiciário – Adaptada)** Em relação à competência e processamento dos crimes de falsidade documental, tipificados no Capítulo III, do Código Penal, e, ainda, considerando o que dispõem as Súmulas do Supremo Tribunal Federal e Superior Tribunal de Justiça acerca do tema, é correto afirmar que compete à Justiça Estadual comum processar e julgar civil denunciado pelos crimes de falsificação e de uso de documento falso quando se tratar de falsificação da Caderneta de Inscrição e Registro (CIR) ou de Carteira de Habilitação de Amador (CHA), ainda que expedidas pela Marinha do Brasil.

Certo (   )   Errado (   )

Nos termos da Súmula Vinculante do STF, compete à **Justiça Federal** comum processar e julgar civil denunciado pelos crimes de falsificação e de uso de documento falso quando se tratar de falsificação da Caderneta de Inscrição e Registro (CIR) ou de Carteira de Habilitação de Amador (CHA), ainda que expedidas pela Marinha do Brasil.

Gabarito: Errado.

781. **(2017 – MPE/SP – MPE/SP – Promotor de Justiça – Adaptada)** É correto afirmar que a competência jurisdicional só será determinada pelo domicílio do réu quando desconhecido o lugar da infração.

Certo ( )   Errado ( )

Conforme o teor do art. 73 do CPP, nos casos de exclusiva ação privada, o querelante poderá preferir o foro de domicílio ou da residência do réu, ainda quando conhecido o lugar da infração.
Gabarito: Errado.

---

782. **(2017 – FUNDATEC – IGP/RS – Técnico em Perícias)** Segundo disposto no CPP, o que determina a competência jurisdicional é, EXCETO a:

a) Natureza da infração.

b) Litispendência.

c) Distribuição.

d) Conexão ou continência.

e) Prerrogativa de função.

A litispendência não está listada no art. 69 do CPP; logo, não é hipótese de causa de determinação de competência no processo penal. No processo penal, a litispendência é uma exceção processual, nos termos art. 95, III, do CPP, utilizada para que se extingua processo instaurado que se refira à imputação já realizada anteriormente em outra ação.
Gabarito: B.

---

783. **(2017 – FCC – PC/AP – Agente – Adaptada)** Sobre a competência no processo penal, é correto afirmar que o direito brasileiro desconhece a figura da competência pelo domicílio ou residência do réu, pois regula-se pelo lugar do crime.

Certo ( )   Errado ( )

A lei processual penal adota o critério de competência denominado foro subsidiário ou do domicílio do réu quando desconhecido o lugar da infração, nos termos do art. 72 do CPP. *Não sendo conhecido o lugar da infração, a competência regular-se-á pelo domicílio ou residência do réu. § 1º - Se o réu tiver mais de uma residência, a competência firmar-se-á pela prevenção. § 2º - Se o réu não tiver residência certa ou for ignorado o seu paradeiro, será competente o juiz que primeiro tomar conhecimento do fato.*
Gabarito: Errado.

---

784. **(2017 – FEPESE – PC/SC – Escrivão – Adaptada)** A competência nos crimes em que não se conhece o lugar da infração será determinada pelo(a):

a) prevenção.

b) lugar da sua consumação.

c) domicílio ou residência do réu.

d) lugar do último ato de execução.

e) local onde a tentativa se iniciou.

Conforme teor do art. 72 do CPP, não sendo conhecido o lugar da infração, a competência regular-se-á pelo domicílio ou residência do réu (**foro subsidiário**). Se o réu tiver mais de uma residência, a competência firmar-se-á pela PREVENÇÃO.

REGRAS IMPORTANTES – COMPETÊNCIA	
Regra GERAL	Local da infração penal
Lugar INCERTO	Prevenção
Lugar DESCONHECIDO	Foro subsidiário - domicílio do RÉU
CRIMES CONEXOS/CONTINENTES – CONCURSO DE CRIMES	Nesta ORDEM: Local do crime com pena mais grave Local do maior número de crimes Prevenção

Gabarito: C.

785. **(2017 – MPE/SP – MPE/SP – Promotor de Justiça – Adaptada)** É correto afirmar que a Justiça Federal é competente para o processo e julgamento unificado dos crimes conexos de competência federal e estadual, ainda que a pena aplicada ao crime de competência estadual seja mais grave.

Certo ( )   Errado ( )

Conforme a Súmula nº 122 do STJ, compete à justiça federal o processo e julgamento unificado dos crimes conexos de competência federal e estadual, não se aplicando a regra do art. 78, II, a, do CPP.
Gabarito: Certo.

786. **(2017 – FCC – PC/AP – Agente – Adaptada)** Sobre a competência no processo penal, é correto afirmar que, se na mesma circunscrição judiciária houver mais de um juiz igualmente competente para determinado crime, prevalece o critério da antiguidade na carreira.

Certo ( )   Errado ( )

Nos termos do art. 75 do CPP, precedência da distribuição fixará a competência quando, na mesma circunscrição judiciária, houver mais de um juiz igualmente competente.
Gabarito: Errado.

787. **(2017 – CESPE/CEBRASPE – PJC/MT – Delegado – Adaptada)** A polícia civil instaurou e concluiu o inquérito policial relativo a roubo havido em uma agência franqueada dos Correios. Encaminhados os autos à justiça estadual, o órgão do MP ofereceu denúncia contra os autores, a qual foi recebida pelo juízo competente.

Nessa situação hipotética, conforme o posicionamento dos tribunais superiores acerca dos aspectos processuais que definem a competência para processar e julgar delitos,

a) por ser o sujeito passivo do delito uma empresa pública federal franqueada, a competência para o processo e o julgamento do crime será da justiça federal.

b) por se tratar de uma agência franqueada de uma empresa pública, a competência para o processo e o julgamento do crime será da justiça estadual.

c) a competência para o processo e o julgamento do crime será concorrente, tornando-se prevento o juízo que receber a peça inaugural.

d) o critério balizador para determinar a competência do juízo será exclusivamente territorial.

e) a polícia civil e o MP estadual não têm competência para a persecução pré-processual e processual do delito, respectivamente.

Conforme a jurisprudência do STJ, 3ª Seção, CC 122596-SC, julgado em 08/08/2012.

COMPETÊNCIA - crime cometido contra os CORREIOS	
Agência PRÓPRIA	Justiça FEDERAL
CARTEIRO, no exercício das funções	Justiça FEDERAL
Agência COMUNITÁRIA	Justiça FEDERAL
Agência FRANQUEADA	Justiça ESTADUAL

Gabarito: B.

788. **(2017 – FCC – PC/AP – Agente – Adaptada)** Sobre a competência no processo penal, é correto afirmar que apenas os crimes dolosos contra a vida podem ser julgados pelo Tribunal do Júri.

Certo ( )   Errado ( )

A assertiva está errada, tendo em vista que o Tribunal do Júri pode julgar outros tipos de crime, caso haja conexão/continência com os dolosos contra a vida, nos termos do art. 74, § 3º, do CPP: *se o juiz da pronúncia desclassificar a infração para outra atribuída à competência de juiz singular, observar-se-á o disposto no art. 410; mas, se a desclassificação for feita pelo próprio Tribunal do Júri, a seu presidente caberá proferir a sentença.*

Gabarito: Errado.

789. **(2017 – MPE/PR – MPE/PR – Promotor de Justiça – Adaptada)** De acordo com a legislação processual penal, se, não obstante a conexão ou continência, foram instaurados processos diferentes, que já estão com sentença definitiva, a unidade dos processos não poderá se dar, ulteriormente, para o efeito de soma ou de unificação das penas, no juízo da execução.

Certo ( )   Errado ( )

Conforme dispõe o CPP, no art. 82, se, não obstante a conexão ou continência forem instaurados processos diferentes, a autoridade de jurisdição prevalente deverá avocar os processos que corram perante os outros juízes, *salvo se já estiverem com sentença definitiva. Neste caso, a unidade dos processos só se dará, ulteriormente, para o efeito de soma ou de unificação das penas.*

Gabarito: Errado.

790. **(2017 – CESPE/CEBRASPE – PJC/MT – Delegado – Adaptada)** No estado de Mato Grosso, Pedro cometeu crime contra a economia popular; Lucas cometeu crime de caráter transnacional contra animal silvestre ameaçado de extinção; e Raí, um agricultor, cometeu crime comum contra índio, no interior de reserva indígena, motivado por disputa sobre direitos indígenas.

Nessa situação hipotética, a justiça comum estadual será competente para processar e julgar

a) somente Pedro e Raí.

b) somente Lucas e Raí.

c) Pedro, Lucas e Raí.

d) somente Pedro.

e) somente Pedro e Lucas.

Conforme a Súmula nº 498 do STF, compete à Justiça dos Estados, em ambas as instâncias, o processo e o julgamento dos crimes contra a economia popular.

Lucas	Compete à **Justiça Federal** processar e julgar o crime ambiental de caráter transnacional que envolva animais silvestres, ameaçados de extinção e espécimes exóticas ou protegidas por compromissos internacionais assumidos pelo Brasil. STF. Plenário. RE 835558/SP, Rel. Min. Luiz Fux, julgado em 9/2/2017 (repercussão geral) (Info 853).
Raí	O crime foi praticado pela disputa por direitos indígenas, aplica-se o art. 109, XI, da CF/88 e não a Súmula nº 140 do STJ. *Art. 109. Aos juízes federais compete processar e julgar: XI - a disputa sobre direitos indígenas"* Súmula nº 140 do STJ: compete à **Justiça Comum Estadual** processar e julgar crime em que o indígena figure como autor ou vítima
Pedro	Súmula nº 498 do STF: *compete à Justiça dos Estados, em ambas as instâncias, o processo e o julgamento dos crimes contra a economia popular.*

Gabarito: D.

---

791. **(2017 – CONSULPLAN – TJ/MG – Titular de Serviços de Notas e de Registros – Adaptada)** Considerando-se as regras de competência sumuladas pelo STJ, é correto afirmar que a competência para processar e julgar contravenções praticadas em detrimento de bens, serviços ou interesse da União ou de suas entidades é da Justiça Federal.

Certo ( )   Errado ( )

Conforme teor da Súmula nº 38 do STJ, compete à Justiça Estadual Comum, na vigência da CF/88, o processo por contravenção penal, ainda que praticada em detrimento de bens, serviços ou interesse da União ou de suas entidades autárquicas.

Gabarito: Errado.

---

792. **(2017 – CONSULPLAN – TJ/MG – Titular de Serviços de Notas e de Registros – Adaptada)** Na hipótese a seguir, NÃO se aplica o instituto da prevenção para a fixação do foro competente: quando desconhecido o lugar da infração e o réu tiver duas residências.

Certo ( )   Errado ( )

Conforme disposto art. 72 do CPP, *não sendo conhecido o lugar da infração, a competência regular-se-á pelo domicílio ou residência do réu. § 1º - Se o réu tiver mais de uma residência, a competência firmar-se-á pela prevenção. § 2º - Se o réu não tiver residência certa ou for ignorado o seu paradeiro, será competente o juiz que primeiro tomar conhecimento do fato.*

Gabarito: Errado.

---

793. **(2017 – FCC – PC/AP – Agente – Adaptada)** Sobre a competência no processo penal, é correto afirmar que a competência será determinada pela continência quando duas pessoas forem acusadas pelo mesmo crime.

Certo ( )   Errado ( )

Nos termos do art. 77 do CPP, a competência será determinada pela continência quando: *I - duas ou mais pessoas forem acusadas pela mesma infração.*

Gabarito: Certo.

---

794. **(2017 – CESPE/CEBRASPE – TJ/PR – Juiz – Adaptada)** Acerca da divisão do exercício da jurisdição entre os diversos órgãos jurisdicionais é correto afirmar que, nos crimes praticados fora do território brasileiro, será competente o juízo da capital da República, independentemente de o acusado ter residido ou não no Brasil.

Certo ( )   Errado ( )

Nos termos do art. 88 do CPP, *no processo por crimes praticados fora do território brasileiro, será competente o juízo da Capital do Estado onde houver por* **último residido o acusado.** *Se este nunca tiver residido no Brasil, será competente o juízo da Capital da República.*

Gabarito: Errado.

---

795. **(2017 – MPE/SP – MPE/SP – Promotor de Justiça – Adaptada)** É correto afirmar que, no caso de crime continuado, com diversos processos em andamento, o juiz prevento deverá avocar os demais, sendo nula qualquer sentença proferida por outro juízo, ainda que definitiva.

Certo ( )   Errado ( )

Conforme disposto no art. 82 do CPP: *Se, não obstante a conexão ou continência, forem instaurados processos diferentes, a autoridade de jurisdição prevalente deverá avocar os processos que corram perante os outros juízes, salvo se já estiverem com sentença definitiva. Neste caso, a unidade dos processos só se dará, ulteriormente, para o efeito de soma ou de unificação das penas.*

Gabarito: Errado.

---

796. **(2017 – MPE/PR – MPE/PR – Promotor de Justiça – Adaptada)** De acordo com a legislação processual penal, tratando-se de infração continuada, praticada em território de duas ou mais jurisdições, a competência firmar-se-á pelo local em que a última ocorreu.

Certo ( )   Errado ( )

No teor do art. 71 do CPP: *Tratando-se de infração continuada ou permanente, praticada em território de duas ou mais jurisdições, a competência firmar-se-á pela* **PREVENÇÃO.**

Gabarito: Errado.

---

797. **(2017 – CONSULPLAN – TJ/MG – Titular de Serviços de Notas e de Registros)** Assinale a alternativa que NÃO corresponda a uma das modalidades em que se dá a conexão intersubjetiva.

a) Concursal.

b) Ocasional.

c) Consequencial.

d) Por reciprocidade.

A alternativa trata de conexão objetiva consequencial ou sequencial. Esta pode ser pode ser vista na hipótese em que o agente de um primeiro crime pratica um segundo crime como forma de garantir a vantagem antes obtida.

Gabarito: C.

---

798. **(2017 – MPE/PR – MPE/PR – Promotor de Justiça – Adaptada)** De acordo com a legislação processual penal, a competência será determinada pela continência quando a prova de uma infração ou de qualquer de suas circunstâncias elementares influir na prova de outra infração.

Certo (   )   Errado (   )

Conforme disposto art. 76 do CPP, a lei prevê hipótese de CONEXÃO INSTRUMENTAL: a competência será determinada pela conexão: *III - quando a prova de uma infração ou qualquer de suas circunstâncias elementares influir na prova de outra infração.*

Gabarito: Errado.

---

799. **(2017 – CESPE/CEBRASPE – TJ/PR – Juiz – Adaptada)** Acerca da divisão do exercício da jurisdição entre os diversos órgãos jurisdicionais é correto afirmar que os domicílios do réu e da vítima são critérios de determinação da competência jurisdicional.

Certo (   )   Errado (   )

Nos termos do art. 69 do CPP, determinará a competência jurisdicional: *II - o domicílio ou residência do réu.*

Gabarito: Errado.

---

800. **(2017 – CONSULPLAN – TJ/MG – Titular de Serviços de Notas e de Registros – Adaptada)** Na hipótese a seguir, NÃO se aplica o instituto da prevenção para a fixação do foro competente: quando for cometido crime permanente no território de duas ou mais comarcas.

Certo (   )   Errado (   )

Conforme disposto art. 71 do CPP: *Tratando-se de infração continuada ou permanente, praticada em território de duas ou mais jurisdições, a competência firmar-se-á pela prevenção.*

Gabarito: Errado.

---

801. **(2017 – CONSULPLAN – TJ/MG – Titular de Serviços de Notas e de Registros – Adaptada)** Considerando-se as regras de competência sumuladas pelo STJ, é correto afirmar que a competência para a execução de pena aplicada a preso recolhido em estabelecimento prisional estadual é do Juiz da Execução Estadual, mesmo que a condenação tenha sido imposta pela Justiça Federal, Militar ou Eleitoral.

Certo (   )   Errado (   )

Conforme teor da Súmula nº 192 do STJ: *Compete ao Juízo das Execuções Penais do Estado a execução das penas impostas a sentenciados pela Justiça Federal, Militar ou Eleitoral, quando recolhidos a estabelecimentos sujeitos à administração estadual.*

Gabarito: Certo.

---

802. **(Cespe – Adaptada)** Acerca da divisão do exercício da jurisdição entre os diversos órgãos jurisdicionais é correto afirmar que a competência será determinada pela conexão, quando duas ou mais pessoas forem acusadas pela mesma infração.

Certo ( )   Errado ( )

Nos termos do art. 77 do CPP: *A competência será determinada pela continência quando: I - duas ou mais pessoas forem acusadas pela mesma infração.*

Gabarito: Errado.

---

803. **(2017 – MPE/PR – MPE/PR – Promotor de Justiça – Adaptada)** De acordo com a legislação processual penal, na determinação da competência por conexão ou continência, havendo concurso de jurisdições da mesma categoria, prevalecerá a do lugar em que houver ocorrido o maior número de infrações, independentemente das respectivas penas.

Certo ( )   Errado ( )

Conforme teor do art. 78, II, do CPP, na determinação da competência por conexão ou continência, serão observadas as seguintes regras:

II - no concurso de jurisdições da mesma categoria:

a) preponderará a do lugar da infração, à qual for cominada a pena mais grave;

b) prevalecerá a do lugar em que houver ocorrido o maior número de infrações, se as respectivas penas forem de igual gravidade;

c) firmar-se-á a competência pela prevenção, nos outros casos.

Gabarito: Errado.

---

804. **(2017 – CONSULPLAN – TRF 2ª Região – Analista Judiciário – Adaptada)** Sobre o tema Competência Penal da Justiça Federal, é correto que compete à Justiça Federal processar e julgar os crimes praticados contra funcionário público federal, quando relacionados com o exercício da função.

Certo ( )   Errado ( )

O enunciado da Súmula nº 147 do STJ dispõe que *compete à Justiça Federal processar e julgar os crimes praticados contra funcionário público federal, quando relacionados com o exercício da função.*

Gabarito: Errado.

---

805. **(2017 – IBADE – PC/AC – Escrivão – Adaptada)** A competência será determinada pela conexão se, ocorrendo duas ou mais infrações, houverem sido praticadas, ao mesmo tempo, por várias pessoas reunidas, ou por várias pessoas em concurso, embora diverso o tempo e o lugar, ou por várias pessoas, umas contra as outras.

Certo ( )   Errado ( )

O art. 76 do CPP trata do instituto da CONEXÃO, que é o vínculo, liame ou interligação entre duas ou mais infrações, e em regra, enseja a união entre os processos para facilitar a produção da prova e para evitar decisões distorcidas. Vejamos ainda o que dispõe a Súmula nº 235 do STJ: *"A conexão não determina a reunião dos processos, se um deles já foi julgado."*

CONEXÃO INTERSUBJETIVA **(Art. 76, I, DO CPP)**	Ocorre quando duas ou mais infrações, interligadas, são praticadas necessariamente por duas ou mais pessoas.
CONEXÃO INTERSUBJETIVA POR SIMULTANEIDADE OU SUBJETIVA-OBJETIVA **(Art. 76, I, 1ª PARTE, DO CPP)**	Ocorre quando duas ou mais infrações, são praticadas por duas ou mais pessoas reunidas, ao mesmo tempo. Não há prévio ajuste entre os agentes.
CONEXÃO INTERSUBJETIVA POR CONCURSO OU CONCURSAL (art. 76, I, 2ª PARTE DO CPP)	Ocorre quando duas ou mais infrações são praticadas em concurso, embora diverso o tempo e o lugar. Há prévio ajuste entre os agentes.
CONEXÃO INTERSUBJETIVA POR RECIPROCIDADE (art. 76, I, 3ª PARTE, DO CPP)	Ocorre quando duas ou mais infrações são praticadas, por diversas pessoas, umas contra as outras.

Gabarito: Certo.

---

806. **(2017 – CONSULPLAN – TJ/MG – Titular de Serviços de Notas e de Registros – Adaptada)** Considerando-se as regras de competência sumuladas pelo STJ, é correto afirmar que a competência para processar e julgar crime de ameaça praticado por funcionário público federal é da Justiça Federal.

Certo ( )   Errado ( )

Conforme teor da Súmula nº 147 do STJ, *compete à Justiça Federal processar e julgar os crimes praticados contra funcionário público federal, quando relacionados com o exercício da função.*
Gabarito: Errado.

---

807. **(2017 – CESPE/CEBRASPE – TJ/PR – Juiz – Adaptada)** A competência pode ser entendida como delimitação da jurisdição. A respeito dessa matéria, é correto afirmar que compete à justiça estadual militar processar e julgar o policial militar pela prática do crime militar e, à comum, pela prática do crime comum simultâneo àquele.

Certo ( )   Errado ( )

Nos termos da Súmula nº 90 do STJ, *compete à Justiça Estadual Militar processar e julgar o policial militar pela prática do crime militar, e a comum pela prática do crime comum simultâneo aquele.*
Gabarito: Certo.

---

808. **(2017 – CESPE/CEBRASPE – TJ/PR – Juiz – Adaptada)** A competência pode ser entendida como delimitação da jurisdição. A respeito dessa matéria, é correto afirmar que:

Situação hipotética: João é pedreiro e foi contratado para prestar serviços de alvenaria nas dependências do Comando Geral da Polícia Militar do Paraná. Aproveitando-se da facilidade em transitar livremente pelas instalações do prédio, ele furtou um computador contendo informações sobre os dados cadastrais do alto comando, com o intuito de vendê-las a uma quadrilha de estelionatários. **Assertiva**: Nessa situação, a competência para o processo e julgamento da ação penal será do juízo da auditoria militar, uma vez que compete a esta processar e julgar o acusado, civil ou militar, que pratique crime contra instituições militares.

Certo ( )   Errado ( )

No teor da Súmula nº 53 do STJ, *compete a Justiça Comum Estadual processar e julgar civil acusado de prática de crime contra instituições militares estaduais.*

Gabarito: Errado.

---

809. **(2017 – TRF 2ª Região – Juiz – Adaptada)** Sobre a competência penal, é correto afirmar que a conexão entre crimes da competência da Justiça Federal e da Estadual não enseja a reunião dos feitos.

Certo ( )   Errado ( )

No teor da Súmula nº 122 do STJ, compete à Justiça Federal o processo e julgamento unificado dos crimes conexos de competência federal e estadual, não se aplicando a regra do art. 78, II, a, do CPP.

Gabarito: Errado.

---

810. **(2017 – TRF 2ª Região – Juiz –Adaptada)** Sobre a competência penal é correto afirmar que são requisitos para o deferimento do incidente de deslocamento de competência para a Justiça Federal a grave violação de direitos humanos, a necessidade de assegurar o cumprimento, pelo Brasil, de obrigações decorrentes de tratados internacionais e a incapacidade de o estado membro, por suas instituições e autoridades, levar a cabo, em toda a sua extensão, a persecução penal.

Certo ( )   Errado ( )

Conforme previsão expressa do art. 109, § 5º, da CF/88, nas hipóteses de grave violação de direitos humanos, o Procurador-Geral da República, com a finalidade de assegurar o cumprimento de obrigações decorrentes de tratados internacionais de direitos humanos dos quais o Brasil seja parte, poderá suscitar, perante o Superior Tribunal de Justiça, em qualquer fase do inquérito ou processo, incidente de deslocamento de competência para a Justiça Federal.

Gabarito: Certo.

---

811. **(2017 – TRF 2ª Região – Juiz – Adaptada)** Sobre a competência penal, é correto afirmar que, se cometidos durante o horário de expediente, compete à Justiça Federal julgar os delitos praticados por funcionário público federal.

Certo ( )   Errado ( )

O enunciado da Súmula nº 147 do STJ dispõe que compete à Justiça Federal processar e julgar os crimes praticados contra funcionário público federal, quando relacionados com o exercício da função. pois ali está prevista hipótese de crime praticado contra o servidor. Logo, não é o horário de expediente que definirá a competência de delito praticado por funcionário público federal, mas se o delito em si foi praticado em razão de sua função pública, não sendo o caso de aplicação.

Gabarito: Errado.

---

812. **(2017 – CONSULPLAN – TRF 2ª Região – Analista Judiciário – Adaptada)** Sobre o tema Competência Penal da Justiça Federal, é correto que compete à Justiça Federal processar e julgar crime de falso testemunho cometido no processo trabalhista.

Certo ( )   Errado ( )

Nos termos da Súmula nº 165 do STJ, compete à Justiça Federal processar e julgar crime de falso testemunho cometido no processo trabalhista.

Gabarito: Certo.

---

813. **(2017 – FCC – TRE/SP – Analista – Adaptada)** Xisto, policial militar rodoviário no exercício da função, resolve em um único dia de trabalho praticar três crimes de corrupção passiva, utilizando para tanto o mesmo modus operandi, solicitando dinheiro de condutores de veículos para não fazer a autuação administrativa pelo excesso de velocidade. O primeiro crime é praticado às 09h na cidade de Guarulhos. O segundo é praticado às 12h na cidade de Mogi das Cruzes. E o terceiro é praticado às 14h na cidade de Jacareí, onde Xisto é preso em flagrante por policiais civis, prisão esta analisada e mantida pelo Magistrado competente daquela comarca. Xisto é denunciado pelo Ministério Público da comarca de Jacareí pelos três crimes de corrupção passiva. Sobre o caso hipotético apresentado e à luz do CPP, a competência da comarca de Jacareí foi determinada

a) por conexão.

b) por continência.

c) por prevenção.

d) pela prerrogativa de função.

e) pelo lugar da infração.

A alternativa trata de crime continuado, pois se reuniram todos os requisitos: unidade de dolo, mesma condição de tempo e lugar; e *modus operandi*; logo, aplica-se o art. 71 do CPP: *tratando--se de infração continuada ou permanente, praticada em território de duas ou mais jurisdições, a competência firmar-se-á pela PREVENÇÃO.*

Crime Continuado

Súmula nº 497 do STF: *quando se tratar de crime continuado, a prescrição regula-se pela pena imposta na sentença, não se computando o acréscimo decorrente da continuação.*

Súmula nº 711 do STF: *a lei penal mais grave aplica-se ao crime continuado ou ao crime permanente, se a sua vigência é anterior à cessação da continuidade ou da permanência.*

Súmula nº 723 do STF: *não se admite a suspensão condicional do processo por crime continuado, se a soma da pena mínima da infração mais grave com o aumento mínimo de um sexto for superior a um ano.*

Gabarito: C.

---

814. **(2017 – CONSULPLAN – TRF 2ª Região – Técnico Judiciário – Adaptada)** Prefeito Municipal comete crime comum durante o exercício do seu mandato. Devidamente investigado, ele é denunciado apenas após o término do seu mandato. Tem competência para processá-lo e julgá-lo o:

a) Juiz de Direito.

b) b) Tribunal Regional Federal.

c) Superior Tribunal de Justiça.

d) Tribunal de Justiça do Estado.

A perda ou a cessação do exercício do cargo que permite o foro privilegiado gera a perda a prerrogativa de foro e a competência passa a ser da Justiça de 1ª Instância, logo, do Juiz de Direito.

Nos termos da Súmula nº 451 do STF, a competência especial por prerrogativa de função não se estende ao crime cometido após a cessação definitiva do exercício funcional.

COMPETÊNCIA para julgar crimes cometidos por PREFEITOS:

Crime comum – Tribunal de Justiça/TJ

Crime comum federal – Tribunal Regional Federal/TRF

Crime eleitoral – Tribunal Regional Eleitoral/TRE

Crime de responsabilidade próprio – Câmara de Vereadores

Gabarito: A.

---

815. **(2017 – CESPE/CEBRASPE – PC/GO – Delegado)** Cláudio, maior e capaz, residente e domiciliado em Goiânia/GO, praticou determinado crime, para o qual é prevista ação penal privada, em Anápolis/GO. A vítima do crime, Artur, maior e capaz, é residente e domiciliada em Mineiros/GO.

Nessa situação hipotética, considerando-se o disposto no CPP, o foro competente para processar e julgar eventual ação privada proposta por Artur contra Cláudio será

a) Anápolis/GO ou Goiânia/GO.

b) Goiânia/GO ou Mineiros/GO.

c) Goiânia/GO, exclusivamente.

d) Anápolis/GO, exclusivamente.

e) Mineiros/GO, exclusivamente.

Note que, em regra, a competência regula-se pelo local da infração (art. 70 do CPP), nos casos de ação penal privada, a vítima pode escolher ainda, o foro de domicílio ou residência do réu (art. 73 do CPP).

Gabarito: A.

---

816. **(2016 – MPE/PR – MPE/PR – Promotor de Justiça – Adaptada)** Considera-se absoluta a competência em razão da matéria, a competência por prerrogativa de função e a competência funcional.

Certo ( )   Errado ( )

As competências *ratione materiae*, *ratione personae* e funcional são absolutas, porque possuem fundamento constitucional.

Gabarito: Certo.

---

817. **(2016 – FUNCAB – PC/PA – Escrivão)** No que tange à competência, o Direito Processual Penal brasileiro adotou, como regra, a teoria da(o):

a) atividade

b) resultado.

c) equivalência dos antecedentes causais.

d) ubiquidade

e) alternatividade.

O CPP adota como regra a Teoria do RESULTADO ou teoria do EVENTO. Conforme o art. 70 do CPP, a competência será, de regra, determinada pelo lugar em que se consumar a infração, ou, no caso de tentativa, pelo lugar em que for praticado o último ato de execução.

Gabarito: B.

---

818. **(2016 – MPE/PR – MPE/PR – Promotor de Justiça – Adaptada)** A competência pela prerrogativa de função prevalece sobre a competência do Tribunal do Júri, com exceção das hipóteses em que a prerrogativa de função é estabelecida exclusivamente pela Constituição Estadual.

Certo (   )   Errado (   )

Nos termos da Súmula Vinculante nº 45 do STF, a competência constitucional do Tribunal do Júri prevalece sobre o foro por prerrogativa de função estabelecido exclusivamente pela Constituição Estadual.

Gabarito: Certo.

---

819. **(2016 – FCC – DPE/BA – Defensor)** De acordo com norma expressa do CPP, são fatores que determinam a competência jurisdicional:

a) O local da residência da vítima e a natureza da infração.

b) A prevenção e o local da prisão.

c) A prerrogativa de função e o domicílio ou residência do réu.

d) O local da investigação e a conexão ou continência.

e) O local da prisão e o local da infração.

Nos termos do art. 69 do CPP. Veja o mnemônico – LUDONADISCOPRE

LU - LUgar da infração

DO - DOmicílio/residência do réu

NA - NAtureza infração

DIS - DIStribuição

CO - COnexão ou COntinência

PRE - PREvenção e PRErrogativa função

Gabarito: C.

---

820. **(2019 – MPE/GO – MPE/GO – Promotor de Justiça – Adaptada)** A conexão e a continência não consubstanciam formas de alteração da competência, mas de fixação, sendo que sempre resultam na unidade de julgamentos.

Certo (   )   Errado (   )

Consoante o disposto no art. 80 do CPP *será facultativa a separação dos processos quando as infrações tiverem sido praticadas de tempo ou de lugar diferentes, ou, quando pelo excessivo número de acusados e para não lhes prolongar a prisão provisória, ou por outro motivo relevante, o juiz reputar conveniente a separação.*

Gabarito: Errado.

821. **(2019 – MPE/GO – MPE/GO – Promotor de Justiça – Adaptada)** A competência do Tribunal de Justiça para julgar prefeitos restringe-se aos crimes de competência da Justiça comum estadual; nos demais casos, a competência originária caberá ao respectivo tribunal de segundo grau.

Certo ( )   Errado ( )

Nos termos da Súmula nº 702 do STF, *a competência do Tribunal de Justiça para julgar prefeitos restringe-se aos crimes de competência da Justiça comum estadual; nos demais casos, a competência originária caberá ao respectivo tribunal de segundo grau.*

Gabarito: Certo.

---

822. **(2016 – MPE/PR – MPE/PR – Promotor de Justiça – Adaptada)** A conexão entre crimes de competência da Justiça Federal e da Justiça Estadual importará na prevalência da competência da Justiça Federal, perante a qual se procederá ao julgamento do denunciado pela prática de crime de competência estadual, mesmo na hipótese de extinção da punibilidade pela morte do único corréu denunciado pela prática do crime de competência da Justiça Federal.

Certo ( )   Errado ( )

Compete à Justiça Federal o processo e julgamento unificado dos crimes conexos de competência federal e estadual, não se aplicando a regra do art. 78, II, a, do CPP (Súmula nº 122 do STJ). Contudo, ver julgado do STJ:

Ementa: *PENAL E PROCESSO PENAL. CONFLITO DE COMPETÊNCIA. CRIMES DE DESCAMINHO E DE RECEPTAÇÃO. EXTINÇÃO DA PUNIBILIDADE DO AGENTE QUE PRATICOU O DELITO DE DESCAMINHO. PERPETUATIO JURISDICTIONIS. NÃO OCORRÊNCIA. DESLOCAMENTO PARA A JUSTIÇA ESTADUAL. NECESSIDADE. 1. Na hipótese de conexão entre crime de descaminho e de receptação, em que existiu atração do processamento/julgamento para a Justiça Federal, sobrevindo a extinção da punibilidade do agente pela prática do delito de descaminho, desaparece o interesse da União, devendo haver o deslocamento da competência para a Justiça Estadual. 2. Conflito conhecido para declarar competente o Juízo de Direito da 1ª Vara Criminal de Dourados/MS, ora suscitante. (CC 110998 MS 2010/0041643-6).*

Segundo já decidiu o STJ, na hipótese de conexão entre crime federal e crime estadual, em que existiu atração do processamento/julgamento para a Justiça Federal, sobrevindo a extinção da punibilidade do agente pela prática do delito federal, desaparece o interesse da União, devendo haver o deslocamento da competência para a Justiça Estadual. Nesse sentido: CC 110998/MS, Rel. Min. Maria Thereza de Assis Moura, Terceira Seção, julgado em 26/05/2010.

Gabarito: Errado.

---

823. **(2017 – NUCEPE – SEJUSP/PI –– Agente Penitenciário – Adaptada)** Almerinda, domiciliada em São Luís-MA, foi sequestrada em Teresina-PI, onde passou alguns dias em cativeiro, posteriormente foi levada pelos sequestradores para a cidade de Fortaleza-CE, onde foi desvendado o crime e presos os sequestradores. Em face a esta situação, pode-se dizer que será competente para processar a Ação Penal:

   a) o juízo de São Luís, uma vez que Almerinda era lá domiciliada.

   b) com exclusão de qualquer outro, o juízo de Teresina, pois foi o local no qual foi iniciada a infração.

   c) o juízo de Fortaleza-CE, com exclusão de qualquer outro.

d) o juízo que primeiro tiver praticado algum ato do processo ou de medida a esta relativa.

e) o juízo de Fortaleza-CE, por ter sido lá praticado o último ato de execução do crime.

Tratando-se de infração continuada ou permanente praticada em território de duas ou mais jurisdições, a competência firmar-se-á pela prevenção, nos termos do art. 71 do CPP.

A prevenção constitui a antecipação do juízo, logo, concorrendo dois ou mais juízes igualmente competentes ou com jurisdição cumulativa, prevalente é aquele que primeiro pratica atos do processo ou medidas relativas ao futuro processo, ainda que anteriores ao oferecimento da denúncia ou queixa.
Gabarito: D.

---

824. **(2019 – MPE/GO – MPE/GO – Promotor de Justiça – Adaptada)** A conexão e a continência importarão unidade de processo e julgamento, salvo no concurso entre a jurisdição comum e a especial.

Certo ( )   Errado ( )

Consoante o art. 79, I, do CPP: a conexão e a continência importarão unidade de processo e julgamento, salvo no concurso entre jurisdição comum e a militar, ou *II - entre jurisdição comum e a do juízo de menores*.
Gabarito: Errado.

---

825. **(2019 –MPE/GO – MPE/GO – Promotor de Justiça – Adaptada)** Instaurados processos diferentes, não obstante a conexão ou continência, a autoridade de jurisdição prevalente deverá avocar os processos que corram perante os outros juízes, inclusive os que já estiverem com sentença definitiva.

Certo ( )   Errado ( )

Consoante o disposto no art. 82 do CPP, se, não obstante a conexão ou continência forem instaurados processos diferentes, a autoridade de jurisdição prevalente deverá avocar os processos que corram perante os outros juízes, salvo se já estiverem com sentença definitiva. Neste caso, a unidade dos processos só se dará, ulteriormente (posteriormente), para o efeito de soma ou de unificação das penas.
Gabarito: Errado.

---

826. **(2016 – IBEG – Prefeitura de Guarapari/ES – Procurador – Adaptada)** Sobre jurisdição e competência no processo penal, caso um prefeito municipal cometa crimes contra bens da União, ele somente poderá ser processado criminalmente mediante ação penal instaurada no tribunal de justiça do respectivo estado.

Certo ( )   Errado ( )

Conforme a Súmula nº 702 do STF, *a competência do Tribunal de Justiça para julgar prefeitos restringe-se aos crimes de competência da justiça comum estadual; nos demais casos, a competência originária caberá ao respectivo tribunal de segundo grau*.
Gabarito: Errado.

---

827. **(2016 – IBEG – Prefeitura de Guarapari/ES – Procurador – Adaptada)** Sobre jurisdição e competência no processo penal, compete ao Tribunal Regional Federal processar e julgar prefeito municipal acusado de crime federal vale dizer, crime praticado pelo prefeito em detrimento de bens, serviços ou interesses da União Federal, empresas públicas e autarquias federais.

Certo ( )   Errado ( )

O Prefeito possui imunidade, por isso, quando comete um crime será julgado, em regra, pelo TJ (art. 29, X, da CF/88). Porém, quando comete o crime em detrimento de bens, serviços da União será julgado pelo TRF e não por juiz federal de 1ª instância, pois possui imunidade.

Gabarito: Certo.

828. **(2016 – IBEG – Prefeitura de Guarapari/ES – Procurador – Adaptada)** Sobre jurisdição e competência no processo penal, não sendo conhecido o lugar da infração penal, a competência regular-se-á pelo domicílio ou residência do réu.

Certo ( )   Errado ( )

Nos termos do art. 72 do CPP, *não sendo conhecido o lugar da infração, a competência regular-se-á pelo domicílio ou residência do réu.*

Gabarito: Certo.

829. **(2015 – FCC – TRE/SE – Analista)** Bráulio, Rodolfo, Ricardo e Benício, todos residentes na cidade de Barra dos Coqueiros/SE, planejam o sequestro de um empresário de uma grande empresa da cidade de Aracaju. No dia 13 de Janeiro de 2015 o plano é executado e o empresário é arrebatado quando saía do seu local de trabalho e levado para o cativeiro na cidade de Maruim – SE, onde permaneceu por sete dias até o pagamento do resgate e libertação, esta última em uma rua deserta na cidade de Barra dos Coqueiros. Iniciada investigação criminosa, os quatro criminosos acabam presos. Instaurada a ação penal, pelo referido crime permanente de extorsão mediante sequestro, a competência para processar e julgar a ação penal será

a) da comarca de Barra dos Coqueiros, onde foi praticado o último ato executório.

b) das comarcas de Aracaju, Barra dos Coqueiros e Maruim e firmar-se-á pela prevenção.

c) da comarca de Aracaju, onde o crime foi praticado.

d) da comarca de Maruim, onde a maior parte do crime foi executada.

e) firmada pela continência entre as comarcas de Aracaju e Maruim.

De acordo com o art. 71 do CPP, *tratando-se de infração continuada ou permanente, praticada em território de duas ou mais jurisdições, a competência firmar-se-á pela prevenção.*

Gabarito: B.

830. **(2015 – FGV – TJ/RO – Oficial – Adaptada)** Sobre o tema, de acordo com o CPP, é correto afirmar que, não sendo conhecido o local da infração, a competência regular-se-á pelo domicílio de residência da vítima.

Certo ( )   Errado ( )

Não sendo conhecido o lugar da infração, a competência regular-se-á pelo domicílio ou residência do réu, conforme o art. 72, *caput,* do CPP.

Gabarito: Errado.

831. **(2015 – FGV – TJ/RO – Oficial – Adaptada)** Sobre o tema, de acordo com o CPP, é correto afirmar que, no caso de ação penal privada, o querelante poderá preferir o foro de sua residência, ainda que conhecido o local da infração.

Certo ( )   Errado ( )

Nos casos de exclusiva ação privada, o querelante poderá preferir o foro de domicílio ou da residência do réu, ainda quando conhecido o lugar da infração, consoante o art. 73 do CPP.
Gabarito: Errado.

---

832. **(2015 – FCC – TRE/AP – Analista Judiciário)** Tácito comete um crime de roubo com emprego de arma de fogo na comarca de Macapá, subtraindo um veículo e pertences da vítima. Consumado o roubo, que tem pena cominada de 04 a 10 anos de reclusão, Tácito é preso em flagrante na comarca de Mazagão, quando entregava toda a res furtiva para seus amigos José e Manoel, que também são presos em flagrante, estes últimos por crime de receptação (pena de 01 a 04 anos de reclusão). A competência para processamento e julgamento da ação penal contra Tácito, José e Manoel determinar-se-á pela

a) continência e será da comarca de Mazagão, onde ocorreu a prisão em flagrante dos três indivíduos.

b) conexão e será da comarca de Macapá, onde ocorreu o crime cuja pena mais grave é cominada.

c) prevenção e poderá ser tanto da comarca de Macapá quanto da comarca de Mazagão.

d) continência e será da comarca de Macapá, onde ocorreu o crime cuja pena mais grave é cominada.

e) conexão e será da comarca de Mazagão, onde ocorreu a prisão em flagrante dos três indivíduos.

Nos termos do art. 76 do CPP, a competência será determinada pela conexão:

I - se, ocorrendo duas ou mais infrações, houverem sido praticadas, ao mesmo tempo, por várias pessoas reunidas [Simultaneidade], ou por várias pessoas em concurso, embora diverso o tempo e o lugar [concursal], ou por várias pessoas, umas contra as outras [reciprocidade]; [Conexão intersubjetiva]

II - se, no mesmo caso, houverem sido umas praticadas para facilitar ou ocultar as outras, ou para conseguir impunidade ou vantagem em relação a qualquer delas; [Conexão lógica, teleológica ou finalista]

III - quando a prova de uma infração ou de qualquer de suas circunstâncias elementares influir na prova de outra infração. [Conexão probatória ou instrumental].
Gabarito: B.

---

833. **(2015 – FGV – TJ/RO – Oficial –Adaptada)** Sobre o tema, de acordo com o CPP, é correto afirmar que, via de regra, a competência será definida pelo local em que foi praticada a infração, ainda que seja outro o local da consumação.

Certo ( )   Errado ( )

Consoante o art. 70 do CPP, a competência será, de regra, determinada pelo lugar em que se consumar a infração, ou, no caso de tentativa, pelo lugar em que for praticado o último ato de execução.
Gabarito: Errado.

834. (2015 –FGV – TJ/RO – Oficial – Adaptada) Sobre o tema, de acordo com o CPP, é correto afirmar que a distribuição realizada para fins de decretação da prisão preventiva anteriormente à denúncia não prevenirá a da ação penal.

Certo ( )　　　　Errado ( )

Nos termos do art. 75, parágrafo único do CPP, a distribuição realizada para o efeito da concessão de fiança ou da decretação de prisão preventiva ou de qualquer diligência anterior à denúncia ou queixa prevenirá a da ação penal.

Gabarito: Errado.

---

835. (2015 – VUNESP –TJ/MS – Juiz – Adaptada) De acordo com o artigo 80 do CPP, nos processos conexos, será facultativa a separação quando as infrações tiverem sido praticadas em circunstâncias de tempo ou lugar diferentes, ou, quando pelo excessivo número de acusados e para não lhes prolongar a prisão provisória, ou por outro motivo relevante, o juiz reputar conveniente a separação.

Certo ( )　　　　Errado ( )

Consoante o disposto no art. 80, será facultativa a separação dos processos quando as infrações tiverem sido praticadas em circunstâncias de tempo ou de lugar diferentes, ou, quando pelo excessivo número de acusados e para não lhes prolongar a prisão provisória, ou por outro motivo relevante, o juiz reputar conveniente a separação.

A competência constitucional do Tribunal do Júri prevalece sobre o foro por prerrogativa de função estabelecido exclusivamente pela Constituição Estadual (Súmula Vinculante nº 45 do STF).

Gabarito: Certo.

VAMOS REVISAR A JURISPRUDÊNCIA?

SÚMULAS SOBRE COMPETÊNCIA DA JUSTIÇA ESTADUAL

Súmula nº 498 do STF: Compete a justiça dos estados, em ambas as instâncias, o processo e o julgamento dos crimes contra a economia popular.

Súmula nº 522 do STF: Salvo ocorrência de tráfico com o exterior, quando, então, a competência será da Justiça Federal, compete a justiça dos estados o processo e o julgamento dos crimes relativos a entorpecentes.

Súmula nº 38 do STJ: Compete à **Justiça Estadual Comum**, na vigência da Constituição de 1988, o processo por contravenção penal, ainda que praticada em detrimento de bens, serviços ou interesse da União ou de suas entidades.

Súmula nº 42 do STJ: Compete à **Justiça Comum Estadual** processar e julgar as causas cíveis em que é parte sociedade de economia mista e os crimes praticados em seu detrimento.

Súmula nº 104 do STJ: Compete à **Justiça Estadual** o processo e julgamento dos crimes de falsificação e uso de documento falso relativo a estabelecimento particular de ensino.

Súmula nº 107 do STJ: Compete à **Justiça Comum Estadual** processar e julgar crime de estelionato praticado mediante falsificação das guias de recolhimento das contribuições previdenciárias, quando não ocorrente lesão à autarquia federal.

Súmula nº 140 do STJ: Compete à **Justiça Comum Estadual** processar e julgar crime em que o indígena figure como autor ou vítima

Súmula nº 209 do STJ: Compete à **justiça estadual** processar e julgar prefeito por desvio de verba transferida e incorporada ao patrimônio municipal.

Súmula nº 546 do STJ: A competência para processar e julgar o crime de uso de documento falso é **firmada em razão da entidade ou órgão ao qual foi apresentado o documento público**, não importando a qualificação do órgão expedidor.

SÚMULAS SOBRE COMPETÊNCIA DA JUSTIÇA FEDERAL

Súmula Vinculante nº 36 do STF: Compete à **Justiça Federal** comum processar e julgar civil denunciado pelos crimes de falsificação e de uso de documento falso quando se tratar de falsificação da Caderneta de Inscrição e Registro (CIR) ou de Carteira de Habilitação de Amador (CHA), ainda que expedidas pela Marinha do Brasil.

Súmula nº 122 do STJ: Compete à **Justiça Federal** o processo e julgamento unificado dos crimes conexos de competência federal e estadual, não se aplicando a regra do art. 78, II, "a", do Código de Processo Penal.

Súmula nº 147 do STJ: Compete à **Justiça Federal** processar e julgar os crimes praticados contra funcionário público federal, quando relacionados com o exercício da função.

Súmula nº 165 do STJ: Compete à **Justiça Federal** processar e julgar crime de falso testemunho cometido no processo trabalhista.

Súmula nº 200 do STJ: O **juízo federal** competente para processar e julgar acusado de crime de uso de passaporte falso é o do lugar onde o delito se consumou.

Súmula nº 208 do STJ: Compete à **justiça federal** processar e julgar prefeito municipal por desvio de verba sujeita a prestação de contas perante órgão federal.

Súmula nº 528 do STJ: Compete ao **juiz federal** do local da apreensão da droga remetida do exterior pela via postal processar e julgar o crime de tráfico internacional.

SÚMULAS SOBRE COMPETÊNCIA DA JUSTIÇA MILITAR

Súmula nº 53 do STJ: Compete à **Justiça Comum Estadual** processar e julgar civil acusado de prática de crime contra instituições militares ESTADUAIS.

Súmula nº 78 do STJ: Compete à **Justiça Militar** processar e julgar policial de corporação estadual, ainda que o delito tenha sido praticado em outra unidade federativa.

SÚMULA SOBRE CONFLITO DE COMPETÊNCIA

Súmula nº 555 do STF: É competente o Tribunal de Justiça para julgar conflito de jurisdição entre juiz de direito do estado e a justiça militar local.

SÚMULAS SOBRE PRERROGATIVA DE FUNÇÃO

Súmula Vinculante nº 45 do STF: A competência constitucional do Tribunal do Júri prevalece sobre o foro por prerrogativa de função estabelecido exclusivamente pela Constituição estadual.

Súmula nº 451 do STF: A competência especial por prerrogativa de função não se estende ao crime cometido após a cessação definitiva do exercício funcional.

Súmula nº 702 do STF: A competência do Tribunal de Justiça para julgar Prefeitos restringe-se aos crimes de competência da Justiça comum estadual; nos demais casos, a competência originária caberá ao respectivo tribunal de segundo grau.

Súmula nº 704 do STF: Não viola as garantias do juiz natural, da ampla defesa e do devido processo legal a atração por continência ou conexão do processo do co-réu ao foro por prerrogativa de função de um dos denunciados.

JURISPRUDÊNCIA EM TESES DO STJ
EDIÇÃO Nº 72: COMPETÊNCIA CRIMINAL

1) Compete ao Superior Tribunal de Justiça o julgamento de revisão criminal quando a questão objeto do pedido revisional tiver sido examinada anteriormente por esta Corte.

2) A mera previsão do crime em tratado ou convenção internacional NÃO ATRAI a competência da Justiça Federal, com base no art. 109, inciso V, da CF/88, sendo imprescindível que a conduta tenha ao menos potencialidade para ultrapassar os limites territoriais.

3) O fato de o delito ser praticado pela internet NÃO ATRAI, automaticamente, a competência da Justiça Federal, sendo necessário demonstrar a internacionalidade da conduta ou de seus resultados.

4) Não há conflito de competência entre Tribunal de Justiça e Turma Recursal de Juizado Especial Criminal de um mesmo Estado, já que a Turma Recursal não possui qualidade de Tribunal e a este é subordinada administrativamente.

5) É relativa a nulidade decorrente da inobservância da competência penal por prevenção, que deve ser alegada em momento oportuno, sob pena de preclusão.

6) A competência é determinada pelo lugar em que se consumou a infração (art. 70 do CPP), sendo possível a sua modificação na hipótese em que outro local seja o melhor para a formação da verdade real.

7) Compete ao Tribunal Regional Federal ou ao Tribunal de Justiça decidir os conflitos de competência entre juizado especial e juízo comum da mesma seção judiciária ou do mesmo Estado.

8) Compete à Justiça Federal o processo e julgamento unificado dos crimes conexos de competência federal e estadual, não se aplicando a regra do art. 78, II, a , do Código de Processo Penal. (Súmula nº 122/STJ)

9) Inexistindo conexão probatória, não é da Justiça Federal a competência para processar e julgar crimes de competência da Justiça Estadual, ainda que os delitos tenham sido descobertos em um mesmo contexto fático.

10) No concurso de infrações de menor potencial ofensivo, afasta-se a competência dos Juizados Especiais quando a soma das penas ultrapassar 2 anos.

11) Compete à Justiça Federal processar e julgar crimes relativos ao desvio de verbas públicas repassadas pela União aos municípios e sujeitas à prestação de contas perante órgão federal.

12) Compete à Justiça Estadual processar e julgar prefeito por desvio de verba transferida e incorporada ao patrimônio municipal. (Súmula n. 209/STJ)

13) As atribuições da Polícia Federal não se confundem com as regras de competência constitucionalmente estabelecidas para a Justiça Federal (arts. 108, 109 e 144, § 1º, da CF/88), sendo possível que uma investigação conduzida pela Polícia Federal seja processada perante a Justiça Estadual.

14) Compete a Justiça Comum Estadual processar e julgar crime em que o índio figure como

autor ou vítima, desde que não haja ofensa a direitos e a cultura indígenas, o que atrai a competência da Justiça Federal.

15) Compete a Justiça Federal processar e julgar os crimes praticados contra funcionário público federal, quando relacionados com o exercício da função. (Súmula n. 147/STJ)

16) Há conflito de competência, e não de atribuição, sempre que a autoridade judiciária se pronuncia a respeito da controvérsia, acolhendo expressamente as manifestações do Ministério Público.

17) Compete ao Juízo das Execuções Penais do Estado a execução das penas impostas a sentenciados pela Justiça Federal, Militar ou Eleitoral, quando recolhidos a estabelecimentos sujeitos a Administração Estadual. (Súmula n. 192/STJ)

18) A mudança de domicílio pelo condenado que cumpre pena restritiva de direitos ou que seja beneficiário de livramento condicional não tem o condão de modificar a competência da execução penal, que permanece com o juízo da condenação, sendo deprecada ao juízo onde fixa nova residência somente a supervisão e o acompanhamento do cumprimento da medida imposta.

19) A ofensa indireta, genérica ou reflexa praticada em detrimento de bens, serviços ou interesse da União, de suas entidades autárquicas ou empresas públicas federais não atrai a competência da Justiça Federal (art. 109, IV, da CF/88).

DAS PROVAS NO PROCESSO PENAL

836. **(2021 – CESPE – CEBRASPE – PC/DF – Agente de Polícia Civil)** Acerca da aplicação das normas processuais penais, julgue os itens subsequentes.

Certo ( )   Errado ( )

Os elementos informativos do inquérito podem servir como fundamentação em decreto condenatório no processo penal, ainda que não confirmados pelo contraditório judicial.

O juiz formará sua convicção pela livre apreciação da prova produzida em contraditório judicial, **não podendo fundamentar sua decisão exclusivamente nos elementos informativos colhidos na investigação**, ressalvadas as provas cautelares, não repetíveis e antecipadas, (art. 155 do CPP).

Jurisprudência do STJ – *[...] Assim, os elementos informativos podem servir como fundamentação, desde que não seja de forma exclusiva, salvo nas hipóteses trazidas pelo próprio artigo, conf. AgRg no AREsp 594.334/SP, Rel. Ministro GURGEL DE FARIA, QUINTA TURMA, julgado em 06.08.2015, DJe 01.09.2015.*

Gabarito: Certo.

---

837. **(2021 – CESPE/CEBRASPE – PF – Delegado)** Após ligação anônima, a polícia realizou busca em determinada casa, onde encontrou pessoas preparando pequenos pacotes de determinada substância — aparentemente entorpecente —, os quais foram apreendidos, além de armas de fogo de alto calibre. Durante a diligência, o delegado, informalmente, realizou entrevistas com as pessoas que estavam no domicílio. Durante essas entrevistas, um dos indivíduos confessou a prática do delito e, posteriormente, colaborou com a identificação dos demais membros da organização criminosa. A partir das informações do colaborador, foi realizada uma ação controlada. A partir dessa situação hipotética, julgue o próximo item. De acordo com o Supremo Tribunal Federal, a entrevista informalmente conduzida pelo delegado durante a realização da busca domiciliar viola as garantias individuais dos presos.

Certo ( )   Errado ( )

As provas obtidas através de busca e apreensão realizada com violação à Constituição não devem ser admitidas, e portanto, deve-se declarar a nulidade da "entrevista" realizada e das provas derivadas, nos termos do art. 5º, LVI, da CF/88 e do art. 157, § 1º, do CPP, determinando ao juízo de origem que proceda ao desentranhamento das peças.

Jurisprudência do STF – É nula a "entrevista" realizada pela autoridade policial com o investigado, durante a busca e apreensão em sua residência, sem que tenha sido assegurado ao investigado o direito à prévia consulta a seu advogado e sem que ele tenha sido comunicado sobre seu direito ao silêncio e de não produzir provas contra si mesmo. Trata-se de um **"interrogatório travestido de entrevista"**, havendo violação do direito ao silêncio e à não autoincriminação. STF. 2ª Turma. Rcl 33711/SP, Rel. Min. Gilmar Mendes, julgado em 11/6/19 (Info 944).

Gabarito: Certo.

---

838. **(2021 – IDECAN – PEFOCE – Auxiliar de Perícia)** Marcos foi investigado por suposta prática de lesão corporal de natureza grave e, ao final, denunciado pelo Ministério Público pelo cometimento do delito previsto no artigo 129, § 1º, I, do CP, Durante a instrução criminal, a Defesa aventou a hipótese de o crime ter sido praticado em legítima defesa. Ao final da instrução, após interrogatório do réu, o Magistrado concedeu o prazo sucessivo de cinco dias para as partes apresentarem memoriais escritos, diante da complexidade do caso, conforme previsão do artigo 403, § 3º, do CPP . Com base no que foi narrado acima, é correto afirmar que o ônus da prova

a) cabe a quem alega, razão pela qual a defesa deverá provar que o réu agiu em legítima defesa.

b) incumbe às partes, razão pela qual o Ministério Público, a Defesa e o Juiz deverão diligenciar para tentar provar a alegação de legítima defesa.

c) incumbe à acusação, razão pela qual o Parquet poderá utilizar os meios lícitos e/ou ilícitos para tentar alcançar a verdade dos fatos sobre a tese alegada (princípio da verdade real).

d) cabe à acusação, razão pela qual o Ministério Público deverá provar que o réu não agiu em legítima defesa.

e) incumbe à acusação, razão pela qual o Parquet poderá utilizar apenas os meios lícitos e legítimos para tentar alcançar a verdade dos fatos sobre a tese alegada.

De acordo com o art. 156 do CPP, *"A prova da alegação incumbirá a quem a fizer (...)".*

Jurisprudência do STF — *[...] Tese subsidiária de legítima defesa que não reúne condições de acolhimento. Firme orientação pretoriana no sentido de atribuir à Defesa o ônus de comprovar a incidência de qualquer excludente de tipicidade, tipo permissivo ou causa de exculpação (CPP, art. 156) [...] (STF - ARE: 1259854 RJ - RIO DE JANEIRO 0008772-61.2011.8.19.0001, Relator: Min. GILMAR MENDES, Data de Julgamento: 11/03/2020, Data de Publicação: DJe-058 16/03/2020).*

Gabarito: A.

839. **(2021 – IDECAN – PEFOCE – Auxiliar de Perícia)** Cristina se desentendeu no trânsito com uma desconhecida que, totalmente descontrolada, desembarcou de seu carro e foi em direção a Paula, agredindo-a com socos e pontapés. Transeuntes conseguiram conter a desconhecida e, diante de algumas manchas avermelhadas pelo corpo provocadas pela agressão, Paula entendeu por bem comparecer à Delegacia Policial para registrar a ocorrência. Supondo que Paula consulte um advogado para esclarecer algumas dúvidas sobre o exame de corpo de delito, ele deverá informar-lhe que

a) o juiz ou a autoridade policial negará a realização de exame de corpo de delito requerida pela vítima, quando não for necessária ao esclarecimento da verdade.

b) o exame de corpo de delito é ato processual essencial, não podendo supri-lo a confissão do acusado.

c) não sendo possível o exame de corpo de delito, por haverem desaparecido os vestígios, a prova testemunhal supri-lhe-á a falta.

d) os peritos elaborarão o laudo pericial no prazo máximo de 15 dias, em que descreverão minuciosamente o que examinarem, e responderão aos quesitos formulados.

e) se a acusada confessar o crime, não há necessidade de exame de corpo de delito, já que, no processo penal, vigora o princípio da economia processual.

Quando a infração DEIXAR VESTÍGIOS, será INDISPENSÁVEL o exame de corpo de delito, direto ou indireto, NÃO podendo supri-lo a confissão do acusado (art. 158 do CPP).

Não sendo possível o exame de corpo de delito, por haverem DESAPARECIDO os vestígios, a prova testemunhal poderá suprir-lhe a falta (art. 167 do CPP).

Gabarito: B.

840. (2021 – IDECAN – PEFOCE – Auxiliar de Perícia) Acerca do tema "exame de corpo de delito e perícias em geral", assinale a alternativa correta.

a) Dar-se-á prioridade à realização do exame de corpo de delito quando se tratar de crime que envolva interesse da União.

b) Na falta de perito oficial, o exame de corpo de delito será realizado por 2 (duas) pessoas idôneas, preferencialmente portadoras de diploma de curso superior ou, à falta, aquelas com notório saber relacionado com a natureza do exame.

c) O exame de corpo de delito somente poderá ser feito das 6h da manhã às 20h da noite, em dias de semana, salvo situações excepcionais, consignando a autoridade, por escrito, a necessidade da exceção.

d) Quando a infração deixar vestígios, será indispensável o exame de corpo de delito, direto ou indireto, não podendo supri-lo a confissão do acusado.

e) O juiz ou a autoridade policial não poderá negar a perícia requerida pelas partes mesmo que a entenda desnecessária ao esclarecimento da verdade.

Quando a infração deixar vestígios, será INDISPENSÁVEL o exame de corpo de delito, direto ou indireto, NÃO podendo supri-lo a confissão do acusado (art. 158 do CPP).

Não sendo possível o exame de corpo de delito, por haverem desaparecido os vestígios, **a prova testemunhal poderá suprir-lhe a falta (art. 167 do CPP)**

Fundamentação das alternativas: a) Não tal previsão legal. O art. 158, parágrafo único do CPP, prevê que dar-se-á prioridade à realização do exame de corpo de delito quando se tratar de crime que envolva: *I - violência doméstica e familiar contra mulher; II - violência contra criança, adolescente, idoso ou pessoa com deficiência;* b) O exame de corpo de delito e outras perícias serão realizados por perito oficial, portador de diploma de curso superior. Na falta de perito oficial, o exame será realizado por 2 (duas) pessoas idôneas, **portadoras de diploma de curso superior preferencialmente na área específica, dentre as que tiverem habilitação técnica relacionada com a natureza do exame** (art. 159, § 1º, do CPP); c) O exame de corpo de delito poderá ser feito em qualquer dia e a qualquer hora (art. 161 do CPP); e) SALVO o caso de exame de corpo de delito (INDISPENSÁVEL), o juiz ou a autoridade policial negará a perícia requerida pelas partes, quando não for necessária ao esclarecimento da verdade (art. 184 do CPP).

Gabarito: D.

841. (2021 – FCC – DPE/BA – Defensor – Adaptada) Sobre a confissão, é correto afirmar:

Atenua a pena no crime de tráfico de drogas com a mera admissão da posse para uso próprio.

Certo (   )   Errado (   )

Consoante jurisprudência do STJ - Súmula nº 630:

A incidência da atenuante da confissão espontânea no crime de tráfico ilícito de entorpecentes EXIGE o reconhecimento da traficância pelo acusado, NÃO bastando a mera admissão da posse ou propriedade para uso próprio.

Gabarito: Errado.

842. **(2021 – AOCP – MPE/RS – Analista do Ministério Público)** Em relação às provas no processo penal, analise as assertivas e assinale a alternativa que aponta a(s) correta(s).

I. Em regra, os documentos podem ser juntados em qualquer fase do processo. Contudo, na esfera da competência do Tribunal do Júri, durante o julgamento, não é permitida exibição de documento que não tiver sido juntado aos autos com a antecedência mínima de três dias corridos.

II. As infrações penais não transeuntes são aquelas que deixam vestígios e, por isso, a necessidade de realização de perícia.

III. No CPP , há previsão sobre a possibilidade de interrogatório, do Presidente da República, por escrito. Nesse caso, as perguntas, formuladas pelas partes e deferidas pelo juiz, lhes serão transmitidas por ofício, com prazo para respondê-las.

IV. As perícias, no processo penal, são realizadas por dois peritos oficiais. A ausência desse requisito legal macula a cadeia de custódia e invalida a prova produzida, bem como as que dela tiverem origem, com exceção daquelas produzidas por fonte independente ou sem nexo de causalidade com a inválida.

a) Apenas I, II e III.

b) Apenas I, III e IV.

c) Apenas III e IV.

d) Apenas II e III.

e) Apenas II.

Item CERTO – II

➢**Infrações NÃO transeuntes - deixam vestígios**

➢**Infrações penais Transeuntes - NÃO deixam vestígios**

Nos termos do art. 158 do CPP, quando a infração deixar vestígios, será indispensável o exame de corpo de delito, direto ou indireto, não podendo supri-lo a confissão do acusado.

Fundamentação das alternativas: Itens ERRADOS:

I - Durante o julgamento não será permitida a leitura de documento ou a exibição de objeto que não tiver sido juntado aos autos com a antecedência mínima de **3 (três) dias úteis**, dando-se ciência à outra parte, (art. 479 do CPP).

III - **NÃO há PRAZO para resposta**. O Presidente e o Vice-Presidente da República, os presidentes do Senado Federal, da Câmara dos Deputados e do Supremo Tribunal Federal poderão optar pela prestação de depoimento por escrito, caso em que as perguntas, formuladas pelas partes e deferidas pelo juiz, lhes serão transmitidas por ofício, (art. 221, § 1º, do CPP).

IV - O exame de corpo de delito e outras perícias serão realizados **por perito oficial**, portador de diploma de curso superior. Na falta de perito oficial, o exame será realizado por 2 (duas) pessoas idôneas, portadoras de diploma de curso superior preferencialmente na área específica, dentre as que tiverem habilitação técnica relacionada com a natureza do exame, (art. 159, § 1º, do CPP).

Gabarito: E.

843. **(2021 – FUNDEP – MPE/MG – Promotor de Justiça – Adaptada)** Sobre provas e medidas cautelares, podemos afirmar:

Para aferir o caráter ilícito de uma prova produzida a partir de busca pessoal, deve-se considerar que a validade da busca é testada com base no que se sabia antes de sua realização, não depois.

Certo (   )   Errado (   )

Conforme jurisprudência do STF: *[...] Mesmo que o flagrante se confirme, o encontro posterior de prova da materialidade não tem o condão de afastar a ilicitude das provas, em razão da teoria dos frutos da árvore envenenada. Não será a constatação de situação de flagrância, posterior ao ingresso, que justificará a medida. Logo, a **diligência DEVE ser avaliada com base no que se sabia ANTES de sua realização, não depois.** STF, RE 603.616, Rel. Min. Gilmar Mendes, DJ 05/11/2015.*

Gabarito: Certo.

844. **(2021 – FGV – PC/RN – Delegado)** Tramita no âmbito interno da Polícia Civil do Estado do Rio Grande do Norte processo administrativo disciplinar (PAD) que apura eventual falta funcional praticada por certo delegado de polícia. Durante a instrução do PAD, foi verificada pela autoridade competente que o conduz a necessidade de obtenção de prova emprestada, consistente em interceptação telefônica realizada no bojo de processo criminal. De acordo com a jurisprudência dos Tribunais Superiores, o compartilhamento de prova pretendido é:

a) inviável, pois a CF/88 de 1988 prevê que é inviolável o sigilo da correspondência e das comunicações telegráficas, de dados e das comunicações telefônicas.

b) inviável, pois a CF/88 de 1988 prevê que a interceptação telefônica somente pode ser utilizada para fins de investigação criminal ou instrução processual penal.

c) viável, desde que devidamente autorizada pelo juízo criminal competente e respeitados os princípios do contraditório e da ampla defesa.

d) viável, independentemente de prévia autorização pelo juízo criminal, porque, uma vez produzida, a prova pertence ao Estado que é uno.

e) inviável, pois a CF/88 de 1988 prevê que a interceptação telefônica somente pode ser produzida no âmbito de investigação e processo criminal ou ação de improbidade administrativa.

A jurisprudência do STJ e do STF é firme no sentido de que é ADMITIDA a utilização no processo administrativo de "prova emprestada" do inquérito policial ou do processo penal, desde que autorizada pelo juízo criminal e respeitados o contraditório e a ampla defesa. (MS 17.472/DF, Rel. Min. Arnaldo Esteves Lima, Primeira Seção, julgado em 13/6/2012).

Esse "empréstimo" da prova é permitido mesmo que o processo penal ainda não tenha transitado em julgado. Isso porque, em regra, o resultado da sentença proferida no processo criminal não repercute na instância administrativa, tendo em vista a independência existente entre as instâncias (STJ. 2ª Turma. RMS 33.628-PE, Rel. Min. Humberto Martins, julgado em 2/4/2013. Info 521).

Súmula nº 591 do STJ: *É PERMITIDA a "prova emprestada" no processo administrativo disciplinar, desde que devidamente autorizada pelo juízo competente e respeitados o contraditório e a ampla defesa.*

Gabarito: C.

845. **(2021 – FGV – PC/RN – Delegado)** Após a expedição de mandado de busca e apreensão em determinado endereço, policiais compareceram à residência de Antônio para apreender documentos referentes à investigação da prática do crime de lavagem de dinheiro. Os policiais nada encontraram na diligência, mas acharam uma conta de luz de outro endereço em nome do investigado. Os policiais, então, se dirigiram imediatamente ao novo endereço, e, após tocarem a campainha e não serem atendidos, arrombaram a porta do apartamento, na presença de um vizinho. No local, foram encontrados diversos documentos que demonstravam a prática do crime objeto da investigação. Considerando a legislação vigente, a prova obtida será:

a) válida, por tratar-se de encontro fortuito de provas.

b) nula, pois a busca e apreensão sempre exige a presença física do morador.

c) nula, pois, diante da ausência do morador, era indispensável para a validade a presença de duas testemunhas para o arrombamento do local.

d) nula, pois realizada em local distinto daquele constante do mandado de busca e apreensão.

e) válida, pois obtida em outro domicílio que comprovadamente também seria do investigado contra o qual deferida a medida original.

Conforme o teor do art. 243 do CPP, o mandado de busca deverá:

➤ **Indicar, o mais precisamente possível, a casa em que será realizada a diligência e o nome do respectivo proprietário ou morador.**

➤ **No caso de busca pessoal, o nome da pessoa que terá de sofrê-la ou os sinais que a identifiquem.**

➤ **Mencionar o motivo e os fins da diligência.**

➤ **Ser subscrito pelo escrivão e assinado pela autoridade que o fizer expedir.**

[...] INDISPENSÁVEL que o mandado de busca e apreensão tenha objetivo certo e pessoa determinada, NÃO se admitindo ordem judicial genérica e indiscriminada de busca e apreensão para a entrada da polícia em qualquer residência. Constrangimento ilegal evidenciado" (STJ. AgRg no HC 435.934/RJ, Rel. Ministro SEBASTIÃO REIS JÚNIOR, SEXTA TURMA, julgado em 05/11/19, DJe 20/11/19)

Jurisprudência do STJ – 2021 – Na hipótese de suspeita de flagrância delitiva, em termos de standard probatório, para que policiais ingressem no domicílio do suspeito SEM mandado judicial é necessário: *Declaração assinada pela pessoa que autorizou o ingresso domiciliar, indicando-se, sempre que possível, testemunhas do ato; Em todo caso, a operação deve ser registrada em áudio-vídeo e preservada a prova enquanto durar o processo. STJ. 6ª Turma. HC 598.051/SP, Rel. Min. Rogério Schietti Cruz, julgado em 02/03/2021 (Info 687).*

Gabarito: D .

---

846. **(2021 – CESPE/CEBRASPE – DEPEN – Agente Federal de Execução Penal)** Com base na legislação especial, julgue o próximo item.

O perito que subscrever o laudo de constatação da natureza e quantidade da droga apreendida em prisão em flagrante ficará impedido de participar da elaboração do laudo definitivo.

Certo ( )   Errado ( )

O art. 50, § 2º, da Lei nº 11.343/06, dispõe que o perito que subscrever o laudo a que se refere o § 1º, (laudo preliminar) deste artigo NÃO ficará IMPEDIDO de participar da elaboração do laudo definitivo.

Jurisprudência do STJ — *A regra geral é que a condenação é realizada com base no laudo definitivo, entretanto existem exceções: A jurisprudência do STJ entende possível a comprovação da materialidade do ato infracional, equiparado a tráfico de drogas, por outros meios de prova, não sendo imprescindível a realização de exame toxicológico definitivo (precedentes) (HC 312.888/AL, Rel. Ministro FELIX FISCHER, QUINTA TURMA, julgado em 04/08/2015, DJe 25/08/2015).*

Gabarito: Errado.

847. **(2021 – IDECAN – PEFOCE – Auxiliar de Perícia)** No tocante à cadeia de custódia da prova, a atuação da perícia é essencial. O perito deve garantir que o material coletado seja, de fato, submetido às perícias necessárias e, posteriormente, a depender da situação, armazenar ou descartar referido material. Nesse sentido, de acordo com o CPP , as etapas que abrangem a cadeia de custódia são:

   a) prisão, isolamento, comparação, coleta, acondicionamento, transporte, recebimento, processamento, armazenamento e descarte.

   b) reconhecimento, isolamento, fixação, coleta, acondicionamento, transporte, recebimento, processamento, armazenamento e descarte.

   c) distinção, preservação, análise, comparação, acondicionamento, transporte, recebimento, processamento, armazenamento e descarte.

   d) reconhecimento, isolamento, fixação, manipulação, transferência da posse do vestígio, acondicionamento, testes físico-químicos, descarte.

   e) isolamento, fixação, testes, transporte, processamento, armazenamento, descarte e prisão se necessário.

O examinador extraiu do candidato(a) o conhecimento específico do texto legal, vejamos:

Novidade legislativa: art. 158-B. A cadeia de custódia compreende o rastreamento do vestígio nas seguintes etapas:

Etapas da cadeia de custódia:

- **RECONHECIMENTO → DISTINÇÃO**
- **ISOLAMENTO → ISOLAR**
- **FIXAÇÃO → DESCRIÇÃO**
- **COLETA → RECOLHER**
- **ACONDICIONAMENTO → EMBALADO**
- **TRANSPORTE → TRANSFERIR DE LOCAL**
- **RECEBIMENTO → TRANSFERIR DE POSSE**
- **PROCESSAMENTO → EXAME**
- **ARMAZENAMENTO → GUARDA**
- **DESCARTE → LIBERAÇÃO**

Gabarito: B.

848. **(2021 – AOCP – PC/PA – Delegado)** Assinale a alternativa INCORRETA.

a) O agente público que reconhecer um elemento como de potencial interesse para a produção da prova pericial remeterá seu conteúdo a um responsável para sua preservação.

b) O início da cadeia de custódia dá-se com a preservação do local de crime ou com procedimentos policiais ou periciais nos quais seja detectada a existência de vestígio.

c) A coleta dos vestígios deverá ser realizada preferencialmente por perito oficial, que dará o encaminhamento necessário para a central de custódia, mesmo quando for necessária a realização de exames complementares.

d) É proibida a entrada em locais isolados bem como a remoção de quaisquer vestígios de locais de crime antes da liberação por parte do perito responsável, sendo tipificada como fraude processual a sua realização.

e) Na central de custódia, a entrada e a saída de vestígio deverão ser protocoladas, consignando-se informações sobre a ocorrência no inquérito que a eles se relacionam.

O agente público que reconhecer um elemento como de potencial interesse para a produção da prova pericial FICA RESPONSÁVEL por sua preservação (art. 158-A, § 2º, do CPP).

Fundamentação das alternativas: b) art. 158-A, § 1º, do CPP); c) Art.158-C do CPP; d) 158-C, § 2º, do CPP; e e) art. 158-E, § 2º, do CPP.

Gabarito: A.

---

849. **(2021 – INSTITUTO AOCP – PC/PA – Investigador de Polícia Civil)** Fazendo ronda em determinado bairro de Marabá-PA, a Polícia Militar decide aleatoriamente invadir uma residência para apurar eventual depósito de entorpecentes. Infiltrando-se na morada, encontra meio quilo de maconha guardado em um cofre de metal. De imediato, os policiais deram ordem de prisão em flagrante contra o morador do local, Sicrano, pessoa reincidente em crime. Diante dessa situação hipotética e dos fatos apresentados, assinale a alternativa correta.

a) Sicrano será levado à Delegacia de Polícia e a autoridade policial converterá sua prisão em flagrante em prisão preventiva.

b) Mesmo reincidente, Sicrano poderá celebrar acordo de não persecução penal com o Ministério Público, vez que o delito a ele imputado não foi cometido com violência ou grave ameaça à pessoa.

c) A prisão deve ser relaxada e a diligência declarada nula, por constituir prova ilícita derivada da ilegal invasão domiciliar.

d) Deve ser agendada audiência de custódia para que o magistrado competente desclassifique o indiciamento por tráfico para o de porte para consumo de entorpecentes.

e) Sicrano não poderá ter sua prisão em flagrante relaxada pelo Poder Judiciário por ser reincidente em condenação criminal anterior.

A entrada forçada em domicílio SEM mandado judicial só é lícita, mesmo em período noturno, quando amparada em fundadas razões, devidamente justificadas "a posteriori", que indiquem que dentro da casa ocorre situação de flagrante delito, sob pena de responsabilidade disciplinar, civil e penal do agente ou da autoridade, e de nulidade dos atos praticados. STF. Plenário. RE 603616/RO, Rel. Min. Gilmar Mendes, julgado em 4 e 5/11/2015 (repercussão geral – Tema 280).

A mera denúncia anônima, desacompanhada de outros elementos preliminares indicativos de crime, NÃO legitima o ingresso de policiais no domicílio indicado, estando, ausente, assim, nessas situações, justa causa para a medida. STJ. 6ª Turma. HC 512.418/RJ, Rel. Min. Nefi Cordeiro, julgado em 26/11/19.
Gabarito: C.

---

850. **(2021 – FGV – PC/RN – Delegado)** No curso de inquérito policial para investigar a prática de crime sexual, a autoridade policial entendeu necessária a realização de exame de DNA de Leonardo, suspeito do delito, para colher informações sobre a sua autoria. Nesse sentido, a prova em questão:

a) não poderá ser recusada por Leonardo, diante da sua condição de indiciado, independentemente de exigir comportamento ativo ou passivo.

b) poderá ser realizada, independentemente da concordância de Leonardo, ainda que invasiva, mas exige decisão judicial prévia.

c) poderá ser recusada por Leonardo no curso do inquérito policial, mas não no curso de processo judicial.

d) poderá ser realizada sobre material descartado por poderá ser realizada sobre material descartado por Leonardo, independentemente de sua concordância.

e) poderá ser realizada independentemente da concordância de Leonardo, ainda que exija comportamento ativo do agente, desde que sujeita ao contraditório e ampla defesa.

O princípio do "*nemo tenetur se detegere*" ou não autoincriminação, prevê que ninguém pode ser obrigado a produzir prova contra si mesmo. Portanto, a recusa do acusado em se submeter a tais provas não configura o crime de desobediência nem o de desacato. São desdobramentos do princípio da não autoincriminação:

➢ O direito ao silêncio.

➢ **O direito de não se submeter a nenhuma prova invasiva.**

➢ O direito de não praticar nenhum comportamento ATIVO que possa incriminá-lo.

Provas INVASIVAS	Provas NÃO invasivas
DEPENDE do consentimento do investigado	**INDEPENDE** da concordância do imputado

Jurisprudência do STJ — *[...] No caso, entretanto, NÃO há que falar em violação à intimidade já que o investigado, no momento em que dispensou o copo e a colher de plástico por ele utilizado em uma refeição, deixou de ter o controle sobre o que outrora lhe pertencia (saliva que estava em seu corpo). 6. Também INEXISTE violação do direito à não autoincriminação, pois, embora o investigado, no primeiro momento, tenha se recusado a ceder o material genético para análise, o exame do DNA foi realizado sem violência moral ou física, utilizando-se de material descartado pelo paciente, o que afasta o apontado constrangimento ilegal. Precedentes HC 354068 / MG, DJe 21/03/2018.*
Gabarito: D.

---

851. **(2021 – AOCP – PC/PA – Delegado)** A respeito da cadeia de custódia, assinale a alternativa correta.

a) O início da cadeia de custódia dá-se com o ato de transferir o vestígio de um local para o outro, utilizando as condições adequadas.

b) Uma das etapas da cadeia de custódia, o armazenamento, consiste no procedimento por meio do qual cada vestígio coletado é embalado de forma individualizada, de acordo com suas características físicas, químicas e biológicas, para posterior análise, com anotação da data, hora e nome de quem realizou a coleta e o acondicionamento.

c) É proibida a entrada em locais isolados bem como a remoção de quaisquer vestígios de locais de crime antes da liberação por parte do perito responsável, sendo tipificada como fraude processual a sua realização.

d) O recipiente para acondicionamento do vestígio será determinado pela natureza do material e só poderá ser aberto pelo perito que vai proceder à análise, pela autoridade policial e, motivadamente, por pessoa autorizada.

e) Após a realização da perícia, o material deverá ser devolvido à central de custódia, devendo nela iniciar o procedimento de descarte.

É PROIBIDA a entrada em locais isolados bem como a remoção de quaisquer vestígios de locais de crime antes da liberação por parte do perito responsável, sendo tipificada como fraude processual a sua realização, (art. 158-C, § 2º, do CPP).

Fundamentação das alternativas: a) O início da cadeia de custódia dá-se com a preservação do local de crime ou com procedimentos policiais ou periciais nos quais seja detectada a existência de vestígio, (art. 158-A, § 1º, do CPP); b) Conforme o art. 158-B do CPP, a cadeia de custódia compreende o rastreamento do vestígio nas seguintes ETAPAS:

↬ **RECONHECIMENTO → DISTINÇÃO**

↬ **ISOLAMENTO → ISOLAR**

↬ **FIXAÇÃO → DESCRIÇÃO**

↬ **COLETA → RECOLHER**

↬ **ACONDICIONAMENTO → EMBALADO**

↬ **TRANSPORTE → TRANSFERIR DE LOCAL**

↬ **RECEBIMENTO → TRANSFERIR DE POSSE**

↬ **PROCESSAMENTO → EXAME**

↬ **ARMAZENAMENTO → GUARDA**

↬ **DESCARTE → LIBERAÇÃO**

d) O recipiente para acondicionamento do vestígio será determinado pela natureza do material. O recipiente só poderá ser aberto pelo perito que vai proceder à análise e, motivadamente, por pessoa autorizada, (art. 158-D, § 3º, do CPP); e e) APÓS a realização da perícia, o material DEVERÁ ser devolvido à central de custódia, devendo nela permanecer, (art. 158-F do CPP).

Gabarito: C.

---

852. (2021 – CESPE – CEBRASPE – DEPEN – Agente Federal de Execução Penal) Com relação a processo penal, julgue o item a seguir.

A confissão formal e circunstanciada do investigado é um dos requisitos para a proposta de acordo de não persecução penal pelo Ministério Público.

Certo ( )   Errado ( )

A questão aborda as inovações introduzidas no CPP, mas, antes de apontarmos o dispositivo que fundamenta, vamos conceituar o meio de prova, confissão.

A confissão é a "declaração voluntária, feita por um imputável, a respeito de fato pessoal e próprio, desfavorável e suscetível de renúncia."

Consoante o teor do art. 28-A do CPP, *caput*: *[...] não sendo caso de arquivamento e tendo o investigado confessado formal e circunstancialmente a prática de infração penal [...]*. Além do previsto no CPP, o art. 18, § 2º, da Res. 181/2017-CNMP, prevê o procedimento do Acordo de Não Persecução Penal - ANPP exigindo que o investigado tenha **CONFESSADO - confissão seja registrada em áudio e vídeo - FORMAL** (em ato solene) e **CIRCUNSTANCIALMENTE** (com detalhes) a prática da infração penal.

Jurisprudência do STF e STJ:

Inf. nº 1017 do STF — *O Poder Judiciário não pode impor ao Ministério Público a obrigação de ofertar Acordo de Não Persecução Penal (ANPP). Não cabe ao Poder Judiciário, que não detém atribuição para participar de negociações na seara investigatória, impor ao MP a celebração de acordos (STF. 2ª Turma. HC 194677/SP, Rel. Min. Gilmar Mendes, julgado em 11/5/2021).*

Inf. nº 683 do STJ — *O acordo de não persecução penal (ANPP) aplica-se a fatos ocorridos antes da Lei nº 13.964/19, desde que não recebida a denúncia. Dessa forma, a retroatividade penal benéfica incide para permitir que o ANPP seja viabilizado a fatos anteriores à Lei nº 13.964/19, desde que não recebida a denúncia. Assim, mostra-se impossível realizar o ANPP quando já recebida a denúncia em data anterior à entrada em vigor da Lei nº 13.964/19 (STJ. 5ª Turma. HC 607.003-SC, Rel. Min. Reynaldo Soares da Fonseca, julgado em 24/11/2020; STF. 1ª Turma. HC 191464 AgR, Rel. Roberto Barroso, julgado em 11/11/2020).*

Gabarito: Certo.

---

853. **(2021 – MPDFT – Promotor de Justiça)** Considere as assertivas abaixo, sobre a prova no processo penal:

I. Indício é meio de prova, considerada a circunstância conhecida e provada, que, tendo relação com o fato, autorize, por indução, concluir a existência de outra ou outras circunstâncias, o que não se confunde com o conceito de indício exigido para o recebimento da denúncia.

II. O informante terá direito à preservação de sua identidade, a qual apenas será revelada em caso de relevante interesse público ou interesse concreto para a apuração dos fatos.

III. Para verificar a possibilidade de haver a infração sido praticada de determinado modo, a autoridade policial poderá proceder à reprodução simulada dos fatos, desde que esta não contrarie a moralidade ou a ordem pública, requisitos estes que dizem com a relevância da prova.

A partir do que fora exposto, é possível dizer:

a) As assertivas I, II e III estão corretas.

b) Somente a assertiva I e II estão corretas.

c) As assertivas I, II e III estão incorretas.

d) Somente as assertivas II e III estão corretas.

e) Somente as assertivas I e III estão corretas.

CERTOS os itens I e II, vejamos:

I - Consoante à definição prevista no art. 239 do CPP, indício é meio de **prova indireta**, podendo ser compreendido como a circunstância conhecida e provada, que, tendo relação com o fato, autorize, por indução, concluir a existência de outra ou outras circunstâncias. A doutrina dispõe que) *"Nesta acepção, a expressão "indício" refere-se a uma cognição vertical (quanto à profundidade) não exauriente, ou seja, uma cognição sumária, não profunda, em sentido oposto à necessária completude da cognição, no plano vertical, para a prolação de uma sentença condenatória".* (DE LIMA, Renato Brasileiro de. Manual de Processo Penal. 8. Ed. rev., ampl. e atual. Salvador/Ba) Juspodivm, 2020).

II - Conforme estabelece a Lei nº 13.608/18 (Lei do Disk Denúncia), no artigo 4º-b) *"O informante terá direito à preservação de sua identidade, a qual apenas será revelada em caso de relevante interesse público ou interesse concreto para a apuração dos fatos".*

ERRADO o item III:

III - O item trata expressamente do previsto no art. 7º do CPP, no entanto os requisitos de moralidade e da ordem pública não guardam relação com o conteúdo da prova, mas sim com a **forma de sua produção**.

Gabarito: B.

---

854. (2021 – CESPE/CEBRASPE – PF – Escrivão) Com relação ao direito penal e ao direito processual penal, julgue o item que se segue.

Armazenamento consiste no procedimento de embalar, de forma individualizada, cada vestígio coletado, de acordo com suas características físicas, químicas e biológicas, para análise posterior.

Certo ( )   Errado ( )

A cadeia de custódia o conjunto dos procedimentos para manter e documentar os vestígios coletado em locais ou em vítimas de crimes. O art. 158-B do CPP, a cadeia de custódia compreende o rastreamento do vestígio nas seguintes ETAPAS:

- **RECONHECIMENTO** → **DISTINÇÃO**
- **ISOLAMENTO** → **ISOLAR**
- **FIXAÇÃO** → **DESCRIÇÃO**
- **COLETA** → **RECOLHER**
- **ACONDICIONAMENTO** → **EMBALADO**
- **TRANSPORTE** → **TRANSFERIR DE LOCAL**
- **RECEBIMENTO** → **TRANSFERIR DE POSSE**
- **PROCESSAMENTO** → **EXAME**
- **ARMAZENAMENTO** → **GUARDA**
- **DESCARTE** → **LIBERAÇÃO**

DIFERENCIAÇÃO - art. 158-B do CPP:	
ACONDICIONAMENTO	**ARMAZENAMENTO**
É procedimento por meio do qual cada vestígio coletado é **EMBALADO de forma INDIVIDUALIZADA**, de acordo com suas características físicas, químicas e biológicas, para posterior análise, com anotação da data, hora e nome de quem realizou a coleta e o acondicionamento.	É procedimento referente à **GUARDA**, em condições adequadas, do material a ser processado, guardado para realização de contraperícia, descartado ou transportado, com vinculação ao número do laudo correspondente.

Gabarito: Errado.

---

855. (2021 – CESPE/CEBRASPE – PF – Delegado) Após ligação anônima, a polícia realizou busca em determinada casa, onde encontrou pessoas preparando pequenos pacotes de determinada substância — aparentemente entorpecente —, os quais foram apreendidos, além de armas de fogo de alto calibre. Durante a diligência, o delegado, informalmente, realizou entrevistas com as pessoas que estavam no domicílio. Durante essas entrevistas, um dos indivíduos confessou a prática do delito e, posteriormente, colaborou com a identificação dos demais membros da organização criminosa. A partir das informações do colaborador, foi realizada uma ação controlada.

A partir dessa situação hipotética, julgue o próximo item.

A busca domiciliar fundamentada em notícia anônima foi válida em razão da descoberta da situação que culminou em flagrante delito.

Certo ( )   Errado ( )

As denúncias anônimas NÃO PODEM embasar por si sós, medidas invasivas como interceptações telefônicas, buscas e apreensões, e DEVEM ser complementadas por diligências investigativas posteriores.

Jurisprudência do STF e STJ:

[...] A existência de denúncia anônima da prática de tráfico de drogas somada à fuga do acusado ao avistar a polícia, por si sós, NÃO configuram fundadas razões a autorizar o ingresso policial no domicílio do acusado sem o seu consentimento ou sem determinação judicial. STJ. 5ª Turma. RHC 89853-SP, Rel. Min. Ribeiro Dantas, julgado em 18/02/2020 (Info 666).

[...] Se há notícia anônima de comércio de drogas ilícitas numa determinada casa, a polícia deve, antes de representar pela expedição de mandado de busca e apreensão, proceder a diligências veladas no intuito de reunir e documentar outras evidências que confirmem, indiciariamente, a notícia. Se confirmadas, com base nesses novos elementos de informação o juiz deferirá o pedido. Se não confirmadas, não será possível violar o domicílio, sendo a expedição do mandado desautorizada pela ausência de justa causa. O mandado de busca e apreensão expedido exclusivamente com apoio em denúncia anônima é abusivo. STF. 2ª Turma. , Rel. Min. Gilmar Mendes, julgado em 5/5/2020 (Info 976).

Gabarito: Errado.

---

856. (2021 – CESPE/CEBRASPE – PF – Delegado) Após ligação anônima, a polícia realizou busca em determinada casa, onde encontrou pessoas preparando pequenos pacotes de determinada substância — aparentemente entorpecente —, os quais foram apreendidos, além de armas de fogo de alto calibre. Durante a diligência, o delegado, informalmente, realizou entrevistas com as pessoas que estavam no domicílio. Durante essas entrevistas, um dos indivíduos confessou a prática do delito e, posteriormente, colaborou com a identificação dos demais membros da organização criminosa. A partir das informações do colaborador, foi realizada uma ação controlada.

A partir dessa situação hipotética, julgue o próximo item.

De acordo com o Supremo Tribunal Federal, a entrevista informalmente conduzida pelo delegado durante a realização da busca domiciliar viola as garantias individuais dos presos.

Certo ( )   Errado ( )

O interrogatório travestido de entrevista, interrogatório sub-reptício, informal, gera violação do direito ao silêncio e à não autoincriminação é o posicionamento do STF, vejamos:

[...] A realização de interrogatório em ambiente intimidatório representa uma diminuição da garantia contra a autoincriminação. O fato de o interrogado responder a determinadas perguntas não significa que ele renunciou ao do seu direito. As provas obtidas através de busca e apreensão realizada com violação à Constituição não devem ser admitidas e declarar a nulidade da "entrevista" realizada e das provas derivadas, nos termos do art. 5º, LVI, da CF/88 e do art. 157, § 1º, do CPP, determinando ao juízo de origem que proceda ao desentranhamento das peças. (Rcl 33711, Relator(a): Min. GILMAR MENDES, Segunda Turma, julgado em 11/06/19, PROCESSO ELETRÔNICO DJe-184 DIVULG 22-08-2019 PUBLIC 23-08-2019).

Gabarito: Certo.

---

857. **(2021 – CESPE/CEBRASPE – PF – Delegado)** Quanto à prova criminal, julgue o item que se segue.

A ordem judicial de busca domiciliar autoriza o acesso aos dados armazenados no celular apreendido pela autoridade policial.

Certo ( )   Errado ( )

Não ofende o art. 5º, XII, da CF/88, porquanto o sigilo a que se refere o aludido preceito constitucional é em relação à interceptação telefônica ou telemática propriamente dita, ou seja, é da comunicação de dados, e não dos dados em si mesmos. **É lícito** o acesso aos dados armazenados em celular apreendido com base em **autorização judicial**.

Jurisprudência do STF e STJ: *[...] Se o telefone celular foi apreendido em busca e apreensão determinada por decisão judicial, não há óbice para que a autoridade policial acesse o conteúdo armazenado no aparelho, inclusive as conversas do whatsapp. Para a análise e a utilização desses dados armazenados no celular não é necessária nova autorização judicial. A ordem de busca e apreensão determinada já é suficiente para permitir o acesso aos dados dos aparelhos celulares apreendidos. STJ. 5ª Turma. RHC 77.232/SC, Rel. Min. Felix Fischer, julgado em 03/10/2017.*

Gabarito: Certo.

---

858. **(2021 – CESPE/CEBRASPE – PF – Delegado)** Quanto à prova criminal, julgue o item que se segue.

É nula a decisão judicial que indefere a oitiva das vítimas do crime arroladas pela defesa.

Certo ( )   Errado ( )

A questão despertou polêmicas, mas, vamos trabalhar dois eixos (LEI e JURISPRUDÊNCIA) para resolvê-la. Sendo o primeiro deles a LEI, vejamos:

O art. 201 do CPP prevê que sempre que possível, o ofendido será qualificado e perguntado sobre as circunstâncias da infração, quem seja ou presuma ser o seu autor, as provas que possa indicar, tomando-se por termo as suas declarações.

Jurisprudência do STF e STJ: *[...]"não há direito absoluto à produção de prova" e que "a obrigatoriedade de oitiva da vítima deve ser compreendida à luz da razoabilidade e da utilidade prática da colheita da referida prova" (HC 131158/RS, rel. Min. Edson Fachin, 26.4.2016).*

Além disso, o art. 400, § 1º, do CPP, estabelece que na audiência de instrução e julgamento [...] as provas serão produzidas numa só audiência, **PODENDO o juiz INDEFERIR as consideradas irrelevantes, impertinentes ou protelatórias. (LIVRE CONVENCIMENTO MOTIVADO).**

O STF, no informativo nº 823, confirmou o que dispõe o teor do artigo supramencionado **"o magistrado, em observância ao sistema da persuasão racional, motivara a dispensa da oitiva de todas as vítimas"**.

Gabarito: Errado.

---

859. (2021 – CESPE/CEBRASPE – PF – Delegado) Quanto à prova criminal, julgue o item que se segue.

No que se refere ao procedimento de reconhecimento, a pessoa que será reconhecida deverá, se possível, ser posicionada ao lado de outras pessoas com semelhanças físicas, sem número definido de indivíduos, para que, em seguida, a pessoa que tiver de fazer o reconhecimento seja convidada a apontá-la.

Certo (   )   Errado (   )

O art. 226 do CPP estabelece o procedimento para a realização do reconhecimento de pessoa, e no II dispõe que proceder-se-á da seguinte forma: a pessoa, cujo reconhecimento se pretender, será colocada, **SE POSSÍVEL**, ao lado de outras que com ela tiverem qualquer semelhança, convidando-se quem tiver de fazer o reconhecimento a apontá-la.

Jurisprudência do STJ:

[...] O reconhecimento do suspeito por simples exibição de fotografia(s) ao reconhecedor, a par de dever seguir o mesmo procedimento do reconhecimento pessoal, há de ser visto como etapa antecedente a eventual reconhecimento pessoal e, portanto, não pode servir como prova em ação penal, ainda que confirmado em juízo. STJ. 6ª Turma. HC 598.886-SC, Rel. Min. Rogerio Schietti Cruz, julgado em 27/10/2020 (Info 684).

Gabarito: Certo.

---

860. (2021 – CESPE/CEBRASPE – PF – Delegado) Quanto à prova criminal, julgue o item que se segue.

Na ausência de um perito oficial, a perícia pode ser feita por duas pessoas idôneas portadoras de curso superior, preferencialmente com habilitação técnica relacionada à natureza do exame.

Certo (   )   Errado (   )

Conforme o teor expresso do art. 159, § 1º, do CPP, *na **falta de perito oficial**, o exame será realizado por **2 (duas) pessoas idôneas, portadoras de diploma de curso superior preferencialmente** na área específica, dentre as que tiverem habilitação técnica relacionada com a natureza do exame.*

Atenção! O art. 50, § 2º, da Lei nº 11/343/06 *dispõe que o perito que subscrever o laudo a que se refere o § 1º, (laudo preliminar) deste artigo NÃO ficará IMPEDIDO de participar da elaboração do laudo definitivo.*

Gabarito: Certo.

---

861. **(2021 – CESPE/CEBRASPE – PF – Delegado)** Quanto à prova criminal, julgue o item que se segue.

A confissão do acusado não dispensa a realização do exame de corpo de delito nos casos de crimes não transeuntes.

Certo ( )   Errado ( )

Quando a infração deixar vestígios (NÃO transeunte) será **INDISPENSÁVEL** o exame de corpo de delito, direto ou indireto, **não podendo supri-lo a confissão do acusado**, consoante o art. 158 do CPP.
Gabarito: Certo.

---

862. **(2021 – CESPE/CEBRASPE – PRF – Policial)** Durante uma abordagem em via pública, tendo suspeitado do comportamento de determinado condutor e constatado rasura na carteira nacional de habilitação (CNH) por ele apresentada, o policial rodoviário, após efetuar busca no veículo e apreender mercadoria proibida, deu-lhe voz de prisão, em razão da prática de crime de ação penal pública.

Com referência a essa situação hipotética, julgue o item seguinte.

O policial poderá ser arrolado como testemunha, caso em que seu depoimento terá valor probatório superior ao do interrogatório do condutor.

Certo ( )   Errado ( )

Consoante o teor do art. 202 do CPP, qualquer pessoa pode, em regra, ser testemunha. A jurisprudência do STJ entende ser possível o depoimento dos policiais, vejamos:

*[...] O **depoimento dos policiais prestado em juízo constitui meio de prova idôneo** a resultar na condenação do paciente, notadamente quando ausente qualquer dúvida sobre a imparcialidade das testemunhas, **cabendo à defesa o ônus de demonstrar a imprestabilidade da prova** (STJ, HC 165.561/AM, julgado em 02/02/2016) (STJ. 5ª Turma. HC 395.325/SP, julgado em 18/05/2017).*
Gabarito: Errado.

---

863. **(2021 – CESPE/CEBRASPE – PRF – Policial)** Durante uma abordagem em via pública, tendo suspeitado do comportamento de determinado condutor e constatado rasura na carteira nacional de habilitação (CNH) por ele apresentada, o policial rodoviário, após efetuar busca no veículo e apreender mercadoria proibida, deu-lhe voz de prisão, em razão da prática de crime de ação penal pública.

Com referência a essa situação hipotética, julgue o item seguinte.

A busca e a apreensão no veículo foram ilícitas, já que o policial as realizou sem autorização judicial.

Certo ( )   Errado ( )

Não é ILÍCITA a busca no interior do veículo, pois a respectiva busca se equipara à busca pessoal. O art. 244 do CPP dispõe que:

A busca pessoal independerá de mandado, no caso de prisão ou quando houver **fundada suspeita** de que a pessoa esteja na posse de arma proibida ou de objetos ou papéis que constituam corpo de delito, ou quando a medida for determinada no curso de busca domiciliar.

Jurisprudência do STF: *[...] A **apreensão de documentos no interior de veículo automotor constitui uma espécie de "busca pessoal"** e, portanto, **NÃO necessita de autorização judicial quando houver fundada suspeita de que em seu interior estão escondidos elementos necessários à elucidação dos fatos investigados.** EXCETO: será necessária autorização judicial quando o veículo é destinado à habitação do indivíduo, como no caso de trailers, cabines de caminhão, barcos, entre outros, quando, então, se inserem no conceito jurídico de domicílio. STF. 2ª Turma. RHC 117767/DF, Rel. Min. Teori Zavascki, julgado em 11/10/2016(Info 843).*

Gabarito: Errado.

---

864. (2020 – CESPE/CEBRASPE – PF – Delegado) Acerca dos meios de provas, suas espécies, classificação e valoração, julgue o item a seguir.

O juiz detém discricionariedade quanto à valoração dos elementos probatórios, porém é limitado à obrigatoriedade de motivação de sua decisão, com base em dados e critérios objetivos.

Certo ( )   Errado ( )

O **Sistema do convencimento motivado (persuasão racional do juiz)** encontra no texto constitucional no art. 93, IX:

todos os julgamentos dos órgãos do Poder Judiciário serão públicos, **e fundamentadas todas as decisões**, sob pena de nulidade, podendo a lei limitar a presença, em determinados atos, às próprias partes e a seus advogados, ou somente a estes, em casos nos quais a preservação do direito à intimidade do interessado no sigilo não prejudique o interesse público à informação;

O Juiz formará sua convicção pela livre apreciação da prova produzida em contraditório judicial, NÃO podendo fundamentar sua decisão exclusivamente nos elementos informativos colhidos na investigação, ressalvadas as provas cautelares, não repetíveis e antecipadas, consoante o teor do artigo 155 do CPP.

Gabarito: Certo.

---

865. (2020 – CESPE/CEBRASPE – PF – Delegado) Acerca dos meios de provas, suas espécies, classificação e valoração, julgue o item a seguir.

No curso da instrução criminal, é vedado ao juiz determinar, de ofício, a realização de diligências para dirimir dúvida sobre ponto relevante, devendo-se limitar às provas apresentadas pelas partes.

Certo ( )   Errado ( )

Em regras competem às partes a produção da prova. Entretanto, o Juiz como gestor da prova poderá determinar a produção de provas, conforme prevê o art. 156, I, II, do CPP:

A prova da alegação incumbirá a quem a fizer, sendo, porém, facultado ao juiz de ofício:

*I – ordenar, mesmo **ANTES DE INICIADA A AÇÃO PENAL**, a produção antecipada de provas consideradas urgentes e relevantes, observando a necessidade, adequação e proporcionalidade da medida;*

*II – determinar, **NO CURSO DA INSTRUÇÃO**, ou antes de proferir sentença, a realização de diligências para dirimir dúvida sobre ponto relevante.*

Gabarito: Errado.

---

866. **(2020 – CESPE/CEBRASPE – MPE/CE – Promotor de Justiça)** Durante prisão em flagrante de Paulo pelo cometimento de crime de homicídio, policiais analisaram os registros telefônicos das últimas ligações no aparelho celular dele e identificaram o número de outro envolvido, Pablo, que foi acusado de ser o possível mandante. Após a prisão de ambos, a defesa de Pablo impetrou *habeas corpus*, sob o argumento de que os policiais haviam violado o direito fundamental de sigilo das comunicações de dados, estabelecido no inciso XII do art. 5.º, da CF/88 de 1988 (CF) — "XII é inviolável o sigilo da correspondência e das comunicações telegráficas, de dados e das comunicações telefônicas, salvo, no último caso, por ordem judicial, nas hipóteses e na forma que a lei estabelecer para fins de investigação criminal ou instrução processual penal". Quanto à extensão da proteção conferida pelo referido dispositivo constitucional na situação hipotética em apreço, assinale a opção correta, à luz da jurisprudência do STF.

   a) Houve violação do direito fundamental ao sigilo das comunicações telefônicas.

   b) apreensão dos dados armazenados caracteriza violação do sigilo de comunicação de dados.

   c) Não houve violação do direito ao sigilo das comunicações telefônicas.

   d) As provas decorrentes da análise policial são inadmissíveis, segundo a teoria do *fruit of the poisonous tree*.

   e) A análise empreendida pelos policiais caracteriza interceptação telefônica, logo dependia de prévia autorização judicial.

   O STF em tese de repercussão geral em 2020 firmou o seguinte entendimento:
   É LÍCITA a prova obtida pela autoridade policial, SEM autorização judicial, mediante acesso a registro telefônico ou a agenda de contatos de celular apreendido ato contínuo no local do crime atribuído ao acusado, NÃO configurando esse acesso ofensa ao sigilo das comunicações à intimidade ou a privacidade do indivíduo (CF, art. 5º, incisos X e XII)." (STF - 30/10/2020 – Repercussão Geral).
   Gabarito: C.

---

867. **(2020 – FCC – TJ/MS – Juiz – Adaptada)** O interrogatório do acusado pode ser realizado por sistema de videoconferência, desde que necessária a medida para prevenir risco à segurança pública e intimadas as partes da decisão que o determinar com 05 (cinco) dias de antecedência.

   Certo ( )   Errado ( )

   O item contraria o art. 185, § 3º, do CPP, pois, da decisão que determinar a realização de interrogatório por videoconferência, as partes serão **intimadas com 10 dias de antecedência**.
   Gabarito: Errado.

---

868. **(2020 – CESPE/CEBRASPE – MPE/CE – Promotor de Justiça)** Felipe foi denunciado por furto qualificado pelo rompimento de obstáculo. Durante a instrução processual, verificou-se que, sem nenhuma justificativa, embora fosse possível, o laudo pericial não havia sido realizado; entretanto, a vítima e uma testemunha local confirmaram que uma porta havia sido arrombada no local quando do momento do furto. Considerando essa situação hipotética, assinale a opção correta.

   a) O juiz deve reconhecer a qualificadora, pois, nesse caso, existe um exame de corpo de delito indireto.

b) O juiz não deve reconhecer a qualificadora, tendo em vista que foi injustificada a não realização de laudo pericial, que era viável.

c) Caso Felipe confessasse o arrombamento, tal confissão já seria prova suficiente da ocorrência da qualificadora.

d) O fato de as vítimas terem confirmado o arrombamento supre a falta de exame pericial.

e) Caso o furto tivesse sido filmado por câmeras de segurança, tal prova não seria suficiente para caracterizar a qualificadora de arrombamento.

O crime praticado por Felipe foi o furto qualificado pelo rompimento de obstáculo (art. 155, § 4º, I, do CP). No entanto, o art. 171 do CP, dispõe que *nos crimes cometidos com destruição ou rompimento de obstáculo a subtração da coisa, ou por meio de escalada, os peritos, além de descrever os vestígios, indicarão com que instrumentos, por que meios e em que época presumem ter sido o fato praticado, sendo assim, o legislador não só apontou a importância do laudo pericial para colher os vestígios deixados, mas, a forma de produção do laudo. À vista disso a incidência da qualificadora de rompimento de obstáculo, prevista no art. 155, § 4º, I, do CP , condiciona-se à comprovação por laudo pericial, ressalvado em caso de desaparecimento dos vestígios, quando a prova testemunhal, a confissão do acusado ou o exame indireto poderão lhe suprir a falta.*

Jurisprudência do STF de 2021 – *A incidência da qualificadora do rompimento de obstáculo no crime de furto **EXIGE a realização de perícia**, a qual somente pode ser suprida por outros meios de prova quando o delito não deixe vestígios, tenham desparecido ou, ainda, as circunstâncias do crime não permitam a confecção do laudo. (STJ, AgRg no REsp 1899567/RS, Rel. Ministro OLINDO MENEZES (DESEMBARGADOR CONVOCADO DO TRF 1ª REGIÃO), SEXTA TURMA, julgado em 01/06/2021, DJe 07/06/2021).*

*[...] Quanto à escalada, a jurisprudência do STJ entende que a incidência da **qualificadora** prevista no art. 155, § 4º, inciso II, do CP **exige exame pericial, somente admitindo-se prova indireta quando justificada a impossibilidade** de realização do laudo direito, o que não restou explicitado nos autos. STJ. 5ª Turma. HC 508.935/SP, Rel. Min. Ribeiro Dantas, julgado em 30/05/19.*

Gabarito: B.

---

869. **(2020 – IBFC – EBSERH – Advogado)** Quando a infração deixar vestígios, será indispensável o exame de corpo de delito, direto ou indireto, não podendo supri-lo a confissão do acusado. Sobre o exame de corpo de delito, assinale a alternativa incorreta.

a) Dar-se-á prioridade à realização do exame de corpo de delito quando se tratar de crime que envolva violência doméstica e familiar contra mulher.

b) O exame de corpo de delito deverá ser feito a partir do encaminhamento do Delegado responsável pelo caso em data marcada pelo hospital.

c) O exame de corpo de delito e outras perícias serão realizados por perito oficial, portador de diploma de curso superior.

d) Para o efeito de exame do local onde houver sido praticada a infração, a autoridade providenciará imediatamente para que não se altere o estado das coisas até a chegada dos peritos, que poderão instruir seus laudos com fotografias, desenhos ou esquemas elucidativos.

e) No exame por precatória, a nomeação dos peritos far-se-á no juízo deprecado. Havendo, porém, no caso de ação privada, acordo das partes, essa nomeação poderá ser feita pelo juiz deprecante.

Atenção! — O examinador indica no enunciado que a alternativa a ser marcada é a INCORRETA. E o item incorreto afronta dispositivos como os arts. 6º, e 161 do CPP, pois o legislador não fez a previsão mencionada no item. Logo que tiver conhecimento da prática da infração penal, a **autoridade policial deverá: determinar**, se for caso, que se proceda a **exame de corpo de delito** e a quaisquer outras perícias (art. 6º, VII, do CPP). Além disso, o exame de corpo de delito PODERÁ ser feito em qualquer dia e a qualquer hora (art. 161 do CPP).

Fundamentação das alternativas: itens CORRETOS conforme o teor legal (letra da lei): a) Conforme o teor do art. 158, parágrafo único, I, do CPP; c) art. 159 do CPP; d) art. 169 do CPP e e) art. 177 do CPP.
Gabarito: B.

---

870. **(2019 – VUNESP – TJ/AL – Notário e Registrador)** Em relação à prova documental no processo penal, assinale a alternativa correta.

a) As cartas particulares, ainda qual interceptadas ou obtidas por meios criminosos, podem ser utilizadas em Juízo.

b) Quando contestada a sua autenticidade a letra e firma dos documentos particulares serão submetidas a exame pericial.

c) Os documentos com língua estrangeira, sem prejuízo de sua juntada imediata, sempre devem ser traduzidos por tradutor público, ou, na falta, por pessoa idônea nomeada pela autoridade.

d) Somente a pedido das partes o juiz poderá providenciar a Juntada aos autos de documento relativo a ponto relevante da acusação ou da defesa.

Conforme o previsto no art. 235 do CPP.

Fundamentação das alternativas: a) As cartas particulares, ainda qual interceptadas ou obtidas por meios criminosos, **não serão admitidas em juízo,** conforme o art. 233 do CPP; c) Os documentos em língua estrangeira, sem prejuízo de sua juntada imediata, serão, **se necessário**, traduzidos por tradutor público, ou, na falta, por pessoa idônea nomeada pela autoridade, (art. 236 do CPP); d) Se o juiz tiver notícia da existência de documento relativo a ponto relevante da acusação ou da defesa, providenciará, **independentemente de requerimento de qualquer das partes**, para sua juntada aos autos, se possível (art. 234 do CPP).
Gabarito: B.

---

871. **(2019 – CIEE – TJ/DFT – Estagiário)** Com relação às testemunhas no processo penal, é correto afirmar que

a) é permitido à testemunha trazer o depoimento por escrito, não necessitando prestá-lo oralmente.

b) as pessoas impossibilitadas, por enfermidade ou por velhice, de comparecer para depor, serão inquiridas onde estiverem.

c) é vedado ao juiz ouvir outras testemunhas, além das indicadas pelas partes.

d) é vedado à testemunha trazer apontamentos para consulta em seu depoimento

O item está previsto no art. 220 do CPP, vejamos:

Art. 220. As pessoas impossibilitadas, por enfermidade ou por velhice, de comparecer para depor, serão inquiridas onde estiverem.

Fundamentação das alternativas: a) O depoimento **será prestado oralmente, não sendo permitido à testemunha trazê-lo por escrito** (art. 204 do CPP); c) O artigo 209 do CPP traz que **o juiz, quando julgar necessário, poderá ouvir outras testemunhas, além das indicadas pelas partes**; e d) CPP dispõe que a testemunha PODE realizar **breve consultas a apontamentos** está prevista no artigo 204, parágrafo único, do CPP, vejamos: o depoimento será prestado ORALEMENTE, não sendo permitido à testemunha trazê-lo por escrito. **Não será vedada à testemunha, entretanto, breve consulta a apontamentos.**

Gabarito: B.

---

872. **(2019 – CESPE/CEBRASPE – TJ/AM – Analista Judiciário)** Julgue o próximo item, relativos a citação, intimação, nulidade, interceptação telefônica e prazos processuais.
Não havendo autorização do juízo competente, a interceptação de comunicações telefônicas será prova ilícita.

Certo (　)　　　　Errado (　)

Para o STF, a prova obtida por interceptação telefônica decretada por juízo incompetente é ilícita, ainda que o ato seja indispensável para salvaguardar o objeto da persecução penal. A Lei nº 9.296/1996 estabelece que a interceptação de comunicações telefônicas depende de **autorização do juiz competente** da ação principal (art. 1º). **DEVE** ser considerada nula a autorização judicial para interceptação telefônica concedida por juiz incompetente.

Se os fatos que levaram a **in**competência do juízo forem reconhecidos posteriormente à decisão judicial, aplica-se a teoria do juízo aparente. *O STF entende que se a incompetência do juízo que decretou a medida somente foi reconhecida em razão de fatos cujo conhecimento é posterior à decisão judicial, aplica-se a TEORIA DO JUÍZO APARENTE, ou seja, o juízo que decretou a medida não era, de fato, competente, mas considerando-se apenas os fatos conhecidos à época da decisão, ele era o juízo aparentemente competente.*

Gabarito: Certo.

---

873. **(2019 – ACESSO – PC/ES – Delegado)** Antônio foi preso em flagrante sob a acusação da prática de tráfico de drogas. A polícia apreendeu seu telefone celular. O Delegado abriu o aplicativo Whatsapp no celular do suspeito e verificou que, nas conversas de Antônio, as mensagens comprovaram que ele realmente negociava drogas, e assumia a prática de outros crimes graves. As referidas mensagens foram transcritas pelo escrivão e juntadas ao inquérito policial, em forma de certidão. Nessa situação hipotética, de acordo com as regras de admissibilidade das provas no processo penal brasileiro, marque a alternativa CORRETA.

a) é necessário ordem judicial, tanto para a apreensão de telefone celular, como também para o acesso às mensagens de whatsapp.

b) tendo em vista que é dispensável ordem judicial para a apreensão de telefone celular, também não é necessária autorização para o acesso as mensagens de whatsapp, visto que se trata de medida implícita à apreensão.

c) é necessário somente requisição do Ministério Público para o acesso às mensagens de whatsapp.

d) como se trata de procedimento preliminar investigatório, não é necessário a prévia autorização judicial para que a autoridade policial possa ter acesso ao whatsapp da pessoa que foi presa em flagrante delito.

e) é necessária prévia autorização judicial para que a autoridade policial possa ter acesso ao whatsapp da pessoa que foi presa em flagrante delito.

Jurisprudência do STJ: O Informativo nº 593 diz que na ocorrência de autuação de crime em flagrante, ainda que seja dispensável ordem judicial para a apreensão de telefone celular, as mensagens armazenadas no aparelho estão protegidas pelo sigilo telefônico, que compreende igualmente a transmissão, recepção ou emissão de símbolos, caracteres, sinais, escritos, imagens, sons ou informações de qualquer natureza, por meio de telefonia fixa ou móvel ou, ainda, por meio de sistemas de informática e telemática. STJ. 5ª Turma. RHC 67.379-RN, Rel. Min. Ribeiro Dantas, julgado em 20/10/2016.

Jurisprudências do STJ sobre tema:

- **Inf. 640 do STJ:** *é nula a decisão judicial que autoriza o espelhamento do WhatsApp via código QR para acesso no WhatsApp Web.*

- **Inf. 617 do STJ:** *não há ilegalidade na perícia de aparelho de telefonia celular pela polícia, sem prévia autorização judicial, na hipótese em que seu proprietário - a vítima - foi morto, tendo o referido telefone sido entregue à autoridade policial por sua esposa.*

- **Inf. 603 do STJ:** *sem consentimento do réu ou prévia autorização judicial, é ilícita a prova colhida de forma coercitiva pela polícia, de conversa travada pelo investigado com terceiro em telefone celular, por meio de "viva-voz", que conduziu ao flagrante do crime de tráfico ilícito de entorpecente.*

Não há ilegalidade na perícia de aparelho de telefonia celular pela polícia, sem prévia autorização judicial, na hipótese em que seu proprietário - a vítima - foi morto, tendo o referido telefone sido entregue à autoridade policial por sua esposa. STJ. 6ª Turma. RHC 86.076-MT, Rel. Min. Sebastião Reis Júnior, Rel. Acd. Min. Rogerio Schietti Cruz, julgado em 19/10/2017.

Gabarito: E.

---

874. **(2019 – CESPE/CEBRASPE – TJ/SC – Juiz – Adaptada)** Com relação às características ao processo penal não se admite a utilização de elementos colhidos no IP, salvo quando se tratar de provas irrepetíveis, como fundamento para a decisão condenatória.

Certo ( )   Errado ( )

Salvo quando se tratar de **PROVAS:**

- Irrepetíveis.
- Cautelares.
- Antecipadas.

O juiz formará sua convicção pela livre apreciação da prova produzida em contraditório judicial, não podendo fundamentar sua decisão exclusivamente nos elementos informativos colhidos na investigação, ressalvadas as provas cautelares, não repetíveis e antecipadas, conforme o art. 155 do CPP.

Gabarito: Errado.

---

875. **(2019 – FCC – DPE/SP – Defensor)** Tício foi preso em flagrante delito, pela prática do crime de tráfico de entorpecentes. Na fase policial, ele usou do seu direito constitucional de permanecer em silêncio. Após ser denunciado, em seu interrogatório judicial, alegou ser apenas usuário, relatando que estava no local para adquirir entorpecentes. Já os Policiais Militares responsáveis pela prisão disseram que abordaram Tício porque ele estava em atitude suspeita, mas esclareceram não terem visto qualquer ato de mercancia nem qualquer pessoa próxima a ele. Afirmaram, ainda, que ficaram com dúvidas sobre a prática do crime de tráfico, pela pequena quantidade de droga apreendida, porém, tendo em vista que Tício teria lhes confessado informalmente que estava traficando no local, tiveram certeza sobre a sua responsabilidade penal, o que não foi relatado nos autos. Diante disso, o Magistrado que julgou a causa condenou Tício, pela prática do crime de Tráfico de Entorpecentes, à pena de 1 (um) ano e 8 (oito) meses de reclusão, a ser cumprida inicialmente em regime fechado, em razão da gravidade da conduta. A condenação proferida está correta, visto que o artigo 155 do CPP autoriza condenações com base nos elementos informativos colhidos no Inquérito Policial, desde que em cotejo com as provas produzidas em juízo, o que ocorreu no caso citado, já que os policiais confirmaram a confissão informal.

Certo ( )   Errado ( )

O art. 155 do CPP estabelece que o juiz **NÃO PODERÁ** fundamentar sua decisão exclusivamente nos elementos informativos colhidos na investigação, ressalvadas as provas cautelares, não repetíveis e antecipadas. Ocorre que a confissão informal aludida pelos policiais não possui qualquer respaldo nos elementos e provas colhidos. Em sede de inquérito policial, o acusado utilizou-se de seu direito ao silêncio; em juízo, afirmou ser apenas usuário. Evidente que a confissão informal, dessa forma, não encontra fundamento para ser valorada em desfavor do acusado, remanescendo dúvida intransponível quanto à prática delitiva.

Gabarito: Errado.

---

876. **(2019 – CESPE/CEBRASPE – TJ/AM –Assistente Judiciário)** Com relação a provas, julgue o próximo item.

O depoimento de policial em juízo é dotado de fé pública, exceção de prova tarifada dentro do sistema adotado no processo penal brasileiro da persuasão racional do juiz.

Certo ( )   Errado ( )

O Sistema da Prova Tarifada ou Verdade Legal tem seu valor definido em lei, não importando a convicção do juiz, estando este adstrito à aplicação do previsto em lei. Em regra, a prova tarifada não é adotada pelo CPP. Contudo, podem ser encontradas algumas **EXCEÇÕES**, se aproximando desse sistema, como o caso da prova pericial nas infrações que deixam vestígios, entre outras. Vejamos:

- **Exame de corpo de delito** - *art. 158 do CPP: Quando a infração deixar vestígios, será indispensável o exame de corpo de delito, direto ou indireto, não podendo supri-lo a confissão do acusado.*

- **Estado das pessoas** - *art. 155, parágrafo único do CPP: Somente quanto ao estado das pessoas serão observadas as restrições estabelecidas na lei civil.*

Art. 62 do CPP: No caso de morte do acusado, o juiz somente à vista da certidão de óbito, e depois de ouvido o Ministério Público, declarará extinta a punibilidade.

Súmula nº 74 do STJ: *Para efeitos penais, o reconhecimento da menoridade do réu requer prova por documento hábil.*

Há dois tipos de tarifação:

Tarifação absoluta	Tarifação relativa
Compreendem-se as situações em que o juiz, efetivamente, Não possui nenhuma liberdade na formação de sua convicção, ficando restrito aos termos ditados pela lei.	Aquelas hipóteses em que o juiz, embora esteja adstrito a critérios de valoração predefinidos em lei, não fica totalmente limitado aos termos legais, permitindo-lhe a própria legislação certa discricionariedade.

Gabarito: Errado.

877. **(2019 – AOCP – PC/ES – Investigador)** Em relação às provas no Processo Penal, assinale a alternativa correta.

a) Em hipótese alguma, o juiz poderá fundamentar sua convicção em elementos informativos colhidos na investigação.

b) Caso o contraditório e a ampla defesa tenham sido garantidos no inquérito policial, o juiz poderá fundamentar sua convicção exclusivamente em elementos informativos colhidos na investigação.

c) O juiz poderá fundamentar sua decisão em elementos informativos colhidos na investigação, desde que a decisão tenha espeque apenas em provas cautelares.

d) O juiz poderá fundamentar sua decisão em elementos informativos colhidos na investigação, desde que a decisão tenha espeque em apenas provas cautelares, não repetíveis.

e) O juiz poderá fundamentar sua decisão em elementos informativos colhidos na investigação, desde que a decisão tenha espeque em provas cautelares, não repetíveis e antecipadas.

Elementos informativos colhidos na investigação que podem ser usados como fundamentos da decisão - art. 155 do CPP:

CAUTELARES	Aquelas adotadas em razão do *fumos boni iures* e *periculum in mora*. Podem ser produzidas na fase investigatória e na fase judicial. Dependem de autorização judicial, sendo que o contraditório será diferido ou postergado.
NÃO REPETÍVEIS	Aquelas que uma vez produzidas não têm como ser novamente coletadas em razão do desaparecimento da fonte probatória. Podem ser produzidas na fase investigatória e na fase judicial. Não dependem de autorização judicial, sendo que o contraditório será diferido.
ANTECIPADAS	As antecipadas são aquelas produzidas com a observância do contraditório real perante a autoridade judicial, em momento distinto daquele legalmente previsto, ou até mesmo antes do início do processo, em virtude de situação de relevância e urgência.

Gabarito: E.

878. **(2019 – VUNESP – Câmara de Piracicaba/SP – Advogado)** Joaquim e Antonieta são casados há cinco anos. Sempre houve uma relação de intensa cumplicidade entre ambos, que tinham acesso a senhas de contas bancárias particulares, de e-mails e de telefone celular. Numa tarde de

domingo, Joaquim dormia e Antonieta foi usar o computador do marido para fazer um trabalho de faculdade, quando descobriu, através do e-mail que estava aberto, a traição do cônjuge com a sua vizinha. Antonieta, aproveitando o sono do marido, copiou todos os arquivos em um pen drive, tirou extratos de contas bancárias exclusivas de Joaquim, e ainda trasladou todas as conversas do celular dele, para fazer prova da traição. Diante dos fatos, é certo afirmar que:

a) todas as atitudes de Antonieta se configuram como crime e por isso as provas colhidas são ilícitas.

b) apenas a cópia dos e-mails é ilícita, pois se equipara à violação de correspondência.

c) o que Antonieta copiou do computador não é prova ilícita, pois tacitamente o marido autorizava a esposa a ter acesso aos seus arquivos. Já as conversas extraídas do celular são consideradas ilícitas.

d) a única prova ilícita é a cópia dos extratos bancários, pois Antonieta não era correntista da conta consultada.

e) todas as provas são lícitas, pois a relação de cumplicidade do casal é concordância tácita de Joaquim para com Antonieta, não havendo qualquer prática que se tipifique como crime ou invasão de privacidade.

A alternativa correta baseia-se também no fato de que não ocorreu obtenção de dados mediante violação indevida de mecanismo de segurança.

Invasão de dispositivo informático

Art. 154-A *Invadir dispositivo informático alheio, conectado ou não à rede de computadores, mediante violação indevida de mecanismo de segurança e com o fim de obter, adulterar ou destruir dados ou informações sem autorização expressa ou tácita do titular do dispositivo ou instalar vulnerabilidades para obter vantagem ilícita:*

Pena - detenção, de 3 (três) meses a 1 (um) ano, e multa.

Ainda sobre e-mail e celular, não há violação da intimidade/sigilo diante da liberação do acesso pelo marido a tais meios de comunicação, pois o dissentimento é requisito implícito a configurar eventual crime, nesses casos.

Gabarito: E.

---

879. **(2019 – CONSULPLAN – MPE/SC – Promotor de Justiço)** Nos termos do CPP, dar-se-á prioridade à realização do exame de corpo de delito quando se tratar de crime que envolva: violência ou grave ameaça contra pessoa; violência doméstica e familiar contra mulher; e violência contra criança, adolescente, idoso ou pessoa com deficiência

Certo ( )   Errado ( )

Quando a infração deixar vestígios, será indispensável o exame de corpo de delito, direto ou indireto, não podendo supri-lo a confissão do acusado.

Parágrafo único. Dar-se-á prioridade à realização do exame de corpo de delito quando se tratar de crime que envolva:

I - violência doméstica e familiar contra mulher (incluído dada pela Lei nº 13.721, de 2018).

II - violência contra criança, adolescente, idoso ou pessoa com deficiência.

Gabarito: Errado.

880. **(2019 – FADESP – CPC Renato Chaves – Perito Criminal)** Acerca da prova pericial, é correto afirmar que

a) o exame, na falta de perito oficial, será realizado por uma pessoa idônea, portadora de diploma de curso superior preferencialmente na área específica, entre as que tiverem habilitação técnica relacionada com a natureza do exame.

b) o assistente técnico atuará a partir de sua admissão pelo juiz e após a conclusão dos exames e elaboração do laudo pelos peritos oficiais, sendo as partes intimadas desta decisão.

c) as partes podem requerer a oitiva dos peritos para esclarecerem a prova ou para responderem a quesitos, desde que o mandado de intimação e os quesitos ou questões a serem esclarecidos sejam encaminhados com antecedência mínima de 15 (quinze) dias, podendo os peritos apresentarem as respostas em laudo complementar.

d) o laudo pericial será elaborado no prazo máximo de 5 (cinco) dias, podendo este prazo ser prorrogado, em casos excepcionais, a requerimento dos peritos.

e) a nomeação dos peritos far-se-á no juízo deprecante no exame por precatória.

Art. 159, § 4º do CPP: *O assistente técnico atuará a partir de sua admissão pelo juiz e após a conclusão dos exames e elaboração do laudo pelos peritos oficiais, sendo as partes intimadas desta decisão.*

a) Nos termos do art. 159, § 1º - Na falta de perito oficial, o exame será realizado *por 2 (duas) pessoas* **idôneas**, portadoras de diploma de curso superior preferencialmente na área específica, dentre as que tiverem habilitação técnica relacionada com a natureza do exame.

c) Consoante o art. 159, § 5º, I: *Requerer a oitiva dos peritos para esclarecerem a prova ou para responderem a quesitos, desde que o mandado de intimação e os quesitos ou questões a serem esclarecidas sejam encaminhados* **com antecedência mínima de 10 (dez) dias**, *podendo apresentar as respostas em laudo complementar.*

d) Teor do art. 160, parágrafo único - O laudo pericial será elaborado *no prazo máximo de 10 (dez) dias*, podendo esse prazo ser prorrogado, em casos excepcionais, a requerimento dos peritos.

e) nos termos do art. 170 do CPP: No exame por precatória, a nomeação dos peritos far-se-á *no juízo deprecado*. Havendo, porém, no caso de ação privada, acordo das partes, essa nomeação poderá ser feita pelo juiz deprecante. (*Obs.: é importante destacar que, nos casos de ação penal privada e desde que haja acordo das partes, a nomeação poderá ser feita pelo juiz deprecante, mas isso é uma exceção. A regra diz que a nomeação será feita no juízo* **deprecado**).

Gabarito: B.

881. **(2019 – CESPE/CEBRASPE – TJ/AM – Analista Judiciário)** Jaime foi preso em flagrante por ter furtado uma bicicleta havia dois meses. Conduzido à delegacia, Jaime, em depoimento ao delegado, no auto de prisão em flagrante, confessou que era o autor do furto. Na audiência de custódia, o Ministério Público requereu a conversão da prisão em flagrante em prisão preventiva, sob o argumento da gravidade abstrata do delito praticado. No entanto, após ouvir a defesa, o juiz relaxou a prisão em flagrante, com fundamento de que não estava presente o requisito legal da atualidade do flagrante, em razão do lapso temporal de dois meses entre a consumação do crime e a prisão do autor. Dias depois, em nova diligência no inquérito policial instaurado pelo delegado para apurar o caso, Jaime, já em liberdade, retratou-se da confissão, alegando que havia pegado a bicicleta de Abel como forma de pagamento de uma dívida. Ao ser ouvido, Abel

confirmou a narrativa de Jaime e afirmou, ainda, que registrou boletim de ocorrência do furto da bicicleta em retaliação à conduta de Jaime, seu credor. Por fim, o juiz competente arquivou o inquérito policial a requerimento de membro do Ministério Público, por atipicidade material da conduta, sob o fundamento de ter havido entendimento mútuo e pacífico entre Jaime e Abel acerca da questão, nos termos do relatório final produzido pelo delegado.

A respeito da situação hipotética precedente, julgue o item a seguir.

Sendo a confissão retratável e divisível, o delegado ou o juízo não poderiam deixar de registrar a retratação de Jaime nos autos.

Certo ( )   Errado ( )

A CONFISSÃO é meio de prova pelo qual o acusado admite a veracidade das acusações que foram dirigidas.

São espécies de confissão:

a) Simples: confessa sem ressalvar nenhuma excludente.

b) Qualificada: confessa e imputa alguma excludente.

Características:

a) Divisível: o juiz pode aceitar uma parte ou negar outra da confissão. Além disso, o acusado pode confessar todos ou parte dos fatos.

b) Retratável: acusado/investigado poderá a qualquer tempo voltar atrás.

O sistema do livre convencimento adotado pelo no art. 155 do CPP exige que o juiz fundamente sua decisão no conjunto probatório trazido aos autos. Nos casos em que o acusado/investigado se retratar, o juiz deve considerar a versão que melhor se harmoniza com o restante das provas.

ATENÇÃO: o silêncio não implica confissão, não se admite a confissão ficta.

Gabarito: Certo.

---

882. **(2019 – CESPE/CEBRASPE – MPE/PI – Promotor de Justiça)** No âmbito do processo penal, considera-se prova não repetível

   a) o processo administrativo sancionador conduzido por autoridade competente e submetido a amplo contraditório.

   b) a gravação de conversa informal entre indiciado e policial.

   c) o depoimento de testemunha internada em hospital e em grave risco de morte.

   d) o depoimento de testemunha prestado no inquérito policial, ainda que esta se recuse a comparecer em juízo.

   e) o reconhecimento do acusado feito pela vítima na delegacia.

O juiz formará sua convicção pela livre apreciação da prova produzida em contraditório judicial, não podendo fundamentar sua decisão exclusivamente nos elementos informativos colhidos na investigação, ressalvadas as provas cautelares, não repetíveis e antecipadas, consoante o art. 155 do CPP.

Provas não repetíveis: são aquelas que quando produzidas não tem como serem produzidas novamente, o exemplo mais citado é o exame de corpo de delito, não dependem de autorização judicial e seu contraditório também é diferido.

Jurisprudência do STJ: perícias e documentos produzidos na fase inquisitorial são revestidos de eficácia probatória sem a necessidade de serem repetidos no curso da ação penal por se sujeitarem ao contraditório diferido.

Gabarito: A.

---

883. **(2019 – FCC – MPE/MT – Promotor de Justiça)** Ao tratar da prova, o CPP estabelece que serão considerados documentos quaisquer escritos, instrumentos ou papéis, públicos ou particulares. Em relação aos documentos em língua estrangeira, eles

   a) só poderão ser juntados aos autos, traduzidos ou não, mediante requerimento das partes.

   b) sendo originários de órgãos públicos não necessitam de tradução, enquanto que os particulares deverão sempre ser traduzidos.

   c) só poderão ser juntados aos autos após necessariamente traduzidos por tradutor público ou pessoa idônea nomeada pela autoridade.

   d) poderão ser juntados aos autos, mas deverão ser posteriormente traduzidos por tradutor público ou pessoa idônea nomeada pela autoridade.

   e) poderão ser juntados aos autos, mesmo sem tradução, se a crivo do julgador esta se revele desnecessária e não cause prejuízo às partes.

NÃO CONFUNDA COM O CÓDIGO DE PROCESSO CIVIL	
Art. 236 do CPP	**Art. 192 do CPC**
Os documentos em língua estrangeira, sem prejuízo de sua juntada imediata, serão, se necessário, traduzidos por tradutor público, ou, na falta, por pessoa idônea nomeada pela autoridade.	Em todos os atos e termos do processo, é obrigatório o uso da língua portuguesa. Parágrafo único. O documento redigido em língua estrangeira somente poderá ser juntado aos autos quando acompanhado de versão para a língua portuguesa tramitada por via diplomática ou pela autoridade central ou firmada por tradutor juramentado.

Jurisprudência do STF: o Informativo nº 831 do STF afirma que a tradução para o vernáculo de documentos em idioma estrangeiro juntados aos autos só deverá ser realizada se tal providência for absolutamente "necessária". É o que prevê o CPP: a*rt. 236. Os documentos em língua estrangeira, sem prejuízo de sua juntada imediata, serão, se necessário, traduzidos por tradutor público, ou, na falta, por pessoa idônea nomeada pela autoridade.* A decisão sobre a necessidade ou não da tradução dos documentos cabe ao juiz da causa. STJ. Corte Especial. AgRg na APn 675/GO, Rel. Min. Nancy Andrighi, julgado em 17/06/2015. STF. Plenário. Inq 4146/DF, Rel. Min. Teori Zavascki, julgado em 22/6/2016.

Gabarito: E.

---

884. **(2019 – NC/UFPR – TJ/PR – Titular de Serviços de Notas e de Registros – Adaptada)** Sobre o tema da prova no Processo Penal brasileiro, julgue a seguinte afirmativa:

   Em relação ao estado das pessoas, serão observadas as restrições probatórias estabelecidas na lei civil.

Certo ( )   Errado ( )

Trata-se do estado das pessoas, insculpido no art. 155, parágrafo único do CPP: o juiz formará sua convicção pela livre apreciação da prova produzida em contraditório judicial, não podendo fundamentar sua decisão exclusivamente nos elementos informativos colhidos na investigação, ressalvadas as provas cautelares, não repetíveis e antecipadas. **Somente quanto ao estado das pessoas serão observadas as restrições estabelecidas na lei civil.**

Gabarito: Certo.

---

885. **(2019 – CESPE/CEBRASPE – TJ/AM –Assistente Judiciário)** Com relação a provas, julgue o próximo item.

Provas obtidas por meios ilícitos podem excepcionalmente ser admitidas se beneficiarem o réu.

Certo ( ) Errado ( )

Provas derivadas de uma prova ilícita: pela teoria dos frutos da árvore envenenada, tais provas serão ilícitas também. Dessa forma, as provas ilícitas serão **desentranhadas** do processo e **destruídas.**

Exceções:

Teoria da descoberta inevitável: que define que independentemente da prova ilícita seria inevitável adquirir a prova final, em questão num caso específico, tendo em vista os trâmites típicos de investigação.

Art. 157, § § 1º, e 2º, do CPP: São também inadmissíveis as provas derivadas das ilícitas, salvo quando não evidenciado o nexo de causalidade entre umas e outras, ou quando as derivadas puderem ser obtidas por uma fonte independente das primeiras.

Teoria da prova absolutamente independente) determina que aquela fonte a qual por si só, seguindo os a rotina típica e de praxe, é capaz de chegar ao objeto da prova.

ATENÇÃO - imparcialidade do juiz, relacionando-se com as **provas ilícitas.**

A Lei nº 13.964/19 alterou o referido artigo, no entanto a sua aplicabilidade está SUSPENSA até o julgamento das **ADIs 6.298, 6.299, 6.300 e 6.305** pelo STF. As questões serão mantidas com a integralidade dos artigos anteriores para efeitos de provas.

A referida lei ACRESCENTOU o art. 157, § 5º, do CPP - Juiz CONTAMINADO: *O juiz que conhecer do conteúdo da prova declarada inadmissível não poderá proferir a sentença ou acórdão.*

Gabarito: Certo.

---

886. **(2019 – FCC – MPE/MT – Promotor de Justiça)** Seguindo a tendência da legislação brasileira de estabelecer prioridades de atendimento, o CPP estabelece que se dará prioridade à realização do exame de corpo de delito quando se tratar de crime que envolva violência doméstica e familiar contra mulher, bem como

a) nos crimes praticados contra grupos vulneráveis, mediante requisição da autoridade policial, judiciária ou do Ministério Público.

b) nos crimes de feminicídio, ainda que não relacionado à violência doméstica ou familiar.

c) em qualquer crime contra a pessoa ou o patrimônio de criança, adolescente, idoso ou pessoa com deficiência.

d) na violência contra criança, adolescente, idoso ou pessoa com deficiência.

e) nos crimes contra a dignidade sexual.

A Lei nº 13.721/18 acrescenta um parágrafo único ao art. 158 do CPP afirmando que deverá ser dada *prioridade* à realização do exame de corpo de delito quando se tratar de crime que envolva:

- Violência doméstica e familiar contra mulher.
- Violência contra criança ou adolescente.
- Violência contra idoso.
- Violência contra pessoa com deficiência.

Gabarito: D.

---

887. **(2018 – VUNESP – PC/SP – Investigador – Adaptada)** No que concerne ao regramento geral das provas no CPP.

O juiz pode formar sua convicção exclusivamente baseado nos elementos informativos colhidos na investigação.

Certo ( )   Errado ( )

O juiz formará sua convicção pela livre apreciação da prova produzida em contraditório judicial, não podendo fundamentar sua decisão exclusivamente nos elementos informativos colhidos na investigação, ressalvadas as provas cautelares, não repetíveis e antecipadas, consoante o Art.1 55, *caput* do CPP.

Gabarito: Errado.

---

888. **(2019 – IDIB – Prefeitura de Petrolina/PE – Guarda Civil)** Acerca do exame de corpo de delito, assinale a alternativa correta:

a) Dar-se-á prioridade à realização do exame de corpo de delito quando se tratar de crime que envolva violência contra criança, adolescente, idoso ou pessoa com deficiência.

b) A confissão do acusado supre o exame de corpo de delito indireto, mesmo quando a infração deixar vestígios.

c) Na falta de perito oficial, o exame será realizado por 3 (três) pessoas idôneas, portadoras de diploma de curso superior preferencialmente na área específica, dentre as que tiverem habilitação técnica relacionada com a natureza do exame.

d) O exame de corpo de delito poderá ser feito durante o dia ou, mediante autorização judicial, no período noturno.

e) O juiz ficará adstrito ao laudo, podendo aceitá-lo, rejeitá-lo ou determinar novo exame de corpo de delito.

Dar-se-á prioridade à realização do exame de corpo de delito quando se tratar de crime que envolva violência contra criança, adolescente, idoso ou pessoa com deficiência, conforme art. 158, parágrafo único, II, do CPP.

b) Quando a infração deixar vestígios, será indispensável o exame de corpo de delito, direto ou indireto, não podendo supri-lo a confissão do acusado, conforme art. 158, *caput,* do CPP.

c) Na falta de perito oficial, o exame será realizado por 2 (duas) pessoas idôneas, portadoras de diploma de curso superior preferencialmente na área específica, dentre as que tiverem habilitação técnica relacionada com a natureza do exame (art. 158, § 1º, do CPP).

d) O exame de corpo de delito pode ser feito em qualquer dia e a qualquer hora (art. 161 do CPP).

e) O juiz não fica adstrito ao laudo (art. 182 do CPP).

Gabarito: A.

---

889. **(2019 – CESPE/CEBRASPE – TJ/PR – Juiz – Adaptada)** À luz da jurisprudência dos tribunais superiores e da legislação a respeito dos sujeitos do processo penal, é correto afirmar que o CPP faculta que o juiz, de ofício, ordene a produção de provas, desde que tenha sido iniciada a ação penal.

Certo ( )   Errado ( )

Consoante o art. 156 do CPP, a prova da alegação incumbirá a quem a fizer, sendo, porém, facultado ao juiz de ofício.

*I - ordenar, **mesmo antes de iniciada a ação penal**, a produção **antecipada de provas consideradas URGENTES e RELEVANTES**, observando a necessidade, adequação e proporcionalidade da medida.*

Gabarito: Errado.

---

890. **(2019 – CESPE/CEBRASPE – TJ/AM – Analista Judiciário)** Jaime foi preso em flagrante por ter furtado uma bicicleta havia dois meses. Conduzido à delegacia, Jaime, em depoimento ao delegado, no auto de prisão em flagrante, confessou que era o autor do furto. Na audiência de custódia, o Ministério Público requereu a conversão da prisão em flagrante em prisão preventiva, sob o argumento da gravidade abstrata do delito praticado. No entanto, após ouvir a defesa, o juiz relaxou a prisão em flagrante, com fundamento de que não estava presente o requisito legal da atualidade do flagrante, em razão do lapso temporal de dois meses entre a consumação do crime e a prisão do autor. Dias depois, em nova diligência no inquérito policial instaurado pelo delegado para apurar o caso, Jaime, já em liberdade, retratou-se da confissão, alegando que havia pegado a bicicleta de Abel como forma de pagamento de uma dívida. Ao ser ouvido, Abel confirmou a narrativa de Jaime e afirmou, ainda, que registrou boletim de ocorrência do furto da bicicleta em retaliação à conduta de Jaime, seu credor. Por fim, o juiz competente arquivou o inquérito policial a requerimento de membro do Ministério Público, por atipicidade material da conduta, sob o fundamento de ter havido entendimento mútuo e pacífico entre Jaime e Abel acerca da questão, nos termos do relatório final produzido pelo delegado. A respeito da situação hipotética precedente, julgue o item a seguir.

O relaxamento da prisão em flagrante de Jaime implica, por derivação, a ilicitude das provas produzidas diretamente em decorrência do flagrante.

Certo ( )   Errado ( )

Se a prisão foi ilegal, as provas obtidas em decorrência dela são ilegais.

Art. 157, § 1º, do CPP: *são também inadmissíveis as provas derivadas das ilícitas, salvo quando não evidenciado o nexo de causalidade entre umas e outras, ou quando as derivadas puderem ser obtidas por uma fonte independente das primeiras.*

Jurisprudência do STF: FRUTOS DA ÁRVORE ENVENENADA (*"FRUITS OF THE POISONOUS TREE"*): A QUESTÃO DA ILICITUDE POR DERIVAÇÃO. *Ninguém pode ser investigado, denunciado ou condenado com base, unicamente, em provas ilícitas, quer se trate de ilicitude originária, quer se cuide de ilicitude por derivação.*

Gabarito: Errado.

---

891. **(2019 – NC/UFPR – TJ/PR – Titular de Serviços de Notas e de Registros – Adaptada)** Sobre o tema da prova no Processo Penal brasileiro, identifique como verdadeiras (V) ou falsas (F) a seguinte afirmativa:

É vedada ao juiz a iniciativa probatória durante a investigação preliminar.

Certo (　)　　　　　Errado (　)

Consoante disposto no art. 156 do CPP, é permitido ao juiz a iniciativa probatória durante a investigação preliminar. A prova da alegação incumbirá a quem a fizer, sendo, porém, facultado ao juiz de ofício:

I - ordenar, mesmo antes de iniciada a ação penal, a produção antecipada de provas consideradas urgentes e relevantes, observando a necessidade, adequação e proporcionalidade da medida.

Gabarito: Errado.

---

892. **(2019 – NC/UFPR – TJ/PR – Titular de Serviços de Notas e de Registros – Adaptada)** Sobre o tema da prova no Processo Penal brasileiro, identifique como verdadeiras (V) ou falsas (F) a seguinte afirmativa:

O CPP prevê o instituto da ilicitude probatória por derivação.

Certo (　)　　　　　Errado (　)

A teoria da árvore envenenada surgiu no direito norte-americano, estabelecendo o entendimento de que toda prova produzida em consequência de uma descoberta obtida por meios ilícitos estará contaminada pela ilicitude desta. Desse modo, conforme a teoria das provas obtidas por meio de uma primeira prova que foi descoberta por meios ilícitos, deverão ser descartadas do processo na persecução penal, uma vez que se considerarão ilícita por derivação.

Trata-se do princípio da árvore envenenada, insculpido no art. 157, § 1º, do CPP: *São também inadmissíveis as provas derivadas das ilícitas, salvo quando não evidenciado o nexo de causalidade entre umas e outras ou quando as derivadas puderem ser obtidas por uma fonte independente das primeiras.*

Gabarito: Certo.

---

893. **(2019 – IESES – TJ/SC – Titular de Serviços e Notas de Registro – Adaptada)** Com relação à colheita da prova oral em juízo no processo penal, é correto afirmar:

a) As testemunhas prestarão depoimento sob o compromisso de dizerem a verdade, nos termos dos art. 203 do CPP. Não se deferirá o compromisso, contudo, aos menores de 16 anos de idade, ao cônjuge, aos ascendentes, descendentes, e demais parentes consanguíneos ou afins, em linha reta ou colateral até o terceiro grau, do acusado ou da vítima.

b) Antes de iniciar o interrogatório, o juiz observará ao réu que, embora não esteja obrigado a responder às perguntas, seu silêncio poderá ser interpretado em prejuízo de sua defesa.

c) A todo tempo o juiz poderá proceder a novo interrogatório, de ofício ou a pedido fundamentado de qualquer das partes.

d) Se o réu for menor de 21 anos proceder-se-á ao interrogatório necessariamente na presença de curador, salvo se defendido por advogado constituído.

Nesse sentido, o teor expresso do art. 196 do CPP, a todo tempo **Juiz PODERÁ proceder a novo interrogatório** de ofício ou a pedido fundamentado de qualquer das partes.

a) O art. 208 do CPP dispõe que NÃO se deferirá o compromisso a que alude o art. 203 aos doentes e deficientes mentais e aos menores de 14 (quatorze) anos, nem às pessoas a que se refere o art. 206.

b) Consoante o art. 186 do CPP, o acusado será informado pelo juiz, antes de iniciar o interrogatório, do seu direito de permanecer calado e de não responder perguntas que lhe forem formuladas. Parágrafo único. O silêncio, que não importará em confissão, não poderá ser interpretado em prejuízo da defesa.

d) Com o advento do Código Civil de 2002, a presença de curador para acompanhar os réus com idade entre 18 e 21 foi dispensada, pois o CC passou a considerar a capacidade civil plena a partir dos 18 anos.

Assim, só teremos a presença de curador para os maiores de 18 anos nos casos de incapacidade relativa. Se for incapacidade absoluta ou menor de 18 anos, responderá pelo ECA.

Gabarito: C.

---

894. **(2019 – AOCP – PC/ES – Investigador – Adaptada)** Perícia é o exame de algo ou alguém realizado por técnicos ou especialistas em determinados assuntos, podendo fazer afirmações ou extrair conclusões pertinentes ao processo penal. A esse respeito.

Quando não houver escritos para a comparação de letra no exame respectivo, ou forem insuficientes os exibidos, a autoridade convidará a pessoa para escrever o que lhe for ditado.

Certo ( ) Errado ( )

No que diz respeito ao exame grafotécnico o CPP, dispõe no art. 174, IV – *quando não houver escritos para a comparação ou forem insuficientes os exibidos, a autoridade MANDARÁ que a pessoa escreva o que lhe for ditado.*

Gabarito: Errado.

---

895. **(2019 – VUNESP – TJ/AC – Juiz – Adaptada)** A respeito de procedimento e provas no CPP.

A oitiva de testemunha referida somente será deferida se ao juiz parecer conveniente.

Certo ( ) Errado ( )

Nos termos do art. 209 do CPP, o juiz, quando julgar necessário, poderá ouvir outras testemunhas, além das indicadas pelas partes.

O § 1º, do artigo supracitado estabelece que se ao juiz parecer conveniente, serão ouvidas as pessoas a que as testemunhas se referirem.

ESPÉCIES DE TESTEMUNHA (Doutrina)

- **Numéricas:** são as computadas para a aferição do número máximo.
- **Extranuméricas**: não são computadas para a aferição do número máximo.

I. Ouvidas por iniciativa do juiz;

II. Que não prestarem compromisso de dizer a verdade;

III. As que nada sabem que interesse à causa.

- **Direta ou visual:** depõe sobre fatos que presenciou ou visualizou.
- **Indireta ou auricular:** não presenciou diretamente o fato, mas ouviu falar dele.

Obs.: Em regra, a testemunha depõe a partir de seu conhecer pessoal sobre os fatos que ela foi chamada a comprovar. Qualquer outro tipo de declaração é considerado testemunho **indireto**.

- **Própria:** depõe sobre a imputação constante da peça acusatória.

- **Imprópria, instrumentária ou fedatária:** não depõe sobre o fato delituoso objeto do processo criminal, mas sobre a regularidade de um ato ou fato processual.

- **Informante)** são pessoas que são ouvidas, mas não prestam o compromisso de dizer a verdade.

- **Referida**: aquela que foi mencionada por outra pessoa. São ouvidas a pedido das partes ou de ofício pelo magistrado. A depender, podem ou não prestar o compromisso legal de dizer a verdade.

- ***Perpetuam Rei Memoriam***: produção antecipada de provas.

- **Anônima**: é aquela em que sua identidade verdadeira não é revelada.

- **Ausente)** é a que não comparece em pessoa para prestar o depoimento.

- **Remota**: é a que presta o depoimento por videoconferência.

Gabarito: Certo.

---

896. **(2019 – CONSULPLAN – MPE/SC – Promotor de Justiça)** Prescreve o CPP, quanto ao reconhecimento de pessoa, que não terá aplicação na fase da instrução criminal ou em plenário de julgamento a disposição de que se houver razão para recear que a pessoa chamada para o reconhecimento, por efeito de intimidação ou outra influência, não diga a verdade em face da pessoa que deve ser reconhecida, a autoridade providenciará para que esta não veja aquela.

Certo (   )   Errado (   )

Art. 226, III, parágrafo único, do CPP: *Embora, literalmente, o inciso III do art. 226 do CPP, não seja aplicável ao reconhecimento judicial (art. 226, parágrafo único do CPP), tal conclusão vem sendo flexibilizada. É que, na prática, por medo, muitas testemunhas quedam-se inertes em juízo por estarem frente a frente com o réu. Para viabilizar o reconhecimento em juízo, então, havendo intimidação da pessoa que irá reconhecer, permite-se a incidência do inciso III do art. 226 do CPP.*

No Brasil, como não existem em muitos lugares os vidros espelhados, utiliza-se inclusive "buraco da fechadura" ou luzes fortes contra os suspeitos. Em juízo, basta afirmar na presença do juiz que o réu é a pessoa reconhecida, que a prova estará perfeita. Porém, na prática, por medo, muitas testemunhas em juízo quedam-se inertes. Por analogia, em muitos fóruns o reconhecimento vem sendo feito por meio de "vidro espelhado".

Gabarito: Certo.

---

897. **(2019 – AOCP – PC/ES – Investigador)** A busca domiciliar será realizada quando fundadas razões a autorizarem, EXCETO na hipótese de

- a) prender criminosos.
- b) colher qualquer elemento de convicção.
- c) apreender pessoas vítimas de crime.
- d) submeter suspeito de cometimento de crime ao reconhecimento pessoal.
- e) descobrir objetos necessários à prova de infração ou à defesa do réu.

Nos termos do art. 240, § 1º, do CPP, proceder-se-á à **BUSCA DOMICILIAR**, quando fundadas razões a autorizarem, para:

a. prender criminosos;

b. apreender coisas achadas ou obtidas por meios criminosos;

c. apreender instrumentos de falsificação ou de contrafação e objetos falsificados ou contrafeitos;

d. apreender armas e munições, instrumentos utilizados na prática de crime ou destinados a fim delituoso;

e. descobrir objetos necessários à prova de infração ou à defesa do réu;

f. apreender cartas, abertas ou não, destinadas ao acusado ou em seu poder, quando haja suspeita de que o conhecimento do seu conteúdo possa ser útil à elucidação do fato;

g. apreender pessoas vítimas de crimes;

h. colher qualquer elemento de convicção.

Gabarito: D.

---

898. (2019 – AOCP – PC/ES – Investigador) Perícia é o exame de algo ou alguém realizado por técnicos ou especialistas em determinados assuntos, podendo fazer afirmações ou extrair conclusões pertinentes ao processo penal. A esse respeito.

Nos crimes cometidos de subtração da coisa, especialmente os delitos patrimoniais, os peritos devem indicar o modo de proceder do infrator, relatando os instrumentos utilizados (objetos para a consecução dos fins), os meios empregados (escadas, escavações), e em que época presume o fato ter ocorrido.

Certo ( )   Errado ( )

Nos crimes cometidos com destruição ou rompimento de obstáculo, a subtração da coisa, ou por meio de escalada, os peritos, além de descrever os vestígios, indicarão com que instrumentos, por que meios e em que época presumem ter sido o fato praticado, nos termos do art. 171 do CPP.

Gabarito: Certo.

---

899. (2019 – AOCP – PC/ES – Investigador) Perícia é o exame de algo ou alguém realizado por técnicos ou especialistas em determinados assuntos, podendo fazer afirmações ou extrair conclusões pertinentes ao processo penal. A esse respeito.

Os laudos, obrigatoriamente, serão ilustrados com provas fotográficas, ou microfotográficas, desenhos ou esquemas.

Certo ( )   Errado ( )

Nas perícias de laboratório, os peritos guardarão material suficiente para a eventualidade de nova perícia. SEMPRE que conveniente, os laudos serão ilustrados com provas fotográficas, ou microfotográficas, desenhos ou esquemas, conforme art. 170 do CPP.

Gabarito: Errado.

---

900. (2019 – CESPE/CEBRASPE – TJ/SC – Juiz) De acordo com o CPP, na audiência de instrução para a colheita de depoimento de testemunha, o juiz

a) poderá vedar à testemunha consulta a apontamentos, mesmo que seja breve.

b) deixará de colher depoimento de pessoa não identificada, designando nova data com imediata intimação e determinando diligências para a sua perfeita identificação.

c) poderá colher, de ofício ou a pedido das partes, o depoimento antecipado de testemunha que, por velhice ou doença, possa vir a falecer antes de realizada a instrução criminal.

d) suspenderá a instrução criminal sempre que for emitida carta precatória para oitiva de testemunha em comarca diversa.

e) efetuará primeiro suas perguntas, depois as perguntas de quem arrolou a testemunha, e, por fim, os questionamentos da parte contrária.

Trata-se do chamado depoimento *ad perpetuam rei memoriam*, nesse sentido o art. 225 do CPP, se qualquer testemunha houver de ausentar-se, ou, por enfermidade ou por velhice, inspirar receio de que ao tempo da instrução criminal já não exista, o juiz poderá, de ofício ou a requerimento de qualquer das partes, tomar-lhe antecipadamente o depoimento.

a) Nos termos do art. 204 do CPP, o depoimento será prestado oralmente, não sendo permitido à testemunha trazê-lo por escrito. O **parágrafo único do referido diploma legal dispõe que NÃO** será vedada à testemunha, entretanto, breve consulta a apontamentos.

b) Se ocorrer dúvida sobre a identidade da testemunha, o juiz procederá à verificação pelos meios ao seu alcance, podendo, entretanto, tomar-lhe o depoimento desde logo, conforme o art. 205 do CPP.

d) A instrução criminal **NÃO será suspensa** para cumprimento de carta precatória, consoante o Art.222, § 1º, do CPP, a expedição da precatória não suspenderá a instrução criminal.

E: A lei processual brasileira adota o sistema da *cross examination*, utilizando o método de exame direto e cruzado, isto é, consoante o art. 212 do CPP, as perguntas serão formuladas pelas partes diretamente à testemunha, não admitindo o juiz aquelas que puderem induzir a resposta, não tiverem relação com a causa ou importarem na repetição de outra já respondida. O parágrafo único, do artigo supramencionado ainda dispõe que sobre os pontos não esclarecidos, o juiz poderá complementar a inquirição.

Gabarito: C.

---

901. **(2019 – AOCP – PC/ES – Investigador – Adaptada)** Perícia é o exame de algo ou alguém realizado por técnicos ou especialistas em determinados assuntos, podendo fazer afirmações ou extrair conclusões pertinentes ao processo penal. A esse respeito.

O reconhecimento de escritos é o denominado exame datiloscópico que busca certificar, admitindo como certo por comparação, que a letra inserida em determinado escrito pertence à pessoa investigada.

Certo ( )   Errado ( )

Consoante o exposto no art. 174, IV, do CPP quando não houver escritos para a comparação ou forem insuficientes os exibidos, a autoridade **mandará** que a pessoa escreva o que lhe for ditado.

Se estiver ausente a pessoa, mas em lugar certo, esta última diligência poderá ser feita por precatória, em que se consignarão as palavras que a pessoa será intimada a escrever.

Gabarito: Errado.

---

902. **(2019 – VUNESP – TJ/AC – Juiz – Adaptada)** Quanto às provas, assinale a alternativa correta, segundo o quanto previsto no CPP.

a) Em caso de lesões corporais, a falta de exame complementar não poderá ser suprida pela prova testemunhal.

b) O juiz, por decisão fundamentada, de ofício ou a requerimento das partes, deverá realizar o interrogatório do réu preso por sistema de videoconferência ou outro recurso tecnológico de transmissão de sons e imagens.

c) No caso de exame de corpo de delito, o juiz ou a autoridade policial não pode negar a perícia requerida pelas partes.

d) Os peritos oficiais prestarão o compromisso de bem e fielmente desempenhar o encargo.

É a regra constante do art. 184 do CPP: *SALVO o caso de exame de corpo de delito, o juiz ou a autoridade policial negará a perícia requerida pelas partes, quando não for necessária ao esclarecimento da verdade.*

Gabarito: C.

---

903. **(2019 – AOCP – PC/ES – Perito Criminal – Adaptada)** Quando a infração deixar vestígios, será indispensável o exame de corpo de delito, direto ou indireto. No que se refere ao exame de corpo de delito, com fundamento no que dispõe o CPP Brasileiro.

O exame de corpo de delito será feito em qualquer dia, sempre em horário diurno.

Certo ( )   Errado ( )

Nesse sentido o art. 161 do CPP, o exame de corpo de delito PODERÁ ser feito em qualquer dia e a qualquer hora.

Gabarito: Errado.

---

904. **(2019 – AOCP – PC/ES – Médico Legista)** "Quando a infração deixar vestígios, será indispensável o exame de corpo de delito, direto ou indireto, [...]". Assinale a alternativa correta em relação à produção do exame pericial.

a) O exame pericial pode ser realizado apenas na fase pré-processual.

b) O exame pericial pode ser realizado apenas na fase processual.

c) O exame pericial, nas infrações penais que deixam vestígio, é dispensável para a propositura da ação penal.

d) A ausência do exame pericial nas infrações penais que deixam vestígio não leva à nulidade da ação penal.

e) As provas não repetíveis devem ser realizadas no momento de seu descobrimento, sob pena de perecimento ou impossibilidade de posterior análise, ainda no curso da fase pré-processual.

As provas não repetíveis devem ser realizadas no momento de seu descobrimento, sob pena de perecimento ou impossibilidade de posterior análise, ainda no curso da fase pré-processual.

Gabarito: E.

905. **(2019 – AOCP – PC/ES – Perito Criminal – Adaptada)** Quando a infração deixar vestígios, será indispensável o exame de corpo de delito, direto ou indireto. No que se refere ao exame de corpo de delito, com fundamento no que dispõe o CPP Brasileiro.

Não é necessário que o exame de corpo de delito seja realizado por perito oficial portador de diploma de curso superior, bastando que se trate de pessoa com ampla *expertise* e experiência na área.

Certo (   )   Errado (   )

O exame de corpo de delito e outras perícias serão realizados por perito oficial, portador de diploma de curso superior, segundo o art. 159 do CPP.

Gabarito: Errado.

---

906. **(2019 – AOCP – PC/ES – Perito Criminal – Adaptada)** Quando a infração deixar vestígios, será indispensável o exame de corpo de delito, direto ou indireto. No que se refere ao exame de corpo de delito, com fundamento no que dispõe o CPP Brasileiro.

A realização de exame de corpo de delito terá prioridade de realização quando se tratar de crime que envolva violência doméstica e familiar.

Certo (   )   Errado (   )

Consoante o art. 158 do CPP, quando a infração deixar vestígios, será indispensável o exame de corpo de delito, direto ou indireto, não podendo supri-lo a confissão do acusado.

Parágrafo único. Dar-se-á PRIORIDADE à realização do exame de corpo de delito quando se tratar de crime que envolva:

I. violência doméstica e familiar contra mulher;

II. violência contra criança, adolescente, idoso ou pessoa com deficiência.

A Lei n º, 13.721 de 2018 inclui o parágrafo único do art. 158 CPP.

Gabarito: Certo.

---

907. **(2019 – AOCP – PC/ES – Perito Criminal – Adaptada)** Quando a infração deixar vestígios, será indispensável o exame de corpo de delito, direto ou indireto. No que se refere ao exame de corpo de delito, com fundamento no que dispõe o CPP Brasileiro.

O juiz ou a autoridade policial negará o exame de corpo de delito requerido pelas partes, quando não for necessário ao esclarecimento da verdade.

Certo (   )   Errado (   )

Nos termos do art. 184 do CPP, SALVO o caso de exame de corpo de delito, o JUIZ ou a AUTORIDADE POLICIAL negará a perícia requerida pelas partes, quando não for necessária ao esclarecimento da verdade.

Gabarito: Errado.

---

908. **(2019 – AOCP – PC/ES – Perito Criminal – Adaptada)** Quando a infração deixar vestígios, será indispensável o exame de corpo de delito, direto ou indireto. No que se refere ao exame de corpo de delito, com fundamento no que dispõe o CPP Brasileiro.

O exame de corpo de delito poderá ser suprido com a confissão do acusado.

Certo (   )   Errado (   )

Nos termos do artigo, quando a infração deixar vestígios, será indispensável o exame de corpo de delito, direto ou indireto, não podendo supri-lo a confissão do acusado.

Gabarito: Errado.

909. **(2019 – AOCP – PC/ES – Assistente Social – Adaptada)** Tratando das perícias em geral, com base no CPP.

Os peritos elaborarão o laudo pericial no prazo máximo de 10 dias improrrogáveis, onde descreverão minuciosamente o que examinarem e responderão aos quesitos formulados.

Certo ( )   Errado ( )

Consoante o art. 160, parágrafo único, do CPP, os peritos elaborarão o laudo pericial, no qual descreverão minuciosamente o que examinarem, e responderão aos quesitos formulados. O laudo pericial será elaborado no prazo máximo de 10 (dez) dias, podendo este prazo ser prorrogado, em casos excepcionais, a requerimento dos peritos.

Gabarito: Errado.

910. **(2019 – AOCP – PC/ES – Assistente Social – Adaptada)** Tratando das perícias em geral, com base no CPP.

Nos crimes cometidos com destruição ou rompimento de obstáculo a subtração da coisa, ou por meio de escalada, os peritos, além de descrever os vestígios, indicarão com que instrumentos, por que meios e em que época presumem ter sido o fato praticado.

Certo ( )   Errado ( )

Nos crimes cometidos com destruição ou rompimento de obstáculo a subtração da coisa, ou por meio de escalada, os peritos, além de descrever os vestígios, indicarão com que instrumentos, por que meios e em que época presumem ter sido o fato praticado, conforme o art. 171 do CPP.

Gabarito: Certo.

911. **(2019 – AOCP – PC/ES – Assistente Social – Adaptada)** Tratando das perícias em geral, com base no CPP.

O laudo sobre o cadáver encontrado deve ser redigido pelos peritos de maneira textual e descritiva, sendo vedado qualquer desenho que não represente a fotografia real do corpo.

Certo ( )   Errado ( )

Nesse sentido, o art. 165 do CPP, para representar as lesões encontradas no cadáver, os peritos, quando possível, juntarão ao laudo do exame provas fotográficas, esquemas ou desenhos, devidamente rubricados.

Gabarito: Errado.

912. **(2019 – AOCP – PC/ES – Assistente Social – Adaptada)** Tratando das perícias em geral, com base no CPP.

Nas perícias de laboratório, os peritos guardarão material suficiente para a eventualidade de nova perícia e, obrigatoriamente, os laudos serão ilustrados com provas fotográficas, ou microfotográficas, desenhos ou esquemas.

Certo ( )   Errado ( )

Nas perícias de laboratório, os peritos guardarão material suficiente para a eventualidade de nova perícia. **Sempre que conveniente**, os laudos serão ilustrados com provas fotográficas, ou microfotográficas, desenhos ou esquemas, conforme o art. 170 do CPP.

Gabarito: Errado.

---

913. **(2019 – AOCP – PC/ES – Assistente Social – Adaptada)** Tratando das perícias em geral, com base no CPP.

A autópsia será feita pelo menos doze horas depois do óbito, sendo vedado aos peritos fazer a autópsia antes daquele prazo.

Certo ( )   Errado ( )

A autópsia será feita pelo menos seis horas depois do óbito, SALVO se os peritos, pela evidência dos sinais de morte, julgarem que possa ser feita antes daquele prazo, o que declararão no auto, conforme o art. 162 do CPP.

Gabarito: Errado.

---

914. **(2019 – AOCP – PC/ES – Assistente Social – Adaptada)** "Quando a infração deixar vestígios, será indispensável o exame de corpo de delito, direto ou indireto, [...]". Em relação à produção do exame pericial.

O exame pericial pode ser realizado apenas na fase pré-processual.

Certo ( )   Errado ( )

Desse modo, por previsão do art. 6º, VII, determinar, se for caso, que se proceda a exame de corpo de delito e a quaisquer outras perícias e, por força do art. 158 em diante, temos a possibilidade nas duas fases.

Não se pode confundir o exame de corpo de delito com as perícias em geral. O exame de corpo de delito é a perícia feita sobre os elementos que constituem a própria materialidade do crime, enquanto as demais perícias são realizadas em outros elementos que afetam apenas o convencimento do juiz.

Gabarito: Errado.

---

915. **(2019 – AOCP – PC/ES – Assistente Social – Adaptada)** "Quando a infração deixar vestígios, será indispensável o exame de corpo de delito, direto ou indireto, [...]". Em relação à produção do exame pericial.

O exame pericial pode ser realizado apenas na fase processual.

Certo ( )   Errado ( )

O exame do corpo de delito nos crimes que deixam vestígios, ressalvado o disposto no art. 167 do CPP e na mesma esteira tem-se uma decisão do Tribunal de Justiça do Distrito Federal: *Inércia do Estado ou o não comparecimento da vítima ao local do exame, tempestivamente, não suprem a exigência legal, máxima quando vacilante a prova testemunhal coligida e não encontrada a guia do mencionado atendimento em nosocômio público. [...] (TJ/DF, 1ª Turma Recursal dos Juizados Especiais, Acórdão nº 288647, 20040910095173APJ, Rel. Sandoval Oliveira, julgado em 16/10/2007).*

Gabarito: Errado.

---

916. (2019 – AOCP – PC/ES – Investigador – Adaptada) Disciplinando o exame de corpo de delito e as perícias em geral, o CPP de 1941 prescreve que no exame por precatória, a nomeação dos peritos far-se-á no juízo deprecante, independentemente da ação penal e da transação entre as partes.

Certo ( )   Errado ( )

Consoante o art. 177 do CPP, no exame por precatória, a nomeação dos peritos far-se-á no juízo deprecado. Havendo, porém, **no caso de ação privada**, acordo das partes, essa nomeação poderá ser feita pelo juiz deprecante.

Gabarito: Errado.

---

917. (2019 – AOCP – PC/ES – Investigador – Adaptada) Disciplinando o exame de corpo de delito e as perícias em geral, o CPP de 1941 prescreve que proceder-se-á, quando necessário, à avaliação das coisas destruídas, que são as coisas estragadas ou degeneradas.

Certo ( )   Errado ( )

Proceder-se-á, quando necessário, à avaliação de coisas destruídas, deterioradas ou que constituam produto do crime (interpretei que a banca considerou a literalidade do dispositivo), conquanto o art. 172 do CPP.

Gabarito: Errado.

---

918. (2019 – AOCP – PC/ES – Investigador – Adaptada) Disciplinando o exame de corpo de delito e as perícias em geral, o CPP de 1941 prescreve que faculta-se ao peritos divergentes que apresentem, no mesmo laudo, as suas opiniões em seções diferenciadas e com respostas separadas aos quesitos ou, caso prefiram, elabore cada qual o seu laudo.

Certo ( )   Errado ( )

Consoante o art. 180 do CPP, se houver divergência entre os peritos, serão consignadas no auto do exame as declarações e respostas de um e de outro, ou cada um redigirá separadamente o seu laudo, e a autoridade nomeará um terceiro; se este divergir de ambos, a autoridade poderá mandar proceder a novo exame por outros peritos.

Gabarito: Certo.

---

919. (2019 – AOCP – PC/ES – Investigador – Adaptada) Disciplinando o exame de corpo de delito e as perícias em geral, o CPP de 1941 prescreve que o juiz ficará adstrito ao laudo, devendo aceitá-lo no todo ou em parte.

Certo ( )   Errado ( )

O juiz não ficará adstrito ao laudo, podendo aceitá-lo ou rejeitá-lo, no todo ou em parte, conforme o art. 182 do CPP.

Gabarito: Errado.

---

920. (2019 – AOCP – PC/ES – Investigador – Adaptada) Disciplinando o exame de corpo de delito e as perícias em geral, o CPP de 1941 prescreve que nas perícias de laboratório, os peritos descartarão o material restante da perícia realizada, independentemente da eventualidade de nova perícia.

Certo ( )   Errado ( )

Nas perícias de laboratório, os peritos **guardarão material suficiente para a eventualidade de nova perícia.** Sempre que conveniente, os laudos serão ilustrados com provas fotográficas, ou microfotográficas, desenhos ou esquemas, conforme o art. 170 do CPP.

Gabarito: Errado.

---

921. **(2019 – AOCP – PC/ES – Investigador – Adaptada)** "Quando a infração deixar vestígios, será indispensável o exame de corpo de delito, direto ou indireto, [...]". Em relação à produção do exame pericial, as provas não repetíveis devem ser realizadas no momento de seu descobrimento, sob pena de perecimento ou impossibilidade de posterior análise, ainda no curso da fase pré-processual.

Certo ( )   Errado ( )

No Código de Processo temos: o juiz formará sua convicção pela livre apreciação da prova produzida em contraditório judicial, não podendo fundamentar sua decisão exclusivamente nos elementos informativos colhidos na investigação, ressalvadas as provas cautelares, não repetíveis e antecipadas, consoante o art. 155 do CPP.

Gabarito: Certo.

---

922. **(2019 – MPE/PR – MPE/PR – Promotor de Justiça – Adaptada)** Sobre a prova, nos termos do CPP e Leis Especiais, analise as assertiva:

Quando a infração deixar vestígios, será indispensável o exame de corpo de delito, direto ou indireto, não podendo supri-lo a confissão do acusado.

Certo ( )   Errado ( )

Nesse sentido, o art. 158 do CPP, quando a infração deixar vestígios, será indispensável o exame de corpo de delito, direto ou indireto, não podendo supri-lo a confissão do acusado.

Gabarito: Certo.

---

923. **(2019 – MPE/PR – MPE/PR – Promotor de Justiça – Adaptada)** Sobre a prova, nos termos do CPP e Leis Especiais, analise as assertiva:

Os menores de 18 (dezoito) anos, o ascendente e descendente do acusado, quando arrolados para serem ouvidos na instrução processual, não são considerados testemunhas numerárias (que integram o limite máximo), tal como acontece com as testemunhas referidas.

Certo ( )   Errado ( )

Serão consideradas testemunhas informantes, consoante o art. 208 do CPP, NÃO se deferirá o compromisso a que alude o art. 203 aos doentes e deficientes mentais e aos menores de 14 anos, nem às pessoas a que se refere o art. 206 do CPP.

Gabarito: Errado.

---

924. (2019 – MPE/PR – MPE/PR – Promotor de Justiça – Adaptada) Sobre a prisão, medidas cautelares diversas da prisão, fiança e procedimento em geral, nos termos do CPP, analise a assertiva abaixo:

A expedição da precatória não suspenderá a instrução criminal e, assim, findo o prazo marcado, poderá realizar-se o julgamento, mas, a todo tempo, a precatória, uma vez devolvida, será junta aos autos.

Certo ( )   Errado ( )

Nos termos do art. 222 do CPP, a testemunha que morar fora da jurisdição do juiz será inquirida pelo juiz do lugar de sua residência, expedindo-se, para esse fim, carta precatória, com prazo razoável, intimadas as partes.

§ 1º, A expedição da precatória não suspenderá a instrução criminal.

§ 2º, Findo o prazo marcado, poderá realizar-se o julgamento, mas, a todo tempo, a precatória uma vez devolvida, será juntada aos autos.

Gabarito: Certo.

925. (2019 – VUNESP – TJ/AC – Juiz – Adaptada) A respeito de procedimento e provas no CPP.

Dá-se à fotografia do documento, ainda que não autenticada, o mesmo valor do original.

Certo ( )   Errado ( )

Segundo o art. 232, parágrafo único, do CPP, a fotografia do documento, devidamente autenticada, se dará o mesmo valor do original.

Gabarito: Errado.

926. (2019 – MPE/PR – MPE/PR – Promotor de Justiça – Adaptada) Sobre a prova, nos termos do CPP e Leis Especiais, analise as assertiva:

É possível o juiz determinar, de ofício, busca domiciliar para prender criminosos, apreender pessoas vítimas de crimes e colher qualquer elemento de convicção.

Certo ( )   Errado ( )

A busca poderá ser determinada de ofício ou a requerimento de qualquer das partes, consoante o Art. 242 do CPP.

Gabarito: Certo.

927. (2019 – FCC – DPE/SP – Defensor – Adaptada) Tício foi preso em flagrante delito, pela prática do crime de tráfico de entorpecentes. Na fase policial, ele usou do seu direito constitucional de permanecer em silêncio. Após ser denunciado, em seu interrogatório judicial, alegou ser apenas usuário, relatando que estava no local para adquirir entorpecentes. Já os Policiais Militares responsáveis pela prisão disseram que abordaram Tício porque ele estava em atitude suspeita, mas esclareceram não terem visto qualquer ato de mercancia nem qualquer pessoa próxima a ele. Afirmaram, ainda, que ficaram com dúvidas sobre a prática do crime de tráfico, pela pequena quantidade de droga apreendida, porém, tendo em vista que Tício teria lhes confessado informalmente que estava traficando no local, tiveram certeza sobre a sua responsabilidade penal, o que não foi relatado nos autos. Diante disso, o Magistrado que julgou a causa condenou Tício, pela prática do crime de Tráfico de Entorpecentes, à pena de 1 (um) ano e 8 (oito) meses de reclusão, a ser cumprida inicialmente em regime fechado, em razão da gravidade da conduta. A condenação proferida está incorreta, uma vez que a confissão informal somente tem valor diante de sua formal introdução nos autos, o que não ocorreu no caso citado.

Certo ( )   Errado ( )

Na questão apresenta, a suposta admissão de tráfico para os policiais sequer teria sido "relatada nos autos"; ou seja, não foi formalizada de nenhuma forma, nem tomada por termo (art. 199). Se a própria confissão extrajudicial já é bastante questionada, mesmo quando documentada perante a autoridade policial, quem dirá aquela que nem formalizada foi. Nessa condição, a admissão quanto ao tráfico para os policiais não passaria de um elemento de prova indireto, isolado e completamente insuficiente para a condenação.

A confissão judicial, formal e expressa tem valor relativo e deve ser comparada com o necessário conjunto probatório, consoante o art. 197 do CPP; sozinha e descontextualizada não pode gerar a condenação de ninguém.

Gabarito: Certo.

---

928. **(2018 – FCC – DPE/AM – Defensor Público)** O interrogatório do acusado pelo juiz – de ofício ou a requerimento das partes – poderá ser realizado pelo sistema de videoconferência, observando-se a seguinte regra:

a) Somente quando no estabelecimento onde o réu estiver recolhido não dispuser de sala própria para a realização do ato na presença do juiz, do membro do Ministério Público e do defensor.

b) Quando haja dificuldade para o comparecimento do réu em juízo, por enfermidade, deslocamento do presídio, conveniência da instrução processual no caso de coautoria ou participação ou para não interromper a atividade laboral no presídio.

c) É medida obrigatória quando a presença em juízo influenciar o ânimo de testemunhas ou vítima.

d) É medida excepcional que visa prevenir risco à segurança pública, quando exista fundada suspeita de que o preso integre organização criminosa ou de que, por outra razão, possa fugir durante o deslocamento.

e) Somente poderá ocorrer se o réu tiver participado de todos os atos instrutórios, tiver Advogado constituído ou Defensor Público lotado no estabelecimento onde estiver recolhido.

Nos termos do art. 185 do CPP, o acusado que comparecer perante a autoridade judiciária, no curso do processo penal, será qualificado e interrogado na presença de seu defensor, constituído ou nomeado.

§ 2º, Excepcionalmente, o juiz, por decisão fundamentada, de ofício ou a requerimento das partes, poderá realizar o interrogatório do réu preso por sistema de videoconferência ou outro recurso tecnológico de transmissão de sons e imagens em tempo real, desde que a medida seja necessária para atender a uma das seguintes finalidades:

I - prevenir risco à segurança pública, quando exista fundada suspeita de que o preso integre organização criminosa ou de que, por outra razão, possa fugir durante o deslocamento;

II - viabilizar a participação do réu no referido ato processual, quando haja relevante dificuldade para seu comparecimento em juízo, por enfermidade ou outra circunstância pessoal;

368

III - impedir a influência do réu no ânimo de testemunha ou da vítima, desde que não seja possível colher o depoimento destas por videoconferência, nos termos do art. 217 deste Código;

IV - responder à gravíssima questão de ordem pública.

§ 3º, Da decisão que determinar a realização de interrogatório por videoconferência, as partes serão intimadas com 10 (dez) dias de antecedência.

Gabarito: D.

---

929. **(2018 – CESPE/CEBRASPE – PF – Delegado)** Acerca da prova no processo penal, julgue o item a seguir.

Por força do princípio da verdade real, se uma autoridade policial determinar que um indiciado forneça material biológico para a coleta de amostra para exame de DNA cujo resultado poderá constituir prova para determinar a autoria de um crime, o indiciado estará obrigado a cumprir a determinação.

Certo ( )   Errado ( )

O princípio *nemo tenetur se detegere* (o direito de não produzir prova contra si mesmo) está consagrado pela constituição, assim como pela legislação internacional, como um direito mínimo do acusado, sendo de fundamental importância seu cumprimento, pois esse é um direito fundamental do cidadão.

A respeito do *direito a não autoincriminação*, comumente chamado de *nemo tenetur se detegere*, é possível colacionar os seguintes dispositivos que lhe dão suporte:

CF/88, art. 5º, LXIII - *o preso será informado de seus direitos, entre os quais o de permanecer calado, sendo-lhe assegurada a assistência da família e de advogado.*

A convenção Americana de Direitos Humanos (Pacto de San José da Costa Rica), art. 8º, 2, *g*, diz: *Art. 8. Garantias judiciais.*

2. Toda pessoa acusada de delito tem direito a que se presuma sua inocência enquanto não se comprove legalmente sua culpa. Durante o processo, toda pessoa tem direito, em plena igualdade, às seguintes garantias mínimas:

g) direito de não ser obrigado a depor contra si mesma, nem a declarar-se culpada;

Ainda dispõe o art. 186 do CPP, depois de devidamente qualificado e cientificado do inteiro teor da acusação, o acusado será informado pelo juiz, antes de iniciar o interrogatório, do seu direito de permanecer calado e de não responder às perguntas que lhe forem formuladas. O silêncio, que não importará em confissão, não poderá ser interpretado em prejuízo da defesa.

Gabarito: Errado.

---

930. **(2018 – VUNESP – TJ/MT – Juiz – Adaptada)** Contraditada a testemunha por ser ela suspeita ou indigna de fé, o juiz deve realizar a prova acerca dessa alegação, por intermédio de outras testemunhas trazidas pela parte que a contraditou e, deferida a contradita, deverá exclui-la do rol, permitindo à parte contrária a substituição da testemunha contraditada.

Certo ( )   Errado ( )

Nesse sentido, o art. 214 do CPP, antes de iniciado o depoimento, as partes poderão contraditar a testemunha ou arguir circunstâncias ou defeitos, que a tornem suspeita de parcialidade, ou indigna

de fé. O juiz fará consignar a contradita ou arguição e a resposta da testemunha, mas só excluirá a testemunha ou não lhe deferirá compromisso nos casos previstos nos arts. 207 e 208.

Gabarito: Errado.

---

931. **(2018 – COPS/UEL – PC/PR – Escrivão – Adaptada)** Sobre as provas no processo penal, considere a afirmativa a seguir.

Se houver divergência entre os peritos, serão consignadas no auto do exame as declarações e as respostas de um e de outro, ou cada um redigirá, separadamente, o seu laudo, e a autoridade nomeará um terceiro; se este divergir de ambos, a autoridade poderá mandar proceder a novo exame por outros peritos.

Certo ( )   Errado ( )

Nesse sentido, o art. 177 do CPP, no exame por precatória, a nomeação dos peritos far-se-á no juízo deprecado. Havendo, porém, no caso de ação privada, acordo das partes, essa nomeação poderá ser feita pelo juiz deprecante. Parágrafo único. Os quesitos do juiz e das partes serão transcritos na precatória.

Gabarito: Certo.

---

932. **(2018 – COPS/UEL – PC/PR – Escrivão – Adaptada)** Sobre as provas no processo penal, considere a afirmativa a seguir.

No exame de corpo de delito por precatória, a nomeação dos peritos far-se-á no juízo deprecado. Havendo, porém, eventual acordo entre as partes, no caso de ação penal privada, essa nomeação poderá ser feita pelo juiz deprecante.

Certo ( )   Errado ( )

Se houver divergência entre os peritos, serão consignadas no auto do exame as declarações e respostas de um e de outro, ou cada um redigirá separadamente o seu laudo, e a autoridade nomeará um terceiro; se este divergir de ambos, a autoridade poderá mandar proceder a novo exame por outros peritos, conforme o art. 180 do CPP.

Gabarito: Certo.

---

933. **(2018 – CESPE/CEBRASPE – PF – Perito Criminal)** A fim de garantir o sustento de sua família, Pedro adquiriu 500 CDs e DVDs piratas para posteriormente revendê-los. Certo dia, enquanto expunha os produtos para venda em determinada praça pública de uma cidade brasileira, Pedro foi surpreendido por policiais, que apreenderam a mercadoria e o conduziram coercitivamente até a delegacia. Com referência a essa situação hipotética, julgue o item subsequente. Para a comprovação da materialidade do crime praticado por Pedro, são indispensáveis a perícia por amostragem, para comprovação da falsidade do produto, e a inquirição das supostas vítimas — no caso, os produtores das mídias originais.

Certo ( )   Errado ( )

Para a comprovação da materialidade do crime praticado por Pedro, é indispensável a perícia por amostragem, para comprovação da falsidade do produto, e a inquirição das supostas vítimas - no caso, os produtores das mídias originais.

A Súmula nº 574 do STJ, ao tratar de crimes contra a propriedade imaterial, afirma: *Para a configuração do delito de violação de direito autoral e a comprovação de sua materialidade, é suficiente a perícia realizada por amostragem do produto apreendido, nos aspectos externos do material, e é desnecessária a identificação dos titulares dos direitos autorais violados ou daqueles que os representem.*

Gabarito: Errado.

---

934. **(2018 – VUNESP – Prefeitura de Sorocaba – Procurador)** O exame de corpo de delito, bem como as demais perícias, será realizado por perito oficial, portador de diploma de curso superior. Na falta de perito oficial, o exame será realizado por quem tenha habilitação técnica relacionada com a natureza do exame, ou seja,

a) 1 (uma) pessoa idônea.

b) 1 (uma) pessoa idônea, portadora de diploma de curso técnico na área específica.

c) 1 (uma) pessoa idônea, portadora de diploma de curso superior preferencialmente na área específica.

d) 2 (duas) pessoas idôneas, portadoras de diploma de curso técnico na área específica.

e) 2 (duas) pessoas idôneas, portadoras de diploma de curso superior preferencialmente na área específica.

Conforme a inteligência do art. 159, § 1º, do CPP: *Na falta de perito oficial, o exame será realizado por 2 (duas) pessoas idôneas, portadoras de diploma de curso superior preferencialmente na área específica, dentre as que tiverem habilitação técnica relacionada com a natureza do exame.*

Gabarito: E.

---

935. **(2018 – COPS/UEL – PC/PR – Escrivão – Adaptada)** Sobre as provas no processo penal, considere a afirmativa a seguir.

O exame de corpo de delito e outras perícias serão realizados por dois peritos oficiais, portadores de diploma de curso superior; porém, na falta de peritos oficiais, o exame será realizado por duas pessoas idôneas, portadoras de diploma de curso superior, preferencialmente, na área específica, entre as que tiverem habilitação técnica relacionada com a natureza do exame.

Certo (   )   Errado (   )

Conforme o art. 159 do CPP, o exame de corpo de delito e outras perícias serão realizados por perito oficial, portador de diploma de curso superior. § 1º, *Na falta de perito oficial, o exame será realizado por 2 (duas) pessoas idôneas, portadoras de diploma de curso superior preferencialmente na área específica, dentre as que tiverem habilitação técnica relacionada com a natureza do exame.*

Gabarito: Errado.

---

936. **(2018 – FUMARC – PC/MG – Delegado – Adaptada)** Em matéria de provas no processo penal, é CORRETO afirmar: A absolvição independe de o acusado provar o alegado.

Certo (   )   Errado (   )

Quanto ao ônus da prova, em regra, a prova da alegação incumbirá a quem fizer (art. 156, *caput*, do CPP). Assim, por força do princípio da presunção de inocência, **o ônus é da acusação**. Dessa forma, compete ao autor da ação penal a demonstração da autoria e da materialidade delitiva, do dolo ou culpa do agente e de circunstâncias que venham a exasperar a pena (qualificadoras, causas de aumento de pena e até mesmo agravantes, embora estas últimas possam ser reconhecidas de ofício pelo juiz, nos termos do art. 385 do CPP). Excepcionalmente, é ônus da defesa a prova da existência de excludentes de ilicitude e de culpabilidade, **embora seja possível a absolvição do réu se simplesmente houver fundada dúvida acerca da existência de tais excludentes (art. 386, inc. VI, do CPP).**

Gabarito: Certo.

937. (2018 – VUNESP – TJ/MT – Juiz – Adaptada) A testemunha pode trazer em audiência seu depoimento por escrito para que seja juntado aos autos.

Certo ( )　　　　Errado ( )

O art. 204 do CPP dispõe que o depoimento será prestado oralmente, não sendo permitido à testemunha trazê-lo por escrito. Não será vedada à testemunha, entretanto, breve consulta a apontamentos.

Gabarito: Errado.

938. (2018 – CESPE/CEBRASPE – PF – Agente) Depois de adquirir um revólver calibre 38, que sabia ser produto de crime, José passou a portá-lo municiado, sem autorização e em desacordo com determinação legal. O comportamento suspeito de José levou-o a ser abordado em operação policial de rotina. Sem a autorização de porte de arma de fogo, José foi conduzido à delegacia, onde foi instaurado inquérito policial.

Tendo como referência essa situação hipotética, julgue o item seguinte.

Caso declarações de José sejam divergentes de declarações de testemunhas da receptação praticada, poderá ser realizada a acareação, que é uma medida cabível exclusivamente na fase investigatória.

Certo ( )　　　　Errado ( )

A acareação é ato processual consistente na confrontação das declarações de dois ou mais acusados, testemunhas ou ofendidos, já ouvidos, e destinado a obter o convencimento do juiz sobre a verdade de algum fato em que as declarações dessas pessoas forem divergentes. É prova nominada (prevista no art. 229 do CPP).

São pressupostos para realização da acareação:

✓ **As pessoas a serem acareadas já devem ter prestado suas declarações, perante o mesmo juízo e sobre os mesmos fatos e circunstâncias.**

✓ **Deve haver divergência sobre ponto relevante no relato dessas pessoas, que realmente interesse ao processo.**

Momento de realização: tanto na fase investigatória quanto na instrução criminal:

FASE INVESTIGATÓRIA	FASE PROCESSUAL
Art. 6º do CPP. Logo que tiver conhecimento da prática da infração penal, a autoridade policial deverá: **VI** - proceder a reconhecimento de pessoas e coisas e a **acareações**.	Art. 229 do CPP. A acareação será admitida entre acusados, entre acusado e testemunha, entre testemunhas, entre acusado ou testemunha e a pessoa ofendida, e entre as pessoas ofendidas, sempre que divergirem, em suas declarações, sobre fatos ou circunstâncias relevantes. Parágrafo único. Os acareados serão reperguntados, para que expliquem os pontos de divergências, reduzindo-se a termo o ato de acareação.

Gabarito: Errado.

---

939. (2018 – VUNESP – PC/SP – Delegado) A respeito da prova, é correto afirmar:

a) não se admite a produção de provas não disciplinadas em lei, sob pena de violação do princípio da taxatividade.

b) a produção da chamada prova emprestada deve obedecer ao procedimento previsto no CPP, sob pena de seu não aproveitamento.

c) fonte de prova é o instrumento por meio do qual se introduzem no processo os elementos probatórios.

d) meio de prova é tudo que é idôneo a fornecer o resultado apreciável para a decisão do juiz.

e) elemento de prova é o dado bruto que se extrai da fonte da prova, ainda não valorado pelo juiz.

Jurisprudência do STF e STJ: *a jurisprudência dessa corte admite o uso de prova emprestada em processo administrativo disciplinar, em especial a utilização de interceptações telefônicas autorizadas judicialmente para investigação criminal. Precedentes. Recurso ordinário a que se nega provimento. (STF, 1ª Turma, RMS 28.774/DF, Rel. Min. Roberto Barroso, j. 09/08/2016).*

Consoante jurisprudência do STJ materializada na 591:

É permitida a prova emprestada no processo administrativo disciplinar, desde que devidamente autorizada pelo juízo competente e respeitados o *contraditório e a ampla defesa.*

Prova emprestada: é a prova produzida em um processo e levada a outro. **NÃO precisa mais ser produzida entre as mesmas partes.** Basta que no processo para onde ela seja transportada, seja aberto o contraditório (RHC, STJ, 42.215/PI, Min. Rel. Reynaldo Soares da Fonseca, j. 16.08.16).

- **Fontes de prova:** decorrem do fato delituoso, independentemente da existência do processo, sendo que sua introdução no feito se dá através dos meios de prova.

- **Elemento de prova:** extrai-se do meio de prova, de modo que a necessária e fundamental valoração realizada pelo magistrado ainda não se consumou. Dessa forma, percebe-se que o elemento de prova pode ser útil ou não para a busca da verdade real.

- **Meios de prova:** dizem respeito a uma atividade endoprocessual que se desenvolve perante o juiz, com a participação dialética das partes, cujo objetivo precípuo é a fixação de dados probatórios no processo.

- **Meios de obtenção de prova:** referem-se a procedimentos, em regra, extraprocessuais, que têm como objetivo precípuo a identificação de fontes de prova.

- **Meios de investigação de prova:** referem-se a **procedimentos** regulados por lei, com o objetivo de conseguir provas materiais. Por ex.: busca pessoal ou domiciliar. Esses meios de investigação devem ser produzidos sem prévia comunicação à parte contrária, funcionando a surpresa como importante traço peculiar. Vício acarreta o reconhecimento de sua inadmissibilidade no processo. São atividades **extraprocessuais**.

Gabarito: E.

---

940. **(2018 – COPS/UEL – PC/PR – Escrivão – Adaptada)** Sobre as provas no processo penal, considere a afirmativa a seguir.

Conforme previsão do CPP, quando a infração deixar vestígios, será indispensável o exame de corpo de delito, direto ou indireto. Todavia a sua não realização poderá ser suprida pela confissão do acusado.

Certo ( )   Errado ( )

Consoante o art. 158 do CPP, estabelece que quando a infração deixar vestígios, será indispensável o exame de corpo de delito, direto ou indireto, não podendo supri-lo a confissão do acusado.

Gabarito: Errado.

---

941. **(2018 – VUNESP – PC/SP – Delegado – Adaptada)** Durante uma festa, após desentendimentos entre Carlos e Miro, este proferiu xingamentos racistas contra aquele, o que levou Carlos a empurrar seu agressor, que caiu em uma mesa de vidro. Com o forte impacto, a mesa se despedaçou completamente e seus cacos causaram cortes profundos por todo o corpo de Miro. Os convidados ligaram para a polícia e para o corpo de bombeiros: Carlos foi preso em flagrante e Miro foi encaminhado ao hospital, onde ficou internado por cinco dias, com risco de morte; passou por procedimentos cirúrgicos e, posteriormente, teve de ficar afastado de sua atividade laboral por trinta e dois dias. O Ministério Público denunciou Carlos por lesão corporal de natureza grave.

Nessa situação hipotética, mesmo que Carlos confesse o crime, esse ato não suprirá a necessidade do laudo pericial para comprovar a materialidade do crime e a gravidade das lesões sofridas por Miro.

Certo ( )   Errado ( )

Nos termos do art. 158 do CPP, quando a infração **deixar vestígios**, será **indispensável o exame de corpo de delito, direto ou indireto**, não podendo supri-lo a confissão do acusado. O exame de corpo de delito é, em regra, obrigatório nos crimes que deixam vestígios. Caso tenham desaparecido os vestígios, a prova testemunhal pode suprir a falta do exame de corpo de delito.

O EXAME de CORPO de delito pode ser:

A confissão hoje não é mais a **"rainha das provas"**, visto a própria exposição de motivos do código aduzir que a confissão do acusado não constitui, obrigatoriamente, uma prova plena de sua culpabilidade. Havendo confissão judicial, esta **só se pode presumir livremente feita desde que não demonstrada a sua eventual falsidade mediante prova idônea, cujo ônus passa a ser do** confitente, a qual já autoriza e serve como supedâneo para uma decisão condenatória. Porém, é por demais razoável que ao magistrado caberá apreciar a confissão efetivada em consonância com as demais provas produzidas, de sorte a buscar a formação de um juízo de certeza. *A jurisprudência tem decidido que as confissões judiciais ou extrajudiciais valem pela sinceridade com que são feitas ou* *pelos detalhes fornecidos, os quais não poderiam ter sido criados pela autoridade interrogante, e desde que corroborados por outros elementos de prova, ainda que circunstanciais.*

Gabarito: Certo.

---

942. **(Vunesp – Adaptada)** No que se refere à prova testemunhal

É característica do testemunho a sua objetividade, isto é, a testemunha, como regra geral, depõe sobre fatos percebidos pelos seus sentidos, sem emissão de juízos de valor ou opinião pessoal.

Certo (   )   Errado (   )

São características da prova testemunhal:

ORALIDADE	A prova testemunhal é feita oralmente, conforme disposto no art. 204 do CPP. Entretanto, o código traz duas exceções à regra: quando a testemunha é muda, as perguntas serão feitas oralmente e as respostas são dadas por escrito; e quando é surda muda um intérprete intervirá no ato como pessoa habilitada a entendê-la.
OBJETIVIDADE	A testemunha deve se ater aos fatos, sem expor opiniões pessoais ou realizar qualquer juízo de valor. Há exceção quando o juízo de valor é necessário para reprodução dos fatos.
JUDICIALIDADE	A prova testemunhal é somente aquela produzida em juízo.
RETROSPECTIVIDADE	O testemunho prestado versa sobre fatos passados, e não futuros.
INDIVIDUALIDADE	As testemunhas são inquiridas separadamente. Em outras palavras, o juiz faz a oitiva das testemunhas separadamente, fazendo as perguntas e escutando seus depoimentos. Quando há informações divergentes entre as testemunhas, ocorre a acareação, que é o ato mediante o qual se dá a confrontação dos depoentes, colocando frente à frente duas ou mais pessoas que tenham apresentado declarações conflitantes sobre o fato delituoso ou sobre suas circunstâncias, a fim de que justifiquem seus pontos de divergência.
IMEDIATIDADE	A testemunha deve dizer aquilo que entendeu imediatamente através dos sentidos.

Gabarito: Certo.

---

943. **(2018 – VUNESP – TJ/MT – Juiz – Adaptada)** Aos menores de dezesseis anos e o ascendente ou descendente, o afim em linha reta, o cônjuge, o irmão e o pai, a mãe do acusado não será deferido o compromisso de dizer a verdade.

Certo (   )   Errado (   )

Nos termos do art. 208 do CPP, *NÃO se deferirá o compromisso* a que alude o art. 203 aos doentes e deficientes mentais e aos menores de 14 anos, nem às pessoas a que se referem o art. 206.

Gabarito: Errado.

---

944. **(2018 – FGV – TJ/SC – Oficial de Justiça)** Após a prisão em flagrante de Tício pelo crime de tráfico de drogas, já que ele teria sido encontrado enquanto trazia consigo grande quantidade de drogas, os policiais militares incentivaram o preso, algemado, no interior da viatura policial, sem assegurar o direito ao silêncio, a confessar os fatos. Diante do incentivo, o preso confirmou seu envolvimento com a associação criminosa que dominava o tráfico da localidade, sendo a declaração filmada pelos policiais sem que Tício tivesse conhecimento.

Após denúncia, o Ministério Público acostou ao procedimento o vídeo da filmagem do celular realizada pelos policiais. Durante a instrução, Tício alegou que o material entorpecente era destinado ao seu uso.

Diante da situação narrada, o vídeo com a filmagem do celular do policial deve ser considerado prova:

a) ilícita, gerando como consequência a substituição do juiz que teve acesso a ela, não sendo necessário, porém, que seja desentranhada dos autos.

b) lícita, sendo a confissão a rainha das provas, de modo que deverá prevalecer sobre os demais elementos probatórios produzidos durante a instrução.

c) ilícita, devendo ser desentranhada do processo, apesar de os atos anteriores da prisão em flagrante serem considerados válidos.

d) lícita, mas caberá ao juiz responsável pela sentença atribuir o valor que entenda adequado a essa prova.

e) ilícita, gerando o reconhecimento da invalidade da prisão em flagrante como um todo.

Nesse sentido, o art. 157 do *caput*, são inadmissíveis, devendo ser desentranhadas do processo, as provas ilícitas, assim entendidas as obtidas em violação a normas constitucionais ou legais.

Jurisprudências do STF e STJ: o Informativo nº 505 do STJ - DIREITO PROCESSUAL PENAL. ILICITUDE DE PROVA. GRAVAÇÃO SEM O CONHECIMENTO DO ACUSADO. VIOLAÇÃO DO DIREITO AO SILÊNCIO. É ilícita a gravação de conversa informal entre os policiais e o conduzido ocorrida quando da lavratura do auto de prisão em flagrante, se não houver prévia comunicação do direito de permanecer em silêncio. O direito de o indiciado permanecer em silêncio, na fase policial, não pode ser relativizado em função do dever-poder do Estado de exercer a investigação criminal. Ainda que formalmente seja consignado, no auto de prisão em flagrante, que o indiciado exerceu o direito de permanecer calado, evidencia ofensa ao direito constitucionalmente assegurado (art. 5º, inc. LXIII) se não lhe foi avisada previamente, por ocasião de diálogo gravado com os policiais, a existência desse direito. HC 244.977-SC, Rel. Min. Sebastião Reis Júnior, julgado em 25/9/2012.

INTERROGATÓRIO SUB-REPTÍCIO *é quando não da evidência de estar o suspeito, na ocasião, ilegalmente preso ou da falta de prova idônea do seu assentimento à gravação ambiental - de constituir, dita "conversa informal", modalidade de "interrogatório" sub-reptício, o qual - além de realizar-se sem as formalidades legais do interrogatório no inquérito policial (art. 6º, inc. V do CPP) -, se faz sem que o indiciado seja advertido do seu direito ao silêncio.* (STF, HC 80949/ RJ, relator Min. SEPÚLVEDA PERTENCE, DJ 14/12/2001 - Informativo nº 250).

Gabarito: C.

---

945. **(2018 – VUNESP – TJ/MT – Juiz – Adaptada)** Aos Deputados Federais e Estaduais é assegurada a oitiva em seus respetivos gabinetes, comunicando-os previamente a data e horário designado pelo juiz para realização do ato.

Certo ( )   Errado ( )

Consoante o exposto no art. 221 do CPP, *o Presidente e o Vice-Presidente da República, os senadores e deputados federais, os ministros de Estado, os governadores de Estados e Territórios, os secretários de Estado, os prefeitos do Distrito Federal e dos Municípios, os deputados às Assembleias Legislativas Estaduais, os membros do Poder Judiciário, os ministros e juízes dos Tribunais de Contas da União, dos Estados, do Distrito Federal, bem como os do Tribunal Marítimo serão inquiridos em local, dia e hora previamente ajustados entre eles e o juiz.*

Gabarito: Errado.

946. **(2018 – FUMARC – PC/MG – Delegado – Adaptada)** Em matéria de provas no processo penal, é CORRETO afirmar: A prova testemunhal não poderá ser determinada de ofício pelo juiz.

Certo ( )   Errado ( )

Afora as testemunhas arroladas pelas partes, o juiz poderá determinar de OFÍCIO, a oitiva de outras, que são conhecidas como testemunhas extranumerárias conforme o art. 209, *caput do CPP: O juiz, quando julgar necessário, poderá ouvir outras testemunhas, além das indicadas pelas partes.*

Gabarito: Errado.

947. **(2018 – CONSULPLAN – TJ/MG – Juiz – Adaptada)** Sobre as provas no processo penal, analise as afirmativas.

A serendipidade tem sido admitida em julgamentos recentes do Superior Tribunal de Justiça envolvendo provas obtidas mediante interceptação telefônica judicialmente autorizada, não gerando irregularidade do inquérito policial, tampouco ilegalidade na ação penal.

Certo ( )   Errado ( )

A serendipidade (encontro fortuito de provas) tem sido utilizada em casos de interceptação telefônica, sendo considerada como procedimento legal, sem ensejar nulidade no inquérito ou ação penal, segundo a jurisprudência do STJ.

Serendipidade (encontro fortuito ou casual de provas) e conexão: o Pleno do STF tem precedente antigo afirmando que *se, durante interceptação telefônica autorizada para um crime punido com reclusão, for apurada a prática de um crime punido com detenção, o MP poderá fazer a denúncia deste desde que os crimes sejam conexos* (Plenário, HC 83515, em 16/09/2004; 2ª T, AI 626214, em 21/09/2010). Contudo, a Corte Especial do STJ decidiu recentemente que, *havendo encontro fortuito de notícia da prática de conduta delituosa, durante a realização de interceptação telefônica, não se deve exigir a demonstração da conexão entre o fato investigado e aquele descoberto* (AP 510, em 17/03/2014).

Gabarito: Certo.

948. **(2018 – TRF 3ª Região – TRF 3ª Região – Juiz – Adaptada)** Relativamente à prova testemunhal:

Não serão computados, para fins de estabelecimento de oitiva de testemunhas, exclusivamente o ofendido e aqueles que não prestarem compromisso.

Certo ( )   Errado ( )

Não serão computadas para o estabelecimento de número de testemunhas os que não prestam compromisso e as testemunhas referidas (art. 401, § 1º, do CPP), bem como a que nada souber sobre ponto relevante da causa (art. 209, § 2º, do CPP).

Gabarito: Errado.

949. **(2018 – VUNESP – PC/SP – Escrivão – Adaptada)** A respeito das provas, disciplinadas nos artigos 155 a 250 do CPP, é correto afirmar que

a) o juiz, no ordenamento brasileiro, não pode determinar a produção de prova, de ofício. A atividade probatória é de iniciativa das partes, cabendo ao juiz deferi-las ou indeferi-las, tendo em vista a pertinência.

b) o juiz formará sua convicção pela livre apreciação da prova produzida judicialmente em contraditório e nos elementos informativos colhidos no curso do inquérito policial que, inclusive, poderão fundamentar exclusivamente a decisão.

c) os pais, os filhos e irmãos do acusado poderão se recusar a depor em processo, salvo quando não for possível, por outro meio, obter-se a prova do fato e suas circunstâncias, ocasião em que prestarão compromisso de dizer a verdade.

d) as cartas remetidas ao acusado poderão ser juntadas em prol de sua defesa, ainda que não haja consentimento dos signatários.

e) o exame de corpo e delito, direto ou indireto, é indispensável nos crimes que deixam vestígios, exceto quando há confissão do acusado.

Nos termos do art. 233, parágrafo único, do CPP, as cartas particulares, interceptadas ou obtidas por meios criminosos, não serão admitidas em juízo. As cartas poderão ser exibidas em juízo pelo respectivo destinatário, para a defesa de seu direito, ainda que não haja consentimento do signatário.

a) Nos termos do art. 156 do CPP, a prova da alegação incumbirá a quem a fizer, sendo, porém, facultado ao juiz de ofício: *I - ordenar, mesmo antes de iniciada a ação penal, a produção antecipada de provas consideradas urgentes e relevantes, observando a necessidade, adequação e proporcionalidade da medida; II - determinar, no curso da instrução, ou antes de proferir sentença, a realização de diligências para dirimir dúvida sobre ponto relevante.*

b) Consoante o art. 155 do CPP, o juiz formará sua convicção pela livre apreciação da prova produzida em contraditório judicial, **não podendo fundamentar sua decisão exclusivamente nos elementos informativos colhidos na investigação, ressalvadas as provas cautelares, não repetíveis e antecipadas.**

c) A testemunha não poderá eximir-se da obrigação de depor. Poderão, entretanto, recusar-se a fazê-lo o ascendente ou descendente, o afim em linha reta, o cônjuge, ainda que desquitado, o irmão e o pai, a mãe, ou o filho adotivo do acusado, salvo quando não for possível, por outro modo, obter-se ou integrar-se a prova do fato e de suas circunstâncias, conforme o art. 206 do CPP.

e) Consoante o art. 158 do CPP, quando a infração deixar vestígios, será indispensável o exame de corpo de delito, direto ou indireto, **não podendo supri-lo a confissão do acusado.**

Gabarito: D.

---

950. **(2018 – TRF 3ª Região – TRF 3ª Região – Juiz – Adaptada)** Relativamente à prova testemunhal: Poderão recusar-se a depor os ascendentes, descendentes e afins em linha reta, salvo quando não for possível, por outro meio, obter-se a prova do fato e suas circunstâncias, sendo que, se optarem por prestar depoimento, prestarão compromisso de dizer a verdade.

Certo ( )   Errado ( )

As pessoas a que alude a alternativa efetivamente **podem se recusar a depor**, exceto se não houver outro meio de provar o fato, conforme o art. 206 do CPP. Ocorre que por expressa previsão do art. 208 do CPP, a elas não se deferirá compromisso legal.

Gabarito: Errado.

---

951. (2018 – UEG – PC/GO – Delegado) O CPP dispõe que, nos casos de busca e apreensão:

a) A busca pessoal independe de mandado, no caso de prisão.

b) Caso o morador se recuse a colaborar com a diligência, será permitido o emprego de força contra sua pessoa para o descobrimento do que se procura.

c) Não sendo encontrada a pessoa ou coisa procurada, dispensa-se a lavratura do auto circunstanciado.

d) Quando ausentes os moradores da casa objeto de busca, devem ser intimadas a assistir a diligência duas pessoas idôneas.

e) Na impossibilidade de indicação precisa do local em que será realizada a diligência, admite-se a expedição de mandado de busca e apreensão genérico.

Conforme a previsão legal, o art. 244 CPP dispõe que:

A busca pessoal independerá de mandado, no caso de prisão ou quando houver fundada suspeita de que a pessoa esteja na posse de arma proibida ou de objetos ou papéis que constituam corpo de delito, ou quando a medida for determinada no curso de busca domiciliar.

Gabarito: A.

---

952. (2018 – VUNESP – PC/SP – Investigador – Adaptada) No que concerne ao regramento geral das provas no CPP.

Quanto ao estado das pessoas, não se observará qualquer restrição estabelecida na lei civil, dada a busca da verdade real que norteia o processo penal.

Certo ( )   Errado ( )

Nos termos do art. 155, parágrafo único, do CPP: *SOMENTE quanto ao estado das pessoas serão observadas as restrições estabelecidas na lei civil.*

Gabarito: Errado.

---

953. (2020 – CESPE/CEBRASPE – PC/SE – Delegado – Adaptada) No que concerne ao regramento geral das provas no CPP.

No curso da instrução é vedado ao juiz, por sua iniciativa, determinar diligência para dirimir dúvida sobre ponto relevante.

Certo ( )   Errado ( )

Neste sentido, o art. 156 do CPP diz que a prova da alegação incumbirá a quem a fizer, sendo, porém, facultado ao juiz de ofício:

II - determinar, no curso da instrução, ou antes de proferir sentença, a realização de diligências para dirimir dúvida sobre ponto relevante.

Gabarito: Errado.

---

954. **(2018 – FUMARC – PC/MG – Delegado – Adaptada)** Em matéria de provas no processo penal, é CORRETO afirmar: A declaração de ilicitude de uma prova necessariamente implica nulidade absoluta de todo o processo.

Certo ( )   Errado ( )

A prova é ilícita, em regra, será declarada nula, nos termos do art. 5º, LVI, da CF/88: *são inadmissíveis, no processo, as provas obtidas por meios ilícitos.*

O art. 157, *caput,* do CPP dispõe que) *São inadmissíveis, devendo ser desentranhadas do processo, as provas ilícitas, assim entendidas as obtidas em violação a normas constitucionais ou legais". Porém, a nulidade será da prova e não de todo o processo como disposto na assertiva.*

Além disso, a jurisprudência vem adotando com base no princípio da proporcionalidade uma mitigação as nulidades absolutas, nos termos do art. 563 do CPP: *Nenhum ato será declarado nulo, se da nulidade não resultar prejuízo para a acusação ou para a defesa. Além disso, é importante ressaltar, que excepcionalmente, admite-se a utilização de provas ilícitas no processo penal em benefício dos direitos do réu inocente que produziu tal prova para sua absolvição.*

Gabarito: Errado.

---

955. **(2018 – VUNESP – PC/SP – Investigador)** No que concerne ao regramento geral das provas no CPP.

   a) o juiz pode formar sua convicção exclusivamente baseado nos elementos informativos colhidos na investigação.

   b) são inadmissíveis, devendo ser desentranhadas do processo, as provas ilícitas, assim entendidas as obtidas em violação a normas constitucionais ou legais.

   c) são inadmissíveis, sem exceção, as provas derivadas das ilícitas.

   d) no curso da instrução é vedado ao juiz, por sua iniciativa, determinar diligência para dirimir dúvida sobre ponto relevante.

   e) quanto ao estado das pessoas, não se observará qualquer restrição estabelecida na lei civil, dada a busca da verdade real que norteia o processo penal.

Consoante o teor do art. 157 do CPP, são inadmissíveis, devendo ser desentranhadas do processo, as provas ilícitas, assim entendidas as obtidas em violação a normas constitucionais ou legais.

a) Consoante o exposto no art. 155 do CPP, o juiz formará sua convicção pela livre apreciação da prova produzida em contraditório judicial, **não podendo fundamentar sua decisão exclusivamente nos elementos informativos colhidos na investigação,** ressalvadas as provas cautelares, não repetíveis e antecipadas.

c) Conforme o art. 157, § 1º, do CPP, são também inadmissíveis as provas derivadas das ilícitas, **salvo quando não evidenciado o nexo de causalidade entre umas e outras, ou quando as derivadas puderem ser obtidas por uma fonte independente das primeiras.**

d) art. 156 do CPP, a prova da alegação incumbirá a quem a fizer, sendo, porém, facultado ao juiz de ofício: *II - determinar, no curso da instrução, ou antes de proferir sentença, a realização de diligências para dirimir dúvida sobre ponto relevante.*

e) art. 155, parágrafo único, SOMENTE quanto ao estado das pessoas serão observadas as restrições estabelecidas na lei civil.

Gabarito: B.

---

956. **(2018 – FUMARC – PC/MG – Delegado – Adaptada)** Em matéria de provas no processo penal, é CORRETO afirmar: Não há contaminação da prova quando ficar evidenciado seu nexo causal com a prova originária.

Certo ( )   Errado ( )

O art. 157, § 1º, do CPP consagrou expressamente a impossibilidade de utilização das provas ilícitas por derivação (teoria dos frutos da árvore envenenada ou do efeito à distância - *fruits of the poisonous tree*, construção da Suprema Corte Americana e que já vinha sendo aceita, no Brasil, pelo STF), que são aquelas provas que decorrem de uma prova ilícita originária, sendo que tal ilicitude somente restará CARACTERIZADA se houver demonstração do NEXO CAUSAL entre as provas ou quando as derivadas não puderem ser obtidas por uma fonte independente das primeiras. Assim, a assertiva está incorreta, pois afirma que não haverá contaminação da prova, mesmo presente o nexo causal com a prova originária.

Gabarito: Errado.

957. **(2018 – VUNESP – PC/SP – Investigador – Adaptada)** No que concerne ao regramento geral das provas no CPP.

São inadmissíveis, sem exceção, as provas derivadas das ilícitas.

Certo ( )   Errado ( )

Nos termos do art. 157, § 1º, do CPP, dispõe que são também inadmissíveis as provas derivadas das ilícitas, **SALVO** quando não evidenciado o nexo de causalidade entre umas e outras, ou quando as derivadas puderem ser obtidas por uma fonte independente das primeiras.

A Lei nº 13.964/19 alterou o referido artigo, no entanto a sua aplicabilidade está SUSPENSA até o julgamento das **ADIs 6.298, 6.299, 6.300 e 6.305** pelo STF. As questões serão mantidas com a integralidade dos artigos anteriores para efeitos de provas.

A referida lei ACRESCENTOU o art. 157, § 5º, do CPP – Juiz CONTAMINADO: O juiz que conhecer do conteúdo da prova declarada inadmissível não poderá proferir a sentença ou acórdão.

Gabarito: Errado.

958. **(2017 – IESES – IGP/SC – Perito Criminal)** O Perito Norberto entregou um Laudo Pericial, referente a um local de acidente de trânsito com vítimas, 35 dias após a solicitação do exame, sem pedir prorrogação de prazo, e, por conseguinte, foi repreendido pelo Diretor do Instituto de Criminalística local, sob a alegação de ter atrasado a conclusão do referido laudo. Segundo o artigo 160, parágrafo único, do CPP, qual seria o prazo máximo para a conclusão e entrega a ser cumprido pelo Perito Norberto?

a) 10 dias, prorrogáveis em casos excepcionais.

b) 60 dias, prorrogáveis por mais 30 dias.

c) 15 dias, o mesmo para o oferecimento da denúncia, se o réu estiver solto ou afiançado.

d) 30 dias, o mesmo para a conclusão do inquérito policial.

Conforme o art. 160 do CPP, os peritos elaborarão o laudo pericial, onde descreverão minuciosamente o que examinarem, e responderão aos quesitos formulados. *Parágrafo único. O laudo pericial será elaborado no prazo máximo de 10 dias, podendo este prazo ser prorrogado, em casos excepcionais, a requerimento dos peritos.*

Gabarito: A.

---

959. **(2016 – CESPE/CEBRASPE – TJ/DFT – Juiz – Adaptada)** Em decorrência do princípio do livre convencimento adotado pelo CPP, o juiz pode decidir de acordo com sua vivência acerca dos fatos, desde que sua decisão seja devidamente fundamentada.

Certo ( )   Errado ( )

Existem 3 tipos de sistemas de valoração das provas:

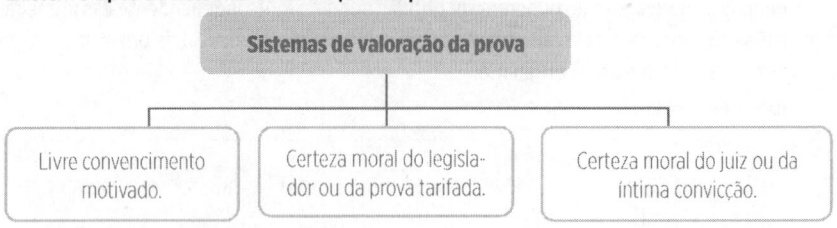

Sistemas de valoração da prova

- Livre convencimento motivado.
- Certeza moral do legislador ou da prova tarifada.
- Certeza moral do juiz ou da íntima convicção.

A regra é o sistema do livre convencimento motivado, exposto no art. 155 do CPP: *O juiz formará sua convicção pela livre apreciação da prova produzida em contraditório judicial, não podendo fundamentar sua decisão exclusivamente nos elementos informativos colhidos na investigação, ressalvadas as provas cautelares, não repetíveis e antecipadas.* Isto é, o juiz não estará obrigado a admitir toda e qualquer prova, mas irá valorar e julgar as que são realmente necessárias, sempre motivando-as. Além disso, não poderá decidir somente com os elementos informativos colhidos na fase inquisitorial, pois não passaram pelo crivo do contraditório e da ampla defesa das partes no processo judicial, bem como valorar apenas pela sua vivência, que se trata do sistema da certeza moral do juiz ou da íntima convicção, usado ao Tribunal do Júri: *O juiz está absolutamente livre para decidir, despido de quaisquer amarras, estando dispensado de motivar a decisão. Pode utilizar o que não está nos autos, trazendo ao processo os seus pré-conceitos e crenças pessoais. A lei não atribui valor às provas, cabendo ao magistrado total liberdade. É o sistema que preside, de certa forma, os julgamentos pelo Tribunal do Júri em sua segunda fase, na atuação dos jurados, pois estes votam os quesitos sigilosamente, sem fundamentar.* (TAVORA, N.; ALENCAR, R. R. **Curso de Direito Processual Penal**. 11 ed. Salvador: JusPodivm, 2016).

Gabarito: Errado.

---

960. **(2016 – CESPE/CEBRASPE – TJ/DFT – Juiz – Adaptada)** O juiz deve formar sua convicção pela livre apreciação da prova produzida em contraditório judicial, e poderá proferir decisão com base exclusivamente nas provas cautelares, não repetíveis e antecipadas.

Certo ( )   Errado ( )

Definição do sistema de provas adotado no Direito Processual Penal brasileiro, o sistema do livre convencimento motivado está exposto no art. 155 do CPP: *O juiz formará sua convicção pela livre apreciação da prova produzida em contraditório judicial, não podendo fundamentar sua decisão exclusivamente nos elementos informativos colhidos na investigação, ressalvadas as provas cautelares, não repetíveis e antecipadas.*

Gabarito: Certo.

---

961. **(2016 – CESPE/CEBRASPE – TJ/DFT – Juiz – Adaptada)** O juiz deve formar sua convicção pela livre apreciação da prova produzida em contraditório judicial, não podendo proferir decisão baseada exclusivamente nos elementos informativos colhidos na fase de investigação, tampouco nas provas cautelares, não repetíveis e antecipadas.

Certo ( )   Errado ( )

O final da questão está errado, pois o juiz poderá fundamentar a decisão nessas provas, como prevê o art. 155 do CPP: *O juiz formará sua convicção pela livre apreciação da prova produzida em contraditório judicial, não podendo fundamentar sua decisão exclusivamente nos elementos informativos colhidos na investigação, ressalvadas as provas cautelares, não repetíveis e antecipadas.*
Gabarito: Errado.

---

962. **(2016 – CESPE/CEBRASPE – TJ/DFT – Juiz – Adaptada)** Dada a previsão de que o juiz deve formar sua convicção pela livre apreciação da prova produzida em contraditório, a prova produzida na fase de investigação poderá fundamentar a decisão do magistrado se a sua produção tiver sido acompanhada pelo advogado do réu, ou seja, poderá o juiz fundamentar sua decisão exclusivamente nos elementos informativos produzidos na fase de inquérito.

Certo ( )   Errado ( )

Nos elementos informativos não poderá, mas pelas provas sim, contudo passando pelo crivo do contraditório judicial das partes (e não só pelo advogado), segundo o art. 155 do CPP: *O juiz formará sua convicção pela livre apreciação da prova produzida em contraditório judicial, não podendo fundamentar sua decisão exclusivamente nos elementos informativos colhidos na investigação, ressalvadas as provas cautelares, não repetíveis e antecipadas.*
Gabarito: Errado.

---

963. **(2016 – CESPE/CEBRASPE – TJ/DFT – Juiz – Adaptada)** Tendo formado sua convicção pela livre apreciação da prova produzida em contraditório judicial, o juiz poderá proferir decisão baseada exclusivamente nas provas não repetíveis, mas não poderá fazê-lo em caso de provas antecipadas ou cautelares.

Certo ( )   Errado ( )

A ressalva da lei é implicada aos três tipos de provas citadas: não repetíveis, antecipadas e cautelares. Conforme o art. 155 do CPP: *O juiz formará sua convicção pela livre apreciação da prova produzida em contraditório judicial, não podendo fundamentar sua decisão exclusivamente nos elementos informativos colhidos na investigação, ressalvadas as provas cautelares, não repetíveis e antecipadas.*
Gabarito: Errado.

---

964. **(2016 – CESPE/CEBRASPE – Polícia Científica/PE – Perito Criminal – Adaptada)** A interceptação telefônica será determinada pelo juiz na hipótese de o fato investigado constituir infração penal punida com pena de detenção.

Certo ( )   Errado ( )

De acordo com a Lei nº 9.296/96, a qual trata da interceptação de comunicações telefônicas, em seu art. 2º: **NÃO** *será admitida a interceptação de comunicações telefônicas quando ocorrer qualquer das seguintes hipóteses:*

I - não houver indícios razoáveis da autoria ou participação em infração penal;

II - a prova puder ser feita por outros meios disponíveis;

III - o fato investigado constituir infração penal punida, no máximo, com pena de detenção.
Gabarito: Errado.

965. (2016 – CESPE/CEBRASPE – Polícia Científica/PE – Perito Criminal – Adaptada) A decisão que autoriza a interceptação telefônica deve ser fundamentada, indicando a forma de execução da diligência, que não poderá exceder o prazo legal nem ser prorrogada, sob pena de nulidade.

Certo ( )   Errado ( )

Segundo a Lei nº 9.296/96, em seu art. 5º: *A decisão será fundamentada, sob pena de nulidade, indicando também a forma de execução da diligência, que não poderá exceder o prazo de quinze dias, renovável por igual tempo, uma vez comprovada a indispensabilidade do meio de prova.*
Gabarito: Errado.

966. (2016 – CESPE/CEBRASPE – Polícia Científica/PE – Perito Criminal – Adaptada) A interceptação telefônica será determinada pelo juiz na hipótese de o fato investigado constituir infração penal punida, pelo menos, com pena de detenção.

Certo ( )   Errado ( )

Segundo a Lei nº 9.296/96, em seu art. 2º: *Não será admitida a interceptação de comunicações telefônicas quando ocorrer qualquer das seguintes hipóteses: I - não houver indícios razoáveis da autoria ou participação em infração penal; II - a prova puder ser feita por outros meios disponíveis; III - o fato investigado constituir infração penal punida, no máximo, com pena de detenção.*
Gabarito: Errado.

967. (2016 – CESPE/CEBRASPE – Polícia Científica/PE – Perito Criminal – Adaptada) A decisão que autoriza a interceptação telefônica deve ser fundamentada, indicando a forma de execução da diligência, que não poderá exceder o prazo legal nem ser prorrogada, sob pena de nulidade.

Certo ( )   Errado ( )

Consoante a Lei nº 9.296/96, em seu art. 5º: *A decisão será fundamentada, sob pena de nulidade, indicando também a forma de execução da diligência, que não poderá exceder o prazo de quinze dias, renovável por igual tempo uma vez comprovada a indispensabilidade do meio de prova.*
Gabarito: Errado.

968. (2016 – CESPE/CEBRASPE – PC/PE – Agente – Adaptada) Conforme a teoria dos frutos da árvore envenenada, são inadmissíveis provas ilícitas no processo penal, restringindo-se o seu aproveitamento a casos excepcionais, mediante decisão fundamentada do juiz.

Certo ( )   Errado ( )

De acordo com Nestor Távora, o STF tem admitido a possibilidade de emprego de provas ilícitas em benefício do réu (*pro reo*), por força do princípio da proporcionalidade. Contudo, não se tem admitido o emprego da prova ilícita em benefício da acusação (*pro societate*). Como eventualmente a prova ilícita pode ser utilizada em favor do réu, a destruição precipitada, logo após preclusa a decisão judicial, poderá prejudicar decisivamente a defesa. Além disso, a destruição pode inviabilizar a responsabilização do autor de eventual ilícito para a produção da prova. Sendo assim, a melhor saída é a de manter a prova ilícita desentranhada sob sigilo no cartório, e após o trânsito em julgado da sentença, competirá ao juiz decidir pela remessa ao MP, para apurar eventual ilícito, ou determinar a destruição.

Gabarito: Errado.

---

969. **(2016 – CESPE/CEBRASPE – PC/PE – Agente – Adaptada)** Nos crimes cometidos com destruição ou rompimento de obstáculo, embora indispensável a perícia técnica que descreva os vestígios materiais e indique os instrumentos utilizados, ela pode ser suprida pela confissão espontânea do acusado.

Certo ( )   Errado ( )

O erro da questão está em afirmar que a perícia técnica pode ser suprida pela confissão espontânea do acusado, quando na verdade o art. 158 do CPP prevê que não sendo possível o exame de corpo de delito, por haverem desaparecido os vestígios, a prova testemunhal poderá suprir-lhe a falta.

Art. 158. Quando a infração deixar vestígios, será indispensável o exame de corpo de delito, direto ou indireto, não podendo supri-lo a confissão do acusado.

Gabarito: Errado.

---

970. **(2016 – CESPE/CEBRASPE – PC/PE – Agente – Adaptada)** O pedido de interceptação telefônica do investigado cabe exclusivamente ao Ministério Público e somente a ele deve se reportar a autoridade policial.

Certo ( )   Errado ( )

De acordo com a Lei nº 9.296/96, em seu art. 3º: *A interceptação das comunicações telefônicas poderá ser determinada pelo juiz, de ofício ou a requerimento: I - da autoridade policial, na investigação criminal; II - do representante do Ministério Público, na investigação criminal e na instrução processual penal.*

Gabarito: Errado.

---

971. **(2016 – CESPE/CEBRASPE – PC/PE – Agente – Adaptada)** A interceptação telefônica é admitida no processo se determinada por despacho fundamentado do juiz competente, na fase investigativa ou no curso da ação penal, sob segredo de justiça.

Certo ( )   Errado ( )

Segundo a Lei nº 9.296/96, em seu art. 1º: *A interceptação de comunicações telefônicas, de qualquer natureza, para prova em investigação criminal e em instrução processual penal, observará o disposto nesta Lei e dependerá de ordem do juiz competente da ação principal, sob segredo de justiça.*

Gabarito: Certo.

---

972. (2016 – CESPE/CEBRASPE – PC/PE – Agente – Adaptada) O acusado detém a prerrogativa de silenciar ao ser interrogado, mas esse direito pode ser interpretado contra ele, consoante o aforismo popular: quem cala consente.

Certo ( )   Errado ( )

Conforme o art. 186 do CPP: *Depois de devidamente qualificado e cientificado do inteiro teor da acusação, o acusado será informado pelo juiz, antes de iniciar o interrogatório, do seu direito de permanecer calado e de não responder perguntas que lhe forem formuladas.*

Parágrafo único. O silêncio, que não importará em confissão, não poderá ser interpretado em prejuízo da defesa.

Gabarito: Errado.

---

973. (2016 – CESPE/CEBRASPE – PC/PE – Escrivão – Adaptada) O exame de corpo de delito poderá ser suprido indiretamente pela confissão do acusado se os vestígios já tiverem desaparecido.

Certo ( )   Errado ( )

O erro da questão está em afirmar que o exame de corpo de delito poderá ser suprido pela confissão, quando na verdade poderá ser suprido pela prova testemunhal, conforme afirma o art. 167 do CPP:

Não sendo possível o exame de corpo de delito, por haverem desaparecido os vestígios, a prova testemunhal poderá suprir-lhe a falta.

Gabarito: Errado.

---

974. (2016 – CESPE/CEBRASPE – PC/PE – Escrivão – Adaptada) Não tendo a infração deixado vestígios, será realizado o exame de corpo de delito de modo indireto.

Certo ( )   Errado ( )

A questão está incorreta, de acordo com o art. 158 do CPP, quando a infração deixar vestígios será indispensável o exame de corpo de delito, direto ou indireto, não podendo supri-lo a confissão do acusado. (*Se a infração não deixar vestígios, não há que se pensar em exame de corpo de delito*).

Gabarito: Errado.

---

975. (2016 – CESPE/CEBRASPE – PC/PE – Escrivão – Adaptada) Tratando-se de lesões corporais, a falta de exame complementar poderá ser suprida pela prova testemunhal.

Certo ( )   Errado ( )

A assertiva está correta, conforme o art. 168 do CPP: *Em caso de lesões corporais, se o primeiro exame pericial tiver sido incompleto, proceder-se-á a exame complementar por determinação da autoridade policial ou judiciária, de ofício, ou a requerimento do Ministério Público, do ofendido ou do acusado, ou de seu defensor.*

§ 3º, A falta de exame complementar poderá ser suprida pela prova testemunhal.

Gabarito: Certo.

---

976. (2016 – CESPE/CEBRASPE – PC/PE – Escrivão – Adaptada) Depende de mandado judicial a realização de exame de corpo de delito durante o período noturno.

Certo ( )   Errado ( )

A questão está errada, pois conforme o art. 6º do CPP: *Logo que tiver conhecimento da prática da infração penal, a autoridade policial deverá: [...]*

VII - determinar, se for caso, que se proceda a exame de corpo de delito e a quaisquer outras perícias.

Gabarito: Errado.

---

977. **(2016 - CESPE/CEBRASPE - PC/PE - Escrivão - Adaptada)** Requerido, pelas partes, o exame de corpo de delito, o juiz poderá negar a sua realização, se entender que é desnecessário ao esclarecimento da verdade.

Certo ( )   Errado ( )

A assertiva está incorreta, pois em consonância com o art. 184 do CPP, salvo o caso de exame de corpo de delito, o juiz ou a autoridade policial negarão a perícia requerida pelas partes, quando não for necessária ao esclarecimento da verdade.

Gabarito: Errado.

---

978. **(2016 - CESPE/CEBRASPE - PC/PE - Escrivão - Adaptada)** A confissão será divisível e o juiz poderá considerar apenas certas partes do que foi confessado.

Certo ( )   Errado ( )

A questão está corretíssima, pois o art. 200 do CPP articula que a confissão será divisível e retratável, sem prejuízo do livre convencimento do juiz, fundado no exame das provas em conjunto.

Gabarito: Certo.

---

979. **(2016 - CESPE/CEBRASPE - PC/PE - Escrivão - Adaptada)** O acusado poderá ser interrogado sem a presença de seu defensor se assim desejar e deixar consignado no termo.

Certo ( )   Errado ( )

A questão está errada, pois o acusado não pode ser interrogado sem a presença do defensor. Conforme o art. 185 do CPP, o acusado que comparecer perante a autoridade judiciária, no curso do processo penal, será qualificado e interrogado na presença de seu defensor, constituído ou nomeado.

Gabarito: Errado.

---

980. **(2016 - CESPE/CEBRASPE - PC/PE - Escrivão - Adaptada)** Não sendo possível a presença em juízo do acusado preso por falta de escolta para conduzi-lo, poderá o interrogatório ser realizado por sistema de videoconferência.

Certo ( )   Errado ( )

O CPP somente prevê, categoricamente, quatro hipóteses para a realização do interrogatório por videoconferência:

1) prevenir risco à segurança pública;

2) viabilizar o ato (quando exista visível dificuldade de deslocamento, em razão de enfermidade ou de qualquer outra circunstância pessoal, como a avançada idade);

3) risco à instrução;

4) gravíssima questão de ordem pública.

Gabarito: Errado.

981. **(2016 – CESPE/CEBRASPE – PC/PE – Escrivão – Adaptada)** Mesmo após o encerramento da instrução criminal, a defesa poderá requerer ao juiz novo interrogatório do acusado, devendo indicar as razões que o justifiquem.

Certo ( )   Errado ( )

Pode o interrogatório ser realizado a qualquer momento, e a todo tempo o magistrado poderá proceder a novo interrogatório, de ofício ou a requerimento das partes (art. 196 do CPP). Até mesmo na pendência do julgamento da apelação, o tribunal, câmara ou turma poderão proceder novo interrogatório do acusado, reinquirir testemunhas ou determinar outras diligências (art. 616 do CPP). Gabarito: Certo.

---

982. **(2016 – CESPE/CEBRASPE – PC/PE – Escrivão – Adaptada)** Havendo mais de um acusado, eles serão interrogados conjuntamente, exceto se manifestarem acusações recíprocas.

Certo ( )   Errado ( )

De acordo com o art. 191 do CPP, havendo mais de um acusado, serão interrogados separadamente. Gabarito: Errado.

---

983. **(2016 – CESPE/CEBRASPE – PC/PE – Escrivão – Adaptada)** O interrogatório deve ser realizado no início da instrução criminal, antes da oitiva de testemunhas de acusação e de defesa.

Certo ( )   Errado ( )

O interrogatório é o último ato da instrução criminal, conforme articula o art. 400 do CPP: *Na audiência de instrução e julgamento, a ser realizada no prazo máximo de 60 (sessenta) dias, proceder-se-á à tomada de declarações do ofendido, à inquirição das testemunhas arroladas pela acusação e pela defesa, nesta ordem, ressalvado o disposto no art. 222 deste Código, bem como aos esclarecimentos dos peritos, às acareações e ao reconhecimento de pessoas e coisas, interrogando-se, em seguida, o acusado.*
Gabarito: Errado.

---

984. **(2016 – CESPE/CEBRASPE – TJ/AM – Juiz – Adaptada)** A interceptação telefônica é medida subsidiária e excepcional, só podendo ser determinada quando não houver outro meio para se apurar os fatos tidos por criminosos, sendo ilegal quando for determinada apenas com base em notícia anônima, sem investigação preliminar.

Certo ( )   Errado ( )

A Lei nº 9.296/96, art. 2º, diz que não será admitida a interceptação de comunicações telefônicas quando ocorrer qualquer das seguintes hipóteses: *II - a prova puder ser feita por outros meios disponíveis; por votação unânime.* **A Segunda Turma do Supremo Tribunal Federal (STJ) aplicou, nesta terça-feira, jurisprudência da própria Suprema Corte no sentido de admitir a instauração de inquérito policial e a posterior persecução penal fundados em delação anônima, desde que a autoridade policial confirme, em apuração sumária e preliminar, a verossimilhança do crime supostamente cometido. Gabarito: Certo.**

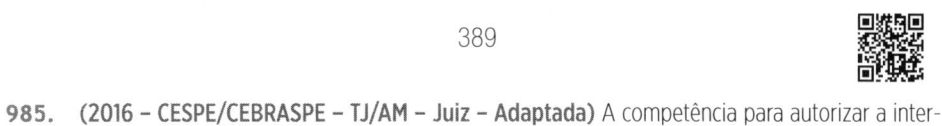

985. **(2016 – CESPE/CEBRASPE – TJ/AM – Juiz – Adaptada)** A competência para autorizar a interceptação telefônica é exclusiva do juiz criminal, caracterizando prova ilícita o aproveitamento da diligência como prova emprestada a ser utilizada pelo juízo cível ou em processo administrativo.

Certo ( )   Errado ( )

É possível utilizar interceptação telefônica produzida na ação penal em Processo Administrativo Disciplinar e pelo juízo cível, na qualidade de prova emprestada, desde que devidamente autorizada pelo juízo criminal. O entendimento é da 3ª Turma do Superior Tribunal de Justiça. Os ministros da Primeira Turma do Supremo Tribunal Federal (STF) reconheceram a possibilidade do uso da chamada prova emprestada de outro processo, desde que seja dada à defesa a oportunidade de se manifestar sobre estas provas, respeitando os princípios constitucionais do contraditório e da ampla defesa.
Gabarito: Errado.

986. **(2016 – CESPE/CEBRASPE – TJ/AM – Juiz – Adaptada)** De acordo com o STJ, o prazo de quinze dias é contado a partir da data da decisão judicial que autoriza a interceptação telefônica e pode ser prorrogado sucessivas vezes pelo tempo necessário, especialmente quando o caso for complexo e a prova, indispensável.

Certo ( )   Errado ( )

O termo inicial da contagem do prazo inicia-se com a efetivação da medida, e não da data da autorização, ou seja, do dia em que se inicia a escuta telefônica, e não da data da decisão judicial.
Gabarito: Errado.

987. **(2016 – CESPE/CEBRASPE – TJ/AM – Juiz – Adaptada)** Em regra, o CPP estabelece que o interrogatório do réu preso será feito pelo sistema de videoconferência ou outro recurso tecnológico de transmissão de sons e imagens em tempo real. Não sendo isso possível por falta de disponibilidade do recurso tecnológico, o preso será apresentado em juízo, mediante escolta.

Certo ( )   Errado ( )

De acordo com os arts. 217, *caput* e parágrafo único, e art. 222, § 3º, o interrogatório por videoconferência, na verdade, é exceção; a regra é que o interrogatório seja realizado pessoalmente.
Gabarito: Errado.

988. **(2016 – CESPE/CEBRASPE – TJ/AM – Juiz – Adaptada)** A busca domiciliar poderá ser feita sem autorização do morador, independentemente de dia e horário, no caso de a autoridade judiciária comparecer pessoalmente para efetivar a medida, devendo esta declarar previamente sua qualidade e o objeto da diligência.

Certo ( )   Errado ( )

Conforme o art. 245 do CPP, as buscas domiciliares serão feitas de dia, salvo se o morador autorizar que se realize à noite, e, antes de adentrarem na casa, os executores mostrarão e lerão o mandado ao morador, ou a quem o represente, intimando-o, em seguida, a abrir a porta.
Gabarito: Errado.

989. **(2016 – CESPE/CEBRASPE – TJ/AM – Juiz – Adaptada)** Carla fez um seguro de vida que previa o pagamento de vultosa indenização a seu marido, José, caso ela viesse a falecer. O contrato previa que o beneficiário não teria direito à indenização se causasse a morte da segurada. Alguns meses depois, Carla foi encontrada morta, tendo o perito oficial que assinou o laudo cadavérico concluído que a causa provável fora envenenamento. Em que pese o delegado não ter indiciado José, o MP concluiu que havia indícios de autoria, razão pela qual ele foi denunciado por homicídio doloso. O juiz recebeu a denúncia e determinou a citação do réu. José negou a autoria do delito, tendo solicitado a admissão de assistente técnico e apresentado defesa em que requereu sua absolvição sumária. O parecer do assistente técnico foi no sentido de que a morte de Carla tivera causas naturais.

O laudo de exame cadavérico de Carla é nulo, porque a legislação processual penal determina que ele seja elaborado e assinado por dois peritos oficiais.

Certo (   )   Errado (   )

Conforme o art. 159 do CPP, *O exame de corpo de delito e outras perícias serão realizados por perito oficial, portador de diploma de curso superior.*

§ 1º, Na falta de perito oficial, o exame será realizado por 2 (duas) pessoas idôneas, portadoras de diploma de curso superior preferencialmente na área específica, dentre as que tiverem habilitação técnica relacionada com a natureza do exame.

§ 2º, Os peritos não oficiais prestarão o compromisso de bem e fielmente desempenhar o encargo.

Art. 178. No caso do art. 159, o exame será requisitado pela autoridade ao diretor da repartição, juntando-se ao processo o laudo assinado pelos peritos.

Art. 179. No caso do § 1º, do art. 159, o escrivão lavrará o auto respectivo, que será assinado pelos peritos e, se presente ao exame, também pela autoridade.

Parágrafo único. No caso do art. 160, parágrafo único, o laudo, que poderá ser datilografado, será subscrito e rubricado em suas folhas por todos os peritos. Assim sendo, o laudo pode ter sido assinado por duas pessoas idôneas, nos termos do parágrafo 1º, do art. 159.

Gabarito: Errado.

---

990. **(2015 – CESPE/CEBRASPE – TRE/RS – Analista Judiciário – Adaptada)** A testemunha pode se eximir do dever de prestar depoimento se for ascendente, descendente, cônjuge, companheiro, irmão, pai ou mãe do acusado ou da vítima, salvo se não for possível, por outro modo, obter a prova do fato e de suas circunstâncias.

Certo (   )   Errado (   )

De acordo com o art. 206 do CPP, *a testemunha não poderá eximir-se da obrigação de depor. Poderão, entretanto, recusar-se a fazê-lo o ascendente ou descendente, o afim em linha reta, o cônjuge, ainda que desquitado, o irmão e o pai, a mãe, ou o filho adotivo do acusado, salvo quando não for possível, por outro modo, obter-se ou integrar-se a prova do fato e de suas circunstâncias.*

Gabarito: Errado.

---

991. (2017 – CESPE/CEBRASPE – DPU – Defensor Público) Em relação à coisa julgada, prova criminal e restituição de bens, medidas assecuratórias e cautelares no Direito Processual Penal, julgue o item subsequente.

No âmbito do Juizado Especial Criminal, no intuito de comprovar a materialidade do crime, o exame de corpo de delito pode ser substituído por boletim médico ou prova equivalente.

Certo ( )   Errado ( )

Essa é a previsão contida no art. 77, § 1º, da Lei nº 9.099/95:

Art. 77. Na ação penal de iniciativa pública, quando não houver aplicação de pena, pela ausência do autor do fato, ou pela não ocorrência da hipótese prevista no art. 76 desta Lei, o Ministério Público oferecerá ao Juiz, de imediato, denúncia oral, se não houver necessidade de diligências imprescindíveis.

§ 1º, Para o oferecimento da denúncia, que será elaborada com base no termo de ocorrência referido no art. 69 desta Lei, com dispensa do inquérito policial, prescindir-se-á do exame do corpo de delito quando a materialidade do crime estiver aferida por boletim médico ou prova equivalente.

Gabarito: Certo.

---

992. (2017 – CESPE/CEBRASPE – DPU – Defensor Público) Uma vez que a busca da verdade real se subordina a formas rígidas, a afirmação da reincidência depende de certidão na qual fique atestado cabalmente o trânsito em julgado de anterior condenação.

Certo ( )   Errado ( )

A assertiva está errada, pois conforme entendimento do STF: *1. A busca da verdade real não se subordina, aprioristicamente, a formas rígidas, por isso que a afirmação da reincidência independe de certidão na qual atestado cabalmente o trânsito em julgado de anterior condenação, sobretudo quando é possível provar, por outros meios, que o paciente está submetido a execução penal por crime praticado anteriormente à sentença condenatória que o teve por reincidente. (...)* **(STF - Hc) 116301 MG, Relator: Min. LUIZ FUX, Data de Julgamento: 03/12/2013, Primeira Turma, Data de Publicação: DJe-028 DIVULG 10-02-2014 PUBLIC 11-02-2014).**

Gabarito: Errado.

---

993. (2015 – CESPE/CEBRASPE – DPE/RN – Defensor Público – Adaptada) De acordo com a jurisprudência do STF, é imprescindível a transcrição integral dos diálogos colhidos por meio de interceptação telefônica ou escuta ambiental.

Certo ( )   Errado ( )

Conforme o posicionamento do Supremo Tribunal Federal, não é necessária a transcrição integral dos diálogos gravados durante quebra de sigilo telefônico, rejeitando alegação de cerceamento de defesa pela não transcrição de partes da interceptação irrelevantes para o embasamento da denúncia.

Gabarito: Errado.

---

994. (2015 – CESPE/CEBRASPE – DPE/RN – Defensor Público – Adaptada) Segundo a jurisprudência do STJ, são impossíveis sucessivas prorrogações de interceptações telefônicas, ainda que o pedido de quebra de sigilo telefônico seja devidamente fundamentado, em razão da previsão legal de prazo máximo de quinze dias para tal medida, renovável por igual período.

Certo ( )   Errado ( )

De acordo com o STF: *Admite-se prorrogação sucessiva de interceptação telefônica, se os fatos forem complexos e graves e as decisões sejam devidamente fundamentas pelo juízo competente quanto à necessidade de prosseguimento das investigações.*

Gabarito: Errado.

---

995. **(2015 – CESPE/CEBRASPE – DPE/RN – Defensor Público – Adaptada)** No sistema inquisitivo, a confissão é considerada a rainha das provas e predominam nele procedimentos exclusivamente escritos.

Certo ( )   Errado ( )

No sistema inquisitivo, concentram-se em uma mesma pessoa a acusação e o julgamento, o juiz-inquisidor, no qual todo o procedimento é sigiloso e escrito. Ademais, atualmente no CPP, a confissão do acusado não é mais a rainha das provas, haja vista a leitura do art. 158 do CPP: *Quando a infração deixar vestígios, será indispensável o exame de corpo de delito, direto ou indireto, não podendo supri-lo a confissão do acusado.* Além disso, o juiz buscará a verdade real. Portanto, devem ser coletadas provas acerca do crime; a confissão, então, não será a única forma de comprovação do crime, até mesmo podendo o réu ser absolvido após ter confessado o delito, por falta de provas. Dessa forma, o seguinte artigo confirma a visão: art. 197 do CPP: *O valor da confissão se aferirá pelos critérios adotados para os outros elementos de prova, e para a sua apreciação o juiz deverá confrontá-la com as demais provas do processo, verificando se entre ela e estas existe compatibilidade.*

Gabarito: Certo.

---

996. **(2015 – CESPE/CEBRASPE – TRE/RS – Analista Judiciário – Adaptada)** O interrogatório do surdo-mudo será, necessariamente, acompanhado de pessoa habilitada a entendê-lo, ainda que o interrogando saiba ler e escrever.

Certo ( )   Errado ( )

O CPP, em seu art. 192, afirma que: *O interrogatório do mudo, do surdo ou do surdo-mudo será feito pela forma seguinte*

I - ao surdo serão apresentadas por escrito as perguntas, que ele responderá oralmente;

II - ao mudo as perguntas serão feitas oralmente, respondendo-as por escrito;

III - ao surdo-mudo as perguntas serão formuladas por escrito e do mesmo modo dará as respostas.

Parágrafo único. Caso o interrogando não saiba ler ou escrever, intervirá no ato, como intérprete e sob compromisso, pessoa habilitada a entendê-lo.

Gabarito: Errado.

---

997. **(2015 – CESPE/CEBRASPE – TRE/RS – Analista Judiciário – Adaptada)** Embora não sejam admitidas em juízo, as correspondências particulares obtidas por meios criminosos podem ser exibidas pelo respectivo destinatário se servirem à defesa de direito seu, ainda que não haja consentimento de seu interlocutor.

Certo ( )   Errado ( )

Consoante o art. 233 do CPP, as cartas particulares, interceptadas ou obtidas por meios criminosos, não serão admitidas em juízo.

Parágrafo único. As cartas poderão ser exibidas em juízo pelo respectivo destinatário, para a defesa de seu direito, ainda que não haja consentimento do signatário.

Gabarito: Certo.

998. **(2015 – CESPE/CEBRASPE – TRE/RS – Analista Judiciário – Adaptada)** A busca domiciliar deve ser precedida da expedição de mandado apenas no caso de a própria autoridade policial ou judiciária não a realizar pessoalmente.

Certo ( )   Errado ( )

O art. 245 do CPP articula que) *As buscas domiciliares serão executadas de dia, salvo se o morador consentir que se realizem à noite, e, antes de penetrarem na casa, os executores mostrarão e lerão o mandado ao morador, ou a quem o represente, intimando-o, em seguida, a abrir a porta.*

§ 1º, Se a própria autoridade der a busca, declarará previamente sua qualidade e o objeto da diligência.

Gabarito: Errado.

999. **(2015 – CESPE/CEBRASPE – TRE/RS – Analista Judiciário – Adaptada)** Os exames de corpo de delito devem ser realizados por dois peritos oficiais, portadores de diploma de curso superior e, na falta de perito oficial, por duas pessoas idôneas, com ensino superior completo.

Certo ( )   Errado ( )

Conforme o art. 159 do CPP: *O exame de corpo de delito e outras perícias serão realizados por perito oficial, portador de diploma de curso superior.*

§ 1º, Na falta de perito oficial, o exame será realizado por 2 (duas) pessoas idôneas, portadoras de diploma de curso superior preferencialmente na área específica, dentre as que tiverem habilitação técnica relacionada com a natureza do exame.

Gabarito: Errado.

1000. **(2015 – CESPE/CEBRASPE – TJ/DFT – Analista Judiciário)** Conforme a teoria dos frutos da árvore envenenada, adotada pelo CPP, a prova ilícita produzida no processo criminal tem o condão de contaminar todas as provas dela decorrentes, devendo, entretanto, ficar evidenciado o nexo de causalidade entre elas, considerando-se válidas, ademais, as provas derivadas que possam ser obtidas por fonte independente da prova ilícita.

Certo ( )   Errado ( )

De acordo com o art. 157 do CPP: *São inadmissíveis, devendo ser desentranhadas do processo, as provas ilícitas, assim entendidas as obtidas em violação a normas constitucionais ou legais.*

§ 1º, São também inadmissíveis as provas derivadas das ilícitas, salvo quando não evidenciado o nexo de causalidade entre umas e outras, ou quando as derivadas puderem ser obtidas por uma fonte independente das primeiras.

§ 2º, Considera-se fonte independente aquela que por si só, seguindo os trâmites típicos e de praxe, próprios da investigação ou instrução criminal, seria capaz de conduzir ao fato objeto da prova.

Gabarito: Certo.

1001. (2015 – CESPE/CEBRASPE – TJ/DFT – Analista Judiciário) A interceptação telefônica, para fins de investigação criminal ou instrução processual penal, somente será permitida quando, havendo indícios razoáveis de autoria ou participação em infração, a prova não puder ser obtida por outros meios disponíveis, e quando o fato investigado constituir infração penal para a qual se preveja, ao menos, pena de detenção.

Certo ( )   Errado ( )

A interceptação de comunicações telefônicas está prevista no art. 5º, XII, da CF/88, e regulamentada na Lei nº 9.296/96.

Art. 2º, da Lei nº 9.296/96:

Art. 2º, - Não será admitida a interceptação de comunicações telefônicas quando ocorrer qualquer das seguintes hipóteses:

I - NÃO houver indícios razoáveis da autoria ou participação em infração penal;

II - a prova PUDER ser feita por outros meios disponíveis;

III - o fato investigado constituir infração penal punida, NO MÁXIMO, com pena de detenção.

Gabarito: Errado.

1002. (2015 – CESPE/CEBRASPE – TJ/DFT – Analista Judiciário) A gravação decorrente de interceptação telefônica que não interessar ao processo deverá ser inutilizada por decisão judicial posterior, necessariamente, à conclusão da instrução processual.

Certo ( )   Errado ( )

A Lei nº 9.296/96, art. 9º, afirma que: *A gravação que não interessar à prova será inutilizada por decisão judicial, durante o inquérito, a instrução processual ou após esta, em virtude de requerimento do Ministério Público ou da parte interessada.*

Parágrafo único. O incidente de inutilização será assistido pelo Ministério Público, sendo facultada a presença do acusado ou de seu representante legal.

Gabarito: Errado.

1003. (2015 – CESPE/CEBRASPE – TJ/DFT – Analista Judiciário) No caso de haver resistência do morador, permite-se o uso da força na busca domiciliar iniciada de dia e continuada à noite, com a exibição de mandado judicial, devendo a diligência ser presenciada por duas testemunhas que poderão atestar a sua regularidade.

Certo ( )   Errado ( )

O art. 245 do CPP aponta que: *As buscas domiciliares serão executadas de dia, salvo se o morador consentir que se realizem à noite, e, antes de penetrarem na casa, os executores mostrarão e lerão o mandado ao morador, ou a quem o represente, intimando-o, em seguida, a abrir a porta.*

§ 3º, Recalcitrando o morador, será permitido o emprego de força contra coisas existentes no interior da casa, para o descobrimento do que se procura.

Gabarito: Certo.

1004. (2015 – CESPE/CEBRASPE – DPE/RN – Defensor Público – Adaptada) De acordo com a jurisprudência do STF, é imprescindível a transcrição integral dos diálogos colhidos por meio de interceptação telefônica ou escuta ambiental.

Certo ( )   Errado ( )

Tanto o STJ quanto o STF têm entendimento de que é desnecessária a transcrição integral. Nesse seguimento, *o Supremo Tribunal Federal afasta a necessidade de transcrição integral dos diálogos gravados durante quebra de sigilo telefônico, rejeitando alegação de cerceamento de defesa pela não transcrição de partes da interceptação irrelevantes para o embasamento da denúncia.* Precedentes. (STF; Pleno; Inq 3693 PA; Julgamento: 10/04/2014).

Tanto este Sodalício quanto o Pretório Excelso entendem ser desnecessária a transcrição integral do conteúdo da quebra do sigilo das comunicações telefônicas, bastando que seja franqueado às partes o acesso aos diálogos interceptados. (STJ; 5ª Turma; EDcl no HC 189735 ES; Julgamento: 16/04/2013).

Gabarito: Errado.

1005. (2015 – CESPE/CEBRASPE – DPE/RN – Defensor Público – Adaptada) Segundo a jurisprudência do STJ, são impossíveis sucessivas prorrogações de interceptações telefônicas, ainda que o pedido de quebra de sigilo telefônico seja devidamente fundamentado, em razão da previsão legal de prazo máximo de quinze dias para tal medida, renovável por igual período.

Certo ( )   Errado ( )

A questão está errada, pois, segundo o entendimento do STJ e também do STF, é possível, sim, prorrogar sucessivas vezes as interceptações telefônicas. Por exemplo: *Admite-se prorrogação sucessiva de interceptação telefônica, se os fatos forem complexos e graves* (Inq. 2424, Relator o Ministro Cezar Peluso, DJ 26.03.2010) *e as decisões sejam devidamente fundamentas pelo juízo competente quanto à necessidade de prosseguimento das investigações* (RHC 88.371, Relator o Ministro Gilmar Mendes, DJ 02.02.2007). (STF; 2ª Turma; RHC 108496 RJ; Julgamento: 18/02/2014).

Gabarito: Errado.

1006. (2015 – CESPE/CEBRASPE – DPE/RN – Defensor Público – Adaptada) É direito do corréu ser representado por defensor constituído ou dativo no interrogatório dos outros acusados como forma de oportunizar a produção de prova que entender pertinente.

Certo ( )   Errado ( )

A questão está de acordo com o teor de um julgado retratado pelo STJ o qual cita: *(...) A jurisprudência desta Corte Superior de Justiça, que se consolidou no sentido de que o corréu tem o direito de ser representado no interrogatório de outro acusado, para que lhe seja oportunizada a produção da prova que entende pertinente, não se admitindo que tal prerrogativa lhe seja tolhida de plano, sem qualquer justificativa legal.* (STJ, HC 243126/GO, 5T).

Gabarito: Certo.

1007. (2015 – CESPE/CEBRASPE – DPE/RN – Defensor Público – Adaptada) As provas testemunhais obtidas por meio de delação premiada, ainda que em consonância com as demais provas produzidas na fase judicial da persecução penal, são elementos inidôneos para subsidiarem a condenação do agente.

Certo ( )   Errado ( )

A questão está errada, conforme o julgamento: *1. As delações de corréus, produzidas na fase inqui-sitorial e em juízo, em consonância com as demais provas produzidas na fase judicial da persecução penal, são elementos idôneos para subsidiarem a condenação do agente. (...)* (STJ – AgRg no AREsp: 163794 MS 2012/0077457-8, Relator: Ministro MARCO AURÉLIO BELLIZZE, Data de Julgamento: 24/09/2013, T5 - QUINTA TURMA, Data de Publicação: DJe 02/10/2013).

Gabarito: Errado.

1008. (2015 – CESPE/CEBRASPE – DPE/RN – Defensor Público – Adaptada) Conforme o entendi-mento do STF, a valoração da prova diz respeito a mera questão de fato, que não se confunde com o critério de reexame da prova, que é questão de direito.

Certo ( )   Errado ( )

Troca os conceitos elencados de acordo com o entendimento do STF o qual cita: *A valorização da prova diz respeito ao valor jurídico desta, para admiti-la ou não em face da lei que a disciplina, razão por que é questão estritamente de direito. Já o reexame da prova é diverso: implica a reapreciação dos elementos probatórios para concluir-se se eles foram, ou não, bem interpretados - e, portanto, questão que se circunscreve ao terreno dos fatos.* **(STF - RE: 122011 MS, relator: Min. Moreira Alves, data de julgamento: 12/06/1990, primeira turma, data de publicação: DJ 17-08-1990 pp-07871 Ement vol-01590-01 pp-00174).**

Gabarito: Errado.

1009. (2015 – CESPE/CEBRASPE – DPE/RN – Defensor Público – Adaptada) O CPP veda ao juiz a utilização de indícios para fundamentar uma condenação criminal.

Certo ( )   Errado ( )

O CPP veda, se for exclusivamente com base nos indícios, pois esses indícios devem ser confrontados com as demais provas do processo como um todo.

Gabarito: Errado.

1010. (Cespe) Em caso de divergência entre os peritos, a controvérsia será resolvida internamente pelo diretor da repartição de lotação dos peritos, que elaborará laudo a fim de apresentar uma versão consensual.

Certo ( )   Errado ( )

Nessa situação, segundo o art. 180 do CPP, a autoridade nomeará outro perito. Se este divergir de ambos, a autoridade poderá proceder a novo exame por outros peritos.

Gabarito: Errado.

1011. (2015 – CESPE/CEBRASPE – TJ/PB – Juiz – Adaptada) No processo penal, a prova do estado de casado deve obedecer às restrições referentes ao estado de pessoas previstas no ordenamento civil.

Certo ( )   Errado ( )

A questão trata de mero texto de lei, pois isso é o que diz o parágrafo único do art. 155 do CPP: *Somente quanto ao estado das pessoas serão observadas as restrições estabelecidas na lei civil.*

Gabarito: Certo.

1012. (2015 – CESPE/CEBRASPE – TJ/PB – Juiz – Adaptada) Em respeito ao princípio acusatório, é vedado ao magistrado ordenar de ofício a produção antecipada de provas.

Certo ( )   Errado ( )

O art. 156 do CPP deixa claro que é facultada ao juiz de ofício a produção antecipada de provas consideradas urgentes e relevantes para o processo, observando a necessidade, adequação e proporcionalidade da medida. Portanto, não é vedado ao juiz.

Gabarito: Errado.

1013. (2015 – CESPE/CEBRASPE – TJ/PB – Juiz – Adaptada) Por ser uma peça técnica, o laudo pericial deve ser aceito pelo juiz, sendo-lhe vedado inclusive rejeitá-lo em parte.

Certo ( )   Errado ( )

O art. 182 do CPP diz que o juiz não ficará adstrito ao laudo, podendo aceitá-lo ou rejeitá-lo, no todo ou em parte. Portanto, contradiz a assertiva, tornando-a errada.

Gabarito: Errado.

1014. (2015 – CESPE/CEBRASPE – TJ/PB – Juiz – Adaptada) O assistente técnico atuará no exame de corpo de delito juntamente com o perito oficial.

Certo ( )   Errado ( )

O art. 159 do CPP, no § 3º, concede a permissão de indicação de assistente técnico, mas a sua atuação será, conforme previsto no § 4º, após a sua admissão pelo juiz e após a conclusão dos exames e elaboração dos laudos pelos peritos oficiais. Portanto, a atuação do assistente não é concomitante com a do perito oficial.

Gabarito: Errado.

1015. (2015 – CESPE/CEBRASPE – TRF 5ª Região – Juiz – Adaptada) No sistema processual brasileiro, admite-se prova emprestada, desde que produzida em face das mesmas partes e submetida ao duplo contraditório, ou seja, a observância deste no processo originário será renovada no processo para o qual tiver sido transladada. Por essa razão, não se admitem, no processo penal, os elementos informativos produzidos em inquérito civil, por constituir procedimento não contraditório, assim como não são admitidas as transcrições das interceptações telefônicas autorizadas em ação penal diversa.

Certo ( )   Errado ( )

O Superior Tribunal de Justiça vem mantendo, em suas decisões, o entendimento de que é possível a prova emprestada em processos cujas partes não sejam as mesmas. O Informativo do STJ nº 543, de 2014, confirma esse entendimento. No entanto, esse mesmo informativo ressalva que o contraditório deverá, sim, ser observado. Segue trecho do informativo do STJ: *Porém, a prova emprestada não pode se restringir a processos em que figurem partes idênticas, sob pena de se reduzir excessivamente sua aplicabilidade sem justificativa razoável para isso. Assegurado às partes o contraditório sobre a prova, isto é, o direito de se insurgir contra a prova e de refutá-la adequadamente, o empréstimo será válido.*

Gabarito: Errado.

1016. **(2015 – CESPE/CEBRASPE – TRF 5ª Região – Juiz – Adaptada)** O sistema processual penal brasileiro assegura ao investigado ou ao réu o direito de não produzir provas contra si mesmo, em qualquer fase da persecução penal, e, desse modo, o investigado ou o réu não poderão ser compelidos a se submeter a procedimentos invasivos, como, por exemplo, o reconhecimento pessoal ou a reconstituição simulada dos fatos.

Certo ( )   Errado ( )

O reconhecimento pessoal é permitido e não gera ofensa ao princípio da não autoincriminação. Já na reconstituição simulada dos fatos, não é obrigatória a participação do indiciado. No entanto, parte da doutrina defende que a presença é obrigatória e outra parte defende que nem a presença é obrigatória.

Gabarito: Errado.

1017. **(2015 – CESPE/CEBRASPE – TRF 5ª Região – Juiz – Adaptada)** O sistema processual penal brasileiro autoriza a produção antecipada de provas, desde que observados o binômio da urgência e relevância, a adequação ao momento da persecução penal, a legitimação do órgão acusatório e a proporcionalidade da medida. Tem-se como exemplo autorizador a informação acerca do risco de morte de testemunhas ameaçadas por associação criminosa, com possibilidade de perecimento dos depoimentos relevantes.

Certo ( )   Errado ( )

A situação fática não é precisa para concluir que a produção antecipada de provas é viável. A urgência e a relevância devem ser muito bem fundamentadas. Além disso, nessa situação, existem outras medidas, por exemplo: proteção à testemunha. Portanto, não é certo que essa produção antecipada será permitida.

Gabarito: Errado.

1018. **(2015 – CESPE/CEBRASPE – TRE/GO – Analista Judiciário – Adaptada)** Considerando que, em audiência de instrução e julgamento à qual compareceu a mãe do acusado como testemunha de acusação arrolada pelo Ministério Público, a defesa tenha, imediatamente, suscitado questão de ordem requerendo ao juiz que não tomasse seu depoimento por notório impedimento, julgue o próximo item conforme as normas previstas no CPP sobre provas.

Nessa situação, o juiz deve indeferir a questão de ordem suscitada pela defesa, mas deve informar à mãe do réu que ela pode abster-se de depor e que, mesmo que tenha interesse em prestar seu depoimento, não estará comprometida a dizer a verdade.

Certo ( )   Errado ( )

O art. 202 do CPP prevê que toda pessoa poderá ser testemunha. E o art. 206 concede a possibilidade de ascendente (mãe) recusar-se a fazer. O CPP ainda conclui que caso testemunhem, não estarão comprometidas de dizer a verdade, conforme previsto no art. 208 do CPP.

Gabarito: Certo.

1019. (2015 – CESPE/CEBRASPE – DPE/PE – Defensor Público) Ainda acerca de aspectos diversos do processo penal brasileiro, o próximo item apresenta uma situação hipotética, seguida de uma assertiva a ser julgada.

Pedro, sem autorização judicial, interceptou uma ligação telefônica entre Marcelo e Ricardo. O conteúdo da conversa interceptada constitui prova de que Pedro é inocente do delito de latrocínio do qual está sendo processado. Nessa situação, embora a prova produzida seja manifestamente ilícita, em um juízo de proporcionalidade, destinando-se esta a absolver o réu, deve ser ela admitida, haja vista que o erro judiciário deve ser a todo custo evitado.

Certo (　)　　　　Errado (　)

A jurisprudência atual do Supremo Tribunal Federal permite o uso da prova ilícita, citada na assertiva, quando em benefício do réu.

Gabarito: Certo.

1020. (2015 – CESPE/CEBRASPE – TRF 1ª Região – Juiz – Adaptada) Nos termos do CPP, para que um militar seja inquirido em juízo, deve ser feita uma requisição diretamente à autoridade que lhe seja hierarquicamente superior.

Certo (　)　　　　Errado (　)

O art. 221 do CPP estabelece as formas de inquirição, que serão em local, dia e hora previamente ajustados entre e o juiz, das autoridades, e no § 2º, especifica que deverão ser requisitados os militares, à autoridade superior. Portanto, assertiva está de acordo com o CPP.

Gabarito: Certo.

1021. (2015 – CESPE/CEBRASPE – TRF 1ª Região – Juiz – Adaptada) A legislação brasileira é silente no que se refere à realização de oitiva de testemunha por videoconferência, uma vez que os legisladores reconhecem a dificuldade que muitos municípios teriam em providenciar o equipamento necessário.

Certo (　)　　　　Errado (　)

O art. 217 do CPP diz que) *Se o juiz verificar que a presença do réu poderá causar humilhação, temor, ou sério constrangimento à testemunha ou ao ofendido, de modo que prejudique a verdade do depoimento, fará a inquirição por videoconferência e, somente na impossibilidade dessa forma, determinará a retirada do réu, prosseguindo na inquirição, com a presença do seu defensor.* **Portanto, a legislação brasileira não é silente nesse assunto.**

Gabarito: Errado.

1022. (2015 – CESPE/CEBRASPE – TRF 1ª Região – Juiz – Adaptada) Quando não for possível obter ou integrar a prova do fato e de suas circunstâncias por outros meios, o ascendente ou descendente do réu não poderá ser eximidos de depor sob compromisso.

Certo (　)　　　　Errado (　)

Primeiramente, o art. 202 do CPP prevê que toda pessoa poderá ser testemunha, e o art. 203 determina o compromisso de falar a verdade. Além disso, o art. 206 diz que as testemunhas não poderão eximir-se da obrigação de depor. Entretanto, ascendentes e descendentes não serão obrigados, salvo quando forem as únicas fontes de prova. Concluindo, o art. 208 exclui do

compromisso de falar a verdade, entre outros, os ascendentes e os descendentes, mesmo quando estiverem obrigados de depor. Assim, poderão se eximir, mesmo quando forem as últimas, do compromisso de falar a verdade.

Gabarito: Errado.

1023. **(2015 – CESPE/CEBRASPE – TRF 1ª Região – Juiz – Adaptada)** Caso um deputado federal venha a ser réu em uma ação penal, sua inquirição deverá se dar em local, dia e hora que previamente ele ajustar com a autoridade judicial.

Certo ( )   Errado ( )

O art. 221 do CPP está inserido no título das testemunhas. Logo, esse dispositivo não se aplica quando deputado federal for investigado ou réu, apenas quando for testemunha.

Gabarito: Errado.

1024. **(2015 – CESPE/CEBRASPE – TRF 1ª Região – Juiz – Adaptada)** Para a produção de prova testemunhal em outro juízo, deve a parte requerer a expedição de carta rogatória ou precatória ao juiz, demonstrando, em ambos os casos, a imprescindibilidade da prova testemunhal na motivação do requerimento.

Certo ( )   Errado ( )

Esta assertiva possui um erro muito simples. O art. 222 do CPP diz que) *As cartas rogatórias só serão expedidas se demonstrada previamente a sua imprescindibilidade, arcando a parte requerente com os custos de envio.* **Portanto, o CPP não previu essa imprescindibilidade no caso de carta precatória, mas apenas das rogatórias.**

Gabarito: Errado.

1025. **(2014 – CESPE/CEBRASPE – PF – Agente)** A autoridade providenciará que, em dia e hora previamente marcados, seja realizada a diligência de exumação para exame cadavérico, devendo-se lavrar auto circunstanciado da sua realização.

Certo ( )   Errado ( )

A assertiva traz exatamente o que está descrito no CPP, em seu art. 163: *Em caso de exumação para exame cadavérico, a autoridade providenciará para que, em dia e hora previamente marcados, se realize a diligência, da qual se lavrará auto circunstanciado.*

Gabarito: Certo.

1026. **(2014 – CESPE/CEBRASPE – TJ/DFT – Juiz – Adaptada)** A confissão do acusado suprirá o exame de corpo de delito, quando a infração deixar vestígios, mas não for possível fazê-lo de modo direto.

Certo ( )   Errado ( )

O art. 158, que trata do exame de corpo de delito, determina que o exame de corpo de delito será indispensável, não podendo suprir o exame de corpo de delito, seja direto ou indireto, a confissão do acusado. Portanto, assertiva contraria o dispositivo legal.

Gabarito: Errado.

1027. **(2014 – CESPE/CEBRASPE – TJ/SE – Técnico Judiciário)** Telmo, surdo, alfabetizado em língua portuguesa, integrante de organização criminosa, preso preventivamente, foi denunciado pela prática dos crimes de associação criminosa, tortura, sequestro e latrocínio, por diversas vezes, tendo todos os crimes por ele praticados ocorrido na região administrativa do Lago Sul – DF. Ao final de cada instrução foi determinado o interrogatório de Telmo pelos juízos competentes.

Encerrada a instrução, o juiz poderá, a qualquer tempo, proceder de ofício a novo interrogatório de Telmo.

Certo ( )   Errado ( )

Questão fundamentada no art. 196 do CPP, que diz: *A todo tempo o juiz poderá proceder a novo interrogatório de ofício ou a pedido fundamentado de qualquer das partes*. Portanto, na situação hipotética, o juiz de ofício e a qualquer tempo poderá proceder a novo interrogatório.

Gabarito: Certo.

1028. **(2014 – CESPE/CEBRASPE – TJ/SE – Técnico Judiciário)** Considere que, deflagrada a ação penal, uma das testemunhas arroladas pela acusação tenha sido inquirida por carta precatória, sem a prévia intimação da defesa acerca da data da audiência realizada no juízo deprecado. Nesse caso, segundo o STJ, a oitiva da testemunha deve ser considerada nula.

Certo ( )   Errado ( )

A jurisprudência possui certa divergência sobre esse assunto, porém, esses posicionamentos estão sumulados. Segundo o Supremo Tribunal Federal, na Súmula nº 155, é relativa a nulidade do processo criminal por falta de intimação da expedição de precatória para inquirição de testemunha. Já o Superior Tribunal de Justiça, na Súmula nº 273, diz que, intimada a defesa da expedição da carta precatória, torna-se desnecessária intimação da data da audiência no juízo deprecado. Portanto, como a questão afirmou com base na jurisprudência do STJ, não é necessária a intimação, o que deixa a questão errada.

Gabarito: Errado.

1029. **(2014 – CESPE/CEBRASPE – TJ/SE – Técnico Judiciário)** Com vistas à preservação da imparcialidade do magistrado, o CPP não admite que o juiz ouça outras testemunhas além das indicadas pelas partes.

Certo ( )   Errado ( )

No art. 209 do CPP está prevista essa possibilidade. Assim, está previsto: *O juiz, quando julgar necessário, poderá ouvir outras testemunhas, além das indicadas pelas partes*. Logo, o juiz tem essa discricionariedade.

Gabarito: Errado.

1030. **(2014 – CESPE/CEBRASPE – TJ/CE – Analista Judiciário – Adaptada)** É vedada a realização de interrogatório por videoconferência, por ferir o direito de autodefesa do acusado.

Certo ( )   Errado ( )

O próprio dispositivo legal do CPP, prevê a possibilidade, excepcionalmente, de interrogatório por videoconferência, no art. 185, um dos requisitos previstos no § 2º.

Gabarito: Errado.

1031. (2014 – CESPE/CEBRASPE – TJ/CE – Analista Judiciário – Adaptada) A confissão feita perante a autoridade policial não será passível de retratação em juízo caso tenha sido assegurado ao acusado o direito ao contraditório e à ampla defesa mediante o acompanhamento de um advogado.

Certo ( )   Errado ( )

No sistema inquisitivo, concentra-se em uma mesma pessoa a acusação e o julgamento, o juiz-inquisidor, no qual todo o procedimento é sigiloso e escrito. Ademais, atualmente no CPP, a confissão do acusado não é mais a rainha das provas, haja vista a leitura do art. 158 do CPP: *Quando a infração deixar vestígios, será indispensável o exame de corpo de delito, direto ou indireto, não podendo supri-lo a confissão do acusado.* Além disso, o juiz buscará a verdade real, portanto, devem ser coletadas provas acerca do crime; a confissão, então, não será a única forma de comprovação do crime, até mesmo podendo o réu ser absolvido após ter confessado o delito, por falta de provas. Dessa forma, os seguintes artigos confirmam a visão:

Art. 197. O valor da confissão se aferirá pelos critérios adotados para os outros elementos de prova, e para a sua apreciação o juiz deverá confrontá-la com as demais provas do processo, verificando se entre ela e estas existe compatibilidade ou concordância.

Art. 200. A confissão será divisível e retratável, sem prejuízo do livre convencimento do juiz, fundado no exame das provas em conjunto.

Gabarito: Errado.

1032. (2014 – CESPE/CEBRASPE – TJ/CE – Analista Judiciário – Adaptada) O cônjuge separado não se pode recusar a prestar depoimento na condição de testemunha sobre o suposto cometimento de um delito pelo ex-marido, devendo assumir o compromisso de dizer a verdade.

Certo ( )   Errado ( )

Tal hipótese também se estende ao cônjuge separado (ou desquitado), conforme o art. 206 do CPP: *A testemunha não poderá eximir-se da obrigação de depor. Poderão, entretanto, recusar-se a fazê-lo o ascendente ou descendente, o afim em linha reta, o cônjuge, ainda que desquitado, o irmão e o pai, a mãe, ou o filho adotivo do acusado, salvo quando não for possível, por outro modo, obter-se ou integrar-se a prova do fato e de suas circunstâncias.* Com o advento da Lei nº 6.515/1977 (Lei do Divórcio) a palavra desquitado foi alterada para separado, segundo o art. 39: *O capítulo III do Título II do Livro IV do Código de Processo Civil, as expressões 'desquite por mútuo consentimento', 'desquite' e 'desquite litigioso' são substituídas por 'separação consensual' e 'separação judicial'.*
Gabarito: Errado.

1033. (2014 – CESPE/CEBRASPE – TJ/CE – Analista Judiciário – Adaptada) Haja vista que o interrogatório judicial é meio de defesa do réu, o desrespeito a essa franquia individual, resultante da arbitrária recusa em lhe permitir a formulação de reperguntas aos demais corréus constituirá causa geradora de nulidade absoluta.

Certo ( )   Errado ( )

De acordo com o Informativo nº 586 do STF: *A decisão que impede de forma absoluta que o defensor de um dos réus faça qualquer repergunta a outro réu ofende os princípios constitucionais da ampla defesa, do contraditório e da isonomia. (...). Ressaltou-se que a nova sistemática processual penal passou a dispor que, após as perguntas formuladas pelo juiz ao réu, podem as partes, por*

intermédio do magistrado, requerer esclarecimentos ao acusado (art. 188 do CPP). Consignou-se que, no caso, a impetração demonstrara o prejuízo sofrido pela defesa e que não se resignara com o indeferimento, pelo juízo de 1º, grau, do pedido de formulação de reperguntas a corréu, o que fora registrado e protestado em ata de audiência, sendo suscitada a nulidade ainda em sede de apelação e perante o STJ. (STF, HC 101648/ES, Rel. Min. Cármen Lúcia, em 11/05/2010)
Gabarito: Certo.

1034. (2014 – CESPE/CEBRASPE – Câmara dos Deputados – Agente de Polícia Legislativa) O juiz não ficará vinculado às conclusões dos peritos exaradas no laudo técnico, podendo rejeitá-las completamente.

Certo ( )　　　　Errado ( )

Translineação do art. 182 do CPP: *O juiz não ficará adstrito ao laudo, podendo aceitá-lo ou rejeitá-lo, no todo ou em parte.*
Gabarito: Certo.

1035. (2014 – CESPE/CEBRASPE – Câmara dos Deputados – Consultor Legislativo) Provas produzidas durante o inquérito policial — como, por exemplo, o reconhecimento do autor do crime — podem servir de instrumento para a formação da convicção do juiz, desde que sejam confirmadas, sob o crivo do contraditório, por outros elementos colhidos em juízo.

Certo ( )　　　　Errado ( )

Em regra, o juiz não poderá fundamentar a condenação exclusivamente com elementos informativos colhidos na fase investigativa, pois todas as provas devem passar pelo contraditório na fase judicial. Contudo, há situações movidas pela necessidade e urgência nas quais a produção antecipada das provas (durante o inquérito policial) faz-se necessária, restando, portanto, um contraditório diferido, isto é, postergado e deverá ser passar pelo crivo do contraditório em juízo. Em consonância com o art. 155 do CPP: *O juiz formará sua convicção pela livre apreciação da prova produzida em contraditório judicial, não podendo fundamentar sua decisão exclusivamente nos elementos informativos colhidos na investigação, ressalvadas as provas cautelares, não repetíveis e antecipadas.* **Bem como com a jurisprudência do STF:** *Ao contrário do que alegado pelos ora agravantes, o conjunto probatório que ensejou a condenação dos recorrentes não vem embasado apenas nas declarações prestadas em sede policial, tendo suporte, também, em outras provas colhidas na fase judicial. Confirmação em juízo dos testemunhos prestados na fase inquisitorial. Os elementos do inquérito podem influir na formação do livre convencimento do juiz para a decisão da causa quando complementam outros indícios e provas que passam pelo crivo do contraditório em juízo.* (STF, RE-AgR 425.734/MG, Rel. Min. Ellen Gracie, 2ª Turma, em 04/10/2005).
Gabarito: Certo.

1036. (2014 – CESPE/CEBRASPE – Câmara dos Deputados – Consultor Legislativo) É inadmissível, no âmbito das ações por improbidade administrativa, a juntada de prova emprestada da seara criminal, conforme entendimento pacífico do STJ.

Certo ( )　　　　Errado ( )

O STJ entende que, em relação às provas obtidas por interceptação telefônica, NÃO HÁ ILEGALIDADE na utilização desses elementos na ação de improbidade, quando resultarem de provas emprestadas de processos criminais.

Gabarito: Errado.

1037. **(2014 – CESPE/CEBRASPE – Câmara dos Deputados – Consultor Legislativo)** A teoria dos frutos da árvore envenenada, de origem norte-americana e consagrada na CF, proclama a mácula de provas supostamente lícitas e admissíveis, obtidas, todavia, a partir de provas declaradas nulas pela forma ilícita de sua colheita.

Certo (　)   Errado (　)

Tal teoria está prevista expressamente no art. 157, § § 1º, 2º, e 3º do CPP.

Art. 157. São inadmissíveis, devendo ser desentranhadas do processo, as provas ilícitas, assim entendidas as obtidas em violação a normas constitucionais ou legais.

§ 1º São também inadmissíveis as provas derivadas das ilícitas, salvo quando não evidenciado o nexo de causalidade entre umas e outras, ou quando as derivadas puderem ser obtidas por uma fonte independente das primeiras.

§ 2º Considera-se fonte independente aquela que por si só, seguindo os trâmites típicos e de praxe, próprios da investigação ou instrução criminal, seria capaz de conduzir ao fato objeto da prova.

§ 3º Preclusa a decisão de desentranhamento da prova declarada inadmissível, esta será inutilizada por decisão judicial, facultado às partes acompanhar o incidente. Percebe-se que todas as provas derivadas das ilícitas, mesmo que sejam lícitas, devem ser desentranhadas do processo e destruídas. No entanto, vale lembrar que tal prova poderá ser utilizada para a defesa do acusado, ou quando se a prova puder, inevitavelmente, ter sido descoberta por fonte independente da ilícita, então seria possível sua utilização.

Gabarito: Certo.

1038. **(2014 – CESPE/CEBRASPE – PGE/BA – Procurador)** No processo penal, o momento adequado para a especificação de provas pelo réu é a apresentação da resposta à acusação. Entretanto, isso não impede que, por ocasião de seu interrogatório, o réu indique outros meios de prova que deseje produzir.

Certo (　)   Errado (　)

Observemos os arts. 396, 396-A e 189, todos do CPP:

Art. 396. Nos procedimentos ordinário e sumário, oferecida a denúncia ou queixa, o juiz, se não rejeitar liminarmente, recebê-la-á e ordenará a citação do acusado para RESPONDER À ACUSAÇÃO, por escrito, no prazo de 10 (dez) dias.

Art. 396-A. Na RESPOSTA, o acusado poderá arguir preliminares e alegar tudo o que interesse à sua defesa, oferecer documentos e justificações, ESPECIFICAR AS PROVAS PRETENDIDAS e arrolar testemunhas, qualificando-as e requerendo sua intimação, quando necessário.

Art. 189. Se o INTERROGANDO negar a acusação, no todo ou em parte, poderá prestar esclarecimentos e INDICAR PROVAS. Logo, como verificado no texto legal, a questão está correta.

Gabarito: Certo.

1039. (2014 – CESPE/CEBRASPE – TJ/DFT – Juiz – Adaptada) Os atos de prova visam fundamentar a adoção de medidas cautelares pelo juiz.

Certo ( )   Errado ( )

Questão puramente conceitual.

A definição trata do conceito de atos de investigação, e não de atos de prova.

Atos de prova: são atos que servem de fundamento para formação da convicção definitiva dos fatos pelo magistrado, para que possa proferir sentença de mérito. Em suma, são elementos mais robustos, concretos, cuja probabilidade de veracidade é maior. Servem para condenação ou absolvição do acusado.

Atos de investigação: são elementos indiciários que servem para formação da *opinio delicti* e para decretação de cautelares.

Gabarito: Errado.

1040. (2014 – CESPE/CEBRASPE – TJ/DFT – Juiz – Adaptada) Se o juiz determinar, de ofício, a produção de provas, ele deverá submetê-las ao contraditório das partes, para que possam oferecer a contraprova, não se exigindo, contudo, que as partes participem da produção da prova.

Certo ( )   Errado ( )

Segundo o art. 155 do CPP, *o juiz formará sua convicção pela livre apreciação da prova produzida em contraditório judicial.*

A partir deste artigo, é possível concluir que é direito das partes participarem da produção das provas, sob pena de restar ferido o princípio do contraditório e da ampla defesa.

Gabarito: Errado.

1041. (2014 – CESPE/CEBRASPE – TJ/DFT – Juiz – Adaptada) No exame de corpo de delito, não há contraditório, por se tratar de antecipação ad perpetuam rei memoriam.

Certo ( )   Errado ( )

Neste caso, há apenas uma confusão conceitual.

Na realidade, o exame de corpo de delito se caracteriza como PROVA NÃO REPETÍVEL em que o contraditório é postergado para outro momento. Logo, está errado falar que não há contraditório. Aqui, a autorização judicial é dispensável.

As prova antecipada *ad perpetuam rei memoriam* refere-se às provas realizadas em momento anterior ao que normalmente deveriam ser realizadas. Neste caso, o contraditório é real, ou seja, é dada oportunidade de as partes contraditarem-no no momento em que é realizado. A autorização judicial é necessária.

Gabarito: Errado.

1042. (2014 – CESPE/CEBRASPE – TJ/DFT – Juiz – Adaptada) No CPP, não há distinção entre prova e elemento informativo da investigação.

Certo ( )   Errado ( )

Esta questão está claramente incorreta, visto que são dois conceitos diferentes.

Elementos informativos: obtidos na fase de investigação, sem a necessidade do contraditório. O juiz não pode fundamentar uma condenação com base exclusivamente nos elementos informativos.

Prova: produzida, em regra, dentro do curso do processo judicial, ou seja, após o recebimento da denúncia ou queixa-crime. A prova deve necessariamente respeitar o contraditório e a ampla defesa, sob pena de nulidade.

Gabarito: Errado.

1043. **(2014 - CESPE/CEBRASPE - TJ/DFT - Juiz - Adaptada)** De acordo com o método inquisitório para a produção dos elementos probatórios, a cada uma das partes é permitido apresentar provas contrárias às do adversário, enriquecendo-se o material probatório à disposição do juiz e aumentando-se a base cognitiva para o estabelecimento da verdade sobre os fatos.

Certo ( )   Errado ( )

De acordo com o método ACUSATÓRIO para a produção dos elementos probatórios, a cada uma das partes é permitido apresentar provas contrárias às do adversário, enriquecendo-se o material probatório à disposição do juiz e aumentando-se a base cognitiva para o estabelecimento da verdade sobre os fatos.

Gabarito: Errado.

1044. **(2014 - CESPE/CEBRASPE - TJ/DFT - Juiz - Adaptada)** O reconhecimento fotográfico desacompanhado de outras provas justifica o regular processamento da ação penal e pode servir de elemento de convicção do juiz.

Certo ( )   Errado ( )

De acordo com o STJ, para embasar a denúncia oferecida, é possível a utilização do reconhecimento fotográfico realizado na fase policial, desde que este não seja utilizado de forma isolada e esteja em consonância com os demais elementos probatórios constantes dos autos.

Gabarito: Errado.

1045. **(2014 - CESPE/CEBRASPE - TJ/DFT - Juiz - Adaptada)** O CPP inadmite que elementos informativos da investigação possam servir de fundamento ao juízo sobre os fatos, ainda que existam provas produzidas em contraditório judicial.

Certo ( )   Errado ( )

De acordo com o art. 155 do CPP, o juiz formará sua convicção pela livre apreciação da prova produzida em contraditório judicial, não podendo fundamentar sua decisão exclusivamente nos elementos informativos colhidos na investigação, ressalvadas as provas cautelares, não repetíveis e antecipadas.

Gabarito: Errado.

1046. **(2018 - CESPE/CEBRASPE - PC/MA - Delegado - Adaptada)** Em atendimento ao princípio da legalidade, no processo penal brasileiro são inadmissíveis provas não previstas expressamente no CPP.

Certo ( )   Errado ( )

Meio de prova é todo fato, documento ou alegação que possa servir, direta ou indiretamente, à busca da verdade real dentro do processo, logo, trata-se de um instrumento utilizado pelo juiz para formar a sua convicção acerca dos fatos alegados pelas partes.

A prova no processo penal pode ser:

Nominada: é aquela que se encontra disposta na legislação, mesmo que seu procedimento não esteja apontado em lei. Ex.: reconstituição do fato delituoso (art. 7º do CPP). Sendo assim, é uma prova nominada e atípica que não encontra procedimento explicitado em lei.

Inominada: são provas que não estão contempladas no ordenamento jurídico, é aquela que a seu turno, não tem sem *nomen juris* previsto em lei.

No processo penal, adota-se o princípio da liberdade probatória, logo, o que não se admite são as provas ilícitas ou derivadas de ilícitas (teoria do fruto da árvore envenenada).

Gabarito: Errado.

1047. **(2018 – CESPE/CEBRASPE – DPE/PE – Defensor Público)** Joana, residente em Brasília/DF, está sendo processada em Recife/PE pela prática de crime de associação criminosa e roubo qualificado. Citada e intimada para interrogatório, a acusada alegou não possuir condições financeiras para contratar advogado nem para arcar com os custos do deslocamento para acompanhar o processo. Apresentou, ainda, testemunhas do fato e informou o endereço dessas testemunhas no estado da Bahia.

A respeito da oitiva das testemunhas indicadas por Joana e do interrogatório da acusada, é correto afirmar que, expedida a carta precatória para a oitiva das testemunhas de defesa, não haverá suspensão da instrução processual, que seguirá seu curso, não se podendo alegar ter havido prejuízo para a ampla defesa.

Certo ( )   Errado ( )

Conforme previsão expressa do art. 222 do CPP, a testemunha que morar fora da jurisdição do juiz será inquirida pelo juiz do lugar de sua residência, expedindo-se, para esse fim, carta precatória, com prazo razoável, intimadas as partes. *§ 1º, A expedição da precatória não suspenderá a instrução criminal.*

Gabarito: Certo.

1048. **(2018 – FUNDATEC – DPE/SC – Técnico Administrativo)** Assinale a alternativa INCORRETA no tocante às provas que encontram previsão legal no CPP.

a) Exame de Corpo de Delito.

b) Prova Testemunhal.

c) Interrogatório do Acusado

d) Interceptação Telefônica.

e) Confissão.

A Lei nº 9.296/1996 regula a interceptação telefônica, e previu expressamente a necessidade de ordem do juiz competente, constituindo crime a operação sem a autorização judicial.

As demais alternativas são espécies de provas com previsão expressa no CPP.

a) Exame de Corpo de Delito: Capítulo II, arts. 158 a 184 do CPP.

b) Prova Testemunhal: Capítulo VI, arts. 202 a 225 do CPP.

c) Interrogatório do Acusado: Capítulo III, arts. 185 a 196 do CPP.

e) Confissão: Capítulo IV, arts. 197 a 200 do CPP.

Gabarito: D.

1049. **(2018 – CESPE/CEBRASPE – PC/MA – Delegado – Adaptada)** Havendo evidências da participação do indiciado em organização criminosa, a autoridade policial poderá determinar a quebra do sigilo da sua comunicação telefônica como forma de instruir investigação criminal.

Certo ( )   Errado ( )

A quebra do sigilo da sua comunicação telefônica está amparada por reserva jurisdicional, o art. 5º, XII, da CF: *é inviolável o sigilo da correspondência e das comunicações telegráficas, de dados e das comunicações telefônicas, salvo, no último caso, por ordem judicial, nas hipóteses e na forma que a lei estabelecer para fins de investigação criminal ou instrução processual penal.*

Gabarito: Errado.

1050. **(2018 – CESPE/CEBRASPE – PC/MA – Delegado – Adaptada)** Em relação à prova no processo penal, é correto afirmar que todos os meios de prova possíveis em sede de processo penal encontram previsão no CPP.

Certo ( )   Errado ( )

No processo penal, as provas podem ser nominadas e inominadas. O CPP traz, em seu título VII, dos arts. 155 a 250, os meios prova existentes de uma forma não taxativa, são eles os meios úteis para a formação direta ou indireta da verdade real, sendo portanto regularizados em lei para produzir efeitos dentro do processo.

São critérios da prova:

Objeto da prova: é o fato a provar-se e, quanto a ele, as provas são diretas ou indiretas.

Sujeito da prova: é a pessoa ou coisa de quem ou de onde dimana a prova; a pessoa ou coisa que afirma ou atesta a existência do fato provado.

Forma da prova: é a modalidade ou maneira pela qual se apresenta em juízo. Ex.: prova é testemunhal, documental ou material.

Gabarito: Errado.

1051. **(2018 – CESPE/CEBRASPE – DPE/PE – Defensor Público)** Joana, residente em Brasília/DF, está sendo processada em Recife/PE pela prática de crime de associação criminosa e roubo qualificado. Citada e intimada para interrogatório, a acusada alegou não possuir condições financeiras para contratar advogado nem para arcar com os custos do deslocamento para acompanhar o processo. Apresentou, ainda, testemunhas do fato e informou o endereço dessas testemunhas no estado da Bahia.

A respeito da oitiva das testemunhas indicadas por Joana e do interrogatório da acusada, é correto afirmar que o juiz deverá intimar as partes da data em que será realizada a oitiva das testemunhas deprecadas, sob pena de nulidade por ofensa aos princípios do devido processo legal e do contraditório.

Certo ( )   Errado ( )

A Súmula nº 273 do STJ dispõe que: *intimada a defesa da expedição da carta precatória, torna-se desnecessária intimação da data da audiência no juízo deprecado.*

Gabarito: Errado.

1052. **(2018 – FUNDATEC – DPE/SC – Analista Técnico – Adaptada)** Em relação à prova no processo penal, é correto afirmar que o CPP prevê a teoria dos frutos da árvore envenenada, a qual não é absoluta.

Certo ( )   Errado ( )

A teoria dos frutos da árvore envenenada NÃO é absoluta, é aquela *em que todas as provas obtidas que forem decorrentes de uma prova ilícita estarão automaticamente contaminadas pela ilicitude da prova*. Nos termos do art. 157 do CPP, prova ilícita é aquela obtida em face da violação de norma constitucional ou legal. São exceções acerca da utilização teoria dos frutos da árvore envenenada:

Teoria do nexo causal inexistente) ocorre quando a autoridade judicial impugna a inclusão da prova ilícita no processo, entretanto, em seguida, o mesmo conteúdo da prova é apresentado sob a égide do meio de produção de prova lícita.

Teoria da descoberta inevitável: ocorre quando a descoberta de uma prova é dada como certa, ou seja, não pode ser evitada.

Gabarito: Certo.

1053. **(2018 – CESPE/CEBRASPE – PC/MA – Delegado – Adaptada)** A prova obtida por meios ilícitos não constitui suporte jurídico capaz de ensejar sentença condenatória, ainda que corroborada pela confissão do acusado.

Certo ( )   Errado ( )

Nos termos do art. 157 do CPP, **são inadmissíveis, devendo ser desentranhadas do processo, as provas ilícitas, assim entendidas as obtidas em violação a normas constitucionais ou legais.**

Gabarito: Certo.

1054. **(2018 – CESPE/CEBRASPE – DPE/PE – Defensor Público)** Joana, residente em Brasília/DF, está sendo processada em Recife/PE pela prática de crime de associação criminosa e roubo qualificado. Citada e intimada para interrogatório, a acusada alegou não possuir condições financeiras para contratar advogado nem para arcar com os custos do deslocamento para acompanhar o processo. Apresentou, ainda, testemunhas do fato e informou o endereço dessas testemunhas no estado da Bahia.

A respeito da oitiva das testemunhas indicadas por Joana e do interrogatório da acusada, é correto afirmar que incumbirá ao juiz de Recife intimar as partes sobre a expedição da carta precatória para a oitiva das testemunhas de defesa, sob pena de nulidade absoluta por ofensa ao devido processo legal.

Certo ( )   Errado ( )

Nos termos da Súmula nº 155 do STF, a nulidade por falta de intimação da expedição de precatória para inquirição de testemunha NÃO é absoluta e, sim, RELATIVA.

Gabarito: Errado.

1055. **(2018 – CESPE/CEBRASPE – PC/MA – Delegado – Adaptada)** Caso a infração tenha deixado vestígio, a confissão do acusado não acarretará a dispensa da prova pericial.

Certo ( )   Errado ( )

Nos termos do art. **158 do CPP, quando a infração deixar vestígios, será indispensável o exame de corpo de delito, direto ou indireto, não podendo supri-lo a confissão do acusado.**
Gabarito: Certo.

1056. **(2018 – FUNDATEC – DPE/SC – Analista Técnico – Adaptada)** Em relação à prova no processo penal, é correto afirmar que, no caso de cumprimento de mandado de busca e apreensão, devidamente autorizado judicialmente, é possível, de acordo com o CPP, proceder-se à apreensão de documento em poder do defensor do acusado, mesmo quando não constitua elemento do corpo de delito.

Certo ( )   Errado ( )

Conforme disposto no art. 243, § 2º, do CPP, não será permitida a apreensão de documento em poder do defensor do acusado, SALVO quando constituir elemento do corpo de delito.
Gabarito: Errado.

1057. **(2018 – CESPE/CEBRASPE – DPE/PE – Defensor Público – Adaptada)** Joana, residente em Brasília/DF, está sendo processada em Recife/PE pela prática de crime de associação criminosa e roubo qualificado. Citada e intimada para interrogatório, a acusada alegou não possuir condições financeiras para contratar advogado nem para arcar com os custos do deslocamento para acompanhar o processo. Apresentou, ainda, testemunhas do fato e informou o endereço dessas testemunhas no estado da Bahia.
A respeito da oitiva das testemunhas indicadas por Joana e do interrogatório da acusada, é correto afirmar que a oitiva das testemunhas de defesa indicadas pela acusada poderá ocorrer por intermédio de carta precatória, cuja devolução condicionará a prolação da sentença criminal.

Certo ( )   Errado ( )

Nos termos do art. 222, § 2º, do CPP, findo o prazo marcado, poderá realizar-se o julgamento, mas, a todo tempo, a precatória, uma vez devolvida, será junta aos autos.
Gabarito: Errado.

1058. **(2017 – FAPEMS – PC/MS – Delegado – Adaptada)** A busca e apreensão está prevista no CPP vigente como um meio de prova possível de ser realizada antes e durante a investigação preliminar, no curso da instrução criminal e, ainda, na fase recursal. Não será permitida a apreensão de documento em poder do defensor do acusado pela autoridade policial, mesmo que constituir elemento do corpo de delito, haja vista a probabilidade de servir de prova de tese defensiva.

Certo ( )   Errado ( )

Conforme o art. 243, § 2º, do CPP, não será permitida a apreensão de documento em poder do defensor do acusado, salvo quando constituir elemento do corpo de delito.
Gabarito: Errado.

1059. **(2017 – IESES – IGP/SC – Perito Médico Legista – Adaptada)** Nos delitos que deixam vestígios a confissão do acusado tem o poder de suprir a falta ou defeito do exame de corpo de delito, seja ele direto ou indireto.

Certo ( )   Errado ( )

Por força do contido no art. 158, *caput*, do CPP: quando a infração deixar vestígios, será indispensável o exame de corpo de delito, direto ou indireto, não podendo supri-lo a confissão do acusado.
Gabarito: Errado.

1060. **(2017 – FAPEMS – PC/MS – Delegado – Adaptada)** A busca e apreensão está prevista no CPP vigente como um meio de prova possível de ser realizada antes e durante a investigação preliminar, no curso da instrução criminal e, ainda, na fase recursal. Autoridade policial não poderá penetrar no território de jurisdição alheia para o fim de apreensão, quando for no seguimento de pessoa ou coisa, sem antes se apresentar obrigatoriamente e sempre antes da diligência à competente autoridade local.

Certo ( )   Errado ( )

Conforme dispõe o art. 250 do CPP, a autoridade ou seus agentes PODERÃO penetrar no território de jurisdição alheia, ainda que de outro Estado, quando, para o fim de apreensão, forem no seguimento de pessoa ou coisa, devendo apresentar-se à competente autoridade local, antes da diligência ou após, conforme a urgência desta.
Gabarito: Errado.

1061. **(2017 – IESES – IGP/SC – Papiloscopista – Adaptada)** Por imposição legal, o juiz fica adstrito ao laudo pericial judicial, não lhe sendo lícito aceitá-lo ou rejeitá-lo, no todo ou em parte.

Certo ( )   Errado ( )

Segundo art. 182, *caput*, do CPP: *o juiz NÃO ficará adstrito ao laudo, podendo aceitá-lo ou rejeitá-lo, no todo ou em parte*. Aplica-se o Princípio do Livre Convencimento Motivado do Juiz, ou princípio da persuasão racional o Juiz é livre para decidir desde que motivadamente.
Gabarito: Errado.

1062. **(2017 – FAPEMS – PC/MS – Delegado – Adaptada)** A busca e apreensão está prevista no CPP vigente como um meio de prova possível de ser realizada antes e durante a investigação preliminar, no curso da instrução criminal e, ainda, na fase recursal. Dispõe do CPP vigente que a busca pessoal em mulher será sempre realizada por outra mulher, o que se estende às transexuais e às travestis, uma vez reconhecido o direito de se identificarem como do gênero feminino, devendo a autoridade policial observar de maneira fidedigna essa regra.

Certo ( )   Errado ( )

De acordo com o art. 249 do CPP, *a busca em mulher será feita por outra mulher, se não importar retardamento ou prejuízo da diligência*.
Gabarito: Errado.

1063. **(2014 – IBFC – PC/RJ – Papiloscopista – Adaptada)** Tratando-se de perícia complexa que abranja mais de uma área de conhecimento especializado, poder-se-á designar a atuação de mais de um perito oficial, e a parte indicar mais de um assistente técnico.

Certo ( )   Errado ( )

Conforme art. 159, § 7º, do CPP, *tratando-se de perícia complexa que abranja mais de uma área de conhecimento especializado, poder-se-á designar a atuação de mais de um perito oficial, e a parte indicar mais de um assistente técnico.*
Gabarito: Certo.

1064. **(2017 – FAPEMS – PC/MS – Delegado – Adaptada)** A busca e apreensão está prevista no CPP vigente como um meio de prova possível de ser realizada antes e durante a investigação prelimi-nar, no curso da instrução criminal e, ainda, na fase recursal. A busca pessoal será realizada pela autoridade policial, independentemente de mandado, no caso de prisão, quando houver fundada suspeita de que a pessoa esteja na posse de arma proibida, no decorrer da busca domiciliar nas pessoas que se encontrem no interior da casa.

Certo ( )   Errado ( )

Conforme o teor do art. 244 do CPP, *a busca pessoal independerá de mandado, no caso de prisão ou quando houver fundada suspeita de que a pessoa esteja na posse de arma proibida ou de objetos ou papéis que constituam corpo de delito, ou quando a medida for determinada no curso de busca domiciliar.*
Gabarito: Certo.

1065. **(2017 – CESPE/CEBRASPE – DPU – Defensor Público)** Acerca dos sistemas de apreciação de provas e da licitude dos meios de prova, embora o ordenamento jurídico brasileiro tenha adotado o sistema da persuasão racional para a apreciação de provas judiciais, o CPP remete ao sistema da prova tarifada, como, por exemplo, quando da necessidade de se provar o estado das pessoas por meio de documentos indicados pela lei civil.

Certo ( )   Errado ( )

No sistema da prova tarifada, certeza moral do legislador, verdade legal da tarifação, a lei estabe-lece o valor de cada prova, o juiz não possui discricionariedade para decidir fora do que a previsão legal prevê. No âmbito do CPP, vigora como regra o sistema do livre convencimento motivado ou o sistema da persuasão racional do juiz ampla liberdade na valoração das provas constante dos autos, as quais têm legal e abstratamente o mesmo valor probatório, porém o juiz está obrigado a fundamentar seu convencimento. É o sistema aplicado como regra geral. Em razão do sistema do convencimento motivado, conclui-se que:

• Não há hierarquia entre as provas;

• O Juiz deve valorar todas as provas produzidas, mesmo que para afastá-las;

• Somente pode ser objeto de valoração as provas constantes nos autos do processo e os elemen-tos informativos contidos na investigação.

No entanto, excepcionalmente, o legislador adotou o sistema da prova tarifada, vinculando o juiz a um valor predeterminado da prova, como ocorre no art. 62 do CPP, *extinção da punibilidade pela morte do réu apenas poderá ser determinada à vista de certidão de óbito,* e no art. 155, parágrafo único, estabelecendo que *a prova de estado das pessoas, no âmbito penal, exige idênticas restrições às estabelecidas pela lei civil, comprovação via certidão* em tais hipóteses, o juiz está vinculado ao texto legal.

Gabarito: Certo.

1066. **(2017 – FCC – POLITEC/AP – Perito Médico Legista – Adaptada)** O exame de corpo de delito poderá ser realizado somente durante o dia e no horário de expediente regular da polícia técnico-científica.

Certo ( )   Errado ( )

O exame de corpo de delito poderá ser realizado, conforme o art. 161 do CPP, *qualquer dia e a qualquer hora.*

Gabarito: Errado.

1067. **(2017 – FCC – POLITEC/AP – Perito Médico Legista – Adaptada)** O exame de corpo de delito é realizado somente por perito oficial, portador de diploma de curso superior, que deverá prestar compromisso de bem e fielmente desempenhar o encargo.

Certo ( )   Errado ( )

Conforme disposição do art. 159 do CPP, o exame de corpo de delito e outras perícias serão realizados por perito oficial, portador de diploma de curso superior.

§ 1º, Na falta de perito oficial, o exame será realizado por 2 (duas) pessoas idôneas, portadoras de diploma de curso superior preferencialmente na área específica, dentre as que tiverem habilitação técnica relacionada com a natureza do exame.

§ 2º, Os peritos não oficiais prestarão o compromisso de bem e fielmente desempenhar o encargo.

Gabarito: Errado.

1068. **(2017 – PUC/PR – TJ/MS – Analista Judiciário – Adaptada)** Sobre a prova no direito processual penal, é correto afirmar que são também inadmissíveis as provas derivadas das ilícitas, inclusive aquelas que evidenciam nexo de causalidade entre umas e outras, bem como aquelas que puderem ser obtidas por uma fonte independente das primeiras.

Certo ( )   Errado ( )

São também inadmissíveis as provas derivadas das ilícitas, SALVO quando não evidenciado o nexo de causalidade entre umas e outras, ou quando as derivadas puderem ser obtidas por uma fonte independente das primeiras, conforme disposto no art. 157, § 1º, do CPP.

Gabarito: Errado.

1069. **(2017 – CESPE/CEBRASPE – DPU – Defensor Público)** Situação hipotética: Arnaldo, empresário, gravou, com seu telefone celular, uma ligação recebida de fiscal ligado a uma autarquia a respeito da liberação de empreendimento da sociedade empresária da qual Arnaldo era sócio. Na conversa gravada, o fiscal exigiu para si vantagem financeira como condição para a liberação do empreendimento. Assertiva: Nessa situação, de acordo com o STF, o referido meio de prova é ilícito por violar o direito à privacidade, não servindo, portanto, para embasar ação penal contra o fiscal.

Certo ( )   Errado ( )

Conforme jurisprudência, é pacífico, na jurisprudência do STF, o entendimento de que não há ili-citude em gravação telefônica realizada por um dos interlocutores sem o conhecimento do outro, podendo ela ser utilizada como prova em processo judicial. 2. O STF, em caso análogo, decidiu que é admissível o uso, como meio de prova, de gravação ambiental realizada por um dos interlocutores sem o conhecimento do outro (RE 583937 QO-RG, Relator(a): Min. CEZAR PELUSO, DJe de 18-12-2009). 3. Agravo regimental a que se nega provimento. (AI 602724 AgR-segundo, Relator(a): Min. TEORI ZAVASCKI, Segunda Turma, julgado em 06/08/2013, ACÓRDÃO ELETRÔNICO DJe-164 DIVULG 21-08-2013 PUBLIC 22-08-2013).

Observe a diferença:

- **Interceptação telefônica:** terceiro capta o diálogo telefônico travado entre duas pessoas, sem que nenhum dos interlocutores saiba. **IMPRESCINDÍVEL autorização judicial.**
- **Gravação telefônica:** um diálogo telefônico entre duas pessoas é gravado por um dos próprios interlocutores, sem o consentimento ou a ciência do outro. **NÃO precisa de autorização judicial.**
- **Jurisprudência pacífica do STF:** é pacífico na jurisprudência do STF o entendimento de que não há ilicitude em gravação telefônica realizada por um dos interlocutores sem o conhecimento do outro, podendo ela ser utilizada como prova em processo judicial.
- **Escuta telefônica:** terceiro capta o diálogo telefônico travado entre duas pessoas, sendo que um dos interlocutores sabe que está sendo realizada a escuta. **IMPRESCINDÍVEL autorização judicial.**

Gabarito: Errado.

1070. (2020 – CESPE/CEBRASPE – PC/SE – Agente – Adaptada) Sobre a prova no direito processual penal, é correto afirmar que a confissão será indivisível e irretratável, sem prejuízo do livre convencimento do juiz, fundado no exame das provas em conjunto.

Certo ( )   Errado ( )

A confissão será DIVISÍVEL e RETRÁVEL, sem prejuízo do livre convencimento do juiz, fundado no exame das provas em conjunto, vide o art. 200 do CPP.

Gabarito: Errado.

1071. (2017 – CS/UFG – TJ/GO – Juiz) Segundo o CPP, a testemunha faltosa poderá ser processada criminalmente por crime de

a) falso testemunho.

b) desacato.

c) desobediência.

d) resistência.

e) fraude processual.

A lei processual penal dispõe, nos art. 219 do CPP, que o juiz poderá aplicar à testemunha faltosa a multa prevista no art. 453, *sem prejuízo do processo penal por crime de DESOBEDIÊNCIA, e conde-ná-la ao pagamento das custas da diligência. Vide ainda o Art. 458 do CPP: se a testemunha, sem justa causa, deixar de comparecer, o juiz presidente, sem prejuízo da ação penal pela desobediência, aplicar-lhe-á a multa prevista no § 2º, do art. 436 deste Código.*

Gabarito: C.

1072. (2017 – PUC/PR – TJ/MS – Analista Judiciário – Adaptada) Sobre a prova no direito processual penal, é correto afirmar que se considera indício a circunstância conhecida e provada, que, tendo relação com o fato, autorize, por indução, concluir-se a existência de outra ou outras circunstâncias; entretanto, tal espécie de prova não é aceita nos tribunais superiores por violar o princípio constitucional da ampla defesa.

Certo (   )   Errado (   )

A jurisprudência admite o indício como meio de prova, vide o julgamento de HC pelo STF: *HABEAS CORPUS HC 83348 SP (STF) 28/11/2003 - Habeas corpus fundamentado em reexame de provas. 1. Impossibilidade de análise profunda do contexto fático-probatório. 2. Condenação baseada exclusivamente nas declarações colhidas em sede de inquérito policial. Inocorrência. Confirmação em juízo dos depoimentos prestados. 3. Validade de indícios como meio de prova (CPP, art. 239). Análise conjunta de todas as provas produzidas. Não conhecimento da ordem impetrada. Condenação mantida.* **Conforme o teor do art. 239 do CPP:** *Considera-se indício a circunstância conhecida e provada, que, tendo relação com o fato, autorize, por indução, concluir-se a existência de outra ou outras circunstâncias. Não há hierarquia entre os meios de prova, deste modo, o indício que é uma prova indireta, não ocupa menor importância, no que respeita à eficácia probante, em relação à prova direta.* **O juiz poderá fundamente na sentença condenatória com base, exclusivamente, em prova indiciária, já que a certeza pode, em tese, advir de elementos dessa natureza. Logo, o indicio é o fato provado, que permite, mediante inferência, concluir pela ocorrência de outro fato, ou é prova indireta fato secundário, conhecido e provado.**

Gabarito: Errado.

1073. (2017 – PUC/PR – TJ/MS – Analista Judiciário – Adaptada) Sobre a prova no direito processual penal, é correto afirmar que a prova emprestada, quando obedecidos os requisitos legais, tem sua condição de prova perfeitamente aceita no processo penal; no entanto, ela não tem o mesmo valor probatório da prova originalmente produzida.

Certo (   )   Errado (   )

A prova emprestada consiste no transporte de determinada prova de um processo para outro. É uma medida que viabiliza o aproveitamento de atividade probatória anteriormente realizada. A jurisprudência admite o uso de prova *emprestada no processo penal, desde que submetida ao contraditório. Segundo o STF, a utilização de prova emprestada legalmente produzida em outro processo de natureza criminal não ofende os princípios constitucionais do processo – Inq 2774/ MG, Rel. Min. Gilmar Mendes, Tribunal Pleno, julgado em 28/04/2011, DJe 06/09/2011). A prova emprestada, assim como as demais, só se configura legítima se a ela for conferido o direito ao contraditório. A prova emprestada somente pode ser utilizada se passar pelo crivo do contraditório.* **Gabarito: Errado.**

1074. (2017 – PUC/PR – TJ/MS – Analista Judiciário – Adaptada) Sobre a prova no direito processual penal, é correto afirmar que o juiz formará sua convicção pela livre apreciação da prova produzida em contraditório judicial, não podendo fundamentar sua decisão exclusivamente nos elementos informativos colhidos na investigação, ressalvadas as provas cautelares, não repetíveis e antecipadas.

Certo (   )   Errado (   )

Conforme o inteiro teor do art. 155 do CPP, o *juiz formará sua convicção pela livre apreciação da prova produzida em contraditório judicial, não podendo fundamentar sua decisão exclusivamente nos elementos informativos colhidos na investigação, ressalvadas as provas cautelares, não repetíveis e antecipadas.*

Gabarito: Certo.

1075. **(2017 – FCC – POLITEC/AP – Perito Médico Legista – Adaptada)** O exame de corpo de delito terá seu laudo pericial elaborado no prazo máximo de 30 dias e poderá ser prorrogado pelo juiz por igual prazo.

Certo ( )   Errado ( )

O art. 160 do CPP dispõe que os peritos elaborarão o laudo pericial, onde descreverão minuciosamente o que examinarem, e responderão aos quesitos formulados. O Parágrafo único trata do PRAZO para a elaboração do laudo: o *laudo pericial será elaborado no prazo máximo de 10 dias, podendo este prazo ser prorrogado, em casos excepcionais, a requerimento dos peritos.*

Gabarito: Errado.

1076. **(2017 – FCC – POLITEC/AP – Perito Médico Legista – Adaptada)** O exame de corpo de delito terá a formulação de quesitos e a indicação de assistente técnico permitidos somente ao Ministério Público e à defesa.

Certo ( )   Errado ( )

Conforme o enunciado do art. 159, § 3°, *serão facultadas ao Ministério Público, ao assistente de acusação, ao ofendido, ao querelante e ao acusado a formulação de quesitos e indicação de assistente técnico.*

Gabarito: Errado.

1077. **(2017 – FCC – POLITEC/AP – Perito Médico Legista – Adaptada)** O exame de corpo de delito será indispensável quando a infração deixar vestígio, não podendo supri-lo a confissão do acusado.

Certo ( )   Errado ( )

Quando a infração deixar vestígios, será indispensável o exame de corpo de delito, direto ou indireto, não podendo supri-lo a confissão do acusado, conforme previsão legal do art. 158 do CPP.

Gabarito: Certo.

1078. **(2017 – FCC – PC/AP – Delegado)** O exame de corpo de delito

a) é dispensável nos crimes que deixam vestígios.

b) deve ser feito imediatamente para que não se percam os vestígios do crime, o que veda a indicação de assistente técnico pelas partes.

c) deve ser feito, em regra, pelo menos 2 horas após o óbito.

d) realiza-se sobre vestígios do corpo humano, havendo regime diverso para o exame sobre objetos e sobre reconhecimento de escritos.

e) pode ser rejeitado pelo juiz, no todo ou em parte.

Conforme previsão do art. 182 do CPP, o juiz não ficará adstrito ao laudo, podendo aceitá-lo ou rejeitá-lo, no todo ou em parte.

No Brasil, vigora o princípio do livre convencimento motivado do juiz, não estando ele adstrito ao laudo pericial, caso fosse obrigado a aceitar tal parecer técnico, em última análise, o perito seria o julgador. Existem dois sistemas a serem considerados com relação à apreciação do laudo pericial pelo juiz:

SISTEMA DE APRECIAÇÃO DA PROVA	
Sistema Vinculatório	Sistema Liberatório
Por ser uma prova técnica, o juiz estaria adstrito ao laudo pericial.	O juiz tem inteira liberdade de apreciação em aceitar ou rejeitar o laudo, podendo aceitá-lo ou rejeitá-lo, no todo ou em parte.

a) Nos crimes NÃO TRANSEUNTES, ou seja, aqueles que deixam vestígios, é obrigatório o exame de corpo de delito. Vide o art. 158 do CPP: *quando a infração deixar vestígios será INDISPENSÁVEL o exame de corpo de delito, direto ou indireto, não podendo supri-lo a confissão do acusado.*

b) *Vide o art. 159, § 3º, do CPP: serão facultadas ao Ministério Público, ao assistente de acusação, ao ofendido, ao querelante e ao acusado a formulação de quesitos e indicação de assistente técnico.*

c) Vide o art. 162 do CPP: *a autópsia será feita pelo menos 6 (seis) horas depois do óbito, salvo se os peritos, pela evidência dos sinais de morte, julgarem que possa ser feita antes daquele prazo, o que declararão no auto.*

d) O exame de corpo de delito é a perícia que se destina à comprovação da materialidade das infrações que deixam vestígios.

Gabarito: E.

1079. (2017 – VUNESP – DPE/RO – Defensor Público) É correto afirmar, sobre o exame de corpo de delito e das perícias em geral, que o exame de corpo de delito e outras perícias serão realizados por dois peritos oficiais, portadores de diploma de curso superior.

Certo ( )   Errado ( )

Conforme o art. 159 do CPP, *o exame de corpo de delito e outras perícias serão realizados por perito oficial, portador de diploma de curso superior.*

Gabarito: Errado.

1080. (2017 – VUNESP – DPE/RO – Defensor Público) É correto afirmar, sobre o exame de corpo de delito e das perícias em geral, que não há previsão legal no CPP acerca da formulação de quesitos e indicação de assistente técnico.

Certo ( )   Errado ( )

A lei processual penal, no art. 159, § 5º, dispõe que, *durante o curso do processo judicial, é permitido às partes, quanto à perícia: I – requerer a oitiva dos peritos para esclarecerem a prova ou para responderem a quesitos, desde que o mandado de intimação e os quesitos ou questões a serem esclarecidas sejam encaminhados com antecedência mínima de 10 (dez) dias, podendo apresentar as respostas em laudo complementar; II – indicar assistentes técnicos que poderão apresentar pareceres em prazo a ser fixado pelo juiz ou ser inquiridos em audiência.*

Gabarito: Errado.

1081. (2017 – VUNESP – DPE/RO – Defensor Público) É correto afirmar, sobre o exame de corpo de delito e das perícias em geral, que, quando a infração deixar vestígios, é possível dispensar o exame de corpo de delito.

Certo ( )　　　　Errado ( )

Quando a infração deixar vestígios, será indispensável o exame de corpo de delito, direto ou indireto, não podendo supri-lo a confissão do acusado, conforme previsão do art. 158 do CPP.

Gabarito: Errado.

1082. (2017 – VUNESP – DPE/RO – Defensor Público) É correto afirmar, sobre o exame de corpo de delito e das perícias em geral, que, em caso de lesões corporais, a falta de exame complementar não pode ser suprida pela prova testemunhal.

Certo ( )　　　　Errado ( )

Confere o art. 168 do CPP, em caso de lesões corporais, se o primeiro exame pericial tiver sido incompleto, proceder-se-á o exame complementar por determinação da autoridade policial ou judiciária, de ofício, ou a requerimento do Ministério Público, do ofendido ou do acusado, ou de seu defensor. § 3º: *a falta de exame complementar poderá ser suprida pela prova testemunhal.*

Gabarito: Errado.

1083. (2017 – VUNESP – DPE/RO – Defensor Público) É correto afirmar, sobre o exame de corpo de delito e das perícias em geral, que, se desaparecerem os vestígios, é possível que a prova testemunhal supra a ausência de exame de corpo de delito.

Certo ( )　　　　Errado ( )

Conforme o art. 167 do CPP, *não sendo possível o exame de corpo de delito, por terem desaparecido os vestígios, a prova testemunhal poderá suprir-lhe a falta.*

Gabarito: Certo.

1084. (Vunesp – Adaptada) Sobre os meios de prova, é correto afirmar que o juiz permitirá que a testemunha manifeste suas apreciações pessoais se estas forem inseparáveis da narrativa do fato.

Certo ( )　　　　Errado ( )

Nos termos do art. 213 do CPP, *o juiz não permitirá que a testemunha manifeste suas apreciações pessoais, salvo quando inseparáveis da narrativa do fato.*

Gabarito: Certo.

1085. (2017 – CESPE/CEBRASPE – TRE/BA – Analista Judiciário – Adaptada) Com relação às provas no processo penal, é correto afirmar que se reputará verdadeira a acusação formulada contra o acusado que permanecer em silêncio em seu interrogatório judicial.

Certo ( )　　　　Errado ( )

O silêncio é uma garantia constitucional, conforme art. 5º, LXII, da CF/88. O art. 186, parágrafo único, garante que o silêncio que não importará em confissão, não poderá ser interpretado em prejuízo da defesa. A doutrina entende que a última parte do art. 198 não fora recepcionado pela CF/88. Vide art. 198 do CPP: *o silêncio do acusado não importará confissão, mas poderá constituir elemento para a formação do convencimento do juiz.*

Gabarito: Errado.

1086. **(2017 – VUNESP – DPE/RO – Defensor Público – Adaptada)** Sobre os meios de prova, é correto afirmar que, se da acareação resultar comprovado ter uma das testemunhas mentido durante seu depoimento, o resultado da acareação terá valor absoluto quando da valoração da prova em sentença.

Certo (   )   Errado (   )

Nenhuma prova no processo penal tem valor absoluto, todas possuem um valor relativo, uma vez que o juiz é livre para fundamentar a sua decisão desde que de forma motivada. art. 155 do CPP: *o juiz formará sua convicção pela livre apreciação da prova produzida em contraditório judicial, não podendo fundamentar sua decisão exclusivamente nos elementos informativos colhidos na investigação, ressalvadas as provas cautelares, não repetíveis e antecipadas.*
Gabarito: Errado.

1087. **(2017 – CESPE/CEBRASPE – TRE/BA – Analista Judiciário)** – Adaptada) Com relação às provas no processo penal, é correto afirmar que, desaparecidos os vestígios da infração penal, a prova testemunhal poderá suprir a falta do exame de corpo delito.

Certo (   )   Errado (   )

Conforme prevê o art. 167 do CPP, *não sendo possível o exame de corpo de delito, por terem desaparecido os vestígios, a prova testemunhal poderá suprir-lhe a falta.*
Gabarito: Certo.

1088. **(2017 – VUNESP – DPE/RO – Defensor Público – Adaptada)** Sobre os meios de prova, é correto afirmar que a testemunha poderá se eximir da obrigação de depor.

Certo (   )   Errado (   )

Segundo o art. 206, a testemunha NÃO poderá eximir-se da obrigação de depor. *Poderão, entretanto, recusar-se a fazê-lo o ascendente ou descendente, o afim em linha reta, o cônjuge, ainda que desquitado, o irmão e o pai, a mãe, ou o filho adotivo do acusado, salvo quando não for possível, por outro modo, obter-se ou integrar-se a prova do fato e de suas circunstâncias.*
Gabarito: Errado.

1089. **(2017 – CESPE/CEBRASPE – TRE/BA – Analista Judiciário – Adaptada)** Com relação às provas no processo penal, é correto afirmar que o exame de corpo delito, imprescindível nos casos em que as infrações penais deixam vestígios, pode ser suprido pela confissão do acusado.

Certo (   )   Errado (   )

Quando a infração deixar vestígios, será indispensável o exame de corpo de delito, direto ou indireto, NÃO podendo supri-lo a confissão do acusado.
Gabarito: Errado.

1090. **(2017 – VUNESP – DPE/RO – Defensor Público – Adaptada)** Sobre os meios de prova, é correto afirmar que o interrogatório do réu preso será realizado preferencialmente pelo sistema de videoconferência.

Certo (   )   Errado (   )

O interrogatório do acusado é ato personalíssimo e real, mas o legislador prevê, no art. 185, § 2º, do CPP, que, EXCEPCIONALMENTE, o juiz, por decisão fundamentada, de ofício ou a requerimento das partes, poderá realizar o interrogatório do réu preso por sistema de videoconferência ou outro recurso tecnológico de transmissão de sons e imagens em tempo real, desde que a medida seja necessária para atender a uma das seguintes finalidades: *I - prevenir risco à segurança pública, quando exista fundada suspeita de que o preso integre organização criminosa ou de que, por outra razão, possa fugir durante o deslocamento; II - viabilizar a participação do réu no referido ato processual, quando haja relevante dificuldade para seu comparecimento em juízo, por enfermidade ou outra circunstância pessoal; III - impedir a influência do réu no ânimo de testemunha ou da vítima, desde que não seja possível colher o depoimento destas por videoconferência, nos termos do art. 217 deste Código; e IV - responder à gravíssima questão de ordem pública.*

Gabarito: Errado.

1091. **(2017 – CESPE/CEBRASPE – TRE/BA – Analista Judiciário – Adaptada)** Com relação às provas no processo penal, é correto afirmar que, do ofendido não será colhido o compromisso de dizer a verdade sobre o que souber, não podendo ele ser responsabilizado pelo crime de falso testemunho.

Certo ( )   Errado ( )

O depoimento do ofendido é um meio de prova. O crime de falso testemunho ou falsa perícia, previsto no art. 342 do CP, é infração praticada contra a administração da justiça e SOMENTE cometido por TESTEMUNHA, PERITO, TRADUTOR, CONTADOR ou INTÉRPRETE, posto que tais pessoas prestam informações que podem servir de fundamento para decisões em processos judiciais ou administrativos. Logo, não se confunde o ofendido com a testemunha, que é terceiro desinteressado. E por não ser testemunha, não possui o compromisso de dizer a verdade e não incide no crime de falso testemunho.

Gabarito: Certo.

1092. **(2017 – VUNESP – TJ/SP – Juiz)** No que diz respeito ao exame de corpo de delito e às perícias em geral, é correto afirmar que o assistente técnico atuará a partir de sua admissão pelo juiz, sempre antes da conclusão dos exames e elaboração do laudo pelo perito oficial, sendo as partes intimadas desta decisão.

Certo ( )   Errado ( )

Conforme o art. 159, § 4º, do CPP, o assistente técnico atuará a partir de sua admissão pelo juiz e após a conclusão dos exames e elaboração do laudo pelos peritos oficiais, sendo as partes intimadas desta decisão.

Gabarito: Errado.

1093. **(2017 – FMP – MPE/RO – Promotor de Justiça – Adaptada)** No que diz respeito ao instituto da prova penal, é CORRETO afirmar que, de acordo com o CPP, a prova da alegação incumbirá a quem a fizer, sendo, porém, facultado ao juiz ordenar, de ofício, e desde que iniciada a ação penal, a produção antecipada de provas consideradas urgentes e relevantes, observando a necessidade, adequação e proporcionalidade da medida.

Certo ( )   Errado ( )

Tendo em vista a iniciativa probatória do Juiz, o art. 156 do CPP prevê que *a prova da alegação incumbirá a quem a fizer, sendo, porém, facultado ao juiz de ofício: I – ordenar, mesmo antes de iniciada a ação penal, a produção antecipada de provas consideradas urgentes e relevantes, observando a necessidade, adequação e proporcionalidade da medida.*

Gabarito: Errado.

1094. **(2017 – VUNESP – TJ/SP – Juiz – Adaptada)** No que diz respeito ao exame de corpo de delito e às perícias em geral, é correto afirmar que é nulo o exame realizado por um só perito, considerando-se impedido o que tiver funcionado, anteriormente, na diligência de apreensão.

Certo ( )   Errado ( )

A assertiva trata da Súmula nº 361 do STF: no processo penal, é nulo o exame realizado por um só perito, considerando-se impedido o que tiver funcionado, anteriormente, na diligência de apreensão. INAPLICATIVIDADE da Súmula nº 361 a peritos oficiais. *1. Inexistindo previsão legal quanto à obrigatoriedade do registro do perito no órgão de classe, não cabe a exigência desse registro para a investidura no cargo de perito da Polícia Federal, tampouco para o exercício da função de perito oficial. 2. A Súmula nº 361 não é aplicável aos peritos oficiais. Validade do laudo pericial assinado por um só perito. Precedente. 3. A participação, na diligência de busca e apreensão, de um dos três peritos oficiais não tem a virtude de anular a perícia. O laudo pericial assinado por outros dois peritos tem plena validade. Ordem denegada. (HC 95595, Relator Ministro Eros Grau, Segunda Turma, julgamento em 4.5.2010, DJe de 21.5.2010).*

Gabarito: Errado.

1095. **(2017 – FMP – MPE/RO – Promotor de Justiça – Adaptada)** No que diz respeito ao instituto da prova penal, é CORRETO afirmar que o instituto da serendipidade diz respeito àquela fonte que, por si só, seguindo os trâmites típicos e de praxe, próprios da investigação ou instrução criminal, seria capaz de conduzir ao fato objeto da prova.

Certo ( )   Errado ( )

A assertiva trata da fonte independente, conforme o art. 157, § 2º, do CPP: considera-se fonte independente aquela que, por si só, seguindo os trâmites típicos e de praxe, próprios da investigação ou instrução criminal, seria capaz de conduzir ao fato objeto da prova.

O instituto da serendipidade é denominado na doutrina como o fenômeno de "encontro fortuito" (*hallazgos fortuitos*) ou "descubrimientos casuales". Segundo Damásio E. de Jesus: *conhecimento fortuito de outro crime, novação do objeto da interceptação ou resultado diverso do pretendido. Logo, a serendipidade nada mais é do que o encontro fortuito de provas relativas a fato delituoso diverso daquele que é objeto das investigações.*

Serendipidade de 1º grau	Serendipidade de 2º grau
Quando a prova obtida fortuitamente é válida, pois há: • Relação de conexão ou continência. • A comunicação imediata para a autoridade judicial da revelação de fato delituoso diverso ou de outra pessoa envolvida em regime de coautoria. • O juiz aferir que o fato descoberto ou a participação de coautor segue o desdobramento histórico do ilícito penal investigado.	É quando a prova obtida não será válida, mas será fonte de prova, ou seja, considerada *"notitia criminis"* da infração, sendo suficiente para deflagrar outra investigação preliminar com objeto distinto, nas seguintes hipóteses: • Crime foi cometido por pessoa diversa da investigada. • O juiz verifica que o fato diverso descoberto não seguiu o desdobramento histórico do ilícito penal investigado. • Reveladora de crime diverso daquele objeto da investigação. • Quando as conversas entre o investigado e seu advogado, se a comunicação envolver estritamente relação profissional.

Gabarito: Errado.

1096. (2017 – VUNESP – TJ/SP – Juiz – Adaptada) No que diz respeito ao exame de corpo de delito e às perícias em geral, é correto afirmar que será facultada ao Ministério Público, ao assistente de acusação, ao ofendido, ao querelante e ao acusado a indicação de assistente técnico, vedada, porém, a formulação de quesitos.

Certo ( )   Errado ( )

De acordo com o art. 159, § 3º, do CPP, *serão facultadas ao Ministério Público, ao assistente de acusação, ao ofendido, ao querelante e ao acusado a formulação de quesitos e indicação de assistente técnico.*
Gabarito: Errado.

1097. (2017 – MPE/PR – MPE/PR – Promotor de Justiça – Adaptada) As buscas domiciliares serão somente executadas de dia, mostrando-se irrelevantes o consentimento do morador para que se realizem à noite ou mesmo a ocorrência de prisão em flagrante, já que constitucionalmente assegurada a inviolabilidade constitucional do domicílio.

Certo ( )   Errado ( )

Conforme o art. 245 do CPP, *as buscas domiciliares serão executadas de DIA, salvo se o morador consentir que se realizem à noite, e, antes de penetrarem na casa, os executores mostrarão e lerão o mandado ao morador, ou a quem o represente, intimando-o, em seguida, a abrir a porta.*
Gabarito: Errado.

1098. (2017 – VUNESP – TJ/SP – Juiz – Adaptada) No que diz respeito ao exame de corpo de delito e às perícias em geral, é correto afirmar que é permitido às partes, durante o curso do processo, requerer a oitiva dos peritos para esclarecerem a prova, desde que o mandado de intimação e as questões a serem esclarecidas sejam encaminhados com antecedência mínima de 10 (dez) dias, podendo apresentar as respostas em laudo complementar.

Certo ( )   Errado ( )

Segundo o art. 159, § 5º, do CPP, *durante o curso do processo judicial, é permitido às partes, quanto à perícia: I – requerer a oitiva dos peritos para esclarecerem a prova ou para responderem a quesitos, desde que o mandado de intimação e os quesitos ou questões a serem esclarecidas sejam encaminhados com antecedência mínima de 10 (dez) dias, podendo apresentar as respostas em laudo complementar.*

Gabarito: Certo.

1099. **(2017 – CESPE/CEBRASPE – MPE/RR – Promotor de Justiça – Adaptada)** A Polícia Civil, em uma operação de combate ao tráfico de drogas, prendeu Adelmo em flagrante. Durante a operação, na residência do indiciado, apreendeu-se, além de grande quantidade de cocaína, um smartphone que continha toda a movimentação negocial de Adelmo e seus clientes, o que confirmava o tráfico e toda a estrutura da organização criminosa. Acerca dessa situação hipotética, se não tiver havido mandado judicial para adentrar a residência de Adelmo, isso tornará ilegal tanto a prisão dele quanto todas as apreensões realizadas.

Certo ( )   Errado ( )

O crime de tráfico de drogas é crime PERMANENTE, logo, a sua consumação se protrai no tempo, conforme art. 303 do CPP, que diz: nas infrações permanentes, entende-se o agente em flagrante delito enquanto não cessar a permanência. Logo o agente poderá ser preso sem prévia autorização judicial. Tratando-se de crime permanente, impõe-se reconhecer que, consoante entendimento da jurisprudência, é dispensável mandado de busca e apreensão, sendo permitido à autoridade policial ingressar no interior de domicílio em decorrência do estado de flagrância, não restando caracterizada a ilicitude das provas obtidas em tal diligência.

Gabarito: Errado.

1100. **(2017 – CESPE/CEBRASPE – MPE/RR – Promotor de Justiça – Adaptada)** A Polícia Civil, em uma operação de combate ao tráfico de drogas, prendeu Adelmo em flagrante. Durante a operação, na residência do indiciado, apreendeu-se, além de grande quantidade de cocaína, um smartphone que continha toda a movimentação negocial de Adelmo e seus clientes, o que confirmava o tráfico e toda a estrutura da organização criminosa. Acerca dessa situação hipotética, se a prisão em flagrante tiver sido precedida de mandado de busca e apreensão do smartphone de Adelmo, então, ainda que não haja, no referido mandado, a previsão de quebra do sigilo de dados, não haverá qualquer ilegalidade no acesso às informações contidas no referido aparelho.

Certo ( )   Errado ( )

Conforme a jurisprudência do STJ, é lícito o acesso aos dados armazenados em celular apreendido com base em autorização judicial A obtenção do conteúdo de conversas e mensagens armazenadas em aparelho de telefone celular ou smartphones não se subordina aos ditames da Lei nº 9.296/96. *O acesso ao conteúdo armazenado em telefone celular ou smartphone, quando determinada judicialmente a busca e apreensão destes aparelhos, não ofende o art. 5º, XII, da CF/88, considerando que o sigilo a que se refere esse dispositivo constitucional é em relação à interceptação telefônica ou telemática propriamente dita, ou seja, é da comunicação de dados, e não dos dados em si mesmos. Assim, se o juiz determinou a busca e apreensão de telefone celular ou smartphone do investigado, é lícito que as autoridades tenham acesso aos dados armazenados no aparelho apreendido, especialmente quando a referida decisão tenha expressamente autorizado o acesso a esse conteúdo.* STJ. 5ª Turma. RHC 75.800-PR, Rel. Min. Felix Fischer, julgado em 15/9/2016 - Info. n 590 do STJ.

Gabarito: Certo.

1101. **(2017 – CESPE/CEBRASPE – MPE/RR – Promotor de Justiça – Adaptada)** A Polícia Civil, em uma operação de combate ao tráfico de drogas, prendeu Adelmo em flagrante. Durante a operação, na residência do indiciado, apreendeu-se, além de grande quantidade de cocaína, um smartphone que continha toda a movimentação negocial de Adelmo e seus clientes, o que confirmava o tráfico e toda a estrutura da organização criminosa. Acerca dessa situação hipotética, para o acesso aos dados contidos no smartphone, exige-se mandado judicial autorizativo, nos moldes da Lei nº 9.296/1996 (interceptação telefônica), já que há expressa proteção constitucional quanto a essa matéria.

Certo ( )   Errado ( )

Conforme jurisprudência do STJ, a obtenção do conteúdo de conversas e mensagens armazenadas em aparelho de telefone celular ou smartphones não se subordina aos ditames da Lei nº 9.296/1996. RHC 75800 /PR RECURSO ORDINARIO EM *HABEAS CORPUS* 2016/0239483-8 Relator(a) Ministro FELIX FISCHER (1109) Órgão Julgador T5 - 5ª TURMA.

Gabarito: Errado.

1102. **(2017 – MPE/PR – MPE/PR – Promotor de Justiça – Adaptada)** É correto afirmar que, não sendo possível o exame de corpo de delito, por haverem desaparecido os vestígios, a prova testemunhal poderá suprir-lhe a falta.

Certo ( )   Errado ( )

Conforme previsão expressa do art. 167 do CPP, não sendo possível o exame de corpo de delito, por haverem desaparecido os vestígios, a prova testemunhal poderá suprir-lhe a falta.

Gabarito: Errado.

1103. **(2017 – CESPE/CEBRASPE – MPE/RR – Promotor de Justiça – Adaptada)** A Polícia Civil, em uma operação de combate ao tráfico de drogas, prendeu Adelmo em flagrante. Durante a operação, na residência do indiciado, apreendeu-se, além de grande quantidade de cocaína, um smartphone que continha toda a movimentação negocial de Adelmo e seus clientes, o que confirmava o tráfico e toda a estrutura da organização criminosa. Acerca dessa situação hipotética, tendo a apreensão do smartphone ocorrido mediante flagrante delito, a Polícia Civil pode acessar os dados nele inseridos sem a necessidade de autorização judicial.

Certo ( )   Errado ( )

Segundo jurisprudência do STJ, Informativo nº 603 do STJ, sem consentimento do réu ou prévia autorização judicial, é ilícita a prova, colhida de forma coercitiva pela polícia, de conversa travada pelo investigado com terceira pessoa em telefone celular, por meio do recurso "viva-voz", que conduziu ao flagrante do crime de tráfico ilícito de entorpecentes.

Informativo nº 583 do STJ: *sem prévia autorização judicial, são nulas as provas obtidas pela polícia por meio da extração de dados e de conversas registradas no whatsapp presentes no celular do suposto autor de fato delituoso, ainda que o aparelho tenha sido apreendido no momento da prisão em flagrante.*

Gabarito: Errado.

1104. **(2017 – MPE/PR – MPE/PR – Promotor de Justiça – Adaptada)** Ao definir regras sobre a medida de busca e apreensão, o CPP estabelece que não será permitida a apreensão de documento em poder do defensor do acusado, salvo quando constituir elemento do corpo de delito.

Certo ( )   Errado ( )

Conforme o art. 243, § 2º, do CPP, *NÃO será permitida a apreensão de documento em poder do defensor do acusado, salvo quando constituir elemento do corpo de delito.*
Gabarito: Certo.

1105. **(2017 – MPE/PR – MPE/PR – Promotor de Justiça – Adaptada)** Segundo a jurisprudência dominante do Superior Tribunal de Justiça e do Supremo Tribunal Federal, não é autorizado o ingresso, sem mandado judicial, no domicílio alheio para prisão em flagrante por crime de tráfico e para apreensão de drogas ali mantidas em depósito com destinação a venda.

Certo ( )   Errado ( )

A jurisprudência aponta o entendimento que, *em crimes de natureza permanente, como é o caso do tráfico ilícito de entorpecentes, mostra-se prescindível o mandado de busca e apreensão para que os policiais adentrem o domicílio do acusado, não havendo se falar em eventuais ilegalidades relativas ao cumprimento da medida (precedentes).* (STJ, RHC 82060/RS, j. 5/5/17).
Gabarito: Errado.

1106. **(2017 – MPE/PR – MPE/PR – Promotor de Justiça – Adaptada)** São proibidas de depor as pessoas que, em razão de função, ministério, ofício ou profissão, devam guardar segredo, salvo se, desobrigadas pela parte interessada, quiserem dar o seu testemunho.

Certo ( )   Errado ( )

Conforme dispõe o art. 207 do CPP, são proibidas de depor as pessoas que, em razão de função, ministério, ofício ou profissão, devam guardar segredo, salvo se, desobrigadas pela parte interessada, quiserem dar o seu testemunho.
Gabarito: Certo.

1107. **(2017 – IBADE – PC/AC – Delegado – Adaptada)** No que se refere ao tema intervenção corporal, provas e meios de obtenção de provas, é correto afirmar que se discute na doutrina se a busca pessoal (arts. 244 e 249 CPP) é uma espécie de intervenção corporal considerada pequena ou leve havendo quem sustente que a referida medida sequer se enquadra como intervenção corporal.

Certo ( )   Errado ( )

Na lei processual penal, existem dois dispositivos que cuidam da busca pessoal, conforme os arts. 244 e 249 do CPP, que põem para alguns uma intervenção corporal considerada pequena ou leve.
Gabarito: Certo.

1108. **(2017 – IBADE – PC/AC – Delegado – Adaptada)** No que tange à regência do CPP sobre reconhecimento de pessoas, é correto afirmar que a pessoa que tiver de fazer o reconhecimento será convidada a descrever a pessoa que deva ser reconhecida.

Certo ( )   Errado ( )

Conforme o art. 226, I, do CPP, *quando houver necessidade de fazer-se o reconhecimento de pessoa, proceder-se-á pela seguinte forma: I - a pessoa que tiver de fazer o reconhecimento será convidada a descrever a pessoa que deva ser reconhecida;*

Gabarito: Certo.

1109. **(2017 – IBADE – PC/AC – Delegado – Adaptada)** No que tange à regência do CPP sobre reconhecimento de pessoas, é correto afirmar que a pessoa, cujo reconhecimento se pretender, será colocada, se possível, ao lado de outras que com ela tiverem qualquer semelhança, convidando-se quem tiver de fazer o reconhecimento a apontá-la, não sendo possível, serão apresentadas fotografias de pessoas diversas para quem tiver que proceder o reconhecimento de pessoa.

Certo ( )   Errado ( )

O reconhecimento fotográfico, assim como o reconhecimento de pessoas, tem por finalidade comprovar a identificação de uma pessoa que está de alguma maneira envolvida com os fatos apurados no inquérito policial. Além disso, o reconhecimento fotográfico poderá ser utilizado como meio de prova na instrução processual, desde que atenda aos requisitos estabelecidos em lei para o reconhecimento de pessoas e esteja acompanhado de outras provas que o corroborem, conforme a jurisprudência dos Tribunais Superiores. Não existe previsão legal de reconhecimento fotográfico. Vide o art. 226, II, do CPP: *a pessoa, cujo reconhecimento se pretender, será colocada, se possível, ao lado de outras que com ela tiverem qualquer semelhança, convidando-se quem tiver de fazer o reconhecimento a apontá-la.*

Gabarito: Errado.

1110. **(2017 – IBADE – PC/AC – Delegado – Adaptada)** Do ato de reconhecimento lavrar-se-á auto pormenorizado, subscrito pela autoridade, pela pessoa chamada para proceder ao reconhecimento e por duas testemunhas presenciais.

Certo ( )   Errado ( )

Conforme o art. 226, IV, do CPP, *do ato de reconhecimento lavrar-se-á auto pormenorizado, subscrito pela autoridade, pela pessoa chamada para proceder ao reconhecimento e por duas testemunhas presenciais.*

Gabarito: Certo.

1111. **(2017 – IBADE – PC/AC – Delegado – Adaptada)** Segundo o CPP, o mandado de busca domiciliar deverá indicar ainda que de forma genérica e indeterminada a casa na qual se realizará a diligência, precisando com tudo a região da busca.

Certo ( )   Errado ( )

Conforme o art. 243 do CPP, *o mandado de busca deverá: I - indicar, o mais precisamente possível, a casa em que será realizada a diligência e o nome do respectivo proprietário ou morador; ou, no caso de busca pessoal, o nome da pessoa que terá de sofrê-la ou os sinais que a identifiquem;*

Gabarito: Certo.

1112. (2017 – IBADE – PC/AC – Delegado – Adaptada) Segundo o CPP, o mandado de busca domiciliar deverá indicar, o mais precisamente possível, a casa em que será realizada a diligência e o nome do respectivo proprietário ou morador; ou, no caso de busca pessoal, o nome da pessoa que terá de sofrê-la ou os sinais que a identifiquem.

Certo ( )   Errado ( )

Conforme o art. 243 do CPP, *o mandado de busca deverá: I - indicar, o mais precisamente possível, a casa em que será realizada a diligência e o nome do respectivo proprietário ou morador; ou, no caso de busca pessoal, o nome da pessoa que terá de sofrê-la ou os sinais que a identifiquem;*
Gabarito: Certo.

1113. (2017 – IBADE – PC/AC – Delegado – Adaptada) Segundo o CPP, o mandado de busca domiciliar deverá, em qualquer caso, permitir a apreensão de documento em poder do defensor do acusado.

Certo ( )   Errado ( )

Segundo art. 243, § 2º, do CPP, *não será permitida a apreensão de documento em poder do defensor do acusado, salvo quando constituir elemento do corpo de delito.*
Gabarito: Errado.

1114. (2017 – IBADE – PC/AC – Delegado – Adaptada) Segundo o CPP, o mandado de busca domiciliar deverá ser subscrito pelo escrivão de polícia pela autoridade policial.

Certo ( )   Errado ( )

A busca e apreensão domiciliar é cláusula de reserva jurisdicional, portanto deve ser autorizada pelo juiz, conforme art. 243, III, do CPP: *ser subscrito pelo escrivão e assinado pela autoridade que o fizer expedir.*
Gabarito: Errado.

1115. (2017 – IBADE – PC/AC – Delegado – Adaptada) Segundo o CPP, o mandado de busca domiciliar deverá mencionar ainda que de forma genérica o motivo e os fins da diligência.

Certo ( )   Errado ( )

Não existe a previsão de forma genérica, segundo art. 243, II, do CPP: *mencionar o motivo e os fins da diligência.*
Gabarito: Errado.

1116. (2017 – Fundação La Salle – SUSEPE/RS – Agente Penitenciário) O interrogatório de réu preso por sistema de videoconferência é autorizado, no processo penal. Responder à gravíssima questão de ordem pública NÃO está em consonância com a previsão da lei processual, no que tange às finalidades que justificam a realização do interrogatório supramencionado.

Certo ( )   Errado ( )

Conforme o art. 185 do CPP, § 2º, excepcionalmente, o juiz, por decisão fundamentada, de ofício ou a requerimento das partes, poderá realizar o interrogatório do réu preso por sistema de videoconferência ou outro recurso tecnológico de transmissão de sons e imagens em tempo real, desde que a medida seja necessária para atender a uma das seguintes finalidades: *IV - responder à gravíssima questão de ordem pública.*
Gabarito: Certo.

1117. **(2017 – Fundação La Salle – SUSEPE/RS – Agente Penitenciário)** O interrogatório de réu preso por sistema de videoconferência é autorizado, no processo penal. NÃO está em consonância com a previsão da lei processual, no que tange às finalidades que justificam a realização do interrogatório supramencionado, viabilizar a participação do réu no referido ato processual, quando haja relevante dificuldade para seu comparecimento em juízo, por enfermidade ou outra circunstância pessoal.

Certo ( )   Errado ( )

Conforme o art. 185 do CPP, § 2º, *excepcionalmente, o juiz, por decisão fundamentada, de ofício ou a requerimento das partes, poderá realizar o interrogatório do réu preso por sistema de videoconferência ou outro recurso tecnológico de transmissão de sons e imagens em tempo real, desde que a medida seja necessária para atender a uma das seguintes finalidades: [...]II - viabilizar a participação do réu no referido ato processual, quando haja relevante dificuldade para seu comparecimento em juízo, por enfermidade ou outra circunstância pessoal.*
Gabarito: Certo.

1118. **(2017 – CESPE/CEBRASPE – TJ/PR – Juiz – Adaptada)** Considerando os princípios que norteiam o interrogatório do acusado e os requisitos para a realização desse ato, é correto afirmar que, por não contar com as garantias constitucionais da ampla defesa e do contraditório, a confissão extrajudicial, ainda que indireta, não é admitida como meio de prova.

Certo ( )   Errado ( )

Conforme o art. 197 do CPP, o *valor da confissão se aferirá pelos critérios adotados para os outros elementos de prova, e para a sua apreciação o juiz deverá confrontá-la com as demais provas do processo, verificando se entre ela e estas existe compatibilidade ou concordância.*
Gabarito: Errado.

1119. **(2017 – Fundação La Salle – SUSEPE/RS – Agente Penitenciário – Adaptada)** O interrogatório de réu preso por sistema de videoconferência é autorizado, no processo penal. NÃO está em consonância com a previsão da lei processual, no que tange às finalidades que justificam a realização do interrogatório supramencionado, prevenir risco à segurança pública, quando exista fundada suspeita de que o preso integre organização criminosa ou de que, por outra razão, possa fugir durante o deslocamento.

Certo ( )   Errado ( )

Conforme o art. 185 do CPP, § 2º, *excepcionalmente, o juiz, por decisão fundamentada, de ofício ou a requerimento das partes, poderá realizar o interrogatório do réu preso por sistema de videoconferência ou outro recurso tecnológico de transmissão de sons e imagens em tempo real, desde que a medida seja necessária para atender a uma das seguintes finalidades: I - prevenir risco à segurança pública, quando exista fundada suspeita de que o preso integre organização criminosa ou de que, por outra razão, possa fugir durante o deslocamento.*
Gabarito: Certo.

1120. **(2017 – CESPE/CEBRASPE – TJ/PR – Juiz – Adaptada)** Considerando os princípios que norteiam o interrogatório do acusado e os requisitos para a realização desse ato, é correta afirmar que, se o interrogado não souber escrever, não puder ou não quiser assinar, o juiz nomeará curador e este, após a leitura do interrogatório, assinará o termo.

Certo ( )   Errado ( )

Conforme o art. 195 do CPP, *se o interrogado não souber escrever, não puder ou não quiser assinar, tal fato será consignado no termo.*

Gabarito: Errado.

1121. **(2017 – Fundação La Salle – SUSEPE/RS – Agente Penitenciário – Adaptada)** O interrogatório de réu preso por sistema de videoconferência é autorizado, no processo penal. NÃO está em consonância com a previsão da lei processual, no que tange às finalidades que justificam a realização do interrogatório supramencionado, beneficiar ao preso provisório que está recolhido no estabelecimento prisional, em regime disciplinar diferenciado.

Certo ( )   Errado ( )

Não há previsão de realização de interrogatório por videoconferência para a hipótese de beneficiar ao preso provisório que está recolhido no estabelecimento prisional, em regime disciplinar diferenciado.

Gabarito: Errado.

1122. **(2017 – Fundação La Salle – SUSEPE/RS – Agente Penitenciário – Adaptada)** O interrogatório de réu preso por sistema de videoconferência é autorizado, no processo penal. NÃO está em consonância com a previsão da lei processual, no que tange às finalidades que justificam a realização do interrogatório supramencionado, impedir a influência do réu no ânimo de testemunha ou da vítima, desde que não seja possível colher o depoimento destas por videoconferência.

Certo ( )   Errado ( )

Conforme o art. 185, § 2º, do CPP: *excepcionalmente, o juiz, por decisão fundamentada, de ofício ou a requerimento das partes, poderá realizar o interrogatório do réu preso por sistema de videoconferência ou outro recurso tecnológico de transmissão de sons e imagens em tempo real, desde que a medida seja necessária para atender a uma das seguintes finalidades: [...] III - impedir a influência do réu no ânimo de testemunha ou da vítima, desde que não seja possível colher o depoimento destas por videoconferência, nos termos do art. 217 deste Código.*

Gabarito: Certo.

1123. **(2017 – CESPE/CEBRASPE – TJ/PR – Juiz – Adaptada)** Considerando os princípios que norteiam o interrogatório do acusado e os requisitos para a realização desse ato, é correto afirmar que o exercício do direito ao silêncio não gera presunção de culpabilidade para o acusado, tampouco pode ser interpretado em prejuízo da defesa.

Certo ( )   Errado ( )

A lei processual, no art. 186, parágrafo único, do CPP, garante o direito ao silêncio, que não importará em confissão, não poderá ser interpretado em prejuízo da defesa. O art. 198 do CPP narra que *o silêncio do acusado não importará confissão,* **mas poderá constituir elemento para a formação do convencimento do juiz. A doutrina entende que a segunda parte do artigo mencionando não foi recepcionada pela CF/88.**

Gabarito: Certo.

1124. (2017 – FAPEMS – PC/MS – Delegado – Adaptada). De acordo com as disposições expressas no CPP vigente, o interrogatório por videoconferência do réu preso será realizado excepcionalmente, de ofício pelo juiz, por decisão fundamentada, desde que a medida seja necessária para impedir a influência do réu no ânimo de testemunha ou vítima, com a intimação das partes no prazo de 15 (quinze) dias de antecedência.

Certo ( )   Errado ( )

Conforme o art. 185, § 3º, do CPP, da *decisão que determinar a realização de interrogatório por videoconferência, as partes serão intimadas com 10 (dez) dias de antecedência.*
Gabarito: Errado.

1125. (2017 – FAPEMS – PC/MS – Delegado – Adaptada). De acordo com as disposições expressas no CPP vigente, o interrogatório por videoconferência do réu preso será realizado excepcionalmente, de ofício pelo juiz ou a requerimento das partes, por decisão fundamentada, desde que a medida seja necessária para responder à gravíssima questão de ordem pública.

Certo ( )   Errado ( )

A lei processual dispõe que o interrogatório por videoconferência é sempre uma EXCEÇÃO. Conforme o art. 185, § 2º, do CPP, *excepcionalmente, o juiz, por decisão fundamentada, de ofício OU a requerimento das partes, poderá realizar o interrogatório do réu preso por sistema de videoconferência ou outro recurso tecnológico de transmissão de sons e imagens em tempo real, desde que a medida seja necessária para atender a uma das seguintes finalidades: IV - responder à gravíssima questão de ordem pública.*
Gabarito: Certo.

1126. (2017 – IBADE – PC/AC – Delegado – Adaptada) Segundo o CPP, o mandado de busca domiciliar deverá indicar, ainda que de forma genérica e indeterminada, a casa na qual se realizará a diligência, precisando com tudo a região da busca.

Certo ( )   Errado ( )

Conforme disposto no art. 243 do CPP, *o mandado de busca deverá: I - indicar, o mais precisamente possível, a casa em que será realizada a diligência e o nome do respectivo proprietário ou morador; ou, no caso de busca pessoal, o nome da pessoa que terá de sofrê-la ou os sinais que a identifiquem.*
Gabarito: Errado.

1127. (2017 – FUNDEP – MPE/MG – Promotor de Justiça – Adaptada) Em uma operação, a polícia encontra um aparelho smartphone debaixo do banco do motorista de um automóvel. É correto afirmar que a operação policial foi decorrente de ordem judicial de busca e apreensão para arrecadar "qualquer elemento de convicção", encontrando-se fotos do crime no smartphone. Trata-se de prova lícita.

Certo ( )   Errado ( )

A jurisprudência possui o entendimento de que, para acessar dados de telefone (ex.: conversas de WhatsApp), há necessidade de autorização judicial, ainda que os telefones celulares tenham sido apreendidos em flagrante delito, conforme o Informativo nº 583 do STJ. Se o juiz determinou a busca e apreensão de telefone celular ou smartphone do investigado, é lícito que as autoridades

tenham acesso aos dados armazenados no aparelho apreendido, especialmente quando a referida decisão tenha expressamente autorizado o acesso a esse conteúdo. Informativo nº 590 do STJ.

Gabarito: C.

1128. **(2017 – IBFC – Polícia Científica/PR – Odontolegista – Adaptada)** As restrições estabelecidas na lei civil serão observadas para todos os efeitos de produção de prova.

Certo ( )   Errado ( )

Conforme o art. 155, parágrafo único, do CPP, *somente quanto ao estado das pessoas serão observadas as restrições estabelecidas na lei civil.*

Gabarito: Errado.

1129. **(2017 – IBADE – PC/AC – Delegado – Adaptada)** Segundo o CPP, o mandado de busca domiciliar deverá indicar, o mais precisamente possível, a casa em que será realizada a diligência e o nome do respectivo proprietário ou morador; ou, no caso de busca pessoal, o nome da pessoa que terá de sofrê-la ou os sinais que a identifiquem.

Certo ( )   Errado ( )

Conforme disposto no art. 243 do CPP, *o mandado de busca deverá: I - indicar, o mais precisamente possível, a casa em que será realizada a diligência e o nome do respectivo proprietário ou morador; ou, no caso de busca pessoal, o nome da pessoa que terá de sofrê-la ou os sinais que a identifiquem.*

Gabarito: Certo.

1130. **(2017 – IBFC – Polícia Científica/PR – Odontolegista – Adaptada)** A prova da alegação incumbirá a quem a fizer; mas o juiz poderá, no curso da instrução, ou antes, de proferir sentença, determinar, de ofício, diligências para dirimir dúvida sobre ponto relevante, vedada a produção antecipada de prova.

Certo ( )   Errado ( )

Segundo o art. 156, II, do CPP, *a prova da alegação incumbirá a quem a fizer, sendo, porém, facultado ao juiz de ofício: II – determinar, no curso da instrução, ou antes, de proferir sentença, a realização de diligências para dirimir dúvida sobre ponto relevante.* **A produção da prova cautelar não é vedada conforme o art. 155 do CPP.**

Gabarito: Errado.

1131. **(2017 – IBADE – PC/AC – Delegado – Adaptada)** Segundo o CPP, o mandado de busca domiciliar deverá mencionar ainda que de forma genérica o motivo e os fins da diligência.

Certo ( )   Errado ( )

Conforme disposto no art. 243, II, do CPP, *mencionar o motivo e os fins da diligência. Não há previsão legal de forma genérica.*

Gabarito: Errado.

1132. (2017 – IBADE – PC/AC – Delegado – Adaptada) Segundo o CPP, o mandado de busca domiciliar deverá, em qualquer caso, permitir a apreensão de documento em poder do defensor do acusado.

Certo ( )   Errado ( )

Conforme disposto no art. 243, § 2º, do CPP, *não será permitida a apreensão de documento em poder do defensor do acusado, salvo quando constituir elemento do corpo de delito.*
Gabarito: Errado.

1133. (2017 – IBFC – Polícia Científica/PR – Odontolegista – Adaptada) São admissíveis, devendo, no entanto, ser desentranhadas do processo, as provas ilícitas, assim entendidas as obtidas em violação a normas constitucionais.

Certo ( )   Errado ( )

Conforme o art. 157 do CPP, *são INADMISSÍVEIS, devendo ser desentranhadas do processo as provas ilícitas, assim entendidas as obtidas em violação a normas constitucionais ou LEGAIS.*
Gabarito: Errado.

1134. (2017 – FAPEMS – PC/MS – Delegado – Adaptada) Sobre os documentos no processo penal, de acordo com o CPP vigente, considera-se documento quaisquer escritos, instrumentos ou papéis públicos ou particulares, possuindo o mesmo valor a fotografia atual do documento.

Certo ( )   Errado ( )

Segundo o art. 232 do CPP, *consideram-se documentos quaisquer escritos, instrumentos ou papéis, públicos ou particulares. Parágrafo único. À fotografia do documento, devidamente autenticada, se dará o mesmo valor do original.*
Gabarito: Errado.

1135. (2017 – IBADE – PC/AC – Delegado – Adaptada) Segundo o CPP, o mandado de busca domiciliar deverá ser subscrito pelo escrivão de polícia pela autoridade policial.

Certo ( )   Errado ( )

De acordo com o art. 243, III, do CPP, deve *ser subscrito pelo escrivão e assinado pela autoridade que o fizer expedir.* A busca e apreensão domiciliar é cláusula de reserva jurisdicional, portanto, deve ser autorizado pelo juiz.
Busca Domiciliar: na busca domiciliar, compreende-se como AUTORIDADE apenas a JUDICIAL, em razão do princípio constitucional da inviolabilidade do domicílio, que só pode ser violada mediante ordem devidamente fundamentada de tal.
Busca Pessoal: é possível que, tanto a autoridade JUDICIAL, quanto a autoridade POLICIAL realizem tal procedimento, baseado apenas em fundadas suspeitas. Portanto, é um procedimento menos formal, não necessitando de mandado judicial
Gabarito: Errado.

1136. (2014 – MPE/SC – MPE/SC – Promotor de Justiça) São inadmissíveis as provas derivadas das ilícitas, salvo quando não evidenciado o nexo de causalidade entre umas e outras, ou quando as derivadas puderem ser obtidas por uma fonte independente das primeiras.

Certo ( )   Errado ( )

Conforme disposto no art. 157, § 1º, do CPP, são inadmissíveis as provas derivadas das ilícitas, salvo quando não evidenciado o nexo de causalidade entre umas e outras, ou quando as derivadas puderem ser obtidas por uma fonte independente das primeiras.

Gabarito: Certo.

1137. **(2017 – FAPEMS – PC/MS – Delegado – Adaptada)** Sobre os documentos no processo penal, de acordo com o CPP vigente, caso o juiz obtenha notícia da existência de documento relativo a ponto relevante da acusação ou da defesa, somente poderá determinar a juntada aos autos mediante requerimento da parte interessada.

Certo ( )　　　　Errado ( )

De acordo o teor do art. 234 do CPP, se o juiz tiver notícia da existência de documento relativo a ponto relevante da acusação ou da defesa, providenciará, independentemente de requerimento de qualquer das partes, para sua juntada aos autos, se possível.

Gabarito: Errado.

1138. **(2017 – TRF 2ª Região – TRF 2ª Região – Juiz – Adaptada)** O réu preso só deve ser interrogado por videoconferência quando presentes razões excepcionais previstas no CPP, devendo ser garantido, durante o ato, o acesso a canais telefônicos reservados para comunicação entre o defensor que esteja no presídio e o advogado presente na sala de audiência do fórum, e entre este e o preso.

Certo ( )　　　　Errado ( )

Conforme o art. 185, § 2º, do CPP, *excepcionalmente, o juiz, por decisão fundamentada, de ofício ou a requerimento das partes, poderá realizar o interrogatório do réu preso por sistema de video-conferência ou outro recurso tecnológico de transmissão de sons e imagens em tempo real, desde que a medida seja necessária para atender a uma das seguintes finalidades. [...] § 5º, Em qualquer modalidade de interrogatório, o juiz garantirá ao réu o direito de entrevista prévia e reservada com o seu defensor; se realizado por videoconferência, fica também garantido o acesso a canais telefônicos reservados para comunicação entre o defensor que esteja no presídio e o advogado presente na sala de audiência do Fórum, e entre este e o preso.*

Gabarito: Certo.

1139. **(2017 – FAPEMS – PC/MS – Delegado – Adaptada)** Sobre os documentos no processo penal, de acordo com o CPP vigente, os documentos podem ser apresentados em qualquer fase do processo, salvo em grau de recurso quando os autos estiverem conclusos para julgamento.

Certo ( )　　　　Errado ( )

Conforme o art. 231 do CPP, *salvo os casos expressos em lei, as partes poderão apresentar docu-mentos em qualquer fase do processo.*

Gabarito: Errado.

1140. **(2017 – FAPEMS – PC/MS – Delegado – Adaptada)** Sobre os documentos no processo penal, de acordo com o CPP vigente, documentos em língua estrangeira serão necessariamente traduzidos por tradutor oficial ou pessoa idônea nomeada pela autoridade para serem juntados aos autos, exceto quando os sujeitos processuais dominarem o idioma.

Certo ( )　　　　Errado ( )

Conforme o art. 236 do CPP, *os documentos em língua estrangeira, sem prejuízo de sua juntada imediata, serão, se necessário, traduzidos por tradutor público, ou, na falta, por pessoa idônea nomeada pela autoridade.*

Gabarito: Errado.

___

1141. **(2017 – MPE/RS – MPE/RS – Promotor de Justiça – Adaptada)** Em uma ação penal, o Ministério Público, durante a instrução, junta documento em língua estrangeira. Intimada a defesa especificamente sobre o documento, esta silencia. No momento de requerer diligências do art. 402 do CPP, Ministério Público e defesa nada requerem. Oferecidas alegações finais orais, o Ministério Público vale-se do documento em língua estrangeira para pedir a condenação. A defesa, por sua vez, produz eficiente defesa sem fazer referência ao documento em língua estrangeira. Concluso para sentença, considerando o documento em língua estrangeira, o juiz deverá

a) determinar a conversão do julgamento em diligência para que seja providenciada a tradução do documento por tradutor público, ou, na falta, por pessoa idônea a ser nomeada pelo juízo, independentemente de a solução ser condenatória ou absolutória, ou ainda do uso do documento nesta solução.

b) ordenar o desentranhamento do documento já que em todos os atos e termos do processo é obrigatório o uso da língua portuguesa e não foi providenciada a sua tradução em momento oportuno.

c) decidir pela conversão do julgamento em diligência para que seja providenciada a tradução do documento por tradutor público, ou, na falta, por pessoa idônea a ser nomeada pelo juízo, apenas se for condenar o acusado e valer-se do documento para tanto.

d) apreciar livremente a prova produzida, inclusive quanto ao documento em língua estrangeira, uma vez que a sua tradução não é obrigatória.

e) resolver pela conversão do julgamento em diligência para que o Ministério Público e a defesa juntem cada um a sua versão em língua portuguesa do documento em língua estrangeira.

Prevê o art. 236 do CPP, que o documento em língua estrangeira, sem prejuízo de sua juntada imediata, será, se necessário, traduzido por tradutor público, ou, na falta, por pessoa idônea nomeada pela autoridade. Jurisprudência – PROVAS: a tradução para o vernáculo de documentos em idioma estrangeiro juntados aos autos só deverá ser realizada se tal providência for absolutamente "necessária". É o que prevê o CPP: *art. 236. Os documentos em língua estrangeira, sem prejuízo de sua juntada imediata, serão, se necessário, traduzidos por tradutor público, ou, na falta, por pessoa idônea nomeada pela autoridade*. A decisão sobre a necessidade ou não da tradução dos documentos cabe ao juiz da causa. STJ. Corte Especial. AgRg na APn 675/GO, Rel. Min. Nancy Andrighi, julgado em 17/06/2015. STF. Plenário. Inq 4146/DF, Rel. Min. Teori Zavascki, julgado em 22/6/2016 (Info 831).

Gabarito: D.

___

1142. **(2017 – NUCEPE – SEJUSP/PI – Agente Penitenciário)** Acerca do Interrogatório do Acusado, marque a resposta correta. Mário responde a processo criminal na Justiça Federal do Piauí. Para dar prosseguimento e celeridade à referida ação, em face de dificuldades de comparecimento em juízo, Mário poderá:

a) ser interrogado no gabinete do magistrado, sem necessidade de advogado ou da Defensoria Pública da União.

b) ser interrogado pelo juiz competente para sua causa por meio de videoconferência.

c) ser interrogado, no local em que estiver preso, mesmo que lá não ofereça garantias de segurança ao juiz e aos demais auxiliares da justiça.

d) deixar de ser interrogado pelo juiz de 1ª instância, possibilitando o seu interrogatório somente no Tribunal Regional Federal da 1ª Região.

e) substituir seu interrogatório por declaração feita de próprio punho, se estiver preso.

Interrogatório do réu preso por recurso tecnológico: *art. 185, § 2º: excepcionalmente, o juiz, por decisão fundamentada, de ofício ou a requerimento das partes, poderá realizar o interrogatório do RÉU PRESO por sistema de videoconferência ou outro recurso tecnológico de transmissão de sons e imagens em tempo real, desde que a medida seja necessária para atender a uma das seguintes finalidades:*

I – prevenir risco à segurança pública, quando exista fundada suspeita de que o preso integre organização criminosa ou de que, por outra razão, possa fugir durante o deslocamento.

II – viabilizar a participação do réu no referido ato processual, quando haja relevante dificuldade para seu comparecimento em juízo, por enfermidade ou outra circunstância pessoal.

III – impedir a influência do réu no ânimo de testemunha ou da vítima, desde que não seja possível colher o depoimento destas por videoconferência, nos termos do art. 217 deste Código.

IV – responder à gravíssima questão de ordem pública.

Gabarito: B.

1143. (2017 – FCC – TRE/SP – Analista – Adaptada) Manoel está cumprindo pena em penitenciária paulista de segurança máxima, na cidade de Presidente Bernardes, após ser condenado por quatro crimes de homicídio. Na cidade e comarca de São Paulo é instaurada uma nova ação penal contra Manoel por crime de coação no curso do processo. Havendo fundada suspeita de que o réu, Manoel, integra organização criminosa e que poderá fugir durante o deslocamento entre as cidades de Presidente Bernardes e São Paulo, o Magistrado competente, por decisão fundamentada, e em caráter excepcional, assegurando ao réu a entrevista prévia com seu advogado e o acompanhamento da audiência uma de instrução, poderá,

a) de ofício, ou, a requerimento das partes, realizar o interrogatório de Manoel por sistema de videoconferência, intimando as partes com, pelo menos, 10 dias de antecedência.

b) se houver requerimento das partes, apenas, realizar o interrogatório de Manoel por sistema de videoconferência, intimando as partes com, pelo menos, 10 dias de antecedência.

c) de ofício, ou, a requerimento das partes, realizar o interrogatório de Manoel por sistema de videoconferência, intimando as partes com, pelo menos, 5 dias de antecedência.

d) se houver requerimento das partes, apenas, realizar o interrogatório de Manoel por sistema de videoconferência, intimando as partes com, pelo menos, 5 dias de antecedência.

e) de ofício, ou, a requerimento das partes, realizar o interrogatório de Manoel por sistema de videoconferência, intimando as partes com, pelo menos, 7 dias de antecedência.

Conforme previsão do art. 185, § 2º, *excepcionalmente, o juiz, por decisão fundamentada, de ofício ou a requerimento das partes, poderá realizar o interrogatório do réu preso por sistema de videoconferência ou outro recurso tecnológico de transmissão de sons e imagens em tempo real, desde que a medida seja necessária para atender a uma das seguintes finalidades: I - prevenir risco à segurança pública, quando exista fundada suspeita de que o preso integre organização criminosa ou de que, por outra razão possa fugir durante o deslocamento; [...]§ 3º, - Da decisão que determinar a realização de interrogatório por videoconferência, as partes serão intimadas com 10 (dez) dias de antecedência.*

INTERROGATÓRIO é:

- Direito subjetivo do acusado.
- Meio de prova e de defesa.
- Momento - Regra - após a produção de prova oral em audiência.

CARACTERÍSTICAS do interrogatório:

- Ato personalíssimo (não pode ser realizado por procuração).
- Oralidade – Exceção: surdos, surdos-mudos e mudos).
- Individualidade - no caso de 2 ou mais réus a oitiva é pessoal.
- As partes podem formular perguntas.
- Obrigatoriedade da intimação do réu – Atenção: se o acusado não atender cabe a condução coercitiva.
- Direitos ao silêncio.
- Direito à não autoincriminação.
- Direito à entrevista prévia e reservada com seu defensor.

Gabarito: A.

1144. (2017 – FGV – ALERJ – Procurador) José, deputado estadual, recebeu duas intimações, na condição de testemunha, oriundas de duas diferentes ações penais. Na primeira ação, deveria prestar depoimento sobre informações de que veio a ter conhecimento em razão do exercício de seu mandato, enquanto a segunda versava sobre crime de lesão que presenciara na festa de aniversário de sua mãe. Diante das intimações, apresentou formalmente um pedido de esclarecimento por parte da Procuradoria da Assembleia Legislativa sobre seu dever de depor na condição de testemunha. Diante da situação narrada, o Procurador deverá esclarecer que José:

a) é obrigado a prestar depoimento sobre ambos os fatos, podendo vir a ser conduzido coercitivamente se deixar de comparecer aos atos nos dias para os quais foi intimado.

b) não é obrigado a prestar depoimento sobre nenhum dos fatos, tendo em vista que a condição de deputado lhe garante imunidade para testemunhar.

c) é obrigado a prestar depoimento sobre ambos os fatos, mas o CPP lhe garante o direito de ser inquirido em dia e hora previamente ajustados.

d) não é obrigado a prestar depoimento sobre os fatos de que veio a saber em razão do mandato, mas deverá prestar na ação penal que apura o crime de lesão.

e) não é obrigado a depor na ação penal que apura o crime de lesão, mas é obrigado a esclarecer sobre os fatos de que soube em razão do mandato.

Conforme previsão do art. 221, *o Presidente e o Vice-Presidente da República, os senadores e deputados federais (Doutrina e jurisprudência estendem para os deputados estaduais), os ministros de Estado, os governadores de Estados e Territórios, os secretários de Estado, os prefeitos do Distrito Federal e dos Municípios, os deputados às Assembleias Legislativas Estaduais, os membros do Poder Judiciário, os ministros e juízes dos Tribunais de Contas da União, dos Estados, do Distrito Federal, bem como os do Tribunal Marítimo serão inquiridos em local, dia e hora previamente ajustados entre eles e o juiz.*

§ 1º, O Presidente e o Vice-Presidente da República, os presidentes do Senado Federal, da Câmara dos Deputados e do Supremo Tribunal Federal poderão optar pela prestação de depoimento por escrito, caso em que as perguntas, formuladas pelas partes e deferidas pelo juiz, lhes serão transmitidas por ofício.

Atenção: o § 1º não inclui os deputados.

A imunidade de testemunho e direito a manter sigilo da fonte, na forma do art. 53, § 6º, da CF/88, conforme) *Deputados e Senadores não serão obrigados a testemunhar sobre informações recebidas ou prestadas em razão do exercício do mandato, nem sobre as pessoas que lhes confiaram ou deles receberam informações.*

Gabarito: D.

1145. (2017 – CESPE/CEBRASPE – PC/GO – Delegado) Suponha que o réu em determinado processo criminal tenha indicado como testemunhas o presidente da República, o presidente do Senado Federal, o prefeito de Goiânia/GO, um desembargador estadual aposentado, um vereador e um militar das Forças Armadas. Nessa situação hipotética, conforme o CPP, poderão optar pela prestação de depoimento por escrito

a) o presidente do Senado Federal e o desembargador estadual.

b) o prefeito de Goiânia – GO e o militar das Forças Armadas.

c) o desembargador estadual e o vereador.

d) o presidente da República e o presidente do Senado Federal.

e) o presidente da República e o vereador.

Conforme previsão do art. 221, § 1º, do CPP, *o Presidente e o Vice-Presidente da República, os presidentes do Senado Federal, da Câmara dos Deputados e do Supremo Tribunal Federal poderão optar pela prestação de depoimento por escrito, caso em que as perguntas, formuladas pelas partes e deferidas pelo juiz, lhes serão transmitidas por ofício.*

DEPOIMENTO COM DIA E HORA MARCADOS	DEPOIMENTO POR ESCRITO (se assim optarem)
Presidente e Vice Senador e Deputado Ministro de Estado Governador Secretário de Estado Prefeito Deputado Membro do Judiciário (e de TC)	Presidente e Vice Presidente do STF Presidente da Câmara e do Senado

Gabarito: D.

VAMOS REVISAR A JURISPRUDÊNCIA?

Súmula nº 155 do STF: É relativa a nulidade do processo criminal por falta de intimação da expedição de precatória para inquirição de testemunha.

Súmula nº 273 do STJ: Intimada a defesa da expedição da carta precatória, torna-se desnecessária intimação da data da audiência no juízo deprecado.

JURISPRUDÊNCIA EM TESES DO STJ EDIÇÃO Nº 105: PROVAS NO PROCESSO PENAL - I

1) As provas inicialmente produzidas na esfera inquisitorial e reexaminadas na instrução criminal, com observância do contraditório e da ampla defesa, não violam o art. 155 do CPP - CPP visto que eventuais irregularidades ocorridas no inquérito policial NÃO CONTAMINAM a ação penal dele decorrente.

2) Perícias e documentos produzidos na fase inquisitorial são revestidos de eficácia probatória sem a necessidade de serem repetidos no curso da ação penal por se sujeitarem ao contraditório diferido.

3) A decisão que determina a produção antecipada de provas com base no art. 366 do CPP deve ser concretamente fundamentada, não a justificando unicamente o mero decurso do tempo. (Súmula nº 455/STJ)

4) A propositura da ação penal exige tão somente a presença de indícios mínimos de materialidade e de autoria, de modo que a certeza deverá ser comprovada durante a instrução probatória, prevalecendo o princípio do *in dubio pro societate* na fase de oferecimento da denúncia.

5) A incidência da qualificadora rompimento de obstáculo, prevista no art. 155, § 4º, I, do CP, está condicionada à comprovação por laudo pericial, salvo em caso de desaparecimento dos vestígios, quando a prova testemunhal, a confissão do acusado ou o exame indireto poderão lhe suprir a falta.

6) É válido e revestido de eficácia probatória o testemunho prestado por policiais envolvidos em ação investigativa ou responsáveis por prisão em flagrante, quando estiver em harmonia com as demais provas dos autos e for colhido sob o crivo do contraditório e da ampla defesa.

7) O reconhecimento fotográfico do réu, quando ratificado em juízo, sob a garantia do contraditório e ampla defesa, pode servir como meio idôneo de prova para fundamentar a condenação.

8) A folha de antecedentes criminais é documento hábil e suficiente a comprovar os maus antecedentes e a reincidência, não sendo necessária a apresentação de certidão cartorária.

10) O registro audiovisual de depoimentos colhidos no âmbito do processo penal dispensa sua degravação ou transcrição, em prol dos princípios da razoável duração do processo e da celeridade processual, salvo comprovada demonstração de necessidade.

EDIÇÃO Nº 111: PROVAS NO PROCESSO PENAL II

1) É possível o arrolamento de testemunhas pelo assistente de acusação (art. 271 do CPP), desde que respeitado o limite de 5 pessoas previsto no art. 422 do CPP.

2) O réu não tem direito subjetivo de acompanhar, por sistema de videoconferência, audiência de inquirição de testemunhas realizada, presencialmente, perante o Juízo natural da causa, por ausência de previsão legal, regulamentar e principiológica.

3) Em delitos sexuais, comumente praticados às ocultas, a palavra da vítima possui especial relevância, desde que esteja em consonância com as demais provas acostadas aos autos.

4) Nos delitos praticados em ambiente doméstico e familiar, geralmente praticados à clandestinidade, sem a presença de testemunhas, a palavra da vítima possui especial relevância, notadamente quando corroborada por outros elementos probatórios acostados aos autos.

5) É possível a antecipação da colheita da prova testemunhal, com base no art. 366 do CPP, nas hipóteses em que as testemunhas são policiais, tendo em vista a relevante probabilidade de esvaziamento da prova pela natureza da atuação profissional, marcada pelo contato diário com fatos criminosos.

6) Não há cerceamento de defesa quando a decisão que indefere oitiva de testemunhas residentes em outro país for devidamente fundamentada.

7) É ilícita a prova colhida mediante acesso aos dados armazenados no aparelho celular, relativos a mensagens de texto, SMS, conversas por meio de aplicativos (WhatsApp), e obtida diretamente pela polícia, sem prévia autorização judicial.

8) É desnecessária a realização de perícia para a identificação de voz captada nas interceptações telefônicas, salvo quando houver dúvida plausível que justifique a medida.

9) É necessária a realização do exame de corpo de delito para comprovação da materialidade do crime quando a conduta deixar vestígios, entretanto, o laudo pericial será substituído por outros elementos de prova na hipótese em que as evidências tenham desaparecido ou que o lugar se tenha tornado impróprio ou, ainda, quando as circunstâncias do crime não permitirem a análise técnica.

10) O laudo toxicológico definitivo é imprescindível para a configuração do crime de tráfico ilícito de entorpecentes, sob pena de se ter por incerta a materialidade do delito e, por conseguinte, ensejar a absolvição do acusado.

11) É possível, em situações excepcionais, a comprovação da materialidade do crime de tráfico de drogas pelo laudo de constatação provisório, desde que esteja dotado de certeza idêntica à do laudo definitivo e que tenha sido elaborado por perito oficial, em procedimento e com conclusões equivalentes.

12) É prescindível a apreensão e a perícia de arma de fogo para a caracterização de causa de aumento de pena prevista no art. 157, § 2º-A, I, do CP , quando evidenciado o seu emprego por outros meios de prova.

DO JUIZ, MP, ACUSADO, DEFENSOR, ASSISTENTES E AUXILIARES DA JUSTIÇA, ATOS DE TERCEIROS

1146. (2021 – CESPE/CEBRASPE – DEPEN – Agente Federal de Execução Penal) Julgue o item a seguir, relativos a direito processual penal.

O *habeas corpus* não poderá ser impetrado pelo Ministério Público.

Certo ( )   Errado ( )

Membro do Ministério Público TEM legitimidade para impetrar HC:

Art. 654. *O habeas corpus poderá ser impetrado por qualquer pessoa, em seu favor ou de outrem,* **bem como pelo Ministério Público.**

A capacidade postulatória para a impetração de *habeas corpus* **para defender em juízo violação à liberdade de locomoção ilicitamente coactada ou ameaçada é atribuída a qualquer pessoa, bem como ao Ministério Público.**

Gabarito: Errado.

1147. (2021 – FCC – DPE/BA – Defensor – Adaptada) Sobre recursos, *habeas corpus* e revisão criminal, de acordo com a jurisprudência do Superior Tribunal de Justiça, em atenção à paridade de armas, o Ministério Público também possui prazo em dobro para recorrer em âmbito penal.

Certo ( )   Errado ( )

O princípio da paridade de armas estabelece regra de tratamento IGUALITÁRIO dada às partes durante a tramitação do processo criminal. Tal princípio decorre do mandamento de que todos são IGUAIS perante a lei, conforme previsto no art. 5º, *caput*, da CF/88.

Jurisprudência do STJ: *O Ministério Público* **NÃO GOZA de PRAZO DOBRADO** *no âmbito penal, sendo intempestivo o recurso de agravo regimental interposto fora do quinquídio previsto no art. 258 do Regimento Interno do STJ. (AgRg no HC 392.868/MT, Rel. Ministro NEFI CORDEIRO, SEXTA TURMA, julgado em 6/2/2018, DJe 15/2/2018)" (AgInt no REsp 1.658.578/MT, 5ª Turma, DJe 02/05/2018).*

PRAZOS	
MINISTÉRIO PÚBLICO	**DEFENSORIA PÚBLICA**
[...] Em matéria penal, o Ministério Público não goza da prerrogativa da contagem dos prazos recursais em dobro. (STJ. 3ª Seção. AgRg no EREsp 1.187.916-SP. Rel. Min. Regina Helena Costa, julgado em 27/11/2013 - Info 533).	*[...] Também em matéria penal, são contados em dobro todos os prazos da Defensoria Pública (STJ. AgRg no AgRg no HC 146.823, julgado em 03/09/2013).*

Gabarito: Errado.

1148. (2020 – CESPE/CEBRASPE – MPE/CE – Técnico Ministerial) Nero responde a ação penal por crime contra patrimônio particular na comarca de Caucaia. Como ele não foi encontrado para ser citado pessoalmente, o juiz nomeou um defensor dativo e deu seguimento ao processo. Por fim, Nero foi condenado, apesar de a defesa ter alegado nulidade da citação.

Com relação a essa situação hipotética, julgue o item seguinte.

Nero poderá ser obrigado a pagar os honorários do defensor nomeado pelo juiz.

Certo ( )   Errado ( )

Se o acusado não o tiver, ser-lhe-á nomeado defensor pelo juiz, ressalvado o seu direito de, a todo tempo, nomear outro de sua confiança, ou a si mesmo defender-se, caso tenha habilitação. O acusado, que não for pobre, **será obrigado a pagar os honorários do defensor dativo**, arbitrados pelo juiz, conforme previsto no art. 263 do CP.

Gabarito: Certo.

1149. (2020 – CESPE/CEBRASPE – TJ/PA – Auxiliar Judiciário) A respeito de acusado e defensor, assinale a opção correta.

   I.   O juiz deverá nomear defensor ao réu quando, citado, não apresentar resposta à acusação ou não constituir defensor.

   II. O defensor poderá ser dispensado, desde que haja manifestação expressa do acusado.

   III. O defensor dativo não será remunerado, salvo quando o juízo observar que o réu não for pobre, ao qual serão arbitrados os honorários.

Assinale a opção correta.

   a) Apenas o item I está certo.

   b) Apenas o item II está certo.

   c) Apenas os itens I e III estão certos.

   d) Apenas os itens II e III estão certos.

   e) Todos os itens estão certos.

I) Está certo nos termos do art. 396-A, § 2º, do CPP, NÃO apresentada à resposta no prazo legal, ou se o acusado, citado, não constituir defensor, o juiz nomeará defensor para oferecê-la, concedendo-lhe vista dos autos por 10 (dez) dias e, além disso, art. 261 do CPP preceitua que, **NENHUM acusado,** ainda que ausente ou foragido, **será processado ou julgado sem defensor.**

Fundamentação das alternativas: Itens II e III estão errados:

II) Se o acusado não o tiver, ser-lhe-á nomeado defensor pelo juiz, ressalvado o seu direito de, a todo tempo, nomear outro de sua confiança, **ou a si mesmo defender-se, caso tenha habilitação** (art. 263 do CPP);

III) O acusado, **que NÃO for pobre, SERÁ OBRIGADO** a pagar os honorários do defensor dativo, arbitrados pelo juiz (art. 263, parágrafo único, do CPP).

Gabarito: A.

1150. (2020 – CESPE/CEBRASPE – MPE/CE – Técnico Ministerial) Tales foi preso em flagrante em um parque de Fortaleza pela prática do crime de estupro, tendo sido reconhecido pela vítima, Marta, com a qual não possuía relação anterior. Há indícios de que Tales tenha praticado outros crimes sexuais, tendo sido também reconhecido por outras vítimas.

A partir dessa situação hipotética, julgue o item a seguir.

Marta não poderá habilitar-se na ação penal como assistente de acusação, por ser a vítima do crime.

Certo ( )   Errado ( )

Marta PODE habilitar-se como assistente de acusação. O art. 268 do CPP estabelece que em TODOS os termos da ação PÚBLICA, poderá intervir, como assistente do Ministério Público, **o OFENDIDO (vítima)** ou seu representante legal, ou, na falta, qualquer das pessoas mencionadas no art. 31.

Poderá intervir como assistente (CADI):

➤ **Cônjuge/companheiro;**

➤ **Ascendente;**

➤ **Descendente ou**

➤ **Irmão do ofendido.**

Jurisprudência do STF: *O assistente de acusação pode recorrer da sentença condenatória para agravar a pena do réu.*

➤ **Súmula nº 210 do STF:** *O assistente do Ministério Público pode recorrer, inclusive extraordinariamente, na ação penal, nos casos dos arts. 584, § 1º e 598 do CPP.*

➤ **Súmula nº 448 do STF:** *O prazo para o assistente recorrer, supletivamente, começa a correr imediatamente após o transcurso do prazo do Ministério Público.*

Gabarito: Errado.

1151. **(2019 – TJ/AP – Auxiliar Judiciário – Adaptada)** Considera-se impedido o juiz, cujo cônjuge ou parente consanguíneo ou afim, em linha reta ou colateral até o terceiro grau, inclusive, tenha atuado como defensor ou advogado, órgão do Ministério Público, autoridade policial, auxiliar da justiça ou perito.

Certo (   )   Errado (   )

Consoante o exposto no art. 252 do CPP - O juiz NÃO PODE exercer jurisdição no processo em que:
I. Tiver funcionado seu cônjuge ou parente, consanguíneo ou afim, em linha reta ou colateral até o terceiro grau, inclusive, como defensor ou advogado, órgão do Ministério Público, autoridade policial, auxiliar da justiça ou perito.

Gabarito: Certo.

1152. **(2019 – TJ/AP – Auxiliar de Justiça – Adaptada)** A participação de membro do Ministério Público na fase investigatória criminal não acarreta o seu impedimento ou suspeição para o oferecimento da denúncia.

Certo (   )   Errado (   )

Consoante a Súmula nº 234 do STJ → A participação de membro do Ministério Público na fase investigatória criminal NÃO ACARRETA o seu impedimento ou suspeição para o oferecimento da denúncia.

Gabarito: Certo.

1153. **(2019 – CEBRASPE/CESP – TJ/AM – Analista Judiciário)** Hugo é investigado pela prática de lesão corporal seguida de morte contra Márcia, crime esse cometido em Manaus. A autoridade policial realizou interceptação telefônica e tomou conhecimento de que Hugo havia confessado ser o autor do crime ao irmão da vítima, Miguel. Acerca dessa situação hipotética, julgue o item a seguir, com base no que dispõe a legislação de regência

Miguel poderá habilitar-se como assistente de acusação enquanto não transitar em julgado a sentença penal.

Certo (   )   Errado (   )

O Ministério Público, por disposição constitucional é o titular da ação penal pública. Entretanto o ofendido do crime ou seus sucessores processuais (conforme o art. 31 do CPP – cônjuge, ascendente, descente e irmão – CADI) **PODERÃO solicitar** intervenção no processo crime a fim de auxiliar o Ministério Público. Este sujeito processual é o assistente da acusação doutrinariamente denominado também como, parte adesiva, contingente e adjunta. Consoante o art. 268 do CPP, o assistente da acusação intervém EXCLUSIVAMENTE na **ação penal pública**. O assistente é considerado a única parte desnecessária e eventual do processo.

Conforme a doutrina e jurisprudência majoritária do STF e STJ, o ofendido (ou seus sucessores – Conforme o art. 31 do CPP – cônjuge, ascendente, descente e irmão - CADI) pode intervir como assistente da acusação não apenas para obter um título executivo, digo, sentença condenatória. O assistente da acusação tem interesse que a justiça seja feita.

Gabarito: Certo.

1154. **(2019 – Acesso – PC/ES – Delegado)** O CPP estabelece em seu art. 260 que "Se o acusado não atender à intimação para o interrogatório, reconhecimento ou qualquer outro ato que, sem ele, não possa ser realizado, a autoridade poderá mandar conduzi-lo à sua presença." Em 2018, ao tratar da condução coercitiva, o STF determinou que a expressão "para o interrogatório", prevista no art. 260 do CPP, não foi recepcionada pela Constituição Federal. Assim, não se pode fazer a condução coercitiva do investigado, ou réu, com o objetivo de submetê-lo ao interrogatório sobre os fatos. Quanto a condução coercitiva de investigados, ou de réus, para interrogatório sobre fatos podemos afirmar que pode ensejar a:

I. a responsabilidade disciplinar, civil e penal do agente ou da autoridade que determinou.

II. a ilicitude das provas obtidas.

III. a responsabilidade civil do Estado.

IV. a Nulidade do ato jurídico.

Assinale a alternativa correta:

a) Todas as afirmativas estão corretas.

b) I e III estão erradas.

c) Apenas estão erradas a I e IV.

d) Todas as afirmativas estão erradas.

e) Apenas estão corretas a II e IV.

Por maioria de votos, o Plenário do Supremo Tribunal Federal (STF) declarou que a **condução coercitiva de réu ou investigado para interrogatório**, constante do art. 260 do CPP, **NÃO foi recepcionada pela CF/88**. A decisão foi tomada no julgamento das Arguições de Descumprimento de Preceito Fundamental – ADPFs 395 e 444, ajuizadas, respectivamente, pelo Partido dos Trabalhadores (PT) e pela Ordem dos Advogados do Brasil (OAB).

O emprego da medida, segundo o entendimento majoritário, representa restrição à liberdade de locomoção e viola a presunção de não culpabilidade, sendo, portanto, incompatível com a CF/88. Logo se após o respectivo julgado a **"autoridade" determinar a condução coercitiva de investigados ou de réus para interrogatório**, tal conduta poderá ensejar:

> a) a responsabilidade disciplinar, civil e penal do agente ou da autoridade que determinou;

> b) a ilicitude das provas obtidas;

> c) a responsabilidade civil do Estado.

A prisão provisória em hipótese alguma pode ser utilizada para interrogatório, a CF/88 consagra o direito ao silêncio que impede a prisão preventiva e temporária para interrogatório, na medida em que o imputado não é obrigado a falar. Consequentemente, a condução coercitiva para interrogatório representa uma restrição da liberdade de locomoção e da presunção de não culpabilidade, para obrigar a presença em um ato ao qual o investigado não é obrigado a comparecer, sendo assim incompatível com a Constituição Federal. Vejamos o julgado:

O CPP, ao tratar sobre a condução coercitiva, prevê o seguinte: art. 260. Se o acusado não atender à intimação para o interrogatório, reconhecimento ou qualquer outro ato que, sem ele, não possa ser realizado, a autoridade poderá mandar conduzi-lo à sua presença. O STF declarou que a expressão "para o interrogatório" prevista no art. 260 do CPP não foi recepcionada pela Constituição Federal. Assim, não se pode fazer a condução coercitiva do investigado ou réu com o objetivo de submetê-lo ao interrogatório sobre os fatos. STF. Plenário. ADPF 395/DF e ADPF 444/DF, Rel. Min. Gilmar Mendes, julgados em 13 e 14/6/2018 (Info 906).

Quanto aos efeitos, o STF afirmou que o entendimento acima não invalida os interrogatórios que foram realizados até a data do julgamento das DPF 395/DF e ADPF 444/DF, ainda que os interrogados tenham sido coercitivamente conduzidos para o referido ato processual.

ATENÇÃO: é fundamental explicar que o julgado acima tratou **APENAS** da condução coercitiva de **investigados e réus** à presença da autoridade policial ou judicial para serem interrogados.

A condução coercitiva é instituto processual, que pode ser usado contra réu, vítima, testemunha, perito ou outra pessoa que se recusem, injustificadamente, a comparecer em juízo ou na polícia.

Destarte, **NÃO foi analisada a condução de outras pessoas** como testemunhas, ou mesmo de investigados ou réus para atos diversos do interrogatório, como o reconhecimento de pessoas ou coisas. Logo a princípio as demais espécies de condução coercitiva **permanecem sendo permitidas**.

IMPORTANTE: a Lei nº 13.869/19 – Lei de Abuso de Autoridade, em seu art. 10, traz um **NOVO tipo penal** que prevê a conduta de determinar a condução coercitiva de **testemunha ou investigado**, senão vejamos:

Art. 10. Decretar a condução coercitiva de testemunha ou investigado manifestamente descabida ou sem prévia intimação de comparecimento ao juízo:

Pena – detenção, de 1 (um) a 4 (quatro) anos, e multa.

Gabarito: A.

1155. **(2019 – CESPE/CEBRASPE – DPE/DF – Adaptada)** Um promotor de justiça participou de investigação criminal junto a grupo especializado de combate ao crime organizado, órgão de execução no combate à criminalidade organizada do Ministério Público. Com base nessa investigação criminal, o referido membro do parquet ofereceu denúncia criminal, que foi recebida pelo juízo. No decorrer da instrução desse processo criminal, outro promotor de justiça designado opinou, nas alegações finais, pela absolvição do réu.

Diante dessa situação hipotética, julgue o item a seguir.

A jurisprudência dos tribunais superiores não admite a ocorrência de opiniões colidentes manifestadas em momentos sucessivos de membros do Ministério Público por ofensa ao postulado do promotor natural.

Certo ( )   Errado ( )

A Constituição Federal, no art. 127, *caput*, da CF/88, dispõe que o Ministério Público é instituição permanente, essencial à função jurisdicional do Estado, incumbindo-lhe a defesa da ordem jurídica, do regime democrático e dos interesses sociais e individuais indisponíveis. O § 1º do referido artigo ainda estabelece que são princípios institucionais do Ministério Público:

Princípio	Princípio	Princípio
Unidade	Indivisibilidade	Independência funcional

O princípio da **independência funcional** assente que os membros do Ministério Público e os procuradores de justiça, são independentes em suas manifestações, não existindo obrigação alguma de seguir na condução dos atos processuais mantendo a mesma opinião do membro anterior.

Jurisprudência do STF e STJ: a questão abordada pela banca contraria a jurisprudência pacífica do STF, que ao enfrentar o tema considerou a ocorrência de **opiniões colidentes em momentos sucessivos por membros do Ministério Público oficiantes**. Sendo assim, a corte entende ser possível a divergência opinativa uma vez que tais pronunciamentos se legitimam em face da autonomia intelectual e funcional que qualifica a atuação do membro do Ministério Público. Por conseguinte, o STF prescreve que **NÃO OFENDE ao postulado do promotor natural.** (STF, HC n. 102.147, DJE 3.2.2011; Ag. Reg. HC, Julgamento: 01/03/2011, HC 140780/DF, rel. Min. Marco Aurélio, julgamento por unanimidade em 30.10.2018. (HC-140780), 1ª Turma, Publicação DJE 28/02/2019 – Ata nº 20/2019. DJE nº 41, divulgado em 27/02/2019).

No mesmo sentido, o STJ (6ª Turma, *Habeas Corpus* nº 132.544/PR, publ. 4/6/2012) entendeu que a *ocorrência de opiniões colidentes — manifestadas em momentos distintos por promotores de Justiça que atuam na área penal e após a realização de diligências — não traduz ofensa ao princípio do promotor natura.*

Gabarito: Errado.

1156. **(2019 – CEBRASPE/CESPE – TJ/PR – Juiz Substituto – Adaptada)** À luz da jurisprudência dos tribunais superiores e da legislação a respeito dos sujeitos do processo penal, é correto afirmar que as hipóteses de suspeição do juiz estão elencadas taxativamente no CPP, não se admitindo interpretação extensiva dessa lista.

Certo ( )   Errado ( )

As **hipóteses de SUSPEIÇÃO** previstas no **Art. 254 do CPP**, que têm **caráter subjetivo e são fatos externos ao processo**, são elencadas em **ROL EXEMPLIFICATIVO**.

Gabarito: Errado.

1157. **(2019 – IESES – TJ/SC – Titular de Serviços e Notas de Registro – Adaptada)** Em relação à figura do assistente da acusação, prevista nos artigos 268 e seguintes do CPP, é correto afirmar:

O corréu no mesmo processo poderá, ainda antes da sentença, intervir como assistente do Ministério Público, o qual será ouvido previamente sobre a admissão.

Certo ( )   Errado ( )

NÃO PODERÁ, é o que dispõe o CPP - *O corréu no mesmo processo não poderá intervir como assistente do Ministério Público,* conforme o teor do art. 270 do CPP.

Gabarito: Errado.

1158. **(2019 – IESES – TJ/SC – Titular de Serviços e Notas de Registro – Adaptada)** Em relação à figura do assistente da acusação, prevista nos artigos 268 e seguintes do CPP, é correto afirmar:

O assistente será admitido a qualquer tempo até a prolação de sentença em primeiro grau, recebendo a causa, contudo, no estado em que se achar.

Certo ( )   Errado ( )

Afrontando ao exposto no art. 269 do CPP – *O assistente será admitido enquanto não passar em julgado a sentença e receberá a causa no estado em que se achar.*

Gabarito: Errado.

1159. **(2019 – IESES – TJ/SC – Titular de Serviços e Notas de Registro – Adaptada)** Em relação à figura do assistente da acusação, prevista nos artigos 268 e seguintes do CPP, é correto afirmar:

Ao assistente será permitido, entre outras ações, propor meios de prova, requerer perguntas às testemunhas, participar dos debates orais, interpor recurso de apelação quando o Ministério Público não o fizer no prazo legal, bem como arrazoar os recursos interpostos pelo Ministério Público.

Certo ( )   Errado ( )

Ao assistente será permitido propor meios de prova, requerer perguntas às testemunhas, aditar o libelo e os articulados, participar do debate oral e arrazoar os recursos interpostos pelo Ministério Público, ou por ele próprio, nos casos dos arts. 584, § 1º, e art. 598, nos termos do art. 267 do CPP.

Gabarito: Certo.

1160. **(2018 – FCC – MPE/PE – Técnico Ministerial – Adaptada)** À luz do que dispõe o CPP sobre os sujeitos da relação processual, nenhum acusado, exceto se estiver foragido, será processado ou julgado sem defensor.

Certo ( )   Errado ( )

Nos termos do art. 261 do CPP, nenhum acusado, ainda que ausente ou foragido, será processado ou julgado sem defensor.

Gabarito: Errado.

1161. **(2019 – CEBRASPE/CESPE – Prefeitura de Boa Vista/RR – Procurador Municipal)** José, de sessenta e nove anos de idade, fiscal de vigilância sanitária municipal, viúvo e único responsável pelos cuidados de seu filho, de onze anos de idade, foi denunciado à polícia por comerciantes que alegavam que o referido fiscal lhes solicitava dinheiro para que não fossem por ele autuados por infração à legislação sanitária. Durante investigação conduzida por autoridade policial em razão dessa denúncia, foi deferida judicialmente interceptação da comunicação telefônica de José.

Nesse ato, evidenciou-se, em uma degravação, que José havia solicitado certa quantia em dinheiro a um comerciante, Pedro, para não interditar seu estabelecimento comercial, e que José havia combinado encontrar-se com Pedro para realizarem essa transação financeira. Na interceptação, foram captadas, ainda, conversas em que José e outros quatro fiscais não identificados discutiam a forma de solicitar dinheiro a comerciantes, em troca de não autuá-los, e a repartição do dinheiro que seria obtido com isso.

No dia combinado, Pedro encontrou-se com José, e, pouco antes de entregar-lhe o dinheiro que carregava consigo, policiais que haviam instalado escuta ambiental na sala do fiscal mediante autorização judicial prévia deram voz de prisão em flagrante a José, conduzindo-o, em seguida, à presença da autoridade policial.

Em revista pessoal, foi constatado que José portava três cigarros de maconha. Questionado, o fiscal afirmou ter comprado os cigarros de um estrangeiro que trazia os entorpecentes de seu país para o Brasil e os revendia perto da residência de José. A autoridade policial deu andamento aos procedimentos, redigiu o relatório final do inquérito policial e o encaminhou à autoridade competente.

Considerando essa situação hipotética, julgue o item subsequente.

O Ministério Público tem legitimidade ativa para, uma vez transitada em julgado eventual condenação criminal de José, executar possível pena de multa no juízo da execução, mesmo que essa pena seja considerada dívida de valor convertida em renda em favor da fazenda pública.

Certo ( )   Errado ( )

O Ministério Público possui legitimidade para propor a cobrança de multa decorrente de sentença penal condenatória transitada em julgado, com a possibilidade subsidiária de cobrança pela Fazenda Pública, Informativo nº 927 do STF: *Por maioria de votos, o Plenário do Supremo Tribunal Federal (STF)* ***definiu que o Ministério Público*** *é o principal legitimado para executar a* ***cobrança das multas pecuniárias fixadas em sentenças penais condenatórias.*** *Os ministros entenderam que,* ***por ter natureza de sanção penal,*** *a* ***competência da Fazenda Pública para executar essas multas se limita aos casos de inércia do MP.*** *STF. Plenário. ADI 3150/DF, Rel. para acórdão Min. Roberto Barroso, julgado em 12 e 13/12/2018 (Info 927). STF. Plenário. AP 470/MG, Rel. Min. Roberto Barroso, julgado em 12 e 13/12/2018.*

ATENÇÃO: *resta superada e a Súmula nº 521 do STJ porquanto a decisão do STF foi proferida em ação direta de inconstitucionalidade, possuindo, portanto, eficácia erga omnes e efeito vinculante (art. 102, § 2º, da CF/88).*

Gabarito: Certo.

1162. **(2019 – IESES – TJ/SC – Titular de Serviços e Notas de Registro – Adaptada)** Em relação à figura do assistente da acusação, prevista nos artigos 268 e seguintes do CPP, é correto afirmar:

A realização das provas propostas pelo assistente de acusação poderá ser deferida pelo juiz caso o Ministério Público não manifeste objeção.

Certo ( )   Errado ( )

A alternativa afronta o disposto no art. 271, § 1º, do CPP: *O juiz, ouvido o Ministério Público, decidirá acerca da realização das provas propostas pelo assistente.*

Gabarito: Errado.

1163. **(2018 – FCC – MPE/PE – Técnico Ministerial – Adaptada)** À luz do que dispõe o CPP sobre os sujeitos da relação processual, as disposições sobre suspeição dos juízes não se estendem aos serventuários e funcionários da justiça.

Certo ( )   Errado ( )

As prescrições sobre **SUSPEIÇÃO dos juízes estendem-se aos serventuários e funcionários da justiça**, no que lhes for aplicável, conforme o teor do art. 274 do CPP.

Gabarito: Errado.

1164. **(2018 – VUNESP – PC/SP – Delegado)** Nos termos do art. 252 do CPP, o juiz não poderá exercer jurisdição no processo em que

a) tiver funcionado seu cônjuge como defensor.

b) for amigo íntimo de qualquer das partes.

c) tiver aconselhado qualquer das partes.

d) for sócio de sociedade interessada no processo.

e) for credor de qualquer das partes.

Consoante o exposto no art. 252 do CPP – *O juiz não poderá exercer jurisdição no processo em que:*

I - Tiver funcionado seu cônjuge ou parente, consanguíneo ou afim, em linha reta ou colateral até o terceiro grau, inclusive, como defensor ou advogado, órgão do Ministério Público, autoridade policial, auxiliar da justiça ou perito;

II - Ele próprio houver desempenhado qualquer dessas funções ou servido como testemunha;

III - Tiver funcionado como juiz de outra instância, pronunciando-se, de fato ou de direito, sobre a questão;

IV - Ele próprio ou seu cônjuge ou parente, consanguíneo ou afim em linha reta ou colateral até o terceiro grau, inclusive, for parte ou diretamente interessado no feito.

Gabarito: A.

1165. **(2018 – FCC – MPE/PE – Técnico Ministerial – Adaptada)** À luz do que dispõe o CPP sobre os sujeitos da relação processual, nos juízos coletivos, não poderão servir no mesmo processo os juízes que forem entre si parentes, consanguíneos ou afins, em linha reta ou colateral até o quarto grau, inclusive.

Certo ( )   Errado ( )

Consoante o disposto no art. 253 do CPP, os juízos coletivos, **NÃO PODERÃO servir no mesmo processo os juízes que forem entre si parentes**, consanguíneos ou afins, em linha reta ou colateral até o 3º grau, inclusive.

Gabarito: Errado.

1166. **(2018 – FCC – MPE/PB – Promotor de Justiça Substituto)** Os órgãos do Ministério Público estão impedidos de atuar nos processos em que

a) for amigo íntimo ou inimigo capital do acusado.

b) o juiz ou qualquer das partes for seu cônjuge, ou parente, consanguíneo ou afim, em linha reta ou colateral, até o terceiro grau, inclusive.

c) for credor ou devedor do acusado.

d) seu cônjuge, ascendente ou descendente estiver respondendo a processo por fato análogo, sobre cujo caráter criminoso haja controvérsia.

e) for cotista ou acionista de sociedade interessada no processo.

Nos termos do art. 258 do CPP, os órgãos do Ministério Público não funcionarão nos processos em que o juiz ou qualquer das partes for seu cônjuge, ou parente, consanguíneo ou afim, em linha reta ou colateral, até o terceiro grau, inclusive, e a eles se estendem, no que lhes for aplicável, as prescrições relativas à suspeição e aos impedimentos dos juízes.

IMPEDIMENTO	SUSPEIÇÃO
Hipóteses relacionadas no art. 252 do CPP, fazer referência a situações específicas e determinadas que impõem a presunção absoluta (*jure et jure*) de parcialidade. Ensejam a chamada incapacidade OBJETIVA do juiz, pois respeitam à sua relação com o objeto da lide. Tratam de circunstâncias ligadas ao próprio processo.	Indicadas no art. 254 do CPP, dispondo que o juiz dar-se-á por suspeito, e, se não o fizer, poderá ser recusado por qualquer das partes. São motivos de incapacidade SUBJETIVA do juiz, pois o vinculam a uma das partes. Versa sobre circunstâncias de origem externa ao processo.

Gabarito: B.

1167. **(2018 – UEG – PC/GO – Delegado)** Sobre o procedimento processual penal, verifica-se o seguinte:

No processo penal não se aplica o princípio da identidade física do juiz.

Certo ( )   Errado ( )

O juiz que presidiu a instrução deverá proferir a sentença: Princípio da identidade física do juiz – conforme o art. 399, 2º, do CPP.

Gabarito: Errado.

1168. **(2018 – CEBRASPE/CESPE – MPE/PI – Analista Ministerial – Adaptada)** Tércio, servidor público federal em cargo de direção, foi denunciado pela prática de falsificação de documento público. O oficial de justiça não o localizou em sua residência, tendo citado o acusado em seu local do trabalho. Apesar de citado, Tércio não constituiu advogado e não apresentou defesa em juízo.

Nessa situação hipotética, dada a ausência de nomeação de advogado por Tércio, o juiz poderá nomear defensor dativo, o qual terá direito a receber honorários advocatícios arbitrados pelo julgador.

Certo ( )   Errado ( )

Conforme art. 263 do CPP, o juiz deverá nomear defensor, pois ninguém pode ser processado criminalmente sem defensor. De mais a mais, Tércio é servidor público em cargo de direção, presume-se que ele não é "pobre". Por esse motivo, deverá pagar honorários ao advogado dativo, conforme parágrafo único do art. 263 do CPP: *O acusado, que não for pobre, será obrigado a pagar os honorários do defensor dativo, arbitrados pelo juiz.*

Gabarito: Errado.

1169. **(2012 – FCC – MPE/AP – Promotor de Justiça – Adaptada)** À luz do que dispõe o CPP sobre os sujeitos da relação processual, o corréu no mesmo

Certo ( )   Errado ( )

Consoante o art. 270 do CPP, *o corréu no mesmo processo não poderá intervir como assistente do Ministério Público.*

Gabarito: Errado.

1170. **(2018 – CEBRASPE/CESPE – TJ/CE – Juiz Substituto – Adaptada)** A respeito dos sujeitos do processo penal, assinale a opção correta.

a) Os advogados podem ser considerados pessoalmente sujeitos da relação jurídico-processual.

b) Nas questões relativas à fiança, o terceiro prejudicado e o fiador do réu não podem assumir a condição de sujeitos ou partes secundárias na relação processual penal.

c) Na excepcional situação da ação pública movida pelo ofendido — ação penal privada subsidiária da pública —, não há intervenção do MP.

d) As causas de impedimento e de suspeição do juiz estendem-se aos membros do MP.

As causas de impedimento e suspeição aplicam-se aos membros do Ministério Público, mas aos peritos só se aplicam as causas de suspeição, pois são previstas causas de impedimento específicas para estes. De acordo com o art. 258 do CPP: *Os órgãos do Ministério Público não funcionarão nos processos em que o juiz ou qualquer das partes for seu cônjuge, ou parente, consanguíneo ou afim, em linha reta ou colateral, até o terceiro grau, inclusive, e a eles se estendem, no que lhes for aplicável, as prescrições relativas à suspeição e aos impedimentos dos juízes.*

Gabarito: D.

1171. **(2018 – CEBRASPE/CESPE – STJ – Analista Judiciário)** Acerca do inquérito policial, do acusado e seu defensor e da ação penal, julgue o item que se segue.

Filho de acusado está impedido de exercer a advocacia em favor de seu pai em processo criminal.

Certo ( )   Errado ( )

Os impedimentos e as suspeições aplicadas no processo aos juízes são extensíveis somente ao membro do Ministério Público para que o exercício do poder jurisdicional não padeça de parcialidade. Quanto aos advogados que **são parciais** e objetivam a efetivação do contraditório dentro do devido processo legal, o CPP no art. 267 trata do de IMPEDIMENTO com relação a este, senão vejamos: nos termos do art. 252, *não funcionarão como defensores os parentes do juiz.*

Gabarito: Errado.

1172. **(2018 – VUNESP – PC/BA – Investigador)** Quanto aos assistentes de acusação, o CPP estabelece que

a) o assistente é aquele que oferece a denúncia, na hipótese de inércia do Ministério Público nos crimes de ação penal pública.

b) a morte do ofendido obsta que outrem atue ao lado do Ministério Público, no polo ativo.

c) na hipótese de ação penal privada, poderá haver assistência de acusação tão somente se houver pluralidade de ofendidos.

d) na hipótese de morte do ofendido, poderão habilitar-se como assistente seu cônjuge, ascendente, descendente ou irmão.

e) a assistência inicia-se com a denúncia e conclui-se, em havendo interesse do ofendido, com o término da execução da pena.

O assistente de acusação é parte adjunta ou adesiva, trata-se do ofendido nos crimes em que a ação penal é pública, quando este tem interesse em permanecer como assistente do órgão acusador (Ministério Público). Nos crimes em que a ação penal é privada, o ofendido será o titular da ação penal, enquanto nos crimes de ação penal pública, este será assistente. Em todos os termos da ação pública, poderá intervir, como assistente do Ministério Público, o ofendido ou seu representante legal, ou, na falta, qualquer das pessoas mencionadas no art. 31 da legislação processual penal, conforme o art. 268 do CPP.

Gabarito: D.

1173. **(2018 – FCC – MPE/PE – Técnico Ministerial – Adaptada)** À luz do que dispõe o CPP sobre os sujeitos da relação processual, em todos os termos da ação pública, poderá intervir, como assistente do Ministério Público, o ofendido ou seu representante legal.

Certo ( )   Errado ( )

Conforme exposto no texto de lei, vide o artigo 268 do CPP, em todos os termos da ação pública, poderá intervir, como assistente do Ministério Público, o ofendido ou seu representante legal, ou, na falta, qualquer das pessoas mencionadas no artigo 31 do CPP.

Gabarito: Certo.

1174. **(2018 – CEBRASPE/CESPE – TJ/CE – Juiz Substituto – Adaptada)** A respeito dos sujeitos do processo penal:

As pessoas jurídicas, por não praticarem ações físicas intencionais, não podem figurar no polo passivo da relação processual penal.

Certo ( )   Errado ( )

Jurisprudência: *É possível a responsabilização penal da pessoa jurídica por delitos ambientais independentemente da responsabilização concomitante da pessoa física que agia em seu nome. A jurisprudência não mais adota a chamada teoria da dupla imputação. STJ. 6ª Turma. RMS 39.173-BA, Rel. Min. Reynaldo Soares da Fonseca, julgado em 6/8/2015 (Info 566). STF. 1ª Turma. RE 548181/PR, Rel. Min. Rosa Weber, julgado em 6/8/2013 (Info 714).*

Gabarito: Errado.

1175. (2017 – CONSULPLAN – TRF 2ª Região – Analista Judiciário – Adaptada) Sobre o tema Sujeitos Processuais no Direito Processual Penal, do despacho que admitir, ou não, o assistente da acusação, caberá recurso, devendo, de qualquer modo, constar dos autos o pedido e a decisão.

Certo ( )   Errado ( )

A lei processual, no art. 273 do CPP, dispõe que do despacho que admitir, ou não, o assistente, NÃO CABERÁ recurso, devendo, entretanto, constar dos autos o pedido e a decisão.

Gabarito: Errado.

1176. (2017 – CONSULPLAN – TRF 2ª Região – Analista Judiciário – Adaptada) Sobre o tema Sujeitos Processuais no Direito Processual Penal, nenhum acusado, ainda que ausente ou foragido, será processado ou julgado sem defensor. A defesa técnica, quando realizada por defensor público ou dativo, será sempre exercida através de manifestação fundamentada.

Certo ( )   Errado ( )

Conforme dispõe o art. 261 do CPP, *nenhum acusado, ainda que ausente ou foragido, será processado ou julgado sem defensor. A defesa técnica, quando realizada por defensor público ou dativo, será sempre exercida por meio de manifestação fundamentada.*

Gabarito: Certo.

1177. (2017 – VUNESP – TJ/SP – Juiz Substituto – Adaptada) No tocante aos sujeitos do processo, é correto afirmar que o assistente será admitido enquanto não passar em julgado a sentença e receberá a causa no estado em que se achar, podendo recorrer, inclusive extraordinariamente, de decisão concessiva de *habeas corpus*.

Certo ( )   Errado ( )

Nos termos do art. 269 do CPP, o assistente será admitido enquanto não passar em julgado a sentença e receberá a causa no estado em que se achar. Está correta essa afirmação. O que torna a assertiva incorreta é a segunda parte *inclusive extraordinariamente, de decisão concessiva de habeas corpus*, uma vez que a Súmula nº 208 do STF dispõe que o assistente do Ministério Público NÃO pode recorrer, extraordinariamente, de decisão concessiva de *habeas corpus*.

Gabarito: Errado.

1178. (2017 – FUNDATEC – IGP/RS – Técnico em Perícias) De acordo com o CPP, o juiz dar-se-á por suspeito e, se não o fizer, poderá ser recusado por qualquer das partes se:

a) Ele, seu cônjuge, ascendente ou descendente, estiver respondendo a processo por fato análogo, sobre cujo caráter criminoso haja controvérsia.

b) Tiver funcionado seu cônjuge ou parente, consanguíneo ou afim, em linha reta ou colateral até o terceiro grau, inclusive, como defensor ou advogado, órgão do Ministério Público, autoridade policial, auxiliar da justiça ou perito.

c) Ele próprio houver desempenhado qualquer dessas funções ou servido como testemunha.

d) Tiver funcionado como juiz de outra instância, pronunciando-se, de fato ou de direito, sobre a questão.

e) Ele próprio ou seu cônjuge ou parente, consanguíneo ou afim em linha reta ou colateral até o terceiro grau, inclusive, for parte ou diretamente interessado no feito.

O art. 254 do CPP trata das hipóteses de suspeição do julgador. Logo, a suspeição trata-se de *animus* subjetivo do juiz quanto às partes. A alternativa trata da suspeição elencada no art. 254, II, do CPP: *O juiz dar-se-á por suspeito, e, se não o fizer, poderá ser recusado por qualquer das partes: II - se ele, seu cônjuge, ascendente ou descendente, estiver respondendo a processo por fato análogo, sobre cujo caráter criminoso haja controvérsia.*

ALTERNATIVAS INCORRETAS: As alternativas B, C, D e E são hipóteses TAXATIVAS e que não admitem interpretação extensiva de IMPEDIMENTO do Juiz. O art. 252 do CPP trata de presunção ABSOLUTA que torna o julgador parcial.

Gabarito: A.

1179. **(2017 – VUNESP – TJ/SP – Juiz Substituto – Adaptada)** No tocante aos sujeitos do processo o juiz não poderá exercer a jurisdição no processo em que tiver funcionado como juiz de outra instância, pronunciando-se, de fato ou de direito, sobre a questão, mas não há nulidade no julgamento ulterior pelo Júri com a participação de jurado que funcionou em julgamento anterior do mesmo processo.

Certo ( )   Errado ( )

A primeira parte da assertiva está em conformidade com o disposto no art. 252, III, do CPP: *o juiz não poderá exercer jurisdição no processo em que: tiver funcionado como juiz de outra instância, pronunciando-se, de fato ou de direito, sobre a questão.* **No entanto, a segunda parte está equivocada ao afirmar que** *não há nulidade.* **A Súmula nº 206 do STF diz que há NULIDADE:** *É nulo o julgamento ulterior pelo júri com a participação de jurado que funcionou em julgamento anterior do mesmo processo.*

Gabarito: Errado.

1180. **(2017 – FCC – POLITEC/AP – Perito Médico Legista)** No Processo Penal Brasileiro, o intérprete é equiparado

a) ao perito.

b) somente ao perito oficial.

c) ao assistente e ao perito nomeado.

d) à testemunha e ao especialista.

e) ao colaborador e ao tradutor.

O Art. 281 do CPP dispõe que os intérpretes são, para todos os efeitos, equiparados aos peritos.

Gabarito: A.

1181. **(2017 – FUNDATEC – IGP/RS – Técnico em Perícias)** O CPP (Decreto-Lei nº 3.689/1941) apresenta algumas normas em relação ao peritos e intérpretes. Com base nesse Código, assinale a alternativa correta.

a) Os intérpretes são, para todos os efeitos, equiparados aos peritos.

b) As partes poderão intervir na nomeação do perito.

c) Somente o perito oficial estará sujeito à disciplina judiciária.

d) Não é extensivo aos peritos, no que lhes for aplicável, o disposto sobre suspeição dos juízes.

e) Podem ser peritos os menores de 21 anos, desde que conhecedores da matéria a ser periciada.

Nos termos do art. 281 do CPP, *os intérpretes são, para todos os efeitos, equiparados aos peritos*.

ALTERNATIVAS INCORRETAS: b) Conforme art. 276 do CPP, *as partes não intervirão na nomeação do perito.;* c) art. 275 do CPP: *o perito, ainda quando não oficial, estará sujeito à disciplina judiciária.;* d) art. 280, CPP: *é extensivo aos peritos, no que lhes for aplicável, o disposto sobre suspeição dos juízes.;* e e) o art. 279 do CPP trata das hipóteses de IMPEDIMENTO do perito, logo, NÃO poderão ser peritos: [...]*III - os analfabetos e os menores de 21 (vinte um) anos*.

ATENÇÃO: Embora a legislação civil estabeleça que a capacidade civil e de imputabilidade penal se dá aos 18 anos, é importante observar que a capacidade para atuar como perito continua em vigor conforme lei processual penal, não tendo sido revogada tal disposição.

Gabarito: A.

1182. (2017 – IESES – IGP/SC – Perito Criminal Engenharias – Adaptada) É certo afirmar que o perito está sujeito as situações provadas de incompatibilidade e impedimentos, o que não ocorre com os casos de suspeição que não lhe alcançam.

Certo ( )   Errado ( )

O art. 280 do CPP dispõe que é *extensivo aos peritos*, no que lhes for aplicável, o disposto sobre suspeição dos juízes.

Gabarito: Errado.

1183. (2017 – VUNESP – TJ/SP – Escrevente Técnico Judiciário – Adaptada) Nos exatos termos do art. 253 do CPP, nos juízos coletivos, não poderão servir no mesmo processo os juízes que forem entre si parentes,

a) consanguíneos ou afins, em linha reta ou colateral até o quarto grau, inclusive.

b) consanguíneos ou afins, em linha reta ou colateral até o terceiro grau, inclusive, bem como amigos íntimos.

c) consanguíneos ou afins, em linha reta ou colateral até o terceiro grau, inclusive, bem como amigos íntimos ou inimigos capitais.

d) consanguíneos, excluídos os parentes afins.

e) consanguíneos ou afins, em linha reta ou colateral até o terceiro grau, inclusive.

Nos termos do que dispõe o art. 253 do CPP, não podem servir no mesmo processo, nos juízos coletivos, os juízes que forem entre si parentes consanguíneos ou afins, em linha reta ou colateral até o terceiro grau, inclusive.

LEMBRE-SE do mnemônico para os JUÍZOS COLETIVOS: P-S-A-L-3 (Parente, de Sangue, Afim, Linha, 3º grau).

Gabarito: E.

1184. (2017 – IESES – IGP/SC – Perito Odontolegista – Adaptada) É certo afirmar que o impedimento ou suspeição decorrente de parentesco por afinidade não cessará pela dissolução do casamento que lhe tiver dado causa.

Certo ( )   Errado ( )

O impedimento ou suspeição decorrente de parentesco por afinidade *cessará pela dissolução do casamento que lhe tiver dado causa*, salvo sobrevindo descendentes; mas, ainda que dissolvido o casamento sem descendentes, não funcionará como juiz o sogro, o padrasto, o cunhado, o genro ou enteado de quem for parte no processo, vide art. 255 do CPP.

Gabarito: Errado.

1185. (2014 – VUNESP – TJ/SP – Técnico Judiciário) Determina o art. 261 do CPP que

a) nenhum acusado, com exceção do foragido, será processado ou julgado sem defensor.

b) salvo nos processos contravencionais e nos de rito sumaríssimo, nenhum acusado será processado ou julgado sem defensor.

c) salvo nos casos de força maior, nenhum acusado, ainda que ausente ou foragido, será processado ou julgado sem defensor.

d) nenhum acusado, ainda que ausente ou foragido, será processado ou julgado sem defensor.

e) nenhum acusado, com exceção do revel, será processado ou julgado sem defensor.

O teor do art. 261 do CPP dispõe que nenhum acusado, mesmo que ausente ou foragido, será processado ou julgado sem defensor. A CF/88 prevê, no art. 5º, LV, o princípio da ampla defesa, garantido aos acusados a defesa técnica realizada por profissional "advogado".

Gabarito: D.

1186. (2017 – IESES – IGP/SC – Perito Criminal Engenharias – Adaptada) É certo afirmar que, sendo dever de todo cidadão concorrer, com seus conhecimentos especializados, experiência e talentos especiais para que o Estado realize a finalidade da Justiça, prevê o CPP sanção pecuniária àquele que não aceitar o encargo ou não o exercer adequadamente.

Certo ( )   Errado ( )

A lei processual, em seu art. 277, dispõe que o perito nomeado pela autoridade será obrigado a aceitar o encargo, sob pena *de multa de cem a quinhentos mil-réis*, salvo escusa atendível. Noutro giro, o perito também pode sofrer a aplicação da multa se deixar de acudir à intimação ou ao chamado da autoridade; não comparecer no dia e local designados para o exame; não der o laudo, ou concorrer para que a perícia não seja feita, nos prazos estabelecidos.

Gabarito: Certo.

1187. (2017 – VUNESP – TJ/SP – Juiz Substituto – Adaptada) No tocante aos sujeitos do processo, é correto afirmar que a participação de membro do Ministério Público na fase investigatória criminal acarreta o seu impedimento ou suspeição para o oferecimento da denúncia.

Certo ( )   Errado ( )

De acordo com a Súmula nº 234 do STJ, *a participação de membro do Ministério Público na fase investigatória criminal NÃO acarreta o seu impedimento ou suspeição para o oferecimento da denúncia."*

Gabarito: Errado.

1188. **(2017 – FCC – TRF – 5ª Região – Analista Judiciário – Adaptada)** Para o desenvolvimento da ação penal, é necessária a participação de três sujeitos principais: autor, acusado e juiz. Contudo, existem ainda os sujeitos acessórios, que, embora prescindíveis para a existência do processo, poderão, eventualmente, nele intervir, como por exemplo, o assistente de acusação, os auxiliares da justiça, dentre outros. Levando-se em conta o que dispõe o CPP sobre o tema, é correto afirmar que nenhum acusado será processado ou julgado sem defensor, exceto quando foragido.

Certo (   )   Errado (   )

Conforme o art. 261 do CPP, NENHUM acusado, ainda que ausente ou foragido, será processado ou julgado sem defensor, em razão das garantias constitucionais do contraditório e da ampla defesa.

Gabarito: Errado.

1189. **(2017 – VUNESP – TJ/SP – Juiz Substituto – Adaptada)** No tocante aos sujeitos do processo, é correto afirmar que a audiência poderá ser adiada se, por motivo justificado, o defensor não puder comparecer, a ele incumbindo provar o impedimento até a abertura do ato; se não o fizer, deve o juiz nomear defensor substituto, ainda que provisoriamente ou só para o efeito do ato.

Certo (   )   Errado (   )

Conforme art. 265, §§ 1º e 2º do CPP: *o defensor não poderá abandonar o processo senão por motivo imperioso, comunicado previamente o juiz, sob pena de multa de 10 (dez) a 100 (cem) salários mínimos, sem prejuízo das demais sanções cabíveis.*

§ 1º A audiência poderá ser adiada se, por motivo justificado, o defensor não puder comparecer.

§ 2º Incumbe ao defensor provar o impedimento até a abertura da audiência. Não o fazendo, o juiz não determinará o adiamento de ato algum do processo, devendo nomear defensor substituto, ainda que provisoriamente ou só para o efeito do ato.

Gabarito: Certo.

1190. **(2017 – FCC – TRF – 5ª Região – Analista Judiciário – Adaptada)** Para o desenvolvimento da ação penal, é necessária a participação de três sujeitos principais: autor, acusado e juiz. Contudo, existem ainda os sujeitos acessórios, que, embora prescindíveis para a existência do processo, poderão, eventualmente, nele intervir, como por exemplo, o assistente de acusação, os auxiliares da justiça, dentre outros. Levando-se em conta o que dispõe o CPP sobre o tema, é correto afirmar: O impedimento ou suspeição decorrente de parentesco por afinidade cessará pela dissolução do casamento que lhe tiver dado causa, salvo sobrevindo descendentes; mas, ainda que dissolvido o casamento sem descendentes, não funcionará como juiz o sogro, o padrasto, o cunhado, o genro ou enteado de quem for parte no processo.

Certo (   )   Errado (   )

A alternativa trata do texto literal do art. 255 do CPP, a saber, o impedimento ou suspeição decorrente de parentesco por afinidade. Logo, surgindo a causa de impedimento ou suspeição, esta cessará pela dissolução do casamento que lhe tiver dado causa, salvo sobrevindo descendentes; mas, ainda que dissolvido o casamento sem descendentes, não funcionará como juiz o sogro, o padrasto, o cunhado, o genro ou enteado de quem for parte no processo.

Gabarito: Certo.

1191. **(2017 – FCC – TRF – 5ª Região – Analista Judiciário – Adaptada)** Para o desenvolvimento da ação penal, é necessária a participação de três sujeitos principais: autor, acusado e juiz. Contudo, existem ainda os sujeitos acessórios, que, embora prescindíveis para a existência do processo, poderão, eventualmente, nele intervir, como por exemplo, o assistente de acusação, os auxiliares da justiça, dentre outros. Levando-se em conta o que dispõe o CPP sobre o tema, é correto afirmar que é possível intervir como assistente do Ministério Público o corréu que figurar no mesmo processo.

Certo (   )   Errado (   )

O corréu no mesmo processo NÃO PODERÁ intervir como assistente do Ministério Público, vide Art. 270 do CPP.

Gabarito: Errado.

1192. **(2017 – IESES – IGP/SC – Perito Criminal Engenharias – Adaptada)** É certo afirmar que, conforme determina o CPP, as partes não intervirão na nomeação do perito, sendo ato exclusivo da autoridade policial ou judiciária.

Certo (   )   Errado (   )

As partes NÃO intervirão na nomeação do perito, art. 276 do CPP.

Gabarito: Certo.

1193. **(FCC – Adaptada)** Para o desenvolvimento da ação penal, é necessária a participação de três sujeitos principais: autor, acusado e juiz. Contudo, existem ainda os sujeitos acessórios, que, embora prescindíveis para a existência do processo, poderão, eventualmente, nele intervir, como por exemplo, o assistente de acusação, os auxiliares da justiça, dentre outros. Levando-se em conta o que dispõe o CPP sobre o tema, é correto afirmar que, do despacho que admitir, ou não, o assistente do Ministério Público, caberá recurso em sentido estrito.

Certo (   )   Errado (   )

Do despacho que admitir, ou não, o assistente, NÃO cabe recurso, devendo, entretanto, constar dos autos o pedido e a decisão, conforme disposição do art. 273 do CPP. No entanto, a doutrina majoritária admite o mandado de segurança.

Gabarito: Errado.

1194. **(2016 – CESPE – PC/PE – Delegado de Polícia)** Sebastião, Júlia, Caio e Marcela foram indiciados por, supostamente, terem se organizado para cometer crimes contra o Sistema Financeiro Nacional. No curso do inquérito, Sebastião e Júlia, sucessivamente com intervalo de quinze dias, fizeram acordo de colaboração premiada.

Nessa situação hipotética, no que se refere à colaboração premiada, o MP poderá não oferecer denúncia contra Sebastião, caso ele não seja o líder da organização criminosa.

Certo (   )   Errado (   )

Segundo o CPP, o Ministério Público poderá deixar de oferecer denúncia se o colaborador não for o líder da organização criminosa e/ou for o primeiro a prestar efetiva colaboração nos termos desta lei.

Gabarito: Certo.

1195. **(2016 – CESPE – PC/PE – Agente de Polícia)** Dados os princípios da unidade, da indivisibilidade e da independência funcional, não se aplicam ao Ministério Público as prescrições relativas à suspeição e ao impedimentos de juízes.

Certo ( )   Errado ( )

Contrário ao art. 258 do CPP: *Os órgãos do Ministério Público não funcionarão nos processos em que o juiz ou qualquer das partes for seu cônjuge, ou parente, consanguíneo ou afim, em linha reta ou colateral, até o terceiro grau, inclusive, e a eles se estendem, no que lhes for aplicável, as prescrições relativas à suspeição e aos impedimentos dos juízes.*
Gabarito: Errado.

1196. **(2016 – CESPE – TJ/AM – Juiz Substituto)** As partes poderão indicar técnicos, quando não houver peritos oficiais, sendo que o profissional nomeado pela autoridade será obrigado a aceitar o encargo público, sob pena de prisão por crime de desobediência.

Certo ( )   Errado ( )

Podemos apontar dois erros nessa questão:
1) As partes poderão indicar assistentes técnicos, havendo perito oficial ou não oficial.
2) A recusa ao encargo público enseja em pena de multa, e não crime de desobediência.
Gabarito: Errado.

1197. **(2016 – CESPE – TJ/AM – Juiz Substituto)** O juiz deve declarar-se impedido e, se não o fizer, poderá ser recusado por qualquer das partes, se ele, seu cônjuge, ou parente, consanguíneo ou afim, até o quarto grau, inclusive, sustentar demanda ou responder a processo que tenha de ser julgado por qualquer das partes.

Certo ( )   Errado ( )

Segundo o art. 254, *o juiz dar-se-á por suspeito, e, se não o fizer, poderá ser recusado por qualquer das partes:*
I - se for amigo íntimo ou inimigo capital de qualquer deles;
II - se ele, seu cônjuge, ascendente ou descendente, estiver respondendo a processo por fato análogo, sobre cujo caráter criminoso haja controvérsia;
III - se ele, seu cônjuge, ou parente, consanguíneo, ou afim, até o terceiro grau, inclusive, sustentar demanda ou responder a processo que tenha de ser julgado por qualquer das partes;
IV - se tiver aconselhado qualquer das partes;
V - se for credor ou devedor, tutor ou curador, de qualquer das partes;
VI - se for sócio, acionista ou administrador de sociedade interessada no processo.
Gabarito: Errado.

1198. **(2016 – CESPE – TJ/AM – Juiz Substituto)** De acordo com o entendimento do STJ, o assistente da acusação não terá direito à réplica, quando o MP tiver anuído à tese de legítima defesa do réu e declinado do direito de replicar.

Certo ( )   Errado ( )

Segundo entendimento do STJ, o assistente de acusação, em casos levados ao plenário do júri, tem direito à réplica ainda que o Ministério Público tenha anuído com a tese defensiva de legítima defesa e abrido mão de usar-se da réplica. Ainda assim, não há o afastamento do direito da assistência à acusação de utilizar o tempo previsto na réplica.

Gabarito: Errado.

1199. **(2016 – CESPE – TJ/AM – Juiz Substituto)** É exigível procuração com poderes especiais para que seja oposta exceção de suspeição por réu representado pela DP, mesmo que o acusado esteja ausente do distrito da culpa.

Certo (   )   Errado (   )

O art. 98 do CPP exige manifestação da vontade da parte interessada na recusa do magistrado por suspeição por meio da subscrição da petição pela própria parte interessada ou, quando representada em juízo, por meio de procuração com poderes especiais. O defensor público atua na qualidade de representante processual e, ainda que independa de mandato para o foro em geral, deve juntar procuração sempre que a lei exigir poderes especiais.

Gabarito: Certo.

1200. **(2016 – CESPE – TJ/AM – Juiz Substituto)** O juiz nomeará advogado ao acusado que não o tiver, podendo o réu, a todo tempo, nomear outro de sua confiança, ou a si mesmo defender-se, caso tenha habilitação. Na hipótese de nomeação de defensor dativo, não será cabível o arbitramento de honorários.

Certo (   )   Errado (   )

Segundo o art. 263, *caput*, e parágrafo único do CPP, se o acusado não tiver advogado, ser-lhe-á nomeado defensor pelo juiz, ressalvado o seu direito de, a todo tempo, nomear outro de sua confiança, ou a si mesmo defender-se, caso tenha habilitação. O acusado que não for pobre será OBRIGADO A PAGAR OS HONORÁRIOS DO DEFENSOR DATIVO, arbitrados pelo juiz.

Gabarito: Errado.

1201. **(2016 – CESPE – TJ/DFT – Juiz)** O ofendido ou seu representante legal ou, na falta de um deles, o cônjuge, os ascendentes, os descendentes ou irmãos, poderão intervir como assistentes do MP em ações penais públicas condicionada ou incondicionada.

Certo (   )   Errado (   )

Conforme o art. 268 do CPP, em todos os termos da ação pública, poderá intervir, como assistente do Ministério Público, o ofendido ou seu representante legal, ou, na falta, qualquer das pessoas mencionadas no art. 31 (CADI = Cônjuge, Ascendente, Descendente e Irmãos).

Gabarito: Certo.

1202. **(2016 – CESPE – TJ/DFT – Juiz)** Na falta do ofendido ou de seu representante legal, apenas o cônjuge poderá atuar como assistente da acusação, seja a ação penal pública condicionada ou incondicionada.

Certo (   )   Errado (   )

Segundo o art. 31 do CPP, no caso de morte do ofendido ou quando declarado ausente por decisão judicial, o direito de oferecer queixa ou prosseguir na ação passará ao cônjuge, ascendente, descendente ou irmão.

Gabarito: Errado.

1203. **(2016 – CESPE – TJ/DFT – Juiz)** Em se tratando de ação penal pública incondicionada, somente o MP poderá sustentar acusação, não sendo permitida a assistência, sob pena de se caracterizar a vingança privada.

Certo (   )   Errado (   )

Além do MP, o assistente de acusação também poderá participar da ação pública tanto condicionada quanto da incondicionada. Nesse último caso, se o MP ficar inerte, a vítima poderá entrar subsidiariamente. Logo, não é somente o MP que poderá sustentar acusação.

Gabarito: Errado.

1204. **(2015 – CESPE – TRE/RS – Analista Judiciário)** Configura hipótese de suspeição do juiz a oitiva de sua esposa como testemunha no processo.

Certo (   )   Errado (   )

De acordo com o art. 252 do CPP: *O juiz não poderá exercer jurisdição no processo em que: I - tiver funcionando seu cônjuge [...], inclusive como defensor ou advogado, órgão do Ministério Público, Autoridade Policial, auxiliar da justiça ou perito; IV - ele próprio ou seu cônjuge [...], inclusive, for parte ou diretamente interessado no feito.* Sendo assim, como o texto legal não se refere à testemunha, a questão se torna incorreta.

Gabarito: Errado.

1205. **(2015 – CESPE – TRE/RS – Analista Judiciário)** Deferida a habilitação, o assistente de acusação receberá a causa desde a petição inicial e, conforme o caso, deverão ser repetidos os atos anteriores a sua habilitação.

Certo (   )   Errado (   )

De acordo com o art. 269 do CPP: *O assistente será admitido enquanto não passar em julgado a sentença e receberá a causa no estado em que se achar.*

Gabarito: Errado.

1206. **(2015 – CESPE – TRE/RS – Analista Judiciário)** Da decisão que admitir ou denegar a intervenção da vítima caberá recurso em sentido estrito ao juízo de segundo grau.

Certo (   )   Errado (   )

Segundo o art. 273 do CPP: *do despacho que admitir, ou não, o assistente, não caberá recurso, devendo, entretanto, constar dos autos o pedido e a decisão.*

Gabarito: Errado.

1207. **(2015 – CESPE – TRE/RS – Analista Judiciário)** Ao assistente de acusação será permitido propor meios de provas, tais como perícias e acareações, participar de debates orais e aditar articulados, e também arrazoar os recursos interpostos pelo MP.

Certo ( )   Errado ( )

Conforme prevê o art. 271, *caput*, do CPP: *Ao assistente será permitido propor meios de prova, requerer perguntas às testemunhas, aditar a libelo e os articulados, participar do debate oral e arrazoar os recursos interpostos pelo Ministério Público, ou por ele próprio, nos casos dos arts. 584, § 1º, e 598.*

Gabarito: Certo.

1208. **(2015 – CESPE – TRE/RS – Analista Judiciário)** A vítima poderá habilitar-se como assistente de acusação na fase preliminar das investigações, após a instauração do inquérito policial.

Certo ( )   Errado ( )

Não existem partes no Inquérito Policial. Sendo assim, de acordo com o art. 269 do CPP, a intervenção como assistente da acusação poderá ocorrer em qualquer momento da ação penal, desde que ainda não tenha havido o trânsito em julgado.

Gabarito: Errado.

1209. **(2015 – CESPE – TRE/RS – Analista Judiciário)** O assistente de acusação poderá arrolar testemunhas e aditar a denúncia oferecida pelo MP.

Certo ( )   Errado ( )

De acordo com o art. 271 do CPP: *Ao assistente será permitido propor meios de prova, requerer perguntas às testemunhas, aditar o libelo e os articulados, participar do debate oral e arrazoar os recursos interpostos pelo Ministério Público, ou por ele próprio, nos casos dos arts. 584, § 1º, e 598.* **Dessa forma, o erro da questão se encontra em falar que O assistente de acusação poderá arrolar testemunhas , uma vez que isso não aparece no texto legal.**

Gabarito: Errado.

1210. **(2015 – CESPE – STJ – Analista Judiciário)** A fim de evitar constrangimentos e garantir os direitos da mulher, a legislação pertinente veta a realização de busca pessoal em mulher por profissional do sexo masculino.

Certo ( )   Errado ( )

O art. 249 do CPP, diz que a busca em mulher será feita por outra mulher, desde que isso não importar retardamento ou prejuízo da diligência.

Gabarito: Errado.

1211. **(2015 – CESPE/CEBRASPE – TRE/GO – Analista Judiciário)** Após a realização de inquérito policial iniciado mediante requerimento da vítima, Marcos foi indiciado pela autoridade policial pela prática do crime de furto qualificado por arrombamento.

O Ministério Público pode requerer ao juiz a devolução do inquérito à autoridade policial, se necessária a realização de nova diligência imprescindível ao oferecimento da denúncia, como, por exemplo, de laudo pericial do local arrombado.

Certo ( )   Errado ( )

Conforme o texto do CPP:

Art. 16. O Ministério Público não poderá requerer a devolução do inquérito à autoridade policial, senão para novas diligências, imprescindíveis ao oferecimento da denúncia.

Art. 171. Nos crimes cometidos com destruição ou rompimento de obstáculo a subtração da coisa, ou por meio de escalada, os peritos, além de descrever os vestígios, indicarão com que instrumentos, por que meios e em que época presumem ter sido o fato praticado.

Gabarito: Certo.

1212. (2014 – CESPE/CEBRASPE – TJ/SE – Titular de Serviços de Notas e de Registros – Adaptada) O corréu no mesmo processo, caso tenha interesse econômico na condenação do outro réu, poderá intervir como assistente do MP.

Certo ( )   Errado ( )

Conforme prevê o art. 270 do CPP: *O corréu no mesmo processo não poderá intervir como assistente do Ministério Público.*

Gabarito: Errado.

1213. (2014 – CESPE/CEBRASPE – TJ/SE – Titular de Serviços de Notas e de Registros – Adaptada) As hipóteses de suspeição do perito judicial são mais restritas do que aquelas referentes aos juízes: entre as hipóteses previstas de suspeição do magistrado, aplica-se ao perito apenas a vedação de ser credor ou devedor de qualquer das partes.

Certo ( )   Errado ( )

De acordo com o art. 280 do CPP: *É extensivo aos peritos, no que lhes for aplicável, o disposto sobre suspeição dos juízes.*

Gabarito: Errado.

1214. (2014 – CESPE/CEBRASPE – TJ/SE – Titular de Serviços de Notas e de Registros – Adaptada) O fato de o juiz A ter servido como testemunha do juízo, em processo cível no qual o acusado B tenha sido parte, não impede que A julgue B em processo penal.

Certo ( )   Errado ( )

De acordo com o art. 252 do CPP: *O juiz não poderá exercer jurisdição no processo em que: [...] II - ele próprio houver desempenhado qualquer dessas funções ou servido como testemunha.* **Além disso, segundo o STJ, quando os processos estão em esferas judiciárias diferentes e não no mesmo juízo penal, não há impedimento.**

Gabarito: Certo.

1215. (2014 – CESPE/CEBRASPE – TJ/SE – Titular de Serviços de Notas e de Registros – Adaptada) O promotor poderá atuar em processo no qual o juiz da causa seja seu cunhado.

Certo ( )   Errado ( )

Segundo o art. 258 do CPP: *Os órgãos do Ministério Público não funcionarão nos processos em que o juiz ou qualquer das partes for seu cônjuge, ou parente, consanguíneo ou afim, em linha reta ou* *colateral, até o terceiro grau, inclusive, e a eles se estendem, no que lhes for aplicável, as prescrições relativas à suspeição e aos impedimentos dos juízes.*

Gabarito: Errado.

1216. (2014 – CESPE/CEBRASPE – TJ/SE – Titular de Serviços de Notas e de Registros – Adaptada) Caso haja a nomeação de defensor dativo pelo juízo, não constituirá nulidade a falta de intimação do denunciado para oferecer contrarrazões ao recurso interposto da rejeição da denúncia.

Certo ( )   Errado ( )

De acordo com a Súmula nº 707 do STF: *Constitui nulidade a falta de intimação do denunciado para oferecer contrarrazões ao recurso interposto da rejeição da denúncia, não a suprindo a nomeação de defensor dativo.*

Gabarito: Errado.

1217. (2014 – CESPE/CEBRASPE – TJ/SE – Titular de Serviços de Notas e de Registros – Adaptada) A leitura da decisão de pronúncia pelo promotor na sessão plenária do Tribunal do Júri, em qualquer caso, importa a nulidade do referido julgamento.

Certo ( )   Errado ( )

De acordo com o STJ, as referências ou a leitura da decisão de pronúncia durante os debates em plenário do Tribunal do Júri não acarretam, necessariamente, a nulidade do julgamento, que somente ocorre se as referências forem feitas como argumento de autoridade que beneficiem ou prejudiquem o acusado. Assim, a simples leitura da pronúncia ou das demais decisões que julgaram admissível a acusação não conduz, por si só, à nulidade do julgamento, o que só ocorre quando a menção a tais peças processuais é feita como argumento de autoridade, de modo a prejudicar o acusado.

Gabarito: Errado.

1218. (2014 – CESPE/CEBRASPE – TJ/SE – Titular de Serviços de Notas e de Registros – Adaptada) A ausência de nomeação de curador ao réu menor de vinte e um anos de idade constitui nulidade absoluta.

Certo ( )   Errado ( )

Conforme prevê a Súmula nº 352 do STF: *Não é nulo o processo penal por falta de nomeação de curador ao réu menor que teve a assistência de defensor dativo.*

Gabarito: Errado.

1219. (2011 – MPE/RS – Assessor – Adaptada) É absoluta a nulidade decorrente da inobservância da competência penal por prevenção.

Certo ( )   Errado ( )

Segundo a Súmula nº 706 do STF: *É relativa a nulidade decorrente da inobservância da competência penal por prevenção.*

Gabarito: Errado.

1220. (2014 – CESPE/CEBRASPE – TJ/SE – Titular de Serviços de Notas e de Registros – Adaptada) É relativa a nulidade decorrente da inobservância da ordem de inquirição da testemunha pelas partes e pelo juízo.

Certo ( )   Errado ( )

De acordo com o STF, a inobservância do procedimento previsto no art. 212 do CPP pode gerar, quando muito, nulidade relativa, cujo reconhecimento necessita que a parte demonstre a ocorrência de prejuízo.
Gabarito: Certo.

1221. (2014 – CESPE/CEBRASPE – TJ/SE – Titular de Serviços de Notas e de Registros – Adaptada) Uma autoridade policial instaurou inquérito policial de ofício para a apuração de crime de ação penal pública. Depois de concluído o inquérito, os autos foram remetidos ao juiz competente e, em seguida, ao Ministério Público. O promotor de justiça requereu a devolução do inquérito à autoridade policial para a realização de novas diligências imprescindíveis ao oferecimento da denúncia, o que foi deferido pelo juiz. De posse novamente dos autos, a autoridade policial entendeu que não havia mais nenhuma diligência a ser feita e determinou o arquivamento dos autos de inquérito. Com base nessa situação hipotética o Ministério Público agiu incorretamente, já que deveria ter oferecido a denúncia de imediato, após a conclusão do inquérito pela autoridade policial.

Certo ( )   Errado ( )

Segundo o art. 16 do CPP: *O Ministério Público não poderá requerer a devolução do inquérito à autoridade policial, senão para novas diligências, imprescindíveis ao oferecimento da denúncia.*
Gabarito: Errado.

1222. (2014 – CESPE/CEBRASPE – PGE/BA – Procurador do Estado) Considere que Marina tenha sido processada por crime de furto supostamente cometido contra seu primo André e que, após a fase de produção de provas, o MP, convencido de sua inocência, tenha opinado por sua absolvição. Nessa situação hipotética, segundo o CPP, o juiz não poderá proferir sentença condenatória contra Marina.

Certo ( )   Errado ( )

Segundo o art. 385 do CPP: *Nos crimes de ação pública, o juiz poderá proferir sentença condenatória, ainda que o Ministério Público tenha opinado pela absolvição, bem como reconhecer agravantes, embora nenhuma tenha sido alegada.*
Gabarito: Errado.

1223. (Cespe) Em relação à assistência no processo penal, julgue os itens subsecutivos. Segundo a jurisprudência do STJ, o assistente de acusação não detém legitimidade para recorrer de decisão judicial que conceda a suspensão condicional do processo.

Certo ( )   Errado ( )

De acordo com a jurisprudência do STJ, o assistente de acusação não tem legitimidade para recorrer, em nome próprio, de decisão que concedeu a suspensão do processo, porque o rol do art. 271 do CPP é taxativo.
Gabarito: Certo.

1224. (Cespe) A interveniência do assistente de acusação não é permitida no curso do inquérito policial ou da execução penal.

Certo (   )   Errado (   )

De acordo com o que preveem os arts. 268 e 269 do CPP, o assistente de acusação somente atuará na ação penal:

Art. 268. Em todos os termos da AÇÃO PÚBLICA, poderá intervir, como assistente do Ministério Público, o ofendido ou seu representante legal, ou, na falta, qualquer das pessoas mencionadas no art. 31.

Art. 269. O assistente será admitido enquanto NÃO PASSAR EM JULGADO a sentença e receberá a causa no estado em que se achar.

Gabarito: Certo.

1225. (2014 – CESPE/CEBRASPE – PGE/BA – Procurador do Estado Adaptada) Os órgãos do MP não funcionarão nos processos em que o juiz ou qualquer das partes for seu cônjuge, ou parente, consanguíneo ou afim, em linha reta ou colateral, até o terceiro grau, inclusive, e a eles se estendem, no que lhes for aplicável, as prescrições relativas à suspeição e aos impedimentos dos juízes.

Certo (   )   Errado (   )

Está de acordo com o que prevê o art. 258 do CPP: *Os órgãos do Ministério Público não funcionarão nos processos em que o juiz ou qualquer das partes for seu cônjuge, ou parente, consanguíneo ou afim, em linha reta ou colateral, até o terceiro grau, inclusive, e a eles se estendem, no que lhes for aplicável, as prescrições relativas à suspeição e aos impedimentos dos juízes.*

Gabarito: Certo.

VAMOS REVISAR A JURISPRUDÊNCIA?

Súmula nº 701 do STF: No mandado de segurança impetrado pelo Ministério Público contra decisão proferida em processo penal, é obrigatória a citação do réu como litisconsorte passivo.

Súmula nº 448 do STF: O prazo para o assistente recorrer, supletivamente, começa a correr imediatamente após o transcurso do prazo do Ministério Público

Súmula nº 210 do STF: O assistente do Ministério Público pode recorrer, inclusive extraordinariamente, na ação penal, nos casos dos arts. 584, § 1º e 598 do CPP.

Súmula nº 234 do STJ: A participação de membro do Ministério Público na fase investigatória criminal **não acarreta** o seu impedimento ou suspeição para o oferecimento da denúncia.

ATOS PROCESSUAIS

1226. **(2021 – AOCP – MPE/RS – Técnico do Ministério Público – Adaptada)** Conforme o Código de Processo Penal, julgue o item a seguir.

Se o réu não for encontrado, será citado por edital, com o prazo de quinze dias.

Certo ( )   Errado ( )

A regra no processo penal é que o réu DEVE ser citado PESSOALMENTE. Não sendo o réu encontrado no endereço fornecido no processo, será então realizada a CITAÇÃO por EDITAL. Consoante o teor do art. 361 do CPP, se o réu NÃO for encontrado, será citado por EDITAL, com o **prazo de 15 (quinze) dias.**

Gabarito: Certo.

1227. **(2021 – FGV – DPE/RJ – Estagiário)** Observe as afirmações sobre os temas citação e intimação:

I. A citação com hora certa deve ser realizada nos casos em que o acusado não é encontrado para ser citado pessoalmente, estando em local incerto e não sabido.

II. Realizada a citação por edital, caso o acusado permaneça inerte, o juízo suspenderá o processo e o curso do prazo prescricional, suspensão que poderá perdurar indefinidamente, segundo o entendimento dos Tribunais Superiores.

III. Realizada a citação pessoal, o acusado passa a ter o ônus de informar eventual mudança de endereço, razão pela qual se deixar de comparecer a ato processual por ter a intimação inviabilizada pela mudança não comunicada, será decretada sua revelia.

Quais dos itens contêm afirmações corretas?

a) Nenhum dos itens contém afirmação correta.

b) I e II.

c) II e III.

d) Apenas o III.

e) Todos itens contêm afirmações corretas.

O item III está CERTO, tendo em vista o disposto no art. 367 do CPP, que prevê a ocorrência da **REVELIA,** seguindo o processo SEM a presença do acusado que, citado ou intimado pessoalmente para qualquer ato, deixar de comparecer sem motivo justificado, ou, no caso de **mudança de residência, não comunicar o novo endereço ao juízo.**

Fundamentação das alternativas incorretas: I) o item está equivocado, pois quando o réu não encontrado e estiver em lugar **INCERTO e NÃO SABIDO**, será citado por EDITAL, com prazo de 15 dias. A **citação por hora certa (art. 362 do CPP):** *Verificando que o réu se oculta para não ser citado, o oficial de justiça certificará a ocorrência e procederá à citação com hora certa, na forma estabelecida no CPC.* **Art. 252 do CPC:** *Quando, por 2 (duas) vezes, o oficial de justiça houver procurado o citando em seu domicílio ou residência sem o encontrar, deverá, havendo suspeita de ocultação, intimar qualquer pessoa da família ou, em sua falta, qualquer vizinho de que, no dia útil imediato, voltará a fim de efetuar a citação, na hora que designar.* **Item II)** O art. 366 do CPP, dispõe que: Se o *acusado,* **citado por EDITAL,** *não comparecer, nem constituir advogado, ficarão* **suspensos o processo e o curso do prazo prescricional, podendo o juiz determinar a produção**

antecipada das provas consideradas urgentes e, se for o caso, decretar prisão preventiva, nos termos do disposto no art. 312.

Gabarito: D.

1228. **(2021 – MPDFT – Promotor de Justiça Adjunto – Adaptada)** Citado o réu por edital, nos termos do art. 366 do CPP, o processo deve permanecer suspenso enquanto perdurar a não localização do réu ou até que sobrevenha o transcurso do prazo prescricional do delito.

Certo (   )   Errado (   )

Conforma a previsão expressa do CPP no art. 366, se o acusado, citado por edital, não comparecer, nem constituir advogado, ficarão suspensos o processo e o curso do prazo prescricional.

Jurisprudência do STJ de 2021 – *Citado o réu por edital, nos termos do art. 366 do CPP, o processo* **DEVE permanecer suspenso enquanto o réu não for localizado ou até que seja extinta a punibilidade pela prescrição.** *STJ. 6ª Turma. RHC 135970/RS, Rel. Min. Sebastião Reis Junior, julgado em 20/04/2021 (Info nº 693).*

Gabarito: Certo.

1229. **(2021 – MPDFT – Promotor de Justiça Adjunto – Adaptada)** As citações que houverem de ser feitas em legações estrangeiras serão efetuadas mediante carta rogatória, com suspensão do prazo prescricional até o seu cumprimento.

Certo (   )   Errado (   )

A previsão de suspensão do curso do prazo prescricional até o cumprimento da carta precatória está prevista expressamente no artigo 368 do CPP. No entanto, sobre as citações mediante CARTA ROGATÓRIA a serem feitas em legações estrangeiras o legislador NÃO fez a mesma previsão, no art. 369 do CPP.

Gabarito: Errado.

1230. **(2021 – MPDFT – Promotor de Justiça Adjunto – Adaptada)** Em caso de inatividade processual decorrente de citação por edital, em qualquer hipótese, é constitucional limitar o período de suspensão do prazo prescricional ao tempo de prescrição da pena máxima em abstrato cominada ao crime, a despeito de o processo permanecer suspenso.

Certo (   )   Errado (   )

O equívoco da questão é mencionar que em **"qualquer hipótese"** o processo permanecerá parado e há exceção ao disposto no art. 366 do CPP. A Lei Lavagem de Dinheiro (Lei nº 9.613/98) determina que, nos processos criminais instaurados em razão de prática destes delitos, NÃO se aplica o disposto no art. 366 do CPP, devendo o acusado que não comparecer nem constituir advogado ser **citado por EDITAL, PROSSEGUINDO o feito até o julgamento** (art. 2º, § 2º).

Jurisprudência do STF de 2020 – *"Em caso de inatividade processual decorrente de citação por edital, ressalvados os crimes previstos na Constituição Federal como imprescritíveis, é constitucional limitar o período de suspensão do prazo prescricional ao tempo de prescrição da pena máxima em abstrato cominada ao crime, a despeito de o processo permanecer suspenso".* STF. Plenário. STF. Plenário. RE 600851, Rel. Min. Edson Fachin, julgado em 04/12/2020 (Info 1001).

Gabarito: Errado.

1231. (2021 – MPDFT – Promotor de Justiça Adjunto – Adaptada) O termo inicial da contagem do prazo para impugnar decisão judicial é, para o Ministério Público estadual, a data da entrega pessoal dos autos ao membro do Ministério Público na repartição administrativa do órgão, sendo irrelevante que a intimação pessoal tenha se dado em audiência, em cartório ou por mandado.

Certo ( )   Errado ( )

A **ENTREGA dos autos ao membro do Ministério Público NÃO é PESSOAL**, como aborda o item. A **jurisprudência do STJ**, no informativo nº 611 dispõe que *o termo inicial da contagem do prazo para impugnar decisão judicial é, para o Ministério Público, **a data da entrega dos autos na repartição administrativa do órgão**, sendo irrelevante que a intimação pessoal tenha se dado em audiência, em cartório ou por mandado.* STJ. 3ª Seção. REsp 1349935-SE, Rel. Min. Rogério Schietti Cruz, julgado em 23/8/2017.

Gabarito: Errado.

1232. (2020 – FACET – PREFEITURA DE CAPIM/PB – Assistente Jurídico) Sobre as citações e intimações assinale a alternativa correta:

   a) Segundo entendimento jurisprudencial consolidado no Supremo Tribunal Federal, é nula a citação por edital de réu preso na mesma unidade da Federação em que o juiz exerce a sua jurisdição.

   b) Sendo o réu citado por edital, e, não comparecendo em juízo, nem tão pouco, constituir advogado, o magistrado deverá dar prosseguimento a tramitação da ação penal, posto que é dever do investigado/acusado informar ao juízo qualquer alteração de domicílio.

   c) O processo terá completada a sua formação quando realizada a intimação do acusado para tomar ciência do oferecimento da petição inicial.

   d) De acordo com entendimento jurisprudencial consolidado no Supremo Tribunal Federal, é absoluta a nulidade do processo criminal por falta de intimação da expedição de carta precatória para inquirição de testemunha, dada a violação do princípio da ampla defesa.

   e) A legislação processual penal não admite a citação por hora certa.

A **CITAÇÃO do réu PRESO é PESSOAL**, sendo NULA a citação por edital de réu preso na MESMA unidade da Federação em que o juiz exerce a sua jurisdição.

Art. 360 do CPP — *Se o réu estiver **preso, será pessoalmente citado**.*

Súmula nº 351 do STF — *É **NULA a citação por edital de réu preso** na **mesma unidade da federação** em que o **juiz exerce a sua jurisdição**.*

Fundamentação das alternativas: b) Sendo o réu citado por EDITAL, e, NÃO comparecendo em juízo, o Juiz DEVERÁ **suspender o curso do processo e do prazo prescricional**, podendo determinar a produção antecipada das provas considerar urgentes e, sendo o caso, decretar a prisão preventiva do acusado, consoante o art. 366 do CPP; c) O processo terá completada a sua formação quando **REALIZADA a CITAÇÃO do acusado**; d) consoante a súmula 155 do STF: **É RELATIVA a nulidade** do processo criminal por **FALTA de intimação da expedição de PRECATÓRIA para inquirição de testemunha** e e) É **ADMISSÍVEL** a **citação por HORA CERTA** no processo penal, nos termos do art. 362 do CPP. Verificando que o réu se oculta para não ser citado, o oficial de justiça certificará a ocorrência e procederá à citação com hora certa, na forma estabelecida no CPC.

Gabarito: A.

1233. **(2020 – CESPE/CEBRASPE – MPE/CE – Técnico Ministerial)** Nero responde a ação penal por crime contra patrimônio particular na comarca de Caucaia. Como ele não foi encontrado para ser citado pessoalmente, o juiz nomeou um defensor dativo e deu seguimento ao processo. Por fim, Nero foi condenado, apesar de a defesa ter alegado nulidade da citação. Com relação a essa situação hipotética, julgue o item seguinte.

Como não foi encontrado para ser citado pessoalmente, Nero deveria ter sido citado por hora certa.

Certo (   )   Errado (   )

Gabarito: Errado..

Citação por EDITAL – Réu não encontrado (art. 361 do CPP): *Se o réu NÃO for encontrado, estando em lugar INCERTO e NÃO SABIDO, será citado por edital, com prazo de 15 dias.*

Citação por HORA certa (art. 362 do CPP): Verificando que o réu se oculta para não ser citado, o oficial de justiça certificará a ocorrência e procederá à citação com hora certa, na forma estabelecida no CPC. **art. 252 do CPC:** *Quando, por 2 (duas) vezes, o oficial de justiça houver procurado o citando em seu domicílio ou residência sem o encontrar, deverá, havendo suspeita de ocultação, intimar qualquer pessoa da família ou, em sua falta, qualquer vizinho de que, no dia útil imediato, voltará a fim de efetuar a citação, na hora que designar.*

Revisão:

São HIPÓTESES de CITAÇÃO:

➢ Réu no território sujeito à jurisdição do juiz: **MANDADO** (art. 351 do CPP)

➢ Réu fora da jurisdição do juiz processante: **CARTA PRECATÓRIA** (art. 353 do CPP)

➢ Réu preso: **PESSOALMENTE** (art. 360 do CPP)

➢ Réu não encontrado: **EDITAL** prazo de 15 dias (art. 361 do CPP)

➢ Réu que se oculta para não ser citado: **HORA CERTA** (art. 362 do CPP)

➢ Réu no estrangeiro, em lugar sabido: **CARTA ROGATÓRIA** (art. 368 do CPP)

Gabarito: E.

1234. **(2020 – FGV – TJ/RS – Oficial de Justiça)** Quanto à intimação da sentença, é correto afirmar que:

a) se dará mediante edital, no caso de infração afiançável, ainda que o réu tenha constituído advogado e este tenha sido intimado;

b) é presumida quando o réu constitui advogado particular;

c) a do Ministério Público se dará mediante mandado a ser cumprido por oficial de justiça;

d) quando o réu constituir defensor, se dará na pessoa deste;

e) será pessoal, no caso de réu preso.

Consoante o disposto no artigo 392 do CPP: *A intimação da sentença será feita:*

I. ao réu, pessoalmente, se estiver preso;

II. ao réu, pessoalmente, ou ao defensor por ele constituído, quando se livrar solto, ou, sendo afiançável a infração, tiver prestado fiança;

III. ao defensor constituído pelo réu, se este, afiançável, ou não, a infração, expedido o mandado de prisão, não tiver sido encontrado, e assim o certificar o oficial de justiça;

*IV. mediante **edital**, nos casos do n II, se **o réu e o defensor que houver constituído não forem encontrados**, e assim o certificar o oficial de justiça;*

*V. mediante **edital**, nos casos do n III, se o **defensor** que o réu houver **constituído também não for encontrado**, e assim o certificar o oficial de justiça;*

*VI. mediante **edital**, se o réu, **não tendo constituído defensor, não for encontrado**, e assim o certificar o oficial de justiça.*

Jurisprudência do STF e STJ:

➢**Súmula nº 351 do STF** – *É nula a citação por edital de réu preso na mesma unidade da federação em que o juiz exerce a sua jurisdição.*

➢**Súmula nº 366 do STF** – *Não é nula a citação por edital que indica o dispositivo da lei penal, embora não transcreva a denúncia ou queixa, ou não resuma os fatos em que se baseia.*

➢**Súmula nº 701 do STF** – *No mandado de segurança impetrado pelo Ministério Público contra decisão proferida em processo penal, é obrigatória a citação do réu como litisconsorte passivo.*

➢**Súmula nº 455 do STJ** – *A decisão que determina a produção antecipada de provas com base no art. 366 do CPP deve ser concretamente fundamentada, não a justificando unicamente o mero decurso do tempo.*

Gabarito: A.

1235. **(2020 – FGV – TJ/RS – Oficial de Justiça)** Ao receber denúncia oferecida contra Carlos, acusado de praticar crime de roubo com aumento de pena decorrente do emprego de arma de fogo, o juiz, atendendo ao requerimento do Ministério Público, decretou a sua prisão preventiva e determinou a sua citação pessoal no endereço que constava dos autos, e que tinha sido fornecido pelo réu por ocasião de seu depoimento no inquérito policial. Ao cumprir os mandados de citação e de prisão, o oficial de justiça certificou que Carlos encontrava-se em local incerto e não sabido. Considerando essa situação hipotética, é correto afirmar que:

a) cabe ao juiz determinar a citação editalícia de Carlos, ainda que ele tenha constituído advogado nos autos.

b) cabe a citação por hora certa.

c) cabe a citação mediante entrega da contrafé a um parente que resida no mesmo endereço do réu.

d) a citação por hora certa não autoriza a continuidade do processo, que deverá ficar suspenso até que a citação pessoal seja efetivada.

e) ainda que exista mais de um endereço de Carlos nos autos do inquérito policial, a citação editalícia será válida se o réu for procurado somente no endereço em que declarou residir.

A regra no processo penal é que o réu DEVE ser citado PESSOALMENTE. Não cabe a citação do réu na pessoa do seu ADVOGADO, ainda que tenha sido outorgado esse poder ao defensor. A FALTA de citação pessoal acarreta NULIDADE ABSOLUTA. Não sendo o réu encontrado no endereço fornecido no processo, será então realizada a CITAÇÃO por EDITAL (art. 361 do CPP).

Gabarito: D.

1236. (2020 – CESPE/CEBRASPE – TJ/PA – Oficial de Justiça) Se um acusado, citado por edital, não comparecer para defender-se em ação penal pelo crime de falsidade ideológica, nem constituir advogado, o juiz

a) deverá decretar a prisão preventiva do réu.

b) determinará a interrupção do curso do prazo, que é prescricional.

c) decretará revelia do réu e dará seguimento ao processo com defensor dativo.

d) poderá determinar a produção de provas consideradas urgentes.

e) suspenderá o processo e o curso do prazo, que é decadencial.

Na hipótese em que o réu é citado por edital e não comparece, nem constitui defensor, poderá ocorrer 04 tipos de consequência, segundo o mandamento do art. 366 do CPP. O juiz:

➢**Determinará** a **suspensão** do processo.

➢**Determinará** a **suspensão** do prazo **prescricional.**

➢**Poderá** determinar a **produção das provas** consideradas urgentes.

➢**Poderá** decretar **prisão preventiva**, nos termos do **art. 312 do CPP.**

Jurisprudência do STJ

Súmula nº 415 do STJ – *O período de suspensão do prazo prescricional é regulado pelo máximo da pena cominada.*

Súmula nº 455 do STJ – *A decisão que determina a produção antecipada de provas com base no artigo 366 do CPP deve ser concretamente fundamentada, não a justificando unicamente o mero decurso do tempo.*

É cabível recurso em sentido estrito para impugnar decisão que **INDEFERE produção antecipada de prova**, *nas hipóteses do art. 366 do CPP. STJ. 3ª Seção. EREsp 1.630.121-RN, Rel. Min. Reynaldo Soares da Fonseca, julgado em 28/11/2018 (Info nº 640).*

Gabarito: E.

1237. (2019 – CETREDE – Prefeitura de São Gonçalo do Amarante/CE – Procurador Municipal) Sobre a citação no processo penal marque a opção INCORRETA.

a) A citação do militar far-à-se por intermédio do chefe do respectivo serviço.

b) O dia designado para funcionário público comparecer em juízo, como acusado, será notificado, assim, a ele como ao chefe de sua repartição.

c) Se o réu estiver preso, será pessoalmente citado.

d) Se o réu não for encontrado, será citado por edital com o prazo de 15 (quinze) dias.

e) Se o acusado, citado por edital, não comparecer, nem constituir advogado, ser-lhe-á nomeado defensor dativo.

Se o acusado, citado por edital, não comparecer, nem constituir advogado, ficarão suspensos o processo e o curso do prazo prescricional, podendo o juiz determinar a produção antecipada das provas consideradas urgentes e, se for o caso, decretar prisão preventiva, com base no art. 366 do CPP.

Fundamentação das alternativas: a) A citação do MILITAR far-se-á por intermédio do chefe do respectivo serviço, (art. 358 do CPP); b) O dia designado para funcionário público comparecer em juízo, como acusado, **SERÁ NOTIFICADO** assim a ele como ao chefe de sua repartição (art. 159 do CPP); c) Se o **réu estiver PRESO**, será **PESSOALMENTE** citado, (art. 360 do CPP) e d) Se o réu não for encontrado, será citado por **EDITAL, com o prazo de 15 dias**, (art. 361 do CPP).

Gabarito: Errado.

1238. **(2019 – CESPE/CEBRASPE – TJ/BA – Juiz de Direito Substituto – Adaptada)** Davi, servidor público comissionado municipal sem vínculo efetivo com a prefeitura do respectivo município, foi denunciado pelo suposto cometimento do delito de peculato — art. 312 do CP. Durante o IP, Davi foi interrogado na presença de seu advogado. Na fase judicial da persecução penal, ao chefe de sua repartição foi encaminhada notificação, que não foi considerada cumprida em razão da exoneração do servidor; no local, noticiaram que ele continuava residindo no endereço mencionado no inquérito. Após o recebimento da denúncia, considerando-se que o servidor estava em local incerto. Foi determinada sua citação por edital. O advogado constituído pelo réu, após tomar conhecimento da tramitação da ação penal, apresentou resposta à acusação, nos termos do art. 396 do CPP. Posteriormente, ainda que não intimado pessoalmente, Davi compareceu à audiência designada.

Com referência a essa situação hipotética, assinale a opção correta.

A apresentação de resposta à acusação por advogado constituído por Davi durante o IP supre eventual nulidade da citação.

Certo ( )   Errado ( )

O art. 351 do CPP estabelece que a citação deve ser feita pessoalmente. A citação é ato essencial à autodefesa, ao passo que a apresentação de resposta à acusação por advogado garante apenas a defesa técnica. Assim, eventual resposta à acusação por advogado constituído não supre a necessidade de citação pessoal.

Gabarito: E.

1239. **(2019 – FCC – TRF 3ª Região – Técnico Judiciário)** Marina está respondendo, em liberdade, processo por crime de contrabando em uma das varas com competência criminal da Justiça Federal de Campo Grande/MS. No momento da sua prisão em flagrante, ao ser qualificada, Marina declarou o seu endereço residencial na Avenida Lilás, nº 1, apartamento 12, na cidade de Campo Grande, endereço esse ratificado quando da concessão do benefício da liberdade provisória pelo magistrado competente. Ao término do inquérito policial, o Ministério Público Federal denunciou Marina pelo crime do artigo 334-A, Código Penal (contrabando). A denúncia foi recebida e a ré devidamente citada para responder à ação penal, apresentando sua defesa preliminar. Após manter o recebimento da denúncia, o magistrado competente designou audiência de instrução, debates e julgamento. Expedido mandado de intimação para a audiência, Marina não é encontrada no endereço que forneceu, tendo mudado de domicílio sem comunicar o juízo. No dia da audiência Marina não compareceu ao ato processual. Nesse caso, o magistrado que preside a ação penal deverá

a) redesignar a audiência de instrução e determinar a realização de pesquisas por meio do sistema SIEL (Tribunal Regional Eleitoral) e Bacenjud, para tentar localizar e intimar pessoalmente a ré Marina.

b) redesignar a audiência de instrução e determinar a intimação de Marina por edital para a nova data que será agendada.

c) determinar a suspensão do processo e do curso do prazo prescricional até a localização de Marina.

d) realizar normalmente a audiência de instrução e, posteriormente, determinar a intimação de Marina por edital para uma nova audiência de interrogatório.

e) determinar o regular prosseguimento do processo até julgamento sem a presença da acusada Marina, declarando a sua revelia.

O processo seguirá sem a presença do acusado que, citado ou intimado pessoalmente para qualquer ato, deixar de comparecer sem motivo justificado ou, no caso de mudança de residência, não comunicar o novo endereço ao juízo, consoante o art. 367 do CPP.

Gabarito: Errado.

1240. (Cespe – Adaptada) Os irmãos José e Luís foram denunciados pela prática de contravenção penal de vias de fato, em situação de violência doméstica, com pena de prisão simples de quinze dias a três meses ou multa, em concurso de agentes, por terem puxado os cabelos da irmã Marieta. Após o recebimento da denúncia e várias tentativas, sem sucesso, de citação pessoal dos réus, o juiz competente os citou por edital, seguindo, assim, as regras do CPP. Diante dessa situação hipotética, julgue o item que se segue.

Antes de suspender o curso do processo e do prazo prescricional, o juiz deverá nomear defensor público para os réus, devendo este profissional apresentar resposta à acusação e indicar as provas que pretende produzir.

Certo ( )   Errado ( )

Nos termos do art. 366 do CPP: *Se o acusado, citado por edital, não comparecer, nem constituir advogado, ficarão suspensos o processo e o curso do prazo prescricional, podendo o juiz determinar a produção antecipada das provas consideradas urgentes e, se for o caso, decretar prisão preventiva, nos termos do disposto no art. 312.* Na citação por Edital, a suspensão do prazo prescricional pelo período da **pena máxima cominada, conforme a súmula nº 415 do STJ.**

Ocorre que o magistrado nomeia **defensor dativo**, na citação por Hora Certa, senão vejamos no art. 362, parágrafo único, do CPP:

Completada a citação com hora certa, se o acusado não comparecer, ser-lhe-á nomeado **defensor dativo.**

Gabarito: Errado.

1241. (2019 – CESPE/CEBRASPE – TJ/AM – Analista Judiciário) Julgue o próximo item, relativos a citação, intimação, nulidade, interceptação telefônica e prazos processuais.

Em observância aos princípios do contraditório e da ampla defesa, a citação nula não se convalida se o réu comparecer espontaneamente em juízo antes de o ato consumar-se.

Certo ( )   Errado ( )

A ausência de citação, denominada citação circunduta, provoca a nulidade do processo penal. No entanto, a falta ou nulidade da citação será sanada caso o interessado compareça antes de o ato

consumar-se, ainda que declare que só está comparecendo a juízo para argui-la (art. 564, III, e, e art. 570 do CPP). O comparecimento do réu em juízo antes do ato supre a citação que deveria ter sido feita e não o foi. Atente que, mesmo diante do comparecimento do réu para suprir a ausência da citação, se o juiz entender que a falta da citação gerou prejuízo à defesa, ele suspenderá ou adiará o ato processual.

Gabarito: D.

1242. **(2019 – FUNDEP – DPE/MG – Defensor Público)** Analise a situação hipotética a seguir. Oferecida denúncia imputando ao denunciado a prática do delito descrito no art. 129, § 1º, II, do Código Penal, o juiz, verificando não ser o caso de rejeição liminar, determinou a citação para apresentação da resposta à acusação. Foi tentada a citação pessoal em todos os endereços conhecidos nos autos, não sendo encontrado o acusado, sendo certificado pelo oficial de justiça que ele se encontrava em local incerto e não sabido. As diligências realizadas para tentar descobrir o paradeiro do acusado foram infrutíferas. Foi determinada a citação por edital, a qual não foi atendida. O juiz, assim, decretou a suspensão do processo penal e do prazo prescricional.

Durante a suspensão do processo

a) deverá ser determinada a produção antecipada da prova testemunhal, diante do presumido risco das testemunhas mudarem de endereço, morrerem ou esquecerem o fato.

b) deverá ser decretada a prisão preventiva do acusado, eis que presumidamente ele está fugindo e, assim, comprometendo o adequado andamento do processo.

c) deverá ser decretada a revelia ficta do acusado, diante do não atendimento da citação por edital, presumindo verdadeiros os fatos alegados pela denúncia.

d) deverá a suspensão do prazo prescricional ser regulada pelo máximo da pena cominada ao fato.

A decisão que determina a produção antecipada de provas com base no art. 366 do CPP deve ser concretamente fundamentada, não a justificando unicamente o mero decurso do tempo, conforme a Súmula nº 455 do STJ.

Jurisprudência do STF e STJ:

1ª corrente (STJ e 1ª Turma do STF)	2ª corrente (STF – 2ª Turma)
A prova testemunhal, por si só, não é urgente. O STJ entende que para ela ser considerada urgente e, consequentemente, para que possa ser realizada antes da suspensão do processo e da prescrição, é necessária uma das hipóteses do art. 225 do CP.	A prova testemunhal deve ser considerada urgente. Extenso lapso temporal da suspensão e consequências para a memória da testemunha.

Gabarito: Errado.

1243. **(2019 – CESPE/CEBRASPE – TJ/BA – Juiz de Direito Substituto – Adaptada)** Davi, servidor público comissionado municipal sem vínculo efetivo com a prefeitura do respectivo município, foi denunciado pelo suposto cometimento do delito de peculato — art. 312 do CP. Durante o IP, Davi foi interrogado na presença de seu advogado. Na fase judicial da persecução penal, ao chefe de sua repartição foi encaminhada notificação, que não foi considerada cumprida em razão da exoneração do servidor; no local, noticiaram que ele continuava residindo no endereço mencionado no inquérito. Após o recebimento da denúncia, considerando-se que o servidor estava em local incerto foi determinada sua citação por edital. O advogado constituído pelo réu, após tomar conhecimento da tramitação da ação penal, apresentou resposta à acusação, nos termos do art. 396 do CPP. Posteriormente, ainda que não intimado pessoalmente, Davi compareceu à audiência designada.

Com referência a essa situação hipotética, assinale a opção correta.

No caso de o réu continuar atuando como servidor público, a notificação encaminhada ao chefe da repartição, nos termos do art. 359 do CPP, dispensaria o mandado de citação.

Certo ( )   Errado ( )

O dia designado para funcionário público comparecer em juízo, como acusado, será notificado assim a ele como ao chefe de sua repartição, nos termos do art. 359 do CPP não dispensa a notificação ao próprio acusado.

Gabarito: Errado.

1244. **(2019 – CESPE/CEBRASPE – TJ/AM – Analista Judiciário)** Julgue o item abaixo, relativos à citação, intimação, nulidade, interceptação telefônica e prazos processuais.

A intimação de defensor nomeado por juiz deve ser feita pessoalmente.

Certo ( )   Errado ( )

O art. 370, § 4º do CPP, dispõe que o defensor dativo e membros do Ministério Público serão intimados PESSOALMENTE (por mandado).

O defensor constituído, advogado do querelante e assistente será intimado por publicação.

Jurisprudência do STJ: Vale ressaltar que, conforme o Informativo nº 560 do STJ, o **defensor dativo** pode optar, **expressamente**, apenas pela intimação via publicação na impressa oficial, sem que acarrete nulidade processual. Assim, pode ele declinar da prerrogativa de ser pessoalmente cientificado dos atos processuais.

Gabarito: Certo.

1245. **(2019 – CESPE/CEBRASPE – TJ/PR – Juiz Substituto)** A respeito de garantias e prerrogativas legais na condução da persecução penal, assinale a opção correta.

a) De acordo com o STJ, a prerrogativa legal da intimação pessoal do defensor dativo no processo penal pode ser renunciada expressamente pelo profissional.

b) Para o STF, a autoridade policial pode indiciar autoridade pública com prerrogativa de foro independentemente de prévia autorização do órgão judicante competente no qual tramita o inquérito policial.

c) O STF entende que a entrada forçada de agentes estatais em domicílio, sem mandado judicial e no período noturno, é lícita somente quando amparada em fundadas razões de flagrante delito previamente justificadas.

d) De acordo com o STJ, a teoria do juízo aparente não serve à ratificação de atos decisórios emanados por autoridade posteriormente considerada incompetente em razão da matéria.

É que é obrigatória a intimação pessoal do defensor dativo, inclusive a respeito do dia em que será julgado o recurso. Se for feita a sua intimação apenas pela imprensa oficial, isso é causa de nulidade.

Exceção: Informativo nº 560 do STJ: *não haverá nulidade se o próprio defensor dativo pediu para ser intimado dos atos processuais pelo diário oficial. STJ. 5ª Turma. HC 311.676-SP, Rel. Min. Jorge Mussi, julgado em 16/4/2015.*

Jurisprudência do STF e STJ: Informativo nº 830 do STF – *A não observância da intimação pessoal da Defensoria Pública deve ser impugnada imediatamente, na primeira oportunidade processual, sob pena de preclusão. STF. 2ª Turma. HC 133476, Rel. Min. Teori Zavascki, julgado em 14/6/2016.*

[...] A Corte Superior (STJ), por sua vez, entendeu que, em regra, é dispensável a admissibilidade da investigação pelo tribunal competente, uma vez que, da prerrogativa de função, não decorre qualquer condicionante à atuação do Ministério Público, ou da autoridade policial, no exercício do dever investigatório, aí incluído o indiciamento, que é ato privativo da autoridade policial. HC 404.228/RJ. STJ.

Gabarito: C.

1246. **(2019 – CONSUPLAN – TJ/MG – Titular de Serviços de Notas e de Registros)** Com relação ao ato de citação no processo penal, assinale a alternativa INCORRETA.

   a) A citação do militar far-se-á por intermédio do chefe do respectivo serviço.

   b) Segundo o STF, é constitucional a citação por hora certa prevista no art. 362 do CPP.

   c) Réu citado por edital, nos termos do art. 361 do CPP, terá o prazo de quinze dias para apresentar Resposta à Acusação, contados da publicação do edital.

   d) Quando o réu reside em local certo e sabido, mas diverso do local deprecado, o juiz responsável poderá encaminhar a carta à comarca correta, oficiando ao juiz deprecante sobre o fato. Esta modalidade de carta precatória é denominada itinerante.

Contrariando o que dispõe o enunciado da questão, o *caput* do art. 396 do CPP prevê o prazo de 10 dias para responda à acusação, por escrito. O parágrafo único do mesmo artigo menciona que, no caso de **citação por edital, o prazo para a defesa começará a fluir a partir do comparecimento pessoal do acusado ou do defensor constituído.**

Os demais enunciados das alternativas são CORRETOS.

Gabarito: D.

1247. **(2019 – AOCP – PC/ES – Escrivão de Polícia)** Dar-se-á a formação completa do processo quando

   a) oferecida a denúncia.

   b) recebida a denúncia.

   c) apresentada a resposta à acusação.

   d) citado o acusado.

   e) intimado o acusado.

A citação é o ato de comunicação processual, podemos dizer que é ato processual único destinado ao acusado, é, portanto um dos atos mais importantes do processo penal, porquanto dá ciência ao acusado do teor da demanda e, além disso, chama-o ao processo para apresentar a sua defesa. Por conseguinte, o art. 363 do CPP estabelece que o processo terá completada a sua formação quando realizada a citação do acusado.

Gabarito: Errado.

1248. **(2019 – CESPE/CEBRASPE – TJ/BA – Juiz de Direito Substituto)** Davi, servidor público comissionado municipal sem vínculo efetivo com a prefeitura do respectivo município, foi denunciado pelo suposto cometimento do delito de peculato — art. 312 do CP. Durante o IP, Davi foi interrogado na presença de seu advogado. Na fase judicial da persecução penal, ao chefe de sua repartição foi encaminhada notificação, que não foi considerada cumprida em razão da exoneração do servidor; no local, noticiaram que ele continuava residindo no endereço mencionado no inquérito. Após o recebimento da denúncia, considerando-se que o servidor estava em local incerto foi determinada sua citação por edital. O advogado constituído pelo réu, após tomar conhecimento da tramitação da ação penal, apresentou resposta à acusação, nos termos do art. 396 do CPP. Posteriormente, ainda que não intimado pessoalmente, Davi compareceu à audiência designada.

Com referência a essa situação hipotética, assinale a opção correta.

A obrigação de esgotamento dos meios de localização para a validade da citação por edital não alcança as diligências em todos os endereços constantes no IP.

Certo ( )   Errado ( )

Jurisprudência: O posicionamento da jurisprudência do STJ exige o esgotamento de todos os meios disponíveis para localizar o réu, logo o juiz deve tentar citar nos endereços inseridos no IP, sob pena de nulidade absoluta a partir da citação (vide HC 213.600/SP, 5.T).

O esgotamento deve abranger todos os endereços constante dos autos, inclusive os constantes do Inquérito Policial. STJ - RHC 93509-MG.

Gabarito: E.

1249. **(2019 – FCC – TJ/AL – Juiz Substituto)** Se o acusado, citado por edital, não comparecer, nem constituir advogado, o

a) Juiz deve decretar a prisão preventiva.

b) curso do prazo prescricional ficará suspenso indeterminadamente.

c) processo ficará suspenso pelo prazo correspondente à pena mínima cominada para a infração.

d) Juiz deverá decretar a revelia e, após a nomeação de advogado dativo, determinar o prosseguimento do feito.

e) Juiz pode determinar a produção das provas concretamente consideradas urgentes.

Conforme o teor expresso do art. 366 do CPP, *ficarão suspensos o processo e o curso do prazo prescricional, podendo o juiz determinar a produção antecipada das provas consideradas urgentes e, se for o caso, decretar prisão preventiva, nos termos do disposto no art. 312.*

Gabarito: Certo.

1250. **(2018 – UEG – PC/GO – Delegado – Adaptada)** Sobre o procedimento processual penal, verifica-se o seguinte: Admite-se a citação por hora certa no processo penal.

Certo ( )   Errado ( )

Verificando que o réu se oculta para não ser citado, o oficial de justiça certificará a ocorrência e procederá à **citação com hora certa**, na forma estabelecida, conforme o art. 362 do CPP.

Jurisprudência: *é constitucional a citação com hora certa no âmbito do processo penal - STF. Plenário. RE 635145/RS, rel. orig. Min. Marco Aurélio, red. p/ o acórdão Min. Luiz Fux, julgado em 1º/8/2016 (Info 833).*

Gabarito: C.

1251. **(2018 – FCC – PREFEITURA DE CARUARÚ/PE – Procurador do Município)** A norma inserida no art. 366 do CPP possui natureza dúplice, não podendo ser cindida. Sobre o tema, é correto afirmar que

   a) enquanto suspenso o processo, a conduta criminosa é imprescritível.

   b) ao ser suspenso o processo, o mesmo deve ocorrer com o prazo decadencial.

   c) o período de suspensão do prazo prescricional é regulado pelo máximo da pena cominada.

   d) a suspensão do processo interrompe os prazos prescricional e decadencial.

   e) a suspensão condicional do processo não pode ser cindida enquanto não citado o acusado.

A alternativa C apresenta expressamente o teor da Súmula nº 415 do STJ, que diz: *O período de suspensão do **prazo prescricional é regulado pelo máximo da pena cominada.***

Gabarito: C.

1252. **(2018 – FCC – MPE/PE – Técnico Ministerial – Adaptada)** Acerca do que dispõe o CPP sobre as diversas modalidades de comunicação processual, se o réu estiver preso, será citado na pessoa de seu defensor.

Certo ( )   Errado ( )

Se o réu estiver preso, será **PESSOALMENTE citado**, conforme o teor do art. 360 do CPP.

Gabarito: Errado.

1253. **(2018 – FGV – TJ/AL – Técnico Judiciário – Adaptada)** Após comparecer em todos os endereços registrados em nome de Caio para citação e não o localizar e nem obter informações sobre seu paradeiro, o oficial de justiça certifica que o acusado se encontra em local incerto e não sabido. Verificada a veracidade do teor da certidão, deverá ser buscada a citação de Caio, de acordo com o CPP e com a jurisprudência do Supremo Tribunal Federal: por edital, devendo conter nesse, necessariamente, o nome do réu, o nome do promotor responsável pela denúncia e do juiz que a determinar, sob pena de nulidade.

Certo ( )   Errado ( )

Aplicação do art. 365 do CPP: *O edital de citação indicará: o nome do juiz que a determinar; o nome do réu, ou, se não for conhecido, os seus sinais característicos, bem como sua residência e profissão, se constarem no processo; o fim para que é feita a citação; o juízo e o dia, a hora e o lugar em que o réu deverá comparecer; o prazo, que será contado do dia da publicação do edital na imprensa, se houver, ou da sua afixação.*

Gabarito: Errado.

1254. **(2018 – FCC – MPE/PE – Técnico Ministerial – Adaptada)** Acerca do que dispõe o CPP sobre as diversas modalidades de comunicação processual, se o acusado, citado por edital, não comparecer, nem constituir advogado, ficarão suspensos o processo e o curso do prazo prescricional.

Certo ( )   Errado ( )

Se o acusado, **citado por edital, NÃO comparecer nem constituir advogado, ficarão suspensos o processo** e o curso do prazo prescricional, podendo o juiz determinar a produção antecipada das provas consideradas urgentes e, se for o caso, decretar prisão preventiva, nos termos do disposto no art. 312, nos termos do art. 366 do CPP.

ATENÇÃO – Lei de Lavagem de Capitais - No processo por crime de lavagem de dinheiro, não se aplica o disposto no art. 366 do CPP, que estabelece que o processo e o curso do prazo prescricional fiquem suspensos caso o acusado, citado por edital, não compareça nem constitua advogado, situação em que o processo deve seguir à sua revelia.

Gabarito: Certo.

1255. **(2018 – FGV – TJ/AL – Técnico Judiciário – Adaptada)** Após comparecer em todos os endereços registrados em nome de Caio para citação e não o localizar e nem obter informações sobre seu paradeiro, o oficial de justiça certifica que o acusado se encontra em local incerto e não sabido. Verificada a veracidade do teor da certidão, deverá ser buscada a citação de Caio, de acordo com o CPP e com a jurisprudência do Supremo Tribunal Federal: com hora certa, desde que o oficial de justiça tenha comparecido ao menos três vezes no endereço do denunciado.

Certo ( )   Errado ( )

Aplicação do art. 361 do CPP: *art. 361 - Se o réu não for encontrado, será citado por edital, com o prazo de 15 dias.*

Gabarito: Errado.

1256. **(2018 – FCC – MPE/PE – Técnico Ministerial – Adaptada)** Acerca do que dispõe o CPP sobre as diversas modalidades de comunicação processual, estando o acusado no estrangeiro, em lugar sabido, será citado mediante carta precatória.

Certo ( )   Errado ( )

As citações que houverem de ser feitas em delegações estrangeiras (consulados) serão efetuadas mediante carta rogatória, vide o art. 369 do CPP.

Gabarito: Errado.

1257. **(2018 – FCC – MPE/PE – Técnico Ministerial – Adaptada)** Acerca do que dispõe o CPP sobre as diversas modalidades de comunicação processual, a intimação do defensor constituído, do advogado do querelante e do assistente far-se-á por oficial de justiça.

Certo ( )   Errado ( )

A intimação do defensor constituído, do advogado, do querelante e do assistente far-se-á por publicação no órgão incumbido da publicidade dos atos judiciais da comarca, incluindo, sob pena de nulidade, o nome do acusado, conforme o teor do art. 370, § 1º, do CPP.

Gabarito: Errado.

1258. **(2018 – FGV – TJ/SC – Oficial de Justiça e Avaliador)** Caio foi denunciado pela prática de crime de organização criminosa, não sendo localizado para citação. Realizadas diversas diligências, o denunciado não foi encontrado, mas foi identificado o endereço de seus familiares.

Após ser certificado de que Caio se encontrava em local incerto e não sabido, de acordo com o CPP e o Superior Tribunal de Justiça, caberá ao oficial de justiça realizar a citação:

a) com hora certa, mas para tanto deverá o oficial de justiça diligenciar três vezes no endereço dos familiares de Caio, para que o não comparecimento desse em juízo justifique a suspensão do processo e do curso do prazo prescricional.

b) por edital, e, caso haja suspensão do processo e do curso do prazo prescricional, o período de suspensão desse prazo será regulado pelo tempo abstratamente fixado para o delito prescrever de acordo com a pena máxima cominada.

c) por edital, e, caso haja suspensão do processo e do curso do prazo prescricional, não poderá o juiz determinar a produção antecipada de provas, uma vez que se presume que o denunciado não tenha conhecimento da acusação.

d) com hora certa, não havendo que se falar em suspensão do processo e do curso do prazo prescricional, caso o acusado não compareça aos autos.

e) por edital, e, caso não compareça, ainda que constitua advogado nos autos, o processo ficará suspenso, bem como o curso do prazo prescricional.

Nos termos do art. 363, § 1º, do CPP: *Não sendo encontrado o acusado, será procedida a citação por edital.*

Se o acusado, citado por edital, não comparecer nem constituir advogado, ficarão suspensos o processo e o curso do prazo prescricional, **podendo o juiz determinar a produção antecipada das provas consideradas urgentes e, se for o caso, decretar prisão preventiva, nos termos do disposto no** art. 312, conforme o teor do art. 366 do CPP.

Súmula nº 415 do STJ: *O período de suspensão do prazo prescricional é regulado pelo máximo da pena cominada.*

Gabarito: B.

1259. **(2018 – FGV – TJ/AL – Técnico Judiciário – Adaptada)** Após comparecer em todos os endereços registrados em nome de Caio para citação e não o localizar e nem obter informações sobre seu paradeiro, o oficial de justiça certifica que o acusado se encontra em local incerto e não sabido. Verificada a veracidade do teor da certidão, deverá ser buscada a citação de Caio, de acordo com o CPP e com a jurisprudência do Supremo Tribunal Federal: por edital, e, caso não compareça após o prazo fixado em tal modalidade de citação, ficará suspenso o curso do processo e do prazo prescricional, ainda que o acusado constitua advogado para essa ação penal;

Certo ( )   Errado ( )

Nos termos do art. 366 do CP: *Se o acusado, citado por edital, não comparecer nem constituir advogado, ficarão suspensos o processo e o curso do prazo prescricional, podendo o juiz determinar a produção antecipadas das provas consideradas urgentes e, se for o caso, decretar prisão preventiva, nos termos do disposto no art. 312.*

Gabarito: Errado.

1260. **(2018 – FCC – MPE/PE – Técnico Ministerial – Adaptada)** Acerca do que dispõe o CPP sobre as diversas modalidades de comunicação processual, verificando que o réu se oculta para não ser citado, será citado por edital, com o prazo de 15 dias.

Certo ( )   Errado ( )

Em desacordo com o exposto no art. 362 do CPP: *Verificando que o réu se oculta para não ser citado, o oficial de justiça certificará a ocorrência e procederá à citação com hora certa, na forma estabelecida nos arts. 227 a 229 da Lei nº 5.869, de 11 de janeiro de 1973 - Código de Processo Civil. Leia-se art. 252 a 254 da Lei nº 13.105/15.*

ATENÇÃO: Formas de citação que NÃO são admitidas no processo penal:

Não		Não		Não		Não
Citação por via postal (correios)	→	Citação eletrônica	→	Citação por e-mail	→	Citação por telefone

Gabarito: Errado.

1261. **(2018 – FGV – TJ/SC – Oficial de Justiça e Avaliador)** Gabriel responde a ação penal na condição de réu solto. Em razão da complexidade do procedimento, após oitiva das testemunhas, foi designada nova data para realização exclusivamente do interrogatório do acusado. Apesar de regularmente intimado, Gabriel, por opção, não compareceu à audiência, esclarecendo seu advogado ao juiz o desinteresse do seu cliente de ser interrogado.

De acordo com as previsões do CPP e a jurisprudência dos Tribunais Superiores, o juiz:

a) poderá decretar a revelia de Gabriel e realizar o ato independentemente da presença do acusado, mas permanecerá sob a responsabilidade do Ministério Público provar a acusação.

b) poderá determinar a condução do réu coercitivamente diante de sua intimação regular para o ato, evitando-se seu adiamento, uma vez que não existe revelia no Processo Penal.

c) deverá adiar o ato até o comparecimento do réu em razão da inexistência de revelia no Processo Penal, podendo, porém, ser fixada multa diante do não comparecimento injustificado.

d) poderá decretar a prisão preventiva de Gabriel em razão de sua ausência, já que era obrigado, uma vez intimado, a comparecer para o ato de interrogatório.

e) poderá decretar a revelia de Gabriel, gerando como consequência a presunção de veracidade dos fatos narrados na denúncia.

O processo seguirá sem a presença do acusado que, citado ou intimado pessoalmente para qualquer ato, deixar de comparecer sem motivo justificado, ou, no caso de mudança de residência, não comunicar o novo endereço ao juízo, teor do art. 367 do CPP.

Jurisprudência: as ADPFs nº 399 e nº 444 julgaram o interrogatório realizado mediante condução coercitiva – o STF declarou inconstitucional a expressão **"para o interrogatório"** prevista no art. 260 do CPP. O uso da condução coercitiva de investigados ou réus para fins de interrogatório representa restrição da liberdade de locomoção e violação da presunção de não culpabilidade, da ampla defesa, do contraditório e da garantia de não autoincriminação.

Gabarito: A.

1262. (2018 – TRF 2ª Região – Juiz Federal Substituto) A expedição da carta rogatória para a citação do acusado que se encontra no estrangeiro em lugar sabido, não suspende o curso da prescrição.

Certo (   )   Errado (   )

O art. 368 do CPP estabelece que estando o acusado no estrangeiro, em lugar sabido, será citado mediante carta rogatória, suspendendo-se o curso do prazo de prescrição até o seu cumprimento.
Gabarito: Errado.

1263. (2018 – FGV – TJ/AL – Oficial de Justiça Avaliador) Fabio, Oficial de Justiça, deve realizar a citação de Lucas, que está preso preventivamente. Ao verificar a denúncia em face de Lucas, constata que existem outros dois denunciados: Beto, que está em local incerto e não sabido, e Patrick, que reside em endereço certo e localizado em outro país.

Com base nas informações narradas, de acordo com as previsões do CPP e com a jurisprudência do Superior Tribunal de Justiça, é correto afirmar que:

a) Beto deverá ser citado por edital e, caso não compareça e nem constitua advogado, haverá suspensão do processo e o período de suspensão do prazo prescricional será regulado pelo máximo da pena cominada.

b) Lucas deverá ser citado pessoalmente, devendo Fábio, por ocasião da citação, certificar a leitura do mandado, não sendo necessário buscar a entrega da contrafé.

c) Beto deverá ser citado com hora certa, de modo que seu não comparecimento não gera suspensão do processo, mas sim reconhecimento de sua revelia.

d) Lucas deverá ser citado pessoalmente por Fábio, podendo o Oficial de Justiça realizar a citação de Patrick mediante carta por correio com aviso de recebimento.

e) Patrick deverá ser citado por carta precatória, que indicará o juízo deprecado e o juízo deprecante, além do fim para que é feita citação.

Se o acusado, citado por edital, não comparecer nem constituir advogado, ficarão suspensos o processo e o curso do prazo prescricional, podendo o juiz determinar a produção antecipada das provas consideradas urgentes e, se for o caso, decretar prisão preventiva, nos termos do disposto no art. 312, conforme o teor do art. 366 do CPP.

Súmula nº 415 do STJ: *O período de suspensão do prazo prescricional é regulado pelo máximo da pena cominada.*

Súmula nº 351 do STF: *É nula a citação por edital de réu preso na mesma unidade da federação em que o juiz exerce a sua jurisdição.*

Gabarito: A.

1264. (2018 – CEFETBAHIA – MPE/BA – Promotor de Justiça Substituto – Adaptada) Sobre a citação e a intimação no Processo Penal, analise a assertiva e identifique se está Certa ou Errada.

Estando o acusado no exterior, em lugar sabido, será citado mediante carta rogatória, suspendendo-se o curso do prazo de prescrição até o seu cumprimento.

Certo (   )   Errado (   )

Estando o acusado no estrangeiro, em lugar sabido, será citado mediante carta rogatória, suspendendo-se o curso do prazo de prescrição até o seu cumprimento, teor do art. 368 do CPP.
Gabarito: Certo.

1265. **(2019 – FCC – DPE/RS – Defensor Público – Adaptada)** Sobre a defesa no processo penal, considere:

Se o acusado, citado por edital, não comparecer, nem constituir advogado, deverá o juiz nomear-lhe defensor para viabilizar o imediato prosseguimento do processo-crime, resguardando, assim, o contraditório e o direito de mais ampla defesa.

Certo ( )   Errado ( )

Se o acusado, citado por edital, não comparecer nem constituir advogado, ficarão suspensos o processo e o curso do prazo prescricional, podendo o juiz determinar a produção antecipada das provas consideradas urgentes e, se for o caso, decretar prisão preventiva, nos termos do disposto no art. 312 e no art. 366 do CPP.

O acusado que não comparecer:

Citado por Edital	Citado por hora certa
Suspende o processo e prazo prescricional (art. 366 do CPP)	Nomeia Defensor Dativo (art. 362, parágrafo único, do CPP)

Gabarito: Errado.

1266. **(2018 – FCC – DPE/AP – Defensor Público – Adaptada)** A citação

a) por mandado pode ser dispensada se for evidente que o réu sabe que está sendo processado criminalmente.

b) será pessoal sempre que o réu estiver preso.

c) por edital suspende o processo e o prazo prescricional no momento da sua publicação no diário oficial.

d) por carta precatória confere prazo em dobro para a apresentação de resposta escrita à acusação.

Se o réu estiver preso, será pessoalmente citado, nos termos do art. 360 do CPP. Entretanto, não se pode ignorar a Súmula nº 351 do STF: É nula a citação por edital de réu preso *na mesma unidade da federação em que o juiz exerce a sua jurisdição.*

Jurisprudência: É bem verdade que a jurisprudência desta Corte se fixou no sentido de que a citação editalícia deve, necessariamente, ser precedida de diligências visando à localização do acusado. Somente no caso de inviabilidade da citação pessoal, após esgotados todos os meios de localização do acusado, justifica-se a citação por edital. À guisa de ilustração, cito: HC 106.205/RJ, Rel. Min. Carmen Lúcia, Primeira Turma, DJe 25.5.2011; HC 85.473/BA, Rel. Min. Ricardo Lewandowski, Primeira Turma, DJ 24.11.2006. Nesse mesmo sentido, mutatis mutandis, a exegese da Súmula nº 351/STF: '(...)'. (HC 116029, Relatora Ministra Rosa Weber, 1ª Turma, julgamento em 4.2.2014, DJe de 26.2.2014)

Gabarito: B.

1267. **(2018 – FGV – TJ/AL – Técnico Judiciário – Adaptada)** Após comparecer em todos os endereços registrados em nome de Caio para citação e não o localizar e nem obter informações sobre seu paradeiro, o oficial de justiça certifica que o acusado se encontra em local incerto e não sabido.

Verificada a veracidade do teor da certidão, deverá ser buscada a citação de Caio, de acordo com o CPP e com a jurisprudência do Supremo Tribunal Federal: por carta com aviso de recebimento, devendo o processo prosseguir caso, ainda assim, o acusado não compareça e nem constitua advogado.

Certo ( )　　　　　Errado ( )

Aplicação do art. 361 do CPP: *Se o réu não for encontrado, será citado por edital, com o prazo de 15 dias.*

Gabarito: Errado.

1268. **(2018 – FCC – DPE/AP – Defensor Público – Adaptada)** A citação por hora certa é exclusiva do processo civil, pois inexiste citação ficta no processo penal brasileiro.

Certo ( )　　　　　Errado ( )

O item está equivocado, pois a citação por hora certa tem previsão expressa no art. 362 do CPP. Conquanto não haja regulamentação da citação por hora certa no CPP, o diploma legal no art. 362 remete à regulamentação do CPC.

Jurisprudência: *A citação por hora certa está prevista expressamente no art. 362 do CPP, havendo, inclusive, manifestação do STF acerca da constitucionalidade da previsão normativa (STF. Plenário. RE 635.145/RS, rel. Min. Marco Aurélio, J. 01.08.2016 - repercussão geral).*

Gabarito: Errado.

1269. **(2018 – CEFETBAHIA – MPE/BA – Promotor de Justiça Substituto – Adaptada)** Sobre a citação e a intimação no Processo Penal, julgue o item que se segue.

A intimação da sentença será feita mediante edital se o réu, não tendo constituído defensor, não for encontrado, e assim o certificar o oficial de justiça.

Certo ( )　　　　　Errado ( )

A intimação da sentença será feita: *VI - mediante edital, se o réu, não tendo constituído defensor, não for encontrado, e assim o certificar o oficial de justiça, conforme o teor do art. 392 do CPP.*

Gabarito: Certo.

1270. **(2018 – TRF 2ª Região – Juiz Federal Substituto – Adaptada)** O acusado que, citado pessoalmente ou por edital, não comparecer nem constituir advogado, terá seu processo suspenso, e o curso do prazo prescricional será interrompido.

Certo ( )　　　　　Errado ( )

Caso o acusado seja citado por edital e não comparecer ou constituir advogado, suspende-se o processo e também o prazo prescricional, nos termos do art. 366 do CPP. No caso de citação pessoal, o não comparecimento do acusado importa na decretação da revelia, que levará ao seguimento do processo mesmo se a presença dele, teor do art. 367 do CPP.

Gabarito: Errado.

1271. **(2018 – CEFETBAHIA – MPE/BA – Promotor de Justiça Substituto – Adaptada)** Sobre a citação e a intimação no Processo Penal, analise:

Realizada a citação por hora certa, se o acusado não comparecer, ser-lhe-á decretada a revelia, bem como decretada a suspensão do curso prescricional.

Certo ( )   Errado ( )

O art. 362, parágrafo único, do CPP, dispõe que completada a citação com hora certa, se o acusado não comparecer, ser-lhe-á nomeado defensor dativo.

Gabarito: Errado.

1272. **(2018 – CESPE/CEBRASPE – STJ – Analista Judiciário/ Oficial de Justiça Avaliador Federal)** Julgue o item que se segue, relativo à comunicação dos atos processuais penais.

A lei processual penal não oferece restrições à citação pessoal do réu durante a realização de cultos religiosos ou fúnebres.

Certo ( )   Errado ( )

NÃO SE APLICA ao PROCESSO PENAL a RESTRIÇÃO da Lei PROCESSUAL CIVIL, no art. 244, do CPC: *Não se fará a citação, salvo para evitar o perecimento do direito: I - de quem estiver participando de ato de culto religioso.*

Gabarito: Certo.

1273. **(FGV – Adaptada)** Como regra geral, a ciência da prática de um ato processual nos autos é dada à parte através de uma intimação. O CPP traz uma série de regras para assegurar a validade do ato de intimação, bem como disciplina sobre os prazos judiciais a partir desse ato.

Certo ( )   Errado ( )

Sobre o tema, de acordo com as previsões do CPP e a jurisprudência do Supremo Tribunal Federal, é correto afirmar que:

Adiada a instrução criminal, ainda que as testemunhas e réu presentes tomem conhecimento da nova data designada, com assinatura nos autos, a validade do ato depende de nova intimação pessoal, nos termos previstos no CPP.

Art. 372 do CPP: *Adiada, por qualquer motivo, a instrução criminal, o juiz marcará desde logo, na presença das partes e testemunhas, dia e hora para seu prosseguimento, do que se lavrará termo nos autos.*

Gabarito: Errado.

1274. **(2018 – TRT 2ª Região – Juiz Federal Substituto – Adaptada)** A intimação das partes no processo penal será feita sempre pessoalmente na pessoa dos advogados ou defensores e do ministério público.

Certo ( )   Errado ( )

A intimação do acusado é feita, em regra, por mandado (art. 370, *caput*, e art. 351 do CPP). A intimação do defensor constituído, do advogado do querelante e do assistente de acusação é feita por meio de publicação no órgão responsável pela publicidade dos atos judiciais (art. 370, § 1º, do CPP). A intimação do Ministério Público e de defensor nomeado será pessoal (art. 370, § 4º, do CPP).

Gabarito: Errado.

1275. **(2018 – FGV – TJ/SC – Oficial de Justiça e Avaliador – Adaptada)** Como regra geral, a ciência da prática de um ato processual nos autos é dada à parte através de uma intimação. O CPP traz uma série de regras para assegurar a validade do ato de intimação, bem como disciplina sobre os prazos judiciais a partir desse ato.

Sobre o tema, de acordo com as previsões do CPP e a jurisprudência do Supremo Tribunal Federal, é correto afirmar que: a intimação do membro do Ministério Público deverá ocorrer pessoalmente, o mesmo não ocorrendo em relação ao advogado constituído ou defensor público nomeado.

Certo ( )   Errado ( )

Conforme o teor do art. 370, § 4º, do CPP: *A intimação do Ministério Público e do defensor nomeado será pessoal.*

Gabarito: Errado.

1276. **(2018 – TRT 2ª Região – Juiz Federal Substituto – Adaptada)** O edital será válido quando constar a finalidade para a qual é feita a citação, sendo suficiente para tanto o dispositivo da lei penal que se imputa ao citado.

Certo ( )   Errado ( )

Conforme inteiro teor da Súmula nº 366 do STF: *Não é nula a citação por edital que indica o dispositivo da lei penal, embora não transcreva a denúncia ou queixa, ou não resuma os fatos em que se baseia.*

Gabarito: Certo.

1277. **(2018 – FGV – TJ/AL – Técnico Judiciário – Adaptada)** Após comparecer em todos os endereços registrados em nome de Caio para citação e não o localizar e nem obter informações sobre seu paradeiro, o oficial de justiça certifica que o acusado se encontra em local incerto e não sabido. Verificada a veracidade do teor da certidão, deverá ser buscada a citação de Caio, de acordo com o CPP e com a jurisprudência do Supremo Tribunal Federal: por edital, não havendo nulidade se houver indicação do dispositivo da lei penal correspondente à inicial acusatória, embora não haja transcrição da denúncia ou resumo dos fatos em que se baseia.

Certo ( )   Errado ( )

Conforme o teor do art. 361 do CPP: *Se o réu não for encontrado, será citado por edital, com o prazo de 15 (quinze) dias.*

Súmula nº 366 do STF: *Não é nula a citação por edital que indica o dispositivo da lei penal, embora não transcreva a denúncia ou queixa, ou não resuma os fatos em que se baseia.*

Gabarito: Certo.

1278. **(2018 – TRT 2ª Região – Juiz Federal Substituto – Adaptada)** As intimações, só serão feitas na imprensa oficial quando o advogado constituído ou o defensor público não forem encontrados nos seus endereços de trabalho.

Certo ( )   Errado ( )

A intimação do advogado constituído é, como regra, feita por imprensa oficial, vide o art. 370, § 1º, do CPP e a do defensor público é pessoal, vide o art. 370, § 4º, do CPP.

Gabarito: Errado.

1279. **(2018 - FGV - TJ/SC - Oficial de Justiça e Avaliador - Adaptada)** Como regra geral, a ciência da prática de um ato processual nos autos é dada à parte através de uma intimação. O CPP traz uma série de regras para assegurar a validade do ato de intimação, bem como disciplina sobre os prazos judiciais a partir desse ato.

Sobre o tema, de acordo com as previsões do CPP e a jurisprudência do Supremo Tribunal Federal, é correto afirmar que: no processo penal, contam-se os prazos da data da intimação, e não da juntada aos autos do mandado de intimação ou da carta precatória ou de ordem.

Certo ( )   Errado ( )

Nos termos da Súmula nº 710 do STF: *No processo penal, contam-se os prazos da data da intimação, e não da juntada aos autos do mandado ou da carta precatória ou de ordem.*

Gabarito: Certo.

1280. **(2019 - MPE/PR - Promotor Substituto - Adaptada)** Sobre a prisão, medidas cautelares diversas da prisão, fiança e procedimento em geral, nos termos do CPP, analise a assertiva abaixo:

Se o acusado, citado por edital ou por hora certa, não comparecer, nem constituir advogado, ficarão suspensos o processo e o curso do prazo prescricional.

Certo ( )   Errado ( )

O art. 366 do CPP dispõe que se o acusado, citado por EDITAL, não comparecer nem constituir advogado, ficarão suspensos o processo e o curso do prazo prescricional. Logo, o dispositivo legal não contempla a citação por hora certa.

Gabarito: Errado.

1281. **(2018 - CESPE/CEBRASPE - STJ - Analista Judiciário/ Oficial de Justiça Avaliador Federal)** Julgue o item que se segue, relativo à comunicação dos atos processuais penais.

Se o acusado residir em comarca diversa da jurisdição do juízo processante, a citação terá de ocorrer por meio de carta de ordem.

Certo ( )   Errado ( )

Quando o réu estiver fora do território da jurisdição do juiz processante, será citado mediante precatória, nos termos do art. 253 do CPP.

Jurisprudência:

- **Súmula nº 155 do STF:** *É relativa a nulidade do processo criminal por falta de intimação da expedição de precatória para inquirição de testemunha.*

- **Súmula nº 710 do STF:** *No processo penal, contam-se os prazos da data da intimação, e não da juntada aos autos do mandado ou da carta precatória ou de ordem.*

- **Súmula nº 273 do STJ:** *Intimada a defesa da expedição da carta precatória, torna-se desnecessária intimação da data da audiência no juízo deprecado.*

Carta de ordem: É um instrumento processual pelo qual uma autoridade judiciária determina a outra hierarquicamente inferior a prática de determinado ato processual necessário à continuação do processo que se encontra no tribunal.

Gabarito: Certo.

1282. (2018 – CESPE/CEBRASPE – DPE/PE – Defensor Público – Adaptada) Tendo como referência as disposições legais do CPP sobre citações e intimações, é correto afirmar que, estando o réu no estrangeiro, em local sabido, a sua citação será feita por carta rogatória, não havendo necessidade de suspensão do prazo prescricional.

Certo ( )   Errado ( )

Consoante o art. 368 do CPP, estando o acusado no estrangeiro, em lugar sabido, será citado mediante carta rogatória, suspendendo-se o curso do prazo de prescrição até o seu cumprimento.

Gabarito: Errado.

1283. (2018 – CESPE/CEBRASPE – DPE/PE – Defensor Público – Adaptada) Tendo como referência as disposições legais do CPP sobre citações e intimações, é correto afirmar que, ainda que citado por edital, em caso de posterior comparecimento do acusado, deverá ele ser citado pessoalmente, sob pena de nulidade.

Certo ( )   Errado ( )

Nos termos do art. 363, § 4º, do CPP, comparecendo o acusado citado por edital, em qualquer tempo, o processo observará o disposto nos arts. 394 e seguintes deste Código.

Gabarito: Errado.

1284. (2018 – CESPE/CEBRASPE – DPE/PE – Defensor Público – Adaptada) Tendo como referência as disposições legais do CPP sobre citações e intimações, é correto afirmar que, no caso de citação por edital, se o acusado não comparecer e não constituir advogado, o processo poderá prosseguir seu curso normal, desde que para ele seja nomeado defensor público.

Certo ( )   Errado ( )

Consoante o art. 366 do CPP, se o acusado, citado por edital, não comparecer, nem constituir advogado, ficarão suspensos o processo e o curso do prazo prescricional, podendo o juiz determinar a produção antecipada das provas consideradas urgentes e, se for o caso, decretar prisão preventiva, nos termos do disposto no art. 312.

Gabarito: Errado.

1285. (2018 – CESPE/CEBRASPE – DPE/PE – Defensor Público – Adaptada) Tendo como referência as disposições legais do CPP sobre citações e intimações, é correto afirmar que é válida a citação por edital que mencione o dispositivo da lei penal que fundamenta a imputação ao acusado, embora não transcreva o conteúdo da denúncia.

Certo ( )   Errado ( )

Consoante a Súmula nº 366 do STF, não é nula a citação por edital que indica o dispositivo da lei penal, embora não transcreva a denúncia ou queixa, ou não resuma os fatos em que se baseia.

Vale lembrar que tanto a citação por edital quando por carta rogatória suspendem o curso do prazo prescricional, porém, somente a citação por edital suspende o processo.

Gabarito: Certo.

1286. (2018 – CESPE/CEBRASPE – DPE/PE – Defensor Público – Adaptada) Tendo como referência as disposições legais do CPP sobre citações e intimações, é correto afirmar que, estando completa a citação por hora certa, caso o acusado não apresente resposta escrita no prazo legal, o processo e o prazo prescricional serão suspensos.

Certo ( )   Errado ( )

O CPP dispõe, no art. 362, parágrafo único, que, completada a citação com hora certa, se o acusado não comparecer, ser-lhe-á nomeado defensor dativo.

Gabarito: Errado.

1287. (2017 – CESPE/CEBRASPE – TRF 1ª Região – Técnico Judiciário) Com relação a intimações e prazos, julgue o próximo item. No processo penal, os prazos são contados a partir da data da intimação, e não da data de juntada do mandado ou da carta precatória ou de ordem aos autos.

Certo ( )   Errado ( )

Consoante o disposto na Súmula nº 710 do STF.

Note a diferença da citação:

- Citação no processo penal: vide a Súmula nº 710 do STF: *Contam-se os prazos da data da intimação, e NÃO da juntada aos autos do mandado ou da carta precatória ou de ordem.*

- Citação no processo civil: Vide o art. 231 do CPC.

Considera-se dia do começo do prazo (art. 231 do CPC):

I - a data de juntada aos autos do aviso de recebimento, quando a citação ou a intimação for pelo correio;

II - a data de juntada aos autos do mandado cumprido, quando a citação ou a intimação for por oficial de justiça; considera-se dia do começo do prazo (art. 231, CPC):

I - a data de juntada aos autos do aviso de recebimento, quando a citação ou a intimação for pelo correio;

II - a data de juntada aos autos do mandado cumprido, quando a citação ou a intimação for por oficial de justiça;

Nesse sentido, segue a Jurisprudência do STJ:

O Ministério Público e a Defensoria Pública possuem a prerrogativa de intimação pessoal das decisões em qualquer processo ou grau de jurisdição, sendo que o prazo de recurso deve ser contado a partir do recebimento dos autos com vista. Caso o processo tenha sido remetido à Instituição para intimação pessoal com vista dos autos, a contagem dos prazos para a Defensoria Pública ou para o Ministério Público tem início com a entrada dos autos no setor administrativo do órgão, sendo despicienda a aposição no processo do ciente por parte de seu membro. STJ, 3ª Turma, REsp 1278239-RJ, julgado em 23/10/2012.

Gabarito: Certo.

1288. (2017 – FCC – TRF 5ª Região – Analista Judiciário/ Oficial de Justiça Avaliador Federal – **Adaptada)** Em relação às citações e intimações disciplinadas no CPP, e, ainda, considerando o que dispõem as Súmulas do Supremo Tribunal Federal e Superior Tribunal de Justiça acerca do tema, é correto afirmar que, se o réu estiver preso, desnecessária sua citação, bastando a requisição ao diretor do estabelecimento prisional para sua apresentação em juízo, em dia e hora previamente marcados.

Certo (   )   Errado (   )

Nos termos do art. 360 do CPP, réu PRESO é citado pessoalmente.
Gabarito: Errado.

1289. (2017 – CONSULPLAN – TRE/RJ – Analista Judiciário) "Fulano de Tal foi condenado a 10 anos de reclusão pelo crime de peculato. Foi intimado da sentença condenatória por carta precatória. Irresignado, o acusado deseja interpor recurso." Seu prazo começa a fluir da data da

a) publicação da sentença.

b) expedição da precatória.

c) juntada da carta precatória.

d) intimação do acusado, pelo Oficial de Justiça.

Conforme art. 798 do CPP, todos os prazos correrão em cartório e serão contínuos e peremptórios, não se interrompendo por férias, domingo ou dia feriado.

§ 5º Salvo os casos expressos, os prazos correrão:

a) da intimação;

b) da audiência ou sessão em que for proferida a decisão, se a ela estiver presente a parte;

c) do dia em que a parte manifestar nos autos ciência inequívoca da sentença ou despacho.

Consoante o teor da Súmula nº 710 do STF: *No processo penal, contam-se os prazos da data da intimação, e não da juntada aos autos do mandado ou da carta precatória ou de ordem.*
Gabarito: D.

1290. (2017 – IBFC – TJ/PE – Técnico Judiciário – Adaptada) A citação é o ato oficial que dá ciência ao acusado sobre a existência de processo criminal, garantindo-lhe a possibilidade de se defender das imputações que lhe são lançadas.

A citação do militar é realizada por meio da expedição de ofício ao respectivo comandante da organização militar.

Certo (   )   Errado (   )

A citação do militar far-se-á por intermédio do CHEFE DO RESPECTIVO SERVIÇO, consoante o art. 358 do CPP.
Gabarito: Certo.

1291. (2017 – CESPE/CEBRASPE – TRF 5ª Região – Juiz Federal Substituto) Em razão de não ser localizado para a citação pessoal, o réu foi citado por edital e constituiu advogado nos autos, fazendo o processo transcorrer normalmente. Um mês após ser constituído, o advogado renunciou

490

ao mandado outorgado; o juiz intimou novamente o réu por edital para que comparecesse em juízo e constituísse novo advogado. O acusado permaneceu silente.

Nessa situação hipotética, de acordo com o entendimento majoritário do Superior Tribunal de Justiça, o juiz deverá

a) declarar o réu revel e dar continuidade ao processo, nomeando defensor público ou dativo.

b) intimar o acusado por hora certa.

c) suspender o processo e a prescrição penal com efeito retroativo à citação editalícia.

d) suspender o processo e manter o trâmite regular da prescrição.

e) suspender o processo e a prescrição penal a partir do término do prazo transcorrido da nova intimação por edital.

Nos termos do art. 263 do CPP, se o acusado não o tiver, ser-lhe-á nomeado defensor pelo juiz, ressalvado o seu direito de, a todo tempo, nomear outro de sua confiança.

Nesse sentido, segue a Jurisprudência:

Se o defensor do paciente renuncia ao mandato que lhe foi outorgado, cabe ao juiz determinar a intimação do acusado para constituir outro advogado ou, caso não encontrado, deve ser intimado via edital e, após, na falta de manifestação do réu, deve indicar defensor público ou dativo (HC 47.965/MT, Rel. Ministro FELIX FISCHER, QUINTA TURMA, julgado em 07/03/2006, DJ 27/03/2006).

Gabarito: A.

1292. **(2017 – CESPE/CEBRASPE – TRF 1ª Região – Analista Judiciário/ Oficial de Justiça Avaliador Federal)** Com relação a nulidades no processo penal, a recursos em geral e a execução penal, julgue o item a seguir. A ausência de intimação da defesa técnica acerca da expedição de carta precatória para oitiva de testemunhas representa nulidade absoluta, que será declarada independentemente da demonstração de prejuízo à defesa.

Certo ( )   Errado ( )

A Súmula nº 155 do STF dispõe que é RELATIVA à nulidade do processo criminal por falta de intimação da expedição de precatória para inquirição de testemunha.

Súmula nº 273 do STJ: *intimada a defesa da expedição da carta precatória, torna-se desnecessária intimação da data da audiência no juízo deprecado.*

Nesse sentido, segue a Jurisprudência do STF:

A nulidade no direito penal não prescinde da demonstração do efetivo prejuízo para a defesa, consoante dispõe o artigo 563 do CPP, o que importa dizer que a desobediência às formalidades estabelecidas na legislação processual somente poderá implicar o reconhecimento da invalidade do ato quando a sua finalidade estiver comprometida em virtude do vício verificado. Precedentes: HC 104.767, Primeira Turma, Relator o Ministro Luiz Fux, DJ de 17.08.11; HC 84.098, Segunda Turma, Relatora a Ministra Ellen Gracie, DJe de 07.05.04; RE 263.012-AgR, Segunda Turma, Relator o Ministro Maurício Corrêa, DJ de 23.02.01; HC 79.446, Segunda Turma, Relator o Ministro Maurício Corrêa, DJ de 26.11.99. 2. Ademais, "é relativa a nulidade do processo criminal por falta de intimação da expedição de carta precatória para inquirição de testemunha" (Súmula nº 155/STF). 3. In casu, inobstante a defesa não tenha sido intimada da expedição de carta precatória para a oitiva de testemunha, não houve comprovação da existência de qualquer prejuízo efetivo. Além disso, o depoimento da testemunha foi acompanhado por defensor dativo e a condenação da paciente lastreou-se em todo o conjunto fático-probatório colhido no durante o processo-crime, não estando embasada apenas no depoimento da testemunha no juízo deprecado." (HC 119293, Relator Ministro Luiz Fux, Primeira Turma, julgamento em 8.10.2013, DJe de 13.11.2013).

Gabarito: Errado.

1293. **(2017 – FCC – TRF 5ª Região – Analista Judiciário/ Oficial de Justiça Avaliador Federal – Adaptada)** Em relação às citações e intimações disciplinadas no CPP, e, ainda, considerando o que dispõem as Súmulas do Supremo Tribunal Federal e Superior Tribunal de Justiça acerca do tema, é correto afirmar que, intimada a defesa da expedição da carta precatória, torna-se desnecessária intimação da data da audiência no juízo deprecado.

Certo ( )   Errado ( )

Consoante o teor da Súmula nº 273 do STJ, intimada a defesa da expedição da carta precatória, torna-se desnecessária intimação da data da audiência no juízo deprecado.

Gabarito: Certo.

1294. **(2017 – CONSULPLAN – TRE/RJ – Analista Judiciário – Adaptada)** Em relação ao tema Citação no Direito Processual Penal, verificando que o réu se oculta para não ser citado, o oficial de justiça certificará a ocorrência e procederá à citação com hora certa, na forma estabelecida no Código de Processo Civil.

Certo ( )   Errado ( )

A citação por hora certa ou citação com hora certa, acontece quando o oficial de justiça vai tentar citar o réu, contudo nunca o localiza no endereço onde ele normalmente deveria estar. Diante disso, o oficial percebe que réu está, na verdade, praticando manobras para não ser encontrado, buscando, com isso, evitar o início dos atos processuais. Com fundamento no art. 362 do CPP.

Nesse sentido, segue a jurisprudência do STF:

A citação por hora certa, prevista no art. 362 do CPP, é constitucional. Segundo o Min. Relator Marco Aurélio, deixar de reconhecer a constitucionalidade da norma do CPP, que tem como objetivo exatamente assegurar a continuidade do processo nas situações em que o réu deliberadamente se esconde para evitar a citação, representaria um prêmio à sua atuação ilícita. STF. Plenário. RE 635145, Rel. Min. Marco Aurélio, julgado em 01/08/2016 - repercussão geral.

Gabarito: Certo.

1295. **(2017 – FCC – TRF 5ª Região – Analista Judiciário/ Oficial de Justiça Avaliador Federal – Adaptada)** Em relação às citações e intimações disciplinadas no CPP, e, ainda, considerando o que dispõem as Súmulas do Supremo Tribunal Federal e Superior Tribunal de Justiça acerca do tema, é correto afirmar que, se o acusado, citado por edital, não comparecer, nem constituir advogado, ficarão suspensos o processo e o curso do prazo prescricional, sendo vedado ao juiz determinar a produção antecipada de provas, ainda que urgentes, em razão do princípio do contraditório.

Certo ( )   Errado ( )

Se o acusado, citado por edital, não comparecer, nem constituir advogado, ficarão suspensos o processo e o curso do prazo prescricional, **podendo o juiz determinar a produção antecipada das provas consideradas urgentes e, se for o caso, decretar prisão preventiva, nos termos do disposto no art. 312**, nos termos do art. 366 do CPP.

Gabarito: Errado.

1296. (2017 – CONSULPLAN – TRE/RJ – Analista Judiciário – Adaptada) Em relação ao tema Citação no Direito Processual Penal, se o acusado, citado por edital, não comparecer, nem constituir advogado, ficará suspenso o processo, correndo o prazo prescricional, podendo o juiz determinar a produção antecipada das provas consideradas urgentes e, se for o caso, decretar prisão preventiva.

Certo (　)　　　　　Errado (　)

Consoante o art. 366 do CPP, se o acusado, citado por edital, não comparecer, nem constituir advogado, ficarão suspensos o processo e o curso do prazo prescricional, podendo o juiz determinar a produção antecipada das provas consideradas urgentes e, se for o caso, decretar prisão preventiva, nos termos do disposto no art. 312 do CPP.

ATENÇÃO: A suspensão do prazo prescricional será contada pelo período máximo da pena cominada.

LEMBRAR: Súmula nº 415 do STJ: *o período de suspensão do prazo prescricional é regulado pelo máximo da pena cominada.*

Gabarito: Errado.

1297. (2017 – IBFC – TJ/PE – Técnico Judiciário – Adaptada) A citação é o ato oficial que dá ciência ao acusado sobre a existência de processo criminal, garantindo-lhe a possibilidade de se defender das imputações que lhe são lançadas.

A citação pode ser real ou ficta, a primeira quando feita pessoalmente ao acusado e a segunda quando houver presunção de que tenha tomado ciência das acusações que lhe são dirigidas

Certo (　)　　　　　Errado (　)

São hipóteses de citação:

- **Citação real ou pessoal** é aquela na qual o acusado é citado pessoalmente, ou seja, ele mesmo recebe a comunicação

  Subespécies:
  - Citação por mandado (art. 351).
  - Citação por carta precatória (art. 353).
  - Citação do militar (art. 358).
  - Citação do funcionário público (art. 359).
  - Citação do acusado que estiver preso (art. 360).
  - Citação do acusado no estrangeiro (art. 368).
  - Citação em legações estrangeiras (art. 369).
- **Citação ficta ou presumida** ocorre quando o acusado não é encontrado para ser comunicado pessoalmente da instauração do processo

  Subespécies:
  - Citação por edital (art. 361);
  - Citação por hora certa (art. 362).

Gabarito: Certo.

1298. (2017 – CESPE/CEBRASPE – TRF 1ª Região – Técnico Judiciário) Com relação a intimações e prazos, julgue o próximo item.

Situação hipotética: Luiz é advogado e foi nomeado para defender José em uma ação penal pública condicionada. **Assertiva**: Nessa situação, a partir da nomeação de Luiz, a intimação de José deverá ser feita por meio de publicação em diário oficial, sob pena de nulidade.

Certo ( )   Errado ( )

Consoante o disposto no art. 370 do CPP.

Defensor Constituído/Advogado Do Querelante/Assistente: intimação por PUBLICAÇÃO no órgão, incluindo, sob pena de nulidade, o nome do acusado. Conforme art. 370, § 1º, do CPP.

Ministério Público/Defensor Público/Nomeado/Dativo: intimação PESSOAL, conforme o Art. 370, § 4º, do CPP.

Gabarito: Errado.

1299. (2017 – IBFC – TJ/PE – Técnico Judiciário – Adaptada) A citação é o ato oficial que dá ciência ao acusado sobre a existência de processo criminal, garantindo-lhe a possibilidade de se defender das imputações que lhe são lançadas.

A citação será realizada por meio de carta precatória quando o réu, em liberdade, residir em outra comarca, ou seja, fora do território de jurisdição do juiz competente para apreciar a ação penal.

Certo ( )   Errado ( )

Quando o réu estiver FORA do território da jurisdição do juiz processante, será citado mediante precatória, nos termos do art. 353 do CPP.

Gabarito: Certo.

1300. (2017 – CONSULPLAN – TRE/RJ – Analista Judiciário – Adaptada) Em relação ao tema Citação no Direito Processual Penal, o processo terá completada a sua formação quando realizada a citação do acusado.

Certo ( )   Errado ( )

O processo terá completada a sua formação quando realizada a citação do acusado, conforme o art. 363 do CPP.

Gabarito: Certo.

1301. (2017 – CESPE/CEBRASPE – TRF 1ª Região) José, vereador do município de Luziânia – GO, foi denunciado pela prática de crime doloso contra a vida praticado contra Antônio, policial rodoviário federal que, no momento do crime, se encontrava no exercício de suas funções em Brasília – DF.

Com referência a essa situação hipotética, julgue o item que se segue.

Na hipótese de o oficial de justiça verificar que, na ocasião da citação, José tenha se ocultado para não ser citado, será procedida a sua citação por edital.

Certo ( )   Errado ( )

Na hipótese de o oficial de justiça verificar que, na ocasião da citação, José tenha se ocultado para não ser citado, será procedida a sua citação por **HORA CERTA, conforme o disposto no art. 362 do CPP.**

A citação por EDITAL (art. 361 do CPP) se dará somente quando esgotados todos os meios disponíveis para a localização do acusado.

ATENÇÃO: Súmula nº 351 do STF: *É nula a citação por edital de réu preso na mesma unidade da Federação em que o juiz exerce a sua jurisdição.*

Gabarito: Errado.

1302. (2017 – NUCEPE – SEJUS/PI – Agente Penitenciário – Adaptada) Quanto às citações e intimações, é correto afirmar que a citação inicial do réu é realizada por publicação no diário da justiça ou em jornal de grande circulação.

Certo (　)   Errado (　)

No processo penal a REGRA é citação pessoal que será realizada mediante MANDADO, nos termos do Art. 351 do CPP.

Gabarito: Errado.

1303. (2017 – FCC – TRF 5ª Região – Analista Judiciário/ Oficial de Justiça Avaliador Federal – Adaptada) Em relação às citações e intimações disciplinadas no CPP, e, ainda, considerando o que dispõem as Súmulas do Supremo Tribunal Federal e Superior Tribunal de Justiça acerca do tema, é correto afirmar que é absoluta a nulidade do processo criminal por falta de intimação da expedição de precatória para inquirição de testemunha.

Certo (　)   Errado (　)

Conforme o teor da Súmula nº 155 do STF, *é relativa a nulidade do processo criminal por falta de intimação da expedição de precatória para inquirição de testemunha.*

Gabarito: Errado.

1304. (2017 – NUCEPE – SEJUS/PI – Agente Penitenciário – Adaptada) Quanto às citações e intimações, é correto afirmar que a citação inicial do réu é realizada por mandado, ou quando o réu estiver fora do território da jurisdição do juiz processante, por carta precatória.

A regra, no Processo Penal, é a citação por mandado, conforme o disposto no art. 351 do CPP. A citação inicial far-se-á por MANDADO, quando o réu estiver no território sujeito à jurisdição do juiz que a houver ordenado. Excetuam-se dessa regra a citação do militar e aquela a ser realizada em legação estrangeira. O art. 353 do CPP estabelece que quando o réu estiver fora do território de jurisdição do juiz processante, deve ser citado por PRECATÓRIA.

Gabarito: Certo.

1305. (2017 – CONSULPLAN – TRE/RJ – Analista Judiciário – Adaptada) Em relação ao tema Citação no Direito Processual Penal, a citação do militar far-se-á por intermédio do chefe do respectivo serviço.

Certo (　)   Errado (　)

Nos exatos temos do art. 358 do CPP, *a citação do militar far-se-á por intermédio do chefe do respectivo serviço.*

Gabarito: Certo.

1306. **(2017 – MPE/SP – Promotor de Justiça Substituto – Adaptada)** A requisição de réu preso é considerada, para todos os efeitos, citação válida, sendo prescindível a expedição de mandado e a citação pessoal.

Certo (   )   Errado (   )

Consoante o art. 360 do CPP, se o réu estiver preso, será pessoalmente citado.

Gabarito: Errado.

1307. **(2017 – CESPE/CEBRASPE – PC/GO – Delegado Substituto – Adaptada)** Com referência a citação e intimação no processo penal, assinale a opção correta.

No procedimento comum, não se admite a citação ficta nem tampouco a contumácia do réu.

Certo (   )   Errado (   )

É admitida a citação ficta ou presumida no procedimento comum, quer a citação por edital, conforme o Art.361 do CPP, quer a citação por ora certa, Art.362 do CPP. A contumácia, logo, a revelia do réu, é admitida no processo penal, nos termos do art. 367 do CPP.

Gabarito: Errado.

1308. **(2017 – IBFC – TJ/PE – Técnico Judiciário – Adaptada)** A citação é o ato oficial que dá ciência ao acusado sobre a existência de processo criminal, garantindo-lhe a possibilidade de se defender das imputações que lhe são lançadas. A respeito do tema, assinale a alternativa incorreta sobre a citação em âmbito processual penal:

A citação do réu preso deverá ser feita pessoalmente, por mandado.

Certo (   )   Errado (   )

Conforme o inteiro teor do art. 360 do CPP, se o réu estiver preso, será pessoalmente citado.

Gabarito: Certo.

1309. **(2017 – CESPE/CEBRASPE – PJC/MT – Delegado Substituto – Adaptada)** Tanto para o MP quanto para a defensoria pública, os prazos contam-se em dobro.

Certo (   )   Errado (   )

O Ministério Público NÃO goza da prerrogativa da contagem dos prazos recursais em dobro. Vide os julgados: **(AgRg no AgRg no HC 146.823-RS, Sexta Turma, DJE 24/9/2013; e REsp 596.512-MS, Quinta Turma, DJ 22/3/2004. AgRg no EREsp 1.187.916-SP, Rel. Min. Regina Helena Costa, julgado em 27/11/2013).**

Consoante o art. 186, *caput*, do CPC, *a DEFENSORIA goza de prazo em DOBRO, para todas as suas manifestações processuais.*

Gabarito: Errado.

1310. (2017 – VUNESP – TJ/SP – Escrevente Técnico Judiciário) Estabelece o CPP em seu art. 353 que, quando o réu estiver fora do território da jurisdição do juiz processante, será citado mediante

a) precatória.

b) carta com aviso de recebimento, "de mão própria".

c) edital.

d) videoconferência.

e) qualquer meio que o juiz entenda idôneo.

Consoante o art. 353 do CPP, quando o réu estiver fora do território da jurisdição do juiz processante, será citado mediante precatória.

Gabarito: A.

1311. (2017 – CESPE/CEBRASPE – PJC/MT – Delegado Substituto – Adaptada) Para a defensoria pública, os prazos contam-se da data do recebimento dos autos, com vista naquele órgão, e não da aposição no processo do ciente de seu membro.

Certo ( )   Errado ( )

A jurisprudência pacífica dispõe que contagem dos prazos para a Defensoria Pública ou para o Ministério Público tem início com a entrada dos autos no setor administrativo do órgão e, estando formalizada a carga pelo servidor, configurada está a intimação pessoal.

Nesse sentido, segue a jurisprudência do STF:

O termo inicial da contagem do prazo para impugnar decisão judicial é, para o Ministério Público (e também para a Defensoria Pública), a data da entrega dos autos na repartição administrativa do órgão, sendo irrelevante que a intimação pessoal tenha se dado em audiência, em cartório ou por mandado. (REsp 1349935 RECURSO ESPECIAL, Relator, Ministro ROGERIO SCHIETTI CRUZ, Órgão Julgador, TERCEIRA SEÇÃO, Data do Julgamento, 23/08/2017, Data da Publicação, DJe 14/09/2017).

Gabarito: Certo.

1312. (2017 – CESPE/CEBRASPE – PJC/MT – Delegado Substituto – Adaptada) Notadamente nos prazos de comunicação, a regra é a fluência do prazo a partir da juntada do mandado.

Certo ( )   Errado ( )

Consoante o teor da Súmula nº 710 do STF, *no processo penal, contam-se os prazos da data da intimação, e não da juntada aos autos do mandado ou da carta precatória ou de ordem.*

Gabarito: Errado.

1313. (2015 – FCC – MPE/PB – Técnico Ministerial – Adaptada) Sobre as citações e intimações, assinale a opção correta.

Se o réu estiver solto, será citado por hora certa se estiver em local incerto e não sabido.

Certo ( )   Errado ( )

Consoante o art. 362 do CPP, *verificando que o réu se oculta para não ser citado, o oficial de justiça certificará a ocorrência e procederá à citação com hora certa, na forma estabelecida nos CPC/2015.*

Gabarito: Errado.

1314. **(2017 – IBFC – TJ/PE – Técnico Judiciário – Adaptada)** A citação é o ato oficial que dá ciência ao acusado sobre a existência de processo criminal, garantindo-lhe a possibilidade de se defender das imputações que lhe são lançadas.

A citação do funcionário público será feita sempre pessoalmente por meio de mandado, sem a necessidade de notificação do chefe da repartição.

Certo ( )   Errado ( )

Nos termos do art. 359 do CPP, *o dia designado para funcionário público comparecer em juízo, como acusado, será notificado assim a ele como ao chefe de sua repartição.*

Gabarito: Errado.

1315. **(2017 – CESPE/CEBRASPE – PC/GO – Delegado Substituto – Adaptada)** Com referência a citação e intimação no processo penal, assinale a opção correta.

As intimações dos defensores públicos nomeados pelo juízo devem ser realizadas mediante publicação nos órgãos incumbidos da publicidade dos atos judiciais da comarca, e não os havendo, pelo escrivão, por mandado ou via postal.

Certo ( )   Errado ( )

Nos termos do art. 370, § 4º, do CPP, a *intimação do Ministério Público e do defensor nomeado será PESSOAL.*

Gabarito: Errado.

1316. **(2017 – CESPE/CEBRASPE – TRE/BA – Analista Judiciário)** Caso verifique que o réu se oculta para não ser citado, o oficial de justiça deverá certificar a ocorrência e proceder à citação

   a) com hora certa, prosseguindo-se o curso processual com nomeação de defensor dativo se o réu não comparecer nos autos.

   b) por edital, com prazo de quinze dias, suspendendo-se o curso processual até o comparecimento do réu nos autos.

   c) por edital, com prazo de quinze dias, prosseguindo-se o curso processual com a nomeação de defensor dativo.

   d) por intermédio de qualquer outra pessoa localizada em seu endereço.

   e) com hora certa, suspendendo-se o curso processual até que o réu compareça nos autos.

Nos termos do art. 362 do CPP, *verificando que o RÉU SE OCULTA para não ser citado, o oficial de justiça certificará a ocorrência e procederá à citação com hora certa, na forma estabelecida no CPC/2015. Completada a citação com HORA CERTA, se o acusado não comparecer, ser-lhe-á nomeado defensor dativo.*

Gabarito: A.

1317. **(2017 – CESPE/CEBRASPE – PJC/MT – Delegado Substituto – Adaptada)** Para efeitos de contagem de prazo, considera-se intimado o representante do MP por meio de publicação na imprensa oficial ou por via de mandado judicial.

Certo ( )   Errado ( )

Nos termos do art. 370, § 4º, do CPP, *a INTIMAÇÃO do Ministério Público e do defensor nomeado será PESSOAL.*

Gabarito: Errado.

1318. **(2017 – FAPEMS – PC/MS – Delegado – Adaptada)** A ausência de intimação do acusado e do seu defensor acerca da data da audiência realizada no juízo deprecado gera nulidade, mesmo que tenha havido intimação da expedição da carta precatória.

Certo ( )   Errado ( )

Conforme inteiro teor da Súmula nº 273 do STJ, *intimada a defesa da expedição da carta precatória, torna-se desnecessária intimação da data da audiência* no juízo deprecado.

Gabarito: Errado.

1319. **(2015 – FCC – MPE/PB – Técnico Ministerial – Adaptada)** Sobre as citações e intimações, nos termos estabelecidos pelo Código de Processo Penal, assinale a opção correta.

O processo seguirá sem a presença do acusado que, citado ou intimado pessoalmente para qualquer ato, deixar de comparecer sem motivo justificado, ou, no caso de mudança de residência, não comunicar o novo endereço ao juízo.

Certo ( )   Errado ( )

Nos termos do art. 367 do CPP, o processo seguirá sem a presença do acusado que, citado ou intimado pessoalmente para qualquer ato, deixar de comparecer sem motivo justificado, ou, no caso de mudança de residência, não comunicar o novo endereço ao juízo.

Gabarito: Certo.

1320. **(2017 – FCC – TRF 5ª Região – Analista Judiciário/ Oficial de Justiça Avaliador Federal – Adaptada)** Em relação às citações e intimações disciplinadas no CPP, e, ainda, considerando o que dispõem as Súmulas do Supremo Tribunal Federal e Superior Tribunal de Justiça acerca do tema, é correto afirmar que, se o réu não for encontrado, será citado por edital, com prazo de 10 dias.

Certo ( )   Errado ( )

Se o réu não for encontrado, será citado por edital, com o prazo de 15 dias, conforme o disposto no art. 361 do CPP.

Gabarito: Errado.

1321. **(2017 – CESPE/CEBRASPE – PC/GO – Delegado Substituto – Adaptada)** Com referência a citação e intimação no processo penal, em função dos princípios da simplicidade, informalidade e economia processual, é admissível a citação por edital e por hora certa nos procedimentos sumaríssimos perante juizado especial criminal.

Certo ( )   Errado ( )

O procedimento sumaríssimo do Juizado Especial Criminal é inadmissível citação por edital, nos termos do art. 66 da Lei nº 9.099/95: *a citação será pessoal e far-se-á no próprio Juizado, sempre que possível, ou por mandado.*

ATENÇÃO: É possível a intimação por edital. A legislação NÃO admite a CITAÇÃO por edital.

O Enunciado nº 110 do FONAJE admite a citação por hora certa: *no Juizado Especial Criminal é cabível a citação com hora certa.*

Gabarito: Errado.

1322. **(2017 – VUNESP – TJ/SP – Juiz Substituto – Adaptada)** Em matéria de citações e intimações, é correto afirmar que os prazos são contados da data da intimação, e não da juntada aos autos do mandado ou da carta precatória ou de ordem.

Certo ( )   Errado ( )

Consoante a Súmula nº 710 do STF, no processo penal, contam-se os prazos da data da intimação, e não da juntada aos autos do mandado ou da carta precatória ou de ordem.

Nesse sentido, segue a jurisprudência do STF: *O início da contagem do prazo para interposição da apelação conta-se da intimação da sentença, e não da juntada aos autos do mandado respectivo. (STJ. HC 217.554-SC, julgado em 19/06/2012).*

Gabarito: Certo.

1323. **(2015 – FCC – MPE/PB – Técnico Ministerial – Adaptada)** O processo seguirá sem a presença do acusado que, citado ou intimado pessoalmente para qualquer ato, deixar de comparecer sem motivo justificado, ou, no caso de mudança de residência, não comunicar o novo endereço ao juízo.

Certo ( )   Errado ( )

Conforme o inteiro teor do art. 367 do CPP, *o processo seguirá sem a presença do acusado que, citado ou intimado pessoalmente para qualquer ato, deixar de comparecer sem motivo justificado, ou, no caso de mudança de residência, não comunicar o novo endereço ao juízo.* Contudo, a decretação da revelia não pressupõe confissão ficta do acusado. Logo, na hipótese de citação pessoal, a falta de atendimento à apresentação da defesa acarretará a decretação da revelia do acusado, que conduzirá a não intimação do acusado acerca dos atos processuais posteriores, com exceção da sentença, que exige intimação pessoal.

Gabarito: Certo.

1324. **(2015 – FCC – MPE/PB – Técnico Ministerial – Adaptada)** Sobre as citações e intimações, estando o acusado no estrangeiro, em lugar sabido, será citado mediante carta rogatória, suspendendo-se o curso do prazo de prescrição até o seu cumprimento.

Certo ( )   Errado ( )

Conforme o inteiro teor do art. 368 do CPP, *estando o acusado no estrangeiro, EM LUGAR SABIDO, será citado mediante carta rogatória, SUSPENDENDO-SE o curso do prazo de prescrição até o seu cumprimento.*

Gabarito: Certo.

1325. **(2017 – CESPE/CEBRASPE – PC/GO – Delegado Substituto – Adaptada)** Com referência a citação e intimação no processo penal, os prazos para a prática de atos processuais contam-se da data da intimação e não da juntada aos autos do mandado ou da carta precatória ou de ordem.

Certo ( )   Errado ( )

Consoante o teor da Súmula nº *710 do STF, no processo penal, contam-se os prazos da data da intimação, e não da juntada aos autos do mandado ou da carta precatória ou de ordem.*
Gabarito: Certo.

1326. **(2015 – FCC – MPE/PB – Técnico Ministerial – Adaptada)** Sobre as citações e intimações, é constitucional a citação com hora certa no âmbito do processo penal, consoante jurisprudência majoritária.

Certo ( )   Errado ( )

A citação por hora certa, prevista no art. 362 do CPP, é constitucional. STF. Plenário. RE 635145, Rel. Min. Marco Aurélio, julgado em 01/08/2016 (repercussão geral).
Gabarito: Certo.

1327. **(2017 – VUNESP – TJ/SP – Juiz Substituto – Adaptada)** Em matéria de citações e intimações, é correto afirmar que nula a citação por edital que apenas indica o dispositivo da lei penal, sem transcrever a denúncia ou queixa, ou resumir os fatos em que se baseia.

Certo ( )   Errado ( )

A Súmula nº 366 do STF *dispõe que **não é nula a citação por edital que indica o dispositivo da lei penal, embora não transcreva a denúncia ou queixa, ou não resuma os fatos em que se baseia.***
Gabarito: Errado.

1328. **(2017 – CESPE/CEBRASPE – PC/GO – Delegado Substituto – Adaptada)** Com referência a citação e intimação no processo penal, a citação do réu preso poderá ser cumprida na pessoa do procurador por ele constituído na fase policial.

Certo ( )   Errado ( )

A citação do réu preso deve ser PESSOAL, consoante o Art.3 60 do CPP.
ATENÇÃO: Súmula nº 351 do STF: *é nula a citação por edital de réu PRESO na mesma unidade da federação em que o juiz exerce a sua jurisdição.*
Gabarito: Errado.

1329. **(2016 – FAURGS – TJ/RS – Assessor Judiciário – Adaptada)** Sobre citação, intimação e notificação, é correto afirmar que, se o réu estiver preso, será citado por intermédio de seu defensor.

Certo ( )   Errado ( )

Consoante o teor do art. 360 do CPP, o réu estiver preso, será PESSOALMENTE citado.
Gabarito: Errado.

1330. **(2016 – FAURGS – TJ/RS – Assessor Judiciário – Adaptada)** Sobre citação, intimação e notificação, é correto afirmar que, se o acusado, citado por edital, não comparecer, nem constituir advogado, o processo seguirá sem sua presença, devendo o juiz nomear defensor para patrocinar a sua defesa.

Certo ( )   Errado ( )

Se o acusado, citado por edital, não comparecer, nem constituir advogado, ficarão suspensos o processo e o curso do prazo prescricional, podendo o juiz determinar a produção antecipada das provas consideradas urgentes e, se for o caso, decretar prisão preventiva, nos termos do disposto no art. 312, nos termos do art. 366 do CPP.

Gabarito: Errado.

1331. **(2016 – CESPE/CEBRASPE – PC/PE – Delegado – Adaptada)** Acerca das normas processuais pertinentes à citação e intimação, é correto afirmar que, em homenagem ao princípio da ampla defesa, será sempre pessoal a intimação do defensor dativo ou constituído pelo acusado.

Certo ( )   Errado ( )

O defensor CONSTITUÍDO, nos termos do art. 370, § 1º, do CPP *far-se-á por publicação no órgão incumbido da publicidade dos atos judiciais da comarca, incluindo, sob pena de nulidade, o nome do acusado.* Além disso o defensor DATIVO ou nomeado, nos termos do art. 370, § 4º, do CPP, a intimação do Ministério Público e do defensor nomeado será pessoal.

Gabarito: Errado.

1332. **(2016 – FAURGS – TJ/RS – Assessor Judiciário – Adaptada)** Sobre citação, intimação e notificação, é correto afirmar que, se o acusado se oculta para não ser citado, o oficial de justiça certificará a ocorrência e procederá à citação por edital.

Certo ( )   Errado ( )

O réu não encontrado será citado por edital, com o prazo de 15 dias, no entanto consoante o art. 362 do CP, o réu que se oculta será citado por HORA CERTA.

Gabarito: Errado.

1333. **(2016 – FAURGS – TJ/RS – Assessor Judiciário – Adaptada)** Sobre citação, intimação e notificação, é correto afirmar que será pessoal a intimação do Ministério Público e do defensor nomeado.

Certo ( )   Errado ( )

Nos termos do art. 370, § 4º, do CPP, *a intimação do Ministério Público e do defensor nomeado será PESSOAL.*

Gabarito: Certo.

1334. **(2016 – CESPE/CEBRASPE – PC/PE – Delegado – Adaptada)** Acerca das normas processuais pertinentes à citação e intimação, é correto afirmar que, se o acusado, citado por edital, não comparecer nem constituir advogado, será decretada a revelia e o processo prosseguirá com a nomeação de defensor dativo.

Certo ( )   Errado ( )

Se o acusado, citado por edital, não comparecer nem constituir advogado, ficarão suspensos o processo e o curso do prazo prescricional, podendo o juiz determinar a produção antecipada das provas consideradas urgentes e, se for o caso, decretar a prisão preventiva nos termos do disposto no art. 312, consoante o disposto no art. 366 do CPP.

Gabarito: Errado.

1335. **(2016 – FAURGS – TJ/RS – Assessor Judiciário – Adaptada)** Sobre citação, intimação e notificação, é correto afirmar: No CPP, não há previsão de intimação da sentença por edital.

Certo (   )   Errado (   )

O CPP, nos arts. 391 e 392, trata da intimação da sentença por EDITAL. Senão, vejamos:

Art. 391 do CPP: *O querelante ou o assistente será intimado da sentença, pessoalmente ou na pessoa do seu advogado. Se nenhum deles for encontrado no lugar sede do juízo, a intimação será feita mediante edital com o prazo de 10 dias, afixado no lugar de costume.*

Art. 392 do CPP: *A intimação da sentença será feita: [...] IV - mediante edital, nos casos do n. II, se o réu e o defensor que houver constituído não forem encontrados, e assim o certificar o oficial de justiça.*

Gabarito: Errado.

1336. **(2015 – CESPE/CEBRASPE – TJ/DFT – Técnico Judiciário)** Em relação aos prazos processuais, à comunicação dos respectivos atos e aos sujeitos da relação processual, julgue o item que se segue. As intimações do defensor dativo serão feitas pessoalmente, por mandado, ao passo que as intimações do defensor constituído far-se-ão por publicação no órgão incumbido da publicidade dos atos judiciais do respectivo juízo.

Certo (   )   Errado (   )

Assim, a intimação do defensor dativo ou nomeado deve ser pessoal, realizada por mandado, nos termos do art. 370, § 4º do CPP, ao passo que a intimação do defensor constituído será realizada por publicação no diário oficial, nos termos do art. 370, § 1º, do CPP.

Gabarito: Certo.

1337. **(Cespe – Adaptada)** No que se refere a intimações e citações no processo penal, é correto afirmar que, na hipótese de expedição de carta precatória para a citação, se o acusado não se encontrar na comarca do juiz deprecado e estiver em local conhecido, a precatória deverá ser devolvida ao juiz deprecante para uma nova expedição.

Certo (   )   Errado (   )

Consoante o disposto no art. 355, § 1º, do CPP, *verificado, portanto, que o réu se encontra em território sujeito a jurisdição de outro, a este remeterá o juiz deprecado os autos para a efetivação da diligência, desde que haja tempo para fazer-se a citação, trata-se de **precatória itinerante**.*

Gabarito: Errado.

1338. **(2015 – FGV – RJ/RO – Técnico Judiciário – Adaptada)** O princípio da ampla defesa, previsto constitucionalmente, impõe que o acusado seja cientificado do início do processo e de todo o seu desenvolvimento. A ciência da ação penal proposta é realizada através da citação, quando o denunciado toma conhecimento da imputação delitiva. Sobre o instituto, é correto afirmar que, estando o réu em local incerto e não sabido, deverá ser realizada citação com hora certa.

Certo (   )   Errado (   )

Consoante o art. 361 do CPP, CITAÇÃO com HORA EDITAL. Se o réu não for encontrado, será citado por edital, com o prazo de 15 dias.

Gabarito: Errado.

1339. **(2015 – MPDFT – Promotor de Justiça Adjunto – Adaptada)** O CPP não exige a citação pessoal do réu preso, bastando seja requisitada ao diretor do presídio sua apresentação em juízo.

Certo ( )   Errado ( )

Consoante o art. 360 do CPP, o réu PRESO será citado PESSOALMENTE.
Gabarito: Errado.

1340. **(2015 – CESPE/CEBRASPE – TRE/RS – Analista Judiciário – Adaptada)** No que se refere a intimações e citações no processo penal, é correto afirmar que, na hipótese de o réu estar no estrangeiro, em local sabido, será sempre citado por carta rogatória, mesmo que a infração penal seja afiançável.

Certo ( )   Errado ( )

Consoante o art. 368 do CPP, estando o acusado no estrangeiro, em lugar sabido, será citado mediante carta rogatória, suspendendo-se o curso do prazo de prescrição até o seu cumprimento.
Gabarito: Certo.

1341. **(2015 – CESPE/CEBRASPE – TRE/RS – Analista Judiciário – Adaptada)** Em relação à comunicação dos atos processuais, é correto afirmar que, se o réu estiver preso fora da jurisdição do juiz do processo, a citação poderá ser feita por edital.

Certo ( )   Errado ( )

Nos termos do art. 353 do CPP, *quando o réu estiver fora do território da jurisdição do juiz processante, será citado mediante precatória.*
Gabarito: Errado.

1342. **(2015 – MPDFT – Promotor de Justiça Adjunto – Adaptada)** Analise o item abaixo:
A possibilidade de citação por hora certa está prevista no CPP.

Certo ( )   Errado ( )

Conforme o teor do art. 362 do CPP, *verificando que o réu se oculta para não ser citado, o oficial de justiça certificará a ocorrência e procederá à citação com hora certa, na forma estabelecida no CPC.*
Gabarito: Certo.

1343. **(FGV – Adaptada)** O princípio da ampla defesa, previsto constitucionalmente, impõe que o acusado seja cientificado do início do processo e de todo o seu desenvolvimento. A ciência da ação penal proposta é realizada através da citação, quando o denunciado toma conhecimento da imputação delitiva. Sobre o instituto, é correto afirmar que o edital de citação poderá indicar os sinais característicos, residência e profissão do denunciado, ainda que não seja conhecido seu nome.

Certo ( )   Errado ( )

O CPP dispõe que, no art. 365, o edital de citação indicará: *II - o nome do réu, ou, se não for conhecido, os seus sinais característicos, bem como sua residência e profissão, se constarem do processo.*
Gabarito: Certo.

1344. **(2015 – CESPE/CEBRASPE – TJ/DFT – Analista Judiciário)** Julgue o item subsequente, em relação à prova, ao instituto da interceptação telefônica e à citação por hora certa.

Em processo penal, a citação por hora certa do réu que se oculte para não ser citado segue os procedimentos previstos no Código de Processo Civil, de modo que, caso o réu não compareça em juízo nem constitua advogado, ficam suspensos o processo e o curso do prazo prescricional, podendo o juiz, se for o caso, determinar a produção antecipada de provas consideradas urgentes.

Certo ( )   Errado ( )

Nos termos do art. 362, parágrafo único, do CPP, a alternativa tenta confundir às espécies de citação ficta Edital e citação por hora certa que ocorre quando o réu se oculta para não ser citado, sendo realizada de acordo com o procedimento previsto no CPC. Logo, na citação por hora certa, uma vez efetivada a citação e ainda assim não comparecer o réu, o juiz deverá nomear defensor dativo para representá-lo. O feito deverá prosseguir regularmente com a presença do defensor dativo, não sendo hipótese de suspensão, como ocorre com a citação por edital.

Gabarito: Errado.

1345. **(2015 – CESPE/CEBRASPE – TRE/RS – Analista Judiciário – Adaptada)** No que se refere a intimações e citações no processo penal, é correto afirmar que a citação ou a intimação do militar da ativa será feita mediante a expedição pelo juízo processante de um ofício, que será remetido ao chefe do serviço, cabendo ao oficial de justiça a citação do acusado.

Certo ( )   Errado ( )

Nos termos do art. 358 do CPP, *a citação do militar far-se-á por intermédio do chefe do respectivo serviço.*

Gabarito: Errado.

1346. **(2015 – FGV – RJ/RO – Técnico Judiciário – Adaptada)** O princípio da ampla defesa, previsto constitucionalmente, impõe que o acusado seja cientificado do início do processo e de todo o seu desenvolvimento. A ciência da ação penal proposta é realizada através da citação, quando o denunciado toma conhecimento da imputação delitiva. Sobre o instituto, é correto afirmar que, quando o réu estiver em local conhecido, mas fora da unidade da federação do juiz processante, será citado por edital.

Certo ( )   Errado ( )

Quando o réu estiver fora do território da jurisdição do juiz processante, será citado mediante precatória, consoante o art. 353 do CPP.

Gabarito: Errado.

1347. **(2015 – CESPE/CEBRASPE – TJ/DFT – Analista Judiciário/ Oficial de Justiça Avaliador Federal – Adaptada)** Paulo e Jean foram denunciados pela prática do crime de furto de joias, praticado contra Maria, tia sexagenária de Paulo. A subtração foi facilitada pelo fato de Paulo residir com a vítima. Quando da citação, Paulo não foi encontrado no novo endereço que havia fornecido na fase do inquérito, tendo sido o mandado entregue a outro morador, que se comprometeu a entregá-lo ao destinatário. Jean, que retornou para a França, seu país de origem, havia fornecido seu endereço completo ao delegado.

A partir dessa situação hipotética, julgue o item a seguir.

Se Jean, após a citação pessoal válida, não comparecer em juízo para defender-se no curso da ação penal, o juiz deverá decretar a sua revelia e nomear-lhe um defensor dativo, dando continuidade ao processo, mas não poderá considerar a existência de confissão ficta.

Certo ( )   Errado ( )

Segundo art. 367 do CPP, *o processo seguirá sem a presença do acusado que, citado ou intimado pessoalmente para qualquer ato, deixar de comparecer sem motivo justificado, ou, no caso de mudança de residência, não comunicar o novo endereço ao juízo.*

Gabarito: Certo.

1348. **(2015 – CESPE/CEBRASPE – TRE/RS – Analista Judiciário – Adaptada)** No que se refere a intimações e citações no processo penal, é correto afirmar que, de acordo com o CPP, será pessoal a intimação do MP, do defensor constituído, do advogado do querelante e do advogado do assistente de acusação.

Certo ( )   Errado ( )

Nos termos do art. 370, § 1º, do CPP, *a intimação do defensor constituído, do advogado do querelante e do assistente far-se-á por publicação no órgão incumbido da publicidade dos atos judiciais da comarca, incluindo, sob pena de nulidade, o nome do acusado. A intimação do Ministério Público e do defensor nomeado ou dativo será pessoal,* **nos termos do art. 370, § 4º, do CPP.**

Gabarito: Errado.

1349. **(2015 – FGV – RJ/RO – Técnico Judiciário – Adaptada)** O princípio da ampla defesa, previsto constitucionalmente, impõe que o acusado seja cientificado do início do processo e de todo o seu desenvolvimento. A ciência da ação penal proposta é realizada através da citação, quando o denunciado toma conhecimento da imputação delitiva. Sobre o instituto, é correto afirmar que, se o acusado, citado por edital, não comparecer e nem constituir advogado, o processo ficará suspenso, em que pese o prazo prescricional continue a correr.

Certo ( )   Errado ( )

Se o acusado, citado por edital, não comparecer, nem constituir advogado, ficarão suspensos o processo e o curso do prazo prescricional, podendo o juiz determinar a produção antecipada das provas consideradas urgentes e, se for o caso, decretar prisão preventiva, nos termos do disposto no art. 312, conforme o art. 366 do CPP.

Gabarito: Errado.

1350. **(2015 – FCC – TRE/SE – Analista Judiciário – Adaptada)** No processo penal, contam-se os prazos da data de juntada aos autos do mandado ou da carta precatória ou de ordem e não da data da intimação.

Certo ( )   Errado ( )

Nos termos da Súmula nº 710 do STF, *no processo penal, contam-se os prazos da data da intimação, e não da juntada aos autos do mandado ou da carta precatória ou de ordem.*

Gabarito: Errado.

1351. **(2015 – FCC – TRE/SE – Analista Judiciário – Adaptada)** Intimada a defesa da expedição da carta precatória, torna-se desnecessária intimação da data da audiência no juízo deprecado.

Certo ( )   Errado ( )

Conforme o inteiro teor da Súmula nº 273 do STJ, *intimada à defesa da expedição da carta precatória, torna-se desnecessária intimação da data da audiência no juízo deprecado.*
Gabarito: Certo.

1352. **(2015 – MPDFT – Promotor de Justiça Adjunto – Adaptada)** No caso de citação por edital, se o réu não comparecer, mas nomear defensor público, o feito pode ter seu curso normal, podendo ser condenado ao final.

Certo ( )   Errado ( )

É o inteiro teor do art. 366 do CPP: *se o acusado, citado por edital, não comparecer, nem constituir advogado, ficarão suspensos o processo e o curso do prazo prescricional, podendo o juiz determinar a produção antecipada das provas consideradas urgentes e, se for o caso, decretar prisão preventiva, nos termos do disposto no art. 312.*
Gabarito: Certo.

1353. **(2015 – FGV – RJ/RO – Técnico Judiciário – Adaptada)** O princípio da ampla defesa, previsto constitucionalmente, impõe que o acusado seja cientificado do início do processo e de todo o seu desenvolvimento. A ciência da ação penal proposta é realizada através da citação, quando o denunciado toma conhecimento da imputação delitiva. Sobre o instituto, é correto afirmar que o CPP não admite o instituto da citação com hora certa.

Certo ( )   Errado ( )

Consoante o art. 362 do CPP, CITAÇÃO com HORA CERTA, verificando que o réu se oculta para não ser citado, o oficial de justiça certificará a ocorrência e procederá à citação com hora certa, na forma estabelecida no CPC.
Gabarito: Errado.

1354. **(2014 – FCC – DPE/PB – Defensor Público)** Antônio, assistido por Defensor Público, foi condenado em primeiro grau pela prática do delito de roubo qualificado. Interposto e arrazoado recurso de apelação contra esta decisão, a defesa de Antônio não foi intimada da inclusão, em pauta de julgamento, do seu recurso de apelação. Diante disso,

a) a intimação pessoal do Defensor Público era medida necessária.

b) apenas a intimação do Ministério Público deveria ter sido pessoal.

c) a falta de intimação pela imprensa do Defensor Público é causa de nulidade absoluta.

d) era necessária a intimação do Defensor Público por publicação no órgão incumbido da publicidade dos atos judiciais da comarca.

e) a intimação do Ministério Público poderia ter sido feita por órgão incumbido da publicidade dos atos judiciais da comarca.

Nos termos do art. 370, § 4º, a intimação do Ministério Público e do defensor nomeado será pessoal. Nesse sentido, segue a jurisprudência do STJ:

Ementa: Defensor nomeado (falta de intimação pessoal). Apelação (julgamento). Nulidade absoluta (hipótese). 1. A intimação do defensor nomeado é pessoal (Cód. de Pr. Penal, art. 370, § 4º). A falta dessa intimação implica nulidade absoluta. 2. Nulo é o ato de julgamento da apelação realizado sem que tenha sido pessoalmente intimado o defensor nomeado pelo juiz para o réu. 3. Precedente da 6ª Turma do Superior Tribunal. 4. Ordem de habeas corpus concedida com expedição de alvará de soltura em favor do paciente.

Gabarito: A.

1355. **(2014 – FGV – TJ/RJ – Técnico de Atividade Judiciária)** Foi oferecida e recebida denúncia em desfavor de Leonardo pela prática do crime de roubo. O oficial de justiça Carlos compareceu em três oportunidades ao endereço do réu em busca de realizar sua citação, não o encontrando, porém. Constatando que Leonardo buscava, na verdade, se ocultar, certificou tal fato. Diante disso, procederá o oficial a citação:

a) através dos correios, com aviso de recebimento.

b) por edital.

c) por hora certa.

d) por telefone.

e) por carta rogatória.

Nos termos do art. 362 do CPP, verificando que o réu se oculta para não ser citado, o oficial de justiça certificará a ocorrência e procederá à citação com hora certa, na forma estabelecida no CPC.

Gabarito: C.

VAMOS REVISAR A JURISPRUDÊNCIA?

Súmula nº 710 do STF: No processo penal, contam-se os prazos da data da intimação, e não da juntada aos autos do mandado ou da carta precatória ou de ordem.

Súmula nº 701 do STF: No mandado de segurança impetrado pelo Ministério Público contra decisão proferida em processo penal, é obrigatória a citação do réu como litisconsorte passivo.

Súmula nº 351 do STF: É nula a citação por edital de réu preso na mesma unidade da federação em que o juiz exerce a sua jurisdição.

Súmula nº 366 do STF: Não é nula a citação por edital que indica o dispositivo da lei penal, embora não transcreva a denúncia ou queixa, ou não resuma os fatos em que se baseia.

Súmula nº 310 do STF: Quando a intimação tiver lugar na sexta-feira, ou a publicação com efeito de intimação for feita nesse dia, o prazo judicial terá início na segunda-feira imediata, salvo se não houver expediente, caso em que começará no primeiro dia útil que se seguir.

Súmula nº 415 do STJ: O período de suspensão do prazo prescricional é regulado pelo máximo da pena cominada.

Súmula nº 455 do STJ: A decisão que determina a produção antecipada de provas com base no artigo 366 do CPP deve ser concretamente fundamentada, não a justificando unicamente o mero decurso do tempo.

MEDIDAS CAUTELARES, PRISÃO E LIBERDADE PROVISÓRIA

1356. **(2021 – CESPE/CEBRASPE – DEPEN – Agente Federal de Execução Penal)** Agente penitenciário iniciou procedimento visando apurar suposta prática de ato racista, ocorrido dentro do estabelecimento prisional, cometido por um fornecedor contra um detento. A partir dessa situação hipotética, julgue o item que se segue.

Sem ordem escrita e fundamentada de autoridade judiciária competente, o fornecedor mencionado apenas poderá ser preso em caso de flagrante delito.

Certo ( )   Errado ( )

A CF/88 estabelece a prisão como medida excepcional, que, em regra, depende de flagrante delito ou de ordem escrita e fundamentada.

CF, art. 5º, LXI - *ninguém será preso* **senão** *em* **flagrante delito** *ou por* **ordem escrita e fundamentada de autoridade judiciária competente**, *salvo nos casos de transgressão militar ou crime propriamente militar, definidos em lei;*

A prisão é medida excepcional, que só pode ocorrer, como regra, em virtude de flagrante delito ou de ordem escrita e fundamentada de autoridade judiciária competente.

Gabarito: Certo.

1357. **(2021 – CESPE/CEBRASPE – PC/DF – Escrivão)** Com base no disposto na CF/88, julgue os itens seguintes.

A obrigação de identificação do responsável por conduzir o interrogatório do preso está expressamente prevista na CF.

Certo ( )   Errado ( )

A CF/88 estabelece no art. 5º, LXIV o direito do preso em saber quem é o responsável pela sua prisão e interrogatório.

Atenção! Nova lei de Abuso de Autoridade – Lei nº 13.869/19 — O art. 16 dispõe que é CRIME, deixar de identificar-se ou identificar-se falsamente ao preso por ocasião de sua captura ou quando deva fazê-lo durante sua detenção ou prisão. Além disso, incorre na mesma pena (Pena - detenção, de 6 (seis) meses a 2 (dois) anos, e multa) quem, como responsável por interrogatório em sede de procedimento investigatório de infração penal, deixa de identificar-se ao preso ou atribui a si mesmo falsa identidade, cargo ou função.

Gabarito: Certo.

1358. **(2021 – CESPE/CEBRASPE – MPE/AP – Promotor de Justiça)** Acerca das medidas cautelares diversas da prisão, assinale a opção correta.

a) O servidor público em desfavor do qual for decretada a suspensão do exercício da sua função pública ficará privado dos respectivos vencimentos enquanto perdurar a medida.

b) A internação provisória do acusado inimputável ou semi-imputável tem aplicação em qualquer delito punível com pena privativa de liberdade superior a quatro anos.

c) O recolhimento domiciliar no período noturno e na folga laboral impõe cumulação obrigatória com a medida cautelar de monitoração eletrônica.

d) No curso de investigação criminal, o juiz poderá decretar, de ofício, medidas cautelares.

e) É incompatível a instauração do contraditório prévio com a medida de proibição de o acusado ausentar-se do país.

Conforme prevê o art. 282, § 3º, do CPP, RESSALVADOS os casos de urgência ou de perigo de ineficácia da medida, o juiz, ao receber o pedido de medida cautelar, **determinará a intimação da parte contrária, para se manifestar no prazo de 5 (cinco) dias**, acompanhada de cópia do requerimento e das peças necessárias, permanecendo os autos em juízo, e os casos de urgência ou de perigo deverão ser justificados e fundamentados em decisão que contenha elementos do caso **concreto que justifiquem essa medida excepcional**.

Observe que pacote anticrime passou a prever o contraditório (REGRA) nas medidas cautelares. Entretanto **é admitido ao juiz no caso de urgência ou de perigo de ineficácia da medida, o juiz decidirá pela cautelar desde que justificado e fundamentado em sua decisão que contenha elementos do caso concreto que justifiquem essa medida excepcional.**

Fundamentação das alternativas: a) Não pode a medica cautelar de afastamento do servidor público, funcionar como uma antecipação de pena. Para a doutrina majoritária, **o afastamento das funções não pode provocar desconto ou suspensão do subsídio. Na esfera administrativa** o art. 147, *caput*, da Lei nº 8.112/90, prevê o afastamento cautelar do funcionário público no PAD, entretanto sem prejuízo da remuneração. Logo, o art. 319, VI, do CPP, não veda o agente público **de receber vencimentos, apenas suspende o exercício de função pública, ou de outra atividade, portanto não cabe ao juiz inovar ao decidir cautelarmente.** A jurisprudência do STF é no sentido que o rol do art. 319 do CPP é TAXATIVO e, portanto, o juiz não tem poder geral de cautela, ou seja, o juiz NÃO PODE criar outras medidas cautelares além daquelas ali previstas; **b)** Nos termos do so VII do art. 319 do CPP, o juiz pode fixar como medida cautelar a **internação provisória** do acusado nas hipóteses de **crimes praticados com violência ou grave ameaça,** quando os peritos concluírem ser inimputável ou semi-imputável e houver risco de reiteração; **c)** As medidas cautelares diversas da prisão PODEM ser aplicadas isoladamente ou acumuladamente. Deste modo não é obrigatório o recolhimento domiciliar no período noturno e na folga laboral com a cumulação obrigatória da medida cautelar de monitoração eletrônica; e **d)** As mudanças introduzidas no CPP pelo Pacote Anticrime, afastam a possibilidade de decretação das medidas cautelares, de OFÍCIO. É o teor do art. 282, § 2º, do CPP, as medidas cautelares serão decretadas pelo juiz a **REQUERIMENTO das partes** ou, quando no curso da investigação criminal, por **REPRESENTAÇÃO da autoridade policial** ou mediante requerimento do Ministério Público.

Gabarito: E.

1359. **(2021 – CESPE/CEBRASPE – PC/DF – Escrivão)** A respeito da prisão em flagrante e dos vários aspectos relacionados a esse assunto, julgue os itens que se seguem.

Em razão da existência das audiências de custódia, não pode o delegado relaxar o flagrante realizado por policiais militares, ainda que eivado de vícios.

Certo ( )　　　　Errado ( )

PODE o Delegado de Polícia relaxar o flagrante ILEGAL, de forma motivada como exigem a Lei nº 12.830/13 e outros diplomas legais, deve, portanto a autoridade policial deliberar, consignando seu entendimento, quer seja pela ratificação ou não da prisão em flagrante delito.

A doutrina e a jurisprudência posicionam-se pela discricionariedade do Delegado na lavratura ou não da prisão em flagrante delito, senão vejamos:

*"A determinação da lavratura do auto de prisão em flagrante pelo delegado de polícia **NÃO se constitui em um ato automático**, a ser por ele praticado diante da simples notícia do ilícito penal pelo condutor. Em face do sistema processual vigente, o **Delegado de Polícia tem o PODER de DECIDIR da oportunidade ou não de lavrar o flagrante**"* (RT 679/351).

*"A autoridade policial goza de **PODER DISCRICIONÁRIO** de avaliar se efetivamente está diante de notícia procedente, ainda que em tese e que avaliados perfunctoriamente os dados de que dispõe, não operando como mero agente de protocolo, que ordena, sem avaliação alguma, flagrantes e boletins indiscriminadamente"* (RJTACRIM 39/341).

Gabarito: Errado.

1360. **(2021 – IDECAN – PEFOCE – Auxiliar de Perícia)** O Juiz Federal da Seção Judiciária X decretou, de ofício, a prisão temporária por 10 dias de Jonas, que estava sendo acusado pela prática do delito de evasão de divisas, tipificado no parágrafo único do artigo 22 da Lei 7.492/86. O mandado de prisão já especificava a data de soltura de Jonas, caso não fosse, posteriormente, decretada a prisão preventiva ou prorrogada a prisão temporária. Acerca do que foi escrito acima e com base na legislação a respeito do tema prisão temporária, assinale a alternativa correta.

   a) A prisão temporária decretada é ilegal, já que não constam no rol de crimes previstos no artigo 1º da Lei 7.960/89 os delitos contra o sistema financeiro nacional.

   b) A decretação da prisão temporária está correta, já que a legislação sobre o tema previu a decretação de ofício e pelo prazo de dez dias, prorrogáveis por igual período em caso de extrema e comprovada necessidade.

   c) A legalidade da decisão de prisão temporária é questionável, já que o enunciado deixou claro que a decisão exarada pelo magistrado, embora de acordo com as disposições processuais previstas da Lei 7.960/89, inovou ao determinar a liberdade de Jonas, dispensando o alvará de soltura determinado pelo magistrado processante.

   d) A legalidade da decisão de prisão temporária é inquestionável, já que o enunciado deixou claro que a decisão exarada pelo magistrado está de acordo com as disposições processuais previstas da Lei 7.960/89, sobretudo ao determinar a liberdade de Jonas, dispensando o alvará de soltura.

   e) A decretação da prisão temporária está correta, já que o magistrado não pode decretar essa prisão de ofício, bem como o correto prazo da medida constritiva é de cinco dias, podendo ser prorrogado por igual período em caso de extrema e comprovada necessidade.

Conforme dispõe o art. 2º da Lei nº 7.960/89, a prisão temporária será decretada pelo Juiz, **em face da representação da autoridade policial ou de requerimento do Ministério Público**, e terá o PRAZO de **5 (cinco) dias**, PRORROGÁVEL por igual período em caso de extrema e comprovada necessidade.

Além disso, *Decorrido o prazo contido no mandado de prisão, a autoridade responsável pela custódia* **DEVERÁ, independentemente de nova ordem da autoridade judicial,** *pôr imediatamente o preso em liberdade, salvo se já tiver sido comunicada da prorrogação da prisão temporária ou da decretação da prisão preventiva* (art. art. 2º, § 7º, da Lei nº 7.960/89).

Prisão TEMPORÁRIA	Prisão PREVENTIVA
Somente no Inquérito Policial (fase investigativa) Crime comum 5 + 5 Crimes hediondos 30 + 30 Juiz não decreta de ofício	Cabível a decretação fase investigativa / ação penal Precisa ser reavaliada a cada 90 dias Juiz não decreta de ofício

Gabarito: E.

1361. (2021 – CESPE/CEBRASPE – DEPEN – Agente Federal de Execução Penal) Agente penitenciário iniciou procedimento visando apurar suposta prática de ato racista, ocorrido dentro do estabelecimento prisional, cometido por um fornecedor contra um detento.

A partir dessa situação hipotética, julgue o item que se segue.

A prática do racismo constitui crime afiançável, sujeito a pena de detenção.

Certo (   )   Errado (   )

Os crimes de racismo, tortura, tráfico ilícito de entorpecentes e drogas afins, o terrorismo e os crimes definidos como hediondos, assim como a ação de grupos armados, civis ou militares, contra a ordem constitucional e o estado democrático podem ser compreendidos na categoria de delitos INAFIANÇÁVEIS por disposição constitucional expressa.

Gabarito: Errado.

1362. (2021 – CESPE/CEBRASPE – PC/DF – Agente) No que se refere ao autor do fato criminoso e ao processo penal brasileiro, julgue os próximos itens.

Mesmo que não ocorra perseguição, haverá flagrante delito quando o agente for encontrado logo depois da infração com o instrumento do crime em situação em que se presuma ter sido ele o autor da infração.

Certo (   )   Errado (   )

O enunciado da questão aborda a hipótese FLAGRANTE PRESUMIDO/ASSIMILADO/FICTO previsto no art. 302, IV, do CPP - Considera-se em flagrante delito quem: é encontrado, logo depois, com instrumentos, armas, objetos ou papéis que façam presumir ser ele autor da infração.

Gabarito: Certo.

1363. (2021 – IDECAN – PEFOCE – Auxiliar de Perícia) Simone foi denunciada pelo Ministério Público pela prática, em tese, de delito de homicídio doloso. Na inicial acusatória, além da narrativa fática e rol de testemunhas, o promotor de justiça requereu a prisão temporária da denunciada, sob a alegação de que referida cautelar se afigurava imprescindível às investigações e a colheita de provas, com vistas à verdade real dos fatos. O juiz recebeu a denúncia e, em decisão bem fundamentada, decretou a prisão temporária de Simone pelo prazo legal. Nessa hipótese, assinale a alternativa correta.

a) Não foi correta a decisão do juiz. No caso, a prisão temporária é cabível, pois, mesmo sendo imprescindível às investigações, a denunciada estava devidamente identificada, e isso impede a decretação desse tipo de prisão cautelar.

b) Foi correta a decisão do juiz, pois o crime em questão está no rol de cabimento da lei que trata da prisão temporária, e a imprescindibilidade da medida para as investigações, aliada à boa fundamentação por parte do juiz, justificam a decisão.

c) Não foi correta a decisão do juiz. No caso, a prisão temporária é cabível, pois esse tipo de prisão cautelar apenas tem lugar na fase investigativa e, na hipótese, a denúncia já havia sido recebida.

d) Foi correta a decisão do juiz, pois atendeu aos requisitos legais pertinentes ao caso. Inclusive, o juiz poderia ter decretado a cautelar independentemente de pedido do Ministério Público, se assim entendesse essencial à verdade real.

e) Não foi correta a decisão do juiz, pois, embora seja cabível a prisão temporária ao caso, a busca da verdade real não é fundamento apto à decretação da medida.

Conforme dispõe o art. 1º da Lei nº 7.960/89 CABERÁ prisão temporária:

I. quando imprescindível para as INVESTIGAÇÕES do inquérito policial;

Ainda consoante à jurisprudência do STJ: *[...] Uma vez OFERECIDA a denúncia NÃO mais subsiste o decreto de prisão temporária, que visa resguardar, tão somente, a integridade das investigações.* **STJ - HC: 78437 SP 2007/0050077-9, Relator: Ministra LAURITA VAZ, Data de Julgamento: 28/06/2007, T5 - QUINTA TURMA, Data de Publicação: DJ 13/08/2007 p. 401).**

Gabarito: C.

1364. **(2021 – CESPE/CEBRASPE – DEPEN – Agente Federal de Execução Penal)** Cada um do item seguinte apresenta uma situação hipotética seguida de uma assertiva a ser julgada, acerca de direito processual penal.

Alberto possui direito a prisão especial. Nessa situação, Alberto não pode ser transportado juntamente com preso comum.

Certo ( )   Errado ( )

Conforme o teor do art. 295, § 4º, do CPP, o preso especial NÃO será transportado juntamente com o preso comum.

Lembre-se! **A prisão especial só é válida até o trânsito em julgado da decisão. Após o trânsito em julgado de sentença penal condenatória, o condenado será recolhido ao estabelecimento penal comum.**

Gabarito: Certo.

1365. **(2021 – IDECAN – PEFOCE – Auxiliar de Perícia)** O Magistrado da Comarca X decretou a prisão preventiva de Raimundo com fundamento na conveniência da instrução criminal, já que o Parquet juntou, na sua manifestação pela prisão do acusado, provas robustas de que o réu estava ameaçando uma das testemunhas de acusação. Passados 90 dias da prisão, e com instrução criminal em andamento, após as oitivas das testemunhas de acusação e da oitiva da primeira testemunha de defesa, o Magistrado encerrou a audiência e designou nova data para a continuação dos trabalhos, já que se comprovou que as demais testemunhas de defesa não haviam sido intimadas. Durante todo o andamento processual, o réu Raimundo permaneceu preso preventivamente diante da decisão mencionada acima. Com base exclusivamente no que foi narrado no enunciado, é correto afirmar que a prisão preventiva é

a) legal, já que está de acordo com os preceitos processuais vigentes, sobretudo o conceito de conveniência da instrução criminal descrito no artigo 312 do CPP.

b) legal, já que a sua fundamentação se baseou em fatos concretos, novos e contemporâneos, que justificavam a aplicação da medida extrema, a fim de resguardar o regular andamento processual.

c) ilegal, pois o fato de o réu ter ameaçado uma das testemunhas não é motivo para prisão preventiva, mas sim aplicável o instituto da prisão temporária, conforme expressa previsão da Lei 7.960/89.

d) ilegal, pois há uma norma na legislação processual penal que determina que, toda vez que a instrução criminal for fragmentada, o preso será imediatamente colocado em liberdade.

e) ilegal, já que, passados mais de 90 dias da decretação da medida constritiva de liberdade, o Magistrado que a decretou não realizou a revisão, de ofício, da necessidade de sua manutenção.

Consoante o que dispõe o art. 316, parágrafo único, do CPP, o juiz PODERÁ, de **ofício ou a pedido das partes**, revogar a prisão preventiva se, no correr da investigação ou do processo, verificar a falta de motivo para que ela subsista, bem como novamente decretá-la, se sobrevierem razões que a justifiquem. **Decretada a prisão preventiva, DEVERÁ o órgão emissor da decisão REVISAR a necessidade de sua manutenção a cada 90 (noventa) dias, mediante decisão fundamentada, de ofício, sob pena de tornar a prisão ilegal.**

Jurisprudência do STF: *A inobservância do prazo nonagesimal do art. 316 do CPP não implica automática revogação da prisão preventiva,* devendo o juízo competente ser instado a reavaliar a legalidade e a atualidade de seus fundamentos. STF. Plenário. SL 1395 MC Ref/SP, Rel. Min. Luiz Fux, julgado em 14 e 15/10/2020 (Info. nº 995).

Gabarito: E.

1366. **(2021 – CESPE/CEBRASPE – PC/DF – Escrivão)** Acerca da prisão, julgue os itens que se seguem.

Ainda que não haja testemunhas da infração penal, poderá ser realizado o auto de prisão em flagrante, caso em que o auto deverá ser assinado por duas testemunhas da apresentação do preso à autoridade e pelo condutor do flagrante.

Certo ( )   Errado ( )

De acordo com o teor do art. 304, § 2º, do CPP:

*A falta de testemunhas da infração **NÃO IMPEDIRÁ o auto de prisão em flagrante**; mas, nesse caso, com o condutor, **DEVERÃO assiná-lo pelo menos duas testemunhas** que hajam testemunhado a apresentação do preso à autoridade.*

Gabarito: Certo.

1367. (2021 – IDECAN – PEFOCE – Auxiliar de Perícia) Joel foi preso em flagrante pela prática do delito de violação sexual mediante fraude, que prevê pena de reclusão de dois a seis anos. Posteriormente aos trâmites legais perante a Delegacia de Polícia, Joel foi encaminhado à audiência de custódia. Durante a referida audiência, o Ministério Público, entendendo não estarem presentes os requisitos da prisão preventiva, bem como fato de que o preso era primário, de bons antecedentes, e possui a atividade laboral lícita, requereu a liberdade provisória de Joel, o que foi seguido pelo mesmo pedido do Defensor Público que atuava no caso. Nada obstante, o Magistrado resolveu por decretar a prisão preventiva de Joel, fundamentando sua decisão exclusivamente diante da gravidade do crime supostamente praticado.

Com base exclusivamente no que foi narrado acima, bem como nas alterações da Legislação Processual e no entendimento dos Tribunais Superiores a respeito do tema prisão preventiva, assinale a alternativa correta.

a) A decisão de decretação da prisão preventiva pelo Magistrado foi correta, sobretudo diante da fundamentação legal da gravidade do delito praticado.

b) O Magistrado não está obrigado a concordar com a opinião do Ministério Público, que é parte no processo penal, podendo decretar qualquer medida judicial que entender cabível no curso do processo com o fim de resguardar o bom andamento processual e a sociedade.

c) A prisão preventiva decretada com fundamento exclusivo na gravidade do crime praticado encontra respaldo na legislação processual penal, conforme expressamente disposto no artigo 312.

d) O princípio da imparcialidade do julgador garante ao Magistrado a decretação da prisão preventiva de ofício, tendo em vista que, justamente por ser imparcial, o juiz não está atrelado à opinião de nenhuma das partes do processo (Ministério Público e Defesa), tendo a liberdade de valorar as provas produzidas em contraditório, e decidir motivadamente (livre convencimento motivado).

e) O Magistrado não pode decretar a prisão preventiva de ofício, conforme determina a alteração promovida na legislação processual penal pela Lei 13.964/19 (Pacote Anticrime), bem como o sistema acusatório, preservando-se a imparcialidade do julgador e garantindo a todo e qualquer acusado não ser preso sem provocação do Ministério Público e/ou Delegado de Polícia.

Em qualquer fase da investigação policial ou do processo penal, CABERÁ a prisão preventiva decretada pelo juiz, a requerimento do Ministério Público, do querelante ou do assistente, ou por representação da autoridade policial, sendo assim, NÃO cabe a decretação da prisão preventiva de OFÍCIO (art. 311 do CPP).

Gabarito: E.

1368. (2021 – AOCP – PC/PA – Escrivão) Beltrano foi preso em flagrante três dias após ter se envolvido em um roubo a um posto de gasolina. Os policiais visualizaram os vídeos gravados pelas câmeras de segurança e identificaram Beltrano. Considerando essa situação hipotética, assinale a alternativa correta.

a) A prisão em flagrante de Beltrano é legal e merece ser convertida em prisão preventiva, pois o delito cometido por ele não cessou depois de consumado.

b) A prisão em flagrante de Beltrano é ilegal, pois só se considera em flagrância quem está cometendo a infração penal, acaba de cometê-la ou é perseguido, logo após, pela autoridade, pelo ofendido ou por qualquer pessoa, em situação que faça presumir ser autor da infração.

c) A prisão em flagrante de Beltrano é ilegal, pois não há situação de flagrância no caso narrado no enunciado.

d) A prisão em flagrante de Beltrano é legal e pode ser arbitrada fiança pela autoridade policial.

e) A prisão em flagrante de Beltrano é ilegal, mas a autoridade policial pode fixar-lhe fiança para que ele se livre solto.

Consoante o teor do art. 302 do CPP — Considera-se em flagrante delito quem:

I - está cometendo a infração penal;

II - acaba de cometê-la;

III - é perseguido, logo após, pela autoridade, pelo ofendido ou por qualquer pessoa, em situação que faça presumir ser autor da infração;

IV - é encontrado, logo depois, com instrumentos, armas, objetos ou papéis que façam presumir ser ele autor da infração.

Gabarito: C.

1369. **(2021 – FUNDEP – MPE/MG – Promotor de Justiça – Adaptada)** Sobre os princípios constitucionais penais e processuais penais, é possível afirmar:

O flagrante de crime permanente permite o ingresso não autorizado em casa alheia, afastando a garantia de inviolabilidade do domicílio, mesmo no período noturno.

Certo ( )   Errado ( )

SIM. O art. 5º, XI da CF/88 prevê que *"a casa é asilo inviolável do indivíduo, ninguém nela podendo penetrar sem consentimento do morador, salvo em caso de flagrante delito ou desastre, ou para prestar socorro, ou, durante o dia, por determinação judicial"*. Além disso, a respeito do flagrante em crimes permanentes o art. 303 do CPP dispõe que *nas infrações permanentes, entende-se o agente em flagrante delito enquanto não cessar a permanência.*

Gabarito: Certo.

1370. **(2021 – CESPE/CEBRASPE – PC/DF – Escrivão)** Odete filmou Januário, empresário famoso, em conversa com um político. Segundo Odete, no encontro filmado, Januário estaria oferecendo dinheiro ao político local em troca de vantagens indevidas em determinado processo licitatório. Sete dias após o ocorrido, ela veiculou o vídeo em suas mídias sociais. O vídeo alcançou alta projeção nos noticiários. Diante da repercussão, o político negou a propina e Januário apresentou-se espontaneamente em uma delegacia, acompanhado de seu advogado, para prestar esclarecimentos.

A partir da situação hipotética precedente, julgue os itens a seguir, a respeito do tema de inquérito policial.

O delegado não poderá lavrar auto de prisão em flagrante em face de Januário, mas poderá requerer ou cumprir mandado de prisão preventiva ou temporária expedido por autoridade judiciária competente.

Certo ( )   Errado ( )

O CPP estabelece no art. 301 os legitimados a prender quem quer que se encontre em flagrante delito:

FLAGRANTE→FACULTATIVO: *"Qualquer do povo PODERÁ [...]"* art. 301, 1ª parte do CPP.

FLAGRANTE→OBRIGATÓRIO→COERCITIVO: *"autoridades policiais e seus agentes DEVERÃO [...]"* art. 301, 2ª parte do CPP.

Ainda, no art. 302, o CPP prevê expressamente as hipóteses de flagrante delito, vejamos:

FLAGRANTE PRÓPRIO/REAL/ PERFEITO/VERDADEIRO	FLAGRANTE IMPRÓPRIO/IMPERFEITO/ IRREAL/QUASE-FLAGRANTE	FLAGRANTE PRESUMIDO/ASSIMILADO/ FICTO
Art. 302, I, do CPP (cometendo) e II (acaba de cometê-la).	**(Art. 302, III, do CPP (perseguido, logo após)** Para que configure a prisão em flagrante impróprio, é necessário que a perseguição do agente delituoso seja contínua. Caso haja a interrupção dessa perseguição não há se falar em flagrante impróprio, o que não impede que o autor do fato seja preso em flagrante se encontrado, logo depois, com instrumentos, armas, objetos ou papéis que façam presumir ser ele autor da infração (flagrante presumido).	Art. 302, IV, do CPP (encontrado, logo depois) - aqui não há perseguição.

Portanto, observa-se que no caso narrado está ausente atualidade necessária para caracterizar a prisão em flagrante, pois o fato aparentemente criminoso sucederá sete dias antes da apresentação. Apesar disso, é possível que o delegado, estando presentes os requisitos legais, requeira ao Juiz o mandado de prisão preventiva ou temporária.

Gabarito: Certo.

1371.   (2021 – AOCP – MPE/RS – Analista do Ministério Público – Adaptada) Sobre as prisões processuais e a liberdade provisória

Calebe foi preso em flagrante delito por violação ao art. 147, do Código Penal (ameaça), tendo como vítima sua esposa. Nesse caso hipotético, na delegacia de polícia, caberá à autoridade policial lavrar o auto de prisão em flagrante delito, de ofício, ou seja, independente da vontade da vítima, pois envolve crime de violência doméstica.

Certo (   )   Errado (   )

NÃO caberá à autoridade policial lavrar o auto de prisão em flagrante delito de ofício, pois, depende da REPRESENTAÇÃO da vítima para assim proceder. Ressalte-se que o crime de AMEAÇA previsto no art. 147 do CP, e consiste no ato de ameaçar alguém, por palavras, gestos ou outros meios, de lhe causar mal injusto e grave. Trata-se ainda de um crime de menor potencial ofensivo, por isso é apurado nos juizados especiais criminais. E, além disso, é **crime** de **ação penal** pública CONDICIONADA, ou seja, somente se procede mediante REPRESENTAÇÃO. E, portanto o inquérito, nos crimes em que a ação pública DEPENDER de representação, NÃO PODERÁ sem ela ser iniciado (art. 5º, § 4º, do CPP).

Gabarito: Errado.

1372. **(2021 – CESPE/CEBRASPE – PC/DF – Escrivão)** Acerca da prisão, julgue os itens que se seguem.

Em caso de falta ou impedimento do escrivão, qualquer pessoa compromissada e designada pela autoridade pode lavrar o auto de prisão em flagrante.

Certo ( )   Errado ( )

Conforme estabelece o art. 305 do CPP:

*"Na falta ou no impedimento do escrivão, **qualquer pessoa designada pela autoridade** lavrará o auto, depois de prestado o compromisso".*

Gabarito: Certo.

1373. **(2021 – AOCP – MPE/RS – Analista do Ministério Público – Adaptada)** Sobre as prisões processuais e a liberdade provisória

Presidente da República só pode ser preso em flagrante delito por crime inafiançável.

Certo ( )   Errado ( )

Enquanto não sobrevier SENTENÇA CONDENATÓRIA, nas infrações comuns, o Presidente da República NÃO estará sujeito à prisão, consoante o teor do art. 86, § 3º da CF/88.

No entanto, é importante observar que o examinador abordou situação que é aplicável aos parlamentares, conforme previsão do art. 53, § 2º da CF, vejamos: *Desde a **expedição do diploma**, os membros do Congresso Nacional não poderão ser **presos, salvo em flagrante de crime inafiançável**.*

Gabarito: Errado.

1374. **(2021 – CESPE/CEBRASPE – CODEVASF – Assessor Jurídico)** Com relação ao processo penal, julgue o item subsequente.

O direito brasileiro permite a decretação de prisão preventiva com a finalidade de antecipação de cumprimento de pena.

Certo ( )   Errado ( )

Consoante o art. 313, § 2º, do CPP NÃO será ADMITIDA a decretação da prisão preventiva com a finalidade de antecipação de cumprimento de pena ou como decorrência imediata de investigação criminal ou da apresentação ou recebimento de denúncia.

Gabarito: Errado.

1375. **(2021 – CESPE/CEBRASPE – PF – Delegado)** José, réu primário, foi preso em flagrante acusado de ter praticado crime doloso punível com reclusão de no máximo quatro anos. Na audiência de custódia, o juiz decretou a prisão preventiva de ofício. No entanto, a defesa de José solicitou, em seguida, a reconsideração da decisão, com base no argumento de que a conduta do preso era atípica. O juiz acatou a tese e relaxou a prisão.

Considerando essa situação hipotética, julgue o item subsequente.

A decisão do juiz, que relaxou a prisão por entender que a conduta de José havia sido atípica, não faz coisa julgada.

Certo ( )   Errado ( )

Jurisprudência do STF: *A decisão que, na **AUDIÊNCIA de CUSTÓDIA**, determina o relaxamento da prisão em flagrante sob o argumento de que a conduta praticada é atípica NÃO FAZ COISA JULGADA.*

*Assim, esta decisão não vincula o titular da ação penal, que **PODERÁ oferecer acusação contra o indivíduo narrando os mesmos fatos e o juiz poderá receber essa denúncia**.* STF. 1ª Turma. HC 157306/SP, Rel. Min. Luiz Fux, julgado em 25/9/2018 (Info. nº 917).

Gabarito: Certo.

1376. **(2021 – AOCP – MPE/RS – Analista do Ministério Público – Adaptada)** Sobre as prisões processuais e a liberdade provisória

Considerando a necessidade da custódia provisória de um investigado por crime de estelionato, pois eis que era imprescindível à instrução criminal, a autoridade policial representou por sua prisão temporária. Nesse caso hipotético, o juiz, após ouvir o Ministério Público, poderá acolher a representação da autoridade policial e decretar a custódia temporária pelo prazo máximo de cinco dias, podendo ser prorrogado, uma única vez, por igual prazo.

Certo ( )   Errado ( )

O crime de Estelionato art. 171 do CP, NÃO integra o rol TAXATIVO dos crimes hediondos ou equiparado e tão pouco ADMITE prisão temporária, pois também não encontra previsão no teor da Lei 7.960/89, vejamos:

Prisão TEMPORÁRIA	
	• Homicídio doloso (art. 121, *caput*, e seu § 2º).
	• Sequestro ou cárcere privado (art. 148, *caput*, e seus § § 1º e 2º).
	• Roubo (art. 157, *caput*, e seus § § 1º, 2º e 3º).
	• Extorsão (art. 158, *caput*, e seus § § 1º e 2º).
	• Extorsão mediante sequestro (art. 159, *caput*, e seus § § 1º, 2º e 3º).
	• Estupro (art. 213, *caput*, e sua combinação com o art. 223, *caput*, e parágrafo único).
	• Atentado violento ao pudor (art. 214, *caput*, e sua combinação com o art. 223, *caput*, e parágrafo único).
	• Rapto violento (art. 219, e sua combinação com o art. 223 *caput*, e parágrafo único).
	• Epidemia com resultado de morte (art. 267, § 1º).
	• Envenenamento de água potável ou substância alimentícia ou medicinal qualificado pela morte (art. 270, *caput*, combinado com art. 285).
	• Quadrilha ou bando (art. 288), todos do Código Penal.
	• Genocídio, em qualquer de suas formas típicas.
	• Tráfico de drogas.
	• Crimes contra o sistema financeiro (Lei nº 7.492/86).
	• Crimes previstos na Lei de Terrorismo.

Crimes HEDIONDOS	• Homicídio (art. 121), quando praticado em atividade típica de grupo de extermínio, ainda que cometido por um só agente, e homicídio qualificado (art. 121, § 2º, I, II, III, IV, V, VI, VII e VIII). (Redação dada pela Lei nº 13.964/19). • Lesão corporal dolosa de natureza gravíssima (art. 129, § 2º) e lesão corporal seguida de morte (art. 129, § 3º), quando praticadas contra autoridade ou agente descrito nos arts. 142 e 144 da CF, integrantes do sistema prisional e da Força Nacional de Segurança Pública, no exercício da função ou em decorrência dela, ou contra seu cônjuge, companheiro ou parente consanguíneo até terceiro grau, em razão dessa condição. • Roubo. • Circunstanciado pela restrição de liberdade da vítima (art. 157, § 2º, V). • Circunstanciado pelo emprego de arma de fogo (art. 157. § 2º-A, I) ou pelo emprego de arma de fogo de uso proibido ou restrito (art. 157, § 2º-B). • Qualificado pelo resultado lesão corporal grave ou morte (art. 157, § 3º). • Extorsão qualificada pela restrição da liberdade da vítima, ocorrência de lesão corporal ou morte (art. 158, § 3º). • Extorsão mediante sequestro e na forma qualificada (art. 159, *caput*, e §§ 1º, 2º, 3º). • Estupro (art. 213, *caput* e § § 1º e 2º). • Estupro de vulnerável (art. 217-A, *caput* e § § 1º, 2º, 3 º e 4º. • Epidemia com resultado morte (art. 267. § 1º). • Falsificação, corrupção, adulteração ou alteração de produto destinado a fins terapêuticos ou medicinais (art. 273, *caput* e § 1º, § 1º-A e § 1º-B, com a redação dada pela Lei nº 9.677/98). • Favorecimento da prostituição ou de outra forma de exploração sexual de criança ou adolescente ou de vulnerável (art. 218-B, *caput*, e § § 1º e 2º). (Incluído pela Lei nº 12.978/14) • Furto qualificado pelo emprego de explosivo ou de artefato análogo que cause perigo comum (art. 155, § 4º-A). • O crime de genocídio, previsto nos arts. 1º, 2º e 3º da Lei nº 2.889/56. • O crime de posse ou porte ilegal de arma de fogo de uso proibido, previsto no art. 16 da Lei nº 10.826/03. • O crime de comércio ilegal de armas de fogo, previsto no art. 17 da Lei nº 10.826/03. • O crime de tráfico internacional de arma de fogo, acessório ou munição, previsto no art. 18 da Lei nº 10.826/03. • O crime de organização criminosa. quando direcionado à prática de crime hediondo ou equiparado.

Gabarito: Errado.

1377. **(2021 – CESPE/CEBRASPE – PC/DF – Escrivão)** Determinado cidadão norte-americano em férias em Brasília cometeu o crime de homicídio ao fugir da cena de crime de tráfico ilícito de entorpecentes, supostamente por ele praticado. Após o crime, ele fugiu para o hotel onde se encontrava hospedado desde que chegou ao Brasil. Cinco minutos após ter adentrado em seu quarto, a polícia invadiu o local e conseguiu prendê-lo. Considerando a jurisprudência do STF, julgue os itens a seguir, a partir da situação hipotética precedente.

O crime de tráfico ilícito de entorpecentes é considerado imprescritível, inafiançável e insuscetível de graça ou anistia.

Certo (   )   Errado (   )

A CF/88 prevê no art. 5º, XLIII que o crime tráfico ilícito de entorpecentes e drogas afins é **INA-FIANÇÁVEL e insuscetível de graça ou anistia**, entretanto NÃO estende aos respectivos ilícitos o instituto da IMPRESCRITIBILIDADE.

Gabarito: Errado.

1378. **(2021 – AOCP – MPE/RS – Analista do Ministério Público – Adaptada)** Sobre as prisões processuais e a liberdade provisória

Dângelo, médico, residente em São Marcos, primário, foi autuado em flagrante delito por homicídio culposo (art. 121, parágrafo 3º, do Código Penal), pois como cirurgião geral acabou, em uma cirurgia eletiva, matando a paciente em razão de sua imperícia. Considerando que o médico já possui outras três ocorrências dessa natureza (em fase de investigação) e por haver fundadas razões de que, em liberdade, irá praticar novas mortes dessa natureza, o representante do Ministério Público requereu ao juiz a conversão da prisão em flagrante em prisão preventiva. O juiz deferiu o pedido do Ministério Público, decretando a prisão preventiva do médico. Nesse caso hipotético, a decisão judicial não encontra amparo legal.

Certo ( )   Errado ( )

Conforme o teor do art. 313, I, do CPP, *será ADMITIDA a decretação da prisão preventiva nos **crimes DOLOSOS** punidos com pena privativa de liberdade máxima **SUPERIOR a 4 (quatro) anos**.*

Sobre o tema a doutrina ainda pontua que: *[...] "É certo que aos crimes culposos e às contravenções penais já não se impõe, de regra, pena privativa de liberdade (pois é muito provável a conversão em restritiva de direitos, nos termos do art. 44 do CP). A preventiva representa medida mais gravosa que a própria sanção prevista para o delito, o que não é razoável, impondo-se o **princípio da homogeneidade**, já que a cautelar **NÃO PODE impor regime mais gravoso do que a futura pena**."* (TÁVORA, Nestor. CPP COMENTADO. Nestor Távora, Fabio Roque Araújo – 11 ed. Salvador: Ed. JusPodivm, 2020.)

Jurisprudência do STJ: *[...] Nos termos do art. 313, so I, do CPP, **NÃO é cabível a prisão preventiva nos delitos praticados na modalidade CULPOSA**.* (HC 593.250/SP, Rel. Ministra LAURITA VAZ, SEXTA TURMA, julgado em 22/09/2020, DJe 09/10/2020).

Gabarito: Certo.

1379. **(2021 – CESPE/CEBRASPE – PC/DF – Agente)** No que se refere ao autor do fato criminoso e ao processo penal brasileiro, julgue os próximos itens.

No caso de infração afiançável, a competência para conceder liberdade provisória ao preso é exclusiva do juiz.

Certo ( )   Errado ( )

O CPP estabelece no art. 322 que *a autoridade policial **somente poderá conceder fiança nos casos de infração cuja pena privativa de liberdade máxima não seja superior a 4 (quatro) anos**.* Sendo assim, a concessão de liberdade provisória não é exclusiva do Juiz.

Gabarito: Errado.

1380. **(2021 – AOCP – MPE/RS – Analista do Ministério Público – Adaptada)** Sobre as prisões processuais e a liberdade provisória

No crime de concussão, por ser delito material, a situação flagrancial ocorre tanto no momento da exigência da vantagem indevida quanto de seu recebimento.

Certo ( )   Errado ( )

O examinador abordou a hipótese de prisão em flagrante, em um crime FORMAL. No crime de concussão (art. 316 do CP), o flagrante delito configura-se no momento da EXIGÊNCIA da vantagem indevida. Em razão da concussão ser crime FORMAL, que se consuma com a exigência da vantagem indevida. Portanto, a entrega da vantagem indevida representa mero exaurimento do crime que já se consumou anteriormente.

Gabarito: Errado.

1381. **(2021 – MPDFT – Promotor de Justiça – Adaptada)** Em se tratando das prisões cautelares, assinale a opção CORRETA:

O juiz pode declarar de ofício a prisão preventiva durante a ação penal, desde que estejam presentes os pressupostos e requisitos da decretação da medida.

Certo ( )   Errado ( )

A partir das inovações trazidas pelo Pacote Anticrime, tornou-se inadmissível a conversão, de ofício, da prisão em flagrante em preventiva. Portanto, a prisão preventiva somente poderá ser decretada mediante requerimento do Ministério Público, do assistente ou querelante, ou da autoridade policial (art. 311 do CPP), o que não ocorreu na hipótese dos presentes autos. (STJ, HC 590.039/GO, Rel. Ministro RIBEIRO DANTAS, QUINTA TURMA, DJe 29/10/2020).

Todavia, cabe dizer que *"O posterior requerimento da autoridade policial pela segregação cautelar ou manifestação do Ministério Público favorável à prisão preventiva suprem o vício da inobservância da formalidade de prévio requerimento"*. STJ. 5ª Turma. AgRg RHC 136.708/MS, Rel. Min. Felix Fisher, julgado em 11/03/21 (Info nº 691).

Gabarito: Errado.

1382. **(2021 – CESPE/CEBRASPE – PF – Delegado)** José, réu primário, foi preso em flagrante acusado de ter praticado crime doloso punível com reclusão de no máximo quatro anos. Na audiência de custódia, o juiz decretou a prisão preventiva de ofício. No entanto, a defesa de José solicitou, em seguida, a reconsideração da decisão, com base no argumento de que a conduta do preso era atípica. O juiz acatou a tese e relaxou a prisão.

Certo ( )   Errado ( )

Em se tratando do crime praticado por José, admite-se a decretação de prisão preventiva.

A prisão preventiva PODERÁ ser decretada como:

➢ Garantia da **ordem pública.**

➢ Garantia da **ordem econômica.**

➢ **Conveniência de instrução criminal.**

➢ Garantir a **aplicação da lei.**

➢ **Descumprimento de medidas protetivas de urgência.**

Nos termos do art. 313, I, do CPP, será ADMITA a decretação da prisão preventiva nos crimes DO-LOSOS punidos com **pena privativa de liberdade máxima SUPERIOR (MAIOR) a 4 (quatro) anos**.

Gabarito: Errado.

1383. **(2021 – MPDFT – Promotor de Justiça – Adaptada)** Em se tratando das prisões cautelares, assinale a opção CORRETA:

Não cabe a decretação de prisão preventiva quando da prática de contravenção penal no âmbito da violência doméstica.

Certo ( ) Errado ( )

Não se pode decretar a preventiva do autor de contravenção penal, mesmo que ele tenha praticado o fato no âmbito de violência doméstica e mesmo que tenha descumprido medida protetiva a ele imposta. Isto porque o art. 313, III, do CPP prevê que será admitida a decretação da prisão preventiva "*se o CRIME envolver violência doméstica e familiar contra a mulher, criança, adolescente, idoso, enfermo ou pessoa com deficiência, para garantir a execução das medidas protetivas de urgência*". Por isso, decretar a prisão preventiva nesta hipótese representaria ofensa ao princípio da legalidade estrita. STJ. 6ª Turma. HC 437535-SP, Rel. Acd. Min. Rogerio Schietti Cruz, julgado em 26/06/2018 (Info nº 632).

Gabarito: Certo.

1384. **(2021 – MPDFT – Promotor de Justiça – Adaptada)** Em se tratando das prisões cautelares, assinale a opção CORRETA:

O juiz que decretou a prisão preventiva bem como todos os demais tribunais por onde o feito estiver em curso precisam revisar, a cada 90 dias, a necessidade de sua manutenção, mediante decisão fundamentada de ofício, sob pena de tornar a prisão ilegal.

Certo ( ) Errado ( )

O erro da questão é dizer que todos os demais tribunais têm o dever de proceder essa revisão. Afinal, o STJ entende que a obrigação de revisar, a cada 90 dias, a necessidade de se manter a custódia cautelar (art. 316, parágrafo único, do CPP) é imposta apenas ao juiz ou tribunal que decretar a prisão preventiva. STJ. 6ª Turma. HC 589544-SC, Rel. Min. Laurita Vaz, julgado em 08/09/2020 (Info. nº 680).

Gabarito: Errado.

1385. **(2021 – CESPE/CEBRASPE – PC/DF – Agente)** No que se refere aos crimes previstos na legislação penal, julgue os itens a seguir

Os crimes hediondos são inafiançáveis e imprescritíveis.

Certo ( ) Errado ( )

A CF/88 no art. 5º, XLIII dispõe que a lei considerará crimes inafiançáveis e insuscetíveis de graça ou anistia a prática da tortura, o tráfico ilícito de entorpecentes e drogas afins, o terrorismo e os definidos como crimes hediondos, por eles respondendo os mandantes, os executores e os que, podendo evitá-los, se omitirem. Os crimes hediondos PRESCREVEM.

Gabarito: Errado.

1386. **(2021 – AOCP – PC/PA – Delegado)** Em ronda ostensiva, a polícia militar de Paragominas-PA interceptou Fulano exibindo porte de arma de fogo de uso proibido, no período noturno, e prendeu em flagrante o agente, homem hígido de 25 anos de idade. Encaminhado à Delegacia de Polícia para autuação e interrogatório, Fulano foi alertado de que sua prisão em flagrante provavelmente seria homologada e convertida em prisão preventiva pelo Poder Judiciário, vez que possui maus antecedentes. Ciente da iminente possibilidade, questionou a autoridade policial se poderia requerer, por meio de advogado, transferência da cadeia pública local para a prisão domiciliar. Considerando esse caso hipotético, nessas circunstâncias, a resposta correta é

a) Fulano não pode ser transferido para prisão domiciliar, pois praticou crime mediante violência ou grave ameaça, condições que impossibilitam o benefício em qualquer caso.

b) Fulano poderá ser transferido para a prisão domiciliar se comprovar ser imprescindível aos cuidados especiais de pessoa menor de seis anos de idade ou com deficiência ou, ainda, se for o único responsável pelos cuidados do filho de até doze anos de idade incompletos .

c) Fulano poderá ser transferido para a prisão domiciliar se comprovar estar extremamente debilitado por motivo de doença grave.

d) Fulano não poderá ser transferido para a prisão domiciliar, pois essa modalidade de cárcere só se destina a mulheres mães de crianças até 12 anos de idade e agentes com idade acima de 80 anos.

e) Fulano poderá ser transferido para a prisão domiciliar se comprovar ser imprescindível aos cuidados especiais de pessoa menor de doze anos de idade ou com deficiência psicomotora.

Consoante o teor do art. 318 do CPP, *PODERÁ o juiz substituir a prisão preventiva pela domiciliar quando o agente for:*

I. maior de 80 (oitenta) anos;

II. extremamente debilitado por motivo de doença grave;

III. imprescindível aos cuidados especiais de pessoa menor de 6 (seis) anos de idade ou com deficiência;

IV. gestante a partir do 7 (sétimo) mês de gravidez ou sendo esta de alto risco.

V. gestante;

VI. mulher com filho de até 12 (doze) anos de idade incompletos ;

VII. homem, caso seja o único responsável pelos cuidados do filho de até 12 (doze) anos de idade incompletos .

Fundamentação das alternativas: a, c, d, e) O art. 318-A, do CPP, a prisão preventiva imposta à mulher gestante ou que for mãe ou responsável por crianças ou pessoas com deficiência será substituída por prisão domiciliar, desde que:

I. não tenha cometido crime com violência ou grave ameaça a pessoa;

II. não tenha cometido o crime contra seu filho ou dependente.

Jurisprudência do STF e STJ: A prisão domiciliar do art. 318 do CPP *só se aplica para os casos de prisão preventiva, não podendo ser utilizado quando se tratar de execução definitiva de título condenatório (sentença condenatória transitada em julgado). STF. 1ª Turma. HC 177164/PA, Rel. Min. Marco Aurélio, julgado em 18/2/2020 (Info. nº 967).*

Teses do STJ EDIÇÃO Nº 32: PRISÃO PREVENTIVA - *"A substituição da prisão preventiva pela domiciliar exige comprovação de doença grave, que acarrete extrema debilidade, e a impossibilidade de se prestar a devida assistência médica no estabelecimento penal."*
Gabarito: B.

1387. **(2021 – AOCP – PC/PA – Delegado)** Considere a seguinte situação hipotética: Sicrano foi preso por agentes da Polícia Civil de Parauapebas-PA após ter sido localizado em sua residência portando dez quilos de substâncias listadas como entorpecentes químicos proibidos pela legislação (heroína). A diligência policial foi fruto de interceptação telefônica, seguida de campana policial, ambas judicialmente autorizadas. Em seguida, Sicrano foi encaminhado à Delegacia de Polícia para apresentação. Desses fatos, é correto afirmar que

   a) Sicrano não poderia ter sido preso, pois não havia mandado judicial competente para prendê-lo.

   b) Sicrano estava em situação de flagrante, pois, além de o delito de tráfico de drogas ser crime permanente, foi encontrado com objetos que fizeram presumir ser ele autor da infração.

   c) por ter sido preso após investigação pretérita, a audiência de custódia de Sicrano é dispensável na forma da lei.

   d) não havendo autoridade no lugar em que se tiver efetuado a prisão, o preso livrar-se-á solto.

   e) depois de interrogado, Sicrano deve ter sua prisão em flagrante homologada pela autoridade policial, com arbitramento de fiança, ou convertida em custódia preventiva pelo juízo competente.

Nos termos do art. 303 do CPP, nas infrações PERMANENTES, entende-se o agente em flagrante delito enquanto não cessar a permanência.

Jurisprudência do STJ: *[...] Na hipótese de suspeita de crime em flagrante, exige-se, em termos de standard probatório para ingresso no domicílio do suspeito sem mandado judicial, a existência de fundadas razões (justa causa), aferidas de modo objetivo e devidamente justificadas, de maneira a indicar que dentro da casa ocorre situação de flagrante delito.* **STJ. 6ª Turma. HC 598.051/SP, Rel. Min. Rogério Schietti Cruz, julgado em 02/03/21 (Info. nº 687).**

Fundamentação das alternativas: a) Segundo o so LXI do art. 5º da CF, *"ninguém será preso senão em flagrante delito ou por ordem escrita e fundamentada de autoridade judiciária competente, salvo nos casos de transgressão militar ou crime propriamente militar, definidos em lei"*. Com se verá no comentário ao item seguinte, Sicrano estava em situação flagrancial, o que torna legítima sua detenção; **c)** O art. 310 do CPP, *após receber o auto de prisão em flagrante, no prazo máximo de até 24 (vinte e quatro) horas após a realização da prisão, o juiz deverá promover audiência de custódia com a presença do acusado, seu advogado constituído ou membro da Defensoria Pública e o membro do Ministério Público, e, nessa audiência, o juiz deverá, fundamentadamente:*

I. relaxar a prisão ilegal; ou

II; converter a prisão em flagrante em preventiva, quando presentes os requisitos constantes do art. 312 deste Código, e se revelarem inadequadas ou insuficientes as medidas cautelares diversas da prisão; ou

III. conceder liberdade provisória, com ou sem fiança.

d) Não havendo autoridade no lugar em que se tiver efetuado a prisão, o preso será logo apresentado à do lugar mais próximo, (art. 308 do CPP) e **e)** A lei considerará crimes inafiançáveis e insuscetíveis de graça ou anistia a prática da tortura, o tráfico ilícito de entorpecentes e drogas afins, o terrorismo e os definidos como crimes hediondos, por eles respondendo os mandantes, os executores e os que, podendo evitá-los, se omitirem (art. 5, XLIII, CF/88).

Gabarito: B.

1388. (2021 – CESPE/CEBRASPE – PRF – Policial) Durante uma abordagem em via pública, tendo suspeitado do comportamento de determinado condutor e constatado rasura na carteira nacional de habilitação (CNH) por ele apresentada, o policial rodoviário, após efetuar busca no veículo e apreender mercadoria proibida, deu-lhe voz de prisão, em razão da prática de crime de ação penal pública.

Com referência a essa situação hipotética, julgue o item seguinte.

A situação caracteriza flagrante próprio e, em até vinte e quatro horas após a realização da prisão, deverá ser entregue a nota de culpa ao preso.

Certo ( )   Errado ( )

O CPP dispõe no art. 306 o PROCEDIMENTO a ser adotado pela autoridade policial na prisão em flagrante, vejamos:

A prisão de qualquer pessoa e o local onde se encontre serão **comunicados imediatamente** ao juiz competente, ao Ministério Público e à família do preso ou à pessoa por ele indicada.

Em até **24 horas APÓS a realização da prisão**, será encaminhado ao juiz competente o auto de prisão em flagrante e, caso o autuado não informe o nome de seu advogado, cópia integral para a Defensoria Pública. No mesmo prazo, será entregue ao preso, mediante recibo, a nota de culpa, assinada pela autoridade, com o motivo da prisão, o nome do condutor e os das testemunhas.

Gabarito: Certo.

1389. (2021 – AOCP – MPE/RS – Técnico do Ministério Público – Adaptada) Conforme o CPP, julgueo item a seguir.

Decretada a prisão preventiva, deverá o órgão emissor da decisão revisar a necessidade de sua manutenção a cada cento e oitenta dias, mediante decisão fundamentada, de ofício, sob pena de tornar a prisão ilegal.

Certo ( )   Errado ( )

Sendo decretada a prisão preventiva, **DEVERÁ o órgão emissor da decisão REVISAR** a necessidade de sua manutenção a cada **90 dias**, mediante decisão fundamentada, de ofício, sob pena de tornar a prisão ilegal, conforme o teor do art. 316, parágrafo único, do CPP.

Gabarito: Errado.

1390. (2021 – AOCP – PC/PA – Investigador) De acordo com o atual CPP, assinale a alternativa correta.

   a) A prisão domiciliar consiste no recolhimento do indiciado ou acusado em sua residência ou em casa de albergado, podendo dela ausentar-se com autorização judicial.

   b) Não será concedida fiança nos crimes cometidos por grupos armados, civis ou militares, contra a ordem constitucional e o Estado Democrático.

c) Nos crimes de tortura, a fiança só poderá ser concedida por órgão judiciário colegiado.

d) A autoridade policial somente poderá conceder fiança nos casos de infração cuja pena privativa de liberdade máxima não seja superior a três anos.

e) Se assim recomendar a situação econômica do preso, a fiança poderá ser reduzida em dois terços ou suspensa, mas não dispensada.

Em conformidade com o art. 5º, XLIV da CF/88, constitui **crime INAFIANÇÁVEL** e imprescritível a **ação de grupos armados, civis ou militares, contra a ordem constitucional e o Estado Democrático.**

Fundamentação das alternativas: a) *A prisão domiciliar consiste no recolhimento do indiciado ou acusado em sua residência, só podendo dela ausentar-se com autorização judicial* (art. 317 do CPP; c) art. 5, XLIII - *a lei considerará crimes INAFIANÇÁVEIS e INSUSCETÍVEIS de graça ou anistia a prática da tortura, o tráfico ilícito de entorpecentes e drogas afins, o terrorismo e os definidos como crimes hediondos, por eles respondendo os mandantes, os executores e os que, podendo evitá-los, se omitirem;* d) *A autoridade policial somente poderá conceder fiança nos casos de infração cuja **pena privativa de liberdade máxima não seja SUPERIOR a 4 (quatro) anos** (art. 322 do CPP); e) Consoante o art. 325, § 1º, do CPP, se assim recomendar a situação econômica do preso, a fiança poderá ser:*

I. dispensada, na forma do art. 350 do CPP;

II. reduzida até o máximo de 2/3 (dois terços); ou

III. aumentada em até 1.000 (mil) vezes.

Gabarito: B.

1391. **(2021 – AOCP – PC/PA – Investigador)** Fulana foi presa em flagrante após ser encontrada com uma pistola utilizada, momentos antes, para a prática de um crime de roubo majorado pelo concurso de pessoas. Seu comparsa empreendeu fuga. Fulana teve sua custódia inicial convertida em prisão preventiva, mas não está satisfeita com o seu atual cárcere e consulta um advogado para tentar remediar sua situação processual. Diante dessa situação hipotética, assinale a alternativa que comporta a medida processual correta para aliviar a custódia de Fulana, tendo em vista que ela possui bons antecedentes e um filho de oito anos de idade.

a) Fulana deve requerer à autoridade policial a colocação de tornozeleira eletrônica.

b) A defesa de Fulana pode solicitar ao diretor do presídio feminino a harmonização de regime prisional, do fechado para o aberto, já que ela é portadora de bons antecedentes.

c) A defesa de Fulana pode requerer ao Ministério Público a conversão da prisão preventiva para a prisão em regime semiaberto, para que ela possa trabalhar externamente.

d) O advogado de Fulana deve requerer a conversão da prisão preventiva em prisão domiciliar, já que ela é mãe de uma criança de oito anos de idade.

e) O advogado de Fulana deve propor que ela confesse circunstanciadamente sua culpa, para conseguir a celebração de um acordo de não persecução penal que a liberte mais rapidamente.

Em consonância com o artigo 318 do CPP, *PODERÁ o juiz SUBSTITUIR a prisão preventiva pela domiciliar quando o agente for:*

I. MAIOR de 80 (oitenta) anos;

II EXTREMAMENTE debilitado por motivo de doença grave;

III. IMPRESCINDÍVEL aos cuidados especiais de pessoa MENOR de 6 (seis) anos de idade ou com deficiência;

IV. GESTANTE;

V. mulher com FILHO de até 12 (doze) anos de idade incompletos;

VI. homem, caso seja o ÚNICO responsável pelos cuidados do filho de até 12 (doze) anos de idade incompletos .

Para a substituição, o juiz EXIGIRÁ prova idônea dos requisitos estabelecidos neste artigo.

Gabarito: D.

1392. **(2021 – FGV – PC/RN – Delegado)** Giovani foi preso em flagrante pela prática do crime de homicídio qualificado, sendo lavrado o auto de prisão respectivo em 18/12/2020. Considerando que até o dia 22/12/2020 o preso, sem qualquer motivação idônea, ainda não havia sido apresentado ao juiz para realização de audiência de custódia, a prisão:

a) será mantida, pois a realização da audiência de custódia é facultativa.

b) tornou-se ilegal, devendo ser relaxada pelo delegado de polícia.

c) será mantida, pois a audiência de custódia será dispensável quando tratar-se de crime hediondo ou inafiançável.

d) tornou-se ilegal, devendo ser relaxada pela autoridade judiciária competente.

e) será mantida, pois a legislação vigente não prevê a realização de audiência de custódia.

A **audiência de custódia** (ou de apresentação) constitui **direito público subjetivo, de caráter fundamental**, assegurado por convenções internacionais de direitos humanos a que o Estado brasileiro aderiu, já incorporadas ao direito positivo interno (Convenção Americana de Direitos Humanos e Pacto Internacional sobre Direitos Civis e Políticos). Traduz **prerrogativa não suprimível assegurada a qualquer pessoa**. A **ausência da realização da audiência de custódia** qualifica-se como causa geradora da **ilegalidade da própria prisão em flagrante**, com o consequente relaxamento da privação cautelar da liberdade. Se o magistrado deixar de realizar a audiência de custódia e não apresentar uma motivação idônea para essa conduta, ele estará **sujeito à tríplice responsabilidade**, nos termos do art. 310, § 3º, do CPP. *STF. HC 188888/MG, Rel. Min. Celso de Mello, julgado em 6/10/2020 (Info. nº 994).*

STF Rcl 29303 AgR - 2020: *A audiência de custódia deve ser realizada em **todos** os tipos de prisão, ou seja, prisão em flagrante, prisões cautelares - temporárias e preventivas - e para cumprimento de pena. (Interpretação sistemática dos arts. 287 e 310).*

Gabarito: D.

1393. (2021/ CESPE / CEBRASPE/ PRF/ Policial Rodoviário Federal) Durante uma abordagem em via pública, tendo suspeitado do comportamento de determinado condutor e constatado rasura na carteira nacional de habilitação (CNH) por ele apresentada, o policial rodoviário, após efetuar busca no veículo e apreender mercadoria proibida, deu-lhe voz de prisão, em razão da prática de crime de ação penal pública.

Com referência a essa situação hipotética, julgue o item seguinte.

A prisão do condutor é uma espécie de prisão provisória, dispensa a expedição de mandado e o policial deve exigir o recibo de entrega do preso.

Certo ( )   Errado ( )

A questão trata da prisão em flagrante que é uma prisão provisória, porquanto é uma espécie da **modalidade prisional cautelar, alguns doutrinadores entendem que pré-cautelar**. *A prisão em* flagrante tem fundamento constitucional no art. 5º, LXI da CF/88 e art. 301 do CPP, e NÃO depende de mandado judicial para o seu cumprimento.

O art. 304 do CPP dispõe que realizada a prisão em flagrante o preso será apresentado à autoridade competente, ouvirá esta o condutor e colherá, desde logo, sua assinatura, entregando a este cópia do termo e recibo de entrega do preso.

Súmula nº 546 do STJ: *A competência para processar e julgar o crime de uso de documento falso é firmada em razão da entidade ou órgão ao qual foi apresentado o documento público, não importando a qualificação do órgão expedidor.*

Gabarito: Certo.

1394. (2021 – FGV – PC/RN – Delegado) Policiais militares obtiveram a informação de que uma oficina mecânica agiria como desmanche de carros roubados e que, naquela noite, receberia um determinado veículo que fora roubado no dia anterior. Com essa informação, os policiais se dirigiram até o local de funcionamento da oficina e aguardaram a chegada do referido veículo. Após o carro adentrar a oficina, os policiais invadiram o local e prenderam em flagrante os donos da oficina pelo crime de receptação qualificada. A situação apresentada trata da hipótese de:

a) flagrante preparado, sendo legal.

b) flagrante forjado, sendo ilegal.

c) flagrante esperado, sendo legal.

d) flagrante preparado, sendo ilegal.

e) flagrante esperado, sendo ilegal.

No flagrante ESPERADO (campana) a autoridade policial ou o particular **toma conhecimento** de que será praticada um crime e se desloca para o local onde o crime acontecerá. Começados os atos executórios, ou até mesmo havendo a consumação, a autoridade procede à prisão em flagrante.

Gabarito: C.

1395. **(2020 – CESPE/CEBRASPE – PRF – Policial)** José, réu primário, foi preso em flagrante acusado de ter praticado crime doloso punível com reclusão de no máximo quatro anos. Na audiência de custódia, o juiz decretou a prisão preventiva de ofício. No entanto, a defesa de José solicitou, em seguida, a reconsideração da decisão, com base no argumento de que a conduta do preso era atípica. O juiz acatou a tese e relaxou a prisão.

Considerando essa situação hipotética, julgue o item subsequente.

Devido à pena prevista para o crime praticado por José, delegados ficam vedados a arbitrar a fiança.

Certo ( )   Errado ( )

NÃO é vedado ao delegado a concessão de FIANÇA nos crimes que a pena máxima é quatro anos. De acordo com o art. 322 do CPP a AUTORIDADE POLICIAL somente poderá conceder fiança nos casos de infração cuja pena privativa de liberdade MÁXIMA NÃO SEJA SUPERIOR a 4 (quatro) anos. Gabarito: Errado.

1396. **(2021 – FGV – PC/RN – Delegado)** Mendel foi preso em flagrante pela prática do crime de furto, punível com pena de reclusão de 1 a 4 anos e multa, constando de sua folha de antecedentes criminais diversos outros processos pela prática de delitos da mesma natureza. Após Mendel ser apresentado à autoridade policial, o delegado de polícia:

a) poderá conceder liberdade provisória com ou sem fiança.

b) poderá arbitrar fiança, cumulada com outras medidas cautelares alternativas.

c) poderá arbitrar fiança e deixar de lavrar o auto de prisão em flagrante, diante da pena máxima em abstrato do delito.

d) poderá deixar de arbitrar fiança, caso presentes requisitos que autorizem a decretação da prisão preventiva.

e) não poderá arbitrar fiança, em razão da pena máxima cominada ao delito.

Consoante o teor do art. 324 do CPP: *NÃO* será, igualmente, *concedida fiança*:

I. aos que, no mesmo processo, tiverem quebrado fiança anteriormente concedida ou infringido, sem motivo justo, qualquer das obrigações a que se referem os.

II. em caso de prisão civil ou militar.

[...]

IV. quando presentes os motivos que autorizam a decretação da prisão preventiva.

Gabarito: D.

1397. **(2021 – CESPE/CEBRASPE – PF – Delegado)** José, réu primário, foi preso em flagrante acusado de ter praticado crime doloso punível com reclusão de no máximo quatro anos. Na audiência de custódia, o juiz decretou a prisão preventiva de ofício. No entanto, a defesa de José solicitou, em seguida, a reconsideração da decisão, com base no argumento de que a conduta do preso era atípica. O juiz acatou a tese e relaxou a prisão.

Considerando essa situação hipotética, julgue o item subsequente.

Nessa situação, a primeira decisão do juiz foi regular, já que os tribunais superiores têm admitido, de ofício, a conversão da prisão em flagrante em prisão preventiva durante a audiência de custódia.

Certo ( )   Errado ( )

O juiz **NÃO PODERÁ** agir de **ofício, necessita OBRIGATORIAMENTE ser provocado.** Apesar disso, após a **provocação poderá decretar qualquer medida cautelar que entender necessária e suficiente ao caso concreto.**

Jurisprudência do STJ: *[...] a não realização da audiência de custódia,* **não autoriza a prisão, de ofício,** *considerando que o pedido para tanto pode ser formulado independentemente de sua ocorrência. O fato é que as novas disposições legais trazidas pela Lei nº 13.964/19 impõem ao Ministério Público e à Autoridade Policial a obrigação de se estruturarem de modo a atender os novos deveres que lhes foram impostos.*

Após o advento da Lei nº 13.964/19, não é mais possível a conversão da prisão em flagrante em preventiva sem provocação por parte ou da autoridade policial, do querelante, do assistente, ou do Ministério Público, **mesmo nas situações em que não ocorre audiência de custódia.** *STJ. 3ª Seção. RHC 131.263, Rel. Min. Sebastião Reis Júnior, julgado em 24/02/21 (Info. nº 686).*

Gabarito: Errado.

1398.   (2016 – FUNCAB – PC/PA – Escrivão) Acerca do instituto da fiança, assinale a alternativa correta.

a)   Não será concedida fiança quando presentes os motivos que autorizam a decretação da prisão preventiva.

b)   Para determinar o valor da fiança, a autoridade terá em consideração a personalidade, as condições pessoais de fortuna e vida pregressa do acusado, as circunstâncias indicativas de sua periculosidade, bem como a importância provável das custas da investigação.

c)   O réu afiançado livra-se de quaisquer medidas cautelares, incluindo a mudança de endereço e a ausência de sua residência por tempo indeterminado.

d)   O valor da fiança será fixado pela autoridade que a conceder em alguns limites, dentre os quais de um a cem salários mínimos, quando o máximo da pena privativa de liberdade cominada for superior a quatro anos.

e)   A fiança, que será sempre definitiva, consistirá unicamente em depósito de dinheiro ou em hipoteca inscrita em primeiro lugar.

NÃO será concedida fiança quando presentes os motivos que autorizam a decretação da PRISÃO PREVENTIVA (art. 324, IV, do CPP).

Fundamentação das alternativas: b) *Para determinar o valor da fiança, a autoridade terá em consideração a natureza da infração, as condições pessoais de fortuna e vida pregressa do acusado, as circunstâncias indicativas de sua periculosidade, bem como a importância provável das custas do processo,* **até final julgamento,** (art. 326 do CPP); c) *O réu afiançado* **NÃO PODERÁ, sob pena de quebramento da fiança, mudar de residência, sem prévia permissão da autoridade processante, ou ausentar-se por mais de 8 (oito) dias de sua residência,** *sem comunicar àquela autoridade o lugar onde será encontrado,* (art. 328 do CPP); d) *O valor da fiança será fixado pela autoridade que a conceder nos seguintes limites de 1 (um) a 100 (cem) salários mínimos,* **quando se tratar de infração cuja pena privativa de liberdade, no grau máximo, não for superior a 4 (quatro) anos,** (art. 325, I, do CPP); e e) *A fiança, que será sempre definitiva,* **consistirá em depósito de dinheiro, pedras, objetos ou metais preciosos, títulos da dívida pública, federal, estadual ou municipal, ou em hipoteca inscrita em primeiro lugar** (art. 330 do CPP).

Gabarito: A.

1399. (2021 – CESPE/CEBRASPE – PRF – Policial) Com relação ao direito penal e ao direito processual penal, julgue o item que se segue.

Caracteriza-se como flagrante preparado à situação em que os policiais provocam ou induzem o cometimento do crime pelo agente.

Certo ( )　　　　　Errado ( )

Flagrante preparado, provocado, crime de ensaio, delito putativo por obra do agente, delito de experiência *é ILEGAL, pois o agente do crime é provocado pela polícia ou por terceiros, a cometer o fato criminoso, com o objetivo de efetuar a prisão em flagrante, ao mesmo tempo, que adota providências para que o crime não se consume.*

Jurisprudência do STF: CRIME IMPOSSÍVEL — Súmula nº 145 — *Não há crime, quando a preparação do flagrante pela polícia torna impossível a sua consumação. Portanto, é ILÍCITA a prisão efetuada em virtude do cometimento de crime que a autoridade, por meio de um elemento provocador, dá causa à prática criminosa de terceiros que, afastada tal circunstância, não cometeriam o crime.*

Gabarito: Certo.

1400. (2020 – FGV – OAB – XXXI) Durante escuta telefônica devidamente deferida para investigar organização criminosa destinada ao contrabando de armas, policiais obtiveram a informação de que Marcelo receberia, naquele dia, grande quantidade de armamento, que seria depois repassada a Daniel, chefe de sua facção. Diante dessa informação, os policiais se dirigiram até o local combinado. Após informarem o fato à autoridade policial, que o comunicou ao juízo competente, eles acompanharam o recebimento do armamento por Marcelo, optando por não o prender naquele momento, pois aguardariam que ele se encontrasse com o chefe da sua organização para, então, prendê-los. De posse do armamento, Marcelo se dirigiu ao encontro de Daniel e lhe repassou as armas contrabandeadas, quando, então, ambos foram surpreendidos e presos em flagrante pelos policiais que monitoravam a operação. Encaminhados para a Delegacia, os presos entraram em contato com um advogado para esclarecimentos sobre a validade das prisões ocorridas. Com base nos fatos acima narrados, o advogado deverá esclarecer aos seus clientes que a prisão em flagrante efetuada pelos policiais foi

a) ilegal, por se tratar de flagrante esperado.

b) legal, restando configurado o flagrante preparado.

c) legal, tratando-se de flagrante retardado.

d) ilegal, pois a conduta dos policiais dependeria de prévia autorização judicial.

O flagrante PRORROGADO → DIFERIDO → PROTELADO → AÇÃO CONTROLADA trata-se de uma forma de flagrante lícito, válido e regular, em que agentes da autoridade, cientes, por qualquer razão, de que um crime poderá ser cometido em determinado local e horário, sem que tenha havido qualquer preparação ou induzimento, deixam que o suspeito aja, ficando à espreita para prendê-lo em flagrante no momento da execução do delito. É uma autorização legal para que o agente policial retarda o momento da sua intervenção, para um momento futuro, mais eficaz e oportuno para o colhimento das provas ou por conveniência da investigação. Exemplo: Lei nº 11.343/2006, art. 53, II.

São hipóteses de flagrante RETARDADO na legislação extravagante		
Lei nº 11.343/06 (Drogas)	**Lei nº 12.850/13** (Organização Criminosa)	**Lei nº 9.613/98** (Lavagem de Capitais)
DEVE ter autorização judicial + demonstrar saber toda a rotina da facção criminosa + Manifestação do Ministério Público.	**NÃO** precisa ter autorização judicial, precisa ter SOMENTE a COMUNICAÇÃO judicial e ministerial.	Prevê o instituto da ação controlada devendo haver PRÉVIA manifestação do Ministério Público.

Gabarito: C.

1401. **(Cespe)** Lúcio é investigado pela prática de latrocínio. Durante a investigação, apurou-se a participação de Carlos no crime, tendo sido decretada de ofício a sua prisão temporária.

A partir dessa situação hipotética e do que dispõe a legislação, julgue o item seguinte. Recebida a denúncia, não será mais cabível prisão temporária para Lúcio e Carlos.

Certo ( )   Errado ( )

O art. 2º da Lei nº 7.960/89 estabelece que a prisão temporária será decretada pelo JUIZ em face da **representação da autoridade policial ou de requerimento do Ministério Público (OU SEJA, O JUIZ NÃO PODE DECRETAR DE OFÍCIO), e terá o prazo de 5 dias, prorrogável por igual período em caso de extrema e comprovada necessidade.**

Prisão Temporária: só na fase de investigação e com representação e requerimento.

ATENÇÃO: Conforme o STJ, a prisão temporária não pode ser mantida após o recebimento da denúncia pelo juiz.

Jurisprudência: *HABEAS CORPUS. PROCESSO PENAL. INQUÉRITO POLICIAL. art. 12 DA LEI Nº 6.368/76. PRISÃO TEMPORÁRIA. OFERECIMENTO DE DENÚNCIA. INSUBSISTÊNCIA DO DECRETO. 1. Uma vez oferecida a denúncia não mais subsiste o decreto de prisão temporária, que visa resguardar, tão somente, a integridade das investigações. 2. Ordem concedida para revogar a prisão temporária decretada nos autos do processo nº 274/2006, em trâmite na Vara Única da Comarca de Ipauçu/SP. (STJ - HC: 78437 SP 2007/0050077-9, Relator: Min. LAURITA VAZ, Data de Julgamento: 28/06/2007, T5 - QUINTA TURMA, Data de Publicação: DJ 13/08/2007 p. 401).*

Gabarito: Certo.

1402. **(2019 – FGV – TJ/CE – Técnico Judiciário)** Mariana, tecnicamente primária e com endereço fixo, foi identificada, a partir de câmeras de segurança, como autora de um crime de furto simples [Pena: 01 a 04 anos de reclusão e multa] em um estabelecimento comercial. O inquérito policial com relatório conclusivo, acompanhado da Folha de Antecedentes Criminais com apenas uma outra anotação referente à ação penal em curso, sem decisão definitiva, foi encaminhado ao Poder Judiciário e, posteriormente, ao Ministério Público.

Entendendo que existe risco de reiteração delitiva, já que testemunhas indicavam que Mariana, que se encontrava solta, já teria praticado delitos semelhantes, no mesmo local, em outras ocasiões, poderá o Promotor de Justiça com atribuição requerer que seja:

a) fixada cautelar alternativa de comparecimento mensal em juízo, proibição de contato com as testemunhas, mas não o recolhimento domiciliar no período noturno por ausência de previsão legal.

b) fixada cautelar alternativa de proibição de frequentar, por determinado período, o estabelecimento lesado, mas não a decretação da prisão preventiva ou temporária.

c) fixada a cautelar alternativa de internação provisória, que gera detração da pena, mas não a prisão preventiva ou temporária.

d) decretada a prisão temporária da indiciada.

e) decretada a prisão preventiva da indiciada.

NÃO CABE prisão preventiva, pois o crime praticado pela indiciada não se encaixa em nenhuma das hipóteses de ADMISSIBILIDADE do art. 313 do CPP:

I - nos crimes dolosos punidos com pena privativa de liberdade máxima superior a 4 (quatro) anos;

II - se tiver sido condenado por outro crime doloso, em sentença transitada em julgado, ressalvado o disposto no ;

III - se o crime envolver violência doméstica e familiar contra a mulher, criança, adolescente, idoso, enfermo ou pessoa com deficiência, para garantir a execução das medidas protetivas de urgência;

[...]

Além disso, NÃO CABE a prisão temporária, pois o crime de furto não está previsto no rol taxativo da Lei nº 7.960/89. Contudo, perante o caso narrado, é cabível medida cautelar diversa da prisão nos termos do art. 319 do CPP.

Gabarito: B.

___

1403. **(2019 – VUNESP – Prefeitura de São José dos Campos/SP – Procurador)** Nos exatos termos do art. 302 do CPP, considera-se em flagrante delito quem

a) cometeu a infração penal nas últimas 24h.

b) é imediatamente reconhecido como autor do crime pela vítima.

c) é avistado em conduta que gera fundada suspeita, logo após o crime.

d) é encontrado com instrumentos, armas, objetos ou papéis que façam presumir ser ele autor da infração.

e) é perseguido, logo após, pela autoridade, pelo ofendido ou por qualquer pessoa, em situação que faça presumir ser autor da infração.

Art. 302. Considera-se em flagrante delito quem:

I. está cometendo a infração penal;

II. acaba de cometê-la;

III. é perseguido, logo após, pela autoridade, pelo ofendido ou por qualquer pessoa, em situação que faça presumir ser autor da infração;

IV. é encontrado, logo depois, com instrumentos, armas, objetos ou papéis que façam presumir ser ele autor da infração.

Gabarito: E.

___

1404. **(2019 – CONSULPLAN – MPE/SC – Promotor de Justiça)** Será exigido o reforço da fiança quando for inovada a classificação do delito, nos termos, do CPP.

Certo ( )   Errado ( )

Nos termos do art. 340 do CPP, *será exigido o reforço da fiança:*

I. quando a autoridade tomar, por engano, fiança insuficiente;

II. quando houver depreciação material ou perecimento dos bens hipotecados ou caucionados, ou depreciação dos metais ou pedras preciosas;

III. quando for inovada a classificação do delito.

Gabarito: Certo.

1405. **(2019 – FCC – TRF 3ª Região – Técnico Judiciário)** Considere os seguintes casos hipotéticos:

I. Paulo, funcionário público no exercício do seu cargo, cometeu crime de corrupção passiva ao exigir dinheiro de uma determinada pessoa para deixar de praticar determinado ato de ofício.

II. Júlio cometeu crime de cárcere privado (artigo 148, do Código Penal) ao invadir a casa da ex-namorada, que não queria reatar o relacionamento amoroso.

III. Afonso cometeu crime de roubo (artigo 157, do Código Penal) contra um hipermercado situado na cidade de São Paulo, em comparsaria com outros elementos.

IV. Manoel, funcionário público, cometeu crime de peculato após se apropriar de dinheiro de que teve a posse em razão do seu cargo.

Presentes todos os requisitos legais previstos na Lei nº 7.960/89, que dispõe sobre a prisão temporária, o magistrado competente poderá decretar a prisão temporária de:

a) Paulo, Júlio e Manoel, apenas.

b) Paulo, Júlio, Afonso e Manoel.

c) Paulo, Afonso e Manoel, apenas.

d) Júlio e Afonso, apenas.

e) Júlio e Manoel, apenas.

A prisão temporária só tem cabimento no caso de crimes previstos no art. 1º, III da Lei nº 7.960/89 ou no caso de crimes hediondos ou equiparados. No caso em tela, apenas Júlio e Afonso praticaram crimes que admitem a temporária. Vejamos:

Art. 1º Caberá prisão temporária: [...]

III - quando houver fundadas razões, de acordo com qualquer prova admitida na legislação penal, de autoria ou participação do indiciado nos seguintes crimes: [...]

b) sequestro ou cárcere privado (art. 148, caput, e seus § § 1º e 2º);

c) roubo (art. 157, caput, e seus § § 1º, 2º e 3º);

De tal modo, presentes os demais requisitos, somente caberá a prisão temporária nos casos de Júlio e Afonso.

Gabarito: D.

1406. **(2019 – CESPE/CEBRASPE – TJ/AM – Analista Judiciário)** Lúcio é investigado pela prática de latrocínio. Durante a investigação, apurou-se a participação de Carlos no crime, tendo sido decretada de ofício a sua prisão temporária.

A partir dessa situação hipotética e do que dispõe a legislação, julgue o item seguinte.

É ilegal a prisão temporária de Carlos, porque, apesar de o crime de latrocínio admiti-la, não poderia ter sido decretada de ofício pelo juiz.

Certo ( )   Errado ( )

Consoante o disposto no art. 2º, a prisão temporária será decretada pelo Juiz, em face da representação da autoridade policial ou de requerimento do Ministério Público, e terá o prazo de 5 dias, prorrogável por igual período em caso de extrema e comprovada necessidade.

Gabarito: Certo.

1407. **(2019 – SELECON – Prefeitura de Cuiabá/MT – Técnico)** P. é surpreendido pela atuação de agentes policiais que preparam um flagrante em seu desfavor. No caso, resta caracterizado o denominado crime:

a) presumido.

b) putativo.

c) impossível.

d) impertinente.

Jurisprudência do STF: Súmula nº 145 – *NÃO há crime quando a preparação do flagrante pela polícia torna impossível a sua consumação.*

Considera-se: flagrante preparado/provocado/crime de ensaio/delito putativo por obra do agente provocador.

Conceitualmente: crime impossível é aquele no qual o comportamento do agente não tem condições de gerar o resultado delituoso, quer por total inadequação dos meios empregados, quer por absoluta impropriedade do objeto material.

Sinônimos de crime impossível: "crime oco", "tentativa inidônea" e "quase crime".

Caracteriza-se pelo induzimento à prática do crime pelo agente provocador, que tomando as medidas necessárias, torna impossível a consumação do delito.

Gabarito: C.

1408. **(2019 – FEPESE – SJC/SC – Agente Penitenciário)** De acordo com o CPP, a prisão de qualquer pessoa e o local onde se encontre serão comunicados imediatamente:

1. ao Ministério Público.

1. ao Departamento Prisional.

2. à família do preso.

3. à defensoria pública ou ao advogado do preso.

Assinale a alternativa que indica todas as afirmativas **corretas**.

a) São corretas apenas as afirmativas 1 e 3.

b) São corretas apenas as afirmativas 1, 2 e 4.

c) São corretas apenas as afirmativas 1, 2 e 3.

d) São corretas apenas as afirmativas 2, 3 e 4.

e) São corretas as afirmativas 1, 2, 3 e 4.

Em acordo com o art. 306 do CPP, a prisão de qualquer pessoa e o local onde se encontre serão comunicados imediatamente ao juiz competente, ao Ministério Público e à família do preso ou à pessoa por ele indicada.

§ 1º Em até 24 (vinte e quatro) horas após a realização da prisão, será encaminhado ao juiz competente o auto de prisão em flagrante e, caso o autuado não informe o nome de seu advogado, cópia integral para a Defensoria Pública.

Gabarito: A.

1409. **(Instituto Acesso – Adaptada)** A Lei nº 12.403/2011 inseriu no ordenamento jurídico brasileiro as medidas cautelares diversas da prisão, de forma que a privação da liberdade fosse considerada como medida cautelar excepcional. Assim, a alternativa está correta a respeito desse instituto.

Para o STJ a alegação de nulidade da prisão em flagrante em razão da não realização de audiência de custódia no prazo legal não fica superada com a conversão do flagrante em prisão preventiva.

Certo (　) 　　　　Errado (　)

Jurisprudência em Teses – STJ nº 120 - *Realizada a conversão da prisão em flagrante em preventiva, fica superada a alegação de nulidade porventura existente em relação à ausência de audiência de custódia.*

Jurisprudência:

A falta da audiência de custódia não enseja nulidade da prisão preventiva, superada que foi a prisão em flagrante, devendo ser este novo título de prisão aquele a merecer o exame da legalidade e necessidade.

STJ. 6ª Turma. RHC 99.091/AL, Rel. Min. Nefi Cordeiro, julgado em 04/09/2018.

A alegação de nulidade da prisão em flagrante em razão da não realização de audiência de custódia no prazo legal fica superada com a conversão do flagrante em prisão preventiva, tendo em vista que constitui novo título a justificar a privação da liberdade. STJ. 5ª Turma. HC 444.252/MG, Rel. Min. Joel Ilan Paciornik, julgado em 23/08/2018.

Por força do Pacto dos Direitos Civis e Políticos, da Convenção Interamericana de Direitos Humanos e como decorrência da cláusula do devido processo legal, a realização de audiência de apresentação ("audiência de custódia") é de observância obrigatória. Essa audiência não pode ser dispensada sob a justificativa de que o juiz já se convenceu de que a prisão preventiva é necessária.

A audiência de apresentação constitui direito subjetivo do preso e, nessa medida, sua realização não se submete ao livre convencimento do juiz, sob pena de cerceamento inconvencional. A conversão da prisão em flagrante em preventiva não traduz, por si, a superação da flagrante irregularidade, na medida em que se trata de vício que alcança a formação e legitimação do ato constritivo.

Desse modo, caso o juiz não tenha decretado a prisão preventiva, o tribunal deverá reconhecer que houve ilegalidade e determinar que o magistrado realize a audiência de custódia. STF. 1ª Turma. HC 133992, Rel. Min. Edson Fachin, julgado em 11/10/2016.

Gabarito: Errado.

1410. **(2019 – CONSULPLAN – MPE/SC – Promotor de Justiça)** Nos termos, do CPP, a proibição de ausentar-se do País será comunicada pelo juiz às autoridades encarregadas de fiscalizar as saídas do território nacional, intimando-se o indiciado ou acusado para entregar o passaporte, no prazo de 48 [quarenta e oito] horas.

Certo ( )   Errado ( )

Consoante o art. 320 do CPP, *a proibição de ausentar-se do país será comunicada pelo juiz às autoridades encarregadas de fiscalizar as saídas do território nacional, intimando-se o indiciado ou acusado para entregar o passaporte, no prazo de 24 horas.*

Passaporte (avião)	Rápido, logo 24 horas (art. 320 do CPP)
CNH (carro)	Demora, logo 48 horas (art. 293, § 1º, do CTB)

Gabarito: Errado.

1411. **(2019 – FGV – Prefeitura de Salvador/BA – Guarda Civil)** Enquanto Pedro estava praticando um crime de furto em um carro localizado na rua, Antônio, que morava na casa da frente, contatou o seu advogado e perguntou quem poderia prendê-lo.

À luz da sistemática afeta aos direitos e garantias constitucionais, o advogado respondeu corretamente que, naquele instante, Pedro

a) apenas poderia ser preso por ordem do Delegado de Polícia.

b) apenas poderia ser preso pelo proprietário do veículo.

c) apenas poderia ser preso se houvesse ordem judicial.

d) poderia ser preso por qualquer do povo.

e) apenas poderia ser preso pela polícia.

Nos termos do art. 301 do CPP, *qualquer do* **povo poderá e as autoridades policiais e seus agentes deverão prender quem quer que seja encontrado em flagrante delito.**

Gabarito: D.

1412. **(2019 – CESPE/CEBRASPE – TJ/AM –Assistente Judiciário)** Acerca de prisão, medidas cautelares e liberdade provisória, julgue o item subsecutivo.

A prisão em flagrante do autor de crime de ação penal pública condicionada à representação substitui a necessidade de manifestação do ofendido para instauração de inquérito policial.

Certo ( )   Errado ( )

Os arts. 4, § 4º, e 24 do CPP fundamentam a alternativa, senão vejamos:

O inquérito, nos crimes em que a ação pública depender de representação, não poderá sem ela ser iniciado.

Nos crimes de ação pública, esta será promovida por denúncia do Ministério Público, mas dependerá, quando a lei o exigir, de requisição do Ministro da Justiça, ou de representação do ofendido ou de quem tiver qualidade para representá-lo.

Gabarito: Errado.

1413. **(2019 – FUNDATEC – Prefeitura de Gramado/RS – Advogado – Adaptada)** De acordo com o CPP, são medidas cautelares diversas da prisão:

Comparecimento periódico em juízo, no prazo de a cada 6 meses e nas condições fixadas pelo juiz, para informar e justificar atividades.

Certo ( )   Errado ( )

Conforme estabelece o art. 319, I, do CPP, *o comparecimento periódico em juízo,* **no prazo e nas condições fixadas pelo juiz, para informar e justificar atividades.**

Gabarito: Errado.

1414. **(2019 – CESPE/CEBRASPE – Prefeitura de Boa Vista/RR – Procurador)** José, de sessenta e nove anos de idade, fiscal de vigilância sanitária municipal, viúvo e único responsável pelos cuidados de seu filho, de onze anos de idade, foi denunciado à polícia por comerciantes que alegavam que o referido fiscal lhes solicitava dinheiro para que não fossem por ele autuados por infração à legislação sanitária. Durante investigação conduzida por autoridade policial em razão dessa denúncia, foi deferida judicialmente interceptação da comunicação telefônica de José.

Nesse ato, evidenciou-se, em uma degravação, que José havia solicitado certa quantia em dinheiro a um comerciante, Pedro, para não interditar seu estabelecimento comercial, e que José havia combinado encontrar-se com Pedro para realizarem essa transação financeira. Na interceptação, foram captadas, ainda, conversas em que José e outros quatro fiscais não identificados discutiam a forma de solicitar dinheiro a comerciantes, em troca de não autuá-los, e a repartição do dinheiro que seria obtido com isso.

No dia combinado, Pedro encontrou-se com José, e, pouco antes de entregar-lhe o dinheiro que carregava consigo, policiais que haviam instalado escuta ambiental na sala do fiscal mediante autorização judicial prévia deram voz de prisão em flagrante a José, conduzindo-o, em seguida, à presença da autoridade policial.

Em revista pessoal, foi constatado que José portava três cigarros de maconha. Questionado, o fiscal afirmou ter comprado os cigarros de um estrangeiro que trazia os entorpecentes de seu país para o Brasil e os revendia perto da residência de José. A autoridade policial deu andamento aos procedimentos, redigiu o relatório final do inquérito policial e o encaminhou à autoridade competente.

Considerando essa situação hipotética, julgue o item subsequente.

A prisão de José, realizada pelos policiais, é nula, uma vez que a preparação do flagrante tornou impossível a consumação do crime.

Certo ( )   Errado ( )

Trata-se de CRIME FORMAL, logo o crime se consumou com a solicitação do agente público de vantagem indevida, ou seja, o crime de corrupção passiva consumou-se no momento em que o agente público "solicitou o dinheiro". Portanto, o momento em que o agente público receber o dinheiro trata-se de **MERO EXAURIMENTO DO ATO,** sendo assim, inexiste o flagrante.

De acordo com uma das novas teses do STJ: *No flagrante esperado, a polícia tem notícias de que uma infração penal será cometida e passa a monitorar a atividade do agente de forma a aguardar o melhor momento para executar a prisão, não havendo que se falar em ilegalidade do flagrante.*

Gabarito: Certo.

1415. **(2019 – FCC – MPE/MT – Promotor de Justiça)** O CPP e a Lei de Execuções Penais disciplinam a prisão em residência particular. É requisito comum a ambas as normas:

a) ser o homem preso o único responsável pelos cuidados de criança de até 12 anos de idade.

b) a presa ser gestante.

c) a pessoa beneficiada ser maior de 70 anos.

d) estar o(a) preso(a) extremamente debilitado(a) por motivo de doença grave.

e) a prisão domiciliar substituir a prisão em regime fechado.

PRISÃO DOMICILIAR CPP (art. 317, 318 E 318-A)	PRISÃO DOMICILIAR LEP (art. 117)
O CPP, ao tratar da prisão domiciliar, está se referindo à possibilidade de o réu, em vez de ficar em prisão preventiva, permanecer recolhido em sua residência.	A LEP, ao tratar da prisão domiciliar, está se referindo à possibilidade de a pessoa já condenada cumprir a sua pena privativa de liberdade na própria residência.
O juiz poderá substituir a prisão preventiva pela domiciliar quando o agente for: I — maior de 80 anos; II — extremamente debilitado por motivo de doença grave; III — imprescindível aos cuidados especiais de pessoa menor de 6 anos de idade ou com deficiência; IV — gestante; V — mulher com filho de até 12 (doze) anos de idade incompletos ; VI — homem, caso seja o único responsável pelos cuidados do filho de até 12 (doze) anos de idade incompletos . Obs.: os magistrados, membros do MP, da Defensoria e da advocacia têm direito à prisão cautelar em sala de Estado-Maior. Caso não exista, devem ficar em prisão domiciliar.	O preso que estiver cumprindo pena no regime aberto poderá ficar em prisão domiciliar quando se tratar de condenado(a): I — maior de 70 anos; II — acometido de doença grave; III — com filho menor ou deficiente físico ou mental; IV — gestante.

Gabarito: B.

1416. **(2019 – IDIB – Prefeitura de Petrolina/PE – Guarda Civil)** Com base no CPP, assinale abaixo a situação em que é possível a concessão de fiança:

a) Quando o réu estiver sendo investigado pela prática de crime de tortura.

b) Quando o réu tiver praticado infrações penais de menor potencial ofensivo.

c) Quando o réu tiver sofrido prisão civil ou militar.

d) Quando estiverem presentes os motivos que autorizam a decretação da prisão preventiva.

e) Quando o réu estiver sendo investigado pela prática de crimes hediondos.

Conforme o art. 324 do CPP, *não será, igualmente, concedida fiança:*

I - aos que, no mesmo processo, tiverem quebrado fiança anteriormente concedida ou infringido, sem motivo justo, qualquer das obrigações a que se referem os ;

II - em caso de prisão civil ou militar;

IV - quando presentes os motivos que autorizam a decretação da prisão preventiva

Jurisprudência do STJ: *Na hipótese de apuração de delitos de menor potencial ofensivo, deve-se considerar a soma das penas máximas em abstrato em concurso material, ou, ainda, a devida exasperação, no caso de crime continuado ou de concurso formal, e ao se verificar que o resultado da adição é superior a dois anos, afasta-se a competência do Juizado Especial Criminal. (Rel. Ministro RIBEIRO DANTAS, QUINTA TURMA, Julgado em 14/09/2017, DJE 22/09/2017).*

Gabarito: B.

1417. (2019 – FUNDATEC – Prefeitura de Gramado/RS – Advogado – Adaptada) De acordo com o CPP, são medidas cautelares diversas da prisão:

Proibição de acesso ou frequência a determinados lugares quando, a critério do juiz, deva o indiciado ou acusado permanecer distante desses locais para evitar o risco de novas infrações.

Certo (　)　　　　Errado (　)

Nos termos do art. 319, II, do CPP, *a proibição de acesso ou frequência a determinados lugares quando, por circunstâncias relacionadas ao fato, deva o indiciado ou acusado permanecer distante desses locais para evitar o risco de novas infrações.*

Gabarito: Errado.

1418. (2019 – CESPE/CEBRASPE – TJ/AM –Assistente Judiciário) Jaime foi preso em flagrante por ter furtado uma bicicleta havia dois meses. Conduzido à delegacia, Jaime, em depoimento ao delegado, no auto de prisão em flagrante, confessou que era o autor do furto. Na audiência de custódia, o Ministério Público requereu a conversão da prisão em flagrante em prisão preventiva, sob o argumento da gravidade abstrata do delito praticado. No entanto, após ouvir a defesa, o juiz relaxou a prisão em flagrante, com fundamento de que não estava presente o requisito legal da atualidade do flagrante, em razão do lapso temporal de dois meses entre a consumação do crime e a prisão do autor. Dias depois, em nova diligência no inquérito policial instaurado pelo delegado para apurar o caso, Jaime, já em liberdade, retratou-se da confissão, alegando que havia pegado a bicicleta de Abel como forma de pagamento de uma dívida. Ao ser ouvido, Abel confirmou a narrativa de Jaime e afirmou, ainda, que registrou boletim de ocorrência do furto da bicicleta em retaliação à conduta de Jaime, seu credor. Por fim, o juiz competente arquivou o inquérito policial a requerimento de membro do Ministério Público, por atipicidade material da conduta, sob o fundamento de ter havido entendimento mútuo e pacífico entre Jaime e Abel acerca da questão, nos termos do relatório final produzido pelo delegado.

A respeito da situação hipotética precedente, julgue o item a seguir.

Na hipótese de decretação de prisão preventiva de Jaime, não bastaria que o juiz fundamentasse a decisão apenas na gravidade abstrata do delito, sendo imprescindível também a demonstração de insuficiência da aplicação de medida cautelar diversa da prisão.

Certo (　)　　　　Errado (　)

A gravidade em abstrato do delito não é fundamentação idônea para a decretação de prisão preventiva.

Além disso, a prisão é exceção, de modo que somente será decretada se não couber outra medida cautelar. O art. 282, § 6º, do CPP, a decretação da prisão preventiva NÃO DISPENSA a análise de outras medidas do art. 319 do CPP.

ATENÇÃO!

ANTES da Lei nº 13.964/19	DEPOIS da Lei nº 13.964/19
Art. 282, § 6º — A prisão preventiva será determinada quando não for cabível a sua substituição por outra medida cautelar (art. 319) (incluído pela Lei nº 12.403/11).	Art. 282, § 6º — A prisão preventiva somente será determinada quando não for cabível a sua substituição por outra medida cautelar, observado o art. 319 deste Código, e o não cabimento da substituição por outra medida cautelar DEVERÁ ser justificado de forma fundamentada nos elementos presentes do caso concreto, de forma individualizada (redação dada pela Lei nº 13.964/19).

Não cabe a prisão preventiva nos seguintes casos:

- Contravenções penais;
- Crimes culposos;
- Quando o acusado tiver agido acobertado por uma excludente da ilicitude
- **Diante da simples gravidade do crime;**
- Diante do clamor público ou da simples revolta ou repulsa social.

Jurisprudência:

Fundamentação e desnecessidade de medidas cautelares diversas: *a decisão que decreta ou mantém a prisão preventiva, para ser considerada devidamente fundamentada, precisa manifestar-se sobre a impossibilidade de serem aplicadas outras medidas cautelares diversas da prisão, conforme exigem os arts. 282, § 6º e 321 do CPP. Com a Lei nº 12.043/2011, o CPP passou a capitular, no art. 319, diversas providências substitutivas à prisão, sendo esta imposta apenas quando aquelas não se mostrarem suficientes à repressão e à reprovabilidade do delito.* STJ. 5ª Turma. HC 219.101-RJ, Rel. Min. Jorge Mussi, julgado em 10/04/2012.

É ilegal a decisão judicial que, ao decretar a prisão preventiva, descreve a conduta do paciente de forma genérica e imprecisa: *a liberdade de um indivíduo suspeito da prática de infração penal somente pode sofrer restrições se houver decisão judicial devidamente fundamentada, amparada em fatos concretos, e não apenas em hipóteses ou conjecturas, na gravidade do crime ou em razão de seu caráter hediondo.* STF. 2ª Turma. HC 157.604/RJ, Rel. Min. Gilmar Mendes, julgado em 4/9/2018 (Info. nº 914).

Fundamentação também em caso de medidas cautelares diversas da prisão:

Para a imposição de qualquer das medidas alternativas à prisão previstas no art. 319 do CPP, é ***necessária a devida fundamentação (concreta e individualizada). Isso porque essas medidas cautelares, ainda que mais benéficas, representam um constrangimento à liberdade individual.*** *STJ. 5ª Turma. HC 231.817-SP, Rel. Min. Jorge Mussi, julgado em 23/04/13 (Info. nº 521).*

Gabarito: Certo.

1419. (2019 – CESPE/CEBRASPE – DPE/DF – Defensor Público) Valter, preso em flagrante por suposta prática de furto simples, não pagou a fiança arbitrada pela autoridade policial, tendo permanecido preso até a audiência de custódia, realizada na manhã do dia seguinte a sua prisão.

A partir dessa situação hipotética, julgue o seguinte item.

Segundo o CPP, na audiência de custódia, diante da constatação da desnecessidade de prisão preventiva e da situação de pobreza de Valter, o juiz deverá estabelecer a liberdade provisória desvinculada e sem fiança.

Certo ( )   Errado ( )

Conforme o CPP, na audiência de custódia, diante da constatação da desnecessidade de prisão preventiva e da situação de pobreza de Valter, o juiz deverá estabelecer a liberdade provisória desvinculada e sem fiança. O erro está na parte grifada. O juiz, observando a necessidade e a adequação, PODE conceder a liberdade provisória independentemente de outras medidas cautelares, porém, como dito, observando a necessidade e adequação da medida ele pode conceder a liberdade provisória CUMULADA com alguma medida cautelar:

Jurisprudência do STJ: nº 120 - *A impossibilidade de decretação da prisão preventiva pelo juiz na fase investigativa não se confunde com a hipótese retratada no art. 310, II, do CPP que permite ao magistrado, quando do recebimento do auto de prisão em flagrante e constatando ter sido esta formalizada nos termos legais, convertê-la em preventiva quando presentes os requisitos constantes do art. 312 do CPP. Isso porque a conversão da prisão em flagrante, nos termos já sedimentados no âmbito desta Corte Superior, pode ser realizada de ofício pelo Juiz tanto na fase inquisitorial quanto na fase processual. (RHC 105.955/MG, Rel. Ministro FELIX FISCHER, QUINTA TURMA, julgado em 05/02/19, DJe 13/02/19)*

Não há ilegalidade na conversão da prisão em flagrante em preventiva, de ofício, pelo Magistrado Singular, desde que por decisão fundamentada, sendo dispensável a prévia provocação do Ministério Público ou da autoridade policial. (RHC nº 92.900/MG, Rel. Ministro JOEL ILAN PACIORNIK, QUINTA TURMA, julgado em 15/03/2018, DJe 02/04/2018)

Gabarito: Errado.

1420. **(2019 – FEPESE – SJC/SC – Agente Penitenciário)** De acordo com o CPP, a nota de culpa deverá conter:

1) a assinatura do preso.

2) o nome da autoridade policial.

3) os motivos da prisão.

4) o nome do condutor.

Assinale a alternativa que indica todas as afirmativas corretas.

a) São corretas apenas as afirmativas 3 e 4.

b) São corretas apenas as afirmativas 1, 2 e 3.

c) São corretas apenas as afirmativas 1, 2 e 4.

d) São corretas apenas as afirmativas 1, 3 e 4.

e) São corretas apenas as afirmativas 2, 3 e 4.

Nos termos do art. 306, § 2º, do CPP, no mesmo prazo será entregue ao preso, mediante recibo, a nota de culpa, assinada pela autoridade, com o motivo da prisão, o nome do condutor e os das testemunhas.

Gabarito: E.

1421. **(2019 – FUNDATEC – Prefeitura de Gramado/RS – Advogado – Adaptada)** De acordo com o CPP, são medidas cautelares diversas da prisão:

Suspensão do exercício de função pública ou de atividade de natureza econômica ou financeira quando houver justo receio de sua utilização para a prática de infrações penais.

Certo (   )   Errado (   )

Consoante o art. 319, VI, do CPP, *suspensão do exercício de função pública ou de atividade de natureza econômica ou financeira quando houver justo receio de sua utilização para a prática de infrações penais.*

Gabarito: Certo.

1422. **(2019 – IDIB – Prefeitura de Petrolina/PE – Guarda Civil)** Com base nas disposições da Lei nº 7.960/89 sobre a prisão temporária, analise os itens a seguir:

I. A prisão temporária será decretada pelo Juiz, em face da representação da autoridade policial ou de requerimento do Ministério Público, e terá o prazo de 5 (cinco) dias, prorrogável por até 30 (trinta) dias em caso de extrema e comprovada necessidade.

II. A prisão somente poderá ser executada depois da expedição de mandado judicial.

III. Os presos temporários deverão permanecer, obrigatoriamente, separados dos demais detentos.

Analisados os itens, pode-se afirmar corretamente que:

a) Apenas o item I está correto.

b) Apenas o item II está correto.

c) Apenas o item III está correto.

d) Apenas os itens I e II estão corretos.

e) Apenas os itens II e III estão corretos.

Com fundamento nos arts. 2º, § 5º e 3º da Lei nº 7.960/89:

Art. 2º, § 5º: *A prisão somente poderá ser executada depois da expedição de mandado judicial.*

Art. 3º: *Os presos temporários deverão permanecer, obrigatoriamente, separados dos demais detentos.*

ATENÇÃO - A Lei nº 13.869/19 no art. 40 alterou o art. 2º da Lei nº 7.960/89, passando a vigorar com a seguinte redação:

Art. 2º, § 4º-A *O mandado de prisão conterá necessariamente o período de duração da prisão temporária estabelecido no caput deste artigo, bem como o dia em que o preso deverá ser libertado. [...]*

§ 7º Decorrido o prazo contido no mandado de prisão, a autoridade responsável pela custódia deverá, independentemente de nova ordem da autoridade judicial, pôr imediatamente o preso em liberdade, salvo se já tiver sido comunicada da prorrogação da prisão temporária ou da decretação da prisão preventiva.

§ 8º Inclui-se o dia do cumprimento do mandado de prisão no cômputo do prazo de prisão temporária.

Gabarito: E.

1423. **(2019 – FCC – TRF 4ª Região – Analista Judiciário)** Considere as seguintes hipóteses:

I. Maria, grávida, atualmente com 4 meses de gestação, é presa em flagrante por crime de tráfico de drogas.

II. Flávia, grávida, atualmente com 2 meses de gestação, é presa em flagrante por crime de roubo.

III. Ricarda, grávida, atualmente com 6 meses de gestação, é presa em flagrante por crime de lesão corporal grave praticada contra o seu filho José.

IV. Patrícia, funcionária pública, grávida e atualmente com 8 meses de gestação, é presa em flagrante por crime de peculato.

Nas audiências de custódia, realizadas dentro de 24 horas contadas a partir da prisão de cada uma das mulheres acima referidas, nos termos estabelecidos pelo CPP, sem prejuízo da análise de eventual direito das presas ao benefício da liberdade provisória, o Magistrado competente substituirá a prisão preventiva por prisão domiciliar APENAS em

a) I e IV.

b) I, III e IV.

c) III.

d) II e III.

e) II.

Consoante o art. 318-A, do CPP, *a prisão preventiva imposta à mulher gestante ou que for mãe ou responsável por crianças ou pessoas com deficiência será substituída por prisão domiciliar, desde que:*

I - não tenha cometido crime com violência ou grave ameaça a pessoa;

II - não tenha cometido o crime contra seu filho ou dependente.

Jurisprudência do STF: o Informativo nº 953 - *No HC 143641/SP, a 2ª Turma do STF decidiu que, em regra, deve ser concedida prisão domiciliar para todas as mulheres presas que sejam gestantes, puérperas, mães de crianças ou mães de pessoas com deficiência. Vale ressaltar, no entanto, que nem toda mãe de criança deverá ter direito à prisão domiciliar ou a receber medida alternativa à prisão. De fato, em regra, o mais salutar é evitar a prisão e priorizar o convívio da mãe com a criança. Entretanto, deve-se analisar as condições específicas do caso porque pode haver situações em que o crime é grave e o convívio com a mãe pode prejudicar o desenvolvimento do menor. Ex.: situação na qual a mulher foi presa em flagrante com uma enorme quantidade de armamento em sua residência. Além disso, havia indícios de que ela integra grupo criminoso voltado ao cometimento dos delitos de tráfico de drogas, disparo de arma de fogo, ameaça e homicídio. STF. 1ª Turma. HC 168900/MG, Rel. Min. Marco Aurélio, julgado em 24/9/19.*

Gabarito: A.

1424. **(2019 – AOCP – PC/ES – Assistente Social – Adaptada)** Sobre as prisões cautelares admitidas no ordenamento jurídico brasileiro, a alternativa reproduz corretamente conceito jurídico ou dispositivo legal.

Considera-se em flagrante delito quem é perseguido, pela autoridade, pelo ofendido ou por qualquer pessoa, logo após ocorrer situação que faça suspeitar ser ele o autor da infração.

Certo ( )   Errado ( )

Consoante o art. 302 do CPP, *considera-se em* **flagrante delito quem:**

III - é perseguido, logo após, pela autoridade, pelo ofendido ou por qualquer pessoa, em situação que faça presumir ser autor da infração.

Gabarito: Errado.

1425. **(2018 – CONSULPLAN – TJ/MG – Titular de Serviços de Notas e de Registros – Adaptada)** Quanto à prisão temporária, é correto afirmar

A prisão temporária somente poderá ser executada depois da expedição de mandado judicial.

Certo (   )   Errado (   )

Consoante o art. 2º, § 5º, da Lei nº 7.960/89, a prisão somente poderá ser executada depois da expedição de mandado judicial.

A Lei nº 13.869/19 no art. 40 alterou o art. 2º da Lei nº 7.960/89, passando a vigorar com a seguinte redação:

Art. 2º, § 4º-A O mandado de prisão conterá necessariamente o período de duração da prisão temporária estabelecido no caput deste artigo, bem como o dia em que o preso deverá ser libertado.

§ 7º Decorrido o prazo contido no mandado de prisão, a autoridade responsável pela custódia deverá, independentemente de nova ordem da autoridade judicial, pôr imediatamente o preso em liberdade, salvo se já tiver sido comunicada da prorrogação da prisão temporária ou da decretação da prisão preventiva.

§ 8º Inclui-se o dia do cumprimento do mandado de prisão no cômputo do prazo de prisão temporária.

Gabarito: Certo.

1426. **(2019 – AOCP – PC/ES – Escrivão – Adaptada)** A afirmação abaixo está correta

Sempre que possível, os presos temporários ficarão separados dos demais detentos.

Certo (   )   Errado (   )

O art. 3º da Lei nº 7.960/89 contraria o exposto na alternativa: *Os presos temporários deverão permanecer, obrigatoriamente, separados dos demais detentos.*

Gabarito: Errado.

1427. **(2019 – CESPE/CEBRASPE – PRF – Policial)** Em decorrência de um homicídio doloso praticado com o uso de arma de fogo, policiais rodoviários federais foram comunicados de que o autor do delito se evadira por rodovia federal em um veículo cuja placa e características foram informadas. O veículo foi abordado por policiais rodoviários federais em um ponto de bloqueio montado cerca de 200 km do local do delito e que os policiais acreditavam estar na rota de fuga do homicida. Dada voz de prisão ao condutor do veículo, foi apreendida arma de fogo que estava em sua posse e que, supostamente, tinha sido utilizada no crime.

Considerando essa situação hipotética, julgue o seguinte item.

De acordo com a classificação doutrinária dominante, a situação configura hipótese de flagrante presumido ou ficto.

Certo (   )   Errado (   )

1. Flagrante próprio, perfeito, real ou verdadeiro: o agente está cometendo a infração penal ou acaba de cometê-la (art. 302, I e II, do CPP);

2. Flagrante impróprio, imperfeito, irreal ou quase flagrante: o agente é perseguido, logo após, pela autoridade, pelo ofendido ou por qualquer pessoa, em situação que faça presumir ser autor da infração (art. 302, III, do CPP);

3. Flagrante presumido, ficto ou assimilado: o agente é encontrado, logo depois, com instrumentos, armas, objetos ou papéis que façam presumir ser ele autor da infração (art. 302, IV, do CPP).

Gabarito: Certo.

1428. **(2019 – AOCP – PC/ES – Assistente Social – Adaptada)** Sobre as prisões cautelares admitidas no ordenamento jurídico brasileiro, a alternativa reproduz corretamente conceito jurídico ou dispositivo legal.

A falta de testemunhas da infração impedirá o auto de prisão em flagrante ainda que com o condutor assinem outras duas pessoas que hajam testemunhado a apresentação do preso à autoridade.

Certo ( )   Errado ( )

Consoante o art. 304, § 2º, do CPP, *a falta de testemunhas da infração **NÃO IMPEDIRÁ** o auto de prisão em flagrante; mas, nesse caso, com o condutor, **DEVERÃO** assiná-lo pelo menos duas pessoas que hajam testemunhado a apresentação do preso à autoridade.*

Gabarito: Errado.

1429. **(2019 – AOCP – PC/ES – Assistente Social – Adaptada)** Com relação às prisões processuais, podemos afirmar:

Poderá o juiz substituir a prisão preventiva pela domiciliar, entre outros casos, quando o acusado for maior de 80 anos.

Certo ( )   Errado ( )

Consoante o art. 318 do CPP, dispõe que ***PODERÁ o juiz substituir a prisão preventiva pela domiciliar quando o agente for:***

I - maior de 80 (oitenta) anos;

Gabarito: Certo.

1430. **(2019 – AOCP – PC/ES – Escrivão – Adaptada)** Sobre as prisões cautelares admitidas no ordenamento jurídico brasileiro, a alternativa reproduz corretamente conceito jurídico ou dispositivo legal.

Não havendo autoridade no lugar em que se tiver efetuado a prisão, o preso será logo apresentado à do lugar mais próximo, quando, por motivos de saúde, não puder aguardar o restabelecimento da primeira.

Certo ( )   Errado ( )

Nos termos do art. 308 do CPP, *NÃO havendo autoridade no lugar em que se tiver efetuado a prisão, o **preso será logo apresentado à do lugar mais próximo.***

Gabarito: Errado.

1431.   **(2019 – AOCP – PC/ES – Assistente Social – Adaptada)** A afirmação abaixo está correta

Caberá prisão temporária nas hipóteses de homicídio culposo e doloso.

Certo ( )   Errado ( )

Consoante o art. 1º da Lei nº 7.960/89: *III - quando houver fundadas razões, de acordo com qualquer prova admitida na legislação penal, de autoria ou participação do indiciado nos seguintes crimes: a) homicídio doloso.*

Gabarito: Errado.

1432.   **(2019 – AOCP – PC/ES – Assistente Social – Adaptada)** Sobre as prisões cautelares admitidas no ordenamento jurídico brasileiro, a alternativa reproduz corretamente conceito jurídico ou dispositivo legal.

Considera-se em flagrante delito quem é encontrado, logo depois, com instrumentos, armas, objetos ou papéis que façam presumir ser ele autor da infração.

Certo ( )   Errado ( )

Em conformidade com o art. 302, IV, do CPP, *é encontrado, logo depois, com instrumentos, armas, objetos ou papéis que façam presumir ser ele autor da infração.*

Gabarito: Certo.

1433.   **(2019 – AOCP – PC/ES – Assistente Social – Adaptada)** A afirmação abaixo está correta

Decretada a prisão temporária e findo o seu prazo, será ela convertida em preventiva necessariamente.

Certo ( )   Errado ( )

A Lei nº 13.869/19, no art. 40, alterou o art. 2º da Lei nº 7.960/89, passando a vigorar com a seguinte redação:

§ 7º Decorrido o prazo contido no mandado de prisão, a autoridade responsável pela custódia deverá, independentemente de nova ordem da autoridade judicial, pôr imediatamente o preso em liberdade, salvo se já tiver sido comunicada da prorrogação da prisão temporária ou da decretação da prisão preventiva.

Gabarito: Errado.

1434.   **(2019 – AOCP – PC/ES – Escrivão – Adaptada)** A afirmação abaixo está correta

A prisão temporária caberá quando o indiciado não tiver residência fixa ou não fornecer elementos necessários ao esclarecimento de sua identidade.

Certo ( )   Errado ( )

Nos termos do art. 1º da Lei nº 7.960/89 - *Caberá prisão temporária: [...] II - quando o indiciado não tiver residência fixa ou não fornecer elementos necessários ao esclarecimento de sua identidade.*

Gabarito: Certo.

1435. **(2019 – VUNESP – TJ/AC – Juiz – Adaptada)** Quanto à prisão temporária, é correto afirmar

Por se tratar de medida cautelar, dada a urgência, na hipótese de representação da autoridade policial, o Juiz poderá decidir independentemente de manifestação do Ministério Público.

Certo ( )   Errado ( )

Nos termos do art. 2ª da Lei nº 7.960/89, *a prisão temporária será decretada pelo juiz, em face da representação da autoridade policial ou de requerimento do Ministério Público, e terá o prazo de 5 dias, prorrogável por igual período em caso de extrema e comprovada necessidade. § 1º Na hipótese de representação da autoridade policial, o juiz, antes de decidir, ouvirá o Ministério Público.* Gabarito: Errado.

1436. **(2019 – IESES – TJ/SC – Titular de Serviços e Notas de Registro – Adaptada)** Com relação às prisões processuais, podemos afirmar:

A prisão temporária prevista na Lei nº 7.960/89, cabível apenas quando houver fundados indícios de autoria e prova de materialidade de crime doloso praticado com violência ou grave ameaça e punido com pena privativa de liberdade máxima superior a quatro anos de reclusão, será decretada quando imprescindível para as investigações do inquérito policial ou quando o indiciado não tiver residência fixa ou não fornecer elementos necessários ao esclarecimento de sua identidade.

Certo ( )   Errado ( )

Na hipótese de crime hediondo, a prisão temporária sobre a qual dispõe a Lei nº 7.960/89, *quando presentes os requisitos legais, terá prazo máximo de 30 dias, prorrogável por mais 30 em caso de extrema e comprovada necessidade. Nas demais hipóteses cabíveis na referida legislação, a prisão temporária terá prazo de 5 dias, também prorrogável por mais 5 em caso de extrema e comprovada necessidade.*

Gabarito: Errado.

1437. **(2019 – AOCP – PC/ES – Investigador – Adaptada)** Sobre as prisões disciplinadas pelo CPP, é correto afirmar.

A prisão poderá ser efetuada em qualquer dia corrido e a qualquer hora, excluídas as restrições relativas à inviolabilidade do domicílio.

Certo ( )   Errado ( )

O CPP dispõe de maneira diversa no art. 283, § 2º, *que a prisão poderá ser efetuada em qualquer dia e a qualquer hora, respeitadas as restrições relativas à inviolabilidade do domicílio.* Gabarito: Errado.

1438. **(2019 – IESES – TJ/SC – Titular de Serviços e Notas de Registro – Adaptada)** Com relação às prisões processuais, podemos afirmar:

Em qualquer fase da investigação policial ou do processo penal, havendo prova da existência de crime e indício suficiente de autoria, poderá ser decretada, fundamentadamente, a prisão preventiva, nos crimes dolosos punidos com pena privativa de liberdade máxima superior a quatro anos, desde que para a garantia da ordem pública, da ordem econômica, por conveniência da instrução criminal ou para assegurar a aplicação da lei penal, ainda que o acusado seja primário.

Certo ( )   Errado ( )

A assertiva está correta, consoante a antiga redação dos arts. 311 e 312 do CPP. Se levarmos em consideração a redação atual, a alternativa está INCORRETA.

ATENÇÃO ÀS MUDANÇAS PROMOVIDAS PELA LEI Nº 13.964/19

ANTES da Lei nº 13.964/19	DEPOIS da Lei nº 13.964/19
Art. 311 do CPP - Em qualquer fase da investigação policial ou do processo penal, caberá a prisão preventiva decretada pelo juiz, de ofício, se no curso da ação penal, ou a requerimento do Ministério Público, do querelante ou do assistente, ou por representação da autoridade policial (Redação dada pela Lei nº 12.403, de 2011).	Art. 311 do CPP - Em qualquer fase da INVESTIGAÇÃO POLICIAL ou do processo penal, CABERÁ a prisão preventiva decretada pelo juiz, a requerimento do Ministério Público, do querelante ou do assistente, ou por representação da autoridade policial (Redação dada pela Lei nº 13.964, de 2019).

ANTES da Lei nº 13.964/19	DEPOIS da Lei nº 13.964/19
Art. 312 do CPP - A prisão preventiva poderá ser decretada como garantia da ordem pública, da ordem econômica, por conveniência da instrução criminal, ou para assegurar a aplicação da lei penal, quando houver prova da existência do crime e indício suficiente de autoria.	Art. 312 do CPP - A prisão preventiva poderá ser decretada como garantia da ordem pública, da ordem econômica, por conveniência da instrução criminal ou para assegurar a aplicação da lei penal, quando houver prova da existência do crime e indício suficiente de autoria e de perigo gerado pelo estado de liberdade do imputado (Redação dada pela Lei nº 13.964, de 2019).

Gabarito: Certo.

1439. **(2019 – CESPE/CEBRASPE – PRF – Policial)** Quanto à prisão temporária, é correto afirmar

O despacho que decretar a prisão temporária deverá ser fundamentado e prolatado dentro do prazo de 48 horas, contadas a partir do recebimento da representação ou do requerimento.

Certo ( )   Errado ( )

Nos termos do art. 2º, § 2º da Lei nº 7.960/89, *o despacho que decretar a prisão temporária deverá ser fundamentado e prolatado dentro do prazo de 24 horas, contadas a partir do recebimento da representação ou do requerimento.*

Gabarito: Errado.

1440. **(2019 – CESPE/CEBRASPE – PRF – Policial)** Em decorrência de um homicídio doloso praticado com o uso de arma de fogo, policiais rodoviários federais foram comunicados de que o autor do delito se evadira por rodovia federal em um veículo cuja placa e características foram informadas. O veículo foi abordado por policiais rodoviários federais em um ponto de bloqueio montado cerca de 200 km do local do delito e que os policiais acreditavam estar na rota de fuga do homicida. Dada voz de prisão ao condutor do veículo, foi apreendida arma de fogo que estava em sua posse e que, supostamente, tinha sido utilizada no crime.

Considerando essa situação hipotética, julgue o seguinte item.

Durante o procedimento de lavratura do auto de prisão em flagrante pela autoridade policial competente, o policial rodoviário responsável pela prisão e condução do preso deverá ser ouvido logo após a oitiva das testemunhas e o interrogatório do preso.

Certo ( )   Errado ( )

Conforme o art. 304 do CPP, *apresentado o preso à autoridade competente, ouvirá esta o condutor e colherá, desde logo, sua assinatura, entregando a este cópia do termo e recibo de entrega do preso. Em seguida, procederá à oitiva das testemunhas que o acompanharem e ao interrogatório do acusado sobre a imputação que lhe é feita, colhendo, após cada oitiva, suas respectivas assinaturas, lavrando, a autoridade, afinal, o auto.*

Gabarito: Errado.

1441. **(2019 – AOCP – PC/ES – Escrivão – Adaptada)** A afirmação abaixo está correta

A prisão temporária terá prazo de 5 dias improrrogáveis.

Certo ( )   Errado ( )

Nos termos do art. 2º, da Lei nº 7.960/89, *a prisão temporária* será decretada pelo JUIZ, em face da representação da autoridade policial ou de requerimento do Ministério Público, e terá o PRAZO de 5 dias, prorrogável por igual período em caso de extrema e comprovada necessidade.

Gabarito: Errado.

1442. **(2019 – AOCP – PC/ES – Investigador – Adaptada)** Sobre as prisões disciplinadas pelo CPP, é correto afirmar.

Quando o acusado estiver no território nacional, fora da jurisdição do juiz processante, este encaminhará ofício à autoridade policial da jurisdição do acusado e determinará o cumprimento do mandado por comunicação postal, *fac-símile* ou digital.

Certo ( )   Errado ( )

Quando o acusado estiver no território nacional, fora da jurisdição do juiz processante, será deprecada a sua prisão, devendo constar da precatória o inteiro teor do mandado, nos termos do art. 289 do CPP.

Gabarito: Errado.

1443. **(2012 – CESPE/CEBRASPE – TRE/RJ – Analista Judiciário – Adaptada)** De acordo com a doutrina, a legislação pertinente e a jurisprudência dos tribunais superiores, às regras aplicadas à prisão temporária. É correto afirmar:

A eventual ilegalidade de decreto que tenha determinado a prisão temporária torna nulas as provas derivadas da segregação.

Certo ( )   Errado ( )

Jurisprudência: *HABEAS CORPUS. QUADRILHA E CRIMES CONTRA A ORDEM TRIBUTÁRIA (ARTIGO 288 DO CÓDIGO PENAL E ARTIGO 3º, INCISO II, COMBINADO COM O ARTIGO 12, INCISO II, DA LEI 8.137/1990). ALEGADA ILICITUDE DO DECRETO DE PRISÃO TEMPORÁRIA E DAS PROVAS DELE ORIUNDAS. EIVA NÃO CARACTERIZADA. [...] 3. Ainda que assim não fosse, é de se ter presente que a eventual ilegalidade no decreto de segregação temporária não teria o condão de anular os demais atos que dele decorreram, mas apenas o de restabelecer a liberdade do paciente, porquanto a prisão só atinge a liberdade ambulatorial, não refletindo nas provas porventura derivadas da segregação. (STJ - HC 96.245 /RJ, Relator(a): Min. Jorge Mussi, Dje 16/11/2010).*

Gabarito: Errado.

1444. **(2012 – CESPE/CEBRASPE – TRE/RJ – Analista Judiciário – Adaptada)** Sobre a prisão em flagrante, é correto afirmar que

A comunicação da prisão ao juiz competente, ao Ministério Público e à família do preso, ou à pessoa por ele indicada, deve ser feita em até 24 horas.

Certo ( )   Errado ( )

Nos termos do art. 306 do CPP, *a prisão de qualquer pessoa e o local onde se encontre serão comunicados imediatamente ao juiz competente, ao Ministério Público e à família do preso ou à pessoa por ele indicada.*

§ 1º Em até 24 (vinte e quatro) horas após a realização da prisão, será encaminhado ao juiz competente o auto de prisão em flagrante e, caso o autuado não informe o nome de seu advogado, cópia integral para a Defensoria Pública.

Gabarito: Errado.

1445. **(2019 – AOCP – PC/ES – Investigador – Adaptada)** Sobre as prisões disciplinadas pelo CPP, é correto afirmar.

Quando as autoridades locais tiverem fundadas razões para duvidar da legitimidade da pessoa do executor ou da legalidade do mandado que apresentar, não poderão colocar em custódia o réu, até que fique esclarecida a dúvida.

Certo ( )   Errado ( )

Com fundamento no art. 289, § 5º, do CPP, *havendo dúvidas das autoridades locais sobre a legitimidade da pessoa do executor ou sobre a identidade do preso, aplica-se o disposto no § 2º do art. 290 deste Código.*

Gabarito: Errado.

1446. **(2019 – AOCP – PC/ES – Escrivão)** O CPP autoriza que o juiz substitua prisão preventiva pela prisão domiciliar quando o agente for

a) maior de 60 anos.

b) debilitado por motivo de doença.

c) mulher, com filho de até 8 anos incompletos .

d) homem, caso seja o único responsável pelos cuidados do filho de até 12 anos.

e) imprescindível aos cuidados especiais de pessoa menor de 8 anos de idade ou com deficiência.

Quanto à prisão domiciliar, o CPP dispõe no art. 318 que o JUIZ PODERÁ substituir a prisão preventiva pela domiciliar quando o agente for:

I - maior de 80 (oitenta) anos;

II - extremamente debilitado por motivo de doença grave;

III - imprescindível aos cuidados especiais de pessoa menor de 6 (seis) anos de idade ou com deficiência;

IV - gestante;

V - mulher com filho de até 12 (doze) anos de idade incompletos ;

VI - homem, caso seja o único responsável pelos cuidados do filho de até 12 (doze) anos de idade incompletos .

Parágrafo único. Para a substituição, o juiz exigirá prova idônea dos requisitos estabelecidos neste artigo.

Em regra, deve ser concedida prisão domiciliar para todas as mulheres presas que sejam:

• Gestantes.

• Puérperas (que deu à luz há pouco tempo).

• Mães de crianças (isto é, mães de menores até 12 anos incompletos).

• Mães de pessoas com deficiência.

EXCEÇÕES: NÃO DEVE ser autorizada a prisão domiciliar se:

1) A mulher tiver praticado **crime mediante violência ou grave ameaça.**

2) A mulher tiver praticado **crime contra seus descendentes (filhos e/ou netos).**

3) Em outras situações excepcionalíssimas, as quais deverão ser **devidamente fundamentadas pelos juízes que denegarem o benefício.**

Gabarito: D.

1447. **(2019 – CESPE/CEBRASPE – PRF – Policial)** Com relação aos meios de prova e os procedimentos inerentes a sua colheita, no âmbito da investigação criminal, julgue o próximo item.

A entrada forçada em determinado domicílio é lícita, mesmo sem mandado judicial e ainda que durante a noite, caso esteja ocorrendo, dentro da casa, situação de flagrante delito nas modalidades próprio, impróprio ou ficto.

Certo ( )   Errado ( )

Conforme o estabelecido no art. 302 do CPP:

1. Flagrante próprio, perfeito, real ou verdadeiro: o agente está cometendo a infração penal ou acaba de cometê-la (art. 302, I e II, do CPP).

2. Flagrante impróprio, imperfeito, irreal ou quase flagrante: o agente é perseguido, logo após, pela autoridade, pelo ofendido ou por qualquer pessoa, em situação que faça presumir ser autor da infração (art. 302, III, do CPP).

3. Flagrante presumido, ficto ou assimilado: o agente é encontrado, logo depois, com instrumentos, armas, objetos ou papéis que façam presumir ser ele autor da infração (art. 302, IV, do CPP).

Jurisprudência do STF: Informativo nº 806: *A tese fixada pelo STF em sede de recurso extraordinário sob repercussão geral foi a seguinte:*

A entrada forçada em domicílio sem mandado judicial só é lícita, mesmo em período noturno, quando amparada em fundadas razões, devidamente justificadas "a posteriori", que indiquem que dentro da casa ocorre situação de flagrante delito, sob pena de responsabilidade disciplinar, civil e penal do agente ou da autoridade e de nulidade dos atos praticados. STF. Plenário. RE 603616/RO, Rel. Min. Gilmar Mendes, julgado em 4 e 5/11/2015 (repercussão geral).

Gabarito: Certo.

1448. **(2019 – FCC – Câmara de Fortaleza/CE – Agente Administrativo – Adaptada)** Sobre a prisão em flagrante, é correto afirmar que

A falta de testemunhas da infração impedirá a autuação da prisão em flagrante.

Certo ( )   Errado ( )

Consoante o art. 304, § 2º, do CPP, *a falta de testemunhas da infração NÃO IMPEDIRÁ o auto de prisão em flagrante; mas, nesse caso, com o condutor, deverão assiná-lo pelo menos duas pessoas que hajam testemunhado a apresentação do preso à autoridade.*
Gabarito: Errado.

1449. **(INSTITUTO AOCP – Adaptada)** Sobre as prisões disciplinadas pelo CPP, é correto afirmar.

Ninguém poderá ser preso senão em flagrante delito ou por ordem escrita e fundamentada da autoridade judiciária competente, em decorrência de sentença condenatória transitada em julgado ou, no curso da investigação ou do processo, em virtude de prisão temporária ou prisão preventiva.

Certo ( )   Errado ( )

Nos termos do art. 283 do CPP, *ninguém poderá ser preso senão em flagrante delito ou por ordem escrita e fundamentada da autoridade judiciária competente, em decorrência de prisão cautelar ou em virtude de condenação criminal transitada em julgado.*
Gabarito: Certo.

1450. **(2019 – VUNESP – TJ/AC – Juiz – Adaptada)** Em relação à fiança, assinale a alternativa correta.

a) A fiança tomada por termo obrigará o afiançado a comparecer perante a autoridade todas as vezes que for intimado para atos do inquérito e da instrução criminal e para o julgamento. Quando o réu não comparecer, a fiança será havida como cassada.

b) Entender-se-á perdido, na totalidade, o valor da fiança, se, regularmente intimado para ato do processo, deixar de comparecer, sem motivo justo.

c) A fiança será cassada quando o acusado deliberadamente praticar ato de obstrução ao andamento do processo.

d) Julgar-se-á quebrada a fiança quando o acusado descumprir medida cautelar imposta cumulativamente com a fiança.

Art. 341. *Julgar-se-á quebrada a fiança quando o acusado:*

I. *regularmente intimado para ato do processo, deixar de comparecer, sem motivo justo;*

I. *deliberadamente praticar ato de obstrução ao andamento do processo;*

II. *descumprir medida cautelar imposta cumulativamente com a fiança;*

III. *resistir injustificadamente a ordem judicial;*

IV. *praticar nova infração penal dolosa.*

CASSAÇÃO DA FIANÇA: fiança cabível; nova tipificação que a torne inafiançável; delito inafiançável.

REFORÇO DA FIANÇA: fiança insuficiente; depreciação (em caso de materiais ou pedras preciosas); inovação do delito, acarretando a classificação para crime afiançável.

QUEBRA DA FIANÇA: deixar de comparecer a ato do processo, sem motivo justo, quando já intimado; ato obstrução; descumprimento medida cautelar; ordem judicial; nova infração penal dolosa. Perda de metade do valor.

PERDA DA FIANÇA: acusado condenado que não se apresenta para cumprimento da pena ---> Perda do valor total da fiança.

Art. 345. No caso de perda da fiança, o seu valor, deduzidas as custas e mais encargos a que o acusado estiver obrigado, será recolhido ao fundo penitenciário, na forma da lei.

A FIANÇA pode ser arbitrada, pelo juiz, nos crimes de roubo com utilização de faca.

Gabarito: D.

1451. **(2019 – AOCP – PC/ES – Escrivão)** Acerca dos valores da fiança, assinale a alternativa correta.

   a) Será de 1 a 100 salário mínimos quando se tratar de infração cuja pena privativa de liberdade, no grau máximo, não for superior a 4 anos.

   b) Será de 20 a 200 salários mínimos quando o máximo da pena privativa de liberdade cominada for superior a 4 anos.

   c) A depender da situação econômica do preso, a fiança poderá ser reduzida em até 2/5.

   d) A depender da situação econômica do preso, a fiança poderá ser aumentada em até 100 vezes.

   e) Em nenhuma hipótese, a fiança será dispensável.

Consoante o art. 325 do CPP, o valor da fiança será fixado pela autoridade que a conceder nos seguintes limites:

I - de 1 a 100 salários mínimos, quando se tratar de infração cuja pena privativa de liberdade, no grau máximo, não for superior a 4 anos.

Gabarito: A.

1452. **(2019 – AOCP – PC/ES – Investigador – Adaptada)** Sobre as prisões disciplinadas pelo CPP, é correto afirmar.

Se a infração for afiançável, a falta de exibição do mandado não obstará à prisão, e o preso, em tal caso, será imediatamente apresentado ao juiz que tiver expedido o mandado.

Certo ( )   Errado ( )

Com fundamento no art. 287 do CPP, *se a infração for inafiançável, a falta de exibição do mandado não obstará à prisão, e o preso, em tal caso, será imediatamente apresentado ao juiz que tiver expedido o mandado.*

Gabarito: Errado.

1453. **(2019 – AOCP – PC/ES – Escrivão)** Sobre as medidas cautelares diversas da prisão, assinale a alternativa INCORRETA.

   a) A periodicidade do comparecimento em juízo é estipulada pelo juiz.

   b) A fiança não poderá ser cumulada com outras medidas cautelares.

   c) É possível decretar-se internação provisória como medida cautelar diversa da prisão.

   d) O comparecimento periódico em juízo tem como objetivo que o acusado ou investigado informe e justifique ao juiz as suas atividades.

   e) A proibição de frequentar determinados lugares almeja evitar o risco de novas infrações.

Nos termos do art. 319, § 4º, do CPP, *a fiança será aplicada de acordo com as disposições do Capítulo VI deste Título, podendo ser cumulada com outras medidas cautelares.*

Consoante o art. 319 do CPP, são medidas cautelares diversas da prisão:

I - comparecimento periódico em juízo, no prazo e nas condições fixadas pelo juiz, para informar e justificar atividades; (a e d)

II - proibição de acesso ou frequência a determinados lugares quando, por circunstâncias relacionadas ao fato, deva o indiciado ou acusado permanecer distante desses locais para evitar o risco de novas infrações; (e)[...]

VII - internação provisória do acusado nas hipóteses de crimes praticados com violência ou grave ameaça, quando os peritos concluírem ser inimputável ou semi-imputável e houver risco de reiteração; (c)

Gabarito: B.

1454. **(2019 – CESPE/CEBRASPE – TJ/BA – Juiz – Adaptada)** Acerca de prisão, de liberdade provisória e de medidas cautelares, com base no entendimento dos tribunais superiores.

A decretação de prisão preventiva fundada na garantia da ordem pública dispensa a prévia análise do cabimento das medidas cautelares diversas da prisão previstas no CPP.

Certo (   )   Errado (   )

Em conformidade com o art. 282, § 6º, do CPP, a decretação da prisão preventiva NÃO DISPENSA a análise de outras medidas do art. 319 do CPP.

ATENÇÃO!

ANTES da Lei nº 13.964/19	DEPOIS da Lei nº 13.964/19
Art. 282, § 6º - A prisão preventiva será determinada quando não for cabível a sua substituição por outra medida cautelar (art. 319) (Incluído pela Lei nº 12.403, de 2011).	Art. 282, § 6º - A prisão preventiva somente será determinada quando não for cabível a sua substituição por outra medida cautelar, observado o art. 319 deste Código, e o não cabimento da substituição por outra medida cautelar DEVERÁ ser justificado de forma fundamentada nos elementos presentes do caso concreto, de forma individualizada (Redação dada pela Lei nº 13.964, de 2019).

Gabarito: Errado.

1455. **(2019 – MPE/PR – MPE/PR – Promotor de Justiça – Adaptada)** Sobre a prisão, medidas cautelares diversas da prisão, fiança e procedimento em geral, nos termos, do CPP, analise a assertiva abaixo:

Se o autor do fato criminoso, sendo perseguido, passar ao território de outro município ou comarca, o executor da prisão em flagrante poderá efetuar-lhe a prisão no lugar onde o alcançar, apresentando-o imediatamente à autoridade local, que, depois de lavrado, se for o caso, o auto de flagrante, providenciará para a remoção do preso.

Certo (   )   Errado (   )

Nos exatos termos do art. 290 do CPP, senão vejamos: *Se o réu, sendo perseguido, passar ao território de outro município ou comarca, o executor poderá efetuar-lhe a prisão no lugar onde o* *alcançar, apresentando-o imediatamente à autoridade local, que, depois de lavrado, se for o caso, o auto de flagrante, providenciará para a remoção do preso.*

Gabarito: Certo.

1456. **(2019 – CESPE/CEBRASPE – TJ/BA – Juiz – Adaptada)** Acerca de prisão, de liberdade provisória e de medidas cautelares, com base no entendimento dos tribunais superiores.

A decisão sobre o pedido de prisão preventiva formulado durante audiência dispensa a oitiva da defesa, por se tratar de medida cautelar.

Certo ( )   Errado ( )

De acordo com a disposição do art. 282, § 3º, do CPP anterior a Lei nº 13.964/19 e o teor atual a questão estava correta. Vejamos a redação a atual: *ressalvados os casos de urgência ou de perigo de ineficácia da medida, o juiz, ao receber o pedido de medida cautelar, determinará a intimação da parte contrária, para se manifestar no prazo de 5 (cinco) dias [...].*

ATENÇÃO ÀS MUDANÇAS

ANTES da Lei nº 13.964/19	DEPOIS da Lei nº 13.964/19
Art. 282, § 3º, do CPP - Ressalvados os casos de urgência ou de perigo de ineficácia da medida, o juiz, ao receber o pedido de medida cautelar, determinará a intimação da parte contrária, acompanhada de cópia do requerimento e das peças necessárias, permanecendo os autos em juízo.	Art. 282, § 3º, do CPP - Ressalvados os casos de urgência ou de perigo de ineficácia da medida, o juiz, ao receber o pedido de medida cautelar, determinará a intimação da parte contrária, para se manifestar no prazo de 5 (cinco) dias, acompanhada de cópia do requerimento e das peças necessárias, permanecendo os autos em juízo, e os casos de urgência ou de perigo deverão ser justificados e fundamentados em decisão que contenha elementos do caso concreto que justifiquem essa medida excepcional (Redação dada pela Lei nº 13.964, de 2019).

Gabarito: Errado.

1457. **(2018 – VUNESP – TJ/RS – Juiz)** Sobre prisão e medidas cautelares, é correto afirmar:

a) por se tratar de medida urgente, a prisão deverá ser efetuada em qualquer lugar e dia e a qualquer hora.

b) a falta de exibição do mandado não obsta a prisão se a infração for inafiançável.

c) deverão ser aplicadas, observando-se a necessidade, adequação, regulamentação, usos e costumes e os princípios gerais de direito.

d) o juiz não pode dispensar a manifestação da parte contrária antes de decidir sobre o pedido de medida cautelar.

e) dispensa-se a assinatura no mandado de prisão quando a autoridade judiciária responsável pela sua expedição se fizer presente em seu cumprimento.

Se a infração for inafiançável, a falta de exibição do mandado não obstará à prisão, e o preso, em tal caso, será imediatamente apresentado ao juiz que tiver expedido o mandado consoante o art. 287 do CPP.

Nos termos do art. 299 do CPP, *a captura poderá ser requisitada, à vista de mandado judicial, por qualquer meio de comunicação, tomadas pela autoridade, a quem se fizer a requisição, as precauções necessárias para averiguar a autenticidade desta.*

Gabarito: B.

1458. **(2018 – FGV – TJ/AL – Analista Judiciário – Adaptada)** Carla foi presa em flagrante pela prática de crime de estelionato (pena: 1 a 5 anos de reclusão e multa), sendo verificado na Delegacia que ela teria diversas condenações definitivas pela prática de crimes da mesma natureza. Encaminhada para audiência de custódia, após manifestação do Ministério Público, foi a prisão em flagrante convertida em preventiva. Com o oferecimento da denúncia, foi realizado laudo pericial em que os peritos concluíram pela semi-imputabilidade da acusada, bem como o risco de reiteração delitiva. Foi, ainda, constatado que Carla encontrava-se com três meses de gravidez. Considerando as informações narradas e as previsões, do CPP sobre o tema "Prisões e Medidas Cautelares", é correto afirmar que: a prisão preventiva decretada deve ser relaxada, uma vez que o ato "audiência de custódia" não está previsto no CPP, não admitindo o Supremo Tribunal Federal sua realização.

Certo ( )   Errado ( )

Jurisprudência do STF: *A audiência de custódia é direito subjetivo do preso e tem como objetivos verificar sua condição física, de modo a coibir eventual violência praticada contra ele, bem como a legalidade da prisão e a necessidade de sua manutenção. 2. A realização da audiência de custódia não deve estar submetida à discricionariedade do juiz ou dos agentes estatais, em razão de ser direito subjetivo do preso. 3. Liminar deferida para determinar a realização da audiência de custódia em 24 (vinte e quatro) horas, contadas do recebimento da comunicação desta decisão pela autoridade reclamada." (STF - MC Rcl 28750-RS - Rel.: Min. Roberto Barroso - D.J.: 23.10.2017)*

Gabarito: Errado.

1459. **(2018 – FCC – Câmara Legislativa/DF – Técnico Legislativo – Adaptada)** Sobre a prisão, o CPP dispõe:

Ninguém poderá ser preso senão em flagrante delito ou por ordem escrita e fundamentada da autoridade policial competente.

Certo ( )   Errado ( )

De acordo com a disposição do art. 283 do CPP anterior à Lei nº 13.964/19 e com a redação atual, consideraremos a afirmação **INCORRETA**. Vejamos a redação a atual:

ATENÇÃO!

ANTES da Lei nº 13.964/19	DEPOIS da Lei nº 13.964/19
Art. 283 do CPP - Ninguém poderá ser preso senão em flagrante delito ou por ordem escrita e fundamentada da autoridade judiciária competente, em decorrência de sentença condenatória transitada em julgado ou, no curso da investigação ou do processo, em virtude de prisão temporária ou prisão preventiva.	Art. 283 do CPP - Ninguém poderá ser preso senão em flagrante delito ou por ordem escrita e fundamentada da autoridade judiciária competente, em decorrência de prisão cautelar ou em virtude de condenação criminal transitada em julgado. (Redação dada pela Lei nº 13.964, de 2019.

Gabarito: Errado.

1460. **(2018 – FCC – Câmara Legislativa/DF – Técnico Legislativo – Adaptada)** Sobre a prisão, o CPP dispõe:

Quando o acusado estiver no território nacional, fora da jurisdição do juiz processante, será deprecada a sua prisão, sendo dispensável constar da precatória o inteiro teor do mandado.

Certo ( )   Errado ( )

Consoante **o art. 289 do CPP -** *Quando o acusado estiver no território nacional, fora da jurisdição do juiz processante, será deprecada a sua prisão, devendo constar da precatória o inteiro teor do mandado.*

Gabarito: Errado.

1461. **(2018 – FCC – Câmara Legislativa/DF – Técnico Legislativo – Adaptada)** Sobre a prisão, o CPP dispõe:

Ainda que haja urgência, o juiz somente poderá requisitar a prisão por meio de mandado escrito encaminhado ao oficial de justiça, do qual deverá constar o motivo da prisão, bem como o valor da fiança se arbitrada.

Certo ( )   Errado ( )

Consoante o exposto no art. **289, § 1º, do CPP,** *havendo urgência, o juiz poderá requisitar a prisão por qualquer meio de comunicação, do qual deverá constar o motivo da prisão, bem como o valor da fiança se arbitrada.*

Gabarito: Errado.

1462. **(2018 – AOCP – TRT 1ª Região – Técnico Judiciário – Adaptada)** Acerca das prisões cautelares:

O juiz não poderá revogar a prisão preventiva de ofício se, no correr do processo, verificar a falta de motivo para que subsista, bem como de novo decretá-la se sobrevierem razões que a justifiquem.

Certo ( )   Errado ( )

Conforme disposição do art. 282, § 5º, do CPP, consoante a Lei nº 13.964/19. Vejamos:

ANTES da Lei nº 13.964/19	DEPOIS da Lei nº 13.964/19
Art. 282, § 5º, do CPP - O juiz poderá revogar a medida cautelar ou substituí-la quando verificar a falta de motivo para que subsista, bem como voltar a decretá-la, se sobrevierem razões que o justifiquem.	Art. 282, § 5º - O juiz poderá, de ofício ou a pedido das partes, revogar a medida cautelar ou substituí-la quando verificar a falta de motivo para que subsista, bem como voltar a decretá-la, se sobrevierem razões que a justifiquem. (Redação dada pela Lei nº 13.964, de 2019.

Gabarito: Errado.

1463. **(2018 – FCC – Câmara Legislativa/DF – Técnico Legislativo – Adaptada)** Sobre a prisão, o CPP dispõe:

Qualquer agente policial poderá efetuar a prisão determinada no mandado de prisão registrado no Conselho Nacional de Justiça, ainda que fora da competência territorial do juiz que o expediu.

Certo ( )   Errado ( )

Consoante o art. 289-A, § 1º, do CPP, *qualquer agente policial poderá efetuar a prisão determinada no mandado de prisão registrado no Conselho Nacional de Justiça, ainda que fora da competência territorial do juiz que o expediu.*

§ 2º Qualquer agente policial poderá efetuar a prisão decretada, ainda que sem registro no Conselho Nacional de Justiça, adotando as precauções necessárias para averiguar a autenticidade do mandado e comunicando ao juiz que a decretou, devendo este providenciar, em seguida, o registro do mandado na forma do caput deste artigo.

Gabarito: Certo.

1464. **(2018 – FCC – Câmara Legislativa/DF – Técnico Legislativo – Adaptada)** Sobre a prisão, o CPP dispõe:

Se o réu, sendo perseguido, passar ao território de outro município ou comarca, o executor não poderá efetuar a sua prisão, devendo ser o fato comunicado à autoridade local para que prossiga na diligência.

Certo ( )   Errado ( )

Em desacordo com o art. 290 do CPP, *se o réu, sendo perseguido, passar ao território de outro município ou comarca, o executor poderá efetuar-lhe a prisão no lugar onde o alcançar, apresentando-o imediatamente à autoridade local, que, depois de lavrado, se for o caso, o auto de flagrante, providenciará para a remoção do preso.*

Gabarito: Errado.

1465. **(2018 – VUNESP – Câmara de Campo Limpo Paulista/SP – Procurador)** Nos expressos e literais termos do artigo 295 do CPP, têm direito à prisão especial – que nada mais é do que o recolhimento em local distinto da prisão comum – entre outros,

a)   o Vereador, o Magistrado e o Ministro de Confissão Religiosa.

b)   o Ministro de Estado, o Governador e o Agente Municipal de Trânsito.

c)   o Prefeito Municipal, o Praça das Forças Armadas e o Ministro do Tribunal de Contas.

d)   o Agente Fiscal de Posturas Públicas, o membro da Assembleia Legislativa dos Estados e os Delegados de Polícia.

e)   o Oficial das Forças Armadas, o diplomado por qualquer das faculdades superiores da República e o Agente Fiscal de Rendas.

Nos termos do art. 295 do CPP, *serão recolhidos a quartéis ou a prisão especial, à disposição da autoridade competente, quando sujeitos a prisão antes de condenação definitiva:*

I - Os ministros de Estado;

II - Os governadores ou interventores de Estados ou Territórios, o prefeito do Distrito Federal, seus respectivos secretários, os prefeitos municipais, os vereadores e os chefes de Polícia

III - Os membros do Parlamento Nacional, do Conselho de Economia Nacional e das Assembléias Legislativas dos Estados;

IV - Os cidadãos inscritos no "Livro de Mérito";

V - Os oficiais das Forças Armadas e os militares dos Estados, do Distrito Federal e dos Territórios;

VI - Os magistrados;

VII - Os diplomados por qualquer das faculdades superiores da República;

VIII - Os ministros de confissão religiosa;

IX - Os ministros do Tribunal de Contas;

X - Os cidadãos que já tiverem exercido efetivamente a função de jurado, salvo quando excluídos da lista por motivo de capacidade para o exercício daquela função;

XI - Os delegados de polícia e os guardas-civis dos Estados e Territórios, ativos e inativos.

Gabarito: A.

1466. (2019 – CESPE/CEBRASPE – Prefeitura de Boa Vista/RR – Procurador) José, de sessenta e nove anos de idade, fiscal de vigilância sanitária municipal, viúvo e único responsável pelos cuidados de seu filho, de onze anos de idade, foi denunciado à polícia por comerciantes que alegavam que o referido fiscal lhes solicitava dinheiro para que não fossem por ele autuados por infração à legislação sanitária. Durante investigação conduzida por autoridade policial em razão dessa denúncia, foi deferida judicialmente interceptação da comunicação telefônica de José.

Nesse ato, evidenciou-se, em uma de gravação, que José havia solicitado certa quantia em dinheiro a um comerciante, Pedro, para não interditar seu estabelecimento comercial, e que José havia combinado encontrar-se com Pedro para realizarem essa transação financeira. Na interceptação, foram captadas, ainda, conversas em que José e outros quatro fiscais não identificados discutiam a forma de solicitar dinheiro a comerciantes, em troca de não autuá-los, e a repartição do dinheiro que seria obtido com isso.

No dia combinado, Pedro encontrou-se com José, e, pouco antes de entregar-lhe o dinheiro que carregava consigo, policiais que haviam instalado escuta ambiental na sala do fiscal mediante autorização judicial prévia deram voz de prisão em flagrante a José, conduzindo-o, em seguida, à presença da autoridade policial.

Em revista pessoal, foi constatado que José portava três cigarros de maconha. Questionado, o fiscal afirmou ter comprado os cigarros de um estrangeiro que trazia os entorpecentes de seu país para o Brasil e os revendia perto da residência de José. A autoridade policial deu andamento aos procedimentos, redigiu o relatório final do inquérito policial e o encaminhou à autoridade competente.

Considerando essa situação hipotética, julgue o item subsequente.

A prisão de José, realizada pelos policiais, é nula, uma vez que a preparação do flagrante tornou impossível a consumação do crime.

Certo (   )   Errado (   )

Flagrante PREPARADO	Flagrante ESPERADO
Ocorre quando alguém instiga o indivíduo a praticar o crime com o objetivo de prendê-lo em flagrante no momento em que ele o estiver cometendo. O flagrante preparado é hipótese de crime impossível e o indivíduo instigado não responderá penalmente sendo sua conduta considerada atípica.	A atividade policial ou terceiro consiste em simples aguardo do momento do cometimento do crime, sem qualquer atitude de induzimento ou instigação.
Súmula nº 145 do STF - *Não há crime, quando a preparação do flagrante pela polícia torna impossível a sua consumação.*	

Gabarito: Certo.

1467. **(2019 – AOCP – PC/ES – Investigador – Adaptada)** "Flagrante" significa o manifesto, ou evidente, e o ato que se pode observar no exato momento de sua ocorrência. Sobre a prisão em flagrante e suas eventuais conversões

a) A prisão em flagrante é uma modalidade de execução provisória da pena.

b) A prisão em flagrante só pode ocorrer mediante a expedição de mandado judicial prévio que possibilite a identificação e localização do acusado.

c) Sendo modalidade de prisão cautelar, a prisão em flagrante só é cabível em crimes afiançáveis em que a pena abstrata seja superior a 4 anos de privação de liberdade máxima.

d) A prisão em flagrante é a modalidade de prisão cautelar, de natureza administrativa, realizada no instante em que se desenvolve ou termina de se concluir a infração penal (crime ou contravenção penal).

A palavra flagrante deriva do latim *flagrare* e significa "queima, ardência". Extrai-se disso que se encontra em flagrante quem está cometendo o crime ou acabou de cometer. Trata-se de uma medida cautelar que independe de mandado judicial por expressa previsão constitucional. A prisão em flagrante é a modalidade de prisão cautelar, de natureza administrativa, realizada no instante em que se desenvolve ou termina de concluir a infração penal.

Gabarito: D.

1468. **(2019 – AOCP – PC/ES – Assistente Social – Adaptada)** Sobre as prisões cautelares admitidas no ordenamento jurídico brasileiro, assinale a alternativa que reproduz corretamente conceito jurídico ou dispositivo legal.

Considera-se em flagrante delito quem é perseguido, pela autoridade, pelo ofendido ou por qualquer pessoa, logo após ocorrer situação que faça suspeitar ser ele o autor da infração.

Certo ( )   Errado ( )

Consoante o art. 302, III, do CPP - *FLAGRANTE IMPRÓPRIO (IRREAL OU QUASE FLAGRANTE):* é perseguido, *LOGO APÓS*, pela autoridade, pelo ofendido ou por qualquer pessoa, em situação que faça *PRESUMIR* ser autor da infração.

Gabarito: Errado.

1469. **(2019 – AOCP – PC/ES – Assistente Social – Adaptada)** Sobre as prisões cautelares admitidas no ordenamento jurídico brasileiro, assinale a alternativa que reproduz corretamente conceito jurídico ou dispositivo legal.

A falta de testemunhas da infração impedirá o auto de prisão em flagrante ainda que com o condutor assinem outras duas pessoas que hajam testemunhado a apresentação do preso à autoridade.

Certo ( )   Errado ( )

Conforme o art. 304 do CPP: § 2º A falta de testemunhas da infração NÃO impedirá o auto de prisão em flagrante; mas, nesse caso, com o condutor, deverão assiná-lo pelo menos duas pessoas que hajam testemunhado a apresentação do preso à autoridade.

Gabarito: Errado.

1470. **(2019 – NC/UFPR – TJ/PR – Titular de Serviços de Notas e de Registros – Adaptada)** Sobre a prisão em flagrante.

A comunicação da prisão ao juiz competente, ao Ministério Público e à família do preso, ou à pessoa por ele indicada, deve ser feita em até 24 horas.

Certo ( )   Errado ( )

Consoante o disposto no art. 306 do CPP - *A prisão de qualquer pessoa e o local onde se encontre serão comunicados IMEDIATAMENTE ao juiz competente, ao Ministério Público e à família do preso ou à pessoa por ele indicada.*

Gabarito: Errado.

1471. **(2019 – AOCP – PC/ES – Assistente Social – Adaptada)** Sobre as prisões cautelares admitidas no ordenamento jurídico brasileiro, assinale a alternativa que reproduz corretamente conceito jurídico ou dispositivo legal.

Não havendo autoridade no lugar em que se tiver efetuado a prisão, o preso será logo apresentado à do lugar mais próximo, quando, por motivos de saúde, não puder aguardar o restabelecimento da primeira.

Certo ( )   Errado ( )

Consoante o art. 308 do CPP, *não havendo autoridade no lugar em que se tiver efetuado a prisão, o preso será logo apresentado à do lugar mais próximo.*

Gabarito: Errado.

1472. **(AOCP – Adaptada)** Sobre as prisões cautelares admitidas no ordenamento jurídico brasileiro, assinale a alternativa que reproduz corretamente conceito jurídico ou dispositivo legal.

Considera-se em flagrante delito quem é encontrado, logo depois, com instrumentos, armas, objetos ou papéis que façam presumir ser ele autor da infração.

Certo ( )   Errado ( )

Consoante o art. 302 do CPP;

IV. Considera-se em flagrante delito quem é encontrado, LOGO DEPOIS, com instrumentos, armas, objetos ou papéis que façam PRESUMIR ser ele autor da infração.

Gabarito: Certo.

1473. **(AOCP)** Suponha que dois policiais civis abordem um indivíduo em atitude suspeita e que portava ferramentas aparentemente destinadas ao crime de furto. Durante a abordagem, o indivíduo, de livre e espontânea vontade, confessa aos policiais que o seu objetivo era utilizar as ferramentas para realizar furto a residências. Tendo em vista a situação hipotética, assinale a alternativa correta.

a) O indivíduo deverá ser preso em flagrante delito pela tentativa de furto à residência, haja vista portar as ferramentas necessárias, bem como haver confessado de livre e espontânea vontade.

b) Neste caso, haverá o flagrante pela tentativa de furto, pois o agente estava prestes a cometer a infração, não tendo a consumação se efetivado por circunstâncias alheias à sua vontade.

c) Não haverá flagrante capaz de ensejar a prisão, uma vez que, no caso apresentado, o agente não atingiu os atos de execução do delito, não havendo se falar em flagrante pelos atos preparatórios.

d) O agente estaria em flagrante delito devido às ferramentas a serem utilizadas no delito, independentemente da sua confissão.

e) A confissão obtida sem o contraditório e a ampla defesa impossibilitariam o flagrante.

Primeiramente, não confunda a situação fática narrada com o disposto no art. 302, IV, do CPP - *Flagrante presumido (ficto) - instrumentos, armas, objetos, papéis + Logo Depois do Crime.* LEMBRE-SE: no flagrante PRESUMIDO é forte indício da autoria ou participação no crime e a relação com *instrumentos, armas, objetos, papéis.*

O contexto fático borda nitidamente uma das fases do *Inter Criminis* denominada cogitação. A cogitação não é punível porque não há sequer perigo ao bem jurídico.

Não houve sequer tentativa consoante o art. 14, II, do CP, pois a EXECUÇÃO não fora iniciada.

Gabarito: C.

1474. **(2019 – NC/UFPR – TJ/PR – Titular de Serviços de Notas e de Registros – Adaptada)** Sobre a prisão em flagrante,

No caso em que o agente é perseguido, logo após o fato, pela autoridade, pelo ofendido ou por qualquer pessoa, em circunstâncias que façam presumir ser autor da infração, a situação de flagrância durará pelo prazo de 24 horas, depois do qual não será mais possível a prisão em flagrante.

Certo ( )   Errado ( )

Em conformidade com o art. 302 do CPP, *considera-se em flagrante delito quem: é perseguido, logo após, pela autoridade, pelo ofendido ou por qualquer pessoa, em situação que faça presumir ser autor da infração.*

Gabarito: Errado.

1475. **(2019 – CESPE/CEBRASPE – PRF – Policial)** Com relação aos meios de prova e os procedimentos inerentes a sua colheita, no âmbito da investigação criminal, julgue o próximo item.

A entrada forçada em determinado domicílio é lícita, mesmo sem mandado judicial e ainda que durante a noite, caso esteja ocorrendo, dentro da casa, situação de flagrante delito nas modalidades próprio, impróprio ou ficto.

Certo ( )   Errado ( )

A norma constitucional dispõe no art. 5º, XI: *a casa é asilo inviolável do indivíduo, ninguém nela podendo penetrar sem consentimento do morador, salvo em caso de flagrante delito ou desastre, ou para prestar socorro, ou, durante o dia, por determinação judicial.*

Ainda, o art. 150, § 3º, II, CP estabelece que: *Entrar ou permanecer, clandestina ou astuciosamente, ou contra a vontade expressa ou tácita de quem de direito, em casa alheia ou em suas dependências: § 3º- Não constitui crime a entrada ou permanência em casa alheia ou em suas dependências: II - a qualquer hora do dia ou da noite, quando algum crime está sendo ali praticado ou na iminência de o ser.*

Ninguém poderá ser preso senão em flagrante delito *ou por ordem escrita e fundamentada da autoridade judiciária competente, em decorrência de sentença condenatória transitada em julgado ou, no curso da investigação ou do processo, em* virtude de prisão temporária ou prisão preventiva.

§ 2º A prisão poderá ser efetuada em qualquer dia e a qualquer hora, respeitadas as restrições relativas à inviolabilidade do domicílio, nos termos do art. 283, § 2º, do CPP.

Art. 302, I e II (próprio); III (impróprio) e IV (ficto), do CPP: *Prevalece na doutrina e na jurisprudência que o preceito constitucional não trouxe qualquer restrição quanto às demais modalidades de flagrante (impróprio e presumido – artigo 302, III e IV, do CPP), não sendo adequada a hermenêutica que sirva para tornar a casa um escudo protetivo em favor de delinquentes em flagrante, criando odiosa imunidade ao criminoso.*

Posição da Jurisprudência – Para STJ (RHC 21326), a invasão domiciliar é admitida nas diversas hipóteses de flagrante. *VIOLAÇÃO DE DOMICÍLIO. FLAGRANTE FICTO OU PRESUMIDO. PACIENTES ENCONTRADOS COM OBJETOS QUE DEMONSTRARAM, POR PRESUNÇÃO, SEREM AUTORES DO DELITO. ILEGALIDADE NÃO EVIDENCIADA. ORDEM DENEGADA. 1. A inviolabilidade domiciliar, garantia constitucional insculpida no art. 5º, XI, da Carta Magna, é excepcionada, dentre outras hipóteses, em caso de flagrante delito. (HC 386.410/RS, Rel. Ministra MARIA THEREZA DE ASSIS MOURA, SEXTA TURMA, julgado em 16/05/2017, Dje 24/05/2017)*

A entrada forçada em domicílio sem mandado judicial só é lícita, mesmo em período noturno, quando amparada em fundadas razões, devidamente justificadas *a posteriori*, que indiquem que dentro da casa ocorre situação de flagrante delito, sob pena de responsabilidade disciplinar, civil e penal do agente ou da autoridade, e de nulidade dos atos praticados, conforme o RE 603616/RO.

Gabarito: Certo.

1476. **(2018 – FUNDATEC – PC/RS – Delegado – Adaptada)** Considerando a disciplina da aplicação de lei processual penal e os tratados e convenções internacionais, é correto afirmar:

Toda pessoa detida ou retida deve ser conduzida, sem demora, à presença de um juiz ou outra autoridade autorizada pela lei a exercer funções judiciais e tem direito a ser julgada dentro de um prazo razoável ou a ser posta em liberdade, sem prejuízo de que prossiga o processo.

Certo ( )   Errado ( )

A alternativa trata expressamente do art. 7º, item 5, da Convenção Americana de Direitos Humanos (incorporada no nosso ordenamento), senão vejamos:

5. Toda pessoa detida ou retida deve ser conduzida, sem demora, à presença de um juiz ou outra autoridade autorizada pela lei a exercer funções judiciais e tem direito a ser julgada dentro de um prazo razoável ou a ser posta em liberdade, sem prejuízo de que prossiga o processo. Sua liberdade pode ser condicionada a garantias que assegurem o seu comparecimento em juízo.

De acordo com o art. 306, § 1º, do CPP, *o flagrado deve ser conduzido à autoridade judiciária competente em até 24h.* Além disso, a alternativa se relaciona com direitos individuais da razoável duração do processo (art. 5º, LXXVIII, da CF/88) e da liberdade como regra (art. 5º, LXVI, da CF/88).

Gabarito: Certo.

1477. **(2019 – NC/UFPR – TJ/PR – Titular de Serviços de Notas e de Registros – Adaptada)** Sobre a prisão em flagrante,

A falta de testemunhas da infração impedirá a autuação da prisão em flagrante.

Certo ( )   Errado ( )

Em conformidade com o art. 304, § 2º, do CPP, *a falta de testemunhas da infração NÃO IMPEDIRÁ o auto de prisão em flagrante; mas, nesse caso, com o condutor, deverão assiná-lo pelo menos duas pessoas que hajam testemunhado a apresentação do preso à autoridade.*

Gabarito: Errado.

1478. **(2019 – CESPE/CEBRASPE – PRF – Policial)** Em decorrência de um homicídio doloso praticado com o uso de arma de fogo, policiais rodoviários federais foram comunicados de que o autor do delito se evadira por rodovia federal em um veículo cuja placa e características foram informadas. O veículo foi abordado por policiais rodoviários federais em um ponto de bloqueio montado cerca de 200 km do local do delito e que os policiais acreditavam estar na rota de fuga do homicida. Dada voz de prisão ao condutor do veículo, foi apreendida arma de fogo que estava em sua posse e que, supostamente, tinha sido utilizada no crime. Considerando essa situação hipotética, julgue o seguinte item.

Durante o procedimento de lavratura do auto de prisão em flagrante pela autoridade policial competente, o policial rodoviário responsável pela prisão e condução do preso deverá ser ouvido logo após a oitiva das testemunhas e o interrogatório do preso.

Certo ( )   Errado ( )

Apresentado o preso à autoridade competente, *ouvirá esta o condutor e colherá, desde logo, sua assinatura, entregando a este cópia do termo e recibo de entrega do preso. Em seguida, procederá à oitiva das testemunhas que o acompanharem e ao interrogatório do acusado sobre a imputação que lhe é feita, colhendo, após cada oitiva suas respectivas assinaturas, lavrando, a autoridade, afinal, o auto, consoante o exposto no art. 304 do CPP.*

Gabarito: Errado.

1479. **(2019 – CESPE/CEBRASPE – TJ/BA – Juiz – Adaptada)** Acerca de prisão, de liberdade provisória e de medidas cautelares, com base no entendimento dos tribunais superiores.

A presença do defensor técnico é dispensável por ocasião da formalização do auto de prisão em flagrante, desde que a autoridade policial informe ao preso os seus direitos constitucionalmente garantidos.

Certo ( )   Errado ( )

Jurisprudência do STJ: *Eventual nulidade no auto de prisão em flagrante por ausência de assistência por advogado somente se verificaria caso não tivesse sido oportunizado ao conduzido o direito de ser assistido por advogado, não sendo a ausência de causídico por ocasião da condução do flagrado à Delegacia de Polícia para oitiva pela Autoridade Policial, por si só, causa de nulidade do auto de prisão em flagrante (RHC n. 61.959/ES, Rel. Min. MARIA THEREZA DE ASSIS MOURA, Sexta Turma, Dje 4/12/2015). Isso porque a documentação do flagrante prescinde da presença do defensor técnico do conduzido, sendo suficiente a lembrança, pela autoridade policial, dos direitos constitucionais do preso de ser assistido. 3. No caso, o Tribunal de origem não se manifestou quanto à oportunização ao flagrante de assistência por advogado, o que obsta seu exame direto por supressão de instância. Precedentes. 4. De acordo com as instâncias ordinárias, as cópias do auto de prisão em flagrante foram devidamente remetidas ao juiz de primeiro grau e à Defensoria Pública, não havendo, assim, nenhuma ilegalidade a ser examinada ou reconhecida por este Tribunal, visto que observadas as disposições do art. 306, § 1º, do CPP. Conclusão em sentido contrário demanda reexame dos autos,* *providência inadmissível na via estreita do habeas corpus. 5. Operada a conversão do flagrante em prisão preventiva, fica superada a alegação de nulidades porventura existentes no auto de prisão em flagrante. Precedentes. (HC 442.334/RS, Rel. Ministro REYNALDO SOARES DA FONSECA, QUINTA TURMA, julgado em 21/06/2018, DJe 29/06/2018)*

Gabarito: Certo.

1480. **(2019 – CESPE/CEBRASPE – PRF – Policial)** Em decorrência de um homicídio doloso praticado com o uso de arma de fogo, policiais rodoviários federais foram comunicados de que o autor do delito se evadira por rodovia federal em um veículo cuja placa e características foram informadas. O veículo foi abordado por policiais rodoviários federais em um ponto de bloqueio montado cerca de 200 km do local do delito e que os policiais acreditavam estar na rota de fuga do homicida. Dada voz de prisão ao condutor do veículo, foi apreendida arma de fogo que estava em sua posse e que, supostamente, tinha sido utilizada no crime. Considerando essa situação hipotética, julgue o seguinte item.

De acordo com a classificação doutrinária dominante, a situação configura hipótese de flagrante presumido ou ficto.

Certo ( )   Errado ( )

É importante observar as espécies legais de flagrante – art. 302 do CPP:

Fundamento legal	Espécie	Disposições legais
Art. 302, I e II, do CPP	Flagrante próprio, real, verdadeiro, atual ou propriamente dito	Será considerado flagrante próprio, a situação do indivíduo que está cometendo o fato criminoso (inciso I) ou que acaba de cometer este fato (inciso II). Ou seja, aquele que acabou de cometer o crime e é surpreendido no cenário do fato.
Art. 302, III, do CPP Flagrante impróprio, imperfeito, irreal ou quase flagrante		Conquanto o agente não tenha sido encontrado pelas autoridades no local do fato, é necessário que haja uma PERSEGUIÇÃO, uma busca pelo indivíduo, ao final da qual, ele acaba preso.
Art. 302, IV, do CPP	Flagrante presumido, ficto ou assimilado	No flagrante presumido, temos as mesmas características do flagrante impróprio, com a diferença que a Doutrina NÃO EXIGE perseguição ao autor do crime desde que ele seja surpreendido, logo depois do crime, com objetos (armas, papéis etc.) que façam presumir que ele foi o autor do delito.

A hipótese abordada no art. 302, III, do CPP, é que nessa modalidade de flagrante, o agente é **perseguido, LOGO APÓS** a infração, em situação que faça presumir ser o autor do fato. Logo, a expressão **LOGO APÓS** compreende todo o espaço de tempo que deflui para que a autoridade policial chegue ao local, para colher elementos de informação do crime e dar início a perseguição do autor da infração penal.

Quando há na perseguição a solução de continuidade, isto é, se a perseguição não for interrompida, **não existe um limite temporal para o encerramento da perseguição**, ainda que durem dias ou até mesmo semanas, havendo êxito na captura do perseguido, estaremos diante de flagrante delito.

O § 1º do art. 290 do CPP exprime o **CONCEITO LEGAR DE PERSEGUIÇÃO**, entendendo-a quando a autoridade:

Tendo avistado o infrator, for perseguindo-o sem interrupção, embora depois o tenha perdido de vista. Portanto, o contato visual não é elemento essencial para a caracterização da perseguição.	Sabendo, por indícios ou informações fidedignas, que o infrator tenha passado, há pouco tempo, em tal ou qual direção, pelo lugar em que o procura, for no seu encalço.

Gabarito: Certo.

1481. **(2018 – COPS/UEL – PC/PR – Escrivão – Adaptada)** Sobre as prisões cautelares – prisão em flagrante, prisão preventiva e prisão temporária, considere a afirmativa a seguir.

O flagrante delito caracterizado pela situação em que o agente acabou de cometer a infração penal é chamado pela doutrina de flagrante impróprio ou quase flagrante, uma vez que o agente já não está mais praticando o fato delituoso.

Certo ( )   Errado ( )

Consoante o art. 302, I e II, do CPP, trata da hipótese do flagrante próprio ou perfeito, que consiste na situação do agente que está cometendo o crime ou acabou de cometê-lo.
Gabarito: Errado.

1482. **(2018 – VUNESP – PC/SP – Delegado)** Em relação à prisão em flagrante, assinale a alternativa correta.

a) A autoridade policial somente poderá conceder fiança nos casos de infração cuja pena privativa de liberdade máxima não seja superior a 2 anos.

b) O delito putativo por obra do agente provocador é contemplado na lei e mesmo na doutrina como espécie do chamado quase-flagrante.

c) Para existir a prisão em flagrante nas hipóteses de perseguição é necessário

d) A atribuição para a lavratura do auto de prisão em flagrante é da autoridade policial do local em que ocorrer a prisão-captura, mesmo que esta se dê em local diverso do da prática do crime.

e) Chama-se flagrante impróprio a situação de prisão em que o agente é surpreendido quando acabou de cometer o delito.

A autoridade competente para lavratura de APF: a do local da prisão. Consoante o disposto no art. 290 do CPP, se o réu, sendo perseguido, passar ao território de outro município ou comarca, o executor poderá efetuar-lhe a prisão no lugar onde o alcançar, apresentando-o imediatamente à autoridade local, que, depois de lavrado, se for o caso, o auto de flagrante, providenciará para a remoção do preso.

ALTERNATIVAS ERRADAS: a) De acordo com a redação do art. 322 do CPP, o delegado de polícia somente poderá conceder fiança nos casos de infrações cuja pena privativa de liberdade máxima em abstrato não seja superior a 4 anos, não se exigindo mais que a conduta seja punível somente com pena de detenção ou prisão simples, como previa a redação anterior do art. 322 do CPP; **b) o Delito Putativo por obra do Agente Provocador** também chamado de crime de ensaio ou de experiência, ocorre quando há **flagrante preparado ou provocado: Súmula nº 145 do STF:** Não há crime, quando a preparação do flagrante pela polícia torna impossível a sua consumação; **c/e)** Trata-se do **flagrante impróprio**, também chamado de flagrante imperfeito ou irreal, previsto no **art. 302, III, do CPP:** *é perseguido, logo após,* pela autoridade, pelo ofendido ou por qualquer pessoa, em situação que faça presumir ser o autor da infração. No caso do **flagrante impróprio**, admite-se a prisão após 24 horas do fato. Na verdade não existe norma delimitando o prazo. Doutrina e jurisprudência entendem que é possível passar das 24 horas, desde que a perseguição tenha se iniciado logo após o crime, sem intervalos longos. Ela deve ser imediata e ininterrupta. **Doutrina e Jurisprudência do STJ:** A perseguição pode durar horas ou DIAS, desde que tenha tido início logo após a prática do crime. (NUCCI, G. S. Manual de processo penal e execução penal. São Paulo: Editora Revista dos Tribunais, 2014, p. 538)/STJ em HC 3496/DF.

Gabarito: D.

1483. **(2018 – FUNDATEC – PC/RS – Delegado – Adaptada)** Acerca da disciplina sobre prisão e liberdade, assinale a alternativa correta.

Em até 24 (vinte e quatro) horas após a realização da prisão, será encaminhado ao juiz competente o auto de prisão em flagrante e, caso o autuado não informe o nome de seu advogado, cópia integral para a Defensoria Pública e ao Ministério Público.

Certo ( )   Errado ( )

A prisão de qualquer pessoa e o local onde se encontre serão comunicados imediatamente ao juiz competente, ao Ministério Público e à família do preso ou à pessoa por ele indicada. § 1º Em até 24 (vinte e quatro) horas após a realização da prisão, será encaminhado ao juiz competente o auto de prisão em flagrante e, caso o autuado não informe o nome de seu advogado, cópia integral para a Defensoria Pública, consoante o disposto no art. 306 do CPP.

Gabarito: Errado.

1484. **(2018 – FUNDATEC – PC/RS – Delegado – Adaptada)** Acerca da disciplina sobre prisão e liberdade, assinale a alternativa correta.

Da lavratura do auto de prisão em flagrante deverá constar a informação sobre a existência de filhos, respectivas idades e se possuem alguma deficiência e o nome e o contato de eventual responsável pelos cuidados dos filhos, indicado pela pessoa presa.

Certo ( )   Errado ( )

Nos termos do art. 304 do CPP, apresentado o preso à autoridade competente, ouvirá esta o condutor e colherá, desde logo, sua assinatura, entregando a este cópia do termo e recibo de entrega do preso. Em seguida, procederá à oitiva das testemunhas que o acompanharem e ao interrogatório do acusado sobre a imputação que lhe é feita, colhendo, após cada oitiva suas respectivas assinaturas, lavrando, a autoridade, afinal, o auto. § 4º Da lavratura do auto de prisão em flagrante deverá constar a informação sobre a existência de filhos, respectivas idades, se têm alguma deficiência e o nome e o contato de eventual responsável pelos cuidados dos filhos, indicado pela pessoa presa. (CPP)

Gabarito: Certo.

1485. **(2018 – FUNDATEC – PC/RS – Delegado – Adaptada)** Acerca da disciplina sobre prisão e liberdade, assinale a alternativa correta.

Se o réu, sendo perseguido, passar ao território de outro município ou comarca, o executor poderá efetuar lhe a prisão no lugar onde o alcançar, apresentando-o imediatamente à autoridade do local do início da perseguição para a lavratura do auto de flagrante.

Certo ( )   Errado ( )

Estabelecido no art. 290 do CPP, *se o réu, sendo perseguido, passar ao território de outro município ou comarca, o executor poderá efetuar-lhe a prisão no lugar onde o alcançar, apresentando-o imediatamente à autoridade local, que, depois de lavrado, se for o caso, o auto de flagrante, providenciará para a remoção do preso.* (CPP)

Gabarito: Errado.

1486. **(2018 – FUMARC – PC/MG – Escrivão – Adaptada)** Compreendido o conceito de flagrante delito, pode-se definir a prisão em flagrante como uma medida de autodefesa da sociedade, consubstanciada na privação da liberdade de locomoção daquele que é surpreendido em situação de flagrância, a ser executada independentemente de prévia autorização judicial (CF, art. 5º, LXI). Face ao exposto, a afirmativa afeta ao instituto do "flagrante" no âmbito do Processo Penal é correta:

No flagrante presumido, ficto ou assimilado, o agente é preso logo depois de cometer a infração, com instrumentos, armas, objetos ou papéis que façam presumir ser ele o autor da infração (CPP, art. 302, IV). Nesse caso, a lei não exige que haja perseguição, bastando que a pessoa seja encontrada logo depois da prática do ilícito com coisas que traduzam um veemente indício da autoria ou participação no crime.

Certo ( )   Errado ( )

Conquanto considera-se que está em FLAGRANTE delito quem:

I - (Flagrante Próprio): Está cometendo a infração penal;

II - (Flagrante Próprio): Acaba de cometê-la;

III - (Flagrante Impróprio): É perseguido, logo APÓS, pela autoridade, pelo ofendido ou por qualquer pessoa, em situação que faça presumir ser autor da infração.

IV - (Flagrante Ficto): É encontrado, logo DEPOIS, com instrumentos, armas, objetos ou papéis que façam presumir ser ele o autor da infração.

Gabarito: Certo.

1487. **(2018 – FUMARC – PC/MG – Escrivão – Adaptada)** Compreendido o conceito de flagrante delito, pode-se definir a prisão em flagrante como uma medida de autodefesa da sociedade, consubstanciada na privação da liberdade de locomoção daquele que é surpreendido em situação de flagrância, a ser executada independentemente de prévia autorização judicial (CF, art. 5º, LXI). Face ao exposto, a afirmativa afeta ao instituto do "flagrante" no âmbito do Processo Penal é correta:

Quando da lavratura do Auto de Prisão em flagrante, o escrivão de polícia, independentemente da presença da Autoridade Policial, deverá proceder à oitiva do conduzido, do condutor e de duas testemunhas que presenciaram toda a ação policial que culminou na apreensão do conduzido.

Certo ( )   Errado ( )

Conforme exposto no art. 304 do CPP, *apresentado o preso à autoridade competente, ouvirá esta o condutor e colherá, desde logo, sua assinatura, entregando a este cópia do termo e recibo de entrega do preso. Em seguida, procederá à oitiva das testemunhas que o acompanharem e ao interrogatório do acusado sobre a imputação que lhe é feita, colhendo, após cada oitiva suas respectivas assinaturas, lavrando, a autoridade, afinal, o auto.*

Gabarito: Errado.

1488. **(2018 – FUMARC – PC/MG – Escrivão – Adaptada)** Compreendido o conceito de flagrante delito, pode-se definir a prisão em flagrante como uma medida de autodefesa da sociedade, consubstanciada na privação da liberdade de locomoção daquele que é surpreendido em situação de flagrância, a ser executada independentemente de prévia autorização judicial (CF, art. 5º, LXI). Face ao exposto, a afirmativa afeta ao instituto do "flagrante" no âmbito do Processo Penal é correta:

Teremos a figura do flagrante esperado quando alguém (particular ou autoridade policial), de forma insidiosa, instiga o agente à prática do delito com o objetivo de prendê-lo em flagrante, ao mesmo tempo em que adota todas as providências para que o delito não se consume. Como adverte a doutrina, nessa hipótese de flagrante, o suposto autor do delito não passa de um protagonista consciente de uma comédia, cooperando para a ardilosa averiguação da autoria de crimes anteriores, ou da simulação da exterioridade de um crime.

Certo ( )   Errado ( )

O flagrante provocado, preparado, o delito putativo por obra do agente provocador é nulo por ter sido preparado por agente provocador. Consoante o teor da Súmula nº 145 do STF: _não há crime, quando a preparação do flagrante pela polícia torna impossível a sua consumação_. Refere-se à hipótese de crime impossível, que, conforme o art. 17 do CP, não é punível. No caso em que agentes provocadores, que podem ser as autoridades, vítimas ou terceiros induzem alguém a praticar um suposto delito, tomando, ao mesmo tempo, providências para que se torne impossível sua consumação.

Gabarito: Errado.

1489. **(2018 – CESPE/CEBRASPE – PF – Perito Criminal)** A fim de garantir o sustento de sua família, Pedro adquiriu 500 CDs e DVDs piratas para posteriormente revendê-los. Certo dia, enquanto expunha os produtos para venda em determinada praça pública de uma cidade brasileira, Pedro foi surpreendido por policiais, que apreenderam a mercadoria e o conduziram coercitivamente até a delegacia.

Com referência a essa situação hipotética, julgue o item subsequente.

Em regra, após a condução coercitiva de Pedro à delegacia, a competência para lavrar o auto de prisão em flagrante é da autoridade policial.

Certo ( )   Errado ( )

O auto de prisão em flagrante é o documento que contém as informações advindas da prisão em flagrante, quer sejam após a apresentação do conduzido, em ordem, a oitiva do condutor, das testemunhas, vítima, interrogatório do conduzido (corrija-se o art. 304 do CPP que fala em acusado), a fim de formar o contexto fático (baseado em versões, e não em verdade), demais termos, laudos, relatório e assinaturas, competindo, (a) final à autoridade policial, sua lavratura.

Apresentado o preso à autoridade competente, ouvirá esta o condutor e colherá, desde logo, sua assinatura, entregando a este cópia do termo e recibo de entrega do preso. Em seguida, procederá à oitiva das testemunhas que o acompanharem e ao interrogatório do acusado sobre a imputação que lhe é feita, colhendo, após cada oitiva, suas respectivas assinaturas, _lavrando, a autoridade, afinal, o auto_, de acordo com o exposto no art. 304 do CPP.

Na falta ou no impedimento do escrivão, QUALQUER PESSOA designada pela autoridade lavrará o auto, depois de prestado o compromisso legal, consoante o art. 305 do CPP.

Quando o fato for praticado em **presença da autoridade, ou contra esta, no exercício de suas funções,** constarão do auto a narração desse fato, a voz de prisão, as declarações que fizer o preso e os depoimentos das testemunhas, **sendo tudo assinado pela autoridade**, pelo preso e pelas testemunhas e remetido imediatamente ao juiz a quem couber tomar conhecimento do fato delituoso, se não o for a autoridade que houver presidido o auto, conforme o art. 307 do CPP.

Gabarito: Certo.

1490. **(2018 – CESPE/CEBRASPE – PF – Escrivão)** João integra uma organização criminosa que, além de contrabandear e armazenar, vende, clandestinamente, cigarros de origem estrangeira nas ruas de determinada cidade brasileira.

A partir dessa situação hipotética, julgue o item subsequente.

Se João for preso em flagrante e o escrivão estiver impossibilitado de proceder à lavratura do auto de prisão, a autoridade policial poderá designar qualquer pessoa para fazê-lo, desde que esta preste o compromisso legal anteriormente.

Certo ( )   Errado ( )

Conforme consubstancia o art. 305 do CPP, *na falta ou no impedimento do escrivão, **QUALQUER PESSOA** designada pela autoridade lavrará o auto, depois de prestado o compromisso legal.*

Na falta ou impedimento do escrivão e seu substituto, servirá pessoa idônea, nomeada pela autoridade, perante quem prestará compromisso, lavrando o respectivo termo, consoante o art. 808 do CPP.

Gabarito: Certo.

1491. **(2019 – IESES – TJ/SC – Titular de Serviços e Notas de Registro – Adaptada)** Com relação às prisões processuais é correto afirmar que em qualquer fase da investigação policial ou do processo penal, havendo prova da existência de crime e indício suficiente de autoria, poderá ser decretada, fundamentadamente, a prisão preventiva, nos crimes dolosos punidos com pena privativa de liberdade máxima superior a quatro anos, desde que para a garantia da ordem pública, da ordem econômica, por conveniência da instrução criminal ou para assegurar a aplicação da lei penal, ainda que o acusado seja primário.

Certo ( )   Errado ( )

Consoante o art. 313 do CPP, nos termos do, será admitida a decretação da prisão preventiva:

I. *nos crimes DOLOSOS punidos com pena privativa de liberdade máxima SUPERIOR a 4 (quatro) anos.*

Gabarito: Certo.

1492. **(2019 – AOCP – PC/ES – Investigador – Adaptada)** A legislação processual penal faz distinções entre as prisões temporária e preventiva. Qual alternativa apresenta a informação correta a respeito delas?

Tanto a prisão temporária como a prisão preventiva exigem prova de indício suficiente de autoria, mas apenas a primeira exige o requisito de que sua decretação se dê apenas nos crimes dolosos punidos com pena privativa de liberdade máxima superior a 4 anos.

Certo ( )   Errado ( )

A legislação processual penal prevê o cabimento da prisão preventiva para os crimes dolosos com pena máxima superior a 4 anos se dá na prisão PREVENTIVA, não na temporária, conforme art. 313, I, do CPP.

Gabarito: Errado.

1493. **(2019 – AOCP – PC/ES – Investigador – Adaptada)** A legislação processual penal faz distinções entre as prisões temporária e preventiva. Qual alternativa apresenta a informação correta a respeito delas?

A prisão temporária será decretada pelo Juiz, em face da representação da autoridade policial ou de requerimento do Ministério Público, e terá o prazo de 5 dias, prorrogável por igual período em caso de extrema e comprovada necessidade, enquanto a prisão preventiva não possui prazo fixo para seu término.

Certo ( )   Errado ( )

A prisão temporária comporta prazo DETERMINADO, consoante o art. 2º, a prisão temporária será decretada pelo juiz, em face da representação da autoridade policial ou de requerimento do Ministério Público, e terá o PRAZO DE 5 DIAS, prorrogável por IGUAL PERÍODO em caso de extrema e comprovada necessidade. A prisão preventiva NÃO segue prazo certo e determinado, dura e é cabível enquanto houver cumprimento dos pressupostos cautelares e das hipóteses de cabimento, *rebus sic stantibus.*

Gabarito: Certo.

1494. **(2019 – AOCP – PC/ES – Investigador – Adaptada)** A legislação processual penal faz distinções entre as prisões temporária e preventiva. Qual alternativa apresenta a informação correta a respeito delas?

Os presos temporários deverão permanecer, obrigatoriamente, separados dos demais detentos, enquanto os presos preventivos podem repartir espaços com os apenados de sentença já transitada.

Certo ( )   Errado ( )

Nos termos do art. 3º da Lei nº 7.960/89, *os presos temporários deverão permanecer, obrigatoriamente, separados dos demais detentos.* Ainda dispõe o art. 300 do CPP, *as pessoas presas provisoriamente ficarão separadas das que já estiverem definitivamente condenadas, nos termos da lei de execução penal.*

Gabarito: Errado.

1495. **(2018 – VUNESP – TJ/SP – Titular de Serviços de Notas e de Registros – Adaptada)** A prisão preventiva poderá ser decretada

a) para assegurar a aplicação da lei penal, nos crimes dolosos punidos com pena privativa de liberdade máxima superior a 03 (três) anos.

b) por conveniência da instrução criminal, nos crimes dolosos ou culposos.

c) como garantia da ordem econômica, nos crimes dolosos punidos com pena privativa de liberdade máxima superior a 04 (quatro) anos.

d) como garantia da ordem pública, nos crimes dolosos punidos com pena privativa de liberdade máxima superior a 02 (dois) anos.

Consoante o art. 313 do CPP, *nos termos do art. 312 deste Código, será admitida a decretação da prisão preventiva:*

I. *nos crimes dolosos punidos com pena privativa de liberdade máxima superior a 4 (quatro) anos.*

Jurisprudência do STJ: Informativo nº 632: *Assim, a redação do so III do art. 313 do CPP fala em CRIME (não abarcando contravenção penal). Logo, não há previsão legal que autorize a prisão preventiva contra o autor de uma contravenção penal. Decretar a prisão preventiva, nesta hipótese, representa ofensa ao princípio da legalidade estrita. STJ. 6ª Turma. HC 437535-SP, Rel. Min. Maria Thereza de Assis Moura, Rel. Acd. Min. Rogerio Schietti Cruz, julgado em 26/06/2018.*
Gabarito: C.

1496. **(2018 – COPS/UEL – PC/PR – Escrivão – Adaptada)** Sobre as prisões cautelares – prisão em flagrante, prisão preventiva e prisão temporária, considere a afirmativa a seguir.

Em qualquer fase da investigação policial ou do processo penal, caberá a prisão preventiva decretada pelo juiz, de ofício, se no curso da ação penal, ou a requerimento do Ministério Público, do querelante ou do assistente, ou por representação da autoridade policial.

Certo ( )   Errado ( )

Consoante a atual redação atual do art. 311 do CCP, a afirmativa está INCORRETA; Em qualquer fase da INVESTIGAÇÃO POLICIAL ou do processo penal, caberá a prisão preventiva decretada pelo juiz, a requerimento do Ministério Público, do querelante ou do assistente, ou por representação da autoridade policial. A redação ANTERIOR à Lei nº 13.964/19 admitia a decretação da prisão preventiva de oficio pelo juiz. Vamos conferir:

ATENÇÃO ÀS MUDANÇAS:

ANTES da Lei nº 13.964/19	DEPOIS da Lei nº 13.964/19
Art. 311 do CPP - Em qualquer fase da investigação policial ou do processo penal, caberá a prisão preventiva decretada pelo juiz, de ofício, se no curso da ação penal, ou a requerimento do Ministério Público, do querelante ou do assistente, ou por representação da autoridade policial (Redação dada pela Lei nº 12.403, de 2011).	Art. 311 do CPP - Em qualquer fase da INVESTIGAÇÃO POLICIAL ou do processo penal, CABERÁ a prisão preventiva decretada pelo juiz, a requerimento do Ministério Público, do querelante ou do assistente, ou por representação da autoridade policial (Redação dada pela Lei nº 13.964, de 2019).

Gabarito: Certo.

1497. **(2019 – AOCP – PC/ES – Investigador – Adaptada)** A legislação processual penal faz distinções entre as prisões temporária e preventiva.

Caberá prisão temporária para se assegurar a ordem econômica e caberá prisão preventiva para tutelar a lei penal quando o indiciado não tiver residência fixa ou não fornecer elementos necessários ao esclarecimento de sua identidade.

Certo ( )   Errado ( )

Nos termos do art. 3º da Lei nº 7.960/89, *os presos temporários deverão permanecer, obrigatoriamente, separados dos demais detentos.* Ainda dispõe o art. 300 do CPP, *as pessoas presas provisoriamente ficarão separadas das que já estiverem definitivamente condenadas, nos termos da lei de execução penal.*
Gabarito: Errado.

1498. (2018 – AOCP – TRT 1ª Região – Técnico Judiciário – Adaptada) Acerca das prisões cautelares:

A prisão preventiva poderá ser decretada como garantia da ordem pública, da ordem econômica, por conveniência da instrução criminal, ou para assegurar a aplicação da lei penal, quando houver prova da existência do crime e indício suficiente de autoria.

Certo ( )   Errado ( )

A prisão preventiva poderá ser decretada como garantia da ordem pública, da ordem econômica, por conveniência da instrução criminal ou para assegurar a aplicação da lei penal, quando houver prova da existência do crime e indício suficiente de autoria e de perigo gerado pelo estado de liberdade do imputado, consoante o art. 312 do CPP.

Gabarito: Certo.

1499. (2018 – UEG – PC/GO – Delegado – Adaptada) Sobre a prisão, tem-se o seguinte:

Após a alteração legislativa promovida pela Lei nº 12.403, de 2011, é possível a decretação de prisão preventiva pelo juiz, de ofício, durante a investigação penal.

Certo ( )   Errado ( )

Consoante a atual redação atual do art. 311 do CCP, a alternativa está INCORRETA. Em qualquer fase da INVESTIGAÇÃO POLICIAL ou do processo penal, caberá a prisão preventiva decretada pelo juiz, a requerimento do Ministério Público, do querelante ou do assistente, ou por representação da autoridade policial. A redação ANTERIOR à Lei nº 13.964/19 admitia a decretação da prisão preventiva de ofício pelo juiz. Vamos conferir:

ATENÇÃO ÀS MUDANÇAS:

ANTES da Lei nº 13.964/19	DEPOIS da Lei nº 13.964/19
Art. 311 do CPP - Em qualquer fase da investigação policial ou do processo penal, caberá a prisão preventiva decretada pelo juiz, de ofício, se no curso da ação penal, ou a requerimento do Ministério Público, do querelante ou do assistente, ou por representação da autoridade policial (Redação dada pela Lei nº 12.403, de 2011).	Art. 311 do CPP - Em qualquer fase da INVESTIGAÇÃO POLICIAL ou do processo penal, CABERÁ a prisão preventiva decretada pelo juiz, a requerimento do Ministério Público, do querelante ou do assistente, ou por representação da autoridade policial (Redação dada pela Lei nº 13.964, de 2019).

Gabarito: Errado.

1500. (2018 – CONSULPLAN – TJ/MG – Juiz – Adaptada) De acordo com o CPP, quando trata da prisão, das medidas cautelares e da liberdade provisória, analise a afirmativa.

O Juiz não poderá decretar a prisão preventiva do investigado de ofício, durante a fase inquisitiva, sendo necessário, para tanto, requerimento do Ministério Público, do querelante ou de seu assistente, ou, ainda, representação da autoridade policial.

Certo ( )   Errado ( )

Consoante a atual redação atual do art. 311 do CCP, a alternativa está INCORRETA – Em qualquer fase da INVESTIGAÇÃO POLICIAL ou do processo penal, caberá a prisão preventiva decretada pelo juiz, a requerimento do Ministério Público, do querelante ou do assistente, ou por representação da autoridade policial. A redação ANTERIOR a Lei nº 13.964/19 admitia a decretação da prisão preventiva de ofício pelo juiz.

Gabarito: Errado.

1501. **(2018 - CESPE/CEBRASPE - MPU - Analista)** Em cada um dos itens a seguir é apresentada uma situação hipotética seguida de uma assertiva a ser julgada em consonância com a doutrina majoritária e com o entendimento dos tribunais superiores acerca de provas no processo penal, prisão e liberdade provisória e *habeas corpus.*

Um indivíduo penalmente imputável apresentou-se espontaneamente a autoridade policial depois de ter cometido um crime. Nessa situação, a apresentação espontânea não impede a decretação da prisão preventiva nos casos em que a lei a autoriza.

Certo ( )   Errado ( )

A apresentação espontânea, após o cometimento de um crime, IMPEDE a prisão em flagrante. Contudo, essa circunstância não impede a prisão preventiva, se estiverem presentes os requisitos legais. Quando claramente o caso concreto apresentar os pressupostos dos arts. 312 e 313 do CPP, o juiz poderá decretar a prisão preventiva, **caso se revelem inadequadas ou insuficientes as medidas cautelares diversas da prisão previstas no art. 319 do CPP.**

Gabarito: Certo.

1502. **(2019 - AOCP - PC/ES - Investigador - Adaptada)** A legislação processual penal faz distinções entre as prisões temporária e preventiva. Qual alternativa apresenta a informação correta a respeito delas?

É possível decretar prisão preventiva para acusados de cometerem crime de associação criminosa de pena abstrata de reclusão de 1 a 3 anos, mas não é possível a decretação de prisão provisória para acusados que cometerem crime de extorsão de pena abstrata de reclusão de 4 a 10 anos.

Certo ( )   Errado ( )

É o contrário, a preventiva para a garantia da ordem econômica no art. 312 do CPP e a temporária quando o indicado não tiver residência fixa ou não fornecer elementos necessários ao esclarecimento de sua identidade conforme o art. 1º, II, 7.960/89.

Gabarito: Errado.

1503. **(2019 - CESPE/CEBRASPE - TJ/BA - Juiz - Adaptada)** Acerca de prisão, de liberdade provisória e de medidas cautelares, com base no entendimento dos tribunais superiores.

Quando o MP representar por prisão temporária, não será possível que se decrete a prisão preventiva, uma vez que isso representaria ofensa ao princípio da inércia da jurisdição.

Certo ( )   Errado ( )

Conforme a jurisprudência, senão vejamos:

[...] O juiz poderá o decretar a prisão preventiva, mesmo que a representação da autoridade policial ou do Ministério Púbico seja pela decretação de prisão temporária, visto que, provocado, cabe ao juiz ofertar o melhor direito aplicável à espécie. HC 362.962/RN, Rel. Ministro ROGERIO SCHIETTI CRUZ, SEXTA TURMA, julgado em 01/09/2016, DJe 12/09/2016.

Gabarito: Errado.

1504. **(2018 – COPS/UEL – PC/PR – Escrivão – Adaptada)** Sobre as prisões cautelares – prisão em flagrante, prisão preventiva e prisão temporária, considere a afirmativa a seguir.

Será admitida a decretação da prisão preventiva se o crime envolver violência doméstica e familiar contra a mulher, a criança, o adolescente, o idoso, o enfermo ou a pessoa com deficiência, para garantir a execução das medidas protetivas de urgência.

Certo (　)　　　　Errado (　)

O art. 313, III, do CPP, estabelece *se o crime envolver violência doméstica e familiar contra a mulher, criança, adolescente, idoso, enfermo ou pessoa com deficiência, para garantir a execução das medidas protetivas de urgência (Redação dada pela Lei nº 12.403/11).*

Gabarito: Certo.

1505. **(Vunesp – Adaptada)** Sobre a prisão, as medidas cautelares alternativas à prisão e liberdade provisória, tendo em conta os artigos 282 a 350 do CPP.

A prisão preventiva somente poderá ser decretada nos crimes dolosos punidos com pena privativa de liberdade máxima superior a quatro anos.

Certo (　)　　　　Errado (　)

Consoante o art. 313 do CPP, será admitida a decretação da prisão preventiva:

I - nos crimes dolosos punidos com pena privativa de liberdade máxima superior a 4 (quatro) anos;

II - se tiver sido condenado por outro crime doloso, em sentença transitada em julgado, ressalvado o disposto no so I do caput do art. 64 do Decreto-Lei nº 2.848, de 7 de dezembro de 1940 - Código Penal;

III - se o crime envolver violência doméstica e familiar contra a mulher, criança, adolescente, idoso, enfermo ou pessoa com deficiência, para garantir a execução das medidas protetivas de urgência.

Gabarito: Errado.

1506. **(2018 – VUNESP – PC/SP – Escrivão – Adaptada)** Sobre a prisão, as medidas cautelares alternativas à prisão e liberdade provisória, tendo em conta os artigos 282 a 350 do CPP.

Uma vez substituída a prisão preventiva por qualquer medida cautelar alternativa, não poderá o juiz decretá-la novamente, ainda que o acusado descumpra a medida imposta. Poderá, contudo, impor outras medidas, em cumulação.

Certo (　)　　　　Errado (　)

De acordo com o art. 316 do CPP, o referido artigo sofreu alterações significativas, como podemos conferir a seguir.

ANTES da Lei nº 13.964/19	DEPOIS da Lei nº 13.964/19
Art. 316 do CPP - O juiz poderá revogar a prisão preventiva se, no correr do processo, verificar a falta de motivo para que subsista, bem como de novo decretá-la, se sobrevierem razões que a justifiquem.	Art. 316 do CPP - O juiz PODERÁ, de ofício ou a pedido das partes, revogar a prisão preventiva se, no correr da investigação ou do processo, verificar a falta de motivo para que ela subsista, bem como novamente decretá-la, se sobrevierem razões que a justifiquem. (Redação dada pela Lei nº 13.964, de 2019.

Gabarito: Errado.

1507. **(2019 – CESPE/CEBRASPE – Prefeitura de Boa Vista/RR – Procurador)** José, de sessenta e nove anos de idade, fiscal de vigilância sanitária municipal, viúvo e único responsável pelos cuidados de seu filho, de onze anos de idade, foi denunciado à polícia por comerciantes que alegavam que o referido fiscal lhes solicitava dinheiro para que não fossem por ele autuados por infração à legislação sanitária. Durante investigação conduzida por autoridade policial em razão dessa denúncia, foi deferida judicialmente interceptação da comunicação telefônica de José.

Nesse ato, evidenciou-se, em uma degravação, que José havia solicitado certa quantia em dinheiro a um comerciante, Pedro, para não interditar seu estabelecimento comercial, e que José havia combinado encontrar-se com Pedro para realizarem essa transação financeira. Na interceptação, foram captadas, ainda, conversas em que José e outros quatro fiscais não identificados discutiam a forma de solicitar dinheiro a comerciantes, em troca de não autuá-los, e a repartição do dinheiro que seria obtido com isso.

No dia combinado, Pedro encontrou-se com José, e, pouco antes de entregar-lhe o dinheiro que carregava consigo, policiais que haviam instalado escuta ambiental na sala do fiscal mediante autorização judicial prévia deram voz de prisão em flagrante a José, conduzindo-o, em seguida, à presença da autoridade policial.

Em revista pessoal, foi constatado que José portava três cigarros de maconha. Questionado, o fiscal afirmou ter comprado os cigarros de um estrangeiro que trazia os entorpecentes de seu país para o Brasil e os revendia perto da residência de José. A autoridade policial deu andamento aos procedimentos, redigiu o relatório final do inquérito policial e o encaminhou à autoridade competente.

Considerando essa situação hipotética, julgue o item subsequente.

No curso da ação penal, caso seja decretada prisão preventiva, o juiz poderá, a requerimento da defesa de José, substituí-la por prisão domiciliar.

Certo (   )   Errado (   )

Nos termos do art. 318, VI, *homem, caso seja o único responsável pelos cuidados do filho de até 12 anos de idade incompletos* .

PRISÃO DOMICILIAR – Art. 317 do CPP	RECOLHIMENTO DOMICILIAR – Art. 319, V, do CPP
É uma medida alternativa a prisão preventiva. art. 317 do CPP - A prisão domiciliar consiste no recolhimento do indiciado ou acusado em sua residência, só podendo dela ausentar-se com autorização judicial.	É uma medida cautelar diversa da prisão (MCdP). art. 319 - São medidas cautelares diversas da prisão: V - recolhimento domiciliar no período noturno e nos dias de folga, quando o investigado ou acusado tenha residência e trabalho fixos.

Gabarito: Errado.

1508. **(2019 – AOCP – PC/ES – Escrivão)** O CPP autoriza que o juiz substitua prisão preventiva pela prisão domiciliar quando o agente for

a) maior de 60 anos.

b) debilitado por motivo de doença.

c) mulher, com filho de até 8 anos incompletos .

d) homem, caso seja o único responsável pelos cuidados do filho de até 12 anos.

e) imprescindível aos cuidados especiais de pessoa menor de 8 anos de idade ou com deficiência.

O CPP dispõe os **REQUISITOS** para que o juiz substitua a prisão preventiva pela **DOMICILIAR**. São eles:

I - MAIOR de 80 anos;

II - Extremamente debilitado por motivo de doença grave;

III - Imprescindível aos cuidados especiais de pessoa menor de 06 anos de idade ou com deficiência;

IV - Gestante;

V - Mulher com filho de até 12 anos de idade incompletos ;

VI - Homem, caso seja o único responsável pelos cuidados do filho de até 12 anos de idade incompletos

Gabarito: D.

1509. **(2019 – MPE/PR – MPE/PR – Promotor de Justiça – Adaptada)** Sobre a prisão, medidas cautelares diversas da prisão, fiança e procedimento em geral, nos termos, do CPP, analise a assertiva abaixo:

O juiz pode substituir a prisão preventiva por prisão domiciliar quando se tratar de mulher com filho de até 12 (doze) anos de idade incompletos .

Certo ( )   Errado ( )

O art. 318, V, do CPP dispõe que *poderá o juiz substituir a prisão preventiva pela domiciliar quando o agente for:*

V - mulher com filho de até 12 anos de idade incompletos **. (Incluído Lei nº 13.257, de 2016)**

Gabarito: Certo.

1510. **(2018 – FCC – Prefeitura de Caruaru/PE – Procurador)** Poderá o juiz substituir a prisão preventiva pela domiciliar quando o agente for

a) gestante somente a partir do 7º mês de gravidez.

b) maior de 75 anos.

c) mulher com filho de 11 (onze) anos de idade.

d) debilitado por motivo de doença.

e) imprescindível aos cuidados especiais de criança com deficiência mental ou visual.

Nos termos do art. 318 do CPP, o juiz pode SUBSTITUIR a prisão preventiva pela domiciliar quando o agente for:

I - MAIOR de 80 (oitenta) anos;

II - Extremamente debilitado por motivo de doença grave;

III - Imprescindível aos cuidados especiais de pessoa MENOR de 6 (seis) anos de idade ou com deficiência;

IV - GESTANTE;

V - MULHER com filho de até 12 (doze) anos de idade incompletos ;

VI - HOMEM, caso seja o ÚNICO responsável pelos cuidados do filho de até 12 (doze) anos de idade incompletos .

Gabarito: C.

1511. **(2018 - FCC - DPE/AM - Defensor Público - Adaptada)** Sobre a prisão domiciliar para mulheres gestantes e com filhos com até 12 anos de idade, o Supremo Tribunal Federal, no julgamento do *Habeas Corpus* coletivo nº 143641, decidiu expressamente que os juízes competentes devem proceder a análise da substituição da prisão preventiva pela domiciliar de ofício, sendo dispensável pedido realizado por advogado ou defensor público.

Certo ( )   Errado ( )

Jurisprudência do STF: Informativo nº 891 aponta informes que os juízes e os tribunais deverão, de ofício, conceder a prisão domiciliar às mulheres que se enquadrem nos inciso IV e V do art. 318 do CPP. Ainda que a provocação por meio de advogado não seja vedada para o cumprimento dessa decisão, ela é dispensável, pois o que se almeja é, justamente, suprir falhas estruturais de acesso à justiça da população presa.

Gabarito: Certo.

1512. **(2018 - FCC - DPE/AP - Defensor Público - Adaptada)** Na fase de conhecimento, a prisão domiciliar

a) não é propriamente uma prisão, de modo que não confere direito à detração.

b) para ser concedida à mãe com filhos de até doze anos depende de comprovação da imprescindibilidade para os cuidados da criança.

c) pode ser concedida ao preso se for imprescindível aos cuidados de pessoa com deficiência.

d) consiste no recolhimento noturno em Casa de Albergado com monitoração eletrônica.

e) para a gestante depende de comprovação do risco da gravidez ou de estar com pelo menos sete meses de gestação.

Conforme o teor do art. 318 do CPP, poderá o juiz substituir a prisão preventiva pela domiciliar quando o agente for:

III - imprescindível aos cuidados especiais de pessoa menor de 6 (seis) anos de idade ou com deficiência;

Jurisprudência do STJ: *Inclusive no Superior Tribunal de Justiça verifica-se a constatação de que o tempo de prisão em recolhimento domiciliar é passível de detração penal. A corte superior, ao se deparar com o tema, estabeleceu o entendimento de que "o tempo de prisão cautelar efetivamente cumprida em regime domiciliar deve ser computado na pena privativa de liberdade para fins de detração. STJ, habeas corpus nº 11.225, Rel. Min. Edson Vidigal, 5ª turma, j. 6.4.2000.*

Gabarito: C.

1513. **(2018 - FGV - TJ/AL - Analista Judiciário - Adaptada)** Carla foi presa em flagrante pela prática de crime de estelionato (pena: 1 a 5 anos de reclusão e multa), sendo verificado na Delegacia que ela teria diversas condenações definitivas pela prática de crimes da mesma natureza. Encaminhada para audiência de custódia, após manifestação do Ministério Público, foi a prisão em flagrante convertida em preventiva. Com o oferecimento da denúncia, foi realizado laudo pericial em que os peritos concluíram pela semi-imputabilidade da acusada, bem como o risco de reiteração delitiva. Foi, ainda, constatado que Carla encontrava-se com três meses de gravidez. Considerando as informações narradas e as previsões, do CPP sobre o tema "Prisões e Medidas Cautelares", é correto afirmar que: a prisão domiciliar em substituição à prisão preventiva poderá ser aplicada pelo magistrado, apesar de Carla ainda estar no terceiro mês de gestação.

Certo (   )   Errado (   )

Consoante o art. 318, IV, do CPP:

Poderá o juiz SUBSTITUIR a prisão preventiva pela domiciliar quando o agente for: gestante.

Jurisprudência do STF: *A prisão cautelar (preventiva) pode (deve) ser substituída pela domiciliar quando a mulher for gestante / tiver filho com até 12 anos incompletos , também para o homem que é pai de menor de 12 anos, desde que comprove ser o único responsável pelo menor. Ainda, a domiciliar será concedida à pessoa com grave enfermidade, que torne inviável o seu encarceramento. (STF, HC 143641/SP).*

Gabarito: Certo.

1514. **(2018 – FCC – DPE/MA – Defensor Público – Adaptada)** Sobre a prisão domiciliar para mulheres gestantes e com filhos com até 12 anos de idade, o Supremo Tribunal Federal, no julgamento do Habeas Corpus coletivo nº 143641, decidiu expressamente que é vedada a substituição da prisão preventiva pela prisão domiciliar apenas quando o crime cometido pela mulher presa tiver sido praticado mediante violência ou grave ameaça, contra seus descendentes ou parentes até o terceiro grau, ou em situações excepcionalíssimas devidamente fundamentadas pelo juiz.

Certo (   )   Errado (   )

Entendimento agora previsto no art. 318-A do CPP: *A prisão preventiva imposta à mulher gestante ou que for mãe ou responsável por crianças ou pessoas com deficiência será substituída por prisão domiciliar, desde que:*

I. não tenha cometido crime com violência ou grave ameaça a pessoa;

I. não tenha cometido o crime contra seu filho ou dependente;

A 2ª Turma do STF fixou os seguintes parâmetros para a concessão de PRISÃO DOMICILIAR – Art. 317 do CPP	
REGRA	**EXCEÇÕES**
DEVE ser concedida prisão domiciliar para todas as mulheres presas que sejam: Gestantes; Puérperas (que deram à luz há pouco tempo); Mães de crianças (isto é, mães de menores até 12 anos incompletos) ou; Mães de pessoas com deficiência.	NÃO deve ser autorizada a prisão domiciliar se: A mulher tiver praticado crime mediante violência ou grave ameaça; A mulher tiver praticado crime contra seus descendentes (filhos e/ou netos); Em outras situações excepcionalíssimas, as quais deverão ser devidamente fundamentadas pelos juízes que denegarem o benefício.

Gabarito: Errado.

1515. **(2018 – IESES – TJ/AM – Titular de Serviços de Notas e de Registros – Adaptada)** Poderá o juiz substituir a prisão preventiva pela domiciliar nos seguintes casos, EXCETO:

a) Quando o agente for imprescindível aos cuidados especiais de pessoa menor de 6 (seis) anos de idade ou com deficiência.

b) Quando o agente for maior de 70 (setenta) anos.

c) Quando o agente for mulher com filho de até 12 (doze) anos de idade incompletos .

d) Quando o agente for gestante.

Nos termos do art. 318 do CPP: o Juiz pode SUBSTITUIR a prisão preventiva pela DOMICILIAR quando o agente for:

I. Maior de 80 (oitenta) anos;

I. Extremamente debilitado por motivo de doença grave;

II. Imprescindível aos cuidados especiais de pessoa menor de 6 anos de idade ou com deficiência;

III. Gestante;

IV. Mulher com filho de até 12 anos de idade incompletos ;

V. Homem, caso seja o único responsável pelos cuidados do filho de até 12 (doze) anos de idade incompletos .

Parágrafo único. Para a substituição, o juiz EXIGIRÁ á prova idônea dos requisitos estabelecidos neste artigo.

Gabarito: B.

1516. **(2018 – FCC – DPE/MA – Defensor Público – Adaptada)** Sobre a prisão domiciliar para mulheres gestantes e com filhos com até 12 anos de idade, o Supremo Tribunal Federal, no julgamento do Habeas Corpus coletivo nº 143641, decidiu expressamente que é vedada a substituição da prisão preventiva pela domiciliar quando a mulher presa for reincidente.

Certo ( )   Errado ( )

O fato de a mulher ser reincidente não faz com que ela perca o direito à prisão domiciliar.
Gabarito: Errado.

1517. **(2018 – FGV – TJ/SC – Oficial de Justiça)** A Lei nº 12.403/11 disciplinou, no CPP, o instituto da prisão domiciliar, que será aplicada em substituição à prisão preventiva, diferente do que ocorre com a prisão albergue domiciliar prevista na Lei de Execução Penal.

A prisão domiciliar prevista no art. 318 do CPP será admitida quando:

a) a ré tiver filho de até 12 anos de idade incompletos , ainda que não seja a única responsável pelo sustento da criança.

b) a ré estiver grávida, desde que seja de risco a gravidez ou a gestação ultrapasse 07 meses.

c) o réu, ainda que não genitor, for imprescindível aos cuidados de criança de até 12 anos de idade.

d) a ré tiver filho de até 18 anos incompletos , desde que seja a única responsável pelo sustento da criança/adolescente.

e) o réu for pai de filho de até 14 anos de idade incompletos , desde que seja o único responsável pela criança/adolescente.

Substituição da preventiva pela domiciliar: HMGEMI:

- **H**: homem, caso seja o **único** responsável pelos cuidados do filho de até 12 (doze) anos de idade incompletos.
- **M**: mulher com filho de até 12 (doze) anos de idade incompletos.
- **G**: gestante.
- **E**: extremamente debilitado por motivo de doença grave.
- **M**: maior de 80 (oitenta) anos.
- **I**: imprescindível aos cuidados especiais de *pessoa menor de 6 (seis) anos de idade ou com deficiência.*

Gabarito: A.

1518. **(2018 – UEG – PC/GO – Delegado)** Segundo o CPP, é cabível a prisão domiciliar, em substituição à prisão preventiva, quando o agente for:

a) magistrado.

b) Ministro de Estado.

c) pessoa maior de setenta anos.

d) pessoa portadora de diploma de ensino superior.

e) homem, caso seja o único responsável pelos cuidados do filho de até doze anos de idade incompletos .

Nos termos do art. 318 do CPP, *poderá o juiz substituir a prisão preventiva pela domiciliar quando o agente for: VI - homem, caso seja o único responsável pelos cuidados do filho de até 12 (doze) anos de idade incompletos .*

Jurisprudência – PRISÃO DOMICILIAR: poderá o juiz substituir a preventiva por prisão domiciliar (*não poderá cumular prisão domiciliar com outra medida cautelar, pois ela é substitutiva da prisão preventiva*), devendo o juiz exigir prova idônea dos requisitos estabelecidos. Somente poderá ausentar-se da residência com autorização judicial (e não do delegado). Não poderá ter prisão domiciliar substitutiva da prisão temporária.

Gabarito: E.

1519. **(2018 – VUNESP – TJ/MT – Juiz – Adaptada)** Com relação à prisão domiciliar, medidas cautelares e fiança, é correto afirmar que

É cabível a substituição da prisão preventiva pela prisão domiciliar às acusadas gestantes ou com filho de até oito anos de idade incompletos , assim como aos acusados maiores de setenta anos.

Certo (   )   Errado (   )

Jurisprudência do STF: *O Supremo concedeu ordem de habeas corpus coletivo para mulheres presas preventivamente quando I - gestantes ou II - com filhos de até doze anos de idade incompletos (STF. 2ª Turma. HC 143.641/SP, rel. Min. Ricardo Lewandowski, j. 20.02.2018) - possibilidade expressa no*

art. 318, IV e V, do CPP. Por fim, a prisão domiciliar como forma substitutiva da prisão preventiva é aplicável ao maior de 80 anos (art. 318, I, do CPP).
Gabarito: Errado.

___

1520. **(2018 – FUNDATEC – PC/RS – Delegado – Adaptada)** A prisão domiciliar poderá ser concedida a homem, caso seja o único responsável pelos cuidados do filho de até 12 [doze] anos de idade incompletos .

Certo ( )   Errado ( )

Nos termos do art. 318 do CPP, o Juiz pode SUBSTITUIR a prisão preventiva pela domiciliar quando o agente for:
VI - HOMEM, caso seja o ÚNICO responsável pelos cuidados do filho de até 12 (doze) anos de idade incompletos .
Gabarito: Certo.

___

1521. **(2018 – VUNESP – TJ/MT – Juiz – Adaptada)** Com relação à prisão domiciliar, medidas cautelares e fiança, é correto afirmar que

É cabível a substituição da prisão preventiva pela prisão domiciliar aos acusados, primários e de bons antecedentes, responsáveis pelos cuidados de filho de até oito anos de idade incompletos , desde que utilizem aparelho de monitoração eletrônica à distância.

Certo ( )   Errado ( )

Ainda que se possa argumentar a possibilidade de imposição de monitoração eletrônica como medida cautelar diversa da prisão, mesmo na prisão domiciliar, a lei não condiciona esta última à primariedade do agente ou aos seus bons antecedentes. E a idade do filho, para fins de prisão domiciliar, é de 12 anos incompletos (art. 318, V e VI, do CPP).
Gabarito: Errado.

___

1522. **(2018 – VUNESP – PC/SP – Escrivão – Adaptada)** Sobre a prisão, as medidas cautelares alternativas à prisão e liberdade provisória:

O juiz poderá substituir a prisão preventiva pela prisão domiciliar quando o acusado for maior de 80 anos ou quando se tratar de mulher com filho menor de 14 anos de idade incompletos .

Certo ( )   Errado ( )

Nos termos do art. 318 do CPP, o juiz pode SUBSTITUIR a prisão preventiva pela DOMICILIAR quando o agente for:
I. Maior de 80 (oitenta) anos;
I. Extremamente debilitado por motivo de doença grave;
II. Imprescindível aos cuidados especiais de pessoa menor de 6 anos de idade ou com deficiência;
III. Gestante;
IV. Mulher com filho de até 12 anos de idade incompletos ;
V. Homem, caso seja o único responsável pelos cuidados do filho de até 12 (doze) anos de idade incompletos .
Gabarito: Errado.

___

1523. (2019 – MPE/PR – MPE/PR – Promotor de Justiça – Adaptada) Sobre a prisão, medidas cautelares diversas da prisão, fiança e procedimento em geral, nos termos, do CPP, analise a assertiva abaixo:

Pode ser imposta medida cautelar cumulativamente com a fiança e o descumprimento daquela pode gerar o quebramento desta.

Certo ( )   Errado ( )

O art. 319 do CPP prevê as medidas cautelares diversas da prisão, dentre as quais está a fiança (VIII).

O § 4º do art. 319 estabelece: *A fiança será aplicada de acordo com as disposições do Capítulo VI deste Título, podendo ser cumulada com outras medidas cautelares.*

Gabarito: Certo.

1524. (2019 – AOCP – PC/ES – Escrivão) Sobre as medidas cautelares diversas da prisão, assinale a alternativa INCORRETA.

a) A periodicidade do comparecimento em juízo é estipulada pelo juiz.

b) A fiança não poderá ser cumulada com outras medidas cautelares.

c) É possível decretar-se internação provisória como medida cautelar diversa da prisão.

d) O comparecimento periódico em juízo tem como objetivo que o acusado ou investigado informe e justifique ao juiz as suas atividades.

e) A proibição de frequentar determinados lugares almeja evitar o risco de novas infrações.

Embora a fiança seja uma medida cautelar de natureza real ou caução, não perde sua natureza cautelar. Dessa forma, a ela se aplica o prescrito no art. 282, § 1º: *As medidas cautelares poderão ser aplicadas isolada ou cumulativamente.*

E o art. 319, § 4º, do CPP dispõe que a fiança será aplicada de acordo com as disposições do Capítulo VI deste título e **PODE ser cumulada com outras medidas cautelares.**

A fundamentação legal das demais alternativas estão no art. 319 do CPP: *São medidas cautelares diversas da prisão:*

Fundamentação das alternativas (a/d): *I - comparecimento periódico em juízo, no prazo e nas condições fixadas pelo juiz, para informar e justificar atividades;*

Fundamentação da alternativa (c): *VII - internação provisória do acusado nas hipóteses de crimes praticados com violência ou grave ameaça, quando os peritos concluírem ser inimputável ou semi-imputável e houver risco de reiteração;*

Fundamentação da alternativa (e): *II - proibição de acesso ou frequência a determinados lugares quando, por circunstâncias relacionadas ao fato, deva o indiciado ou acusado permanecer distante desses locais para evitar o risco de novas infrações.*

Gabarito: B.

1525. (2018 – VUNESP – TJ/MT – Juiz – Adaptada) Com relação à prisão domiciliar, medidas cautelares e fiança, é correto afirmar que a medida cautelar de suspensão do exercício de função pública para crimes praticados no exercício da referida função ou de atividade de natureza econômica ou financeira que guardem relação a crimes de caráter econômico ou financeiro, quando houver justo receio de sua utilização para a prática de infrações penais, não pode ser reconhecida porque compatível com o direito constitucional do livre exercício ao trabalho.

Certo ( )   Errado ( )

O exercício da profissão não é um direito absoluto, podendo ser mitigado em caso de abuso. A referida cautelar é expressa no art. 319, VI, do CPP.
Gabarito: Errado.

1526. **(2018 – VUNESP – PC/SP – Escrivão – Adaptada)** Sobre a prisão, as medidas cautelares alternativas à prisão e liberdade provisória:

A medida cautelar de suspensão de exercício de função pública ou de atividade de natureza econômica ou financeira somente poderá ser imposta em caso de justo receio de utilização para a prática de infrações penais.

Certo (   )   Errado (   )

Nos termos do art. 319 do CPP, são medidas cautelares diversas da prisão:
VI - suspensão do exercício de função pública ou de atividade de natureza econômica ou financeira quando houver justo receio de sua utilização para a prática de infrações penais.
Gabarito: Certo.

1527. **(2018 – VUNESP – TJ/MT – Juiz – Adaptada)** Com relação à prisão domiciliar, medidas cautelares e fiança, é correto afirmar que a medida cautelar de internação provisória do acusado só pode ser deferida se o crime for praticado mediante violência ou grave ameaça e desde que os peritos concluam ser ele inimputável ou semi-imputável, com risco de reiteração do crime.

Certo (   )   Errado (   )

Consoante o art. 319 do CPP: *São medidas cautelares diversas da prisão:*
VII - internação provisória do acusado nas hipóteses de crimes praticados com violência ou grave ameaça, quando os peritos concluírem ser inimputável ou semi-imputável (art. 26 do Código Penal) e houver risco de reiteração.
Nesse particular, insta destacar que ao "semi-imputável" não é permitida a aplicação cumulativa de pena e medida de segurança, como se admitia até a reforma do Código Penal de 1984, visto que não mais vigora o sistema do duplo binário, senão o sistema vicariante (ou monista). Vale lembrar que: *e o semi-imputável, o chamado 'fronteiriço', sofrerá pena ou medida de segurança, isto é, ou uma ou outra, nunca as duas.*
Gabarito: Certo.

1528. **(2018 – FGV – TJ/AL – Analista Judiciário – Adaptada)** Carla foi presa em flagrante pela prática de crime de estelionato (pena: 1 a 5 anos de reclusão e multa), sendo verificado na Delegacia que ela teria diversas condenações definitivas pela prática de crimes da mesma natureza. Encaminhada para audiência de custódia, após manifestação do Ministério Público, foi a prisão em flagrante convertida em preventiva. Com o oferecimento da denúncia, foi realizado laudo pericial em que os peritos concluíram pela semi-imputabilidade da acusada, bem como o risco de reiteração delitiva. Foi, ainda, constatado que Carla encontrava-se com três meses de gravidez. Considerando as informações narradas e as previsões, do CPP sobre o tema "Prisões e Medidas Cautelares", é correto afirmar que: o magistrado poderá substituir a prisão preventiva pela medida cautelar de internação provisória, tendo em vista que há laudo constatando a semi-imputabilidade e o risco de reiteração.

Certo (   )   Errado (   )

A hipótese de internação provisória ocorre **somente para crimes praticados com violência ou grave ameaça,** nos termos do art. 319, VII, do CPP: *São medidas cautelares diversas da prisão: internação provisória do acusado nas hipóteses de crimes praticados com violência ou grave ameaça, quando os peritos concluírem ser inimputável ou semi-imputável (art. 26 do Código Penal) e houver risco de reiteração.*

Gabarito: Errado.

1529. **(2019 – AOCP – PC/ES – Investigador)** A legislação processual penal faz distinções entre as prisões temporária e preventiva. Qual alternativa apresenta a informação correta a respeito delas?

É possível decretar prisão preventiva para acusados de cometerem crime de associação criminosa de pena abstrata de reclusão de 1 a 3 anos, mas não é possível a decretação de prisão provisória para acusados que cometerem crime de extorsão de pena abstrata de reclusão de 4 a 10 anos.

Certo ( )   Errado ( )

É o contrário, a preventiva para a garantia da ordem econômica art. 312 do CPP e a temporária quando o indicado não tiver residência fixa ou não fornecer elementos necessários ao esclarecimento de sua identidade conforme o art. 1º, II, da Lei nº 7.960/89.

Gabarito: Errado.

1530. **(2019 – VUNESP – TJ/AC – Juiz – Adaptada)** Quanto à prisão temporária, por se tratar de medida cautelar, dada a urgência, na hipótese de representação da autoridade policial, o Juiz poderá decidir independentemente de manifestação do Ministério Público.

Certo ( )   Errado ( )

Nos termos do 2º, § 1º da Lei nº 7.960/89, na hipótese de representação da autoridade policial, o Juiz, antes de decidir, ouvirá o Ministério Público.

Gabarito: Errado.

1531. **(2019 – AOCP – PC/ES – Investigador)** A legislação processual penal faz distinções entre as prisões temporária e preventiva. Qual alternativa apresenta a informação correta a respeito delas?

Caberá prisão temporária para se assegurar a ordem econômica e caberá prisão preventiva para tutelar a lei penal quando o indiciado não tiver residência fixa ou não fornecer elementos necessários ao esclarecimento de sua identidade.

Certo ( )   Errado ( )

Cabe prisão PREVENTIVA, consoante o art. 312 do CPP, *a prisão preventiva poderá ser decretada como garantia da ordem pública, da ordem econômica, por conveniência da instrução criminal ou para assegurar a aplicação da lei penal, quando houver prova da existência do crime e indício suficiente de autoria e de perigo gerado pelo estado de liberdade do imputado.*

Gabarito: Errado.

1532. **(2019 – AOCP – PC/ES – Investigador)** Quanto à prisão temporária, a prisão temporária somente poderá ser executada depois da expedição de mandado judicial.

Certo ( )   Errado ( )

Nesse sentido, segundo o art. 2º § 5º da Lei nº 7.960/89, a prisão **SOMENTE poderá ser executada depois da expedição de mandado judicial.**

Gabarito: Certo.

1533. **(2019 – IESES – TJ/SC – Titular de Serviços e Notas de Registro – Adaptada)** Com relação às prisões processuais, é INCORRETO afirmar:

A prisão temporária prevista na Lei nº 7.960/89, cabível apenas quando houver fundados indícios de autoria e prova de materialidade de crime doloso praticado com violência ou grave ameaça e punido com pena privativa de liberdade máxima superior a quatro anos de reclusão, será decretada quando imprescindível para as investigações do inquérito policial ou quando o indiciado não tiver residência fixa ou não fornecer elementos necessários ao esclarecimento de sua identidade.

Certo ( )   Errado ( )

A prisão temporária prevista na Lei nº 7.960/89 é cabível apenas quando houver fundados indícios de autoria e prova de materialidade de crime doloso praticado com violência ou grave ameaça e punido com pena privativa de liberdade máxima superior a quatro anos de reclusão, será decretada quando imprescindível para as investigações do inquérito policial ou quando o indiciado não tiver residência fixa ou não fornecer elementos necessários ao esclarecimento de sua identidade.

Gabarito: Certo.

1534. **(2019 – VUNESP – TJ/AC – Juiz – Adaptada)** Quanto à prisão temporária, o despacho que decretar a prisão temporária deverá ser fundamentado e prolatado dentro do prazo de 48 horas, contadas a partir do recebimento da representação ou do requerimento.

Certo ( )   Errado ( )

Consoante o art. 2º, § 2º, da Lei 7.960/89, o despacho que decretar a prisão temporária deverá ser fundamentado e prolatado dentro do PRAZO de 24 horas, contadas a partir do recebimento da representação ou do requerimento.

Gabarito: Errado.

1535. **(2019 – AOCP – PC/ES – Escrivão)** Assinale a alternativa correta em relação à prisão temporária.

a) A prisão temporária terá prazo de 5 dias improrrogáveis.

b) Decretada a prisão temporária e findo o seu prazo, será ela convertida em preventiva necessariamente.

c) Caberá prisão temporária nas hipóteses de homicídio culposo e doloso.

d) A prisão temporária caberá quando o indiciado não tiver residência fixa ou não fornecer elementos necessários ao esclarecimento de sua identidade.

e) Sempre que possível, os presos temporários ficarão separados dos demais detentos.

Consoante o art. 1º da Lei nº 7.960/89 – CABIMENTO da prisão temporária:

II - quando o indicado não tiver residência fixa ou não fornecer elementos necessários ao esclarecimento de sua identidade.

Alternativas a, b, c, e – ERRADAS – a/b) O art. 2º, *caput*, dispõe que a prisão temporária será decretada pelo juiz, em face da representação da autoridade policial ou de requerimento do Ministério Público, e terá o PRAZO de 5 dias, PRORROGÁVEL por igual período em caso de extrema e comprovada necessidade; c/e) 1º caberá prisão temporária:

I - quando imprescindível para as investigações do inquérito policial;

II - quando o indicado não tiver residência fixa ou não fornecer elementos necessários ao esclarecimento de sua identidade;

III - quando houver fundadas razões, de acordo com qualquer prova admitida na legislação penal, de autoria ou participação do indiciado nos seguintes crimes:

a) homicídio doloso (art. 121, caput, e seu § 2º);

b) sequestro ou cárcere privado (art. 148, caput, e seus § § 1º e 2º);

c) roubo (art. 157, caput, e seus § § 1º, 2º e 3º);

d) extorsão (art. 158, caput, e seus § § 1º e 2º);

e) extorsão mediante sequestro (art. 159, caput, e seus § § 1º, 2º e 3º);

f) estupro (art. 213, caput, e sua combinação com o art. 223, caput, e parágrafo único) (vide Decreto-lei nº 2.848, de 1940);

g) atentado violento ao pudor (art. 214, caput, e sua combinação com o art. 223, caput, e parágrafo único) (vide Decreto-lei nº 2.848, de 1940);

h) rapto violento (art. 219, e sua combinação com o art. 223 caput, e parágrafo único) (vide Decreto-lei nº 2.848, de 1940);

i) epidemia com resultado de morte (art. 267, § 1º);

j) envenenamento de água potável ou substância alimentícia ou medicinal qualificado pela morte (Art. 270, caput, combinado com art. 285);

l) quadrilha ou bando (art. 288), todos do Código Penal;

m) genocídio (arts. 1º, 2º e 3º da Lei nº 2.889, de 1º de outubro de 1956), em qualquer de suas formas típicas;

n) tráfico de drogas (art. 12 da Lei nº 6.368, de 21 de outubro de 1976);

o) crimes contra o sistema financeiro (Lei nº 7.492, de 16 de junho de 1986).

p) crimes previstos na Lei de Terrorismo (incluído pela Lei nº 13.260, de 2016).

Gabarito: D.

1536. (2019 – VUNESP – TJ/AC – Juiz) Quanto à prisão temporária, assinale a alternativa correta.

   a) Por se tratar de medida cautelar, dada a urgência, na hipótese de representação da autoridade policial, o Juiz poderá decidir independentemente de manifestação do Ministério Público.

   b) Caberá prisão temporária em homicídio qualificado, mas não em homicídio simples.

   c) A prisão temporária somente poderá ser executada depois da expedição de mandado judicial.

   d) O despacho que decretar a prisão temporária deverá ser fundamentado e prolatado dentro do prazo de 48 horas, contadas a partir do recebimento da representação ou do requerimento.

Conforme o art. 2º, § 5º da Lei nº 7.960/89, a prisão somente poderá ser executada depois da expedição de mandado judicial.

Gabarito: C.

1537. **(2019 – AOCP – PC/ES – Investigador)** A legislação processual penal faz distinções entre as prisões temporária e preventiva. Qual alternativa apresenta a informação correta a respeito delas?

Os presos temporários deverão permanecer, obrigatoriamente, separados dos demais detentos, enquanto os presos preventivos podem repartir espaços com os apenados de sentença já transitada.

Certo ( )   Errado ( )

Consoante o art. 3º da Lei nº 7.960/89, os presos temporários DEVERÃO permanecer, obrigatoriamente, separados dos demais detentos.

Gabarito: Errado.

1538. **(2018 – FGV – MPE/AL – Analista – Adaptada)** Um dos temas relevantes no Processo Penal é "Prisões e Medidas Cautelares Alternativas", já que está relacionado ao fundamental direito à liberdade. Sobre o tema em questão, de acordo com as previsões, do CPP,

A prisão temporária é instrumento utilizado nas investigações criminais, podendo ser aplicada independentemente do crime que esteja sendo investigado, desde que indispensável à investigação.

Certo ( )   Errado ( )

Há um rol taxativo de crimes:

- Os crimes previstos no art. 1º, III, da Lei nº 7.960/89.
- Os crimes hediondos e equiparados, por conta do art. 2º, § 4º, da Lei nº 8.072/90.

ATENÇÃO: Não cabe prisão temporária para contravenções penais.

Gabarito: Errado.

1539. **(2018 – FGV – TJ/SC – Técnico Judiciário – Adaptada)** O princípio da presunção de inocência estabelece que ninguém pode ser considerado culpado antes do trânsito em julgado da sentença condenatória. Em consequência, a manutenção da prisão após o flagrante somente se justifica em situações excepcionais. Sobre o tema, é correto afirmar que: o Código não admite a decretação de prisão preventiva quando ao crime doloso imputado for cominada pena inferior a 4 anos, ainda que o agente seja reincidente na prática de crime da mesma natureza;

Certo ( )   Errado ( )

Conforme o art. 313 I, do CPP, *NÃO será admitida a prisão nos crimes dolosos punidos com pena privativa de liberdade menor que 4 anos. Entretanto, conforme o art. 313, II, se a pessoa for reincidente, será possível, sim, a sua prisão preventivamente, mesmo que o crime doloso seja punido com pena inferior a 4 anos.*

Gabarito: Errado.

1540. **(2018 – FGV – TJ/SC – Técnico Judiciário – Adaptada)** O princípio da presunção de inocência estabelece que ninguém pode ser considerado culpado antes do trânsito em julgado da sentença condenatória. Em consequência, a manutenção da prisão após o flagrante somente se justifica em situações excepcionais. Sobre o tema, é correto afirmar que: o descumprimento de medida protetiva de urgência não é fundamento idôneo para justificar eventual decretação da prisão preventiva.

Certo ( )   Errado ( )

É possível a decretação de prisão preventiva, quando houver o descumprimento de qualquer das obrigações impostas por força de outras medidas cautelares, conforme art. 312, § 1º, do CPP.

Gabarito: Errado.

1541. **(2018 – COPS/UEL – PC/PR – Escrivão – Adaptada)** Sobre as prisões cautelares – prisão em flagrante, prisão preventiva e prisão temporária, considere a afirmativa a seguir.

A prisão temporária constitui uma espécie de prisão cautelar que pode ser decretada de ofício pela autoridade judiciária, por representação da autoridade policial ou por requerimento do membro do Ministério Público.

Certo (   )   Errado (   )

A prisão temporária será decretada pelo juiz, em face da representação da autoridade policial ou de requerimento do Ministério Público, e terá o prazo de 5 dias, prorrogável por igual período em caso de extrema e comprovada necessidade, consoante o art. 2º da Lei nº 7.960/89.

Gabarito: Errado.

1542. **(2019 – MPE/PR – MPE/PR – Promotor de Justiça – Adaptada)** Sobre a prisão, medidas cautelares diversas da prisão, fiança e procedimento em geral, nos termos, do CPP, analise a assertiva abaixo:

Pode ser imposta medida cautelar cumulativamente com a fiança e o descumprimento daquela pode gerar o quebramento desta.

Certo (   )   Errado (   )

O teor do art. 341, III, do CPP, dispõe que: *art. 341. Julgar-se-á quebrada a fiança quando o acusado: [...] III - descumprir medida cautelar imposta cumulativamente com a fiança; III - descumprir medida cautelar imposta cumulativamente com a fiança.*

Gabarito: Certo.

1543. **(2019 – VUNESP – TJ/AC – Juiz – Adaptada)** Em relação à fiança:

A fiança tomada por termo obrigará o afiançado a comparecer perante a autoridade todas as vezes que for intimado para atos do inquérito e da instrução criminal e para o julgamento. Quando o réu não comparecer, a fiança será havida como cassada.

Certo (   )   Errado (   )

A fiança tomada por termo obrigará o afiançado a comparecer perante a autoridade todas as vezes em que for intimado para atos do inquérito e da instrução criminal e para o julgamento. Quando o RÉU NÃO comparecer, a fiança será havida como QUEBRADA, nos termos do art. 327 do CPP.

Gabarito: Errado.

1544. **(2019 – VUNESP – TJ/AC – Juiz – Adaptada)** Em relação à fiança:

Entender-se-á perdido, na totalidade, o valor da fiança, se, regularmente intimado para ato do processo, deixar de comparecer, sem motivo justo.

Certo (   )   Errado (   )

Nos termos do art. 341 do CPP: *Julgar-se-á QUEBRADA a FIANÇA quando o acusado: I - regularmente intimado para ato do processo, deixar de comparecer, sem motivo justo.*

- **Quebramento injustificado da fiança:** importará na perda de metade do seu valor, cabendo ao juiz decidir sobre a imposição de outras medidas cautelares ou, se for o caso, a decretação da prisão preventiva, consoante o art. 343 do CPP.

- **Perda na totalidade**: o valor da fiança, se, condenado, o acusado não se apresentar para o início do cumprimento da pena definitivamente imposta, nos termos do art. 344 do CPP.

Gabarito: Errado.

1545. **(2019 – AOCP – PC/ES – Escrivão)** Acerca dos valores da fiança, assinale a alternativa correta.

a) Será de 1 a 100 salário mínimos quando se tratar de infração cuja pena privativa de liberdade, no grau máximo, não for superior a 4 anos.

b) Será de 20 a 200 salários mínimos quando o máximo da pena privativa de liberdade cominada for superior a 4 anos.

c) A depender da situação econômica do preso, a fiança poderá ser reduzida em até 2/5.

d) A depender da situação econômica do preso, a fiança poderá ser aumentada em até 100 vezes.

e) Em nenhuma hipótese, a fiança será dispensável.

Consoante o exposto no art. 325 do CPP: *O valor da fiança será fixado pela autoridade que a conceder nos seguintes limites:*

I - de 1 (um) a 100 (cem) salários mínimos, quando se tratar de infração cuja pena privativa de liberdade, no grau máximo, não for superior a 4 (quatro) anos.

Gabarito: A.

1546. **(2019 – VUNESP – TJ/AC – Juiz – Adaptada)** Em relação à fiança

Julgar-se-á quebrada a fiança quando o acusado descumprir medida cautelar imposta cumulativamente com a fiança.

Certo ( )   Errado ( )

Consoante o exposto no art. 341 do CPP: *Julgar-se-á quebrada a fiança quando o acusado:*

III - descumprir medida cautelar imposta cumulativamente com a fiança;

Gabarito: Certo.

1547. **(2018 – CESPE/CEBRASPE – MPE/PI – Promotor de Justiça)** Durante uma festa, após desentendimentos entre Carlos e Miro, este proferiu xingamentos racistas contra aquele, o que levou Carlos a empurrar seu agressor, que caiu em uma mesa de vidro. Com o forte impacto, a mesa se despedaçou completamente e seus cacos causaram cortes profundos por todo o corpo de Miro. Os convidados ligaram para a polícia e para o corpo de bombeiros: Carlos foi preso em flagrante e Miro foi encaminhado ao hospital, onde ficou internado por cinco dias, com risco de morte; passou por procedimentos cirúrgicos e, posteriormente, teve de ficar afastado de sua atividade laboral por trinta e dois dias. O Ministério Público denunciou Carlos por lesão corporal de natureza grave.

Nessa situação hipotética, a prisão em flagrante de Carlos foi legal, não sendo possível a concessão de liberdade provisória pela natureza do crime.

Certo ( )   Errado ( )

Consoante o art. 322 do CPP: *A autoridade policial somente poderá conceder fiança nos casos de infração cuja pena privativa de liberdade NÃO seja superior a 4 anos.*

ATENÇÃO: O parágrafo único deste artigo afirma: *Nos demais casos (todos), a fiança será requerida ao JUIZ, que decidirá em 48 horas.*

A **LIBERDADE provisória** é **REGRA:** o princípio do *In Dubio Pro Reo* doutrina que o indivíduo só pode ser preso caso não haja mais dúvidas. De tal modo, não podemos falar em situações que permitam a liberdade provisória, mas sim em situações que permitam a "prisão provisória", exemplo das "Prisões Cautelares" e ainda da recente "Antecipação da Execução Penal", que ocorre com condenações em segunda instância.

Gabarito: Errado.

1548. **(2018 – FCC – ALESE – Analista Legislativo – Adaptada)** A fiança, instituto classicamente atrelado pela doutrina à liberdade provisória, está atualmente regulada pelo CPP do artigo 321 ao 350, e, segundo a doutrina, consiste em uma caução, uma garantia real, prestada geralmente em dinheiro, que tem como objetivos principais a colocação do indiciado ou do acusado em liberdade e, ainda, em vincular o afiançado ao processo, obrigando-o ao comparecimento em seus atos. Diante de tais considerações, a autoridade policial somente poderá conceder fiança nos casos de infração cuja pena privativa de liberdade máxima não seja superior a 2 anos.

Certo ( )   Errado ( )

A autoridade policial somente poderá conceder fiança nos casos de infração cuja pena privativa de liberdade máxima não seja superior a 4 anos, nos termos do art. 322 do CPP.

Gabarito: Errado.

1549. **(2018 – CESPE/CEBRASPE – ABIN – Técnico de Inteligência)** Com relação à licitude de provas e a aspectos relativos a prisão, liberdade provisória e fiança, julgue o seguinte item.

Situação hipotética: Abel foi preso em flagrante no momento em que efetuava a venda de uma grande quantidade de cocaína e maconha. Lavrado o auto de prisão em flagrante, os autos foram enviados à autoridade judicial.

Assertiva: Nessa situação, o juiz poderá conceder a liberdade provisória a Abel, mediante o pagamento de fiança que deve ser compatível com as suas condições pessoais de fortuna e vida pregressa.

Certo ( )   Errado ( )

Art. 5º, XLV - *A lei considerará* crime inafiançável *e insuscetível de graça e anistia a prática de tortura,* o tráfico ilícito de entorpecentes *e drogas afins, o terrorismo e os definidos como crimes hediondos, por eles respondendo os mandantes, os executores e os que, podendo evitá-los, se omitirem.*

Consoante o exposto o art. 323 do CPP: *Não será concedida fiança:*

I - Nos crimes de racismo;

II - Nos crimes de tortura, **tráfico ilícito de entorpecentes e drogas afins**, *terrorismo e nos definidos como crimes hediondos;*

III - Nos crimes cometidos por grupos armados, civis ou militares, contra a ordem constitucional e o Estado Democrático;

Gabarito: Errado.

1550. **(2018 – AOCP – ITEP/RN – Agente de Necropsia)** No caso de concessão do benefício da liberdade provisória mediante arbitramento de fiança, se o beneficiado vier a praticar um novo crime doloso, tal ato gerará uma consequência processual. Assinale a alternativa que apresenta a consequência correta.

a) Cassação de fiança.

b) Quebra de fiança.

c) Reforço da fiança.

d) Inidoneidade da fiança.

e) Complemento de fiança.

Consoante os exposto no art. 341 do CPP: *Julgar-se-á QUEBRADA a fiança quando o acusado:*

I - Regularmente intimado para ato do processo, deixar de comparecer, sem motivo justo;

II - Deliberadamente praticar ato de obstrução ao andamento do processo;

III - Descumprir medida cautelar imposta cumulativamente com a fiança;

IV - Resistir injustificadamente a ordem judicial;

V - Praticar nova infração penal dolosa.

Gabarito: B.

1551. **(2018 – CESPE/CEBRASPE – PF – Delegado)** Acerca de execução penal, de crimes de abuso de autoridade, de crimes contra a criança e o adolescente e de crimes contra o Sistema Financeiro Nacional, julgue o item que se segue.

O crime de estupro praticado contra criança ou adolescente é insuscetível de fiança.

Certo (   )   Errado (   )

Art. 5º, XLII da CF/88 - *A lei considerará crimes inafiançáveis e insuscetíveis de graça ou anistia a prática da tortura, o tráfico ilícito de entorpecentes e drogas afins, o terrorismo e os definidos como crimes hediondos, por eles respondendo os mandantes, os executores e os que, podendo evitá-los, se omitirem.*

Segundo a Lei nº 8.072/90 são CRIMES HEDIONDOS, entre outros:

- Homicídio simples, quando praticado em atividade típica de grupo de extermínio, ainda que cometido por um só agente;
- Homicídio qualificado;
- Latrocínio;
- Extorsão qualificada pela morte;
- Extorsão mediante sequestro e na forma qualificada;
- **Estupro; estupro de vulnerável;**
- Epidemia com resultado morte;
- Falsificação,

- Corrupção,
- Adulteração ou alteração de produto destinado a fins terapêuticos;
- Genocídio.

Gabarito: Certo.

1552. **(2018 – FCC – ALESE – Analista Legislativo – Adaptada)** A fiança, instituto classicamente atre-lado pela doutrina à liberdade provisória, está atualmente regulada pelo CPP do artigo 321 ao 350, e, segundo a doutrina, consiste em uma caução, uma garantia real, prestada geralmente em dinheiro, que tem como objetivos principais a colocação do indiciado ou do acusado em liber-dade e, ainda, em vincular o afiançado ao processo, obrigando-o ao comparecimento em seus atos. Diante de tais considerações, é possível a concessão de fiança ainda quando presentes os motivos que autorizam a decretação da prisão preventiva.

Certo ( )   Errado ( )

Estando presente qualquer dos motivos que autorizem a decretação da prisão preventiva, NÃO SERÁ CABÍVEL a concessão de liberdade provisória com fiança (art. 324, IV, do CPP), o que autoriza o magistrado, em caso de comunicado da prisão em flagrante, a convertê-la em preventiva (art. 310, II, do CPP).

Gabarito: Errado.

1553. **(2018 – FCC – ALESE – Analista Legislativo – Adaptada)** Considere:

A fiança poderá ser prestada enquanto não transitar em julgado a sentença condenatória.

Certo ( )   Errado ( )

Conforme o inteiro teor do art. 334 do CPP: *A fiança poderá ser prestada enquanto não transitar em julgado a sentença condenatória.*

Gabarito: Certo.

1554. **(2018 – CESPE/CEBRASPE – MPU – Analista)** Em cada um dos itens a seguir é apresentada uma situação hipotética seguida de uma assertiva a ser julgada em consonância com a doutrina majoritária e com o entendimento dos tribunais superiores acerca de provas no processo penal, prisão e liberdade provisória e *habeas corpus*.

Um cidadão penalmente imputável foi preso em flagrante delito pela prática de crime hediondo. Nessa situação, é vedada a concessão de fiança ao autuado, mas não será proibido o deferimento de liberdade provisória.

Certo ( )   Errado ( )

Os crimes hediondos e equiparados são insuscetíveis de anistia, graça, indulto e fiança (art. 2º, I e II, da Lei nº 8.072/90).

A Lei nº 8.072/90 veda, em seu art. 2º, II, a fiança, e não a liberdade provisória. Portanto, é possível que o acusado por um crime hediondo aguarde o desfecho da ação penal solto. O que não é possível, no entanto, é que a liberdade seja condicionada ao pagamento de fiança, por expressa vedação legal, mas o juiz não está impedido de impor outra das medidas cautelares do art. 319 do CPP.

Estendeu-se o direito à liberdade provisória aos processados por crimes hediondos, preservan-do-se o poder geral de cautela do juiz. A Lei nº 11.464/07 alterou o art. 2º, II, da Lei nº 8.072/90

(Lei de Crimes Hediondos), suprimindo a vedação à liberdade provisória em crimes hediondos e assemelhados. Lei de crimes hediondos: *art. 2º Os crimes hediondos, a prática da tortura, o tráfico ilícito de entorpecentes e drogas afins e o terrorismo são insuscetíveis de: II – fiança e liberdade provisória. II – fiança (Redação dada pela Lei nº 11.464, de 2007).*

STJ HC 340.580-SP - *O caráter hediondo da infração penal, por si só, não impede a concessão de liberdade provisória.*

Gabarito: Certo.

1555. (2018 – CESPE/CEBRASPE – PF – Delegado) Acerca de prisão, de liberdade provisória e de fiança, julgue o próximo item de acordo com o entendimento do STF e a atual sistemática, do CPP.

A inafiançabilidade nos casos de crimes hediondos não impede a concessão judicial de liberdade provisória, impedindo apenas a concessão de fiança como instrumento de obtenção dessa liberdade.

Certo ( )   Errado ( )

É permitida a liberdade provisória para crimes hediondos e equiparados. O STF entende que a CF/88 não permite a prisão *ex lege* (ou seja, apenas por força de lei). Logo, é incoinstitucional qualquer lei que vede, de forma abstrata e genérica, a liberdade provisória para determinados delitos. A concessão de liberdade provisória cabe para todas as infrações penais, inclusive para os crimes hediondos e tráfico de drogas.

Jurisprudência: Crimes hediondos e equiparados são **INAFIANÇÁVEIS** (art. 5º, XLIII, CF, e art. 323, II, do CPP). Embora inafiançáveis, **autorizam a liberdade provisória sem fiança, podendo ser cumulada com alguma medida do art. 319 do CPP. Assim, apesar de vedada a concessão de fiança, nada impede a concessão de liberdade provisória sem fiança (STJ, HC 233.626).**

O Supremo Tribunal Federal (STF) reafirmou sua jurisprudência no sentido da constitucionalidade de regra prevista na Lei de Drogas (Lei nº 11.343/06) que veda a concessão de liberdade provisória a presos acusados de tráfico. A decisão foi tomada pelo Plenário Virtual no Recurso Extraordinário (RE) 1038925, com repercussão geral reconhecida."

Gabarito: Certo.

1556. (2018 – FUMARC – PC/MG – Delegado – Adaptada) Sobre o regime jurídico da liberdade provisória, é CORRETO afirmar:

A cassação da fiança poderá ocorrer com a inovação da classificação do delito tido, inicialmente, como afiançável.

Certo ( )   Errado ( )

Consoante o exposto no art. 339 do CPP - *Será também cassada a fiança quando reconhecida a existência de delito inafiançável, no caso de inovação na classificação do delito.*
Gabarito: Certo.

1557. (2018 – CESPE/CEBRASPE – PF – Delegado) Acerca de prisão, de liberdade provisória e de fiança, julgue o próximo item de acordo com o entendimento do STF e a atual sistemática, do CPP.

Situação hipotética: Um cidadão foi preso em flagrante pela prática do crime de corrupção ativa. A autoridade policial, no prazo legal do IP, remeteu os autos ao competente juízo, quando foi decretada a prisão preventiva do indiciado. **Assertiva**: Nessa situação, estão preenchidos os requisitos legais para a concessão da fiança, razão por que ela poderá ser concedida como contracautela da prisão anteriormente decretada.

Certo ( )   Errado ( )

Consoante o art. 324 do CPP - *Não será, igualmente, concedida fiança:*

IV - quando presentes os motivos que autorizem a decretação da PRISÃO PREVENTIVA.

NÃO será concedida fiança - Art. 323 do CPP:	NÃO será IGUALMENTE concedida fiança - Art. 324 do CPP:
I - nos crimes de racismo;	I - aos que, no mesmo processo, tiverem quebrado fiança anteriormente concedida ou infringido, sem motivo justo, qualquer das obrigações a que se referem os arts. 327 e 328;
II - nos crimes de tortura, tráfico ilícito de entorpecentes e drogas afins, terrorismo e nos definidos como crimes hediondos;	
III - nos crimes cometidos por grupos armados, civis ou militares, contra a ordem constitucional e o Estado Democrático.	II - em caso de prisão civil ou militar;
	IV - quando presentes os motivos que autorizam a decretação da prisão preventiva.

Gabarito: Errado.

1558. **(2018 – FCC – Câmara Legislativa/DF – Procurador Legislativo – Adaptada)** Considere:

A autoridade policial somente poderá conceder fiança nos casos de infração cuja pena privativa de liberdade máxima não seja superior a quatro anos.

Certo ( )   Errado ( )

A autoridade policial somente poderá conceder fiança nos casos de infração cuja pena privativa de liberdade máxima não seja superior a 4 anos termos do art. 322 do CPP.

Gabarito: Certo.

1559. **(2018 – FCC – Câmara Legislativa/DF – Procurador Legislativo – Adaptada)** Considere:

Não será concedida fiança nos crimes de injúria racial.

Certo ( )   Errado ( )

A alternativa está equivocada ao afirmar o mesmo preceito do crime de racismo para a injúria racial, senão vejamos:

O art. 140, § 3º, do CPP dispõe que injuriar alguém, ofendendo-lhe a dignidade ou o decoro:

Se a injúria consiste na utilização de elementos referentes a raça, cor, etnia, religião, origem ou a condição de pessoa idosa ou portadora de deficiência:

Pena – reclusão de um a três anos e multa.

Consoante o que dispõe o texto constitucional, art. 5º, XLII, da CF/88:

A prática do CRIME DE RACISMO constitui:

Vamos observar a seguir as principais **DIFERENÇAS**:

Aspectos	RACISMO	INJÚRIA RACIAL
Dispositivo legal	Art. 20 da Lei nº 7.716/89 e art. 5º, XLII, CF/88.	Art. 140, § 3º, do CPP.
Objeto jurídico	Dignidade da pessoa humana, igualdade substancial, proibição de comportamento degradante, não segregação.	Honra subjetiva e a imagem da pessoa.
Tipo objetivo	Praticar (levar a efeito, realizar), induzir (persuadir, convencer) e iniciar (estimular, incentivar, instigar) a discriminação ou o preconceito.	Injuriar, ofender a dignidade ou o decoro, utilizando elementos referentes à raça, cor, religião, origem, ou condição de pessoa idosa ou portadora de deficiência.
Tipo subjetivo	Dolo (vontade direcionada a um fim) de praticar, induzir ou incitar a discriminação ou o preconceito.	Dolo específico de macular a honra subjetiva de alguém.
Consumação e tentativa	Por ser de mera conduta, o crime se consuma com a prática das elementares do tipo, não se exige, nem se prevê resultado naturalístico e não se admite a forma tentada.	Consuma-se quando a ofensa chega ao conhecimento da vítima, sem a necessidade do resultado naturalístico (crime formal). Admite tentativa se o crime for plurissubsistente.
Ação penal	Pública Incondicionada.	Pública Condicionada
Prescritibilidade e afiançabilidade	Imprescritível e inafiançável – art. 5º, XLII, da CF/88.	Prescritível e afiançável.

Gabarito: Errado.

1560. **(2018 – FUMARC – PC/MG – Delegado – Adaptada)** Sobre o regime jurídico da liberdade provisória, é CORRETO afirmar:

O quebramento injustificado da fiança importará na perda da totalidade do seu valor.

Certo ( )   Errado ( )

O quebramento injustificado da fiança importará na perda de metade do seu valor, cabendo ao juiz decidir sobre a imposição de outras medidas cautelares ou, se for o caso, a decretação da prisão preventiva, conforme o exposto no art. 343 do CPP.

Gabarito: Errado.

1561. **(2018 – FCC – Câmara Legislativa/DF – Procurador Legislativo – Adaptada)** Considere:

No caso de perda da fiança, o seu valor, deduzidas as custas e mais encargos a que o acusado estiver obrigado, será destinado à reparação do dano sofrido pela vítima ou seus herdeiros.

Certo ( )   Errado ( )

Em desacordo com o exposto no art. 345 do CPP, no caso de perda da fiança, o seu valor, deduzidos os custos e mais encargos a que o acusado estiver obrigado, será recolhido ao fundo penitenciário, na forma da lei.

Gabarito: Errado.

1562. **(2018 – VUNESP – PC/SP – Escrivão – Adaptada)** Sobre a prisão, as medidas cautelares alternativas à prisão e liberdade provisória:

As medidas cautelares não poderão ser decretadas, de ofício, pela autoridade policial. Contudo, em se tratando de prisão em flagrante por infração cuja pena privativa de liberdade máxima seja de até cinco anos, poderá conceder fiança.

Certo (　)　　　　　Errado (　)

Consoante o exposto no art. 322 do CPP, a autoridade policial somente poderá conceder fiança nos casos de infração cuja pena privativa de liberdade máxima não seja superior a 4 anos.

Gabarito: Errado.

1563. **(2018 – FCC – ALESE – Analista Legislativo – Adaptada)** A fiança, instituto classicamente atrelado pela doutrina à liberdade provisória, está atualmente regulada pelo CPP do artigo 321 ao 350, e, segundo a doutrina, consiste em uma caução, uma garantia real, prestada geralmente em dinheiro, que tem como objetivos principais a colocação do indiciado ou do acusado em liberdade e, ainda, em vincular o afiançado ao processo, obrigando-o ao comparecimento em seus atos. Diante de tais considerações, é possível a concessão de fiança no crime de tráfico ilícito de entorpecentes e drogas afins.

Certo (　)　　　　　Errado (　)

Prevê o art. 323, II, do CPP, que *não será concedida fiança - nos crimes de tortura, tráfico ilícito de entorpecentes e drogas afins, terrorismo e nos definidos como crimes hediondos.*

Gabarito: Errado.

1564. **(2018 – FUMARC – PC/MG – Delegado – Adaptada)** Sobre o regime jurídico da liberdade provisória, é CORRETO afirmar:

Não poderá haver reforço da fiança mediante inovação da classificação do delito.

Certo (　)　　　　　Errado (　)

Em desacordo ao exposto no art. 340, I, será exigido reforço da fiança quando for inovada a classificação do delito.

Gabarito: Errado.

1565. (2018 – FCC – ALESE – Analista Legislativo – Adaptada) A fiança, instituto classicamente atrelado pela doutrina à liberdade provisória, está atualmente regulada pelo CPP do artigo 321 ao 350, e, segundo a doutrina, consiste em uma caução, uma garantia real, prestada geralmente em dinheiro, que tem como objetivos principais a colocação do indiciado ou do acusado em liberdade e, ainda, em vincular o afiançado ao processo, obrigando-o ao comparecimento em seus atos. Diante de tais considerações, depois de prestada a fiança, que será concedida independentemente de audiência do Ministério Público, este terá vista do processo a fim de requerer o que julgar conveniente.

Certo (　)　　　　　Errado (　)

Consoante o teor do art. 334 do CPP, *enquanto não houver o trânsito em julgado de sentença condenatória, a fiança poderá ser concedida, não sendo obrigatória a prévia oitiva do Ministério Público.*

Gabarito: Certo.

1566. **(2018 – FUNDATEC – PC/RS – Delegado – Adaptada)** Acerca da prisão, medidas cautelares e liberdade, é correto afirmar que:

Ausentes os requisitos da prisão preventiva, é cabível liberdade provisória para o crime de tráfico de drogas.

Certo ( )   Errado ( )

Consoante o art. 321 do CPP, *ausentes os requisitos que autorizam a decretação da prisão preventiva, o juiz deverá conceder liberdade provisória, impondo, se for o caso, as medidas cautelares previstas no art. 319 deste Código e observados os critérios constantes do art. 282 deste Código.*
Gabarito: Certo.

1567. **(2019 – VUNESP – TJ/AC – Juiz – Adaptada)** Considere:

A fiança tomada por termo obrigará o afiançado a comparecer perante a autoridade, todas as vezes que for intimado para atos do inquérito e da instrução criminal e para o julgamento.

Certo ( )   Errado ( )

Conforme teor do art. 327 do CPP, *a fiança tomada por termo obrigará o afiançado a comparecer perante a autoridade, todas as vezes que for intimado para atos do inquérito e da instrução criminal e para o julgamento. Quando o réu não comparecer, a fiança será havida como quebrada.*
Gabarito: Certo.

1568. **(2018 – FUMARC – PC/MG – Delegado – Adaptada)** Sobre o regime jurídico da liberdade provisória, é CORRETO afirmar:

O pagamento da fiança poderá ser dispensado pela autoridade policial, em face da situação econômica do preso.

Certo ( )   Errado ( )

No caso de **DISPENSA** do pagamento da fiança, em razão da pobreza do acusado, somente o **JUIZ** pode conceder, conforme diz o art. 350 do CPP: *Nos casos em que couber fiança, o juiz, verificando a situação econômica do preso, poderá conceder-lhe liberdade provisória, sujeitando-o às obrigações constantes dos arts. 327 e 328 deste Código e a outras medidas cautelares, se for o caso.*
Gabarito: Errado.

1569. **(2018 – FCC – ALESE – Analista Legislativo – Adaptada)** A fiança, instituto classicamente atrelado pela doutrina à liberdade provisória, está atualmente regulada pelo CPP do artigo 321 ao 350, e, segundo a doutrina, consiste em uma caução, uma garantia real, prestada geralmente em dinheiro, que tem como objetivos principais a colocação do indiciado ou do acusado em liberdade e, ainda, em vincular o afiançado ao processo, obrigando-o ao comparecimento em seus atos. Diante de tais considerações, é possível a concessão de fiança em caso de prisão civil.

Certo ( )   Errado ( )

Em desacordo com o exposto no art. 324 do CPP, não será, igualmente, concedida fiança:
II - em caso de prisão civil ou militar.
Gabarito: Errado.

1570. **(2018 – CESPE/CEBRASPE – PC/MA – Delegado – Adaptada)** Julgue os próximos itens, relativos a prisão, medidas cautelares e liberdade provisória.

A concessão da liberdade provisória pela autoridade policial não impede a decretação da prisão preventiva de ofício pelo juízo, se presentes os seus requisitos.

Certo ( )   Errado ( )

Com o advento da Lei nº 12.403/11, a autoridade policial ganhou força dentro da persecução penal, podendo representar diretamente ao juiz pela decretação de medidas cautelares (prisão preventiva, mandados de busca domiciliar, interceptações telefônicas etc.) ou conceder medidas cautelares de ofício, independentemente do Poder Judiciário. Quando se tratar de uma medida cautelar liberatória, como a fiança. De acordo com o art. 322 do CPP, a autoridade policial poderá conceder liberdade provisória mediante fiança sempre que se tratar de infrações cujas penas máximas cominadas não ultrapassem o prazo de quatro anos de prisão. Em se tratando de uma medida cautelar liberatória, como a liberdade provisória mediante fiança, é extremamente positiva a previsão legal que possibilite a sua concessão pelo próprio Delegado de Polícia, que é o primeiro agente estatal a participar da persecução penal.

Gabarito: Certo.

1571. **(2018 – CESPE/CEBRASPE – PC/MA – Delegado – Adaptada)** Julgue os próximos itens, relativos a prisão, medidas cautelares e liberdade provisória.

Lavrado o auto de prisão em flagrante por crime de estupro, a autoridade policial poderá conceder ao preso liberdade provisória mediante fiança.

Certo ( )   Errado ( )

Nos termos do art. 322 do CPP, a autoridade policial somente poderá conceder fiança nos casos de infração cuja pena privativa de liberdade máxima não seja superior a 4 (quatro) anos. No caso de estupro a pena é de reclusão de 6 a 10 anos (art. 213 do CP), o que torna compatível a concessão.

Gabarito: Errado.

1572. **(2018 – CESPE/CEBRASPE – DPE/PE – Defensor Público – Adaptada)** Mais de vinte e quatro horas após ter matado um desafeto, Cláudio foi preso por agentes de polícia que estavam em seu encalço desde o cometimento do crime. Na abordagem, os agentes apreenderam com Cláudio uma faca, ainda com vestígios de sangue, envolvida na camiseta que a vítima vestia no momento do crime. Cláudio informou aos policiais que não tinha advogado para constituir. Não houve a participação de defensor público na autuação, na documentação da prisão e no interrogatório.

Considerando essa situação hipotética, acerca da legalidade da prisão de Cláudio é correto afirmar que:

A prisão é legal, tendo-se configurado hipótese de flagrante presumido: a autoridade policial deverá arbitrar o benefício de fiança.

Certo ( )   Errado ( )

Trata-se de flagrante impróprio nos termos do art. 302, III, do CPP. Não cabe fiança em crime de homicídio a ser arbitrada pela autoridade policial, pois a pena ultrapassa 4 anos.

Vide o art. 322 do CPP: *A autoridade policial somente poderá conceder fiança nos casos de infração cuja pena privativa de liberdade máxima não seja superior a 4 (quatro) anos.*

Sobre a PRISÃO EM FLAGRANTE:

Flagrante obrigatório	Autoridade policial e seus agentes - DEVEM
Flagrante facultativo.	Qualquer do POVO.
Flagrante real, verdadeiro ou próprio.	Quando o agente está cometendo o crime e quando acaba de cometê-lo.
Flagrante impróprio/irreal ou quase flagrante.	É perseguido, logo após, pela autoridade, pelo ofendido ou por qualquer pessoa, em situação que faça presumir ser autor da infração.
Flagrante presumido/ficto ou assimilado.	É encontrado, logo depois, com instrumentos, armas, objetos ou papéis que façam presumir ser ele autor da infração.

Gabarito: Errado.

1573. **(2018 – CESPE/CEBRASPE – DPE/PE – Defensor Público – Adaptada)** Mais de vinte e quatro horas após ter matado um desafeto, Cláudio foi preso por agentes de polícia que estavam em seu encalço desde o cometimento do crime. Na abordagem, os agentes apreenderam com Cláudio uma faca, ainda com vestígios de sangue, envolvida na camiseta que a vítima vestia no momento do crime. Cláudio informou aos policiais que não tinha advogado para constituir. Não houve a participação de defensor público na autuação, na documentação da prisão e no interrogatório.

Considerando essa situação hipotética, acerca da legalidade da prisão de Cláudio é correto afirmar que:

A prisão é legal, pois a autoridade policial prescinde da presença do defensor técnico para a conclusão dos atos.

Certo ( )   Errado ( )

Nos termos do art. 306, § 1º, do CPP: *Em até 24 (vinte e quatro) horas após a realização da prisão, será encaminhado ao juiz competente o auto de prisão em flagrante e, caso o autuado não informe o nome de seu advogado, cópia integral para a Defensoria Pública.*

Gabarito: Certo.

1574. **(2018 – CESPE/CEBRASPE – DPE/PE – Defensor Público – Adaptada)** Mais de vinte e quatro horas após ter matado um desafeto, Cláudio foi preso por agentes de polícia que estavam em seu encalço desde o cometimento do crime. Na abordagem, os agentes apreenderam com Cláudio uma faca, ainda com vestígios de sangue, envolvida na camiseta que a vítima vestia no momento do crime. Cláudio informou aos policiais que não tinha advogado para constituir. Não houve a participação de defensor público na autuação, na documentação da prisão e no interrogatório.

Considerando essa situação hipotética, acerca da legalidade da prisão de Cláudio é correto afirmar que:

A prisão é ilegal, pois houve falha da autoridade policial, que não poderia ter processado a prisão do autuado sem a presença de advogado ou defensor público.

Certo ( )   Errado ( )

Não há obrigatoriedade do advogado neste momento. Exige-se apenas a comunicação da prisão.

Art. 306. A prisão de qualquer pessoa e o local onde se encontre serão comunicados imediatamente ao juiz competente, ao Ministério Público e à família do preso ou à pessoa por ele indicada.

§ 1º Em até 24 (vinte e quatro) horas após a realização da prisão, será encaminhado ao juiz competente o auto de prisão em flagrante e, caso o autuado não informe o nome de seu advogado, cópia integral para a Defensoria Pública.

Gabarito: Errado.

1575. **(2017 – FEPESE – PC/SC – Escrivão)** Assinale a alternativa que indica corretamente o prazo da prisão temporária.

   a) 5 dias, prorrogável por igual período.

   b) 10 dias, prorrogável por igual período.

   c) 15 dias, prorrogável por igual período.

   d) 30 dias, vedada a prorrogação.

   e) 180 dias.

Nos termos do art. 2º da Lei nº 7.960/89, a prisão temporária será decretada pelo juiz, em face da representação da autoridade policial ou de requerimento do Ministério Público e terá o prazo de 5 dias, prorrogável por igual período em caso de extrema e comprovada necessidade.

PRISÃO PREVENTIVA	PRISÃO TEMPORÁRIA
• MOMENTO: inquérito policial (IP). • PRAZO: não há prazo determinado.	• MOMENTO: inquérito policial (IP) e ação penal. • PRAZO: 5 + 5 dias ou 30 + 30 dias no caso de crimes hediondos e os equiparados a estes (tráfico, tortura, terrorismo).

Gabarito: A.

1576. **(2017 – FMP – MPE/RO – Promotor de Justiça – Adaptada)** No que diz respeito ao instituto da audiência de custódia, é CORRETO afirmar: No caso de prisão em flagrante delito da competência originária de Tribunal, a apresentação do preso para a audiência de custódia poderá ser feita ao juiz que o Presidente do Tribunal ou Relator designar para esse fim.

Certo ( )   Errado ( )

Nos termos da Resolução 213 de 2015, do CNJ, art. 1º, § 3º da Resolução nº 213/2015 do CNJ conforme o art. 1º: *Determinar que toda pessoa presa em flagrante delito, independentemente da motivação ou natureza do ato, seja obrigatoriamente apresentada, em até 24 horas da comunicação do flagrante, à autoridade judicial competente, e ouvida sobre as circunstâncias em que se realizou sua prisão ou apreensão. § 3º No caso de prisão em flagrante delito da competência originária de Tribunal, a apresentação do preso poderá ser feita ao juiz que o Presidente do Tribunal ou Relator designar para esse fim.*

Gabarito: Certo.

1577. **(2017 – FEPESE – PC/SC – Agente – Adaptada)** É correto afirmar sobre a prisão temporária.

Recebida a ação penal, a autoridade policial poderá requerer a prisão temporária do agente que não tiver residência fixa.

Certo ( )   Errado ( )

Não cabe a decretação da prisão temporária no curso da ação penal, apenas na fase do inquérito policial, conforme o art. 1º, I da Lei nº 7.960/89.

Gabarito: Errado.

1578. **(2017 – FEPESE – PC/SC – Escrivão – Adaptada)** É correto afirmar sobre a prisão preventiva.

Durante a fase de investigação policial a prisão preventiva somente poderá ser decretada para garantia da ordem pública.

Certo ( )   Errado ( )

Consoante à redação atual do art. 312 do CPP: *A prisão preventiva poderá ser decretada como garantia da ordem pública, da ordem econômica, por conveniência da instrução criminal ou para assegurar a aplicação da lei penal, quando houver prova da existência do crime e indício suficiente de autoria e de perigo gerado pelo estado de liberdade do imputado.*

ANTES da Lei nº 13.964/19	DEPOIS da Lei nº 13.964/19
Art. 312 do CPP - A prisão preventiva poderá ser decretada como garantia da ordem pública, da ordem econômica, por conveniência da instrução criminal, ou para assegurar a aplicação da lei penal, quando houver prova da existência do crime e indício suficiente de autoria.	Art. 312 do CPP - A prisão preventiva poderá ser decretada como garantia da ordem pública, da ordem econômica, por conveniência da instrução criminal ou para assegurar a aplicação da lei penal, quando houver prova da existência do crime e indício suficiente de autoria e de perigo gerado pelo estado de liberdade do imputado (Redação dada pela Lei nº 13.964, de 2019).

Gabarito: Errado.

1579. **(2017 – FMP – MPE/RO – Promotor de Justiça – Adaptada)** No que diz respeito à prisão preventiva, é CORRETO afirmar que, de sua disciplina pelo CPP, está previsto que será admitida a decretação da prisão preventiva, se o crime envolver violência doméstica e familiar contra a mulher, criança, adolescente, idoso, enfermo ou pessoa com deficiência, para garantir a execução das medidas protetivas de urgência.

Certo ( )   Errado ( )

Conforme o art. 313 do CPP, nos termos do art. 312 deste código, será admitida a decretação da prisão preventiva: *III - se o crime envolver violência doméstica e familiar contra a mulher, criança, adolescente, idoso, enfermo ou pessoa com deficiência, para garantir a execução das medidas protetivas de urgência.*

Gabarito: Certo.

1580. **(2017 – FMP – MPE/RO – Promotor de Justiça – Adaptada)** No que diz respeito à prisão em flagrante, é CORRETO afirmar: A não localização de testemunhas do fato delituoso impede a lavratura do auto de prisão em flagrante, em razão de sua imprescindibilidade para a concretização daquele ato pela autoridade policial.

Certo ( )   Errado ( )

Conforme o art. 304, § 2º, do CPP, *a falta de testemunhas da infração não impedirá o auto de prisão em flagrante; mas, nesse caso, com o condutor, deverão assiná-lo pelo menos duas pessoas que hajam testemunhado a apresentação do preso à autoridade.*

Gabarito: Errado.

1581. **(2017 – FEPESE – PC/SC – Escrivão – Adaptada)** É correto afirmar sobre a prisão preventiva.

A prisão preventiva somente poderá ser decretada a pedido do Ministério Público quando necessária para a identificação civil do acusado.

Certo ( )   Errado ( )

É cabível prisão preventiva tanto na fase de investigação policial (fase do inquérito policial) quanto na fase judicial a requerimento do Ministério Público, do querelante ou do assistente, ou por representação da autoridade policial.

ATENÇÃO!

ANTES da Lei nº 13.964/19	DEPOIS da Lei nº 13.964/19
Art. 311 do CPP - Em qualquer fase da investigação policial ou do processo penal, caberá a prisão preventiva decretada pelo juiz, de ofício, se no curso da ação penal, ou a requerimento do Ministério Público, do querelante ou do assistente, ou por representação da autoridade policial. (Redação dada pela Lei nº 12.403, de 2011)	Art. 311 do CPP - Em qualquer fase da INVESTIGAÇÃO POLICIAL ou do processo penal, CABERÁ a prisão preventiva decretada pelo juiz, a requerimento do Ministério Público, do querelante ou do assistente, ou por representação da autoridade policial (Redação dada pela Lei nº 13.964, de 2019).

Gabarito: Errado.

1582. **(2017 – CESPE/CEBRASPE – TRF 1ª Região – Técnico Judiciário)** Com relação a prisão temporária, normas dos juizados especiais criminais e questões e processos dentes no processo penal, julgue o item subsecutivo.

A prisão temporária pode ser decretada pelo juiz, de ofício, pelo prazo de cinco dias, prorrogável, excepcionalmente, por igual período em caso de extrema e comprovada necessidade para as investigações policiais.

Certo ( )   Errado ( )

Não cabe a decretação da prisão temporária de ofício. Nos termos do art. 2º, a prisão temporária será decretada pelo juiz, em face da representação da autoridade policial ou de requerimento do Ministério Público, e terá o prazo de 5 dias, prorrogável por igual período em caso de extrema e comprovada necessidade.

Gabarito: Errado.

1583. **(2017 – FMP – MPE/RO – Promotor de Justiça – Adaptada)** No que diz respeito à prisão preventiva, é CORRETO afirmar que, de sua disciplina pelo CPP, está previsto que em qualquer fase da investigação policial ou do processo penal, caberá a prisão preventiva decretada pelo juiz, de ofício, e no curso da ação penal, a requerimento do Ministério Público, do querelante ou do assistente, ou por representação da autoridade policial.

Certo (   )   Errado (   )

É cabível prisão preventiva tanto na fase de investigação policial (fase do inquérito policial) quanto na fase judicial. É o que dispõe o art. 311 do CPP.

ATENÇÃO ÀS MUDANÇAS!

ANTES da Lei nº 13.964/19	DEPOIS da Lei nº 13.964/19
Art. 311 do CPP - Em qualquer fase da investigação policial ou do processo penal, caberá a prisão preventiva decretada pelo juiz, de ofício, se no curso da ação penal, ou a requerimento do Ministério Público, do querelante ou do assistente, ou por representação da autoridade policial (Redação dada pela Lei nº 12.403, de 2011).	Art. 311 do CPP - Em qualquer fase da INVESTIGAÇÃO POLICIAL ou do processo penal, CABERÁ a prisão preventiva decretada pelo juiz, a requerimento do Ministério Público, do querelante ou do assistente, ou por representação da autoridade policial (Redação dada pela Lei nº 13.964, de 2019).

Gabarito: Errado.

1584. **(2017 – FCC – DPE/RS – Analista – Adaptada)** É INCORRETO afirmar que se não houver urgência nem perigo de ineficácia da medida cautelar, o juiz, ao receber o pedido de decretação da medida, determinará a intimação da parte contrária, acompanhada de cópia do requerimento e das peças necessárias, permanecendo os autos em juízo.

Certo (   )   Errado (   )

De acordo com a disposição do art. 282, § 3º, do CPP anterior à Lei nº 13.964/19, a questão estaria correta em consonância com a lei anterior. Conquanto, no momento, consideraremos a afirmação correta. Vejamos a redação a atual: *ressalvados os casos de urgência ou de perigo de ineficácia da medida, o juiz, ao receber o pedido de medida cautelar, determinará a intimação da parte contrária, para se manifestar no prazo de 5 (cinco) dias [...].*

ATENÇÃO!

ANTES da Lei nº 13.964/19	DEPOIS da Lei nº 13.964/19
Art. 282, § 3º, do CPP - Ressalvados os casos de urgência ou de perigo de ineficácia da medida, o juiz, ao receber o pedido de medida cautelar, determinará a intimação da parte contrária, acompanhada de cópia do requerimento e das peças necessárias, permanecendo os autos em juízo.	Art. 282, § 3º, do CPP - Ressalvados os casos de urgência ou de perigo de ineficácia da medida, o juiz, ao receber o pedido de medida cautelar, determinará a intimação da parte contrária, para se manifestar no prazo de 5 (cinco) dias, acompanhada de cópia do requerimento e das peças necessárias, permanecendo os autos em juízo, e os casos de urgência ou de perigo deverão ser justificados e fundamentados em decisão que contenha elementos do caso concreto que justifiquem essa medida excepcional (Redação dada pela Lei nº 13.964, de 2019).

Gabarito: Errado.

1585. **(2017 – FEPESE – PC/SC – Escrivão – Adaptada)** É correto afirmar sobre a prisão preventiva. A prisão preventiva, quando decretada para assegurar a aplicação da lei penal, dispensa motivação.

Certo ( )   Errado ( )

De acordo com a disposição do art. 315 do CPP anterior à Lei nº 13.964/19, a questão está correta em consonância com a lei anterior. E continua INCORRETA. Vejamos a redação a atual:
ATENÇÃO!

ANTES da Lei nº 13.964/19	DEPOIS da Lei nº 13.964/19
Art. 315 do CPP - A decisão que decretar, substituir ou denegar a prisão preventiva será sempre motivada.	Art. 315 do CPP - A decisão que decretar, substituir ou denegar a prisão preventiva será sempre motivada e FUNDAMENTADA (Redação dada pela Lei nº 13.964, de 2019).

Gabarito: Errado.

1586. **(2017 – FCC – TRF 5ª Região – Analista Judiciário – Adaptada)** O CPP dispõe que qualquer do povo poderá e as autoridades policiais e seus agentes deverão prender quem quer que seja encontrado em flagrante delito. Diante de tal contexto, é correto afirmar:

Em até 48 horas após a realização da prisão, será encaminhado ao juiz competente o auto de prisão em flagrante e, caso o autuado não informe o nome de seu advogado, cópia integral para a Defensoria Pública.

Certo ( )   Errado ( )

Conforme o teor do art. 306, § 1º, do CPP: *Em até 24 (vinte e quatro) horas após a realização da prisão será encaminhado ao juiz competente o auto de prisão em flagrante e, caso o autuado não informe o nome de seu advogado, cópia integral para a Defensoria Pública.*
Gabarito: Errado.

1587. **(2017 – FCC – DPE/RS – Analista – Adaptada)** É INCORRETO afirmar que constitui medida cautelar diversa da prisão o recolhimento domiciliar no período noturno e nos dias de folga quando o investigado ou acusado tenha residência e trabalho fixos.

Certo ( )   Errado ( )

Nos termos do art. 319 do CPP: *São medidas cautelares diversas da prisão: [...] V - recolhimento domiciliar no período noturno e nos dias de folga quando o investigado ou acusado tenha residência e trabalho fixos.*
Gabarito: Certo.

1588. **(2017 – FMP – MPE/RO – Promotor de Justiça – Adaptada)** No que diz respeito ao instituto da audiência de custódia, é CORRETO afirmar: Durante a audiência de custódia, é vedada a presença dos agentes policiais, civis ou militares, independentemente de haverem sido responsáveis pela prisão ou pela investigação, como forma de proporcionar proteção integral à pessoa presa para que informe a ocorrência, ou não, de alguma violência física ou psíquica no ato de sua prisão.

Certo ( )   Errado ( )

Nos termos do art. 4º, parágrafo único, da Resolução nº 213/2015 do CNJ - art. 4º. *A audiência de custódia será realizada na presença do Ministério Público e da Defensoria Pública, caso a pessoa detida não possua defensor constituído no momento da lavratura do flagrante.*

Parágrafo único. É vedada a presença dos agentes policiais responsáveis pela prisão ou pela investigação durante a audiência de custódia.

Gabarito: Errado.

1589. **(2017 – FMP – MPE/RO – Promotor de Justiça – Adaptada)** No que diz respeito à prisão em flagrante, é CORRETO afirmar: Nos casos de prisão em flagrante decorrente de perseguição, se a pessoa perseguida passar ao território de outro município ou comarca, os agentes policiais poderão efetuar a prisão no lugar onde a alcançarem, devendo apresentá-la imediatamente à autoridade policial do local onde ocorreu o crime, em razão de ser a única competente para a lavratura do auto de prisão em flagrante.

Certo ( )   Errado ( )

Conforme o teor do art. 290 do CPP: *Se o réu, sendo perseguido, passar ao território de outro município ou comarca, o executor poderá efetuar-lhe a prisão no lugar onde o alcançar, apresentando-o imediatamente à autoridade local, que, depois de lavrado, se for o caso, o auto de flagrante, providenciará para a remoção do preso.*

Gabarito: Errado.

1590. **(2017 – CESPE/CEBRASPE – TRF 1ª Região – Analista Judiciário)** Com relação às questões e aos processos dentes, à interceptação telefônica e à prisão temporária, julgue o item subsequente.

A decretação de prisão temporária é cabível quando houver fundadas razões de autoria e participação em qualquer crime doloso punível com pena privativa de liberdade superior a quatro anos de reclusão e quando for imprescindível às investigações do inquérito policial.

Certo ( )   Errado ( )

A prisão temporária **é a prisão cautelar cabível exclusivamente na fase do inquérito policial, decretada pelo juiz a requerimento do Ministério Público ou por representação da autoridade policial.**

REQUISITOS DA PRISÃO TEMPORÁRIA: conforme disposto no art. 1º, caberá prisão temporária**: *Periculum libertatis: I - quando imprescindível para as investigações do inquérito policial; Periculum libertatis: II - quando o indicado não tiver residência fixa ou não fornecer elementos necessários ao esclarecimento de sua identidade; Fumus comissi delict: III - quando houver fundadas razões, de acordo com qualquer prova admitida na legislação penal, de autoria ou participação do indiciado nos SEGUINTES crimes:*

a) homicídio doloso (art. 121, caput, e seu § 2º);

b) sequestro ou cárcere privado (art. 148, caput, e seus § § 1º e 2º);

c) roubo (art. 157, caput, e seus § § 1º, 2º e 3º);

d) extorsão (art. 158, caput, e seus § § 1º e 2º);

e) extorsão mediante sequestro (art. 159, caput, e seus § § 1º, 2º e 3º);

f) estupro (art. 213, caput, e sua combinação com o art. 223, caput, e parágrafo único) (vide Decreto-lei nº 2.848, de 1940);

g) atentado violento ao pudor (art. 214, caput, e sua combinação com o art. 223, caput, e parágrafo único) (vide Decreto-lei nº 2.848, de 1940);

h) rapto violento (art. 219, e sua combinação com o art. 223 caput, e parágrafo único) (vide Decreto-lei nº 2.848, de 1940);

i) epidemia com resultado de morte (art. 267, § 1º);

j) envenenamento de água potável ou substância alimentícia ou medicinal qualificado pela morte (art. 270, caput, combinado com art. 285);

l) quadrilha ou bando (art. 288), todos do Código Penal;

m) genocídio (arts. 1º, 2º e 3º da Lei nº 2.889, de 1º de outubro de 1956), em qualquer de suas formas típicas;

n) tráfico de drogas (art. 12 da Lei nº 6.368, de 21 de outubro de 1976);

o) crimes contra o sistema financeiro (Lei nº 7.492, de 16 de junho de 1986);

p) crimes previstos na Lei de Terrorismo (incluído pela Lei nº 13.260, de 2016).

Gabarito: Errado.

1591. **(2017 – FCC – DPE/RS – Analista – Adaptada)** É INCORRETO afirmar que revogada a medida cautelar antes decretada, o juiz pode voltar a decretá-la, se sobrevierem razões que a justifiquem.

Certo (　)　　　　Errado (　)

Conforme disposição do art. 282, § 5º, do CPP anterior à Lei nº 13.964/19, a questão estava correta em consonância com a lei anterior. No entanto, hoje consideraremos a afirmação incorreta.

ANTES da Lei nº 13.964/19	DEPOIS da Lei nº 13.964/19
Art. 282, § 5º, do CPP - O juiz poderá revogar a medida cautelar ou substituí-la quando verificar a falta de motivo para que subsista, bem como voltar a decretá-la, se sobrevierem razões que o justifiquem.	Art. 282, § 5º - O juiz poderá, de ofício ou a pedido das partes, revogar a medida cautelar ou substituí-la quando verificar a falta de motivo para que subsista, bem como voltar a decretá-la, se sobrevierem razões que a justifiquem (Redação dada pela Lei nº 13.964, de 2019).

Gabarito: Errado.

1592. **(2017 – FCC – PC/AP – Delegado – Adaptada)** Sobre a prisão em flagrante, é correto afirmar que é ato exclusivo da autoridade policial nos casos de perseguição logo após a prática do delito.

Certo (　)　　　　Errado (　)

Nos termos do art. 301 do CPP, flagrante FACULTATIVO: *Qualquer do povo poderá e as autoridades policiais e seus agentes deverão prender quem quer que seja encontrado em flagrante delito.*
Gabarito: Errado.

1593. **(2017 – FCC – TRF 5ª Região – Analista Judiciário – Adaptada)** O CPP dispõe que qualquer do povo poderá e as autoridades policiais e seus agentes deverão prender quem quer que seja encontrado em flagrante delito. Diante de tal contexto, é correto afirmar:

Apresentado o preso à autoridade competente, ouvirá esta o condutor e colherá, desde logo, sua assinatura, entregando a este cópia do termo e recibo de entrega do preso. Em seguida, procederá à oitiva das testemunhas que o acompanharem e ao interrogatório do acusado sobre a imputação que lhe é feita, colhendo, após cada oitiva suas respectivas assinaturas, lavrando, a autoridade, afinal, o auto.

Certo ( )   Errado ( )

Nos termos do art. 304 do CPP: *Apresentado o preso à autoridade competente, ouvirá esta o condutor e colherá, desde logo, sua assinatura, entregando a este cópia do termo e recibo de entrega do preso. Em seguida, procederá à oitiva das testemunhas que o acompanharem e ao interrogatório do acusado sobre a imputação que lhe é feita, colhendo, após cada oitiva, suas respectivas assinaturas, lavrando, a autoridade, afinal, o auto.*
Gabarito: Certo.

1594. **(2017 – FCC – PC/AP – Delegado – Adaptada)** O regime da fiança no CPP, dispõe que a concessão de fiança é ato exclusivo da autoridade judicial, visto que implica em decisão sobre a liberdade da pessoa.

Certo ( )   Errado ( )

Conforme o art. 322 do CPP: *A autoridade policial somente poderá conceder fiança nos casos de infração cuja pena privativa de liberdade máxima não seja superior a 4 (quatro) anos. Parágrafo único. Nos demais casos, a fiança será requerida ao juiz, que decidirá em 48 (quarenta e oito) horas.* ATENTE, a Súmula nº 81 do STJ está superada: "Não se concede fiança quando, em concurso material, a soma das penas mínimas cominadas for superior a dois anos de reclusão".
Gabarito: Errado.

1595. **(2017 – NUCEPE – SEJUS/PI – Agente Penitenciário)** Todas são medidas cautelares diversas da prisão, EXCETO,

a) comparecimento periódico em juízo, no prazo e nas condições fixadas pelo juiz, para informar e justificar suas atividades.

b) proibição de ausentar-se da Comarca quando a permanência seja conveniente ou necessária para a investigação ou instrução.

c) recolhimento domiciliar permanente.

d) monitoração eletrônica.

e) internação provisória do acusado nas hipóteses de crimes praticados com violência ou grave ameaça, quando os peritos concluírem ser inimputável ou semi-imputável e houver risco de reiteração.

O art. 319 do CPP dispõe acerca das medidas cautelares diversas da prisão:
I. comparecimento periódico em juízo, no prazo e nas condições fixadas pelo juiz, para informar e justificar atividades;

I. proibição de acesso ou frequência a determinados lugares quando, por circunstâncias relacionadas ao fato, deva o indiciado ou acusado permanecer distante desses locais para evitar o risco de novas infrações;

II. proibição de manter contato com pessoa determinada quando, por circunstâncias relacionadas ao fato, deva o indiciado ou acusado dela permanecer distante;

III. proibição de ausentar-se da comarca quando a permanência seja conveniente ou necessária para a investigação ou instrução;

IV. recolhimento domiciliar no período noturno e nos dias de folga quando o investigado ou acusado tenha residência e trabalho fixos;

V. suspensão do exercício de função pública ou de atividade de natureza econômica ou financeira quando houver justo receio de sua utilização para a prática de infrações penais;

VI. internação provisória do acusado nas hipóteses de crimes praticados com violência ou grave ameaça, quando os peritos concluírem ser inimputável ou semi-imputável (art. 26 do Código Penal) e houver risco de reiteração;

VII. fiança, nas infrações que a admitem, para assegurar o comparecimento a atos do processo, evitar a obstrução do seu andamento ou em caso de resistência injustificada à ordem judicial;

VIII. monitoração eletrônica.

Gabarito: C.

1596. **(2017 – FEPESE – PC/SC – Escrivão – Adaptada)** É correto afirmar sobre a prisão preventiva.

A decisão que denegar a prisão preventiva será sempre motivada.

Certo (   )   Errado (   )

De acordo com a disposição do art. 315 do CPP anterior à Lei nº 13.964/19, a questão estava correta em consonância com a lei anterior. Conquanto, no momento consideraremos a afirmação correta. Vejamos a redação a atual:

ATENÇÃO!

ANTES da Lei nº 13.964/19	DEPOIS da Lei nº 13.964/19
Art. 315 do CPP - A decisão que decretar, substituir ou denegar a prisão preventiva será sempre motivada.	Art. 315 do CPP - A decisão que decretar, substituir ou denegar a prisão preventiva será sempre motivada e FUNDAMENTADA (Redação dada pela Lei nº 13.964, de 2019).

Gabarito: Errado.

1597. **(2017 – FCC – TRF 5ª Região – Analista Judiciário – Adaptada)** O CPP dispõe que qualquer do povo poderá e as autoridades policiais e seus agentes deverão prender quem quer que seja encontrado em flagrante delito. Diante de tal contexto, é correto afirmar:

Considera-se em flagrante delito quem é surpreendido na fase dos atos preparatórios da infração penal.

Certo (   )   Errado (   )

Considera-se em flagrante que nos termos do art. 302 do CPP.

São espécies de flagrante:

- **Flagrante próprio (art. 302, I e II, do CPP): este ocorre quando a pessoa é pega no momento em que está cometendo o crime ou logo após do cometimento.**
- **Flagrante impróprio (art. 302, III, do CPP): é impróprio o flagrante quando a pessoa é perseguida (por qualquer pessoa) após o cometimento do crime.**

- Flagrante presumido ou ficto (art. 302, IV, do CPP): quando a pessoa é encontrada com instrumentos ou produto de crime que acabou de ocorrer e possa se presumir que foi ela que o cometeu.

Gabarito: Errado.

1598. **(2017 – MPE/SP – MPE/SP – Promotor de Justiça – Adaptada)** Para a elaboração do auto de prisão em flagrante delito, indispensável a presença de, ao menos, duas testemunhas, não se incluindo nesse número a pessoa do condutor.

Certo ( )   Errado ( )

Nos termos do art. 304, § 2º, do CPP, *a falta de testemunha da infração não impedirá o auto de prisão em flagrante; mas, nesse caso, com o condutor, deverão assiná-lo pelo menos duas pessoas que hajam testemunhado a apresentação do preso à autoridade.*

Gabarito: Errado.

1599. **(2017 – FCC – DPE/RS – Analista – Adaptada)** É INCORRETO afirmar que as medidas cautelares somente poderão ser aplicadas isoladamente, para evitar *bis in idem*.

Certo ( )   Errado ( )

Nos termos do art. 282. § 1º: *As medidas cautelares poderão ser aplicadas isolada ou cumulativamente.*

Gabarito: Errado.

1600. **(2017 – FCC – DPE/RS – Analista – Adaptada)** Sobre a prisão em flagrante, é correto afirmar que é vedada pelo CPP, em caso de crime permanente, diante da possibilidade de prisão temporária.

Certo ( )   Errado ( )

Crime PERMANENTE – art. 303 do CPP: *Nas infrações permanentes, entende-se o agente em flagrante delito enquanto não cessar a permanência.*

Gabarito: Errado.

1601. **(2017 – CESPE/CEBRASPE – DPE/AC – Defensor Público – Adaptada)** A respeito da audiência de custódia é correto afirma que segundo entendimento do STF, a realização de audiência de apresentação é de observância obrigatória, mas a sua não realização é vício que pode ser suprido pela conversão da prisão em flagrante em prisão preventiva.

Certo ( )   Errado ( )

A jurisprudência: *A conversão do flagrante em prisão preventiva não traduz, por si, a superação da audiência de custódia, na medida em que se trata de vício que alcança a formação e legitimação do ato constritivo (HC 140.512-MC e HC 133.992/DF). Rcl 27677/GO, de 27/10/2017.* No caso, o juiz justificou a não realização no fato de ser uma comarca pequena, contando apenas com dois policiais, o que não foi aceito pelo relator, decidindo pela necessidade de realização da audiência.

Gabarito: Errado.

1602. **(2017 – FCC – PC/AP – Delegado – Adaptada)** Sobre a prisão em flagrante, é correto afirmar que deve o delegado de polícia representar pela prisão preventiva, quando o agente é encontrado, logo depois, com instrumentos ou papéis que façam presumir ser ele autor da infração, dada a impossibilidade de prisão em flagrante.

Certo ( )   Errado ( )

Flagrante presumido, ficto ou assimilado: conforme o teor do art. 302 do CPP, considera-se em flagrante delito quem: *IV - é encontrado, logo depois, com instrumentos, armas, objetos ou papéis que façam presumir ser ele autor da infração.*

Gabarito: Errado.

1603. **(2017 – CESPE/CEBRASPE – TRF 5ª Região – Juiz – Adaptada)** Antônio foi preso em flagrante pelo crime de descaminho, cuja pena é de um a quatro anos de reclusão. Ele possui diversas passagens na Vara da Infância e Juventude, sem, contudo, ter qualquer condenação criminal por ato praticado depois de alcançada a maioridade penal. Considerando essa situação hipotética, na audiência de custódia o juiz poderá conceder a Antônio liberdade provisória com medida cautelar diversa da prisão, haja vista o não cabimento da prisão preventiva.

Certo ( )   Errado ( )

A prisão preventiva é medida EXCEPCIONAL, podendo ser decretada somente em último caso, desde que atendidos os demais requisitos legais. Nos termos do art. 321 do CPP, ausentes os requisitos que autorizam a decretação da prisão preventiva, o juiz deverá conceder liberdade provisória, impondo, se for o caso, as medidas cautelares previstas no art. 319 deste Código e observados os critérios constantes do art. 282 deste Código.

Gabarito: Certo.

1604. **(2017 – FCC – DPE/RS – Analista – Adaptada)** É INCORRETO afirmar que o juiz poderá decretar, no curso do inquérito policial, a proibição de o indiciado manter contato com a vítima quando, por circunstâncias relacionadas ao fato, o indiciado deva permanecer distante dela.

Certo ( )   Errado ( )

Conforme o art. 319 do CPP, são medidas cautelares diversas da prisão: *III - proibição de manter contato com pessoa determinada quando, por circunstâncias relacionadas ao fato, deva o indiciado ou acusado dela permanecer distante.*

Gabarito: Certo.

1605. **(2017 – FMP – MPE/RO – Promotor de Justiça – Adaptada)** No que diz respeito à prisão preventiva, é CORRETO afirmar que, de sua disciplina pelo CPP, está previsto que a prisão preventiva em nenhum caso será decretada se o juiz verificar, pelas provas constantes dos autos, ter o agente praticado o fato mediante alguma causa excludente da ilicitude, erro sobre a pessoa ou erro sobre a ilicitude do fato.

Certo ( )   Errado ( )

Conforme o art. 314 do CPP, *a prisão preventiva em nenhum caso será decretada se o juiz verificar pelas provas constantes dos autos ter o agente praticado o fato nas condições previstas nos I, II e III do caput do art. 23 do Decreto-lei nº 2.848, de 7 de dezembro de 1940, Código Penal.*

Art. 23. *Não há crime quando o agente pratica o fato: I - em estado de necessidade; II - em legítima defesa; III - em estrito cumprimento de dever legal ou no exercício regular de direito.*
Gabarito: Errado.

1606. **(2017 – FCC – PC/AP – Oficial)** A autoridade policial somente poderá conceder fiança no caso de

a) infrações cuja pena privativa de liberdade máxima não seja superior a 4 anos.

b) infrações punidas com detenção.

c) crimes patrimoniais cuja pena privativa de liberdade mínima seja inferior a 4 anos.

d) crimes definidos como afiançáveis pela CF/88.

e) infrações praticadas por policiais cuja pena privativa de liberdade máxima seja inferior a 6 anos.

Nos termos do art. 322 do CPP: *A autoridade policial somente poderá conceder fiança nos casos de infração cuja pena privativa de liberdade máxima não seja superior a 4 (quatro) anos.*
Gabarito: A.

1607. **(2017 – FCC – PC/AP – Delegado – Adaptada)** Sobre a prisão em flagrante, é correto afirmar que a falta de testemunhas do crime impede a lavratura do auto de prisão em flagrante, devendo a autoridade policial instaurar inquérito policial para apuração do fato.

Certo ( )   Errado ( )

Conforme o art. 304, § 2º, do CPP: *A falta de testemunhas da infração não impedirá o auto de prisão em flagrante; mas, nesse caso, com o condutor, deverão assiná-lo pelo menos duas pessoas que hajam testemunhado a apresentação do preso à autoridade.*
Gabarito: Errado.

1608. **(2017 – FAURGS – TJ/RS – Analista Judiciário – Adaptada)** Acerca das prisões cautelares e da liberdade provisória no processo penal brasileiro, é correto afirmar que: concedida liberdade provisória mediante fiança, sua quebra implicará perda integral do seu valor, sendo decretada, ainda, a prisão preventiva do investigado ou réu.

Certo ( )   Errado ( )

Conforme dispõe o art. 343 do CPP, *o quebramento injustificado da fiança* importará na perda de metade do seu valor, *cabendo ao juiz decidir sobre a imposição de outras medidas cautelares ou, se for o caso, a decretação da prisão preventiva.*
Gabarito: Errado.

1609. **(2017 – FMP – MPE/RO – Promotor de Justiça – Adaptada)** No que diz respeito ao instituto da audiência de custódia, é CORRETO afirmar: A apresentação à autoridade judicial no prazo de 24 horas compreenderá somente as pessoas presas em flagrante, em razão de as privações de liberdade decorrentes de mandado de prisão cautelar ou de prisão definitiva possuírem regramento específico junto ao CPP e Lei de Execuções Penais.

Certo ( )   Errado ( )

Vide art. 13 da Resolução nº 213/15 do CNJ: *A apresentação à autoridade judicial no prazo de 24 horas também será assegurada às pessoas presas em decorrência de cumprimento de mandados de prisão cautelar ou definitiva, aplicando-se, no que couber, os procedimentos previstos nessa Resolução.*
Gabarito: Errado.

1610. **(2017 – FCC – PC/AP – Delegado – Adaptada)** O regime da fiança no CPP, dispõe que a situação econômica da pessoa presa é irrelevante para a fixação do valor da fiança, que deve ter relação com a gravidade do crime e os antecedentes criminais.

Certo (   )   Errado (   )

Conforme o teor do art. 350 do CPP: *Nos casos em que couber fiança, o juiz, verificando a situação econômica do preso, poderá conceder-lhe liberdade provisória, sujeitando-o às obrigações constantes dos arts. 327 e 328 deste Código e a outras medidas cautelares, se for o caso.*

Artigo 325, § 1º, do CPP: *Se assim recomendar a situação econômica do preso, a fiança poderá ser: I - dispensada, na forma do art. 350 deste Código; II - reduzida até o máximo de 2/3 (dois terços); ou III - aumentada em até 1.000 (mil) vezes.*
Gabarito: Errado.

1611. **(2017 – FCC – PC/AP – Delegado – Adaptada)** O regime da fiança no CPP, dispõe que o descumprimento de medida cautelar diversa da prisão aplicada cumulativamente com a fiança pode gerar o quebramento da fiança.

Certo (   )   Errado (   )

Nos termos do art. 341 do CPP: *Julgar-se-á quebrada [perda da metade da fiança] a fiança quando o acusado: I - regularmente intimado para ato do processo, deixar de comparecer, sem motivo justo; II - deliberadamente praticar ato de obstrução ao andamento do processo; III - descumprir medida cautelar imposta cumulativamente com a fiança; IV - resistir injustificadamente a ordem judicial; V - praticar nova infração penal dolosa.*
Gabarito: Certo.

1612. **(2017 – FCC – PC/AP – Delegado)** A prisão domiciliar no processo penal

a) deve ser cumprida em Casa de Albergado ou, em sua falta, em outro estabelecimento prisional similar.

b) pode ser concedida à mulher grávida, desde que comprovada a situação de risco da gestação.

c) é medida cautelar diversa da prisão que pode beneficiar mulheres de qualquer idade, mas o homem apenas se for idoso.

d) pode ser concedida à mulher que tenha filho de até 16 anos de idade incompletos .

e) é cabível em caso de pessoa presa que esteja extremamente debilitada em razão de doença grave.

A prisão domiciliar, como medida substitutiva da prisão, no art. 318 do CPP, pressupõe, decreto de prisão preventiva, afinal, não existe prisão domiciliar autônoma. Nos termos do art. 318: *Poderá o juiz substituir a prisão preventiva pela domiciliar quando o agente for: II - extremamente debilitado por motivo de doença grave.*
Gabarito: E.

1613. **(2017 – FAURGS – TJ/RS – Analista Judiciário – Adaptada)** Acerca das prisões cautelares e da liberdade provisória no processo penal brasileiro, é correto afirmar que: a prisão preventiva poderá ser substituída por prisão domiciliar, caso o agente seja o único responsável pelos cuidados de seus filhos, desde que estes sejam menores de seis anos ou portadores de deficiência.

Certo ( )   Errado ( )

Conforme dispõe o art. 318, poderá o juiz substituir a prisão preventiva pela domiciliar quando o agente for:

III - imprescindível aos cuidados especiais de pessoa menor de 6 (seis) anos de idade ou com deficiência;

V - mulher com filho de até 12 (doze) anos de idade incompletos ;

VI - homem, caso seja o único responsável pelos cuidados do filho de até 12 (doze) anos de idade incompletos.

Gabarito: Errado.

1614. **(2017 – FCC – PC/AP – Delegado – Adaptada)** O regime da fiança no CPP, dispõe que a fiança será prestada em dinheiro, sendo vedada a prestação por meio de pedras preciosas.

Certo ( )   Errado ( )

Nos termos do art. 330 do CPP: *A fiança, que será sempre definitiva, consistirá em depósito de dinheiro, pedras, objetos ou metais preciosos, títulos da dívida pública, federal, estadual ou municipal, ou em hipoteca inscrita em primeiro lugar.*

Gabarito: Errado.

1615. **(FAPEMS– Adaptada)** Dentre as atribuições da autoridade policial, está a análise sobre a concessão ou não de fiança e o respectivo valor nos casos expressos em lei. Dessa forma, consoante às disposições, do CPP vigente, é correto afirmar: Caso a autoridade policial retarde a concessão da fiança, o preso, ou alguém por ele, poderá prestá-la mediante simples petição, perante o juiz competente, que decidirá em 48 [quarenta e oito] horas.

Certo ( )   Errado ( )

Nos termos do art. 335 do CPP: *Recusando ou retardando a autoridade policial a concessão da fiança, o preso, ou alguém por ele, poderá prestá-la, mediante simples petição, perante o juiz competente, que decidirá em 48 (quarenta e oito) horas.*

Gabarito: Certo.

1616. **(2017 – FAPEMS – PC/MS – Delegado – Adaptada)** No que diz respeito ao instituto da audiência de custódia, é CORRETO afirmar: Se, por qualquer motivo, não houver juiz na comarca até o final do prazo de 24 horas da comunicação do flagrante, a pessoa presa será levada imediatamente ao estabelecimento prisional mais próximo, onde aguardará a chegada do juiz competente para a realização daquele ato.

Certo ( )   Errado ( )

Conforme o teor do art. 3º da Resolução nº 213/15 do CNJ, art. 3º, *se, por qualquer motivo, não houver juiz na comarca até o final do prazo do art. 1º, a pessoa presa será levada imediatamente ao substituto legal, observado, no que couber, o § 5º do art. 1º.*

Nesse sentido: a*rt. 1º, § 5º O CNJ, ouvidos os órgãos jurisdicionais locais, editará ato complementar a essa resolução, regulamentando, em caráter excepcional, os prazos para apresentação à autoridade judicial da pessoa presa em municípios ou sedes regionais a serem especificados, em que o juiz competente ou plantonista esteja impossibilitado de cumprir o prazo estabelecido no caput'.*

Gabarito: Errado.

1617. **(2017 – FCC – PC/AP – Agente)** Sobre o mandado de prisão, é correto afirmar que

a) declarará o valor da fiança arbitrada, quando afiançável a infração.

b) dispensa a menção à infração penal em casos de crime hediondo.

c) deve ser dirigido à pessoa que será presa.

d) prescinde da designação da pessoa que tiver que ser presa, podendo ser complementada após a efetivação da prisão.

e) deve ser lavrado pelo Delegado de Polícia.

Nos termos do art. 285 do CPP, a autoridade que ordenar a prisão fará expedir o respectivo mandado. *Parágrafo único. O mandado de prisão: d) declarará o valor da fiança arbitrada, quando afiançável a infração.*

REQUISITOS - MANDADO DE PRISÃO
a) Será lavrado pelo escrivão e assinado pela autoridade.
b) Designará a pessoa que tiver de ser presa por seu nome, alcunha ou sinais característicos.
c) Mencionará a infração penal que motivar a prisão.
d) Declarará o valor da fiança arbitrada, quando afiançável a infração.
e) Será dirigido a quem tiver qualidade para dar-lhe execução.

Gabarito: A.

1618. **(2017 – FAPEMS – PC/MS – Delegado – Adaptada)** Dentre as atribuições da autoridade policial, está a análise sobre a concessão ou não de fiança e o respectivo valor nos casos expressos em lei. Dessa forma, consoante às disposições, do CPP vigente, é correto afirmar: A autoridade policial poderá dispensar a fiança, a depender da situação econômica do réu ou reduzi-la até o máximo de 1/3 (um terço).

Certo (　)　　　　Errado (　)

Conforme dispõe o art. 325, § 1º, do CPP: *II - reduzida até o máximo de 2/3 (dois terços).*

Gabarito: Errado.

1619. **(2017 – FCC – PC/AP – Delegado – Adaptada)** Sobre a prisão em flagrante, é correto afirmar que o auto de prisão em flagrante será encaminhado ao juiz em até 24 horas após a realização da prisão, e, caso não seja indicado o nome de seu advogado pela pessoa presa, cópia integral para a Defensoria Pública.

Certo (　)　　　　Errado (　)

Conforme art. 306, § 1º, do CPP, *em até 24 (vinte e quatro) horas após a realização da prisão, será encaminhado ao juiz competente o auto de prisão em flagrante e, caso o autuado não informe o nome de seu advogado, cópia integral para a Defensoria Pública.*

Gabarito: Certo.

1620. **(2017 – FAURGS – TJ/RS – Analista Judiciário – Adaptada)** Acerca das prisões cautelares e da liberdade provisória no processo penal brasileiro, é correto afirmar que: representando o Delegado de Polícia para prisão preventiva do investigado, o Juiz dará vistas do pedido ao Ministério Público e à Defesa e, somente após a manifestação de todas as partes, poderá decidir sobre o conteúdo do pedido formulado.

Certo ( )   Errado ( )

De acordo com a disposição do art. 282, § 3º, do CPP anterior à Lei nº 13.964/19, a questão estava correta em consonância com a lei anterior. Conquanto, no momento consideraremos a afirmação INCORRETA. Vejamos a redação a atual: *ressalvados os casos de urgência ou de perigo de ineficácia da medida, o juiz, ao receber o pedido de medida cautelar, determinará a intimação da parte contrária, para se manifestar no prazo de 5 (cinco) dias* [...].

ATENÇÃO ÀS MUDANÇAS!

ANTES da Lei nº 3.964/19	DEPOIS da Lei nº 13.964/19
Art. 282, § 3º, do CPP - Ressalvados os casos de urgência ou de perigo de ineficácia da medida, o juiz, ao receber o pedido de medida cautelar, determinará a intimação da parte contrária, acompanhada de cópia do requerimento e das peças necessárias, permanecendo os autos em juízo.	Art. 282, § 3º, do CPP - Ressalvados os casos de urgência ou de perigo de ineficácia da medida, o juiz, ao receber o pedido de medida cautelar, determinará a intimação da parte contrária, para se manifestar no prazo de 5 (cinco) dias, acompanhada de cópia do requerimento e das peças necessárias, permanecendo os autos em juízo, e os casos de urgência ou de perigo deverão ser justificados e fundamentados em decisão que contenha elementos do caso concreto que justifiquem essa medida excepcional (Redação dada pela Lei nº 13.964, de 2019).

Gabarito: Errado.

1621. **(2017 – CESPE/CEBRASPE – SERES/PE – Agente de Segurança Penitenciária)** Cessará o estado de flagrância se recursar-se o acusado a assinar o auto de prisão.

Certo ( )   Errado ( )

Conforme o art. 304, § 3º, do CPP, *quando o acusado se recusar a assinar, não souber ou não puder fazê-lo, o auto de prisão em flagrante será assinado por duas testemunhas, que tenham ouvido sua leitura na presença deste.*

Gabarito: Errado.

1622. **(2017 – CESPE/CEBRASPE – TRE/BA – Analista Judiciário – Adaptada)** Define-se prisão preventiva como medida processual de privação da liberdade do acusado ou do indiciado para impedir que ele cometa novos crimes ou embarace as investigações policiais ou judicial.

Certo ( )   Errado ( )

A prisão preventiva, em consonância com o art. 311 do CPP, *pode ser decretada tanto no inquérito policial quanto no processo, sendo a garantia da ordem pública e a conveniência da instrução criminal duas das hipóteses elencadas no art. 312 do CPP como caracterizadoras do periculum libertatis.*
Gabarito: Certo.

1623. **(2017 – FAPEMS – PC/MS – Delegado – Adaptada)** Dentre as atribuições da autoridade policial, está a análise sobre a concessão ou não de fiança e o respectivo valor nos casos expressos em lei. Dessa forma, consoante às disposições, do CPP vigente, é correto afirmar: O valor da fiança que será fixado pela autoridade policial será nos limites de 1 [um] a 200 [duzentos] salários- mínimos.

Certo ( )   Errado ( )

Conforme dispõe o art. 325: *I - de 1 (um) a 100 (cem) salários mínimos, quando se tratar de infração cuja pena privativa de liberdade, no grau máximo, não for superior a 4 (quatro) anos.*
Gabarito: Errado.

1624. **(2017 – FMP – MPE/RO – Promotor de Justiça – Adaptada)** No que diz respeito ao instituto da audiência de custódia, é CORRETO afirmar: Estando a pessoa presa acometida de grave enfermidade, ou havendo circunstância comprovadamente excepcional que a impossibilite de ser apresentada ao juiz no prazo de 24 horas da comunicação do flagrante, deverá, prioritariamente, ser providenciada sua condução para a audiência de custódia logo depois de restabelecida sua condição de saúde ou de apresentação.

Certo ( )   Errado ( )

Conforme a Resolução nº 213/15, do CNJ, art. 1º, § 4: *Estando a pessoa presa acometida de grave enfermidade, ou havendo circunstância comprovadamente excepcional que a impossibilite de ser apresentada ao juiz no prazo do caput, deverá ser assegurada a realização da audiência no local em que ela se encontre e, nos casos em que o deslocamento se mostre inviável, deverá ser providenciada a condução para a audiência de custódia imediatamente após restabelecida sua condição de saúde ou de apresentação.*
Gabarito: Errado.

1625. **(2017 – CESPE/CEBRASPE – SERES/PE – Agente de Segurança Penitenciária)** Cessará o estado de flagrância se inexistirem testemunhas da infração.

Certo ( )   Errado ( )

Conforme o art. 304, § 2º, do CPP, *a falta de testemunhas da infração não impedirá o auto de prisão em flagrante; mas, nesse caso, com o condutor, deverão assiná-lo pelo menos duas pessoas que hajam testemunhado a apresentação do preso à autoridade.*
Gabarito: Errado.

1626. **(2017 – FAPEMS – PC/MS – Delegado – Adaptada)** Dentre as atribuições da autoridade policial, está a análise sobre a concessão ou não de fiança e o respectivo valor nos casos expressos em lei. Dessa forma, consoante às disposições, do CPP vigente, é correto afirmar: A autoridade policial, para determinar o valor da fiança, terá em consideração a natureza da infração, as condições pessoais de fortuna e vida pregressa do acusado e as circunstâncias indicativas de sua culpabilidade.

Certo ( )   Errado ( )

Em conformidade com o disposto no art. 326 do CPP: *Para determinar o valor da fiança, a autoridade terá em consideração a natureza da infração, as condições pessoais de fortuna e vida pregressa do acusado, as circunstâncias indicativas de sua periculosidade, bem como a importância provável das custas do processo, até final julgamento.*

Gabarito: Errado.

1627. **(2017 – CESPE/CEBRASPE – TRE/BA – Analista Judiciário – Adaptada)** Define-se prisão preventiva como remédio constitucional utilizado para privar da liberdade aquele que for condenado por sentença transitada em julgado.

Certo ( )   Errado ( )

A prisão preventiva é modalidade de prisão provisória, de natureza cautelar, somente devendo ser decretada pelo juiz nas hipóteses legais, comprovada a sua necessidade. É decretada quando houver prova da existência do crime e indícios da autoria.

Possui os seguintes FUNDAMENTOS:

a) Garantia da Ordem PÚBLICA (GOP).

b) Garantia da Ordem ECONÔMICA (GOE).

c) Conveniência da INSTRUÇÃO CRIMINAL (CIC).

d) Garantia de APLICAÇÃO DA LEI PENAL (ALP).

Gabarito: Errado.

1628. **(2017 – FMP – MPE/RO – Promotor de Justiça – Adaptada)** No que diz respeito à prisão preventiva, é CORRETO afirmar que, de sua disciplina pelo CPP, está previsto que a prisão preventiva poderá ser decretada como garantia da ordem pública, da ordem econômica, por conveniência da instrução criminal, ou para assegurar a aplicação da lei penal, quando houver prova robusta em relação à existência do crime e em relação à autoria.

Certo ( )   Errado ( )

Em conformidade com o art. 312 do CPP, consoante a nova redação da Lei nº 13.964/19, *A prisão preventiva poderá ser decretada como garantia da ordem pública, da ordem econômica, por conveniência da instrução criminal ou para assegurar a aplicação da lei penal, quando houver prova da existência do crime e indício suficiente de autoria e de perigo gerado pelo estado de liberdade do imputado.*

Gabarito: Errado.

1629. **(2017 – FCC – PC/AP – Agente – Adaptada)** Sobre a prisão em flagrante é correto afirmar que inexiste dever da autoridade policial comunicar a prisão à família do preso, constituindo mera liberalidade quando realizada.

Certo ( )   Errado ( )

Nos termos do art. 306 do CPP, *a prisão de qualquer pessoa e o local onde se encontre serão comunicados IMEDIATAMENTE ao juiz competente, ao Ministério Público e à família do preso ou à pessoa por ele indicada.*

Gabarito: Errado.

1630. **(2017 – FAURGS – TJ/RS – Analista Judiciário – Adaptada)** Acerca das prisões cautelares e da liberdade provisória no processo penal brasileiro, é correto afirmar que: o Juiz não poderá determinar a aplicação de medidas cautelares de forma cumulativa, devendo escolher apenas uma dentre aquelas previstas no CPP.

Certo ( )   Errado ( )

Conforme dispõe art. 282, § 1º, do CPP, *as medidas cautelares poderão ser aplicadas isolada ou cumulativamente.*

Gabarito: Errado.

1631. **(2017 – FCC – PC/AP – Agente – Adaptada)** Sobre a prisão em flagrante é correto afirmar que da lavratura do auto de prisão em flagrante deverá constar a informação sobre a existência de filhos, respectivas idades e se possuem alguma deficiência e o nome e o contato de eventual responsável pelos cuidados dos filhos, indicado pela pessoa presa.

Certo ( )   Errado ( )

Conforme o art. 304, § 4º, do CPP, *da lavratura do auto de prisão em flagrante deverá constar a informação sobre a existência de filhos, respectivas idades e se possuem alguma deficiência e o nome e o contato de eventual responsável pelos cuidados dos filhos, indicado pela pessoa presa.*

Gabarito: Certo.

1632. **(2017 – FCC – PC/AP – Agente – Adaptada)** Sobre a prisão em flagrante é correto afirmar que o auto de prisão em flagrante deve ser comunicado ao juiz competente em até 48 horas após a realização da prisão.

Certo ( )   Errado ( )

Nos termos do art. 306, § 1º, do CPP, *em até 24 horas após a realização da prisão, será encaminhado ao juiz competente o auto de prisão em flagrante e, caso o autuado não informe o nome de seu advogado, cópia integral para a Defensoria Pública.*

Gabarito: Errado.

1633. **(2017 – FMP – MPE/RO – Promotor de Justiça – Adaptada)** No que diz respeito à prisão preventiva, é CORRETO afirmar que, de sua disciplina pelo CPP, está previsto que o juiz poderá relaxar a prisão preventiva se, no correr do processo, verificar a falta de motivo para que subsista, bem como de novo decretá-la, se sobrevierem razões que a justifiquem.

Certo ( )   Errado ( )

Conforme o teor do art. 310 do CPP, ao receber o auto de prisão em flagrante, o juiz DEVERÁ fundamentadamente: I - *relaxar a prisão ilegal.* Muita atenção ao final da questão, que menciona o art. 316 do CPP. O referido artigo sofreu alterações significativas, confira:

ANTES da Lei nº 13.964/19	DEPOIS da Lei nº 13.964/19
Art. 316 do CPP - O juiz poderá revogar a prisão preventiva se, no correr do processo, verificar a falta de motivo para que subsista, bem como de novo decretá-la, se sobrevierem razões que a justifiquem.	Art. 316 do CPP - O juiz PODERÁ, de ofício ou a pedido das partes, revogar a prisão preventiva se, no correr da investigação ou do processo, verificar a falta de motivo para que ela subsista, bem como novamente decretá-la, se sobrevierem razões que a justifiquem (Redação dada pela Lei nº 13.964, de 2019).

Gabarito: Errado.

1634. **(2017 – FMP – MPE/RO – Promotor de Justiça – Adaptada)** No que diz respeito à prisão em flagrante, é CORRETO afirmar: Não havendo autoridade policial no lugar em que se tiver efetuado a prisão, a pessoa presa em flagrante poderá ser apresentada ao representante do Ministério Público daquela comarca, como decorrência lógica de sua legitimidade investigatória criminal reconhecida pelo Supremo Tribunal Federal.

Certo ( )   Errado ( )

Dispõe o art. 308 do CPP: *não havendo autoridade no lugar em que se tiver efetuado a prisão, o preso será logo apresentado à do lugar mais próximo.*
Gabarito: Errado.

1635. **(2017 – FCC – PC/AP – Agente – Adaptada)** Sobre a prisão em flagrante é correto afirmar que a pessoa que for encontrada, logo depois, com instrumentos e objetos que façam presumir ser ele o autor do crime, a autoridade policial deve representar pela prisão preventiva, pois o flagrante delito já se esvaiu no tempo.

Certo ( )   Errado ( )

Trata-se de flagrante presumido ou assimilado conforme os termos do art. 302: *Considera-se em flagrante delito quem: [...] IV - é encontrado, logo depois, com instrumentos, armas, objetos ou papéis que façam presumir ser ele autor da infração.*
Gabarito: Errado.

1636. **(2017 – CESPE/CEBRASPE – SERES/PE – Agente de Segurança Penitenciária)** Cessará o estado de flagrância se estiver ausente ou impedido escrivão que lavre o auto de prisão.

Certo ( )   Errado ( )

Conforme o art. 305 do CPP, *na falta ou no impedimento do escrivão, qualquer pessoa designada pela autoridade lavrará o auto, depois de prestado o compromisso legal.*
Gabarito: Errado.

1637. **(2017 – FCC – PC/AP – Agente – Adaptada)** Sobre a prisão em flagrante é correto afirmar que a falta de testemunhas do crime impede a realização do auto de prisão em flagrante.

Certo ( )   Errado ( )

Nos termos do art. 304, § 2º, do CPP: *A falta de testemunhas da infração NÃO impedirá o auto de prisão em flagrante; mas, nesse caso, com o condutor, deverão assiná-lo pelo menos duas pessoas que hajam testemunhado a apresentação do preso à autoridade.*

Gabarito: Errado.

1638. **(2017 – FAURGS – TJ/RS – Analista Judiciário – Adaptada)** Acerca das prisões cautelares e da liberdade provisória no processo penal brasileiro, é correto afirmar que: sendo cabível e suficiente a aplicação de medidas cautelares, não se admite a decretação da prisão preventiva do investigado.

Certo ( )   Errado ( )

Nos termos do art. 282 do CPP, *as medidas cautelares previstas neste Título deverão ser aplicadas observando-se a:*

Art. 282, I, do CPP - NECESSIDADE	Art. 282, II, do CPP - ADEQUAÇÃO
Necessidade para aplicação da lei penal, para a investigação ou a instrução criminal e, nos casos expressamente previstos, para evitar a prática de infrações penais.	Adequação da medida à gravidade do crime, circunstâncias do fato e condições pessoais do indiciado ou acusado.

Gabarito: Certo.

1639. **(2017 – FAPEMS – PC/MS – Delegado – Adaptada)** Dentre as atribuições da autoridade policial, está a análise sobre a concessão ou não de fiança e o respectivo valor nos casos expressos em lei. Dessa forma, consoante às disposições, do CPP vigente, é correto afirmar: A autoridade policial somente poderá conceder fiança nos casos de infração cuja pena privativa de liberdade não seja superior a 4 [quatro] anos.

Certo ( )   Errado ( )

Conforme o art. 322 do CPP, *a autoridade policial somente poderá conceder fiança nos casos de infração cuja pena privativa de liberdade máxima não seja superior a 4 anos.*

Gabarito: Errado.

1640. **(2017 – CESPE/CEBRASPE – SERES/PE – Agente de Segurança Penitenciária)** Cessará o estado de flagrância se findar a perseguição sem que o acusado seja alcançado.

Certo ( )   Errado ( )

Nos termos do art. 302, considera-se em flagrante delito quem: *III - é perseguido, logo após, pela autoridade, pelo ofendido ou por qualquer pessoa, em situação que faça presumir ser autor da infração.*

Gabarito: Certo.

1641. **(2017 – IBADE – PC/AC – Agente – Adaptada)** Sobre o tema prisão preventiva

O mandado de prisão, na ausência do juiz, poderá ser lavrado e assinado pelo escrivão, *ad referendum* do juiz.

Certo ( )   Errado ( )

O mandado de prisão somente poderá ser assinado pelo juiz, conforme exposto pelo legislador no art. 285, parágrafo único, *a*: *Será lavrado pelo escrivão e ASSINADO PELA AUTORIDADE.*
Gabarito: Errado.

1642. **(2017 – FMP – MPE/RO – Promotor de Justiça – Adaptada)** No que diz respeito à prisão em flagrante, é CORRETO afirmar: Para efeito da lavratura do auto de prisão em flagrante e estabelecimento da materialidade do crime de tráfico de drogas, é suficiente o laudo de constatação da natureza e quantidade da droga, firmado por perito oficial ou, na falta deste, por pessoa idônea.

Certo ( )   Errado ( )

Conforme o art. 50 da Lei nº 11.343/06, *ocorrendo prisão em flagrante, a autoridade de polícia judiciária fará, imediatamente, comunicação ao juiz competente, remetendo-lhe cópia do auto lavrado, do qual será dada vista ao órgão do Ministério Público, em 24 horas.*

§ 1º *Para efeito da lavratura do auto de prisão em flagrante e estabelecimento da materialidade do delito, é suficiente o laudo de constatação da natureza e quantidade da droga, firmado por perito oficial ou, na falta deste, por pessoa idônea.*
Gabarito: Certo.

1643. **(2017 – FCC – DPE/SC – Defensor Público – Adaptada)** A prisão domiciliar, regulada no CPP, é cabível para todas as pessoas idosas, pois as condições de aprisionamento são notoriamente prejudiciais à saúde dessas pessoas.

Certo ( )   Errado ( )

Conforme disposto no art. 318 do CPP, *poderá o juiz substituir a prisão preventiva pela domiciliar quando o agente for: I - maior de 80 (oitenta) anos.*
Gabarito: Errado.

1644. **(2017 – FCC – DPE/SC – Defensor Público – Adaptada)** A prisão domiciliar, regulada no CPP, é cumprida em Casa de Albergado e apenas na falta de vagas é cumprida na residência do acusado.

Certo ( )   Errado ( )

Conforme disposto no art. 317 do CPP: *A prisão domiciliar consiste no recolhimento do indiciado ou acusado em sua residência, só podendo dela ausentar-se com autorização judicial.*
Gabarito: Errado.

1645. **(2017 – FCC – DPE/SC – Defensor Público – Adaptada)** Sobre as medidas cautelares diversas da prisão, é correto afirmar: A medida cautelar de proibição de manter contato com determinada pessoa é vedada a crimes que não estejam submetidos à Lei Maria da Penha.

Certo ( )   Errado ( )

Conforme disposto art. 319 do CPP, são medidas cautelares diversas da prisão: *III - proibição de manter contato com pessoa determinada quando, por circunstâncias relacionadas ao fato, deva o indiciado ou acusado dela permanecer distante.*

Lei Maria da Penha, art. 22. *Constatada a prática de violência doméstica e familiar contra a mulher, nos termos desta lei, o juiz poderá aplicar, de imediato, ao agressor, em conjunto ou separada-mente, as seguintes medidas protetivas de urgência, entre outras: III - proibição de determinadas condutas, entre as quais: b) contato com a ofendida, seus familiares e testemunhas por qualquer meio de comunicação.*

Gabarito: Errado.

1646. **(2017 – FCC – DPE/SC – Defensor Público – Adaptada)** Sobre as medidas cautelares diversas da prisão, é correto afirmar: a verificação da situação econômica do preso para fins de dispensa de fiança deve vir acompanhada de prova robusta produzida em juízo, mesmo em caso de pessoa assistida pela Defensoria Pública.

Certo ( )   Errado ( )

Conforme o teor do art. 350 do CPP, *nos casos em que couber fiança, o juiz, verificando a situação econômica do preso, poderá conceder-lhe liberdade provisória, sujeitando-o às obrigações cons-tantes dos arts. 327 e 328 deste Código e a outras medidas cautelares, se for o caso.*

Gabarito: Errado.

1647. **(2017 – FCC – DPE/SC – Defensor Público – Adaptada)** Sobre as medidas cautelares diversas da prisão, é correto afirmar: É vedada a aplicação de medidas cautelares diversas da prisão de maneira cumulativa, sob pena de violação ao princípio da proporcionalidade.

Certo ( )   Errado ( )

Nos termos do art. 282. § 1º, do CPP, *as medidas cautelares poderão ser aplicadas isolada ou cumulativamente.*

Gabarito: Errado.

1648. **(2017 – FCC – DPE/SC – Defensor Público – Adaptada)** Sobre as medidas cautelares diversas da prisão, é correto afirmar: Em caso de descumprimento de medidas cautelares diversas da prisão, o CPP prevê expressamente que a decretação da prisão preventiva só deve ocorrer em último caso.

Certo ( )   Errado ( )

Com a aprovação da Lei nº 13.964/19, foi excluído do art. 282, § 4º, a expressão **de ofício**.

§ 4º No caso de descumprimento de qualquer das obrigações impostas, o juiz, mediante requeri-mento do Ministério Público, de seu assistente ou do querelante, poderá substituir a medida, impor outra em cumulação, ou, em último caso, decretar a prisão preventiva, nos termos do parágrafo único do art. 312 deste Código.

Gabarito: Certo.

1649. **(2017 – FCC – DPE/SC – Defensor Público – Adaptada)** Sobre o tema prisão preventiva

O mandado de prisão mencionará a infração penal e necessariamente a quantidade da pena privativa e de multa, bem como eventual pena pecuniária.

Certo ( )   Errado ( )

Nos termos do art. 285 do CPP, *a autoridade que ordenar a prisão fará expedir o respectivo mandado. Parágrafo único. O mandado de prisão: [...] c) mencionará a infração penal que motivar a prisão.*
Gabarito: Errado.

1650. **(2018 – VUNESP – PC/SP – Investigador – Adaptada)** Dentre outras hipóteses, poderá o juiz substituir a prisão preventiva pela domiciliar quando o agente for homem, caso seja o único responsável pelos cuidados do filho de até 12 [doze] anos de idade incompletos .

Certo ( )   Errado ( )

Conforme o art. 318 do CPP, *poderá o juiz substituir a prisão preventiva pela domiciliar quando o agente for: VI - homem, caso seja o único responsável pelos cuidados do filho de até 12 (doze) anos de idade incompletos .*
Gabarito: Certo.

1651. **(2017 – VUNESP – TJ/SP – Juiz)** Cabe a substituição da prisão preventiva pela domiciliar quando o agente for

a) gestante ou mulher com filho de até 14 (quatorze) anos incompletos .

b) homem com filho de até 12 (doze) anos de idade incompletos , caso seja o único responsável por seus cuidados.

c) portador de doença grave, ainda que não se apresente debilitado.

d) maior de sessenta anos.

Nos termos do art. 318, PODERÁ o juiz substituir a prisão preventiva pela domiciliar quando o agente for:

I. maior de 80 (oitenta) anos;

I. extremamente debilitado por motivo de doença grave;

II. imprescindível aos cuidados especiais de pessoa menor de 6 (seis) anos de idade ou com deficiência;

III. gestante;

IV. mulher com filho de até 12 (doze) anos de idade incompletos ;

V. homem, caso seja o único responsável pelos cuidados do filho de até 12 (doze) anos de idade incompletos .

Parágrafo único. Para a substituição, o juiz exigirá prova idônea dos requisitos estabelecidos neste artigo.
Gabarito: B.

1652. **(2017 – IBADE – PC/AC – Agente – Adaptada)** Sobre o tema prisão preventiva

A prisão poderá ser efetuada em qualquer dia e a qualquer hora, respeitadas as restrições relativas à inviolabilidade do domicílio.

Certo ( )   Errado ( )

Previsão legal imposta no art. 283, § 2º, do CPP: *A prisão poderá ser efetuada em qualquer dia e a qualquer hora, respeitadas as restrições relativas à inviolabilidade do domicílio.*

Gabarito: Certo.

1653. **(2017 – FGV – TJ/SC – Juiz – Adaptada)** Recebendo o juiz os autos do inquérito policial com pedido de prazo para conclusão, sem provocação da autoridade policial ou do Ministério Público, poderá o juiz decretar a prisão temporária do investigado por cinco dias, ainda que não haja representação da autoridade policial ou requerimento do Ministério Público.

Certo ( )   Errado ( )

Nos termos do art. 2º da Lei nº 7.960/89, *a prisão temporária será decretada pelo juiz em face da representação da autoridade policial ou de requerimento do Ministério Público, e terá o prazo de 5 dias, prorrogável por igual período em caso de extrema e comprovada necessidade.*

Gabarito: Errado.

1654. **(2017 – IBADE – PC/AC – Agente)** A prisão de qualquer pessoa deve ser comunicada e encaminhada a cópia do auto de prisão:

a) à família do preso no prazo de 72 horas.

b) ao Ministério Público no prazo de 48 horas.

c) ao Chefe de Polícia no prazo de 24 horas.

d) quando o preso não tiver advogado, à defensoria Pública no prazo de 24 horas.

e) ao Juiz no prazo de 48 horas.

Conforme o teor do art. 306 § 1º, do CPP, em até 24 horas após a realização da prisão, será encaminhado ao juiz competente o auto de prisão em flagrante e, *caso o autuado não informe o nome de seu advogado, cópia integral para a Defensoria Pública.*

Gabarito: D.

1655. **(2017 – FGV – TJ/SC – Juiz – Adaptada)** Recebendo o juiz os autos do inquérito policial com pedido de prazo para conclusão, sem provocação da autoridade policial ou do Ministério Público, não poderá decretar a prisão temporária do investigado, pois a prisão temporária somente poderá ser decretada após a conclusão do inquérito policial.

Certo ( )   Errado ( )

A Lei nº 7.960/89, no art. 1º, dispõe que caberá prisão temporária: *I - quando imprescindível para as investigações do inquérito policial.*

Gabarito: Errado.

1656. **(2017 – IBADE – PC/AC – Agente – Adaptada)** Sobre o tema prisão preventiva

A autoridade que ordenar a prisão fará expedir o respectivo mandado, salvo quando, por questão de urgência, nos crimes inafiançáveis, poderá a prisão ocorrer por ordem verbal do juiz.

Certo (   )   Errado (   )

A lei processual no art. 285 dispõe que a *autoridade que ordenar a prisão fará expedir o respectivo mandado. Por conseguinte, NÃO há mandado verbal de prisão.*

Gabarito: Errado.

1657. **(2017 – FGV – TJ/SC – Juiz – Adaptada)** Recebendo o juiz os autos do inquérito policial com pedido de prazo para conclusão, sem provocação da autoridade policial ou do Ministério Público, poderá decretar a prisão temporária do investigado, desde que tenha por fundamento a garantia da ordem pública, da ordem econômica, por conveniência da instrução criminal ou para assegurar a aplicação da lei penal e haja prova do crime e indício suficiente de autoria.

Certo (   )   Errado (   )

A alternativa trata de aspectos da prisão preventiva como se fosse prisão temporária. Observemos a nova redação do art. 312 do CPP que estabelece que a prisão preventiva poderá ser decretada como garantia da ordem pública, da ordem econômica, por conveniência da instrução criminal ou para assegurar a aplicação da lei penal, quando houver prova da existência do crime e indício suficiente de autoria e de perigo gerado pelo estado de liberdade do imputado.

PRISÃO PREVENTIVA	PRISÃO TEMPORÁRIA
Decretada durante a persecução penal = inquérito policial + ação penal.	Decretada somente durante o inquérito policial.
Duração: não tem prazo específico definido em lei.	Duração: 5 dias, prorrogáveis por mais 5.
Juiz: pode decretar, de ofício, somente durante o curso da ação penal.	Juiz: não pode decretar de ofício.

Gabarito: Errado.

1658. **(2017 – IBADE – PC/AC – Delegado – Adaptada)** Tendo em vista a correta classificação, considera-se em flagrante delito quem:

a) é encontrado, logo depois, com instrumentos, armas, objetos ou papéis que façam presumir ser ele autor da infração, ou seja, flagrante impróprio.

b) acaba de cometer a infração penal, ou seja. flagrante próprio.

c) é perseguido, logo após, pela autoridade, pelo ofendido ou por qualquer pessoa em situação que faça presumir ser autor da infração, ou seja, flagrante presumido.

d) é preso por flagrante provocado.

e) e) está cometendo a infração penal, ou seja, crime imperfeito.

A lei processual penal no art. 302, I e II, classifica como FLAGRANTE PRÓPRIO/REAL/PERFEITO/ACABADO:

Art. 302. Considera-se em flagrante delito quem:

I - está cometendo a infração penal;

II - acaba de cometê-la;

Logo, a lei processual no art. 302 determina as hipóteses de FLAGRANTE como:

Art. 302, I e II - FLAGRANTE próprio, real ou propriamente dito: está cometendo a infração ou acaba de cometê-la (praticando atos executórios; ou no local dos fatos em situação suspeita, já acabado os atos executórios);

Art. 302, III - FLAGRANTE impróprio, irreal ou quase flagrante: é perseguido logo após, em situação que faça acreditar ser autor (se for ininterrupta, **não exige contato visual nem limite temporal; diligência policial montada com o intuito de prendê-lo);**

Art. 302, IV - FLAGRANTE presumido, ficto ou assimilado: é encontrado logo depois, com instrumentos, armas, objetos ou papéis que façam presumir sua participação no fato delituoso, por exemplo, blitz de rotina.

Gabarito: B.

1659. **(2017 – IBADE – PC/AC – Agente – Adaptada)** Sobre o tema prisão preventiva

Não será permitido o emprego de força, salvo a indispensável no caso de resistência, de tentativa de fuga do preso, dos reincidentes e dos presos de alta periculosidade por terem passado pelo regime disciplinar diferenciado.

Certo ( )　　　　Errado ( )

Afronta o enunciado da Súmula Vinculante nº 11 do STF: *Só é lícito o uso de algemas em caso de resistência e de fundado receio de fuga ou de perigo à integridade física própria ou alheia, por parte do preso ou de terceiros, justificada a excepcionalidade por escrito, sob pena de responsabilidade disciplinar civil e penal do agente ou da autoridade e de nulidade da prisão ou do ato processual a que se refere, sem prejuízo da responsabilidade civil do Estado.*

Gabarito: Errado.

1660. **(2017 – FCC – DPE/PR – Defensor Público)** Poderá o juiz substituir a prisão preventiva pela domiciliar quando o agente for

a) imprescindível aos cuidados especiais de pessoa menor de cinco anos de idade ou com deficiência.

b) gestante a partir do sétimo mês de gestação ou se sua gravidez for de alto risco.

c) homem, caso seja o único responsável pelos cuidados do filho de até doze anos de idade incompletos .

d) maior de setenta anos.

e) portador de doença grave.

Nos termos do art. 318 do CPP: *VI - homem, caso seja o único responsável pelos cuidados do filho de até 12 (doze) anos de idade incompletos.*

PRISÃO DOMICILIAR – Medida cautelar prisional – Arts. 317 e 318 do CPP	PRISÃO DOMICILIAR – Medida prisional – execução penal – art. 117 da LEP
É medida prisional que substitui a prisão preventiva e tem natureza de medida cautelar. É cabível nas seguintes hipóteses: I. maior de 80 (oitenta) anos; II. extremamente debilitado por motivo de doença grave; III. imprescindível aos cuidados especiais de pessoa menor de 6 (seis) anos de idade ou com deficiência; IV. gestante; V. mulher com filho de até 12 (doze) anos de idade incompletos ; VI. homem, caso seja o único responsável pelos cuidados do filho de até 12 (doze) anos de idade incompletos .	É medida prisional que substitui o cumprimento da pena em casa de albergado (regime aberto) e tem natureza de prisão-pena. É cabível nas seguintes hipóteses - para condenados maiores de 70 anos (limite etário não alterado pelo Estatuto do Idoso); condenados cometidos de doença grave; condenadas com filho menor ou deficiente (em razão do princípio da isonomia, abrange os condenados, desde que comprove a dependência do filho); condenadas gestantes.

Gabarito: C.

1661. **(2017 – Fundação La Salle – SUSEPE/RS – Agente Penitenciário)** Poderá o juiz substituir a prisão preventiva pela domiciliar quando o agente for, EXCETO:

a) maior de 70 (setenta) anos.

b) gestante.

c) extremamente debilitado por motivo de doença grave.

d) mulher com filho de até 12 (doze) anos de idade incompletos .

e) imprescindível aos cuidados especiais de pessoa menor de 6 (seis) anos de idade ou com deficiência.

Conforme teor do art. 318 do CPP: *I - maior de 80 (oitenta) anos*.
Gabarito: A.

1662. **(2017 – MPE/RS – MPE/RS – Promotor de Justiça – Adaptada)** Quanto as prisões cautelares e medidas diversas da prisão é correto afirmar que: É vedado ao delegado de polícia arbitrar fiança em crimes cuja pena máxima ultrapasse 4 anos.

Certo ( )   Errado ( )

O art. 322 do CPP dispõe que a autoridade policial SOMENTE poderá conceder fiança nos casos de infração cuja pena privativa de liberdade máxima não seja superior a 4 anos.
Gabarito: Certo.

1663. **(2017 – Fundação La Salle – SUSEPE/RS – Agente Penitenciário)** Em matéria de fiança, de acordo com o CPP, quando for inovada a classificação do delito será:

a) considerado o quebramento da fiança.

b) revogada a fiança.

c) exigido reforço de fiança.

d) restituída a fiança.

e) julgada inidônea a fiança.

Conforme art. 340 do CPP, será exigido o reforço da fiança:

I - quando a autoridade tomar, por engano, fiança insuficiente;

II - quando houver depreciação material ou perecimento dos bens hipotecados ou caucionados, ou depreciação dos metais ou pedras preciosas;

III - quando for inovada a classificação do delito.

Quais são as diferenças entra quebra, perda e cassação de fiança?		
QUEBRA de fiança	**PERDA da fiança**	**CASSAÇÃO da fiança**
Decorre do descumprimento injustificado das obrigações do afiançado (importa em perda de metade de seu valor).	Quando o réu é condenado, em sentença transita em julgado, e não se apresenta para cumprir a pena privativa de liberdade (importa em perda total do valor da fiança).	Fiança que foi concedida por equívoco ou nos casos de nova tipificação da infração para infração inafiançável.

Gabarito: C.

1664. **(2017 – FEPESE – PC/SC – Agente – Adaptada)** É correto afirmar sobre a prisão temporária. O preso temporário deverá, obrigatoriamente, permanecer separados dos demais detentos.

Certo ( )   Errado ( )

Nos termos do art. 3º da Lei nº 7.960/89, *os presos temporários DEVERÃO permanecer, obrigatoriamente, separados dos demais detentos.*

Gabarito: Certo.

1665. **(2017 – Fundação La Salle – SUSEPE/RS – Agente Penitenciário – Adaptada)** Qualquer agente policial poderá efetuar a prisão determinada no mandado de prisão registrado no Conselho Nacional de Justiça, ainda que fora da competência territorial do juiz que o expediu.

Certo ( )   Errado ( )

Conforme inteiro teor do art. 289-A, do CPP: *O juiz competente providenciará o imediato registro do mandado de prisão em banco de dados mantido pelo Conselho Nacional de Justiça para essa finalidade. § 1º Qualquer agente policial poderá efetuar a prisão determinada no mandado de prisão registrado no Conselho Nacional de Justiça, ainda que fora da competência territorial do juiz que o expediu.*

Gabarito: Certo.

1666. **(2017 – Fundação La Salle – SUSEPE/RS – Agente Penitenciário – Adaptada)** Não havendo estabelecimento específico para o preso especial, este será recolhido em seu domicílio.

Certo ( )   Errado ( )

Nos termos do art. 295 do CPP, serão recolhidos a quartéis ou a prisão especial, à disposição da autoridade competente, quando sujeitos a prisão antes de condenação definitiva:

§ 2º Não havendo estabelecimento específico para o preso especial, este será recolhido em CELA DISTINTA do mesmo estabelecimento.
Gabarito: Errado.

1667. **(2017 – CESPE/CEBRASPE – TJ/PR – Juiz – Adaptada)** No que se refere a prisão, medidas cautelares e liberdade provisória, é correto afirmar que: A fiança poderá ser definitiva ou provisória.

Certo (   )   Errado (   )

Conforme art. 330 do CPP, *a fiança, que será* **SEMPRE definitiva,** *consistirá em depósito de dinheiro, pedras, objetos ou metais preciosos, títulos da dívida pública, federal, estadual ou municipal, ou em hipoteca inscrita em primeiro lugar.*
Gabarito: Errado.

1668. **(2017 – FEPESE – PC/SC – Agente – Adaptada)** É correto afirmar sobre a prisão temporária.
O Ministério Público é o único autor legitimado a representar pela prisão temporária do réu.

Certo (   )   Errado (   )

A prisão temporária será decretada pelo JUIZ, em face da representação da autoridade policial ou de requerimento do Ministério Público, e terá o prazo de 5 dias, prorrogável por igual período em caso de extrema e comprovada necessidade, conforme o art. 2º da Lei nº 7.960/89.
Gabarito: Errado.

1669. **(2017 – Fundação La Salle – SUSEPE/RS – Agente Penitenciário – Adaptada)** A falta de teste-munhas da infração não impedirá o auto de prisão em flagrante; mas, nesse caso, com o condu-tor, deverá assiná-lo pelo menos uma pessoa que haja testemunhado a apresentação do preso à autoridade.

Certo (   )   Errado (   )

O enunciado está em desacordo com o art. 304, § 2º, do CPP: *A falta de testemunhas da infração NÃO impedirá o auto de prisão em flagrante; mas, nesse caso, com o condutor, DEVERÃO assiná-lo pelo menos duas pessoas que hajam testemunhado a apresentação do preso à autoridade.*
Gabarito: Errado.

1670. **(2017 – CESPE/CEBRASPE – TJ/PR – Juiz – Adaptada)** No que se refere a prisão, medidas cautelares e liberdade provisória, é correto afirmar que: Ninguém poderá ser preso senão em flagrante ou por ordem escrita e fundamentada da autoridade judiciária competente, razão pela qual, havendo ordem legal emanada, a não apresentação do mandado obsta a prisão, que deverá ser relaxada, se executada.

Certo (   )   Errado (   )

De acordo com a disposição do art. 283 do CPP anterior à Lei nº 13.964/19 e com a redação atual consideraremos a afirmação INCORRETA. Vejamos a redação a atual:

ATENÇÃO!

ANTES da Lei nº 13.964/19	DEPOIS da Lei nº 13.964/19
Art. 283 do CPP - Ninguém poderá ser preso senão em flagrante delito ou por ordem escrita e fundamentada da autoridade judiciária competente, em decorrência de sentença condenatória transitada em julgado ou, no curso da investigação ou do processo, em virtude de prisão temporária ou prisão preventiva.	Art. 283 do CPP - Ninguém poderá ser preso senão em flagrante delito ou por ordem escrita e fundamentada da autoridade judiciária competente, em decorrência de prisão cautelar ou em virtude de condenação criminal transitada em julgado (Redação dada pela Lei nº 13.964, de 2019).

Gabarito: Errado.

1671. **(2017 – NUCEPE – SEJUSP/PI – Agente Penitenciário – Adaptada)** De acordo com o direito processual penal pátrio, é CORRETO afirmar que a pessoa não poderá ser presa preventivamente quando houver dúvida quanto a sua identidade civil.

Certo ( )   Errado ( )

De acordo com a disposição do art. 313, parágrafo único, do CPP anterior à Lei nº 13.964/19, a questão estava correta em consonância com a lei anterior. Conquanto, no momento consideraremos a afirmação correta, porquanto na redação atual, com a Lei nº 13.964/19, o parágrafo único foi excluído.
Gabarito: Certo.

1672. **(2016 – CESPE/CEBRASPE – PC/GO – Agente – Adaptada)** No que tange ao procedimento criminal e seus princípios e ao instituto da liberdade provisória, é correto afirmar:

Compete ao juiz e não ao delegado a concessão de liberdade provisória, mediante pagamento de fiança, a acusado de crime hediondo ou tráfico ilícito de entorpecente.

Certo ( )   Errado ( )

De acordo com o CPP no art. 323, não será concedida fiança:
I - nos crimes de racismo;
II - nos crimes de tortura, tráfico ilícito de entorpecentes e drogas afins, terrorismo e nos definidos como crimes hediondos;
III - nos crimes cometidos por grupos armados, civis ou militares, contra a ordem constitucional e o Estado Democrático.
Gabarito: Certo.

1673. **(2014 – IBFC – TRE/AM – Analista Judiciário – Adaptada)** Será admitida a prisão preventiva quando houver dúvida sobre a identidade civil da pessoa ou quando esta não fornecer elementos suficientes para esclarecê-la, devendo o preso ser colocado imediatamente em liberdade após a identificação, salvo se outra hipótese recomendar a manutenção da medida.

Certo ( )   Errado ( )

De acordo com a disposição do art. 313, parágrafo único, do CPP anterior à Lei nº 13.964/19, a questão estava correta em consonância com a lei anterior. Conquanto, no momento consideraremos

a afirmação INCORRETA, porquanto na redação atual, com a Lei nº 13.964/19, o parágrafo único foi excluído.

Gabarito: Errado.

1674. **(2017 – FEPESE – PC/SC – Agente – Adaptada)** É correto afirmar sobre a prisão temporária.

A prisão temporária não excederá a 5 dias; contudo, a pedido da autoridade policial, poderá ser prorrogada até o oferecimento da denúncia.

Certo ( )   Errado ( )

Nos termos do art. 2º da Lei nº 7.960/89, *a prisão temporária será decretada pelo juiz, em face da representação da autoridade policial ou de requerimento do Ministério Público, e terá o prazo de 5 dias, prorrogável por igual período em caso de extrema e comprovada necessidade.*

Gabarito: Errado.

1675. **(2017 – CESPE/CEBRASPE – TJ/PR – Juiz – Adaptada)** No que se refere a prisão, medidas cautelares e liberdade provisória, é correto afirmar que: Para seu devido cumprimento, o mandado original expedido pela autoridade judiciária deve ser apresentado durante a diligência, sendo vedada a sua reprodução.

Certo ( )   Errado ( )

Conforme dispõe art. 297 do CPP, *para o cumprimento de mandado expedido pela autoridade judiciária, a autoridade policial poderá expedir tantos outros quantos necessários às diligências, devendo neles ser fielmente reproduzido o teor do mandado original.*

Gabarito: Errado.

1676. **(2017 – CONSULPLAN – TRF 2ª Região – Analista Judiciário – Adaptada)** Poderá o juiz substituir a prisão preventiva pela domiciliar quando o agente for:

a) Maior de 70 anos.

b) Imprescindível aos cuidados de pessoa menor de 7 anos de idade.

c) Gestante, apenas a partir do 7º mês de gravidez ou sendo esta de alto risco.

d) Homem, caso seja o único responsável pelos cuidados do filho de até doze anos de idade incompletos .

O CPP trata das hipóteses da prisão domiciliar no art. 318, senão vejamos:

Poderá o juiz substituir a prisão preventiva pela domiciliar quando o agente for:

I - maior de 80 (oitenta) anos;

II - extremamente debilitado por motivo de doença grave;

III - imprescindível aos cuidados especiais de pessoa menor de 6 (seis) anos de idade ou com deficiência;

IV - gestante;

V - mulher com filho de até 12 (doze) anos incompletos ;

VI - homem, caso seja o único responsável pelos cuidados do filho de até 12 (doze) anos de idade incompletos .

Gabarito: D.

1677. **(2017 – NUCEPE – SEJUSP/PI – Agente Penitenciário – Adaptada)** De acordo com o direito processual penal pátrio, é CORRETO afirmar que a prisão de pessoa após o trânsito em julgado de sentença penal condenatória é ilegal.

Certo ( )   Errado ( )

De acordo com a disposição do art. 283 do CPP anterior à Lei nº 13.964/19 e com a redação atual consideraremos a afirmação INCORRETA. Vejamos a redação a atual:

ATENÇÃO ÀS MUDANÇAS

ANTES da Lei nº 13.964/19	DEPOIS da Lei nº 13.964/19
Art. 283 do CPP - Ninguém poderá ser preso senão em flagrante delito ou por ordem escrita e fundamentada da autoridade judiciária competente, em decorrência de sentença condenatória transitada em julgado ou, no curso da investigação ou do processo, em virtude de prisão temporária ou prisão preventiva.	Art. 283 do CPP - Ninguém poderá ser preso senão em flagrante delito ou por ordem escrita e fundamentada da autoridade judiciária competente, em decorrência de prisão cautelar ou em virtude de condenação criminal transitada em julgado (Redação dada pela Lei nº 13.964, de 2019).

Gabarito: Errado.

1678. **(2017 – Fundação La Salle – SUSEPE/RS – Agente Penitenciário)** Se assim recomendar a situação econômica do preso, pelo CPP, a fiança poderá ser:

  a) a) fixada em 05 (cinco) vezes o valor do salário mínimo.

  b) b) calculada em até 360 (trezentos e sessenta) dias multa.

  c) c) aumentada em até 1.000 (mil) vezes.

  d) d) aumentada em até 2/3 (dois terços).

  e) e) reduzida até o máximo de 1/3 (um terço).

O CPP dispõe no art. 325 que o valor da fiança será fixado pela autoridade que a conceder nos seguintes limites:

I - de 1 (um) a 100 (cem) salários mínimos, quando se tratar de infração cuja pena privativa de liberdade, no grau máximo, não for superior a 4 (quatro) anos;

II - de 10 (dez) a 200 (duzentos) salários mínimos, quando o máximo da pena privativa de liberdade cominada for superior a 4 (quatro) anos.

§ 1º Se assim recomendar a situação econômica do preso, a fiança poderá ser:

I - dispensada, na forma do art. 350 deste Código;

II - reduzida até o máximo de 2/3 (dois terços);

III - aumentada em até 1.000 (mil) vezes.

Gabarito: C.

1679. **(2017 – CESPE/CEBRASPE – TJ/PR – Juiz – Adaptada)** No que se refere a prisão, medidas cautelares e liberdade provisória, é correto afirmar que: Para seu devido cumprimento, o mandado original expedido pela autoridade judiciária deve ser apresentado durante a diligência, sendo vedada a sua reprodução.

Certo ( )   Errado ( )

A alternativa ofende o disposto no art. 287 do CPP, se a infração for inafiançável, a falta de exibição do mandado não obstará à prisão, e o preso, em tal caso, será imediatamente apresentado ao juiz que tiver expedido o mandado.

ANTES da Lei nº 13.964/19	DEPOIS da Lei nº 13.964/19
Art. 287 do CPP - Se a infração for inafiançável, a falta de exibição do mandado não obstará à prisão, e o preso, em tal caso, será imediatamente apresentado ao juiz que tiver expedido o mandado.	Art. 287 do CPP - Se a infração for inafiançável, a falta de exibição do mandado não obstará a prisão, e o preso, em tal caso, será imediatamente apresentado ao juiz que tiver expedido o mandado, para a realização de audiência de custódia (Redação dada pela Lei nº 13.964, de 2019).

Gabarito: Errado.

1680. **(2017 – MPE/RS – MPE/RS – Promotor de Justiça – Adaptada)** Quanto as prisões cautelares e medidas diversas da prisão é correto afirmar que: A prisão preventiva pode ser substituída pela prisão domiciliar quando o agente for maior de 70 anos.

Certo (   )   Errado (   )

Conforme dispõe o art. 318 do CPP, *poderá o juiz substituir a prisão preventiva pela domiciliar quando o agente for: I - maior de 80 (oitenta) anos.*
Gabarito: Errado.

1681. **(2017 – CONSULPLAN – TRF 2ª Região – Técnico Judiciário – Adaptada)** Será admitida a decretação da prisão preventiva desde presentes os requisitos, fundamentos e condições de admissibilidade. NÃO se refere a uma condição de admissibilidade para decretação da prisão preventiva: Se o crime envolver violência doméstica e familiar contra a mulher, criança, adolescente, idoso, enfermo ou pessoa com deficiência, para garantir a execução das medidas protetivas de urgência.

Certo (   )   Errado (   )

De acordo com o CPP:
Art. 313. Nos termos do art. 312 deste Código, será admitida a decretação da prisão preventiva:[...]
III - se o crime envolver violência doméstica e familiar contra a mulher, criança, adolescente, idoso, enfermo ou pessoa com deficiência, para garantir a execução das medidas protetivas de urgência.
Gabarito: Errado.

1682. **(2017 – FEPESE – PC/SC – Escrivão – Adaptada)** É correto afirmar sobre a prisão preventiva.
Quando houver prova da existência do crime e indício suficiente de autoria, a autoridade policial poderá converter a prisão em flagrante em prisão preventiva.

Certo (   )   Errado (   )

Consoante à redação atual do art. 312 do CPP, *A prisão preventiva poderá ser decretada como garantia da ordem pública, da ordem econômica, por conveniência da instrução criminal ou para assegurar a aplicação da lei penal, quando houver prova da existência do crime e indício suficiente de autoria e de perigo gerado pelo estado de liberdade do imputado.*

ANTES da Lei nº 13.964/19	DEPOIS da Lei nº 13.964/19
Art. 312 - A prisão preventiva poderá ser decretada como garantia da ordem pública, da ordem econômica, por conveniência da instrução criminal, ou para assegurar a aplicação da lei penal, quando houver prova da existência do crime e indício suficiente de autoria.	Art. 312 - A prisão preventiva poderá ser decretada como garantia da ordem pública, da ordem econômica, por conveniência da instrução criminal ou para assegurar a aplicação da lei penal, quando houver prova da existência do crime e indício suficiente de autoria e de perigo gerado pelo estado de liberdade do imputado (Redação dada pela Lei nº 13.964, de 2019).

Gabarito: Errado.

1683. **(2017 – CESPE/CEBRASPE – TJ/PR – Juiz – Adaptada)** No que se refere a prisão, medidas cautelares e liberdade provisória, é correto afirmar que: São medidas cautelares diversas da prisão, entre outras, o comparecimento periódico em juízo, a monitoração eletrônica e a fiança.

Certo ( )   Errado ( )

Nos exatos termos do art. 319 do CPP, são medidas cautelares diversas da prisão:

I - comparecimento periódico em juízo, no prazo e nas condições fixadas pelo juiz, para informar e justificar atividades;[...]

VIII - fiança, nas infrações que a admitem, para assegurar o comparecimento a atos do processo, evitar a obstrução do seu andamento ou em caso de resistência injustificada à ordem judicial;

IX - monitoração eletrônica.

Gabarito: Certo.

1684. **(2017 – CONSULPLAN – TRF 2ª Região – Técnico Judiciário – Adaptada)** Será admitida a decretação da prisão preventiva desde presentes os requisitos, fundamentos e condições de admissibilidade. NÃO se refere a uma condição de admissibilidade para decretação da prisão preventiva: Quando houver dúvida sobre a identidade civil da pessoa ou quando esta não fornecer elementos suficientes para esclarecê-la, devendo o preso ser colocado imediatamente em liberdade após a identificação, salvo se outra hipótese recomendar a manutenção da medida.

Certo ( )   Errado ( )

De acordo com a disposição do art. 313, parágrafo único, do CPP anterior à Lei nº 13.964/19, a questão estava correta em consonância com a lei anterior. Conquanto, no momento consideraremos a afirmação correta, porquanto na redação atual, com a Lei nº 13.964/19, o parágrafo único foi excluído.
Gabarito: Errado.

1685. **(2017 – IBADE – SEJUDH/MT – Agente Penitenciário)** Poderá o juiz substituir a prisão preventiva pela domiciliar quando o agente for:

a) portador de doença infecciosa.

b) gestante a partir ao 7º (sétimo) mês de gravidez ou sendo esta de alto risco.

c) imprescindível aos cuidados especiais de pessoa menor de 6 (seis) anos de idade ou com deficiência.

d) mulher com filho de até 10 (dez) anos de idade incompletos .

e) maior de 50 (cinquenta) anos. independente da saúde.

Conforme o disposto no art. 318, III, do CPP, imprescindível aos cuidados especiais de pessoa menor de 6 (seis) anos de idade ou com deficiência.

Atenção – Jurisprudência tual do STJ : observe o disposto no art. 318-A, do CPP (incluído pela Lei nº 13.769/18), a situação da mulher gestante ou que for mãe ou responsável por crianças ou pessoas com deficiência se tornou peculiar. Nessa conjuntura, na qual a lei dispõe que a prisão "será sub-stituída", o STJ tem decidido que deve haver motivo justificado para **não conceder** a substituição: *4. O afastamento da prisão domiciliar para mulher gestante ou mãe de criança menor de 12 anos exige fundamentação idônea e casuística, independentemente de comprovação de indispensabilidade da sua presença para prestar cuidados ao filho, sob pena de infringência ao art. 318, so V, do CPP, inserido pelo Marco Legal da Primeira Infância (Lei nº 13.257/2016). (HC 517.186/MG, j. 10/09/19.*

Gabarito: C.

1686. **(2017 – CESPE/CEBRASPE – PC/GO – Delegado)** Pedro, Joaquim e Sandra foram presos em fla-grante delito. Pedro, por ter ofendido a integridade corporal de Lucas, do que resultou debilidade permanente de um de seus membros; Joaquim, por ter subtraído a bicicleta de Lúcio, de vinte e cinco anos de idade, no período matutino — Lúcio a havia deixado em frente a uma padaria; e Sandra, por ter subtraído o carro de Tomás mediante grave ameaça.

Considerando-se os crimes cometidos pelos presos, a autoridade policial poderá conceder fiança a

a) Joaquim somente.

b) Pedro somente.

c) Pedro, Joaquim e Sandra.

d) Pedro e Sandra somente.

e) Joaquim e Sandra somente.

Conforme legislação penal e processual, somente a infração de Joaquim, nos termos do art. 322 do CPP, admite a FIANÇA arbitrada pela autoridade policial.

Vide art. 322 do CPP - *A autoridade policial SOMENTE poderá conceder fiança nos casos de infração cuja pena privativa de liberdade máxima não seja superior a 4 anos.*

Autor do crime	Infração	Fundamento legal	Pena	CABE FIANÇA?
Joaquim	Furto SIMPLES	Art. 155 do CP	Pena de 1 a 4 anos	Sim
Pedro	Lesão Corporal GRAVE	Art. 129, § 1º, III do CP	Pena de 2 a 8 anos	Não
Sandra	Roubo	Art. 157 do CP	Pena de 4 a 10 anos	Não

Gabarito: A.

1687. **(CONSULPLAN – Adaptada)** Sobre o tratamento que o CPP dá ao tema Prisão e Medidas Cautelares, é correto afirmar que: Ressalvados os casos de urgência ou de perigo de ineficácia da medida, o juiz, ao receber o pedido de medida cautelar, determinará a intimação da parte contrária, acompanhada de cópia do requerimento e das peças necessárias, permanecendo os autos em juízo.

Certo ( )   Errado ( )

De acordo com a disposição do art. 282, § 3º, do CPP anterior à Lei nº 13.964/19, a questão estava correta em consonância com a lei anterior. Conquanto, no momento, consideraremos a afirmação correta. Vejamos a redação a atual: *ressalvados os casos de urgência ou de perigo de ineficácia da medida, o juiz, ao receber o pedido de medida cautelar, determinará a intimação da parte contrária, para se manifestar no prazo de 5 (cinco) dias [...].*

ATENÇÃO!

ANTES da Lei nº 13.964/19	DEPOIS da Lei nº 13.964/19
Art. 282, § 3º, do CPP - Ressalvados os casos de urgência ou de perigo de ineficácia da medida, o juiz, ao receber o pedido de medida cautelar, determinará a intimação da parte contrária, acompanhada de cópia do requerimento e das peças necessárias, permanecendo os autos em juízo.	Art. 282, § 3º, do CPP - Ressalvados os casos de urgência ou de perigo de ineficácia da medida, o juiz, ao receber o pedido de medida cautelar, determinará a intimação da parte contrária, para se manifestar no prazo de 5 (cinco) dias, acompanhada de cópia do requerimento e das peças necessárias, permanecendo os autos em juízo, e os casos de urgência ou de perigo deverão ser justificados e fundamentados em decisão que contenha elementos do caso concreto que justifiquem essa medida excepcional. (Redação dada pela Lei nº 13.964, de 2019.

Gabarito: Errado.

1688. **(2016 – CESPE/CEBRASPE – PC/GO – Agente – Adaptada)** No que tange ao procedimento criminal e seus princípios e ao instituto da liberdade provisória, é correto afirmar:

O descumprimento de medida cautelar imposta ao acusado para não manter contato com pessoa determinada é motivo suficiente para o juiz determinar a substituição da medida por prisão preventiva, já que a aplicação de outra medida representaria ofensa ao poder imperativo do Estado além de ser compatível com o instituto das medidas cautelares.

Certo ( )   Errado ( )

O CPP impõe que no caso de descumprimento de qualquer das obrigações impostas, o juiz, mediante requerimento do Ministério Público, de seu assistente ou do querelante, PODERÁ substituir a medida, impor outra em cumulação, ou, em último caso, decretar a prisão preventiva, nos termos do parágrafo único do art. 312 deste Código.

Atenção! Em 2019, com a aprovação da Lei nº 13.964/19, foi excluído do art. 282, § 4º a expressão de ofício.

Gabarito: Errado.

1689. **(2017 – MPE/RS – MPE/RS – Secretário de Diligências – Adaptada)** Considere a seguinte afirmação acerca da prisão preventiva.

Caberá a decretação da prisão preventiva apenas na fase de investigação policial, a requerimento do Ministério Público, do querelante ou do assistente, ou por representação da autoridade policial.

Certo ( )   Errado ( )

É cabível prisão preventiva tanto na fase de investigação policial (fase do inquérito policial) quanto na fase judicial. É o que dispõe o art. 311 do CPP.

ATENÇÃO ÀS MUDANÇAS

ANTES da Lei nº 13.964/19	DEPOIS da Lei nº 13.964/19
Art. 311 do CPP - Em qualquer fase da investigação policial ou do processo penal, caberá a prisão preventiva decretada pelo juiz, de ofício, se no curso da ação penal, ou a requerimento do Ministério Público, do querelante ou do assistente, ou por representação da autoridade policial (Redação dada pela Lei nº 12.403, de 2011).	Art. 311 do CPP - Em qualquer fase da INVESTIGAÇÃO POLICIAL ou do processo penal, CABERÁ a prisão preventiva decretada pelo juiz, a requerimento do Ministério Público, do querelante ou do assistente, ou por representação da autoridade policial (Redação dada pela Lei nº 13.964, de 2019).

Gabarito: Errado.

1690. **(2016 – CESPE/CEBRASPE – PC/GO – Agente – Adaptada)** No que tange ao procedimento criminal e seus princípios e ao instituto da liberdade provisória, é correto afirmar:

Concedida ao acusado a liberdade provisória mediante fiança, será inaplicável a sua cumulação com outra medida cautelar tal como a proibição de ausentar-se da comarca ou o monitoramento eletrônico.

Certo ( )   Errado ( )

De acordo com o CPP no art. 350, é possível cumular outras medidas cautelares, vejamos: nos casos em que couber fiança, o juiz, verificando a situação econômica do preso, poderá conceder-lhe liberdade provisória, sujeitando-o às obrigações constantes dos arts. 327 e 328 deste Código e a outras medidas cautelares, se for o caso.

OBRIGAÇÃO para cumprimento da liberdade provisória	
Art. 327 do CPP - A fiança tomada por termo obrigará o afiançado a comparecer perante a autoridade todas as vezes que for intimado para atos do inquérito e da instrução criminal e para o julgamento. Quando o réu não comparecer, a fiança será havida como quebrada.	Art. 328 do CPP - O réu afiançado NÃO PODERÁ, sob pena de quebramento da fiança, mudar de residência, sem prévia permissão da autoridade processante, ou ausentar-se por mais de 8 (oito) dias de sua residência, sem comunicar àquela autoridade o lugar onde será encontrado.

Gabarito: Errado.

1691. **(2017 – CONSULPLAN – TRF 2ª Região – Analista Judiciário – Adaptada)** Sobre o tratamento que o CPP dá ao tema Prisão e Medidas Cautelares, é correto afirmar que: A prisão preventiva será determinada quando for cabível a sua substituição por outra medida cautelar.

Certo ( )   Errado ( )

O art. 282, § 6º, do CPP, dispõe que a prisão preventiva será determinada quando **NÃO for cabível** a sua substituição por outra medida cautelar (art. 319).

ATENÇÃO!

ANTES da Lei nº 13.964/19	DEPOIS da Lei nº 13.964/19
Art. 282, § 6º - A prisão preventiva será determinada quando não for cabível a sua substituição por outra medida cautelar (art. 319) (incluído pela Lei nº 12.403, de 2011).	Art. 282, § 6º - A prisão preventiva somente será determinada quando não for cabível a sua substituição por outra medida cautelar, observado o art. 319 deste Código, e o não cabimento da substituição por outra medida cautelar DEVERÁ ser justificado de forma fundamentada nos elementos presentes do caso concreto, de forma individualizada (Redação dada pela Lei nº 13.964, de 2019).

Gabarito: Errado.

1692. **(2017 – FEPESE – PC/SC – Agente – Adaptada)** É correto afirmar sobre a prisão temporária.

Quando imprescindível para as investigações do inquérito policial, a prisão temporária poderá ser decretada pela autoridade policial.

Certo ( )   Errado ( )

Nos termos do art. 2º da Lei nº 7.960/89, *a prisão temporária será decretada pelo juiz. Logo, a prisão temporária é uma espécie de prisão cautelar decretada em casos específicos, com a duração máxima de cinco dias, ou de trinta dias, quando se tratar de crime hediondo, prorrogável por igual período em caso de extrema e comprovada necessidade. Exclusivamente o juiz, mediante representação da autoridade policial ou a requerimento do Ministério Público, poderá decretá-la.*
Gabarito: Errado.

1693. **(CONSULPLAN– Adaptada)** Sobre o tratamento que o CPP dá ao tema Prisão e Medidas Cautelares, é correto afirmar que: As medidas cautelares poderão ser aplicadas isolada ou cumulativamente.

Certo ( )   Errado ( )

O CPP estabelece que as medidas cautelares PODERÃO ser aplicadas isolada OU cumulativamente, vide art. 282, § 1º, do CPP.
Gabarito: Certo.

1694. **(2017 – CONSULPLAN – TRF 2ª Região – Analista Judiciário – Adaptada)** No que tange ao procedimento criminal e seus princípios e ao instituto da liberdade provisória, é correto afirmar:

Caso, após sentença condenatória, advenha a prescrição da pretensão punitiva e seja declarada extinta a punibilidade por essa razão, os valores recolhidos a título de fiança serão integralmente restituídos àquele que a prestou.

Certo ( )   Errado ( )

De acordo com o CPP no art. 336 do CPP, *o dinheiro ou objetos dados como fiança servirão ao pagamento das* **custas, da indenização do dano, da prestação pecuniária e da multa,** *SE o réu for CONDENADO.*

Parágrafo único. Este dispositivo terá aplicação ainda no caso da prescrição depois da sentença condenatória (art. 110 do Código Penal).

Gabarito: Errado.

1695. **(2017 – CONSULPLAN – TRF 2ª Região – Técnico Judiciário – Adaptada)** Será admitida a decretação da prisão preventiva desde presentes os requisitos, fundamentos e condições de admissibilidade. NÃO se refere a uma condição de admissibilidade para decretação da prisão preventiva: Nos crimes dolosos apenados com reclusão.

Certo ( )   Errado ( )

Antes da alteração da Lei nº 12.403/11 no art. 313, havia previsão para admissibilidade da prisão preventiva nos crimes dolosos punidos com reclusão e punidos com detenção. No entanto, com a atual redação do referido artigo, o critério passa a ser quantitativo. Senão vejamos:

Art. 313, I - nos crimes dolosos punidos com pena privativa de liberdade máxima superior a 4 (quatro) anos.

Gabarito: Certo.

1696. **(2017 – CESPE/CEBRASPE – PC/GO – Delegado – Adaptada)** Com relação à prisão temporária, é correto afirmar que: A prisão temporária poderá ser decretada pelo juiz de ofício ou mediante representação da autoridade policial ou requerimento do Ministério Público.

Certo ( )   Errado ( )

De acordo com o art. 2º da Lei nº 7.960/89, *a prisão temporária será decretada pelo juiz, em face da representação da autoridade policial ou de requerimento do Ministério Público, e terá o prazo de 5 dias, prorrogável por igual período em caso de extrema e comprovada necessidade.* **Logo, NÃO cabe decretação** de **ofício pelo juiz de qualquer prisão cautelar na fase investigatória.**

Gabarito: Errado.

1697. **(2017 – CESPE/CEBRASPE – PC/GO – Delegado – Adaptada)** Com relação à prisão temporária, é correto afirmar que: Conforme o STJ, a prisão temporária não pode ser mantida após o recebimento da denúncia pelo juiz.

Certo ( )   Errado ( )

Conforme a jurisprudência do STJ, uma vez oferecida a denúncia, não mais subsiste o decreto de prisão temporária, que visa resguardar, tão somente, a integridade das investigações. *Desse modo, deve ser decretada a prisão preventiva e não mais a custódia temporária. (STJ - HC: 78437 SP 2007/0050077-9, Relator: Ministra LAURITA VAZ, Data de julgamento: 28/06/2007, T5 - QUINTA TURMA).*

Gabarito: Certo.

1698. **(2017 – CESPE/CEBRASPE – PC/GO – Delegado – Adaptada)** Com relação à prisão temporária, é correto afirmar que:

São três os requisitos indispensáveis para a decretação da prisão temporária, conforme a doutrina majoritária: imprescindibilidade para as investigações; existência de indícios de autoria ou participação; e indiciado sem residência fixa ou identificação duvidosa.

Certo ( )   Errado ( )

De acordo com a posição da doutrina, os três requisitos previstos na lei não são todos cumulativos, logo, a doutrina exige o III + I ou II.

I - quando imprescindível para as investigações do inquérito policial;

II - quando o indicado não tiver residência fixa ou não fornecer elementos necessários ao esclarecimento de sua identidade;

III - quando houver fundadas razões, de acordo com qualquer prova admitida na legislação penal, de autoria ou participação do indiciado nos seguintes crimes:

Gabarito: Errado.

1699. **(2017 – CESPE/CEBRASPE – PC/GO – Delegado – Adaptada)** Com relação à prisão temporária, é correto afirmar que:

A prisão temporária poderá ser decretada tanto no curso da investigação quanto no decorrer da fase instrutória do competente processo criminal.

Certo ( )   Errado ( )

A prisão temporária prevista na Lei nº 7.960/89 somente se aplica durante o Inquérito Policial (IP), ao passo que, recebida à denúncia, não mais será um instrumento legítimo para a persecução penal, posto que é EXCLUSIVO no IP nos termos do art. 1º - Caberá prisão temporária: *I - quando imprescindível para as investigações do inquérito policial.*

Gabarito: Errado.

1700. **(2017 – NUCEPE – SEJUSP/PI – Agente Penitenciário – Adaptada)** De acordo com o direito processual penal pátrio, é CORRETO afirmar que a decretação de prisão durante o período das investigações a fim de não atrapalhar o referido processo investigativo não possui previsão legal.

Certo ( )   Errado ( )

Nos termos do art. 311 do CCP: *Em qualquer fase da INVESTIGAÇÃO POLICIAL ou do processo penal, caberá a prisão preventiva decretada pelo juiz, a requerimento do Ministério Público, do querelante ou do assistente, ou por representação da autoridade policial.*

ATENÇÃO!

ANTES da Lei nº 13.964/19	DEPOIS da Lei nº 13.964/19
Art. 311 do CPP - Em qualquer fase da investigação policial ou do processo penal, caberá a prisão preventiva decretada pelo juiz, de ofício, se no curso da ação penal, ou a requerimento do Ministério Público, do querelante ou do assistente, ou por representação da autoridade policial(Redação dada pela Lei nº 12.403, de 2011).	Art. 311 do CPP - Em qualquer fase da INVESTIGAÇÃO POLICIAL ou do processo penal, CABERÁ a prisão preventiva decretada pelo juiz, a requerimento do Ministério Público, do querelante ou do assistente, ou por representação da autoridade policial (Redação dada pela Lei nº 13.964, de 2019).

Gabarito: Errado.

1701. **(2017 – CONSULPLAN – TRF 2ª Região – Analista Judiciário – Adaptada)** Sobre o tratamento que o CPP dá ao tema Prisão e Medidas Cautelares, é correto afirmar que: O juiz poderá revogar a medida cautelar ou substitui-la quando verificar a falta de motivo para que subsista, bem como voltar a decretá-la, se sobrevierem razões que a justifiquem.

Certo ( )   Errado ( )

Conforme disposição do art. 282, § 5º, do CPP anterior à Lei nº 13.964/19, a questão estava correta em consonância com a lei anterior. No entanto, hoje consideraremos a afirmação correta.

ANTES da Lei nº 13.964/19	DEPOIS da Lei nº 13.964/19
Art. 282, § 5º, do CPP - O juiz poderá revogar a medida cautelar ou substituí-la quando verificar a falta de motivo para que subsista, bem como voltar a decretá-la, se sobrevierem razões que o justifiquem.	Art. 282, § 5º - O juiz poderá, de ofício ou a pedido das partes, revogar a medida cautelar ou substituí-la quando verificar a falta de motivo para que subsista, bem como voltar a decretá-la, se sobrevierem razões que a justifiquem. (Redação dada pela Lei nº 13.964, de 2019)

Gabarito: Errado.

1702. **(2017 – MPE/RS – MPE/RS – Secretário de Diligências – Adaptada)** Considere a seguinte afirmação acerca da prisão preventiva.

Será admitida a decretação da prisão preventiva, nos termos do art. 313 do CPP, nos crimes dolosos punidos com pena privativa de liberdade máxima superior a 5 (cinco) anos.

Certo ( )   Errado ( )

Vide art. 313, I, do CPP:

Art. 313. Nos termos do art. 312 deste Código, será admitida a decretação da prisão preventiva:
I - nos crimes dolosos punidos com pena privativa de liberdade máxima superior a 4 (quatro) anos.
Gabarito: Errado.

1703. **(2017 – MPE/RS – MPE/RS – Promotor de Justiça – Adaptada)** Quanto as prisões cautelares e medidas diversas da prisão é correto afirmar que: Admite-se concessão de liberdade provisória mediante fiança consistente em hipoteca.

Certo ( )   Errado ( )

Vide o art. 330 do CPP, *a fiança, que será SEMPRE definitiva, consistirá em depósito de dinheiro, pedras, objetos ou metais preciosos, títulos da dívida pública, federal, estadual ou municipal, ou em hipoteca inscrita em primeiro lugar.*
Gabarito: Certo.

1704. **(2017 – CONSULPLAN – TRF 2ª Região – Técnico Judiciário – Adaptada)** Será admitida a decretação da prisão preventiva desde presentes os requisitos, fundamentos e condições de admissibilidade. NÃO se refere a uma condição de admissibilidade para decretação da prisão preventiva: Nos crimes dolosos punidos com pena privativa de liberdade máxima superior a quatro anos.

Certo ( )   Errado ( )

O art. 313 do CPP trata das HIPÓTESES de ADMISSIBILIDADES, vejamos:

Art. 313. Nos termos do art. 312 deste Código, será admitida a decretação da prisão preventiva:

I - nos crimes dolosos punidos com pena privativa de liberdade máxima superior a 4 (quatro) anos.

Gabarito: Errado.

1705. **(2017 – MPE/RS – MPE/RS – Secretário de Diligências – Adaptada)** Considere a seguinte afirmação acerca da prisão preventiva.

A prisão preventiva também pode ser decretada em caso de descumprimento de qualquer das obrigações impostas por força de outras medidas cautelares.

Certo ( )   Errado ( )

Vide arts. 282, § 4º, e 312, parágrafo único, do CPP: *art. 282. As medidas cautelares previstas neste título deverão ser aplicadas observando-se a:*

Muita atenção, em 2019, com a aprovação da Lei nº 13.964/19, foi excluído do art. 282, § 4º a expressão de ofício.

§ 4º No caso de descumprimento de qualquer das obrigações impostas, o juiz, mediante requerimento do Ministério Público, de seu assistente ou do querelante, poderá substituir a medida, impor outra em cumulação, ou, em último caso, decretar a prisão preventiva, nos termos do parágrafo único do art. 312 deste Código.

ATENÇÃO!

ANTES da Lei nº 13.964/19	DEPOIS da Lei nº 13.964/19
Art. 312 - A prisão preventiva poderá ser decretada como garantia da ordem pública, da ordem econômica, por conveniência da instrução criminal, ou para assegurar a aplicação da lei penal, quando houver prova da existência do crime e indício suficiente de autoria. Parágrafo único. A prisão preventiva também poderá ser decretada em caso de descumprimento de qualquer das obrigações impostas por força de outras medidas cautelares (art. 282, § 4º).	Art. 312 - A prisão preventiva poderá ser decretada como garantia da ordem pública, da ordem econômica, por conveniência da instrução criminal ou para assegurar a aplicação da lei penal, quando houver prova da existência do crime e indício suficiente de autoria e de perigo gerado pelo estado de liberdade do imputado (Redação dada pela Lei nº 13.964, de 2019). § 1º A prisão preventiva também poderá ser decretada em caso de descumprimento de qualquer das obrigações impostas por força de outras medidas cautelares (art. 282, § 4º). (Incluído pela Lei nº 12.403, de 2011). (Redação dada pela Lei nº 13.964, de 2019) § 2º A decisão que decretar a prisão preventiva DEVE ser motivada e fundamentada em receio de perigo e existência concreta de fatos novos ou contemporâneos que justifiquem a aplicação da medida adotada (Incluído pela Lei nº 13.964, de 2019).

Gabarito: Certo.

VAMOS REVISAR A JURISPRUDÊNCIA?

Súmula Vinculante 11 do STF: Só é lícito o uso de algemas em casos de resistência e de fundado receio de fuga ou de perigo à integridade física própria ou alheia, por parte do preso ou de terceiros, justificada a excepcionalidade por escrito, sob pena de responsabilidade disciplinar, civil e penal do agente ou da autoridade e de nulidade da prisão ou do ato processual a que se refere, sem prejuízo da responsabilidade civil do Estado.

Súmula nº 21 do STJ: Pronunciado o réu, fica superada a alegação do constrangimento ilegal da prisão por excesso de prazo na instrução.

Súmula nº 52 do STJ: Encerrada a instrução criminal, fica superada a alegação de constrangimento por excesso de prazo.

Súmula nº 64 do STJ: Não constitui constrangimento ilegal o excesso de prazo na instrução, provocado pela defesa.

Súmula nº 347 do STJ: O conhecimento de recurso de apelação do réu independe de sua prisão.

PROCESSO E JULGAMENTO DOS CRIMES DE RESPONSABILIDADE DOS FUNCIONÁRIOS PÚBLICOS

1706. (2021 – CESPE/CEBRASPE – MPE/AP – Promotor de Justiça – Adaptada) Com relação ao procedimento aplicável aos crimes de responsabilidade praticados por funcionários públicos contra a administração pública,

Aplica-se o procedimento especial somente aos crimes inafiançáveis.

Certo ( )   Errado ( )

Nos crimes AFIANÇÁVEIS, estando a denúncia ou queixa em devida forma, o juiz mandará autuá-la e ordenará a notificação do acusado, para responder por escrito, dentro do prazo de 15 dias, conforme o art. 514 do CPP.

Em relação à resposta preliminar prevista no art. 514, o STJ editou o verbete de Súmula nº 330, que possui a seguinte redação: *"É desnecessária a resposta preliminar de que trata o art. 514 do Código de Processo Penal - CPP, na ação penal instruída por inquérito policial".*

Gabarito: Errado.

1707. (2021 – CESPE/CEBRASPE – MPE/AP – Promotor de Justiça – Adaptada) Com relação ao procedimento aplicável aos crimes de responsabilidade praticados por funcionários públicos contra a administração pública, aplica-se o procedimento especial mesmo que o funcionário público tenha deixado a função na qual estava investido.

Certo ( )   Errado ( )

NÃO aplica o procedimento dos crimes funcionais previsto do CPP. A jurisprudência do STF é no sentido de que se o acusado, à época do oferecimento da denúncia, não era mais funcionário público, não terá direito à defesa preliminar de que trata o art. 514 do CPP. (STF. Plenário. AP 465/DF, Info nº 743).

"A notificação de servidor público para se defender previamente de denúncia ou queixa nos crimes afiançáveis, prevista no artigo 514 do Código de Processo Penal – CPP (na parte que trata do processo e julgamento dos crimes funcionais cometidos por servidores públicos), é dispensável quando ele deixa de exercer o cargo. (STF, RHC 137455)".

Gabarito: Errado.

1708. (2021 – CESPE/CEBRASPE – DEPEN – Agente Federal de Execução Penal) Com relação a processo penal, julgue o item a seguir.

Caso um funcionário público tenha sido denunciado por suposta prática de crime, o juiz poderá rejeitar a denúncia se estiver convencido, pela resposta do acusado, da improcedência da ação.

Certo ( )   Errado ( )

Art. 516 do CPP. *O juiz rejeitará a queixa ou denúncia, em **despacho fundamentado, se convencido, pela resposta do acusado ou do seu defensor, da inexistência do crime ou da improcedência da ação**.*

Gabarito: Certo.

1709. **(2020 – IBFC – EBSERH – Advogado)** Sobre o processo e o julgamento dos crimes de responsabilidade dos funcionários públicos, assinale a alternativa correta.

a) Nos crimes afiançáveis, estando a denúncia ou queixa em devida forma, o juiz mandará autuá-la e ordenará a notificação do acusado, para responder por escrito, dentro do prazo de quinze dias.

b) Em caso de desconhecida a residência do acusado para a realização de sua notificação, não cabe nomeação de defensor público.

c) O processo e julgamento dos crimes de responsabilidade dos funcionários públicos competirão aos juízes federais.

d) O juiz não pode rejeitar a queixa ou a denúncia ainda que convencido pela resposta do acusado ou do defensor da inexistência do crime ou da improcedência da ação.

e) Nos crimes afiançáveis, praticados por funcionários públicos, durante o prazo concedido para a resposta, os autos só podem ser retirados pelo acusado.

Nos **crimes AFIANÇÁVEIS**, estando à denúncia ou queixa em devida forma, o juiz mandará autuá-la e ordenará a **NOTIFICAÇÃO do acusado**, para responder por **ESCRITO**, dentro do **prazo de 15 dias** (art. 514, *caput*, do CPP).

Fundamentação das alternativas: b) Será cabível a nomeação de defensor, conforme dispõem o art. 514, parágrafo único do CPP, vejamos: *"se não for conhecida a residência do acusado, ou este se achar fora da jurisdição do juiz, **ser-lhe-á nomeado defensor**, a quem caberá apresentar a resposta preliminar"*; c) Consoante o art. 513 do CPP, *os crimes de responsabilidade dos funcionários públicos, cujo processo e julgamento competirão aos **JUÍZES de DIREITO,** a queixa ou a denúncia será instruída com documentos ou justificação que façam presumir a existência do delito ou com declaração fundamentada da impossibilidade de apresentação de qualquer dessas provas*; d) **O juiz rejeitará a queixa ou denúncia**, em despacho FUNDAMENTADO, se convencido, pela resposta do acusado ou do seu defensor, da INEXISTÊNCIA do crime ou da IMPROCEDÊNCIA da ação. **e)** Durante o prazo (15 dias) concedido para a resposta ESCRITA, os autos PERMANECERÃO em cartório, onde poderão ser examinados pelo **acusado ou por seu defensor.** (art. 516 do CPP).

Gabarito: A .

1710. **(2019 – CESPE/CEBRASPE – Prefeitura de Boa Vista – Procurador)** José, de sessenta e nove anos de idade, fiscal de vigilância sanitária municipal, viúvo e único responsável pelos cuidados de seu filho, de onze anos de idade, foi denunciado à polícia por comerciantes que alegavam que o referido fiscal lhes solicitava dinheiro para que não fossem por ele autuados por infração à legislação sanitária. Durante investigação conduzida por autoridade policial em razão dessa denúncia, foi deferida judicialmente interceptação da comunicação telefônica de José.

Nesse ato, evidenciou-se, em uma degravação, que José havia solicitado certa quantia em dinheiro a um comerciante, Pedro, para não interditar seu estabelecimento comercial, e que José havia combinado encontrar-se com Pedro para realizarem essa transação financeira. Na interceptação, foram captadas, ainda, conversas em que José e outros quatro fiscais não identificados discutiam a forma de solicitar dinheiro a comerciantes, em troca de não autuá-los, e a repartição do dinheiro que seria obtido com isso.

No dia combinado, Pedro encontrou-se com José, e, pouco antes de entregar-lhe o dinheiro que carregava consigo, policiais que haviam instalado escuta ambiental na sala do fiscal mediante autorização judicial prévia deram voz de prisão em flagrante a José, conduzindo-o, em seguida, à presença da autoridade policial.

Em revista pessoal, foi constatado que José portava três cigarros de maconha. Questionado, o fiscal afirmou ter comprado os cigarros de um estrangeiro que trazia os entorpecentes de seu país para o Brasil e os revendia perto da residência de José. A autoridade policial deu andamento aos procedimentos, redigiu o relatório final do inquérito policial e o encaminhou à autoridade competente.

Considerando essa situação hipotética, julgue o item subsequente.

O juiz poderá receber denúncia oferecida pelo Ministério Público e dispensar a notificação prévia de José para que este apresente resposta preliminar, embora ele seja servidor público, sem que esse ato configure nulidade absoluta.

Certo ( )   Errado ( )

Sobre o item proposto na questão, a JURISPRUDÊNCIA possui entendimentos divergentes, vejamos:

Posicionamentos do STJ	Posicionamentos do STF
Nulidade RELATIVA	**Nulidade ABSOLUTA**
O tema, diante da polêmica que o envolve, foi sumulado pelo STJ. Trata-se da Súmula de nº 330: é desnecessária a resposta preliminar de que trata o art. 514, do Código Processual Penal, na ação penal instruída por inquérito policial. Nos diversos julgados que originaram a referida Súmula, o STJ decidiu que: 1º) a resposta preliminar do art. 514 do CPP é desnecessária quando a ação penal estiver instruída com inquérito policial, sendo necessária apenas nos casos em que a denúncia basear-se, simplesmente, em documentos ou justificação oferecidos com a representação; 2º) a falta de notificação do acusado para apresentação da resposta preliminar enseja apenas nulidade relativa, dependente, portanto, de arguição em momento oportuno e de demonstração de efetivo prejuízo para o acusado.	STF afastou de uma vez o entendimento incerto na Súmula nº 330, do STJ, para reconhecer que a defesa preliminar do art. 514 é fase obrigatória do procedimento nos crimes funcionais, sob pena de nulidade do processo. Finalmente, após muitos anos e muitos equívocos interpretativos cometidos, a Suprema Corte deu ao Art.514 do CPP a importância que ele merece, fazendo uma releitura consentânea com as garantias constitucionais do contraditório, da ampla defesa, do devido processo legal e, nas palavras de Gilmar Mendes, com a dignidade da pessoa humana. A inobservância do rito procedimental estabelecido pela Lei nº 10.409/02 constitui-se em nulidade absoluta, pois a ausência de apresentação de defesa preliminar desrespeita o princípio constitucional da ampla defesa e do contraditório, encerrando inegável prejuízo ao acusado.

ATENTE-SE para o fato de que a banca adotou o entendimento que é nulidade relativa aplicando a Súmula nº 330 do STJ.

Gabarito: Certo.

1711. **(2019 – CESPE/CEBRASPE – TJ/SC – Juiz – Adaptada)** Considerando-se exclusivamente o entendimento sumulado do STJ, é correto afirmar que o juiz de direito substituto agirá corretamente se exigir resposta preliminar, no prazo de quinze dias, em ação penal instruída por inquérito policial que apure crime inafiançável de responsabilidade de funcionário público.

Certo ( )   Errado ( )

Súmula nº 330 STJ: *É desnecessária a resposta preliminar de que trata o art. 514 do CPP, na ação penal instruída por inquérito policial.*

Contudo, há divergência jurisprudencial, uma vez que o STF entende que mesmo se o inquérito policial estiver nos autos, a resposta preliminar é imprescindível.

Informativo nº 457 do STF: *OBRIGATORIEDADE DE DEFESA PRÉVIA. art. 514 DO CPP. [...] A partir do julgamento do HC 85.779/RJ, passou-se a entender, nesta Corte, que é indispensável a defesa prévia nas hipóteses do art. 514 do CPP, mesmo quando a denúncia é lastreada em inquérito policial.*

Gabarito: Errado.

1712. **(2019 – AOCP – PC/ES – Investigador – Adaptada)** Sobre o rito especial dos processos sobre crimes de responsabilidade dos funcionários públicos, o que prescreve o direito processual penal brasileiro?

Se não for conhecida a residência do acusado, ou este se achar fora da jurisdição do juiz, ser-lhe-á nomeado advogado público filiado à procuradoria respectiva ao ente federativo, a quem caberá apresentar o pedido de suspensão dos autos até a devida citação.

Certo ( )   Errado ( )

Nos termos do art. 514, parágrafo único, do CPP: *Se não for conhecida a residência do acusado, ou este se achar fora da jurisdição do juiz, ser-lhe-á nomeado defensor, a quem caberá apresentar a resposta preliminar.*

Gabarito: Errado.

1713. **(2019 – CESPE/CEBRASPE – TJ/BA – Juiz – Adaptada)** Davi, servidor público comissionado municipal sem vínculo efetivo com a prefeitura do respectivo município, foi denunciado pelo suposto cometimento do delito de peculato — art. 312 do CP. Durante o IP, Davi foi interrogado na presença de seu advogado. Na fase judicial da persecução penal, ao chefe de sua repartição foi encaminhada notificação, que não foi considerada cumprida em razão da exoneração do servidor; no local, noticiaram que ele continuava residindo no endereço mencionado no inquérito. Após o recebimento da denúncia, considerando-se que o servidor estava em local incerto, foi determinada sua citação por edital. O advogado constituído pelo réu, após tomar conhecimento da tramitação da ação penal, apresentou resposta à acusação, nos termos do art. 396 do CPP. Posteriormente, ainda que não intimado pessoalmente, Davi compareceu à audiência designada.

Com referência a essa situação hipotética:

Por se tratar de crime funcional, a desobediência ao procedimento especial – não oportunizar a defesa preliminar, nos termos do art. 514 do CPP – gerou a nulidade do processo.

Certo ( )   Errado ( )

Nos termos da Súmula nº 330 do STJ: *é desnecessária a resposta preliminar de que trata o artigo 514 do CPP na ação penal instruída por inquérito policial.*

Nos crimes afiançáveis, estando a denúncia ou queixa em devida forma, o juiz mandará autuá-la e ordenará a notificação do acusado, para responder por escrito, dentro do prazo de 15 dias, conforme o texto do art. 514 do CPP.

Gabarito: Errado.

1714. (2019 – AOCP – PC/ES – Investigador – Adaptada) Sobre o rito especial dos processos sobre crimes de responsabilidade dos funcionários públicos, o que prescreve o direito processual penal brasileiro?

Nos crimes de responsabilidade dos funcionários públicos, competirá o processo e julgamento aos juízes leigos até o recebimento da denúncia.

Certo (   )   Errado (   )

Os crimes de responsabilidade dos funcionários públicos, cujo processo e julgamento competirão aos juízes de direito, a queixa ou a denúncia será instruída com documentos ou justificação que façam presumir a existência do delito ou com declaração fundamentada da impossibilidade de apresentação de qualquer dessas provas.

Gabarito: Errado.

1715. (2019 – CESPE/CEBRASPE – TJ/BA – Juiz – Adaptada) Acerca dos procedimentos processuais penais no Brasil, julgue o item a seguir.

No procedimento por crime funcional, em caso de ilícito afiançável, o réu será notificado para apresentar defesa preliminar por escrito no prazo de quinze dias.

Certo (   )   Errado (   )

Nos crimes afiançáveis, estando a denúncia ou queixa em devida forma, o juiz mandará autuá-la e ordenará a notificação do acusado, para responder por escrito, dentro do prazo de 15 dias, conforme o art. 514 do CPP.

Com relação à resposta preliminar do art. 514, o STJ editou o verbete de Súmula nº 330, que possui a seguinte redação: *É desnecessária a resposta preliminar de que trata o art. 514 do CPP – CPP, na ação penal instruída por inquérito policial.*

Deste modo, para o STJ, caso o processo seja precedido de inquérito policial, a resposta preliminar será dispensável. Jurisprudência: *o STF DIVERGE do entendimento do STJ, e já firmou o entendimento de que a resposta preliminar é necessária ainda que o processo tenha sido precedido por inquérito policial.*

Gabarito: Certo.

1716. (2019 – AOCP – PC/ES – Assistente Social – Adaptada) Sobre processo e julgamento dos crimes de responsabilidade dos funcionários públicos, tais como os peritos criminais:

Nos crimes afiançáveis, estando a denúncia ou queixa em devida forma, o juiz mandará autuá-la e ordenará a citação do acusado, para responder por escrito, dentro do prazo de dez dias úteis.

Certo (   )   Errado (   )

Nos crimes afiançáveis, estando a denúncia ou queixa em devida forma, o juiz mandará autuá-la e ordenará a notificação do acusado, para responder por escrito, dentro do prazo de 15 dias, conforme o art. 514 do CPP. Esse procedimento só é aplicado aos crimes afiançáveis. ATUALMENTE, TODOS SÃO AFIANÇÁVEIS. Para os crimes funcionais inafiançáveis, deve ser aplicado o procedimento comum ordinário.

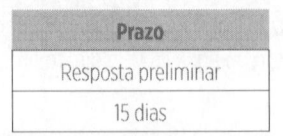 Prazo
Resposta preliminar
15 dias

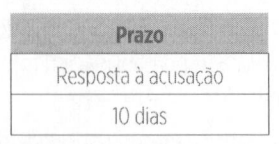 Prazo
Resposta à acusação
10 dias

ATENÇÃO: FUNCIONÁRIO PÚBLICO – PRERROGATIVA DE FUNÇÃO – Se o funcionário possuir foro por prerrogativa de função, *não será aplicado o presente procedimento*, mas, sim, aquele previsto na Lei nº 8.038/90 (procedimento dos crimes de competência originária).

Gabarito: Errado.

1717. (2019 – CESPE/CEBRASPE – TJ/CE – Técnico Judiciário) José, funcionário público, foi denunciado pela prática do crime de peculato após análise pelo Ministério Público de procedimento administrativo disciplinar em que foi imposta sanção ao acusado. Encaminhados os autos à autoridade judicial para análise da inicial acusatória, de acordo com o CPP, é correto afirmar que:

a) o acusado, após o recebimento da denúncia, será notificado para apresentação de resposta preliminar, ocasião em que deverá ser apresentado rol de testemunhas de defesa, mas não caberá instrução com documentos e justificações.

b) o rito comum ordinário, com recebimento da denúncia e citação imediata do acusado, deverá ser observado, já que não existe previsão legal de procedimento especial para crimes próprios praticados por funcionários públicos.

c) o oferecimento de denúncia não foi válido, tendo em vista que era indispensável a prévia existência de inquérito policial para acompanhar a exordial acusatória.

d) a análise do recebimento ou não da denúncia somente será realizada após notificação do acusado para apresentação de defesa preliminar no prazo de 15 (quinze) dias.

e) o acusado, considerando a exigência de notificação para apresentação de defesa preliminar, no prazo de 10 (dez) dias, não precisará ser formalmente citado.

O réu deverá ser NOTIFICADO para apresentar resposta preliminar escrita, no prazo de 15 dias. Só então o Juiz decidirá se recebe ou não a denúncia e, recebendo, determinará a citação para apresentar resposta à acusação em 10 dias, consoante art. 514 do CPP.

Gabarito: D.

1718. (2019 – AOCP – PC/ES – Investigador – Adaptada) Sobre o rito especial dos processos sobre crimes de responsabilidade dos funcionários públicos, o que prescreve o direito processual penal brasileiro?

A resposta não poderá ser instruída com documentos e justificações, mas tão somente com a indicação de eventuais testemunhas abonatórias.

Certo ( )   Errado ( )

Conforme dispõe o art. 515, parágrafo único, do CPP: *A resposta poderá ser instruída com documentos e justificações.*

Gabarito: Errado.

1719. **(2019 – AOCP – PC/ES – Assistente Social – Adaptada)** Sobre processo e julgamento dos crimes de responsabilidade dos funcionários públicos, tais como os peritos criminais:

O juiz rejeitará a queixa ou denúncia, em despacho fundamentado, se convencido, pela resposta do acusado ou do seu defensor, da inexistência do crime ou da improcedência da ação.

Certo ( )   Errado ( )

Segundo o art. 516 do CPP, *o juiz rejeitará a queixa ou denúncia, em despacho fundamentado, se convencido, pela resposta do acusado ou do seu defensor, da inexistência do crime ou da improcedência da ação.*

Gabarito: Certo.

1720. **(2019 – AOCP – PC/ES – Investigador – Adaptada)** Sobre o rito especial dos processos sobre crimes de responsabilidade dos funcionários públicos, o que prescreve o direito processual penal brasileiro?

O Juízo não poderá rejeitar a denúncia antes que se efetive a fase instrutória do processo penal com o interrogatório do réu.

Certo ( )   Errado ( )

Nos termos do art. 516 do CPP: *O juiz rejeitará a queixa ou denúncia, em despacho fundamentado, se convencido, pela resposta do acusado ou do seu defensor, da inexistência do crime ou da improcedência da ação.*

Gabarito: Errado.

1721. **(2019 – AOCP – PC/ES – Assistente Social – Adaptada)** Sobre processo e julgamento dos crimes de responsabilidade dos funcionários públicos, tais como os peritos criminais:

Caso seja recebida a denúncia ou queixa, a despeito da impugnação formulada pelo funcionário, é dispensável que ele tome ciência disso mediante citação formal, podendo defender-se nos autos do processo-crime como integrante formal do polo passivo.

Certo ( )   Errado ( )

O art. 517 do CPP – Dispõe que: recebida a denúncia ou a queixa, será o acusado citado, *na forma estabelecida no Capítulo I do Título X do Livro I.*

Aplica-se o PROCEDIMENTO COMUM ORDINÁRIO (independentemente da pena máxima cominada ao crime).

Após recebimento da inicial (não mais notificação): *citação do réu para apresentar resposta escrita* **(arts. 396 e 396-A).** *O Juiz decide sobre a possibilidade de absolvição sumária* **(art. 397). Não sendo possível tal decisão, designará audiência de instrução e julgamento – nessa oportunidade serão produzidas todas as provas, requeridas diligências e oferecidas as alegações finais orais (em regra) ou escritas (exceção) e exarada a sentença oral (em regra) ou escrita (exceção).**

Gabarito: Errado.

1722. **(2019 – AOCP – PC/ES – Investigador – Adaptada)** Sobre o rito especial dos processos sobre crimes de responsabilidade dos funcionários públicos, o que prescreve o direito processual penal brasileiro?

Na instrução criminal dos crimes de responsabilidade dos funcionários públicos e nos demais termos desse tipo de processo, observar-se-á o disposto nos capítulos do CPP relativos após processos de rito comum.

Certo ( )   Errado ( )

Na instrução criminal e nos demais termos do processo, observar-se-á o disposto nos Capítulos I e III, Título I, deste Livro (processo comum), conforme o art. 518 do CPP.

Gabarito: Certo.

1723. (2019 – AOCP – PC/ES – Assistente Social – Adaptada) Sobre processo e julgamento dos crimes de responsabilidade dos funcionários públicos, tais como os peritos criminais:

A notificação do acusado para, previamente ao recebimento da denúncia, manifestar-se sobre o tema, apresentando sua defesa e evitando que seja a inicial recebida, se estende ao particular que seja coautor ou partícipe.

Certo ( )   Errado ( )

Particular em coautoria não se beneficia, sobre concurso de crimes praticado pelo funcionário público: se o funcionário público praticar crime funcional e não funcional EM CONCURSO não terá direito de apresentar defesa preliminar em ambos os crimes conforme posição do STJ e STF.

Jurisprudência – HC nº 102816/DF: *De acordo com a jurisprudência do Superior Tribunal de Justiça, a notificação do acusado para apresentar defesa antes do recebimento da denúncia, nos termos do art. 514 do CPP, somente se aplica ao funcionário público, não se estendendo ao particular que seja coautor ou partícipe.*

Gabarito: Errado.

1724. (2016 – CESPE/CEBRASPE – Polícia Científica/PE – Perito Criminal – Adaptada) De acordo com o procedimento especial de apuração dos crimes de responsabilidade dos funcionários públicos contra a Administração Pública, previsto no CPP, recebida a denúncia e cumprida a citação, o juiz notificará o acusado para responder a acusação por escrito, dentro do prazo legal.

Certo ( )   Errado ( )

A questão inverte as fases processuais. Sendo assim, o juiz deve antes de receber a denúncia notificar o funcionário público para que este se manifeste por escrito, no prazo de 15 dias. Após isso, o juiz irá decidir se recebe a denúncia ou queixa. Desta forma, de acordo com o art. 514 do CPP: *Nos crimes afiançáveis, estando a denúncia ou queixa em devida forma, o juiz mandará autuá-la e ordenará a notificação do acusado, para responder por escrito, dentro do prazo de quinze dias.*

Gabarito: Errado.

1725. (2016 – CESPE/CEBRASPE – TRE/PI – Analista – Adaptada) De acordo com o CPP, o procedimento dos crimes funcionais aplica-se a todos os crimes funcionais afiançáveis e inafiançáveis.

Certo ( )   Errado ( )

Somente os crimes afiançáveis é que serão objeto do procedimento especial. Os inafiançáveis seguem o rito comum.

Art. 514 do CPP: *Nos crimes afiançáveis, estando a denúncia ou queixa em devida forma, o juiz mandará autuá-la e ordenará a notificação do acusado, para responder por escrito, dentro do prazo de quinze dias.*

Gabarito: Errado.

1726. **(2013 – CESPE/CEBRASPE – PF – Delegado)** Nos casos de crimes afiançáveis de responsabilidade do funcionário público, a legislação processual antecipa o contraditório antes de inaugurada a ação penal, com a apresentação da defesa preliminar.

Certo (   )   Errado (   )

Por se tratar de crime afiançável, ao servidor é garantido o direito de apresentar resposta preliminar no prazo de quinze dias, logo após a notificação pelo juízo processante, quando, então, o juiz decidirá pelo recebimento ou rejeição da denúncia.

Gabarito: Certo.

1727. **(2013 – CESPE/CEBRASPE – TRE/MS – Analista Judiciário – Adaptada)** No processo dos crimes de responsabilidade inafiançáveis praticados por servidor público, o procedimento legal exige que, depois de recebida a denúncia, o juiz notifique o defensor do réu para responder a acusação por escrito no prazo legal.

Certo (   )   Errado (   )

De acordo com o art. 514 do CPP: *Nos crimes afiançáveis, estando a denúncia ou queixa em devida forma, o juiz mandará autuá-la e ordenará a notificação do acusado para responder por escrito, dentro do prazo de 15 dias.*

Gabarito: Errado.

1728. **(2013 – CESPE/CEBRASPE – TJ/ES – Titular de Serviços de Notas e Registros – Adaptada)** Dado o princípio da ampla defesa, em se tratando de crimes funcionais, constitui nulidade absoluta a ausência de intimação do denunciado para oferecimento de resposta preliminar, independentemente de instrução por inquérito policial.

Certo (   )   Errado (   )

Pode depender ou não da instrução por inquérito policial, pois, conforme a Súmula nº 330 do STJ, é desnecessária a resposta preliminar de que trata a situação descrita acima, nas ações penais instruídas por inquérito policial.

Gabarito: Errado.

1729. **(2013 – VUNESP – PC/BA – Investigador)** Os crimes praticados por funcionário público contra a Administração Pública, em regra, são afiançáveis, havendo previsão legal para que o acusado apresente resposta preliminar, à vista da qual o juiz poderá rejeitar a denúncia se convencido da inexistência do crime.

Certo (   )   Errado (   )

A assertiva traz o entendimento do art. 516 do CPP: *O juiz rejeitará a queixa ou a denúncia, em despacho fundamentado, se convencido, pela resposta do acusado ou de seu defensor, da inexistência do crime ou da improcedência da ação.*

Gabarito: Certo.

1730. (2013 – CESPE/CEBRASPE – MPU – Analista) Considerando que um servidor público tenha sido preso em flagrante pela prática de peculato cometido em desfavor da Caixa Econômica Federal, tendo sido o crime facilitado em razão da função exercida pelo referido servidor.

Julgue o item a seguir, com base na legislação processual penal.

Por se tratar de crime afiançável, ao servidor é garantido o direito de apresentar resposta preliminar no prazo de quinze dias, logo após a notificação pelo juízo processante, quando, então, o juiz decidirá pelo recebimento ou rejeição da denúncia.

Certo ( )   Errado ( )

A assertiva traz o entendimento dos arts. 514 e 516 do CPP.

Art. 514. Nos crimes afiançáveis, estando a denúncia ou queixa em devida forma, o juiz mandará autuá-la e ordenará a notificação do acusado, para responder por escrito, dentro do prazo de quinze dias.

Art. 516. O juiz rejeitará a queixa ou denúncia, em despacho fundamentado, se convencido, pela resposta do acusado ou do seu defensor, da inexistência do crime ou da improcedência da ação.

Gabarito: Certo.

1731. (2013 – IBFC – MPE/SP – Analista – Adaptada) Em relação às normas previstas no CPP a respeito dos processos dos crimes de responsabilidade dos funcionários públicos julgue a assertiva: Estando a denúncia ou queixa em devida forma, o juiz mandará autuá-la e ordenará a notificação do acusado, para responder por escrito, dentro do prazo de quinze dias.

Certo ( )   Errado ( )

A assertiva está correta, mesmo estando incompleta, pois faltou falar dos crimes afiançáveis. Segue texto legal do CPP para melhor compreensão:

Art. 514. Nos crimes afiançáveis, estando a denúncia ou queixa em devida forma, o juiz mandará autuá-la e ordenará a notificação do acusado, para responder por escrito, dentro do prazo de 15 dias.

Gabarito: Certo.

1732. (2017 – CESPE/CEBRASPE – SERES/PE – Agente de Segurança Penitenciária – Adaptada) A respeito do processo e julgamento dos crimes de responsabilidade de funcionários públicos — denominados de crimes funcionais, o procedimento comum é aplicável a crimes funcionais afiançáveis.

Certo ( )   Errado ( )

Nos crimes funcionais afiançáveis, não se adota o rito comum, posto que o art. 514 do CPP, dispõe que nos *crimes afiançáveis, estando a denúncia ou queixa em devida forma, o juiz mandará autuá-la e ordenará a notificação do acusado, para responder por escrito, dentro do prazo de 15 dias.*

Gabarito: Errado.

1733. **(2017 – FAPEMS – PC/MS – Delegado – Adaptada)** Acerca do processo e julgamento dos crimes praticados por funcionário público, é correto afirmar que, se não for conhecida a residência do acusado, ser-lhe-á nomeado defensor, a quem caberá apresentar a resposta preliminar, no prazo de dez dias.

Certo ( )   Errado ( )

Conforme dispõe o art. 514, parágrafo único, do CPP, *se não for conhecida a residência do acusado, ou este se achar fora da jurisdição do juiz, ser-lhe-á nomeado defensor, a quem caberá apresentar a resposta preliminar.*

Gabarito: Errado.

1734. **(2017 – FGV – ALERJ – Procurador – Adaptada)** Determinado funcionário público, sem foro por prerrogativa de função, foi denunciado pelo cometimento de crime praticado por funcionário contra a Administração Pública, após longa investigação realizada em inquérito policial. De acordo com a jurisprudência do Superior Tribunal de Justiça, é correto afirmar que a apresentação de resposta preliminar, na hipótese, antes do recebimento da denúncia, é dispensável.

Certo ( )   Errado ( )

O CPP dispõe, no art. 514, *que nos crimes afiançáveis, estando a denúncia ou queixa em devida forma, o juiz mandará autuá-la e ordenará a notificação do acusado, para responder por escrito, dentro do prazo de quinze dias. Parágrafo único. Se não for conhecida a residência do acusado, ou este se achar fora da jurisdição do juiz, ser-lhe-á nomeado defensor, a quem caberá apresentar a resposta preliminar.*

Segundo a Súmula nº 330 do STJ: *é desnecessária a resposta preliminar de que trata o art. 514 do CPP, na ação penal instruída por inquérito policial.*

Gabarito: Certo.

1735. **(2017 – FAPEMS – PC/MS – Delegado – Adaptada)** Leia o trecho a seguir.

[...] não é propriamente a qualidade de funcionário público que caracteriza o crime funcional, mas o fato de que é praticado por quem se acha no exercício de função pública, seja esta permanente ou temporária, remunerada ou gratuita, exercida profissionalmente ou não, efetiva ou interinamente, ou *per accidens* [...]". HUNGRIA, Nelson. Comentários ao Código Penal. 12. ed. Rio de Janeiro: Forense, 1991.

Acerca do processo e julgamento dos crimes praticados por funcionário público, é correto afirmar que, estando a denúncia ou a queixa em devida forma, o juiz mandará autuá-la e ordenará a notificação do acusado, para responder por escrito, no prazo de dez dias.

Certo ( )   Errado ( )

O CPP dispõe, no art. 514 do CPP, que, *nos crimes afiançáveis, estando a denúncia ou queixa em devida forma, o juiz mandará autuá-la e ordenará a notificação do acusado, para responder por escrito, dentro do prazo de quinze dias.*

Gabarito: Errado.

1736. (2017 – CESPE/CEBRASPE – SERES/PE – Agente de Segurança Penitenciária – Adaptada) A respeito do processo e julgamento dos crimes de responsabilidade de funcionários públicos — denominados de crimes funcionais, processo relativo a crime funcional é ação de competência originária dos tribunais.

Certo ( )   Errado ( )

Nos termos do art. 513 do CPP, *os crimes de responsabilidade dos funcionários públicos, cujo processo e julgamento competirão aos juízes de direito.*
Gabarito: Errado.

1737. (2017 – FAPEMS – PC/MS – Delegado – Adaptada) Acerca do processo e julgamento dos crimes praticados por funcionário público, é correto afirmar que o juiz deverá rejeitar a denúncia, em despacho genérico, se estiver convencido, após a resposta do acusado ou de seu defensor, da inexistência do crime ou da improcedência da ação.

Certo ( )   Errado ( )

O juiz rejeitará a queixa ou denúncia, em despacho fundamentado, se convencido, pela resposta do acusado ou do seu defensor, da inexistência do crime ou da improcedência da ação, **conforme o art. 516 do CPP.**
Gabarito: Errado.

1738. (2017 – CESPE/CEBRASPE – SERES/PE – Agente de Segurança Penitenciária – Adaptada) A respeito do processo e julgamento dos crimes de responsabilidade de funcionários públicos — denominados de crimes funcionais, denúncia de crime funcional poderá ser rejeitada pelo juízo antes de o acusado apresentar sua defesa prévia.

Certo ( )   Errado ( )

Conforme o art. 513 do CPP, *os crimes de responsabilidade dos funcionários públicos, cujo processo e julgamento competirão aos juízes de direito, a queixa ou a denúncia será instruída com documentos ou justificação que façam presumir a existência do delito ou com declaração fundamentada da impossibilidade de apresentação de qualquer dessas provas.*
Gabarito: Certo.

1739. (2017 – FAPEMS – PC/MS – Delegado – Adaptada) Acerca do processo e julgamento dos crimes praticados por funcionário público, é correto afirmar que, caso o acusado esteja fora da jurisdição do juiz do processo, a resposta preliminar poderá ser apresentada por defensor nomeado, no prazo de dez dias.

Certo ( )   Errado ( )

Nos termos do art. 514 do CPP, *nos crimes afiançáveis, estando a denúncia ou queixa em devida forma, o juiz mandará autuá-la e ordenará a notificação do acusado, para responder por escrito, dentro do prazo de 15 dias. O parágrafo único ainda dispõe que se não for conhecida a residência do acusado, ou este se achar fora da jurisdição do juiz, ser-lhe-á nomeado defensor, a quem caberá apresentar a resposta preliminar.*
Gabarito: Errado.

1740. **(2016 – FEPESE – SJC/SC – Agente – Adaptada)** Em relação ao processo dos crimes de responsabilidade dos funcionários públicos afiançáveis, assinale a alternativa que indica corretamente o prazo para o acusado responder, por escrito, à notificação emitida pelo juiz após devidamente autuada a denúncia ou queixa.

a) 5 dias.

b) 10 dias.

c) 15 dias.

d) 30 dias.

e) 48 horas.

Art. 514 do CPP: *nos crimes afiançáveis, estando a denúncia ou queixa em devida forma, o juiz mandará autuá-la e ordenará a notificação do acusado, para responder por escrito, dentro do prazo de 15 dias.*

Gabarito: C.

1741. **(2016 – IESES – TJ/AM – Titular de Serviços de Notas e de Registros – Adaptada)** No que diz respeito ao processo e ao julgamento dos crimes de responsabilidade dos funcionários públicos, responda corretamente o que entende a Jurisprudência pátria acerca da resposta preliminar de que trata o art. 514 do CPP: o rito previsto para apuração de crimes de responsabilidade dos funcionários públicos é aplicável a todos os crimes contra a administração pública previstos tanto no Código Penal, bem como na legislação penal extravagante.

Certo (   )   Errado (   )

O rito previsto para apuração de crimes de responsabilidade dos funcionários públicos é aplicável exclusivamente aos crimes funcionais afiançáveis, conforme art. 514 do CPP: *quanto aos crimes inafiançáveis aplica-se o procedimento comum ordinário.*

Gabarito: Errado.

1742. **(2016 – IESES – TJ/AM – Titular de Serviços de Notas e de Registros – Adaptada)** No que diz respeito ao processo e ao julgamento dos crimes de responsabilidade dos funcionários públicos, responda corretamente o que entende a Jurisprudência pátria acerca da resposta preliminar de que trata o art. 514 do CPP: é desnecessária a resposta preliminar de que trata o art. 514 do CPP, na ação penal instruída por inquérito policial.

Certo (   )   Errado (   )

É desnecessária a resposta preliminar de que trata o art. 514 do CPP, na ação penal instruída por inquérito policial, conforme a Súmula nº 330 do STJ.

Gabarito: Certo.

1743. **(2016 – IESES – TJ/AM – Titular de Serviços de Notas e de Registros – Adaptada)** No que diz respeito ao processo e ao julgamento dos crimes de responsabilidade dos funcionários públicos, responda corretamente o que entende a Jurisprudência pátria acerca da resposta preliminar de que trata o art. 514 do CPP: o rito especial dos crimes de responsabilidade praticados por funcionários públicos se aplica a acusados que deixam de ocupar o cargo público antes do oferecimento da denúncia, tornando necessária a notificação para apresentação da defesa prévia regulada no art. 514 do CPP.

Certo ( )   Errado ( )

A defesa preliminar é um direito privativo do Funcionário Público que está no exercício das suas funções. Sendo assim, se ele estiver exonerado, demitido ou aposentado antes do recebimento da denúncia, NÃO terá direito de gozá-lo.

Gabarito: Errado.

1744. **(2016 – IESES – TJ/AM – Titular de Serviços de Notas e de Registros – Adaptada)** No que diz respeito ao processo e ao julgamento dos crimes de responsabilidade dos funcionários públicos, responda corretamente o que entende a Jurisprudência pátria acerca da resposta preliminar de que trata o art. 514 do CPP: a fase processual prevista no art. 514 do CPP, aplica-se ao acusado servidor público, bem como ao particular que concorre com a infração penal, e tem como finalidade resguardar os interesses da Administração Pública, no que diz respeito, especialmente, à segurança e ao decoro do serviço público.

Certo ( )   Errado ( )

O procedimento previsto no CPP é um direito apenas do Funcionário Público. Se o particular comete um crime funcional em concurso com Funcionário Público, NÃO terá essa prerrogativa.

Cometendo o Funcionário Público um crime funcional e um crime não funcional em concurso, NÃO poderá apresentar defesa preliminar do art. 514 do CPP em ambos os crimes, conforme jurisprudência do STF e STJ.

Gabarito: Errado.

1745. **(2019 – FCC – TJ/AL – Juiz – Adaptada)** Considere a seguinte assertiva: Conforme o STJ, a resposta preliminar prevista no artigo 514 do CPP para o julgamento de crimes praticados por funcionários públicos é corolário da ampla defesa e não pode ser afastada.

Certo ( )   Errado ( )

Nos termos da Súmula nº 330 do STJ, *é desnecessária a resposta preliminar de que trata o art. 514 do CPP, na ação penal instruída por inquérito policial.*

Prevalece na jurisprudência do STJ que a ausência de defesa preliminar nos crimes cometidos por funcionário público acarretará somente nulidade relativa, a qual deve ser arguida no momento oportuno, acompanhada da comprovação de efetivo prejuízo à defesa. Assim, estando a denúncia devidamente instruída com inquérito policial, torna-se dispensável a audiência preliminar do acusado.

Gabarito: Errado.

1746. **(2019 – FUNIVERSA – SEAD/GO – Agente de Segurança)** Sebastião, funcionário público legalmente investido, exerce funções em órgão de fiscalização e arrecadação de tributos estaduais. Na realização de um trabalho de rotina, Sebastião apresentou-se como fiscal em determinado estabelecimento comercial. Na ocasião, solicitou a apresentação de notas fiscais e livros de entrada e saída de mercadorias. O funcionário público percebeu que os documentos apresentados continham diversas fraudes, mas aceitou a quantia de R$ 1.500,00 para não tomar nenhum tipo de providência. Sebastião foi preso em flagrante por policiais que estavam realizando compras no estabelecimento. Concluso o inquérito policial, fora remetido ao Ministério Público, que ofereceu denúncia em desfavor de Sebastião, acusando-o da prática de ilícito penal. A denúncia foi autuada pelo juiz. Considerando esse caso hipotético, em obediência ao procedimento legalmente previsto, Sebastião deverá ser

a) citado para oferecer resposta à acusação em 10 dias.

b) citado para ser interrogado no processo criminal.

c) notificado para oferecer defesa preliminar em 15 dias.

d) notificado para ser interrogado no processo criminal.

e) citado para responder por escrito em 15 dias.

Conforme o art. 514 do CPP: *Nos crimes afiançáveis, estando a denúncia ou queixa em devida forma, o juiz mandará autuá-la e ordenará a notificação do acusado, para responder por escrito, dentro do prazo de quinze dias.* **Sebastião cometeu o crime de corrupção passiva - art. 317 do CP:** *crime formal consumando-se com o pedido ou aceitação do agente.* **DICA: na modalidade solicitar, pouco importa, para fim de consumação, se o funcionário público efetivamente obtém a vantagem visada, ocorrerá então, mero EXAURIMENTO do crime. É crime de ação penal pública incondicionada e crime afiançável somente pelo juiz.**

Gabarito: C.

1747. **(2015 – FUNIVERSA – SEAP/DF – Agente Penitenciário)** No que se refere ao direito processual penal, julgue o item, segundo o entendimento dos tribunais superiores e da doutrina dominante.

Segundo entendimento do STJ, nos crimes afiançáveis de responsabilidade dos funcionários públicos, sejam eles funcionais típicos ou não, estando a denúncia em devida forma, o juiz deve mandar autuá-la e ordenar a notificação do acusado para responder à acusação por escrito.

Certo (   )   Errado (   )

O rito especial determinado pelo art. 514 do CPP *só é aplicável nos casos em que o apontado autor esteja sendo acusado da prática de um dos delitos funcionais típicos,* **assim, entendidos aqueles previstos nos arts. 312 a 326 do CP. A jurisprudência do STF firmou entendimento no sentido de que tal procedimento só se aplica se aplica aos crimes funcionais típicos, ou seja, aqueles que exigem a condição de funcionário público do agente.**

Jurisprudência do STF nesse sentido: *Não há falar em nulidade do processo em face da não observância do disposto no art. 514 do CPP, pois é da jurisprudência desta Corte que o referido dispositivo processual se reserva às hipóteses em que se imputa a prática de crimes funcionais típicos, o que não é o caso do art. 90 da Lei de Licitações. Precedentes. 6. Recurso ordinário improvido. (RHC 117209, Relator(a): Min. TEORI ZAVASCKI, Segunda Turma, julgado em 25/02/2014, PROCESSO ELETRÔNICO DJe-047 DIVULG 10-03-2014 PUBLIC 11-03-2014).*

Gabarito: Errado.

1748. **(2014 – FCC – DPE/CE – Defensor Público – Adaptada)** João foi prefeito municipal de 2009 a 2012, tendo após o término do mandato se dedicado unicamente à sua clínica particular, como médico. Foi denunciado agora junto com corréus pelo delito de corrupção passiva, por fatos ocorridos durante sua gestão à frente da Prefeitura e ligados à secretaria da saúde. Diante disso, a ação penal contra João deve seguir o procedimento especial do capítulo do processo e julgamento dos crimes de responsabilidade dos funcionários públicos, previsto no CPP.

Certo (   )   Errado (   )

A jurisprudência do STF, AP 465/2014, *entende que, quando o acusado perde a condição de fun-cionário público, não se aplica o procedimento dos crimes cometidos por servidores públicos.* O procedimento especial previsto no art. 514 do CPP não se aplica ao funcionário público que deixou de exercer a função na qual estava investido.

Gabarito: Errado.

1749. **(2014 – TRF 2ª Região – TRF 2ª Região – Juiz – Adaptada)** Recebida De acordo com a juris-prudência sólida do Superior Tribunal de Justiça, nos crimes praticados por funcionário público, ainda que a ação penal esteja lastreada em inquérito policial, não se dispensa a resposta escrita preliminar de que cuida o art. 514 do CPP (CPP).

Certo ( )   Errado ( )

O teor da Súmula nº 330 do STJ dispõe o contrário do exposto na alternativa. A Jurisprudência do STJ ADMITE dispensa da resposta preliminar e NÃO da resposta à acusação. Vide Súmula nº 330 do STJ: *é desnecessária a resposta preliminar de que trata o artigo 514 do CPP, na ação penal instruída por inquérito policial.*

Gabarito: Errado.

1750. **(2014 – TRF 2ª Região – TRF 2ª Região – Juiz – Adaptada)** Recebida Na esteira da jurisprudên-cia dominante, o procedimento de que cuidam os arts. 513 e seguintes do CPP, ao prever a prévia resposta do funcionário, é observável para todos os crimes praticados por funcionário público, e não só quando se trate de crime funcional típico.

Certo ( )   Errado ( )

Não são em todos os crimes. RHC 127296/2015 2ª Turma STF - 1. *Havendo imputação de crimes funcionais e não funcionais, não se aplica o procedimento previsto nos arts. 513 e seguintes do CPP, a tornar prescindível a fase de resposta preliminar nele prevista.*

Gabarito: Errado.

1751. **(2014 – FCC – DPE/CE – Defensor Público – Adaptada)** João foi prefeito municipal de 2009 a 2012, tendo após o término do mandato se dedicado unicamente à sua clínica particular, como médico. Foi denunciado agora junto com corréus pelo delito de corrupção passiva, por fatos ocorridos durante sua gestão à frente da Prefeitura e ligados à secretaria da saúde. Diante disso, caso a ação penal esteja instruída por inquérito policial, é desnecessário que a defesa de João apresente resposta à acusação.

Certo ( )   Errado ( )

A Jurisprudência do STJ ADMITE dispensa da resposta preliminar e NÃO da resposta à acusação. Vide Súmula nº 330 do STJ: *é desnecessária a resposta preliminar de que trata o artigo 514 do CPP, na ação penal instruída por inquérito policial.*

Gabarito: Errado.

1752. (2014 – TRF 2ª Região – TRF 2ª Região – Juiz – Adaptada) Recebida a resposta do funcionário público, de que cuida o artigo 514 do CPP, o juiz rejeitará a queixa ou denúncia, em despacho fundamentado e independentemente da oitiva do Ministério Público, se convencido, pela resposta apresentada, da inexistência do crime.

Certo ( )   Errado ( )

O art. 516 dispõe que o *juiz rejeitará a queixa ou denúncia, em despacho fundamentado, se convencido, pela resposta do acusado ou do seu defensor, da inexistência do crime ou da improcedência da ação.*

Gabarito: Certo.

1753. (2013 – FEPESE – SJC/SC – Agente – Adaptada) De acordo com o CPP, acerca dos crimes de responsabilidade praticados por funcionários públicos.

Após recebida a denúncia ou queixa, será o acusado citado seguindo-se o rito ordinário

Certo ( )   Errado ( )

Nos termos do art. 517 do CPP, *recebida a denúncia ou a queixa, será o acusado citado, na forma estabelecida no Capítulo I, do Título X, do Livro I.*

Gabarito: Certo.

1754. (2013 – FEPESE – SJC/SC – Agente – Adaptada) De acordo com o CPP, acerca dos crimes de responsabilidade praticados por funcionários públicos.

Se não for conhecida a residência do acusado, a autoridade judiciária determinará o seu processamento à revelia.

Certo ( )   Errado ( )

O parágrafo único do art. 514 do CPP estabelece que, *não sendo não for conhecida a residência do acusado, ou este se achar fora da jurisdição do juiz, ser-lhe-á nomeado defensor, a quem caberá apresentar a resposta preliminar.*

Gabarito: Errado.

1755. (2013 – FEPESE – SJC/SC – Agente – Adaptada) acordo com o CPP, acerça dos crimes de responsabilidade praticados por funcionários públicos.

Antes do recebimento da denúncia ou queixa, o acusado tem o direito de apresentar defesa prévia no prazo de cinco dias.

Certo ( )   Errado ( )

Nos crimes afiançáveis, estando a denúncia ou queixa em devida forma, o juiz mandará autuá-la e ordenará a notificação do acusado, para responder por escrito, dentro do prazo de quinze dias, conforme previsto no art. 514 do CPP.

Gabarito: Errado.

1756. (2013 – CESPE/CEBRASPE – TJ/AM – Juiz – Adaptada) O CPP prevê nos arts. 513/518 um procedimento especial para os crimes de responsabilidade praticados por funcionários públicos. Com relação a esse procedimento é correto afirmar que a primeira manifestação do acusado no processo é feita após o recebimento da denúncia ou queixa.

Certo (   )   Errado (   )

O art. 514 do CPP estabelece que, *nos crimes afiançáveis, estando a denúncia ou queixa em devida forma, o juiz mandará autuá-la e ordenará a notificação do acusado, para responder por escrito, dentro do prazo de quinze dias.*
Gabarito: Errado.

1757. (FGV – Adaptada) O CPP prevê nos arts. 513/518 um procedimento especial para os crimes de responsabilidade praticados por funcionários públicos. Com relação a esse procedimento é correto afirmar que o procedimento especial será aplicável aos crimes praticados por funcionário público contra a Administração, desde que estes sejam inafiançáveis.

Certo (   )   Errado (   )

O procedimento especial será aplicável aos crimes praticados por funcionário público contra a Administração, desde que estes sejam afiançáveis. Art. 514, *caput*, do CPP.
Gabarito: Errado.

1758. (2013 – CESPE/CEBRASPE – TJ/AM – Juiz – Adaptada) O CPP prevê nos arts. 513/518 um procedimento especial para os crimes de responsabilidade praticados por funcionários públicos. Com relação a esse procedimento é correto afirmar que; de acordo com entendimento sumulado pelo Superior Tribunal de Justiça, é desnecessária a resposta preliminar quando a ação penal for instruída por inquérito policial.

Certo (   )   Errado (   )

Trata se da aplicação da Súmula nº 330 do STJ, que nos traz em seu conteúdo os seguintes dizeres: *"é desnecessária a resposta preliminar de que trata o Art. 514 do CPP, na ação penal instruída por inquérito policial".*
Gabarito: Certo.

1759. (2013 – CESPE/CEBRASPE – TJ/AM – Juiz – Adaptada) O CPP prevê nos arts. 513/518 um procedimento especial para os crimes de responsabilidade praticados por funcionários públicos. Com relação a esse procedimento é correto afirmar que, se o crime praticado por funcionário público for de peculato doloso, o procedimento especial não será aplicável.

Certo (   )   Errado (   )

O procedimento judicial nos crimes praticados por funcionários públicos, os quais se encontram disciplinados nos arts. 513 a 518 do CPP. Ao peculato, infração penal prevista no art. 312 do CP, que se exige determinada qualidade no sujeito ativo, seja funcionário público, aplica-se o procedimento supramencionado.
Gabarito: Errado.

1760. **(2013 – CESPE/CEBRASPE – TJ/AM – Juiz – Adaptada)** O CPP prevê nos arts. 513/518 um procedimento especial para os crimes de responsabilidade praticados por funcionários públicos. Com relação a esse procedimento é correto afirmar que; se não for conhecida a residência do acusado, ou este se achar fora da jurisdição do Juiz, ser-lhe-á nomeado defensor, a quem caberá acompanhar o processo, mas não terá atribuição para apresentar resposta preliminar.

Certo ( )   Errado ( )

Se não for conhecida a residência do acusado, ou este se achar fora da jurisdição do juiz, ser-lhe-á nomeado defensor, a quem caberá apresentar a resposta preliminar, **conforme art. 514, parágrafo único, do CPP.**

Gabarito: Errado.

1761. **(2013 – MPE/MS – MPE/SC – Promotor de Justiça – Adaptada)** Analise a assertiva.

Conforme entendimento alicerçado pelo Superior Tribunal de Justiça, a defesa preliminar do funcionário público nos crimes de sua responsabilidade, prevista no artigo 514 do CPP, é desnecessária quando a ação penal vem instruída por inquérito policial.

Certo ( )   Errado ( )

Vide Súmula nº 330 do STJ: *é desnecessária a resposta preliminar de que trata o artigo 514 do CPP, na ação penal instruída por inquérito policial.*

Gabarito: Certo.

1762. **(2012 – FEC – PC/RJ – Inspetor – Adaptada)** De acordo com o CPP, nos crimes de responsabilidade de funcionários públicos, quando afiançáveis, o prazo de resposta do acusado, antes do recebimento da denúncia ou queixa, é de:

a) trinta dias.

b) cinco dias.

c) dez dias.

d) vinte dias.

e) quinze dias.

De acordo com o art. 514, *caput,* **do CPP,** *o acusado terá o prazo de 15 dias, após notificado, para responder por escrito, nos crimes afiançáveis.*

Gabarito: E.

1763. **(2012 – UFMT – TJ/MT – Agente – Adaptada)** A persecução penal dos crimes de responsabilidade praticados por funcionários públicos no exercício da função obedece o rito especial previsto no CPP, nos termos dos artigos 513/518 do referido *Codex,* no qual vige a imposição para que o juiz determine a notificação do acusado para apresentação de resposta preliminar após o oferecimento da denúncia e antes do recebimento da peça acusatória. Em relação a essa defesa preliminar, é correto afirmar:

É ato obrigatório nos crimes funcionais inafiançáveis, não podendo o acusado deixar de apresentá-la

Certo ( )   Errado ( )

Nos crimes afiançáveis, estando a denúncia ou queixa em devida forma, o juiz mandará autuá-la e ordenará a notificação do acusado, para responder por escrito, dentro do prazo de quinze dias, nos termos do art. 514 do CPP.
Gabarito: Errado.

1764. **(2012 – IESES – TJ/RN – Titular de Serviços de Notas e Registros – Adaptada)** É certo afirmar: Nos crimes afiançáveis cometidos pelos funcionários públicos, estando a denúncia ou queixa em devida forma, o juiz mandará autuá-la e ordenará a citação do acusado, para responder por escrito, dentro do prazo de quinze dias.

Certo ( )   Errado ( )

Nos crimes AFIANÇÁVEIS, estando a denúncia ou queixa em devida forma, o juiz mandará autuá-la e ordenará a NOTIFICAÇÃO do acusado, para responder por escrito, dentro do PRAZO DE 15 DIAS, conforme o teor do art. 514 do CPP.
Gabarito: Errado.

1765. **(2013 – COPEVE-UFAL – MPE/AL – Analista – Adaptada)** Quanto ao procedimento especial para os crimes afiançáveis imputados a funcionário público, é correto afirmar que o prazo para apresentar a defesa preliminar é de 10 (dez) dias.

Certo ( )   Errado ( )

Nos crimes afiançáveis, estando a denúncia ou queixa em devida forma, o juiz mandará autuá-la e ordenará a notificação do acusado, para responder por escrito, dentro do prazo de 15 dias, conforme o art. 514 do CPP.
Gabarito: Errado.

1766. **(2012 – UFMT – TJ/MT – Agente – Adaptada)** A persecução penal dos crimes de responsabilidade praticados por funcionários públicos no exercício da função obedece o rito especial previsto no CPP, nos termos dos artigos 513/518 do referido Codex, no qual vige a imposição para que o juiz determine a notificação do acusado para apresentação de resposta preliminar após o oferecimento da denúncia e antes do recebimento da peça acusatória. Em relação a essa defesa preliminar, é correto afirmar que pode ser dispensada pelo juiz sempre que a acusação estiver desacompanhada de inquérito.

Certo ( )   Errado ( )

Afronta o teor da Súmula nº 330 do STJ: é desnecessária a resposta preliminar de que trata o art. 514 do CPP (CPP), na ação penal instruída por inquérito policial.
Gabarito: Errado.

1767. **(2012 – MS CONCURSOS – PC/PA – Investigador – Adaptada)** Quanto ao processamento dos crimes de responsabilidade dos funcionários públicos, analise a assertiva abaixo:

Nos crimes de responsabilidade dos funcionários públicos, cujo processo e julgamento competirão aos juízes de direito, a queixa ou a denúncia será instruída com documentos ou justificação que façam presumir a existência do delito ou com declaração fundamentada da impossibilidade de apresentação de qualquer dessas provas.

Certo ( )   Errado ( )

É o inteiro teor do art. 513 do CPP: *os crimes de responsabilidade dos funcionários públicos, cujo processo e julgamento competirão aos juízes de direito, a queixa ou a denúncia será instruída com documentos ou justificação que façam presumir a existência do delito ou com declaração fundamentada da impossibilidade de apresentação de qualquer dessas provas.*

Gabarito: Certo.

1768. **(2012 – MS CONCURSOS – PC/PA – Investigador – Adaptada)** Quanto ao processamento dos crimes de responsabilidade dos funcionários públicos, analise a assertiva abaixo:

O juiz rejeitará a queixa ou denúncia, em despacho fundamentado, se convencido, pela resposta do acusado ou do seu defensor, da inexistência do crime ou da improcedência da ação.

Certo ( )   Errado ( )

Nos temos do art. 516 do CPP, o *juiz rejeitará a queixa ou denúncia, em despacho fundamentado, se convencido, pela resposta do acusado ou do seu defensor, da inexistência do crime ou da improcedência da ação.*

Gabarito: Certo.

1769. **(2013 – COPEVE-UFAL – MPE/AL – Analista – Adaptada)** Quanto ao procedimento especial para os crimes afiançáveis imputados a funcionário público, é correto afirmar que o STJ entende indispensável a defesa preliminar anterior ao recebimento da denúncia mesmo que a ação penal seja baseada em inquérito policial que contenha as declarações do indiciado.

Certo ( )   Errado ( )

Vide Súmula nº 330 do STJ: *é desnecessária a resposta preliminar de que trata o artigo 514 do CPP, na ação penal instruída por inquérito policial.*

Gabarito: Errado.

1770. **(2012 – MS CONCURSOS – PC/PA – Investigador – Adaptada)** Quanto ao processamento dos crimes de responsabilidade dos funcionários públicos, analise a assertiva abaixo:

Se não for conhecida a residência do acusado, ou este se achar fora da jurisdição do juiz, ser-lhe-á nomeado defensor, a quem caberá apresentar a resposta preliminar.

Certo ( )   Errado ( )

Conforme o inteiro teor do art. 514, parágrafo único, do CPP, *se não for conhecida a residência do acusado, ou este se achar fora da jurisdição do juiz, ser-lhe-á nomeado defensor, a quem caberá apresentar a resposta preliminar.*

Gabarito: Certo.

1771. (2012 – MS CONCURSOS – PC/PA – Investigador – Adaptada) Quanto ao processamento dos crimes de responsabilidade dos funcionários públicos, analise a assertiva abaixo:

Nos crimes afiançáveis, estando a denúncia ou queixa em devida forma, o juiz mandará autuá-la e ordenará a notificação do acusado, para responder por escrito, dentro do prazo de 10 (dez) dias.

Certo ( )   Errado ( )

Nos crimes afiançáveis, estando a denúncia ou queixa em devida forma, o juiz mandará autuá-la e ordenará a notificação do acusado, para responder por escrito, dentro do prazo de 15 dias, conforme o art. 514 do CPP.

Gabarito: Errado.

1772. (2011 – IESES – TJ/CE – Técnico Judiciário – Adaptada) É certo afirmar que, no procedimento especial aplicado na apuração dos crimes cometidos pelos funcionários públicos, a "resposta preliminar" é desnecessária se a ação penal foi instruída por inquérito policial.

Quanto aos crimes funcionais afiançáveis, o art. 514 do CPP estabelece que, "nos crimes afiançáveis, estando a denúncia ou queixa em devida forma, o juiz mandará autuá-la e ordenará a notificação do acusado, para responder por escrito, dentro do prazo de quinze dias."

Certo ( )   Errado ( )

De acordo com a Súmula nº 330 do STJ: *crime de responsabilidade; funcionário público; servidor público; resposta preliminar; desnecessidade; ação penal instruída com inquérito policial. CPP, art. 514.*

É desnecessária a resposta preliminar de que trata o art. 514 do CPP, na ação penal instruída por inquérito policial.

No entanto, o STF DIVERGE da Súmula nº 330 do STJ: HC 85779 (salvo melhor juízo quanto a numeração do julgado), que é indispensável a defesa preliminar de que trata o art. 514, mesmo quando a denúncia é lastreada em inquérito policial, porque trata-se de procedimento previsto em lei e que deve ser obedecido em atendimento a ampla defesa.

Gabarito: Errado.

1773. (2011 – FCC – TRE/AP – Analista Judiciário) Nos crimes afiançáveis de responsabilidade dos funcionários públicos, estando a denúncia ou queixa em devida forma, o juiz mandará autuá-la e ordenará a notificação do acusado, para responder por escrito, dentro do prazo de

a) cinco dias.

b) dez dias.

c) quinze dias.

d) trinta dias.

e) vinte dias.

Nos crimes afiançáveis, estando a denúncia ou queixa em devida forma, o juiz mandará autuá-la e ordenará a notificação do acusado, para responder por escrito, dentro do prazo de 15 dias, conforme art. 514 do CPP.

Gabarito: C.

1774. **(2009 – FUNIVERSA – PCP/DF – Delegado – Adaptada)** O Ministério Público do Distrito Federal e dos Territórios, com base em elementos de informação obtidos em inquérito policial, denunciou João, agente da polícia civil, por ter supostamente solicitado propina ao comerciante de peças de automóvel Manoel, com o objetivo de não efetuar contra este a prisão em flagrante em razão de haver adquirido mercadoria oriunda de crime. Acerca dessa situação hipotética é correto afirmar que a notificação do acusado para apresentar a resposta preliminar por escrito é desnecessária se ele já tiver constituído advogado nos autos.

Certo ( )   Errado ( )

Nos termos do art. 514 do CP, *a notificação do acusado é OBRIGATÓRIA, no entanto a apresentação de defesa preliminar é ato FACULTATIVO, dispensando-se a capacidade postulatória.*

Gabarito: Errado.

1775. **(2009 – FUNIVERSA – PCP/DF – Delegado – Adaptada)** Ministério Público do Distrito Federal e dos Territórios, com base em elementos de informação obtidos em inquérito policial, denunciou João, agente da polícia civil, por ter supostamente solicitado propina ao comerciante de peças de automóvel Manoel, com o objetivo de não efetuar contra este a prisão em flagrante em razão de haver adquirido mercadoria oriunda de crime. Acerca dessa situação hipotética é correto afirmar que, após o recebimento da denúncia ou da queixa, será o acusado citado, seguindo-se o procedimento sumariíssimo, desde que haja a resposta preliminar à acusação.

Certo ( )   Errado ( )

Segue-se o rito ordinário, conforme preveem os arts. 517 (citações e intimações) e 518 (instrução criminal e demais termos do processo) do CPP. Os referidos artigos não condicionam a aplicação dos procedimentos à apresentação de resposta preliminar.

Gabarito: Errado.

1776. **(Funiversa – Adaptada)** O Ministério Público do Distrito Federal e dos Territórios, com base em elementos de informação obtidos em inquérito policial, denunciou João, agente da polícia civil, por ter supostamente solicitado propina ao comerciante de peças de automóvel Manoel, com o objetivo de não efetuar contra este a prisão em flagrante em razão de haver adquirido mercadoria oriunda de crime. Acerca dessa situação hipotética é correto afirmar que o procedimento especial previsto no processo penal, imputado a funcionários públicos, aplica-se tanto aos crimes comuns como aos crimes funcionais típicos por eles praticados.

Certo ( )   Errado ( )

Os crimes de responsabilidade previstos no art. 513 do CPP, ou seja, os crimes funcionais típicos, aqueles previstos nos arts. 312 a 327 do CP (Crimes contra a Administração Pública cometidos por Funcionários Públicos). Deste modo, os crimes comuns praticados por funcionários públicos (exemplo: homicídio, lesões corporais etc.) estão excluídos do âmbito do procedimento especial.

Gabarito: Errado.

1777. **(2008 – FCC – TCE/AL – Procurador)** O CPP prevê rito especial para o processo e o julgamento dos crimes de responsabilidade dos funcionários públicos. Esse rito especial

a) impede que o acusado possa ser preso antes de recebida a denúncia, ainda que o crime seja inafiançável.

b) permite ao acusado se defender antes de ser recebida a denúncia, se o crime for afiançável.

c) permite ao acusado se defender antes de ser recebida a denúncia, se o crime for inafiançável.

d) permite ao acusado a efetivação de acordo para evitar o recebimento da denúncia, se o crime for afiançável.

e) permite ao acusado a efetivação de acordo para evitar o recebimento da denúncia, se o crime for inafiançável.

Nos crimes afiançáveis, estando a denúncia ou queixa em devida forma, o juiz mandará autuá-la e ordenará a notificação do acusado, para responder por escrito, dentro do prazo de 15 dias, conforme o art. 514 do CPP.

a) NÃO impede que o acusado possa ser preso antes de recebida a denúncia, ainda que o crime seja inafiançável.

c) permite ao acusado se defender antes de ser recebida a denúncia, se o crime for afiançável.

d) permite ao acusado a efetivação de resposta preliminar para evitar o recebimento da denúncia, se o crime for afiançável.

e) permite ao acusado a efetivação de resposta preliminar para evitar o recebimento da denúncia, se o crime for afiançável.

Gabarito: B.

1778. **(2007 – FCC – TRE/SE – Analista)** O art. 514 do CPP, determina que, nos processos por crime de responsabilidade de funcionário público, o juiz mandará autuar a denúncia e ordenará a notificação do acusado, para responder por escrito, no prazo de 15 dias. Essa fase do procedimento é obrigatória apenas nos crimes

a) inafiançáveis.

b) afiançáveis.

c) apenados com prisão simples e multa.

d) apenados com detenção.

e) apenados com reclusão.

Diz o art. 514 do CPP: *nos crimes afiançáveis, estando a denúncia ou queixa em devida forma, o juiz mandará autuá-la e ordenará a notificação do acusado, para responder por escrito, dentro do prazo de 15 (quinze) d ias.*

Gabarito: B.

1779. **(2007 – FCC – TJ/PE – Analista)** O Ministério Público, com base em peças de informação e sem prévia instauração de inquérito policial, ofereceu denúncia contra funcionário público pela prática de crime afiançável contra a administração pública. Nesse caso,

a) o acusado será citado para apresentar defesa prévia no prazo de 3 dias, seguindo-se a designação de data para interrogatório.

b) se a denúncia for recebida, o acusado será notificado para responder por escrito dentro do prazo de 10 dias.

c) se a denúncia for recebida, o acusado será intimado para apresentar defesa prévia no prazo de 3 dias, seguindo-se o seu interrogatório.

d) o acusado será citado para interrogatório e, se a denúncia for recebida, será notificado para responder por escrito em 10 dias.

e) o juiz mandará notificar o acusado para responder por escrito, dentro do prazo de 15 dias.

Conforme inteiro teor do art. 514 do CPP, *nos crimes afiançáveis, estando a denúncia ou queixa em devida forma, o juiz mandará autuá-la e ordenará a notificação do acusado, para responder por escrito, dentro do prazo de 15 (quinze) dias.*

Gabarito: E.

1780. **(2006 – FCC – PGE/RR – Procurador – Adaptada)** No processo e julgamento dos crimes de responsabilidade dos funcionários públicos, nos crimes afiançáveis e inafiançáveis, após a denúncia, o juiz ordenará a notificação do acusado para responder por escrito, dentro do prazo de 15 (quinze) dias.

Certo ( )   Errado ( )

Nos termos do art. 514 do CPP, *nos crimes afiançáveis, estando a denúncia ou queixa em devida forma, o juiz mandará autuá-la e ordenará a notificação do acusado, para responder por escrito, dentro do prazo de 15 (quinze) dias.*

Gabarito: Errado.

1781. **(2006 – FCC – PGE/RR – Procurador – Adaptada)** No processo e julgamento dos crimes de responsabilidade dos funcionários públicos, nos crimes inafiançáveis, após a denúncia, o juiz ordenará a notificação do acusado para responder por escrito, dentro do prazo de 15 (quinze) dias.

Certo ( )   Errado ( )

O CPP estabelece no art. 514, *nos crimes afiançáveis, estando à denúncia ou queixa em devida forma, o juiz mandará autuá-la e ordenará a notificação do acusado, para responder por escrito, no prazo de 15 dias, defesa preliminar.*

Gabarito: Errado.

1782. **(2006 – FCC – PGE/RR – Procurador – Adaptada)** No processo e julgamento dos crimes de responsabilidade dos funcionários públicos, nos crimes afiançáveis, o eventual recebimento da denúncia é feito depois da notificação do acusado e, caso existente, de sua resposta.

Certo ( )   Errado ( )

O CPP dispõe que, após a apresentação desta defesa preliminar, ou o transcurso do prazo sem o seu oferecimento, é que o Juiz decidirá se recebe ou rejeita a denúncia ou queixa. Nos termos do art. 516 do CPP: *o juiz rejeitará a queixa ou denúncia, em despacho fundamentado, se convencido, pela resposta do acusado ou do seu defensor, da inexistência do crime ou da improcedência da ação.*

Gabarito: Certo.

1783. **(2006 – FCC – PGE/RR – Procurador – Adaptada)** No processo e julgamento dos crimes de responsabilidade dos funcionários públicos, a falta de notificação do acusado para, se quiser, responder à acusação causa nulidade absoluta, conforme súmulas do Superior Tribunal de Justiça e do Supremo Tribunal Federal.

Certo (　)　　　　Errado (　)

Trata-se de NULIDADE RELATIVA conforme a jurisprudência do STF: Informativo nº 627 – art. 514 do CPP e nulidade relativa: *A 2ª Turma iniciou julgamento de habeas corpus em que servidor público almeja a anulação da ação penal contra ele instaurada ante a ausência de notificação prévia, nos termos do art. 514 do CPP ("Nos crimes afiançáveis, estando a denúncia ou queixa em devida forma, o juiz mandará autuá-la e ordenará a notificação do acusado, para responder por escrito, dentro do prazo de quinze dias"). O Min. Joaquim Barbosa, relator, indeferiu a ordem. Ressaltou que a falta de notificação para apresentar defesa preliminar acarretaria somente a nulidade relativa, a qual deveria ser oportunamente arguida, sob pena de preclusão.* **HC 104054/RJ, rel. Min. Joaquim Barbosa, 17.5.2011. (HC-104054)**

Gabarito: Errado.

HABEAS CORPUS

1784. (2021 – CESPE/CEBRASPE – PC/DF – Escrivão) Determinado cidadão norte-americano em férias em Brasília cometeu o crime de homicídio ao fugir da cena de crime de tráfico ilícito de entorpecentes, supostamente por ele praticado. Após o crime, ele fugiu para o hotel onde se encontrava hospedado desde que chegou ao Brasil. Cinco minutos após ter adentrado em seu quarto, a polícia invadiu o local e conseguiu prendê-lo. Considerando a jurisprudência do STF, julgue os itens a seguir, a partir da situação hipotética precedente.

Caso o referido cidadão norte-americano considere ilegal a sua prisão, ele próprio, mesmo sendo estrangeiro, poderá impetrar *habeas corpus* em face da autoridade coatora, sendo prescindível o patrocínio judicial por advogado nesse caso.

Certo (   )   Errado (   )

A CF/88 assegura no art. 5º, LXVIII, que conceder-se-á *habeas corpus* SEMPRE que alguém sofrer ou se achar ameaçado de sofrer violência ou coação em sua LIBERDADE de locomoção, por ilegalidade ou abuso de poder. Portanto, qualquer do povo, nacional ou estrangeiro, pode exercer o direito do *habeas corpus*, não dependendo de capacidade civil, política, profissional, de idade, sexo, profissão, estado mental. Logo, o art. 654 do CPP, *estabelece que o habeas corpus poderá ser impetrado por qualquer pessoa,* em seu favor o de outrem, bem como pelo Ministério Público.

Jurisprudência: *O leigo que impetra* habeas corpus *tem legitimidade para interpor recurso ordinário constitucional, prescindindo-se, nessa hipótese, da capacidade postulatória do recorrente.* Entendimento do STF: HC 122.666/RS; quanto do STJ: RHC 75.766/PA, DJe 15/10/2018.

Gabarito: Certo.

1785. (2021 – IADES – PM/PA – Soldado – Adaptada) A respeito do *habeas corpus*, é correto afirmar: Conceder-se-á *habeas corpus* sempre que alguém sofrer ou se achar ameaçado de sofrer violência ou coação em sua liberdade de locomoção, por ilegalidade ou abuso de poder.

Certo (   )   Errado (   )

Conforme previsão expressa da CF/88 no art. 5º, LXVIII, *conceder-se-á habeas-corpus SEMPRE que alguém sofrer ou se achar ameaçado de sofrer violência ou coação em sua LIBERDADE de locomoção, por ilegalidade ou abuso de poder.*

Gabarito: Certo.

1786. (2021 – CESPE/CEBRASPE – DEPEN – Agente Federal de Execução Penal) Julgue o item a seguir, relativos a direito processual penal.

O *habeas corpus* não poderá ser impetrado pelo Ministério Público.

Certo (   )   Errado (   )

O *habeas corpus* PODERÁ ser impetrado por qualquer pessoa, em seu favor ou de outrem, bem como pelo Ministério Público, é o que dispõe o art. 654 do CPP.

Revisão:

➢**Habeas Corpus:** direito de LOCOMOÇÃO.

➢**Habeas Data:** direito de informação PESSOAL (personalíssimo).

➢**Mandado de segurança:** direito líquido e certo.

➢**Mandado de injunção:** OMISSÃO legislativa.

➢**Ação Popular:** ato LESIVO.

Gabarito: Errado.

1787. (2021 – FCC – DPE/BA – Defensor – Adaptada) Sobre recursos, *habeas corpus* e revisão criminal, de acordo com a jurisprudência do Superior Tribunal de Justiça, a superveniência da sentença condenatória prejudica o pedido de trancamento da ação penal por falta de justa causa feito em *habeas corpus*.

Certo ( )   Errado ( )

É o teor da súmula 648 do STJ – *A superveniência da* **SENTENÇA CONDENATÓRIA prejudica o pedido de trancamento da ação penal por falta de justa causa** *feito em habeas corpus.*

Gabarito: Certo.

1788. (2021 – FGV – PC/RN – Delegado) No curso de inquérito policial, a autoridade policial indiciou Napoleão pela prática do crime de homicídio qualificado, em que pese os elementos de informação colhidos demonstrassem de maneira clara que o investigado agiu em legítima defesa. Visando combater tal decisão e buscar o "trancamento" do inquérito policial, o advogado de Napoleão poderá:

a) interpor recurso para o chefe de polícia.

b) impetrar *habeas corpus*, sendo competente para julgamento um juiz de 1º grau.

c) impetrar *habeas corpus*, sendo competente para julgamento o Tribunal de Justiça respectivo.

d) interpor recurso em sentido estrito, sendo competente para julgamento um juiz de 1º grau.

e) impetrar *habeas corpus* para análise pelo chefe de polícia.

A questão aborda a hipótese de Habeas Corpus preventivo, trancativo ou profilático, que tem como objetivo o "trancamento" do inquérito policial. A ação impugnativa deve ser impetrada *perante o Juízo de primeiro grau*, uma vez *que autoridade coatora é o Delegado de Polícia. É importante destacar que* o trancamento do inquérito policial, assim como da ação penal, **é medida EXCEPCIONAL**, só sendo admitida quando dos autos insurgirem, de plano, e SEM a necessidade de exame aprofundado e exauriente das provas, a **atipicidade da conduta, a existência de causa de extinção da punibilidade e a ausência de indícios de autoria de provas sobre a materialidade do delito.**

Jurisprudência do STJ de 2021:

[...] O trancamento do inquérito é medida extrema e excepcional, que só pode ocorrer nas hipóteses em que for indiscutível a injustiça e a ilegalidade no prosseguimento da investigação. (AgRg no RHC 143.320/RO, Rel. Ministro ANTONIO SALDANHA PALHEIRO, SEXTA TURMA, julgado em 22/06/2021, DJe 29/06/2021)

Gabarito: B.

1789. (2021 – IADES – PM/PA – Soldado – Masculino – Adaptada) A respeito do *habeas corpus*, é correto afirmar:

Toda e qualquer arguição de coação ilegal concernente à liberdade de ir e vir deve ser feita por meio de *habeas corpus* impetrado, sempre, originariamente junto ao Supremo Tribunal Federal, independentemente de quem seja a respectiva autoridade coatora.

Certo ( )   Errado ( )

De acordo com o disposto no art. 650 do CPP e art. 101, I, g, da CF/88, *competirá ao* **Supremo Tribunal Federal** *conhecer, originariamente, do pedido de habeas corpus, quando for paciente, ou* **coator, Tribunal, funcionário ou autoridade, cujos atos estejam sujeitos imediatamente à jurisdição do Tribunal,** *ou quando se tratar de crime sujeito a essa mesma jurisdição em única instância; e, ainda, se houver perigo de consumar-se a violência antes que outro Juiz ou Tribunal possa conhecer do pedido.*

Gabarito: Errado.

1790. (2021 – IADES – PM/PA – Aspirante) Em relação ao instituto do *habeas corpus* (HC), assinale a alternativa correta.

a) Dar-se-á HC sempre que alguém sofrer ou se achar na iminência de sofrer violência ou coação ilegal na sua liberdade de ir e vir, inclusive nos casos de punição disciplinar militar

b) A concessão do HC põe termo, automaticamente, ao respectivo processo.

c) O HC poderá ser impetrado por qualquer pessoa, em seu favor ou de outrem, bem como pelo Ministério Público, mas a sua análise meritória está condicionada pela legislação processual brasileira ao recolhimento das respectivas custas e despesas processuais.

d) A decisão no julgamento do HC será tomada por maioria de votos e, em caso de empate, prevalecerá a decisão mais favorável ao paciente.

e) Se o HC for concedido em virtude de eventual nulidade do processo, este não poderá ser renovado.

A respeito do julgamento do Habeas Corpus, o CPP dispõe no art. 664, que será julgado na primeira sessão, podendo, entretanto, adiar-se o julgamento para a sessão seguinte.

A decisão será tomada por maioria de votos. Havendo **EMPATE**, se o presidente não tiver tomado parte na votação, proferirá voto de desempate; no caso contrário, **prevalecerá a decisão mais favorável ao paciente.**

Fundamentação das alternativas: *a)* *Dar-se-á habeas corpus sempre que alguém sofrer ou se achar na iminência de sofrer violência ou coação ilegal na sua liberdade de ir e vir,* **SALVO nos casos de PUNIÇÃO DISCIPLINAR** (art. 647 do CPP e o art. 142, § 2º, da CF/88); **b)** *A concessão do habeas corpus* **NÃO OBSTARÁ, nem porá termo ao processo,** *desde que este não esteja em conflito com os fundamentos daquela* (art. 651 do CPP) ; *c) e e) Se o habeas corpus for concedido em virtude de* **NULIDADE do processo, este será RENOVADO** (art. 652 do CPP).

Gabarito: D.

1791. (2021 – APICE – DPE/PB – Assistente – Adaptada) No que concerne a ritualística processual e dispositivos constitucionais ínsitos ao Direito Processual Penal, podemos afirmar:

O "*habeas corpus*" constitui-se em remédio constitucional cabível sempre que alguém estiver sofrendo ou se achar ameaçado de sofrer violência ou coação em sua liberdade de locomoção, por ilegalidade ou abuso de poder.

Certo ( )   Errado ( )

Conforme previsão expressa da CF/88 no art. 5º, LXVIII, *conceder-se-á habeas-corpus SEMPRE que alguém sofrer ou se achar ameaçado de sofrer violência ou coação em sua LIBERDADE de locomoção, por ilegalidade ou abuso de poder.*

Gabarito: Certo.

1792. **(2020 – PM-MG – PM/MG – Aspirante)** O *habeas corpus*, conforme assentado pela doutrina, "consubstancia-se em ordem de libertação ou em ordem de cessação de constrangimento ilegal". A respeito do tema, marque a opção CORRETA:

a) Instaurado o inquérito policial pelo delegado de polícia, atendendo à requisição do Ministério Público e, restando evidente a ausência de justa causa para o prosseguimento das investigações, ao se impetrar o *habeas corpus*, deverá ser apontada como autoridade coatora o delegado de polícia, vez que o responsável pela investigação.

b) Em se tratando de crime de competência do Tribunal do Júri, uma vez recebida a denúncia, não há que se arguir constrangimento ilegal na prisão por excesso de prazo na instrução.

c) Em se tratando de autoridade judiciária na condição de autoridade coatora, a hierarquia da jurisdição não terá o condão de fixar a competência para o processo e julgamento do *habeas corpus*.

d) A prisão de alguém por mais tempo do que determina a lei é ilegal e, portanto, passível de ser sanada via *habeas corpus*, porém, uma vez encerrada a instrução criminal, fica superada a alegação de constrangimento por excesso de prazo.

Nos termos do art. 648, II, do CPP: *A coação considerar-se-á* **ILEGAL:** II - quando alguém estiver preso por MAIS TEMPO do que determina a lei.

Jurisprudência do STJ – Súmula nº 52 do STJ: *Encerrada a instrução criminal, fica superada a alegação de constrangimento por excesso de prazo.*

Fundamentação das alternativas: a) A autoridade coatora é o membro do Ministério Público que requisitou a abertura de inquérito policial; b) O recebimento da denúncia não gera qualquer óbice à discussão a respeito da existência de constrangimento ilegal por excesso de prazo, pois a demora no trâmite processual pode ocorrer na primeira fase, assim como no curso da segunda fase do júri; e c) Consoante o disposto no art. 650 do CPP e art. 101, I, g, da CF/88, competirá ao Supremo Tribunal Federal conhecer, originariamente, do pedido de *habeas corpus*, quando for paciente, ou coator, Tribunal, funcionário ou autoridade, cujos atos estejam sujeitos imediatamente à jurisdição do Tribunal, ou quando se tratar de crime sujeito a essa mesma jurisdição em única instância; e, ainda, se houver perigo de consumar-se a violência antes que outro Juiz ou Tribunal possa conhecer do pedido.

Gabarito: D .

1793. **(2020 – CESPE/CEBRASPE – MPE/CE – Analista Ministerial)** À luz do entendimento jurisprudencial do STF e do STJ, julgue o item seguinte.

Segundo o STF, por aplicação analógica, os legitimados ativos para ingressar com *habeas corpus* coletivo são os mesmos indicados na lei que disciplina a ação civil pública.

Certo ( )   Errado ( )

Jurisprudência do STF e STJ:

*A despeito de não haver previsão legal expressa, **tanto o STF como o STJ têm admitido à impetração de** habeas corpus **coletivo**. (Info. 1006/STF 2021)*

No informativo 891/2018 o STF entendeu que INEXISTINDO regramento legal, DEVE ser aplicado, por **ANALOGIA**, o art. 12 da Lei nº 13.300/16, que trata sobre os **legitimados para propor MANDADO de INJUNÇÃO COLETIVO**. De tal modo, possuem legitimidade para impetrar *habeas corpus* coletivo:

- Ministério Público.
- Partido político com representação no Congresso Nacional.
- Organização sindical.
- Entidade de classe ou associação legalmente constituída e em funcionamento há pelo menos 1 (um) ano.
- Defensoria Pública.

Gabarito: Errado.

1794. **(2020 – CESPE/CEBRASPE – MPE/CE – Técnico Ministerial)** Nero responde a ação penal por crime contra patrimônio particular na comarca de Caucaia. Como ele não foi encontrado para ser citado pessoalmente, o juiz nomeou um defensor dativo e deu seguimento ao processo. Por fim, Nero foi condenado, apesar de a defesa ter alegado nulidade da citação.

Com relação a essa situação hipotética, julgue o item seguinte.

Caso o processo de Nero seja manifestamente nulo, será cabível impetrar *habeas corpus* no Tribunal de Justiça do Estado do Ceará.

Certo ( )   Errado ( )

Conforme expressamente previsto no art. 647, IV, do CPP:

Dar-se-á habeas corpus sempre que alguém sofrer ou se achar na iminência de sofrer violência ou coação ilegal na sua liberdade de ir e vir, salvo nos casos de punição disciplinar.

VI - quando o processo for manifestamente nulo.

Gabarito: Certo.

1795. **(2020 – VUNESP – EBSERH – Advogado)** No que concerne ao regramento legal do *habeas corpus* previsto no CPP, é correto afirmar:

a) dar-se-á *habeas corpus* sempre que alguém sofrer ou se achar na iminência de sofrer violência ou coação ilegal na sua liberdade de ir e vir, inclusive nos casos de punição disciplinar.

b) recebida a petição de *habeas corpus*, o juiz, se julgar necessário, e estiver preso o paciente, mandará que este lhe seja imediatamente apresentado em dia e hora que designar.

c) se o *habeas corpus* for concedido em virtude de nulidade do processo, este será definitivamente arquivado.

d) a lei processual penal não prevê a possibilidade de os juízes e os tribunais expedirem de ofício ordem de *habeas corpus*.

e) não cabe *habeas corpus* quando negada a liberdade sob fiança, mesmo que a lei autorize a liberdade no caso concreto

Previsão expressa do art. 656 do CPP, vejamos:

Recebida a petição de habeas corpus, o juiz, se julgar necessário, e estiver preso o paciente, mandará que este lhe seja imediatamente apresentado em dia e hora que designar.

Parágrafo único. Em caso de desobediência, será expedido mandado de prisão contra o detentor, que será processado na forma da lei, e o juiz providenciará para que o paciente seja tirado da prisão e apresentado em juízo.

Fundamentação das alternativas: a) *Dar-se-á HABEAS CORPUS sempre que alguém sofrer ou se achar na iminência de sofrer violência ou coação ilegal na sua liberdade de ir e vir, **SALVO NOS CASOS DE PUNIÇÃO DISCIPLINAR** (art. 647 do CPP); c) Se o habeas corpus for concedido em virtude de **nulidade do processo, este SERÁ renovado** (art. 652 do CPP); d) Os **JUÍZES e os TRIBUNAIS têm competência para expedir DE OFÍCIO ordem de** habeas corpus, quando no curso de processo verificarem que alguém sofre ou está na iminência de sofrer coação ILEGAL (art. 654, § 2º, do CPP); e e) É **CABÍVEL** habeas corpus nos termos do art. 648, V, do CPP, **quando não for alguém admitido a prestar fiança,** nos casos em que a lei a autoriza.*

Gabarito: B.

1796. (2019 – AOCP – PC/ES – Investigador – Adaptada) Sobre o *habeas corpus*, é correto afirmar que qualquer coação que parta de autoridade pública e constranja sujeito particular enseja a impetração de *habeas corpus*.

Certo ( )   Errado ( )

Deve haver **coação ou ameaça à liberdade de LOCOMOÇÃO,** na forma do art. 647 do CPP.
Gabarito: Errado.

1797. (2019 – AOCP – PC/ES – Investigador – Adaptada) Sobre o *habeas corpus*, é correto afirmar que a concessão do *habeas corpus* consequentemente obstará o processo, pondo termo no seu prosseguimento jurisdicional.

Certo ( )   Errado ( )

*A concessão do habeas corpus **não obstará, nem porá termo ao processo,** desde que este não esteja em conflito com os fundamentos daquela,* conforme art. 651 do CPP.
Gabarito: Errado.

1798. (2019 – AOCP – PC/ES – Investigador – Adaptada) Sobre o *habeas corpus*, é correto afirmar que o *habeas corpus*, embora classificado pela legislação processual penal brasileira como "recurso penal", é uma ação de impugnação de natureza constitucional.

Certo ( )   Errado ( )

O STF admitiu a possibilidade de *habeas corpus* coletivo - STF. 2ª Turma. HC 143641/SP. Rel. Min. Ricardo Lewandowski, julgado em 20/2/2018 (Info. nº 891).

Natureza jurídica do *habeas corpus*: O *habeas corpus* tem como natureza jurídica **ação autônoma de impugnação.**

Segundo o art. 5º, LVII, da CF/88, *conceder-se-á habeas corpus sempre que alguém sofrer ou se achar ameaçado de sofrer violência ou coação em sua liberdade de locomoção, por ilegalidade ou abuso de poder.*

Segundo o STF, *é desnecessária a prévia discussão acerca de matéria objeto de habeas corpus impetrado originariamente no STJ, quando a coação ilegal ou o abuso de poder advierem de ato de TRF no exercício de sua competência penal originária. Ao fazer essa exigência, o STJ está impondo para o habeas corpus o requisito do "prequestionamento", que somente é aplicável nos casos de recurso especial ou recurso extraordinário (Info. nº 778).*

Gabarito: Certo.

1799. (2019 – AOCP – PC/ES – Investigador – Adaptada) Sobre o *habeas corpus*, é correto afirmar que o *habeas corpus* poderá ser impetrado por qualquer pessoa, em seu favor ou de outrem, exceto pelo Ministério Público, órgão de natureza acusatória.

Certo ( )   Errado ( )

O Ministério Público também pode impetrar *habeas corpus*, na forma do art. 654 do CPP.
Gabarito: Errado.

1800. (2019 – FCC – TJ/AL – Juiz) Cabível *habeas corpus* quando

a) o processo for manifestamente nulo, mas não para o reconhecimento de extinção da punibilidade do paciente.

b) não houver justa causa para o inquérito policial, mas não quando já extinta a pena privativa de liberdade.

c) relativo a processo em curso por infração penal a que a pena pecuniária seja a única cominada, mas não quando já proferida decisão condenatória exclusivamente a pena de multa.

d) imposta pena de exclusão de militar ou de perda de patente ou de função pública.

e) não for admitida a prestação de fiança e quando seu objeto consistir em resolução sobre o ônus das custas.

O art. 648 do CPP diz que a coação considerar-se-á ilegal: *I - quando não houver justa causa. Vide a Súmula nº 695 do STF: NÃO cabe habeas corpus quando já extinta a pena privativa de liberdade.*

JURISPRUDÊNCIA: *Somente é cabível o trancamento do inquérito policial ou da ação penal por meio do habeas corpus quando houver comprovação de plano da ausência de justa causa, seja em razão da atipicidade da conduta supostamente praticada pelo acusado, seja da ausência da materialidade delitiva ou de indícios de autoria, seja ainda da incidência de causa extintiva da punibilidade. Habeas corpus criminal 1.0000.18.038614-6/000 0386146-07.2018.8.13.0000.*

Gabarito: B.

1801. (2019 – AOCP – PC/ES – Investigador – Adaptada) Sobre o *habeas corpus*, é correto afirmar que apenas os tribunais colegiados têm competência para expedir de ofício ordem de *habeas corpus*, quando no curso de processo verificarem que alguém sofre ou está na iminência de sofrer coação ilegal.

Certo ( )   Errado ( )

Os juízes e os tribunais têm competência para expedir de ofício ordem de habeas corpus, quando no curso de processo verificarem que alguém sofre ou está na iminência de sofrer coação ilegal, conforme o art. 654, § 2º, do CPP

Gabarito: Errado.

1802. **(2019 – FGV – TJ/CE – Técnico Judiciário – Adaptada)** Francisco, primário e de bons antecedentes, vem a tomar conhecimento da existência de procedimento investigatório administrativo, presidido por autoridade policial, em que figura como indiciado pela suposta prática de crime punido exclusivamente com pena de multa. Revoltado com a situação, acreditando não ter qualquer relação com o fato criminoso investigado e que estaria havendo abuso por parte do Delegado de Polícia, apresenta *habeas corpus*, elaborado por ele próprio, sem assistência de advogado, e escrito à mão, em folha de papel de caderno, perante o juízo de primeira instância competente, figurando como autoridade coatora a autoridade policial.

Com base nas informações expostas, a medida apresentada por Francisco: não é admitida, tendo em vista que o delito investigado é punido apenas com pena de multa.

Certo (   )   Errado (   )

Consoante o teor da Súmula nº 693 do STF: *Não cabe habeas corpus contra decisão condenatória a **pena de multa**, ou relativo a processo em curso por infração penal a que a pena pecuniária seja a única cominada.*

Gabarito: Certo.

1803. **(2018 – CESPE/CEBRASPE – TJ/CE – Juiz – Adaptada)** O *habeas corpus* abrange, na atualidade, qualquer ato constritivo à liberdade, direta ou indiretamente, mesmo que não envolva a decretação da prisão.

Certo (   )   Errado (   )

O *habeas corpus* pode ser empregado para impugnar medidas cautelares de natureza criminal diversas da prisão. STF. 2ª Turma. HC 147426/AP e HC 147303/AP, Rel. Min. Gilmar Mendes, julgados em 18/12/2017 (Info. nº 888).

Gabarito: Certo.

1804. **(2018 – CESPE/CEBRASPE – TJ/CE – Juiz – Adaptada)** O *habeas corpus* não pode ser concedido contra decisão do tribunal do júri transitada em julgado.

Certo (   )   Errado (   )

Jurisprudência do STF: *Recurso ordinário em habeas corpus. 2. Habeas corpus em face de decisão transitada em julgado. Cabimento. Via impugnatória mais célere e benéfica ao condenado. 3. Alegação de reparação em apelação, não avaliada pela Corte Regional. Inexistência de nulidade. Ausência de oposição de embargos de declaração. Fato não comprovado. Tese sem relevância jurídica patente. 4. Negado provimento ao recurso ordinário [STF - RHC 146327 - Rel.: Gilmar Mendes - D.J.: 27/02/2018].*

Gabarito: Errado.

1805. (2018 – VUNESP – TJ/MT – Juiz – Adaptada) É correto afirmar a respeito do *habeas corpus* que é admissível como recurso cabível para desafiar decisão do Tribunal do Júri que seja contrária às provas dos autos.

Certo ( )   Errado ( )

Jurisprudência do STF: *O habeas corpus não é substitutivo do recurso próprio, não sendo sequer conhecido (STJ. 5ª Turma. HC 335.893/SP, rel. Min. Joel Ilan Paciornik, j. 24.10.2017).*
Gabarito: Errado.

1806. (2019 – FGV – TJ/CE – Técnico Judiciário – Adaptada) Francisco, primário e de bons antecedentes, vem a tomar conhecimento da existência de procedimento investigatório administrativo, presidido por autoridade policial, em que figura como indiciado pela suposta prática de crime punido exclusivamente com pena de multa. Revoltado com a situação, acreditando não ter qualquer relação com o fato criminoso investigado e que estaria havendo abuso por parte do Delegado de Polícia, apresenta *habeas corpus*, elaborado por ele próprio, sem assistência de advogado, e escrito à mão, em folha de papel de caderno, perante o juízo de primeira instância competente, figurando como autoridade coatora a autoridade policial.

Com base nas informações expostas, a medida apresentada por Francisco: não é admitida, pois somente é prevista quando a autoridade coatora for responsável pela prática de ato judicial, mas não administrativo.

Certo ( )   Errado ( )

A CF/88, quando prevê o cabimento do *habeas corpus*, não limita sua impetração apenas a atos judiciais. Portanto, é cabível tanto contra atos judiciais como administrativos, desde que ameace de sofrer violência ou coação à liberdade de locomoção.
Gabarito: Errado.

1807. (2018 – CESPE/CEBRASPE – TJ/CE – Juiz – Adaptada) O *habeas corpus* não pode analisar questões extremamente complexas, especialmente porque seu procedimento é sumário e de cognição limitada.

Certo ( )   Errado ( )

A ação de habeas corpus – que possui rito sumaríssimo – não comporta, em função de sua própria natureza processual, maior dilação probatória, eis que, ao impetrante, compete, na realidade – sem prejuízo da complementação instrutória ministrada pelo órgão coator - subsidiar, com elementos documentais pré-constituídos, o conhecimento da causa pelo Poder Judiciário. A utilização adequada do remédio constitucional do habeas corpus impõe, em consequência, seja o writ instruído, ordinariamente, com documentos suficientes e necessários à análise da pretensão de direito material nele deduzida (RTJ 138/513, Rel. Min. CELSO DE MELLO) - Grifou-se [STF - HC 101.359 - Rel.: Celso de Mello - D.J.: 18/12/2009].
Gabarito: Errado.

1808. (2018 – CESPE/CEBRASPE – MPU – Analista) Em cada um dos itens a seguir é apresentada uma situação hipotética seguida de uma assertiva a ser julgada em consonância com a doutrina majoritária e com o entendimento dos tribunais superiores acerca de provas no processo penal, prisão e liberdade provisória e *habeas corpus*.

Um cidadão foi indiciado por supostamente ter praticado crime contra a administração pública. O próprio indiciado, que não possui formação universitária, impetrou *habeas corpus* por meio de carta manuscrita. Nessa situação, é incabível o *habeas corpus*, devido à falta de capacidade postulatória do impetrante.

Certo ( )   Errado ( )

O art. 654 do CPP estabelece que o *habeas corpus poderá ser impetrado por **qualquer pessoa; em seu favor o de outrem, bem como pelo Ministério Público.***

Jurisprudência: *O leigo que impetra habeas corpus tem legitimidade para interpor recurso ordinário constitucional, prescindindo-se, nessa hipótese, da capacidade postulatória do recorrente Entendimento do STF: HC 122.666/RS; quanto do STJ: RHC 75.766/PA, DJe 15/10/2018.*

Gabarito: Errado.

1809. **(2018 – CESPE/CEBRASPE – TJ/CE – Juiz – Adaptada)** O *habeas corpus* não é cabível nas hipóteses de punição disciplinar aplicada a militar, de acordo com os tribunais superiores.

Certo ( )   Errado ( )

Observe que a questão aborda a posição dos tribunais superiores, e conforme o teor da Súmula nº 694 do STF: *"NÃO CABE habeas corpus contra a imposição da pena de exclusão de militar ou de perda de patente ou de função pública"*. E é o texto constitucional que prevê no art. 142, § 2º, que *NÃO caberá habeas corpus em relação a punições disciplinares militares, entretanto, a doutrina e jurisprudência entendem que, não cabe habeas corpus no tocante ao mérito das punições disciplinares.*

Gabarito: Errado.

1810. **(2018 – FCC – DPE/AP – Defensor Público – Adaptada)** Segundo a jurisprudência do Superior Tribunal de Justiça, é cabível *habeas corpus* em caráter preventivo, mas vedado contra decisão que denega liminar de maneira teratológica.

Certo ( )   Errado ( )

Jurisprudência do STJ: *não se admite, em princípio, a impetração de habeas corpus contra decisão que denega pedido liminar em sede de writ impetrado na origem, sob pena de se configurar indevida supressão de instância (Enunciado nº 691, da Súmula do STF), ressalvadas as decisões teratológicas ou com deficiência de fundamentação, o que não ocorre na hipótese (STJ - AgRg na PET no HC: 422086 RJ 2017/0277760-0, Relator: Ministro FELIX FISCHER, T5 - QUINTA TURMA, Data de Publicação: DJe 26/02/2018).*

Gabarito: Errado.

1811. **(2019 – FGV – TJ/CE – Técnico Judiciário – Adaptada)** Francisco, primário e de bons antecedentes, vem a tomar conhecimento da existência de procedimento investigatório administrativo, presidido por autoridade policial, em que figura como indiciado pela suposta prática de crime punido exclusivamente com pena de multa. Revoltado com a situação, acreditando não ter qualquer relação com o fato criminoso investigado e que estaria havendo abuso por parte do Delegado de Polícia, apresenta *habeas corpus*, elaborado por ele próprio, sem assistência de advogado, e escrito à mão, em folha de papel de caderno, perante o juízo de primeira instância competente, figurando como autoridade coatora a autoridade policial.

Com base nas informações expostas, a medida apresentada por Francisco: é admitida, cabendo à autoridade policial prestar informações antes da decisão judicial, não havendo, porém, prioridade no julgamento;

Certo ( )   Errado ( )

Em vários dispositivos, o CPP invoca a prioridade no julgamento do *habeas corpus*, pois se trata da violação ao direito à liberdade. Vejamos:

Art. 649. O juiz ou o tribunal, dentro dos limites da sua jurisdição, fará passar imediatamente a ordem impetrada, nos casos em que tenha cabimento, seja qual for a autoridade coatora.

Art. 656. Recebida a petição de habeas corpus, o juiz, se julgar necessário, e estiver preso o paciente, mandará que este lhe seja imediatamente apresentado em dia e hora que designar.

Art. 660. Efetuadas as diligências, e interrogado o paciente, o juiz decidirá, fundamentadamente, dentro de 24 (vinte e quatro) horas.

Gabarito: Errado.

1812. **(2018 – VUNESP – TJ/MT – Juiz – Adaptada)** É correto afirmar a respeito do *habeas corpus* que é pode ser impetrado durante o inquérito policial baseado na dúvida sobre os indícios de autoria e de materialidade do crime.

Certo ( )   Errado ( )

O trancamento de inquérito policial por meio de *habeas corpus* é medida absolutamente excepcional, *"somente se justificando se demonstrada, inequivocamente, a ausência de autoria ou materialidade, a atipicidade da conduta, a absoluta falta de provas, a ocorrência de causa extintiva de punibilidade"* (STJ. 6ª Turma. RHC 88.367/PE, rel. Min. Maria Thereza de Assis Moura, j. 14.08.2018). Quando se fala em "dúvida" sobre autoria e materialidade, não se está diante de qualquer das hipóteses admitidas pela jurisprudência. Até porque só pode se falar em *certeza* após a cognição exauriente pelo Judiciário.

Gabarito: Errado.

1813. **(2018 – CESPE/CEBRASPE – TJ/CE – Juiz – Adaptada)** O *habeas corpus* é cabível contra qualquer sentença penal condenatória, inclusive aquelas que fixem somente a pena de multa.

Certo ( )   Errado ( )

Aplicação da Súmula nº 693 do STF: *Não cabe habeas corpus contra decisão condenatória à pena de multa, ou relativo a processo em curso por infração penal a que a pena pecuniária seja a única cominada.*

Gabarito: Errado.

1814. **(2018 – VUNESP – TJ/MT – Juiz – Adaptada)** É correto afirmar a respeito do *habeas corpus* que é incabível para discutir o mérito de decisão administrativa que imponha sanções disciplinares a integrante de corporação.

Certo ( )   Errado ( )

Nos termos do art. 142, § 2º, da CF/88, *NÃO CABERÁ habeas corpus em relação a punições discipli-nares militares. Naturalmente, havendo ilegalidade, o judiciário poderá ser chamado a se manifestar* (STF. 2ª Turma. RE 338.840/RS, rel. Min. Ellen Gracie, j. 19.08.2003).

Gabarito: Certo.

1815. **(2019 – FGV – TJ/CE – Técnico Judiciário – Adaptada)** Francisco, primário e de bons antecedentes, vem a tomar conhecimento da existência de procedimento investigatório administrativo, presidido por autoridade policial, em que figura como indiciado pela suposta prática de crime punido exclusivamente com pena de multa. Revoltado com a situação, acreditando não ter qualquer relação com o fato criminoso investigado e que estaria havendo abuso por parte do Delegado de Polícia, apresenta *habeas corpus*, elaborado por ele próprio, sem assistência de advogado, e escrito à mão, em folha de papel de caderno, perante o juízo de primeira instância competente, figurando como autoridade coatora a autoridade policial.

Com base nas informações expostas, a medida apresentada por Francisco: não é admitida, diante da inexistência de representação jurídica por advogado.

Certo ( )   Errado ( )

O *habeas corpus* é instrumento citado pela doutrina como ação penal popular, já que pode ser impetrado por QUALQUER PESSOA, em qualquer instância ou tribunal. Ademais, não precisa de advogado, tendo em vista que o próprio estatuto da OAB dispõe não se incluir na atividade privativa de advocacia a impetração de HC. O Estatuto da OAB prevê no art. 1º, § 1º, *NÃO se inclui na atividade privativa de advocacia a impetração de habeas corpus em qualquer instância ou tribunal.* Gabarito: Errado.

1816. **(2018 – FCC – DPE/AP – Defensor Público – Adaptada)** Segundo a jurisprudência do Superior Tribunal de Justiça, é cabível *habeas corpus* para trancar ação penal em caso de atipicidade da conduta, mas vedado para discutir ausência de justa causa para a ação penal.

Certo ( )   Errado ( )

Conforme e jurisprudência do STF: *O acórdão impugnado está alinhado com a orientação do Supremo Tribunal Federal no sentido de que o trancamento da ação penal por via de habeas corpus só é possível quando estiverem comprovadas, de logo, a atipicidade da conduta, a extinção da punibilidade ou a evidente ausência de justa causa (HC 104.267, Rel. Min. Luiz Fux).*
Gabarito: Errado.

1817. **(2018 – CESPE/CEBRASPE – STJ – Técnico Judiciário)** No que se refere aos tipos de prisão e aos meios processuais para assegurar a liberdade, julgue o seguinte item.

Membro do Ministério Público não tem legitimidade ativa para impetrar *habeas corpus*, mesmo que constate alguma das hipóteses de ilegalidade na prisão do autor do delito.

Certo ( )   Errado ( )

A Lei Complementar nº 75 dispõe, no art. 6º, *compete ao Ministério Público da União: VI - impetrar habeas corpus e mandado de segurança; que complementa o art. 654, CPP: O habeas corpus poderá ser impetrado por qualquer pessoa, em seu favor ou de outrem, bem como pelo Ministério Público.*
Gabarito: Errado.

1818. (2018 – CESPE/CEBRASPE – EBSERH – Advogado) Julgue o seguinte item, acerca do *habeas corpus* e de medidas coativas de prisão.

Não se admite a impetração de *habeas corpus* para atacar sentença cuja condenação se tenha limitado a pena de natureza pecuniária.

Certo ( )   Errado ( )

***Não cabe** habeas corpus contra decisão condenatória à pena de multa, ou relativo a processo em curso por infração penal a que a pena pecuniária seja a única cominada*, em conformidade com o teor da Súmula nº 693 do STF.

Informativo nº 888 do STF: O *habeas corpus* pode ser empregado para impugnar **medidas cautelares de natureza criminal diversas da prisão.** (STF. 2ª Turma. HC 147426/AP e HC 147303/AP, Rel. Min. Gilmar Mendes, julgados em 18/12/2017).

NÃO CABE *HABEAS CORPUS*	CABE *HABEAS CORPUS*
→ HC não é meio processual adequado para se discutir direito de visita a preso.	→ Para trancamento de processo no qual se apura o delito de porte de drogas para consumo (art. 28 da Lei nº 11.34306).
→ Não cabe HC para trancar processo de *impeachment*.	→ Contra instauração de IP ou indiciamento, sem que haja justa causa para estes atos (HC trancativo).
→ Não cabe HC de decisão monocrática de Ministro do STF e STJ.	
→ Não cabe o HC contra exclusão de militar, perda de patente ou de função pública.	→ Contra o indeferimento de prova de interesse do investigado ou acusado.
→ Não cabe HC contra o efeito extrapenal de perda do cargo advindo de sentença condenatória transitada em julgado.	→ Cabe HC para aplicação de prisão domiciliar – STJ.
→ Não cabe HC para afastar pena acessória de perda de cargo público.	→ Contra o deferimento de prova ilícita ou deferimento inválido de prova lícita.
→ Não cabe HC para pena pecuniária ou somente multa.	→ Contra a autorização judicial de quebra de sigilos – bancário, fiscal, telefônico etc. – em procedimento penal.
→ Não cabe HC quando já extinta a pena privativa de liberdade.	
→ Em favor de pessoa jurídica. Mas, ela pode entrar em favor de pessoa física.	→ Para questionar medidas protetivas de urgência previstas na Lei Maria da Penha que restrinjam a liberdade de ir e vir.
→ Contra punição disciplinar militar (exceto para questionamento de aspectos formais (legalidade), a exemplo da competência, prazo, ilegalidade formal etc. - STF; exemplo: sou militar e fui preso por alguém que não é o meu superior hierárquico. Essa prisão é ilegal e pode ser questionada por meio de *habeas corpus* porque eu não estou discutindo o mérito da prisão, mas, sim, a formalidade, a competência.	→ Nos casos de prisão civil (ainda que foragido) ou para se evitar a quebra dos sigilos.
	→ Contra agente público ou particular, diretor de um hospital particular, que diz que somente dará alta para o paciente caso ele pague tudo da sua internação.
→ Não se admite *habeas corpus* para se questionar nulidade cujo tema não foi trazido antes do trânsito em julgado da ação originária e tampouco antes do trânsito em julgado da revisão criminal.	
→ STF decidiu que não tem competência para julgar *habeas corpus* cuja autoridade apontada como coatora seja delegado federal chefe da Interpol no Brasil.	

Gabarito: Certo.

1819. **(2018 – CESPE/CEBRASPE – PC/MA – Delegado – Adaptada)** Uma autoridade policial determinou a instauração de inquérito policial para apurar a prática de suposto crime de homicídio. Entretanto, realizadas as necessárias diligências, constatou-se que a punibilidade estava extinta em razão da prescrição.

Nessa situação,

a) é cabível recurso em sentido estrito com o objetivo de trancar o inquérito policial, mas somente após a decisão que recebe a denúncia.

b) não há instrumento processual capaz de trancar o inquérito policial.

c) poderá ser impetrado *habeas corpus* com o objetivo de trancar o inquérito policial.

d) poderá ser impetrado mandado de segurança contra o ato da autoridade policial para trancar o inquérito policial.

e) é cabível recurso de apelação com o objetivo de trancar o inquérito policial, mas somente em caso de sentença penal condenatória.

Dar-se-á *habeas corpus* sempre que alguém sofrer ou se achar na iminência de sofrer violência ou coação ilegal na sua liberdade de ir e vir, salvo nos casos de punição disciplinar. A coação considerar-se-á ilegal: *VII - quando extinta a punibilidade, nos termos dos arts. 647 e 648 do CPP.*
Gabarito: C.

1820. **(2018 – VUNESP – PC/BA – Investigador)** O cumprimento de um alvará de soltura clausulado expedido pela autoridade judiciária em sede de *habeas corpus* significa que

a) o paciente deverá ser imediatamente solto, independentemente de qualquer outra cláusula ou condição.

b) a soltura do paciente apenas poderá ocorrer depois de autorizada pelo juízo que havia determinado a prisão objeto da impetração.

c) somente poderá ocorrer a soltura do paciente se ele aceitar submeter-se a medida cautelar diversa da prisão.

d) o paciente deverá ser solto imediatamente, desde que não haja outro motivo legal para mantê-lo preso.

e) o paciente será solto tão logo haja demonstração da justeza dos motivos alegados na impetração.

O art. 660 do CPP afirma: *Efetuadas as diligências, e interrogado o paciente, o juiz decidirá, fundamentadamente, dentro de 24 (vinte e quatro) horas.*
§ 1º *Se a decisão for favorável ao paciente, será logo posto em liberdade, salvo se por outro motivo dever ser mantido na prisão.*
Gabarito: D.

1821. **(2019 – FGV – TJ/CE – Técnico Judiciário – Adaptada)** Francisco, primário e de bons antecedentes, vem a tomar conhecimento da existência de procedimento investigatório administrativo, presidido por autoridade policial, em que figura como indiciado pela suposta prática de crime punido exclusivamente com pena de multa. Revoltado com a situação, acreditando não ter qualquer relação com o fato criminoso investigado e que estaria havendo abuso por parte do Delegado de Polícia, apresenta *habeas corpus*, elaborado por ele próprio, sem assistência de advogado, e escrito à mão, em folha de papel de caderno, perante o juízo de primeira instância competente, figurando como autoridade coatora a autoridade policial.

Com base nas informações expostas, a medida apresentada por Francisco: não é admitida, diante da inexistência de representação jurídica por advogado.

Certo ( )   Errado ( )

O habeas corpus é instrumento citado pela doutrina como ação penal popular, já que pode ser impetrado por QUALQUER PESSOA, em qualquer instância ou tribunal. Ademais, não precisa de advogado, tendo em vista que o próprio estatuto da OAB dispõe não se incluir na atividade privativa de advocacia a impetração de HC. O estatuto da OAB prevê no art. 1º, § 1º que NÃO se inclui na atividade privativa de advocacia a impetração de habeas corpus em qualquer instância ou tribunal.

NÃO CABE *habeas corpus*
1) Quando já extinta a pena - Súmula nº 695 do STF.
2) Pena suspensão dos direitos políticos.
3) Impeachment.
4) Afastamento de cargo público.
5) Súmula nº 694 – perda de patente de oficial.
6) Súmula nº 693 – multa.
7) Mérito da punição militar. Legalidade cabe.
8) Trancamento de PAD.

Gabarito: Errado.

1822. **(2018 – CESPE/CEBRASPE – PC/MA – Delegado – Adaptada)** Uma autoridade policial determinou a instauração de inquérito policial para apurar a prática de suposto crime de homicídio. Entretanto, realizadas as necessárias diligências, constatou-se que a punibilidade estava extinta em razão da prescrição.

Nessa situação, poderá ser impetrado *habeas corpus* com o objetivo de trancar o inquérito policial.

Certo ( )   Errado ( )

A questão tem um manifesto constrangimento ilegal ao indiciado, uma vez que continua a tramitar contra este um inquérito policial relativo a um crime que já prescreveu, ou seja, já está extinta a punibilidade. Isto posto, é possível que o indiciado se valha de *habeas corpus* para obter o TRANCAMENTO (encerramento forçado ou encerramento anômalo) do inquérito policial.

Conceder-se-á habeas corpus sempre que alguém sofrer ou se achar ameaçado de sofrer violência ou coação em sua liberdade de locomoção, por ilegalidade ou abuso de poder, conforme art. 5º, LXVIII da CF/88.

Não cabe habeas corpus contra decisão condenatória a pena de multa, ou relativo a processo em curso por infração penal a que a pena pecuniária seja a única cominada, conforme a Súmula nº 693 do STF.

Dar-se-á habeas corpus sempre que alguém sofrer ou se achar na iminência de sofrer violência ou coação ilegal na sua liberdade de ir e vir, salvo nos casos de punição disciplinar, conforme art. 647 do CPP. O art. 648 afirma: A coação considerar-se-á ilegal: VII - quando extinta a punibilidade.

JURISPRUDÊNCIA: *O trancamento da ação penal por meio de habeas corpus é medida excepcional, somente admissível quando transparecer dos autos, de forma inequívoca, a inocência do acusado, a atipicidade da conduta ou a extinção da punibilidade. Precedentes: HC 141.918-AgR, Primeira Turma, Rel. Min. Rosa Weber, Dje de 20/06/2017 e HC 139.054, Segunda Turma, Rel. Min. Dias Toffoli, DJe de 02/06/2017.*

O *habeas corpus* é ação inadequada para a valoração e exame minucioso do acervo fático probatório engendrado nos autos. 9. Ordem denegada. Brasília, 27 de Fevereiro de 2019. Fabiano de Azevedo Moreira Coordenador de Processamento Final SEGUNDA TURMA ACÓRDÃOS Vigésima primeira Ata de Publicação de Acórdãos, realizada nos termos do art. 95 do RISTF. (STF; HC 157.306; Primeira Turma; Rel. Min. Luiz Fux; DJE 01/03/2019).

Gabarito: Certo.

1823. **(2018 – VUNESP – TJ/RS – Juiz – Adaptada)** Não cabe *habeas corpus* contra decisão condenatória a pena de multa, ainda que seja patente o constrangimento ilegal causado.

Certo ( )   Errado ( )

O *habeas corpus* é um remédio constitucional voltado a garantir a liberdade de ir e vir, mediante constrangimento ilegal, a pena de multa por si só não gera limitação desse direito. Segundo a Súmula nº 693 do STF, *não cabe habeas corpus contra decisão condenatória a pena de multa, ou relativo a processo em curso por infração penal a que a pena pecuniária seja a única cominada.*
Gabarito: Certo.

1824. **(2018 – FCC – DPE/AP – Defensor Público – Adaptada)** Segundo a jurisprudência do Superior Tribunal de Justiça, é cabível *habeas corpus* para aplicação de prisão domiciliar, mas vedado para afastar pena acessória de perda de cargo público.

Certo ( )   Errado ( )

Prisão domiciliar humanitária e Súmula nº 691 do STF:

A Turma, por maioria, conheceu da impetração e concedeu a ordem de habeas corpus para converter a custódia preventiva do paciente em prisão domiciliar humanitária, na forma do art. 318, II, do CPP (CPP). Determinou, ainda, que a prisão domiciliar deferida seja reavaliada pelo juízo processante a cada dois meses, enquanto perdurar a necessidade da custódia preventiva decretada (CPP, art. 312).

Os impetrantes sustentaram que as circunstâncias do caso autorizam a mitigação do Enunciado nº 691 da Súmula do Supremo Tribunal Federal (STF), tendo em vista que o paciente foi operado de tumor maligno e carece de tratamento pós-operatório adequado, circunstância incompatível com a condição de preso preventivo.

O Colegiado reconheceu a possibilidade de superação excepcional do Enunciado nº 691 para assegurar ao paciente a prisão domiciliar humanitária (art. 318, II, do CPP).
Gabarito: Certo.

1825. **(2018 – CESPE/CEBRASPE – DPE/PE – Defensor Público)** Conforme o entendimento do STF, o *habeas corpus* será

a) cabível para questionar constrangimento gerado pela imposição de ônus de custas processuais.

b) incabível contra decisão que aplicar medidas cautelares diversas da prisão, por não haver afronta ao direito de locomoção.

c) cabível para arguir o impedimento ou a suspeição de magistrado, mesmo quando a alegação depender de dilação probatória.

d) incabível contra decisão que substituir pena privativa de liberdade por pena pecuniária.

e) cabível para arguir nulidade absoluta, ainda que a sentença penal condenatória já tenha transitado em julgado.

É possível à utilização do *habeas corpus* após o trânsito em julgado de sentença condenatória, desde que a condenação seja equivocada (*error in judicando* ou *errar in procedendo*) e haja prova pre-constituída disso, lembrando que o rito será mais célere do que o rito da revisão criminal.

JURISPRUDÊNCIA: *O colegiado entendeu que, mesmo com o trânsito em julgado de condenação, as particularidades do caso autorizam a utilização do HC como substitutivo de revisão criminal, vide HC 139.741, 2ª Turma do STF, 6.3.2018.*

Gabarito: E.

1826. **(2016 – CESPE/CEBRASPE – PC/PE – Agente – Adaptada)** Qualquer pessoa tem legitimidade para impetrar *habeas corpus*, mas só o advogado regularmente inscrito na Ordem dos Advogados do Brasil tem capacidade postulatória para fazê-lo perante os tribunais superiores.

Certo ( )   Errado ( )

Qualquer pessoa do povo, nacional ou estrangeira, independentemente de capacidade civil, política, idade, sexo, profissão ou estado mental pode fazer uso do *habeas corpus*, em benefício próprio ou alheio, não sendo permitida, porém, a impetração apócrifa, sem a precisa identificação do autor.

Gabarito: Errado.

1827. **(2016 – CESPE/CEBRASPE – PC/PE – Agente – Adaptada)** No caso de suspeito preso em flagrante delito, o Ministério Público, como titular da ação penal, está impedido de impetrar *habeas corpus*, pois é sua a obrigação de iniciar o processo persecutório.

Certo ( )   Errado ( )

O MP poderá impetrar *habeas corpus* caso entenda que o preso esteja sofrendo constrangimento ilegal na sua liberdade de ir e vir.

Art. 654. O habeas corpus poderá ser impetrado por qualquer pessoa, em seu favor ou de outrem, bem como pelo Ministério Público.

Gabarito: Errado.

1828. **(2016 – CESPE/CEBRASPE – TJ/AM – Juiz – Adaptada)** Condenado definitivamente pela Justiça Federal brasileira por crime de tráfico internacional de drogas e cumprindo pena, no regime fechado, em presídio estadual na cidade de Manaus-AM, Pablo, cidadão boliviano, após cumprir mais de dois terços da pena aplicada, pleiteou progressão ao regime aberto. Ele apresenta bom comportamento na prisão e não possui residência fixa no Brasil. O pedido foi indeferido pelo juiz da Vara de Execuções Penais da comarca de Manaus. Inconformado, Pablo, de próprio punho, impetrou *habeas corpus* no Tribunal de Justiça do Amazonas, pleiteando a reforma da decisão de primeiro grau e a obtenção da progressão ao regime aberto.

Nessa situação hipotética, de acordo com a jurisprudência dos tribunais superiores, deve-se denegar o *habeas corpus*, pois não é permitida a progressão *per saltum* no ordenamento jurídico nacional.

Certo ( )   Errado ( )

Está de acordo com o que prevê a Súmula nº 491 do STF: *É inadmissível a chamada progressão per saltum' de regime prisional.*
Gabarito: Certo.

1829. **(2016 – CESPE/CEBRASPE – TRE/PI – Analista – Adaptada)** Na qualidade de titulares de seus cargos, o delegado de polícia, o promotor de justiça e o juiz de direito podem impetrar *habeas corpus* em favor de terceiros.

Certo ( )   Errado ( )

Segundo o art. 654 do CPP: *O habeas corpus poderá ser impetrado por qualquer pessoa, em seu favor ou de outrem, bem como pelo Ministério Público.* Nesse sentido, o promotor de justiça (MP) poderá impetrar *habeas corpus* caso entenda que o réu em processo penal esteja sofrendo constrangimento ilegal na sua liberdade de ir e vir. Por outro lado, deve-se afastar a possibilidade de impetração de *habeas corpus* por parte do delegado e do juiz de direito, salvo se, despidos da sua investidura, impetrarem o mandamento como cidadãos comuns.
Gabarito: Errado.

1830. **(2016 – CESPE/CEBRASPE – TRE/PI – Analista – Adaptada)** Conforme a lei e a jurisprudência, não se admite liminar em *habeas corpus*, ainda que presentes o fumus boni iuris e o periculum in mora.

Certo ( )   Errado ( )

A figura da liminar, introduzida pela jurisprudência e desconhecida na legislação a respeito do *habeas corpus*, visa atender casos em que a cassação da coação ilegal exige pronta intervenção do judiciário. Logo, a liminar é admitida como medida cautelar excepcional, exigindo, desse modo, alguns requisitos: o *periculum in mora* ou perigo na demora, quando há probabilidade de dano irreparável e o *fumus boni iuris* ou fumaça do bom direito, quando os elementos da impetração indiquem a existência de ilegalidade.
Gabarito: Errado.

1831. **(2016 – CESPE/CEBRASPE – TRE/PI – Analista – Adaptada)** É inadmissível a reiteração de pedido de *habeas corpus*, ainda que haja novos fatos, não analisados no pedido anterior.

Certo ( )   Errado ( )

É admissível a reiteração de pedido de *habeas corpus* quando existam novos fatos. Assim, de acordo com o STF: *A mera reiteração de pedido, que se limita a reproduzir, sem qualquer inovação de fato*

e/ou de direito, os mesmos fundamentos subjacentes à postulação anterior, torna inviável o próprio conhecimento da ação de habeas corpus.

Gabarito: Errado.

1832. (2016 – CESPE/CEBRASPE – TRE/PI – Analista – Adaptada) É indispensável, sob pena de nulidade, a manifestação do Ministério Público no procedimento de *habeas corpus* impetrado perante juiz de direito.

Certo ( )   Errado ( )

Segundo o posicionamento do STF: [...] Deve-se desde logo notar que o Judiciário não tem poder jurídico para obrigar representantes do Ministério Público a dar parecer e, muitíssimo menos, a dar parecer neste ou naquele sentido. O que a lei impõe é apenas que se intime o Ministério Público para manifestar-se no prazo previsto, quando seja o caso. O Ministério Público é senhor dos seus atos, de modo que até pode não se manifestar nos autos.

Gabarito: Errado.

1833. (2016 – CESPE/CEBRASPE – TRE/PI – Analista – Adaptada) Qualquer pessoa, quer se trate de brasileiro, quer de estrangeiro não residente no país, pode impetrar *habeas corpus*, devendo o writ ser redigido em português.

Certo ( )   Errado ( )

Isso ocorre uma vez que a legitimidade do HC é universal. Assim, o art. 654 do CPP prevê que *o habeas corpus poderá ser impetrado por qualquer pessoa, em seu favor ou de outrem, bem como pelo Ministério Público.*

Gabarito: Certo.

1834. (2015 – CESPE/CEBRASPE – DPU – Defensor Público) Em relação a *habeas corpus* e revisão criminal, julgue o item a seguir.

Se a defesa de um indivíduo impetrar *habeas corpus* em Tribunal Regional Federal para trancar ação penal contra ele proposta, e esse tribunal denegar a ordem por maioria de votos, a defesa deverá manejar embargos infringentes.

Certo ( )   Errado ( )

De acordo com o art. 609 do CPP: *Os recursos, apelações e embargos serão julgados pelos Tribunais de Justiça, câmaras ou turmas criminais, de acordo com a competência estabelecida nas leis de organização judiciária.*

Parágrafo único. Quando não for unânime a decisão de segunda instância, desfavorável ao réu, admitem-se embargos infringentes e de nulidade, que poderão ser opostos dentro de 10 (dez) dias, a contar da publicação de acórdão, na forma do art. 613. Se o desacordo for parcial, os embargos serão restritos à matéria objeto de divergência.

Nesse sentido, o STF já decidiu que não são cabíveis embargos infringentes em sede de *habeas corpus*, uma vez que o *caput* do art. 609 não menciona as ações autônomas de impugnação, mas apenas os recursos.

Gabarito: Errado.

1835. (2015 – CESPE/CEBRASPE – TRF 1ª Região – Juiz – Adaptada) O *habeas corpus* somente pode ser interposto por procurador com poderes especiais, vedada a interposição pelo próprio réu.

Certo (   )   Errado (   )

O art. 654 do CPP deixa claro que *o habeas corpus poderá ser impetrado por qualquer pessoa, em seu favor ou de outrem, bem como pelo Ministério Público.*

Gabarito: Errado.

1836. (2015 – CESPE/CEBRASPE – TRF 1ª Região – Juiz – Adaptada) Pode ser interposto pelo MP, *habeas corpus* com o intuito de obter a liberdade provisória ao réu preso.

Certo (   )   Errado (   )

O habeas corpus poderá ser impetrado por qualquer pessoa, inclusive pelo Ministério Público – **Instituto previsto no art. 654 do CPP.**

Gabarito: Certo.

1837. (2015 – CESPE/CEBRASPE – DPE/PE – Defensor Público) Com relação a *habeas corpus* e nulidades, julgue o item a seguir.

Os tribunais superiores não mais têm admitido o manejo do *habeas corpus* originário como meio de impugnação substitutivo da interposição de recurso ordinário constitucional.

Certo (   )   Errado (   )

Segundo o entendimento da Primeira Turma do STF, *é inadmissível o uso do habeas corpus que tenha por objetivo substituir o recurso ordinário constitucional prescrito no art. 102, II, alínea a, da Carta da República.*

Gabarito: Certo.

1838. (2014 – CESPE/CEBRASPE – TJ/SE – Titular de Serviços de Notas e de Registros – Adaptada) É possível a utilização de *habeas corpus* para questionar a condenação do acusado ao pagamento de multa, mesmo que não tenha sido imposta pena privativa de liberdade.

Certo (   )   Errado (   )

De acordo com a Súmula nº 693 do STF: *Não cabe 'habeas corpus' contra decisão condenatória a pena de multa, ou relativo a processo em curso por infração penal a que a pena pecuniária seja a única cominada.*

Gabarito: Errado.

1839. (2014 – CESPE/CEBRASPE – TJ/SE – Titular de Serviços de Notas e de Registros – Adaptada) Em caso de empate na votação acerca da concessão da ordem de *habeas corpus* pelo órgão julgador, após a colheita de todos os votos dos seus integrantes presentes, prevalecerá o ato impugnado, mesmo que desfavorável ao paciente.

Certo (   )   Errado (   )

Conforme prevê o Regimento Interno do STJ:

Art. 181. A decisão da Turma será tomada pelo voto da maioria absoluta dos seus membros.

§ 4º No 'habeas corpus' e no recurso em 'habeas corpus', havendo empate, prevalecerá a decisão mais favorável ao paciente.

Gabarito: Errado.

1840. (2014 – CESPE/CEBRASPE – TJ/CE – Analista Judiciário – Adaptada) A superveniência da sentença condenatória não prejudica o *habeas corpus* quando esse tenha por objeto o decreto de prisão preventiva.

Certo ( )   Errado ( )

De acordo com o entendimento jurisprudencial, a superveniência de sentença condenatória, no caso, pode ou não considerar prejudicado, já que os fundamentos utilizados para manter a prisão cautelar dos pacientes e negar-lhes o direito de recorrer em liberdade foram rigorosamente os mesmos exarados nas decisões ora atacadas.

Gabarito: Errado.

1841. (2014 – CESPE/CEBRASPE – TJ/CE – Analista Judiciário – Adaptada) O *habeas corpus* constitui remédio processual utilizado para promover a análise da prova penal.

Certo ( )   Errado ( )

No HC não se admite dilação probatória, já que a eventual impugnação à prova deve ser possível de ser aferida de plano.

Gabarito: Errado.

1842. (2014 – CESPE/CEBRASPE – TJ/CE – Analista Judiciário – Adaptada) O *habeas corpus* é o instrumento constitucional adequado para restabelecer os direitos políticos.

Certo ( )   Errado ( )

O HC somente é admitido para a proteção da liberdade de locomoção, que não guarda qualquer relação com os direitos políticos.

Gabarito: Errado.

1843. (2014 – CESPE/CEBRASPE – TJ/CE – Analista Judiciário – Adaptada) É cabível *habeas corpus* contra decisão condenatória a pena de multa, ou relativo a processo em curso por infração penal a que a pena pecuniária seja a única cominada.

Certo ( )   Errado ( )

Ao tratar de pena de multa, ou relativo a processo em que não seja possível a aplicação de pena privativa de liberdade, será incabível o HC, por ausência de potencial ameaça à liberdade de locomoção.

Gabarito: Errado.

1844. (2014 – CESPE/CEBRASPE – TJ/CE – Analista Judiciário – Adaptada) Não cabe *habeas corpus* originário para o tribunal pleno de decisão de turma, ou do plenário, proferida em *habeas corpus* ou no respectivo recurso.

Certo ( )   Errado ( )

Reprodução completa da Súmula nº 606 do STF: *Não cabe habeas corpus originário para o Tribunal Pleno de decisão de Turma, ou do Plenário, proferida em 'habeas corpus' ou no respectivo recurso.*
Gabarito: Certo.

1845. **(2014 – CESPE/CEBRASPE – TJ/CE – Técnico Judiciário – Adaptada)** A impetração do *habeas corpus* deve vir acompanhada de comprovante de pagamento das devidas custas judiciais do seu processamento.

Certo ( )   Errado ( )

A CF/88, em seu art. 5º LXXVII, diz que: *são gratuitas as ações de habeas corpus e habeas data, e, na forma da lei, os atos necessários ao exercício da cidadania.* Portanto, o ato de impetrar o *habeas corpus* não necessita de comprovante de pagamento de taxas.
Gabarito: Errado.

1846. **(2014 – CESPE/CEBRASPE – TJ/CE – Técnico Judiciário – Adaptada)** O promotor de justiça poderá impetrar *habeas corpus* caso entenda que o réu em processo penal esteja sofrendo constrangimento ilegal na sua liberdade de ir e vir.

Certo ( )   Errado ( )

Nos termos do art. 654 do CPP, *o promotor de justiça poderá impetrar o habeas corpus.* Além dele, qualquer pessoa tem legitimidade para impetrar o *habeas corpus* em seu favor ou de outrem.
Gabarito: Certo.

1847. **(2014 – CESPE/CEBRASPE – TJ/CE – Técnico Judiciário – Adaptada)** O pedido de *habeas corpus*, para ser conhecido e julgado, deve estar assinado por advogado regularmente inscrito na Ordem dos Advogados do Brasil (OAB).

Certo ( )   Errado ( )

O art. 654 do CPP prevê o conteúdo do *habeas corpus* a ser impetrado. No HC conterá: o nome da pessoa que sofre ou está ameaçada de ter seu direito violado; a declaração da espécie de constrangimento ou, em caso de simples ameaça de coação, as razões que fundamentem esse pedido; a assinatura do impetrante. Portanto, em nenhum momento consta a exigência de assinatura de advogado, bem como não necessita de advogado para impetrar esse tipo de ação.
Gabarito: Errado.

1848. **(2014 – CESPE/CEBRASPE – TJ/CE – Técnico Judiciário – Adaptada)** Somente é cabível o *habeas corpus* caso o paciente já esteja sofrendo violência ou coação em sua liberdade de ir e vir.

Certo ( )   Errado ( )

O *habeas corpus* poderá ser impetrado quando a pessoa esteja sofrendo violência ou coação da sua liberdade de ir e vir, bem como quando alguém se achar na iminência de sofrer tal violação ou coação.
Gabarito: Errado.

1849. (2014 – CESPE/CEBRASPE – TJ/CE – Técnico Judiciário – Adaptada) Não é admitida a formulação de pedido de liminar em *habeas corpus*.

Certo ( )   Errado ( )

A doutrina majoritária, bem como o entendimento jurisprudencial permite tranquilamente a formulação de pedido de liminar em *habeas corpus*. É admissível que o juiz ou tribunal conceda, se necessário, liminar para fazer cessar de imediato a coação.

Gabarito: Errado.

1850. (2014 – CESPE/CEBRASPE – Câmara dos Deputados – Analista Legislativo) O *habeas corpus*, em virtude de sua função constitucional, é admitido livremente e sem racionalização, para contestar decisão contra a qual exista previsão de recurso específico no ordenamento jurídico.

Certo ( )   Errado ( )

De acordo com o STJ, é necessária a racionalização da utilização do *habeas corpus*, o qual não deve ser admitido para contestar decisão contra a qual exista previsão de recurso específico no ordenamento jurídico.

Gabarito: Errado.

1851. (2014 – CESPE/CEBRASPE – MPE/AC – Promotor de Justiça – Adaptada) Pedro, que estava preso preventivamente, foi condenado à pena de quinze anos de reclusão pela prática de roubo qualificado, tendo a sentença condenatória mantido sua prisão preventiva. Tendo Pedro apelado, e o Tribunal de Justiça do estado deu parcial provimento ao recurso, reduzindo o montante da pena privativa de liberdade à qual ele fora condenado. Pedro, então, interpôs recurso especial. Não tendo sido esse recurso admitido na origem, ele impetrou *habeas corpus*, alegando que não havia provas concretas da sua participação no evento criminoso e que a prisão preventiva havia sido decretada em razão da periculosidade abstrata do delito e do clamor público. Pedro é assaltante contumaz e esteve foragido durante parte da instrução.

Considerando a situação hipotética acima apresentada, assinale a opção correta conforme a atual jurisprudência do STF a respeito de *habeas corpus* Admite-se a utilização do *habeas corpus* para o reexame de pressupostos de admissibilidade de recursos.

Certo ( )   Errado ( )

O *habeas corpus* é ação de garantia de liberdade do direito de ir e vir. Percebe-se que na assertiva nada se fala em violação do direito de ir e vir. Portanto, torna-se inviável o uso do *habeas corpus*.

Gabarito: Errado.

1852. (2013 – CESPE/CEBRASPE – TJ/ES – Titular de Serviços de Notas e Registros – Adaptada) Entre outras hipóteses, o *habeas corpus* pode ser impetrado contra decisão condenatória a pena de multa e quando da tramitação de processos ou realização de inquéritos policiais relativos à infração penal para a qual a única pena cominada seja a pecuniária.

Certo ( )   Errado ( )

É possível impetrar o *habeas corpus* preventivo quando for prevista, na condenação, a pena de reclusão, o qual causa restrição na liberdade de ir e vir. No entanto, essa modalidade de HC apenas poderá ser impetrada quando for prevista essa pena, pois se for prevista outra pena, mesmo que

o réu seja condenado, a sua liberdade de ir e vir não será violada, tornando então não cabível essa ação. Como a assertiva afirma que a única pena cominada é a pecuniária, não há que se falar em *habeas corpus*.

Gabarito: Errado.

1853. **(2013 – CESPE/CEBRASPE – AGU – Procurador Federal)** Diante da importância da ação constitucional do *habeas corpus* como instrumento de salvaguarda do direito ambulatorial do cidadão, a mais recente jurisprudência do STF e do STJ tem admitido o *habeas corpus* substitutivo do recurso ordinário.

Certo ( )   Errado ( )

Conforme o Informativo nº 674 do STF: *É inadmissível impetração de 'habeas corpus' quando cabível recurso ordinário constitucional.* (STF, HC 109.956/PR, Rel. Min. Marco Aurélio, 1ª Turma, em 07/08/2012)

Gabarito: Errado.

1854. **(2013 – CESPE/CEBRASPE – PRF – Policial)** A respeito das espécies de prisão e do *habeas corpus*, julgue os itens que se seguem.

O *habeas corpus* pode ser impetrado, perante qualquer instância do Poder Judiciário, por qualquer pessoa do povo em favor de outrem, podendo, ainda, a autoridade judicial competente concedê-lo de ofício.

Certo ( )   Errado ( )

Assertiva está totalmente de acordo com o art. 654, *caput* e § 2º, do CPP. Qualquer pessoa poderá impetrar *habeas corpus*, seja a seu favor, ou a favor de outrem, bem como a autoridade judicial, se verificado lesão ou ameaça de lesão nesse direito, poderá conceder de ofício o *habeas corpus*.

Gabarito: Certo.

1855. **(2013 – CESPE/CEBRASPE – DEPEN – Agente Penitenciário)** A capacidade postulatória para a impetração de *habeas corpus* para defender em juízo violação à liberdade de locomoção ilicitamente coactada ou ameaçada é atribuída a qualquer pessoa, bem como ao Ministério Público.

Certo ( )   Errado ( )

Este item de acordo com o art. 654 do CPP. Tal artigo deixa claro quem tem capacidade de impetrar *habeas corpus*. Essa capacidade postulatória é a capacidade de defender, nesse caso, as próprias intenções ou de outrem. Portanto, qualquer pessoa, bem como o MP, possui essa capacidade.

Gabarito: Certo.

1856. **(2013 – CESPE/CEBRASPE – PF – Delegado)** Um delegado da Polícia Federal instaurou inquérito policial, mediante portaria, para investigar a conduta de deputado federal suspeito da prática de crimes contra a Administração Pública. Intimado para oitiva nos autos, o parlamentar impetrou *habeas corpus* contra o ato da autoridade policial, sob o argumento de usurpação de competência originária do STF. Nessa situação hipotética, assiste razão ao impetrante, visto que, para a instauração do procedimento policial, é necessário que a autoridade policial obtenha prévia autorização da Câmara dos Deputados ou do STF.

Certo ( )   Errado ( )

Essa assertiva foi comentada pela própria banca CESPECEBRASPE em resposta aos recursos pretendidos. Segue comentário: *Dispõe a questão que um delegado da Polícia Federal instaurou inquérito policial, mediante portaria, para investigar a conduta de deputado federal suspeito da prática de crimes contra a Administração Pública. Sob o argumento de que a autoridade policial não poderia dar início à investigação policial, o parlamentar impetrou 'habeas corpus' alegando usurpação de competência originária do STF e necessidade de prévia autorização da Câmara dos Deputados ou do STF.* **Ora, para a instauração de inquérito policial contra parlamentar não é preciso que a autoridade policial obtenha prévia autorização da Câmara dos Deputados nem do Supremo Tribunal Federal. É preciso, isto sim, submeter o Inquérito, no prazo legal, ao STF, pois é perante este que eventual ação nele embasada poderá ser processada e julgada. Com efeito, a garantia da imunidade parlamentar, em sentido formal, somente tem incidência em juízo, depois de oferecida a acusação penal. Vale dizer que, após análise dos recursos, a banca manteve o seu gabarito.**

Gabarito: Errado.

1857. **(2013 – CESPE/CEBRASPE – PC/BA – Investigador)** Após denúncia anônima, João foi preso em flagrante pelo crime de moeda falsa no momento em que fazia uso de notas de cem reais falsificadas. Ele confessou a autoria da falsificação, confirmada após a perícia. Com base nessa situação hipotética e nos conhecimentos específicos relativos ao Direito Processual Penal, julgue o item subsecutivo.

Caso não tenha condições de contratar advogado, João poderá impetrar *habeas corpus* em seu próprio favor, no intuito de obter sua liberdade, bem como de fazer sua defesa técnica nos autos do processo judicial, caso seja advogado.

Certo ( )   Errado ( )

O art. 654 do CPP preconiza que qualquer pessoa poderá impetrar *habeas corpus* quando sofrer ou se achar ameaçado de sofrer lesão ao seu direito de locomoção, portanto, João poderá ser o impetrante do HC. Caso João seja advogado devidamente constituído, ele, a seu favor, poderá ser constituir a defesa técnica, não necessitando de uma defesa terceira.

Gabarito: Certo.

1858. **(2013 – CESPE/CEBRASPE – DPE/RR – Defensor Público – Adaptada)** A suspensão condicional do processo constitui óbice ao manejo da ação de *habeas corpus*, visto que, nesse caso, não há risco imediato da liberdade de ir e vir.

Certo ( )   Errado ( )

A suspensão condicional do processo não impede o réu de ajuizar ação de *habeas corpus*.

Gabarito: Errado.

1859. **(2013 – CESPE/CEBRASPE – DPE/RR – Defensor Público – Adaptada)** É cabível ação de *habeas corpus* para modificar o fundamento da decisão absolutória.

Certo ( )   Errado ( )

Não cabe impetração de *habeas corpus* com intuito de modificar sentença absolutória, a respectiva deve ser contestada por intermédio de um RECURSO, logo, o RECURSO DE APELAÇÃO é o meio legal adequado.

Gabarito: Errado.

1860. (2013 – CESPE/CEBRASPE – DPE/RR – Defensor Público – Adaptada) A declaração de extinção da punibilidade pelo cumprimento da pena ou pela existência de causa de impedimento da pretensão punitiva ou executória do Estado impede o manejo da ação de *habeas corpus.*

Certo (   )   Errado (   )

Essa assertiva está embasada em dois aspectos, sendo o primeiro a Súmula nº 695 do STF: *não cabe habeas corpus quando já extinta a pena privativa de liberdade,* e o segundo o art. 659 do CPP, que diz: *Se o juiz ou tribunal verificar que já cessou a violência ou coação ilegal, julgará prejudicado o pedido.*
Gabarito: Certo.

1861. (2013 – CESPE/CEBRASPE – DPE/RR – Defensor Público – Adaptada) De acordo com o atual entendimento dos tribunais superiores, não cabe ação constitucional de *habeas corpus* como substitutivo de recursos ordinários e de outros recursos no processo penal, incluindo-se os casos em que a concessão da ordem seja feita de ofício.

Certo (   )   Errado (   )

Na doutrina há divergências em relação a esse assunto. Nesse sentido, o STJ tem admitido, em regra, que NÃO CABE O HC Substitutivo. Porém, a análise do caso concreto é necessária para ver a viabilidade caso a caso.
Gabarito: Errado.

1862. (2013 – CESPE/CEBRASPE – DPE/RR – Defensor Público – Adaptada) Admite-se ajuizamento de ação de *habeas corpus* para discutir a concessão do sursis nos casos em que se discuta a aplicação de pena.

Certo (   )   Errado (   )

O Supremo Tribunal Federal tem, em seus julgados, entendido que o *habeas corpus* não constitui meio idôneo para se pleitear a exclusão do registro de suspensão condicional do processo ainda em curso da folha de antecedentes criminais do acusado, uma vez que ausente qualquer violação ou ameaça à garantia do direito à liberdade de locomoção, portanto, não é admitido o ajuizamento dessa ação nesse caso.
Gabarito: Errado.

1863. (2013 – CESPE/CEBRASPE – DPE/ES – Defensor Público – Adaptada) Não cabe *habeas corpus* para discutir a ocorrência de nulidade processual.

Certo (   )   Errado (   )

O art. 648 do CPP diz que: *A coação considerar-se-á ilegal, e passível de habeas corpus quando o processo for manifestamente nulo.* Portanto, cabe *habeas corpus* na situação apresentada na assertiva.
Gabarito: Errado.

1864. (2013 – CESPE/CEBRASPE – DPE/ES – Defensor Público – Adaptada) O *habeas corpus* poderá ser impetrado por qualquer pessoa, em seu favor ou de outrem, bem como pelo MP.

Certo ( )   Errado ( )

O art. 654 do CPP fundamenta essa assertiva. *O habeas corpus poderá ser impetrado por qualquer pessoa, a seu favor ou de outrem, bem como pelo Ministério Público.*

Gabarito: Certo.

1865. (2013 – CESPE/CEBRASPE – DPE/ES – Defensor Público – Adaptada) Recebida a petição de *habeas corpus*, se o paciente estiver preso, o juiz é obrigado a determinar a apresentação do preso em dia e hora que designar.

Certo ( )   Errado ( )

O art. 656 do CPP diz que: *Recebida a petição de habeas corpus, o juiz, se julgar necessário, e estiver preso o paciente, mandará que este lhe seja imediatamente apresentado em dia e hora que designar.* Percebe-se que essa condição é facultada ao magistrado. Portanto, não há, nesse caso, uma vinculação obrigatória ao juiz de tal ato, sendo facultado ao mesmo.

Gabarito: Errado.

1866. (2013 – CESPE/CEBRASPE – DPE/ES – Defensor Público – Adaptada) Mesmo no caso de o juiz ou de o tribunal verificar que já cessou a violência ou a coação ilegal, o pedido do *habeas corpus* deverá ser julgado.

Certo ( )   Errado ( )

É ilógico o juiz julgar algo que não existe. Por isso, a questão está errada. De acordo com o art. 659 do CPP: *Se o juiz ou o tribunal verificar que já cessou a violência ou coação ilegal, julgará prejudicado o pedido.*

Gabarito: Errado.

1867. (2013 – CESPE/CEBRASPE – TJ/PI – Titular de Serviços de Notas e de Registros – Adaptada) Pela Teoria Brasileira do Habeas Corpus o remédio constitucional do *habeas corpus* é utilizado sempre que o indivíduo sofrer ou se achar em iminente perigo de sofrer violência, ou coação, por ilegalidade ou abuso de poder.

Certo ( )   Errado ( )

Isso mesmo, translineação do art. 5º, LXVIII, da CF/88: *conceder-se-á habeas corpus sempre que alguém sofrer ou se achar ameaçado de sofrer violência ou coação em sua liberdade de locomoção, por ilegalidade ou abuso de poder.*

Gabarito: Certo.

1868. (2013 – CESPE/CEBRASPE – TJ/PI – Titular de Serviços de Notas e de Registros – Adaptada) É vedada a conversão de *habeas corpus* impetrado como preventivo em liberatório, em face da sua natureza jurídica.

Certo ( )   Errado ( )

Justifica-se a conversão do habeas corpus preventivo em liberatório em razão da amplitude do pedido inicial e porque abrange a proteção mediata e imediata do direito de ir e vir. (STJ, AgRg no HC 107.514/SP, Rel. Min. Honildo Amaral de Mello Castro, em 16/08/2010).

Gabarito: Errado.

1869. **(2013 – CESPE/CEBRASPE – TRE/MS – Analista Judiciário – Adaptada)** Para fins de *habeas corpus*, entre outras hipóteses, consideram-se situações de coação ilegal: a permanência de alguém preso por mais tempo do que determina a lei, a negativa da concessão de liberdade provisória e o fato de o processo ser manifestamente nulo ou anulável.

Certo (   )   Errado (   )

Verifica-se que a segunda opção (a negativa da concessão de liberdade provisória) não se encontra nas hipóteses do art. 648 do CPP: *A coação considerar-se-á ilegal: I - quando não houver justa causa; II - quando alguém estiver preso por mais tempo do que determina a lei; III - quando quem ordenar a coação não tiver competência para fazê-lo; IV - quando houver cessado o motivo que autorizou a coação; V - quando não for alguém admitido a prestar fiança, nos casos em que a lei a autoriza; VI - quando o processo for manifestamente nulo; VII - quando extinta a punibilidade.* **Neste caso, será hipótese de RESE (recurso no sentido estrito), previsto no art. 581, VI, do CPP:** *Caberá recurso, no sentido estrito, da decisão, despacho ou sentença: (...) V - que conceder, negar, arbitrar, cassar ou julgar inidônea a fiança, indeferir requerimento de prisão preventiva ou revogá-la, conceder liberdade provisória ou relaxar a prisão em flagrante.*

Gabarito: Errado.

1870. **(2018 – CESPE/CEBRASPE – PC/MA – Delegado)**(2018 – CESPE/CEBRASPE – PC/MA – Delegado – Adaptada) Uma autoridade policial determinou a instauração de inquérito policial para apurar a prática de suposto crime de homicídio. Entretanto, realizadas as necessárias diligências, constatou-se que a punibilidade estava extinta em razão da prescrição.
Nessa situação,

a) é cabível recurso em sentido estrito com o objetivo de trancar o inquérito policial, mas somente após a decisão que recebe a denúncia.

b) não há instrumento processual capaz de trancar o inquérito policial.

c) poderá ser impetrado *habeas corpus* com o objetivo de trancar o inquérito policial.

d) poderá ser impetrado mandado de segurança contra o ato da autoridade policial para trancar o inquérito policial.

e) é cabível recurso de apelação com o objetivo de trancar o inquérito policial, mas somente em caso de sentença penal condenatória.

Nos termos do art. 647 do CPP, *dar-se-á habeas corpus sempre que alguém sofrer ou se achar na iminência de sofrer violência ou coação ilegal na sua liberdade de ir e vir, salvo nos casos de punição disciplinar.*

Art. 648 do CPP - A coação considerar-se-á ilegal:

I - quando não houver justa causa;

II - quando alguém estiver preso por mais tempo do que determina a lei;

III - quando quem ordenar a coação não tiver competência para fazê-lo;

IV - quando houver cessado o motivo que autorizou a coação;

V - quando não for alguém admitido a prestar fiança, nos casos em que a lei a autoriza;

VI - quando o processo for manifestamente nulo;

VII - quando extinta a punibilidade.

A jurisprudência é pacífica no sentido de que apenas caberá o trancamento do inquérito policial quando o fato for atípico, quando se verificar a ausência de justa causa, quando o indiciado for inocente ou quando estiver presente causa extintiva da punibilidade. Nesse sentido a jurisprudência: O trancamento da ação penal pela via de habeas corpus é medida de exceção, que só é admissível quando emerge dos autos, de forma inequívoca, a inocência do acusado, a atipicidade da conduta ou a extinção da punibilidade (STJ, HC n. 89.119, Rel. Jane Silva, j. 25.10.07).

Gabarito: C.

1871. (2017 – CESPE/CEBRASPE – DPE/AC – Defensor Público – Adaptada) É cabível *habeas corpus* contra decisão que condene, unicamente, a pena pecuniária.

Certo ( )   Errado ( )

Nos termos da Súmula nº 693 do STF, *não cabe habeas corpus contra decisão condenatória a pena de multa, ou relativo a processo em curso por infração penal a que a pena pecuniária seja a única cominada.*

Gabarito: Errado.

1872. (2017 – CONSULPLAN – TJ/MG – Titular de Serviços de Notas e de Registros – Adaptada) Segundo as normas do CPP e Jurisprudência dominante, é correto afirmar que é possível o trancamento de inquérito policial através de *habeas corpus* em caso de atipicidade do fato investigado

Certo ( )   Errado ( )

Encontra-se sedimentado, na jurisprudência do STJ, investigar fato atípico ou oferecer denúncia sob o mesmo fundamento acarreta nítido constrangimento ilegal.

Nesse sentido, a jurisprudência do STJ: *o habeas corpus pode ser impetrado visando obstar o andamento de inquéritos policiais manifestamente fadados ao fracasso, por se verificar, de imediato, a atipicidade do fato ou mediante prova cabal e irrefutável de não ser o indiciado o seu autor. Assim, a jurisprudência é pacífica no sentido de que somente caberá o trancamento do inquérito policial quando o fato for atípico, quando verificar-se a ausência de justa causa, quando o indiciado for inocente ou quando estiver presente causa extintiva da punibilidade* (HC 20121/MS, Rei. Ministro Hamilton Carvalhido,6ª Turma, STJ).

Gabarito: Certo.

1873. (2017 – CESPE/CEBRASPE – SERES/PE – Agente de Segurança Penitenciária – Adaptada) Com relação ao *habeas corpus*, é permitido ao filho do paciente impetrar *habeas corpus* em favor de seu pai.

Certo ( )   Errado ( )

O habeas corpus poderá ser impetrado por qualquer pessoa, em seu favor ou de outrem, bem como pelo Ministério Público, nos termos do art. 654 do CPP.

Gabarito: Certo.

1874. (2017 – CESPE/CEBRASPE – DPE/AC – Defensor Público – Adaptada) É cabível *habeas corpus* contra decisão que tenha indeferido liminar em outro *habeas corpus*.

Certo ( )   Errado ( )

Conforme o inteiro teor da Súmula nº 606 do STF, *não cabe habeas corpus originário para o Tribunal Pleno de decisão de Turma, ou do Plenário, proferida em habeas corpus ou no respectivo recurso.*

Gabarito: Errado.

1875. (2017 – IBADE – SEJUDH/MT – Agente Penitenciário – Adaptada) Dar-se-á *habeas corpus* sempre que alguém sofrer ou se achar na iminência de sofrer violência ou coação ilegal na sua liberdade de ir e vir, salvo nos casos de punição disciplinar. A coação considerar-se-á ilegal quando quem ordenar a coação não tiver competência para fazê-lo, salvo em relação a agente público com foro por prerrogativa de função.

Certo ( )   Errado ( )

Conforme o art. 648, *a coação considerar-se-á ilegal: III – quando quem ordenar a coação não tiver competência para fazê-lo.*

Gabarito: Errado.

1876. (2017 – FCC – DPE/RS – Analista – Adaptada) De acordo com entendimento dos Tribunais Superiores, é cabível *habeas corpus* originário para o Tribunal Pleno da decisão de Turma, ou do Plenário do Supremo Tribunal Federal, proferida em *habeas corpus* ou no respectivo recurso.

Certo ( )   Errado ( )

Nos termos da Súmula nº 606 do STF, *não cabe habeas corpus originário para o Tribunal Pleno de decisão de Turma, ou do Plenário, proferida em habeas corpus ou no respectivo recurso.*

Gabarito: Errado.

1877. (2017 – CESPE/CEBRASPE – DPE/AC – Defensor Público – Adaptada) É cabível *habeas corpus* quando já extinta a pena privativa de liberdade.

Certo ( )   Errado ( )

Conforme o inteiro teor da Súmula nº 695 do STF, *não cabe habeas corpus quando já extinta a pena privativa de liberdade.*

Gabarito: Errado.

1878. (2017 – MPE/SP – MPE/SP – Promotor de Justiça – Adaptada) É cabível a utilização de *habeas corpus* contra a autoridade policial que instaura inquérito policial, em razão de requisição do Ministério Público, para apuração de crime já definitivamente julgado.

Certo ( )   Errado ( )

O STJ, no HC 143147, já decidiu: *o trancamento de inquérito policial ou ação penal por meio de Habeas Corpus é medida excepcional, somente autorizada em casos em que fique claro a atipicidade da conduta, a absoluta falta de provas da materialidade e indícios da autoria ou a ocorrência de alguma causa extintiva da punibilidade.*

Gabarito: Errado.

1879. **(2017 – CESPE/CEBRASPE – TCE/PE – Analista de Gestão)** Com relação à jurisdição e ao poder jurisdicional, a concessão de *habeas corpus* de ofício constitui exemplo de exercício de jurisdição sem ação.

Certo ( )   Errado ( )

Conforme a previsão do art. 654 do CPP, o *habeas corpus poderá ser impetrado por qualquer pessoa, em seu favor ou de outrem, bem como pelo Ministério Público.*

§ 2º Os juízes e os tribunais têm competência para expedir de ofício ordem de habeas corpus, quando no curso de processo verificarem que alguém sofre ou está na iminência de sofrer coação ilegal.

Nesse sentido, a jurisprudência do STF:

Informativo nº 854 do STF: *a regra prevista no art. 654, § 2º, do CPP não dispensa a observância do quadro de distribuição constitucional das competências para conhecer do habeas corpus.* Assim, **somente o órgão jurisdicional competente para a concessão da ordem a pedido pode conceder o *writ* de ofício.** Em outras palavras, **o Tribunal pode conceder** *habeas corpus* **de ofício, mas para isso acontecer é necessário que ele seja o Tribunal competente para apreciar eventual pedido de** *habeas corpus* **relacionado com este caso.** STF. Plenário. Rcl 25509 AgR/PR, Rel. Min. Edson Fachin, julgado em 15/2/2017 (Info nº 854).

Gabarito: Certo.

1880. **(2017 – FCC – DPE/RS – Analista – Adaptada)** De acordo com entendimento dos Tribunais Superiores, é incabível *habeas corpus* relativo a processo em curso por infração penal a que a pena pecuniária seja a única cominada.

Certo ( )   Errado ( )

Conforme o teor da Súmula nº 693 do STF, *não cabe habeas corpus contra decisão condenatória a pena de multa, ou relativo a processo em curso por infração penal a que a pena pecuniária seja a única cominada.*

Gabarito: Certo.

1881. **(2017 – MPE/SP – MPE/SP – Promotor de Justiça – Adaptada)** O *habeas corpus* não é cabível para trancamento de ação instaurada pela prática de infração penal punida apenas com pena de multa.

Certo ( )   Errado ( )

Súmula nº 693 do STF: *não cabe habeas corpus contra decisão condenatória a pena de multa, ou relativo a processo em curso por infração penal a que a pena pecuniária seja a única cominada.* Cabe Mandado de Segurança (MS) contra pena de multa.

Gabarito: Certo.

1882. (2017 – CESPE/CEBRASPE – SERES/PE – Agente de Segurança Penitenciária – Adaptada) Com relação ao *habeas corpus*, o juiz pode conceder *habeas corpus* independentemente de requerimento do acusado.

Certo ( )   Errado ( )

Os juízes e os tribunais têm competência para expedir de ofício ordem de habeas corpus, quando, no curso de processo, verificarem que alguém sofre ou está na iminência de sofrer coação ilegal, conforme o inteiro teor do art. 654, § 2º, do CPP.

Gabarito: Certo.

1883. (2017 – IBADE – SEJUDH/MT – Agente Penitenciário – Adaptada) Dar-se-á *habeas corpus* sempre que alguém sofrer ou se achar na iminência de sofrer violência ou coação ilegal na sua liberdade de ir e vir, salvo nos casos de punição disciplinar. A coação considerar-se-á ilegal quando não houver justa causa, salvo em se tratando de acusado de crime hediondo.

Certo ( )   Errado ( )

Vide o art. 648 do CPP: *a coação considerar-se-á ilegal: I – quando não houver justa causa; II – quando alguém estiver preso por mais tempo do que determina a lei.*

Gabarito: Errado.

1884. (2017 – CESPE/CEBRASPE – DPU – Defensor Público) A respeito do *habeas corpus* e da prisão preventiva, julgue o item seguinte, considerando, no que for pertinente, o entendimento dos tribunais superiores.

Situação hipotética: Determinado DP, inconformado com a prisão preventiva de um de seus assistidos, impetrou *habeas corpus* no STJ com pedido liminar de soltura. O ministro relator negou a medida antecipatória, em decisão monocrática fundamentada.

Assertiva: Nessa situação, contra a decisão monocrática que indeferiu a liminar não cabe novo *habeas corpus* para o STF.

Certo ( )   Errado ( )

O Habeas Corpus não é sucedânea recursal, digo, NÃO é RECURSO. Vide a Súmula nº 691 do STF: *não compete ao Supremo Tribunal Federal conhecer de habeas corpus impetrado contra decisão do relator que, em habeas corpus requerido a Tribunal Superior, indefere a liminar.* **Caberia ao causídico interpor Agravo Regimental para que a matéria fosse submetida ao Colegiado do STJ.**

Gabarito: Errado.

1885. (2017 – CESPE/CEBRASPE – SERES/PE – Agente de Segurança Penitenciária – Adaptada) Com relação ao *habeas corpus*, é vedado ao Ministério Público requisitar *habeas corpus* em favor de acusado.

Certo ( )   Errado ( )

O habeas corpus poderá ser impetrado por qualquer pessoa, em seu favor ou de outrem, bem como pelo Ministério Público, **vide o art. 654 do CPP.**

Gabarito: Errado.

1886. (2017 – FCC – DPE/RS – Analista – Adaptada) De acordo com entendimento dos Tribunais Superiores, são incabíveis *habeas corpus* e revisão criminal quando já extinta a pena privativa de liberdade.

Certo ( )   Errado ( )

Vide o art. 622 do CPP e a Súmula nº 695 do STF:

Revisão Criminal: *a revisão PODERÁ ser requerida em qualquer tempo, antes da extinção da pena ou após, conforme previsão do art. 622 do CPP.*

Habeas Corpus: a Súmula nº 695 do STF dispõe que **NÃO CABE** *habeas corpus quando já extinta a pena privativa de liberdade.*

Gabarito: Errado.

1887. (2017 – CESPE/CEBRASPE – SERES/PE – Agente de Segurança Penitenciária – Adaptada) Com relação ao *habeas corpus*, o *habeas corpus* pode ser requerido antes da privação da liberdade do paciente.

Certo ( )   Errado ( )

Nos termos do art. 647 do CPP, *dar-se-á habeas corpus sempre que alguém sofrer ou se achar na iminência de sofrer violência ou coação ilegal na sua liberdade de ir e vir, salvo nos casos de punição disciplinar.*

Gabarito: Certo.

1888. (2017 – IBADE – SEJUDH/MT – Agente Penitenciário – Adaptada) Dar-se-á *habeas corpus* sempre que alguém sofrer ou se achar na iminência de sofrer violência ou coação ilegal na sua liberdade de ir e vir, salvo nos casos de punição disciplinar. A coação considerar-se-á ilegal nos casos de condução coercitiva, salvo se determinada por Juiz Federal no mínimo de primeira instância.

Certo ( )   Errado ( )

Nos termos do art. art. 648 do CPP, *a coação considerar-se-á ilegal: IV – quando houver cessado o motivo que autorizou a coação; V – quando não for alguém admitido a prestar fiança, nos casos em que a lei a autoriza.*

Gabarito: Errado.

1889. (2017 – IBADE – PC/AC – Delegado) Sobre *habeas corpus* é correto afirmar:

   a) Não cabe *habeas corpus* contra ato de Delegado de Polícia.

   b) O delegado de polícia não pode impetrar *habeas corpus*.

   c) Para a doutrina, o *habeas corpus*, a revisão criminal e o mandado de segurança não são recursos e sim ações autônomas de impugnação.

   d) O *habeas corpus* não pode ser concedido de ofício pelo Juiz ou tribunal.

   e) O *habeas corpus* contra ato de Delegado de Polícia deve ser julgado pelo Tribunal de Justiça.

O habeas Corpus é ação autônoma de impugnação, constituído através de previsão constitucional (art. 5º, LXVIII, da CF/88), tendo como objetivo evitar a prática de atos atentatórios à liberdade de locomoção ou restabelecê-la, quando ilegalmente violada ou ameaçada.

a) Conforme o art. 654.

b) "Qualquer pessoa PODE", art. 654 do CPP.

d) art. 649 do CPP.

e) art. 650, § 2º, do CPP.

Gabarito: C.

1890. (2017 – FCC – DPE/RS – Analista – Adaptada) De acordo com entendimento dos Tribunais Superiores, é cabível *habeas corpus* contra decisão condenatória a pena de multa.

Certo ( )   Errado ( )

NÃO CABE *habeas corpus* contra decisão condenatória à pena de multa, ou relativo a processo em curso por infração penal a que a pena pecuniária seja a única cominada, vide a Súmula nº 693 do STF.
Gabarito: Errado.

1891. (2017 – IBADE – SEJUDH/MT – Agente Penitenciário – Adaptada) Dar-se-á *habeas corpus* sempre que alguém sofrer ou se achar na iminência de sofrer violência ou coação ilegal na sua liberdade de ir e vir, salvo nos casos de punição disciplinar. A coação considerar-se-á ilegal quando o processo for manifestamente nulo, com exceção aos processos nos quais se apura crime de tráfico e hediondos.

Certo ( )   Errado ( )

Conforme o teor do art. 648 do CPP, *a coação considerar-se-á ilegal: VI – quando o processo for manifestamente nulo;*
Gabarito: Errado.

1892. (2017 – FCC – DPE/RS – Analista – Adaptada) De acordo com entendimento dos Tribunais Superiores, compete originariamente ao Superior Tribunal de Justiça o julgamento de *habeas corpus* contra decisão de turma recursal de juizados especiais criminais.

Certo ( )   Errado ( )

O entendimento firmado a partir do julgamento do HC 86.834 (PI, 23.6.06, Marco Aurélio, Info. nº 437), implicou o cancelamento da Súmula nº 690, e definiu que compete ao Tribunal de Justiça julgar *habeas corpus* contra ato de Turma Recursal dos Juizados Especiais do Estado.

Nesse sentido, a jurisprudência do STF:

COMPETÊNCIA - *HABEAS CORPUS* - DEFINIÇÃO. A competência para o julgamento do *habeas corpus* é definida pelos envolvidos - paciente e impetrante. COMPETÊNCIA - *HABEAS CORPUS* - ATO DE TURMA RECURSAL. E*stando os integrantes das turmas recursais dos juizados especiais submetidos, nos crimes comuns e nos de responsabilidade*, à jurisdição do tribunal de justiça ou do tribunal regional federal, incumbe a cada qual, conforme o caso, julgar os habeas impetrados contra ato que tenham praticado. *COMPETÊNCIA - HABEAS CORPUS - LIMINAR. Uma vez ocorrida a declinação da competência, cumpre preservar o quadro decisório decorrente do deferimento de medida acauteladora, ficando a manutenção, ou não, a critério do órgão competente. (STF - HC: 86834 SP, Relator: MARCO AURÉLIO, Data de Julgamento: 23/08/2006, Tribunal Pleno, Data de Publicação: DJ 09-03-2007 PP-00026 EMENT VOL-02267-02 PP-00242 RJSP v. 55, n. 354, 2007, p. 175-184 LEXSTF v. 29, n. 341, 2007, p. 350-365)*
Gabarito: Errado.

1893. (2017 – Fundação La Salle – SUSEPE/RS – Agente Penitenciário) Contra a decisão que relaxa prisão em flagrante cabe:

a) mandado de segurança.

b) *habeas corpus.*

c) recurso em sentido estrito.

d) agravo.

e) pedido de liberdade provisória.

Habeas Corpus. LEMBRE-SE: HC não é RECURSO. A questão trata do remédio jurídico necessário para atacar decisão que relaxa prisão em flagrante e, nos termos do art. 581 do CPP, *caberá recurso, no sentido estrito, da decisão, despacho ou sentença: V - que conceder negar, arbitrar, cassar ou julgar inidônea a fiança, indeferir requerimento de prisão preventiva ou revogá-la, conceder liberdade provisória ou relaxar a prisão em flagrante.*

Gabarito: C.

1894. (2016 – NUCEPE – SEJUS/PI – Agente Penitenciário) O *habeas corpus* é uma garantia constitucional que se obtém por meio da ação uma ordem escrita tutelando a liberdade de locomoção, o direito de ir e vir, e de não ser preso. Sobre o Habeas Corpus marque a alternativa CORRETA.

a) Pode ser paciente qualquer pessoa natural ou jurídica.

b) É medida que tutela o direito de permanecer, de ir e vir, de não ser preso em nenhuma situação.

c) É medida que protege direito líquido e CERTO.

d) É medida que tutela o direito de permanecer, de ir e vir e de não ser preso.

e) É medida que tutela o direito patrimonial, mesmo quando por ordem de autoridade judiciária incompetente.

Conforme a previsão do art. 647 do CPP, *dar-se-á habeas corpus sempre que alguém sofrer ou se achar na iminência de sofrer violência ou coação ilegal na sua liberdade de ir e vir, salvo nos casos de punição disciplinar.*

Gabarito: D.

1895. (2016 – FUNCAB – PC/PA – Investigador – Adaptada) A expressão *habeas corpus* traduz-se literalmente do latim para o português como "tome o corpo". Em relação ao *habeas corpus* no direito brasileiro, é possível afirmar que, de acordo com entendimento majoritário na doutrina e na jurisprudência, admite-se que a petição de *habeas corpus* seja apócrifa.

Certo ( )   Errado ( )

Consoante a jurisprudência e doutrina, NÃO se conhece de *habeas corpus* **cuja petição inicial é apócrifa, pois, embora possa ser impetrado por advogado ou por qualquer do povo, o art. 654, § 1º, c, dispõe que deve conter a "assinatura do impetrante, ou de alguém a seu rogo, quando não souber ou não puder escrever.**

Jurisprudência do STJ nesse sentido: *muito embora o habeas corpus possa ser impetrado por qualquer pessoa do povo, independentemente de procuração, não se afigura admissível a ausência de assinatura, na petição inicial, do Impetrante ou de alguém a seu rogo. Precedentes. 2. Writ não* *conhecido* (STJ - HC: 35314 BA 2004/0063259-4, Relator: Ministra LAURITA VAZ, Data de Julgamento: 16/11/2004, T5 - QUINTA TURMA, Data de Publicação: DJ 13.12.2004 p. 389).

Gabarito: Errado.

1896. (2016 – TRF 4ª Região – TRF 4ª Região – Juiz – Adaptada) O Ministério Público é parte ilegítima para impetrar *habeas corpus* que vise ao reconhecimento da incompetência absoluta do juiz processante de ação penal.

Certo ( )   Errado ( )

O Ministério Público é parte LEGÍTIMA para impetrar o Habeas Corpus, nos termos do art. 654 do CPP. Jurisprudência do STF nesse sentido: *HABEAS CORPUS. LEGITIMIDADE AD CAUSAM DO MINISTÉRIO PÚBLICO. AÇÃO QUE PRETENDE O RECONHECIMENTO DA INCOMPETÊNCIA ABSOLUTA DO JUÍZO PROCESSANTE. O pedido de reconhecimento de incompetência absoluta do Juízo processante afeta diretamente a defesa de um direito individual indisponível do paciente: o de ser julgado por um juiz competente, nos exatos termos do que dispõe o inciso LIII do artigo 5º da Constituição Federal. O Ministério Público, órgão de defesa de toda a Ordem Jurídica, é parte legítima para impetrar habeas corpus que vise ao reconhecimento da incompetência absoluta do juiz processante de ação penal. Ordem parcialmente concedida para que, afastada a preliminar da ilegitimidade, o Tribunal Estadual aprecie o mérito como entender de Direito.* (STF - HC: 90305 RN, Relator: Min. CARLOS BRITTO, Data de Julgamento: 20/03/2007, Primeira Turma, Data de Publicação: DJe-023 DIVULG 24-05-2007 PUBLIC 25-05-2007 DJ 25-05-2007 PP-00077 EMENT VOL-02277-02 PP-00223 RT v. 96, n. 864, 2007, p. 505-510)

Gabarito: Errado.

1897. (2016 – FUNCAB – PC/PA – Investigador – Adaptada) A expressão *habeas corpus* traduz-se literalmente do latim para o português como "tome o corpo". Em relação ao *habeas corpus* no direito brasileiro, é possível afirmar que o coator pode ser tanto uma autoridade quanto um particular.

Certo ( )   Errado ( )

A legitimidade passiva do *habeas corpus* recai sobre a pessoa responsável pelo ato ilegal e lesivo à liberdade de ir e vir da pessoa física. Não é necessário que o sujeito passivo seja autoridade. A exigência de que o ato provenha de autoridade (ainda que delegada de atribuição do poder público) é restrita ao mandado de segurança. O cerceio indevido à liberdade de locomoção pode ser imputável à autoridade policial, autoridade judiciária (juiz ou tribunal) ou mesmo a particular. Jurisprudência nesse sentido:

DO TEOR DA CLÁUSULA CONSTITUCIONAL PERTINENTE (art. 5º, LXVIII) EXSURGE O ENTENDIMENTO NO SENTIDO DE ADMITIR-SE O USO DA GARANTIA INCLUSIVE NA HIPÓTESE EM QUE A ILEGALIDADE PROVENHA DE ATO DE PARTICULAR, NÃO SE EXIGINDO QUE O CONSTRANGIMENTO SEJA EXERCIDO POR AGENTE DO PODER PÚBLICO. (RHC 4.120/RJ, Rel. Ministro ANSELMO SANTIAGO, Rel. p/ Acórdão Ministro VICENTE LEAL, SEXTA TURMA, julgado em 29/04/1996, DJ 17/06/1996, p. 21517).

Gabarito: Certo.

1898. (2016 – VUNESP – TJM/SP – Juiz – Adaptada) Quanto ao cabimento do *habeas corpus* em nosso sistema jurídico, é correto afirmar que a impetração do *habeas corpus* depende de procuração, a fim de comprovar a capacidade postulatória.

Certo ( )   Errado ( )

A impetração do *habeas corpus* NÃO exige capacidade postulatória, conforme prevê o art. 654 do CPP: *o habeas corpus poderá ser impetrado por qualquer pessoa, em seu favor ou de outrem, bem como pelo Ministério Público.*

Gabarito: Errado.

1899. (2016 – UFMT – TJ/MT – Contador) Qual a providência cabível quando o juiz recebe denúncia por fato que, mesmo em tese, não constitui crime?

a) Habeas corpus visando ao trancamento da ação penal.

b) Recurso em sentido estrito.

c) Carta Testemunhável.

d) Recurso especial.

A providencia cabível e a impetração de *Habeas Corpus* (HC) trancativo. A doutrina e a jurisprudência pacifica vem admitindo a impetração do *Habeas Corpus* trancativo quando a ação penal é recebida ainda que não preencha os requisitos, logo, constitui medida excepcional só admissível quando evidente a falta de justa causa para o seu prosseguimento, seja pela inexistência de indícios de autoria do delito, seja pela não comprovação de sua materialidade, seja ainda pela atipicidade da conduta do indiciado.

Gabarito: A.

1900. (2016 – FUNCAB – PC/PA – Investigador – Adaptada) A expressão *habeas corpus* traduz-se literalmente do latim para o português como "tome o corpo". Em relação ao *habeas corpus* no direito brasileiro, é possível afirmar que o Ministério Público não possui legitimidade para impetrar *habeas corpus* em favor do réu de um processo.

Certo ( )   Errado ( )

O habeas corpus poderá ser impetrado por qualquer pessoa, em seu favor ou de outrem, bem como pelo Ministério Público, **conforme o art. 654 do CPP.**

Gabarito: Errado.

1901. (2016 – VUNESP – TJM/SP – Juiz – Adaptada) Quanto ao cabimento do *habeas corpus* em nosso sistema jurídico, é correto afirmar que o recurso cabível contra a decisão denegatória do *habeas corpus* nos Tribunais inferiores é o Recurso Ordinário Constitucional.

Certo ( )   Errado ( )

O RECURSO ORDINÁRIO CONSTITUCIONAL (ROC) com fundamento nos arts. 102, II, a; e 105, II, a e b, da CF/88 e arts. 30 a 35, da Lei nº 8.038/90 é o recurso cabível contra decisão denegatória de *habeas corpus* **ou mandado de segurança, proferida em segunda instância ou por Tribunal Superior. Portanto, pode ser interposto perante o Supremo Tribunal Federal e Superior Tribunal de Justiça.**

Gabarito: Certo.

1902. **(2016 – VUNESP – TJ/RJ – Juiz – Adaptada)** Analisar a situação hipotética a seguir:

X, empresário do ramo alimentício, teve decretada a falência de sua empresa, em 20 de outubro de 2009. Tendo o administrador judicial, em relatório circunstanciado, apontado indícios de desvio e venda das mercadorias da massa falida, o Ministério Público requisitou a instauração de inquérito, a fim de apurar a prática de crime falimentar por X, sócio gerente da empresa. Encerradas as investigações, o Ministério Público ofereceu denúncia, junto ao Juízo Criminal da Jurisdição em que foi decretada a falência, sendo a exordial recebida, iniciando-se o processo. Citado, X apresenta resposta à acusação, postulando por sua absolvição sumária, alegando faltar justa causa para a ação penal, uma vez que, por força de agravo interposto junto ao Tribunal, a falência da empresa foi revertida. O Juízo não absolve sumariamente X, dando prosseguimento ao processo. X então impetra *habeas corpus*, junto ao Tribunal de Justiça. É correto afirmar que o Tribunal de Justiça haveria de denegar a ordem, haja vista a independência das esferas.

Certo ( )   Errado ( )

O juiz ou o tribunal, dentro dos limites da sua jurisdição, fará passar imediatamente a ordem impetrada, nos casos em que tenha cabimento, seja qual for a autoridade coatora, nos termos do art. 649 do CPP.

Gabarito: Errado.

1903. **(2016 – FUNCAB – PC/PA – Investigador – Adaptada)** A expressão *habeas corpus* traduz-se literalmente do latim para o português como "tome o corpo". Em relação ao *habeas corpus* no direito brasileiro, é possível afirmar que pessoa jurídica pode figurar como paciente em *habeas corpus*.

Certo ( )   Errado ( )

Embora a pessoa jurídica responda por crime, não está sujeita a pena privativa de liberdade, hipótese que contra a caberia a impetração do referido remédio constitucional. Não havendo a violação da liberdade de locomoção, é inviável o uso de *habeas corpus*. A posição dos Tribunais Superiores é uníssona em recusar a legitimidade da impetração de Habeas Corpus em favor de paciente pessoa jurídica, sob o fundamento de que o remédio é medida de proteção à liberdade de ir, vir e ficar, liberdade esta inerente à pessoa física, que no entanto poderá ser submetida a pena privativa de liberdade.

Jurisprudência do STF nesse sentido: *Enfatizou-se a possibilidade de apenação da pessoa jurídica relativamente a crimes contra o meio ambiente, quer sob o ângulo da interdição da atividade desenvolvida, quer sob o da multa ou da perda de bens, mas não quanto ao cerceio da liberdade de locomoção, a qual enseja o envolvimento de pessoa natural. Salientando a doutrina desta Corte quanto ao habeas corpus, entendeu-se que uma coisa seria o interesse jurídico da empresa em atacar, mediante recurso, decisão ou condenação imposta na ação penal, e outra, cogitar de sua liberdade de ir e vir. Vencido, no ponto, o Min. Ricardo Lewandowski, relator, que, tendo em conta a dupla imputação como sistema legalmente imposto (Lei nº 9.605/98, art. 3º, parágrafo único) em que pessoas jurídicas e naturais farão, conjuntamente, parte do polo passivo da ação penal, de modo que o habeas corpus, que discute a viabilidade do prosseguimento da ação, refletiria diretamente na liberdade destas últimas, conhecia do writ também em relação à pessoa jurídica, dado o seu caráter eminentemente liberatório.* (HC 92.921-BA, rel. Min. Ricardo Lewandowski, 19.8.2008)

Gabarito: Errado.

1904. (2016 – VUNESP – TJM/SP – Juiz – Adaptada) Quanto ao cabimento do *habeas corpus* em nosso sistema jurídico, é correto afirmar que o *habeas corpus*, nos crimes ambientais, pode ser impetrado em favor de pessoa jurídica, pois há previsão de responsabilidade penal do ente coletivo.

Certo ( )   Errado ( )

Mesmo que a pessoa jurídica responda por crime, não está sujeita à pena privativa de liberdade, hipótese que contra a caberia a impetração do referido remédio constitucional. Não havendo a violação da liberdade de locomoção, é inviável o uso de *habeas corpus*. A posição dos Tribunais Superiores é uníssona em recusar a legitimidade da impetração de Habeas Corpus em favor de paciente pessoa jurídica, sob o fundamento de que o remédio é medida de proteção à liberdade de ir, vir e ficar, liberdade esta inerente à pessoa física, que no entanto poderá ser submetida a pena privativa de liberdade.

Gabarito: Errado.

1905. (2016 – FUNCAB – PC/PA – Investigador – Adaptada) A expressão *habeas corpus* traduz-se literalmente do latim para o português como "tome o corpo". Em relação ao *habeas corpus* no direito brasileiro, é possível afirmar que o *habeas corpus* profilático é cabível na hipótese de já ter sido consumado o constrangimento ilegal à liberdade.

Certo ( )   Errado ( )

Quanto ao *habeas corpus* profilático ou trancativo parcela da doutrina e da jurisprudência de alguns Tribunais, tratam a espécie na hipótese de risco à liberdade de locomoção quando bem remoto, distante, periférico, entretanto ainda assim existente, o risco a liberdade. Logo, se o a autoridade policial nega acesso ao aos elementos da investigação já documentados, estaríamos diante de afronta a Súmula Vinculante nº 14 do STF, e neste caso existiria um risco remoto a liberdade.

Data vênia, **o *habeas corpus* profilático ou trancativo vem sendo aceito em situações excepcionais. Vale destacar que referido remédio é destinado a suspender atos processuais ou impugnar medidas que possam importar em prisão futura com aparência de legalidade, porém intrinsecamente cominada por ilegalidade anterior. Neste caso, a impugnação não visa ao constrangimento ilegal à liberdade, mas sim a potencialidade de que este constrangimento venha a ocorrer.**

Gabarito: Errado.

1906. (2016 – VUNESP – TJM/SP – Juiz – Adaptada) Quanto ao cabimento do *habeas corpus* em nosso sistema jurídico, é correto afirmar que o *habeas corpus* é meio idôneo para discussão da pena de multa.

Certo ( )   Errado ( )

Nos termos da Súmula nº 693 do STF, *não cabe habeas corpus contra decisão denegatória a pena de multa, ou relativo a processo em curso por infração penal a que a pena pecuniária seja a única cominada.*

Gabarito: Errado.

1907. (2015 – FCC – TJ/GO – Juiz – Adaptada) Em relação ao *habeas corpus*, é correto afirmar que, se o *habeas corpus* for concedido em virtude de nulidade do processo, este não poderá ser renovado.

Certo ( )   Errado ( )

Afronta à previsão do art. 652 do CPP: *se o habeas corpus for concedido em virtude de nulidade do processo, este será renovado.*

Gabarito: Errado.

1908. **(2015 – VUNESP – TJ/MS – Juiz)** Nos termos da jurisprudência do Supremo Tribunal Federal, o processo e julgamento do *habeas corpus* impetrado contra ato ilegal da Turma recursal compete ao

a) pleno da Turma Recursal composta de 5 juízes em exercício no primeiro grau de jurisdição, reunidos na sede do Tribunal de Justiça.

b) pleno da Turma Recursal composta de 15 juízes em exercício no primeiro grau de jurisdição, reunidos na sede do Juizado Especial.

c) Supremo Tribunal Federal.

d) Tribunal de Justiça dos Estados.

e) Superior Tribunal de Justiça.

A Súmula nº 690 do STF dispõe que *compete originariamente ao Supremo Tribunal Federal o julgamento de 'habeas corpus' contra decisão de Turma Recursal de Juizados Especiais Criminais.*

ATENÇÃO: SÚMULA SUPERADA.

Sendo assim, o julgamento de Habeas Corpus compete ao respectivo TJ ou TRF. Nesse sentido: STF, HC 86.834: *Estando os integrantes das turmas recursais dos juizados especiais submetidos, nos crimes comuns e nos de responsabilidade, à jurisdição do tribunal de justiça ou do tribunal regional federal, incumbe a cada qual, conforme o caso, julgar os habeas impetrados contra ato que tenham praticado. COMPETÊNCIA - HABEAS CORPUS - LIMINAR. Uma vez ocorrida a declinação da competência, cumpre preservar o quadro decisório decorrente do deferimento de medida acauteladora, ficando a manutenção, ou não, a critério do órgão competente. (HC 86834, Relator(a): Min. MARCO AURÉLIO, Tribunal Pleno, julgado em 23/08/2006, DJ 09-03-2007 PP-00026 EMENT VOL-02267-02 PP-00242 RJSP v. 55, n. 354, 2007, p. 175-184 LEXSTF v. 29, n. 341, 2007, p. 350-365).*

Gabarito: D.

1909. **(2015 – FMP – MPE/AM – Promotor de Justiça – Adaptada)** Em relação às ações autônomas de impugnação é correto afirmar que o *habeas corpus* poderá ser impetrado por qualquer pessoa, em seu favor ou de outrem, bem como pelo Ministério Público.

Certo ( )   Errado ( )

Conforme previsão do art. 654 do CPP, *o habeas corpus poderá ser impetrado por qualquer pessoa, em seu favor ou de outrem, bem como pelo Ministério Público.*

Gabarito: Certo.

1910. **(2015 – FCC – TJ/GO – Juiz – Adaptada)** Em relação ao *habeas corpus*, é correto afirmar que não se conhece de *habeas corpus* contra omissão de relator de extradição, se fundado em fato ou direito estrangeiro cuja prova não constava dos autos, nem foi ele provocado a respeito.

Certo ( )   Errado ( )

Conforme a Súmula nº 692 do STF: *Não se conhece de "habeas corpus" contra omissão de relator de extradição, se fundado em fato ou direito estrangeiro cuja prova não constava dos autos, nem foi ele provocado a respeito.*

Gabarito: Certo.

1911. **(2015 – FGV – TJ/PI – Analista Judiciário)** No que pertine à intervenção de terceiros na ação de *habeas corpus*, é correto afirmar que:

a) admite-se a intervenção da vítima em *habeas corpus* oriundo de ação pública incondicionada.

b) admite-se a intervenção da vítima em *habeas corpus* oriundo de ação pública condicionada à representação.

c) admite-se a intervenção do querelante em *habeas corpus* oriundo de ação penal privada.

d) admite-se a intervenção da vítima em *habeas corpus* oriundo de ação pública subsidiária da pública.

e) não se admite a intervenção da vítima, ainda que sob a forma de querelante.

Art. 654, § 1º, c, do CPP: o Informativo nº 557 do STJ dispõe como exceção: *em habeas corpus oriundo de ação penal privada, admite-se a intervenção do querelante no julgamento do HC, uma vez que ele tem interesse jurídico na decisão. STJ. 5ª Turma. RHC 41.527-RJ, Rel. Min. Jorge Mussi, julgado em 3/3/2015.*

Gabarito: C.

1912. **(2015 – FCC – TJ/GO – Juiz – Adaptada)** Em relação ao *habeas corpus*, é correto afirmar que Juiz de primeiro grau não tem competência para expedir de ofício ordem de *habeas corpus*.

Certo (   )   Errado (   )

Afronta à previsão do art. 654, § 2º, do CPP, *os juízes e os tribunais têm competência para expedir de ofício ordem de habeas corpus, quando no curso de processo verificarem que alguém sofre ou está na iminência de sofrer coação ilegal.*

Gabarito: Errado.

1913. **(2015 – FCC – DPE/RR – Oficial de Diligência – Adaptada)** Em relação ao *habeas corpus* é correto afirmar que não será conhecido se a petição não estiver assinada e não for acatada determinação de regularização.

Certo (   )   Errado (   )

Conforme dispõe art. 654, § 1º, c, do CPP.

Art. 654. O habeas corpus poderá ser impetrado por qualquer pessoa, em seu favor ou de outrem, bem como pelo Ministério Público.

§ 1º A petição de habeas corpus conterá.

a) o nome da pessoa que sofre ou está ameaçada de sofrer violência ou coação e o de quem exercer a violência, coação ou ameaça.

b) a declaração da espécie de constrangimento ou, em caso de simples ameaça de coação, as razões em que funda o seu temor.

c) a assinatura do impetrante, ou de alguém a seu rogo, quando não souber ou não puder escrever, e a designação das respectivas residências.

Gabarito: Certo.

1914. (2015 – FMP – MPE/AM – Promotor de Justiça – Adaptada) Em relação às ações autônomas de impugnação é correto afirmar que, independentemente do grau de jurisdição, os magistrados têm competência para expedir, de ofício, ordem de *habeas corpus* quando, no curso de processo, verificarem que alguém sofre ou está na iminência de sofrer coação ilegal.

Certo ( )   Errado ( )

Nos termos do art. 654, § 2º, do CPP, *os juízes e os tribunais têm competência para expedir de ofício ordem de habeas corpus, quando no curso de processo verificarem que alguém sofre ou está na iminência de sofrer coação ilegal.*

Gabarito: Certo.

1915. (2015 – FCC – TJ/GO – Juiz – Adaptada) Em relação ao *habeas corpus*, é correto afirmar que compete originariamente ao Supremo Tribunal Federal o julgamento de *habeas corpus* contra decisão de turma recursal de juizados especiais criminais.

Certo ( )   Errado ( )

Houve mudança jurisprudencial. Veja-se: *O Plenário do Supremo Tribunal Federal, ao julgar o HC 86.834/SP, Rel. Min. MARCO AURÉLIO, reformulou sua orientação jurisprudencial a propósito da questão pertinente à competência originária para o processo e julgamento das ações de habeas corpus ajuizadas em face de decisões emanadas de Turmas/Colégios Recursais vinculados ao sistema de Juizados Especiais, .Não mais compete, portanto, a este Supremo Tribunal Federal, processar e julgar, o (ou a Tribunal Regional Federal, quando for o caso) originariamente, pedido de habeas corpus, quando impetrado, como no caso, contra decisão proferida por Turma Recursal vinculada ao sistema de Juizados Especiais, como reiteradamente tem decidido esta Corte.*

Gabarito: Errado.

1916. (2010 – FCC – TJ/PI – Assessor Jurídico – Adaptada) Em relação ao *habeas corpus* é correto afirmar que é cabível mesmo quando já extinta pena privativa de liberdade.

Certo ( )   Errado ( )

Vide o teor Súmula nº 695 do STF: *não cabe habeas corpus quando já extinta a pena privativa de liberdade.*

Gabarito: Errado.

1917. (2015 – FUNIVERSA – PC/GO – Papiloscopista) Com relação ao *habeas corpus* e ao inquérito policial, segundo entendimento do STJ, assinale a alternativa correta.

a) Como regra, o *habeas corpus* serve para o trancamento de inquérito policial.

b) O rito do *habeas corpus* prescinde de prova pré-constituída do direito alegado, não necessitando a parte de demonstrar, por meio de documentos que evidenciem a pretensão aduzida, a existência de constrangimento ilegal.

c) É inadmissível a utilização do *habeas corpus* para o trancamento de inquérito policial quando restar provada, inequivocamente, sem a necessidade de exame valorativo do conjunto fático-probatório, a ausência de indícios de autoria ou de prova da materialidade do delito.

d) O mero indiciamento em inquérito policial, ainda que existam fundadas suspeitas de participação ou autoria delitiva, configura constrangimento ilegal sanável mediante *habeas corpus*.

e) O *habeas corpus* pode ser utilizado para trancar o inquérito policial quando restar provada, inequivocamente, sem a necessidade de exame valorativo do conjunto fático-probatório, a atipicidade dos fatos.

Conforme entendimento do STJ, o trancamento de ação penal ou de inquérito policial em sede de *habeas corpus* constitui *medida excepcional, só admitida quando restar provada, inequivocamente, sem a necessidade de exame valorativo do conjunto fático-probatório, a atipicidade da conduta, a ocorrência de causa extintiva da punibilidade, ou, ainda, a ausência de indícios de autoria ou de prova da materialidade do delito* (HC 281.588/MG, Rel. Ministro Jorge Mussi, Quinta Turma, DJe 05/02/2014).

Gabarito: E.

1918. (2015 – FCC – DPE/RR – Oficial de Diligência – Adaptada) Em relação ao *habeas corpus* é correto afirmar que é cabível contra decisão condenatória à pena de multa.

Certo ( )   Errado ( )

Nos termos da Súmula nº 693 do STF: *Não cabe habeas corpus contra decisão condenatória a pena de multa, ou relativo a processo em curso por infração penal a que a pena pecuniária seja a única cominada.*

Gabarito: Errado.

1919. (2015 – VUNESP – TJ/MS – Juiz – Adaptada) Com relação ao Habeas Corpus, é correto afirmar que não se admite *habeas corpus*, por ausência de ameaça à liberdade de locomoção, na hipótese em que somente imposta pena de multa.

Certo ( )   Errado ( )

Conforme o inteiro teor da Súmula nº 693 do STF, *não cabe ‹habeas corpus› contra decisão condenatória a pena de multa, ou relativo a processo em curso por infração penal a que a pena pecuniária seja a única cominada.*

Gabarito: Certo.

1920. (2014 – FCC – DPE/PB – Defensor Público – Adaptada) José, preso preventivamente pela prática do delito de tráfico de entorpecentes, impetrou *habeas corpus* em causa própria no Tribunal local. Segundo o CPP, o Ministério Público não poderia ter impetrado *habeas corpus* em favor de José.

Certo ( )   Errado ( )

O habeas corpus PODERÁ ser impetrado por qualquer pessoa, em seu favor ou de outrem, bem como pelo Ministério Público, vide art. 654 do CPP.

Gabarito: Errado.

1921. (2014 – FCC – TRF 4ª Região – Analista Judiciário – Adaptada) Em relação ao *habeas corpus* é correto afirmar que compete ao Supremo Tribunal Federal conhecer de *habeas corpus* impetrado contra decisão de turma recursal de juizados especiais criminais.

Certo ( )   Errado ( )

Equivocada a afirmativa, pois, conforme a jurisprudência do STF, a competência para julgamento desse *habeas corpus* pertence aos Tribunais de Justiça e aos Tribunais Regionais Federais. Súmula nº 690 do STF: *Compete originariamente ao Supremo Tribunal Federal o julgamento de Habeas Corpus contra decisão de turma recursal de Juizados Especiais Criminais. Apesar de a súmula ser clara sobre o assunto deve se ressaltar a mudança de entendimento do STF. A atual orientação é no sentido de que esta súmula não deve ser mais aplicada, sendo SUPERADA. Com a superação desse entendimento, para o STF a competência para julgamento desse habeas corpus pertence aos Tribunais de Justiça e aos Tribunais Regionais Federais. HC 85240, de 22.10.2008.*

Gabarito: Errado.

1922. (2014 – VUNESP – TJ/PA – Juiz) Conceder-se-á *habeas corpus* sempre que alguém sofrer ou se achar ameaçado de sofrer violência ou coação em sua liberdade de locomoção, por ilegalidade ou abuso de poder. Caso o julgamento de uma impetração termine empatado, o CPP expressamente prevê que:

a) declarar-se-á o non liquet e se encaminhará a decisão para o órgão que consta como substituto legal.

b) denegar-se-á a ordem, uma vez que cabe ao autor (impetrante) comprovar os fatos que alega e convencer a maioria da turma julgadora.

c) proferirá voto decisivo o presidente, caso ainda não tenha participado da votação.

d) declarar-se-á o non liquet e se encaminhará a decisão para o órgão imediatamente superior na hierarquia do Tribunal.

e) conceder-se-á a ordem, sendo responsável pela lavratura de acórdão o último a votar favoravelmente.

Conforme o art. 664 do CPP, recebidas as informações, ou dispensadas, *o habeas corpus será julgado na primeira sessão, podendo, entretanto, adiar-se o julgamento para a sessão seguinte.*

Parágrafo único. A decisão será tomada por maioria de votos. Havendo empate, se o presidente não tiver tomado parte na votação, proferirá voto de desempate; no caso contrário, prevalecerá a decisão mais favorável ao paciente.

Gabarito: C.

1923. (2014 – FCC – DPE/PB – Defensor Público – Adaptada) José, preso preventivamente pela prática do delito de tráfico de entorpecentes, impetrou *habeas corpus* em causa própria no Tribunal local. Segundo o CPP, o Ministério Público não poderia ter impetrado *habeas corpus* em favor de José.

Certo ( )   Errado ( )

O habeas corpus PODERÁ ser impetrado por qualquer pessoa, em seu favor ou de outrem, bem como pelo Ministério Público, **vide art. 654 do CPP.**

Gabarito: Errado.

1924. (FCC – Adaptada) Em relação ao *habeas corpus* é correto afirmar que compete ao Supremo Tribunal Federal conhecer de *habeas corpus* impetrado contra decisão de turma recursal de juizados especiais criminais.

Certo ( )   Errado ( )

Equivocada a afirmativa, pois, conforme a jurisprudência do STF, a competência para julgamento desse *habeas corpus* pertence aos Tribunais de Justiça e aos Tribunais Regionais Federais. Súmula nº 690 do STF: *Compete originariamente ao Supremo Tribunal Federal o julgamento de Habeas Corpus contra decisão de turma recursal de Juizados Especiais Criminais*. Apesar de a súmula ser clara sobre o assunto deve se ressaltar a mudança de entendimento do STF. A atual orientação é no sentido de que esta súmula não deve ser mais aplicada, sendo SUPERADA. Com a superação desse entendimento, para o STF a competência para julgamento desse *habeas corpus* pertence aos Tribunais de Justiça e aos Tribunais Regionais Federais. HC 85240, de 22.10.2008.

Gabarito: Errado.

1925. (FCC – Adaptada) José, preso preventivamente pela prática do delito de tráfico de entorpecentes, impetrou *habeas corpus* em causa própria no Tribunal local. Segundo o CPP, caso o *habeas corpus* seja concedido em virtude de nulidade do processo, este não pode ser renovado, em razão da proibição de *bis in idem*.

Certo ( )   Errado ( )

O CPP dispõe, no art. 652, que, *se o habeas corpus for concedido em virtude de nulidade do processo, este será renovado*.

Gabarito: Errado.

1926. (2014 – FCC – TRF 4ª Região – Analista Judiciário – Adaptada) Em relação ao *habeas corpus* é correto afirmar que a extinção da pena privativa de liberdade não impede o conhecimento do *habeas corpus*.

Certo ( )   Errado ( )

NÃO CABE *HABEAS CORPUS* QUANDO JÁ EXTINTA A PENA PRIVATIVA DE LIBERDADE, conforme a Súmula nº 695 do STF.

Gabarito: Errado.

1927. (2017 – MPE/RS – MPE/RS – Promotor de Justiça) Gideon, serventuário da Justiça Estadual, foi preso em flagrante por corrupção ativa. O evento acarretou a instauração de processo administrativo, cuja cópia integral foi remetida para o Ministério Público. O procedimento foi anulado por estar com vícios formais e recomeçou novamente. Neste ínterim, entretanto, com base naquelas peças e no inquérito policial que também apurou os fatos, o Promotor de Justiça ofereceu a denúncia. O advogado do funcionário impetrou *habeas corpus* perante o Tribunal de Justiça do Estado, solicitando o trancamento da ação penal. Recebendo-o, o Procurador de Justiça perante a Câmara Criminal deve opinar pela

a) concessão da ordem por faltar suporte probatório à denúncia.

b) concessão da ordem para que se aguarde o final do processo administrativo.

c) denegação da ordem.

   d) concessão da ordem por ser fato atípico.

   e) concessão da ordem por se tratar de questão prejudicial.

A jurisprudência do STJ dispõe que *o inquérito policial não é peça obrigatória para a propositura de ação penal, mas apenas peça informativa, que pode ser substituída por outros elementos probatórios pré-constituídos* (REsp 750.591). A respeito da nulidade de processo administrativo com ação penal em andamento, disse o TRF-2: *O trancamento de Ação Penal só é possível diante de evidente atipicidade da conduta, clara excludente de antijuridicidade ou flagrante ausência de justa causa. A declaração de nulidade do processo administrativo, no qual fora suspenso o benefício previdenciário, não atinge o Inquérito Policial que, com peças daquele, foi instaurado e veio a sustentar o oferecimento da denúncia. Ordem denegada* (HC 5.925).
Gabarito: C.

1928. (2014 – FCC – DPE/PB – Defensor Público – Adaptada) José, preso preventivamente pela prática do delito de tráfico de entorpecentes, impetrou *habeas corpus* em causa própria no Tribunal local. Segundo o CPP, se o Tribunal verificar que já cessou a violência ou coação ilegal, julgará o mérito do pedido da impetração.

Certo (   )   Errado (   )

A jurisprudência dispõe que, cessado o alegado constrangimento ilegal, tem-se por prejudicado, por perda de objeto, o habeas corpus. STJ, REsp 570.839/RS, Rel. Ministro HUMBERTO MARTINS, SEGUNDA TURMA, julgado em 05/03/2009.
Gabarito: Errado.

1929. (2014 – FCC – TRF 4ª Região – Analista Judiciário – Adaptada) Em relação ao *habeas corpus* é correto afirmar que a condenação exclusiva a pena de multa não impede o conhecimento do *habeas corpus*.

Certo (   )   Errado (   )

Atenção ao teor da Súmula nº 693 do STF: *NÃO CABE HABEAS CORPUS CONTRA DECISÃO CONDENATÓRIA A PENA DE MULTA, OU RELATIVO A PROCESSO EM CURSO POR INFRAÇÃO PENAL A QUE A PENA PECUNIÁRIA SEJA A ÚNICA COMINADA.*
Gabarito: Errado.

1930. (FCC – Adaptada) José, preso preventivamente pela prática do delito de tráfico de entorpecentes, impetrou *habeas corpus* em causa própria no Tribunal local. Segundo o CPP, havendo empate na votação, se o presidente não tiver tomado parte na votação, proferirá voto de desempate, ou, no caso contrário, prevalecerá a decisão mais favorável ao paciente.

Certo (   )   Errado (   )

Conforme disposto no art. 664, parágrafo único: *a decisão será tomada por maioria de votos. Havendo empate, se o presidente não tiver tomado parte na votação, proferirá voto de desempate; no caso contrário, prevalecerá a decisão mais favorável ao paciente.*
Gabarito: Certo.

1931. (2013 – MPE/PR – MPE/PR – Promotor de Justiça – Adaptada) Sobre *habeas corpus* é correto afirmar que exige que o impetrante instrua a petição com prova pré-constituída da violação do direito de ir e vir próprio ou de terceiro, mesmo que existente apenas ameaça potencial a tal direito.

Certo ( )   Errado ( )

A ação de *habeas corpus* não permite dilação probatória, conforme disposto no art. 654. O *habeas corpus* poderá ser impetrado por qualquer pessoa, em seu favor ou de outrem, bem como pelo Ministério Público.

§ 1º A petição de habeas corpus conterá:

a) o nome da pessoa que sofre ou está ameaçada de sofrer violência ou coação e o de quem exercer a violência, coação ou ameaça;

b) a declaração da espécie de constrangimento ou, em caso de simples ameaça de coação, as razões em que funda o seu temor;

c) a assinatura do impetrante, ou de alguém a seu rogo, quando não souber ou não puder escrever, e a designação das respectivas residências.

Jurisprudência nesse sentido:

O rito do habeas corpus pressupõe prova pré-constituída do direito alegado, devendo a parte demonstrar, de maneira inequívoca, por meio de documentos que evidenciem a pretensão aduzida, a existência do aventado constrangimento ilegal suportado pelo paciente. (STJ - RHC: 30847 RJ 2011/0174706-6, Relator: Ministro Jorge Mussi, Data de Julgamento: 20/08/2013, T5 - Quinta Turma, Data de Publicação: DJe 04/09/2013).

Gabarito: Certo.

1932. (2013 – FUNCAB – PC/ES – Perito em Telecomunicação) Consistem em hipóteses de coação ilegal da liberdade de ir e vir passíveis de *habeas corpus*, EXCETO:

a) a ausência de justa causa para a prisão.

b) a prisão por tempo superior ao que a lei determina.

c) a não admissão de prestação de fiança, nos casos em que a lei a autoriza.

d) a manifesta nulidade do processo penal.

e) a pronúncia.

São hipóteses de CABIMENTO de Habeas Corpus (HC) nos termos do art. 648 do CPP:

A coação considerar-se-á ilegal:

I - quando não houver justa causa;

II - quando alguém estiver preso por mais tempo do que determina a lei;

III - quando quem ordenar a coação não tiver competência para fazê-lo;

IV - quando houver cessado o motivo que autorizou a coação;

V - quando não for alguém admitido a prestar fiança, nos casos em que a lei a autoriza;

VI - quando o processo for manifestamente nulo;

VII - quando extinta a punibilidade.

Gabarito: E.

1933. **(2010 – FCC – TJ/MS – Juiz)** O *habeas corpus*

a) constitui meio hábil para o reconhecimento da decadência.

b) é incabível para declaração de nulidade do processo.

c) é cabível para trancamento de ação penal, mas não de inquérito policial.

d) não comporta a concessão de liminar, segundo pacífica jurisprudência.

e) não pode ser concedido de ofício.

O art. 648 do CPP, em seu inciso VII, considera como hipótese de cabimento do Habeas Corpus a extinção da punibilidade. Se recorrermos ao art. 107 do CP para verificarmos as hipóteses de extinção da punibilidade, encontraremos, em seu inciso IV, justamente a previsão da Decadência. Ou seja, o HC é instrumento para o reconhecimento da decadência.

b) O erro da questão está no simples fato de que cabe o HC para declarar a nulidade do processo, conforme se entende do inciso VI do supracitado art. 648, ou seja, sendo manifestamente nulo o processo o HC será meio idôneo para a declaração de nulidade do mesmo.

c) Quando o inciso I do art. 648 trata da ausência de "Justa Causa" está abarcando com isso tanto a hipótese de ação penal quanto a de inquérito policial.

d) Apesar de não haver previsão legal para a concessão de medida liminar em sede de HC, é pacífica a jurisprudência no sentido dessa possibilidade. O próprio regimento interno do STF prevê essa possibilidade (vide art. 191 e art. 21, IV, do diploma citado).

e) art. 654, § 2º, prevê expressamente essa possibilidade. Tanto juízes como tribunais poderá expedir de ofício o HC desde que, obviamente, não o façam contra seus próprios atos.

Gabarito: A.

1934. **(2010 – FCC – SJDHDS/BA – Agente Penitenciário – Adaptada)** Considere: O *habeas corpus* poderá ser impetrado por qualquer pessoa, em seu favor ou de outrem, bem como pelo Ministério Público.

Certo ( )   Errado ( )

Nos termos do art. 654 do CPP, *o habeas corpus poderá ser impetrado por qualquer pessoa, em seu favor ou de outrem, bem como pelo Ministério Público.*

Gabarito: Certo.

1935. **(2010 – CONSULTEC – TJ/BA – Conciliador)** Sobre o *habeas corpus*, é correto afirmar:

a) Admite dilação probatória, como oitiva de testemunhas e realização de perícia.

b) Não pode ser concedido de ofício.

c) Não é cabível quando se tratar de imposição de pena de exclusão de militar.

d) Não pode ser utilizado para declaração de nulidade do processo.

e) Só pode ser impetrado por advogado.

Conforme a Súmula nº 694, *não cabe habeas corpus contra a imposição da pena de exclusão de militar ou de perda de patente ou de função pública.*

a) Em relação a Habeas Corpus, não se admite dilação probatória, de maneira que eventual impugnação à prova deve ser possível de ser aferida de plano.

b) O *habeas corpus* pode ser concedido de ofício por juiz ou tribunal, sem que isso implique ofensa ao princípio da inércia da jurisdição.

d) art. 652 do CPP: se o *habeas corpus* for. concedido em virtude de Nulidade do Processo, este será renovado." Ou seja, HC pode ser também concedido para anular processo, caso em que este será renovado.

e) art. 5º, XXXI, da CF/88 *são a todos assegurados, independentemente do pagamento de taxas: a) o direito de petição aos Poderes Públicos em defesa de direitos ou contra ilegalidade ou abuso de poder. Logo,* Habeas Corpus pode ser impetrado por qualquer pessoa, inclusive pelo próprio beneficiário, tenha ou não capacidade postulatória.

Art. 647- Dar-se-á habeas corpus sempre que alguém sofrer ou se achar na iminência de sofrer violência ou coação ilegal na sua liberdade de ir e vir, salvo nos casos de punição disciplinar.

Gabarito: C.

1936. (2010 – FCC – TRE/RS – Analista Judiciário – Adaptada) Será admitido *habeas corpus* no caso de punição disciplinar.

Certo (　　)　　　　　Errado (　　)

Dar-se-á habeas corpus sempre que alguém sofrer ou se achar na iminência de sofrer violência ou coação ilegal na sua liberdade de ir e vir, salvo nos casos de punição disciplinar, é o teor do art. 647 do CPP.

Gabarito: Errado.

1937. (2010 – FCC – SJDHDS/BA – Agente Penitenciário – Adaptada) Considere: Dentre as hipóteses legais de cabimento do *habeas corpus*, inclui-se a ausência de justa causa.

Certo (　　)　　　　　Errado (　　)

Conforme o teor do art. 648, *a coação considerar-se-á ilegal: I - quando não houver justa causa.*

Gabarito: Certo.

1938. (2010 – FCC – TJ/PI – Assessor Jurídico – Adaptada) O *habeas corpus*

    a) é cabível mesmo quando já extinta pena privativa de liberdade.

    b) não pode ser concedido para reconhecimento de nulidade.

    c) não pode ser impetrado pelo Ministério Público.

    d) é cabível contra decisão condenatória a pena de multa.

    e) não será conhecido se a petição não estiver assinada.

Art. 654, § 1º, do CPP: a petição de *habeas corpus* conterá: [...] *c) a assinatura do impetrante, ou de alguém a seu rogo, quando não souber ou não puder escrever, e a designação das respectivas residências.*

a) Súmula nº 695 do STF: *Não é cabível habeas corpus quando já extinta a pena privativa de liberdade.*

b) art. 648 do CPP. *A coação considerar-se-á ilegal: [...] VI – quando o processo for manifestamente nulo;*

c) art. 654 do CPP. *O habeas corpus poderá ser impetrado por qualquer pessoa, em seu favor ou de outrem, bem como pelo Ministério Público;*

d) Súmula nº 693 do STF. *Não cabe habeas corpus contra decisão condenatória a pena de multa, ou relativo a processo em curso por infração penal a que a pena pecuniária seja a única cominada.*
Gabarito: E.

1939. (2010 – FCC – TRE/RS – Analista Judiciário – Adaptada) Não será dado *habeas corpus*: contra a prisão administrativa de responsável por valor pertencente à Fazenda Pública, ainda que a prisão exceda o prazo legal.

Certo ( )   Errado ( )

Conforme o art. 650, § 2º, *não cabe o habeas corpus contra a prisão administrativa, atual ou iminente, dos responsáveis por dinheiro ou valor pertencente à Fazenda Pública, alcançados ou omissos em fazer o seu recolhimento nos prazos legais, salvo se o pedido for acompanhado de prova de quitação ou de depósito do alcance verificado, ou se a prisão exceder o prazo legal.*
Gabarito: Certo.

1940. (2010 – NUCEPE – SEJUS/PI – Agente Penitenciário) Sobre *habeas corpus*, é INCORRETO afirmar:

a) o *habeas corpus* pode ser liberatório, repressivo e preventivo;

b) o *habeas corpus* poderá ser impetrado por qualquer pessoa, em seu favor ou de outrem, bem como pelo Ministério Público;

c) caberá *habeas corpus* quando alguém estiver preso por mais tempo do que determina a lei;

d) é cabível impetração de *habeas corpus* com o objetivo de acelerar o inquérito policial;

e) não há que se falar em impetração de *habeas corpus* em favor de pessoas desconhecidas, de forma coletiva e indeterminada.

Conforme o art. 647, *dar-se-á habeas corpus sempre que alguém sofrer ou se achar na iminência de sofrer violência ou coação ilegal na sua liberdade de ir e vir, salvo nos casos de punição disciplinar.*
Gabarito: D.

1941. (2015 – FCC – TJ/GO – Juiz – Adaptada) Considere: Se o *habeas corpus* for concedido em virtude de nulidade do processo, este não poderá ser renovado.

Certo ( )   Errado ( )

O CPP dispõe, no art. 652, que, *se o habeas corpus for concedido em virtude de nulidade do processo, este será renovado.*
Atenção! Súmula nº 648 do STJ (2021):
Gabarito: Errado.

VAMOS REVISAR A JURISPRUDÊNCIA?

Súmula nº 344 do STF: Sentença de primeira instância concessiva de *habeas corpus*, em caso de crime praticado em detrimento de bens, serviços ou interesses da união, está sujeita a recurso "*ex officio*".

Súmula nº 395 do STF: Não se conhece de recurso de *habeas corpus* cujo objeto seja resolver sobre o ônus das custas, por não estar mais em causa a liberdade de locomoção.

Súmula nº 606 do STF: Não cabe *habeas corpus* originário para o Tribunal Pleno de decisão de turma, ou do plenário, proferida em *habeas corpus* ou no respectivo recurso.

Súmula nº 692 do STF: Não se conhece de *habeas corpus* contra omissão de relator de extradição, se fundado em fato ou direito estrangeiro cuja prova não constava dos autos, nem foi ele provocado a respeito.

Súmula nº 691 do STF: Não compete ao Supremo Tribunal Federal conhecer de *habeas corpus* impetrado contra decisão do Relator que, em *habeas corpus* requerido a Tribunal Superior, indefere a liminar.

Súmula nº 693 do STF: Não cabe *habeas corpus* contra decisão condenatória a pena de multa, ou relativo a processo em curso por infração penal a que a pena pecuniária seja a única cominada.

Súmula nº 694 do STF: Não cabe *habeas corpus* contra a imposição da pena de exclusão de militar ou de perda de patente ou de função pública.

Súmula nº 695 do STF: Não cabe *habeas corpus* quando já extinta a pena privativa de liberdade.

Súmula nº 648 do STJ: A superveniência da sentença CONDENATÓRIA prejudica o pedido de trancamento da ação penal por falta de justa causa feito em *habeas corpus*.

MANDADO DE SEGURANÇA CRIMINAL

1942. **(2021 – CESPE/CEBRASPE – MPE/AP – Promotor de Justiça Substituto)** Em matéria criminal, o manejo de mandado de segurança pode ser

a) concomitante ao *habeas corpus*, caso se trate do mesmo objeto de coação ou ameaça.

b) concomitante ao *habeas data*, caso se trate do mesmo objeto de coação ou ameaça.

c) concomitante ao pertinente recurso a que a lei tenha atribuído efeito suspensivo.

d) feito com a finalidade de atacar a eficácia teórica de lei.

e) feito pelo Ministério Público, sendo obrigatória a citação do réu como litisconsorte passivo.

Consoante o teor da Súmula nº 701 do STF, *no mandado de segurança impetrado pelo Ministério Público contra decisão proferida em processo penal, é **OBRIGATÓRIA a citação do réu como litisconsorte passivo**.*

Fundamentação das alternativas: a) e b) O Mandado de segurança tem natureza **RESIDUAL, ou seja**, é utilizado subsidiariamente quando não for o caso de manejar o *habeas corpus* ou o *habeas data*. Portanto, *conceder-se-á mandado de segurança para proteger direito líquido e certo, **NÃO amparado por "habeas-corpus" ou "habeas-data"**, quando o responsável pela ilegalidade ou abuso de poder for autoridade pública ou agente de pessoa jurídica no exercício de atribuições do Poder Público* (art. 5º, LXIX, da CF/88); **c)** Não se concederá mandado de segurança quando se tratar: *I - de ato do qual caiba recurso administrativo com efeito suspensivo, independentemente de caução; II - de decisão judicial da qual caiba recurso com efeito suspensivo; III - de decisão judicial transitada em julgado (art. 5º da Lei nº 12.016/09); e d)* O item afronta o teor da súmula 266 do STF, porquanto, **NÃO CABE** mandado de segurança contra LEI em tese.

Gabarito: E.

1943. **(2019 – CESPE/CEBRASPE – TJ/PA – Juiz de Direito Substituto)** Cinco dias antes do julgamento pelo tribunal do júri, Danilo ingressou com pedido para ser assistente da acusação no processo no qual seu genitor fora acusado de matar sua genitora, tendo o juiz indeferido o pedido. De acordo com o entendimento jurisprudencial do STJ, contra essa decisão cabe

a) recurso em sentido estrito.

b) revisão criminal.

c) carta testemunhal.

d) mandado de segurança.

e) apelação.

O CPP estabelece que quando o juiz INDEFERIR a admissão do assistente de causação, não caberá recurso (art. 273 do CPP). No entanto, a doutrina e a jurisprudência entendem que é admitido o mandando de segurança.

Jurisprudência do STJ:

"A doutrina pátria tem formado o entendimento de que uma vez impossível a utilização de qualquer via recursal para impugnação da decisão que admite ou não o assistente de acusação, deve-se utilizar a via ordinária do mandado de segurança" (e-STJ fl. 99), entendimento que foi confirmado

em sede de agravo regimental. (STJ - RMS: 44402 MG 2013/0395068-6, Relator: Ministro GURGEL DE FARIA, Data de Publicação: DJ 17/02/2016).

Gabarito: D.

1944. **(2019 – MPE/PR – MPE/PR – Promotor Substituto)** Sobre recursos e ações impugnativas em geral, analise a assertiva abaixo:

No mandado de segurança impetrado pelo Ministério Público contra decisão proferida em processo penal, é desnecessária a citação do réu como litisconsorte passivo.

Certo ( )   Errado ( )

A Súmula nº 701 do STF dispõe que, *no mandado de segurança impetrado pelo Ministério Público contra decisão proferida em processo penal, é obrigatória a citação do réu como litisconsorte passivo.*
Gabarito: Errado.

1945. **(2019 – CESPE/CEBRASPE – MPE/PI – Promotor de Justiça Substituto)** Em processo de natureza incidental, foi formulado contra Luiz, investigado por corrupção e lavagem de dinheiro, pedido de sequestro dos seus bens, nos moldes do previsto no CPP. O pedido foi deferido. Para impugnar a referida decisão, a medida processual a ser adotada por Luiz junto ao tribunal de justiça é

a) o recurso em sentido estrito.

b) o mandado de segurança.

c) o *habeas corpus.*

d) a apelação.

e) o embargo.

O indivíduo que sofreu os efeitos da medida assecuratória prevista no art. 4º da Lei nº 9.613/98 tem a possibilidade de postular diretamente ao juiz a liberação total ou parcial dos bens, direitos ou valores constritos. No entanto, isso não proíbe que ele decida não ingressar com esse pedido perante o juízo de 1º instância e queira, desde logo, interpor apelação contra a decisão proferida, na forma do art. 593, II, do CPP. STJ. 5ª Turma. REsp 1585781-RS, Rel. Min. Felix Fischer, julgado em 28/6/2016 (Info nº 587).

Mandado de segurança: *Havendo elementos que apontem, com certeza, que o sequestro determinado viola o direito líquido e certo do proprietário em ter seu patrimônio livre e desembaraçado, a medida adequada será o mandado de segurança, pois, além de admitir a concessão de medida liminar, possui tramitação rápida. Além disso, o cabimento do writ na espécie não infringe o art. 5º, II, da Lei nº 12.016/2009, visto que a apelação cabível contra o sequestro de bens fundamenta-se no art. 593, II, do CPP, a qual não possui previsão legal de efeito suspensivo. Exemplo: sequestro de bem adquirido antes da infração penal pela qual está sendo o indivíduo investigado ou processado. Possuindo o titular a comprovação da época da aquisição, poderá impetrar, imediatamente, o mandamus para obter o levantamento da constrição.*

São três os procedimentos cabíveis no caso de sequestro de bens:

Mandado de segurança: deve ser usado quando a decisão de sequestro for manifestamente ilegal ou, ainda, quando o interessado dispuser de prova clara no sentido de ter adquirido os bens sequestrados com verbas lícitas.

↓

Apelação: deve ser interposta quando a constatação de que os bens sequestrados foram adquiridos licitamente (É O CASO DA QUESTÃO, pois ele é investigado por corrupção e lavagem de dinheiro) demandar exame aprofundado da prova trazida pelo interessado.

↓

Embargos: devem ser opostos quando o interessado depender de produção judicial de provas (testemunhas, requisições de documentos, perícias etc.) no intuito de comprovar a origem lícita dos recursos utilizados na compra dos bens sequestrado

Gabarito: D.

1946. **(2017 – CONSULPLAN – TJ/MG – Titular de Serviços de Notas e de Registros – Adaptada)** Segundo as normas do CPP e Jurisprudência dominante, analise a afirmativa:
É obrigatória a citação do réu, como litisconsorte passivo, nos mandados de segurança interpostos pelo Ministério Público.

Certo (   )   Errado (   )

Literalidade da Súmula nº 701 do STF: *No mandado de segurança impetrado pelo Ministério Público contra decisão proferida em processo penal, é obrigatória a citação do réu como litisconsorte passivo.* Inclusive, **ainda que o réu esteja revel à citação**, na qualidade de litisconsorte, deve ser observada em sede de mandando de segurança, processo autônomo em relação ao principal.

Gabarito: Certo.

1947. **(2016 – MPE/GO – Promotor de Justiça Substituto – Adaptada)** O Ministério Público impetrou Mandado de Segurança contra decisão de Juiz de primeiro grau, proferida em Processo Penal. O Tribunal deverá garantir, nos termos do entendimento sumulado pelo Supremo Tribunal Federal:

a) A intimação do advogado de defesa pelo Diário Oficial da Justiça.

b) A intimação pessoal do advogado de defesa.

c) A intimação pessoal do réu.

d) A citação do réu como litisconsorte passivo.

A Súmula nº 701 do STF afirma: *No mandado de segurança impetrado pelo Ministério Público contra decisão proferida em processo penal, é **obrigatória** a citação do réu como litisconsorte passivo.* Inclusive, **ainda que o réu esteja revel** à citação, na qualidade de litisconsorte, deve ser observada em sede de mandando de segurança, processo autônomo em relação ao principal.

Gabarito: D.

JURISPRUDÊNCIA DO STF E STJ
(Súmulas, Teses e Repercussão geral)

1948. **(2021 – CESPE/CEBRASPE – PC/DF – Escrivão de Polícia)** Com base no disposto na Constituição Federal de 1988, julgue os itens seguintes.

Em processo administrativo disciplinar, a falta de defesa técnica, por advogado, configura desrespeito aos princípios do contraditório e da ampla defesa.

Certo ( )   Errado ( )

A Súmula Vinculante do STF nº 5, dispõe que a *FALTA de defesa técnica por advogado no PAD (processo administrativo disciplinar) NÃO afronta o contraditório e a ampla defesa.*
Gabarito: Errado.

1949. **(2021 – FCC – DPE/BA – Defensor Público – Adaptada)** A Sexta Turma do Superior Tribunal de Justiça julgou dois *habeas corpus* impetrados por Defensorias Públicas estaduais: um sobre o reconhecimento de pessoas e coisas (HC nº 598886/SC, j. em 27/10/2020) e o outro sobre o ingresso em domicílio no caso de tráfico de drogas (HC nº 598051/SP, j. em 02/03/2021). De acordo com referidos julgados:

O reconhecimento fotográfico de pessoas, ainda que obedecidas as formalidades do artigo 226 do Código de Processo Penal, não pode servir como prova em ação penal.

Certo ( )   Errado ( )

Consoante o disposto na jurisprudência recente, conforme julgamento de Habeas Corpus apontado no enunciado, o reconhecimento do suspeito por simples exibição de fotografia(s) ao reconhecedor, a par de DEVER seguir o mesmo procedimento do reconhecimento pessoal, há de ser visto como etapa antecedente a eventual reconhecimento pessoal e, portanto, NÃO PODE servir como prova em ação penal, ainda que confirmado em juízo.
Gabarito: Certo.

1950. **(2021 – MPDFT – Promotor de Justiça Adjunto – Adaptada)** Considere a assertiva abaixo:

O poder de polícia da Câmara dos Deputados e do Senado Federal, em caso de crime cometido nas suas dependências, compreende, consoante o regimento, a prisão em flagrante do acusado e a realização do inquérito.

Certo ( )   Errado ( )

Consoante Jurisprudência do STF — Súmula nº 397/STF: *O poder de polícia da Câmara dos Deputados e do Senado Federal, em caso de crime cometido nas suas dependências, compreende, consoante o regimento, a prisão em flagrante do acusado e a realização do inquérito.*
Gabarito: Certo.

1951. **(2021 – Instituto AOCP – PC/PA – Investigador de Polícia)** Assinale a alternativa correta conforme a jurisprudência dos Tribunais Superiores.

a) Consoante ao STJ, é admissível aplicar, no furto qualificado, pelo concurso de agentes, a majorante do roubo.

b) Conforme entendimento do STJ, o sistema de vigilância realizado por monitoramento eletrônico ou por existência de segurança no interior de estabelecimento comercial, por si só, torna impossível a configuração do crime de furto.

c) Nos termos da jurisprudência do STF, há crime ainda quando a preparação do flagrante pela polícia torna impossível a sua consumação.

d) De acordo com o STJ, a mera indicação do número de majorantes é suficiente para fundamentar o aumento na terceira fase de aplicação da pena no crime de roubo circunstanciado.

e) Segundo o STJ, é possível o reconhecimento do privilégio previsto no § 2º do art. 155 do CP, nos casos de crime de furto qualificado, se estiverem presentes a primariedade do agente, o pequeno valor da coisa e a qualificadora for de ordem objetiva.

Consoante o teor da súmula 511 do STJ, vejamos: *"É POSSÍVEL o reconhecimento do privilégio previsto no § 2º do art. 155 do CP nos casos de crime de furto qualificado, se estiverem presentes a primariedade do agente, o pequeno valor da coisa e a QUALIFICADORA for de ordem OBJETIVA."*

Fundamentação das alternativas: a) súmula 442 do STJ: É INADMISSÍVEL aplicar, no furto qualificado, pelo concurso de agentes, a majorante do roubo; b) súmula 567 do STJ: Sistema de vigilância realizado por monitoramento eletrônico ou por existência de segurança no interior de estabelecimento comercial, por si só, NÃO torna IMPOSSÍVEL a configuração do crime de furto; c) súmula 145 do STF: NÃO há crime quando a preparação do flagrante pela polícia torna impossível a sua consumação; e d) súmula 443 do STJ: O aumento na terceira fase de aplicação da pena no crime de roubo circunstanciado EXIGE fundamentação concreta, NÃO sendo suficiente para a sua exasperação a mera indicação do número de majorantes.

Gabarito: E.

1952. (2021 – CESPE/CEBRASPE – PC/DF – Escrivão de Polícia) Determinado cidadão norte-americano em férias em Brasília cometeu o crime de homicídio ao fugir da cena de crime de tráfico ilícito de entorpecentes, supostamente por ele praticado. Após o crime, ele fugiu para o hotel onde se encontrava hospedado desde que chegou ao Brasil. Cinco minutos após ter adentrado em seu quarto, a polícia invadiu o local e conseguiu prendê-lo. Considerando a jurisprudência do STF, julgue os itens a seguir, a partir da situação hipotética precedente.

Se ficar constatado que o assassinato cometido pelo referido cidadão norte-americano configura o crime de latrocínio, a competência para seu julgamento será do juiz singular.

Certo (   )   Errado (   )

Consoante à jurisprudência do STF, a competência para o processo e julgamento do crime de LATROCÍNIO é do juiz singular, conforme o teor da Súmula nº 603 do STF.
Gabarito: Certo.

1953. (2021 – FCC – DPE/BA – Defensor Público – Adaptada) A Sexta Turma do Superior Tribunal de Justiça julgou dois *habeas corpus* impetrados por Defensorias Públicas estaduais: um sobre o reconhecimento de pessoas e coisas (HC nº 598886/SC, j. em 27/10/2020) e o outro sobre o ingresso em domicílio no caso de tráfico de drogas (HC nº598051/SP, j. em 02/03/2021). De acordo com referidos julgados:

O reconhecimento de pessoas e coisas deve observar, se possível, o procedimento previsto no artigo 226 do Código de Processo Penal.

Certo ( )   Errado ( )

A jurisprudência em meados de 2020 e 2021 passou a prevê que o reconhecimento de pessoas DEVE OBSERVAR o procedimento previsto no art. 226 do Código de Processo Penal, cujas formalidades constituem garantia mínima para quem se encontra na condição de suspeito da prática de um crime.

Gabarito: Errado.

1954. **(2021 – CESPE/CEBRASPE – PC/DF – Escrivão de Polícia)** Odete filmou Januário, empresário famoso, em conversa com um político. Segundo Odete, no encontro filmado, Januário estaria oferecendo dinheiro ao político local em troca de vantagens indevidas em determinado processo licitatório. Sete dias após o ocorrido, ela veiculou o vídeo em suas mídias sociais. O vídeo alcançou alta projeção nos noticiários. Diante da repercussão, o político negou a propina e Januário apresentou-se espontaneamente em uma delegacia, acompanhado de seu advogado, para prestar esclarecimentos.

A partir da situação hipotética precedente, julgue os itens a seguir, a respeito do tema de inquérito policial.

Durante o inquérito policial, dada sua natureza administrativa e inquisitorial, não se garantem o contraditório e a ampla defesa, razão por que o advogado de Januário não poderá requisitar diligências ou propor perguntas ao delegado.

Certo ( )   Errado ( )

Primeiramente vamos recordar o enunciado na Súmula Vinculante nº 14, do STF:

"É direito do defensor, no interesse do representado, ter acesso amplo aos elementos de prova que, já documentados em procedimento investigatório realizado por órgão com competência de polícia judiciária, digam respeito ao exercício do direito de defesa". Observe que independentemente do inquérito policial ser inquisitivo e sigiloso, a jurisprudência assegura o direito de "acesso amplo".

Logo, é importante frisar que é permitido ao advogado requerer diligências conforme preceitua o estatuto da ordem dos advogados do Brasil (art. 7º, XXI, da Lei nº 8.906/94). Apesar disso, lembre-se que o art. 14 do CPP ao permitir que o ofendido, ou seu representante legal, e o indiciado poderão requerer qualquer diligência, o delegado de polícia no exercício da sua discricionariedade poderá realizada, ou não.

Gabarito: Errado.

1955. **(2021 – Instituto AOCP – PC/PA – Investigador de Polícia)** Analise a seguinte situação hipotética: Por intermédio do noticiário televisivo, Fulano soube que estaria sendo investigado por envolvimento em crimes de fraude à licitação na compra de equipamentos para a Prefeitura de Belém-PA. Cautelosamente, decidiu contratar um advogado para acessar os autos de inquérito policial. Munido de competente procuração, seu procurador se dirige à Delegacia de Polícia para ter vista dos autos da investigação e o servidor que o atende nega acesso ao procedimento, por conveniência policial. A atitude do servidor é

a) correta, pois o sistema investigativo tem discricionariedade para manter-se hígido em relação a interesses privados.

b) equivocada, pois todo inquérito policial deve ser público e acessível a qualquer do povo.

c) correta, pois o princípio constitucional administrativo da publicidade não se aplica ao inquérito policial.

d) equivocada, pois o advogado é indispensável para a administração da segurança pública e da seguridade social.

e) elementos de prova que, já documentados em procedimento investigatório realizado por órgão com competência de polícia judiciária, digam respeito ao exercício do direito de defesa.

O teor da súmula vinculante 14 do STF, dispõe que é direito do defensor, *no interesse do representado,* **ter acesso amplo aos elementos de prova que, já DOCUMENTADOS em procedimento investigatório realizado por órgão com competência de polícia judiciária,** *digam respeito ao exercício do direito de defesa.*

Gabarito: E.

1956. **(2019 – CESPE/CEBRASPE – MPE/AP – Promotor de Justiça Substituto)** Em matéria criminal, o manejo de mandado de segurança pode ser feito com a finalidade de atacar a eficácia teórica de lei.

Certo ( )   Errado ( )

O item afronta o teor da súmula 266 do STF, porquanto, NÃO CABE mandado de segurança contra LEI em tese.

Gabarito: Errado.

1957. **(2021 – FCC – DPE/BA – Defensor Público – Adaptada)** Sobre recursos, *habeas corpus* e revisão criminal, de acordo com a jurisprudência do Superior Tribunal de Justiça,

a superveniência da sentença condenatória prejudica o pedido de trancamento da ação penal por falta de justa causa feito em *habeas corpus*.

Certo ( )   Errado ( )

É o teor da súmula 648 do STJ — A superveniência da SETENÇA CONDENATÓRIA prejudica o pedido de trancamento da ação penal por falta de justa causa feito em *habeas corpus*.

Gabarito: Certo.

1958. **(2021 – MPDFT – Promotor de Justiça Adjunto – Adaptada)** Considerando a afirmativa abaixo:

viola as garantias do juiz natural, da ampla defesa e do devido processo legal a atração por continência ou conexão do processo do corréu ao foro por prerrogativa de função de um dos denunciados.

Certo ( )   Errado ( )

Conforme o teor da Súmula nº 704 do STF: *NÃO viola as garantias do juiz natural, da ampla defesa e do devido processo legal a atração por continência ou conexão do processo do corréu ao foro por prerrogativa de função de um dos denunciados.*

Gabarito: Certo.

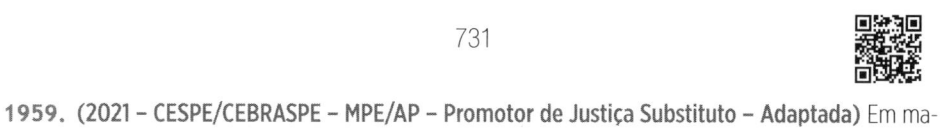

1959. (2021 – CESPE/CEBRASPE – MPE/AP – Promotor de Justiça Substituto – Adaptada) Em matéria criminal, o manejo de mandado de segurança pode ser feito pelo Ministério Público, sendo obrigatória a citação do réu como litisconsorte passivo.

Certo ( )   Errado ( )

Consoante o teor da súmula 701 do STF, no mandado de segurança impetrado pelo Ministério Público contra decisão proferida em processo penal, é OBRIGATÓRIA a citação do réu como litisconsorte passivo.

Gabarito: Certo.

1960. (2020 – CESPE/CEBRASPE – MPE/CE –Analista Ministerial) À luz do entendimento jurisprudencial do STF e do STJ, julgue o item seguinte.

Segundo o STF, por aplicação analógica, os legitimados ativos para ingressar com *habeas corpus* coletivo são os mesmos indicados na lei que disciplina a ação civil pública.

Certo ( )   Errado ( )

Atenção! Jurisprudência do STJ e STF

A despeito de não haver previsão legal expressa, **tanto o STF como o STJ têm admitido à impetração de** *habeas corpus* **coletivo.** (Info. nº 1006/STF 2021)

No informativo 891/2018 o STF entendeu que INEXISTINDO regramento legal, DEVE ser aplicado, por **ANALOGIA**, o art. 12 da Lei nº 13.300/16, que trata sobre os **legitimados para propor MANDADO de INJUNÇÃO COLETIVO**. De tal modo, possuem legitimidade para impetrar *habeas corpus* coletivo:

➢ **Ministério Público;**

➢ **Partido político** com representação no Congresso Nacional;

➢ **Organização sindical;**

➢ **Entidade de classe ou associação** legalmente constituída e em funcionamento há pelo menos 1 (um) ano;

➢ **Defensoria Pública**.

Gabarito: Errado.

1961. (2020 – CESPE/CEBRASPE – MPE/CE – Analista Ministerial) À luz do entendimento jurisprudencial do STF e do STJ, julgue o item seguinte.

O STJ admite, por analogia, a imposição de multa por litigância de má-fé em processo penal.

Certo ( )   Errado ( )

Não é CABÍBEL a imposição de MULTA por litigância de má-fé no âmbito do processo penal.

Jurisprudência do STJ: *Na seara penal, é INCABÍVEL a imposição de MULTA por litigância de má-fé, tendo em vista a ausência de previsão expressa no Código de Processo Penal.* **Precedentes (PET no AgRg no AgRg nos EAREsp 619.952/SP, Rel. Ministro LUIS FELIPE SALOMÃO, CORTE ESPECIAL, julgado em 15/06/2016, DJe 29/06/2016).**

GABRITO: Errado.

1962. (2019 – MPE/GO – Promotor de Justiça – Adaptada) A respeito da competência, de acordo com as Súmulas dos Tribunais Superiores é correto afirmar:

Tendo o condutor do veículo apresentado ao Policial Rodoviário Federal a carteira nacional de habilitação falsificada, a competência para o processo e julgamento do caso penal é da Justiça Estadual do local onde o crime foi cometido.

Certo ( )   Errado ( )

A súmula 546 do STJ estabelece que a competência é da Justiça FEDERAL, pois a competência para processar e julgar o crime de uso de documento falso é firmada em razão da entidade ou órgão ao qual foi apresentado o documento público, NÃO importando a qualificação do órgão expedidor.

Gabarito: Errado.

1963. (2019 – MPE/GO – MPE/GO – Promotor de Justiça – Adaptada) A respeito da competência, de acordo com as Súmulas dos Tribunais Superiores é correto afirmar:

A competência do Tribunal de Justiça para julgar prefeitos restringe-se aos crimes de competência da Justiça comum estadual; nos demais casos, a competência originária caber· ao respectivo tribunal de segundo grau.

Certo ( )   Errado ( )

A competência do tribunal de justiça para julgar prefeitos restringe-se aos crimes de competência da justiça comum estadual; nos demais casos, a competência originária caberá ao respectivo tribunal de segundo grau, (Súmula nº 702 do STF).

Gabarito: Certo.

1964. (2019 – MPE/GO – MPE/GO – Promotor de Justiça – Adaptada) A respeito da competência, de acordo com as Súmulas dos Tribunais Superiores é correto afirmar:

É relativa a nulidade decorrente da inobservância da competência penal por prevenção.

Certo ( )   Errado ( )

É relativa à nulidade decorrente da inobservância da competência penal por prevenção, conforme o previsto na súmula 706 do STF.

Gabarito: Certo.

1965. (2019 – MPE/GO – MPE/GO – Promotor de Justiça – Adaptada) A respeito da competência, de acordo com as Súmulas dos Tribunais Superiores é correto afirmar:

A competência constitucional do Tribunal do Júri prevalece sobre o foro por prerrogativa de função estabelecido exclusivamente pela Constituição Estadual.

Certo ( )   Errado ( )

A competência constitucional do Tribunal do Júri PREVALECE sobre o foro por prerrogativa de função estabelecido EXCLUSIVAMENTE pela Constituição Estadual, consoante o teor da Súmula Vinculante 45 do STF.

Gabarito: Certo.

1966. **(2019 – CESPE – PGE/PE – Assistente de Procuradoria)** No que se refere aos direitos individuais e à aplicação dos princípios do contraditório e da ampla defesa, julgue o item a seguir. É garantido ao defensor de investigado o pleno acesso aos documentos já anexados ao procedimento investigatório, mesmo que o inquérito policial esteja classificado como sigiloso.

Certo ( )   Errado ( )

A Súmula Vinculante nº 14 do STF ao tratar da hipótese de sigilo nas investigações, passa a prever que é direito do defensor, no interesse do representado, *ter acesso amplo aos elementos de prova que, já documentados em procedimento investigatório realizado por órgão com competência de polícia judiciária, digam respeito ao exercício do direito de defesa.* **Esse acesso é garantido mesmo nos inquéritos policiais classificados como sigilosos.**

Jurisprudência: *Os documentos devem ser acessíveis ao indiciado e ao defensor, para que seja garantido o direito de ampla defesa. HC 88.190 voto do rel. min. Cezar Peluso, 2ª T, j. 29-8-2006, DJ de 6-10-2006.*

Gabarito: Certo.

1967. **(2019 – FCC – DPE/SP – Defensor Público)** Tício foi preso em flagrante delito, pela prática do crime de tráfico de entorpecentes. Na fase policial, ele usou do seu direito constitucional de permanecer em silêncio. Após ser denunciado, em seu interrogatório judicial, alegou ser apenas usuário, relatando que estava no local para adquirir entorpecentes. Já os Policiais Militares responsáveis pela prisão disseram que abordaram Tício porque ele estava em atitude suspeita, mas esclareceram não terem visto qualquer ato de mercancia nem qualquer pessoa próxima a ele. Afirmaram, ainda, que ficaram com dúvidas sobre a prática do crime de tráfico, pela pequena quantidade de droga apreendida, porém, tendo em vista que Tício teria lhes confessado informalmente que estava traficando no local, tiveram certeza sobre a sua responsabilidade penal, o que não foi relatado nos autos. Diante disso, o Magistrado que julgou a causa condenou Tício, pela prática do crime de Tráfico de Entorpecentes, à pena de 1 (um) ano e 8 (oito) meses de reclusão, a ser cumprida inicialmente em regime fechado, em razão da gravidade da conduta. A condenação proferida está incorreta, somente em relação ao regime prisional aplicado, já que a gravidade da conduta, por si só, não autoriza a fixação do regime fechado.

Certo ( )   Errado ( )

A assertiva equivoca-se no usar o termo SOMENTE. De todo modo, com efeito, a suposta gravidade da conduta, por si só, não autoriza fixação do regime fechado a uma pena de 1 (um) ano e 8 (oito) meses de reclusão. Nesse sentido, confira o teor da Súmula nº 718 do STF:

A opinião do julgador sobre a gravidade em abstrato do crime NÃO constitui motivação idônea para a imposição de regime mais severo do que o permitido segundo a pena aplicada.

Gabarito: Errado.

1968. **(2018 – VUNESP – PC/BA – Delegado de Polícia)** De acordo com a jurisprudência sumulada do Supremo Tribunal Federal, só é lícito o uso de algemas em casos de resistência e de fundado receio de fuga ou perigo à integridade física própria ou alheia, por parte do preso ou terceiros, sem, contudo, necessidade de a autoridade policial justificar a utilização por escrito.

Certo ( )   Errado ( )

A jurisprudência dominante do STF dispõe que só é lícito o uso de algemas em casos de resistência e de fundado receio de fuga ou de perigo à integridade física própria ou alheia, por parte do preso ou de terceiros, justificada a excepcionalidade por escrito, sob pena de responsabilidade disciplinar, civil e penal do agente ou da autoridade e de nulidade da prisão ou do ato processual a que se refere, sem prejuízo da responsabilidade civil do Estado.

A respeito das **consequências** da prisão realizada com o uso de algemas fora das hipóteses previstas na jurisprudência ou sem a apresentação da justificativa por escrito, é importante observar o que a Súmula Vinculante nº 11 do STF impõe as seguintes consequências:

a) nulidade da prisão;

b) nulidade do processo do qual participou o preso;

c) responsabilidade disciplinar civil e penal do agente ou da autoridade responsável pela utilização das algemas;

d) responsabilidade civil do estado.

Gabarito: Errado.

1969. **(2018 – VUNESP – Câmara de Campo Limpo Paulista/SP – Procurador Jurídico)** Dispõe a Súmula Vinculante 35 do STF: "a homologação da transação penal prevista no artigo 76 da Lei no 9.099/1995

   a) faz coisa julgada material e, descumpridas suas cláusulas, cabe ao Juízo encaminhar os autos para execução, pela Fazenda, do quanto estabelecido em acordo."

   b) faz coisa julgada formal e, descumpridas suas cláusulas, retoma-se a situação anterior, possibi-litando- -se ao Ministério Público a continuidade da persecução penal mediante oferecimento da denúncia."

   c) não faz coisa julgada material e, descumpridas suas cláusulas, possibilita-se ao Ministério Público a representação pela prisão preventiva do autor dos fatos."

   d) não faz coisa julgada formal e, descumpridas suas cláusulas, possibilita-se ao Ministério Público a continuidade da persecução penal mediante requisição de inquérito policial."

   e) não faz coisa julgada material e, descumpridas suas cláusulas, retoma-se a situação anterior, possibilitando-se ao Ministério Público a continuidade da persecução penal mediante o ofe-recimento de denúncia ou requisição de inquérito policial."

Consoante os exposto na Súmula Vinculante nº 35 do STF:

A homologação da transação penal prevista no art. 76 da Lei nº 9.099/1995 NÃO faz coisa julgada material e, descumpridas suas cláusulas, retoma-se a situação anterior, possibilitando-se ao Ministério Público a continuidade da persecução penal mediante oferecimento de denúncia ou requisição de inquérito policial.

Gabarito: E.

1970. **(2018 – VUNESP – PC/BA – Delegado de Polícia)** De acordo com a jurisprudência sumulada do Supremo Tribunal Federal, a imunidade parlamentar estende-se ao corréu sem essa prerrogativa.

Certo ( )   Errado ( )

O teor da Súmula nº 245 do STF contradiz o que dispõe a questão, pois a imunidade parlamentar NÃO se estende ao corréu sem essa prerrogativa.

Gabarito: Errado.

1971. **(2018 – VUNESP – PC/BA – Delegado de Polícia)** De acordo com a jurisprudência sumulada do Supremo Tribunal Federal, é direito do defensor, no interesse do representado, ter acesso amplo aos elementos de prova que, já documentados em procedimento investigatório realizado por órgão com competência de polícia judiciária, digam respeito ao exercício do direito de defesa.

Certo ( )   Errado ( )

A Súmula Vinculante do STF nº 14, ao tratar da hipótese de sigilo nas investigações, passa a prever que é direito do defensor, no interesse do representado, ter *acesso amplo aos elementos de prova que, já documentados em procedimento investigatório realizado por órgão com competência de polícia judiciária, digam respeito ao exercício do direito de defesa*. Esse acesso é garantido mesmo nos inquéritos policiais classificados como sigilosos.

Gabarito: Certo.

1972. (2018 – VUNESP – PC/BA – Delegado de Polícia) De acordo com a jurisprudência sumulada do Supremo Tribunal Federal, a homologação da transação penal prevista no art. 76 da Lei no 9.099/95 faz coisa julgada material e, descumpridas suas cláusulas, retorna-se à situação anterior, possibilitando ao Ministério Público a continuidade da persecução penal.

Certo ( )   Errado ( )

Conforme estabelece o teor da Súmula Vinculante nº 35 do STF: *A homologação da transação penal prevista no art. 76 da Lei nº 9.099/1995 NÃO faz coisa julgada material e, descumpridas suas cláusulas, retoma-se a situação anterior, possibilitando-se ao Ministério Público a continuidade da persecução penal mediante oferecimento de denúncia ou requisição de inquérito policial.*

Gabarito: Errado.

1973. (2018 – VUNESP – PC/BA – Delegado de Polícia) De acordo com a jurisprudência sumulada do Supremo Tribunal Federal, para requerer revisão criminal, o condenado deve recolher-se à prisão.

Certo ( )   Errado ( )

Conforme a Súmula nº 393 do STF: *para requerer revisão criminal, o condenado NÃO é OBRIGADO a recolher-se à prisão.*

Jurisprudência – Aplicação do entendimento consubstanciado na Súmula nº 393 à apelação - Tráfico de drogas - Necessidade de o réu recolher-se à prisão para apelar (Lei nº 11.343/06, art. 59). Ofensa aos princípios constitucionais da presunção de inocência, ampla defesa, contraditório e duplo grau de jurisdição. Constrangimento ilegal caracterizado. 3. Ordem parcialmente concedida (HC 106.243, rel. min. Gilmar Mendes, 2ª T, j. 5-4-2011, DJE 75 de 25-4-2011).

Gabarito: Errado.

1974. **(2018 – CESPE – SEFAZ/RS – Técnico Tributário da Receita Estadual)** Iniciada a audiência de instrução, o juiz determinou que o réu da ação penal fosse algemado.

Nesse caso, de acordo com o Supremo Tribunal Federal, o juiz agiu licitamente se comprovado que

a) o crime tenha sido cometido com violência.

b) a vítima estava na sala de audiência.

c) o crime é punível com pena de reclusão.

d) o réu tem transtorno psicológico.

e) a segurança do próprio réu estava em risco.

O teor do texto da Súmula Vinculante nº 11 do STF diz:

*Só é lícito o uso de algemas em casos de resistência e de fundado receio de fuga ou de **perigo à integridade física própria ou alheia**, por parte do preso ou de terceiros, justificada a excepcionalidade por escrito, sob pena de responsabilidade disciplinar, civil e penal do agente ou da autoridade e de nulidade da prisão ou do ato processual a que se refere, sem prejuízo da responsabilidade civil do Estado.*

Jurisprudência do STJ e STF: *Uso de algemas em ato processual. Não há nulidade processual na recusa do juiz em retirar as algemas do acusado durante a audiência de instrução e julgamento, desde que devidamente justificada a negativa. STJ. 6ª Turma. HC 140.718-RJ, Rel. Min. Og Fernandes, julgado em 16/10/2012.*

Não cabe reclamação por uso indevido de algemas se esse ocorreu por ordem de autoridade policial. A apresentação do custodiado algemado à imprensa pelas autoridades policiais não afronta o Enunciado 11 da Súmula Vinculante. A SV-11 refere-se apenas a situações em que o emprego abusivo da algema decorre de decisão judicial, ou seja, no âmbito de um ato processual. Não abrange hipóteses em que seu uso decorreu de ato administrativo da autoridade policial. STF. 1ª Turma. Rcl 7116/PE, Rel. Min. Marco Aurélio, julgado em 24/5/2016 (Info 827).

Gabarito: E.

1975. **(2018 – FGV – TJ/SC – Oficial de Justiça e Avaliador)** A Constituição da República e a doutrina trazem uma série de princípios aplicáveis ao Direito Processual Penal, alguns previstos expressamente na legislação e outros implícitos. Sobre o tema, de acordo com a jurisprudência majoritária e atual dos Tribunais Superiores, é correto afirmar que:

o princípio da presunção de inocência não é considerado violado com a aplicação dos benefícios previstos na Lei de Execução Penal ao réu preso diante de condenação em primeira instância com aplicação de pena privativa de liberdade, ainda que pendente o trânsito em julgado;

Certo ( )　　　　Errado ( )

Conforme o teor da Súmula nº 716 do STF:

Admite-se a progressão de regime de cumprimento da pena ou a aplicação imediata de regime menos severo nela determinada, antes do trânsito em julgado da sentença condenatória.

Jurisprudência do STF – CONSTITUCIONAL. *HABEAS CORPUS. PRINCÍPIO CONSTITUCIONAL DA PRESUNÇÃO DE INOCÊNCIA (CF, art. 5º, LVII). SENTENÇA PENAL CONDENATÓRIA CONFIRMADA POR TRIBUNAL DE SEGUNDO GRAU DE JURISDIÇÃO. EXECUÇÃO PROVISÓRIA. POSSIBILIDADE. 1.*

A execução provisória de acórdão penal condenatório proferido em grau de apelação, ainda que sujeito a recurso especial ou extraordinário, não compromete o princípio constitucional da presunção de inocência afirmado pelo art. 5º, inciso LVII da Constituição Federal. 2. Habeas corpus denegado. (HABEAS CORPUS 126.292 SÃO PAULO - 17/02/2016)

Gabarito: Certo.

1976. **(2017 – IBADE – PC/AC – Agente de Polícia Civil)** Sobre o tema prisão preventiva

Não será permitido o emprego de força, salvo a indispensável no caso de resistência, de tentativa de fuga do preso, dos reincidentes e dos presos de alta periculosidade por terem passado pelo regime disciplinar diferenciado.

Certo ( )   Errado ( )

Afronta o enunciado da Súmula Vinculante nº 11 do STF:

Só é lícito o uso de algemas em caso de resistência e de fundado receio de fuga ou de perigo à integridade física própria ou alheia, por parte do preso ou de terceiros, justificada a excepcionalidade por escrito, sob pena de responsabilidade disciplinar civil e penal do agente ou da autoridade e de nulidade da prisão ou do ato processual a que se refere, sem prejuízo da responsabilidade civil do Estado.

Gabarito: Errado.

1977. **(2019 – NC/UFPR – TJ/PR – Titular de Serviços de Notas e de Registros – Adaptada)** Sobre a prisão em flagrante,

Não há crime quando a preparação do flagrante pela polícia torna impossível a sua consumação.

Certo ( )   Errado ( )

Trata-se de delito putativo por obra do agente provocador também chamado de crime de ensaio ou de experiência, ocorre quando há **flagrante preparado ou provocado:**

Súmula nº 145 do STF: *Não há crime, quando a preparação do flagrante pela polícia torna impossível a sua consumação.*

Posição da Doutrina e Jurisprudência: *Vêm admitindo tal hipótese de flagrante em tipo misto alternativo, quando o crime induzido (impossível) configura meio para descoberta de crime anterior. Ex.: tráfico de drogas, venda provocada por policial. O flagrante pela conduta de "vender" caracteriza crime impossível, mas o agente responderá por uma das condutas anteriores de "guardar", "ter em depósito", "trazer consigo", etc. já consumadas (STF, 5ª Turma, HC 72.824/SP, Rel Min. Moreira Alves, DJ 17/05/1996 p. 16.324).*

Gabarito: Certo.

1978. **(2019 – NC/UFPR – TJ/PR – Titular de Serviços de Notas e de Registros – Adaptada)** Sobre a prisão em flagrante,

Não há crime quando a preparação do flagrante pela polícia torna impossível a sua consumação.

Certo ( )   Errado ( )

Trata-se de delito putativo por obra do agente provocador também chamado de crime de ensaio ou de experiência, ocorre quando há **flagrante preparado ou provocado:**

Súmula nº 145 do STF: *Não há crime, quando a preparação do flagrante pela polícia torna impossível a sua consumação.*

Posição da Doutrina e Jurisprudência: *Vêm admitindo tal hipótese de flagrante em tipo misto alternativo quando o crime induzido (impossível) configura meio para descoberta de crime anterior. Ex.: tráfico de drogas, venda provocada por policial. O flagrante pela conduta de "vender" caracteriza crime impossível, mas o agente responderá por uma das condutas anteriores de "guardar", "ter em depósito", "trazer consigo", etc. já consumadas (STF, 5ª Turma, HC 72.824/SP, Rel Min. Moreira Alves, DJ 17/05/96 p. 16.324).*

Gabarito: Certo.

1979. **(2019 – FCC – MPE/MT – Promotor de Justiça Substituto)** Nos termos da Súmula Vinculante nº 11, do Supremo Tribunal Federal, só é lícito o uso de algemas em casos de resistência e de fundado receio de fuga ou de perigo à integridade física própria ou alheia, por parte do preso ou de terceiros. Durante o parto, em relação às mulheres grávidas, o uso de algemas

a) poderá ser substituído por medicamentos que tornem inviável a fuga da mulher grávida.

b) deverá ser justificado por escrito, sob pena de responsabilidade disciplinar, civil e penal do agente ou da autoridade.

c) é vedado pelo CPP.

d) não é vedado pelo CPP, mas não é admitido por razões humanitárias.

e) é permitido em caso de prisão em flagrante delito ou decretada por autoridade judiciária competente.

Art. 292 do CPP. Se houver, ainda que por parte de terceiros, resistência à prisão em flagrante ou à determinada por autoridade competente, o executor e as pessoas que o auxiliarem poderão usar dos meios necessários para defender-se ou para vencer a resistência, do que tudo se lavrará auto subscrito também por duas testemunhas.

Parágrafo único. É vedado o uso de algemas em mulheres grávidas durante os atos médico-hospitalares preparatórios para a realização do parto e durante o trabalho de parto, bem como em mulheres durante o período de puerpério imediato.

Gabarito: C.

1980. **(2018 – CESPE – PF – Perito Criminal Federal)** A fim de garantir o sustento de sua família, Pedro adquiriu 500 CDs e DVDs piratas para posteriormente revendê-los. Certo dia, enquanto expunha os produtos para venda em determinada praça pública de uma cidade brasileira, Pedro foi surpreendido por policiais, que apreenderam a mercadoria e o conduziram coercitivamente até a delegacia. Com referência a essa situação hipotética, julgue o item subsequente. Para a comprovação da materialidade do crime praticado por Pedro, são indispensáveis a perícia por amostragem, para comprovação da falsidade do produto, e a inquirição das supostas vítimas — no caso, os produtores das mídias originais.

Certo ( )   Errado ( )

Para a comprovação da materialidade do crime praticado por Pedro, é indispensável a perícia por amostragem, para comprovação da falsidade do produto, e a inquirição das supostas vítimas — no caso, os produtores das mídias originais.

A Súmula nº 574 do STJ, ao tratar de crimes contra a propriedade imaterial: *Para a configuração do delito de violação de direito autoral e a comprovação de sua materialidade, é suficiente a perícia* *realizada por amostragem do produto apreendido, nos aspectos externos do material, e é desnecessária a identificação dos titulares dos direitos autorais violados ou daqueles que os representem*

A **competência constitucional do Tribunal do Júri PREVALECE** sobre o foro por prerrogativa de função estabelecido **EXCLUSIVAMENTE pela Constituição Estadual**, consoante o teor da súmula Vinculante 45 do STF.

Gabarito: Errado.

VAMOS REVISAR A JURISPRUDÊNCIA?

Prezado Concurseiro(a), as súmulas com temas consolidados dos tribunais superiores foram abordadas ao final dos capítulos de cada assunto. O nosso objetivo, é que você tenha o contato com a jurisprudência consolidada o máximo de vezes possível.

Ao final deste capítulo, julgamos que é importante você ampliar mais ainda o seu conhecimento a respeito dos temas que o STF firmou. Conhecer os temas de repercussão geral e teses fixadas pelo Supremo Tribunal Federal – STF ampliarão seus conhecimentos sobre os mais variados temas estudados. VAMOS LÁ?

Tema 59: Progressão de regime em crimes hediondos cometidos antes da vigência da Lei nº 11.464/2007.

Tese: A Lei nº 11.464/07, que majorou o tempo necessário para progressão no cumprimento da pena, não se aplica a situações jurídicas que retratem crime hediondo ou equiparado cometido em momento anterior à respectiva vigência. (RE 579167, 16/05/2013)

Tema 150: Consideração de condenações transitadas em julgado há mais de cinco anos como maus antecedentes para efeito de fixação da pena-base.

Tese: Não se aplica para o reconhecimento dos maus antecedentes o prazo quinquenal de prescrição da reincidência, previsto no art. 64, I, do Código Penal. (RE 593818, 18/08/2020)

Tema 154: Trancamento da ação penal, em *habeas corpus*, por falta de justa causa, sem a submissão de acusados de crime doloso contra a vida ao Tribunal do Júri.

Tese: Qualquer decisão do Poder Judiciário que rejeite denúncia, que impronuncie ou absolva, sumariamente, os réus ou, ainda, que ordene a extinção, em sede de *"habeas corpus"*, de procedimentos penais não transgride o monopólio constitucional da ação penal pública (CF, art. 129, I) nem ofende os postulados do juiz natural (CF, art. 5º, inciso LIII) e da soberania do veredicto do Júri (CF, art. 5º, inciso XXXVIII, "c"). (RE 593443, 06/06/2013)

Tema 169: Aplicação retroativa do § 4º do art. 33 da Lei nº 11.343/2006 sobre pena cominada com base na Lei nº 6.368/76.

Tese: I – É inadmissível a aplicação da causa de diminuição prevista no art. 33, § 4º, da Lei 11.343/2006 à pena relativa à condenação por crime cometido na vigência da Lei 6.368/1976; II – Não é possível a conjugação de partes mais benéficas das referidas normas, para criar-se uma terceira lei, sob pena de violação aos princípios da legalidade e da separação de Poderes; III – O juiz, contudo, deverá, no caso concreto, avaliar qual das mencionadas leis é mais favorável ao réu e aplicá-la em sua integralidade. (RE 600817, 07/11/2013) Tema 184: Poder de investigação do Ministério Público.

Tese: O Ministério Público dispõe de competência para promover, por autoridade própria, e por prazo razoável, investigações de natureza penal, desde que respeitados os direitos e garantias que assistem a qualquer indiciado ou a qualquer pessoa sob investigação do Estado, observadas, sempre, por seus agentes, as hipóteses de reserva constitucional de jurisdição e, também, as prerrogativas profissionais de que se acham investidos, em nosso País, os Advogados (Lei nº 8.906/94, art. 7º, notadamente os incisos I, II, III, XI, XIII, XIV e XIX), sem prejuízo da possibilidade - sempre presente no Estado democrático de Direito - do permanente controle jurisdicional dos atos, necessariamente documentados (Súmula Vinculante nº 14), praticados pelos membros dessa Instituição. (RE 593727, 18/05/2015)

Tema 187: Imposição de efeitos próprios de sentença penal condenatória à transação penal prevista na Lei nº 9.099/95.

Tese: As consequências jurídicas extra penais, previstas no art. 91 do Código Penal, são decorrentes de sentença penal condenatória. Tal não ocorre, portanto, quando há transação penal, cuja sentença tem natureza meramente homologatória, sem qualquer juízo sobre a responsabilidade criminal do aceitante. As consequências geradas pela transação penal são essencialmente aquelas estipuladas por modo consensual no respectivo instrumento de acordo. (RE 795567, 28/05/2015)

Tema 237: Gravação ambiental realizada por um dos interlocutores sem conhecimento do outro.

Tese: É lícita a prova consistente em gravação ambiental realizada por um dos interlocutores sem conhecimento do outro. (RE 583937, 19/11/2009)

Tema 238: Propositura de ação penal por descumprimento das condições estabelecidas em transação penal.

Tese: A homologação da transação penal prevista no artigo 76 da Lei 9.099/1995 não faz coisa julgada material e, descumpridas suas cláusulas, retoma-se a situação anterior, possibilitando-se ao Ministério Público a continuidade da persecução penal mediante oferecimento de denúncia ou requisição de inquérito policial. (RE 602072, 19/11/2009)

Tema 239: Extinção da punibilidade em virtude de prescrição da pretensão punitiva em perspectiva.

Tese: É inadmissível a extinção da punibilidade em virtude da decretação da prescrição "em perspectiva, projetada ou antecipada", isto é, com base em previsão da pena que hipoteticamente seria aplicada, independentemente da existência ou sorte do processo criminal. (RE 602527, 19/11/2009)

Tema 240: Nulidade do processo pela falta de requisição do réu preso, por meio de carta precatória, para comparecer à audiência de oitiva de testemunhas.

Tese: Inexiste nulidade pela ausência, em oitiva de testemunha por carta precatória, de réu preso que não manifestou expressamente intenção de participar da audiência. (RE 602543, 19/11/2009)

Tema 280: Provas obtidas mediante invasão de domicílio por policiais sem mandado de busca e apreensão.

Tese: A entrada forçada em domicílio sem mandado judicial só é lícita, mesmo em período noturno, quando amparada em fundadas razões, devidamente justificadas *a posteriori*, que indiquem que dentro da casa ocorre situação de flagrante delito, sob pena de responsabilidade disciplinar, civil e penal do agente ou da autoridade, e de nulidade dos atos praticados. (RE 603616, 05/11/2015)

Tema 371: Concessão de indulto a pessoa submetida a medida de segurança.

Tese: Reveste-se de legitimidade jurídica a concessão, pelo Presidente da República, do benefício constitucional do indulto (CF, art. 84, XII), que traduz expressão do poder de graça do Estado, mesmo se se tratar de indulgência destinada a favorecer pessoa que, em razão de sua inimputabilidade ou semi-imputabilidade, sofre medida de segurança, ainda que de caráter pessoal e detentivo. (RE 628658, 04/11/2015)

Tema 393: Competência para processar e julgar suposto crime de publicação, na internet, de imagens com conteúdo pornográfico envolvendo criança ou adolescente.

Tese: Compete à Justiça Federal processar e julgar os crimes consistentes em disponibilizar ou adquirir material pornográfico envolvendo criança ou adolescente (arts. 241, 241-A e 241-B da Lei nº 8.069/1990) quando praticados por meio da rede mundial de computadores. (RE 628624, 28/10/2015)

Tema 423: Cumprimento de pena em regime menos gravoso ante a falta de vagas em estabelecimento penitenciário adequado.

Tese: I - A falta de estabelecimento penal adequado não autoriza a manutenção do condenado em regime prisional mais gravoso; II - Os juízes da execução penal poderão avaliar os estabelecimentos destinados aos regimes semiaberto e aberto, para qualificação como adequados a tais regimes. São aceitáveis estabelecimentos que não se qualifiquem como "colônia agrícola, industrial" (regime semiaberto) ou "casa de albergado ou estabelecimento adequado" (regime aberto) (art. 33, § 1º, alíneas "b" e "c"); III - Havendo déficit de vagas, deverá determinar-se: (a) a saída antecipada de sentenciado no regime com falta de vagas; (b) a liberdade eletronicamente monitorada ao sentenciado que sai antecipadamente ou é posto em prisão domiciliar por falta de vagas; (c) o cumprimento de penas restritivas de direito e/ou estudo ao sentenciado que progride ao regime aberto. Até que sejam estruturadas as medidas alternativas propostas, poderá ser deferida a prisão domiciliar ao sentenciado. (RE 641320, 11/05/2016)

Tema 438: Limite temporal para a suspensão do processo e do prazo prescricional previstos no art. 366 do CPP.

Tese: Em caso de inatividade processual decorrente de citação por edital, ressalvados os crimes previstos na Constituição Federal como imprescritíveis, é constitucional limitar o período de suspensão do prazo prescricional ao tempo de prescrição da pena máxima em abstrato cominada ao crime, a despeito de o processo permanecer suspenso. (RE 600851, 07/12/2020)

Tema 550: Competência para processar e julgar controvérsia a envolver relação jurídica entre representante e representada comerciais.

Tese: Preenchidos os requisitos dispostos na Lei 4.886/65, compete à Justiça Comum o julgamento de processos envolvendo relação jurídica entre representante e representada comerciais, uma vez que não há relação de trabalho entre as partes. (RE 606003, 28/09/2020)

Tema 613: Constitucionalidade do art. 362 do Código de Processo Penal (dispositivo que trata da citação por hora certa).

Tese: 1. É constitucional a citação por hora certa, prevista no art. 362, do Código de Processo Penal. 2. A ocultação do réu para ser citado infringe cláusulas constitucionais do devido processo legal e viola as garantias constitucionais do acesso à justiça e da razoável duração do processo. (RE 635145, 03/08/2016)

Tema 626: Constitucionalidade da vedação à conversão da pena privativa de liberdade em pena restritiva de direitos, prevista nos artigos 33, § 4º, e 44, *caput*, da Lei 11.343/2006.

Tese: É inconstitucional a vedação à conversão da pena privativa de liberdade em restritiva de direitos, prevista nos artigos 33, § 4º, e 44, *caput*, da Lei 11.343/2006. (ARE 663261, 14/12/2012)

Tema 647: Possibilidade da decretação de perdimento de bem apreendido em decorrência do tráfico ilícito de entorpecentes e drogas afins, quando não comprovada sua utilização habitual ou sua adulteração para o cometimento do crime.

Tese: É possível o confisco de todo e qualquer bem de valor econômico apreendido em decorrência do tráfico de drogas, sem a necessidade de se perquirir a habitualidade, reiteração do uso do bem para tal finalidade, a sua modificação para dificultar a descoberta do local do acondicionamento da droga ou qualquer outro requisito além daqueles previstos expressamente no art. 243, parágrafo único, da Constituição Federal. (RE 638491, 17/05/2017)

Tema 650: Extinção da punibilidade do delito de posse irregular de arma de fogo de uso permitido, pela aplicabilidade retroativa de lei que concedeu novo prazo para registro de armas ainda não registradas.

Tese: É incabível a aplicação retroativa do art. 30 da Lei 10.826/2003, inserido pela Medida Provisória 417/2008, para extinguir a punibilidade do delito de posse de arma de fogo de uso permitido cometido antes da sua entrada em vigor. (RE 768494, 19/09/2013)

Tema 713: Necessidade de representação da ofendida, como condição de procedibilidade da ação penal, em caso de crime de lesão corporal praticado contra a mulher no âmbito doméstico e familiar.

Tese: Os crimes de lesão corporal praticados contra a mulher no âmbito doméstico e familiar são de ação penal pública incondicionada. (ARE 773765, 04/04/2014)

Tema 811: a) Cabimento de ação penal privada subsidiária da pública após o decurso do prazo previsto no art. 46 do Código de Processo Penal, na hipótese de o Ministério Público não oferecer denúncia, promover o arquivamento ou requisitar diligências externas no prazo legal; b) Ocorrência de prejudicialidade da queixa quando o Ministério Público, após o prazo legal para propositura da ação penal (art. 46 do CPP), oferecer denúncia, promover o arquivamento do inquérito ou determinar a realização de diligências externas.

Tese: I - O ajuizamento da ação penal privada pode ocorrer após o decurso do prazo legal, sem que seja oferecida denúncia, ou promovido o arquivamento, ou requisitadas diligências externas ao Ministério Público. Diligências internas à instituição são irrelevantes; II - A conduta do Ministério Público posterior ao surgimento do direito de queixa não prejudica sua propositura. Assim, o oferecimento de denúncia, a promoção do arquivamento ou a requisição de diligências externas ao Ministério Público, posterior ao decurso do prazo legal para a propositura da ação penal, não afastam o direito de queixa. Nem mesmo a ciência da vítima ou da família quanto a tais diligências afasta esse direito, por não representar concordância com a falta de iniciativa da ação penal pública. (ARE 859251, 17/04/2015)

Tema 925: Possibilidade de a execução provisória de acórdão penal condenatório proferido em grau recursal, ainda que sujeito a recurso especial ou extraordinário, comprometer o princípio constitucional da presunção de inocência afirmado pelo art. 5º, inc. LVII, da Constituição da República.

Tese: A execução provisória de acórdão penal condenatório proferido em grau recursal, ainda que sujeito a recurso especial ou extraordinário, não compromete o princípio constitucional da presunção de inocência afirmado pelo artigo 5º, inciso LVII, da Constituição Federal. (ARE 964246, 11/11/2016)

Tema 959: Concessão de liberdade provisória a preso em flagrante pela prática dos crimes descritos nos arts. 33, *caput* e § 1º e 34 a 37 da Lei nº 11.343/2006.

Tese: É inconstitucional a expressão «e liberdade provisória», constante do *caput* do artigo 44 da Lei 11.343/2006. (RE 1038925, 19/08/2017)

Tema 972: Possibilidade de fixação de regime inicial fechado para cumprimento de pena, com base unicamente na natureza hedionda do delito. Tese: É inconstitucional a fixação ex lege, com base no art. 2º, § 1º, da Lei 8.072/1990, do regime inicial fechado, devendo o julgador, quando da condenação, ater-se aos parâmetros previstos no artigo 33 do Código Penal. (ARE 105270, 03/11/2017)

Tema 1041: Admissibilidade, no âmbito do processo penal, de prova obtida por meio de abertura de encomenda postada nos Correios, ante a inviolabilidade do sigilo das correspondências.

Tese: Sem autorização judicial ou fora das hipóteses legais, é ilícita a prova obtida mediante abertura de carta, telegrama, pacote ou meio análogo. (RE 1116949, 21/08/2020)

LEI Nº 12.830/13 - INVESTIGAÇÃO CRIMINAL CONDUZIDA PELO DELEGADO DE POLÍCIA

1981. **(2021 – MPDFT – Promotor de Justiça – Adaptada)** Considerando a afirmativa abaixo, é COR-RETO afirmar que:

Ao delegado de polícia, na qualidade de autoridade policial, cabe a condução da investigação criminal por meio de inquérito policial ou outro procedimento previsto em lei, que tem como objetivo a apuração das circunstâncias, da materialidade e da autoria das infrações penais.

Certo ( )   Errado ( )

Nos termos do art. 1º, § 1º, da Lei nº 12.830/13, *Ao delegado de polícia, na qualidade de autoridade policial, cabe a condução da investigação criminal por meio de inquérito policial ou outro procedimento previsto em lei, que tem como objetivo a apuração das circunstâncias, da materialidade e da autoria das infrações penais.*

Gabarito: Certo.

1982. **(2021 – AOCP – PC/PA – Escrivão – Adaptada)** Em se tratando do inquérito policial brasileiro, é correto afirmar

O inquérito policial regrado no Código de Processo Penal também pode ser presidido pela autoridade tributária.

Certo ( )   Errado ( )

Ao DELEGADO de POLÍCIA, na qualidade de autoridade policial, CABE a condução da investigação criminal por meio de INQUÉRITO POLICIAL ou outro procedimento previsto em lei, que tem como objetivo a apuração das circunstâncias, da materialidade e da autoria das infrações penais (art. 2º, § 1º, Lei nº 12.830/13).

Gabarito: Errado.

1983. **(2021 – CESPE/CEBRASPE – PC/DF – Agente)** Acerca da aplicação das normas processuais penais, julgue os itens subsequentes.

O indiciamento constitui mero juízo de possibilidade de autoria, não havendo a necessidade da existência de eventuais elementos informativos acerca da materialidade do crime.

Certo ( )   Errado ( )

***O indiciamento é ato privativo do delegado de polícia, dar-se-á por ato fundamentado, mediante análise técnico-jurídica do fato, que deverá indicar a autoria, materialidade e suas circunstâncias,* conforme dispõe o art. 2º, § 6º, da Lei nº 12.830/13. Portanto, há necessidade de informações objetivos sobre a autoria e a materialidade da conduta.**

Gabarito: Errado.

1984. **(2021 – AOCP – PC/PA – Escrivão – Adaptada)** Em se tratando do inquérito policial brasileiro, é correto afirmar:

O indiciamento configura etapa do inquérito policial que oficializa a existência do primeiro indício material do delito.

Certo ( )   Errado ( )

*O indiciamento, privativo do delegado de polícia, dar-se-á **por ato fundamentado, mediante análise técnico-jurídica do fato, que DEVERÁ indicar a autoria, materialidade e suas circunstâncias** (art. 2º, § 6º, da Lei nº 12.830/13)*

Gabarito: Errado.

1985. **(2019 – CESPE/CEBRASPE – TJ/BA – Juiz – Adaptada)** Aldo, delegado de polícia, recebeu em sua unidade policial denúncia anônima que imputava a Mauro a prática do crime de tráfico de drogas em um bairro da cidade. A denúncia veio acompanhada de imagens em que Mauro aparece entregando a terceira pessoa pacotes em plástico transparente com considerável quantidade de substância esbranquiçada e recebendo dessa pessoa quantia em dinheiro. Em diligências realizadas, Aldo confirmou a qualificação de Mauro e, a partir das informações obtidas, instaurou IP para apurar o crime descrito no art. 33, *caput*, da Lei nº 11.343/2006 — Lei Antidrogas —, sem indiciamento. Na sequência, ele representou à autoridade judiciária pelo deferimento de medida de busca e apreensão na residência de Mauro, inclusive do telefone celular do investigado.

Acerca dessa situação hipotética:

Recebido o IP, verificados a completa qualificação de Mauro e os indícios suficientes de autoria, o juiz poderá determinar o indiciamento do investigado à autoridade policial.

Certo ( )   Errado ( )

O indiciamento é ato PRIVATIVO do delegado de polícia, conforme o art. 2º, § 6º, da Lei nº 12.830/13. O membro do Ministério Público e o juiz NÃO podem requisitar e muito menos indiciar.

Gabarito: Errado.

1986. **(2019 – MPE/PR – MPE/PR – Promotor de Justiça – Adaptada)** Sobre o inquérito policial, controle externo da atividade policial e poder investigatório do Ministério Público, analise a assertiva abaixo:

O membro do "Parquet", com atuação na área de investigação criminal, pode avocar a presidência do inquérito policial, em sede de controle difuso da atividade policial.

Certo ( )   Errado ( )

A presidência/condução do inquérito policial está centralizada no delegado de polícia, cujo modelo se consolidou com a CF/88, fortalecido pela Lei nº 12.830/13. Sendo assim, a função do delegado de polícia na investigação criminal, conforme previsão expressa do art. 2º da Lei nº 12.830/13, é:

As funções de polícia judiciária e a apuração de infrações penais exercidas pelo delegado de polícia são de natureza jurídica, essenciais e exclusivas de Estado.

§ 1º Ao delegado de polícia, na qualidade de autoridade policial, cabe a condução da investigação criminal por meio de inquérito policial ou outro procedimento previsto em lei, que tem como objetivo a apuração das circunstâncias, da materialidade e da autoria das infrações penais.

§ 4º O inquérito policial ou outro procedimento previsto em lei em curso SOMENTE poderá ser avocado ou redistribuído por superior hierárquico, mediante despacho fundamentado, por motivo de interesse público ou nas hipóteses de inobservância dos procedimentos previstos em regulamento da corporação que prejudique a eficácia da investigação.

Segundo o art. 2º, § 6º, da Lei nº 12.830/13, o indiciamento, *PRIVATIVO do delegado de polícia, dar-se-á por ato fundamentado, mediante análise técnico-jurídica do fato, que deverá indicar a autoria, materialidade e suas circunstâncias.*

Jurisprudência do STF: o Info. nº 785: *O Ministério Público dispõe de competência para promover, por autoridade própria, e por prazo razoável, investigações de natureza penal, desde que respeitados* *os direitos e garantias que assistem a qualquer indiciado ou a qualquer pessoa sob investigação do Estado, observadas, sempre, por seus agentes, as hipóteses de reserva constitucional de jurisdição e, também, as prerrogativas profissionais de que se acham investidos, em nosso país, os advogados (Lei nº 8.906/1994, art. 7º, notadamente os incisos I, II, III, XI, XIII, XIV e XIX), sem prejuízo da possibilidade – sempre presente no Estado democrático de Direito – do permanente controle jurisdicional dos atos, necessariamente documentados (Enunciado 14 da Súmula Vinculante), praticados pelos membros dessa Instituição. STF. Plenário. RE 593727/MG, rel. orig. Min. Cezar Peluso, red. p/ o acórdão Min. Gilmar Mendes, julgado em 14/5/2015 (repercussão geral) (Info 785).*

Gabarito: Errado.

1987. (2019 – CESPE/CEBRASPE – TJ/DFT – Titular de Serviços de Notas e Registros – Adaptada) O CPP, em diversos dispositivos, utiliza a expressão indiciado para indicar a pessoa em relação à qual existe inquérito policial em curso. Acerca do indiciamento no âmbito do procedimento policial.

Poderá ser viabilizado após o recebimento da denúncia.

Certo ( )   Errado ( )

O indiciamento constitui ato próprio do inquérito policial, privativo da autoridade policial, e somente poderá ser praticado até o recebimento da denúncia. Segundo o STJ, *o indiciamento após o recebimento da denúncia configura constrangimento ilegal, por ser ato próprio da fase inquisitorial* (RHC 66.641/SP, 6ª Turma, Rel. Min. Nefi Cordeiro, DJe 10/03/2016).

Gabarito: Errado.

1988. (2019 – CESPE/CEBRASPE – TJ/DFT – Titular de Serviços de Notas e Registros – Adaptada) O CPP, em diversos dispositivos, utiliza a expressão indiciado para indicar a pessoa em relação à qual existe inquérito policial em curso. Acerca do indiciamento no âmbito do procedimento policial.

Vincula o ofendido ao oferecimento da queixa na hipótese de ação penal privada.

Certo ( )   Errado ( )

Na ação penal privada, o queixoso tem discricionariedade para optar pela propositura da ação realizando a queixa-crime, visto que, em decorrência do Princípio da Conveniência ou Oportunidade da Ação Penal Privada, cabe ao ofendido, ou não, ver processado o infrator, manifestando como tal.

Gabarito: Errado.

1989. (2019 – CESPE/CEBRASPE – TJ/DFT – Titular de Serviços de Notas e Registros – Adaptada) O CPP, em diversos dispositivos, utiliza a expressão indiciado para indicar a pessoa em relação à qual existe inquérito policial em curso. Acerca do indiciamento no âmbito do procedimento policial.

Deverá ser formulado pela autoridade policial quando requisitado pelo Ministério Público.

Certo ( )   Errado ( )

***O indiciamento é ato privativo do delegado de polícia* (art. 2º, § 6, da Lei nº 12.830/13). De tal modo, não poderá ser realizado, direta ou indiretamente, pelo Judiciário ou pelo Ministério Público, quando se tratar de investigação conduzida por órgão de polícia judiciária (estadual ou federal). O juiz competente ou o *parquet*, digo Promotor de Justiça não possuem atribuição**

para indiciamento em inquéritos policiais, nem mesmo por requerimento ou requisição dirigida a autoridade policial, ou seja, DP - delegado de polícia.

Gabarito: Errado.

1990. **(2019 – AOCP – PC/ES – Investigador – Adaptada)** Acerca do inquérito policial brasileiro
É permitido ao Ministério Público conduzir o inquérito policial como autoridade máxima.

Certo ( )   Errado ( )

Cabe à autoridade policial ser a autoridade presidir o IP – Inquérito Policial, conforme dispõe o art. 2º, Lei nº 12.830/13, vide:

As funções de polícia judiciária e a apuração de infrações penais exercidas pelo delegado de polícia são de natureza jurídica, essenciais e exclusivas de Estado.

§ 1º Ao delegado de polícia, na qualidade de autoridade policial, cabe a condução da investigação criminal por meio de inquérito policial.

Gabarito: Errado.

1991. **(2019 – CESPE/CEBRASPE – TJ/DFT – Titular de Serviços de Notas e Registros – Adaptada)** O CPP, em diversos dispositivos, utiliza a expressão indiciado para indicar a pessoa em relação à qual existe inquérito policial em curso. Acerca do indiciamento no âmbito do procedimento policial. Poderá ser formalizado de forma indireta ante a não localização do investigado.

Certo ( )   Errado ( )

FORMAS DE INDICIAMENTO	
Indiciamento DIRETO	O indiciamento ou indiciação é o ato policial pelo qual o delegado de polícia conclui existir indícios suficientes de autoria, digo, circunstâncias relacionadas com o fato criminoso.
Indiciamento INDIRETO	Essa modalidade de indiciamento ocorre quando o investigado não é encontrado, estando em local incerto e não sabido. Nesta hipótese, uma das funções mais importantes do indiciamento, é a de dar ciência ao investigado sobre o seu *status* dentro da investigação, possibilitando, assim, o exercício do contraditório e da ampla defesa, ficará prejudicada. Como consequência do indiciamento indireto, o ***indiciamento formal*** ficará com o seu conteúdo comprometido devido à ausência do interrogatório do indiciado.
Indiciamento FORMAL	Deverá ser realizado durante o desenvolvimento da investigação criminal, sempre que o Delegado de Polícia formar seu convicção no sentido de que existem elementos de convicção da materialidade do crime e indícios suficientes de autoria. Consequentemente desse ato, deve ser efetivado o auto de qualificação e interrogatório do indiciado, informações sobre sua vida pregressa e, por fim, o boletim de identificação, que, dependendo do caso, pode vir acompanhado da identificação criminal pelo processo datiloscópico.
Indiciamento MATERIAL	O indiciamento material consiste no despacho do Delegado de Polícia onde ele expõe as razões e os fundamentos da sua decisão. Em outras palavras, o indiciamento material precederia necessariamente o indiciamento formal, que, como visto, é constituído pelo auto de qualificação e interrogatório do indiciado, informações sobre sua vida pregressa e o boletim de identificação. Essa espécie de indiciamento ganhou força após o advento da Lei nº 12.830/13, que no seu art. 2º, § 6º, determina que este ato deve ser fundamentado.
Indiciamento CERCITIVO	É aquele proveniente da lavratura do auto de prisão em flagrante, sendo assim, concluir que, em tais situações, o indiciamento é coercitivo ou obrigatório.

Gabarito: Errado.

1992. **(2018 – FUMARC – PC/MG – Delegado)** Sobre o ato de indiciamento realizado no âmbito de investigação criminal conduzida por delegado de polícia, é CORRETO afirmar:

a) É realizado mediante o mesmo grau de certeza de autoria que a situação de suspeito.

b) Não é ato exclusivo do delegado de polícia que conduz a investigação.

c) Não poderá o delegado de polícia retratar sua posição e "desindiciar" o investigado.

d) Resulta de um juízo de probabilidade e não de mera possibilidade sobre a autoria delitiva.

Segundo o art. 2º, § 6º, da Lei nº 12.830/13: *§ 6º O indiciamento, privativo do delegado de polícia, dar-se-á por **ATO FUNDAMENTADO**, mediante análise técnico-jurídica do fato, que deverá indicar a autoria, materialidade e suas circunstâncias.*

Poderá ser promovido pela autoridade policial entender, no transcurso das investigações, que a pessoa indiciada não está vinculada ao fato delituoso, nada impede que o delegado promova o DE-SINDICIAMENTO, seja na evolução do inquérito, ou no relatório de encerramento do procedimento.
Gabarito: D.

1993. **(2018 – FCC – Câmara Legislativa/DF – Técnico Legislativo – Adaptada)** O inquérito policial é um procedimento que pode ser presidido tanto pelo delegado de polícia quanto pelo membro do Ministério Público, desde que, neste último caso, tenha sido este o órgão responsável pela investigação.

Certo ( )   Errado ( )

O inquérito policial é presidido pelo delegado de polícia, e não pelo Membro do Ministério Público. Note que o promotor de justiça pode investigar o fato, mas através de procedimento ministerial, digo, próprio, que não tem o nome de inquérito policial. Logo, apenas o DP – delta conforme literalidade da Lei nº 12.830/13, art. 2º, § 1º: *Ao delegado de polícia, na qualidade de autoridade policial, cabe a condução da investigação criminal por meio de inquérito policial ou outro procedimento previsto em lei, que tem como objetivo a apuração das circunstâncias, da materialidade e da autoria das infrações penais.*
Gabarito: Errado.

1994. **(2017 – IBADE – PC/AC – Delegado – Adaptada)** À luz do que dispõe o CPP sobre inquérito policial é correto afirmar que, quando o fato for de difícil elucidação, estando o indiciado solto ou preso, a autoridade poderá requerer ao juiz a devolução dos autos, para ulteriores diligências, que serão realizadas no prazo marcado pelo juiz.

Certo ( )   Errado ( )

Nos termos do art. 10, § 3º, o indiciado deve estar SOLTO. Quando o fato for de difícil elucidação, e o indiciado estiver solto, a autoridade poderá requerer ao juiz a devolução dos autos, para ulteriores diligências, que serão realizadas no prazo marcado pelo juiz.
Gabarito: Errado.

1995. **(2017 – IBADE – PC/AC – Delegado – Adaptada)** No plano da teoria do garantismo, para Ferrajoli, em sua clássica obra Direito e Razão, na lógica do Estado de Direito, as funções de polícia judiciária deveriam ser organizadas de forma independente não apenas funcional, mas, também hierárquica e administrativamente dos diversos poderes aos quais auxiliam, ou seja, deveria ter a garantia de independência. Tal ideia deita raízes na estrutura acusatória que visa uma investigação isenta na apuração da verdade e não a serviço da acusação. É correto afirmar que, durante a investigação criminal, cabe ao delegado de polícia a requisição de perícia, informações, proceder a buscas domiciliares, buscar e apreender documentos e dados que interessem à apuração dos fatos, independentemente da autorização judicial.

Certo ( )   Errado ( )

Nos termos do art. 2º, § 2º, da Lei nº 12.830/13: *durante a investigação criminal, cabe ao delegado de polícia a requisição de perícia, informações, documentos e dados que interessem à apuração dos fatos.*

Gabarito: Errado.

1996. **(2017 – IBADE – PC/AC – Delegado – Adaptada)** No plano da teoria do garantismo, para Ferrajoli, em sua clássica obra Direito e Razão, na lógica do Estado de Direito, as funções de polícia judiciária deveriam ser organizadas de forma independente não apenas funcional, mas, também hierárquica e administrativamente dos diversos poderes aos quais auxiliam, ou seja, deveria ter a garantia de independência. Tal ideia deita raízes na estrutura acusatória que visa uma investigação isenta na apuração da verdade e não a serviço da acusação. É correto afirmar que a remoção do delegado de polícia dar-se-á somente por ato fundamentado e o indiciamento, que é privativo do delegado de polícia, dar-se-á por ato fundamentado, mediante análise técnico-jurídica do fato, que deverá indicar a autoria, materialidade e suas circunstâncias.

Certo ( )   Errado ( )

Conforme art. 2º, § 5º, da Lei nº 12.830/13: *a remoção do delegado de polícia dar-se-á somente por ato fundamentado. § 6º O indiciamento, privativo do delegado de polícia, dar-se-á por ato fundamentado, mediante análise técnico-jurídica do fato, que deverá indicar a autoria, materialidade e suas circunstâncias.*

Gabarito: Certo.

1997. **(2017 – IBADE – PC/AC – Delegado – Adaptada)** No plano da teoria do garantismo, para Ferrajoli, em sua clássica obra Direito e Razão, na lógica do Estado de Direito, as funções de polícia judiciária deveriam ser organizadas de forma independente não apenas funcional, mas, também hierárquica e administrativamente dos diversos poderes aos quais auxiliam, ou seja, deveria ter a garantia de independência. Tal ideia deita raízes na estrutura acusatória que visa uma investigação isenta na apuração da verdade e não a serviço da acusação. É correto afirmar que o Ministério Público pode não apenas requisitar a instauração do inquérito, como também determinar autoridade policial o indiciamento de um investigado.

Certo ( )   Errado ( )

Nos termos do art. 2º, § 6º, da Lei nº 12.830/13: *o indiciamento, privativo do delegado de polícia, dar-se-á por ato fundamentado, mediante análise técnico-jurídica do fato, que deverá indicar a autoria, materialidade e suas circunstâncias.*

Gabarito: Errado.

1998. (2016 – CESPE/CEBRASPE – PC/PE – Delegado – Adaptada) São de natureza jurídica, essenciais e exclusivas de Estado as funções de polícia judiciária e a apuração de infrações penais pelo delegado de polícia.

Certo ( )   Errado ( )

Cópia literal do art. 2º da Lei nº 12.830/13: *As funções de polícia judiciária e a apuração de infrações penais exercidas pelo delegado de polícia são de natureza jurídica, essenciais e exclusivas de Estado.*
Gabarito: Certo.

1999. (2015 – CESPE/CEBRASPE – TJ/DFT – Juiz – Adaptada) O superior hierárquico do delegado pode determinar a redistribuição de inquérito policial por motivo de interesse público e mediante despacho fundamentado.

Certo ( )   Errado ( )

De acordo com a Lei nº 12.830/13, em seu art. 2º, § 4º: *O inquérito policial ou outro procedimento previsto em lei em curso somente poderá ser avocado ou redistribuído por superior hierárquico, mediante despacho fundamentado, por motivo de interesse público ou nas hipóteses de inobservância dos procedimentos previstos em regulamento da corporação que prejudique a eficácia da investigação.*
Gabarito: Certo.

2000. (2015 – CESPE/CEBRASPE – TJ/DFT – Juiz – Adaptada) A colaboração premiada é admitida na fase policial, quando pode ser concedida pela autoridade policial, e na fase processual, quando é concedida pela autoridade judicial.

Certo ( )   Errado ( )

Somente a autoridade judicial é quem poderá conceder a colaboração premiada, conforme previsão expressa na Lei nº 12.850/13:

Art. 4º O juiz poderá, a requerimento das partes, conceder o perdão judicial, reduzir em até 2/3 (dois terços) a pena privativa de liberdade ou substituí-la por restritiva de direitos daquele que tenha colaborado efetiva e voluntariamente com a investigação e com o processo criminal, desde que dessa colaboração advenha um ou mais dos seguintes resultados.
Gabarito: Errado.

2001. (2015 – CESPE/CEBRASPE – TJ/DFT – Juiz – Adaptada) Havendo indícios de crime praticado por organização criminosa, a autoridade policial poderá autorizar, de ofício, a infiltração de seus agentes de polícia em tarefa de investigação.

Certo ( )   Errado ( )

O erro da questão está em afirmar que a autoridade policial é responsável por autorizar a infiltração de agentes em casos de investigações criminais, quando na verdade somente a autoridade judicial será competente para fazer tal autorização.

Lei nº 12.850/13 – art. 10. *A infiltração de agentes de polícia em tarefas de investigação, representada pelo delegado de polícia ou requerida pelo Ministério Público, após manifestação técnica do delegado de polícia quando solicitada no curso de inquérito policial, será precedida de circunstanciada, motivada e sigilosa autorização judicial, que estabelecerá seus limites.*
Gabarito: Errado.

2002. (2018 – CESPE/CEBRASPE – PC/MA – Delegado – Adaptada) No caso de um delegado de polícia instaurar inquérito policial para apurar a conduta delitiva supostamente praticada por determinado cidadão, o delegado-geral de polícia não poderá, em regra, determinar a redistribuição do inquérito policial, ressalvado apenas o caso de morte do delegado que determinar a sua instauração.

Certo ( )   Errado ( )

Conforme dispõe o art. 2º, § 4º, da Lei nº 12.830/13, *o inquérito policial ou outro procedimento previsto em lei em curso somente poderá ser avocado ou redistribuído por superior hierárquico, mediante despacho fundamentado, por motivo de interesse público ou nas hipóteses de inobservância dos procedimentos previstos em regulamento da corporação que prejudique a eficácia da investigação.*

Gabarito: Errado.

2003. (2017 – FEPESE – PC/SC – Escrivão – Adaptada) De acordo com a lei que dispõe sobre a investigação criminal conduzida por delegado de polícia, o indiciamento:

a) depende de autorização judicial para ter início.

b) após ouvido o Ministério Público, será tornado oficial.

c) deverá observar os princípios da publicidade, eficiência e oficialidade.

d) é dispensado para crimes cuja pena seja inferior a quatro anos.

e) é ato privativo do delegado de polícia.

Conforme disposto no art. 2, § 6º, da Lei nº 12.830/13. Informativo nº 552 do STJ: *logo, o Juiz NÃO pode requisitar o indiciamento em investigação criminal. O indiciamento é uma atribuição EXCLUSIVA da autoridade policial. É por meio do indiciamento que a autoridade policial aponta determinada pessoa como a autora do ilícito em apuração. Por se tratar de medida ínsita à fase investigatória, por meio da qual o delegado de polícia externa o seu convencimento sobre a autoria dos fatos apurados, não se admite que seja requerida ou determinada pelo magistrado, já que tal procedimento obrigaria o presidente do inquérito à conclusão de que determinado indivíduo seria o responsável pela prática criminosa, em nítida violação ao sistema acusatório adotado pelo ordenamento jurídico pátrio.*

Nesse mesmo sentido é a inteligência do art. 2º, § 6º, da Lei nº 12.830/2013, que afirma que o indiciamento é ato inserto na esfera de atribuições da polícia judiciária. STJ. 5ª Turma. RHC 47.984-SP, Rel. Min. Jorge Mussi, julgado em 4/11/2014 (Info nº 552).

Gabarito: E.

LEI Nº 11.340/06 - LEI MARIA DA PENHA

2004. **(2021 – FUNDEP – MPE/MG – Promotor de Justiça – Adaptada)** Sobre medidas cautelares previstas na Legislação Especial, é correto afirmar:

A restrição ao porte de armas, previsto no art. 22, I, da Lei nº 11.340/06 (Lei Maria da Penha), não pode incidir nos casos de porte funcional.

Certo ( )   Errado ( )

O equívoco do enunciado da questão é afirmar que não pode incidir a restrição do porte de armas mesmo que se trate de agressor com porte funcional. A legislação prevê no art. 22, § 2º, da Lei nº 11.340/06 que na hipótese de aplicação do inciso I (suspensão da posse ou restrição do porte de armas), encontrando-se o agressor nas condições mencionadas no caput e incisos do art. 6º da Lei nº 10.826, de 22 de dezembro de 2003, (integrante da polícia, forças armadas) o juiz comunicará ao respectivo órgão, corporação ou instituição as medidas protetivas de urgência concedidas e determinará a RESTRIÇÃO do porte de armas, ficando o superior imediato do agressor responsável pelo cumprimento da determinação judicial, sob pena de incorrer nos crimes de prevaricação ou de desobediência, conforme o caso.

Jurisprudência do STJ: [...] A manutenção de medida protetiva prevista no art. 22, inciso III, da Lei nº 11.340/06, consistente em restrição ao porte de arma de fogo de uso funcional, imposta em desfavor do paciente, policial militar, se justifica pelo fato de que estaria agredindo psicologicamente a vítima mediante o emprego do referido instrumento bélico. Dessarte, não vislumbro, na hipótese e por ora, qualquer desproporcionalidade da medida. Habeas corpus não conhecido. (HC 455.232/RJ, Rel. Ministro FELIX FISCHER, QUINTA TURMA, julgado em 06/11/2018, DJe 13/11/2018).

Gabarito: Errado.

2005. **(2021 – AOCP – PC/PA – Escrivão)** Analise a seguinte situação hipotética:

Irene, sem justo motivo, durante discussão familiar com seu esposo na residência de ambos, foi vítima de violência física, moral e psicológica. Como consequência ao ocorrido, fez-se necessário o afastamento de Irene do seu local de trabalho.

Nesse caso, em conformidade aos dispositivos da Lei Maria da Penha (Lei nº 11.340/2006), o juiz assegurará à mulher em situação de violência doméstica e familiar, para preservar sua integridade física e psicológica, a manutenção do vínculo trabalhista por até

a) quinze dias.

b) trinta dias.

c) três meses.

d) seis meses.

e) um ano.

Conforme preceitua o art. 9º, § 2º, II, da Lei nº 11.340/06, *o juiz ASSEGURARÁ à mulher em situação de violência doméstica ou familiar, para preservar sua integridade física e psicológica, a manutenção do vínculo trabalhista, quando necessário ao afastamento do local de trabalho, por até seis meses.*

Jurisprudência do STJ: *[...] o juiz da vara especializada em violência doméstica e familiar ou, caso não haja na localidade o juízo criminal, para apreciar pedido de imposição de medida protetiva* *de manutenção de vínculo trabalhista, por até seis meses, em razão de afastamento do trabalho de ofendida decorrente de violência doméstica e familiar, uma vez que o motivo do afastamento não advém de relação de trabalho, mas de situação emergencial que visa garantir a integridade física, psicológica e patrimonial da mulher[...].* (6ª T., REsp nº 1.757.775/SP, rel. Min. Rogerio Schietti Cruz, j. 20.08.19)

Gabarito: D.

2006. **(2021 – MPDFT – Promotor de Justiça – Adaptada)** Com relação à Lei Maria da Penha (Lei nº 11.340/2016), marque a assertiva CORRETA:

a) O Tribunal de Justiça do Distrito Federal e dos Territórios admite a mulher trans como vítima de violência doméstica.

b) Para aplicação da Lei nº 11.340/2016 há a necessidade de coabitação entre autor e vítima.

c) Não é possível a aplicação da Lei Maria da Penha nas relações entre mãe e filha, desde que esteja presente o estado de vulnerabilidade caracterizado por uma relação de poder e submissão.

d) Não cabe a fixação de valor indenizatório a título de dano moral nos casos de violência doméstica contra a mulher.

e) A mulher vítima de violência doméstica tem o direito da manutenção do vínculo trabalhista por até seis meses, devendo o Juiz do Trabalho apreciar a imposição da referida medida.

Consoante à jurisprudência do TJDFT: *"[...] A expressão "MULHER" abrange tanto o sexo feminino, definido naturalmente, como o gênero feminino, que PODE ser escolhido pelo indivíduo ao longo de sua vida, como ocorre com os transexuais e transgêneros, de modo que seria incongruente acreditar que a lei que garante maior proteção às "mulheres" se refere somente ao sexo biológico, especialmente diante das transformações sociais. Ou seja, a lei deve garantir proteção a todo aquele que se considere do gênero feminino."* (TJDFT, Acórdão 1152502, 20181610013827RSE, Relator: SILVANIO BARBOSA DOS SANTOS, Segunda Turma Criminal, data de julgamento: 14/2/2019, publicado no DJe: 20/2/2019.)

Fundamentação das alternativas: b) Súmula nº 600 do STJ: *Para configuração da violência doméstica e familiar prevista no artigo 5º da Lei nº 11.340/2006, lei Maria da Penha, não se exige a coabitação entre autor e vítima*; **c)** A jurisprudência do STJ que o sujeito ativo do crime pode ser tanto o homem como a mulher, desde que esteja presente o estado de vulnerabilidade caracterizado por uma relação de poder e submissão. HC 277.561-AL, Rel. Min. Jorge Mussi, julgado em 6/11/2014 (Info 551); **d)** Conforme a jurisprudência do STJ, **CABE a fixação de valor indenizatório a título de dano moral**, vejamos: *[...] Nos casos de violência contra a mulher praticados no âmbito doméstico e familiar, é possível a fixação de valor mínimo indenizatório a título de dano moral, desde que haja pedido expresso da acusação ou da parte ofendida, ainda que não especificada a quantia, e independentemente de instrução probatória [...]* (STJ, REsp 1643051-MS/2018). Além disso, em caso de eventual reconciliação ainda assim, **NÃO AFASTA a incidência do dano**, seja por ausência de previsão legal e por não interferência do Judiciário, uma vez que a execução ou não do título executivo judicial cabe a vítima (STJ, REsp 1819504-MS/2019); e **e)** O art. 9º, § 2º da Lei Maria da Penha prevê que: *"O juiz assegurará à mulher em situação de violência doméstica e familiar, para preservar sua integridade física e psicológica, manutenção do vínculo trabalhista, quando necessário o afastamento do local de trabalho, por até seis meses"*. O STJ entende que o **juiz da vara especializada em Violência Doméstica** (ou, caso não haja na localidade, **o juízo criminal**) tem competência para apreciar pedido de imposição de medida protetiva de manutenção de vínculo trabalhista, por até seis meses, em razão de afastamento do trabalho de ofendida decorrente de violência doméstica e familiar. Isso porque o motivo do afastamento não advém da relação de trabalho, mas sim da situação emergencial que visa garantir a integridade física, psicológica e patrimonial da mulher. STJ. 6ª Turma. REsp 1757775-SP, Rel. Min. Rogerio Schietti Cruz, julgado em 20/08/2019 (Info 655).

Gabarito: A.

___

2007. **(2021 – IBFC – SEAP/PR – Psicólogo)** A violência doméstica foi reconhecida apenas na década de 90 pela Organização Mundial da Saúde (OMS). Ela pode ser física, sexual ou psicológica, cometidas por parceiros íntimos. A Lei Maria da Penha (Lei nº 11340/2006) originou-se de um caso verídico. Maria da Penha é o nome de uma senhora que sofria agressões do marido, que por duas vezes tentou matá-la. No entanto, essa lei foi alterada em 2019 pela Lei nº 13.827, de 13 de maio. Analise as afirmativas abaixo:

I. A nova Lei (2019) autoriza aplicação de medida protetiva de urgência, pela autoridade judicial ou policial, apenas à mulher em situação de violência doméstica e familiar, deixando, dessa forma, sem proteção seus dependentes.

II. Pela nova Lei, o agressor será imediatamente afastado do lar, domicílio ou local de convivência com a ofendida.

III. Nos casos de risco à integridade física da ofendida ou à efetividade da medida protetiva de urgência, não será concedida liberdade provisória ao preso.

Assinale a alternativa correta.

a) As afirmativas I, II e III estão corretas

b) Apenas as afirmativas II e III estão corretas

c) Apenas a afirmativa II está correta

d) Apenas as afirmativas I e II estão corretas

e) Apenas as afirmativas I e III estão corretas

Os itens II e III estão corretos:

II - *Verificada a existência de risco atual ou iminente à vida ou à integridade física ou psicológica da mulher em situação de violência doméstica e familiar, ou de seus dependentes, o agressor será imediatamente afastado do lar, domicílio ou local de convivência com a ofendida,* conforme o que dispõe o art. 12-C da Lei nº 11.340/06.

III - *Nos casos de risco à integridade física da ofendida ou à efetividade da medida protetiva de urgência, não será concedida liberdade provisória ao preso,* (art. 12-C, § 2º, da Lei nº 11.340/06).

O item I está errado:

O item afronta a literalidade no art. 12-C da Lei nº 11.340/06, pois a dispor que *verificada a existência de risco atual ou iminente à vida ou à integridade física ou psicológica da* **mulher em situação de violência doméstica e familiar, OU DE SEUS DEPENDENTES,** *o agressor será imediatamente afastado do lar, domicílio ou local de convivência com a ofendida.*

Gabarito: B.

___

2008. **(2021 – MPDFT – Promotor de Justiça – Adaptada)** Considerando as afirmativas abaixo, é COR-RETO afirmar que:

Nas ações penais públicas condicionadas à representação da ofendida de que trata a Lei nº 11.340/2006 (Lei Maria da Penha), só será admitida a renúncia à representação perante o juiz, em audiência especialmente designada com tal finalidade, antes do oferecimento da denúncia e ouvido o Ministério Público.

Certo ( )   Errado ( )

Diferente do CPP (art. 25, a representação será irretratável, DEPOIS de OFERECIDA a denúncia), ações penais públicas condicionadas à representação da ofendida de que trata a Lei nº 11.34006 (Lei Maria da Penha), *SOMENTE será admitida a renúncia à representação perante o juiz, em audiência especialmente designada com tal finalidade,* ***ANTES do RECEBIMENTO da denúncia*** *e ouvida o Ministério Público,* **nos exatos termos do art. 16.**

Gabarito: Errado.

2009. **(2021 – AOCP – PC/PA – Investigador)** Conforme a Lei Maria da Penha (Lei nº 11.340/2006), assinale a alternativa INCORRETA.

   a) Aos crimes praticados com violência doméstica e familiar contra a mulher, independentemente da pena prevista, não se aplica a Lei dos Juizados (Lei nº 9.099/1995).

   b) A ação penal nos crimes de lesão corporal leve cometidos em detrimento da mulher, no âmbito doméstico e familiar, é pública incondicionada.

   c) É vedada a aplicação, nos casos de violência doméstica e familiar contra a mulher, de penas de cesta básica ou outras de prestação pecuniária, bem como a substituição de pena que implique o pagamento isolado de multa.

   d) Nas ações penais públicas condicionadas à representação da ofendida de que trata essa Lei, só será admitida a renúncia à representação perante o juiz, em audiência especialmente designada com tal finalidade, antes do recebimento da denúncia e ouvido o Ministério Público.

   e) À ofendida é facultada a opção de propor ação de divórcio e de partilha de bens no Juizado de Violência Doméstica e Familiar contra a Mulher.

Art. 14-A. *A ofendida tem a opção de* ***propor*** *ação de* ***divórcio*** *ou de dissolução de união estável no Juizado de Violência Doméstica e Familiar contra a Mulher.*

§ 1º ***EXCLUI-SE*** *da competência dos Juizados de Violência Doméstica e Familiar contra a Mulher* ***a pretensão relacionada à PARTILHA DE BENS.***

Fundamentação das alternativas: a) *Aos crimes praticados com violência doméstica e familiar contra a mulher, independentemente da pena prevista, não se aplica a Lei nº 9.099/95 (art. 41 da Lei nº 11.340/06);* **b)** Conforme Súmula 536 do STJ: ***A suspensão condicional do processo e a transação penal NÃO se APLICAM na hipótese de delitos sujeitos ao rito da Lei Maria da Penha;*** **c)** *É* ***VEDADA*** *a aplicação, nos casos de violência doméstica e familiar contra a mulher, de penas de cesta básica ou outras de prestação pecuniária, bem como a substituição de pena que implique o pagamento isolado de multa; e* **d)** *Nas ações penais públicas condicionadas à representação da ofendida de que trata esta Lei, só será admitida a* ***RENÚNCIA*** *à representação perante o juiz, em* ***AUDIÊNCIA*** *especialmente designada com tal finalidade,* ***ANTES do RECEBIMENTO*** *da denúncia e ouvido o Ministério Público (art. 16 da Lei nº 11.340/06).*

Gabarito: E.

2010. (2021 – FGV – PC/RN – Delegado) Noeli compareceu à delegacia de polícia para registrar boletim de ocorrência contra seu companheiro Erson pelo crime de ameaça. Após chegar em casa, Noeli ouve pedido de desculpa de seu companheiro e apelos para que desista da representação. Considerando o disposto na legislação aplicável, quanto à possibilidade de retratação da representação apresentada, Noeli:

a) não poderá desistir da representação, por tratar-se de ação pública.

b) poderá se retratar perante a autoridade policial até o oferecimento da denúncia.

c) poderá se retratar perante o juiz, em audiência especial, até o recebimento da denúncia.

d) poderá se retratar perante o juiz ou a autoridade policial até a sentença.

e) não poderá se retratar após o oferecimento da denúncia, ainda que na presença do juiz e acompanhada de advogado.

Art. 16 da LMP – RECEBIMENTO	Art. 25 do CPP - OFERECIMENTO
Nas ações penais públicas condicionadas à representação da ofendida de que trata esta Lei, só será admitida a renúncia à representação perante o juiz, em audiência especialmente designada com tal finalidade, ANTES do RECEBIMENTO da denúncia e ouvido o Ministério Público.	*A representação será irretratável, DEPOIS de OFERECIDA a denúncia.*

Jurisprudência do STJ – Info. nº 656: *Se a mulher vítima de crime de ação pública condicionada* **comparece ao cartório da vara e manifesta interesse em se retratar da representação,** *ainda assim o juiz deverá designar audiência para que ela confirme essa intenção e seja ouvido o MP, nos termos do art. 16. A Lei Maria da Penha autoriza, em seu art. 16, que, se o crime for de ação pública condicionada (ex: ameaça), a vítima possa se retratar da representação que havia oferecido, desde que faça isso em* **audiência especialmente designada, ouvido o MP e seja realizada antes do RECEBIMENTO DA DENÚNCIA.**

Gabarito: C.

2011. (2021 – FGV – PC/RN – Delegado) Paula namorou João por onze meses, tendo dado fim ao relacionamento em razão do comportamento ciumento e agressivo deste. Três meses após, João, inconformado com o fim do relacionamento, abordou Paula na saída do seu trabalho e, após desferir um soco em seu rosto, causando-lhe lesão leve, ainda a perseguiu até sua casa, ameaçando-a de morte caso não retomasse o namoro. Temendo a reação de João, Paula registrou o ocorrido, sendo os fatos confirmados por perícia e testemunhas que presenciaram o evento. João foi denunciado pelos crimes de lesão corporal e ameaça. Diante do que foi acima narrado, é correto constatar que:

a) o fato não se encaixa na Lei Maria da Penha, pois ocorrido após o fim do relacionamento entre João e Paula.

b) caso condenado, João poderá ter sua pena privativa de liberdade substituída por restritiva de direitos.

c) a natureza leve da lesão causada tornou indispensável a representação da vítima para denúncia do crime de lesão.

d) caso condenado, em razão da natureza dos delitos, João não poderá apelar em liberdade.

e) caso condenado por pena de até dois anos, João poderá ser beneficiado com a aplicação do sursis da pena, não sendo cabível, contudo, a suspensão condicional do processo.

A suspensão condicional do processo e a transação penal não se aplicam na hipótese de delitos sujeitos ao rito da Lei Maria da Penha, porém, aplicável à suspensão condicional da pena. INDEPEN-DENTEMENTE da pena prevista, NÃO se aplica a Lei nº 9.099/95. Assim como a Súmula nº 536 do STJ, **VEDA a aplicação da suspensão condicional do processo e a transação penal** nas hipóteses de delitos sujeitos ao rito da Lei Maria da Penha.

Fundamentação das alternativas: a) Conforme o art. 5º, III, da Lei nº 11.340/06, *caracterizando a violência doméstica, a agressão do namorado contra a namorada, mesmo cessado o relacionamento, mas que ocorra em decorrência dele*; **b)** A jurisprudência do STJ consolidou o entendimento na súmula 588 que *a prática de crime ou contravenção penal contra a mulher com violência ou grave ameaça no ambiente doméstico impossibilita a substituição de pena privativa de liberdade por restritiva de direitos*; **c) A ação penal relativa ao crime de lesão corporal resultante de violência doméstica contra a mulher é pública incondicionada (Súmula nº 542 do STJ) e d)** Caso condenado, em razão da natureza dos delitos, João **PODERÁ APELAR em liberdade**

Gabarito: E .

2012. **(2021 – FUNDATEC – Prefeitura de Porto Alegre/RS – Farmacêutico)** Diante do preconizado pela Lei Maria da Penha (Lei Federal nº 11.340/2006), assinale a alternativa INCORRETA.

a) O juiz assegurará à mulher em situação de violência doméstica e familiar, para preservar sua integridade física e psicológica, dentre outras medidas, encaminhamento à assistência judiciária, quando for o caso, inclusive para eventual ajuizamento da ação de separação judicial, de divórcio, de anulação de casamento ou de dissolução de união estável perante o juízo competente.

b) Aquele que, por ação ou omissão, causar lesão, violência física, sexual ou psicológica e dano moral ou patrimonial à mulher fica obrigado a ressarcir todos os danos causados, inclusive ressarcir ao Sistema Único de Saúde (SUS), de acordo com a tabela SUS, os custos relativos aos serviços de saúde prestados para o total tratamento das vítimas em situação de violência doméstica e familiar, recolhidos os recursos assim arrecadados ao Fundo de Saúde do ente federado responsável pelas unidades de saúde que prestarem os serviços.

c) A mulher em situação de violência doméstica e familiar tem prioridade para matricular seus dependentes em instituição de educação básica mais próxima de seu domicílio, ou transferi-los para essa instituição, mediante a apresentação dos documentos comprobatórios do registro da ocorrência policial ou do processo de violência doméstica e familiar em curso.

d) Verificada a existência de risco atual ou iminente à vida ou à integridade física da mulher em situação de violência doméstica e familiar, ou de seus dependentes, o agressor será imediata-mente afastado do lar, domicílio ou local de convivência com a ofendida, exclusivamente, pela autoridade judicial ou pelo delegado de polícia, quando o Município não for sede de comarca.

e) As medidas protetivas de urgência serão registradas em banco de dados mantido e regu-lamentado pelo Conselho Nacional de Justiça, garantido o acesso do Ministério Público, da Defensoria Pública e dos órgãos de segurança pública e de assistência social, com vistas à fiscalização e à efetividade das medidas protetivas.

O examinador exigiu do candidato a indicação no item INCORRETO.

Atenção! Lei nº 13.827/19 — Estabelece o art. 12-C, III, da Lei nº 11.340/06, vejamos:

Verificada a existência de risco atual ou iminente à vida ou à integridade física da mulher em situação de violência doméstica e familiar, ou de seus dependentes, o agressor será imediatamente afastado do lar, domicílio ou local de convivência com a ofendida:

*I - pela **autoridade judicial**;*

*II - pelo **delegado de polícia**, quando o Município não for sede de comarca; ou*

*III - pelo **policial**, quando o Município não for sede de comarca e não houver delegado disponível no momento da denúncia.*

Fundamentação das alternativas: a) art. 9º, § 2º, III, da Lei nº 11.340/06; b) art. 9º, § 4º, da Lei nº 11.340/06; c) art. 9º, § 7º, da Lei nº 11.340/06 e e) art. 38-Aº, Parágrafo único, da Lei nº 11.340/06.

Gabarito: D.

2013. **(2021 – OBJETIVA – Prefeitura de Cascavel/PR – Guarda Municipal)** Considerando-se a Lei nº 11.340/2006 - Lei Maria da Penha, no atendimento à mulher em situação de violência doméstica e familiar, a autoridade policial deverá, entre outras providências:

I. Garantir proteção policial, quando necessário, comunicando de imediato ao Poder Legislativo.

II. Encaminhar a ofendida ao hospital ou posto de saúde e ao Instituto Médico Legal.

III. Fornecer transporte para a ofendida e seus dependentes para abrigo ou local seguro, quando houver risco de vida.

Está(ão) CORRETO(S):

a) Somente o item I.

b) Somente o item II.

c) Somente os itens I e II.

d) Somente os itens I e III.

e) Somente os itens II e III.

A questão exige do candidato(a) o conhecimento da literalidade do art. 11 da Lei nº 11.340/06, vejamos:

No atendimento à mulher em situação de violência doméstica e familiar, a **autoridade policial DEVERÁ**, entre outras providências:

*I - garantir proteção policial, **quando necessário,** comunicando de imediato ao **Ministério Público** e ao **Poder Judiciário;***

II - encaminhar a ofendida ao hospital ou posto de saúde e ao Instituto Médico Legal;

*III - fornecer transporte para a ofendida e seus dependentes para abrigo ou local seguro, **quando houver risco de vida;***

*IV - **se necessário,** acompanhar a ofendida para assegurar a retirada de seus pertences do local da ocorrência ou do domicílio familiar;*

V - informar à ofendida os direitos a ela conferidos nesta Lei e os serviços disponíveis, inclusive os de assistência judiciária para o eventual ajuizamento perante o juízo competente da ação de separação judicial, de divórcio, de anulação de casamento ou de dissolução de união estável.

Analisemos os itens:

Os itens II e III atendem ao comando da questão, pois reproduz no texto a literalidade da lei. Assim, o item II tem como fundamento a literalidade do inciso II do art. 11 da Lei nº 11.340/06 e o item III reproduz o inciso III, do art. 11 da Lei nº 11.340/06.

O item I está ERRADO vejamos:

O art. 11, I, da Lei nº 11.340/06 dispõe que *quando necessário será efetuada comunicação imediata ao Ministério Público e Poder Judiciário.*

Gabarito: E .

2014. **(2021 – IADES – PM/BA – Soldado)** Considere hipoteticamente uma vítima de violência doméstica e familiar, cujo companheiro, com quem divide a residência, seja o agressor. Diante das agressões sofridas e das ameaças proferidas pelo próprio companheiro, a vítima saiu da sua residência e foi procurar ajuda policial. Com base no caso apresentado e nas disposições da Lei nº 11.340/2006, em relação às providências que a autoridade policial deverá tomar, assinale a alternativa correta.

a) Fornecer transporte para a ofendida e seus dependentes para abrigo ou local seguro, quando houver risco de vida.

b) Em qualquer caso de violência doméstica no qual haja agressão física, a ofendida receberá escolta policial, em tempo integral, para evitar que a agressão se repita.

c) Após o registro da ocorrência, a ofendida não será ouvida na polícia, sendo encaminhada imediatamente para ser ouvida unicamente em juízo.

d) Após o registro da ocorrência, deverá a autoridade policial remeter, no prazo de 72 horas, expediente apartado ao juiz com o pedido da ofendida, para a concessão de medidas protetivas de urgência.

e) Encaminhar a ofendida para ser inquirida a respeito do fato, em virtude de a inquirição ser, obrigatoriamente, intermediada por profissional especializado em violência doméstica e familiar, designado pela autoridade judiciária ou policial.

Conforme o disposto no art. 11, III, da Lei nº 11.340/06, *no atendimento à mulher em situação de violência doméstica e familiar, a **autoridade policial DEVERÁ**, entre outras providências:*

*fornecer transporte para a ofendida e seus dependentes para abrigo ou local seguro, **quando houver risco de vida;***

Fundamentação das alternativas: b) *No atendimento à mulher em situação de violência doméstica e familiar, a autoridade policial deverá, entre outras providências: **se necessário**, acompanhar a ofendida para assegurar a retirada de seus pertences do local da ocorrência ou do domicílio familiar, (art. 11, IV, da LMP); **c)** Consoante o art. 10-A, § 2º, I, da LMP, na inquirição de mulher em situação de violência doméstica e familiar ou de testemunha de delitos de que trata esta Lei, adotar-se-á, preferencialmente, o seguinte procedimento: a inquirição será feita em recinto especialmente projetado para esse fim, o qual conterá os equipamentos próprios e adequados à idade da mulher em situação de violência doméstica e familiar ou testemunha e ao tipo à gravidade da violência* *sofrida;* **d)** *Feito o registro da ocorrência, deverá a autoridade policial adotar, remeter, no prazo de 48 (quarenta e oito) horas, expediente apartado ao juiz com o pedido da ofendida, para a concessão de medidas protetivas de urgência, (art. 12, III, da LPM);* **e)** *(...) quando for o caso, a inquirição será intermediada por profissional especializado em violência doméstica e familiar designado pela autoridade judiciária ou policial, (art. 10-A, § 2º, II, da LPM).*

Gabarito: A.

2015. (2020 – VUNESP – PM/SP – Cabo) Assinale a alternativa correta em relação às disposições da Lei Federal no 11.340/06:

a) é direito da mulher em situação de violência doméstica e familiar o atendimento policial e pericial especializado, ininterrupto e prestado por servidores exclusivamente do sexo feminino e previamente capacitados.

b) verificada a existência de risco atual ou iminente à vida ou à integridade física da mulher em situação de violência doméstica e familiar, ou de seus dependentes, o agressor será imediatamente afastado do lar, domicílio ou local de convivência com a ofendida pelo policial, quando o Município não for sede de comarca e não houver delegado disponível no momento da denúncia.

c) descumprir decisão judicial que defere medidas protetivas de urgência previstas na Lei no 11.340/06 só será considerado crime se houver risco concreto à integridade física da vítima protegida pela medida.

d) a mulher em situação de violência doméstica e familiar, seus familiares e testemunhas só poderão ter contato direto com investigados ou suspeitos e pessoas a eles relacionadas durante a inquirição nos procedimentos policiais na presença de um policial que garanta a integridade de todos.

De acordo com o art. 12-C, III, da Lei nº 11.340/06, *verificada a existência de risco atual ou iminente à vida ou à integridade física da mulher em situação de violência doméstica e familiar, ou de seus dependentes, o agressor será imediatamente afastado do lar, domicílio ou local de convivência com a ofendida: pelo policial, quando o Município não for sede de comarca e não houver delegado disponível no momento da denúncia.*

Fundamentação das alternativas: a) *De acordo com o art. 10-A da LMP é direito da mulher em situação de violência doméstica e familiar* ***o atendimento policial e pericial especializado, ininterrupto e prestado por servidores - preferencialmente do sexo feminino - previamente capacitados;*** *c) Conforme o art. 24-A da LMP, é CRIME quando o agressor descumpre a decisão judicial que defere medidas protetivas de urgência; e d) De com o art. 10-A, § 1º, II, da LMP, que a inquirição de mulher em situação de violência doméstica e familiar ou de testemunha de violência doméstica, quando se tratar de crime contra a mulher, obedecerá às seguintes diretrizes: garantia de que, em nenhuma hipótese, a mulher em situação de violência doméstica e familiar, familiares e testemunhas terão contato direto com investigados ou suspeitos e pessoas a eles relacionadas.*

Gabarito: B.

2016. (2020 – IBFC – CBM/BA – Soldado) A Lei nº 11.340/2006, conhecida como Lei Maria da Penha, criou mecanismos para coibir a violência doméstica e familiar contra a mulher. Sobre as medidas protetivas de urgência, assinale a alternativa correta.

a) Uma vez concedidas as medidas de urgência, elas não poderão ser revistas, mesmo que solicitado.

b) Recebido o expediente com o pedido da ofendida, caberá ao juiz, no prazo de 48 (quarenta e oito) horas conhecer do expediente e do pedido e decidir sobre as medidas protetivas de urgência.

c) As medidas protetivas de urgência não poderão ser concedidas de imediato pelo juiz, pois depende de audiência das partes.

d) A prisão preventiva do agressor é possível a partir da instrução criminal, não sendo possível na fase de inquérito.

e) A ofendida deverá ser notificada dos atos processuais relativos ao agressor, exceto os pertinentes ao ingresso e à saída da prisão, por conta do direito à ressocialização.

*O Juiz ao receber o expediente, no **prazo de 48 (quarenta e oito) horas**, DEVE conhecer do expediente e decidir sobre as medidas protetivas de urgência, conforme art. 18, I, da Lei nº 11.340/06.*

Fundamentação das alternativas: a) *Conforme o teor do art. 19, § 2º, da Lei nº 11.340/06, as medidas protetivas **PODEM ser substituídas a qualquer tempo por outras de maior eficácia**, sempre que os direitos reconhecidos na Lei Maria da Penha forem ameaçados ou violados;* **c)** *As medidas protetivas poderão ser concedidas de imediato pelo juiz, independente de audiência das partes ou de manifestação do Ministério Público, devendo este ser prontamente comunicado, conforme o art. 19, § 1º, da Lei nº 11.340/06;* **d)** *A prisão preventiva **PODERÁ ser decretada em qualquer fase do inquérito policial ou da instrução criminal**, poderá ser decretada pelo juiz, de ofício, ou mediante requerimento do Ministério Público ou representação da autoridade policial, (art. 20 da Lei nº 11.340/06) e* **e)** *A ofendida **DEVE ser notificada dos atos processuais relativos ao agressor, especialmente com relação ao ingresso e saída deste da prisão**, conforme o art. 21, da Lei nº 11.340/06.*

Gabarito: B.

2017. **(2019 – CESPE/CEBRASPE – SLU/DF – Analista de Gestão)** À luz das disposições da Lei Maria da Penha (Lei nº 11.340/2006), julgue o próximo item.

Em caso de violência doméstica e familiar contra a mulher, feito o registro do boletim de ocorrência, a autoridade policial deverá encaminhar, imediatamente, a ofendida ao competente órgão de assistência judiciária.

Certo ( )   Errado ( )

A questão está errada porque a ofendida deverá ser encaminhada pelo juiz, e não pela autoridade policial, conforme dispõe o art. 18 da lei:

CABERÁ ao JUIZ, no prazo de 48 horas:

I. conhecer do expediente e do pedido e decidir sobre as medidas protetivas de urgência;

II. determinar o encaminhamento da ofendida ao órgão de assistência judiciária, quando for o caso;

III. comunicar ao Ministério Público para que adote as providências cabíveis.

Gabarito: Errado.

2018. **(2019 – IBFC – Prefeitura de Cabo de Santo Agostinho/PE – Guarda Municipal)** Leia o trecho abaixo com atenção.

Mulher agredida por ex-namorado tem medo após soltura do agressor

Em relação a Lei Maria da Penha (Lei nº 11.340/2006 e Lei nº 13.827/2019), analise as afirmativas abaixo.

I. A Lei Maria da Penha autoriza a aplicação de medida protetiva de urgência, pela autoridade judicial ou policial, à mulher em situação de violência doméstica.

II. Verificada a existência de risco iminente à vida ou à integridade física da mulher em situação de violência doméstica e familiar, ou de seus dependentes, o agressor será imediatamente afastado do lar, domicílio ou local de convivência com a ofendida.

III. Nos casos de risco à integridade física da ofendida ou à efetividade da medida protetiva de urgência, a liberdade provisória ao preso será concedida sem embargo.

Assinale a alternativa correta.

a) Apenas as afirmativas I e II estão corretas

b) Apenas as afirmativas II e III estão corretas

c) Apenas as afirmativas I e III estão corretas

d) Apenas a afirmativa II está correta

Art. 12-C. Verificada a existência de risco atual ou iminente à vida ou à integridade física da mulher em situação de violência doméstica e familiar, ou de seus dependentes, o agressor será imediatamente afastado do lar, domicílio ou local de convivência com a ofendida:

I - pela autoridade judicial;

II - pelo delegado de polícia, quando o Município não for sede de comarca; ou

III - pelo policial, quando o Município não for sede de comarca e não houver delegado disponível no momento da denúncia.

§ 1º Nas hipóteses dos incisos II e III do caput deste artigo, o juiz será comunicado no prazo máximo de 24 (vinte e quatro) horas e decidirá, em igual prazo, sobre a manutenção ou a revogação da medida aplicada, devendo dar ciência ao Ministério Público concomitantemente.

Gabarito: A.

2019. **(2019 – VUNESP – Prefeitura de Olímpia/SP – Guarda Municipal)** Nos termos da Lei nº 11.340, de 7 de agosto de 2006 (Lei Maria da Penha), é correto afirmar que

a) a violência física, entendida como qualquer conduta que configure calúnia, difamação ou injúria, é considerada violência doméstica e familiar.

b) o atendimento policial e pericial à mulher em situação de violência doméstica e familiar será realizado exclusivamente por servidores do sexo feminino.

c) o descumprimento de decisão judicial que defere medidas protetivas de urgência previstas na referida Lei é considerado crime punido com detenção.

d) nos casos de violência doméstica e familiar contra a mulher, o juiz poderá aplicar penas de cesta básica ou outras de prestação pecuniária.

e) as medidas protetivas de urgência poderão ser concedidas pelo juiz, Ministério Público ou Delegado de Polícia, sempre a pedido da ofendida.

Art. 24-A. Descumprir decisão judicial que defere medidas protetivas de urgência previstas nesta lei:

Pena – detenção, de 3 (três) meses a 2 (dois) anos.

§ 1º A configuração do crime independe da competência civil ou criminal do juiz que deferiu as medidas.

§ 2º Na hipótese de prisão em flagrante, apenas a autoridade judicial poderá conceder fiança.

§ 3º O disposto neste artigo não exclui a aplicação de outras sanções cabíveis.

a) *art. 7º São formas de violência doméstica e familiar contra a mulher, entre outras:*

I - a violência física, entendida como qualquer conduta que ofenda sua integridade ou saúde corporal.

b) *art. 10-A. É direito da mulher em situação de violência doméstica e familiar o atendimento policial e pericial especializado, ininterrupto e prestado por servidores - preferencialmente do sexo feminino - previamente capacitados.*

d) *art. 17. É vedada a aplicação, nos casos de violência doméstica e familiar contra a mulher, de penas de cesta básica ou outras de prestação pecuniária, bem como a substituição de pena que implique o pagamento isolado de multa.*

e) *art. 19. As medidas protetivas de urgência poderão ser concedidas pelo juiz, a requerimento do Ministério Público ou a pedido da ofendida.*

Gabarito: C.

2020. (2019 – AOCP – PC/ES – Escrivão – Adaptada) De acordo com os preceitos da Lei nº 11.340/2006 As medidas protetivas de urgência devem ser adotadas pelo juiz no prazo de 24 horas.

Certo ( )   Errado ( )

Antes da Lei nº 13.287/19, a qual alterou a Lei Maria da Penha, eu diria que NÃO EXISTIA prazo de 24 horas na Lei Maria da Penha, CONTUDO, a partir de 2019 existe prazo de 24h. *Nos termos do art. 12-C, § 1º Nas hipóteses dos incisos II e III do caput deste artigo, o juiz será comunicado no prazo máximo de 24 (vinte e quatro) horas e decidirá, em igual prazo, sobre a manutenção ou a revogação da medida aplicada, devendo dar ciência ao Ministério Público concomitantemente.*

Gabarito: Errado.

2021. (2018 – CEFET/BA – Prefeitura de Cruz das Almas/BA – Assistente Social) A Lei Maria da Penha, Lei nº 11.340, de 07 de agosto de 2006, foi criada com o objetivo de coibir e prevenir a violência doméstica e familiar contra a mulher, além de estabelecer medidas de assistência e proteção às mulheres em situação de violência doméstica e familiar. A Política Pública que visa coibir esta violência específica deve ser implementada por meio de um conjunto articulado de ações da União, dos Estados, do Distrito Federal e dos Municípios e de ações não-governamentais. Como toda política, ela apresenta diretrizes. A alternativa que contém uma das diretrizes da Lei Maria da Penha é

a) a integração operacional do Poder Judiciário, do Ministério Público e da Defensoria Pública deverá ocorrer, exclusivamente, com as áreas de segurança pública e assistência social.

b) a implementação de atendimento policial especializado para as mulheres, podendo este ocorrer em qualquer Delegacia sem conferir caráter particular às Delegacias de Atendimento à Mulher.

c) o destaque, nos currículos escolares de níveis de ensino específicos, para os conteúdos relativos aos direitos humanos, à equidade de gênero e de raça ou etnia e ao problema da violência doméstica e familiar contra a mulher.

d) a promoção e a realização de campanhas educativas de prevenção da violência doméstica e familiar contra a mulher, voltadas ao público escolar e à sociedade em geral, dispensando, desse modo, a difusão desta Lei e dos instrumentos de proteção aos direitos humanos das mulheres.

e) a promoção de estudos e pesquisas, estatísticas e outras informações relevantes, com a perspectiva de gênero e de raça ou etnia, concernentes às causas, às consequências e à frequência da violência doméstica e familiar contra a mulher, para a sistematização de dados, a serem unificados nacionalmente, e a avaliação periódica dos resultados das medidas adotadas.

De acordo com a Lei Maria da Penha (Lei nº 11.340/06):

Art. 8º A política pública que visa coibir a violência doméstica e familiar contra a mulher far-se-á por meio de um conjunto articulado de ações da União, dos Estados, do Distrito Federal e dos Municípios e de ações não-governamentais, tendo por diretrizes:[...]

II - a promoção de estudos e pesquisas, estatísticas e outras informações relevantes, com a perspectiva de gênero e de raça ou etnia, concernentes às causas, às consequências e à frequência da violência doméstica e familiar contra a mulher, para a sistematização de dados, a serem unificados nacionalmente, e a avaliação periódica dos resultados das medidas adotadas.

Gabarito: E.

2022. **(2019 – FUNDEP – DPE/MG – Defensor Público – Adaptada)** Sobre a violência doméstica no Brasil

As medidas cautelares protetivas obtidas, por terem caráter emergencial, não permitem a desistência por parte da vítima, já que a busca da harmonia familiar não pode impedir a análise da eventual violência praticada.

Certo ( )   Errado ( )

A vítima de violência doméstica NÃO pode desistir da ação e as medidas cautelares são impostas pelo juiz para a proteção da vítima.

A finalidade da legislação NÃO é a busca da harmonia familiar, e sim a proteção da mulher vítima de violência doméstica e familiar.

A jurisprudência desta Corte Superior está consolidada no sentido de não admitir a aplicação dos princípios da insignificância e da bagatela imprópria aos crimes e contravenções praticados com violência ou grave ameaça contra mulher, no âmbito das relações domésticas, dada a relevância penal da conduta, não implicando a reconciliação do casal atipicidade material da conduta ou desnecessidade de pena. Precedentes (HC 333.195/MS, DJe 26/04/2016).

Gabarito: Errado.

2023. **(2019 – MPE/PR – MPE/PR – Promotor de Justiça – Adaptada)** Analise as assertivas abaixo e assinale a alternativa correta:

Nos termos da Lei nº 11.340/96 (Lei Maria da Penha), as medidas protetivas de urgência que obrigam o agressor, dada sua natureza cautelar, têm validade de 6 (seis) meses, podendo ser prorrogada a pedido da vítima, seu defensor ou do Ministério Público enquanto perdurar o processo.

Certo (　)　　　　　　Errado (　)

A Lei Maria da Penha dispõe que as medidas protetivas de urgência podem ser concedidas pelo juiz, a requerimento do MP ou a pedido da ofendida, em decisão a ser prolatada no prazo de 48 horas do recebimento do expediente. Prevê, ainda, que elas podem ser substituídas a qualquer tempo, por outras de maior eficácia, assim como novas medidas podem ser concedidas ou revistas as anteriormente deferidas, se, a requerimento do MP ou a pedido da ofendida, o juiz entender necessário à proteção da ofendida, de seus familiares e de seu patrimônio, ouvido o MP. No entanto, em momento algum a Lei Maria da Penha estabelece prazo de validade para a medida protetiva de urgência e eventuais prorrogações.

Gabarito: Errado.

2024. **(2019 – FEPESE – SJC/SC – Agente Penitenciário)** Considerando o disposto na Lei nº 11.340, de 7 de agosto de 2006 (Lei Maria da Penha), são formas de violência doméstica e familiar contra a mulher, entre outras:

1. a violência física, entendida como qualquer conduta que configure retenção, subtração, destruição parcial ou total de seus objetos, instrumentos de trabalho, documentos pessoais, bens, valores e direitos ou recursos econômicos, incluindo os destinados a satisfazer suas necessidades.

2. a violência moral, entendida como qualquer conduta que configure calúnia, difamação ou injúria.

3. a violência psicofísica, entendida como qualquer conduta que a constranja a presenciar, a manter ou a participar de relação sexual não desejada, mediante intimidação, ameaça, coação ou uso da força; que a induza a comercializar ou a utilizar, de qualquer modo, a sua sexualidade, que a impeça de usar qualquer método contraceptivo ou que a force ao matrimônio, à gravidez, ao aborto ou à prostituição, mediante coação, chantagem, suborno ou manipulação; ou que limite ou anule o exercício de seus direitos sexuais e reprodutivos.

4. a violência psicológica, entendida como qualquer conduta que lhe cause dano emocional e diminuição da autoestima ou que lhe prejudique e perturbe o pleno desenvolvimento ou que vise degradar ou controlar suas ações, comportamentos, crenças e decisões, mediante ameaça, constrangimento, humilhação, manipulação, isolamento, vigilância constante, perseguição contumaz, insulto, chantagem, violação de sua intimidade, ridicularização, exploração e limitação do direito de ir e vir ou qualquer outro meio que lhe cause prejuízo à saúde psicológica e à autodeterminação.

Assinale a alternativa que indica todas as afirmativas corretas.

a) É correta apenas a afirmativa 3.

b) São corretas apenas as afirmativas 1 e 3.

c) São corretas apenas as afirmativas 2 e 4.

d) São corretas apenas as afirmativas 1, 3 e 4.

e) São corretas apenas as afirmativas 2, 3 e 4.

O art. 7º da Lei nº 11.340/06 aborda cincos formas de violência doméstica e familiar de modo expresso, vejamos: *física, psicológica, sexual, patrimonial e moral*. ATENTE-SE ao detalhe de que a violência contra a mulher não se exaure nos cinco tipos trazidos pela Lei nº 11.340/06 (física, psicológica, patrimonial, sexual e moral). O art. 7º informa que: *São formas de violência doméstica e familiar contra a mulher, entre outras*. Desta forma, o artigo traz apenas um rol não exaustivo de formas de violência contra a mulher.

Gabarito: C.

2025. (2019 – VUNESP – TJ/AC – Juiz – Adaptada) Em relação à violência doméstica e ao quanto previsto na Lei nº 11.340/06 (Lei Maria da Penha), prisão preventiva do agressor poderá ser decretada pelo juiz de ofício somente durante a instrução, mas não durante o inquérito policial.

Certo ( )   Errado ( )

Como regra geral, o juiz não pode decretar a prisão preventiva de ofício no curso do inquérito policial, consoante o art. 311 do CPP.

EXCEÇÃO: Lei nº 11.340/06 (Lei Maria da Penha), *permitindo ao magistrado que se segregue cautelarmente de ofício no curso da investigação*, nos termos do art. 20.

Gabarito: Errado.

2026. (2019 – FGV – DPE/RJ – Técnico Superior Jurídico – Adaptada) Em busca de proteger os direitos das pessoas do sexo feminino, vítimas de violência física e psicológica no âmbito afetivo, doméstico e familiar, o legislador editou a Lei nº 11.340/06 (Lei Maria da Penha), que trouxe uma série de peculiaridades ao procedimento aplicável aos crimes praticados em tal contexto. Sobre as previsões da lei acima mencionada, é correto afirmar que: o crime de ameaça, apesar de previsto no Código Penal como de ação penal pública condicionada à representação, quando praticado no contexto de violência doméstica e familiar contra a mulher, independe da vontade da vítima para responsabilização do autor do fato.

Certo ( )   Errado ( )

Só é de ação penal pública incondicionada quando há **lesão**. Conforme a Súmula nº 542 do STJ, a ação penal relativa ao crime de LESÃO corporal resultante de violência doméstica contra a mulher é pública incondicionada. Nos crimes em que há exigência de representação, e se encontrar em leis diversas da Lei nº 9.099/95, por exemplo, nos crimes de AMEAÇA (com previsão no CP), a ação penal será sempre pública CONDICIONADA à representação. Assim, a redação correta da seria: *o crime de ameaça*, **por estar previsto** *no Código Penal como de ação penal pública condicionada à representação*, **ainda que** *praticado no contexto de violência doméstica e familiar contra a mulher*, **continuará dependendo** *vontade da vítima para responsabilização do autor do fato (**ou seja, continuará sendo de ação penal pública condicionada**).*

Gabarito: Errado.

2027. (2019 – AOCP – PC/ES – Escrivão – Adaptada) De acordo com os preceitos da Lei nº 11.340/2006 É possível obrigar o agressor a prestar alimentos provisionais ou provisórios.

Certo ( )   Errado ( )

O art. 22 da Lei nº 11.340/06 dispõe que *na aplicação das Medidas Protetivas de Urgência que Obrigam o Agressor: V - prestação de alimentos provisionais ou provisórios.*

Gabarito: Certo.

2028. **(2019 – QUADRIX – CRESS/SC – AgeBA – Juiz – Adaptada)** De acordo com a jurisprudência do STJ acerca da Lei Maria da Penha — Lei nº 11.340/2006 —, o delito de descumprimento de medida protetiva de urgência constitui crime

a) cujo sujeito ativo deve ser sempre um homem.

b) que não admite a concessão de fiança.

c) cuja caracterização será afastada se tiver sido prevista a aplicação de multa na decisão que tiver determinado a medida protetiva.

d) mesmo que a determinação da medida protetiva tenha partido do juízo cível.

e) cuja caracterização admite a modalidade culposa.

O art. 24-A da Lei nº 11.340/06 estabelece que descumprir decisão judicial que defere medidas protetivas de urgência previstas nesta lei:

Pena – detenção, de 3 (três) meses a 2 (dois) anos. (Incluído pela Lei nº 13.641, de 2018)

§ 1º A configuração do crime independe da competência civil ou criminal do juiz que deferiu as medidas. (Incluído pela Lei nº 13.641, de 2018)

Muita atenção porque a vítima do crime do art. 24-A não é a vítima da violência doméstica. Logo, atente que o **sujeito passivo** do crime previsto no art. 24-A (crime de descumprimento de medida protetiva de urgência) é o **Estado**, é sujeito passivo mediato ou secundário é o **JUIZ** que expediu a ordem.

Gabarito: D.

2029. **(2019 – VUNESP – TJ/AC – Juiz – Adaptada)** Em relação à violência doméstica e ao quanto previsto na Lei nº 11.340/06 (Lei Maria da Penha), o crime de descumprimento de medidas protetivas de urgência é inafiançável.

Certo ( )   Errado ( )

O crime é AFIANÇÁVEL. A única restrição feita pela Lei nº 13.641/18, que instituiu o crime, diz respeito à prisão em flagrante: nesses casos, a fiança só pode ser concedida pelo juiz (art. 24-A, § 2º, da Lei nº 11.340/06).

Gabarito: Errado.

2030. **(2019 – FUNDEP – DPE/MG – Defensor Público – Adaptada)** Sobre a legislação extravagante ao Código Penal e a jurisprudência majoritária do Superior Tribunal de Justiça, analise a afirmativa a seguir.

O descumprimento de medida protetiva de urgência antes do acréscimo do art. 24-A à Lei Maria da Penha configurava o crime de desobediência, previsto no art. 330 do Código Penal.

Certo ( )   Errado ( )

Antes da Lei nº 13.641/18, a jurisprudência do Superior Tribunal de Justiça havia se consolidado no sentido de que o descumprimento de medidas protetivas impostas nos termos a Lei nº 11.340/06 não configurava o delito do art. 359 do CP. (Info nº 544).

Gabarito: Errado.

2031. **(2019 – AOCP – PC/ES – Escrivão – Adaptada)** De acordo com os preceitos da Lei nº 11.340/2006

Em nenhuma hipótese, a mulher em situação de violência doméstica e familiar estará desacompanhada de advogado.

Certo ( )   Errado ( )

Em todos os atos processuais, cíveis e criminais, a mulher em situação de violência doméstica e familiar DEVERÁ estar acompanhada de advogado, ressalvado o previsto no art. 19 desta lei (para a representação pelas medidas protetivas ela NÃO precisa estar acompanhada de advogado), consoante o art. 27 da Lei nº 11.340/06.
Gabarito: Errado.

2032. **(2019 – AOCP – PC/ES – Escrivão – Adaptada)** De acordo com os preceitos da Lei nº 11.340/06

A Lei nº 11.340/2006 veda a aplicação dos institutos da Lei nº 9.099/95, exceto o sursis processual.

Certo ( )   Errado ( )

Nos termos do art. 41 da Lei nº 11.340/06 aos crimes praticados com violência doméstica e familiar contra a mulher, independentemente da pena prevista, não se aplica a Lei nº 9.099/95.
Súmula nº 536 do STJ: *A suspensão condicional do processo e a transação penal não se aplicam na hipótese de delitos sujeitos ao rito da Lei Maria da Penha.*
ATENÇÃO: *É cabível suspensão condicional da pena no caso de aplicação da Lei Maria da Penha?*
A suspensão condicional da pena, contudo, não se encontra prevista na Lei dos Juizados Especiais, e sim no art. 77 e seguintes do CP. Dessa forma, não existe vedação legal para incidência do sursis aos delitos cometidos com violência doméstica ou familiar. Somente há óbice à sua aplicação caso não estejam presentes os requisitos previstos no próprio CP.
Gabarito: Errado.

2033. **(2019 – FGV – DPE/RJ – Técnico Superior Jurídico – Adaptada)** Em busca de proteger os direitos das pessoas do sexo feminino, vítimas de violência física e psicológica no âmbito afetivo, doméstico e familiar, o legislador editou a Lei nº 11.340/06 (Lei Maria da Penha), que trouxe uma série de peculiaridades ao procedimento aplicável aos crimes praticados em tal contexto. Sobre as previsões da lei acima mencionada, é correto afirmar que: o crime de lesão corporal simples praticado no contexto de violência doméstica e familiar contra a mulher, por ter pena privativa de liberdade mínima inferior a 01 (um) ano, admite proposta de suspensão condicional do processo.

Certo ( )   Errado ( )

A suspensão condicional do processo e a transação penal NÃO SE APLICAM na hipótese de delitos sujeitos ao rito da Lei Maria da Penha, nos termos da Súmula nº 536 do STJ.
Gabarito: Errado.

2034. **(2019 – FUNDEP – DPE/MG – Defensor Público – Adaptada)** Sobre a legislação extravagante ao Código Penal e a jurisprudência majoritária do Superior Tribunal de Justiça, analise a afirmativa a seguir.

A prática de crime ou contravenção penal contra a mulher no ambiente doméstico impossibilita a substituição da pena privativa de liberdade por restritiva de direitos.

Certo ( )   Errado ( )

O fato de o ilícito ter sido **cometido mediante violência ou grave ameaça contra a mulher que impede a substituição.** É que, segundo a Súmula nº 588 do STJ, *a prática de crime ou contravenção penal contra a mulher com violência ou grave ameaça no ambiente doméstico IMPOSSIBILITA a substituição da pena privativa de liberdade por restritiva de direitos.*

Gabarito: Errado.

2035. **(2019 – FUNDEP – DPE/MG – Defensor Público – Adaptada)** Em busca de proteger os direitos das pessoas do sexo feminino, vítimas de violência física e psicológica no âmbito afetivo, doméstico e familiar, o legislador editou a Lei nº 11.340/06 (Lei Maria da Penha), que trouxe uma série de peculiaridades ao procedimento aplicável aos crimes praticados em tal contexto. Sobre as previsões da lei acima mencionada, é correto afirmar que: a retratação ao direito de representação, quando cabível, nos crimes praticados no contexto da Lei nº 11.340/06, terá de ocorrer em audiência especial, na presença do magistrado, ouvido o Ministério Público, antes do recebimento da denúncia.

Certo ( )   Errado ( )

Nas ações penais públicas condicionadas à representação da ofendida de que trata esta lei, só será admitida a renúncia à representação perante o juiz, em audiência especialmente designada com tal finalidade, antes do recebimento da denúncia e ouvido o MP (art. 16 da Lei nº 11.340/06 - Lei Maria da Penha).

Lembre-se que, de acordo com o STF (ADIN 4.424), e STJ (Súmula nº 542), nos crimes em que há LESÃO a ação penal é pública incondicionada.

Gabarito: Certo.

2036. **(2019 – QUADRIX – CRESS/SC – Agente Fiscal)** No Brasil, mulheres de todas as idades, classes e raças e vários níveis de escolaridade são atingidas pela violência de gênero. A Lei Maria da Penha constitui um importante instrumento para enfrentar e coibir a violência doméstica e familiar contra a mulher. No que concerne à Lei Maria da Penha, julgue o item.

Nas ações penais públicas incondicionadas à representação da ofendida, será admitida a renúncia à representação perante o juiz, em audiência especialmente designada para tal finalidade.

Certo ( )   Errado ( )

Os termos do art. 16 da Lei nº 11.340/06 estabelecem que nas ações penais públicas condicionadas à representação da ofendida de que trata esta lei só será admitida a renúncia à representação perante o juiz, em audiência especialmente designada com tal finalidade, antes do recebimento da denúncia e ouvido o Ministério Público.

Jurisprudência do STF e STJ – ADIn 4.424/DF: o STF, por maioria, *julgou procedente a ação para, dando interpretação conforme art. 12, I e 16, assentar a natureza incondicionada da ação penal em caso de crime de lesão, pouco importando a extensão desta, praticado contra a mulher em ambiente doméstico.*

Súmula nº 542 do STJ: *A ação penal relativa ao crime de lesão corporal resultante de violência doméstica contra a mulher* é **pública incondicionada.** (TERCEIRA SEÇÃO, julgado em 26/08/2015, DJe 31/08/2015)

Gabarito: Errado.

2037. **(2019 – QUADRIX – CRESS/GO – Agente Fiscal)** As legislações materializam e consolidam as conquistas de direitos na sociedade contemporânea.

Sendo assim, julgue o item, relativo ao Estatuto da Criança e do Adolescente, ao Estatuto do Idoso e à Lei Maria da Penha.

É vedada a aplicação, nos casos de violência doméstica e familiar contra a mulher, de penas de cesta básica ou outras de prestação pecuniária, bem como a substituição de pena que aplique o pagamento isolado de multa.

Certo ( )   Errado ( )

É a expressa disposição do art. 17 da Lei nº 11.340/06, conforme o teor:

É vedada a aplicação, nos casos de violência doméstica e familiar contra a mulher, de penas de cesta básica ou outras de prestação pecuniária, bem como a substituição de pena que implique o pagamento isolado de multa.

Gabarito: Certo.

2038. **(2019 – CESPE/CEBRASPE – SEFAZ/RS – Auditor Fiscal)** Uma mulher sofreu diversas formas de violência doméstica provocadas pelo marido. Muito abalada, ela conseguiu ir a uma delegacia especializada e foi recebida por uma autoridade policial que, após ouvir suas queixas, adotou imediatamente as providências cabíveis. O expediente foi recebido pelo juiz com pedido de medidas protetivas de urgência.

De acordo com a Lei nº 11.340/2006 — Lei Maria da Penha —, o juiz poderá conceder medida protetiva

a) somente após a audiência das partes.

b) isoladamente, sendo vedada a cumulação.

c) apenas se houver pedido expresso da ofendida nesse sentido.

d) de imediato, ainda que sem a oitiva das partes e sem a manifestação do Ministério Público.

e) somente após a manifestação do Ministério Público.

Nos termos do Art.1 9 da Lei nº 11.340/06, as medidas protetivas de urgência poderão ser concedidas pelo juiz, a requerimento do Ministério Público ou a pedido da ofendida.

§ 1º As medidas protetivas de urgência poderão ser concedidas de imediato, independentemente de audiência das partes e de manifestação do Ministério Público, devendo este ser prontamente comunicado.

§ 2º As medidas protetivas de urgência serão aplicadas isolada ou cumulativamente, e poderão ser substituídas a qualquer tempo por outras de maior eficácia, sempre que os direitos reconhecidos nesta lei forem ameaçados ou violados.

Gabarito: D.

2039. **(2019 – FUNDEP – DPE/MG – Defensor Público – Adaptada)** Em busca de proteger os direitos das pessoas do sexo feminino, vítimas de violência física e psicológica no âmbito afetivo, doméstico e familiar, o legislador editou a Lei nº 11.340/06 (Lei Maria da Penha), que trouxe uma série de peculiaridades ao procedimento aplicável aos crimes praticados em tal contexto. Sobre as previsões da lei acima mencionada, é correto afirmar que: a pena privativa de liberdade aplicada no caso de condenação por crime de lesão corporal simples, praticado no contexto da Lei nº 11.340/06, poderá ser substituída por restritiva de direitos.

Certo ( )   Errado ( )

A prática de crime ou contravenção penal contra a mulher com violência ou grave ameaça no ambiente doméstico impossibilita a substituição da pena privativa de liberdade por restritiva de direitos, conforme a Súmula nº 588 do STJ.

Jurisprudência – STJ – *PENAL. HABEAS CORPUS SUBSTITUTIVO DE RECURSO PRÓPRIO. INADE-QUAÇÃO. VIAS DE FATO. VIOLÊNCIA DOMÉSTICA. LEI MARIA DA PENHA. SUBSTITUIÇÃO DA PENA CORPORAL POR RESTRITIVAS DE DIREITOS. IMPOSSIBILIDADE. SÚMULA 588/STJ. WRIT NÃO CONHE-CIDO. (...) 3. O Superior Tribunal de Justiça tem reconhecido, em casos de crimes praticados contra a mulher em âmbito doméstico, a inviabilidade da substituição da pena, tendo em vista que, não obstante a sanção imposta ao acusado seja inferior a 4 anos, o delito foi cometido com grave ameaça à pessoa, o que impede a obtenção da benesse, a teor do disposto no art. 44, I, do Código Penal.*

Gabarito: Errado.

2040. **(2019 – FUNDEP – DPE/MG – Defensor Público – Adaptada)** Sobre a legislação extravagante ao Código Penal e a jurisprudência majoritária do Superior Tribunal de Justiça, analise a afirmativa a seguir.

Não é possível a aplicação dos princípios da insignificância e da bagatela imprópria nos delitos praticados com violência ou grave ameaça no âmbito das relações domésticas e familiares.

Certo ( )   Errado ( )

O STJ não admite a aplicação dos princípios da insignificância e da bagatela imprópria aos crimes e contravenções praticados com violência ou grave ameaça contra mulher, no âmbito das relações domésticas, dada a relevância penal da conduta, não implicando a reconciliação do casal atipicidade material da conduta ou desnecessidade de pena. Em relação à bagatela própria, há, inclusive, a Súmula nº 589 do STJ, segundo a qual: *É inaplicável o princípio da insignificância nos crimes ou contravenções penais praticados contra a mulher no âmbito das relações domésticas.*

Gabarito: Certo.

2041. **(2019 – FUNDEP – DPE/MG – Defensor Público – Adaptada)** Em busca de proteger os direitos das pessoas do sexo feminino, vítimas de violência física e psicológica no âmbito afetivo, doméstico e familiar, o legislador editou a Lei nº 11.340/06 (Lei Maria da Penha), que trouxe uma série de peculiaridades ao procedimento aplicável aos crimes praticados em tal contexto. Sobre as previsões da lei acima mencionada, é correto afirmar que: os crimes praticados no contexto de violência doméstica e familiar contra a mulher, independentemente da pena aplicada, não admitem suspensão condicional da pena.

Certo ( )   Errado ( )

É possível a suspensão condicional da pena, nos crimes contra a mulher em ambiente doméstico, se atendidos os requisitos do art. 77 do CP:

I - o condenado não seja reincidente em crime doloso;

II - a culpabilidade, os antecedentes, a conduta social e personalidade do agente, bem como os motivos e as circunstâncias autorizem a concessão do benefício;

III - S não seja indicada ou cabível a substituição prevista no art. 44 deste Código.

Jurisprudência do STJ: *APELAÇÃO CRIMINAL - LESÃO CORPORAL GRAVÍSSIMA - LEGÍTIMA DEFESA - NÃO CONFIGURAÇÃO - SUSPENSÃO CONDICIONAL DA PENA - POSSIBILIDADE. A legítima defesa é uma exceção e incumbe a quem a alega comprová-la em todos os seus elementos, sob pena de não ser admitida. Aos crimes cometidos com violência ou grave ameaça à pessoa, é possível a aplicação do sursis, desde que preenchidos os requisitos exigidos no art. 77 do Código Penal.*

Gabarito: Errado.

2042. **(2018 - FUNDATEC - PC/RS - Delegado - Adaptada)** A partir do texto da Lei nº 11.340/06, além dos entendimentos que prevalecem na doutrina e na jurisprudência dos Tribunais Superiores analise a alternativa abaixo:

Mari Orrana, 35 anos, chegou em casa e ficou chocada ao perceber que o seu cônjuge, Crakeison, 32 anos, havia subtraído os eletrodomésticos pertencentes a ela, provavelmente, para entregar a algum traficante. No caso, é possível aplicar-se a regra de imunidade absoluta, prevista no artigo 181, inciso I, do Código Penal.

Certo ( )   Errado ( )

Súmula nº 588 do STJ: *A prática de crime ou contravenção penal contra a mulher com violência ou grave ameaça no ambiente doméstico impossibilita a substituição da pena privativa de liberdade por restritiva de direitos.*

Gabarito: Errado.

2043. **(2018 - FCC - DPE/MA - Defensor Público - Adaptada)** Sobre os aspectos processuais da Lei Maria da Penha é correto afirmar que a prática de contravenção penal, ainda que no âmbito de violência doméstica, não é motivo idôneo para justificar a prisão preventiva do réu.

Certo ( )   Errado ( )

Jurisprudência do STJ: o Informativo nº 632 do STJ: *A prática de contravenção penal, no âmbito de violência doméstica, não é motivo idôneo para justificar a prisão preventiva do réu.*

HABEAS CORPUS. CONTRAVENÇÃO PENAL. VIAS DE FATO. PRISÃO PREVENTIVA. NÃO CABIMENTO. art. 313, III, DO CPP. VIOLAÇÃO. ORDEM CONCEDIDA. 1. Em se tratando de aplicação da cautela extrema, não há campo para interpretação diversa da literal, de modo que não existe previsão legal autorizadora da prisão preventiva contra autor de uma contravenção, mesmo na hipótese específica de transgressão das cautelas de urgência diversas já aplicadas. 2. No caso dos autos, nenhum dos fatos praticados pelo agente – puxões de cabelo, torção de braço (que não geraram lesão corporal) e discussão no interior de veículo, onde tentou arrancar dos braços da ex-companheira o filho que têm em comum –, configura crime propriamente dito. 3. Vedada a incidência do art. 313, III, do CPP, tendo em vista a notória ausência de autorização legal para a decisão que decretou a constrição cautelar do acusado. 4. Ordem concedida, para que o paciente possa responder a ação penal em liberdade, se por outro motivo não estiver preso. (STJ, Sexta Turma, HC 437.535/SP, Rel. Min. Maria Thereza De Assis Moura, julgado em 26/06/2018)

Gabarito: Certo.

2044. **(2018 – VUNESP – PC/SP – Delegado – Adaptada)** Nos termos da Lei nº 11.340/2006 - Lei Maria da Penha:

a) a mulher vítima será inquirida sempre com intermediação de profissional do sexo feminino especializado em violência doméstica e familiar designado pela autoridade judiciária ou policial.

b) é direito da mulher em situação de violência doméstica e familiar o atendimento pericial especializado, ininterrupto e prestado por servidores exclusivamente do sexo feminino.

c) é direito da mulher em situação de violência doméstica e familiar o atendimento policial e pericial especializado, ininterrupto e prestado por servidores, preferencialmente do sexo feminino e previamente capacitados.

d) é direito da mulher em situação de violência doméstica e familiar o atendimento policial especializado, ininterrupto e prestado por servidores exclusivamente do sexo feminino.

e) a mulher vítima será inquirida sempre com intermediação de profissional especializado em violência doméstica e familiar designado pela autoridade judiciária ou policial.

Consoante o exposto no art. 10–A da Lei nº 11.340/06 *é direito da mulher em situação de violência doméstica e familiar o atendimento policial e pericial especializado, ininterrupto e prestado por servidores -* **preferencialmente** *do sexo feminino – previamente capacitados. (Incluído pela Lei nº 13.505/17)*
Gabarito: C.

2045. **(2018 – COPS/UEL – PC/PR – Escrivão)** Sobre as providências a serem tomadas pela autoridade policial, entre outras, conforme previsto legalmente, no atendimento à mulher em situação de violência doméstica e familiar, considere as afirmativas a seguir.

I. Buscar a conciliação entre as partes por meio de audiência a ser designada com presença da autoridade judicial.

II. Encaminhar a ofendida à autoridade judicial para que preste depoimento e seja instaurado o processo criminal.

III. Fornecer transporte para a ofendida e seus dependentes para abrigo ou local seguro, quando houver risco de vida.

IV. Se necessário, acompanhar a ofendida para assegurar a retirada de seus pertences do local da ocorrência ou do domicílio familiar.

Assinale a alternativa correta.

a) Somente as afirmativas I e II são corretas.

b) Somente as afirmativas I e IV são corretas.

c) Somente as afirmativas III e IV são corretas.

d) Somente as afirmativas I, II e III são corretas.

e) Somente as afirmativas II, III e IV são corretas.

O art. 11 dispõe que, *no atendimento à mulher em situação de violência doméstica e familiar, a autoridade policial deverá, entre outras providências:*

I. garantir proteção policial, quando necessário, comunicando de imediato ao Ministério Público e ao Poder Judiciário;

II. encaminhar a ofendida ao hospital ou posto de saúde e ao Instituto Médico Legal;

III. fornecer transporte para a ofendida e seus dependentes para abrigo ou local seguro, quando houver risco de vida;

IV. se necessário, acompanhar a ofendida para assegurar a retirada de seus pertences do local da ocorrência ou do domicílio familiar;

V. informar à ofendida os direitos a ela conferidos nesta Lei e os serviços disponíveis.

Gabarito: C.

2046. **(2018 – NUCEPE – PC/PI – Delegado)** A Lei nº 11.340/2006 cria mecanismos para coibir e prevenir a violência doméstica e familiar contra a mulher. São consideradas violência contra a mulher não só a física, mas também, psicológica, moral e sexual. E em todos os casos de violência doméstica e familiar contra a mulher, feito o registro da ocorrência, deverá a autoridade policial adotar, de imediato, os seguintes procedimentos, sem prejuízo daqueles previstos no CPP, EXCETO:

   a) colher nome e idade dos dependentes e encaminhá-los a uma Casa de Abrigo.

   b) ouvir a ofendida, lavrar o boletim de ocorrência e tomar a representação a termo, se apresentada.

   c) colher todas as provas que servirem para o esclarecimento do fato e de suas circunstâncias.

   d) remeter, no prazo de 48 (quarenta e oito) horas, expediente apartado ao juiz com o pedido da ofendida, para a concessão de medidas protetivas de urgência.

   e) determinar que se proceda ao exame de corpo de delito da ofendida e requisitar outros exames periciais necessários, ouvir o agressor e as testemunhas.

Consoante o teor do art. 12 da Lei nº 11.340/06, *em todos os casos de violência doméstica e familiar contra a mulher, feito o registro da ocorrência, deverá a autoridade policial adotar, de imediato, os seguintes procedimentos, sem prejuízo daqueles previstos no CPP:*

I. ouvir a ofendida, lavrar o boletim de ocorrência e tomar a representação a termo, se apresentada;

II. colher todas as provas que servirem para o esclarecimento do fato e de suas circunstâncias;

III. remeter, no prazo de 48 (quarenta e oito) horas, expediente apartado ao juiz com o pedido da ofendida, para a concessão de medidas protetivas de urgência;

IV. determinar que se proceda ao exame de corpo de delito da ofendida e requisitar outros exames periciais necessários;

V. ouvir o agressor e as testemunhas;

VI. ordenar a identificação do agressor e fazer juntar aos autos sua folha de antecedentes criminais, indicando a existência de mandado de prisão ou registro de outras ocorrências policiais contra ele;

VII. remeter, no prazo legal, os autos do inquérito policial ao juiz e ao Ministério Público.

Gabarito: A.

2047. **(2018 – NUCEPE – PC/PI – Agente – Adaptada)** A lei denominada Maria da Penha cria mecanismos para coibir e prevenir a violência doméstica e familiar contra a mulher. Com base na referida lei:

O juiz criminal competente para julgar a violência doméstica, quando observar que o agressor subtraiu indevidamente os bens da mulher, determinará o desmembramento do processo, e encaminhará ao juiz da Vara de Família, para que este juiz restitua os bens indevidamente subtraídos pelo agressor à ofendida.

Certo ( )   Errado ( )

Na legislação, NÃO há o desmembramento, tudo é resolvido no Juizado de Violência Doméstica, conforme o art. 14 da Lei Maria da Penha: *Os Juizados de Violência Doméstica e Familiar contra a Mulher, órgãos da Justiça Ordinária com competência cível e criminal, poderão ser criados pela União, no Distrito Federal e nos Territórios, e pelos Estados, para o processo, o julgamento e a execução das causas decorrentes da prática de violência doméstica e familiar contra a mulher.*

Gabarito: Errado.

2048. **(2018 – FCC – DPE/MA – Defensor Público – Adaptada)** Sobre os aspectos processuais da Lei Maria da Penha é correto afirmar que nas ações penais públicas condicionadas à representação da ofendida, só será admitida a renúncia à representação perante o juiz, em audiência especialmente designada com tal finalidade, antes do oferecimento da denúncia.

Certo ( )   Errado ( )

Consoante o art. 16 da Lei nº 11.340/06, *nas ações penais públicas condicionadas à representação da ofendida de que trata esta Lei, só será admitida a renúncia à representação perante o juiz, em audiência especialmente designada com tal finalidade, antes do recebimento da denúncia e ouvida o Ministério Público.*

Gabarito: Errado.

2049. **(2018 – VUNESP – PC/SP – Escrivão – Adaptada)** Nos termos da Lei nº 11.340/2006 (Lei Maria da Penha), é correto afirmar que é vedada a aplicação, nos casos de violência doméstica e familiar contra a mulher, de penas de cesta básica ou outras de prestação pecuniária, bem como a substituição de pena que implique o pagamento isolado de multa.

Certo ( )   Errado ( )

É vedada a aplicação, nos casos de violência doméstica e familiar contra a mulher, de penas de cesta básica ou outras de prestação pecuniária, bem como a substituição de pena que implique o pagamento isolado de multa, nos termos do art. 17 da Lei nº 11.340/06.

Gabarito: Certo.

2050. **(2018 – FCC – DPE/MA – Defensor Público – Adaptada)** Sobre os aspectos processuais da Lei Maria da Penha é correto afirmar que nos casos de lesão corporal culposa praticada contra mulher em âmbito doméstico, a ação penal será pública condicionada.

Certo ( )   Errado ( )

Consoante o teor da Súmula nº 542 do STJ: *A ação penal relativa ao crime de lesão corporal resultante de violência doméstica contra a mulher é pública **incondicionada.***

Gabarito: Errado.

2051. **(2018 – VUNESP – PC/SP – Escrivão – Adaptada)** Nos termos da Lei nº 11.340/2006 (Lei Maria da Penha), é correto afirmar que é direito da mulher em situação de violência doméstica e familiar o atendimento policial e pericial especializado, ininterrupto e prestado por servidores – exclusivamente do sexo feminino.

Certo ( )   Errado ( )

Consoante o expresso teor do art. 10-A da Lei nº 11.340/06, *é direito da mulher em situação de violência doméstica e familiar o atendimento policial e pericial especializado, ininterrupto e prestado por servidores - **preferencialmente do sexo feminino** - previamente capacitados.*
Gabarito: Errado.

2052. (2018 - VUNESP - PC/SP - Escrivão - Adaptada) Nos termos da Lei nº 11.340/2006 (Lei Maria da Penha), é correto afirmar que as medidas protetivas de urgência somente poderão ser concedidas pelo juiz, após representação do Delegado de Polícia ou a requerimento do Ministério Público, desde que com anuência da ofendida.

Certo ( )   Errado ( )

As medidas protetivas de urgência poderão ser concedidas pelo juiz, a requerimento do Ministério Público ou a pedido da ofendida, nos termos do art. 19 da Lei nº 11.340/06.
Gabarito: Errado.

2053. (2018 - VUNESP - PC/SP - Escrivão - Adaptada) Nos termos da Lei nº 11.340/2006 (Lei Maria da Penha), é correto afirma que em qualquer fase do inquérito policial ou da instrução criminal, caberá a prisão temporária do agressor, decretada pelo juiz, de ofício, a requerimento do Ministério Público ou mediante representação da autoridade policial.

Certo ( )   Errado ( )

Nos termos do art. 20 da Lei nº 11.340/06, *em qualquer fase do inquérito policial ou da instrução criminal, caberá a prisão preventiva do agressor, decretada pelo juiz, de ofício, a requerimento do Ministério Público ou mediante representação da autoridade policial.*
Gabarito: Errado.

2054. (2018 - VUNESP - PC/SP - Escrivão - Adaptada) Nos termos da Lei nº 11.340/2006 (Lei Maria da Penha), é correto afirmar que a ofendida deverá ser notificada dos atos processuais relativos ao agressor, especialmente dos pertinentes ao ingresso e à saída da prisão, sendo desnecessária a intimação do advogado constituído ou do defensor público.

Certo ( )   Errado ( )

***A ofendida deverá ser notificada dos atos processuais relativos ao agressor, especialmente dos pertinentes ao ingresso e à saída da prisão, sem prejuízo da intimação do advogado constituído ou do defensor público*, conforme o art. 21 da Lei nº 11.340/06.**
Gabarito: Errado.

2055. (2018 - NUCEPE - PC/PI - Agente - Adaptada) A lei denominada Maria da Penha cria mecanismos para coibir e prevenir a violência doméstica e familiar contra a mulher. Com base na referida lei:

Para garantir a efetividade das medidas protetivas de urgência, poderá o juiz requisitar, desde que o agressor se negue a prestar depoimento, em um prazo de 48h (quarenta e oito horas), auxílio da força policial.

Certo ( )   Errado ( )

Consoante o art. 22, *constatada a prática de violência doméstica e familiar contra a mulher, nos termos desta Lei, o juiz poderá aplicar, de imediato, ao agressor, em conjunto ou separadamente, as seguintes medidas protetivas de urgência, entre outras:*

§ 3º Para garantir a efetividade das medidas protetivas de urgência, poderá o juiz requisitar, a qualquer momento, auxílio da força policial.

Gabarito: Errado.

2056. (2018 – FCC – Prefeitura de Macapá/AP – Assistente Social) De acordo com a Lei "Maria da Penha", na hipótese de prisão em flagrante do agressor, a fiança pode ser concedida apenas

a) **pela** vítima da violência.

b) pela autoridade policial.

c) pela autoridade judicial.

d) pelo familiar responsável.

e) pelo advogado do agressor.

O delegado pode conceder fiança?

REGRA: SIM, desde que para crime cuja pena máxima prevista seja de ATÉ 4 ANOS.

EXCEÇÃO: crime do art. 24-A (descumprir decisão judicial que defere medidas protetivas de urgência: pena máxima de 2 anos). => Na hipótese de prisão em flagrante, apenas autoridade JUDICIAL poderá conceder FIANÇA.

Gabarito: C.

2057. (2018 – NUCEPE – PC/PI – Agente – Adaptada) A lei denominada Maria da Penha cria mecanismos para coibir e prevenir a violência doméstica e familiar contra a mulher. Com base na referida lei:

Mesmo quando não for parte, o Ministério Público intervirá nas causas cíveis e criminais decorrentes da violência doméstica e familiar contra a mulher.

Certo ( )   Errado ( )

Conforme o teor expresso do art. 25 da Lei nº 11.340/06: *O Ministério Público intervirá, quando não for parte, nas causas cíveis e criminais decorrentes da violência doméstica e familiar contra a mulher.*
Gabarito: Certo.

2058. (2018 – FUNDATEC – PC/RS – Delegado – Adaptada) A partir do texto da Lei nº 11.340/2006, além dos entendimentos que prevalecem na doutrina e na jurisprudência dos Tribunais Superiores analise a alternativa abaixo:

O Supremo Tribunal Federal afastou a aplicação do princípio da insignificância às infrações penais praticadas contra a mulher, no âmbito das relações domésticas, limitando-se a fazê-lo sob o aspecto da insignificância própria, mantendo a possibilidade de aplicação da insignificância imprópria a tais casos.

Certo ( )   Errado ( )

Súmula nº 589 do STJ: *Violência doméstica e princípio da insignificância* – É INAPLICÁVEL o princípio da insignificância nos crimes ou contravenções penais praticados contra a mulher no âmbito das relações domésticas.

Jurisprudência: Princípio da insignificância e violência doméstica. *Inadmissível a aplicação do princípio da insignificância aos delitos praticados em situação de violência doméstica. Com base nessa orientação, a Segunda Turma negou provimento a recurso ordinário em "habeas corpus" no qual se pleiteava a incidência de tal princípio ao crime de lesão corporal cometido em âmbito de violência doméstica contra a mulher (Lei nº 11.340/2006, Lei Maria da Penha) (RHC 133043/MT, Segunda Turma, DJe 20/05/2016).*

Gabarito: Errado.

2059. **(2018 – NUCEPE – PC/PI – Agente – Adaptada)** A lei denominada Maria da Penha cria mecanismos para coibir e prevenir a violência doméstica e familiar contra a mulher. Com base na referida lei:

Os Juizados de Violência Doméstica e Familiar contra a Mulher que vierem a ser criados deverão contar apenas com profissionais da área jurídica.

Certo ( )   Errado ( )

Consoante o art. 29 da Lei nº 11.340/06: *Os Juizados de Violência Doméstica e Familiar contra a Mulher que vierem a ser criados poderão contar com uma equipe de atendimento multidisciplinar, a ser integrada por profissionais especializados nas áreas psicossocial, jurídica e de saúde.*

A inclusão do art. 12-C na Lei Maria da Penha, cuja redação é a seguinte:

Art. 12-C. Verificada a existência de risco atual ou iminente à vida ou à integridade física da mulher em situação de violência doméstica e familiar, ou de seus dependentes, o agressor será imediatamente afastado do lar, domicílio ou local de convivência com a ofendida:

I – pela autoridade judicial;

II – pelo delegado de polícia, quando o Município não for sede de comarca; ou

III – pelo policial, quando o Município não for sede de comarca e não houver delegado disponível no momento da denúncia.

Gabarito: Errado.

2060. **(2018 – NUCEPE – PC/PI – Agente – Adaptada)** A lei denominada Maria da Penha cria mecanismos para coibir e prevenir a violência doméstica e familiar contra a mulher. Com base na referida lei:

Constatada a prática de violência doméstica e familiar contra a mulher, nos termos da Lei, o juiz poderá aplicar, de imediato, ao agressor: o afastamento do lar, domicílio ou local de convivência com a ofendida; não podendo proibir, no entanto, o afastamento do agressor dos familiares da vítima.

Certo ( )   Errado ( )

Nos termos do art. 22 da Lei nº 11.340/06: *Constatada a prática de violência doméstica e familiar contra a mulher, nos termos desta lei, o juiz poderá aplicar, de imediato, ao agressor, em conjunto ou separadamente, as seguintes medidas protetivas de urgência, entre outras:[...]*

III - Proibição de determinadas condutas, entre as quais:

a) *Aproximação da ofendida, de seus familiares e das testemunhas, fixando o limite mínimo de distância entre estes e o agressor;*

Gabarito: Errado.

2061. **(2018 – FUNDATEC – PC/RS – Delegado – Adaptada)** Acerca da disciplina sobre prisão e liberdade, assinale a alternativa correta.

Em se tratando de delito de descumprimento de medida protetiva, havendo a prisão em flagrante do suspeito, caberá à autoridade policial o arbitramento de fiança.

Certo (   )   Errado (   )

A alternativa está equivocada, pois o seu teor está em desacordo com o teor do art. 24-A, da Lei nº 11.340/06, senão vejamos: descumprir decisão judicial que defere medidas protetivas de urgência previstas nesta Lei: *§ 2º Na hipótese de prisão em flagrante, apenas a autoridade judicial poderá conceder fiança.*

Gabarito: Errado.

2062. **(2018 – FUNDATEC – SULGÁS – Assistente Administrativo)** De acordo com as disposições do art. 24-A da Lei Federal nº 11.340/2006, independentemente de outras sanções cabíveis, quem descumprir decisão judicial que deferiu medidas protetivas de urgência para os casos de prática de violência doméstica e familiar contra a mulher está sujeito a pena de detenção de _____ meses a _____ anos.

Assinale a alternativa que preenche, correta e respectivamente, as lacunas do trecho acima.

a) três – dois.

b) três – três.

c) quatro – três.

d) quatro – quatro.

Do Crime de Descumprimento de Medidas Protetivas de Urgência - Nos termos do art. 24-A da Lei nº 11.340/06, *o descumprir decisão judicial que defere medidas protetivas de urgência previstas nesta Lei: Pena – detenção, de 3 meses a 2 anos.*

Gabarito: A.

2063. **(2018 – FCC – MPE/PB – Promotor de Justiça – Adaptada)** Conforme entendimento sumulado pelo Superior Tribunal de Justiça:

É possível a aplicação de prestação de serviços a entidades públicas, bem como a limitação temporária de direitos ao autor de crime, com violência ou grave ameaça no ambiente doméstico, contra a mulher.

Certo (   )   Errado (   )

Não cabe substituição por restritivas de direitos no caso da lesão praticada com violência doméstica. Obs.: no caso, pode haver *sursis* **da pena. Se o crime fosse sem violência ou grave ameaça, poderia haver tal substituição.**

Súmula nº 588 do STJ: *A prática de crime ou contravenção penal contra a mulher com violência ou grave ameaça no ambiente doméstico* **impossibilita a substituição da pena privativa de liberdade por restritiva de direitos** - *STJ. 3ª Seção. Aprovada em 13/09/2017, DJe 18/09/2017.*

Gabarito: Errado.

2064. **(2018 – FUNDATEC – PC/RS – Delegado – Adaptada)** Acerca da disciplina sobre prisão e liberdade, assinale a alternativa correta.

Nos termos, da Lei nº 9.099/1995, ao autor do fato que, após a lavratura do termo, for imediatamente encaminhado ao juizado ou assumir o compromisso de a ele comparecer, não se imporá prisão em flagrante, nem se exigirá fiança. Em caso de violência doméstica, o juiz poderá determinar, como medida de cautela, a realização de audiência de conciliação.

Certo ( )   Errado ( )

Aos crimes praticados com violência doméstica e familiar contra a mulher, independentemente da pena prevista, não se aplica a Lei nº 9.099, de 26 de setembro de 1995, consoante o art. 41 da Lei nº 11.340/06 - Lei Maria da Penha.

Gabarito: Errado.

2065. **(2018 – UEG – PC/GO – Delegado)** Preenchidos os requisitos legais para concessão da benesse, é possível aplicar ao crime de lesão corporal de natureza leve praticado em situação de violência doméstica e familiar contra a mulher a

a) transação penal.

b) suspensão condicional da pena.

c) suspensão condicional do processo.

d) absolvição, com base no princípio da insignificância.

e) substituição da pena privativa de liberdade por restritiva de direitos.

Consoante o art. 41, Lei nº 11.340/06, aos crimes praticados com violência doméstica e familiar contra a mulher, independentemente da pena prevista, NÃO se aplica a Lei nº 9.099, de 26 de setembro de 1995, além disso, é vedada a aplicação, nos casos de violência doméstica e familiar contra a mulher, de penas de cesta básica ou outras de prestação pecuniária, bem como a substituição de pena que implique o pagamento isolado de multa, nos termos do art. 17.

Jurisprudência do STJ:

Súmula nº 536: *A suspenção condicional do processo e a transação penal não se aplicam na hipótese de delitos sujeitos ao rito da Lei Maria da Penha. (Súmula nº 536, TERCEIRA SEÇÃO, julgado em 10/06/2015, DJe 15/06/2015)*

Súmula nº 588: *A prática de crime ou contravenção penal contra a mulher com violência ou grave ameaça no ambiente doméstico impossibilita a substituição da pena privativa de liberdade por restritiva de direitos. (Súmula nº 588, TERCEIRA SEÇÃO, julgado em 13/09/2017, DJe 18/09/2017)*

Súmula nº 589: *É inaplicável o princípio da insignificância nos crimes ou contravenções penais praticados contra a mulher no âmbito das relações domésticas. (Súmula nº 589, TERCEIRA SEÇÃO, julgado em 13/09/2017, DJe 18/09/2017)*

Gabarito: B.

2066. **(2018 – FCC – MPE/PB – Promotor de Justiça – Adaptada)** Conforme entendimento sumulado pelo Superior Tribunal de Justiça:

A transação penal, prevista na Lei dos Juizados Especiais Criminais, é aplicável na hipótese de delitos sujeitos ao rito da Lei Maria da Penha (Lei nº 11.340/2006).

Certo ( )   Errado ( )

Súmula nº 536 do STJ: *A suspensão condicional do processo e a transação penal não se aplicam na hipótese de delitos sujeitos ao rito da Lei Maria da Penha.*

Não se aplica a Lei nº 9.099/95 aos crimes referentes à Lei Maria da Penha.

Gabarito: Errado.

2067. **(2018 – FCC – MPE/PB – Promotor de Justiça – Adaptada)** Conforme entendimento sumulado pelo Superior Tribunal de Justiça:

A suspensão condicional do processo, prevista na Lei nº 9.099/1995, é aplicável na hipótese de delitos sujeitos ao rito da Lei Maria da Penha (Lei nº 11.340/2006).

Certo ( )   Errado ( )

Aos crimes praticados com violência doméstica e familiar contra a mulher, independentemente da pena prevista, não se aplica a Lei nº 9.099/95, consoante o art. 41 da Lei nº 11.340/06.

Súmula nº 536 do STJ: *À suspensão condicional do processo e a transação penal não se aplicam na hipótese de delitos sujeitos ao rito da Lei Maria da Penha.*

Nada se diz acerca da suspensão condicional da pena, sendo esta perfeitamente cabível nas hipóteses de crimes cometidos com violência doméstica ou familiar. Vale ressaltar que o sursis da pena se aplica aos crimes cometidos com violência ou grave ameaça, e que a sua maior aplicabilidade prática recai sobre os crimes de ameaça e lesão leve cometidos no contexto de violência doméstica, já que não admitem a substituição por penas restritivas de direitos. É importante acrescentar que o crime de ameaça continua sendo de ACP condicionada, que pode ser retratada até o RECEBIMENTO DA DENÚNCIA (no CPP é até o oferecimento), depois de ouvido o MP, em audiência especialmente designada. No que tange ao crime de estupro ou estupro de vulnerável, alteração do CP em setembro de 2018, transformou a ação para PÚBLICA INCONDICIONADA.

Gabarito: Errado.

JURISPRUDÊNCIA SOBRE O TEMA

Súmula nº 536 do STJ: A suspensão condicional do processo e a transação penal não se aplicam na hipótese de delitos sujeitos ao rito da Lei Maria da Penha.

Súmula nº 542 do STJ: A ação penal relativa ao crime de lesão corporal resultante de violência doméstica contra a mulher é pública incondicionada.

Súmula nº 588 do STJ: A prática de crime ou contravenção penal contra a mulher com violência ou grave ameaça no ambiente doméstico impossibilita a substituição da pena privativa de liberdade por restritiva de direitos

Súmula nº 589 do STJ: É inaplicável o princípio da insignificância nos crimes ou contravenções penais praticados contra a mulher no âmbito das relações domésticas

Súmula nº 600 do STJ: Para a configuração da violência doméstica e familiar prevista no artigo 5º da Lei nº 11.340/2006 (Lei Maria da Penha) não se exige a coabitação entre autor e vítima.

EDIÇÃO Nº 41: VIOLÊNCIA DOMÉSTICA E FAMILIAR CONTRA MULHER

1) A Lei nº 11.340/2006, denominada Lei Maria da Penha, objetiva proteger a mulher da violência doméstica e familiar que lhe cause morte, lesão, sofrimento físico, sexual ou psicológico, e dano moral ou patrimonial, desde que o crime seja cometido no âmbito da unidade doméstica, da família ou em qualquer relação íntima de afeto.

2) A Lei Maria da Penha atribuiu às uniões homoafetivas o caráter de entidade familiar, ao prever, no seu artigo 5º, parágrafo único, que as relações pessoais mencionadas naquele dispositivo independem de orientação sexual.

3) O sujeito passivo da violência doméstica objeto da Lei Maria da Penha é a mulher, já o sujeito ativo pode ser tanto o homem quanto a mulher, desde que fique caracterizado o vínculo de relação doméstica, familiar ou de afetividade, além da convivência, com ou sem coabitação.

4) A violência doméstica abrange qualquer relação íntima de afeto, dispensada a coabitação.

5) Para a aplicação da Lei nº 11.340/2006, há necessidade de demonstração da situação de vulnerabilidade ou hipossuficiência da mulher, numa perspectiva de gênero. 6) A vulnerabilidade, hipossuficiência ou fragilidade da mulher têm-se como presumidas nas circunstâncias descritas na Lei nº 11.340/2006.

7) A agressão do namorado contra a namorada, mesmo cessado o relacionamento, mas que ocorra em decorrência dele, está inserida na hipótese do art. 5º, III, da Lei nº 11.340/06, caracterizando a violência doméstica.

8) Os Juizados de Violência Doméstica e Familiar contra a Mulher têm competência cumulativa para o julgamento e a execução das causas decorrentes da prática de violência doméstica e familiar contra a mulher, nos termos do art. 14 da Lei nº 11.340/2006.

10) Não é possível a aplicação dos princípios da insignificância e da bagatela imprópria nos delitos praticados com violência ou grave ameaça no âmbito das relações domésticas e familiares.

11) O crime de lesão corporal, ainda que leve ou culposo, praticado contra a mulher no âmbito das relações domésticas e familiares, deve ser processado mediante ação penal pública incondicionada.

12) É cabível a decretação de prisão preventiva para garantir a execução de medidas de urgência nas hipóteses em que o delito envolver violência doméstica.

13) Nos crimes praticados no âmbito doméstico e familiar, a palavra da vítima tem especial relevância para fundamentar o recebimento da denúncia ou a condenação, pois normalmente são cometidos sem testemunhas.

15) É inviável a substituição da pena privativa de liberdade por restritiva de direitos nos casos de violência doméstica, uma vez que não preenchidos os requisitos do art. 44 do CP.

16) O *habeas corpus* não constitui meio idôneo para se pleitear a revogação de medidas protetivas previstas no art. 22 da Lei nº 11.340/2006 que não implicam constrangimento ao direito de ir e vir do paciente.

17) A audiência de retratação prevista no art. 16 da Lei nº 11.340/06 apenas será designada no caso de manifestação expressa ou tácita da vítima e desde que ocorrida antes do recebimento da denúncia.

LEI Nº 9.296/96 - INTERCEPTAÇÃO TELEFÔNICA

2068. **(2021 – IDECAN – PEFOCE – Auxiliar de Perícia)** A autoridade policial, em inquérito que investiga delito de tráfico de drogas, requer ao juiz competente a interceptação das comunicações telefônicas de Joel, o indiciado. Nessa hipótese, considerando que o fato investigado é punido com pena de reclusão e em atenção aos demais requisitos legais sobre o tema, assinale a alternativa correta.

- **a)** O juiz poderá decretar a interceptação das comunicações telefônicas do indiciado se houver indícios razoáveis de autoria ou participação de Joel no delito investigado, mesmo que a prova que se pretende alcançar possa ser obtida de outra forma.

- **b)** Para que o juiz decrete a interceptação das comunicações telefônicas de Joel, ele precisa ter certeza acerca da autoria ou da participação deste no delito investigado.

- **c)** O juiz poderá decretar a interceptação das comunicações telefônicas de Joel apenas fazendo menção aos motivos expostos pela autoridade policial em seu pedido, sem que seja necessário fundamentar sua decisão.

- **d)** Havendo indícios razoáveis de autoria ou participação de Joel no delito investigado e restando configurada a imprescindibilidade da prova, o juiz poderá decretar a interceptação das comunicações telefônicas de Joel, estendendo-se, tal medida, a todas as pessoas mencionadas na investigação, pelo prazo de trinta dias, sem possibilidade de renovação.

- **e)** Havendo indícios razoáveis de autoria ou participação de Joel no delito investigado, e não sendo possível produzir a prova objetivada por outros meios senão o da interceptação telefônica, o juiz poderá decretar a medida.

De acordo com o art. 2º da Lei nº 9.296/96 prevê requisitos para interceptação:

⇨ **A ordem DEVE emanar de Juiz competente e com jurisdição.**

⇨ **DEVE ser informado o número a ser interceptado (o número do investigado).**

⇨ **A prova não puder ser obtida por outro meio.**

⇨ **O fato investigado constituir infração penal punida, no máximo, RECLUSÃO.**

Fundamentação das alternativas: a) Conforme o art. 2º, art. 5º, da Lei nº 9.29696, *não será admitida a interceptação de comunicações telefônicas quando ocorrer qualquer das seguintes hipóteses: a prova puder ser feita por outros meios disponíveis;* **b)** art. 2º, I - *não houver **indícios razoáveis da autoria ou participação em infração penal;*** **c)** *Em qualquer hipótese deve ser descrita com clareza a situação objeto da investigação, inclusive com a indicação e qualificação dos investigados, salvo impossibilidade manifesta, **devidamente justificada (art.** art. 2, parágrafo único da Lei nº 9.296/96) e* **d)** *A decisão será fundamentada, sob pena de nulidade, indicando também a forma de execução da diligência, que não poderá exceder o prazo de quinze dias, renovável por igual tempo uma vez comprovada a indispensabilidade do meio de prova (art. 5º da Lei nº 9.296/96).*

Gabarito: E.

2069. **(2021 – FGV – PC/RN – Agente)** A Lei nº 9.296/96 (Lei de Interceptação Telefônica) disciplina o procedimento de interceptação telefônica, tratando-se de medida cautelar probatória.

- **a)** pode ser decretada pelo juiz, durante o inquérito, de ofício ou após representação da autoridade policial, por prazo indeterminado se o crime for de natureza hedionda.

b) não admite prorrogação, caso fixada pelo prazo inicial de quinze dias.

c) pode ser requerida e deferida diretamente pelo juiz com base exclusivamente em denúncia anônima.

d) pode ser deferida independentemente da espécie de sanção penal cominada ao crime investigado.

e) não será admitida quando a prova puder ser feita por outros meios disponíveis

Nos termos do art. 2º da Lei nº 9.296/96, *NÃO será ADMITIDA:*

I. não houver indícios razoáveis da autoria ou participação em infração penal;

*II. **a prova puder ser feita por outros meios disponíveis (SUBSIDIARIEDADE);***

III. o fato investigado constituir infração penal punida, no máximo, com pena de detenção.

*Parágrafo único. Em qualquer hipótese DEVE ser descrita com clareza a situação objeto da investigação, **inclusive com a indicação e qualificação dos investigados**, salvo impossibilidade manifesta, devidamente justificada.*

Fundamentação das alternativas:

a/b/c) A interceptação telefônica tem prazo fixado por tempo DETERMINADO no 5º da Lei nº 9.296/96. A jurisprudência do STF entende que *[...] **Renovação das interceptações** -, A Lei nº 9.296/96 prevê que a interceptação telefônica «não poderá exceder o prazo de quinze dias, renovável por igual tempo uma vez comprovada a indispensabilidade do meio de prova." (art. 5º). A interceptação telefônica não pode exceder 15 dias. Contudo, pode ser renovada por igual período, não havendo restrição legal ao número de vezes para tal renovação, se comprovada a sua necessidade.* STF. 2ª Turma. RHC 132115/PR, Rel. Min. Dias Tóffoli, julgado em 6/2/2018 (Info. nº 890).

A decisão será fundamentada, sob pena de nulidade. **Denúncia anônima** não é meio hábil para sustentar, por si só, a instauração de inquérito policial. *[...] As notícias anônimas ("denúncias anônimas") **NÃO autorizam, por si sós**, a propositura de ação penal ou mesmo, na fase de investigação preliminar, o emprego de métodos invasivos de investigação, como interceptação telefônica ou busca e apreensão.* STF. 1ª Turma. HC 106152/MS, Rel. Min. Rosa Weber, julgado em 29/3/2016 (Info. nº 819).

d) Não se ADMITE em apuração de crimes com pena de detenção, conforme o teor do art. 2º, III, da Lei nº 9.296/96.

Gabarito: E.

2070. (2021 - AOCP - PC/PA - Escrivão) Assinale a alternativa correta quanto à Lei de Interceptação Telefônica (Lei nº 9.296/96).

a) As interceptações das comunicações telefônicas são admitidas como meio de prova para qualquer crime, desde que devidamente fundamentadas.

b) A captação ambiental não poderá exceder o prazo de quinze dias, renovável por decisão judicial por iguais períodos, se comprovada a indispensabilidade do meio de prova e quando presente atividade criminal permanente, habitual ou continuada.

c) A interceptação das comunicações telefônicas poderá ser determinada pelo juiz, de ofício ou a requerimento da autoridade policial, na instrução processual penal.

d) Durante o inquérito, a gravação que não interessar à prova será inutilizada por decisão da autoridade policial, em virtude de requerimento do Ministério Público ou da parte interessada.

e) O incidente de inutilização será assistido pelo Ministério Público, sendo compulsória a presença do acusado ou de seu representante legal.

Consoante o teor do art. 8º-A, § 3º, da Lei nº 9.296/96, *a captação ambiental NÃO PODERÁ exceder o prazo de 15 (quinze) dias*, *renovável por decisão judicial por iguais períodos (aqui há uma diferença em relação à interceptação telefônica, pois nesta, a renovação é UMA VEZ, conforme o texto legal, em que pese na prática a prorrogação ocorrer inúmeras vezes), se comprovada a indispensabilidade do meio de prova e quando presente atividade criminal permanente, habitual ou continuada.*

Fundamentação das alternativas: **a)** Conforme prevê o art. 2º, III, da Lei nº 9.296/96, *NÃO será admitida a interceptação telefônica quando fato investigado constituir infração penal punida, no máximo, com pena de detenção (admite nos crimes com pena de RECLUSÃO);* **c)** Nos termos do art. 3º, I da Lei nº 9.29696, *a interceptação das comunicações telefônicas poderá ser determinada pelo juiz, de ofício ou a da autoridade policial, na investigação criminal;* **d)** *A gravação que não interessar à prova será inutilizada por decisão judicial, durante o inquérito, a instrução processual ou após esta, em virtude de requerimento do Ministério Público ou da parte interessada,* conforme o art. 9º, *caput* da Lei nº 9.296/96 e **e)** *O incidente de inutilização será assistido pelo Ministério Público, sendo FACULTADA a presença do acusado ou de seu representante legal,* conforme o teor do art. 9º, parágrafo único, da Lei nº 9.296/96.

Gabarito: B.

___

2071. (2021 – MPDFT – Promotor de Justiça – Adaptada) Considere a assertiva abaixo, sobre a prova no processo penal:

A Constituição Federal veda a interceptação telefônica ou telemática sem autorização judicial, o que também compreende o acesso aos dados constantes da agenda telefônica em um celular apreendido. Em todas essas hipóteses, as referidas obtenções, sem autorização judicial, tornam a prova ilícita.

Certo ( )   Errado ( )

Para a Quinta Turma do STJ, *a agenda telefônica é uma das facilidades oferecidas pelos modernos aparelhos de smartphones a seus usuários e durante uma prisão em flagrante, a análise pelos policiais dos dados constantes na agenda telefônica ou no registro de chamadas não está garantida pela de proteção do sigilo telefônico ou de dados telemáticos prevista no art. 5º, XII, da CR/1988.* REsp 1782386/RJ, Rel. Min. Joel Ilan Paciornik, Quinta Turma, julgado em 15/12/2020, DJe 18/12/2020.

Gabarito: Errado.

___

2072. (2021 – IADES – PM/PA – Aspirante) A Lei nº 9.296/96 regulamenta a interceptação telefônica durante a investigação criminal e na instrução processual penal. Além disso, mais recentemente, a referida lei regulamentou a possibilidade de se executar a captação ambiental de sinais eletromagnéticos, ópticos ou acústicos, buscando dar mais instrumentos para as autoridades desvendarem os fatos criminosos. Com base no exposto e levando em consideração apenas as disposições previstas nessa lei, assinale a alternativa correta.

a) A captação ambiental apenas pode ser utilizada para elucidar o fato criminoso no decorrer da investigação criminal

b) No período da investigação ou instrução criminal, a captação ambiental somente será admitida quando a prova não puder ser feita por outros da meios disponíveis e igualmente eficazes.

c) A captação ambiental, no decurso da investigação criminal, quando admitida, não poderá ser renovada, durando, no máximo, até 15 dias.

d) A captação ambiental somente poderá ser utilizada como meio de investigação em casos de infrações criminais cujas penas mínimas sejam superiores a quatro anos.

e) A referida lei não prevê, como crime, a captação ambiental realizada, no desdobramento da investigação criminal, sem autorização judicial, quando essa for exigida.

De acordo com o previsto no inciso I, do art. 8º-A da Lei nº 9.296/96:

Para investigação ou instrução criminal, PODERÁ ser autorizada pelo juiz, a requerimento da autoridade policial ou do Ministério Público, a captação ambiental de sinais eletromagnéticos, ópticos ou acústicos, quando:

I - a prova NÃO puder ser feita por outros meios disponíveis e igualmente eficazes; e

II - houver elementos probatórios razoáveis de autoria e participação em infrações criminais cujas penas máximas sejam superiores a 4 (quatro) anos ou em infrações penais conexas.

Fundamentação das alternativas: **a)** O enunciando afronta a literalidade do art. 8º-A da Lei nº 9.296/96, que prevê, *a captação ambiental apenas pode ser utilizada para elucidar o fato criminoso no decorrer da investigação ou da instrução criminal;* **c)** Nos termos do art. 8º-A, § 3º da Lei nº 9.296/96, *A captação ambiental, no decurso da investigação criminal, quando admitida, NÃO PODERÁ exceder o prazo de 15 (quinze) dias, RENOVÁVEL por decisão judicial por iguais períodos, se comprovada a indispensabilidade do meio de prova e quando presente atividade criminal permanente, habitual ou continuada;* **d)** A captação ambiental somente poderá ser utilizada como meio de investigação em casos de **infrações criminais cujas penas máximas** sejam superiores a quatro anos, no termos do inciso II, do art. 8º-A da Lei nº 9.296/96; e **e)** A referida lei **PREVÊ, como CRIME,** a **captação ambiental** realizada, no desdobramento da investigação criminal, **sem autorização judicial**, quando essa for exigida, nos termos do art. 10-A da Lei nº 9.296/96, vejamos:

Realizar captação ambiental de sinais eletromagnéticos, ópticos ou acústicos para investigação ou instrução criminal SEM autorização judicial, quando esta for exigida:

Pena - reclusão, de 2 (dois) a 4 (quatro) anos, e multa.

§ 1º Não há crime se a captação é realizada por um dos interlocutores.

§ 2º A pena será aplicada em dobro ao funcionário público que descumprir determinação de sigilo das investigações que envolvam a captação ambiental ou revelar o conteúdo das gravações enquanto mantido o sigilo judicial.

Gabarito: B.

2073. (2019 – UNEB – PM/PA – Aspirante) Sobre interceptações telefônicas e seu regramento contido na Lei nº 9.296/96, marque a alternativa correta:

a) A alteração da competência toma inválida a decisão acerca da interceptação telefônica determinada por juízo inicialmente competente para o processamento do feito.

b) Segundo a jurisprudência do STF e do STJ, é possível a determinação de interceptações telefônicas com base em denúncia anônima a desde que corroborada por outros elementos os que confirmem a necessidade da medida excepcional.

c) É legítima a prova obtida por meio de interceptação telefônica para apuração de delito punido com detenção.

d) Segundo a Lei de Interceptações Telefônicas (Lei nº 9.296/96) é necessário a realização de perícia para a identificação de voz captada nas interceptações telefônicas.

e) Em razão da previsão na Lei de Interceptações Telefônicas (Lei nº 9.296 1996) é necessário que as degravações das escutas feitas por peritos oficiais.

O Superior Tribunal de Justiça já decidiu no sentido da presente alternativa e até publicou a tese na edição nº 117 do Jurisprudência em Teses: *"É possível a determinação de interceptações telefônicas com base em denúncia anônima, desde que corroborada por outros elementos que confirmem a necessidade da medida excepcional."*

Fundamentação das alternativas: **a)** tese na edição nº 117 do Jurisprudência em Teses: "*A alteração da competência não torna inválida a decisão acerca da interceptação telefônica determinada por juízo inicialmente competente para o processamento do feito.*" ; **c)** "*É legítima a prova obtida por meio de interceptação telefônica para apuração de delito punido com detenção, se conexo com outro crime apenado com reclusão*" (edição nº 117 do Jurisprudência em Teses do STJ). ; **d)** "*É desnecessária a realização de perícia para a identificação de voz captada nas interceptações telefônicas, salvo quando houver dúvida plausível que justifique a medida*" (edição nº 117 do Jurisprudência em Teses do STJ). e **e)** "*Em razão da ausência de previsão na Lei nº 9.296/96, é desnecessário que as degravações das escutas sejam feitas por peritos oficiais*" (edição nº 117 do Jurisprudência em Teses do STJ).
Gabarito: B.

2074. (2019 – CESPE/CEBRASPE – TJ/DFT – Titular de Serviços de Notas e Registros – Adaptada) Em relação à prova obtida por meio de interceptação telefônica e ao sigilo telefônico, assinale a opção correta, tendo como referência a Lei nº 9.296/96 e o entendimento doutrinário e jurisprudencial dos tribunais superiores.

A prova obtida por força de interceptação telefônica judicialmente autorizada poderá, a título de prova emprestada, subsidiar denúncia em outro feito que investigue crime apenado com detenção.

Certo ( )   Errado ( )

A questão trata do **"crime achado"**, que nada mais é do que aquilo que a doutrina denomina **"serendipidade"** ou **"encontro fortuito ou casual de crime"**, isto é, **seria a infração penal desconhecida e não investigada até o momento em que se descobre o delito.** A situação concreta ilustra bem.

Nesse sentido, **há muito tempo a jurisprudência dos Tribunais Superiores já se firmara no sentido de que mesmo provas concernentes a crimes punidos com detenção, descobertas no curso de interceptação telefônica – a qual, como é cedijo,** somente pode ser deferida em se cuidando de investigação de crimes punidos com reclusão (art. 2º, III, da Lei nº 9.296/96) -, **podem ser utilizadas na respectiva** *persecutio criminis in iuditio*, **sem que se possa falar em ilicitude de tais elementos probatórios.** Ademais, em busca da verdade possível, respeitadas os limites e as garantias constitucionais, poderá haver o aproveitamento de atividade probatória em outro processo, isto é, o transporte de determinada prova de um processo para outro. A isso a doutrina chama de "prova emprestada".

*Nas interceptações telefônicas validamente determinadas é passível a ocorrência da **serendipidade**, pela qual, de forma fortuita, são descobertos delitos que não eram objetos da investigação originária. Precedentes: HC 106.152, Primeira Turma, Rel. Min. Rosa Weber, DJe de 24/05/2016 e HC 128.102, Primeira Turma, Rel. Min. Marco Aurélio, DJe de 23/06/2016." (HC 137438 AgR, Relator(a): Min. LUIZ FUX, Primeira Turma, julgado em 26/05/2017, PROCESSO ELETRÔNICO DJe-133 DIVULG 19-06-2017 PUBLIC 20-06-2017)*

Gabarito: Certo.

2075. (2019 - CESPE/CEBRASPE - TJ/SC - Juiz - Adaptada) No que tange a interceptação das comunicações telefônicas e a disposições relativas a esse meio de prova, previstas na Lei nº 9.296/96

A existência de outros meios para obtenção da prova não impedirá o deferimento da referida medida.

Certo ( )   Errado ( )

A interceptação telefônica é *ultima ratio*, medida subsidiária, somente tendo acolhida quando não houver outro meio de prova suficiente, na forma do art. 2, II, Lei nº 9.296/96.

Gabarito: Errado.

2076. (2018 - CESPE/CEBRASPE - PC/MA - Escrivão - Adaptada) Em determinada comarca de um estado da Federação, em razão de uma denúncia anônima e após a realização de diligências, a polícia civil prendeu Maria, de dezoito anos de idade, que supostamente traficava maconha em uma praça nas proximidades da escola pública onde ela estudava. Levada à delegacia de polícia local, Maria foi autuada e indiciada. Depois de reunidos elementos informativos suficientes, o delegado elaborou um relatório com a descrição dos fatos, apontando os indícios de autoria. Com o encerramento das investigações, o inquérito policial foi encaminhado à autoridade competente.

Considere que os seguintes fatos sejam adicionais à situação hipotética descrita no texto

Entre as várias diligências realizadas envolvendo Maria, que redundaram em sua prisão por tráfico de maconha, a autoridade policial cogitou obter autorização para quebra de seu sigilo de comunicação telefônica como meio de prova na investigação criminal.

Considerando-se a situação hipotética descrita no texto e as informações adicionais anteriormente apresentadas, é correto afirmar, que as gravações que não interessarem ao caso terão de ser inutilizadas por determinação da autoridade policial.

Certo ( )   Errado ( )

A questão afronta o teor do art. 9º da lei de interceptação: *A gravação que não interessar à prova será inutilizada por decisão judicial, durante o inquérito, a instrução processual ou após esta, em virtude de requerimento do Ministério Público ou da parte interessada.*

Gabarito: Errado.

2077. **(2019 – CESPE/CEBRASPE – TJ/SC – Juiz – Adaptada)** No que tange a interceptação das comunicações telefônicas e a disposições relativas a esse meio de prova, previstas na Lei nº 9.296/96

O deferimento da referida medida exige a clara descrição do objeto da investigação, com indicação e qualificação dos investigados, salvo impossibilidade manifesta justificada.

Certo ( )   Errado ( )

Nos termos do art. 2, parágrafo único, Lei nº 9.296/96, *em qualquer hipótese a situação objeto de investigação deve ser descrita com clareza, com indicação e qualificação dos investigados, salvo manifesta impossibilidade, devidamente justificada.*

Gabarito: Certo.

2078. **(2019 – CESPE/CEBRASPE – TJ/DFT – Titular de Serviços de Notas e Registros – Adaptada)** Em relação à prova obtida por meio de interceptação telefônica e ao sigilo telefônico, assinale a opção correta, tendo como referência a Lei nº 9.296/96 e o entendimento doutrinário e jurisprudencial dos tribunais superiores.

A referida lei de regência condiciona a possibilidade de imposição da medida de interceptação telefônica na fase de investigação criminal à instauração do inquérito policial competente.

Certo ( )   Errado ( )

Quanto ao momento da interceptação, a decretação é viável tanto na investigação criminal quanto durante o curso da instrução penal. Perceba que a Lei nº 9.296/96, em seu art. 1º, fala em "investigação criminal", e não em inquérito policial. Portanto, não é necessária a instauração deste para que o juiz possa autorizar a interceptação. E nem deveria, afinal, o inquérito é prescindível até mesmo para a propositura de ação penal. A lei, no entanto, exige a existência de investigação, que pode ou não ser realizada pela polícia – pode ser que a investigação seja feita, por exemplo, pelo MP.

Gabarito: Errado.

2079. **(Cespe – Adaptada)** No que tange a interceptação das comunicações telefônicas e a disposições relativas a esse meio de prova, previstas na Lei nº 9.296/96

A utilização de prova obtida a partir da referida medida para fins de investigação de fato delituoso diverso imputado a terceiro não é admitida.

Certo ( )   Errado ( )

A prova obtida mediante interceptação telefônica, quando referente à infração penal diversa da investigada, deve ser considerada lícita se presentes os requisitos constitucionais e legais. [STF - 1ª Turma - HC 129678 - Rel.: Min. Marco Aurélio - D.J.: 13/06/17]

Consiste no encontro fortuito de provas acerca de um fato delitivo que não é objeto da interceptação.

Pode ser de primeiro ou de segundo grau. Na serendipidade de primeiro grau, toma-se conhecimento de fato delitivo conexo com o investigado. Por outro lado, a serendipidade de segundo grau cuida de descoberta de fatos que não guardam conexão com o delito objeto da interceptação. A jurisprudência, tanto do STF (INFO 869) quanto do STJ (HC 376.927/ES, Rel. Min. Ribeiro Dantas) admite ambas.

Gabarito: Errado.

2080. **(2019 - CESPE/CEBRASPE - TJ/DFT - Titular de Serviços de Notas e Registros - Adaptada)** Em relação à prova obtida por meio de interceptação telefônica e ao sigilo telefônico, assinale a opção correta, tendo como referência a Lei nº 9.296/96 e o entendimento doutrinário e jurisprudencial dos tribunais superiores.

Para a determinação da interceptação telefônica, é necessário juízo de certeza a respeito do envolvimento da pessoa a ser investigada na prática do delito em apuração.

Certo ( )   Errado ( )

Lei nº 9.296/96, art. 2º: Não será admitida a interceptação de comunicações telefônicas quando ocorrer qualquer das seguintes hipóteses:

I - não houver indícios razoáveis da autoria ou participação em infração penal;

Dessa maneira, para a sua decretação, é essencial que exista alguma evidência de que aquela pessoa a ser investigada praticou ou participou de algum delito - fala-se em *"fumus comissi delicti"*, ou fumaça de cometimento do delito. Portanto, a interceptação jamais será o "pontapé inicial" de uma investigação. Assim, não se admite no ordenamento jurídico brasileiro a "interceptação telefônica prospectiva ou de prospecção", ou seja, a interceptação sem indícios de autoria, realizada para a descoberta eventual de um delito.

Gabarito: Errado.

2081. **(2019 - CESPE/CEBRASPE - TJ/SC - Juiz - Adaptada)** No que tange a interceptação das comunicações telefônicas e a disposições relativas a esse meio de prova, previstas na Lei nº 9.296/96

A decisão judicial autorizadora da referida medida não poderá exceder o prazo máximo de quinze dias, prorrogável uma única vez pelo mesmo período.

Certo ( )   Errado ( )

Jurisprudência - Informativos nº 855 do STF e nº 491 do STJ: *Não há limite de prorrogações, vale dizer, admite-se a renovação enquanto haja indispensabilidade/necessidade da medida.*

Gabarito: Errado.

2082. **(2018 - CESPE/CEBRASPE - PC/MA - Escrivão - Adaptada)** Em determinada comarca de um estado da Federação, em razão de uma denúncia anônima e após a realização de diligências, a polícia civil prendeu Maria, de dezoito anos de idade, que supostamente traficava maconha em uma praça nas proximidades da escola pública onde ela estudava. Levada à delegacia de polícia local, Maria foi autuada e indiciada. Depois de reunidos elementos informativos suficientes, o delegado elaborou um relatório com a descrição dos fatos, apontando os indícios de autoria. Com o encerramento das investigações, o inquérito policial foi encaminhado à autoridade competente.

Considere que os seguintes fatos sejam adicionais à situação hipotética descrita no texto

Entre as várias diligências realizadas envolvendo Maria, que redundaram em sua prisão por tráfico de maconha, a autoridade policial cogitou obter autorização para quebra de seu sigilo de comunicação telefônica como meio de prova na investigação criminal.

Considerando-se a situação hipotética descrita no texto e as informações adicionais anteriormente apresentadas, é correto afirmar, com relação à interceptação telefônica no inquérito policial, que somente a autoridade policial poderá requerer a interceptação telefônica de Maria na fase do inquérito policial.

Certo ( )   Errado ( )

Nos termos do art. 3º da Lei de Interceptação das Comunicações Telefônicas poderá ser determinada pelo juiz, de ofício ou a requerimento:

I - da **autoridade policial,** *na investigação criminal;*

II - do representante do Ministério Público, na investigação criminal e na instrução processual penal.
Gabarito: Errado.

2083. **(2019 – CESPE/CEBRASPE – TJ/DFT – Titular de Serviços de Notas e Registros – Adaptada)** Em relação à prova obtida por meio de interceptação telefônica e ao sigilo telefônico, assinale a opção correta, tendo como referência a Lei nº 9.296/96 e o entendimento doutrinário e jurisprudencial dos tribunais superiores.

A quebra do sigilo de dados telefônicos pertinentes aos dados cadastrais de assinante e aos números das linhas chamadas e recebidas submete-se à disciplina da referida legislação.

Certo ( )   Errado ( )

A proteção a que se refere o art. 5º, XII, da Constituição Federal, é da comunicação de dados, e não dos dados em si mesmos. Logo, além da autoridade judiciária competente, lembro que as Comissões Parlamentares de Inquérito, por exemplo, também podem determinar a quebra do sigilo de dados telefônicos com base em seus poderes de investigação (CF, art. 58, § 3º), desde que o ato deliberativo esteja devidamente fundamentado. Portanto, diversamente da interceptação telefônica, a quebra do sigilo de dados telefônicos não está submetida à cláusula de reserva de jurisdição.
Gabarito: Errado.

2084. **(2018 – CESPE/CEBRASPE – ABIN – Oficial de Inteligência)** Valdemar, empresário do setor de frigoríficos, emprega estratégias, como a utilização de produtos químicos, para disfarçar o estado de putrefação de carnes que vende fora do prazo de validade. Ele garante uma mesada a Odair, empregado de agência reguladora do setor e encarregado de elaborar os registros de fiscalização, em troca de ser avisado de qualquer ação não programada do órgão. De posse desse tipo de informação, Valdemar toma providências para que os fiscais não encontrem a carne de má qualidade. Durante a investigação de um caso referente a uma pessoa que sofrera prejuízo à saúde em razão do consumo de carne estragada, escuta telefônica autorizada gera as provas da existência do esquema.

A respeito da situação hipotética apresentada, julgue o item a seguir.

A interceptação telefônica foi ilegal, uma vez que os crimes cometidos por Valdemar e Odair são punidos com detenção.

Certo ( )   Errado ( )

De fato, a Lei nº 9.296/96 não admite a interceptação telefônica quando o fato a ser investigado constituir infração punida, no máximo, com pena de detenção (art. 2º, III).

Não será admitida a interceptação de comunicações telefônicas quando ocorrer qualquer das seguintes hipóteses:

I - NÃO houver indícios razoáveis da autoria ou participação em infração penal;

II - a prova puder ser feita por outros meios disponíveis;

III - o fato investigado constituir infração penal punida, no máximo, com pena de detenção.

STF - HC 83515/RS - *Realizada a interceptação, as informações e provas obtidas dessa diligência podem subsidiar denúncia com base em crimes puníveis com pena de DETENÇÃO, desde que conexos aos primeiros tipos penais que justificaram a interceptação.*
Gabarito: Errado.

2085. **(2018 – VUNESP – PC/BA – Investigador)** Em procedimento legal de interceptação de conversas telefônicas visando a apurar tráfico de drogas, durante o inquérito policial, foram transcritas conversas que tratavam de assuntos diversos daqueles sob a investigação. A respeito destes últimos, de acordo com a Lei Federal nº 9.296/96, que trata da matéria, a providência a ser adotada será

   a) a exclusão de ofício, pela Autoridade Policial que presidir às investigações e sob pena de responsabilidade, dos trechos irrelevantes.

   b) a representação, pela Autoridade Policial, para inutilização dos trechos irrelevantes, o que poderá ser autorizado apenas pela Autoridade Judiciária competente.

   c) a manutenção dos trechos considerados irrelevantes em autos apartados, uma vez que estes têm caráter sigiloso.

   d) o aguardamento até o trânsito da sentença para excluir os trechos havidos por irrelevantes, uma vez que estes poderão ser avaliados novamente no curso do processo.

   e) o refazimento da interceptação, já que a transcrição de trechos irrelevantes à apuração contamina toda a prova, conforme estabelece a "teoria dos frutos envenenados".

   Conforme exposto no art. 9º, *a gravação que* **não** *interessar à prova será* **inutilizada** *por decisão judicial, durante o inquérito, a instrução processual ou após esta, em virtude de requerimento do Ministério Público ou da parte interessada. Parágrafo único. O incidente de inutilização será assistido pelo Ministério Público, sendo facultada a presença do acusado ou de seu representante legal.*
   Gabarito: B.

2086. **(2018 – CESPE/CEBRASPE – ABIN – Oficial de Inteligência)** No que se refere aos tipos penais, julgue o próximo item. Situação hipotética: Durante uma inundação, Abel interrompeu dolosamente o serviço telefônico da região. Assertiva: Nessa situação, Abel responderá por crime previsto na Lei de Interceptação Telefônica, com a circunstância agravante de tê-lo praticado durante calamidade pública.

Certo (   )   Errado (   )

Interrupção ou perturbação de serviço telegráfico, telefônico, informático, telemático ou de informação de utilidade pública.

Art. 266 Interromper ou perturbar serviço telegráfico, radiotelegráfico ou telefônico, impedir ou dificultar-lhe o restabelecimento: Pena - detenção, de um a três anos, e multa.

§ 1º Incorre na mesma pena quem interrompe serviço telemático ou de informação de utilidade pública, ou impede ou dificulta-lhe o restabelecimento.

§ 2º Aplicam-se as penas em dobro se o crime é cometido por ocasião de calamidade pública.

A Lei de Interceptação Telefônica só apresenta um crime. Lei de Abuso de Autoridade - nº 13.869/19 alterou o art. 10º da Lei nº 9.296/96, passando a vigorar com a seguinte redação:

Art. 10. Constitui crime realizar interceptação de comunicações telefônicas, de informática ou telemática, promover escuta ambiental ou quebrar segredo da Justiça, sem autorização judicial ou com objetivos não autorizados em lei:

Pena - reclusão, de 2 (dois) a 4 (quatro) anos, e multa.

Parágrafo único. Incorre na mesma pena a autoridade judicial que determina a execução de conduta prevista no caput deste artigo com objetivo não autorizado em lei.

A Lei nº 13.964/2019 no art. 7º faz o acréscimo dos seguintes arts. 8º-A e 10-A:

Art. 10-A. Realizar captação ambiental de sinais eletromagnéticos, ópticos ou acústicos para investigação ou instrução criminal sem autorização judicial, quando esta for exigida:

Pena - reclusão, de 2 (dois) a 4 (quatro) anos, e multa.

§ 1º Não há crime se a captação é realizada por um dos interlocutores.

§ 2º A pena será aplicada em dobro ao funcionário público que descumprir determinação de sigilo das investigações que envolvam a captação ambiental ou revelar o conteúdo das gravações enquanto mantido o sigilo judicial.

Gabarito: Errado.

2087. **(2018 – AOCP – ITEP/RN – Perito Criminal – Adaptada)** Não será admitida a interceptação de comunicações telefônicas, dentre outras hipóteses, quando a prova puder ser feita por outros meios disponíveis.

Certo ( )   Errado ( )

Nos termos do art. 2: *Não será admitida a interceptação de comunicações telefônicas quando ocorrer qualquer das seguintes hipóteses: [...] II - a prova puder ser feita por outros meios disponíveis.*

Gabarito: Certo.

2088. **(2018 – FCC – DPE/AP – Defensor Público – Adaptada)** A interceptação de comunicações telefônicas pode ser realizada

a) mesmo que a prova possa ser feita por outros meios disponíveis.

b) por ato fundamentado de Delegado de Polícia no curso do inquérito policial em caso de crime hediondo ou equiparado.

c) pelo prazo de quinze dias, que só pode ser prorrogado por igual prazo em caso de indispensabilidade do meio de prova.

d) pela autoridade policial em caso de prisão em flagrante apenas para acesso de dados de aplicativos como *Whatsapp e Facebook*, independentemente de ordem judicial.

e) para apurar crime de ameaça quando esta estiver sendo cometida por meio de ligação telefônica.

Consoante o art. 5º, a decisão será fundamentada, sob pena de nulidade, indicando também a forma de execução da diligência, que não poderá exceder o prazo de 15 dias, renovável por igual tempo uma vez comprovada a indispensabilidade do meio de prova.

O Supremo Tribunal Federal, como intérprete maior da CF/88, considerou compatível com o art. 5º, XII e LVI, o uso de prova OBTIDA FORTUITAMENTE ATRAVÉS DE INTERCEPTAÇÃO TELEFÔNICA

licitamente conduzida, ainda que o crime descoberto, conexo ao que foi objeto da interceptação, seja punido com detenção.

Jurisprudência do STJ - Informativo nº 491: *A Turma, por maioria, reiterou o entendimento de que as interceptações telefônicas podem ser prorrogadas sucessivas vezes pelo tempo necessário para a produção da prova, especialmente quando o caso for complexo e a prova, indispensável [...]..*
Gabarito: C.

2089. **(2018 – AOCP – ITEP/RN – Perito Criminal – Adaptada)** Será admitida a interceptação para investigar crimes punidos com detenção ou reclusão.

Certo ( )   Errado ( )

Nos termos do art. 2º: *Não será admitida a interceptação de comunicações telefônicas quando ocorrer qualquer das seguintes hipóteses:[...]*
III - o fato investigado constituir infração penal punida, no máximo, com pena de detenção.
Gabarito: Errado.

2090. **(2018 – CESPE/CEBRASPE – PC/MA – Investigador – Adaptada)** Com relação às provas no processo penal, julgue o item a seguir.

O fato investigado constituir infração penal punida, no máximo, com pena de detenção.

Certo ( )   Errado ( )

Quanto à possibilidade de o juiz decretar de ofício interceptação telefônica no curso da investigação criminal, foi proposta ADI 3.450, para declarar a inconstitucionalidade parcial do art. 3º da Lei nº 9.296/96, no que diz respeito à autorização de ofício pelo juiz na fase de investigação, por violar o sistema acusatório e a imparcialidade do juiz. Contudo, essa ação ainda não foi julgada.
Gabarito: Errado.

2091. **(2018 – FGV – Câmara de Salvador/BA – Advogado)** Durante determinada investigação penal de crime de associação para o tráfico, entendendo pela existência de indícios de autoria e inexistência de outros meios para obtenção da prova, a autoridade policial representou pela decretação da interceptação das comunicações das linhas telefônicas de titularidade de determinado investigado. Ao receber o pedido, o magistrado, de maneira fundamentada, autorizou a interceptação pelo prazo inicial de 30 (trinta) dias, deixando claro que eventual pedido de prorrogação desse prazo deveria ser devidamente fundamentado.

Com base apenas nas informações narradas, é correto afirmar que:

a) a interceptação das comunicações telefônicas não poderia ser requerida pela autoridade policial, dependendo a autorização de pedido expresso do Ministério Público.

b) a interceptação das comunicações telefônicas não poderia ser autorizada durante as investigações, sob pena de violação do sistema acusatório.

c) o crime de associação para o tráfico, diante da sanção penal prevista, não admite interceptação das comunicações telefônicas.

d) o prazo fixado pelo magistrado na decisão que autorizou a interceptação das comunicações telefônicas não é válido.

e) a decisão que determinou a interceptação das comunicações telefônicas foi válida, diante do crime investigado, da representação da autoridade policial e do prazo fixado.

O art. 5º dispõe que *a decisão será fundamentada, sob pena de nulidade, indicando também a forma de execução da diligência, que não poderá exceder o prazo de quinze dias, renovável por igual tempo uma vez comprovada a indispensabilidade do meio de prova.*

Jurisprudência do STJ - Informativo nº 491: *A Turma, por maioria, reiterou o entendimento de que as interceptações telefônicas podem ser prorrogadas sucessivas vezes pelo tempo necessário para a produção da prova, especialmente quando o caso for complexo e a prova, indispensável [...].*

Entendimento legal e Jurisprudência do STF e STJ:

Lei nº 9.296→**15 dias** renovável por igual período (art. 5º).

Renovações sucessivas?→**PODE** (Info. nº 855-STF e Info 491-STJ.

Gabarito: D.

2092. **(2018 – AOCP – ITEP/RN – Perito Criminal – Adaptada)** A interceptação das comunicações telefônicas somente poderá ser determinada pelo juiz a requerimento do Ministério Público.

Certo (   )   Errado (   )

Art. 3º A interceptação das comunicações telefônicas poderá ser determinada pelo juiz, de ofício ou a requerimento: I - da autoridade policial, na investigação criminal.

Gabarito: Errado.

2093. **(2018 – CESPE/CEBRASPE – PC/MA – Investigador – Adaptada)** Com relação às provas no processo penal, julgue o item a seguir.

A interceptação telefônica não será admitida quando a prova puder ser obtida por outros meios disponíveis.

Certo (   )   Errado (   )

Conforme o art. 2º: *Não será admitida a interceptação de comunicações telefônicas quando ocorrer qualquer das seguintes hipóteses:*

II - a prova puder ser feita por outros meios disponíveis.

Gabarito: Certo.

2094. **(2018 – VUNESP – PC/BA – Investigador)** Diante do previsto na Lei nº 9.296/96: Lei de Interceptação Telefônica, assinale a alternativa correta.

a) A interceptação telefônica será admitida mesmo que a prova possa ser feita por outros meios disponíveis.

b) A interceptação telefônica poderá ser determinada pelo representante do Ministério Público, de ofício, mediante idônea fundamentação durante a instrução criminal.

c) O juiz deverá decidir, no prazo máximo de 24 (vinte e quatro) horas, sobre o pedido de interceptação.

d) Somente será admitido o pedido de interceptação telefônica feito por escrito.

e) Não é necessária a presença de indícios razoáveis da autoria ou participação em infração penal para que seja determinada a interceptação telefônica.

Art. 4º O pedido de interceptação de comunicação telefônica conterá a demonstração de que a sua realização é necessária à apuração de infração penal, com indicação dos meios a serem empregados.

§ 1º Excepcionalmente, o juiz poderá admitir que o pedido seja formulado verbalmente, desde que estejam presentes os pressupostos que autorizem a interceptação, caso em que a concessão será condicionada à sua redução a termo.

§ 2º O juiz, no prazo máximo de vinte e quatro horas, decidirá sobre o pedido.

Gabarito: C.

2095. **(2018 – CESPE/CEBRASPE – PC/MA – Investigador – Adaptada)** Com relação às provas no processo penal, julgue o item a seguir.

A decisão que defere o pedido de interceptação telefônica deve indicar o prazo de execução da diligência, que poderá ser renovado se comprovada a indispensabilidade da prova.

Certo ( )   Errado ( )

Consoante a previsão contida no art. 5º da Lei nº 9.29696. Nos termos da Lei de Interceptação Telefônica, trata no art. 2º as condições CUMULATIVAS:

1. haver indícios razoáveis de autoria ou participação em infração penal;

2. a prova não pode ser feita por outros meios;

3. o fato investigado deve ser punido com pena de reclusão;

4. a situação objeto da investigação deve ser descrita com clareza, com a qualificação dos suspeitos, salvo se for impossível.

Gabarito: Certo.

2096. **(2018 – AOCP – ITEP/RN – Perito Criminal – Adaptada)** Deferido o pedido, o juiz conduzirá os procedimentos de interceptação, dando ciência ao Delegado e ao Ministério Público, que poderão acompanhar a sua realização.

Certo ( )   Errado ( )

***Deferido o pedido, a autoridade policial conduzirá os procedimentos de interceptação, dando ciência ao Ministério Público, que poderá acompanhar a sua realização**, conforme o art. 6º da Lei de Interceptação.*

Gabarito: Errado.

2097. **(2018 – CESPE/CEBRASPE – PC/MA – Escrivão – Adaptada)** Em determinada comarca de um estado da Federação, em razão de uma denúncia anônima e após a realização de diligências, a polícia civil prendeu Maria, de dezoito anos de idade, que supostamente traficava maconha em uma praça nas proximidades da escola pública onde ela estudava. Levada à delegacia de polícia local, Maria foi autuada e indiciada. Depois de reunidos elementos informativos suficientes, o delegado elaborou um relatório com a descrição dos fatos, apontando os indícios de autoria. Com o encerramento das investigações, o inquérito policial foi encaminhado à autoridade competente.

Considere que os seguintes fatos sejam adicionais à situação hipotética descrita no texto

Entre as várias diligências realizadas envolvendo Maria, que redundaram em sua prisão por tráfico de maconha, a autoridade policial cogitou obter autorização para quebra de seu sigilo de comunicação telefônica como meio de prova na investigação criminal.

Considerando-se a situação hipotética descrita no texto e as informações adicionais anteriormente apresentadas, é correto afirmar, que será viável a sua realização na investigação do crime hediondo, mesmo que fossem incerto. os indícios de autoria.

Certo ( )   Errado ( )

Em desacordo com o teor do art. 2º da Lei de Interceptação.

Não será admitida a interceptação de comunicações telefônicas quando ocorrer qualquer das seguintes hipóteses: I - não houver indícios razoáveis da autoria ou participação em infração penal.
Gabarito: Errado.

2098. **(2018 – VUNESP – PC/SP – Escrivão)** Diante de uma investigação policial de um crime apenado com detenção, e verificando a necessidade de interceptação da comunicação telefônica, é correto afirmar que

a) não deverá ser solicitada ao Poder Judiciário, pois não é admitida nos crimes apenados por detenção.

b) a autoridade policial deverá requerer ao Poder Judiciário que a decretará por prazo não superior a 20 (vinte) dias.

c) poderá ser decretada pela autoridade policial pelo prazo de 20 (vinte) dias, sendo necessária a remessa da documentação ao Ministério Público para fiscalização da atividade policial.

d) poderá ser solicitada ao Poder Judiciário, mesmo na hipótese de a prova ter possibilidade de ser realizada por outros meios disponíveis.

e) a autoridade policial deverá requerer ao Ministério Público que a decretará por prazo não superior a 20 (vinte) dias.

Art. 2º Não será admitida a interceptação de comunicações telefônicas quando ocorrer qualquer das seguintes hipóteses:

I - não houver indícios razoáveis da autoria ou participação em infração penal;

II - a prova puder ser feita por outros meios disponíveis;

III - o fato investigado constituir infração penal punida, no máximo, com pena de detenção.
Gabarito: A.

2099. **(2018 – CESPE/CEBRASPE – PF – Delegado)** Com referência à interceptação de comunicação telefônica, ao crime de tráfico ilícito de entorpecentes, ao crime de lavagem de capitais e a crimes cibernéticos, julgue o seguinte item.

A interceptação da comunicação telefônica poderá ser realizada de ofício pela autoridade policial desde que o IP tenha como objetivo investigar crime hediondo, organização criminosa ou tráfico ilícito de entorpecentes.

Certo ( )   Errado ( )

Art. 1° A interceptação de comunicações telefônicas, de qualquer natureza, para prova em investigação criminal e em instrução processual penal, observará o disposto nesta lei e dependerá de ordem do juiz competente da ação principal, sob segredo de justiça.2

Art. 3° A interceptação das comunicações telefônicas **poderá ser determinada pelo juiz,** *de ofício ou a* **requerimento:**

I - da **autoridade policial,** *na investigação criminal;*

II - do **representante do Ministério Público,** *na investigação criminal e na instrução processual pena.*
Gabarito: Errado.

2100. **(2018 – TRF 3ª Região – TRF 3ª Região – Juiz – Adaptada)** Relativamente à interceptação de comunicações telefônicas, de qualquer natureza, para prova em investigação criminal e em instrução processual penal, assinale a alternativa que contém uma afirmação CORRETA:

a) Somente pode ser deferida a requerimento do Ministério Público, em qualquer fase da investigação policial ou na instrução processual penal.

b) É admissível para a investigação de qualquer tipo de infração penal.

c) Não poderá ser deferida se não houver indícios razoáveis da autoria ou participação em infração penal.

d) Será deferida, ainda que a prova possa ser feita por outros meios disponíveis.

Consoante o art. 2°, *dispõe que* ***NÃO será admitida*** *a interceptação de comunicações telefônicas quando ocorrer qualquer das seguintes hipóteses:*

I. não houver indícios razoáveis da autoria ou participação em infração penal;

II. a prova puder ser feita por outros meios disponíveis;

III. o fato investigado constituir infração penal punida, no máximo, com pena de detenção.
Gabarito: C.

2101. **(2018 – VUNESP – TJ/MT – Juiz – Adaptada)** Não será deferida a interceptação de comunicações telefônicas quando o fato criminoso investigado for punido, no máximo, com pena de detenção.

Certo ( )   Errado ( )

Art. 2° **Não será admitida a interceptação de comunicações telefônicas quando ocorrer qualquer das seguintes hipóteses:**

I - não houver indícios razoáveis da autoria ou participação em infração penal;

II - a prova puder ser feita por outros meios disponíveis;

III - o fato investigado constituir infração penal punida, no máximo, com pena de detenção.
Gabarito: Certo.

2102. **(2017 – MPE/PR – MPE/PR – Promotor de Justiça – Adaptada)** A Lei n° 9.296/96 admite a interceptação de comunicações telefônicas quando não houver indícios razoáveis da autoria ou participação em infração penal, pois é justamente o que a medida visa apurar durante a investigação.

Certo ( )   Errado ( )

A Lei nº 9.296/96 traz, em seu art. 2º, a seguinte determinação: *não será admitida a interceptação de comunicações telefônicas quando ocorrer qualquer das seguintes hipóteses: I - não houver indícios razoáveis da autoria ou participação em infração penal; II - a prova puder ser feita por outros meios disponíveis; III - o fato investigado constituir infração penal punida, no máximo, com pena de detenção.* Logo, o enunciado da alternativa está equivocado, sendo imprescindível que haja indícios razoáveis da autoria ou participação em infração penal: *o pedido de interceptação de comunicação telefônica conterá a demonstração de que a sua realização é necessária à apuração de infração penal, com indicação dos meios a serem empregados* (art. 4º, Lei nº 9.296/96).

Gabarito: Errado.

2103. **(2017 – VUNESP – DPE/RO – Defensor Público – Adaptada)** Sobre a interceptação telefônica, é correto afirmar que a interceptação de comunicação telefônica, de qualquer natureza, preservado seu sigilo, ocorrerá nos autos de inquérito policial.

Certo ( )   Errado ( )

O art. 8º da Lei nº 9.296/96 dispõe que *a interceptação de comunicação telefônica, de qualquer natureza, ocorrerá em autos apartados, apensados aos autos do inquérito policial ou do processo criminal, preservando-se o sigilo das diligências, gravações e transcrições respectivas.*

A Lei nº 13.964/2019 no art. 7º faz o acréscimo dos seguintes arts. 8º-A e 10-A:

Art. 8º-A. Para investigação ou instrução criminal, poderá ser autorizada pelo juiz, a requerimento da autoridade policial ou do Ministério Público, a captação ambiental de sinais eletromagnéticos, ópticos ou acústicos, quando.

Art. 10-A. Realizar captação ambiental de sinais eletromagnéticos, ópticos ou acústicos para investigação ou instrução criminal sem autorização judicial, quando esta for exigida.

Gabarito: Errado.

2104. **(2017 – FMP – MPE/RO – Promotor de Justiça – Adaptada)** No que diz respeito ao instituto da prova penal, é CORRETO afirmar que o pedido de interceptação telefônica será sempre formulado por escrito, devendo estar presentes os pressupostos que autorizem a interceptação, quais sejam, a demonstração de que a sua realização é necessária à apuração de infração penal e a indicação dos meios a serem empregados.

Certo ( )   Errado ( )

Conforme o art. 4º, § 1º, da Lei nº 9.296/96, excepcionalmente, *o juiz poderá admitir que o pedido seja formulado verbalmente, desde que estejam presentes os pressupostos que autorizem a interceptação, caso em que a concessão será condicionada à sua redução a termo.*

Gabarito: Errado.

2105. **(2017 – FCC – PC/AP – Oficial – Adaptada)** Considere a seguinte situação: provas de autoria de crime hediondo obtidas mediante interceptação telefônica determinada por Delegado de Polícia.

Certo ( )   Errado ( )

A Lei nº 9.296/96 dispõe, no art. 1º, que *a interceptação de comunicações telefônicas, de qualquer natureza, para prova em investigação criminal e em instrução processual penal, observará o disposto nesta Lei e dependerá de ordem do juiz competente da ação principal, sob segredo de justiça.*

Gabarito: Errado.

2106. **(2017 – VUNESP – DPE/RO – Defensor Público – Adaptada)** Sobre a interceptação telefônica, é correto afirmar que o pedido de interceptação telefônica poderá ser renovado por uma única vez e por igual tempo, uma vez comprovada a indispensabilidade do meio de prova.

Certo ( )   Errado ( )

Nos termos do art. 5º da Lei nº 9.296/96, *a decisão será fundamentada, sob pena de nulidade, indicando também a forma de execução da diligência, que não poderá exceder o prazo de 15 dias, renovável por igual tempo uma vez comprovada a indispensabilidade do meio de prova.*
Gabarito: Errado.

2107. **(2017 – FMP – MPE/RO – Promotor de Justiça – Adaptada)** De acordo com a Lei nº 9.296/96, cumprida a diligência, a autoridade policial encaminhará o resultado da interceptação telefônica ao juiz, acompanhado de auto circunstanciado contendo o resumo das operações realizadas, e somente realizará a transcrição da comunicação interceptada se houver determinação judicial.

Certo ( )   Errado ( )

Vejamos o que diz a Lei nº 9.296/96, em seu bojo, no art. 6º: *deferido o pedido, a autoridade policial conduzirá os procedimentos de interceptação, dando ciência ao Ministério Público, que poderá acompanhar a sua realização.*

§ 1º *No caso de a diligência possibilitar a gravação da comunicação interceptada, será determinada a sua transcrição.*

§ 2º *Cumprida a diligência, a autoridade policial encaminhará o resultado da interceptação ao juiz, acompanhado de auto circunstanciado, que deverá conter o resumo das operações realizadas.*
Gabarito: Certo.

2108. **(2017 – VUNESP – DPE/RO – Defensor Público – Adaptada)** Sobre a interceptação telefônica, é correto afirmar que se admitirá a interceptação de comunicações telefônicas quando o fato investigado constituir infração penal, independentemente do tipo de pena prevista.

Certo ( )   Errado ( )

Conforme o disposto no art. 2º da Lei nº 9.296/96, *não será admitida a interceptação de comunicações telefônicas quando ocorrer qualquer das seguintes hipóteses: III - o fato investigado constituir infração penal punida, no máximo, com pena de detenção.*
Gabarito: Errado.

2109. **(2017 – MPE/PR – MPE/PR – Promotor de Justiça – Adaptada)** A interceptação telefônica deve ser deferida através de decisão fundamentada e pelo prazo de 30 (trinta) dias, renovável por igual tempo uma vez comprovada a indispensabilidade do meio de prova.

Certo ( )   Errado ( )

O art. 5º da Lei nº 9.296/96 dispõe que *a decisão será fundamentada, sob pena de nulidade, indicando também a forma de execução da diligência, que não poderá exceder o prazo de quinze dias, renovável por igual tempo uma vez comprovada a indispensabilidade do meio de prova.*

ATENÇÃO: PRORROGAÇÃO DO PRAZO, conforme jurisprudência do STF: *é da jurisprudência desta Corte o entendimento de ser possível a prorrogação do prazo de autorização para a interceptação*

telefônica, mesmo que sucessiva, especialmente quando o fato é complexo, a exigir investigação diferenciada e contínua (HC nº 83.515/RS, Tribunal Pleno, Rel. Min. Nelson Jobim, DJ de 4/3/05).
Gabarito: Errado.

2110. **(2017 – VUNESP – DPE/RO – Defensor Público – Adaptada)** Sobre a interceptação telefônica, é correto afirmar que a interceptação das comunicações telefônicas poderá ser determinada pelo juiz de ofício.

Certo ( )   Errado ( )

A Lei de Interceptação Telefônica dispõe, no art. 3º, *que a interceptação das comunicações telefônicas poderá ser determinada pelo juiz, de ofício ou a requerimento.*
Gabarito: Certo.

2111. **(2017 – CESPE/CEBRASPE – TRF 1ª Região – Analista Judiciário)** Com relação às questões e aos processos incidentes, à interceptação telefônica e à prisão temporária, julgue o item subsequente.

A interceptação de comunicações telefônicas é admitida quando há indícios razoáveis de autoria ou participação em infração penal e não poderá exceder o prazo máximo de quinze dias, prorrogável uma única vez pelo mesmo período.

Certo ( )   Errado ( )

O art. 5º da Lei nº 9.296/96 trata do prazo da interceptação telefônica, a saber, 15 dias, começando a correr da data em que a escuta é efetivamente iniciada. A redação do art. 5º foi mal elaborada e que, quando fala em "renovável por igual tempo" não está limitando a possibilidade de renovações sucessivas, mas tão somente dizendo que as renovações não poderão exceder cada uma delas, o prazo de 15 dias. A jurisprudência majoritária do STF e do STJ consolidou o entendimento segundo o qual as interceptações telefônicas podem ser prorrogadas, desde que devidamente fundamentadas pelo juízo competente em relação à necessidade do prosseguimento das investigações, especialmente quando o caso for complexo e a prova indispensável.

Informativo nº 855 do STF: *a Lei nº 9.296/96 prevê que a interceptação telefônica "não poderá exceder o prazo de quinze dias, renovável por igual tempo uma vez comprovada a indispensabilidade do meio de prova. (art. 5º). A interceptação telefônica não pode exceder 15 dias. Contudo, pode ser renovada por igual período, não havendo restrição legal ao número de vezes para tal renovação, se comprovada a sua necessidade.* **STF. 2ª Turma. HC 133148/ES, Rel. Min. Ricardo Lewandowski, julgado em 21/2/17.**
Gabarito: Errado.

2112. **(2017 – VUNESP – DPE/RO – Defensor Público – Adaptada)** Sobre a interceptação telefônica, é correto afirmar que não há previsão legal de pedido de interceptação telefônica formulado verbalmente.

Certo ( )   Errado ( )

A Lei de Interceptação, no art. 4º, § 1º, dispõe que, *excepcionalmente, o juiz poderá admitir que o pedido seja formulado verbalmente, desde que estejam presentes os pressupostos que autorizem a interceptação, caso em que a concessão será condicionada à sua redução a termo.*
Gabarito: Errado.

2113. **(2017 – FMP – MPE/RO – Promotor de Justiça – Adaptada)** No que diz respeito ao instituto da prova penal, é CORRETO afirmar que, de acordo com a Lei nº 9.296/96, a interceptação das comunicações telefônicas poderá ser determinada pelo juiz, de ofício ou a requerimento da autoridade policial e do Ministério Público, na investigação criminal, ou do Ministério Público, do querelante e do assistente de acusação, na instrução processual penal.

Certo (   )   Errado (   )

Prevê a Lei nº 9.96/96, no art. 3º, *que a interceptação das comunicações telefônicas poderá ser determinada pelo juiz, de ofício ou a requerimento:*

*I - da **autoridade policial**, na investigação criminal;*

*II - do **representante do Ministério Público**, na investigação criminal e na instrução processual pena.*

Gabarito: Errado.

2114. **(2017 – IBADE – PC/AC – Escrivão)** Euclênio, jornalista, teve seu telefone interceptado para que fosse descoberta a fonte de uma reportagem, uma vez que alguém repassara informações a ele para uma matéria sobre corrupção no poder público. A polícia civil, ao elaborar a representação pela receptação telefônica sustentou que a fonte do jornalista participara de um esquema de desvio de verbas públicas e sua identificação seria imprescindível para o sucesso da investigação. Nesse contexto, é correto afirmar que:

a) em que pese o sigilo da fonte ser um direito fundamental, a interceptação telefônica é legal, mesmo que o jornalista não tenha participado do crime.

b) a interceptação telefônica é legal, mesmo que o jornalista não tenha participado do crime, devendo ser considerado que o sigilo da fonte não foi arrolado entre os direitos fundamentais.

c) a interceptação telefônica é ilegal porquanto o jornalista não tenha participação no crime e a CRFB/88 estabeleça o sigilo da fonte como direito individual.

d) considera-se a interceptação telefônica ilegal, tendo em vista que o jornalista não participou do crime, contudo não há previsão constitucional ao sigilo da fonte.

e) o jornalista não poderia ser interceptado em hipótese alguma, pois a CRFB/88 lhe garante a cláusula de reserva absoluta.

A Lei nº 9.296/96, no art. 2º, *dispõe que não será admitida a interceptação de comunicações telefônicas quando ocorrer qualquer das seguintes hipóteses:*

I - não houver indícios razoáveis da autoria ou participação em infração penal;

II - a prova puder ser feita por outros meios disponíveis;

III - o fato investigado constituir infração penal punida, no máximo, com pena de detenção.

DOS DIREITOS E DEVERES INDIVIDUAIS E COLETIVO - art. 5º CF/88 - XIV - é assegurado a todos o acesso à informação e resguardado o sigilo da fonte, quando necessário ao exercício profissional.

Gabarito: B.

2115. **(2017 – IBADE – PC/AC – Agente – Adaptada)** No que tange à Lei nº 9.296/96, que regulamenta a interceptação de comunicação telefônica, é correto afirmar que a interceptação das comunicações telefônicas poderá ser determinada pelo juiz, a requerimento da autoridade policial, na instrução criminal.

Certo (   )   Errado (   )

O art. 3º da Lei nº 9.296/96 prevê que *a interceptação das comunicações telefônicas poderá ser determinada pelo juiz, de ofício ou a requerimento: I - da autoridade policial, na investigação criminal.*
Gabarito: Errado.

2116. (2017 – CESPE/CEBRASPE – SERES/PE – Agente de Segurança Penitenciária – Adaptada) De acordo com a lei nº 9.296/96, a interceptação de comunicações telefônicas como meio de prova em investigação criminal deve ser executada por técnicos especializados das concessionárias de serviço público de telefonia, conforme determinar a autoridade policial.

Certo ( )   Errado ( )

O art. 7º, da Lei nº 9.296/96 determina que, *para os procedimentos de interceptação de que trata esta Lei, a autoridade policial PODERÁ requisitar serviços e técnicos especializados às concessionárias de serviço público.*
Gabarito: Errado.

2117. (2017 – IBADE – PC/AC – Delegado) Quanto ao número de vezes em que o prazo da interceptação telefônica pode ser renovado, entende a doutrina, bem com o Superior Tribunal de Justiça, em seu mais recente julgado acerca do tema, no início de 2013, que:

a) a renovação só pode ocorrer uma única vez. tendo a interceptação telefônica duração máxima de 30 (trinta dias).

b) não é possível haver a renovação da interceptação.

c) a renovação é cabível, desde que não ultrapasse o prazo de 60 (sessenta dias.

d) o prazo da interceptação pode ser renovado indefinidamente, desde que comprovada a indispensabilidade do meio de prova.

e) a renovação só pode ocorrer uma única vez, porém, quando houver justificação exaustiva do excesso e quando a medida for indispensável, é possível a renovação desde que não ofenda a razoabilidade.

A Lei nº 9.296/96, regulamenta o inciso XII, parte final, do art. 5º da CF/88. *A decisão será fundamentada, sob pena de nulidade, indicando também a forma de execução da diligência, que não poderá exceder o prazo de quinze dias, renovável por igual tempo uma vez comprovada a indispensabilidade do meio de prova, conforme o art. 5º.*

ATENÇÃO: Informativo nº 855 do STF: *a interceptação telefônica não pode exceder 15 dias. Contudo, pode ser renovada por igual período, não havendo restrição legal ao número de vezes para tal renovação, se comprovada a sua necessidade.*
Gabarito: D.

2118. (2017 – CESPE/CEBRASPE – SERES/PE – Agente de Segurança Penitenciária – Adaptada) De acordo com a lei nº 9.296/96, a interceptação de comunicações telefônicas como meio de prova em investigação criminal deve ser admitida em inquéritos instaurados para a apuração de crimes punidos com a pena de detenção ou reclusão.

Certo ( )   Errado ( )

Conforme previsão do art. 2º da Lei nº 9.296/96, não autorizar a interceptação de comunicação telefônica *será fundamentada*, sob pena de nulidade, *indicando também a forma de execução da diligência*, que não poderá exceder o prazo de 15 (quinze) dias, renovável por igual tempo uma vez comprovada a indispensabilidade do meio de prova.

ATENÇÃO: a Jurisprudência majoritária dos tribunais superiores vem entendendo que as interceptações telefônicas podem ser prorrogadas sucessivas vezes pelo tempo necessário para a produção da prova. O posicionamento que já é pacífico na jurisprudência foi reafirmado pela Quinta Turma do STJ, no julgamento do HC 143.805-SP, relatado para acórdão pelo Min. Gilson Dipp (14/2/2012).
Gabarito: Errado.

2119. **(2017 – FGV – ALERJ – Procurador)** Comissão Parlamentar de Inquérito de determinada Assembleia Legislativa, regularmente instaurada, determina a interceptação de comunicações telefônicas de Jorge, com base na Lei nº 9.296/96, bem como a quebra do sigilo de dados telefônicos de João, sendo que ambos figuravam na condição de investigados. Apenas com base nas informações obtidas por esses meios, o Ministério Público ofereceu denúncia em face de Jorge e João, encaminhando junto com a inicial acusatória a transcrição das conversas obtidas com a interceptação de Jorge e a relação de dados telefônicos de João.

Apenas com base nas informações narradas e na posição majoritária do Supremo Tribunal Federal, é correto afirmar que:

a) a relação de dados telefônicos de João configura prova válida, enquanto a transcrição a partir da interceptação das conversas telefônicas de Jorge configura prova ilícita.

b) ambas as provas, oriundas da interceptação telefônica e da quebra de sigilo de dados, devem ser consideradas válidas.

c) ambas as provas, oriundas da interceptação telefônica e da quebra de sigilo de dados, são ilícitas, devendo ser desentranhadas dos autos.

d) ambas as provas, oriundas da interceptação telefônica e da quebra de sigilo de dados, são ilícitas, mas podem continuar nos autos em razão da teoria da fonte independente.

e) o registro dos dados telefônicos de João configura prova ilícita, enquanto a transcrição das conversas de Jorge, obtidas por interceptação telefônica, configura prova válida.

Nos termos da Lei nº 9.296/96, art. 3º, *a interceptação das comunicações telefônicas poderá ser determinada pelo juiz, de ofício ou a requerimento: II – da autoridade policial, na investigação criminal; II - do representante do Ministério Público, na investigação criminal e na instrução processual penal.*
Gabarito: A.

2120. **(2017 – CESPE/CEBRASPE – SERES/PE – Agente de Segurança Penitenciária – Adaptada)** De acordo com a lei nº 9.296/96, a interceptação de comunicações telefônicas como meio de prova em investigação criminal deve ser deferida de oficio por autoridade policial, independentemente de autorização judicial.

Certo ( )   Errado ( )

A interceptação somente ocorrerá mediante ordem do juiz competente da ação principal, sob segredo de justiça, vide art. 1º da Lei nº 9.296/96.
Gabarito: Errado.

2121. **(2017 – IBADE – PC/AC – Agente – Adaptada)** No que tange à Lei nº 9.296/96, que regulamenta a interceptação de comunicação telefônica, é correto afirmar que não será admitida a interceptação de comunicações telefônicas quando o fato investigado constituir infração penal punida, no máximo, com pena de detenção.

Certo ( )   Errado ( )

É o teor do art. 2º, III, da Lei nº 9.296/96: *não será admitida a interceptação de comunicações telefônicas quando o fato investigado constituir infração penal punida, no máximo, com pena de detenção.*

Gabarito: Certo.

2122. **(2017 – IBADE – PC/AC – Agente – Adaptada)** No que tange à Lei nº 9.296/96, que regulamenta a interceptação de comunicação telefônica, é correto afirmar que o juiz, no prazo máximo de quarenta e oito horas, decidirá sobre o pedido de interceptação de comunicação telefônica representado pela autoridade policial.

Certo ( )   Errado ( )

Dispõe o art. 4º, § 2º, da Lei nº 9.296/96, *que, no prazo máximo 24 horas, o juiz decidirá sobre o pedido de interceptação de comunicação telefônica representado pela autoridade policial.*

Gabarito: Errado.

2123. **(2017 – IBADE – PC/AC – Agente – Adaptada)** No que tange à Lei nº 9.296/96, que regulamenta a interceptação de comunicação telefônica, é correto afirmar que a interceptação de comunicações telefônicas, de qualquer natureza, para prova em investigação criminal e em instrução processual penal, observará o disposto nesta lei e dependerá de ordem do juiz competente da ação principal, excluindo-se o segredo de justiça.

Certo ( )   Errado ( )

Nos termos do art. 1º da Lei nº 9.296/96, *a interceptação de comunicações telefônicas, de qualquer natureza, para prova em investigação criminal e em instrução processual penal, observará o disposto nesta lei e dependerá de ordem do juiz competente da ação principal, sob segredo de justiça.*

Gabarito: Errado.

2124. **(2017 – CESPE/CEBRASPE – SERES/PE – Agente de Segurança Penitenciária – Adaptada)** De acordo com a Lei nº 9.296/96, a interceptação de comunicações telefônicas como meio de prova em investigação criminal deve ser deferida por autoridade judicial e conduzida por autoridade policial, que deverá dar ciência ao Ministério Público, para que acompanhe as diligências.

Certo ( )   Errado ( )

Nos termos do art. 6º da Lei nº 9.296/96, *deferido o pedido, a autoridade policial conduzirá os procedimentos de interceptação, dando ciência ao Ministério Público, que poderá acompanhar a sua realização.*

Gabarito: Certo.

2125. **(2016 – CESPE/CEBRASPE – PC/GO – Agente – Adaptada)** Caso uma pessoa seja ré em processo criminal por supostamente ter cometido homicídio qualificado, eventual interceptação de suas comunicações telefônicas dependerá de ordem do juiz competente, sob segredo de justiça.

Certo ( )   Errado ( )

A interceptação de comunicações telefônicas, de qualquer natureza, para prova em investigação criminal e em instrução processual penal, observará o disposto nesta Lei e dependerá de ordem do juiz competente da ação principal, sob segredo de justiça, conforme o art. 1º da Lei de nº 9.296/96.

Observe a TEORIA DO JUÍZO APARENTE: a respectiva teoria entende que, no momento da decretação da medida de interceptação, os elementos informativos até o momento adquirido apontam para a competência da autoridade judiciária que pode decretar a interceptação telefônica. Sendo assim, devem ser reputadas válidas as provas assim obtidas, ainda que, em seguida, seja reconhecida a incompetência do juiz inicialmente competente para o processo.

Gabarito: Certo.

2126. **(2016 – CESPE/CEBRASPE – PC/GO – Agente – Adaptada)** Caso uma pessoa seja ré em processo criminal por supostamente ter cometido homicídio qualificado, eventual interceptação de suas comunicações telefônicas poderá ser admitida por meio de parecer favorável de representante do MP.

Certo ( )   Errado ( )

A interceptação telefônica como medida cautelar probatória pode ser determinada de ofício pelo juiz, independente de oitiva do Ministério Público, ou a requerimento do Ministério Público na investigação ou processo, ou por representação do Delegado na investigação, art. 3º, I e II, da Lei nº 9.296/96.
Gabarito: Errado.

2127. **(2016 – FGV – MPE/RJ – Analista – Adaptada)** Carlos é investigado pela prática do crime de homicídio culposo na direção de veículo automotor (art. 302, CTB – pena: detenção, de 2 a 4 anos, e suspensão ou proibição de se obter a permissão ou habilitação para dirigir veículo automotor). No curso das investigações, o Ministério Público encontra dificuldades na obtenção da justa causa, mas constam informações de que Carlos conversa e ri dos fatos com amigos ao telefone, admitindo o crime. Diante disso, o delegado representa pela interceptação de comunicações telefônicas. Sobre os fatos narrados, é correto afirmar que a interceptação poderá ser decretada, mas não poderá ultrapassar o prazo de 30 dias, prorrogável por igual período.

Certo ( )   Errado ( )

O art. 5º, da Lei nº 9.296/96, prevê que a decisão será fundamentada, sob pena de nulidade, indicando também a forma de execução da diligência, que não poderá exceder o prazo de quinze dias, renovável por igual tempo uma vez comprovada a indispensabilidade do meio de prova.
Gabarito: Errado.

2128. **(2016 – CESPE/CEBRASPE – Polícia Científica/PE – Perito Criminal – Adaptada)** A interceptação de comunicações telefônicas pode ser requerida pela autoridade policial no curso da instrução processual penal.

Certo ( )   Errado ( )

Pode ser requerida pela autoridade policial no curso da investigação criminal, NÃO da instrução processual penal. Nos termos do art. 3º: *A interceptação das comunicações telefônicas poderá ser determinada pelo juiz, de ofício ou a requerimento: I- da autoridade policial, na investigação criminal.*
Gabarito: Errado.

2129. **(2016 – FUNCAB – PC/PA – Investigador – Adaptada)** Nos termos da lei de interceptação telefônica, Lei nº 9.296/96, é correto afirmar que são considerados requisitos para a admissibilidade da interceptação das comunicações telefônicas: haver indícios razoáveis da autoria ou participação em infração penal; quando a prova puder ser produzida por outros meios disponíveis e o fato investigado constituir infração penal punida, com pena de detenção.

Certo ( )   Errado ( )

São considerados requisitos para a admissibilidade da interceptação das comunicações telefônicas: haver indícios razoáveis da autoria ou participação em infração penal; quando a prova (não) puder ser produzida por outros meios disponíveis e o fato investigado constituir infração penal punida, com pena de detenção (reclusão). art. 2º I, II, III, da Lei nº 9.296/96.
Gabarito: Errado.

2130. **(2016 – CESPE/CEBRASPE – Polícia Científica/PE – Perito Criminal – Adaptada)** A interceptação de comunicações telefônicas depende da existência de indícios razoáveis de autoria e da materialidade da infração penal.

Certo ( )   Errado ( )

Depende da existência de indícios razoáveis de autoria ou PARTICIPAÇÃO em infração penal, NÃO da materialidade da infração penal. *art. 2º Não será admitida a interceptação de comunicações telefônicas quando ocorrer qualquer das seguintes hipóteses: I - Não houver indícios razoáveis da autoria ou PARTICIPAÇÃO em infração penal.* **Ademais, a materialidade delitiva será apurada com os resultados obtidos com a interceptação.**
Gabarito: Errado.

2131. **(2016 – FUNCAB – PC/PA – Investigador – Adaptada)** Nos termos da lei de interceptação telefônica, Lei nº 9.296/96, é correto afirmar que, excepcionalmente, o juiz poderá admitir que o pedido seja formulado verbalmente, desde que estejam presentes os pressupostos que autorizem a interceptação, caso em que a concessão ocorrerá sem a necessidade da sua redução a termo.

Certo ( )   Errado ( )

Excepcionalmente, o juiz poderá admitir que o pedido seja formulado verbalmente, desde que estejam presentes os pressupostos que autorizem a interceptação, caso em que a concessão ocorrerá sem a necessidade da (será condicionada) sua redução a termo. **Art. 4º, § 1º da Lei nº 9.296/96. E para os procedimentos de interceptação,** *a autoridade policial não poderá dispensar (poderá) a requisição de serviços e técnicos especializados às concessionárias de serviço público.* **Art. 7º da Lei nº 9.296/96.**
Gabarito: Errado.

2132. (2016 - CESPE/CEBRASPE - PC/GO - Agente - Adaptada) Caso uma pessoa seja ré em processo criminal por supostamente ter cometido homicídio qualificado, eventual interceptação de suas comunicações telefônicas não poderá exceder o prazo improrrogável de quinze dias, se concedida pelo juiz.

Certo ( )   Errado ( )

A interceptação poderá durar 15 dias, prorrogáveis por mais 15 dias, conforme previsão do art. 5º, da Lei nº 9.296/96. A jurisprudência do STJ tem julgados em que já autorizou mais de uma prorrogação do prazo da interceptação, "tantas vezes quantas forem necessárias".

ATENÇÃO: a Jurisprudência majoritária dos tribunais superiores vem entendendo que as interceptações telefônicas podem ser prorrogadas sucessivas vezes pelo tempo necessário para a produção da prova. O posicionamento que já é pacífico na jurisprudência foi reafirmado pela Quinta Turma do STJ, no julgamento do HC 143.805-SP, relatado para acórdão pelo Min. Gilson Dipp (14/2/2012).
Gabarito: Errado.

2133. (2016 - FGV - MPE/RJ - Analista - Adaptada) Carlos é investigado pela prática do crime de homicídio culposo na direção de veículo automotor (art. 302, CTB - pena: detenção, de 2 a 4 anos, e suspensão ou proibição de se obter a permissão ou habilitação para dirigir veículo automotor). No curso das investigações, o Ministério Público encontra dificuldades na obtenção da justa causa, mas constam informações de que Carlos conversa e ri dos fatos com amigos ao telefone, admitindo o crime. Diante disso, o delegado representa pela interceptação de comunicações telefônicas. Sobre os fatos narrados, é correto afirmar que a interceptação não deverá ser decretada, pois ainda na fase de inquérito policial;

Certo ( )   Errado ( )

Nos termos do art. 89, § 4º, da Lei nº 9.296/96, *a interceptação telefônica pode ser decretada tanto na fase de investigação criminal, quanto na fase de instrução processual penal.*
Gabarito: Errado.

2134. (2016 - CESPE/CEBRASPE - PC/GO - Agente - Adaptada) Caso uma pessoa seja ré em processo criminal por supostamente ter cometido homicídio qualificado, eventual interceptação de suas comunicações telefônicas deverá ser negada, se for requerida verbalmente ao juiz competente.

Certo ( )   Errado ( )

De fato, a interceptação pode ser excepcionalmente requerida verbalmente pelo Delegado ou MP. Porém sua concessão fica condicionada à redução a termo (art. 4º, § 1º).
Gabarito: Errado.

2135. (2016 - FUNCAB - PC/PA - Investigador - Adaptada) Nos termos da lei de interceptação telefônica, Lei nº 9.296, de 1996, é correto afirmar que a decisão será fundamentada, sob pena de nulidade, indicando também a forma de execução da diligência, que não poderá exceder o prazo de quinze dias, renovável por igual tempo uma vez comprovada a indispensabilidade do meio de prova.

Certo ( )   Errado ( )

Conforme art. 5º, *caput*, da Lei nº 9.296/96: *a decisão será fundamentada, sob pena de nulidade, indicando também a forma de execução da diligência, que não poderá exceder o prazo de quinze dias, renovável por igual tempo uma vez comprovada a indispensabilidade do meio de prova.*
Gabarito: Certo.

2136. **(2016 – CESPE/CEBRASPE – Polícia Científica/PE – Perito Criminal – Adaptada)** A intercepta-ção de comunicações telefônicas pode ser determinada de ofício pelo juiz durante a investigação criminal.

Certo ( )　　　　　Errado ( )

Nos termos do art. 3º, parágrafo único, da Lei nº 9.296/96, *a interceptação das comunicações te-lefônicas poderá ser determinada pelo juiz, de ofício ou a requerimento: I - da autoridade policial, na investigação criminal.*
Gabarito: Certo.

2137. **(2016 – CESPE/CEBRASPE – Polícia Científica/PE – Perito Criminal – Adaptada)** A intercep-tação de comunicações telefônicas é admitida se o fato investigado constituir infração penal punida, pelo menos, com pena de detenção.

Certo ( )　　　　　Errado ( )

NÃO será admitida a interceptação de comunicações telefônicas quando o fato investigado cons-tituir infração penal punida, no máximo, com pena de detenção, conforme dispõe o art. 2º, III, da Lei nº 9.296/96.
Gabarito: Errado.

2138. **(2016 – FGV – MPE/RJ – Analista – Adaptada)** Carlos é investigado pela prática do crime de ho-micídio culposo na direção de veículo automotor (art. 302, CTB – pena: detenção, de 2 a 4 anos, e suspensão ou proibição de se obter a permissão ou habilitação para dirigir veículo automo-tor). No curso das investigações, o Ministério Público encontra dificuldades na obtenção da justa causa, mas constam informações de que Carlos conversa e ri dos fatos com amigos ao telefone, admitindo o crime. Diante disso, o delegado representa pela interceptação de comunicações te-lefônicas. Sobre os fatos narrados, é correto afirmar que a interceptação poderá ser decretada, sendo que o conteúdo interceptado deverá ser, necessariamente, integralmente transcrito.

Certo ( )　　　　　Errado ( )

O art. 9º da Lei nº 9.296/96 dispõe que *a gravação que não interessar à prova será inutilizada por decisão judicial, durante o inquérito, a instrução processual ou após esta, em virtude de requerimento do Ministério Público ou da parte interessada.*
Gabarito: Errado.

2139. **(2015 – VUNESP – TJ/MS – Juiz – Adaptada)** Com relação ao pedido de interceptação telefôni-ca, disciplinado pela Lei nº 9.296/96, é correto afirmar que poderá ser formulado verbalmente, desde que presentes os pressupostos autorizadores e demonstrada a excepcionalidade da situa-ção, caso em que a concessão será reduzida a termo.

Certo ( )　　　　　Errado ( )

Excepcionalmente, o juiz poderá admitir que o pedido seja formulado verbalmente, desde que estejam presentes os pressupostos que autorizem a interceptação, caso em que a concessão será condicionada à sua redução a termo, art. 4º, § 1º, da Lei.

Gabarito: Certo.

2140. (2015 – CESPE/CEBRASPE – TRF 1ª Região – Juiz) A interceptação das comunicações telefônicas poderá ser determinada pelo juiz a requerimento

a) d assistente de acusação, durante a investigação criminal.

b) do ministro da Fazenda, quando da investigação de crimes contra a ordem tributária.

c) da autoridade policial, durante a investigação criminal.

d) d– MP, somente após o recebimento da denúncia.

e) do ministro da Justiça, se o crime praticado envolver a violação de direitos humanos.

Os autorizados estão presentes no art. 3º da Lei nº 9.296/96: Juiz, Promotor e Delegado.

Art. 3º A interceptação das comunicações telefônicas poderá ser determinada pelo juiz, de ofício ou a requerimento:

I - da autoridade policial, na investigação criminal;

II - do representante do Ministério Público, na investigação criminal e na instrução processual penal.

Gabarito: C.

2141. (2015 – VUNESP – TJ/MS – Juiz – Adaptada) Com relação ao pedido de interceptação telefônica, disciplinado pela Lei n 9.296/96, é correto afirmar que, na investigação criminal, será formulado ao representante do Ministério Público, e na instrução processual penal, ao juiz, com prazo de 24 horas para decisão.

Certo ( )   Errado ( )

A interceptação telefônica está submetida à "Cláusula de Reserva de Jurisdição", logo, conforme o art. 3º, da Lei nº 9.296/96, poderá *ser determinada pelo juiz, de ofício ou a requerimento"*. *SOMENTE os JUÍZES podem deferir a interceptação em todas as fases da persecução penal e ao Ministério Público compete requerer se for o caso.*

Gabarito: Errado.

2142. (2015 – VUNESP – TJ/MS – Juiz – Adaptada) Com relação ao pedido de interceptação telefônica, disciplinado pela Lei no 9.296/96, é correto afirmar que conterá prova de materialidade e indícios de autoria ou participação em crime apenado com detenção ou reclusão, além de demonstração da indispensabilidade do meio de prova.

Certo ( )   Errado ( )

Conforme previsão expressa do art. 2º III, *não será admitida a interceptação de comunicações telefônicas quando o fato investigado constituir infração penal punida, no máximo, com pena de detenção.* **(SÓ DE RECLUSÃO)**

Gabarito: Errado.

2143. **(2015 – VUNESP – PC/CE – Inspetor – Adaptada)** está correto afirmar que as interceptações das comunicações telefônicas são admitidas como meio de prova para qualquer crime.

Certo (   )   Errado (   )

As interceptações NÃO serão admitidas como prova nas hipóteses do art. 2º: *I - não houver indícios razoáveis da autoria ou participação em infração penal; II - a prova puder ser feita por outros meios disponíveis; III - o fato investigado constituir infração penal punida, no máximo, com pena de detenção.*

Gabarito: Errado.

2144. **(2015 – FUNIVERSA – PC/DF – Papiloscopista)** Constitui um dos requisitos para que seja admitida a interceptação telefônica, segundo a Lei nº 9.296/96, o(a)

a) fato investigado constituir infração penal punida, no máximo, com pena de detenção.

b) existência de indícios razoáveis da participação em infração penal.

c) fato investigado constituir infração penal punida com pena de multa.

d) indício razoável da autoria em contravenção penal.

e) possibilidade de a prova puder ser feita por outros meios disponíveis.

O art. 2º responde a alternativa inteira, posto que *NÃO será admitida a interceptação de comunicações telefônicas quando ocorrer qualquer das seguintes hipóteses:*

I - não houver indícios razoáveis da autoria ou participação em infração penal;

II - a prova puder ser feita por outros meios disponíveis;

III - o fato investigado constituir infração penal punida, no máximo, com pena de detenção.

ATENÇÃO: em regra, a interceptação telefônica só poderá ser realizada em crimes punidos com reclusão.

Os tribunais admitem a possibilidade de provas baseadas em interceptação telefônicas em caso de crimes punidos com pena de detenção em alguns casos, senão vejamos:

STF: *As informações colhidas numa interceptação podem subsidiar denúncia em crime punido com detenção desde conexos com crime punido com pena de reclusão. HC 83515/RS*

STJ: *Se, no curso da interceptação - deferida para a apuração de crimes punidos com reclusão -, são descobertos outros crimes conexos com aqueles punidos com detenção, não há porque exclui-los da denúncia.*

Gabarito: B.

2145. **(2015 – VUNESP – TJ/MS – Juiz – Adaptada)** Com relação ao pedido de interceptação telefônica, disciplinado pela Lei nº 9.296/96, é correto afirmar, deferido o pedido, o juiz conduzirá os procedimentos de interceptação, dando ciência ao Ministério Público, que poderá acompanhar a sua realização.

Certo (   )   Errado (   )

O teor do art. 6º estabelece que, *deferido o pedido, a AUTORIDADE POLICIAL conduzirá os procedimentos de interceptação, dando ciência ao Ministério Público, que poderá acompanhar a sua realização.*

Gabarito: Errado.

2146. **(2015 - VUNESP - TJ/MS - Juiz - Adaptada)** Com relação ao pedido de interceptação telefônica, disciplinado pela Lei nº 9.296/96, é correto afirmar que, na decisão de deferimento, será consignado, para a execução da diligência, o prazo de 30 (trinta) dias, prorrogável por uma vez, comprovada a indispensabilidade do meio de prova.

Certo ( )   Errado ( )

O art. 5º da Lei nº 9.296/96 dispõe que *a decisão será fundamentada, sob pena de nulidade, indicando também a forma de execução da diligência, que não poderá exceder o prazo de 15 dias, renovável por igual tempo uma vez comprovada a indispensabilidade do meio de prova.*

Gabarito: Errado.

2147. **(2015 - VUNESP - PC/CE - Inspetor - Adaptada)** Sobre a Lei de Interceptação Telefônica (Lei nº 9.296/96 - Adaptada), está correto afirmar que a conversa telefônica gravada por um dos interlocutores não caracteriza crime, não estando, portanto, sujeito às disposições da Lei nº 9.296/96.

Certo ( )   Errado ( )

A conversa telefônica não é ilícita. Trata-se de uma autogravação. Na conversa telefônica, inexiste a figura do terceiro interceptador e, por isso, não está sujeito às normas da Lei de interceptação telefônica.

ATENÇÃO: A doutrina e jurisprudência fazem diferenciação entre os conceitos: interceptação, escuta e gravação/captação.

INTERCEPTAÇÃO: será realizada por terceiro, SEM o conhecimento dos interlocutores.

ESCUTA: realizada por terceiro, COM o conhecimento de um dos interlocutores.

GRAVAÇÃO CLANDESTINA ou CAPTAÇÃO: realizada por um dos interlocutores e SEM o conhecimento do outro.

Conforme a jurisprudência do STF e STJ, a Escuta e a Gravação NÃO se submetem às regras dispostas pela Lei nº 9.296/96.

Gabarito: Certo.

2148. **(2015 - VUNESP - PC/CE - Inspetor - Adaptada)** Sobre a Lei de Interceptação Telefônica (Lei nº 9.296/96 - Adaptada), está correto afirmar que, sendo infrutífera a interceptação de conversas telefônicas, ao final do prazo, a autoridade policial arquivará o material gravado, comunicando o juiz apenas do resultado negativo da interceptação.

Certo ( )   Errado ( )

Segundo o art. 9º da Lei, a gravação que não interessar à prova será inutilizada POR DECISÃO JUDICIAL "Incidente de inutilização", sendo assim, o juiz é que decide, ele não é apenas comunicado. O juiz faz o controle jurisdicional.

Gabarito: Errado.

JURISPRUDÊNCIA EM TESES DO STJ EDIÇÃO
Nº 117: INTERCEPTAÇÃO TELEFÔNICA - I

1) A alteração da competência não torna inválida a decisão acerca da interceptação telefônica determinada por juízo inicialmente competente para o processamento do feito.

2) É admissível a utilização da técnica de fundamentação *per relationem* para a prorrogação de interceptação telefônica quando mantidos os pressupostos que autorizaram a decretação da medida originária.

3) O art. 6º da Lei nº 9.296/96 não restringe à polícia civil a atribuição para a execução de interceptação telefônica ordenada judicialmente.

4) É possível a determinação de interceptações telefônicas com base em denúncia anônima, desde que corroborada por outros elementos que confirmem a necessidade da medida excepcional.

5) A interceptação telefônica só será deferida quando não houver outros meios de prova disponíveis (é subsidiária) à época na qual a medida invasiva foi requerida, sendo ônus da defesa demonstrar violação ao disposto no art. 2º, inciso II, da Lei nº 9. 296/1996.

6) É legítima a prova obtida por meio de interceptação telefônica para apuração de delito punido com detenção, se conexo com outro crime apenado com reclusão.

7) A garantia do sigilo das comunicações entre advogado e cliente não confere imunidade para a prática de crimes no exercício da advocacia, sendo lícita a colheita de provas em interceptação telefônica devidamente autorizada e motivada pela autoridade judicial.

8) É DESNECESSÁRIA a realização de perícia para a identificação de voz captada nas interceptações telefônicas, salvo quando houver dúvida plausível que justifique a medida.

9) Não há necessidade de degravação dos diálogos objeto de interceptação telefônica, em sua integralidade, visto que a Lei nº 9.296/96 não faz qualquer exigência nesse sentido.

10) Em razão da ausência de previsão na Lei nº 9.296/96, é desnecessário que as degravações das escutas sejam feitas por peritos oficiais.

LEI Nº 9.099/95 – JUIZADO ESPECIAL CRIMINAL (JECRIM)

2149. (2021 – CESPE/CEBRASPE – PC/DF – Escrivão) Com base no disposto na Lei nº 9.099/1995, julgue os itens a seguir.

A lavratura de termo circunstanciado de ocorrência não acarreta indiciamento do autor do fato.

Certo ( )   Errado ( )

A lavratura de termo circunstanciado de ocorrência **NÃO acarreta indiciamento do autor do fato de menor potencial ofensivo, porquanto,** o previsto no art. 1º, § 6º, da Lei nº 12.830/13, dispõe que *o indiciamento, EXIGE que o delegado de polícia, o realize por* **ato fundamentado, mediante análise técnico-jurídica do fato,** *que* **DEVERÁ indicar a autoria, materialidade e suas circunstâncias.**

Jurisprudência do STF: *[...] Considerando-se que o termo circunstanciado* **não é procedimento investigativo,** *mas sim uma mera peça informativa com descrição detalhada do fato e as declarações do condutor do flagrante e do autor do fato [...]* STF. Plenário. ADI 3807, Rel. Cármen Lúcia, julgado em 29/06/2020 (Info. nº 986).

Gabarito: Certo.

2150. (2021 – CESPE/CEBRASPE – PC/DF – Escrivão) Em se tratando de crimes de médio potencial ofensivo cuja ação penal seja pública incondicionada, o Ministério Público poderá oferecer transação penal, com aplicação imediata de pena restritiva de direitos ou multa.

Certo ( )   Errado ( )

A transação penal prevista no art. 76 da Lei nº 9.099/95, é admissível em **crimes de menor potencial ofensivo** (cuja pena privativa de liberdade não seja superior a 2 anos) e em contravenções penais. Trata-se de uma espécie de acordo realizado entre o acusado e o Ministério Público, no qual o acusado aceita cumprir pena (multa ou restrição de direitos) de maneira imediata, sem ter sido condenado, tendo em vista o arquivamento do processo. Portanto, não há condenação, o processo é encerrado sem análise da questão e o acusado prossegue sem registros criminais.

Gabarito: Errado.

2151. (2021 – CESPE/CEBRASPE – PC/DF – Agente) No que se refere ao autor do fato criminoso e ao processo penal brasileiro, julgue os próximos itens.

Na citação do acusado de crime de menor potencial ofensivo deverá constar a necessidade de comparecimento do acusado acompanhado de advogado; a ausência deste caracterizará confissão ficta.

Certo ( )   Errado ( )

No procedimento do Juizado especial criminal não ocorre à confissão ficta. *Do ato de intimação do autor do fato e do mandado de citação do acusado, constará a necessidade de seu* **comparecimento acompanhado de advogado,** *com a* **advertência de que, na sua falta, ser-lhe-á designado defensor público,** conforme o teor do art. 68 da Lei nº 9.099/95.

Gabarito: Errado.

2152. **(2021 – IADES – PM/PA – Aspirante – Adaptada)** Em relação ao procedimento previsto na Lei nº 9.099/1995 acerca de juizados especiais criminais, levando em consideração a fase preliminar do procedimento, suponha que o autor do fato e a vítima consigam estabelecer um diálogo e decidam realizar a composição civil dos danos. Considerando as disposições dessa lei, quanto à composição civil dos danos, assinale a alternativa correta.

a) A audiência preliminar do procedimento em que for realizada eventual composição civil dos danos será, obrigatoriamente, presidida apenas por juiz togado.

b) A eventual representação criminal do ofendido, caso seja necessária, somente poderá ser dada até o momento anterior ao da composição civil dos danos.

c) Caso a composição civil dos danos ocorra, o acordo homologado acarreta a renúncia ao direito de queixa ou representação.

d) A composição civil dos danos prescinde de homologação judicial para produzir efeitos

Conforme estabelece o parágrafo único do art. 74 da Lei nº 9.099/95, vejamos:

*Tratando-se de ação penal de **iniciativa PRIVADA** ou de ação penal pública condicionada à representação, o **acordo homologado acarreta a RENÚNCIA** ao direito de queixa ou representação.*

Fundamentação das alternativas: a) *Conforme o art. 75 da Lei nº 9.099/95 não obtida a composição dos danos civis, será dada imediatamente ao ofendido a oportunidade de exercer o direito de representação verbal, que será reduzida a termo. O não oferecimento da representação na audiência preliminar **NÃO implica decadência do direito, que PODERÁ ser exercido no prazo previsto em lei; b)** A audiência preliminar do procedimento em que for realizada eventual composição civil dos danos será conduzida pelo juiz ou por conciliador sob sua orientação, nos termos do art. 73 da Lei nº 9.099/95 e **d)** Nos termos do art. 74 da Lei nº 9.099/95 para a na composição dos danos civis que será reduzida a escrito, DEVE esta ser homologada pelo Juiz mediante sentença IRRECORRÍVEL, terá eficácia de título a ser executado no juízo civil competente.*

Gabarito: C.

2153. **(2021 – CESPE/CEBRASPE – PC/DF – Escrivão)** O indiciamento de beneficiário da suspensão condicional do processo por novo crime praticado durante a vigência do benefício implica revogação do sursis processual, devendo o juiz, nesse caso, determinar o prosseguimento do feito, sem prejuízo de outras medidas.

Certo ( )   Errado ( )

Conforme o teor do § 4º, do art. 89, da Lei nº 9.099/95 *a suspensão condicional do processo **PODERÁ ser revogada** se o acusado vier a ser **processado, no curso do prazo, por contravenção**, ou descumprir qualquer outra condição imposta. Trata-se, portanto, de **hipótese FACULTATIVA de revogação**, e não obrigatória, como afirma o enunciado.*

Gabarito: Errado.

2154. **(2021 – FGV – PC/RN – Delegado)** A Lei nº 9.099/1995 dispõe sobre os Juizados Especiais Criminais, próprios para o julgamento dos delitos de menor potencial ofensivo, prevendo regramento e institutos próprios. De acordo com a referida legislação e outras subsequentes:

a) os crimes de menor potencial ofensivo sempre serão julgados no Juizado Especial Criminal.

b) caberá recurso de apelação contra a decisão que rejeitar a denúncia.

c) a sentença deverá, obrigatoriamente, conter relatório, fundamentação e parte dispositiva.

d) consideram-se infrações de menor potencial ofensivo aquelas em que apena máxima não é superior a dois anos e não possuem a elementar violência ou grave ameaça à pessoa.

Conforme o art. 82 da Lei nº 9.099/95, *da decisão de rejeição da denúncia ou queixa e da **sentença** caberá **APELAÇÃO**, que poderá ser julgada por turma composta de três Juízes em exercício no primeiro grau de jurisdição, reunidos na sede do Juizado.*

RECURSOS NO JECRIM:

APELAÇÃO – art. 82	EMBARGOS DE DECLARAÇÃO – art. 83
Em caso de rejeição da denúncia ou queixa e sentença - prazo de 10 dias. Será julgada por turma composta de três Juízes em exercício no primeiro grau de jurisdição, reunidos na sede do Juizado.	Cabem embargos de declaração quando, em sentença ou acórdão, houver obscuridade, contradição ou omissão. Opostos por escrito ou oralmente, no prazo de 5 dias, contados da ciência da decisão. INTERROMPE o prazo para a interposição de recurso
Súmula nº 203 do STJ: NÃO cabe recurso especial (REsp → STJ) contra decisão proferida por órgão de segundo grau dos Juizados Especiais.	

Atenção! Composição Civil dos Danos —NÃO CABE recurso

Fundamentação das alternativas: a) *NÃO serão sempre julgados no Jecrim. Na reunião de processos, **perante o juízo comum ou o tribunal do júri**, decorrentes da aplicação das regras de **conexão e continência**, observar-se-ão os institutos da transação penal e da composição dos danos civis.* (art. 60, Parágrafo único da Lei nº 9.099/95); **c)** *Conforme o art. 81, § 3º, da Lei nº 9.099/95a sentença, DISPENSADO o relatório, mencionará os elementos de convicção do Juiz e* **d)** *ERRADO: art. 61. Consideram-se infrações penais de menor potencial ofensivo, para os efeitos desta Lei, as contravenções penais e os crimes a que a lei comine pena máxima não superior a 2 (dois) anos, cumulada ou não com multa.*

Gabarito: B.

2155. **(2020 – CESPE/CEBRASPE – MPE/CE – Analista Ministerial)** A respeito dos aspectos processuais da Lei nº 9.099/1995 e de sua interpretação jurisprudencial, julgue o item subsequente.

Tribunal de justiça não detém competência para o julgamento de pedidos de *habeas corpus* em que a autoridade coatora seja turma recursal dos juizados especiais.

Certo ( )   Errado ( )

A assertiva afronta o teor da Jurisprudência em Teses STJ – EDIÇÃO N. 93: *JUIZADOS ESPECIAIS CRIMINAIS – I. 1) Compete aos **Tribunais de Justiça ou aos Tribunais Regionais Federais** o julgamento dos pedidos de habeas corpus quando a autoridade coatora for Turma Recursal dos Juizados Especiais.*

Gabarito: Errado.

2156. (2020 – CESPE/CEBRASPE – MPE/CE – Analista Ministerial) A respeito dos aspectos processuais da Lei nº 9.099/1995 e de sua interpretação jurisprudencial, julgue o item subsequente.

Situação hipotética: Em determinada audiência preliminar de juizado especial criminal, membro do Ministério Público do Estado do Ceará, após análise do preenchimento dos requisitos legais, formulou proposta de transação penal ao investigado, consistente no pagamento exclusivo de multa pecuniária. A proposta não foi aceita pelo investigado, tendo o seu defensor argumentado que a multa era excessiva.

Assertiva: Nesse caso, a Lei nº 9.099/1995 autoriza que o juiz reduza a multa até a metade do valor proposto pelo membro do Ministério Público.

Certo ( )   Errado ( )

Consoante o disposto no art. 76,§ 1º, da Lei nº 9.099/95, *havendo representação ou tratando-se de crime de ação penal pública incondicionada, não sendo caso de arquivamento, o Ministério Público poderá propor a aplicação imediata de pena restritiva de direitos ou multas, a ser especificada na proposta. **Nas hipóteses de ser a pena de multa a única aplicável, o Juiz poderá reduzi-la até a METADE.***

Gabarito: Certo.

2157. (2020 – CESPE/CEBRASPE – MPE/CE – Analista Ministerial) A respeito dos aspectos processuais da Lei nº 9.099/1995 e de sua interpretação jurisprudencial, julgue o item subsequente.

Consoante entendimento do STJ, a existência de inquérito policial em curso não basta para impedir a proposição de suspensão condicional do processo.

Certo ( )   Errado ( )

O art. 89 da Lei nº 9.099/95 dispõe que *nos crimes em que a pena mínima cominada for igual ou **INFERIOR a um ano**, abrangidas ou não por esta Lei, o Ministério Público, ao oferecer a denúncia, **poderá propor a suspensão do processo, por dois a quatro anos**, desde que o acusado **não esteja sendo processado** ou **não tenha sido condenado por outro crime,** presentes os demais requisitos que autorizariam a suspensão condicional da pena* (art. 77 do Código Penal).

Em consonância com o teor da Jurisprudência em Teses STJ – EDIÇÃO Nº 96. 7) *A existência de inquérito policial em curso **NÃO** é circunstância idônea a **OBSTAR** o oferecimento de proposta de suspensão condicional do processo.*

Gabarito: Certo.

2158. (2020 – FCC – TJ/MS – Juiz – Adaptada) Em relação aos Juizados Especiais Criminais, correto afirmar que

a) a competência será determinada pelo lugar em que foi praticada a infração penal ou pelo domicílio da vítima, a critério desta.

b) cabível a interposição de recurso em sentido estrito, no prazo de 05 (cinco) dias, contra a decisão de rejeição da denúncia ou queixa, com abertura de vista para apresentação das razões em 08 (oito) dias.

c) não cabe recurso especial contra decisão proferida por turma recursal, competindo a esta, porém, processar e julgar mandado de segurança contra ato de juizado especial.

d) cabem embargos de declaração, no prazo de 05 (cinco) dias, quando, em sentença ou acórdão, houver obscuridade, contradição ou omissão, sem interrupção, contudo, do prazo para a interposição de recurso.

e) os atos processuais serão públicos e poderão realizar-se em horário noturno e em qualquer dia da semana, incabível, porém, a prática em outras comarcas.

O item aborda o teor das súmulas do STJ:

⇨ **Súmula nº 203 do STJ** - *Não cabe recurso especial contra decisão proferida por órgão de segundo grau dos Juizados Especiais.*

⇨ **Súmula nº 376 do STJ** - *Compete à turma recursal processar e julgar o mandado de segurança contra ato de juizado especial.*

Fundamentação das alternativas: a) De acordo com o art. 63 da Lei nº 9.099/95, *a **competência do Juizado** será determinada pelo **lugar em que foi praticada a infração penal**. O Juizado especial Criminal adota, quanto ao lugar do crime, a **teoria da atividade**. De modo que será competente para eventual apuração e julgamento da infração penal o **JECrim do local onde esta foi praticada;** **b)** Conforme dispõe o artigo 82 da Lei nº 9.099/1995, da decisão de rejeição da denúncia ou queixa e da sentença caberá APELAÇÃO, interposta no prazo de dez dias, contados da ciência da sentença pelo Ministério Público, pelo réu e seu defensor, por petição escrita, da qual constarão as razões e o pedido do recorrente;* **d)** Conforme prevê o art. 83, § 1º e 2º da Lei nº 9.099/95, *cabem embargos de declaração quando, em sentença ou acórdão, houver obscuridade, contradição ou omissão, serão opostos por escrito ou oralmente, no prazo de cinco dias, contados da ciência da decisão. Entretanto, **os embargos de declaração INTERROMPEM o prazo para a interposição de recurso;*** e **e)** *De acordo com o art. 65, § 2º da Lei nº 9.099/95, a prática de atos processuais em outras comarcas poderá ser solicitada por qualquer meio hábil de comunicação.*

Gabarito: C.

2159. **(2020 – CESPE/CEBRASPE – MPE/CE – Analista Ministerial)** A respeito dos aspectos processuais da Lei nº 9.099/1995 e de sua interpretação jurisprudencial, julgue o item subsequente.

Situação hipotética: Patrício foi denunciado pelo Ministério Público pela prática do crime de receptação. O acusado preenchia os requisitos objetivos e subjetivos para proposição de suspensão condicional do processo, mas não houve proposta pelo Ministério Público nem requerimento da defesa. Após a prolação da sentença condenatória, foi feita a intimação do membro do Ministério Público, que, na oportunidade, certificou-se de que houvera equívoco na ausência de proposição de suspensão condicional do processo.

Assertiva: Nesse caso, conforme orientação do STJ, não há preclusão, possibilitando-se proposta de suspensão condicional do processo pelo Ministério Público.

Certo ( )   Errado ( )

A assertiva afronta o teor da Jurisprudência em Teses STJ – EDIÇÃO N. 96: JUIZADOS ESPECIAIS CRIMINAIS – II. *5) Opera-se a **PRECLUSÃO** se o oferecimento da proposta de **suspensão condicional do processo** ou de transação penal se der **após a prolação da sentença penal condenatória**.*

Gabarito: Errado.

2160. **(2020 – VUNESP – PM/SP – Cabo)** Nos termos expressos da Lei Federal nº 9.099/95, consideram-se infrações de menor potencial ofensivo:

a) as contravenções penais e os crimes a que a lei comine pena máxima não superior a 2 (dois) anos, cumulada ou não com multa.

b) as contravenções penais e os crimes a que a lei comine pena máxima não superior a 3 (três) anos, cumulada ou não com multa.

c) as contravenções penais e os crimes a que a lei comine pena máxima não superior a 4 (quatro) anos, cumulada ou não com multa.

d) as contravenções penais e os crimes a que a lei comine pena mínima não superior a 1 (um) ano, cumulada ou não com multa.

De acordo com o art. 61 da Lei nº 9.099/95, *Consideram-se infrações penais de menor potencial ofensivo, para os efeitos desta Lei, as contravenções penais e os crimes a que a lei comine **PENA MÁXIMA** NÃO SUPERIOR a 2 (dois) anos, CUMULADA ou NÃO com multa.*

Gabarito: A.

2161. **(2019 – CESPE/CEBRASPE – TJ/DFT – Titular de Serviços de Notas e Registros – Adaptada)** À luz dos dispositivos da Lei nº 9.099/1995 bem como da doutrina e jurisprudência dos tribunais superiores

É considerado crime de menor potencial ofensivo a infração penal cuja pena máxima de privação da liberdade seja superior a dois anos, mas que tenha previsão alternativa de pena de multa.

Certo ( )   Errado ( )

*Consideram-se infrações penais de menor potencial ofensivo, para os efeitos desta lei, as contravenções penais e os crimes a que a lei comine **pena máxima não superior a 2 anos, cumulada ou não com multa**, conforme exposto no art. 61 da Lei nº 9.099/95.*

Gabarito: Errado.

2162. **(2019 – MPE/PR – MPE/PR – Promotor de Justiça – Adaptada)** Analise as assertivas abaixo e assinale a alternativa correta:

Nos termos da Lei nº 9.099/1995 (Lei dos Juizados Especiais Cíveis e Criminais), no juízo comum ou no Tribunal do Júri, havendo reunião de processos decorrente da aplicação das regras de conexão e continência, deverão ser observados os institutos da transação penal e da composição civil.

Certo ( )   Errado ( )

*Na reunião de processos, perante o juízo comum ou o tribunal do júri, decorrentes da aplicação das regras de conexão e continência, observar-se-ão os institutos da **transação penal** e da **composição dos danos civis,** conforme o art. 60, parágrafo único, da Lei nº 9.099/95.*

Gabarito: Certo.

2163. **(2019 – VUNESP – TJ/RS – Titular de Serviços de Notas e de Registros)** Nos estritos termos do art. 63 da Lei nº 9.099/95, a competência dos Juizados Especiais Criminais é determinada

a) pelo lugar em que a ocorrência policial foi registrada.

b) pelo lugar do domicílio do acusado ou da vítima.

c) pelo lugar em que foi praticada a infração penal.

d) pela matéria.

e) pela prevenção.

Nos termos do art. 63, *a competência do Juizado será determinada pelo lugar em que foi praticada a infração penal. O Juizado Especial Criminal adota, quanto ao lugar do crime, a teoria da atividade. De modo que será competente para eventual apuração e julgamento da infração penal o JECRIM do local onde esta foi praticada.*

Teorias:

Crimes plurilocais: teoria do resultado.

Crimes plurilocais contra a vida: teoria da atividade.

Juizados especiais: teoria da atividade.

Atos infracionais: teoria da atividade.

Crimes falimentares: local onde foi decretada a falência.

Gabarito: C.

2164. **(2019 – CESPE/CEBRASPE – TJ/SC – Juiz – Adaptada)** Acerca do benefício do sursis processual previsto na Lei nº 9.099/1995, é correto afirmar que o benefício deverá ser obrigatoriamente revogado, caso o réu, no curso do período de prova, venha a ser processado por contravenção.

Certo ( )   Errado ( )

O teor do § 4º, do art. 89, da Lei nº 9.099/95 determina que *"A suspensão poderá ser revogada se o acusado vier a ser processado, no curso do prazo, por contravenção, ou descumprir qualquer outra condição imposta."* Trata-se, portanto, de **hipótese facultativa de revogação**, e não obrigatória, como afirma o enunciado.

Gabarito: Errado.

2165. **(2019 – CONSULPLAN – TJ/CE – Juiz – Adaptada)** Considere as seguintes afirmativas sobre o tema Juizados Especiais Criminais e a Jurisprudência do Superior Tribunal de Justiça.
A transação penal não tem natureza jurídica de condenação criminal, não gera efeitos para fins de reincidência e maus antecedentes e, por se tratar de submissão voluntária à sanção penal, não significa reconhecimento da culpabilidade penal nem da responsabilidade civil.

Certo ( )   Errado ( )

A transação penal não tem natureza jurídica de condenação criminal, não gera efeitos para fins de reincidência e maus antecedentes e, por se tratar de submissão voluntária à sanção penal, não significa reconhecimento da culpabilidade penal nem da responsabilidade civil. (JECrim I)

Gabarito: Certo.

2166. **(2019 – AOCP – PC/ES – Escrivão)** São requisitos para a proposta de suspensão condicional do processo, EXCETO

a) pena cominada igual ou inferior a 1 ano.

b) não estar sendo processado.

c) não haver condenação por outro crime.

d) preenchimento dos requisitos que autorizam a suspensão condicional da pena.

e) reparação do dano.

Consoante o exposto no art. 89 da Lei nº 9.099/95, *nos crimes em que a pena mínima cominada for igual ou inferior a um ano, abrangidas ou não por essa lei, o Ministério Público, ao oferecer a denúncia, poderá propor a suspensão do processo, por dois a quatro anos, desde que o acusado não esteja sendo processado ou não tenha sido condenado por outro crime, presentes os demais requisitos que autorizariam a suspensão condicional da pena.*

Gabarito: E.

2167. **(2019 – CESPE/CEBRASPE – TJ/SC – Juiz – Adaptada)** Acerca do benefício do sursis processual previsto na Lei nº 9.099/1995, é correto afirmar que é aplicável o benefício no caso de crimes cuja pena mínima não seja superior a um ano, ainda que, em razão da continuidade delitiva, a soma das penas mínimas cominadas aos delitos supere um ano.

Certo ( )   Errado ( )

Nos termos da Súmula nº 243 do STJ: *o benefício da suspensão do processo* **não é aplicável em relação às infrações penais cometidas** *em concurso material, concurso formal ou* **continuidade delitiva,** *quando a pena mínima cominada, seja pelo somatório, seja pela incidência da majorante, ultrapassar o limite de um (01) ano. Da mesma forma, a Súmula nº 723 do STF diz que:* não se admite *a suspensão condicional do processo por crime continuado, se a soma da pena mínima da infração mais grave com o aumento mínimo de um sexto for superior a um ano.*

Gabarito: Errado.

2168. **(2019 – AOCP – PC/ES – Perito Criminal – Adaptada)** O Juizado Especial Criminal, provido por juízes togados ou togados e leigos, tem competência para a conciliação, o julgamento e a execução das infrações penais de menor potencial ofensivo, respeitadas as regras de conexão e continência. O Juizado Especial Criminal está regulado pela Lei nº 9.099/1995. No que se refere ao Procedimento nos Juizados Especiais Criminais, segundo a referida Lei, é correto afirmar que a sentença, que deverá conter o relatório, mencionará os elementos de convicção do Juiz.

Certo ( )   Errado ( )

Conforme o disposto no art. 81, § 3º, da Lei nº 9.099/95, *a sentença,* **DISPENSA o RELATÓRIO,** *mencionará os elementos de convicção do Juiz.*

Gabarito: Errado.

2169. **(2019 – AOCP – PC/ES – Perito Criminal – Adaptada)** O Juizado Especial Criminal, provido por juízes togados ou togados e leigos, tem competência para a conciliação, o julgamento e a execução das infrações penais de menor potencial ofensivo, respeitadas as regras de conexão e continência. O Juizado Especial Criminal está regulado pela Lei nº 9.099/1995. No que se refere ao Procedimento nos Juizados Especiais Criminais, segundo a referida Lei, é correto afirmar que da decisão de rejeição da denúncia ou queixa não caberá apelação.

Certo ( )   Errado ( )

Conforme dispõe o art. 82 da Lei nº 9.099/95, *da decisão de rejeição da denúncia ou queixa e da sentença **caberá apelação**, que poderá ser julgada por turma composta de três juízes em exercício no primeiro grau de jurisdição, reunidos na sede do juizado.*

Gabarito: Errado.

2170. (2019 – CESPE/CEBRASPE – TJ/SC – Juiz – Adaptada) Acerca do benefício do sursis processual previsto na Lei nº 9.099/1995, é correto afirmar que é cabível o benefício na desclassificação do crime e na procedência parcial da pretensão punitiva, ainda que ocorrida em grau recursal.

Certo ( )   Errado ( )

Consoante o disposto na Súmula nº 337 do STJ: *É cabível a suspensão condicional do processo na desclassificação do crime e na procedência parcial da pretensão punitiva.* Além do fato de a mencionada súmula não faz qualquer restrição em relação à **fase processual que ela pode ser aplicada, é certo que os Tribunais de Justiça, em típica medida de** *emendatio libelli*, podem promover a desclassificação do delito imputado ao recorrido para outro ou, simplesmente, podem, em sede de recurso, julgar parcialmente procedente a pretensão punitiva estatal, fazendo, assim, com que eles devam conferir ao Ministério Público a oportunidade de se manifestar acerca do oferecimento do benefício da suspensão condicional do processo.

Quanto à suspensão condicional do processo:

Se descumpridas as condições impostas durante o período de prova da suspensão condicional do processo, o benefício poderá ser revogado, mesmo se já ultrapassado o prazo legal, desde que referente a fato ocorrido durante sua vigência. STJ. 3ª Seção. REsp 1.498.034-RS, Rel. Min. Rogerio Schietti Cruz, julgado em 25/11/2015 (recurso repetitivo) (Info 574).

Gabarito: Certo.

2171. (2019 – AOCP – PC/ES – Escrivão) Supondo que um acusado preencha os requisitos legais autorizadores para a suspensão condicional do processo, todavia o Promotor de Justiça recusa-se a propor o sursis processual e o Juiz dissinta do entendimento ministerial, qual será o procedimento adequado?

a) O juiz deverá aplicar o art. 28 do CPP por analogia, para que a questão seja levada ao Procurador-Geral.

b) O acusado deverá interpor Recurso em Sentido Estrito.

c) O processo continuará o seu trâmite até a sentença, haja vista que a oferta da suspensão condicional do processo é uma faculdade do Promotor de Justiça, independentemente do preenchimento dos requisitos do art. 89 da Lei nº 9.099/1995.

d) O acusado deverá interpor recurso de Apelação.

e) O juiz deverá abrir nova vista ao Promotor para que este avalie a hipótese novamente.

Reunidos os pressupostos legais permissivos da suspensão condicional do processo, mas se recusando o Promotor de Justiça a propô-la, o juiz, dissentindo, remeterá a questão ao Procurador-Geral, aplicando-se por analogia o art. 28 do CPP, conforme o teor da **Súmula nº 696 do STF.**

Gabarito: A.

2172. (2019 – CESPE/CEBRASPE – TJ/SC – Juiz – Adaptada) Acerca do benefício do sursis processual previsto na Lei nº 9.099/1995, é correto afirmar que o juiz poderá oferecer diretamente o benefício ao acusado, caso o promotor, de justiça se recuse a oferecê-lo; isso porque o benefício é um direito subjetivo do réu, desde que preenchidos requisitos objetivos e subjetivos.

Certo ( )   Errado ( )

Consoante à **Súmula nº 696 do STF:** *Reunidos os pressupostos legais permissivos da suspensão condicional do processo,* **mas se recusando o promotor de justiça a propô-la,** *o juiz, dissentindo,* **remeterá a questão ao Procurador-Geral,** *aplicando-se por analogia o art. 28 do CPP.*
Gabarito: Errado.

2173. (2019 – CONSULPLAN – TJ/CE – Juiz – Adaptada) ´ Considere as seguintes afirmativas sobre o tema Juizados Especiais Criminais e a Jurisprudência do Superior Tribunal de Justiça.

A homologação da transação penal prevista no art. 76 da Lei nº 9.099/1995 não faz coisa julgada material e, descumpridas suas cláusulas, retoma-se a situação anterior, possibilitando-se ao Ministério Público a continuidade da persecução penal mediante oferecimento de denúncia ou requisição de inquérito policial.

Certo ( )   Errado ( )

A homologação da transação penal, prevista no art. 76 da Lei nº 9.099/95, **NÃO FAZ COISA JULGADA MATERIAL** e, descumpridas suas cláusulas, retoma-se a situação anterior, possibilitando-se ao Ministério Público a continuidade da persecução penal mediante oferecimento de denúncia ou requisição de inquérito policial (Súmula Vinculante nº 35 do STF) - (JECrim I).
Gabarito: Certo.

2174. (2019 – AOCP – PC/ES – Perito Criminal – Adaptada) O Juizado Especial Criminal, provido por juízes togados ou togados e leigos, tem competência para a conciliação, o julgamento e a execução das infrações penais de menor potencial ofensivo, respeitadas as regras de conexão e continência. O Juizado Especial Criminal está regulado pela Lei nº 9.099/1995. No que se refere ao Procedimento nos Juizados Especiais Criminais, segundo a referida Lei, é correto afirmar que em sede de Juizados Especiais Criminais não cabem Embargos de Declaração, em razão do princípio da celeridade processual que rege o procedimento.

Certo ( )   Errado ( )

Nos termos do art. 83 da Lei nº 9.099/95 *cabem embargos de declaração quando, em sentença ou acórdão, houver obscuridade, contradição ou omissão.*
Gabarito: Errado.

2175. (2019 – CONSULPLAN – TJ/CE – Juiz) Quanto aos Juizados Especiais Criminais, marque a alternativa correta.

a) Em se tratando de infração penal sujeita ao rito dos Juizados Especiais Criminais, em nenhuma hipótese será lavrado o auto de prisão em flagrante.

b) Segundo a Lei dos Juizados Especiais Criminais, a competência será determinada pelo lugar em que for consumada a infração penal, não havendo qualquer divergência doutrinária sobre o tema.

c) Tratando-se de ação penal de iniciativa privada ou de ação penal pública condicionada à representação, o acordo de composição civil dos danos, homologado, acarreta a renúncia ao direito de queixa ou representação.

d) Segundo a jurisprudência do Superior Tribunal de Justiça, no âmbito dos Juizados Especiais Criminais, se exige a intimação pessoal do defensor público, não se admitindo a intimação na sessão de julgamento ou pela imprensa oficial.

Consoante o que dispõe o art. 74 da Lei nº 9.099/95, *a composição dos danos civis será reduzida a escrito e, homologada pelo juiz mediante sentença irrecorrível, terá eficácia de título a ser executado no juízo civil competente.*

Parágrafo único. Tratando-se de ação penal de iniciativa privada ou de ação penal pública condicionada à representação, o acordo homologado acarreta a renúncia ao direito de queixa ou representação.

Jurisprudência – JUIZADOS ESPECIAIS CRIMINAIS: *I - No âmbito dos Juizados Especiais Criminais, não se exige a intimação pessoal do defensor público, admitindo-se a intimação na sessão de julgamento ou pela imprensa oficial.*

Gabarito: C.

2176. **(2019 – AOCP – PC/ES – Perito Criminal – Adaptada)** O Juizado Especial Criminal, provido por juízes togados ou togados e leigos, tem competência para a conciliação, o julgamento e a execução das infrações penais de menor potencial ofensivo, respeitadas as regras de conexão e continência. O Juizado Especial Criminal está regulado pela Lei nº 9.099/1995. No que se refere ao Procedimento nos Juizados Especiais Criminais, segundo a referida Lei, é correto afirmar que em nenhuma hipótese poderá ser oferecida queixa oralmente.

Certo ( )   Errado ( )

Conforme exposto no art. 77, § 3º, da Lei nº 9.099/95, *na ação penal de iniciativa do ofendido* **poderá ser oferecida queixa oral,** *cabendo ao juiz verificar se a complexidade e as circunstâncias do caso determinam a adoção das providências previstas no parágrafo único do art. 66 dessa lei.*

Gabarito: Errado.

2177. **(2019 – CESPE/CEBRASPE – TJ/DFT – Titular de Serviços de Notas e Registros – Adaptada)** À luz dos dispositivos da Lei nº 9.099/1995 bem como da doutrina e jurisprudência dos tribunais superiores

É cabível a apelação contra a decisão de rejeição da denúncia ou da queixa-crime, devendo o recurso ser interposto no prazo de dez dias por petição ou termo nos autos.

Certo ( )   Errado ( )

Da decisão de rejeição da denúncia ou queixa e da sentença caberá apelação, que poderá ser julgada por turma composta de três juízes em exercício no primeiro grau de jurisdição, reunidos na sede do juizado, nos termos do art. 82, da Lei nº 9.099/95.

§ 1º A apelação será interposta no prazo de dez dias, contados da ciência da sentença pelo Ministério Público, pelo réu e seu defensor, por petição escrita, da qual constarão as razões e o pedido do recorrente.

Gabarito: Errado.

2178. **(2019 – AOCP – PC/ES – Perito Criminal – Adaptada)** O Juizado Especial Criminal, provido por juízes togados ou togados e leigos, tem competência para a conciliação, o julgamento e a execução das infrações penais de menor potencial ofensivo, respeitadas as regras de conexão e continência. O Juizado Especial Criminal está regulado pela Lei nº 9.099/1995. No que se refere ao Procedimento nos Juizados Especiais Criminais, segundo a referida Lei, é correto afirmar que todas as provas serão produzidas na audiência de instrução e julgamento, podendo o Juiz limitar ou excluir as que considerar excessivas, impertinentes ou protelatórias.

Certo ( )   Errado ( )

Consoante o exposto no art. 81, § 1º da Lei nº 9.099/95, *todas as provas serão produzidas na audiência de instrução e julgamento, podendo o juiz limitar ou excluir as que considerar excessivas, impertinentes ou protelatórias.*

Gabarito: Certo.

2179. **(2018 – CONSULPLAN – TJ/MG – Juiz – Adaptada)** No tocante aos procedimentos da lei processual penal e de leis extravagantes, analise as afirmativas a seguir.

No procedimento dos Juizados Especiais Criminais, caberá a oposição de embargos de declaração quando, em sentença ou acórdão, houver obscuridade, contradição ou omissão, no prazo de 02 (dois) dias, contados da ciência da decisão.

Certo ( )   Errado ( )

Cabem embargos de declaração quando, em sentença ou acórdão, houver obscuridade, contradição ou omissão, conforme o art. 83, Lei nº 9.099/95: § 1º Os embargos de declaração serão opostos por escrito ou oralmente, no prazo de cinco dias, contados da ciência da decisão.

Gabarito: Errado.

2180. **(2018 – FUNDATEC – DPE/SC – Analista Técnico – Adaptada)** Em relação aos Procedimentos no âmbito do processo penal, é correto afirmar que o procedimento sumaríssimo se destina às infrações penais de menor potencial ofensivo, que, em regra, são aquelas cuja pena máxima abstrata não excede dois anos, além das contravenções penais, seguindo os ditames da Lei nº 9.099/1995.

Certo ( )   Errado ( )

Nos termos do art. 61 da Lei nº 9.099/95, *consideram-se infrações penais de menor potencial ofensivo, para os efeitos desta Lei, as contravenções penais e os crimes a que a lei comine pena máxima NÃO superior a 2 anos, cumulada ou não com multa.*

Gabarito: Certo.

2181. **(2018 – CESPE/CEBRASPE – DPE/PE – Defensor Público – Adaptada)** Acerca dos procedimentos nos juizados especiais criminais, é correto afirmar que a citação do acusado pode se dar por edital, não havendo deslocamento da competência para o juízo criminal comum.

Certo ( )   Errado ( )

Não há previsão de citação por EDITAL no JECRIM, logo, a citação será PESSOAL e far-se-á no próprio Juizado, sempre que possível, ou por mandado. Não encontrado o acusado para ser citado, o Juiz encaminhará as peças existentes ao Juízo comum para adoção do procedimento previsto em lei, conforme o art. 66, parágrafo único da Lei nº 9.099/95.

Gabarito: Errado.

2182. (2018 – CESPE/CEBRASPE – PC/MA – Delegado) Nos juizados especiais criminais, a composição civil dos danos causados por infrações penais

a) terá a eficácia de título executivo judicial a ser executado no juízo civil competente.

b) terá a eficácia de título executivo judicial a ser executado no próprio juizado especial criminal.

c) conduzirá ao perdão do ofendido, quando se tratar de ação penal privada.

d) conduzirá à extinção da punibilidade do autor do fato, no caso de ação penal pública incondicionada.

e) conduzirá à decadência, quando se tratar de ação penal pública condicionada a representação.

De acordo com a Lei nº 9.099/95, que regula os Juizados Especiais, art. 74, *a composição dos danos civis será reduzida a escrito e, homologada pelo Juiz mediante sentença irrecorrível, terá eficácia de título a ser executado no juízo civil competente.*

Gabarito: A.

2183. (2018 – CESPE/CEBRASPE – DPE/PE – Defensor Público – Adaptada) Acerca dos procedimentos nos juizados especiais criminais, é correto afirmar que o juizado especial criminal é competente para julgar crimes punidos com pena alternativa de multa, ainda que a pena privativa de liberdade fixada em abstrato seja superior a dois anos.

Certo ( )   Errado ( )

Nos termos do art. 61 da Lei nº 9.099/95, *consideram-se infrações penais de menor potencial ofensivo, para os efeitos desta Lei, as contravenções penais e os crimes a que a lei comine* pena máxima não superior a 2 anos, cumulada ou não com multa.

Gabarito: Errado.

2184. (2018 – CESPE/CEBRASPE – DPE/PE – Defensor Público – Adaptada) Acerca dos procedimentos nos juizados especiais criminais, é correto afirmar que, no caso de causa complexa, haverá o deslocamento da competência para o juízo criminal comum, mantendo-se o procedimento sumaríssimo.

Certo ( )   Errado ( )

Conforme inteiro teor do art. 77, § 2º, da Lei nº 9.099/95, *se a complexidade ou circunstâncias do caso não permitirem a formulação da denúncia, o Ministério Público poderá requerer ao Juiz o encaminhamento das peças existentes, na forma do parágrafo único do art. 66 desta Lei.*

A lei processual penal define no art. 538 do CPP que nas infrações penais de menor potencial ofensivo, quando o juizado especial criminal encaminhar ao juízo comum às peças existentes para a adoção de outro procedimento, observar-se-á o PROCEDIMENTO SUMÁRIO.

Gabarito: Errado.

2185. **(2018 – CESPE/CEBRASPE – DPE/PE – Defensor Público – Adaptada)** Acerca dos procedimentos nos juizados especiais criminais, é correto afirmar que a medida processual cabível contra a decisão que rejeitar a denúncia ou a queixa-crime será o recurso em sentido estrito, que deverá ser interposto no prazo de dez dias.

Certo ( )   Errado ( )

Nos termos do art. 82 da Lei nº 9.099/95, *da decisão de rejeição da denúncia ou queixa e da sentença caberá apelação, que poderá ser julgada por turma composta de três Juízes em exercício no primeiro grau de jurisdição, reunidos na sede do Juizado.*

Gabarito: Errado.

2186. **(2018 – CESPE/CEBRASPE – DPE/PE – Defensor Público – Adaptada)** Acerca dos procedimentos nos juizados especiais criminais, é correto afirmar que, de acordo com o STJ, no caso de ação penal privada, são aplicáveis os benefícios da transação penal e da suspensão condicional do processo.

Certo ( )   Errado ( )

Conforme o Enunciado nº 112, substituído pelo Enunciado nº 90 do FONAJE, *na ação penal de iniciativa privada, cabem transação penal e a suspensão condicional do processo, mediante proposta do Ministério Público.*

Gabarito: Certo.

2187. **(2017 – CS/UFG – TJ/GO – Juiz – Adaptada)** Na audiência preliminar, presentes o representante do Ministério Público, o autor do fato e a vítima e, se possível, o responsável civil, acompanhados por seus advogados, o Juiz esclarecerá sobre a possibilidade da composição dos danos e da aceitação da proposta de aplicação imediata de pena não privativa de liberdade. Em caso de conciliação nos Juizados Especiais Criminais, a sessão destinada à conciliação e à mediação poderá ser superior a uma, não podendo exceder a 2 (dois) meses da data de realização da primeira sessão, desde que necessárias à composição das partes.

Certo ( )   Errado ( )

Nos termos art. 78, § 1º, da Lei nº 9.099/95, *se o acusado não estiver presente, será citado na forma dos arts. 66 e 68 desta Lei e cientificado da data da audiência de instrução e julgamento, devendo a ela trazer suas testemunhas ou apresentar requerimento para intimação, no mínimo cinco dias antes de sua realização.*

§ 2º Não estando presentes o ofendido e o responsável civil, serão intimados nos termos do art. 67 desta Lei para comparecerem à audiência de instrução e julgamento.

Gabarito: Errado.

2188. **(2017 – CESPE/CEBRASPE – TRF 1ª Região – Analista Judiciário)** Com relação aos juizados especiais criminais, às nulidades, aos recursos no processo penal e à execução penal, julgue o item a seguir.

Diferentemente da suspensão condicional do processo, a homologação da transação penal no âmbito dos juizados especiais criminais faz coisa julgada material, de forma que o descumprimento das cláusulas do acordo não permite a continuidade da persecução penal.

Certo ( )   Errado ( )

A Súmula Vinculante nº 35 do STF dispõe que *a homologação da transação penal prevista no art. 76 da Lei nº 9.099/1995 não faz coisa julgada material e, descumpridas suas cláusulas, retoma-se a situação anterior, possibilitando-se ao Ministério Público a continuidade da persecução penal mediante oferecimento de denúncia ou requisição de inquérito policial. A transação penal somente poderá ser proposta para infrações penais de menor potencial ofensivo (contravenções penais e os crimes a que a lei comine pena máxima não superior a 2 anos, cumulada ou não com multa).*
Gabarito: Errado.

2189. (2018 – CONSULPLAN – TJ/MG – Titular de Serviços de Notas e de Registros – Adaptada) No que concerne aos Juizados Especiais Criminais - Lei nº 9.099/1995, é correto afirmar que impede a transação penal a condenação anterior ainda não definitiva à pena de reclusão.

Certo ( )   Errado ( )

Nos termos do art. 76, I, *ter sido o autor da infração condenado, pela prática de crime, à pena privativa de liberdade, por sentença definitiva.*
Gabarito: Errado.

2190. (2018 – CONSULPLAN – TJ/MG – Titular de Serviços de Notas e de Registros – Adaptada) No que concerne aos Juizados Especiais Criminais - Lei nº 9.099/1995, é correto afirmar que impede a transação penal a condenação definitiva anterior pela prática de crime, independentemente da pena imposta.

Certo ( )   Errado ( )

Conforme o art. 76, II, *ter sido o agente beneficiado anteriormente, no prazo de cinco anos, pela aplicação de pena restritiva ou multa, nos termos deste artigo.*
Gabarito: Errado.

2191. (2017 – CS/UFG – TJ/GO – Juiz – Adaptada) Sempre que possível, com o objetivo de reparar danos sofridos pela vítima e proceder à aplicação de pena não privativa de liberdade, o processo perante o Juizado Especial orientar-se-á pelos critérios da oralidade, informalidade, economia processual e celeridade. Nesses casos, a reunião de processos, perante o juízo comum, decorrente da aplicação das regras de conexão e continência, não para a observação do instituto da transação penal, nem tampouco da composição dos danos civis.

Certo ( )   Errado ( )

Conforme o art. 60, parágrafo único, da Lei nº 9.099/95, *na reunião de processos, perante o juízo comum ou o tribunal do júri, decorrentes da aplicação das regras de conexão e continência, observar-se-ão os institutos da transação penal e da composição dos danos civis.*
Gabarito: Errado.

2192. (2017 – CESPE/CEBRASPE – PJC/MT – Delegado) Quando da entrada em vigor da Lei nº 9.099/1995, que dispõe sobre os juizados especiais cíveis e criminais, foi imposta como condição de procedibilidade a representação do ofendido nos casos de lesão corporal leve ou culposa. Nas ações em andamento à época, as vítimas foram notificadas a se manifestar quanto ao prosseguimento ou não dos feitos. Nesse caso, o critério adotado no que se refere às leis processuais no tempo foi o da

a) interpretação extensiva.

b) retroatividade.

c) territorialidade.

d) extraterritorialidade.

e) irretroatividade.

Embora a Lei nº 9.099/95 seja uma lei processual, tem resquícios de lei material, posto que há institutos despenalizadores que podem influenciar no direito de liberdade *ius libertatis* do agente. As leis processuais penais, se submetem aos princípios da irretroatividade penal, salvo se em benefício do réu conforme o art. 5º, XL, da CF/88, ou seja, retroage para beneficiar o réu, visto que isso pode interferir ao seu direito à liberdade. Logo, todos as condições para procedibilidade devem ser estendidas aos casos ocorridos anteriores a vigência de tal regramento jurídico.

Gabarito: B.

2193. (2017 – IBADE – PC/AC – Delegado – Adaptada) No que concerne à legislação que dispõe sobre os Juizados Especiais Cíveis e Criminais (Lei nº 9.099/1995), pode-se afirmar que se consideram infrações penais de menor potencial ofensivo, para os efeitos desta Lei, as contravenções penais e os crimes a que a lei comine pena máxima não superior a 1 (um) ano, cumulada ou não com multa.

Certo (   )   Errado (   )

Consideram-se infrações penais de menor potencial ofensivo, para os efeitos desta Lei, as contravenções penais e os crimes a que a lei comine pena máxima não superior a 2 anos, cumulada ou não com multa, conforme art. 61.

Gabarito: Errado.

2194. (2017 – CS/UFG – TJ/GO – Juiz – Adaptada) Sempre que possível, com o objetivo de reparar danos sofridos pela vítima e proceder à aplicação de pena não privativa de liberdade, o processo perante o Juizado Especial orientar-se-á pelos critérios da oralidade, informalidade, economia processual e celeridade. Nesses casos, a Lei nº 9.099/95 corresponde à efetivação do mandamento constitucional de efetividade e celeridade da prestação jurisdicional.

Certo (   )   Errado (   )

A nova redação do art. 62 da Lei nº 9.099/95 dada pela Lei nº 13.603/18 inclui a SIMPLICIDADE entre os critérios do JECRIM (art. 62), o processo perante o Juizado Especial orientar-se-á pelos critérios da oralidade, simplicidade, informalidade, economia processual e celeridade, objetivando, sempre que possível, a reparação dos danos sofridos pela vítima e a aplicação de pena não privativa de liberdade.

Gabarito: Certo.

2195. (2018 – CONSULPLAN – TJ/MG – Titular de Serviços de Notas e de Registros – Adaptada) No que concerne aos Juizados Especiais Criminais - Lei nº 9.099/1995, é correto afirmar que impede a transação penal a condenação definitiva anterior à pena de multa pela prática de crime.

Certo (   )   Errado (   )

A afirmativa não comenta sobre o período de prescrição de 5 anos, art. 76, II, ter sido o agente beneficiado anteriormente, *no prazo de cinco anos*, pela aplicação de pena restritiva ou multa, nos termos deste artigo.

Gabarito: Errado.

2196. **(2017 – CS/UFG – TJ/GO – Juiz – Adaptada)** Sempre que possível, com o objetivo de reparar danos sofridos pela vítima e proceder à aplicação de pena não privativa de liberdade, o processo perante o Juizado Especial orientar-se-á pelos critérios da oralidade, informalidade, economia processual e celeridade. Nesses casos, os Juizados Especiais cuidam de crimes cuja pena máxima não seja superior a um ano, conforme disposto na Lei nº 10.259/01.

Certo ( )   Errado ( )

Conforme o art. 60, parágrafo único, da Lei nº 9.099/95, *na reunião de processos, perante o juízo comum ou o tribunal do júri, decorrentes da aplicação das regras de conexão e continência, observar-se-ão os institutos da transação penal e da composição dos danos civis.*

Gabarito: Errado.

2197. **(2017 – CS/UFG – TJ/GO – Juiz – Adaptada)** Na audiência preliminar, presentes o representante do Ministério Público, o autor do fato e a vítima e, se possível, o responsável civil, acompanhados por seus advogados, o Juiz esclarecerá sobre a possibilidade da composição dos danos e da aceitação da proposta de aplicação imediata de pena não privativa de liberdade. Em caso de conciliação nos Juizados Especiais Criminais, a audiência de conciliação ou de mediação pode realizar-se por meio eletrônico, nos termos da lei.

Certo ( )   Errado ( )

Nos termos art. 72 da Lei nº 9.099/95, *na audiência preliminar, presente o representante do Ministério Público, o autor do fato e a vítima e, se possível, o responsável civil, acompanhados por seus advogados, o Juiz esclarecerá sobre a possibilidade da composição dos danos e da aceitação da proposta de aplicação imediata de pena não privativa de liberdade.*

Gabarito: Errado.

2198. **(2017 – CS/UFG – TJ/GO – Juiz – Adaptada)** Sempre que possível, com o objetivo de reparar danos sofridos pela vítima e proceder à aplicação de pena não privativa de liberdade, o processo perante o Juizado Especial orientar-se-á pelos critérios da oralidade, informalidade, economia processual e celeridade. Nesses casos, o Juizado Especial Criminal, provido por leigos, tem a competência para a conciliação, o julgamento e a execução das infrações penais de menor potencial ofensivo, respeitadas as regras de conexão e continência.

Certo ( )   Errado ( )

Nos termos do art. 60 da Lei nº 9.099/95, *o Juizado Especial Criminal, provido por juízes togados ou togados e leigos, tem competência para a conciliação, o julgamento e a execução das infrações penais de menor potencial ofensivo, respeitadas as regras de conexão e continência.*

Gabarito: Errado.

2199. **(2018 – CONSULPLAN – TJ/MG – Titular de Serviços de Notas e de Registros – Adaptada)** No que concerne aos Juizados Especiais Criminais - Lei nº 9.099/1995, é correto afirmar que impede a transação penal a condenação definitiva anterior à pena de detenção.

Certo ( )   Errado ( )

Conforme o art. 76, I, *ter sido o autor da infração condenado, pela prática de crime, à pena privativa de liberdade, por sentença definitiva.*

Gabarito: Certo.

2200. **(2017 – FAPEMS – PC/MS – Delegado – Adaptada)** Considerando o artigo 60, da Lei nº 9.099/1995, o qual dispõe que o Juizado Especial Criminal, provido por juízes togados ou togados e leigos, tem competência para a conciliação, o julgamento e a execução das infrações penais de menor potencial ofensivo, respeitadas as regras de conexão e continência. No que concerne ao procedimento dos Juizados Especiais Criminais, na reunião de processos, perante o juízo comum ou o tribunal do júri, decorrentes da aplicação das regras de conexão e continência, dispensar-se-ão os institutos da transação penal e da composição dos danos civis.

Certo ( )   Errado ( )

Nos termos do art. 60, parágrafo único, Lei nº 9.099/95, *na reunião de processos, perante o juízo comum ou o tribunal do júri, decorrentes da aplicação das regras de conexão e continência, observar-se-ão os institutos da transação penal e da composição dos danos civis.*

Gabarito: Errado.

2201. **(2017 – CS/UFG – TJ/GO – Juiz – Adaptada)** Na audiência preliminar, presentes o representante do Ministério Público, o autor do fato e a vítima e, se possível, o responsável civil, acompanhados por seus advogados, o Juiz esclarecerá sobre a possibilidade da composição dos danos e da aceitação da proposta de aplicação imediata de pena não privativa de liberdade. Em caso de conciliação nos Juizados Especiais Criminais, a conciliação será conduzida pelo Juiz ou por conciliador sob sua orientação.

Certo ( )   Errado ( )

Conforme o art. 73 da Lei nº 9.099/95, *a conciliação será conduzida pelo Juiz ou por conciliador sob sua orientação.*

Gabarito: Certo.

2202. **(2017 – FAPEMS – PC/MS – Delegado – Adaptada)** Considerando o artigo 60, da Lei nº 9.099/1995, o qual dispõe que o Juizado Especial Criminal, provido por juízes togados ou togados e leigos, tem competência para a conciliação, o julgamento e a execução das infrações penais de menor potencial ofensivo, respeitadas as regras de conexão e continência. No que concerne ao procedimento dos Juizados Especiais Criminais, nos crimes de ação penal pública incondicionada, não sendo caso de arquivamento, o Ministério Público deverá propor a aplicação imediata de pena restritiva de direitos ou multa, a ser especificada na proposta de transação penal.

Certo ( )   Errado ( )

Conforme art. 76 da Lei nº 9.099/95, o Ministério Público poderá propor a aplicação de pena restritiva de direitos ou multa.

Gabarito: Errado.

___

2203. **(2017 – FAPEMS – PC/MS – Delegado – Adaptada)** Na audiência preliminar, presentes o representante do Ministério Público, o autor do fato e a vítima e, se possível, o responsável civil, acompanhados por seus advogados, o Juiz esclarecerá sobre a possibilidade da composição dos danos e da aceitação da proposta de aplicação imediata de pena não privativa de liberdade. Em caso de conciliação nos Juizados Especiais Criminais, o conciliador ou o mediador, onde houver, atuará necessariamente na audiência de conciliação ou de mediação e na de suspensão condicional do processo.

Certo ( )   Errado ( )

Conforme o art. 22 da Lei nº 9.099/95, a conciliação será conduzida pelo Juiz togado ou leigo ou por conciliador sob sua orientação. Parágrafo único. Obtida a conciliação, esta será reduzida a escrito e homologada pelo Juiz togado, mediante sentença com eficácia de título executivo.

Gabarito: Errado.

___

2204. **(2017 – CS/UFG – TJ/GO – Juiz)** A suspensão de um processo, por dois a quatro anos, apresenta como consequência

   a) o prazo expirado sem revogação, com declaração de extinção de punibilidade pelo juiz.

   b) a prescrição corrida durante o prazo de suspensão do processo.

   c) a obrigatoriedade de aceitação da proposta pelo acusado.

   d) a suspensão torna-se de sursis penal.

   e) a concessão de nova suspensão processual no prazo decadencial de três anos.

Nos termos do art. 89, nos crimes em que a pena mínima cominada for igual ou inferior a um ano, abrangidas ou não por esta Lei, o Ministério Público, ao oferecer a denúncia, poderá propor a suspensão do processo, por dois a quatro anos, desde que o acusado não esteja sendo processado ou não tenha sido condenado por outro crime, presentes os demais requisitos que autorizariam a suspensão condicional da pena (art. 77 do Código Penal).

§ 5º Expirado o prazo sem revogação, o Juiz declarará extinta a punibilidade.

Gabarito: A.

___

2205. **(2017 – FAPEMS – PC/MS – Delegado – Adaptada)** Considerando o artigo 60, da Lei nº 9.099/1995, que dispõe: O Juizado Especial Criminal, provido por juízes togados ou togados e leigos, tem competência para a conciliação, o julgamento e a execução das infrações penais de menor potencial ofensivo, respeitadas as regras de conexão e continência. No que concerne ao procedimento dos Juizados Especiais Criminais, os conciliadores são auxiliares da Justiça, recrutados entre bacharéis em Direito, excluídos os que exerçam funções na administração da Justiça Criminal.

Certo ( )   Errado ( )

O parágrafo único do art. 73 Lei nº 9.099/95 dispõe que *os conciliadores são auxiliares da Justiça, recrutados, na forma da lei local, preferentemente entre bacharéis em Direito, excluídos os que exerçam funções na administração da Justiça Criminal.*

Gabarito: Errado.

2206. (2017 – FAPEMS – PC/MS – Delegado – Adaptada) Considerando o artigo 60, da Lei nº 9.099/1995, o qual dispõe que o Juizado Especial Criminal, provido por juízes togados ou togados e leigos, tem competência para a conciliação, o julgamento e a execução das infrações penais de menor potencial ofensivo, respeitadas as regras de conexão e continência. No que concerne ao procedimento dos Juizados Especiais Criminais, ao autor do fato que, após a lavratura do termo circunstanciado de ocorrência, for imediatamente encaminhado ao juizado ou assumir o compromisso de a ele comparecer, não se imporá prisão em flagrante, mas a autoridade policial poderá exigir-lhe fiança.

Certo (   )   Errado (   )

Conforme art. 69, parágrafo único, da Lei nº 9.099/95, *ao autor do fato que, após a lavratura do termo, for imediatamente encaminhado ao juizado ou assumir o compromisso de a ele comparecer, não se imporá prisão em flagrante, nem se exigirá fiança.*

Gabarito: Errado.

2207. (2017 – CS/UFG – TJ/GO – Juiz – Adaptada) Na audiência preliminar, presentes o representante do Ministério Público, o autor do fato e a vítima e, se possível, o responsável civil, acompanhados por seus advogados, o Juiz esclarecerá sobre a possibilidade da composição dos danos e da aceitação da proposta de aplicação imediata de pena não privativa de liberdade. Em caso de conciliação nos Juizados Especiais Criminais, a parte poderá constituir representante, por meio de procuração específica, com poderes para negociar e transigir.

Certo (   )   Errado (   )

Nos termos art. 72 da Lei nº 9.099/95, *na audiência preliminar, presente o representante do Ministério Público, o autor do fato e a vítima e, se possível, o responsável civil, acompanhados por seus advogados, o Juiz esclarecerá sobre a possibilidade da composição dos danos e da aceitação da proposta de aplicação imediata de pena não privativa de liberdade.*

Gabarito: Errado.

2208. (2017 – FCC – TRE/SP – Analista) Considere as seguintes situações hipotéticas:

I. Marcos é denunciado pelo Ministério Público pelo crime de falso testemunho na sua forma simples, com pena prevista de reclusão de 2 a 4 anos e multa.

II. Júlio é denunciado pelo Ministério Público pelo crime de descaminho, com pena prevista de 1 a 4 anos.

III. Juliana é denunciada pelo Ministério Público pelo crime de fraude processual, com pena prevista de 3 meses a 2 anos e multa.

Nos termos preconizados pelas Leis nº 9.099/1995 e nº 10.259/2001, que regulam os Juizados Especiais Criminais, o Ministério Público poderá oferecer proposta de suspensão condicional do processo, presentes os demais requisitos legais, para

a) Marcos, Júlio e Juliana.

b) Júlio, apenas.

c) Júlio e Juliana, apenas.

d) Marcos e Júlio, apenas.

e) Juliana, apenas.

O art. 89 da Lei nº 9.099/95 dispõe que, *nos crimes em que a pena mínima cominada for igual ou inferior a um ano, abrangidas ou não por esta Lei, o Ministério Público, ao oferecer a denúncia, poderá propor a suspensão do processo, por dois a quatro anos, desde que o acusado não esteja sendo processado ou não tenha sido condenado por outro crime, presentes os demais requisitos que autorizariam a suspensão condicional da pena (art. 77 do Código Penal).*
Gabarito: C.

___

2209. **(2017 – MPE/PR – MPE/PR – Promotor de Justiça – Adaptada)** Não é cabível a suspensão condicional do processo na desclassificação do crime e na procedência parcial da pretensão punitiva.
Certo (.)   Errado ( )

Conforme disposto na Súmula nº 337 do STJ, é previsto que *é cabível a suspensão condicional do processo na desclassificação do crime e na procedência parcial da pretensão punitiva.*
Gabarito: Errado.

___

2210. **(2017 – FAPEMS – PC/MS – Delegado – Adaptada)** Considerando o artigo 60, da Lei nº 9.099/1995, o qual dispõe que O Juizado Especial Criminal, provido por juízes togados ou togados e leigos, tem competência para a conciliação, o julgamento e a execução das infrações penais de menor potencial ofensivo, respeitadas as regras de conexão e continência. No que concerne ao procedimento dos Juizados Especiais Criminais.
No caso de concurso material de crimes, a pena considerada para fins de fixação da competência do Juizado Especial Criminal será o resultado da soma das penas máximas cominadas aos delitos.
Certo ( )   Errado ( )

É pacífica a jurisprudência do STJ de que, no caso de concurso de crimes, a pena considerada para fins de fixação da competência do Juizado Especial Criminal será o resultado da soma, no caso de concurso material, ou a exasperação, na hipótese de concurso formal ou crime continuado, das penas máximas cominadas aos delitos. Assim, se desse somatório resultar uma pena superior a 2 anos, fica afastada a competência do Juizado (HC 143.500/PE, Rel. Min. Napoleão Nunes Maia Filho, Quinta Turma, julgado em 31/05/2011).
Gabarito: Certo.

___

2211. **(2017 – MPE/RS – MPE/RS – Promotor de Justiça – Adaptada)** Consoante a Lei nº 9.099/95 é correto afirmar que a não reparação do dano causado pelo crime, injustificada, é causa de revogação da suspensão condicional do processo.
Certo ( )   Errado ( )

Nos termos do art. 89, § 1º, *aceita a proposta pelo acusado e seu defensor, na presença do Juiz, este, recebendo a denúncia, poderá suspender o processo, submetendo o acusado a período de prova, sob as seguintes condições: I - reparação do dano, salvo impossibilidade de fazê-lo.*
Gabarito: Certo.

___

2212. **(2017 – IBADE – PC/AC – Delegado – Adaptada)** No que concerne à legislação que dispõe sobre os Juizados Especiais Cíveis e Criminais (Lei nº 9.099/1995), pode-se afirmar que a composição dos danos civis será reduzida a escrito e, homologada pelo Juiz mediante sentença irrecorrível, não pode ser executado no juízo civil competente.

Certo ( )   Errado ( )

Nos termos do art. 74, da Lei nº 9.099/95, *a composição dos danos civis será reduzida a escrito e, homologada pelo Juiz mediante sentença irrecorrível, terá eficácia de título a ser executado no juízo civil competente.*

Gabarito: Errado.

2213. **(Ibade – Adaptada)** No que concerne à legislação que dispõe sobre os Juizados Especiais Cíveis e Criminais (Lei nº 9.099/1995), pode-se afirmar que a autoridade policial que tomar conhecimento da ocorrência lavrará termo circunstanciado e o encaminhará em até 24 (vinte e quatro) horas ao Juizado, com o autor do fato e, a vítima, providenciando-se as requisições dos exames periciais necessários.

Certo ( )   Errado ( )

A autoridade policial que tomar conhecimento da ocorrência lavrará termo circunstanciado e o encaminhará imediatamente ao Juizado, com o autor do fato e a vítima, providenciando-se as requisições dos exames periciais necessários, **conforme previsto no art. 69, da Lei nº 9.099/95.**

Gabarito: Errado.

2214. **(2017 – MPE/RS – MPE/RS – Promotor de Justiça – Adaptada)** Consoante à Lei nº 9.099/95 é correto afirmar que da decisão que rejeita a denúncia no Juizado Especial Criminal, cabe recurso de apelação.

Certo ( )   Errado ( )

Da decisão de rejeição da denúncia ou queixa e da sentença caberá apelação, que poderá ser julgada por turma composta de três Juízes em exercício no primeiro grau de jurisdição, reunidos na sede do Juizado, **vide o art. 82, da Lei nº 9.099/95.**

Gabarito: Certo.

2215. **(2017 – IBADE – PC/AC – Delegado – Adaptada)** No que concerne à legislação que dispõe sobre os Juizados Especiais Cíveis e Criminais (Lei nº 9.099/1995), pode-se afirmar que, ao autor do fato que, após a lavratura do termo circunstanciado , for imediatamente encaminhado ao juizado ou assumir o compromisso de a ele comparecer, não se imporá prisão em flagrante, podendo-se exigir fiança a critério da autoridade policial.

Certo ( )   Errado ( )

Ao autor do art. que, após a lavratura do termo, for imediatamente encaminhado ao juizado ou assumir o compromisso de a ele comparecer, NÃO se imporá prisão em flagrante, nem se exigirá fiança.

ATENÇÃO: no caso de *violência doméstica, o juiz poderá determinar, como medida de cautela, seu afastamento do lar, domicílio ou local de convivência com a vítima, tudo conforme o art. 69, parágrafo único.*

Gabarito: Errado.

2216. **(2017 – CESPE/CEBRASPE – PC/GO – Delegado – Adaptada)** Acerca de investigação criminal e juizados especiais criminais, é correto afirmar que, para definição da competência do juizado especial crimina no concurso material de crimes, a soma das penas máximas cominadas para cada crime não pode exceder a dois anos.

Certo ( )   Errado ( )

Consideram-se infrações penais de menor potencial ofensivo, pra os efeitos desta Lei, as contravenções penais e os crimes a que a lei comine pena máxima não superior a 2 (dois) anos, cumulada ou não com multa, art. 61 da Lei nº 9.099/95.

Jurisprudência/Ementa: *CONFLITO NEGATIVO DE JURISDIÇÃO - CONCURSO DE CRIMES DE MENOR POTENCIAL OFENSIVO - CONCURSO MATERIAL - SOMA DAS PENAS MÁXIMAS SUPERIOR A 02 (DOIS) ANOS - COMPETÊNCIA DA JUSTIÇA COMUM. Havendo concurso de crimes, o que determina a competência para julgamento é o somatório das penas máximas abstratamente cominadas para cada delito, ainda que este, de forma isolada, constitua uma infração de menor potencial ofensivo. TJ-MG - Conflito de Jurisdição CJ 10000121235899000 MG (TJ-MG).*

Gabarito: Certo.

2217. **(2017 – MPE/RS – MPE/RS – Secretário de Diligências)** Conforme preceitua o art. 62, da Lei nº 9.099/95, o processo perante o Juizado Especial Criminal orientar-se-á, dentre outros, pelos seguintes critérios:

a) oralidade e formalidade.

b) fungibilidade e economia processual.

c) informalidade e moralidade.

d) impessoalidade e economia processual.

e) economia processual e celeridade.

O processo perante o Juizado Especial orientar-se-á pelos critérios da oralidade, informalidade, economia processual e celeridade, objetivando, sempre que possível, a reparação dos danos sofridos pela vítima e a aplicação de pena não privativa de liberdade, art. 62 da Lei nº 9.099/95.

Gabarito: E.

2218. **(2017 – CESPE/CEBRASPE – TJ/PR – Juiz – Adaptada)** Acerca da transação penal no juizado especial, é correto afirmar que a proposta de transação penal por carta precatória fere o princípio da oralidade.

Certo ( )   Errado ( )

Nos termos do Enunciado nº 13 do CNJ, *é cabível o encaminhamento de proposta de transação por carta precatória.*

Gabarito: Errado.

2219. **(2017 – MPE/RS – MPE/RS – Promotor de Justiça – Adaptada)** Consoante a Lei nº 9.099/95 é correto afirmar que da decisão que homologa proposta de transação (art. 76, da Lei nº 9099/95) oferecida pelo Ministério Público e aceita pelo autor do fato, cabe recurso de apelação.

Certo ( )   Errado ( )

Nos termos do art. 76, § 4º, *acolhenda a proposta do Ministério Público aceita pelo autor da infração, o Juiz aplicará a pena restritiva de direitos ou multa, que não importará em reincidência, sendo registrada apenas para impedir novamente o mesmo benefício no prazo de cinco anos e § 5º: da sentença prevista no parágrafo anterior caberá a apelação referida no art. 82 desta Lei nº 9.099/95.*
Gabarito: Certo.

2220. **(2017 – CESPE/CEBRASPE – PC/GO – Delegado – Adaptada)** Acerca de investigação criminal e juizados especiais criminais, é correto afirmar que não se admite a transação penal nem a composição civil dos danos nos processos de competência dos juizados especiais criminais que, por motivo de conexão ou continência, tiverem sua competência deslocada para o tribunal do júri.

Certo ( )   Errado ( )

Conforme o art. 60, parágrafo único, da Lei nº 9.099/95: *Na reunião de processos, perante o juízo comum ou o tribunal do júri, decorrentes da aplicação das regras de conexão e continência, observar-se-ão os institutos da transação penal e da composição dos danos civis.*
Gabarito: Errado.

2221. **(2017 – FUNDEP – MPE/MG – Promotor de Justiça)** Em procedimento investigatório conduzido pelo Ministério Público do Trabalho, determinada testemunha imputou contra o investigado crime contra a honra, que levou o investigado a oferecer queixa-crime.

Considerando as informações acima, assinale a alternativa CORRETA:

a) A Justiça do Trabalho é competente para o julgamento da ação, que contará com a participação do Ministério Público do Trabalho, aplicando-se, quanto ao rito, o CPP.

b) O julgamento da queixa-crime compete ao Juizado Especial Criminal da Justiça Federal, acompanhando a ação o Ministério Público Federal, aplicando-se, quanto ao rito, a Lei nº 9.099/95.

c) A infração de menor potencial ofensivo torna competente o Juizado Especial Criminal, com ciência do Ministério Público, ambos do respectivo Estado Federado, aplicando-se, quanto ao rito, a Lei nº 9.099/95.

d) O órgão jurisdicional competente para o julgamento é a Justiça Comum Estadual, com a participação do Ministério Público do Estado, na condição de fiscal da lei, aplicando-se, quanto ao rito, o CPP.

Qualquer dos crimes contra a honra previstos no CP, na modalidade simples, tem pena-base acima de dois anos, o que atrai a competência para julgamento do Juizado Especial Criminal.

NÃO é da competência da Justiça federal processar e julgar queixa-crime proposta por particular contra particular, somente pelo fato de as declarações do querelado terem sido prestadas na Procuradoria do Trabalho.

Jurisprudência do STJ nesse sentido: *Tratou-se de conflito de competência negativo em razão da divergência entre Juízo federal e Juízo estadual para processar e julgar ações penais privadas nas quais se buscava apurar a prática dos crimes de calúnia e difamação pelos querelados, em depoimento prestado em inquérito civil instaurado por Procuradoria Regional do Trabalho. Estando em análise nas queixas-crime a prática de delitos contra a honra, e não de falso testemunho, tampouco se vislumbrando nos autos indícios de que os depoimentos prestados por querelados perante o parquet trabalhista são falsos, estaremos diante de verdadeira relação entre particulares e não* *haverá nenhum interesse ou violação de direito que afete a União, de modo que a causa não se enquadrará em nenhuma das hipóteses do art. 109 da Constituição Federal e não incidirá, assim, a Súmula n. 165 do STJ, que assim dispõe: compete a justiça federal processar e julgar crime de falso testemunho cometido no processo trabalhista. (STJ. CC 148.350-PI, Rel. Min. Felix Fischer, por unanimidade, julgado em 9/11/2016, DJe 18/11/2016).*

Gabarito: C.

2222. **(2017 – CESPE/CEBRASPE – PC/GO – Delegado – Adaptada)** Acerca de investigação criminal e juizados especiais criminais, é correto afirmar que o delegado-geral de polícia civil, no âmbito estadual, ou o delegado regional, no âmbito territorial, poderão, mediante despacho fundamentado, avocar ou determinar a redistribuição de autos de inquérito policial, sempre que a infração penal a ser apurada for de interesse do Poder Executivo da respectiva unidade da Federação.

Certo ( )   Errado ( )

Vide o art. 2º da Lei nº 12.830/13, § 4º: *o inquérito policial ou outro procedimento previsto em lei em curso somente poderá ser avocado ou redistribuído por superior hierárquico, mediante despacho fundamentado, por motivo de interesse público ou nas hipóteses de inobservância dos procedimentos previstos em regulamento da corporação que prejudique a eficácia da investigação.*

Gabarito: Errado.

2223. **(2017 – IBADE – PC/AC – Delegado – Adaptada)** No que concerne à legislação que dispõe sobre os Juizados Especiais Cíveis e Criminais (Lei nº 9.099/1995), pode-se afirmar que, havendo representação ou tratando-se de crime de ação penal pública incondicionada, não sendo caso de arquivamento, o Ministério Público poderá propor a aplicação imediata de pena restritiva de direitos ou multas, a ser especificada na proposta.

Certo ( )   Errado ( )

A lei do JECRIM, Lei nº 9.099/95, dispõe que, *havendo representação ou tratando-se de crime de ação penal pública incondicionada, não sendo caso de arquivamento, o Ministério Público poderá propor a aplicação imediata de pena restritiva de direitos ou multas, a ser especificada na proposta, nos exatos termos do art. 76.*

Gabarito: Certo.

2224. **(2017 – MPE/RS – MPE/RS – Promotor de Justiça)** Cacilda, mulher policial rodoviária federal, e Posidônio, homem policial rodoviário federal, são casados e trabalham no mesmo posto da Polícia Rodoviária Federal de Porto Alegre. Ambos fardados, em horário de expediente e em seu local de trabalho iniciam acalorada discussão acerca de assuntos domésticos e familiares. Exaltada, Cacilda agride Posidônio causando-lhe lesões corporais de natureza leve, consistente em duas equimoses de 2x2cm de área.

Considerando os dados apresentados, a competência para apreciar o delito de lesões corporais deverá ocorrer

a) no Juizado da Violência Doméstica.

b) na Vara Criminal da Justiça Estadual.

c) no Juizado Especial Criminal Estadual.

d) na Vara Criminal da Justiça Federal.

e) no Juizado Especial Criminal Federal.

Infração de Lesão corporal: *art. 129. Ofender a integridade corporal ou a saúde de outrem: Pena – detenção, de três meses a um ano. De acordo com art. 61 da Lei nº 9.099/95, lei dos juizados especiais criminais e cíveis, consideram-se infrações penais de menor potencial ofensivo, para os efeitos desta Lei, as contravenções penais e os crimes a que a lei comine pena máxima não superior a 2 (dois) anos, cumulada ou não com multa.*

Súmula nº 536 do STJ: *a suspensão condicional do processo e a transação penal não se aplicam na hipótese de delitos sujeitos ao rito da Lei Maria da Penha*

Deste modo, sendo a lesão corporal leve um crime de menor potencial ofensivo, a competência na persecução penal será dos Juizados Especiais Criminais Estaduais.

Gabarito: A.

2225. **(2017 – CESPE/CEBRASPE – PC/GO – Delegado – Adaptada)** Acerca de investigação criminal e juizados especiais criminais, é correto afirmar que, no juizado especial criminal, é inadmissível a transação penal caso se comprove que o autor da infração foi condenado em sentença definitiva por crime ou contravenção penal de caráter culposo ou doloso.

Certo (   )   Errado (   )

Conforme o art. 76, § 2º, da Lei nº 9.099/95, *a proposta só será feita se ficar comprovado: não ter sido o autor da infração condenado pela prática de crime, a pena privativa de liberdade por sentença definitiva; não ter sido o agente beneficiado anteriormente, no prazo de 5 anos pela aplicação de pena restritiva ou multa, nos termos da lei; ser indicada para o caso, considerando os antecedentes, a conduta social e a personalidade do agente, bem como os motivos e as circunstâncias, ser necessária e suficiente a adoção da medida.*

Gabarito: Errado.

2226. **(2017 – MPE/RS – MPE/RS – Promotor de Justiça – Adaptada)** Consoante a Lei nº 9.099/95 é correto afirmar que não se admite oferta de proposta de transação se ficar comprovado ter sido o autor da infração condenado, pela prática de crime, à pena restritiva de direitos, por sentença definitiva.

Certo (   )   Errado (   )

A Lei nº 9.099/95 estabelece no art. 76, § 2º: *não se admitirá a proposta se ficar comprovado: I - ter sido o autor da infração condenado, pela prática de crime, à pena privativa de liberdade, por sentença definitiva.*

Gabarito: Errado.

2227. **(2017 – CESPE/CEBRASPE – TRE/PE – Analista)** Conforme a Lei nº 9.099/1995 e o entendimento dos tribunais superiores, a suspensão condicional do processo

a) não será aplicável em caso de infrações penais cometidas em concurso formal, quando a pena mínima cominada resultante da incidência da majorante for inferior a um ano.

b) será aplicável em caso de infrações penais cometidas em concurso formal, quando a pena mínima cominada resultante da incidência da majorante for superior a um ano, mas não ultrapassar dois anos.

c) não será aplicável em caso de infrações penais cometidas em concurso material, quando a pena mínima cominada resultante do somatório for igual a um ano.

d) não será aplicável em caso de infrações penais cometidas em continuidade delitiva, quando a pena mínima cominada resultante da incidência da majorante for superior a um ano.

e) será aplicável em caso de infrações penais cometidas em concurso material, quando a pena mínima cominada resultante do somatório for igual ou inferior a dois anos.

Conforme disposto na Súmula nº 243 do STJ, *o benefício da suspensão do processo não é aplicável em relação às infrações penais cometidas em concurso material, concurso formal ou continuidade delitiva, quando a pena mínima cominada, seja pelo somatório, seja pela incidência da majorante, ultrapassar o limite de um ano.*

Vide Súmula nº 723 do STF: *Não se admite a suspensão condicional do processo por crime continuado, se a soma da pena mínima da infração mais grave com o aumento mínimo de um sexto for superior a um ano.*

Gabarito: D.

2228. **(2017 – MPE/RS – MPE/RS – Promotor de Justiça – Adaptada)** Consoante a Lei nº 9.099/95 é correto afirmar que os conciliadores no Juizado Especial Criminal são recrutados preferencialmente entre bacharéis em Direito (art. 73, parágrafo único, da Lei nº 9099/95).

Certo ( )   Errado ( )

Conforme teor expresso do art. 7º, da Lei nº 9.099/95, *os conciliadores e Juízes leigos são auxiliares da Justiça, recrutados, os primeiros, preferentemente, entre os bacharéis em Direito, e os segundos, entre advogados com mais de cinco anos de experiência.*

Gabarito: Certo.

2229. **(2016 – CESPE/CEBRASPE – PC/GO – Agente)** Por ter praticado infração penal contra Lúcio, Ana foi presa em flagrante e conduzida à delegacia, onde se constatou que o tipo penal correspondente à infração praticada por Ana prevê pena máxima de dois anos e multa.

Nessa situação hipotética, a autoridade policial deverá:

a) exigir o pagamento da fiança, devido ao fato de o crime admitir pena de multa.

b) instaurar IP mediante a lavratura do auto de prisão em flagrante.

c) converter a prisão em flagrante em prisão preventiva, por não se tratar de crime de menor potencial ofensivo.

d) lavrar termo circunstanciado e encaminhá-lo ao juizado juntamente com a autora do fato e a vítima.

e) encaminhar imediatamente as partes ao juizado, para audiência de conciliação.

A autoridade policial que tomar conhecimento da ocorrência lavrará termo circunstanciado e o encaminhará imediatamente ao Juizado, com o autor do fato e a vítima, providenciando-se as requisições dos exames periciais necessários. Ao autor do fato que, após a lavratura do termo, for

imediatamente encaminhado ao juizado ou assumir o compromisso de a ele comparecer, não se imporá prisão em flagrante, nem se exigirá fiança. Em caso de violência doméstica, o juiz poderá determinar, como medida de cautela, seu afastamento do lar, domicílio ou local de convivência com a vítima, tudo conforme dispõe o art. 69 da Lei nº 9.099/95.

Gabarito: D.

2230. (2017 – CESPE/CEBRASPE – PC/GO – Delegado – Adaptada) Acerca de investigação criminal e juizados especiais criminais, é correto afirmar que caberá recurso especial contra a decisão da turma recursal dos juizados especiais criminais que negue provimento a recurso interposto contra sentença penal condenatória, caso seja demonstrada ofensa ao dispositivo de norma infraconstitucional.

Certo ( )   Errado ( )

As afirmações da alternativa confrontam a Súmula nº 203 do STJ: *não cabe recurso especial contra decisão proferida por órgão de segundo grau dos Juizados Especiais.*

Contudo, é cabível a interposição de recurso extraordinário contra decisão proferida por juiz de primeiro grau nas causas de alçada, ou por turma recursal de juizado especial cível e criminal, conforme a Súmula nº 640 do STF.

Gabarito: Errado.

2231. (2016 – CESPE/CEBRASPE – PC/GO – Agente) Uma pessoa denunciada por crime para o qual a pena mínima é igual a um ano recebeu e aceitou uma proposta do MP prevista na Lei nº 9.099/1995. Nesse caso, a proposta em questão caracteriza-se como uma:

a) suspensão condicional da pena, que poderá ser revogada se a pessoa vier a ser condenada definitivamente por outro crime.

b) transação penal, pois a pessoa cometeu crime de menor potencial ofensivo.

c) transação penal, caso o crime cometido seja de menor potencial ofensivo.

d) suspensão condicional da pena, pois a pessoa cometeu crime de menor potencial ofensivo.

e) suspensão condicional do processo, que poderá ser revogada se a pessoa vier a ser processada por contravenção penal no curso do prazo.

REVOGAÇÃO DA SUSPENSÃO Art. 89, § 3º, da Lei nº 9.099/95	CONDICIONAL DO PROCESSO Art. 89, § 4º, da Lei nº 9.099/95
A suspensão SERÁ REVOGADA se, no curso do prazo, o beneficiário vier a ser processado por outro CRIME ou não efetuar, sem motivo justificado, a reparação do dano.	A suspensão PODERÁ SER REVOGADA se o acusado vier a ser processado, no curso do processo, por CONTRAVENÇÃO, ou descumprir qualquer outra condição imposta.

Gabarito: E.

2232. (2016 – CESPE/CEBRASPE – PC/GO – Agente – Adaptada) De acordo com os termos da Lei nº 9.099/1995, que dispõe sobre os juizados especiais cíveis e criminais, na situação em que um indivíduo tenha sido preso em flagrante por ter cometido furto simples — cuja pena prevista é de reclusão, de um a quatro anos, e multa —, o MP, ao oferecer a denúncia, poderá propor a suspensão do processo, por dois a quatro anos, estando presentes os demais requisitos que autorizem a suspensão condicional da pena, previstos em artigo do CP.

Nesse caso, o MP poderá propor a suspensão do processo ainda que o réu tenha sido condenado por outro crime na semana anterior à do cometimento do furto.

Certo ( )   Errado ( )

Nos crimes em que a pena mínima cominada for igual ou inferior a um ano, abrangidas ou não por esta Lei, o Ministério Público, ao oferecer a denúncia, poderá propor a suspensão do processo, por dois a quatro anos, desde que o acusado não esteja sendo processado ou não tenha sido condenado por outro crime, presentes os demais requisitos que autorizariam a suspensão condicional da pena, art. 89 da Lei nº 9.099/95.

Gabarito: Errado.

2233. **(Cespe – Adaptada)** De acordo com os termos da Lei nº 9.099/1995, que dispõe sobre os juizados especiais cíveis e criminais, na situação em que um indivíduo tenha sido preso em flagrante por ter cometido furto simples — cuja pena prevista é de reclusão, de um a quatro anos, e multa —, o MP, ao oferecer a denúncia, poderá propor a suspensão do processo, por dois a quatro anos, estando presentes os demais requisitos que autorizem a suspensão condicional da pena, previstos em artigo do CP.

Nesse caso, se for deferida a suspensão do processo, a autoridade judiciária deverá declarar extinta a punibilidade depois de expirado o prazo, sem revogação da suspensão.

Certo ( )   Errado ( )

O art. 89, § 5º, da Lei nº 9.099/95, estabelece que expirado o prazo sem revogação, o Juiz declarará extinta a punibilidade.

Gabarito: Certo.

2234. **(2016 – CESPE/CEBRASPE – PC/PE – Delegado)** Godofredo tem a obrigação legal de cuidar de determinado idoso, mas o abandonou em um hospital – conduta prevista no art. 98, do Estatuto do Idoso, com pena de detenção de seis meses a três anos e multa. Paulo negou trabalho a um idoso, com a justificativa de que o pretendente ao emprego encontrava-se em idade avançada — conduta enquadrada no art. 100, II, do Estatuto do Idoso, com pena de reclusão de seis meses a um ano e multa.

Nessas situações, as medidas despenalizadoras, previstas na Lei nº 9.099/1995 (lei dos juizados especiais):

a) poderão beneficiar ambos os acusados, desde que haja anuência das vítimas.

b) poderão beneficiar Paulo, com a transação penal, ao passo que Godofredo, com a suspensão condicional do processo.

c) não poderão beneficiar Godofredo nem Paulo.

d) poderão beneficiar apenas Godofredo.

e) poderão beneficiar apenas Paulo.

NÃO CONFUNDIR	
JECRIM	**VARA CRIMINAL**
TRANSAÇÃO PENAL faz em sede de JECRIM, ou seja, a pena não poderá ser superior a 2 ANOS.	SUSPENSÃO CONDICIONAL DO PROCESSO: analisa a PENA MÍNIMA igual ou inferior a 01 ano = SUSPENSÃO DO PROCESSO.
Conforme o art. 61 - Consideram-se infrações penais de menor potencial ofensivo, para os efeitos desta Lei, as contravenções penais e os crimes a que a lei comine PENA MÁXIMA não superior a 2 (dois) anos, cumulada ou não com multa.	Nos crimes em que a PENA MÍNIMA cominada for igual ou inferior a um ano, abrangidas ou não por esta Lei, o Ministério Público, ao oferecer a denúncia, poderá propor a suspensão do processo, por dois a quatro anos, desde que o acusado não esteja sendo processado ou não tenha sido condenado por outro crime, presentes os demais requisitos que autorizariam a suspensão condicional da pena, art. 89.
Art. 76. Havendo representação ou tratando-se de crime de ação penal pública incondicionada, não sendo caso de arquivamento, o Ministério Público poderá propor a aplicação imediata de pena restritiva de direitos ou multas, a ser especificada na proposta.	

Gabarito: B.

LEI Nº 11.343/06 - LEI DE DROGAS

2235. **(2021 – MPDFT – Promotor de Justiça – Adaptada)** Considere a assertiva abaixo:

A destruição das drogas apreendidas sem a ocorrência de prisão em flagrante será feita por incineração, no prazo máximo de sessenta dias contados da data da apreensão, guardando-se amostra necessária à realização do laudo definitivo.

Certo ( )   Errado ( )

Atenção! Atualmente, há prazos distintos para a DESTRUIÇÃO das DROGAS:

Com FLAGRANTE - 15 dias - art. 50, § 4º, da Lei de Drogas.

Realizada pelo Delegado de Polícia na presença do Ministério Público e da autoridade sanitária.

SEM flagrante - prazo máximo de 30 dias - art. 50-A, da Lei de Drogas.

A contar da data da apreensão. A destruição será feita mediante incineração.

Plantações ilícitas - IMEDIATAMENTE - art. 32, da Lei de Drogas.

Serão IMEDIATAMENTE destruídas.

Gabarito: Errado.

2236. **(2020 – FCC – TJ/MS – Juiz – Adaptada)** Quanto aos aspectos processuais da Lei de Drogas, correto afirmar que:

O agente surpreendido na posse de droga para consumo pessoal será processado e julgado perante o Juizado Especial Criminal, permitida a transação penal, ainda que haja concurso com o delito de tráfico de entorpecentes, a ser apurado no juízo comum.

Certo ( )   Errado ( )

*O art. 48, § 1º, da Lei nº 11.343/06 prevê que o agente de qualquer das condutas previstas no art. 28 desta Lei, **SALVO se houver concurso com os crimes previstos nos arts. 33 a 37 desta Lei (Não será aplicado os benefícios do JECRIM – Transação penal e Suspensão Condicional do Processo)**, será **processado e julgado** na forma dos arts. 60 e seguintes da Lei nº 9.099, de 26 de setembro de 1995, que **dispõe sobre os Juizados Especiais Criminais**.*

Gabarito: Errado.

2237. **(2019 – NUCEPE – Prefeitura de Timon/MA – Guarda Civil – Adaptada)** Acerca da Investigação na Lei nº 11.343/06 é CORRETO afirmar que:

Ocorrendo prisão em flagrante, a autoridade de polícia judiciária fará, imediatamente, comunicação ao Ministério Público, remetendo-lhe cópia do auto lavrado.

Certo ( )   Errado ( )

*Ocorrendo prisão em flagrante, a autoridade de polícia judiciária **fará, imediatamente, comunicação ao JUIZ COMPETENTE**, remetendo-lhe cópia do auto lavrado, do qual será dada vista ao órgão do Ministério Público, em **24 (vinte e quatro) horas**, em consonância com o art. 50, caput da Lei nº 11.343/06.*

Gabarito: Errado.

2238. **(2020 – FCC – TJ/MS – Juiz – Adaptada)** Quanto aos aspectos processuais da Lei de Drogas, correto afirmar que suficiente o laudo de constatação da natureza e quantidade da droga, firmado por perito oficial ou, na falta deste, por pessoa idônea, para efeito da lavratura do auto de prisão em flagrante e estabelecimento da materialidade do delito, ficando impedido, porém, o perito que o subscrever de participar do laudo definitivo.

Certo ( )   Errado ( )

Consoante o teor do art. 50, § 2º, da Lei nº 11/343/06, *o PERITO que subscrever o laudo a que se refere o § 1º (laudo de constatação da natureza e quantidade da droga) deste artigo NÃO FICARÁ impedido de participar da elaboração do LAUDO DEFINITIVO.*

Gabarito: Errado.

2239. **(2020 – FCC – TJ/MS – Juiz – Adaptada)** Quanto aos aspectos processuais da Lei de Drogas, correto afirmar que:

O Ministério Público, recebidos os autos do inquérito policial, poderá, no prazo de 10 (dez) dias, requerer o arquivamento, requisitar diligências que entender necessárias ou oferecer denúncia arrolando até 08 (oito) testemunhas.

Certo ( )   Errado ( )

De acordo com o art. 54, I, II e III, da Lei nº 11.343/06, *recebidos em juízo os autos do inquérito policial, de Comissão Parlamentar de Inquérito ou peças de informação, dar-se-á vista ao Ministério Público para, no prazo de 10 (dez) dias, adotar uma das seguintes providências:*

> *Requerer o arquivamento.*

> *Requisitar as diligências que entender necessárias.*

> *Oferecer denúncia, **arrolar até 5 (cinco) testemunhas** e requerer as demais provas que entender pertinentes.*

Gabarito: Errado.

2240. **(2019 – NUCEPE – Prefeitura de Timon/MA – Guarda Civil – Adaptada)** Acerca da Investigação na Lei nº 11.343/06 é CORRETO afirmar que:

O inquérito policial será concluído no prazo de 30 (trinta) dias, se o indiciado estiver solto, e de 90 (noventa) dias, quando preso.

Certo ( )   Errado ( )

*O inquérito policial será concluído no **prazo de 30 (trinta) dias, se o indiciado estiver PRESO**, e de **90 (noventa) dias, quando SOLTO**. Os prazos a que se refere este artigo podem ser **DUPLICADOS pelo juiz, ouvido o Ministério Público**, mediante pedido justificado da autoridade de polícia judiciária, é o teor do art. 51 da Lei nº 11.343/06.*

PRAZOS INQUÉRITO POLICIAL		
CPP Regra GERAL (Justiça Estadual – Polícia Civil)	PRESO O dias Improrrogáveis	SOLTO O dias Prorrogáveis (nova decisão do Juiz)
Justiça Federal – Polícia Federal	5 dias Prorrogável por igual período	O dias Prorrogável
Lei de Drogas	O dias Duplicável	O dias Duplicável
Crimes Militares – Inquéritos Militares	O dias Improrrogáveis	O dias – prorrogável por + 20 dias

Gabarito: Errado.

2241. (2019 – NUCEPE – Prefeitura de Timon/MA – Guarda Civil – Adaptada) Acerca da Investigação na Lei nº 11.343/06 é CORRETO afirmar que:

Para efeito da lavratura do auto de prisão em flagrante e estabelecimento da materialidade do delito, é suficiente o laudo de constatação da natureza e quantidade da droga, firmado por perito oficial ou, na falta deste, por 2 (duas) pessoas idôneas.

Certo ( )   Errado ( )

A previsão do art. 50, § 1º. da Lei nº 11.343/06 é no sentido contrário ao que afirma a questão, portanto, *para efeito da lavratura do auto de prisão em flagrante e estabelecimento da materialidade do delito, é SUFICIENTE o laudo de constatação da natureza e quantidade da droga, firmado por PERITO OFICIAL ou, na falta deste, por pessoa idônea.*

Gabarito: Errado.

2242. (2019 – NUCEPE – Prefeitura de Timon/MA – Guarda Civil – Adaptada) Acerca da Investigação na Lei nº 11.343/06 é CORRETO afirmar que:

O perito que subscrever o laudo de constatação da natureza e quantidade da droga não ficará impedido de participar da elaboração do laudo definitivo.

Certo ( )   Errado ( )

Consoante o teor do art. 50, § 2º, da Lei nº 11.343/006, *o PERITO que subscrever o laudo a que se refere o § 1º* (laudo de constatação da natureza e quantidade da droga) deste *artigo NÃO FICARÁ impedido de participar da elaboração do LAUDO DEFINITIVO.*

Gabarito: Errado.

2243. (2020 – FCC – TJ/MS – Juiz – Adaptada) Quanto aos aspectos processuais da Lei de Drogas, correto afirmar que o juiz, oferecida a denúncia, ordenará a notificação do acusado para oferecer defesa prévia, por escrito, no prazo de 10 (dez) dias, decidindo a seguir em 05 (cinco) dias, apresentada ou não a resposta.

Certo ( )   Errado ( )

De acordo com o art. 55, § 3º, da Lei nº 11.343/06, oferecida a denúncia, o juiz ordenará a notificação do acusado para oferecer defesa prévia, por escrito, no prazo de 10 (dez) dias. *Se a resposta NÃO* *for apresentada no prazo, **o juiz nomeará defensor para oferecê-la em 10 (dez) dias, conceden-do-lhe vista dos autos no ato de nomeação.***

Gabarito: Errado.

2244. (2019 – NUCEPE – Prefeitura de Timon/MA – Guarda Civil – Adaptada) Acerca da Investigação na Lei nº 11.343/06 é CORRETO afirmar que:

A destruição das drogas será executada pelo delegado de polícia competente no prazo de 15 (quinze) dias na presença do Ministério Público e da autoridade judiciária.

Certo (　)　　　　Errado (　)

O item afronta o disposto no art. 50, § 4º, da Lei nº 11.343/06:

A destruição das drogas será executada pelo delegado de polícia competente no prazo de 15 (quinze) dias na presença do Ministério Público e da AUTORIDADE SANITÁRIA (não é autoridade Judiciária).

Atenção! A Lei nº 13.840/19 inseriu o art. 50-A

DESTRUIÇÃO DA DROGA	
COM prisão em FLAGRANTE (art. 50, § 4º, LD)	SEM prisão em FLAGRANTE (art. 50-A, LD)
5 dias	**0 dias APREENSÃO**
Será executada pelo delegado de polícia competente, na presença do Ministério Público e da Autoridade SANITÁRIA.	Incineração / Guardando-se amostra necessária a à realização do laudo DEFINITIVO

Gabarito: Errado.

2245. (2020 – FCC – TJ/MS – Juiz – Adaptada) Quanto aos aspectos processuais da Lei de Drogas, correto afirmar que:

O inquérito policial será concluído no prazo de 30 (trinta) dias, se o indiciado estiver preso, e de 90 (noventa) dias, quando solto, podendo haver duplicação de tais prazos pelo juiz, ouvido o Ministério Público, mediante pedido justificado da autoridade de polícia judiciária.

Certo (　)　　　　Errado (　)

*O inquérito policial será concluído no **prazo de 30 (trinta) dias, se o indiciado estiver PRESO**, e de **90 (noventa) dias, quando SOLTO**. Os prazos a que se refere este artigo podem ser **DUPLICA-DOS pelo juiz, ouvido o Ministério Público**, mediante pedido justificado da autoridade de polícia judiciária, é o teor do art. 51 da Lei nº 11.343/06.*

Gabarito: Certo.

2246. (2018 – CESPE/CEBRASPE – PC/MA – Delegado – Adaptada) No que se refere ao processa-mento do crime de tráfico de drogas, é correto afirmar que, conforme as circunstâncias, a aplica-ção do princípio da insignificância é cabível.

Certo (　)　　　　Errado (　)

O **Princípio da Insignificância - Princípio da Bagatela ou Preceito Bagatelar** - *não se aplica ao tráfico de drogas, visto se tratar de crime de perigo abstrato ou presumido, sendo, portanto, irrelevante a quantidade de droga apreendida. STJ. 5ª Turma. HC 318936/SP, Rel. Min. Ribeiro Dantas, julgado em 27/10/2015.*

O Supremo Tribunal Federal (STF), em decisão do Ministro Celso de Melo, compatibilizou a aplicação do Princípio da Insignificância, que privilegia outros princípios do Direito Penal, como o Princípio da Intervenção Mínima, o Princípio da Fragmentariedade e o Princípio da lesividade, com o Princípio da Legalidade, que previamente elege os bens jurídicos que merecem tutela estatal.

O STF considera como crimes INCOMPATÍVEIS com o Princípio da Insignificância os crimes mediante violência ou grave ameaça à pessoa, como tráfico de drogas e crimes de falsificação.

Gabarito: Errado.

2247. **(2018 – CESPE/CEBRASPE – PC/MA – Delegado – Adaptada)** No que se refere ao processamento do crime de tráfico de drogas, é correto afirmar que é incabível a progressão de regime prisional, devendo a pena ser iniciada e totalmente cumprida no regime fechado.

Certo ( )　　　　Errado ( )

A jurisprudência do STF entende que é inconstitucional o cumprimento da pena em regime em inicial e integralmente fechado, pois viola o princípio da individualização da pena. Logo, para determinar se a pena vai ser cumprida em regime fechado, semiaberto e aberto será necessário se valer do art. 33, § 2º, do CP, ainda que se trate de crime hediondo ou de crime equiparado a hediondo.

Gabarito: Errado.

2248. **(2018 – CESPE/CEBRASPE – PC/MA – Delegado – Adaptada)** No que se refere ao processamento do crime de tráfico de drogas, é correto afirmar que a fixação da pena-base pelo juiz deve levar em conta, entre outras circunstâncias, a quantidade de droga apreendida.

Certo ( )　　　　Errado ( )

Conforme disposto na Lei nº 11.343/06, art. 42, *o juiz, na fixação das penas, considerará, com preponderância sobre o previsto no art. 59 do Código Penal, a natureza e a quantidade da substância ou do produto, a personalidade e a conduta social do agente.*

Gabarito: Certo.

2249. **(2018 – CESPE/CEBRASPE – PC/MA – Delegado – Adaptada)** que se refere ao processamento do crime de tráfico de drogas, é correto afirmar que é necessária a demonstração da efetiva transposição de fronteiras entre estados da Federação para a incidência dessa causa de aumento da pena.

Certo ( )　　　　Errado ( )

Nos exatos termos da Súmula nº 587 do STJ, *para a incidência da majorante prevista no art. 40, V, da Lei nº 11.343/06, é desnecessária a efetiva transposição de fronteiras entre estados da federação, sendo suficiente a demonstração inequívoca da intenção de realizar o tráfico interestadual.*

Gabarito: Errado.

2250. **(2018 – CESPE/CEBRASPE – PC/MA – Delegado – Adaptada)** No que se refere ao processamento do crime de tráfico de drogas, é correto afirmar que é incabível a conversão da pena privativa de liberdade em restritiva de direitos.

Certo ( )　　　　Errado ( )

O STF considerou inconstitucional a disposição do art. 33, § 4º, da Lei nº 11.343/06, que diz ser vedada à conversão em penas restritivas de direitos. A natureza e a quantidade da droga NÃO podem ser utilizadas para aumentar a pena-base do réu (1ª fase da dosimetria) e também para conceder ao réu uma menor redução de pena na aplicação do benefício do art. 33, § 4º, (3ª fase de dosimetria). O que poderia gerar, *bis in idem*. *A valoração da natureza e da quantidade da droga deverá ser realizada na primeira ou na terceira fase de aplicação da pena, vedada a aplicação conjunta sob pena de bis in idem*. STF. Plenário. HC 112776/MS e HC 109193/MG, Rel. Min. Teori Zavascki, julgados em 19/12/2013. Informativo nº 733 do STF.

Gabarito: Errado.

2251. **(2017 – CESPE/CEBRASPE – DPE/RR – Defensor Público – Adaptada)** Sobre o procedimento relativo aos processos por crimes definidos na Lei Antidrogas, Lei nº 11.343/2006, é correto afirmar que, consoante aos recentes julgados do Supremo Tribunal Federal, não gera nulidade o fato do interrogatório do acusado ser realizado no início da instrução criminal, em momento anterior à oitiva das testemunhas, em conformidade com o estabelecido no art. 57 da Lei nº 11.343/2006.

Certo ( )   Errado ( )

Conforme a jurisprudência - *EMENTA: PENAL. TRÁFICO TRANSNACIONAL DE DROGAS. ASSOCIAÇÃO PARA O TRÁFICO. COMPETÊNCIA. INTERROGATÓRIO. MOMENTO. LEI ESPECIAL. MATERIALIDADE. AUTORIA. CONFIRMAÇÃO. TRANSNACIONALIDADE. CAUSA DE AUMENTO. MINORANTE. ARTIGO 33, § 4º, DA LEI Nº 11.343/06. 2. Não há nulidade na realização do interrogatório no início da audiência de instrução, em observância ao processamento determinado pela Lei nº 11.343, de 2006, que é lei especial em relação ao CPP. (TRF4, ACR 5013685-89.2014.404.7100, Sétima Turma, Relator p/ Acórdão Márcio Antônio Rocha, juntado aos autos em 27/04/2016)*

No tráfico de drogas o interrogatório do réu é regido pelo princípio da especialidade conforme o Info. nº 750 do STF: *O rito previsto no art. 400 do CPP – com a redação conferida pela Lei nº 11.719/2008 – não se aplica à Lei de Drogas, de modo que o interrogatório do réu processado com base na Lei nº 11.343/2006 deve observar o procedimento nela descrito (artigos 54 a 59). HC 121953/ MG, rel. Min. Ricardo Lewandowski, 10.6.2014. (HC-121953)*

Gabarito: Certo.

2252. **(2017 – CESPE/CEBRASPE – DPE/RR – Defensor Público – Adaptada)** Sobre o procedimento relativo aos processos por crimes definidos na Lei Antidrogas, Lei nº 11.343/2006, é correto afirmar que o perito que subscrever o laudo de constatação da natureza e quantidade da droga, ficará impedido de participar da elaboração do laudo definitivo.

Certo ( )   Errado ( )

Nos termos do art. 50, § 2º, da Lei nº 11.343/06, *o perito que subscrever o laudo a que se refere o § 1º deste artigo não ficará impedido de participar da elaboração do laudo definitivo.*

Gabarito: Errado.

2253. (2017 – CESPE/CEBRASPE – DPE/RR – Defensor Público – Adaptada) Sobre o procedimento relativo aos processos por crimes definidos na Lei Antidrogas, Lei nº 11.343/2006, é correto afirmar que o inquérito policial será concluído no prazo de quarenta e cinco dias, se o indiciado estiver preso, e de noventa dias, quando solto, com a possibilidade de serem duplicados pelo juiz, ouvido o Ministério Público, mediante pedido justificado da autoridade de polícia judiciária.

Certo ( )   Errado ( )

Nos termos art. 51 da Lei nº 11.343/06, *o inquérito policial será concluído no prazo de 30 dias, se o indiciado estiver preso, e de 90 dias, quando solto.*
Gabarito: Errado.

2254. (2017 – FAURGS – TJ/RS – Analista Judiciário – Adaptada) No que se refere aos ritos processuais é correto afirmar que, no rito especial estabelecido pela Lei de Drogas, após o oferecimento da denúncia, o Juiz deverá expedir despacho de recebimento ou rejeição da acusação. Recebendo-a, determinará a citação do réu para realização do interrogatório.

Certo ( )   Errado ( )

Nos termos do art. 55 da Lei nº 11.343/06, *oferecida a denúncia, o juiz ordenará a notificação do acusado para oferecer defesa prévia, por escrito, no prazo de 10 dias.*
Gabarito: Errado.

2255. (2013 – CESPE/CEBRASPE – DPE/RR – Defensor Público – Adaptada) Sobre o procedimento relativo aos processos por crimes definidos na Lei Antidrogas, Lei nº 11.343/2006, é correto afirmar que, na resposta, consistente em defesa preliminar e exceções, o acusado poderá arguir preliminares e invocar todas as razões de defesa, oferecer documentos e justificações, especificar as provas que pretende produzir e, até o número de oito, arrolar testemunhas.

Certo ( )   Errado ( )

Nos termos art. 55, § 1º da Lei nº 11.343/06, *na resposta, consistente em defesa preliminar e exceções, o acusado poderá arguir preliminares e invocar todas as razões de defesa, oferecer documentos e justificações, especificar as provas que pretende produzir e, até o número de 5, arrolar testemunhas.*
Gabarito: Errado.

2256. (2017 – FCC – DPE/PR – Defensor Público – Adaptada) Sobre o procedimento relativo aos processos por crimes definidos na Lei Antidrogas, Lei nº 11.343/2006, é correto afirmar que, oferecida a denúncia, o juiz ordenará a notificação do acusado para oferecer defesa prévia, por escrito, no prazo de quinze dias, contando-se o prazo em dobro para a Defensoria Pública.

Certo ( )   Errado ( )

Nos termos do art. 55 da Lei nº 11.343/06, *oferecida a denúncia, o juiz ordenará a notificação do acusado para oferecer defesa prévia, por escrito, no prazo de 10 (dez) dias.*
Gabarito: Errado.

2257. **(2014 – FAURGS – TJ/RS – Oficial de Justiça– Adaptada)** Em relação à audiência de instrução e julgamento prevista na Lei nº 11.343/2006, a audiência deverá ser realizada, impreterivelmente e em qualquer caso, dentro dos 30 (trinta) dias seguintes ao recebimento da denúncia.

Certo ( )   Errado ( )

Conforme o art. 56, § 2º, da Lei nº 11.343/2006, *a audiência a que se refere o caput deste artigo será realizada dentro dos 30 dias seguintes ao recebimento da denúncia, salvo se determinada a realização de avaliação para atestar dependência de drogas, quando se realizará em 90 dias.*

Gabarito: Errado.

2258. **(2014 – FCC – DPE/RS – Defensor Público – Adaptada)** Considere a seguinte assertiva em relação ao procedimento previsto na Lei nº 11.343/06.

Para fins de reconhecimento da materialidade do crime de tráfico, a Lei de Tóxicos preceitua que é suficiente o laudo de constatação da natureza e quantidade da droga, firmado por perito oficial ou, na falta deste, por pessoa idônea.

Certo ( )   Errado ( )

Para fins de reconhecimento da materialidade definitiva do crime de tráfico, é necessário "laudo definitivo", sendo que o laudo de constatação é suficiente, nos termos do art. 50, § 1º, da Lei nº 11.343/06, apenas para "efeito da lavratura do auto de prisão em flagrante e estabelecimento da materialidade do delito".* Observe que a alternativa mencionou em *para fins de reconhecimento da materialidade".* Por outro lado, cumpre, porém, esclarecer que: "a apresentação extemporânea (após a sentença) do laudo toxicológico definitivo não acarreta a nulidade do processo, quando demonstrada a materialidade definitiva por outros meios probatórios (STF, 1ª Turma, RHC 110429, 06/03/2012).

Gabarito: Errado.

2259. **(2014 – FCC – DPE/RS – Defensor Público – Adaptada)** Considere a seguinte assertiva em relação ao procedimento previsto na Lei nº 11.343/06.

Havendo concurso entre as condutas do art. 28 (posse de entorpecentes) e a figura do art. 33, § 3º (oferecer droga para o consumo em conjunto, sem objetivo de lucro), ambas da Lei nº 11.343/06, a competência será do Juizado Especial Criminal.

Certo ( )   Errado ( )

Nos termos do art. 48, § 1º, da Lei nº 11.343/06, *o agente de qualquer das condutas previstas no art. 28 desta Lei, salvo se houver concurso com os crimes previstos nos arts. 33 a 37 desta Lei, será processado e julgado na forma dos arts. 60 e seguintes da Lei nº 9.099, de 26 de setembro de 1995, que dispõe sobre os Juizados Especiais Criminais.*

Gabarito: Certo.

2260. **(2014 – FAURGS – TJ/RS – Oficial de Justiça – Adaptada)** Em relação à audiência de instrução e julgamento prevista na Lei nº 11.343/2006, após proceder ao interrogatório, o juiz indagará das partes se restou algum fato para ser esclarecido, formulando as perguntas correspondentes se o entender pertinente e relevante.

Certo ( )   Errado ( )

Conforme art. 57 na Lei nº 11.343/06, parágrafo único, *após proceder ao interrogatório, o juiz inda-gará das partes se restou algum fato para ser esclarecido, formulando as perguntas correspondentes se o entender pertinente e relevante.*

Gabarito: Certo.

2261. **(2014 – FCC – DPE/RS – Defensor Público – Adaptada)** Considere a seguinte assertiva em relação ao procedimento previsto na Lei nº 11.343/06.

O acusado será notificado para oferecer defesa prévia no prazo de 10 (dez) dias, podendo arrolar o número máximo de cinco testemunhas. O juiz, a seu turno, terá o prazo de 05 (cinco) dias para decidir acerca do recebimento da denúncia.

Certo ( )   Errado ( )

Nos termos do art. 55 da Lei nº 11.343/06, *oferecida a denúncia, o juiz ordenará a notificação do acusado para oferecer defesa prévia, por escrito, no prazo de 10 (dez) dias.*

§ 1º Na resposta, consistente em defesa preliminar e exceções, o acusado poderá arguir preliminares e invocar todas as razões de defesa, oferecer documentos e justificações, especificar as provas que pretende produzir e, até o número de 5 (cinco), arrolar testemunhas.

§ 4º Apresentada a defesa, o juiz decidirá em 5 (cinco) dias.

Gabarito: Certo.

2262. **(2014 – FAURGS – TJ/RS – Oficial de Justiça– Adaptada)** Em relação à audiência de instrução e julgamento prevista na Lei nº 11.343/2006, encerrados os debates, o juiz proferirá a sentença de imediato, ou o fará em 10 (dez) dias, ordenando que os autos para isso lhe sejam conclusos.

Certo ( )   Errado ( )

Conforme art. 58 da Lei nº 11.343/06, *encerrados os debates, proferirá o juiz sentença de imediato, ou o fará em 10 dias, ordenando que os autos para isso lhe sejam conclusos.*

Gabarito: Certo.

2263. **(2014 – FCC – DPE/RS – Defensor Público – Adaptada)** Considere a seguinte assertiva em relação ao procedimento previsto na Lei nº 11.343/06.

Após o recebimento da denúncia, o juiz designará dia e hora para a audiência de instrução e julgamento, e ordenará a citação pessoal do acusado para responder à acusação, por escrito, no prazo de 10 (dez) dias.

Certo ( )   Errado ( )

Conforme o art. 56 da Lei nº 11.343/06, *recebida à denúncia, o juiz designará dia e hora para a audiência de instrução e julgamento, ordenará a citação pessoal do acusado, a intimação do Ministério Público, do assistente, se for o caso, e requisitará os laudos periciais. (A citação em 10 dias é para oferecer defesa prévia, vide art. 55.)*

Gabarito: Errado.

2264. **(2014 – FCC – DPE/RS – Defensor Público – Adaptada)** Considere a seguinte assertiva em relação ao procedimento previsto na Lei nº 11.343/06.

No crime de tráfico de drogas, previsto no art. 33, *caput*, da Lei nº 11.343/06, o réu não poderá apelar da sentença condenatória sem recolher-se à prisão, salvo se for primário e de bons antecedentes.

Certo ( )   Errado ( )

Nos termos do art. 59 da Lei nº 11.343/06, *nos crimes previstos nos arts. 33, caput e § 1º, e 34 a 37 desta Lei, o réu não poderá apelar sem recolher-se à prisão, salvo se for primário e de bons antecedentes, assim reconhecido na sentença condenatória.*

Gabarito: Certo.

2265. **(2014 – FAURGS – TJ/RS – Oficial de Justiça– Adaptada)** Em relação à audiência de instrução e julgamento prevista na Lei nº 11.343/2006, interrogado o acusado e inquiridas as testemunhas, o Ministério Público e a defesa terão, para sustentação oral, cada um, 20 (vinte) minutos, sucessivamente, prorrogáveis por mais 10 (dez) minutos, a critério do juiz.

Certo ( )   Errado ( )

Conforme art. 57 na Lei nº 11.343/06, *na audiência de instrução e julgamento, após o interrogatório do acusado e a inquirição das testemunhas, será dada a palavra, sucessivamente, ao representante do Ministério Público e ao defensor do acusado, para sustentação oral, pelo prazo de 20 (vinte) minutos para cada um, prorrogável por mais 10 (dez), a critério do juiz.*

Gabarito: Certo.

VAMOS REVISAR A JURISPRUDÊNCIA?

Súmula nº 501 do STJ: É cabível a aplicação retroativa da Lei nº 11.343/06, desde que o resultado da incidência das suas disposições, na íntegra, seja mais favorável ao réu do que o advindo da aplicação da Lei nº 6.368/76, sendo vedada a combinação de leis (*lex tertia*).

Súmula nº 607 do STJ: A majorante do tráfico transnacional de drogas (art. 40, I, da Lei nº 11.343/2006) configura-se com a prova da destinação internacional das drogas, ainda que não consumada a transposição de fronteiras.

Súmula nº 630 do STJ: A incidência da atenuante da confissão espontânea no crime de tráfico ilícito de entorpecentes exige o reconhecimento da traficância pelo acusado, não bastando a mera admissão da posse ou propriedade para uso próprio.

LEI Nº 9.807/99 - PROTEÇÃO À VÍTIMA E À TESTEMUNHA

2266. **(2021 – AOCP – PC/PA – Investigador)** Analise a seguinte situação hipotética com base na Lei nº 9.807/99: Márcia foi testemunha de um crime de homicídio qualificado e, após o ocorrido, vem sendo coagida e exposta à grave ameaça em razão de estar colaborando com a investigação criminal. Diante disso, a autoridade policial que conduz a investigação solicitou ao órgão executor o ingresso de Márcia no programa de proteção especial a vítimas e testemunhas. Considerando que ela ingressou no referido programa e que não existem circunstâncias excepcionais no caso narrado, a proteção oferecida pelo programa terá a duração máxima de

a) um ano.

b) dois anos.

c) três anos.

d) quatro anos.

e) cinco anos.

Nos termos do art. 11 da Lei. 9.807/99, *a proteção oferecida pelo programa terá a duração máxima de DOIS ANOS. EXCEPCIONALMENTE perdurando os motivos que autorizam a admissão, a permanência PODERÁ ser PRORROGADA.*

Gabarito: B.

2267. **(2019 – NC-UFPR – TJ/PR – Titular de Serviços de Notas e Registros – Adaptada)** Em relação à Lei nº 9.807/99 (Programa de Proteção a Vítimas e Testemunhas):

Os condenados que estejam em cumprimento de pena e os indiciados ou acusados sob prisão cautelar estão excluídos dos programas de proteção previstos na Lei nº 9.807/99, ainda que caiba, em tais casos, a prestação de medidas da preservação da integridade física desses indivíduos por parte dos órgãos de segurança pública.

Certo ( )   Errado ( )

Conforme o teor do art. 2º, § 2º da Lei nº 9.807/99, estão excluídos da proteção os indivíduos cuja personalidade ou conduta seja incompatível com as restrições de comportamento exigidas pelo programa, os condenados que estejam cumprindo pena e os indiciados ou acusados sob prisão cautelar em qualquer de suas modalidades. Tal exclusão não trará prejuízo a eventual prestação de medidas de preservação da integridade física desses indivíduos por parte dos órgãos de segurança pública.

Gabarito: Certo.

2268. **(2019 – NC-UFPR – TJ/PR – Titular de Serviços de Notas e Registros – Adaptada)** Em relação à Lei nº 9.807/99 (Programa de Proteção a Vítimas e Testemunhas):

A admissão em programa de proteção, por interessar apenas ao cidadão, prescinde de manifestação prévia do Ministério Público.

Certo ( )   Errado ( )

*Toda admissão no programa ou exclusão dele **SERÁ precedida de consulta ao Ministério Público** sobre o disposto no art. 2 **DEVERÁ ser subsequentemente comunicada** à autoridade policial ou ao juiz competente*, de acordo com o art. 3º, da Lei nº 9.807/99.

Gabarito: Errado.

2269. (2019 – NC-UFPR – TJ/PR – Titular de Serviços de Notas e Registros – Adaptada) Em relação à Lei nº 9.807/99 (Programa de Proteção a Vítimas e Testemunhas):

O juiz competente para a instrução do processo criminal não tem legitimidade para solicitar o ingresso de indivíduo em programa de proteção.

Certo (   )   Errado (   )

O item afronta a literalidade do art. 5º da Lei nº 9.807/99, *a solicitação objetivando ingresso no programa poderá ser encaminhada ao órgão executor:*

I - pelo interessado;

II - por representante do Ministério Público;

III - pela autoridade policial que conduz a investigação criminal;

IV - pelo juiz competente para a instrução do processo criminal;

V - por órgãos públicos e entidades com atribuições de defesa dos direitos humanos.

Gabarito: Errado.

2270. (2019 – CONSULPLAN – MPE/SC – Promotor de Justiça) Nos termos da Lei nº 9.807/99, em caso de urgência e levando em consideração a procedência, gravidade e a iminência da coação ou ameaça, a vítima ou testemunha poderá ser colocada provisoriamente sob a custódia de órgão policial, pelo órgão executor, no aguardo de decisão do conselho deliberativo, com comunicação imediata a seus membros e ao juiz competente para a instrução do processo criminal.

Certo (   )   Errado (   )

A questão afronta o disposto no art. 5º, § 3º, da Lei nº 9.807/99, *em caso de urgência e levando em consideração a procedência, gravidade e a iminência da coação ou ameaça, a vítima ou testemunha poderá ser colocada provisoriamente sob a custódia de órgão policial, pelo órgão executor, no aguardo de decisão do conselho deliberativo, com **comunicação imediata a seus membros e ao Ministério Público.***

Gabarito: Errado.

2271. (2019 – NC-UFPR – TJ/PR – Titular de Serviços de Notas e Registros – Adaptada) Em relação à Lei nº 9.807/99 (Programa de Proteção a Vítimas e Testemunhas):

A exclusão de indivíduo do programa de proteção prescinde de manifestação prévia do Ministério Público.

Certo (   )   Errado (   )

O art. 10, da Lei nº 9.807/99, *prevê a **EXCLUSÃO** da pessoa protegida de programa de proteção a vítimas e a testemunhas poderá ocorrer a qualquer tempo:*

I - por solicitação do próprio interessado;

II - por decisão do conselho deliberativo, em consequência de: cessação dos motivos ou conduta incompatível do protegido.

Gabarito: Errado.

2272. **(2019 – NC-UFPR – TJ/PR – Titular de Serviços de Notas e Registros – Adaptada)** Em relação à Lei nº 9.807/99 (Programa de Proteção a Vítimas e Testemunhas):

Em casos envolvendo o réu colaborador, é incabível a extinção da punibilidade pelo perdão judicial.

Certo ( )   Errado ( )

A questão está em desacordo com o art. 13, da Lei nº 9.807/99, *PODERÁ o juiz, de ofício ou a requerimento das partes, conceder o perdão judicial e a consequente extinção da punibilidade ao acusado que, sendo primário, tenha colaborado efetiva e voluntariamente com a investigação e o processo criminal, desde que dessa colaboração tenha resultado:*

I - a identificação dos demais coautores ou partícipes da ação criminosa;

II - a localização da vítima com a sua integridade física preservada;

III - a recuperação total ou parcial do produto do crime.

Parágrafo único. A concessão do perdão judicial levará em conta a personalidade do beneficiado e a natureza, circunstâncias, gravidade e repercussão social do fato criminoso.

Gabarito: Errado.

2273. **(2018 – CEFET/BA – MPE/BA – Promotor de Justiça – Adaptada)** Analise a assertiva.

A Lei nº 9.807, de 13 de julho de 1999, instituiu o Programa de Proteção Federal de Assistência à vítima e às testemunhas ameaçadas, e tal proteção terá a duração de um ano, podendo, excepcionalmente, ser prorrogada por igual período.

Certo ( )   Errado ( )

A proteção oferecida pelo programa terá a duração máxima de dois anos.

Em circunstâncias excepcionais, perdurando os motivos que autorizam a admissão, a permanência poderá ser prorrogada, de acordo com o art. 11, da Lei nº 9.807/99.

Gabarito: Errado.

2274. **(2018 – NUCEPE – PC/PI – Delegado)** Quanto aos programas de proteção requeridos por vítimas ou por testemunhas de crimes que estejam coagidas ou expostas a grave ameaça, em razão de colaborarem com a investigação ou processo criminal, pode-se afirmar, que dentre outras medidas, se encontra:

a) segurança na residência, salvo o controle de telecomunicações.

b) ajuda financeira mensal para prover as despesas necessárias à subsistência individual ou familiar, mesmo que a pessoa protegida tenha possibilidade de desenvolver trabalho regular.

c) escolta e segurança nos deslocamentos da residência, inclusive para fins de trabalho ou para a prestação de depoimentos.

d) apoio e assistência psicológica e social, excluída a assistência médica.

e) suspensão indeterminada das atividades funcionais, sem prejuízo dos respectivos vencimentos ou vantagens, quando servidor público, excluído o militar.

Nos termos do art. 7º, II, da Lei nº 9.807/99, *os programas compreendem, dentre outras, as seguintes medidas, aplicáveis isolada ou cumulativamente em benefício da pessoa protegida, segundo a gravidade e as circunstâncias de cada caso:*

II - escolta e segurança nos deslocamentos da residência, inclusive para fins de trabalho ou para a prestação de depoimentos.

Fundamentação das alternativas: a) Conforme o art. 7º, I, da lei 9.807/99, *os programas compreendem, dentre outras, as seguintes medidas, aplicáveis isolada ou cumulativamente em benefício da pessoa protegida, segundo a gravidade e as circunstâncias de cada caso: segurança na residência, INCLUINDO o controle de telecomunicações;* **b)** Consoante o art. 7º, V, da lei 9.807/99, *ajuda financeira mensal para prover as despesas necessárias à subsistência individual ou familiar, no caso de a pessoa protegida estar impossibilitada de desenvolver trabalho regular ou de inexistência de qualquer fonte de renda;* **d)** O art. 7º, VII, da lei 9.807/99, prevê a medida de **apoio e assistência social, psicológica E MÉDICA**; e e) *A suspensão das atividades funcionais realmente será sem prejuízo dos vencimentos ou vantagens, mas esta* **suspensão será TEMPORÁRIA e prevista para o servidor público OU MILITAR** (artigo 7º, VI, da lei 9.807/99).

Gabarito: C.

2275. **(2016 – CONSULPLAN – MPE/SC – Promotor de Justiça)** Segundo o disposto na Lei nº 9.807/99, terão prioridade na tramitação o inquérito e o processo criminal em que figure indiciado, acusado, vítima ou réu colaboradores, vítima ou testemunha protegidas pelos programas de que trata a citada lei; qualquer que seja o rito processual criminal, o juiz, após a citação, tomará antecipadamente o depoimento das pessoas incluídas nos programas de proteção previstos nesta Lei, devendo justificar a eventual impossibilidade de fazê-lo no caso concreto ou o possível prejuízo que a oitiva antecipada traria para a instrução criminal.

Certo ( )   Errado ( )

Nos termos do art. 19-A da Lei nº 9.807/99, *terão prioridade na tramitação o inquérito e o processo criminal em que figure indiciado, acusado, vítima ou réu colaboradores, vítima ou testemunha protegidas pelos programas de que trata esta Lei.*

Parágrafo único. Qualquer que seja o rito processual criminal, o juiz, após a citação, tomará antecipadamente o depoimento das pessoas incluídas nos programas de proteção previstos nesta Lei, devendo justificar a eventual impossibilidade de fazê-lo no caso concreto ou o possível prejuízo que a oitiva antecipada traria para a instrução criminal.

Gabarito: Certo.

2276. **(2014 – MPE/PR – MPE/PR – Promotor de Justiça – Adaptada)** O magistrado, de ofício, pode determinar a exclusão de pessoa do programa de proteção às vítimas e testemunhas ameaçadas (Lei nº 9.807/99), sem prescindir de comunicação imediata ao Ministério Público.

Certo ( )   Errado ( )

Não há previsão de que o juiz pode excluir pessoa do programa de proteção às vítimas e testemunhas ameaçadas de ofício, conforme art. 10, da Lei nº 9.807/99.

Gabarito: Errado.

2277. **(2014 – FMP – TJ/MT – Provimento – Adaptada)** Em razão de constar como testemunha em processo crime e estar sendo coagida e exposta a grave ameaça, Cinira deseja a prestação do serviço de proteção especial à testemunha. Em razão de tal fato, a proteção oferecida pelo programa terá a duração máxima de doze meses.

Certo ( )   Errado ( )

Nos termos do art. 11 da Lei nº 9.807/99: *A proteção oferecida pelo programa terá a duração máxima de dois anos.*

Parágrafo único. Em circunstâncias excepcionais, perdurando os motivos que autorizam a admissão, a permanência poderá ser prorrogada

Gabarito: Errado.

2278. **(2014 – FMP – TJ/MT – Provimento – Adaptada)** Em razão de constar como testemunha em processo crime e estar sendo coagida e exposta a grave ameaça, Cinira deseja a prestação do serviço de proteção especial à testemunha. Em razão de tal fato, pode o pedido ser encaminhado pelo interessado.

Certo ( )   Errado ( )

Conforme o art. 5º da Lei nº 9.807/99, *a solicitação objetivando ingresso no programa poderá ser encaminhada ao órgão executor:*

I - pelo interessado;

Gabarito: Certo.

2279. **(2014 – MPE/MA – MPE/MA – Promotor de Justiça – Adaptada)** Tratando-se de proteção de vítimas, testemunhas e acusados (Lei nº 9.807/99) é correto afirmar que a solicitação para o ingresso no programa de proteção às testemunhas pode ser feita tão somente: de ofício pelo juiz, pelo Ministério Público e pela autoridade que conduz a investigação.

Certo ( )   Errado ( )

Nos termos do art. 5º da Lei nº 9.807/99: *A solicitação objetivando ingresso no programa poderá ser encaminhada ao órgão executor:*

I - pelo interessado;

II - por representante do Ministério Público;

III - pela autoridade policial que conduz a investigação criminal;

IV - pelo juiz competente para a instrução do processo criminal;

V - por órgãos públicos e entidades com atribuições de defesa dos direitos humanos.

Gabarito: Errado.

2280. **(2014 – MPE/MA – MPE/MA – Promotor de Justiça – Adaptada)** Tratando-se de proteção de vítimas, testemunhas e acusados (Lei nº 9.807/99) é correto afirmar que, se o autor do crime, primário, contribuiu voluntária e efetivamente na investigação criminal, resultando na recuperação total ou parcial do produto do crime, pode ser beneficiado com o perdão judicial, na forma da Lei nº 9.807/99.

Certo ( )   Errado ( )

Conforme o art. 13, *caput*, da Lei nº 9.807/99: *Independente de o rol ser cumulativo ou não, pela letra da lei, o juiz pode, ainda que na prática valha a jurisprudência, súmula etc.*

Gabarito: Certo.

2281. **(2014 – FMP – TJ/MT – Provimento – Adaptada)** Em razão de constar como testemunha em processo crime e estar sendo coagida e exposta a grave ameaça, Cinira deseja a prestação do serviço de proteção especial à testemunha. Em razão de tal fato, a suspensão das atividades funcionais sem prejuízo dos respectivos vencimentos ou vantagens quando servidor público é uma das possíveis medidas aplicáveis.

Certo ( )   Errado ( )

Conforme o art. 7º da Lei nº 9.807/99, *os programas compreendem, dentre outras, as seguintes medidas, aplicáveis isolada ou cumulativamente em benefício da pessoa protegida, segundo a gravidade e as circunstâncias de cada caso:*

VI - suspensão temporária das atividades funcionais, sem prejuízo dos respectivos vencimentos ou vantagens, quando servidor público;

Gabarito: Certo.

2282. **(2014 – FMP – TJ/MT – Provimento – Adaptada)** Em razão de constar como testemunha em processo crime e estar sendo coagida e exposta a grave ameaça, Cinira deseja a prestação do serviço de proteção especial à testemunha. Em razão de tal fato, pode o pedido ser encaminhado por entidades com atribuições de defesa dos direitos humanos.

Certo ( )   Errado ( )

Conforme o art. 5º da Lei nº 9.807/99, *a solicitação objetivando ingresso no programa poderá ser encaminhada ao órgão executor:*

V - por órgãos públicos e entidades com atribuições de defesa dos direitos humanos.

Gabarito: Certo.

App AlfaCon Notes

 O **AlfaCon Notes** é um aplicativo perfeito para registrar suas **anotações de leitura**, deixando seu estudo **mais prático**. Viva a experiência Alfacon Notes. Para instalar, acesse o Google Play ou a Apple Store.

Se liga no **vídeo!**

 Cada tópico de seu livro contém **um Código QR** ao lado.

Escolha o tópico e faça a leitura do Código QR utilizando o aplicativo AlfaCon Notes para registrar sua anotação.

Pronto para essa **nova experiência?** Então, baixe o App **AlfaCon Notes** e crie suas anotações.

Acesse seu material complementar:

1 Acesso o site **www.alfaconcursos.com.br** para se cadastrar **gratuitamente** ou para efetuar seu login.

2 Na aba **Resgatar código**, digite o código abaixo, que estará disponível por 120 dias a partir do primeiro acesso.

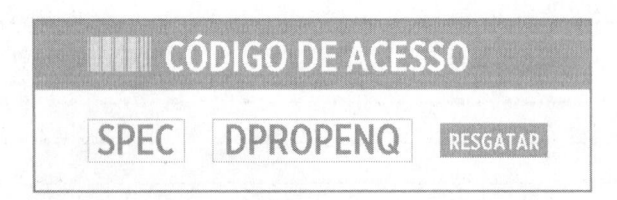

CÓDIGO DE ACESSO

SPEC   DPROPENQ   RESGATAR

3 Após a validação do código, você será redirecionado para a página em que constam seus materiais (atualizações, material complementar e erratas). Todo esse conteúdo está disponível gratuitamente.

Mais que um livro, é uma experiência!